《〈支那分割之运命〉驳议》疏注

Annotations on the Refutation of the
Segmentation of Sina

李继华　等　著

人民出版社

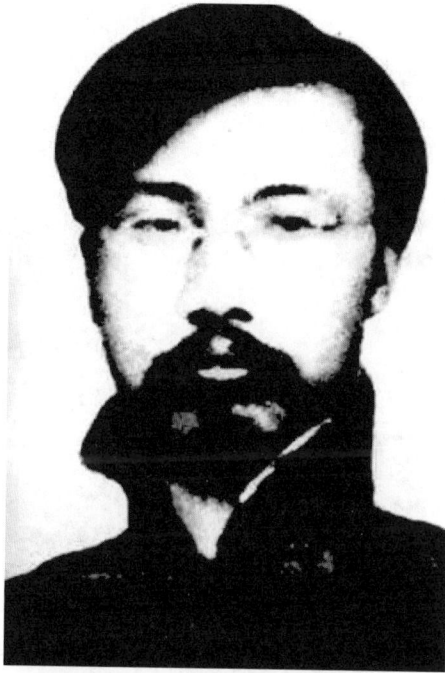

李大钊在北洋法政学堂读书时的照片

北洋法政专門學校本科直隸同學合影

这是1913年北洋法政专门学校本科直隶同学合影，第2排左起第4人为李大钊

李大钊(二排左四)与北洋法政专门学校本科直隶同学合影
（大多为北洋法政学会会员）

李大钊等译编《〈支那分割之运命〉驳议》的封面和版权页

部长　李钊　郁嶷

部员　于树祺　王宣　王惕　王化行　王春山　王柄存
王庭兰　白见五　史步麟　朱秉颐　朱应柱　吴杰
李晋　李纯树　李瑞锡　周国衡　夏勤　袁士铭
孙文焕　荆可恒　马仲援　莫御　陈毓珍　冯次安
崔亮辰　崔绍曹　郭须静　许福奎　张济之　张樾诚
黄旭　彭心衡　程克明　黄端甫　温庆经　杨玉璠
杨衍瑞　万宗乾　叶宗远　贾戎瑞　路宝树　凤文祺
赵壮怀　宁与龄　刘仁伟　刘世奇　刘仲深　刘祀明
刘毓俊　卢山

北洋法政学会编辑部成员名录

自 序

支那は二十世紀の謎なり。能く此謎を解き得る者は以て東亞の覇たるべく以て五洲の雄たるべし。知らず謎を解くの鍵とは果して何物ぞ。昔秦の昭王連環を齊の君王后に贈りて之を解かんことを請ふ。君王后使者に對し鐵椎を手にして一撃之を破りて曰く謹んで解き奉ると。善いかな君王后の斷や。鐵椎一下萬事創決す。謎を解くの鍵は他にあらず。斷の一字のみ。

中岛端《支那分割之运命》日文版书影

大正元年十二月廿八日印刷
大正元年十二月廿一日發行
大正二年一月十日再版

〔定價大洋一元二角〕

不許複製

著作者　中島　端

發行者　小谷保太郎
東京市神田區鎌倉町三番地

印刷者　三島宇一郎
東京市神田區表神保町二番地

印刷所　弘文堂
同所（電話本局三三一六）

支那分割之運命

中岛端《支那分割之运命》自译本书影

大正四年八月（祖母八十初度寿莚）
前列、左より洗、教、第一母カツ、驤子、志津、美恵子、
ふみ、祖母きく、山本のぶ、淏、まつ、元夫
中列、左より那都、弥生、操子、愛子、盛彦、順子、春中
後列、左より田人、比多吉、翊端、開蔵、竦、正献
円内、左より有楽、関輝、随臣、同夫人よい

新井松四郎是从少年时代起即是中岛端的门下生。中岛端成为老人，新井随从中岛端去中国。

中島斗南（左）、新井松四郎とともに

中岛端照片
（本页照片由日本著名学者後藤延子教授提供，手写字亦为後藤所加）

中華民國元年十二月二十五日付印
中華民國二年正月二十九日發行

版權所有

著者　日本　中島端
譯者　陝西　田雄飛

印刷者　佐々木俊一　日本東京市神田區中猿樂町
印刷所　秀光舍　日本東京市神田區中猿樂町

總發行所　上海棋盤街　羣益書社
分售處　全國各埠大書莊

定價三角

支那瓜分之命運　附駁論

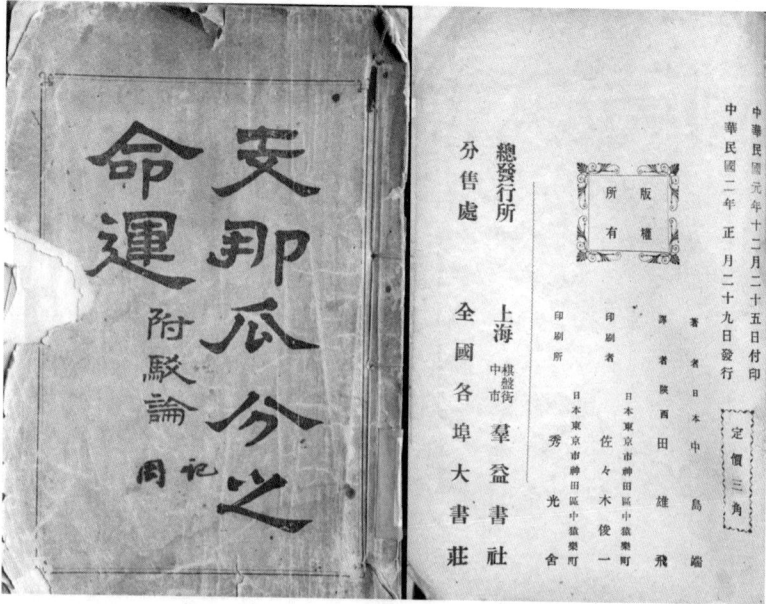

田雄飞译《支那瓜分之命运》的封面与版权页

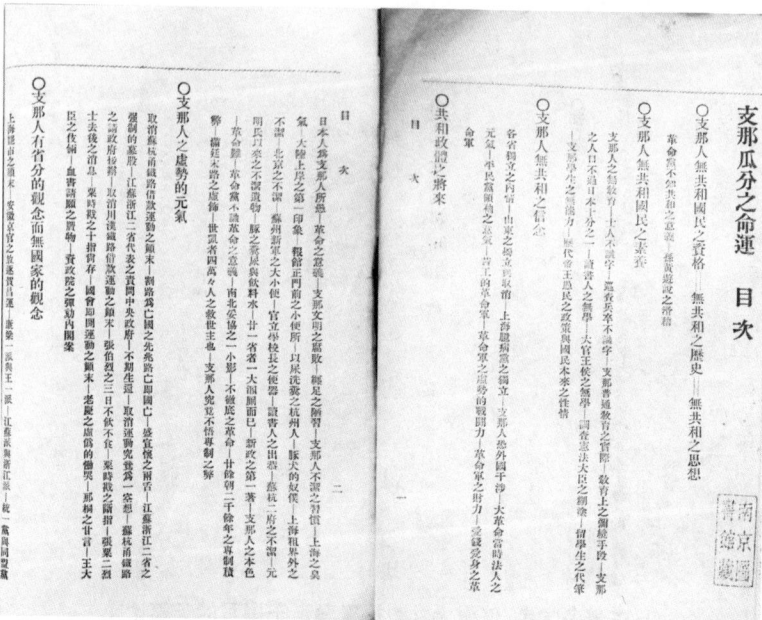

支那瓜分之命運　目次

田雄飞译本目录

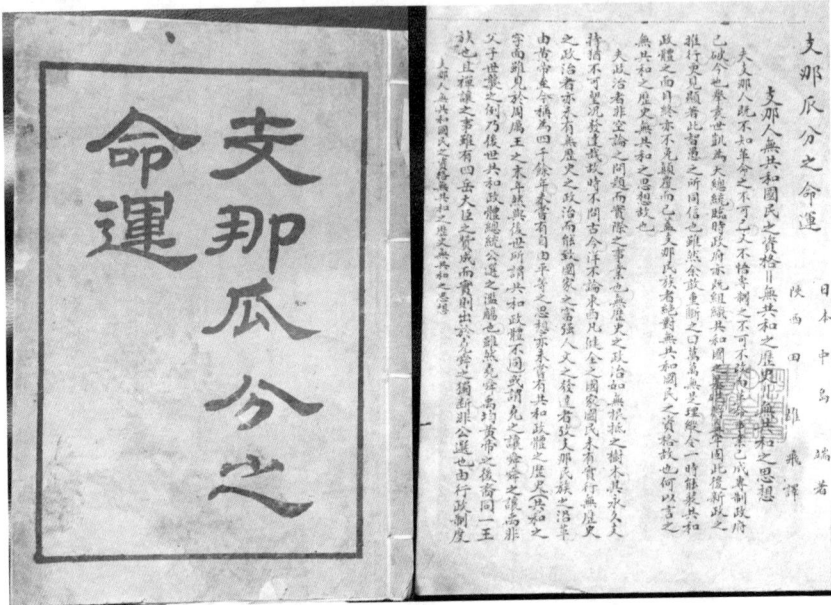

田雄飞《支那瓜分之命运》节选本的封面和首页

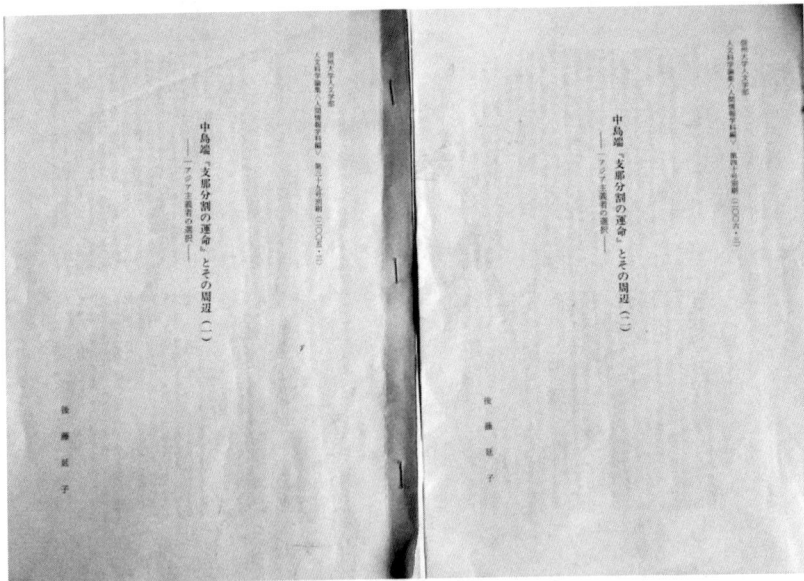

日本著名学者、信州大学教授後藤延子撰写的长篇论文
《中岛端〈支那分割之运命〉泛论》

国家社科基金后期资助项目
出版说明

后期资助项目是国家社科基金设立的一类重要项目，旨在鼓励广大社科研究者潜心治学，支持基础研究多出优秀成果。它是经过严格评审，从接近完成的科研成果中遴选立项的。为扩大后期资助项目的影响，更好地推动学术发展，促进成果转化，全国哲学社会科学工作办公室按照"统一设计、统一标识、统一版式、形成系列"的总体要求，组织出版国家社科基金后期资助项目成果。

全国哲学社会科学工作办公室

目 录

第一辑:《〈支那①分割之运命〉驳议》述评
——日本侵华思潮中的乡野鸣叫与北洋法政学子的激情反击

　　1912 年 10 月 15 日,日本政教社出版了中岛端所著《支那分割之运命》日文本(完稿于 1912 年 4 月之前)。12 月底,又出版了该书的中文本(中岛端著,小谷保太郎发行。1913 年 1 月 10 日再版。以下简作"自译本")。

　　该书日文本出版后,迅即激起在日华人的愤怒,买了几十册分寄中国各

---

① 　支那　"支那"起源于印度。印度古代人称中国为"chini",据说是来自"秦"的音译。中国从印度引进梵文佛经以后,当时的高僧就按照音译把 chini 翻译成"支那"。日本僧侣空海曾于 804 年随遣唐使赴唐学习佛经,因此可以推断他书中的"支那",是从汉译经典里学来的。以后一些佛教界人士为显示博学、虔诚,也开始用"支那"一词称呼中国。明治维新开始后,特别是甲午战争清政府失败后,长久以来一直把中国尊为上国的日本人,在震惊之余大为陶醉。从此,"支那"一词在日本开始带上了战胜者对于失败者的轻蔑的色彩。当时中国的正式国号是"大清",所以日本政府在正式场合把中国称为"清国"或"大清帝国",把甲午战争称为"日清战争"。但是在民间报刊中,则一般把中国称为"支那",把"日清战争"称为"日支战争",把中国话称为"支那语"。当时的中国汉人,特别是中国的革命家,不愿意自己被称为"清国人",对日本称中国为"支那"并不生气,反而有几分高兴。那时"中国"这个词还没有被公认,所以很多革命家直接借用日本式称呼称自己是"支那人"。1902 年,章太炎等在日本东京发起"支那亡国二百四十二年纪念会",提出"光复汉族,还我河山,以身许国,功成身退"的誓词("支那亡国"是指明朝亡于清朝的那一年);1904 年,宋教仁在东京创办《二十世纪之支那》杂志,这是后来同盟会《民报》的前身。即使是立宪派的梁启超,也用"支那少年"为笔名。辛亥革命之后,"中国"成为中华民国的简称。有些日本人,仍沿用"支那"来称呼中国,就有些别有用心了。1913 年,日本政府还根据驻华公使的提议商定,今后均以"支那"称呼中国。这引起了很多中国人的愤怒。1930 年国民政府照会日本:倘若日方公文使用"支那"之类的文字,中国外交部可断然拒绝接受。直到日本战败后,应中国代表团的要求,盟国最高司令部经过调查,确认"支那"称谓含有蔑意,故于 1946 年责令日本外务省不要再使用"支那"称呼中国。1912 年底,李大钊等北洋法政学子在翻译中岛端的书时,也沿用了"支那"一词。

日本方面还有一种说法,1912 年中华民国成立前,中国的政权是依朝代名命名(如大清国),直至中华民国的出现,才开始固定"中国"的官方使用;而在日本南北朝时期的《太平记》中,已经将山阳道和山阴道等地方合称为"中国"。中华民国的出现,使日语中的"中国"一词的写法和读法,也可同时表示邻国的中华民国。在"二战"前的日本社会,一般会把非日语地区用当地称呼方式发音表达,或以欧美人对各国的称呼之发音转化成日语译音,故称呼中国大陆为"シナ"(支那),即中国的英文国名"China"的译音。战后的日本才开始接受"中国"一词也可等于"中国大陆",而且在近代随着有更多日本人到中国大陆旅游工作,"中国"一词几乎完全取代日本的"中国"地方,指的是中华人民共和国。为表两个"中国"的区别,经常以山阳山阴地区作为日本"中国"地方的称呼。

方面。北洋法政学会得到此书后,在李大钊等人的主持下,立即组织翻译,并予以驳斥。驳议的主要形式是"译者曰"、眉批和少量的夹注,共计"译者曰"58段、眉批183处、夹注7处(见《李大钊全集》河北教育出版社1999年版第一卷①第422、431、437、438、448页;本书第428、437、445、461—462页),约2.7万字。李大钊作为北洋法政学会的编辑部长之一(另一编辑部长是郁嶷,列第一位),负责统筹全书的翻译、写作和出版、发行事宜,同时也是主要翻译和撰稿人员。该书定名为《〈支那分割之运命〉驳议》(北洋法政学会编译、发行,天津华新印刷局印,1912年12月"初一日首版","十五日发行",以下简作"初印本")。北洋本迅速引起关注,发行较为顺利,到1913年4月即再版,1915年又再版。1962年,由上海图书馆"悉照原书版式,重予排印"(以下简作"重印本")。

另外在1913年,上海的群益书局,还出版了田雄飞②所译《支那瓜分之命运》③(以下简作"田译本")。在南京图书馆的网页上,可以检索到以下内容:"支那瓜分之命运,专著,出版发行:上海群益书社,190页,32开;馆藏号:MS/D731.309/4"。从2015年10月开始,笔者数次到南京图书馆查阅该书,并按该馆规定复制了文本。该译本不再区分上下编;略去了日文本的前三章(绪论,袁世凯人物月旦,孙逸仙人物月旦),在第四章"共和政体之将来"中也删去了两大段;并将第四章移至原书第七章"支那人无共和之信念"之后,成为田译本的第四章(按原书目次,本应为删去前三章后的第

----

① 以下简作"点校本"。

② 田雄飞,字德三。陕西榆林人。1890(另说1888)年出生。早年赴日本早稻田大学留学,加入中国同盟会。1911年辛亥革命后曾返国参加革命。1912年民国成立后再度赴日。1913年返陕进行反袁活动,被当局通缉,不得已赴日。1915年从早稻田大学政治经济科毕业,获学士学位后归国,执教于上海,后又返陕西。1918年广东护法军政府成立后赴广东,旋奉令返回陕西慰劳靖国军。1921年冯玉祥入陕,被令督办陕西临渭河北税务。1922年被任为襄城县知事。1923年任职于冯玉祥的陆军检阅使署。1924年秋,受冯玉祥委托,同贾德耀一起赴天津,与段祺瑞联络,共同对付曹锟吴佩孚,事成之后,承诺孙(中山)主政、段主军。1925年2月,任北京电话局局长。1926年国民军退守南口时,任察哈尔省口北道道尹,负责筹划粮饷。后随军参加五原誓师后的活动。1927年5月,任河南省陕(县)灵(宝)阌(?)卢(氏)征收总局局长。6月,任河南省郑州商埠督办。7月,任直隶大名道道尹。9月,任河南省汝阳区行政长。1928年4月7日调任陕西省政府委员兼建设厅厅长。其间(5—6月),在宋哲元前往河南攻打樊钟秀时,代理陕西省政府主席职。1928年11月被免本兼各职。1929年5月25日改任禁烟委员会委员。抗战期间,任军事委员会西安办公厅参议。参见刘国铭主编:《中国国民党百年人物全书》(上册),团结出版社2005年版,第387页;杨保森著:《西北军人物志》,中央文献出版社2015年版,第113页。

③ 于蕾、罗智华编:《湖南图书馆古籍线装书目录史部》,线装书局2007年版,第575页。张晓编著:《近代汉译西学书目提要明末至1919》,北京大学出版社2012年版,第125页。

一章）；还保留了日文本的大部分眉批，在大部分章节的后面加了驳论（该译本共 19 章，有"驳语"者 15 章，各章驳语共 8000 余字）。

在此之前，笔者检索到湖南图书馆也藏有田译本，即于 2015 年 7 月下旬赴长沙查阅。笔者在该馆看到的田译本，系刻印的 32 开本，既无目录，也无版权页和定价，只翻译了中岛端原书的上编第 4 章（"共和政体之将来"）到第 10 章（"支那之运命"）和下编的前两章（"东亚之们罗主义"和"支那之瓜分与日本"）。这只能算是田译本的一个节选本（以下简作"田节本"），因系刻印，差误较多。

自 20 世纪 50 年代，特别是 80 年代开始，国内外学者关于李大钊研究的成果累累，成为近代人物研究的重要领域之一。对李大钊等人的《〈支那分割之运命〉驳议》一书，也取得了某些成果。刘民山的《李大钊与天津》（天津社会科学院出版社 1989 年版），对该书既作了较为具体的述评，也提供了较为翔实的研究资料。1999 年的《李大钊全集》第一卷，首次将该书由黄霞、唱春莲、赵洁敏点校整理，全文收录（河北教育出版社版，以下简称"点校本"），为研究者提供了便利。2005—2006 年，日本学者後藤延子的《中岛端〈支那分割之运命〉泛论——一个亚细亚主义者的选择》长文（4 万余字，分载日本信州大学人文学部《人文学科论集〈人间情报学科编〉》第 39 号、第 40 号；中文译本见本书附录），对中岛端其人其书和北洋法政学子们的"驳议"，既有较为详尽的介绍和客观评价，也有值得斟酌之处（主要是关于中岛端对华基本倾向的评述，详见本书第 49—50 页）。其他一些关于李大钊的论著，对该书也多有提及。

但是总的来说，学术界对《〈支那分割之运命〉驳议》的研究还相当少，甚至对该书中的一些人名、地名、思潮、报刊、事件等也不甚了了，对该书所涉各种文本中一些由于翻译和排印造成的差误缺少鉴别。中国大陆的有关著作，对中岛端的《支那分割之运命》往往简单地予以否定，甚至斥之为"胡说八道"、"信口雌黄，百般污蔑"；对其中的合理因素则甚少正视。对李大钊等北洋法政学子的"驳议"，则简单地全盘肯定，缺少深入的分析、探讨；对其中的一些人身攻击之词也避而不谈。这既不利于今天的人们阅读和领会这部著作，也是全面、深入地开展李大钊研究和中日关系史、特别是日本侵华史研究的一种缺憾。

今后的中国近代史研究和李大钊研究，将更加向学术性、专题化和考据性的方向发展。对中岛端的《支那分割之运命》和李大钊等人的驳议，进行疏注和客观评价，将是深化李大钊研究的重要路径之一，也是深化中日关系史特别是日本侵华史、民国初年历史研究的切入点之一。

一、中岛端其人

中岛端(1859—1930),日本的亚细亚主义者之一,著译甚多。他自幼接受旧式教育,6 岁开始读《论语》,十三四岁开始用汉语作文、写诗,具有浓厚的忠君思想。1902 年春——1908 年 10 月,他曾在中国的上海、苏州、杭州等地任职、游历。先为上海商务印书馆编译所编译员;日俄战争爆发时,翻译法国人波留著《俄罗斯》共三编,同时编印《日俄战纪》(画集),前后共出 30 册。1904 年 11 月—1907 年 10 月,曾被设在苏州的江苏师范学堂聘为翻译。1908 年 10 月末到北京,亲历了光绪、慈禧病逝和出殡及国会请愿运动等重大事件。1911 年春回日本。辛亥革命后开始撰写此书,历时一个半月完稿。起初以《支那的将来与日本》为题,后改名《支那分割之运命》①。

在上海、苏州与中岛端交往甚多的中国著名学者罗振玉,在为中岛端《斗南存稿》所写的"序"中提及:"予往岁寓居沪江,先后十年间。东邦贤豪长者道出沪上者,莫不连缟纻②之欢。一日昧爽③,方栉沐④,闻打门声甚急。凭楼栏观之,有客清癯如鹤,当户立。亟倒屣迎之。既入门出名刺,书日本男子中岛端。探怀中楮墨⑤,与予笔谈,指陈东亚情势,顷刻尽十余纸。予洒然敬之。濒行,约继见,询其馆舍,曰丰阳馆⑥。翌日往访之,则已行矣。既旬余,乃复来言,买舟吴越,已登会稽,探禹穴,立马吴山,泛棹石湖,遍游吴丘天平矣。已而又曰:仆愿留禹域三年,能馆我⑦乎?仆有三寸弱豪⑧,不素餐⑨也。予笑而诺之,因请其迻译东文书籍。暇时出其所为诗文,雄直有奇气,其抱负不可一世。居年余辞去。及予主苏州师范学校,君言沪上无可与谈,愿为君教授诸生,予复敬诺,乃未数月又谢去。及予备官

---

① 详见本书第 615—621 页。
② 缟纻　gǎo zhù,缟带和纻衣。缟带指用白色绢制成的大带。纻衣指用苎麻纤维织成的衣服。指交情笃深。
③ 昧爽　拂晓;黎明。
④ 栉沐　梳洗。
⑤ 楮墨　chǔ mò,纸与墨。
⑥ 丰阳馆　日本人在上海经营的旅馆,在西华德路(今虹口区长治路)。
⑦ 馆我　聘我为译员。
⑧ 弱豪:通作弱毫,指毛笔。豪,古同"毫"。
⑨ 素餐　吃白饭,白吃饭。指无功受禄,不劳而食。

郎曹,君遗书言:贵国两宫,相继上宾①,人言藉藉②。公大臣也,宜抗疏③请正袁世凯罪,宣示中外,否则手刃之以泄敷天④之愤。仆虽不武,愿袖短剑以从。予心益敬君,然予实小臣,不能副君望。以书复君,君意不怿,然于此益知君诚廓奇磊落之奇男子矣。国变⑤以后,与君久不相见。岁庚午⑥,予避地辽东,君忽枉存⑦。年逾七十,而英迈不减少年。言返国后当再来,郑重订后期,乃不逾岁而君遽卒。闻君有洁癖,终身不近妇人。遗命:吾死后速行火化,散骨灰于太平洋,当为鬼雄。异日有以兵临吾国者,当为神风⑧以御之"⑨。

由此序,亦可窥见中岛端的某些经历与性情。

二、中岛端《支那分割之运命》述评

（一）各章分述

绪论

在"绪论"⑩中,中岛端历数中国辛亥革命爆发前的种种征兆,及其爆发后的时局多变。对日本和中国各方人士的预警不够、随波逐流表示了不满,从而为进一步的论述奠定了基础,也初步显现了中岛端世人独醉我独醒的自负心态。

李大钊等人则讽刺中岛端"鼠目寸光"、"宅心绝险"⑪,并揭示其"缪

---

① 上宾　古时指帝王死。
② 人言藉藉　攻击、指责之言到处流传。
③ 抗疏　上书直言。
④ 敷天　普天下。敷,通"溥"。
⑤ 国变　应指辛亥革命。
⑥ 庚午　公历1930年。
⑦ 枉存　应为"光临"之意。
⑧ 神风　公元1274年10月20日,元朝和日本的"文永之役"达到白热化阶段,元军分两路在日本的博多湾登陆,打得日军溃不成队。由于副帅刘复亨在追击中受伤,攻势减弱,而且天色已晚,元军便停止了进攻。当晚的军事会议上,元军多数将领高估了日军数量,认为形势不利,而且没有援军,主张撤退。撤退当晚,一场台风突然来袭,不可一世的元军被大风吞没,损失兵力1.3万余人。由此,元朝再也不敢贸然发动对日本的袭击。日本人认为这场台风是上天挽救了日本,于是谓之"神风"。
⑨ 此处引文据後藤延子教授提供的《斗南存稿》"序"复印件。《斗南存稿》的出版机构和出版时间,不详。另见文明国编:《罗振玉自述》,安徽文艺出版社2013年版,第186—187页。
⑩ 点校本第264—272页;本书第241—248页。
⑪ 点校本第264页;本书第241页。

论①"的"发动之源"有三:"功名心"、"野心"和"郁愤"。在"野心"一段中,叙述了战争的严重危害,揭露了中岛端"欲怂恿其国人为扰乱世界和平之戎首"的企图,指出由于中国"民气不可轻侮"和"列强以均势不相下"等原因,不但"东亚战祸将无终极",日本也将"沈没于太平洋惊涛骇浪之中"②。这些论述虽不无偏颇,仍有深刻之处。

如果说中岛端的"绪论"只是开始,李大钊等人在这一部分中的"译者曰"和"译者又曰"③,则带有一定的概述和结论性质。

袁世凯之月旦

在本章里④,中岛端历数辛亥革命前后袁世凯的作为,虽一度称他为"支那唯一之大政治家、大外交家"⑤,却采取了基本否定,乃至全盘否定的态度。不但对袁世凯在辛亥革命前后的言行嗤之以鼻,将其定性为"反覆无常之小人"或曰"翻覆欺诈之小人"⑥,还预见了他终将走向独裁专断。这表现了一定的预见性,与当时国内外的疑袁乃至反袁声浪有所呼应,与中国大陆在 20 世纪 50 年代到 80 年代对袁世凯的总体评价也相当一致。

李大钊等北洋法政学子则对袁世凯全盘肯定、多方辩护,对中岛端关于袁世凯的评价全盘否定,表明了他们在当时还持拥袁态度的基本立场⑦。与全盘否定袁世凯相比,李大钊等人的拥袁,既有一定的客观因素,有可以理解的原因,也有难以否认的局限性。

孙逸仙之月旦

在这一章里⑧,中岛端批评孙中山不该与袁世凯妥协,涉及到了辛亥革命的不彻底性和孙中山的局限性。与 20 世纪 50 年代至今中国大陆的辛亥革命观,亦有相合之处。但他所述理由,主要是孙中山的籍贯、出身、细言微行,其根据则有"传播于江湖之耳目者"⑨,显得说服力不足。他对辛亥革命的偶然性叙述较多,对其必然性和重大意义全无涉及,的确表现了偏见。

李大钊等人在孙、袁关系尚好的背景下,高度评价了孙中山的革命事迹

---

① 缪论　通作"谬论"。缪,通"谬"。
② 点校本第 270—272 页;本书第 248—250 页。
③ 点校本第 264—272 页;本书第 241—251 页。
④ 点校本第 273—284 页;本书第 252—266 页。
⑤ 初印本、重印本上编第 7 页;点校本第 274 页;本书第 253 页。
⑥ 点校本第 273、280 页;本书第 252、262 页。
⑦ 朱成甲:《李大钊对袁世凯的认识过程》,《历史研究》1983 年第 6 期。朱成甲著:《李大钊早期思想和近代中国》,河北人民出版社 1989 年版,第 192—221 页。
⑧ 点校本第 285—294 页;本书第 267—276 页。
⑨ 初印本、重印本上编第 15 页;点校本第 285 页;本书第 267 页。

和贡献，未涉及其局限性。但在国家体制问题上，他们把主张地方分权反对中央集权的人士称为"浅识躁进之徒"①，则有影射南方革命党人之嫌；在此后孙、袁交恶时，则把孙中山等人视为"暴党"、"暴民"，将二次革命视为"南天动乱"②。

共和政体之将来

在这个大题目③下，中岛端论述了辛亥革命在相当程度上是狭隘的"排满之代名词"，难以"从根本上洗刷净尽"④中国社会的腐败，是"不彻底之革命"⑤；并揭示了中国封建社会"改朝换代"的历史周期率⑥，对"专制遗风及帝王思想的根深蒂固"⑦予以批判。所述有一定道理，也得到了北洋法政学子们"诚如该氏所云""诚有如著者所言"⑧的某些赞同。其预测中国将走向袁世凯专制，表现了一定的预见性。北洋法政学子们对这一点的辩驳，则显得有些稚嫩。但是，中岛端借批评中国古代的缠足，和大肆渲染、尖刻讽刺中国人的"不洁"，来说明中国"共和政体之将来"的悲惨，却无真正相关论证，有些离题太远，或如日本学者後藤延子所说"稍稍有点脱节"⑨。把清末之腐败等同于中华文明之腐败，依据几千年积累的弊端来观察和评判民国后的共和政体之将来，的确有以偏概全之嫌。即使把这些论述放在此后的"支那人无共和国民之素养"一章中，也难有多少说服力。

支那人无共和国民之资格　无共和之历史　无共和之思想

在本章⑩里，中岛端揭示了中国君主专制盛行，无共和之历史，亦无共和之思想，与法国大革命的差异很大，有一定的道理；完全否定中国的民主传统，最终归结到中国"无共和国民之资格"，则偏于极端。

李大钊等人极力论证中国有"共和国民之资格"，多方肯定中国历史上的民主传统，有合理之处；他们所说"惟是中国虽云专制，而专制效力所不及之处至为广远，盖除收税、折狱外，强半取放任主义，此中国自由民权之精

---

① 初印本、重印本下编第 35 页；点校本第 465 页；本书第 486 页。
② 中国李大钊研究会编注：《李大钊全集》，人民出版社 2013 年版，第一卷第 10、40、41、75 页；第五卷第 314 页。
③ 点校本第 295—315 页；本书第 278—301 页。
④ 点校本第 296 页；本书第 279 页。
⑤ 点校本第 308 页；本书第 296 页。
⑥ 点校本第 311—312 页；本书第 298—300 页。
⑦ 本书第 595 页。
⑧ 点校本第 297、312 页；本书第 280、300 页。
⑨ 见本书第 595 页。
⑩ 点校本第 316—325 页；本书第 302—311 页。

神所以长存而不没也",并把孟子尊为"倡民权说之大家"①,则值得斟酌。

支那人无共和国民之素养

此章②第一段,中岛端论述了共和政体与国民人文程度、教育素养的关系,说"共和政体,为各种政体中之至难者,非人文程度最高之国民,不易实行。何则？专制政体,以一人之智勇,足以操纵众愚,驾驭众弱。君主权力最强,威势最炽,事无不行,志无不成,若自文化未开之世言之,至简易且便利也。共和则不然,既以民主为名,凡百之立法行政,不可不决诸公议。大自军国之重事,小至乡村之自治,无一不依众民之意见。苟人人不明事理,欲朝夕不重｛蹈?｝失败而不可得",又说"要之,共和国民,最不可无教育之素养。若无之,则不足运用至难之政体也",颇有道理;但他所谓"自由平等之说,徒助长彼我之轧轹,争权争利,争势力,争名誉。社会百般之事,无一不为争夺之资。又何望人文之发达,国运之勃兴哉?"③则显为对自由平等之说的曲解。不管正确与否,中岛端所述,理论性倒还比较强。

北洋法政学子对此段所加批语"著者得毋谓日本之不能行共和政者,以其人之程度,与西印度之土蕃、南非洲之野蛮等乎?"④看起来很有力,理论水平却不够高。

此下的论述中,中岛端多方批评中国人文化程度低下,具文虚饰,教育不发达,即使是清朝官员中的开明派、考察宪政五大臣和日本留学生,都缺乏救国、民主、自由等素养,虽不无依据,但最终归结到中国人"无共和国民之资格",显有偏颇。

李大钊等批驳"著者而谓具文虚饰,为吾国人之本色,引满清官场之腐败现象以实之,不知此正满清腐败政府之不见容于国民,而急欲推倒之者也。满清已被淘汰,则其战胜满清者,必其优越于满清者也。乌得以视满清之眼光而逆亿之乎？且民军一起,各省响应,不数月而民国告成。教育虽尚未普及,而民国已见于世,正不得不谓基于人民之一般新理想,是亦教育上之效果也"⑤,"至满清中央政府之腐败,王公大臣之无学无识,信如著者所云矣。然与今日之民国无关。牵强附会,言语无味,著者有焉"⑥,"岂有专制之日,颁布素养共和之诏旨,施行素养共和之教育,以备将来改造共和之

---

① 详见点校本第 320 页;本书第 306—307 页。
② 点校本第 326—334 页;本书第 312—321 页。
③ 点校本第 326 页;本书第 312 页。
④ 点校本第 326 页;本书第 312 页。
⑤ 点校本第 328—329 页;本书第 315 页。
⑥ 点校本第 330 页;本书第 317 页。

事! 盲人说日,无有是处"①。如此等等,较为有力。

　　支那人无共和之信念

　　在本章②里,中岛端认为中国经过辛亥革命,虽然建立了共和制,实际上并没有真正的"共和之信念",只是"为一时弥缝之计,以杜绝纷争之源而已"③。革命过程中的山东独立、上海独立,只是由于清政府镇压不及时而形成的投机局面。从南北对立到轻易妥协,从留日学生骗取回国旅费而不真正参加革命,到南方富豪不愿给革命党提供更多的财政支持,都是投机取巧、无"共和之信念"的明证。较之法国革命时的情形差之甚远。从今天的视角看来,中岛端的这些论述虽然涉及到了通常所说辛亥革命的局限性,其基点却是基本否定辛亥革命和民主共和。他身处中国辛亥革命之后,却时常以清王朝的视角,视革命党为叛徒,为清朝统治者没有强力镇压而惋惜,表现了他的忠君思想和部分日本人的偏见。中岛端曾辩解自己写此书是出于对中国爱之深恨之切,但在许多论述中,却未见对中国的爱护同情,只见轻蔑和别有用心。

　　北洋法政学子们则极力论证辛亥革命的必然性与南北妥协、实现共和的合理性。其基本立场自然可贵,但对中岛端论述中的合理性注意不够,对辛亥革命中的局限性不予承认,特别是说"吾国此次革命,纯系政治上之目的,毫无种族之介蒂"④,"满清退位,共和告成,南北统一,感情融洽,自孙、黄北来之后,更无些毫之嫌"⑤,也有不足之处。

　　支那人之虚势

　　在本章⑥里,中岛端以较长篇幅,概述了中国的"沪杭甬借款筑路""川汉铁路拒款自筑"、东三省发起"国会请愿运动"和"资政院弹劾内阁"等事件的失败,以证明"大抵张虚势而乏实力,喜虚饰而不务实际,为汉族先天遗传性,亦数千百年来之性癖也"⑦,并进而说明"今之共和党醉心共和之虚名,不究共和之实际,其终也,不惟不能收共和之实效,乃至并其虚名而亦失之"⑧。对辛亥革命之前许多重大事件促成革命爆发和胜利的重大意义,则注意不够,令人有以偏概全之感。

------

①　点校本第 331 页;本书第 318 页。
②　点校本第 335—351 页;本书第 322—340 页。
③　点校本第 335 页;本书第 322 页。
④　点校本第 335 页;本书第 323 页。
⑤　点校本第 348 页;本书第 337 页。
⑥　点校本第 352—371 页;本书第 341—361 页。
⑦　点校本第 352 页;本书第 341 页。
⑧　点校本第 371 页;本书第 361 页。

对中岛端上述内容涉及到的中国国民性的欠缺，北洋学子们的反驳相对平和。介绍国会请愿运动的"译者曰"篇幅较长①，有较强的史料价值。

支那人有省分观念无国家观念

本章②中，中岛端从1905年底的上海罢市风潮，和皖籍京官合谋惩治贺昌运，来论述中国人同省同乡观念之强。又历数浙江人士汪康年与粤籍康有为、梁启超和鄂籍陈梦坡的相互抵牾，江苏、浙江两省人士的难以相容，粤湘人士为主的同盟会与江浙人士为主的统一党（通称光复会），内有小派别、外则相对峙等等事例，以抨击中国人的省分观念。更追溯中国南北分立的经济、语言、风俗习惯之根源和历史上的割据分裂，概述民国以来的分立状况。虽有现象铺陈过多，指摘未必对应等欠缺，大体上还是层层递进、步步深入的，有一定的借鉴作用。

北洋法政学子的反驳，特别是揭示日本明治维新之前的割据纷争和各地语言、风俗的差异，也有理有据，颇有说服力。

支那之运命

在前几章多方论述中国不能实行真正共和与统一的基础上，中岛端在本章③进一步叙述俄、英、法对中国的虎视眈眈和蚕食，列强承诺"保全中国领土"的不可靠和中国被分割的不同形式与层面（"表面之分割"与"里面之分割"④），最终结论是中国必然被分割，且迫在眉睫。

北洋法政学子们既批评中岛端"以察满清朽败官吏之思想，察我民国新人物；窥专制国家之眼光，窥我共和政府。谰语诡词，厚诬为里面分割确证，何荒诞僻谬，一至于此"；也承认"苦言药也，甘言疾也，我政府诸公傥⑤视为药石，深自警省，未始非他山之一助云"⑥。

下编

如果说上编是中岛端对中国共和政体无前途、分裂命运难避免的论述，下编则是他对日本应参与分割中国甚至独占中国的论述，和对日本自身的反思。客观地看，他论日本之存亡固有妄议，论中国之分割亦有夸张。就其能直面日本的各方面弊端来看，既有对日本爱之深、恨之切的因素，也显现了"乡野村夫"的耿直气质，难能可贵。

---

① 点校本第366—369页；本书第356—359页。
② 点校本第372—401页；本书第363—405页。
③ 点校本第402—414页；本书第406—418页。
④ 点校本第410页；本书第415页。
⑤ 傥：同"倘"。假若，倘若。
⑥ 点校本第413—414页；本书第419页。

东亚之孟罗主义

中岛端在本章①中首先承认：按照孟（门）罗主义，"支那二十一省之事，唯支那人得处分之，不容他国人之掣肘"②。但他接着强调：在实际上，中国面临着分割危机，且关系到日本、东亚乃至世界③。除了俄人略蒙古伊犁新疆取北满、英国人西藏、法人入云南的危险外，还面临着德、美两国的觊觎。中国沿用的以夷制夷外交方针，难以抵挡德、美的染指。本章的论述，为以下几章论述日本对中国分割的态度、方针做了铺垫。

北洋法政学子们则一针见血地指出：孟罗主义者，即日本独吞中国之代名词耳④。

日本与支那分割

在本章⑤里，中岛端自诩日本为决定中国是否被分割的关键力量，指出在支那分割的危机面前，日本有两种选择：或者"独任拨乱反正之事，建回天挽澜之业"，"乘分割之机，先发不为人制，扼守其要害，控制其形胜"（这是中岛端期望的所谓最好结局），或者"俨然局外中立，毫不与分割之议"⑥（这是中岛端认为"断断不能行"⑦的选择，主要为了与前一种选择做对比）。支那分割的危机之所以尚未发生，"以其邻于日本"，得到了日本的"保护"和"后见"⑧。在八国联军战争中，日本应其他国家之请才出兵，攻陷大沽、天津、北京出力最大（这无意中表明了日本对中国的危害之大），入北京后纪律最好，索取赔款最廉。列强之所以未分割中国，主要是震慑于日本之威势。日俄战争则是日本为了阻止俄国分割中国东北而战，是对中国的极大恩惠。辛亥革命反而暴露了中国的"丑态陋态"，激发了列强分割中国的野心。到20世纪初，列强瓜分世界的企图依旧，武力分割世界的准备依旧。中国未被分割，并非由于人多地广、民族团结、青年觉醒，不甘受外族异种之羁绊。恰恰相反，中国人畏强侮弱，自晋末到清代，"生息于外族异种之下久矣"⑨。总起来看，中岛端对当时世界局势，特别是中国所处国际环境的把握尚有较高水平，甚或不低于北洋法政学子。北洋法政学子也承

---

① 点校本第415—439页；本书第420—445页。
② 点校本第415页；本书第420页。
③ 点校本第416页；本书第421页。
④ 点校本第438页；本书第445页。
⑤ 点校本第440—452页；本书第448—464页。
⑥ 北洋本下编第18页；点校本第440页；本书第448页。
⑦ 北洋本下编第28页；点校本第454页；本书第470页。
⑧ 点校本第442页；本书第450页。
⑨ 点校本第445页；本书第455页。

认"其述列强谋我之情,洞若观火"①。但他极力渲染中国的分割危机,很难说是出于关心中国的好意。退一步说,他即使"无意"煽动对中国的分割,部分日本人的自负感亦暴露无遗。且正因为"无意",而更加暴露其自负。

在本章里,中岛端历陈中国的弊端、痛史,北洋法政学子们则极力为中国辩护。在下编的最后几章,当中岛端深入反思和尖锐抨击日本自身的弊端缺陷时,北洋学子们则正中下怀,借机反诘。这正是中日文化的不同视角所致,体现了中日文化、特别是日本侵华思潮与中国反侵华思潮的碰撞。

日本与支那分割之方略

本章②里,中岛端再次提及在中国分割的危急关头,日本面临的两种选择:"全不与于分割"和"进而与于分割",并明确指出前者为日本"帝国上下必所不甘服也。何者? 既往之对外政策从根本上被破坏故也","断断不能行也"③。这里所说"既往之对外政策",应即 1868 年日本以天皇名义宣布的"开拓万里波涛,布国威于四方"的对外扩张政策。基于此,中岛端视日本在甲午战争时"将入山海关为北京城下之盟",因"三国干涉"不得不放弃辽东半岛,为"吞恨忍羞"④;进而为日本规划了乘中国被分割之机,"争衡于中原"⑤的蓝图和"方略":即以"东亚主人"⑥之地位自居,以控制朝鲜半岛为"除西顾之忧为大陆雄飞之地"⑦即侵略中国的跳板,北方以南满为"进取之策源地","西由内蒙古起至于山海关一线,横断南下,而直隶而山西。至少限于黄河以北,不可不置于我之势力圈内"⑧;南方则将福建"藉为分割之一据","连福建一带以至于浙江、江苏统归我统治圈内"⑨;从而"立南北犄角之计"⑩,"河北之兵力与江南之富力胥入我掌握中,中原形势大半可决矣"⑪。对此方略,中岛端又分析了中国南北方的经济、地理、割据状况作为依据,并指出日本欲"争衡于中原",必然与英国和其他列强发生冲突,因而必须尽早确定"国是",充实"国力"。"苟国是一定不移,国力坚定刚健

---

① 北洋本下编第 17 页;点校本第 439 页;本书第 446 页。
② 点校本第 453—465 页;本书第 469—484 页。
③ 北洋本下编第 27、28 页;点校本第 453、454 页;本书第 469、470 页。
④ 点校本第 454 页;本书第 470 页。
⑤ 点校本第 455 页;本书第 471 页。
⑥ 点校本第 462 页;本书第 482 页。
⑦ 点校本第 454 页;本书第 470 页。
⑧ 点校本第 455 页;本书第 471 页。
⑨ 点校本第 455、459 页;本书第 471、476 页。
⑩ 点校本第 455 页;本书第 471 页。
⑪ 点校本第 459 页;本书第 477 页。

欤,举二十一省而统一之可也"①。如此等等,暴露了中岛端对中国的殖民
野心。

日本与支那分割之利害

中岛端在本章②中论及:列强东侵,亚洲诸国败亡,只余中日两国在抗
衡。两国之中,中国又面临不可避免的瓜分,唯余日本"据东亚主人之位,
隐然握霸者之权"③,"据东亚之形胜,居其中"④。中国被分割,将加剧日
本与欧美列强和中国的矛盾与冲突,不利于日本对中国的经济、军事等殖民
利益,也不利于日本的国土和主权安全。因此,对日本最有利的选择是独占
中国。

客观地讲,中岛端对独占中国,讲得比较模糊,将其隐藏于黄、白人种对
立和冲突的"东亚门罗主义"或曰"大亚细亚主义"的理论外衣之中。但是
纵观中岛端的所有论述,在日本对中国"全不与于分割欤,抑进而与于分割
之事"的两种选择中,其基本倾向只能是参与分割乃至独占中国。对此,李
大钊等北洋法政学子则一针见血地指出:亚洲孟罗主义,或曰大亚细亚主
义,"乃日本希图独霸亚东之代名辞耳!"⑤

日本百年后之运命

在本章⑥之前,中岛端对日本倍感自豪;本章之后,则对日本诸多抨击。
自相矛盾,还是客观辩证,值得斟酌。就中岛端本人看来,应属客观辩证;在
北洋法政学子的视角看来,则是自相矛盾。

就本章内容而言,在"日本百年后之运命"的大标题下,中岛端却并无
深刻论述,仅有对日本官员的简单指责,令人有名不副实之感。

日本之教育

在上编的"支那人无共和之素养"一章中,中岛端曾以中国人的教育程
度远远不如日本而自炫,在本章⑦中却又对日本的教育作了严厉抨击。这
固然体现了中岛端作为学者的独立判断和客观表述,也难免令人有"自相
矛盾"之感。这种"自相矛盾",被北洋法政学子们紧紧抓住:"著者尝谓吾
国人口仅当日本十分之一,而以教育不普及为其实征。吾始也惑且愤,继也

---

① 点校本第 462 页;本书第 481 页。
② 点校本第 462—479 页;本书第 487—501 页。
③ 点校本第 470 页;本书第 491 页。
④ 点校本第 471 页;本书第 492 页。
⑤ 点校本第 479 页;本书第 502 页。
⑥ 点校本第 480—485 页;本书第 503—509 页。
⑦ 点校本第 486—489 页;本书第 511—513 页。

愧且惧,而终也恍然悟日本之教育如是如是而已。夫以如斯之教育,虽举国领其旨要,其结果不过深固其奴根,奖劝其狡黠,将挟一二小智慧小技术以为害义之资、济奸之具耳"①。

实际上,中岛端认为中国的教育水平非常低,大多数人不识字,教育当局往往弄虚作假,与日本相比自然差距很大。而日本的教育虽然普及率较高,但在奉行教育敕语、改良社会风气、强化社会道德、开拓思想、导引人心等更高层次上,仍有许多问题。就此来看,中岛端的论述也还不算自相矛盾。

日本之实业

在本章②中,中岛端一方面承认日本实业之发达、勃兴,另一方面也看到日本经济"外有殷富繁昌之观,内呈疲弊困顿之象",与欧美先进国尚不能"同日论",要实现"国力富实"还"极辽"。

日本学者後藤延子在《中岛端〈支那分割之运命〉泛论》中指出:最令人注目的是,《驳议》对于第七章"日本之产业",既没有眉批,也没有评论。这一章叙述了日本的产业还处于第一次产业的幼稚阶段。下编第三章③论述日本的国力时,中岛端叙述了日本因为日俄战争,内外债已超过20亿日元,每年的租税达到7亿日元,国民的负担年年递增,出现了"全国破产之祸"。在这些地方,驳议者加入了"日本苦贫"的眉批。而在第七章中,译者好像还没有理解到日本是一个农业国的现实,和日本财力不足拿不出对外侵略的战费之间的关系。④

日本之陆海军

中岛端在本章⑤中,一方面承认日本海陆军之强盛,另一方面又抨击其为萨摩、长洲之军人所分别把持。北洋法政学子们则认为海陆军能"保护国民生命财产"即可,不必深究其为何方人士掌控;甚至还以清朝"海陆军大臣"的年幼无知作对比⑥,令人惊奇。

下编"日本百年后之运命"之后,中岛端对日本的深入反思和尖锐批判,给北洋法政学子们的反驳提供了许多口实,有些言论连北洋学子们也觉得中岛端对日本过苛。驳议者在本章的"译者曰"和"眉批"中,即认为中岛

---

① 点校本第 488 页;本书第 513 页。

② 点校本第 490 页;本书第 515 页。

③ 即"日本与支那分割之方略"一章。

④ 参见本书第 614 页。

⑤ 点校本第 491—496 页;本书第 516—520 页。

⑥ 点校本第 495 页;本书第 521 页。

端对日本陆海军指责过甚，有为其鸣不平之意①。

日本之外交

在本章②中，中岛端以日本是对中国的"施惠国"自居，认为日俄战争是日本对中国的恩德，此后的日本对华外交不够强硬，没有取得应得的利益。从而暴露了他对中国的野心，显现了他在"后叙"中所做自我辩解（对中国爱之深恨之切）的虚伪性。当然，在指责日本当局对华外交的前提下，中岛端也对二辰丸事件中日本驻华公使的粗暴行为，给予一定的批评。

北洋法政学子们斥责中岛端"以狂癫之论，助长其政府贪鄙之心"③，相当有道理。本章的"译者曰"和"眉批"所述，亦甚为有力。

日本之宪政

本章④的前提是对日本的政治环境恨铁不成钢，激励日本为参与分割乃至独占中国而奋起改革。在此前提下，中岛端对日本政体的弊端作了较为深入的反思与批判，也表明了明治维新之后日本政体和言论自由的宽容度。

本章的"译者曰"和"眉批"，主要是对中岛端的反诘，似乎深度不够。

世道人心之一大危机

本章⑤以忠君爱国为前提，抨击和感慨日本世风之日下。虽与前面对日本的自夸有所抵牾，其对日本的自我反思和批判精神则值得肯定。

中岛端说"幸德一辈，何物鬼畜⑥。以日本民族一分子，敢谋大逆不道。其本身之悖乱，直不可以人类视，岂非明治昭代一大污点乎，又岂非三千年来第一不祥之事乎"⑦，则既暴露了他的忠君守旧倾向，又属人身攻击之词，有失学者体统。

李大钊等北洋法政学子针锋相对地指出："幸德氏慨然提倡社会主义，欲以平其不平，正与著者痛斥元勋大臣及萨、长二州人专横无忌之言相合。

---

① 点校本第 495—496 页；本书第 520—521 页。
② 点校本第 497—509 页；本书第 522—535 页。
③ 点校本第 509 页；本书第 536 页。
④ 点校本第 510—519 页；本书第 537—557 页。
⑤ 点校本第 530—538 页；本书第 559—568 页。
⑥ 日文中的"鬼"，既指鬼魂，更指一种神通广大、法力无边的妖怪，褒大于贬。第二次世界大战中，日本同美英开战，日本人骂美英骂得最狠的一个词，叫"鬼畜美英"，但从来不骂"鬼畜中国"、"鬼畜俄罗斯"。为什么？在他们眼里，"鬼畜"也哉，是十分厉害的敌人，要认真对待，不可等闲视之。而中国和俄罗斯，曾是他们的手下败将，还不配称为"鬼畜"。参见卞毓方著：《日本人的"真面目"》，漓江出版社 2016 年版，第 54 页。此处称"幸德一辈"为"鬼畜"，应属贬义。
⑦ 点校本第 533 页；本书第 563 页。

且其处死刑也,以公道之在人心,世界万国国民无有不痛斥日本政府之惨无人理者。著者乃詈之为鬼畜,诋之为大逆,岂真别有肺肠欤?"①

日本国民之觉悟

在前面几章尖锐抨击日本的教育、实业、外交、宪政和世道人心的基础上,本章②抒发了对日本国民的希望,既注重于下层民众,又分别对日本的元老诸公、当局诸大臣、政友国民两党、海陆军人、贵族缙绅、富豪之徒、宗教家、教育家、五千万之同胞和帝国上下发出呼吁。最后提及"扬我帝国之声威"、"祈我帝国上下之同心奋起"③,算是对下编内容的呼应,与全书主题——"支那分割之运命"——的呼应则显得单薄。

在本章里,中岛端标榜日本应"勿以侵略之念临人,勿以侮弱之眼视人。以不嗜杀人之心,持扶植人道之主义,行同种同族患难相救、疾病相扶之政策"④。这与其在前面大肆渲染中国的落后衰败和分割危机,积极为日本参与分割乃至独占中国出谋划策,似乎自相矛盾。但他接着所说"以生人之道杀人,虽死不怨;以佚人之道劳人,虽劳不叛。杀人剑即活人剑,恩惠兼行,宽猛相济,功勿自伐,德勿自恃,勿急一时之近功,而误百年之大计"⑤,则隐含杀气。最后所说"扬我帝国之声威,殆功业于百代者今日也"⑥,也只能理解为日本大肆参与分割中国乃至独占中国,很难理解为对中国友好,并退出中国。

北洋法政学子们最后抨击其"口蜜腹剑"、"口口王道,犹是天宝时代之头脑"⑦,"余方谓著者以先觉自命,奔走呼号于国人者,必国利民福之问题,曰平等也,曰自由也,曰推倒君主也。抑知其不然,乃欲残民以逞,扰乱和平,而梗大化。吁,曷其谬哉! 然则著者实害世运之蟊贼,而阻进化之人妖鬼畜也"⑧等,甚为有力。

(二) 总述

综合以上各章的内容,对中岛端此书可概述为以下几个方面。

---

① 点校本第 535—536 页;本书第 566—567 页。
② 点校本第 539—549 页;本书第 570—578 页。
③ 点校本第 547 页;本书第 578 页。
④ 点校本第 546 页;本书第 577 页。
⑤ 点校本第 546—547 页;本书第 577 页。
⑥ 点校本第 547 页;本书第 578 页。
⑦ 点校本第 546—547 页;本书第 577—578 页。
⑧ 点校本第 548 页;本书第 579 页。

1. 议论分割,公然无忌;究其倾向,应非善意

在全盘否定袁世凯、孙中山等民国人物,历数中国无实行共和之资格、历史、思想、素养和信念的基础上,中岛端得出中国必然被分割的结论,极力论述日本应参与对华分割,甚至应独占中国,并为之制定"方略",暴露了对中国的侵略本性。

对大肆渲染中国落后和必然被分割的动机,中岛端自己辩解为对中国爱之深、恨之切。对此,他在《支那分割之运命》的"后叙"中写道:

> 余已卒业①。或告余曰:甚矣子之善骂也。子非家世业儒之人,而又非曾游禹域,多与其士夫交欤?今乃著论,历诋其士夫政俗,不少宽假,若有怨毒焉者,无乃太甚乎!余曰:吁!此何言!俚谚不云乎,爱之至者,憎疾亦百倍焉。今夫乡曲子女,逾墙钻穴,淫奔失节,曾犬豕之不若。我则謷瘝而斥之,或且嘲而笑之矣。至若吾宗亲子侄,一有类此者,我则慨然泪出,谆谆而诲之。诲之而不足,则又攻诘而激之。激之而不足,则又谇骂而叱咤之。甚且挫其发,鞭其背而逐之矣。无他,亲疏之分不同故耳。支那之与我日本,非所谓兄弟之国者耶?子亦盍见今之情势乎?其腐败丑污,岂仅淫奔失节而已耶。其无道义也,无纪纲也,岂仅逾墙钻穴而已耶!然而上下沈酣,昏昏醉梦,我安得不厉声疾呼,又安得不谇骂叱咤!我之泪安得不涟如洒如,又安得不挫其发而鞭之。一部支那分割②,乃我之厉声疾呼也,谇骂叱咤也,涟如洒如之泪也。窃谓此亦同宗至亲之道宜尔。而子乃咎之,不亦异乎?且今白人之强梁跋扈亦极矣!穿人藩篱,毁人堂奥,必不覆人之室、歼人之族不已。苟不自戒,岂特支那之豆剖瓜分而已哉!虽我日本,亦不可保其金瓯无缺;而黄种全体,且不知其死所矣。则我之呼号分割运命者,又岂仅为支那一国而已哉。抑余更有进焉者,古语云:福兮祸所倚,祸兮福所伏。安知今之分割之祸,不为明日大一统之始耶;又安知白人全盛之日,乃非黄种始兴之机耶;又安知我之说支那分割者,非天之假一野人,以警醒四万万人耶。③

中岛端的这种辩解,看起来情真意切,很有说服力。仔细探究起来,则

① 余已卒业　应指中岛端的《支那分割之运命》已经出版。
② 一部支那分割　即中岛端的《支那分割之运命》一书。
③ 见本书第230—231页。

未免虚伪。把中国的被分割与否和日本的"保其金瓯无缺",乃至"黄种全体"联系在一起,是一种荒唐的逻辑,最终结论只能是由日本主导亚洲事务,成为亚洲霸主。

中岛端在书中多次提及甲午战争和日俄战争。在甲午战争后签订的《马关条约》中,日本强迫中国赔款 2 亿两白银,又索取"赎辽费"3000 万两,共计 2 亿 3000 万两,为日本 1895 年财政规模的大约 3 倍;还强迫中国割让台湾和澎湖列岛。中岛端对这些极少提及,更无对中国的同情和歉疚,而只认日本未得到辽东半岛是"吞恨忍羞"①,可见其对中国并无善意。

对日俄战争,中岛端则基本不提日俄两国在中国土地上争夺霸权的帝国主义战争性质,更不提对中国造成的巨大危害,而是多次渲染日本"出军一百万,费财二十亿,抛我同胞之头颅几十万个,流我同胞之血几十万斗,所失如彼其多,所得如彼其微"②的战争损失;认为日本是为中国而战,中国应对日本感恩,并就中国对日本的所谓知恩不报表示不满③。从而暴露了他对中国的殖民态度和缺乏善意。

中岛端的弟弟中岛悚,在为《斗南存稿》写的"跋"中介绍说:"斗南孰谓,端字俨之。中岛氏,我仲兄也。幼聪慧,承家学,六岁读书,一读辄诵,先君大喜。十三能诗文,崭然见头角。资性皎洁,矜持甚高,不肯卑说希世。狷介善骂,不能仮④人。人亦因莫之能仮,大抵视以为狂。遂自号曰斗南狂夫,以故志业多与世暌,欲有所为,而终不能有为。郁郁数年,南航游沪苏间。当是时,西邻上下,小惩大戒,讲变法自强之策,有提撕可醒之象。仲兄既不得志于内,欲求知己于外。至则与其学士论客商榷,有所扶掖启登,意谓遭此西力东逼之日,俱居辅车相依之邦,交阋互狠,不知协力共济。一旦风潮大兴,不能同舟相救,则将俱澌两泯而尽归灭种。此大可惧。振作西邻,乃所以保全吾东方也。居久之,亦不惬意。乃曰:南人虽巧慧无气魄,不足与谈振作。北人粗豪,尚或可用。遂去北游燕京。而清廷已属弩末,国事日非,不可救药,喟然长息而去。去仅半载,武昌鼎革之变起焉"⑤。

这段话概述了中岛端的生平及其来中国的原因("志业多与世暌,欲有所为,而终不能有为")、观感("居久之,亦不惬意。乃曰:南人虽巧慧无气

---

① 点校本第 454 页;本书第 470 页。
② 点校本第 454 页;本书第 470 页。
③ 点校本第 498—499 页;本书第 523—524 页。
④ 仮　古同"反"。含义不祥。此处应为"说服"、"与人善处"之意。
⑤ 此处引文据后藤延子教授提供的《斗南存稿》"跋"复印件。《斗南文稿》的出版机构和出版时间,不详。

魄,不足与谈振作。北人粗豪,尚或可用。遂去北游燕京。而清廷已属弩末,国事日非,不可救药,喟然长息而去")。其中所说中日两国"遭此西力东逼之日,俱居辅车相依之邦,交阅互狠,不知协力共济。一旦风潮大兴,不能同舟相救,则将俱澌两泯而尽归灭种。此大可惧。振作西邻,乃所以保全吾东方也",似有中日提携、生死与共之意。但此处所述过简,难以看出他的最终主张。且中岛端对中国失望而去,在《支那分割之运命》中虽也提及此意,最终的选择却是鼓动日本对中国的分割乃至独占。这就很难表明他对中国的善意。

2. 溯自有源,同论颇多;虽非主流,亦显广泛

应该指出的是,当时站在日本军国主义立场上,大肆渲染侵略和瓜分中国的,还有不少。对此,有关专著概述说:近代日本侵略中国的数十年里,的的确确炮制、兜售过一系列的侵略思想理论,有的还较为系统。如源于幕府末期一脉相承的"大陆思想",吞并中国的"东亚联盟论"、"宇内混同说"、"大东合邦论",转嫁灾祸于他人的"补偿论",称霸世界的"大东亚共荣圈论",涂脂抹粉、极力辩解的"解放亚洲论"、"自卫自保论"等等,前后相继,不绝于耳①。日本的侵华思想理论在具体的存在形态上并不完全相同:既有转变成公开的国家侵略政策的部分,也有包容于政治家、学者、思想家、理论家、文学艺术家及其他社会权威人物的言论作品中流传于世的,还有散布在国民教育、战争动员、道德评判、社会规范之中的,也还有潜藏在广大民间人士的野史絮语中的,更有广泛地渗透于国民的心理意识、风俗习惯里的成分,十分复杂。因此,日本侵华思想理论的存在,既有显性的,又有隐性的;既有零乱的,又有系统的;是一个隐晦与露骨相间、直接与间接共沉的复合历史现象。

在表现形式上更是复杂多样。有"神国"思想、"八紘一宇"观念、民族优越论、国家主义以至军国主义,有法西斯主义,有反对儒学以求重生的"脱亚入欧"思想,有主宰亚洲、瓜分世界的"大东亚共荣圈"战略等等,面目各异,变化多端。

在日本侵华思想理论的形成发展过程中,影响较大的代表人物主要有:丰臣秀吉、林之平、并河天民、本多利明、内田良平、内藤湖南、佐藤信渊、吉田松阴、桥本佐内、明治天皇、福泽谕吉、樽井藤吉、曾根俊虎、副岛种臣、山县有朋、木户孝允、伊藤博文、大隈重信、德富苏峰、橘朴、北一辉、大川周明、昭和天皇、藤泽、石原莞尔、石原广一郎、东条英机、田中正明、石原慎太郎

---

① 　渠长根著:《日本侵华思想理论探源》,新华出版社 2009 年版,"前言(代自序)"第 3 页。

等。他们之中既有官僚、政治家,也有文人知识分子,还有军阀、财阀等,来源很广,覆盖面也很宽,几乎涉及了日本社会生活的所有层面。①

这样看来,中岛端对中国分割的公然议论,并非绝无仅有,只此一家。而在许多关于日本侵华思想理论的专著中,并未提及中岛端的主张。可见他的主张,在日本侵华思想理论的森林中,并非大树,仅系枝叶;是乡野学人的独鸣,而非都市合奏。中岛端曾经蔑称中国的袁世凯、孙中山不过是"革命涡中之一浮沤已耳"②。套用此话,也可以说中岛端是日本侵华思潮的"涡中之一浮沤"。他的著述虽非特别引人注目,却反映了侵华思潮在日本的广泛性。

仔细分析起来,中岛端的主张,被概括为"支那分割论"③。

"支那分割论"是日本侵华理论的形态之一。所谓"支那分割",在日语中有两层意思,一是"分割支那",即由日本主动将中国分割;另一个意思是"支那被分割",即认为中国在列强的侵略中四分五裂,成为列强的属地。

关于第一层意思,早在明治维新开始六七年后的 1873 年 4 月,江藤新平(1834—1874)就在《支那南北两分论》中提出,日本应将中国分割为南北两部分。江藤新平是明治维新功臣之一,曾在明治政府中任副议长、司法卿等高官,一贯主张对朝鲜和中国实施侵略。他曾与另一个明治维新元老西乡信纲一起鼓吹"征韩"(立即出兵侵入韩国),后因西乡在政治派别斗争(西南战争)中兵败身亡,江藤也被贬谪解甲归田,成为在野人士。在被贬回佐贺老家后,他更进一步将"征韩论"发展为侵略中国的"支那南北两分论",并在同道中宣传。不久,他因参与策划反政府的叛乱被捕并被处死,至死仍念念不忘实施"支那南北两分"的侵华计划,在狱中赋一首汉诗曰:"欲扫胡臣盛本邦,一朝蹉跎卧幽窗。可怜半夜潇潇雨,残梦犹迷鸭绿江"。他在《支那南北两分论》中认为,中国虽然版图很大,但气数已尽,不可救药了,现在应该乘朝鲜与日本发生外交纠纷之机,联合俄国将中国瓜分掉。瓜分后中国北部让给俄国,南部归日本所有,然后待时机成熟,再驱逐俄国,整个中国全归日本,届时"圣天子(指日本明治天皇)迁都北京,从而完成第二次维新之大业"。可见,在江藤的计划中,"南北两分"只是手段,而目的是由日本独占中国。

江藤新平的"支那南北两分论"并进而占领整个中国的狂妄计划,因西

---

① 渠长根著:《日本侵华思想理论探源》,新华出版社 2009 年版,第 12—13、14—15 页。

② 点校本第 295 页;本书第 278 页。

③ 王向远著:《日本对中国的文化侵略——学者、文化人的侵华战争》,昆仑出版社 2005 年版,第 71—77 页。黄华文著:《抗日战争史》,湖北人民出版社 2007 年版,第 40 页。

方列强的牵制而一时难以实现。20多年后,日本与俄国为争夺中国东北而爆发战争,江藤的联俄计划归为泡影。从八国联军侵华,到辛亥革命推翻清朝皇帝,再到袁世凯复辟帝制、军阀割据,在20世纪初的若干年中,由于众所周知的原因,中国社会陷入了一时的混乱,日本及西方列强趁机加紧瓜分中国。在这种情况下,日本的侵华理论又有了新的形态,就是主张在列强对中国的瓜分中,日本要攫取尽可能多的领土与权益,这就是另一种形态的"支那分割论"。其代表作有两种,即中岛端的《支那分割之运命》,和酒卷贞一郎的《支那分割论》。

有些论著比较明确地概括了中岛端在日本侵华思想理论源流中的位置:继山县有朋之后,日本军国主义御用文人德富苏峰、中岛端和酒卷贞一郎又分别提出了"大日本膨胀论"和"支那分割论"。1894年,德富苏峰在其《大日本膨胀论》一书中指出,日本人口在膨胀,日本国土也要膨胀。公然提出,立即对中国开战是膨胀的日本进行膨胀活动的好机会,提醒日本当权的政治家不要错过良机。1911年和1913年,中岛端和酒卷贞一郎又先后在其《支那分割之运命》和《支那分割论》中,断言中国不可避免地被分割,鼓吹在中国被分割时,日本的责任在于独占中国,由日本负责中国所留下的遗产①。

在形形色色的日本侵华理论中,中岛端的支那分割论并非特别著名,许多有关论著中甚至未提及其人其说。在一定意义上,这恰恰表明了日本侵华思想理论从政界、军界、外交界到学界,从都市名流到乡野学人的广泛性。有学者指出:"日本的一系列侵略扩张之策多出自民间,大脑在基层。何以证之?一是自丰臣秀吉以来,日本人的生存意志越来越清晰,在殖民的理由、方向、路线上,基本达成共识;二是某些知识人号准了为上者的脉搏,积极为之奔走呼吁"②。这样,以《〈支那分割之运命〉驳议》为交集点的中日文化碰撞,则既有一定的偶然性,又有历史的必然性。

还应该指出的是,19世纪末20世纪初,中国的确面临着严重的瓜分危机。许多爱国志士都在大声疾呼,避免中国被瓜分。

早在1894年11月,孙中山在创立革命团体兴中会时起草的《兴中会章程》中就指出:"方今强邻环列,虎视鹰瞵,久垂涎于中华五金之富,物产之饶。蚕食鲸吞,已效尤于接踵;瓜分豆剖,实堪虑于目前。有心人不禁大声疾呼,亟拯斯民于水火,切扶大厦之将倾"。

---

①　黄华文著:《抗日战争史》,湖北人民出版社2007年版,第40页。
②　卞毓方著:《日本人的"真面目"》,漓江出版社2016年版,第56页。

1895 年,严复在《救亡决论》中写道:"天下理之最明而势所必至者,如今日中国不变法则必亡是已","处存亡危急之秋,务亟图自救之术"。

1898 年,康有为在保国会的演说中也指出:"吾中国四万万人,无贵无贱,当今日在覆屋之下,漏舟之中,薪火之上,如笼中之鸟,釜底之鱼,牢中之囚,为奴隶,为牛马,为犬羊,听人驱使,听人宰割,此四千年中二十朝未有之奇变"。

在此大背景下,李大钊等爱国志士,也时常提及中国的瓜分危机。

早在 1912 年 6 月的《隐忧篇》中,李大钊即写道:"蒙藏离异,外敌伺隙,领土削蹙,立召瓜分,边患一也"①。此文写作和发表于李大钊等人翻译和评论中岛端的《支那分割之运命》前后,"和他在学期间接触到中岛端的著书"或有一定关系②。

在 1913 年 6 月的《裁都督横议》中,他又指出:"方今国势之危,倍于前清,蒙藏离异,外患日亟,财政匮竭,仰屋空嗟。若犹各自雄长,不速筹共救之谋,近蹈巴尔干之覆辙,远步埃及之后尘,哀哀炎裔,讵鲜英杰,忘[忍]见祖若宗,筚路篮[蓝]缕、披荆刈棘、辛艰缔造之河山,豆剖粉裂以去耶! 忍见四千余载声华明盛之族,为波兰、为印度、为朝鲜,宝玦王孙,相泣路隅,长为异类之奴乎?"③

1915 年 2 月初的《警告全国父老书》,则明确针对日本的侵华图谋,慷慨激昂地呐喊:"呜呼,吾中国之待亡也久矣! ……甲午之战既终,日人挟其战胜之余威,索我辽东半岛。外交黑幕,捭阖纵横;坛坫樽俎之间,乃不得不有所迎拒以图一时之牵制。而引狼拒虎之祸,势又缘兹以起,且至不可收拾。卡西尼中俄密约④之结果,旅大租于俄,广州租于法,威海租于英,胶州租于德。意大利闻而生心,亦欲据我三门湾。自是卧榻之侧,有他人鼾睡之声,独立之邦,伏列强割据之迹。若则齐躯竞进,若则单骑独行,铁路告成,矿山斯去,军旗所至,商旅遂来。中更庚子之乱,日俄之争,外力益以潜滋,势力略有转易。凡其利权垄断之域,辄扬势力范围之言,均势之界愈明,瓜分之机愈迫;英之于西藏及长江流域也,俄之于外蒙、伊犁也,日之于福建、南满也,法之于滇,德之于鲁也。或由战胜攻取,或由秘密缔约,或由清廷断

---

① 中国李大钊研究会编注:《李大钊全集》(修订本)第一卷,人民出版社 2013 年版,第 1 页。
② [日]後藤延子著:《中岛端〈支那分割之运命〉泛论——一个亚细亚主义者的选择》,见本书第 586 页。
③ 《李大钊全集》(修订本)第一卷,人民出版社 2013 年版,第 68 页。
④ 《李大钊全集》(修订本)第一卷,人民出版社 2013 年版,第 221 页。

送,或由列国协谋,均于其所志之地,攘得不让他国之特权"①。

其他爱国志士的类似言论,则不胜枚举。

以挽救中国为前提的孙中山、康有为、李大钊等人,和以分割中国为前提的中岛端等人,自然有着不同的立场和动机。但双方都承认中国面临着瓜分危机,也是不能忽视或掩盖的。就此来看,中岛端"支那分割论"的要害,不在于揭示中国面临的瓜分危机,而在于渲染和夸大这种危机,极力论证其必然性,并得出日本应积极参与瓜分乃至独占中国的结论。从李大钊等北洋法政学子的角度来看,虽然对中岛端的"支那分割论"予以抨击,却未将其放在日本侵华思想理论的大背景下考察和评述,也有一定的欠缺。

3. 忠君思想,积习颇深;议论中、日,皆有体现

中岛端具有浓厚的忠君思想,对中国和日本的君主制情有独钟。基于此立场,他认为清朝的灭亡是"亡国",对中国的辛亥革命没有好感,对民主共和的命运不抱乐观态度,有意无意地夸大了中国面临的瓜分危机。与此相应,他一方面对日本的明治天皇和君主立宪政体赞不绝口,多次提及"不世出之明君"、"英主"、"圣天子","圣德日新,如日月之中天"等;另一方面,在尊崇天皇的前提下,对日本的政体、政客也作了较多的反思和批判。

1868 年明治天皇即位时,中岛端还不足 10 岁,正是世界观、人生观开始形成的时期;1894 年中日甲午战争时,他 35 岁;1900 年日本参与八国联军侵华时,他 42 岁;1904 年日俄战争之后,他 47 岁。中岛端逐渐成长的过程,正是明治天皇逐渐稳固其权力,推行明治维新,使日本国力逐渐强盛,并开始侵略中国的过程,也是他对明治天皇逐渐崇拜、甚至奉若神明的过程。有的论著分析说:"日本战胜了俄国,这对日本人的心理冲击无论怎么估计也不过高。继承武士道传统的日本海军和陆军的素质,经日本报纸和书刊的一再渲染,爱国主义传奇故事、英勇无畏的精神,特别是明治天皇神奇而非凡的领袖形象,深深地影响着日本社会各阶层的人们。日本人心中的自信心、骄傲感迅速上升"②。中岛端在《支那分割之运命》中表现出的忠君心理,与此大体上一致。

4. 抨击袁、孙,贬斥民国。用意非善,亦非独有

在"袁世凯之月旦"一章及有关章节,中岛端历数辛亥革命前后袁世凯的作为,虽一度称他为"支那唯一之大政治家、大外交家"③,却采取了基本

---

① 《李大钊全集》(修订本)第一卷,人民出版社第 211—212 页。
② 王天平著:《史实——日本三代天皇侵华内幕》,辽宁教育出版社 2007 年版,第 86 页。
③ 初印本、重印本第 7 页;点校本第 274 页;本书第 253 页。

否定,乃至全盘否定的态度。不但对袁世凯在辛亥革命前后的言行嗤之以鼻,将其定性为"翻覆欺诈之小人",还预见了他终将走向独裁专断。

中岛端对袁世凯的评价,表现了一定的预见性,与大陆学界在 20 世纪 50 年代到 80 年代对袁世凯的评价也相当一致,有值得肯定的一面。李大钊等北洋法政学子则对袁世凯全盘肯定、多方辩解,对中岛端关于袁世凯的评价全盘否定,表明了他们在当时还持拥袁态度的基本立场。与全盘否定袁世凯相比,李大钊等人的拥袁,既有一定的客观因素,有可以理解的原因,也有难以否认的局限性①。

值得提及的是,当时国内外的疑袁、反袁声浪已经出现。或如後藤教授所说袁世凯在国内外"受到的怀疑和指责日渐高涨"②。在此背景下,中岛端的批袁言论并非绝无仅有。

1911 年 11 月中下旬,宋教仁以湖南都督府代表的身份参加了各省都督府代表联合会,并竭力宣传自己的思想、主张。他明确表示,袁世凯"本不学无术,其品更恶劣可鄙",决不能同袁世凯进行议和;"满存则汉去,汉兴则满亡,万无并存之理"③,对待清政府更不可抱有任何幻想。④

1912 年 3 月的《临时约法》与 1911 年底的《临时政府组织大纲》相比,一个重要的特点是将总统制改为责任内阁制。起草约法之初,仍是按照总统制进行设计的。但在 2 月上旬,南北和议即将告成,孙中山向袁世凯让出临时大总统之职的局势已定,革命党人便立即决定改总统制为内阁制,意在用责任内阁,制约即将就职的临时大总统袁世凯。这一用意,湖南的一位参议员讲得十分清楚,他说:"现在满清的君主专制,虽然已经推翻,但是我们把建设的事业,委托他们官僚,他们能够厉行我们党的主义,替人民谋福利吗?……尤其是就袁世凯的历史上说,他的政治人格,有好多令人难以信任的地方。他自小站练兵,戊戌政变,以至于今日南下作战与进行议和的过程,所有的行动,都是骑着两头马的行动。一旦大权在手,其野心可想而知。本席的意见,原是反对议和,主张革命彻底。只因民军的组织,太不健强,同志们的意见,不能不迁就议和。今天改选总统,把革命大业,让渡于一个老

---

① 刘民山著:《李大钊与天津》,天津社会科学院出版社 1989 年版,第 186—187 页。朱成甲著:《李大钊传》(上),中国社会科学出版社 2009 年版,第 119—120 页。

② [日]後藤延子著:《中岛端〈支那分割之运命〉泛论——一个亚细亚主义者的选择》,见本书第 582 页。

③ 《致李燮和信》,《民立报》1911 年 11 月 21 日,见《宋教仁集》上册,中华书局 1981 年版,第 368 页。

④ 陈旭麓、何泽福:《宋教仁》,江苏古籍出版社 1984 年版,第 58 页。

奸巨猾的官僚,这是我很痛心的事,也是我很不放心的事。……临时约法,这时还在讨论中,我们要防总统的独裁,必须赶紧将约法完成,并且照法国宪章,规定责任内阁制,要他于就职之时,立誓遵守约法。"应该说,在当时的临时参议院里,这种认识具有相当的普遍性。于是,在参议院2月9日审议临时约法草案时,便决定将原案中的总统制改为宋教仁所一直倡导的责任内阁制。这种改变,实际上成为一种"因人设法"之举。①

1912年2月,孙中山召集参议院的同盟会议员对约法进行讨论,宋教仁与胡汉民在中央和地方的建制问题上进行了激烈辩论。宋坚决主张中央集权,胡则主张地方分权。胡汉民说:"中国革命之破坏未及于首都,持权者脑中惟存千百年专制之历史,苟其野心无所防制,则共和立被推翻,何望富强?"宋教仁则说:"君不过怀疑于袁氏耳。改总统制为内阁制,则总统政治上之权力至微,虽有野心者,亦不得不就范,无须以各省监制之。"②

1912年6月15日,唐绍仪、宋教仁为首的"唐宋内阁"垮台,激起了同盟会的强烈不满,严厉谴责袁世凯图谋"帝制自为","效拿破仑第一故事"。"此次之举动,非推翻同盟会之国务员也,直欲推翻此中华民国耳。"沪督陈其美公开致电袁世凯,质问其"唐总理固受逼而退矣,试问逼之者何心? 继之者何人?"甚至还提出,如果此举对大局无害而有益,那么更换总统也是可以的。对此,袁世凯软硬兼施,复电陈其美,反责其"误听浮言",并以威胁口吻说:对于"幸灾乐祸之徒","鄙人受国民付托之重,一日未经卸责,即一日不能为壁上观"。同时,为平息风潮,安抚革命党人,袁世凯又发表"解释猜疑"的通电,信誓旦旦地重申:"永远不使君主政体再见于中国。"他还邀请孙中山、黄兴进京,协助调和政治风波。③

当时,反袁态度最激烈的当属戴季陶等资产阶级革命党人。

戴季陶,本名良弼,又名传贤,字选堂,又字季陶,笔名天仇,祖籍浙江,生于四川广汉。《民权报》于1912年3月28日创刊,是同盟会会员中部分激进分子创办起来的,对外自称是自由党的机关报。戴季陶、何海鸣等任主编。该报创办于清帝溥仪退位、临时大总统孙中山让位给袁世凯之后。当时袁尚没有显露出违背《临时约法》的迹象,该报却很快便把锋芒直接指向袁世凯。特别是主笔戴季陶,发表了一系列以"天仇"为笔名的反袁"时评"

---

① 刘景泉、张健、王雪超著:《辛亥著名人物传记丛书　宋教仁》,团结出版社2011年版,第128页。

② 陈旭麓、何泽福:《宋教仁》,江苏古籍出版社1984年版,第69—70页。

③ 刘景泉、张健、王雪超著:《辛亥著名人物传记丛书　宋教仁》,团结出版社2011年版,第154页。

和论说,针对袁世凯践踏民主、破坏约法、推行专制的行径进行了尖锐激烈的抨击。特别是 1912 年 5 月 20 日,该报刊登戴季陶署名"天仇"的短评《杀》,公然喊出"熊希龄卖国,杀!唐绍仪愚民,杀!袁世凯专横,杀!章炳麟阿权,杀!"的大胆言辞。其理由曰:"此四人者,中华民国国民之公敌也。欲救中华民国之亡,非杀此四人不可。杀四人而救全国之人,仁也;遂革命之初志,勇也;慰雄鬼在天之灵,义也;弭无穷之后患,智也"。"革命初成,不少健儿。以全国之国民,而无人敢诛此四贼,以救全国人民之生命财产,以保五千年之荣誉之历史乎?吾殊不敢以此诬我国民也"①。

1913 年 6 月前后,以"人物品评社"名义匆忙编纂的中文传记《照妖镜中之袁世凯》,和小越平陆撰写的日文传记《阴谋家袁世凯》,相继在日本印行,并传到中国国内。这两本书将袁氏过往所为,一一数落,骂了个狗血喷头②。《照妖镜中之袁世凯》,与中岛端的《支那分割之运命》,在某些段落上较为一致,或有可能参考了中岛端的著述③,抑或二者有共同的参考文献。

就此来看,中岛端的疑袁、批袁言论,既非绝无仅有,不值得过高评价;更不能简单否定。在袁世凯"受到的怀疑和指责日渐高涨"的大背景下,北洋法政学子们的拥袁言论,虽有可以理解之处,终究显得稚嫩了些。

在"孙逸仙之月旦"一章及相关章节,中岛端虽一度称孙中山为中国民主革命的"先觉"、"伟人",更多地则批评孙中山不该与袁世凯妥协,且针对孙中山的籍贯、出身、细言微行,根据"传播江湖于耳目者",对孙中山讽刺挖苦。李大钊等人在孙、袁关系尚好的背景下,高度评价了孙中山的革命事迹和贡献,未涉及其局限性;但在此后孙、袁交恶时,又曾经把孙中山为代表的革命党人视为"暴党"、"暴民",将二次革命视为"南天动乱"④。

同样需要指出的是,对于孙中山,当时国内外的批评声浪也比较高。即使一些革命党人,对孙中山也有许多不恭之词。

早在 1907 年 2 月,宋教仁就认为孙中山"素日不能开诚布公、虚心坦怀以待人,作事近于专制跋扈,有令人难堪处"⑤。

1911 年 12 月,孙中山回到国内。对于孙中山的到来,宋教仁开始并不

① 唐文权、桑兵编:《戴季陶集》,华中师范大学出版社 1990 年版,第 389 页。
② 尚小明:《攻击与回应:民初袁世凯三传面世之幕后故事》,《历史教学》2014 年第 4 期。
③ 见点校本第 278—281 页;本书第 255—256、258—259、261 页。
④ 中国李大钊研究会编注:《李大钊全集》,人民出版社 2013 年版,第一卷第 10、40、41、75 页;第五卷第 314 页。
⑤ 《宋教仁日记》,湖南人民出版社 1980 年版,第 342 页。

欢迎。当北一辉①于当天晚上从上海赶到南京去劝说他拥护孙中山的时候,他气得满脸通红,对北一辉说:"老兄也学日本浪人的那一套吗? 你的大元帅的主张误了事,黄兴的优柔寡断又误了事,孙中山的空想再来误事的话,革命将怎么办呢? 黄兴食言不来也无所谓,我有兵力,决不允许孙派的人踏进城门一步!"这时张继也特地赶来对他进行劝解,他才改变了态度,于第二天赶到上海,参加了同盟会在哈同花园举行的欢迎孙中山的宴会②。

在东西方列强的心目中,孙中山则只是一个好说"大话"、"空话"的政治家,缺乏"领袖的能力"和"可靠性"③。

就此来看,中岛端对孙中山的轻视与批评,并非绝无仅有。考虑到1949 年之后中国大陆的许多有关论著并不否认孙中山的局限性,因而对中岛端关于孙中山的轻视与批评,也不能完全否定。

5. 剖析中国,较为深入;或非污蔑,显有夸张

总的来看,中岛端对中国的历史演变和朝代更替了解较深,对中国传统文化的糟粕感悟颇多,对辛亥革命局限性的认识较为深入。在许多章节中都涉及中国的历史。虽然其目的和主要倾向是渲染、夸大中国的瓜分危机,但所论所述,也有值得中国人反思和借鉴的一面。

在《共和政体之将来》中,中岛端指出:夫专制,东洋政治家病根也,否则古今来政治家之通弊也。试历数秦汉以来二千余年,二十一代之帝王,其间有真实爱民之意者几人哉? 非仅汉之文帝、宋之真宗二人乎? (均苟安姑息者)此外虽以秦皇汉武之雄才大略,唐太宗之聪明英武,亦均为专制之主人翁而已。若夫三国之争夺,六朝之篡弑,五代之僭窃,宋、元、明之倾覆歼灭,其惟一之目的,无非帝冠之与夺,国土之攫取。而民心之向背,公议之是非,固非其意之所在也。且自秦皇始行君权独尊之制,至汉而臣民之卑屈萎靡益甚。王莽藉外戚之亲,而僭窃帝位,中外畏服,历十五载,无问罪者。自汉之后,此弊益甚。历代帝王之稍知重民者,止于创业初年而已。一二世后,即徒以其臣民为纳租课税之机关,至其安危休戚,固非所问也。且人心日见浮薄,风俗日益坏乱,伦理道德扫地矣。君主视臣民如草芥,则人民视君主如仇雠。国破不救,主杀不疑,甚至七年之间,三易帝统,国人上下恬不

①　北一辉早年是激进的社会主义者,曾经参加孙中山创建的同盟会,为辛亥革命在两国间奔走呼吁。但是,后来他从国家主义走向超国家主义,又进而走向法西斯主义。见卞毓方著:《日本人的"真面目"》,漓江出版社 2016 年版,第 58 页。

②　陈旭麓、何泽福:《宋教仁》,江苏古籍出版社 1984 年版,第 64 页。

③　郑大华、任青著:《辛亥著名人物传记丛书——孙中山》,团结出版社 2011 年版,第 122 页。

为怪。盖亦专制政治之弊,君与民不共为国之所致也①。这些论述,涉及中国的专制传统和朝代更替的历史周期率。

在《日本与支那分割》一章的"译者曰"中,北洋法政学子们也讲道:"盖夫专制一姓之兴亡,秦以后巋然其匪一代也。然而若秦、若汉、若隋、若唐,其改姓易步,无不亡也忽焉"②。这也涉及中国的专制传统和朝代更替的历史周期率。

在讲到自由平等问题时,中岛端则说:"自由平等之说,徒助长彼我之轧轹,争权争利,争势力,争名誉。社会百般之事,无一不为争夺之资。又何望人文之发达,国运之勃兴哉?"③这显然是对自由平等问题的一种偏见,表明了中岛端在自由平等意识上的欠缺。

6. 反思日本,应属尖锐;法政学子,略有反论

在《支那分割之运命》的下编中,中岛端对日本的政治、教育、实业、陆海军、外交、宪政等和相关人物,也作了比较尖锐的反思,乃至抨击。连李大钊等北洋法政学子,有时候也感觉中岛端讲得过分,从而对日本的陆海军作了一定的肯定和辩解:"国家之有海陆军,专为保护国民生命财产之用。惟能者可以当其任,不必问其为何州之人。萨人、长人,于中日、俄日两大战,克奏肤功,是无愧于'能'之一字也。试观满清末造,黄口孺子,尽命为海陆军大臣,及其他重要职务;逮革命军起,彼等不敢出国[京城之]门一步,一切军事计画,不得不委之汉人。若萨人长人,所引用者尽族党姻戚,不问贤否,焉有不失败之理? 然则萨、长二州人,能把持海陆军职者,是必其人有军事之特长也,不然则其所引用者必贤。而著者所痛斥之者,非愚则诬也。不然,则是著者为地域的观念所束缚,遂出此愤激之语也"④。在这里,北洋法政学子们不但为把持日本海陆军的萨、长二洲将领辩护,还以清朝"海陆军大臣"的年幼无知作对比,令人惊奇。

就此来看,中岛端对日本的反思,对当今的中国人理解日本社会,特别是理解日本政府和右翼势力对中国的挑衅行为及其渊源,应有一定的借鉴作用。在这一方面,有学者感慨道:"日本,大概是世界上被说长道短、品头论足最多的国家,造成这一现象的诱因,无非如美国学者鲁思·本尼迪克特所挖掘的那样:'日本人既好斗又和善,既尚武又崇美,既蛮横又有礼,既刻板又善变,既温驯而又不愿受人摆布,既忠心耿耿又容易背叛,既勇敢又怯

---

① 北洋本上编第 33 页;点校本第 311—312 页;本书第 298—300 页。
② 北洋本下编第 25 页;点校本第 451 页;本书第 465 页。
③ 北洋本上编第 42 页;点校本第 326 页;本书第 312 页。
④ 北洋本下编第 56—57 页;点校本第 495—496 页;本书第 520—521 页。

懦,既保守又易于接受新的方式'"。"日本,大概也是世界上最在乎外界议论的国家。不管别人说的是好,还是孬,是实事求是,还是吹毛求疵,是祝福,还是诅咒,他们都会照单全收,当作镜子,左照,右照,正照,反照,多层次地照,多维度地照,郑重其事,煞有介事,乐此不疲"。"敢于像苍鹰一样从高空俯瞰自己的灵魂,敢于像外科医生那样动手解剖自己的肌体,这样的热衷,与其说自恋,莫如说警醒"①。

7. 国际局势,亦有洞见;归诸分割,令人生厌。

中岛端对 20 世纪之初到第一次世界大战之前的国际局势多有洞见,特别是在《东亚之孟罗主义》一章中,概述了中国面临的国际环境,揭示了英、法、俄、德、美等国对中国的殖民野心和图谋②。这对当时的中国人认识自身的分割危机,有一定的警醒作用。但他最终归结为中国必然被分割,日本应积极参与分割乃至独占中国,必然引起中国志士的厌恶和反击。就在《东亚之孟罗主义》一章的"译者曰"中,李大钊等人指出:"其述列强谋我之情,洞若观火,且痛哭流涕以陈之,似其念辅车唇齿之谊也者。实则亚东孟罗主义一语,已露出光芒万丈。而后知其且悲且怨且惜且痛哭流涕满纸郁郁恨恼无穷者,殆恨日本未得独张东亚之霸权耳,未得独吞中国耳。岂真爱我者哉!"③

三、李大钊等人的"驳议"述评

总起来看,李大钊等人的"驳议",应属青年学子们的激情之作。既表明了他们的爱国激情和较高的学识,也显现了某些缺陷。

(一)殖民野心,理当痛斥;揭其实质,应属犀利

如前所述,由于中岛端的最终结论(日本进一步分割独占中国,还是退出中国)有些模糊,也产生了一定的迷惑性,时至今日仍然令人难以解读,在研究者之间也存在分歧。李大钊等北洋法政学子,倒是旗帜鲜明,对中岛端关于中国的殖民野心和分割乃至独占图谋,予以痛击,明确指出日本"举国上下,时有并吞中国之雄怀";"孟罗主义者,即日本独吞中国之代名词耳"。

---

①　卞毓方著:《日本人的"真面目"》,漓江出版社 2016 年版,第 306、307 页。
②　北洋本下编第 2—14 页;点校本第 417—436 页;本书第 422—443 页。
③　北洋本下编第 16—17 页;点校本第 439 页;本书第 446 页。

在"绪论"的"译者又曰"中,北洋法政学子们指出:"是书开宗明义,即首诋其朝野上下,当中国多事之秋,尚徬徨于醉生梦死之中,不能明断果决,急起而分割中国。嗟乎,中日素称同种同文,何此不祥之言,竟出自友邦人士之口也"①。

"支那之运命"一章的第二则"译者曰"(共四则)中指出:"日本与我国同洲同种,地邻密迩。唐宋以来,历史上已有密切之关系。尤宜顾唇齿之义,提携辅助,匡我不逮;则我之益,亦非日之不利。讵可幸灾乐祸,张皇其辞,取言论一时快意,不顾挑动两国人民之恶感耶? 虽然,吾国人思之,蒙古、西藏,固我国之领土,其得其失,于日人何与? 而著者乃言之若是迫切,一若将旦夕不保者,何故? 彼岂有爱于我,而促我深省耶? 毋亦警告其政府,谓蒙古、西藏已将入他人手,则其国势力所可及之区域,亦当急起直追,勿落他人后耳"②。

在"日本与支那分割之利害"中,针对中岛端所说"使我果有绝大之果断,绝大之力量,绝大之精神抱负,进而挽回支那民族之厄运,救四万万生灵于水火涂炭之中。更进而言之,王道荡荡,我大和民族之天职,将于斯时发轫矣"③,李大钊等人指出:"寥寥数语,莽莽风云,还是欲独吞中国耳!""近顷日人所盛倡者曰亚洲孟罗主义也,曰大亚细亚主义也。听其言则友朋也,窥其心则盗贼也。所谓此等主义者乃日本希图独霸亚东之代名辞耳!"④

在"日本之外交"中,针对中岛端所说日本在日俄战争之后"东三省之土地人民不举而奉诸日本","复还于中国",是有恩于中国,并抱怨中国人不感恩日本,北洋法政学子们指出:"著者以狂癫之论,助长其政府贪鄙之心。俄日战后协约,以为未劫夺中国特别权利,非常悔恨"。"不取东三省,非日本之所不欲,乃各国之所不许耳,于中国何恩之有?"⑤

全书的最后一则"译者又曰"中指出:"著者意在分割中国,斯不得不诬中国之可以分割。欲诬中国可以分割,斯不得不造作蜚语,散布流言,以淆乱天下之耳目而因以售其奸。是书下编推论分割中国,故于上编虚构一中国可以分割之影象。于是无而为有,虚而为实,细而为钜,捕风捉影,信口雌

---

①　点校本第 271 页;本书第 249 页。
②　点校本第 405 页;本书第 410—411 页。
③　点校本第 478 页;本书第 501 页。
④　点校本第 478—479 页;本书第 501、502 页。
⑤　点校本第 498、509、498 页;本书第 523—524、536、524 页。

黄,绘声绘形,惟肖惟妙。岛人心事如是而已"①。这则"译者曰"可看作对全书的总结。认为中岛端论述中国的分割是污蔑、"虚构"、无而为有、信口雌黄,或许过分一些。与"支那之运命"一章的第二则"译者曰"(共四则)中所说"右(上)所述数端,皆属事实。吾政府当局,吾爱国同胞,所当反观深省,合谋挽救者也"②也不尽一致。但是中岛端夸大和渲染中国的必然被分割,还是可以肯定的。

这样,在北洋学子们的有关论述中,虽有某些不尽妥当之处和人身攻击之词,总的来说还是态度鲜明、言辞犀利的。

(二)　愚忠本性,自应讽刺;拥袁甚力,亦属忠君

对中岛端浓厚的忠君思想,北洋法政学子们多有抨击和讽刺。

针对中岛端在"袁世凯之月旦"中所说袁世凯"因取得太后私财,又屡假太后旨,搜括王公蓄积,前后计数百万,足支三四月之需",李大钊等人评议道:"爱亲觉罗氏之私积,皆三百年来吾侪小民之汗血脂膏也。不取之,则以养独夫之爪牙,饵吾民之豺狼。袁氏此举,功德无量。著者必欲颠倒黑白,适见其奴性之深也"③。

针对中岛端在"孙逸仙之月旦"中所说"且男子参政之权,尚未全实现,岂可骤容心胆丧失之妇女,狂叫怒号乎?"北洋法政学子们辩驳道:"妇人参政,美洲有行之者。英、葡诸国,且得以女子为元首。即日本皇室典范,太后及女亦均可摄政,未闻有议之者。同一事也,何在彼则有行政之能力,在我则不应有参政之权利乎? 彼狂叫怒号之妇女,正其爱国热诚之所致。著者以专制奴性之眼光,讥讪上国,亦可鄙矣"④。

在"共和政体之将来"一章最后的"译者曰"中,李大钊等人指出:"日本为君主国,天皇之权极大,其宪法中有'天皇神圣不可侵犯'之规定,故其奴隶根性,尚未尽除"⑤。

在"日本与支那分割"一章中,针对中岛端对中国人"无爱国心,无忠君心"的批评,北洋法政学子们在眉批中写道:"共和国民之精神,以忠国为荣。岛人奴性最深,死抱忠君二字,竟无觉醒之一日。可怜!"⑥

---

① 　参见点校本第 548 页;本书第 579 页。
② 　参见点校本第 404 页;本书第 410 页。
③ 　参见点校本第 278 页;本书第 259 页。
④ 　参见点校本第 291 页;本书第 274 页。
⑤ 　参见点校本第 315 页;本书第 301 页。
⑥ 　参见点校本第 443 页;本书第 452 页。

在"日本百年后之运命"的"译者曰"中,李大钊等人写道:"每代之世袭君主,皆称为【为】圣明之天子,不世出之圣主,岂非至卑鄙不可对人之欺世语哉?"①

全书最后一章的最后一条眉批,批评中岛端"口口王道,犹是天宝时代之头脑"②。

客观地说,北洋法政学子们对袁世凯的全力尊崇和维护,亦有崇拜伟人、忠诚君主之欠缺。究其原因,既有对袁世凯专制本质的认识不清,也与袁世凯在清末民初的中国历史变革中起过某些积极作用,其独裁专制本质尚未充分暴露有关③。

(三) 共和政体,热切维护;民主人权,亦有述及

对新生的中华民国,法政学子们高度期待。对孙中山、袁世凯等民国人物,也热切维护。全力拥袁固有局限,维护共和与民族尊严则衷心可鉴。

在"孙逸仙之月旦"中,针对中岛端对孙中山和中华民国的讽刺挖苦,北洋法政学子们热切地赞扬说:"孙氏倡革命于举世不解共和之日,莽莽神州一身无所寄,流离海表,辛苦备尝。二十年如一日,遂有多数党人连翩而起,言孙之言,行孙之行,以与人道蟊贼穷凶极恶之专制政体抗。停辛伫苦,踏白刃而不辞。力填平等路,血灌自由苗,平等路如砥,自由苗而苗,中华民国乃见于东亚大陆。此岂书生弄舌鼓唇所能解者哉? ……中华民国,乃真民国,乃真共和国。有孙氏乃成其为民国,乃成其为共和国。有袁氏乃成其为民国,乃成其为共和国也"④;"中山退隐,高洁之怀,天下共见。乃挑拨之不足,又从而诬之。吾无如尔何,吾惟有以人头畜鸣目之而已"⑤。

在"支那人无共和之信念"一章的第5则"译者曰"(共7则)中,李大钊等人指出:"民国光复,举国一致,实具有力者致其力,有财者致其财之概。以血液注于祖国之健儿,蓬勃云涌,以视法国固未遑多让也。著者乃举一二毛屑细故,武断我国无共和之信念,此其理论,宁复可通?"⑥

----

① 参见点校本第485页;本书第510页。
② 参见点校本第547页;本书第577—578页。
③ 刘民山著:《李大钊与天津》,天津社会科学院出版社1989年版,第186—187页。朱成甲著:《李大钊传》(上),中国社会科学出版社2009年版,第119—120页。
④ 参见点校本第293页;本书第276页。
⑤ 参见点校本第292页;本书第274页。
⑥ 参见点校本第345页;本书第334页。

在"支那人有省份观念，无国家观念"一章的最后一则"译者曰"中写道："去年国民军起义，全国云涌，无贵无贱，无富无贫，无男无女，无老无幼，劳心者劳心，劳力者劳力，奔走呼号，废食忘寝，卒驱除国家之魔障。此而谓之无国家观念，其梦呓耶？抑别具肺肠耶？"①

在"日本与支那分割"一章的眉批中描述道："三五年来，革命怒潮东西震荡，君主一物将绝迹于世界。西风红叶，树树惊秋，大限来时，悉无幸免。此满清政府之所以倒，爱亲觉罗氏之所以衰也。且我中华建国，合五族为一家，礼制大同，政权平等。""澎澎勃勃之新中国，亦将跃起腾飞。"②

与维护共和政体、反击中岛端对民主、自由、平等的曲解相对应，李大钊等人对民主共和、自由人权等，亦有述及。

在"支那人无共和国民之资格　无共和之历史　无共和之思想"一章的第一则"译者曰"中，李大钊等人指出："中国自古以来，虽无共和之形式，而有共和之精神"，"中国自由民权之精神，所以长存而不没也"③。

在"日本百年后之运命"的"译者曰"中，北洋法政学子们写道："日本阶级之习，由来已久，中人甚深，牢不可破。名为立宪，其实君主之权无限。名为平等，其实华族之贵，决不肯下侪于齐民。民权主义大昌以后，所谓允文允武神圣不可侵犯之君主，奕祀相传，拥护皇室之华族，将在淘汰之列"④。在一则眉批中，针对中岛端所痛心和惋惜的日本君民"于不知不识之间，情谊日薄，渐归冷淡"，李大钊等人又指出："此乃日本国民自由平权思想发达之所致也"⑤。

在下编最后一章的"译者曰"中，北洋法政学子们指出："吾国共和告成以来，日本君党妒极嫉深，无所不用其阻挠。盖忧其国人受吾民国之影响，不肯受皇帝贵族之愚弄奴隶，将有溃堤决防之虞也。故汲汲与俄协谋，极力破坏，欲使东亚大陆永无民主国发生，以保全其皇室万世帝王臣妾全国之业。而彼等亦得世袭罔替同享最上之权利。不知此为世运所不容，人道所不许也。夫二十世纪者，平民政治发展之时期也。二十世纪之人民，应享平等自由之人民也。不见夫三四年来之大势乎？葡国革命，吾华革命，俄罗斯亦蠢蠢欲动。吾恐帝王君主之魔物，不数十年将绝迹于世界矣。……余方谓著者以先觉自命，奔走呼号于国人者，必国利民福之问题，曰平等也，曰自

---

①　参见点校本第 400 页；本书第 401 页。
②　参见点校本第 449、464 页；本书第 463、484 页。
③　点校本第 319、320 页；本书第 306、307 页。
④　点校本第 484—485 页；本书第 509—510 页。
⑤　点校本第 484 页；本书第 509 页。

由也,曰推倒君主也。抑知其不然,乃欲残民以逞,扰乱和平,而梗大化。吁,曷其谬哉!"①

　　总起来看,中岛端是以"总统公选"、"万事以人民为主"、"国民之公选"、"主权在民"②等西方民主思想,来强调中国民主自由传统的局限性,从而否定之;李大钊等人则把民贵君轻、爱民如子、为民做主等民本思想视为中国的民主传统。双方各强调了中国民主自由传统的局限性与合理性,体现了中日两国文化的不同视角和相互碰撞。"总统公选"与"国民之公选",在理论上当然高于"爱民如子"和"为民做主"等民本思想,实际上则不但在专制主义传统较为深远的中国很难做到,即使在日本明治维新以后的君主立宪政体下,也难以完全做到。孟子等人的民本思想,固然达不到主权在民的高度,但对中国历史上盛行的君主专制的"君本论"也是一种制约,不能完全否定。中岛端极力推崇的日本天皇制,其实也是君主立宪体制下的有限度的"君本"思想,亦即民本思想。这样,中岛端以比较模糊、虚幻的民主自由理论来贬低甚至否定中国的民主传统,进而否定中国实行民主共和制度的资格,的确论据不足。李大钊等人大力宣扬中国历史上特有的民主传统,努力维护新生的民主共和制度,固然有一定的道理;却未讲清如何从传统的民本思想向现代共和制度转变的路径。

　　有论者对中国古代的民本思想做了比较深入的分析:将孟子的王道主义理解为民本论,似乎已成为人们的共识,但对于民本论的理解却不无问题。比如,有人认为民本论就是主张国家的政治主权在人民而不在国君,甚至可以说民本论与西方民主思想十分接近。这种看法起源很早,也很流行。谭煊吾在《孟子的民主思想》中说,"孟子不仅是中国民主政治的保姆,也是世界先知先觉者的革命导师"。上述各种说法,都认为民本论就是以民众为政治主体,可简称为"民为政治主体论"。实际上,"民为政治主体论"是不能成立的。民主是西方政治学的重要概念,按其本义是指多数人的统治,即通常所说的主权在民。到了近现代,主权在民的民主思想也进入中国,人们方才了解到什么是民主。身受坚船利炮欺侮的中国学人不甘心自己的落后,在努力学习西方思想的同时,也积极从古人那里挖掘思想资源。将古老的民本传统说成是与西方民主近似的东西,就是在这种情况下产生的。但是良好的愿望不能代替现实,民主是西方的东西,中国政治制度的发展历史中并没有民主的传统。把古老的民本传统看作是与西方民主近似的东西,

---

① 点校本第 548 页;本书第 578—579 页。
② 点校本第 317 页;本书第 302—304 页。

是主张民为政治主体,这是很难令人接受的。民本论的关键是强调民心,它是一种特殊的君本论,确切一点说,是一种"理想化的君本论"。民本论在本质上是一种"民心论",是在君本论基础上,重视民心的作用,强调成败得失由民心向背来决定的一种政治学说。虽然这种政治学说的基础仍然是君主制,但因为它比较重视民心的作用,在一定程度上反映了庶民百姓的利益,从而在客观上对君主专制制度起到了一定的限制作用,符合社会发展的一般规律。与不受限制的君主专制政治相比,这种政治无疑是一个很大的进步。正因为如此,后世对现实政治进行调整的时候,无不以孟子为精神资源。因为民本论的基础仍然是君本论,这个大限并没有突破,所以它在专制政体中才得以生存,而没有被禁绝;又因为民本论是"理想化的君本论"。与现实君本论有一段距离,形成了一定的张力,所以才能够成为一种"理想政治",与"现实政治"相抗衡,成为两千年来反对君主专制的思想武器。中国两千年政治发展史证实了这样一个规律;凡是"理想政治"与"现实政治"之间的张力比较大的时候,就是这个社会治理得比较好的时期;凡是"理想政治"与"现实政治"之间的张力比较小,或完全没有张力的时候,一定是政治黑暗、社会腐败的时期。这是一个基本规律,至于其他方面,比如土地兼并等,都可以视为这个基本规律的外在表现,可以将其纳入次一级的规律。在这个过程当中,能够为"理想政治"提供蓝图的,正是孟子的王道主义。由此说来,孟子王道主义"理想化的君本论"所建构起来的"理想政治",功劳不可不谓大矣①。

有的论者还专门探究了李大钊的民本思想,指出:中国古代民本思想,在中国古代政治思想史中占有突出重要的地位。作为我国传统政治思想的重要组成部分,在中国漫长的封建社会里,民本思想一直被儒家学派奉为治国安邦、德化君臣、约束君权的指导思想。李大钊早年的成长经历和教育环境,对他早期的民本思想有直接影响。他强调"国家本位",即国家利益高于一切;强调"道德至上"、"民意至上"的所谓"民本主义"民众观;重视民意和民众力量的发挥,同情劳动人民的疾苦。他反对专制,提出执政应以民为本,执政者应关心民生、保障百姓生活。②

这些,有助于理解李大钊等人在"驳议"中对中国民主传统的肯定和维护,也有助于理解中岛端全盘否定中国民主传统的荒谬之处。

---

① 杨泽波著:《孟子评传》,南京大学出版社 1998 年版,第 184—185、190—191、193—194、421 页。
② 刘建华:《李大钊的民本思想及其当代价值》,《产业与科技论坛》2015 年第 3 期。

（四）良药苦口，多有借鉴；爱国情激，间出恶言

对中岛端极力渲染中国被分割与民主共和无前途，北洋法政学子们既予以斥责，也多次提醒中国人引以为戒。诸如：

"著者乃以察满清朽败官吏之思想，察我民国新人物；窥专制国家之眼光，窥我共和政府。谰语诡词，厚诬为里面分割确证，何荒诞僭谬，一至于此。虽然，苦言药也，甘言疾也，我政府诸公傥视为药石，深自警省，未始非他山之一助云"①。

"至其述列强谋我之情，洞若观火，且痛哭流涕以陈之，似甚念辅车唇齿之谊也者。实则亚东孟罗主义一语，已露出光芒万丈。而后知其且悲且怨且惜且痛哭流涕满纸郁郁恨恼无穷者，殆恨日本未得独张东亚之霸权耳，未得独吞中国耳。岂真爱我者哉！然吾人闻之，则有足为棒喝之警者"②。

有些时候，北洋法政学子们则忍不住愤怒之情，口出恶言，报以人身攻击。

"著者之弟幼稚也，易欺也，试问，人人得用其男风乎？著者之妹柔弱也，易欺也，试问，人人得用其野合乎？如曰然也，予欲无言。如曰不然，则所以不然者其有以语我来。呜呼！吾不欲弄此闲笔墨，愿世间有心人其勿忘此獠！"③

"尔与尔妻，其为有实力之掠婚乎？抑为一纸空文之婚约乎？岂非靠不住者乎？然则尔何不喊尔父兄，日夜瞰其卧室，而防其有所私乎？""世人皆人也，非虎狼也。其人面兽心者，中岛端耳"④。"尔非新政府之裤内虫，何以知其长短？""尔非蠢龟，何以知未来事？着实混帐！"⑤

需要说明的是，上引这些人身攻击之语，多出于"支那之运命"一章的眉批和"译者曰"中。这与此章驳议者（应非李大钊所为）的个人性格和修养有关，也反映了全书"驳议"的容忍度。总起来看，瑕不掩瑜，并不否定李大钊等人"驳议"的总体上的政治和历史价值。

值得提及的是，1912 年已经 50 多岁的中岛端，其书中也难免有人身攻击之词。在"世道人心之一大危机"一章中，他提及"幸德一辈，何物鬼畜。

---

① 点校本第 413—414 页；本书第 419 页。
② 点校本第 438—439 页；本书第 446 页。
③ 点校本第 410 页；本书第 415 页。
④ 点校本第 408 页；本书第 413 页。
⑤ 点校本第 412 页；本书第 416—417 页。

以日本民族一分子,敢谋大逆不道。其本身之悖乱,直不可以人类视"①。其中"鬼畜"、"直不可以人类视"等语,即属人身攻击之词。

(五) 全力拥袁,局限显见;仓促编就,差误难免

如果说中岛端的最大亮点是抨击袁世凯,揭露其投机本性和专断积习,预测他会走向帝制复辟。那么李大钊等北洋法政学子表现出的最大缺陷就是全力拥护袁世凯,不遗余力地为袁世凯辩护。尽管李大钊等人的拥袁,由许多因素造成,也有可以理解之处。但在当时国内外疑袁、反袁声浪已经出现的背景下,全力拥袁毕竟有不可讳避的局限②。

另外,由于翻译中岛端著书并加驳议的时间短促,只有一个多月,《〈支那分割之运命〉驳议》一书的差误自然难免。除了语句的翻译、断句和排印、校对有许多问题外,所加的眉批和"译者曰",有些较为有力,表现了较高的理论素养;有些则属简单反诘,"略有偏颇"③,甚至有人身攻击。

(六) "驳议"前多后少,缘由值得探讨

中岛端的全书22章,译者共加"译者曰"58段、眉批183处、夹注7处,共约2.7万字。其中"上编"10章(含"绪论"),有"译者曰"38段、眉批108处,共约1.7万字。下编12章,仅有"译者曰"19段,眉批75段、夹注7段,共约9660字。总的来看,显呈前多后少的趋势。

下编大致以前五章和后七章(第六章"日本之教育"开始)分为两个部分。前五章有"译者曰"9段,眉批53段、夹注7段④,共约5800字。后七章只有"译者曰"10段,眉批22段,共约3860字。大体上也是前多后少。

顺便说一下,田译本未分上下编,对日文本上编10章,只译7章,加驳语的只有5章,共约4685字;对日文本下编12章全译,加驳语的10章,共约3370字。也是呈现前多后少的趋势。但是,对日文本下编12章中的前5章,田译本只在3章中加了驳语,共约1345字;对后7章则全部加了驳语,共约2025字。

---

① 点校本第533页;本书第563页。
② 刘民山著:《李大钊与天津》,天津社会科学院出版社1989年版,第186—187页。朱成甲著:《李大钊传》(上),中国社会科学出版社2009年版,第119—120页。
③ 刘民山著:《李大钊与天津》,天津社会科学院出版社1989年版,第190页。
④ 北洋本下编第5、11、15—16、23页;点校本第422、431、437—438、448页;本书第428、437、445、461—462页。

北洋本"译者曰"、"眉批"与田译本"驳语"的字数比对表

译本	一	二	三	四	五	六	七	八	九	十	上编合计
北洋本上编	1100	1500	1450	1800	1500	900	2200	1900	2800	2000	17150
田译本	未译	未译	未译	870	0	0	1696	1100	839	180	4685

译本	十一	十二	十三	十四	十五	十六	十七	十八	十九	二十
北洋本下编	2450	1250	800	700	600	300	0	580	900	600
田译本	0	945	0	190	210	736	99	218	325	186

译本	二一	二二	下编前五章合计		下编后七章合计		下编合计
北洋本下编	600	880	5800		3860		9660
田译本	175	286	1345		2025		3370

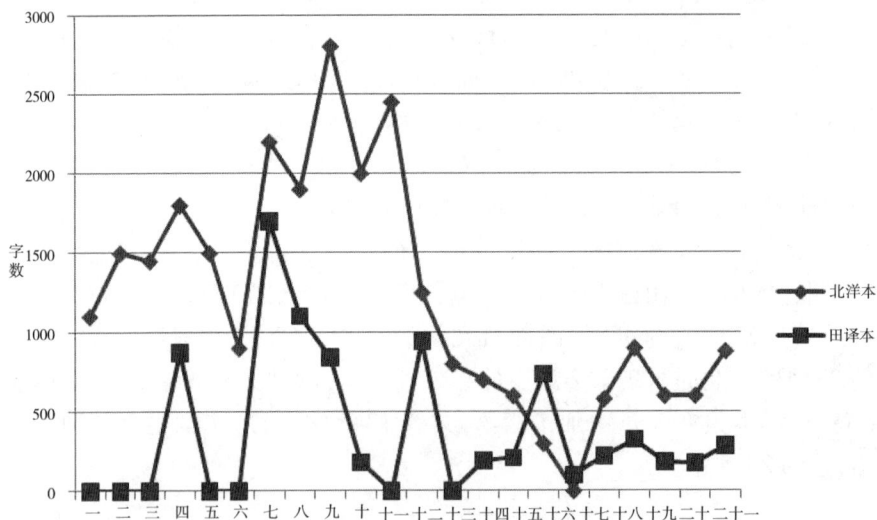

北洋本"译者曰""眉批"与田译本"驳语"的字数比对

　　之所以出现这种情况，除了开端激情澎湃、结尾难免才思困乏的一般规律外，还因为中岛端著书的上编主要讲中国必然被分割的内部因素，下编前五章主要讲中国面临的严峻的国际环境和日本对中国分割的态度、方略、利害等；后七章则主要是中岛端对日本自身的反思乃至讽刺。两者都讲得比

较尖锐、尖刻。在上编各章和下编的前五章,李大钊等人自然驳议甚多;在下编中,特别是下编后七章中,对中岛端关于日本的深刻乃至尖刻的反思,则既不能完全否定,又不好过多肯定,似乎不能很好地应对。

四、对《〈支那分割之运命〉驳议》的总评

对《〈支那分割之运命〉驳议》一书(包括中岛端的论述与李大钊等人的驳议),可以概括为五句话:

(一) 民国初年的历史记录

中岛端的《支那分割之运命》和李大钊等人的驳议,较为细致地记录了清末民初的中国社会演变和历史事件,如1905年底的上海罢市风潮、1908年前后的"沪杭甬借款筑路"、"川汉铁路拒款自筑"、东三省发起"国会请愿运动"和"资政院弹劾内阁"等,也提供了观察和理解这些事件的独特视角,有助于今天的人们更加客观深入地理解清末民初的历史。该书在民国初年曾引起较大反响,今天应予以重视和研究。

(二) 中日文化的相互碰撞

在《〈支那分割之运命〉驳议》中表现出来的中日文化碰撞,主要表现在以下几个方面。

1. 中日国力强弱与冲突的碰撞

在"日本与支那分割之利害"一章,中岛端指出:"彼我相疑相忌者,虽不必尽为事实,然亦不必尽谓无其事实。盖一由日清之役恶感既种于前,加之近今东亚问题时起葛藤,恶感复承其后也。又况伺其傍者不利二国之相信相助,从中离间而中伤之乎? 于是二国始以相疑相忌之心,终成相怨相憎之念。我视彼为劣败者,扬言曰支那老国之末路也,易与耳! 一蹴倒之有何难哉! 彼以为我暴富儿,扬言曰日本以蕞尔之岛攫我台湾,灭我朝鲜,自鸣得意,颇以新兴国自负。我固衰弱者,苟一旦跻于富强之域,雪前日之耻,又何难哉? 是以往来酬酢之间,口口同文同种,而其心终无同种之敬爱,同文之感情,虽未至相食相残之甚,然究不得相信相爱者,不得谓为无故也"①。

与此相应,李大钊等人亦多次提及:"日本者,吾中华之产儿也。考其立国千年之历史,一切文化制度莫非传袭上国者。是则尔岛自开国以来,吾

① 点校本第476页;本书第499—500页。

华无一日不负教训诱导之责,乃以有今日,反曰保护我、鞭挞我、后见我。鸥
鸰食母,数典忘祖,甚矣! 其背本也!"①

"日本固与我同种也,其民量隘而地褊小,无固有之文明。维新前自其
建国数千年之永,凡思想文化,受吾国孕铸陶育,尚无以并鹜而齐驾。而其
学者思吾之思,学吾之学,方其潜索幽缒②也,固以悠宇万华所萃,无中国
若③矣。然而自顷不逾三十岁,骤进突化,顾昧所由来④,日骄侈⑤以炫矜⑥
吾人之前,而吾人曾不以曏⑦。此政俗卑僿⑧之故"⑨。

"日人天性褊啬,眼光绝短,好腾口舌,模棱推移,鲜所适中。著者斯篇
描写尽致,将岛民浮薄之态,全盘托出矣。而独不悟己亦正犯此病"⑩。

直到今天的中日争执和民间反应,仍有类似的思维和论述。

对此,有论者评述:晚清至第二次世界大战,日本呼中国为"支那"。虽
然这叫法是由汉字音译印度语而来,早先并不带贬义,但在作为战胜者、侵
略者的日本人口里,明显变成蔑称。中国政府不接受,抗议一直到"二战"
结束,日本落败,这才弃"支那"而不用。进入本世纪,日本有一位出了名的
右翼政客,又口口声声称中国为"支那"。此事遭到中国舆论的痛击,于是
有人出来圆场,说日本称中国"支那"不对,应予纠正,但也希望中国人以后
不要称日本为"小日本"。这是理所应当的,由此"我想到另一个词'蕞尔小
国',也应该慎用"。蕞尔,形容小,多用于国家、地区。如:蕞尔小国、蕞尔
小邦、蕞尔小岛等。打开网络,随便搜一搜与日本有关的文章,"蕞尔小国"
便扑面而来,这都是"小日本"之说的翻版。"给日本贴上'蕞尔小国'的标
签,在战争年代,如甲午,如抗战,完全可以理解,甚至是天经地义,大气磅
礴,义正辞严;和平年代,特别是邦交恢复之后,就要讲究用词的准确性及感
情色彩了"⑪。"历史和现实一再证明,日本是个值得认真对付的冤家。它
的圆润多来自中国文化的滋养,它的龌龊多体现在对文化母国的反噬。敬

---

① 点校本第 442 页;本书第 450—451 页。
② 潜索幽缒　似为潜心求索、暗地追随之意。
③ 悠宇万华所萃,无中国若　(日本)悠悠环宇的精华集萃,都不如中国的好。
④ 自顷不逾三十岁,骤进突化,顾昧所由来　应指日本明治维新以后,国力增强,极力回避、掩盖同中国的文化渊源。
⑤ 骄侈　骄傲放纵。
⑥ 炫矜　炫耀自夸。
⑦ 曾不以曏　似有不以为然,不以为怪之意。曏:同"向",简体字为乡。
⑧ 卑僿　卑微僻塞。
⑨ 点校本第 574—575 页;本书第 235—236 页。
⑩ 点校本第 270 页;本书第 248 页。
⑪ 卞毓方著:《日本人的"真面目"》,漓江出版社 2016 年版,第 292—294 页。

之无由,避之无门。国人中流行着一种'谩骂症'——如果骂能骂倒日本,你尽可每天骂它百十次。可惜,骂并不顶用,反而会掩盖或助长自身的孱弱"。"日本曾经是我们的学生,想想人家当学生时的如饥似渴、磨砺自强。日本后来跃升为我们的老师,想想当年(中国)举国的无措、迷茫、苦痛、不甘和不屑。正是因为苦痛和不甘,才铸就了今天的部分赶超;而不屑,始终是个盲区,民族大情绪下的小小陷阱"①。

2. 侵华思潮与抗日思潮的碰撞

如上所述,中岛端及其对华主张,在当时的日本并非特别有名。以《〈支那分割之运命〉驳议》为交集点的中日文化碰撞,既有一定的偶然性,又有历史必然性。其必然性,即明治维新后日本国力的迅速增长和日益滋长的侵华思潮,与中国国力的相对衰退及或起或伏的反日浪潮,必然会发生碰撞。其偶然性,则在于非著名学者中岛端的《支那分割之运命》,恰巧被成立北洋法政学会不久、满怀爱国激情的北洋法政学子们看到。

从这一碰撞中,还可以体味出另外一层含义。对此,早稻田大学历史学者依田憙家指出:"中国在导入他国文化时,总担心被别的国家侵略。日本不然,我们不懂得什么叫文化侵略。如果说全面导入外国体制就是被文化侵略,那日本就是被侵略很久了,也可以说一直在被侵略"。中国学者也指出:同样面对"落后就要挨打",日本人记住了"落后",故而发奋;中国人记住了"挨打",故而悲愤。在历史意义的生产方面,可谓一个重理性,一个重感性。日本人以落后为哈哈镜,照一照,笑一笑,弹冠振衣,轻装上路,而今迈步从头越;中国人以挨打为心头病,越想越痛,越痛越想,深陷其中,虽隔代隔世犹不能自拔②。

3. 中日风俗与文化传统的碰撞

在《支那人有省分观念无国家观念》的最后一则"译者曰"中,针对中岛端所说中国人"有省分观念无国家观念",因而必然被分割,北洋法政学子写道,日本"延元以还,分为南北,应仁乱后,群起割据。若伊达氏,若北条氏,若武田氏,若织田氏,若京极氏,若北畠氏,若西村氏,若赤松氏,若菊池氏,若少贰氏,若长曾我部氏,据地自雄,日寻干戈,其将为日本分割之铁证乎? 风物习性之殊,社会学事也,无当于政治者也。而作者则述之津津有味,若可为铁证者。然则江户子、神田子之聪敏,京女郎之美艳,相摸女之多情;上州盗贼,远州滨松之淫靡;备前奢于衣,因幡奢于食,美作奢于屋;美浓

---

① 卞毓方著:《日本人的"真面目"》,漓江出版社 2016 年版,第 22、23 页。
② 卞毓方著:《日本人的"真面目"》,漓江出版社 2016 年版,第 38、273 页。

语则嘎,上州语则备,江户语则背拉抱,长崎语则拔植添。东京大阪鄙京都人曰上方赘六,京都人则诋之曰马鹿野郎。彼此互异,相背而驰"①。这些对日本历史和风俗的描述,具有丰富的文化内涵,反映了北洋法政学子们对日本文化的广泛了解和深入认识。其中有些内容不难理解,有些则难以确切解释(如"美浓语则嘎,上州语则备,江户语则背拉抱,长崎语则拔植添"云云)。这些描述是否确切,如何解读,值得今天的中日学者们努力研究,也体现了中日文化的交汇与碰撞。

在《共和政体之将来》一章中,北洋法政学子们提及:"彼日人之以卖淫闻于世,廉耻扫地,玷污大化,其为何如人种,亦愿与天下共商榷之"②。田译本的驳语中更多次提及"著者亦人类耳,亦士人耳,何不晓人类心理之作用一至于此哉? 真可谓卖淫国人之特色矣!""尔亦食人食,衣人衣,何不知人间有羞耻事哉? 呜呼! 是亦卖淫国人之特色也,本性也,吾实苦于形容者也"③。对此,中岛端自己也在《日本国民之觉悟》中提及"其支那人詈公等为卖淫国民,公等果不耻斯言乎?"④这些更尖锐地体现了中日文化的碰撞。

有论著指出,"明治时代的女性国民史,曾经有过黑暗耻辱的悲剧。明治早期,国家百业待兴,可是改朝换代带来的贫困困扰着国家的经济,各地民生苦不堪言。大量贫苦妇女为了谋生,被迫进入游廓娼街、贷座敷,从事酌妇、艺妓、私娼、奉公女的卖身业。许多贫家因无法偿还债务,只得把女儿送进娼街,用女儿卖身金还债。国内的女性还大举涌向南洋、欧美、清国等地,那里到处,可以看到日本人繁盛的娼街"。"明治时期,国家为了获得外汇来源,曾经使用卑劣手法诱骗数十万日本女性,作为性奴被卖往海外淘金。当时日本的外汇收入第一位是生丝产业,而输出海外卖春的日本妇女给国家赚取的外汇额达到第二位,为国家购买武器弹药和战后复兴运作出了准备金"。"卖往欧美国家的日本女性人数达数十万之众,庞大的肉金成就了日本政府富国强兵的野心"。"日本女性为国家的崛起作出了巨大的牺牲,这是明治时代日本一段不光彩的历史。靠输出贩卖性奴振兴国家的行为,永远成为日本隐藏的不愿提及的国家耻辱"⑤。就此来看,北洋本和田译本抨击日本是"卖淫国",不为无因。当然,无视明治维新以来日本民风民俗的进步,甚至用"卖淫国民"来攻击中岛端本人,也有失偏颇。

---

① 北洋本上编第 90 页;点校本第 400—401 页;本书第 402—404 页。
② 北洋本上编第 29 页;点校本第 306 页;本书第 293 页。
③ 田译本第 22、53、142—143、190 页。
④ 初印本、重印本的下编第 90 页;点校本第 545 页;本书第 576 页。
⑤ 宗泽亚著:《明治维新的国度》,北京联合出版公司 2014 年版,第 483—484 页。

（三）当今中国的有益借鉴

中岛端对中国的历史周期律和统治者的专制腐败体验较深,多有抨击:

战国时期"六国诸王,喜战争,尚武力,横征暴敛,视民命如草芥,用民财如泥沙"①。

"自秦皇始行君权独尊之制,至汉而臣民之卑屈萎靡益甚。王莽藉外戚之亲,而僭窃帝位,中外畏服,历十五载,无问罪者。自汉之后,此弊益甚。历代帝王之稍知重民者,止于创业初年而已。一二世后,即徒以其臣民为纳租课税之机关,至其安危休戚,固非所问也。且人心日见浮薄,风俗日益坏乱,伦理道德扫地矣。君主视臣民如草芥,则人民视君主如仇雠。国破不救,主杀不疑,甚至七年之间,三易帝统,国人上下恬不为怪。盖亦专制政治之弊,君与民不共为国之所致也"②。

"今满清之政纲废弛者已几十百年,其失民心也已久。及其末路,悬立宪之虚名,收专制之实权,上下憎怨,乖离之极,终遇此次之倾覆"③。

在批驳中岛端的有关言论时,李大钊等人也指出:

"专制之弊,诚有如著者所言,此正革命之所以起也。……专制之国,其君主每立于不安稳之地位。水能载舟,亦可覆舟,民之于君亦然"④。

"历代之乱,无非以君主易姓,故群雄割据,盖皆欲为帝王耳"⑤。

"回溯前清末造,各种腐败现象,信如氏所论,百务扫除净尽"。"满清专制,人民共愤,故有此次之革命"。"帝王之制不能再见于中国,虽五尺童子亦能臆决。民心之趋向,断非一二人之私见所能违"⑥。

"下级人民未受新思潮之激荡,易以术笼络之。秦始皇之愚民政策,亦以民愚而后便于驱使也"⑦。

如此等等,不一而足。这些论述,对当代中国人了解中国历史,推进当代中国的改革开放和廉政建设,有一定的借鉴意义。

（四）李大钊著作编纂的必要增补

如前所述,1999 年的《李大钊全集》(河北教育出版社版,四卷本),首次将

---

① 点校本第 318 页;本书第 304 页。
② 点校本第 312 页;本书第 299—300 页。
③ 点校本第 313 页;本书第 300 页。
④ 点校本第 312—313 页;本书第 300 页。
⑤ 点校本第 395 页;本书第 396 页。
⑥ 点校本第 297、313、310 页;本书第 280、300、297 页。
⑦ 点校本第 539 页;本书第 570 页。

《〈支那分割之运命〉驳议》点校整理,全文收录,为研究者提供了便利。同年出版的《李大钊文集》注释本(人民出版社,五卷本),和在此基础上于 2006 年和 2013 年分别出版的《李大钊全集》注释本和修订本(人民出版社,五卷本),则未收录该书。该书固然并非李大钊一人所著,也难以鉴别其中哪些"译者曰"和眉批为李大钊所写;但李大钊在其译编过程中起了主导作用,还是可以肯定的。这样,该书无论是作为"译作",还是作为"联合署名"作品,都应收入《李大钊全集》。将其收录进来,既便于和公认的李大钊著述作比较,加深对《〈支那分割之运命〉驳议》一书的理解和研究;也有助于对李大钊著述的研究和理解。

在现在公认的李大钊著作中,仍有许多难解之谜。通过对《〈支那分割之运命〉驳议》一书的研究和疏注,则有助于这些难解之谜的探究。例如:

在写于 1913 年的《欧洲各国选举制考》中,提及"被后见者"。对此,历来的李大钊著作编本都未作探究。中国李大钊研究会编注的《李大钊文集》和《李大钊全集》,都注为"原文如此,疑有误"①。在梁启超写于 1910 年的《中国国会制度私议》中,也提及这一术语,被注为"不详。恐为排误"②。而在《〈支那分割之运命〉驳议》中,则提及"我帝国与支那为邻,一面保护之,一面鞭挞之,隐然自居于后见人之地位"③。这里所说"后见人",应为"监护人"之意。据此,"被后见者"应为被监护人之意。通称为"被后见人",即限制行为能力人,是日本的法律术语之一④。

李大钊所写的"再版《〈支那分割之运命〉驳议》",早已被收入《李大钊全集》⑤。对其中所说"其叙文有曰:'七十万方里之土地,五亿万人口之民

---

① 《李大钊文集》(注释本)第一卷,人民出版社 1999 年版,第 73 页。《李大钊全集》(注释本)第一卷,人民出版社 2006 年版,第 73 页。《李大钊全集》(修订本)第一卷,人民出版社 2013 年版,第 133 页。

② 范忠信选编:《梁启超法学文集》,中国政法大学出版社 2000 年版,第 224 页。

③ 点校本第 442 页;本书第 450 页。

④ 李霞:《成年后见制度的日本法观察——兼及我国的制度反思》,《法学论坛》(济南),2003 年第 5 期。郑永哲、金洪亮著:《日本民法精要》,吉林人民出版社 2007 年版,第 46 页。南洋公学译书院初译,商务印书馆编译所补译校订,李秀清点校:《新译日本法规大全》第 2 卷(点校本),商务印书馆 2007 年版,第 573、585 页。蔡永民、李攻国、贾登勋主编:《民法学》,人民法院出版社 2006 年版,第 42 页。《德国民法典》(1896 年颁布)第四编《亲属法》,原载《德国六法》,上海商务印书馆 1912 年版。引自北京政法学院法制史教研室:《外国法制史参考资料汇编》3,第 31 页。《日本民法典》(1897 年),北京政法学院法制史教研室:《外国法制史参考资料汇编》3,第 78、101 页。[日]吉村源太郎著,朱德权编:《地方自治》,中国政法大学出版社 2004 年版,第 36 页。

⑤ 朱文通等编辑整理:《李大钊全集》第二卷,河北教育出版社 1999 年版,第 294 页。中国李大钊研究会编注:《李大钊全集》(注释本)第一卷,人民出版社 2006 年版,第 122 页;(修订版)第一卷,人民出版社 2013 年版,第 231 页。

族,……非今日之支那耶?'"则从未做过注释。深入检索有关资料,可知所谓"叙文",实际上是东京《朝日新闻》在 1912 年 10 月 18 日刊登的该书出版广告。"方里",则是日本的土地面积单位。1 平方里合 1542.3 公顷,亦即 15.423 平方公里。1912 年时的中国国土(含外蒙古)约为 1141.8 万平方公里,合日本土地面积计量单位 74.032 万方里。中国的"方里",则仅相当于 1/4 平方公里。"五亿万人口"①,应为当时的中国人口"四亿"或"四万万"之误。

由此可见,对《〈支那分割之运命〉驳议》作细致研究并编入《李大钊全集》,是深入进行李大钊著作编注、研究的重要路径。

(五) 探究李大钊思想源流的重要路径

北洋本的翻译和"驳议"者众多,"译者曰"和眉批的内容比较庞杂,难以断定哪些是李大钊所写。有些"译者曰"的内容,则在李大钊以后的著述中有所体现,成为探究李大钊思想源流的重要路径。

《支那之虚势》一章的第二则"译者曰"(共三则),文字较长,约有 2700 余字,详述了辛亥革命之前第四次请愿国会运动的重大意义及其在天津北洋法政学堂的经过②。对这段话,有研究者认定为李大钊所写③;虽然根据不够确凿,亦有一定的道理。而在此后的 1923 年 12 月 23 日,李大钊在直隶法政专门学校(其前身即北洋法政学堂)十八周年纪念会上的讲演中,亦较为详细地叙述了这次国会请愿运动的经过④。因而不管这则"译者曰"是否确为李大钊所写,二者之间的源流关系还是显而易见的。

《东亚之孟罗主义》一章的第一则"译者曰",约有 350 字,针对中岛端预测蒙古一带早晚会落入俄罗斯手中,和 1912 年 11 月 3 日《俄蒙协约》的缔结,北洋法政学会同人们十分震惊和愤慨,表明了和"暴俄"交战恢复领土的决心,也指责中岛端冷眼旁观,幸灾乐祸⑤。日本学者後藤延子认为,从《雪地冰天两少年》(《言治》季刊第三册,1918 年 7 月 1 日)来看,这部分《驳议》的执笔者是李大钊⑥。

《日本与支那分割》一章的"译者曰",约有 600 字,其中讲到:"盖夫专

---

① 参见本书第 237、239、590 页。
② 初印本、重印本的上编第 68—70 页;点校本第 366—369 页;本书第 356—359 页。
③ 朱成甲著:《李大钊传》(上),中国社会科学出版社 2009 年版,第 78—79 页。
④ 《李大钊全集》(修订本)第四卷,人民出版社 2013 年版,第 495—496 页。
⑤ 北洋本下编第 4—5 页;点校本第 420—421 页;本书第 426—427 页。
⑥ 参见本书第 605 页。

制一姓之兴亡,秦以后踔然其匪一代也。然而若秦、若汉、若隋、若唐,其改姓易步,无不亡也忽焉。而独于宋明之季,河山半壁,义旗相望,一二孤臣义士,宁断头陨命,血溅鲸波,以图延残局、留正朔于海波穷岛之间。虽至势穷力尽,事不可为,终无灰心挫志者,则以民族主义之大防,为不可越也。若文文山,若张苍水,若黄梨洲,若郑成功,若朱舜水,或则辗转穷岛,泣血天涯;或则窜徙波涛,痛苦海外。心悬落日,志切回天。成败可无论,只其孤忠劲节,碧血丹心,亦有惊天地、而泣鬼神者矣……"①对这一大段按语,天津市李大钊研究者刘民山认为,"慷慨激昂,义正词严,宛若一纸檄文。细味这段按语,颇似李大钊之手笔"②;唐山市学者李权兴也讲到:"细加品味这段案语的文风,酷似出自李大钊之手笔"③。

　　而在此后的 1913 年春夏,李大钊在《覆景君函》中写到:"先哲朱舜水,身丁亡国大痛,间关出走,飘零异域,无时不以恢复中原为念。虽至势穷力尽,曾无灰心挫志,直至死而后已。梨洲所谓海外一二遗老孤臣,心悬落日,血溅鲸波,其魂魄不肯荡为冷风野马者,先生殆其人欤?"在 1915 年 2 月的《警告全国父老书》中,李大钊又写道:"昔者改姓易代,兴亡倏忽,而一二遗老孤臣,不忍见宗社之倾,君父之辱,犹或黄冠草履,歌哭空山,乱礁穷岛,相望饮泣,亦欲抱残经于学绝之交,存正朔于危难之际,虽至势穷力尽,卒无变志灰心,杀身成仁,刎颈殉国,流离转徙,客死天涯。宋之文山、叠山,明之苍水、舜水,垂于史册,炳如日星。矧今之世,允非昔比,国社为墟,种族随殄,亡国新法,惨无人理。君子有猿鹤之哀,小人罹虫沙之劫。空山已无歌哭之地,天涯不容漂泊之人"。这两段论述,与上面所引"译者曰"的相似性及其源流关系,亦显而易见。

　　北洋法政学子的"译者曰"和眉批中多次讲到:"孟罗主义者,即日本独吞中国之代名词耳"④。"其述列强谋我之情,洞若观火,且痛哭流涕以陈之,似甚念辅车唇齿之谊也者。实则亚东孟罗主义一语,已露出光芒万丈。而后知其且悲且怨且惜且痛哭流涕满纸郁郁恨恼无穷者,殆恨日本未得独张东亚之霸权耳,未得独吞中国耳"⑤。"近顷日人所盛倡者曰亚洲孟罗主义也,曰大亚细亚主义也。听其言则友朋也,窥其心则盗贼也。所谓此等主义者乃日本

---

①　初印本、重印本的下编第 25—26 页;点校本第 450—452 页;本书第 464—468 页。

②　刘民山著:《李大钊与天津》,天津社会科学院出版社 1989 年版,第 29、180 页。

③　《应该怎样对待李大钊早期的译文》,李权兴等编:《李大钊史事钩沉》,冀出内准字(2001)第 AT006 号,第 83 页。

④　北洋本下编第 16 页;点校本第 438 页;本书第 445 页。

⑤　北洋本下编第 16—17 页;点校本第 439 页;本书第 446 页。

希图独霸亚东之代名辞耳!"①此后的 1917 年 2 月 21 日和 4 月 18 日,李大钊发表《极东门罗主义》和《大亚细亚主义》两文。1919 年元旦,又发表《大亚细亚主义与新亚细亚主义》,其中讲到:"'大亚细亚主义'是并吞中国主义的隐语","是大日本主义的变名。就是日本人要借亚细亚孟罗主义一句话,挡欧、美人的驾,不令他们在东方扩张势力。在亚细亚的民族,都听日本人指挥,亚细亚的问题,都由日本人解决,日本作亚细亚的盟主"②。这些论述,与上引"译者曰"和眉批中所说颇有关联。这些"译者曰"和眉批,虽然难以确认为李大钊所写。其与以后李大钊所述的源流关系,则较为显著。

在《世道人心之一大危机》一章的第一个"译者曰"中讲到:"日本伪立宪,而有幸德秋水鼓吹社会主义";"幸德氏慨然提倡社会主义,欲以平其不平"③。有些研究者认为,此则"译者曰""极有可能出自李大钊之手。当然也不排除为他人所拟,但是其中对幸德的评价等,也一定会由李大钊审定,而且代表李大钊的思想"④。这里所说的"社会主义",与此后 1917 年 4 月 29 日李大钊在《政治之离心力与向心力》的署名文章中首次提到的"社会主义"⑤,在含义和指向上还有差别,但二者的源流关系还是可以肯定的。

如此等等,不一而足。深入研究《〈支那分割之运命〉驳议》,特别是其中的"驳议",对研究李大钊思想演变的源流之意义,不言而喻。

五、对後藤延子有关论著的评述

对中国的历史文化,特别是对李大钊研究颇多,学术态度客观细致的後藤延子教授,在其所著《中岛端〈支那分割之运命〉泛论——一个亚细亚主义者的选择》(见本书"附录")中,对中岛端的《支那分割之运命》和李大钊等人的"驳议",做了总体上比较深入细致的客观分析,值得肯定和借鉴。其主要内容,可划分为五个方面。

(一) 批评中岛端的对华侵略倾向

後藤教授指出:中岛端的论述中表现出"认为中国没出息就焦躁不安,

---

① 北洋本下编第 44—45 页;点校本第 478—479 页;本书第 502 页。
② 中国李大钊研究会编注:《李大钊全集》(修订本),人民出版社 2013 年版,第一卷第 483—484 页,第二卷第 154—156、379—381 页。
③ 北洋本下编第 83 页;点校本第 535 页;本书第 566 页。
④ 刘民山:《李大钊与幸德秋水》,《近代史研究》1995 年第 4 期。另参见刘民山著:《李大钊与天津》,天津社会科学院出版社 1989 年版,第 30—31、188—190 页。
⑤ 《李大钊全集》(修订本)第二卷,人民出版社 2013 年版,第 202 页。

于是为之越俎代庖,结果却助长了对中国的侵略"①,"从中岛端'以生人之道杀人虽死不怨,以佚人之道劳人虽劳不叛。杀人剑即活人剑,恩威并行,宽猛相济'的自以为是的文章中,能够感觉到危险。日本只要能够认真反省和努力,就能够踏入'王道'领域。'果如是,岂特日本民族之发展云乎哉? 虽黄种统一可得而期,世界和平可得而望,四海兄弟天下一家之最上乘理想,可得而实现矣!'文中充满过剩的善意和对'他者感觉'的可怕忽视。对于中岛端来说,他也知道这是不可实现的梦想,是他自己的花言巧语。但是,大亚细亚主义者的大东亚共荣圈、八纮一宇的梦想,也是从这种自我陶醉的理想开始的"②。

后藤教授进一步指出:"日本到底应该走哪条道路呢? 从大陆完全抽手也是一个选择。但这样'既往之对外政策从根本被破坏故也','我帝国上下必所不甘服也'。无论从日本的国威、国权,还是经济发展来说,都不可能放弃中国大陆。既然这样,就应该'果断实行',与列强'争衡于中原'。所以,第三章的内容是'日本与支那分割之方略'。在这一章,中岛端设想了日本瓜分中国的路线,起点则只有南满,别无选择。中岛端对中国的史实做了调查研究,注意到中国南、北方在地缘政治学上的差异"。由此得出结论,进攻中国的战略,"从用兵上言之,则燕赵(即今之直隶、山西)之地决不可委于他人之手;由财力上言之,则江苏、浙江二省又决不可使他国有之"③。

(二) 为中岛端辩解

后藤教授也对中岛端做了一些辩解,认为他对中国的尖刻批评,是善意的,是恨铁不成钢,最终的主张是日本退出中国。现将相关论述,征引如下:

"中岛端的著书,促使中国人防止外国侵略的有机可乘,并促进了南北议和,这确为事实。而且在这个时期,不仅仅是中岛端的著书,全世界都有著书在预告中国分割的必然性。以上种种原因,促使革命派妥协并拥立袁世凯做总统,促进中国走向统一。这应是最接近事实的说法"④。

"当时的日本朝野,表面上一直标榜中国领土保全,实际上不过是应对列强势力均衡这一形势的策略。日本的本意是确保在满蒙的势力范围,促使列强承认日本在中国的特殊地位,扶植日本的在华势力。1912 年川岛浪

---

① 参见本书第 628 页。
② 参见本书第 613 页。
③ 参见本书第 607 页。
④ 参见本书第 589 页。

速所著《对支管见》(会田勉《川岛浪速翁》,文粹阁 1936 年版所收。1912
年 8 月呈给当局者),还有 1912 年内田良平所著《对支策断案》和《支那观》
等,都露骨地记述了日本想要瓜分中国的本意"。而"中岛端的书籍非但没
有鼓吹日本分割中国,还给日本泼冷水,在骂中国人的同时也严厉地批判和
恶骂日本朝野"。①

　　"无论日本参与还是不参与,中国的分割都无法阻止。日本应该怎么
办? 如果'有统一后来支那之绝大理想',而且其德、力能够实现,就应该挺
身去救中国。但是日本没有这个能力,如果介入的话就会两败俱伤,事态会
更加恶化。'支那之分割,即我日本将来厄运之始,可云有百害而无一利
也'。以上就是中岛端的结论。日本既无正确国策,也无充实的国力,所以
对于'百害而无一利'的中国分割,只能束手旁观,没有资格管中国。应该
说中岛端的结论,是极其冷静透彻的合理主义决断"②。

　　"中岛端一方面自卑,一方面又过于自信,这种矛盾扭曲的人格非常少
见。中国人尤其是担负中国命运的年轻气盛者,很难理解他的这种个性"。
"《驳议》将中岛端的著书意图,从性格和心理两方面作解读。用道德化的
意识形态解决事情的手法,貌似很容易被说服。但是如果说他的性格和心
理有问题,其主张也错误,就是对这本书全部否定。这种解决问题的方法,
是一种有效的惯用手段,经常被人们通用。毕竟他被贴上了人格有缺陷的
标签"③。

　　"中岛端不参与中国分割的提议,从当时的日本大势来看,确属有勇气
的发言"④。

　　後藤教授对中岛端的辩解,有助于更加客观全面地看待中岛端的论述,
克服以往对中岛端完全否定的偏差。当然,这些辩解中,也有对中岛端肯定
过多之处。

(三) 对中岛端基本倾向的疑惑与断定

　　关于中岛端对中国的基本倾向,後藤教授认为:"中岛端的书籍没有得
到好评的最大理由,是读者被东京《朝日新闻》的新刊广告所蛊惑,买了这
本书,读完之后却大失所望。这篇广告写得十分激昂,'七十万方里之土
地,五亿万人口之民族,乱国欤? 亡国欤? 统一欤? 分割欤? 浑浑沌沌,漂

---

① 参见本书第 590 页。
② 参见本书第 609 页。
③ 参见本书第 593 页。
④ 参见本书第 609 页。

泊于洪涛巨浸之中者,非今日之支那耶? 盖支那者,二十世纪之谜也。……来吧,朝野的经世家!! 政论家!! 军人!! 青年!! 苟有雄飞大陆之志,盍早握此键'。读者期待的是单纯明快的决断,希望此书能给自己提供一个行动指针。但是此书的结论十分暧昧模糊,不知道作者的意图为何,使读者在读完后有一种半吊子的不彻底感觉"。①

"中岛端却坚称中国的分裂非常急迫,二三年后就会达成。他这样做,到底是期待他人的不幸,以炫耀自己的先见之明? 还是害怕蒙藏分裂后日本的势力范围受到威胁,而警告日本政府呢? 他的意图不很明显"②。

中岛端"预言中国分割的命运必至,最终的选择却是主张日本应该从中国撤离。可能是因为担心自己的真意会被误解吧,他的选择时常摇摆不定,充满苦涩"③。"这种承认、尊重对方独立的立场应该是他冷静时的想法。但是面对日本论者不负责任的态度时,他突然热血沸腾,冒出上述那样极其气愤的发言"。"自幼受中国文化影响的中岛端,深知中国民族决不是劣等民族。认为'其聪明、其道德、其力量、其感情,的确具有宇内最大民族的素质'。但他又惋惜道:'他们近世纪以来呈现萎靡腐烂之状,由于麻醉中毒陷入了一种嗜眠症候'。而这种惋惜表现的太过露骨和过激,结果变成了恶骂毒舌、叱咤激励。他本人也深知这必定会招致对方的强烈反感吧"④。

这些对中岛端思想倾向的疑惑不定,固然是由于中岛端本人的论述含糊不清所致,但是把中岛端的思想倾向归结为"最终的选择却是主张日本应该从中国撤离",并高度评价说"中岛端不参与中国分割的提议,从当时的日本大势来看,确属有勇气的发言","日本既无正确国策,也无充实的国力,所以对于'百害而无一利'的中国分割,只能束手旁观,没有资格管中国。应该说中岛端的结论,是极其冷静透彻的合理主义决断"⑤,似乎没有准确理解中岛端。笔者认为,中岛端的结论固然有些模糊,其"最终的选择"还是主张日本更多地参与对中国的分割,乃至独占日本。

(四) 对北洋法政学子和中国学者的批评

後藤教授指出:"解放后的中国,一般将中岛端定义为'日本狂热的侵

---

① 参见本书第 590 页。
② 参见本书第 601 页。
③ 参见本书第 628 页。
④ 参见本书第 627、626 页。
⑤ 参见本书第 609 页。

略主义者'。这和北洋法政学会的同人对于中岛端的评价基本相同。李大钊后来也写了多篇批判大亚细亚主义的文章,这和他在学期间接触到中岛端的著书有很大关系。那么,我们暂且先把中岛端认定为亚细亚主义思想家。但是在看完中岛端的文章后,我们是否还应该再把他定义为侵略主义者、大亚细亚主义者呢!""对亚细亚主义的定义不能一概而论,因为它是像镜片球一样杂乱反射的多面体"①。

中岛端的《支那分割之运命》,"正在中国人的危惧和焦燥最强烈时期出版"。"这本书在华反响强烈,因为中国人认为它煽动日本朝野对大陆的侵略野心"。"中岛端的著书引起了在日留学生的强烈愤慨,他们频频给中国的主要人物以警告"②。"《驳议》不能把握中岛端的真意,把他视为以破坏为目的的狂妄之徒,幸灾乐祸之徒"③。

"《驳议》将中岛端的著书意图,从性格和心理两方面作解读。用道德化的意识形态解决事情的手法,貌似很容易被说服。但是如果说他的性格和心理有问题,其主张也错误,就是对这本书全部否定"。"从《驳议》全篇的色调来看,很少就中岛端的言论自身来分析,而是当做可疑的虚情假意,用警戒的眼光去看待"④。

"中岛端的评论直击真相。中国人自己也有同样的危机感,但是却不想被日本人指出。《驳议》的作者们也许有这种排斥心理吧?"⑤

"中岛端的议论,被看做潜藏侵略意图的恶意谩骂胡说,受到了中国人民族主义热情的炮火攻击。《驳议》并没有冷静思考和理解中岛端书中的内容,没有真正引以为鉴与合理应对。当然,很大原因也在于,中岛端的直言不讳太过分,笔锋太犀利,而招致了反感"。"中岛端在上编对中国人展开了激烈骂战,也是出于对面临分割危机的中国前途的担忧。他没想到中国人不理解自己的意图,招致了《驳议》作者们的愤怒。虽然不能否定中岛端对中国的好意,但他主要还是担心中国的形势会连累到日本"⑥。

後藤教授对北洋法政学子和中国学者的批评,总体上还比较婉转,也有助于客观评价李大钊等人的"驳议"和中国学界的研究成果,有助于克服其中的某些偏差。从另一方面来看,中日两国学者或许都难以克服既定的民

---

① 参见本书第 586 页。
② 参见本书 587、588 页。
③ 参见本书第 595 页。
④ 参见本书第 593、594 页。
⑤ 参见本书第 614 页。
⑥ 参见本书第 603、604 页。

族倾向和研究视角。

（五）对中日友好的期望

後藤教授在其论述中,几次表达了对中日两国友好的愿望:"中国和日本的民族主义十分复杂曲折,是一种很容易引起无谓误解和纠纷的关系。就像中岛端所直率批评的'彼我之相疑相忌者,虽不必尽为事实,然亦不必尽谓无其事实',绝不是只有单方责任。如何才能使两国之间少一些伤害感情的语言和无谓的竞争,给两国的不幸关系画上一个终止符呢?"[1]"以何种形式切断这种恶缘的连锁,使两国实现真正的友好、连带关系呢?"[2]。

上述愿望是美好可贵的,关键在如何实现? 後藤教授进一步指出:"真正的友好、连带关系到底指的什么?"并提出了两种选择:"不能说日本为了感谢中国文化的恩惠,就要无条件地屈从中国的主张。也不是指为援助中国革命四处奔走,认为中国没出息就焦躁不安,于是为之越俎代庖,结果却助长了对中国的侵略"[3]。

在这两种选择中,第一种选择似乎没有代表者。从过去到现在的中日关系中,也未见明确提及者。第二种选择的代表者大致上就是中岛端。其实在这里还可以提出第三种选择,即为了中日友好,也不能无条件地接受或容忍日方对中国的一切不友好言行;或曰对日方关于中国的一切不友好言行,都从善意的方面去理解。

本课题研究者与後藤教授对中岛端主要倾向的不同看法,可能源于中日学者的民族立场和视角不同,主要原因则在于不同的学术视角。通过冷静客观的学术讨论,对准确评价中岛端的主要对华倾向,对深入认识日本侵华史和中日交往史,对今后的中日友好,应有重要的促进作用。

在 2015 年 9 月 13 日给李继华的信中,後藤教授写到:"日本议会现在关于安保法案的赞否,激烈对立。国会周边从 8 月起,每天国民集合揭反对的旗,举行示威行动。日本各地都市亦呼应国民包围的示威行动,要求废案沸腾。我绝对反对这样战争法案。自民党、公明党所组成的政府,警告中国的军事的抬头的危险性,他们的敌{人}是中国。日本大多数国民希望日中不再战。国民不信政府煽动对中国的危机感之假话。我每天焦急,心情不好"。希望中日友好的拳拳之情,跃然纸上。

---

① 参见本书第 614—615 页。

② 参见本书第 628 页。

③ 参见本书第 628 页。

2015 年以来,经过中日双方的共同努力,中日争端有所缓和,中日关系趋向平稳。但愿这一趋向能持续更长的时间。

总起来看,民国初年的《〈支那分割之运命〉驳议》一书,从其原著者和驳议者的基本倾向来看,体现了"日本侵华思潮中的乡野鸣叫"和"北洋法政学子的激情反击";就其历史地位和意义来说,可概括为"民国初年的历史记录"、"中日文化的相互碰撞"、"当今中国的有益借鉴"、"李大钊著作编纂的必要增补"和"探究李大钊思想源流的重要路径"。其中"中日文化的相互碰撞",既体现于当时的原著者和驳议者之间,也在一定程度上体现于当今的中日民众乃至研究者之间;既有日本侵华思潮与中国反侵华思潮相互碰撞的必然性,也有非著名学者中岛端的《支那分割之运命》恰巧被组建北洋法政学会不久、满怀爱国激情的李大钊等北洋法政学子们看到的偶然性。

第二辑：对不同文本和相关
词语的比较研究

一、对不同文本的比较研究

本书的主要研究方法为：以中岛端的《支那分割之运命》和李大钊等人的"驳议"为客体，以其中的语句、人名、事件、团体、思潮、报刊、地名等为切入点，通过文本检索、网络检索、对比分析、语际转换等方法，对其加以注释和疏证。在此基础上，对中岛端的《支那分割之运命》和李大钊等人的"驳议"，作客观全面的分析和述评，借此深化对李大钊著作和思想，对中日关系史和民国初年历史的研究。

在对比分析上，本书把收入《李大钊全集》河北版第一卷中的"点校本"，与李大钊等人翻译的《〈支那分割之运命〉驳议》1912年初印本和1962年重印本，与中岛端的日文本和"自译本"，以及田雄飞的译本作了比对，收获颇大。

（一）对初印本与重印本的比较研究

《〈支那分割之运命〉驳议》初印本的纸本已经很难找到。在国家图书馆和上海图书馆、北京大学图书馆所藏且可以借阅的纸本，都是1962年重印本，而非1912年初印本。在天津图书馆的目录中可以检索到该书的初印本，但几经努力，都没能看到。

在国家数字图书馆的"民国图书"数据库中看到的该书，注明出版时间是"民国元［1911］"（应为"民国元［1912］"），与重印本相比对，有以下区别：

1. 封面上有"中山忧时氏志"字样，印刷体还是手写体难以断定，应为这本书的阅读者所加。正文第1页右下角，盖有"北京图书馆藏"的印章，应系该馆没有公开借阅的纸本。

2. 没有"重印说明"，在文字上也与重印本有许多差别，总体上看比重印本更准确。故该数字本依据的纸本，应为初印本无疑。

3. 有些页码（下编第29、32、33、36页）比较模糊，应属原书印刷不清晰，而非对原书扫描不清晰。

4.重印本依据的是"中华民国元年十二月初一日首版"。在"重印说明"中,也强调"悉照原书版式,重予排印",未提及对"首版"的校勘。据此,重印本与初印本应无区别。但仔细比对起来,两个版本还是有些差别的。总体上看来,初印本更准确些。对这些差别,列表如下①:

初印本	重印本	点校本	备注
必(上 15)	必(上 15)	必(286)	彼
每月(上 17)	每月(上 17)	每月(288)	每日
飘飘(上 20)	飖飖(上 20)	飖飖(292)	飘飘
飘然(上 20)	飖然(上 20)	〈飖〉〔飘〕然(293)	飘然
牧马(上 21)	牧冯(上 21)	牧冯(294)	牧马
烟雨(上 24)	烟两(上 24)	烟〈两〉〔雨〕(299)	烟雨
飘零(上 32)	飖零(上 32)	〈飖〉〔飘〕零(310)	飘零
侍郎(上 39)	待郎(上 39)	〈待〉〔侍〕郎(321)	侍郎
宪政(上 40)	宪改(上 40)	宪改(323)	宪政
共和政体(上 40)	共命政体(上 40)	共〈命〉〔和〕政体(324)	共和政体
笼络(上 50)	宠络(上 50)	〈宠〉〔笼〕络(339)	笼络
兢兢(上 50)	竞竞(上 50)	〈竞竞〉〔兢兢〕(339)	兢兢
恣(上 53)	姿(上 53)	〈姿〉〔恣〕(343)	恣
冒(上 55)	昌(上 55)	昌(347)	冒
买(上 56)	买(上 56)	卖(349)	卖
畏死(上 58)	畏死(上 58)	畏〈畏〉〔死〕(351)	畏死
畏死(上 58)	畏畏(上 58)	畏死(351)	畏死
庆王(上 66)	亲王(上 66)	庆王(363)	庆王
實状(上 68)	寶状(上 68)	〈宝〉〔实〕状(366)	实状
接(上 77)	按(上 77)	〈按〉〔接〕(381)	接
端方迁湖南,罗亦由推荐而入北京学部,兼江苏前任如故(上 78)	端方迁湖南,罗亦由推荐而入北京学部,兼江苏前任如故(上 78)	端方迁湖南,兼江苏罗亦由推荐而入北京学部,前任如故(382)	端方迁湖南,罗亦由推荐而入北京学部,兼江苏前任如故

---

① 表格中的数字为各版本的页码。为便于理解初印本和点校本的差别,将点校本的有关内容也作为对比。"备注"中的内容为今天看来比较正确的内容。

初印本	重印本	点校本	备注
莫为故，非……（上78）	莫为故，非……（上78）	莫为，故非……（382）	莫为，故非……
快快（上78）	快快（上78）	快快（382）	快快
自信力（上79）	自信方（上79）	自信力（383）	自信力
伟材。其（上80）	伟其材。（上80）	伟材。其（385）	伟材。其
包括（上82）	包刮（上82）	包括（388）	包括
又（上86）	叉（上86）	又（393）	又
柄（上87）	柄（上87）	柄（395）	柄
延（上88）	廷（上88）	延（396）	延
又屡见不一见，未尝（上90）	又屡见不一见，未尝（上90）	又屡见不一，见未尝（399）	又屡见不一见，未尝
奈（上92）	秦（上92）	奈（402）	奈
余辈所不能测，知又不能心服者也（上93）	余辈所不能测，知又不能心服者也（上93）	余辈所不能测知，又不能心服者也（403）	余辈所不能测知，又不能心服者也
矣（上93）	意（上93）	〈意〉〔矣〕（404）	矣
虽然英，我之同盟国也（上93）	虽然英，我之同盟国也（上93）	虽然，英我之同盟国也（404）	虽然英，我之同盟国也
支那人（上98）	支那之（上98）	支那人（412）	支那人
孟（下2）	孟（下2）	孟（416）	孟
向人（下13）	何人（下13）	何人（434）	向人
几大之（下14）	几大不（下14）	几大不（435）	几大之
棒喝（下17）	捧喝（下17）	〈捧〉〔棒〕喝（439）	棒喝
则乘分割之机，先发不为人制（下18）	则乘分割之机，先发不为人制（下18）	则乘分割之机先发，不为人制（440）	则乘分割之机，先发不为人制
年（下20）	平（下20）	年（443）	年
团结（下21）	围结（下21）	〈围〉〔团〕结（445）	团结
氏（下22）	氏（下22）	氏（446）	氏
与以（下23）	与从（下23）	与以（447）	与以
氏（下24）	氏（下24）	氏（450）	氏
自道（下24）	自道（下24）	自强（450）	自道
自分一死，利福不枉，威武不屈者（下24—25）	自分一死，利福不枉，威武不屈者（下24—25）	□□□死利福，不枉威武不屈者（450）	自分一死，利福不枉，威武不屈者

初印本	重印本	点校本	备注
亡也忽焉。(下25)	亡也忽焉。(下25)	亡也。忽焉(451)	亡也忽焉。
。尔时(下26)	。尔时(下26)	尔。时(452)	。尔时
亦一括而还付于支那(下27)	亦一括无还付于支那(下27)	亦一括无还付于支那(453)	亦一括而还付于支那
俟时者又十年,(下27)	俟时者又十年,(下27)	俟时者,又十年(454)	俟时者,又十年
单力直入(下28)	单力直入(下28)	单刀直入(454)	单刀直入
悖老悖(下30)	悖老悖(下30)	〈悖〉〔惟〕老(458)	〈悖〉〔惟〕老悖
两两无(下30)	两两无(下30)	两面□(458)	两两无
赖从帝王之所居(下31)	赖从帝王之所居(下31)	赖以帝王之所居(459)	赖从帝王之所居
湖南北(下31)	湖南北(下31)	湖南、湖北(460)	
异日(下32)	异日(下32)	异日日(461)	异日
五十万(下33)	五十万(下33)	五十万(462)	五千万
每月一元(下33)	每月一元(下33)	每月一元(463)	每日一元
顽(下34)	顽(下34)	颃(463)	颃
人口富力,实足以(下34)	人口富力,实足以(下34)	人口富力实足,以(465)	人口富力实足,以
顽(下37)	顽(下37)	颃(467)	颃
由(下37)	有(下37)	有(468)	由
二十一省(下40)	二十二省(下40)	二十一省(471)	二十二省
二三万吨之艨艟,五六万人之貔狖(下40)	二三万吨之艨艟,五六万人之貔狖(下40)	二三万吨之艨艟,五六万人之貔狖(472)	二三百万吨之艨艟,五六百万人之貔狖
安眠(下40)	安民(下40)	安民(473)	安眠
问题(下46)	间题(下46)	问题(480)	问题
地方(下48)	地方(下48)	地方(483)	他方
徒(下50)	徙(下50)	徙(486)	徒
帝国(下54)	常国(下54)	帝国(491)	帝国
陆海军(下56)	胜海军(下56)	〈胜〉〔陆〕海军(495)	陆海军
目。中始有我(下58)	目。中始其我(下58)	目中,始〈其〉〔识〕我(497)	目中始有我
不索(下59)	不綦(下59)	不〈綦〉〔索〕(498)	不索

续表

初印本	重印本	点校本	备注
昆仑与喜马拉牙（下67）	昆仑为喜马拉牙（下67）	昆仑为喜马拉牙（510）	昆仑与喜马拉牙
施其伎俩（下69）	旋其伎俩（下69）	〈旋〉〔施〕其伎俩（513）	施其伎俩
议决（下70）	议央（下70）	议〈央〉〔决〕（514）	议决
金钱（下77）	金录（下77）	金〈录〉〔钱〕（525）	金钱
无是非（下86）	无事非（下86）	无〈事〉〔是〕非（539）	无是非
屹立（下91）	迄立（下91）	〈迄〉〔屹〕立（546）	屹立
天职（下91）	大职（下91）	〈大〉〔天〕职（546）	天职

（二）对点校本与初印本、重印本的比较研究

未具体注明依据何种版本的 1999 年点校本，与初印本和重印本，也应无区别。但是，把点校本与初印本、重印本相比对，仍能看出许多差异。究其原因，主要是点校本对李大钊等人的译本作了较多的标点与校勘，其中大多数是必要的、正确的，也难免有一些差误。归纳起来，有以下几种情况：

1. 矫正

点校本对初印本和重印本的差误做了许多矫正，体现了点校者的艰苦努力和较高的学术水平。

初印本、重印本（上编第 6 页）提及"哀怀"，点校本第 272 页校改为"〈哀〉〔衷〕怀"。

初印本、重印本（上编第 7、9 页）提及"幹旋"，点校本第 272、276 页校改为"〈幹〉〔斡〕旋"。

初印本、重印本（上编第 13 页）提及"隐哀"，点校本第 272 页校改为"隐〈哀〉〔衷〕"。

初印本、重印本（上编第 24 页）提及"自翊"，点校本第 298 页校改为"自〈翊〉〔诩〕"。

初印本、重印本（上编第 50 页）提及"张骞"，点校本第 338 页校改为"张〈骞〉〔謇〕"。

初印本、重印本上编第 53 页为"孙汶"，点校本第 343 页校改为"孙〈汶〉〔文〕"。日文本第 80 页和自译本第 69 页，原为"孙文"。

初印本、重印本的上编第 55 页，原为"墺"。点校本第 347 页校改为

"〈墺〉〔奥〕"。日文本第 83 页原为"澳"，自译本第 72 页为"奥"。奥，奥地利的简称。

初印本、重印本的上编第 56 页，原为"澳"，点校本第 347—348 页校改为"〈澳〉〔奥〕"。

初印本、重印本的上编第 56 页，原为"买"，点校本第 349 页校改为"〈买〉〔卖〕"。

初印本、重印本的上编第 70 页提及"弹劾"，点校本第 368 页校改为"弹〈効〉〔劾〕"。

初印本、重印本的上编第 72 页提及"先皇"。日文本第 113 页和自译本第 96 页，原为"先是"。点校本第 373 页校改为"先〈皇〉〔是〕"。

初印本、重印本的上编第 99 页，提及"察奸摘伏"。点校本第 413 页，校改为"察奸〈摘〉〔擿〕伏"。擿，有同"摘"之意。但在这个成语里，擿，音 ti，意为揭发，与"摘"并不同义。点校本的矫正很有道理。

初印本下编第 17 页原为"棒喝"，重印本下编第 17 页误为"捧喝"。点校本第 439 页，矫正为"〈捧〉〔棒〕喝"。

初印本下编第 21 页原为"團结"，重印本下编第 21 页误为"圍结"。点校本第 445 页，矫正为"〈围〉〔团〕结"。

初印本、重印本的下编第 56 页，提及"万夫英开"，点校本第 494 页矫正为"万夫〈英〉〔莫〕开"。

初印本、重印本（下编第 56 页）提及"萨长二洲"，点校本第 494 页矫正为"萨、长二〈洲〉〔州〕"。

初印本下编第 59 页，原为"索"。重印本下编第 59 页，误为"紊"。点校本第 498 页，矫正为"〈紊〉〔索〕"。

初印本、重印本下编第 62 页，原为"不得不得行"。点校本第 504 页，矫正为"不得不〈得〉行"。

日文本第 290 页、初印本下编第 77 页原为"金钱"，重印本下编第 77 页误为"金录"。自译本第 246 页译为"银钱"。点校本第 525 页，将"录"矫正为"钱"。

初印本、重印本（下编第 77 页）提及"宪立政治"，点校本第 526 页矫正为"〈宪立〉〔立宪〕政治"。日文本第 291 页和自译本第 248 页，原为"立宪政治"。

初印本、重印本（下编第 78 页）提及"官史"，点校本第 526 页矫正为"官〈史〉〔吏〕"。日文本第 291 页和自译本第 248 页原为"官吏"。

初印本和重印本的下编第 78 页同为"起"。点校本第 527 页矫正为

"〈起〉〔其〕"。

　　初印本、重印本的下编第 82 页,都为"幸"。日文本第 299 页和自译本第 255 页,都为"幸德"。点校本第 533 页,矫正为"幸〔德〕"。

　　初印本下编第 86 页,自译本第 260 页,为"无是非"。日文本第 304 页,原为"是非なく"。重印本下编第 86 页,误为"无事非"。点校本第 538 页,矫正为"无〈事〉〔是〕非"。

　　初印本、重印本(下编第 89 页)提及"弦欢笑",点校本第 543 页矫正为"〈弦〉〔歌〕欢笑"。日文本第 310 页为"絃歌欢笑",自译本第 264 页译为"絃歌笑语"。

　　初印本下编第 91 页、日文本第 313 页和自译本第 267 页,原为"屹"。重印本下编第 91 页,误为"迄"。点校本第 546 页,矫正为"〈迄〉〔屹〕"。

　　初印本下编第 91 页、日文本第 314 页和自译本第 267 页,原为"天职"。重印本下编第 91 页,误为"大职"。点校本第 546 页,矫正为"〈大〉〔天〕职"。

　　初印本、重印本的下编第 92 页原为"日本国民觉悟",点校本第 548 页矫正为"日本国民〔之〕觉悟"。

　　2. 不甚必要或不甚妥当的校改

　　初印本、重印本(上编第 12 页)提及"共和政",日文本第 21 页和自译本第 18 页亦同。点校本第 281 页校改为"共和政〔府〕",似无必要。

　　初印本、重印本(上编第 50 页)提及"战战兢兢",日文本第 77 页和自译本第 66 页为"战战慄慄"。点校本第 339 页校改为"战战〈竞竞〉〔兢兢〕",应无必要。

　　初印本、重印本的上编第 93 页,原为"瞆"。日文本第 152 页和自译本第 128 页,则为"聋"。点校本第 404 页,校改为"〈瞆〉〔聩〕"。瞆,古同"聩",点校本的校改是否必需,值得斟酌。即使必需,也应加以必要的说明。

　　初印本下编第 12 页、日文本第 182 页和自译本 153 页,都为"一旦蹶起"。重印本下编第 12 页为"一日蹶起"。点校本第 432 页,为"一日〈蹶〉〔崛〕起"。将"一旦"排为"一日",应为重印本之误。点校本将"蹶起"校改为"崛起",则似无必要。"崛起"意为山峰等的突起和力量、势力等的兴起,"蹶起"则为疾起、迅速而起之意。与"一旦"相连,还是用"蹶起"更好。

　　点校本第 497 页,提及"〈其〉〔识〕"。而在初印本下编第 58 页,原为"有"。重印本下编第 58 页误为"其"。将"其"矫正为"识",未回归初印本原文,实际上也是随重印本而误,不够妥当。

初印本、重印本(下编第 72 页)提及"焦燥",点校本第 518 页校改为"焦躁"。实际上,"燥"与"躁",都有性情急、干燥之意,不改亦可。

初印本、重印本(下编第 92 页)提及"蹶然",点校本第 549 页矫正为"崛然"。蹶然,亦作"蹷然",意为疾起、突然、忽然等。崛然,意为挺立。将"蹶然"校改为"崛然",似无必要。

3. 径改

点校本的一些校改,虽有道理,却未作必要的注明,属于径改,似不合注释规范。

初印本、重印本的上编第 32 页,原为"爪瓜"。点校本第 310 页径改"瓜"为"牙"。

初印本、重印本的上编第 57 页,原为"互",应为"亙"(亘)之误。点校本第 349 页径改为"亘"。

初印本、重印本的上编第 93 页,第二条眉批中提及"无折冲之林"。点校本第 404 页径改"林"为"材"。

初印本下编第 2 页提及的第一个"孟子",重印本下编第 2 页误为"盂子"。点校本第 416 页直接排印为"孟子"。

初印本下编第 20 页提及"十年一日"。重印本下编第 20 页,将"年"误为"平"。点校本第 416 页直接排印为"年"。

初印本下编第 23 页提及"与以"。重印本下编第 23 页,误为"与从"。点校本第 447 页,直接排印为"与以"。

以上三条,如果以初印本为底本,无可厚非;如果能说明重印本之误,则更为完美。如果以重印本为底本,则属径改。

初印本、重印本的下编第 31 页,原为"湖南北"。日文本第 214 页和自译本第 180 页同。点校本第 460 页,径改为"湖南、湖北"。

初印本、重印本的下编第 37 页,原将"颉颃"误为"颉顽"。点校本第 467 页,径改为"颉颃"。

初印本、重印本下编第 65 页,原为"术和平之手段"。点校本第 509 页径改"术"为"求"。

日文本第 294 页和自译本第 251 页,原为"弑"。初印本、重印本的下编第 80 页,误为"斌"。点校本第 530 页径改为"弑"。

日文本第 297 页和自译本第 253 页原为"乳臭"。初印本、重印本的下编第 81 页,误为"乳具"。点校本第 532 页径改为"乳臭"。

初印本、重印本的下编第 81 页,原为"凿方枘圆"。点校本第 532 页径改为"凿方枘圆"。

初印本、重印本的下编第 82 页，原误为"二千年"。日文本第 298 页，原为"廿年"。自译本第 254 页译为"二十年"。点校本第 533 页径改为"二十年"。

初印本、重印本的下编第 82 页，原为"幸得"。点校本第 533 页，径改为"幸德"。

初印本、重印本的下编第 83 页，原为"吾人人类"。点校本第 535 页，径改为"吾人类"。

初印本、重印本下编第 86 页的第一条眉批中，原误为"余何"。点校本第 539 页，径改为"奈何"。

4. 随重印本而误

点校本第 434 页提及的"何人挑战"，在初印本下编第 13 页，原为"向人挑战"。重印本下编第 13 页，误为"何人挑战"。自译本第 155 页译为"挑战他人"，与日文本第 185 页的原句较为接近。

点校本第 452 页提及的"亦一括无还付于支那"，"无"为讹字。自译本第 172 页，为"亦一括还付支那"。初印本下编第 27 页，原为"亦一括而还付于支那"。重印本下编第 27 页，将"而"误为"无"。

点校本第 468 页的"四千年之旧文明，将有其根底倾覆而去"，其中的"有"，初印本下编第 37 页原为"由"，重印本下编第 37 页误为"有"。自译本第 187 页，未译此句。

日文本第 228 页、自译本第 193 页和初印本下编第 40 页，都为"安眠"。重印本下编第 40 页，误为"安民"；点校本第 473 页仍之。

点校本第 479 页提及"跂予望之"。"跋"，为"跂"之误。初印本下编第 45 页，原为"跂予望之"。重印本下编第 45 页，误"跂"为"跋"。跂予望之，语出《诗经·河广》："谁谓宋远？跂予望之"。意为：谁说我们宋国距离遥远，难以回去？我踮起脚后跟就看到了。

点校本第 497 页的"〈其〉〔识〕"，将"其"矫正为"识"。而在初印本下编第 58 页，原为"有"。重印本下编第 58 页误为"其"。将"其"矫正为"识"，未回归初印本原文，实际上也有随重印本而误的成分。

初印本下编第 58 页，原为"愚懦"。重印本下编第 58 页和点校本第 497 页，为"愚儒"。儒，古同"懦"。但在此处，用"愚懦"更合适些。

初印本下编第 76 页、自译本第 245 页，原为"而政党"。重印本下编第 76 页误为"政党而"，点校本第 524 页亦误。

初印本下编第 88 页，原为"不知"。重印本下编第 88 页，误为"之知"。点校本第 542 页亦误。

5.随初印本、重印本而误(即北洋本各文本皆误)

初印本、重印本的上编第54页提及"其报",点校本第344页仍之。应为"某报"。日文本第81页亦为"某报",自译本第70页为"某汉字报"。

初印本、重印本的上编第69页提及"西马路宣讲所",点校本第367页同此。应为东马路宣讲所①。

初印本、重印本的上编第69页提及"右手出利刃,深刺右臂三匝",点校本第368页同此。应为右手出利刃,深刺"左"臂三匝②,或"左"手出利刃,深刺"右"臂三匝。

初印本、重印本的上编第72页提及"请法官",点校本第373页仍之。日文本第114页原为"清法官",自译本第96页,译为"中法官"

初印本、重印本的上编第77页,将"(如北宋苏、程二子之徒,立洛、蜀二党;如明季东林人士之争轧。汉人风气自古如斯,非独近时始有也)"作为"译者附注","用小字双行列于原文下,以示区别",有误。点校本第380页,用仿宋体排印,亦误。此为日文本第123页原注,自译本第103页亦存。

"(往年铁良承旨南下,视察外省财政时,上海各报所论如此)"一句,系日文本第138页原有,自译本第115页亦存。初印本、重印本的上编第83页,将其排为"小字双行",误为"译者附注"。点校本第390页延续此误,排为仿宋体。本书已改为宋体。

点校本第394页提及"绥夏、宁远之二将军",初印本、重印本的上编第86页同此。日文本第144页和自译本第120页亦同。田译本第73页和田节本第29页则为"绥远、宁夏之二将军"。比较各种说法,应为绥远、宁夏二将军。清朝最后一任绥远将军为堃岫,1911年3月接任,1912年10月离任。民国第一位绥远将军则为张绍曾。宁夏将军,不详。

点校本第398页的"张仲彝父子",初印本、重印本的上编第89页,以及日文本第148页,自译本第123页和田节本第30页均同此。经反复检索,应为"张彝、张仲瑀父子",或曰"张仲瑀、张彝父子"。张彝,字庆宾,北魏清河东武城(今武城县西北部)人,历仕北魏孝文帝、宣武帝、孝明帝三朝,官至宰辅,后出镇陇西,先后拜安西将军、征西将军,是北魏孝文帝改革的积极推动者和主要策划者。515年孝明帝即位后,鲜卑贵族和汉官之间的矛盾日益尖锐。张彝次子、给事中兼尚书郎张仲瑀密奏朝廷,建议在任命官员的时候进行考评选拔,特别是上品高官不再参考军功。这份密奏激怒

① 见本书第346页。

② 参见刘民山著:《李大钊与天津》,天津社会科学院出版社1989年版,第9页。

了鲜卑贵族子弟——羽林、虎贲。519 年二月,上千名羽林军、虎贲军官兵集合起来,先砸了尚书省官署,然后冲到征西将军府,纵火行凶,烧死了张彝的大儿子左民郎中张始均,把张彝打得奄奄一息,很快气绝身亡。张仲瑀越墙而走,才得以幸免。

点校本第 433 页提及"悮",初印本、重印本的上编第 13 页同此。日文本第 183 页和自译本第 153 页,为"悟"。田译本第 100 页和田节本第 40 页,译为"明知"。悮,今作"误",应矫正为"悟"。

初印本、重印本的下编第 33 页,提及日本"五十万国民为之后援"。点校本第 462 页仍之。日文本第 217 页,原为"五千萬の國民ありて之が後援たり"。自译本第 183 页,为"五千万臣民,为之后援焉"。五十万,应为"五千万"之误。

初印本、重印本的下编第 40 页,提及"二三万吨之艨艟,五六万人之貔貅"。点校本第 472 页同此,应有误。日文本第 227 页和自译本第 192 页,原为"二三百万吨之艨艟,五六百万人之貔貅"。

点校本第 476 页的眉批"使当时无此海天人劫,则岛一之灭久矣",初印本、重印本的下编第 42 页同此。这一眉批,属北洋本独有,与此外其他文本无涉。仔细考究起来,人劫,或为"一劫"之误;岛一,或为"岛人"之误。全句应为"使当时无此海天一劫,则岛人之灭久矣"。在初印本、重印本下编第 42 页的竖排眉批中,"人"和"一"虽非一行,横看却并列,或为排印之误。

初印本、重印本下编第 65 页提及"有确",点校本第 507 页同此。日文本第 268 页和自译本第 228 页,原为"的確"。"有确",应为"的确"之误。

点校本第 508 页提及"拿破仑",初印本、重印本下编第 65 页同此,似有误。日文本第 270 页,原为"カボール"。自译本第 229 页,译为"喀波耳";该文本第 26 页,则将 1861 年曾任意大利王国首相的加富尔译为"喀波耳"。检索拿破仑的日语译名,应为"ナポレオン"。故カボール,更可能是加富尔,而非拿破仑。加富尔的日文译名,应为カヴール,全称则为カミッロ・カヴール。

初印本、重印本的下编第 74 页提及"募党于地方",点校本第 520 页同此。党,疑为"党与"。日文本第 284 页原为"黨輿を地方に募るゃ"。自译本第 242 页,译为"募党与于地方"。党与:同党之人。

点校本第 544 页提及"犹且盛气念弥陀,唱南无",初印本、重印本的下编第 89 页同此。日文本第 311 页,原为"犹且殊胜气に弥陀佛を念じ,アーメンを唱ふ"。自译本第 265 页,为"犹且温然蔼然,念弥陀佛,唱亚孟"。

アーメン，为"阿门"的英文日译。亚孟，即阿门，而非"南无"。下一句提及的"释迦、基督"，亦证明"亚孟"应为阿门。

点校本第 546 页除两次提及"黄种"外，还提及 1 次"皇种"，初印本、重印本的下编第 91 页同此。"皇种"应有误，日文本第 314 页和自译本第 268 页，都为"黄种"。

6. 与初印本同，而与重印本异

点校本第 349 页"又果何如也"的"又"，初印本上编第 57 页同此。重印本上编第 57 页，误为"叉"。

点校本第 362 页提及"扰乱之"，初印本上编第 65 页同此。重印本上编第 65 页，则误为"扰之乱"。

初印本上编第 77 页原为"接"，重印本上编第 77 页误为"按"。点校本第 381 页校改为"〈按〉〔接〕"。

点校本第 402 页的第一条眉批中提及"争奈"，初印本上编第 92 页同此。重印本上编第 92 页，则误为"争秦"。

点校本第 480 页第一段中两次提及"问题"，初印本下编第 46 页同此。重印本下编第 46 页，都误为"间题"。

点校本第 480 页"徒斤斤于细目"中的"徒"，初印本下编第 46 页同此。重印本下编第 46 页，误为"徙"。

点校本第 491 页"非帝国之陆军"中的"帝国"，初印本下编第 54 页同此。重印本下编第 54 页，则误为"常国"。

点校本第 495 页中的"〈胜〉〔陆〕军"，初印本下编第 56 页，原为"陆"；重印本下编第 56 页，误为"胜"。

点校本第 513 页的"〈旋〉〔施〕"，初印本下编第 69 页原为"施"。重印本下编第 69 页，误为"旋"。

点校本第 514 页的"〈央〉〔决〕"，初印本下编第 70 页原为"议决"。重印本下编第 70 页，误为"议央"。

初印本下编第 83 页，原为"阶级"。重印本下编第 83 页，误为"阶纸"。点校本第 535 页，为"阶级"。

初印本下编第 84 页第 6 行原为"日本"，日文本第 302 页第 8 行和自译本第 257 页倒 3 行同此。重印本下编第 84 页第 6 行，误为"日未"。点校本第 536 页倒 6 行，亦为"日本"。

初印本下编第 86 页原为"陛下"，重印本下编第 86 页误为"陛下"。点校本第 539 页，亦为"陛下"。

初印本下编第 86 页、日文本第 305 页、自译本第 260 页，原为"种族"。

重印本下编第 86 页,误为"种旅"。点校本第 539 页,亦为"种族"。

上述这些"与初印本同,而与重印本异"之处,似乎表明点校本的点校者也看到了初印本,并参照初印本来校勘重印本。但更多的"与重印本同,与初印本异"之处,又表明点校者并未看到初印本,或看到了初印本而比对不够。详情如何,有待点校者解谜。

7. 遗漏

初印本、重印本上编第 13 页提及"袁项城则不动声色",点校本第 282 页遗漏"则不"二字。

初印本、重印本上编第 29 页提及"利害痛苦",点校本第 305 页遗漏"苦"字。

初印本、重印本上编第 34 页提及"吾姑勿与辩",点校本第 314 页遗漏"与辩"二字。

初印本、重印本下编第 57 页提及"无碍于国家",点校本第 513 页遗漏"于国"二字。

初印本、重印本下编第 69 页提及"鞠育保护",点校本第 513 页遗漏"鞠育"二字。

8. 标点之误

初印本、重印本上编第 13 页,提及"自鸣其战胜国之得意,然实吾国伤心惨目之痛史也"(原为句读,下同),点校本第 282 页误断为"自鸣其战胜国之得,意然实吾国伤心惨目之痛史也"。

初印本、重印本上编第 14 页提及"无由荷其负担,十年总统之言",点校本第 283 页误断为"无由荷其负担十年,总统之言"。

初印本上编第 14 页,提及"诚如孙中山所道:揆诸人心国运,袁项城所以自效于国,与其所以自待,人之所以望袁项城,及其所以望袁项城者,而望之于国,俱不难昭然若揭"。重印本上编第 14 页,排印为"诚如孙中山所道揆诸人心国运,袁项城所以自效于国(,)与其所以自待(,)人之所以望袁项城,及其所以望袁项城者,而望之于国,俱不难昭然若揭",遗漏了两个逗号和一个冒号。点校本第 283 页,则排印为"诚如孙中山所道:揆诸人心国运,袁项城所以自效于国,与其所以自待,人之所以望袁项城(,)及其所以望袁项城者(,)而望之于国,俱不难昭然若揭",既矫正了重印本遗漏的两个逗号和一个冒号,又另外遗漏了两个逗号。

初印本上编第 14 页,提及"事势到来,终有吾人心目中之袁项城出现。表白结局之日,断头者之未必果断,盲目者之会当终盲也"。重印本上编第 14 页,排印为"事势到来(,)终有吾人心目中之袁项城出现。表白结局之日,断头者之未必果断,盲目者之会当终盲也",遗漏了一个逗号。点校本第283页,则排印为"事势到来,终有吾人心目中之袁项城出现,(。)表白结局之日,断头者之未必果断,盲目者之会当终盲也"。"出现"之后的逗号,应为句号。

初印本、重印本上编第24页,原为"其愚诚不可及也已!近十年来"。点校本第298页,误为"其愚诚不可及也!已近十年来"。

初印本、重印本上编第32页,原为"盍早南来?曰否"。点校本第311页,误为"盍早南来曰,否"。

初印本、重印本上编第36页,原为"……将来尔万世一系……"。点校本第316页,断为"……将来尔。万世一系……",有误。应为"……将来。尔万世一系……"。

初印本、重印本上编第39页,原为"引领共和,其势力先及于士绅"。点校本第322页,则为"引领共和其势力,先及于士绅"。

初印本和重印本的上编第63页,原为"无涉于卖路苦衷。所与之相手方"。点校本第359页,则为"无涉于卖路。苦衷所与之相手方"。

初印本、重印本的上编第64页,提及"伯烈湖南人,"点校本第360页标点为"伯烈,湖南人。"似欠妥。应为"伯烈,湖南[北]人,"。

初印本、重印本的上编第69页,原为"全堂五百余人,相聚议进行方法"。点校本第369页,标点为"全堂五百余人相聚,议进行方法",或更恰当一些。

初印本、重印本的上编第70页,原为"国会速开案请愿,议员"。日文本第109页和自译本第92页同此。点校本第92页,则标点为"国会速开案,请愿议员"。

点校本第374页有"非独宁波人可知,其原因则为某国人欺侮华官也",初印本、重印本的上编第73页同此。细究起来,此句标点似有误,应为"非独宁波人,可知其原因则为某国人欺侮华官也"。

点校本第440页,有"则乘分割之机先发,不为人制",标点应有误。初印本、重印本下编第18页,原为"则乘分割之机,先发不为人制"。日文本第190页和自译本第160页,为"乘分割之机,不为人所制机先"。

点校本第441页,原为"。我军之始渡海,"。似应矫正为",我军之始渡海。"

对初印本、重印本的下编第20页提及的"不如前之十年一日思泄其卧薪尝胆之余愤于大陆也"一句。点校本第443页断句为"不如前之十年,一日思泄其卧薪尝胆之余愤于大陆也",似不妥。"十年一日"形容"思泄其卧薪尝胆之余愤于大陆"的急切心情,不宜断为"十年,一日"。如果一定要断句,则断为"不如前之十年一日,思泄其卧薪尝胆之余愤于大陆也",似更好些。

点校本第 454 页的"俟时者,又十年",初印本、重印本的下编第 27 页,原为"俟时者又十年,"。自译本第 173 页,为"以待时机又十年,"。日文本第 205 页类此。

初印本、重印本的下编第 34 页,原为"人口富力,实足以"。点校本第 465 页,则断为"人口富力实足,以"。

点校本第 476 页的眉批中提及:"余曾有句云:向人每欲论同种。到此方知,我独无我,固甚愿向我东邻论同种也。"此句标点或有误,应为"余曾有句云:向人每欲论同种,到此方知我独无。我固甚愿向我东邻论同种也"。此句在初印本、重印本下编第 43 页的原眉批中无标点,断句较易出错。

9. 独有之误

初印本、重印本的上编第 25 页,提及"油汙汙染"(汙,同"污"),点校本第 300 页,为"油污污染",看来是把"汙"误为"汙"(污)了。

初印本、重印本的上编第 31 页,提及"謷言"。謷(wèi)言,不实之言。点校本第 309 页,误为"誓言"。

初印本、重印本的上编第 40 页,原为"于社会上尤占"。点校本第 322 页,误为"于社会占占"。

初印本、重印本的上编第 50 页,原系"为渊殴鱼,为丛殴爵"。殴,假借为"驱"。点校本第 338 页,不做任何标注,径改为"为渊驱鱼,为丛驱爵",似欠妥。今通作"为渊驱鱼,为丛驱雀"。爵,同"雀"。

初印本、重印本的上编第 65 页,日文本第 101 页和自译本第 86 页,都提及"粟时戡"。点校本第 361 页,误为"粟时勘"。以上各文本又皆误,应为粟戡时。

初印本、重印本的上编第 65 页,原为"筑造"。点校本第 361 页,误为"筑路"。

初印本、重印本的上编第 78 页,原为"端方迁湖南,罗亦由推荐而入北京学部,兼江苏前任如故"。点校本第 382 页,误排印为"端方迁湖南,兼江苏罗亦由推荐而入北京学部,前任如故"。自译本第 105 页,为"端迁湖南巡抚,罗亦入北京学部,仍带江苏前任如故"。

初印本、重印本的下编第 11 页,提及"决然行之。",点校本第 430 页,误为"决行之。然"。

初印本、重印本的下编第 24—25 页，提及"为种族为国家而自分一死，利福不枉，威武不屈者"，与日文本第 203 页和自译本第 171 页的语句和断句差别不大。点校本第 450 页，则排印成"为种族为国家而□□□死利福，不枉威武不屈者"，不但将本来清楚的"自分一"三个字标注为"□□□"，且断句混乱。

初印本、重印本的下编第 24 页，原为"自道"。点校本第 450 页，误为"自强"。

初印本、重印本的下编第 30 页，提及"两两无"，与自译本第 178 页的"两两不"相近。点校本第 458 页则为"两面□"。

初印本、重印本的下编第 31 页，原为"赖从"。点校本第 459 页，则为"赖以"。

初印本、重印本的下编第 59 页，原为"急杀人"。点校本第 499 页，则为"□杀人"。

初印本、重印本的下编第 71 页和日文本第 278 页提及"栃木县"，自译本第 237 页误为"橡木县"，点校本第 516 页则误为"橱木县"。

日文本第 298 页提及日本人"苏我马子"，初印本、重印本下编第 81 页和自译本第 254 页皆与此同，点校本第 532 页则为"苏我马□"。

初印本、重印本的下编第 84 页，日文本第 301 页和自译本第 257 页，在"以情热胜"之后，原为句号，无删节号。点校本第 536 页，则加了删节号。

（三）对北洋本与日文本的比较研究

就北洋本（包括初印本、重印本、点校本）和日文本的关系来说，有以下几方面：误植、删减、扩衍、矫正。

1. 误植

初印本、重印本的上编第 15 页，和点校本第 285 页，都将日文本第 23 页的"海圻"（自译本第 20 页同此），误为"海珩"。

初印本、重印本的上编第 15 页，和点校本第 286 页，都将日文本第 23 页的"彼が心事"（自译本第 20 页译为"彼之心事"），误为"必之心事"。

初印本、重印本的上编第 34 页，和点校本第 314 页，都将日文本第 55 页的"革黨人民"（"自译本"第 46 页为"革黨、人民"），误为"革命党人"①。

初印本、重印本的上编第 42 页，和点校本第 326—327 页，都将日文版第 65 页的"如何に自大自尊の中國民と雖、自ら顧みて赧然たらざらん者

_____

① 参见本书第 301 页。

はあらじ。試に彼等が現状を觀よ。古来讀書識字を以て人生第一の要件とせる國柄なるに、車夫馬丁は言ふも更なり、厨奴家僕に至るまで、目に一丁字なき者皆是なり"（自译本第55页译为"虽自尊自大著称之中国民，反省自顾，能不赧然。盍试见现在情状乎！支那古来以读书识字为人生第一要件之国也，然无论车夫马丁，以至厨奴家仆，目无一丁字者，比比皆是"），翻译为"试观彼等现状，以读书识字为人生第一要件。车夫马丁，亦能言之。然目不识丁者，比比然也"。后半句的语义，与日文版和自译本似有差异。

初印本、重印本的上编第52页，和点校本第341页，都将日文版第78页的"一民黨議員バーレー議會に告げて曰く"（自译本第67页译为"民党议员巴礼念于议会曰"），排印为"有一民党议员言于巴里会议曰"，似有误。应为"有一民党议员巴里言于会议曰"。此误的实质是将作为人名的"巴里"（巴礼，バーレー），误成作为地名的巴黎（日文名称为パリ）。

初印本、重印本的上编第52页，和点校本第342页，都将日文版第79页的"蓋バーレーの此議は、一人の聲にあらず"（自译本第68页译为"盖巴礼此议，非巴礼一人之声也"），译为"一时巴雷之主张此议者甚众"，也是将作为人名的"バーレー"（巴礼），误成作为地名的"巴雷"（巴黎）。

总起来说，在日文本第78、79页，两次提及作为人名的"バーレー"。自译本第67、68页都将此人译为"巴礼"。北洋本则将此人一译为"巴里"，一译为"巴雷"，且都误为地名。

初印本、重印本的上编第54页，和点校本第344页，都将日文版第81页的"某报"（自译本第70页为"某汉字报"），排印为"其报"，应误。

初印本、重印本的上编第73页，和点校本第373页，都将日文版第114页和自译本第96页的"清法官"，排印为"请法官"。请，应为"清"之误。

初印本、重印本的上编第74页，和点校本第376页，都将日文版第117页的"傳單の出所も知られぬ"和自译本第99页的"传单所出，亦始明白矣"，译为"而此激烈之传单，终不知出于何人之手"，语义似恰相反。

初印本、重印本的上编第87页，和点校本第396页，都将日文版第145页和自译本第121页的"百辆之火车"，译为"百乘之汽车"。在日语中，火车被写为"汽车"，汽车则被写为"自动车"。故此译有误。

日文本第183页和自译本第153页都为"悟"；初印本、重印本的下编第13页，和点校本第433页，则都为"悮"。悮，今作"误"。将"悟"排印为

"愯",应有误。

日文本第 208 页提及"山東一省を除く外、斥鹵多く、肥沃の壤に乏し"(自译本第 176 页译为"除山东一省外,多斥卤,乏肥沃之壤")。初印本、重印本的下编第 29 页和点校本第 456 页则译为"除山东一省多斥卤乏肥沃而外",应有排印之误。"而外",应移至"山东一省"之后。

日文本第 217 页提及日本国民"五千萬"(自译本第 183 页同此),初印本、重印本的下编第 33 页和点校本第 462 页误为"五十万"。

日文本第 218 页提及"每日一圓左右"和"三億七千萬"(自译本第 184 页类此),初印本、重印本的下编第 33、34 页和点校本第 463 页误为"每月一圆左右"和"三亿七十万"。

日文本第 283 页提及"果して輿論を指導し實現し得るかを顧みるべきのみ",自译本第 241 页将其译为"果否足以指导现实舆论",初印本、重印本的下编第 73 页和点校本第 519 页则将其译为"果能指导舆论现实舆论"。相形之下,北洋本的翻译,比自译本的翻译,与日文本更为接近一些。但是前二者都把日文本中的"实现"翻译为"现实",值得斟酌。

日文本第 311 页提及"アーメン",自译本第 265 页译为"亚孟"。初印本、重印本的下编第 89 页和点校本第 544 页则译为"南无",应有误。アーメン为"阿门"(Amen)的英文日译,"亚孟"是其另译,"南无"则大误。

日文本第 314 页提及"膽は宜く大なるべし、心は宜く小なるべし",自译本第 268 页译为"心宜小也,胆宜大也"。初印本、重印本的下编第 91 页和点校本第 546 页则译为"胆宜小而心宜小",其中第一个"小",应为"大"之误。

2. 删减

日文本第 2 页原为"其の支那に在る者と雖、南北中央を通じて、舊式の支那浪人、支那破落戶"(自译本第 2 页译为"其在支那者,通南北中央,自舊式之支那浪人,支那破落戶"),北洋本(点校本第 264—265 页,初印本和重印本的上编第 1 页,参见本书第 242 页)则简译为"其流寓支那而足迹遍国中者"。

日文本第 2 页原为"頭脑の舊式なるを見るに足る"(自译本第 2 页译为"脑筋之陈腐太甚"),北洋本(点校本第 265 页,初印本和重印本的上编第 1 页,参见本书第 242 页)则简译为"思想之陋"。

日文本第 4 页原为"同一人を以て、前日後日、兩々截然、矛盾撞着して、羞ぢす怪まず。傲然余輩田舍漢を俯視し、高く自ら標榜して"(自译

本第 4 页译为“以一人之身,而前日后日,两两截然,矛盾撞着,不羞不怪,傲然俯视余辈田舍汉,高自标榜”)。北洋本(点校本第 266 页,初印本和重印本的上编第 2 页,参见本书第 244 页)则简译为“前后矛盾,毫无羞耻,反傲然俯视吾侪,而自标榜”。

日文本第 11 页原为“何等の施設する所もあらざりき。又何等の云爲する所もあらざりき”(自译本第 10 页译为“无何等施设,又无何等云为”),北洋本则简译为“无所建白”(点校本第 274 页,初印本和重印本的上编第 8 页,参见本书第 254 页)。

日文本第 118 页,原为“北京は本来消金窩に乏しからず。今の燕趙は慷慨悲歌の人のみならで、明眸皓齒、高唱緩歌其の人多しと聞ゆ”;自译本第 99 页,译为“北京本饶消金窝。今之燕赵,非古之燕赵。不特多慷慨悲歌之士,而明眸皓齿,浅酌低唱,不乏其人”,有所增衍。北洋本则简译为“北京不乏销金窟,明眸皓齿、高唱缓歌者流,辐辏其间”(点校本第 376 页,初印本和重印本的上编第 74 页,参见本书第 369 页)。

日文本第 131 页,原为“张謇の如き、學術文章は暫く置きて言はず。年来通州の一角に據りて、教育に、實業に、拮据經營して”(自译本第 109 页译为“如张謇,学术文章,且置而不论。久据通州一角,教育云,实业云,拮据经营”)。北洋本则简译为“张謇拮据经营”(点校本第 385 页,初印本和重印本的上编第 80 页,参见本书第 381 页)。

日文本第 185 页原为“端なく一たび人の血を舐りし良狗は、果然人の血に渴する狂犬と化し了りぬ”(自译本第 155 页译为“偶尔一舐人血之良狗,今则一变而为一渴人血之狂狗矣”),北洋本则简译为“舐糠之犊,一变而为食米之犊矣”(点校本第 434 页,初印本、重印本下编第 13 页,本书第 441 页)。

日文本第 306 页原为“常に虎穴の中に出入して、萬死を冒して一生を博せし”(自译本第 261 页译为“常出入于虎穴之中,冒万死而博一生者”),北洋本则简译为“入虎穴以冒万死,而博一生者”(初印本、重印本下编第 87 页,点校本第 540 页,本书第 571 页)。

日文本第 308 页原为“今日は卿等が小利害小感情に屑屑たるの時か。小機略小術策を弄するの時か”(自译本第 262 页译为“今日岂卿等屑屑于小感情小利害之时乎？弄小机略小术策之时乎”),北洋本则简译为“今日岂公等私心自用,攘权夺利之时乎者”(初印本、重印本的下编第 88 页,点校本第 542 页,本书第 573 页)。

此类删减,主要是为了文字上的简明扼要,符合汉语的表达规范。有些

则有意无意地体现了对日语原文的修饰或曰避讳。例如:

日文本第 39 页原为"何事ぞ門口の正面には小便所—不潔極まれる＝を設けあり。出入の誰彼は、皆此處にて用を辨ずるなりけり。余は覺えずあっと計り"(自译本第 33 页译为"咄是何事? 门口正面,设有一大小便所,不洁极甚。出入馆中者,均便旋焉。余于是不禁暧呀一声"),北洋本则简译为"乃见当门一厕"(点校本第 300 页,初印本和重印本的上编第 25 页,参见本书第 285 页)。

日文本第 39 页原为"如何なる動機にや、黄金的一塊物は、彼が手に塗れぬ"(自译本第 33 页译为"忽不知何故,黄金的一块物,涂彼手"),北洋本则简译为"忽粪污其手"(点校本第 300 页,初印本和重印本的上编第 25 页,参见本书第 285 页)。

日文本第 40 页原为"街上に尻を曝して、一絲の人目を遮る者なく"(自译本第 34 页译为"晒尻街上,一丝不自遮"),北洋本则简译为"曝尻通衢"(点校本第 301 页,初印本和重印本的上编第 25 页,参见本书第 286 页)。

日文本第 40 页原为"道上に大踞して、黄金汁を放出しつゝある者"(自译本第 34 页译为"箕踞道上,放出黄金汁者"),北洋本则简译为"踞道上而溺者"(点校本第 301 页,初印本和重印本的上编第 26 页,参见本书第 286 页)。

日文本第 41 页原为"甚しきは、巡査面前に在りて、揚々股間の偉器を呈出し、春風春水一時来的態度を以て、臭風臭水を迸散して忌憚の色なし"(自译本第 35 页译为"甚至巡警面前,扬扬呈出股间伟器,以春风春水一时来的态度,迸散臭风臭水"),北洋本则简译为"甚至解衣而溲于巡警之前"(点校本第 302 页,初印本和重印本的上编第 26 页,参见本书第 287 页)。

此类修饰或避讳,一方面表现了北洋法政学子的较高素养和民族自尊心;另一方面则屏蔽了中岛端原书中的一些不雅语句,客观上淡化了中岛端对中国人的尖刻讽刺。

3. 扩衍

日文本第 2 页和自译本第 2 页提及"支那通、外交通",北洋本则译为"熟悉支那情形者,留心外交者"(点校本第 264 页,初印本和重印本的上编第 1 页,参见本书第 242 页)。

日文本第 7 页原为"長驅して北京を衝くの快舉に出でん"(自译本第 7 页译为"出乎长驱捣北京之快举"),北洋本则译为"必将率革命健儿,长

驱以入燕京,作廓清之快举"(点校本第269页,初印本和重印本的上编第4页,参见本书第246页)。

日文本第35页原为"以爲らく纏足せざる者は、女子にあらず"(自译本第30页译为"以为不缠足者,非女子也"),北洋本则译为"以为如此,方尽教养之责,而表爱视之心"(点校本第298页,初印本和重印本的上编第24页,参见本书第281页)。

日文本第73页原为"夫の武昌の兵變一たび傳はりて、南北各省皆動き山東山西亦響應するが如き、但に支那人の自由に熱心にして、共和政體實行の容易なる證左と爲すに足らざるのみならず。適適支那人の思想信念の飄飄泛泛一定の根蒂なきを見るに足るなり"(自译本第62—63页译为"如夫武昌兵变一传,南北各省皆动,山东山西亦响应,不特不足为支那人热心于自由,而共和政体易行之证左,适见其思想信念,泛泛摇摇,无一定根蒂也"),北洋本则译为"武昌兵变,消息传来,风靡全国。南则盲从,北则妄应。自形式上观之,似乎自由之心膨涨,共和之效果易于成就也。而自里面观之,适足以征其飘飘泛泛无一定之根蒂而已"(点校本第335页,初印本和重印本的上编第48页,参见本书第322页)。

4. 矫正

日文本第191页提及"太沽",自译本第161页同此。太,极大也。二者虽然相通,终究不符合中国的表达习惯。北洋本矫正为"大沽"(点校本第441页,初印本和重印本的下编第18页,参见本书第449页)。

日文本第264页提及"太西洋",自译本第224页同此,北洋本矫正为"大西洋"(初印本、重印本下编第63页和点校本第504页,参见本书第531页)。

(四) 对北洋本与自译本的比较研究

1. 自译本对理解北洋本有所裨益

自译本为中岛端自己所译,对日文本原意的把握较为准确,对理解北洋本和其他译本的文意和语辞,有一定的借鉴作用。对自译本中的一些独特语句,则不宜轻易认定为差误。

2. 北洋版的翻译在较短时间内完成,比较急促,差误难免,有些语句对原文的把握和体现未必准确。但是它对欧美人名、地名等名词的翻译,大多比较接近于通用译名。有些地方较之日文版,亦有增删,甚至有修饰。自译本的翻译则比较生硬。

为简明起见,列表如下:

北洋法政本	自译本	日文本	通用译名
克林威尔(上5、270)	格伦乞耳(8)	クロンヴエル(9)	克伦威尔 Cromwell
加里波的(上19、292)	葛栗婆耳慈(26)	ガリバルヂー(31)	加里波第 Garibaldi
英玛努埃(上19、292)	耶麻努爱耳(26)	エマヌエル(31)	埃马努埃莱 Eman-uele
加富尔(上19、292)	喀波耳(26)	カボール(31)	加富尔 Cavour
鲍尔狄(上40、323)	婆耳提(53)	ボルテーコ(62)	伏尔泰 Voltaire
希鲁尼兹(上51、340)	比尔尼图(66)	ビルニッツ(77)	皮尔尼兹 Pillnitz
布弄修哇(上51、341)	伯拉温须矮必(66)	ブラウンシュワイヒ(77)	布伦瑞克 Bruns-wick
旦丁(上52、342)	段敦(68)	ダントン(79)	丹东 Danton
脱兰斯洼尔(上57、349)	杜蘭斯坡耳(74)	トランスバール(86)	德兰士瓦 Trans-vaal
仙台洁(上59、353)	资本家(77)	资本家(95)	资本家 capitalist
东亚洛伊多(上62、356)	独文东亚报(81)	东亚ロイド(95)	德文新报 Der Os-ta-sialische Lloyed
基隆代党(上81、387)	第伦第斯特党(112)	ヂロンヂスト(134)	吉伦特派 Girondin
马拉(上81、387)	麦拉(112)	マラー(134)	马拉 Marat
罗伯士比(上81、387)	吕伯斯皮耳(112)	ロベスピール(134)	罗伯斯比尔 Robe-spierre
罗兰(上81、387)	罗兰德(112)	ローランド(134)	罗兰 Roland
布利梭(上81、387)	伯栗骚(112)	ブリッソー(134)	布里索 Brissot
萨吗康达(上92、403)	撒马耳罕德(126)	サマルカンド(150)	撒马尔罕 Samar-qand
大吉岭(上93、403)	达吉林(126)	ダーヂリン(151)	大吉岭 Darjeeling
苦利米亚(下2、418)	克里米亚(138)	クリミヤ(165)	克里米亚 Crimea
孔士坦丁(下3、418)	冕城(138)	冕城(クロンスタット)(165)	康斯坦丁 Constan-tia
伊古那齐辅(下3、419)	伊格那赤夫(139)	イグナチーフ(166)	尼古拉耶维奇 Ni-kolaiNiklaevich
尼泊尔(下5、421)	纳婆耳(141)	ネバール(168)	尼泊尔 Nepal
阿富汗(下5、422)	阿布喀尼斯坦(142)	アフガニヌタン(169)	阿富汗 Afghānistān (普什图语/波斯语)
杰士德派(下9、428)	耶士益得派(148)	ジェスイット(177)	基督教 Christianity

北洋法政本	自译本	日文本	通用译名
甘伯大（下 10、429）	甘伯达（149）	ガンベッタ（178）	甘必大 Gambetta
苏伊士河	苏士峡（152）	蘇士（182）	苏伊士河 Suez Canal
阿尔撒士罗连（下 12、432）	亚耳撒士楼连（153）	アルサスローレーン（182）	阿尔萨斯 - 洛林 Alsace-Lorraine
布哇（下 13、434）	布哇（154）	布哇（184）	夏威夷
古巴（下 13、434）	久玛（154）	玖瑪（184）	古巴 Cuba
阿齐纳（下 13、434）	亚吉那耳德（154）	アギナルド（184）	阿吉纳尔多 Agui-naldo
土耳其（下 16、438）	土耳古（159）	土耳古（189）	土耳其 Turkey
西摩亚（下 18、440）	西毛亚（160）	シーモーヤ（191）	西摩尔 Seymour
瓦德西（下 19、441）	瓦耳涅耳慈（162）	ワルデルヂー（193）	瓦德西 Waldersee
朴资茅司（下 19、442）	朴的茅斯（162）	ボーツマウス（193）	朴茨茅斯 Ports-mouth
维提（下 58、498）	维的（216）	ウ井ツテ（254）	维特 Vatel
罗斯福（下 58、498）	卢斯伯耳得（216）	ルーズヴェルト（254）	罗斯福 Roosevelt
巴拿马海峡（下 64、506）	巴奈马峡（226）	巴奈馬海峡（266）	巴拿马海峡 Pana-ma Strait
俾士马克（下 65、508）	卑士麦克（229）	ビスマーク（270）	俾斯麦 Bismarck
拿破仑（下 65、508）	喀波耳（229）	カボール（270）	加富尔 Cavour
盎格鲁撒克逊（下 83、536）	谙格鲁撒逊（257）	アングロサクソン（301）	盎格鲁 - 撒克逊 Anglo-Saxon

3.北洋本在语句上,则大多更为简明扼要(详见第二辑:语辞比对表)。

（五）对自译本与日文本的比较研究

　　自译本系中岛端自己翻译,对日文本的原意和语句应该把握较准,对理解"北洋版"等中文译本也提供了较多参照。但是自译本对日文本也有许多校改增删;在对书中所涉人名、地名的翻译上,大多数较为生硬,不如李大钊等人的中文译本更接近通用译名。大多数句子虽断句简短,在语义上却繁杂难懂,不如北洋本简明扼要。

　　相形之下,日文本和自译本对中国的挖苦、讽刺,更为详尽、刻薄。有些地方,自译本又更甚于日文本。

1. 自译本对日文版的矫正

日文版第 166 页提及"道光中",北洋本(初印本和重印本的下编第 3 页,点校本第 419 页,本书第 424 页)与此同;自译本第 139 页则译为"咸丰中"。将"道光"改为"咸丰",是正确的校订。太平天国农民起义发生于 1851 年 1 月,的确是在咸丰(1850 年 2 月即位,1861 年病故)年间,与道光(1850 年 2 月病逝)无涉。

日文版第 173 页提及"大理府＝雲南の首府",北洋本为"大理府与云南府"(初印本和重印本的下编第 8 页,点校本第 426 页,本书第 432 页),自译本第 145 页则为"大理府"。

日文本第 198 页提及"江蘇の一半は東晋に属す",北洋本为"江苏一半属于东晋"(初印本和重印本的下编第 22 页,点校本第 446 页,本书第 456 页),自译本第 167 页则为"安徽、江苏(二省一半属晋)"。与此相关,日文本第 199 页提及"四川、江蘇、安徽の一半",北洋本类此(初印本和重印本的下编第 22 页,点校本第 446 页,本书第 456 页),自译本第 167 页则为"四川及江苏、安徽之一半",更明确了"一半"指"江苏、安徽"。

2. 自译本对日文版的误植

日文本第 92 页提及"三千萬元",北洋本同此(初印本和重印本的上编第 61 页,点校本第 355 页,本书第 345 页);自译本第 79 页则为"三千百万磅",应有误。

日文本第 203 页提及"富者に諂ひ貧者に驕ること",北洋本简译为"谄富骄贫"(初印本和重印本的下编第 24 页,点校本第 450 页,本书第 463 页);自译本第 171 页则为"谄富者骄富者",第二个"富"应为"贫"之误。

日文本第 230 页提及"露出せざるはなし",自译本第 194 页排为"露不莫出于",似有误,应为"莫不露出于"。北洋本为"将不得不露出于"(初印本和重印本的下编第 41 页和点校本第 474 页,本书第 497 页)。

3. 自译本对日文版的扩衍

日文本第 22 页提及"此輩皆袁世凱を買被れる者のみと",自译本第 18 页则译为"此辈皆买被世凯人物太甚者也　买被,俗语估价太贵也,犹言谬信"。

日文本第 35 页提及"蓮步裊裊と爲す",自译本第 30 页则译为"为莲步裊裊罗绮不胜"。

日文本第 43 页提及"時ありては一團の臭氣、藹然人の鼻頭を掠め来る、宛も梅花風裏に立つが如し",自译本第 36 页则译为"时有一团芬芳,

蔼然掠人鼻头来,宛是立梅花风里之想"。此译除字数有别外,还将"臭气"译为"芬芳",反讽意味大大增加。

日文本第 45 页提及"無数の葦席もて葺きたる蒲鉾小屋あり",自译本第 38 页译为"无数蜗居,以苇席葺屋,累累相望"。

日文本第 68 页提及"醇王と曰ひ、朗と曰ひ、洵と曰ひ、濤と曰ひ、那桐世續",自译本第 58 页译为"曰醇王,曰肃,曰恭,曰朗,曰洵,曰涛,其他如那桐、世续",增加了"曰肃,曰恭"和"其他如"。

日文本第 70 页提及"海母の如し"和"其一身の利達を圖らずして",自译本第 60 页译为"无目无口之海母"和"求其远在海外,崎岖艰关,不图一身之利达"。

日文本第 84 页提及"亦言甲斐なきの甚しきにあらずや",自译本译为"不亦糊涂颠顸太甚乎"。

日文本第 117 页提及"武装の様いと嚴重にて",自译本第 98 页译为"或荷枪者,或舁行李者,或搭炮者,喧喧嘈嘈之声载途"。

日文本第 118 页提及"今の燕趙は慷慨悲歌の人のみならで",自译本第 99 页译为"今之燕赵,非古之燕赵,不特多慷慨悲歌之士"。

日文本第 189 页讲到"那落の最下底に陷れて、千年萬年、再び浮び上るの期なからしめん者、恐らくは他國にあらじ",自译本第 158 页译为"阿鼻地狱之最下底,而使其千年万年无复出头之期者,非他国即美德也"。

日文本第 222 页提及"亦心憎き敵なるべし",自译本第 187 页译为"盖亦有不易与之叹矣"。

日文本第 223 页提及"進取的なり"、"退守的なり",自译本第 188 页译为"进取的也,侵略的也"、"退守的也,平和的也"。

日文本第 276 页提及"何ぞ料らん雀百まで踊忘れず",自译本第 188 页译为"何料雀儿百岁,不忘踊跃(俚谚言旧习不易脱也)"。

日文本第 303 页提及"一旦猝に亡國の禍に遇へり",自译本第 258 页译为"一旦猝遇亡国之祸,而莫之能救也"。

4. 自译本对日文版的删减

日文本第 38 页提及"彼等が身に纏へる衣服は、海松の如く、千切れ千切れにて、膩染み、汗染みて、黑光りに光れり";自译本第 32 页译为"其所穿衣服,千缕百缀,且膩且汗,黑而有光"。

日文本第 57 页提及"商侯履(殷の湯王)桀を伐ちて夏に代り、周侯發(周の武王)紂を滅ぼして、殷に代りし";自译本第 49 页译为"商侯履伐桀代夏,周侯发灭纣代殷"。

日文本第 61 页提及"家塾先生村夫子",自译本第 52 页译为"家塾先生"。

日文本第 66 页提及"寺小屋的私塾",自译本第 57 页简译为"家塾"。

日文本第 80 页提及"自動車を乗り回はしつゝ得意を示が如き";自译本第 69 页译为"驾汽车,驱驰街上也"。

日文本第 120 页讲到"掌中の珠を失ひたらんが如く、且は妬く且は腹立しさに耐へかねて、あるは人をして孫氏に迫らせ、あるは未亡人を脅しなど、あらゆる手段の限を盡しけれど、相國の家にては、ただ恥を忍びて聲をだに出さざりき"。自译本第 101 页译为"且恨且怒,如表(丧)掌中珠,焦躁不耐,或迫孙氏焉,或胁该氏焉。然孙氏则忍羞含垢,不敢声矣"。

日文本第 140 页讲到"戰國秦(陕甘四川)楚(湖南湖北安徽江西浙江江蘇の大半)齊(山東及び江蘇の一部)燕(直隸)韓(河南及び安徽の一部)魏(河南)趙(山西及び直隸の一部)あり",自译本第 117 页译为"战国之时,有秦、楚、齐、燕、韩、魏、赵七国"。

日文本第 151 页提及"將に達頼を拉薩に送還せんとすと",自译本第 126 页译为"送还拉萨"。

日文本第 155 页提及"英や、露や、獨や、佛や、米や",自译本第 130 页译为"英也、俄也、德也、法也",未译"米や"。

日文本第 167 页提及"浦潮は太平洋不凍港",自译本第 139 页未译,北洋本译为"有海参崴之不冻港"(初印本和重印本的下编第 3 页,点校本第 419 页,本书第 414 页)。浦潮,海参崴的日文译名"浦潮斯德"的简称。

日文本第 289 页讲到"惟に一人の喝破せし者なきのみならず。一人の真實此に思ひ到りし者ありや";自译本第 246 页简译为"无矣"。

(六) 对田译本与北洋本和其他文本的比较研究

北洋本与田译本,是中岛端自译本之外仅有的两个中文译本,也都是中国人翻译的文本,更能反映中国学人对中岛端原书及相关问题的看法,因而有必要予以比较研究。

1. 田译本概述及其与北洋本的比较

如前所述,在 1913 年,上海的群益书局,出版了田雄飞所译《支那瓜分之命运》(附驳论)①(以下简作"田译本")。经多方检索,只有南京图书馆

---

① 张晓编著:《近代汉译西学书目提要明末至 1919》,北京大学出版社 2012 年版,第 125、669 页。

和湖南图书馆藏有同名译本。

在南京图书馆的官网上,可以检索到以下内容:"支那瓜分之命运,专著,出版发行:上海群益书社,190 页,32 开;馆藏号:MS/D731.309/4"。从 2015 年 10 月开始,笔者数次到南京图书馆查阅该书,几经努力,按该馆规定拍照复制了文本。

南京图书馆所藏田译本,共 190 页,约有 10 万字,系 32 开本。与其他文本特别是北洋本比较,有以下特点:

(1)在三个中文译本中出版时间最晚

田译本付印于 1912 年 12 月 25 日,开始发行于 1913 年 1 月 29 日。比北洋本(1912 年 12 月 1 日首版,12 月 15 日发行)和自译本(1912 年 12 月 28 日印刷,12 月 31 日发行,1913 年 1 月 10 日再版)略晚。

(2)对日文本的保留与删减

①田译本保留了日文本原有的大部分眉批。自译本和北洋本则都去掉了原有的眉批,北洋本还另外加了译者的眉批和"译者曰"。

在目录之下,田译本还附有细目,主要是日文本正文中的眉批。这样的编排方法,也更接近于日文本。而在北洋本和自译本中,要目下的细目都没有保留。

②在篇章结构上,田译本删去了日文本的前三章(绪论、袁世凯之人物月旦、孙逸仙之人物月旦),并将日文本的第四章"共和政体之将来"移至原书第七章"支那人无共和之信念"之后,成为田译本的第四章(按原书目次,本应为田译本的第一章);该译本也不再分上下编,实际的要目如下:

支那人无共和国民之资格＝＝无共和之历史＝＝无共和之思想	
支那人无共和国民之素养	支那人无共和之信念
共和政体之将来	支那人之虚势的元气
支那人有省分的观念而无国家的观念	支那之命运
东亚之们罗主义	日本帝国与支那瓜分
日本对于支那瓜分之方略	日本与支那瓜分之究竟的利害
日本帝国百年后之命运	日本之教育
日本之实业	日本之陆海军
日本之外交	日本之宪政
世道人心之一大危机	日本帝国民之觉悟

这种篇章结构上的删减,成为田译本与其他文本的最大区别。就此来看,田译本实际上是日文本的节译本。

③在具体的文本上,田译本除了在第四章"共和政体之将来"中删除两大段(详下第(5)点)之外,还对许多语句省略未译。举例如下:

日文本第36页"三令五申、之を禁止す。其の尊奉するると否と、固より言を待たざるに似たり"一句,自译本第31页译为"三令五申,以禁止之。其尊奉与否,固不俟言矣",北洋本上编第24页译为"禁令屡颁,其应尊奉,更不待言",田译本第27页未译。

日文本第46页"聞かざるが如く、知らざるが如し"一句,自译本第39页译为"如不闻也者,如不知也者",北洋本上编第28页译为"亦不问可知也",田译本第33页未译。

日文本第65页"眞に言语道断と谓ふべし"一句,自译本第56页译为"真可谓咄咄怪事者矣",北洋本上编第42页译为"真可谓言语道断",田译本第7页未译。

日文本第71页"滔々皆是なり"一句,自译本第60页译为"滔滔皆是",北洋本上编第46页译为"皆是",田译本第11页未译。

日文本第77页"長驱して直ちに巴里に入らんと"一句,自译本第66页译为"长驱直入巴里",北洋本上编第51页译为"长驱直入,至于巴里",田译本第15页未译。

日文本第90页"盛もさる者、シンヂブートの交渉は、赤手にして引き去る性质にあらざるを知れば、兩省人士の言に耳を傾くべくもあらず"一句,自译本第77页译为"盛亦老侩奴,凤知资本家交涉,不可赤手结局,又不肯倾耳于两省人士之言",北洋本上编第59页译为"盛宣怀知仙台浩之交涉,非徒手所能取消,亦置之不顾",田译本第40页未译。

日文本第96页"例の如く捗々しからざりき因りて外"一句,自译本第82页译为"茬苒不决如故",北洋本上编第62页译为"设竟不成",田译本第44页未译。

日文本第109页"而して院中の人甚だ之を追窮せず"一句,自译本第92页译为"然院中人不甚追穷",北洋本上编第70页译为"而院中人以不甚穷诘之",田译本第51页未译。

如此等等,不一而足。与这些删减相比,在田译本的译文中,基本上未见对日文本的扩衍。

(3)北洋本的"驳议"与田译本的"驳语"

北洋本的驳议重点在"译者曰",内容较为充实;"眉批"则相对简短、零散,大多有较强的针对性。对眉批,自应联系所针对的段落或语句来理解;单独来看,也能大致上感受到驳议者的倾向性。与田译本相比,北洋本的辩驳更为具体,几乎每章后和许多段落之后都有"译者曰",眉批则更有具体的针对性。田译本只在大部分章节之后有"驳论",也就只能概而述之了。

对中岛端的原书,北洋本是群译群评,驳议范围广,内容多,也有些庞杂;有些"译者曰"的论析较为深入。田译本则系一人单独翻译和评论,风格比较一致,视野也相对狭窄;对中岛端的简单反诘较多,深入论析较少。

(4)田译本与北洋本的思想倾向之比较

田译本译者的思想倾向之一是强国精兵的铁血政策。北洋本译者众多,思想倾向比较庞杂;总的来看,主要侧重政治制度的改良与革命。

田译本在"序"中提及:"二十世纪之世界者,武装和平①之世界也,有强权无公理之世界也。欲于此世界而立国,非有数百万之陆师、百万吨之海军,则断断乎不能也"。"自库俄协约②发表后,人皆责外交当局之无能,而余窃以为过矣!盖巧妇不能为无米之炊,跛犬岂能追健足之兔?列国外交,莫不以兵力为后盾。无相当之戒备,而欲折冲樽俎者,徒以口舌致胜,是犹使小儿与大人角力也,又乌乎可?今外人之谋我者,非因我外交当局手段之幼稚,实以我无外交之后盾。换言之,我若有强兵铁舰,则列国必不敢侵我土地,夺我利权。纵然有此等事,亦不难立时解决。何至谈判屡开,而库俄协约,犹未能取消哉!可见处二十世纪中,无精兵之国,直不足以言外交。……我政府欲使我文采辉煌之五色旗,不作片片之分裂,则舍整顿扩张军备而外,别无良法。我同胞欲保我庄严灿烂之新民国,不步埃及之后尘,则非先解决库伦问题不可。解决之法无他,黑铁而已,赤血而已"。

---

① 武装和平　帝国主义时代,各国竞争军备,战争危机,一触即发。凡依靠枪杆子勉强保持和平状态者,曰武装和平。参见邢墨卿编:《新名词辞典》,新生命书局1934年版,第66页;《社会科学大词典》,世界书局1921年版,第348—349页。

② 库俄协约　即库伦与俄国签订的协约,又称俄蒙协约,是武昌起义爆发后,沙俄与外蒙"独立"王公在圣彼得堡签订的条约。1912年11月3日,沙俄不顾中国政府不承认外蒙独立的严正声明,强迫外蒙傀儡政府签订《俄蒙协约》。其第一条称"俄国政府扶助蒙古保守现已建立之自治秩序,不准中国军队入蒙境及以华人移植蒙地之权利"。声称"蒙古对中国的过去关系已经终止",规定俄国政府"扶助蒙古的自治",在蒙古享有特权,帮助蒙古练兵;不准中国军队进入蒙境,不准汉人移民;蒙古无论与何国订约,都不得违背或变更本约及附约之各条件等。当时中国政府驻俄公使指出,"这将标志着中国在外蒙一无所有,并完全放弃领土"。1913—1914年,俄国又和库伦当局签订了军事上控制外蒙古的训练军队及购买武器的协定,以及贷款协定、《开矿条约》、《架设电线协定》、《敷设铁路协定》、《借款契约》等。这样,实际上外蒙古处于俄国的全面控制掌握、监管和掠夺下,沦为脱离中国的俄国准殖民地和保护国。

　　由此可以看出田译本所持精兵强国的铁血主义倾向。这种倾向类乎洋务派的认识水平，尚未达到维新运动的高度。或者说在经过了辛亥革命的国体政体变革之后，译者认为中国面临的主要问题就是精兵强国。

　　与此相较，北洋本对强国精兵基本未讲，更多讲到的是政治制度的改良与革命。究其根源，应与李大钊等北洋法政学子的政治、法律素质较高有关。

　　（5）在拥袁态度上的同与异

　　①在篇章处理上，田译本的拥袁甚于北洋本

　　和北洋本的译者一样，田译本译者对当时的袁世凯和北洋政府，也持拥护态度。而在对日文本的篇章处理上，田译本比李大钊等北洋法政学子的拥袁态度还有过之而无不及。

　　为了维护袁世凯及北洋政府的形象，田译本略去了日文本的前三章（绪论，袁世凯人物月旦，孙逸仙人物月旦）。对此，译者在"凡例"第二条中写道："原书有现大总统袁及前大总统孙二人之人物月旦，其所言不外故诋二字。鄙人以著者意在离间我同胞与二总统也，故略之，盖避中其计也。"

　　田译本第四章"共和政体之将来"中，也删除了两段话，与北洋本和自译本相比，约有600字，主要内容也是中岛端对辛亥鼎革和北洋政权的批评。为便于读者了解，将这两段内容引述如下：

　　　　清皇已退位矣，临时政府已成立矣，大总统已公选矣。若自其表面观之，着着进行，似无一毫之障碍。而根本之情弊、痼疾依然也。一清皇去，一清皇来，一专制政府亡，一专制政府兴。所谓公选之大总统，亦由兵马黄金之力而得者。何公选之有？一转瞬间，为中央集权之制，为十年总统，为终身执政，为僭位帝王，如翻手之易，革命之实何在哉？抑革命党人未虑及此乎，将革命党之究竟目的，自始如是乎？假使支那之革命，曰如是而可，则余将问革命之意义，果为何等之事乎？……①

　　　　夫袁世凯何如人哉？彼非佞奸无比之荣禄之牙保乎？彼非贪欲鄙吝之庆王之门生乎？彼非淫虐鸷悍之西后之宠臣乎？彼非专制政府之鹰犬乎？彼已卖其君，于国民何有哉？彼已卖三代相恩之孤儿寡妇，于南人何有哉？今彼假勤王军召集之名，绞取内帑之财，养其爪牙。彼假维持京师治安之名，张一己之威福，买收新闻，买收一部军民，及似而非论者、志士，隐然雄视北方，为猛虎负隅之势，而恫喝南方革军。又假各国公使之异议，阻止迁都之说。彼不遽露马脚者，惟恐中外民心之不

――――――――――

① 北洋本上编第31页，点校本第309页，本书第296—297页。

服，东西列国之监视也。若彼一朝得志，岂为永久倾心民论注意公议者哉？而革党不少悟，见清皇退位，则曰大局已定；见姑息和议之局方成，则谓南北统一之业已毕。遂以共和民国大总统之印绶，授之阴险狡猾、刻薄残忍、贪权如色、爱利如命、由专制化成之老奸，而曰盍早南来？曰否，北京不可去也。往来应酬之际，已为彼所绐，而参议院亦成彼笼中之物。以及各部首领，各军统领，无不皆然。终之袁竟不南下，国都竟不南迁。不但此也，专制之势已成，而不可复拔。专制之弊益甚，而不可复除。至是始悔向者之非计，噫亦晚矣！①

删去中岛端批评袁世凯甚力的这两段话，自然表明了田译本译者的拥袁倾向。

②在驳论中，田译本对袁的维护则显得不如北洋本

如果就翻译中的篇章处理而言，田译本对袁世凯的维护甚于北洋本；那么就驳论而言，田译本对袁的维护显得不如北洋本。在北洋本，特别是其中"袁世凯人物月旦"一章的"译者曰"和"眉批"中，曾多次称颂袁世凯为"英雄"、"大政治家、大经世家"，说"袁氏此举，功德无量"，"武汉起义后之袁项城，事业历史，前此曾国藩、李鸿章之所瞠目惊心，不敢为不能为者。袁项城则不动声色，除旧布新，定国事于至危极险之顷"；"民国之经营构设，亦非袁项城之大刀阔斧，无由荷其负担"；"岛国儿会当刮尔目以俟我庄严璀璨之民国，以俟我民国之袁项城，丰碑铜像，巍巍高立于云表，最后之一日"；"夫然中华民国，乃真民国，乃真共和国。……有袁氏乃成其为民国，乃成其为共和国也"。并坚信袁世凯不会复辟帝制："谓吾国大总统将来仍为帝王，谬妄孰甚！夫帝王之制不能再见于中国，虽五尺童子亦能臆决。民心之趋向，断非一二人之私见所能违。此时大总统纵欲帝制自为，亦万不能遂其志。身败名裂，终为天下后世笑。而荒岛飘零，系身囹圄，拿翁末路，前鉴匪遥。袁公纵至愚，亦不出此"。如此等等，不一而足。

而在田译本的驳语中，对袁世凯只有一次提及他"有雄才大略，而名望较高他人"，其他并无太多赞颂；这与该译本删去了日文本的前三章特别是"袁世凯人物月旦"一章，从而失去了许多赞颂袁世凯的机会，应该不无关系。

(6)在反击中岛端上的强与弱

①从反击角度来看，田译本侧重于日本的风俗习惯和国内政治

与北洋本相比，田译本从日本的社会风俗习惯和国内政治上对中岛端

---

① 　北洋本上编第 32 页，点校本第 310—311 页，本书第 297—298 页。

反击较多,有的还比较尖刻。它多次提及日本是"卖淫国",私生子众多,"父女兄妹通奸",甚至说"日本之社会者,私生儿之养成所也。教育普及者,私生儿之普及也"。此类言辞和相关论述,较为有力地回击了中岛端对中国的攻击,但也显得比较尖刻。

在中日国家关系上,特别是对中岛端和日本右翼势力关于中国必然被瓜分的渲染,对其分裂和独占中国的野心,田译本则涉及较少。与北洋本相比,田译本在这方面显得较弱。

②从反击力度来看,田译本对中岛端的批评,总的来说比较平和,亦有过激之处

对比起来,北洋本对原著者中岛端的抨击更为激烈,对他的相对肯定(良药苦口,引为鉴戒)却也更多,二者之间的张力较大。田译本对著者的批评则相对缓和,对他的相对肯定却极少。除了"凡例"中的总体说明外,只有寥寥几句。批评与肯定之间的张力较小。

田译本的"凡例"第三条说:"内中诋諆过情者,已略加驳语。惟事实者,我同胞当速改革之,勿使著者之言中也"。总体来看,该译本总共 19 章,所加驳语 15 条,长短不一,共 8000 余字。在数量上远远少于北洋本(该译本 22 章,共加"译者曰"58 段,眉批 183 处,夹注 7 处;共 2.7 万余字),在言辞的总体上也相对平和一些。最后所说"惟事实者,我同胞当速改革之,勿使著者之言中也",表现了"良药苦口"的气度。但是在此后的驳论中,田译本只有少数几次提及"至兵士暴动,固为不法,著者诋之宜也,吾人亦甚恨之"(田译本第 78 页),"著者谓二十世纪之最大问题,乃黄白两种相争之问题。此言诚然"(田译本第 135 页),"其政府、议员、国民之腐败,尚有如尔所云者"(田译本第 175 页)。与北洋本多次提及以中岛端的论述为鉴,显得平淡了些。

尽管总体上比较平和,田译本的驳论中也有对中岛端的过激之处。

A.对中岛端著述动机的基本否定

田译本的"凡例"第一条说:"闻著者在其国中赋闲无事,故至吾国希擢教员一席,而又未遂。因著是书,妄诋吾国,盖欲博一支那通之名,藉以谋噉饭之地也。日人真可鄙,我同胞切勿忘之。"在"日本之陆海军"一章的"按"语中,译者又指出:"尔非因在吾国数年未获有多金,且为吾民所轻鄙,故出此报复之言;即欲藉此博一支那通(即通乎支那事情之人也)之名,而谋噉饭之地者。"这些论述,认定中岛端的目的在于"博一支那通之名,藉以谋噉饭之地",虽有一定道理,却不无偏颇之处。

对比起来,北洋本在"绪论"一章的"译者又曰"中也讲到:"探著者缪论

发动之源有三：一曰功名心。凡小有才者，多喜国家多事，以便行其自私自利之心，逞其不仁不义之志，遂其可羞可耻之功名事业，以自荣而耀人。假志士之名，收市狯之利。推其用意，直欲以穷兵黩武饵其政府，而己可乘机以猎功名耳。二曰野心。……三曰郁愤。著者讥其国人可谓至矣。内而政府、政党、实业家、教育家，外而公使、领事、商务官、新闻通信员，以至在外国为教师者，无一不受其讥嘲。然则日本朝野上下，果无一人足以当著者意乎？盖著者小有才智，而未见用，故牢骚抑郁不平之气，字里行间，锋棱时露。籍煽动风云之略，作发舒愤慨之资。"①在《日本之陆海军》一章的第二条眉批中又指出：著者"顾日望天下多事，以为一己升官发财之地"②。

　　B.对中岛端相关论述的尖锐讽刺

　　在田译本的驳语中，多次提及著者（中岛端）对中国"不惜出死力而诋毁之"（田译本第37页），"尔尚诋毁吾国，亦多见其不知量矣！""著者之言，毫无价值也"，"此更居心不良之言也"（第38页），"真可谓具虎狼之肝肺，毫不讲人道主义也"（第39页），"著者亦人类耳，亦士人耳，何不晓人类心理之作用一至于此哉？真可谓卖淫国人之特色矣！"（第22页）"著者之言，乃故诋吾民也"（第24页），"论事当窥诸全体，出乎真心，若挟私意而妄断，则不特所言毫无价值，且于己之人格亦有损"，"尔等之胡言乱语，已见一班［斑］"，"著者不谅吾人之苦衷，信口乱骂"，"尔亦食人食，衣人衣，何不知人间有羞耻事哉？呜呼！是亦卖淫国人之特色也，本性也"（第53页），"著者之言，乃有意诋毁吾人也。言既出于有意，则著者之人格可知矣！""人方苦于有志未逮，尔复落井下石，故诋吾人，是诚何心？"（第54页）"尔国人之无道德，无廉耻，已印于吾民之脑中，虽至死犹不能忘"（第113页），"使著者稍有人心，当如何自愧自畏，而反妄诋吾国，真可谓不知自量之甚者也"（第140页），"余恐东洋君子国，终必变为私生儿国矣！""由是观之，日本之社会者，私生儿之养成所也。教育普及者，私生儿之普及也。余谓为无德育之教育，岂过言哉！"（第143页）"著者犹丑诋吾国。呜呼，天下无耻之人，孰有过于著者哉"（第175页），"使著者稍有血气，自愧之不暇，尚有何面目诋毁吾国哉。真可谓不知人间有羞耻事者也"（第181—182页），"所谓尔自国之命运犹难久保，乃反妄诋吾国，甚至言统一东亚，何胆大不羞一至于此哉！呜呼，是亦卖淫国人之特色也，本性也，吾实苦于形容者也"（第190页）。如此等等，不一而足。这些尖刻的讽刺，既有对中岛端的激情反击，

---

①　初印本上编第5—6页，点校本第270—272页，本书第248—250页。

②　初印本下编第55页，点校本第492页，本书第517页。

也难免有过愤之辞。

(7)名词翻译各有优劣,北洋译本较为通行

田译本的人名、地名翻译,与北洋本及自译本相比,互有优劣。总体上看,不如北洋本通俗易懂,更接近于后来的通行译语。兹列表比对如下:

北洋本	田译本	自译本	日文本	通用译名
克林威尔(上 5、270)		格伦乞耳(8)	クロンヴェル(9)	克伦威尔 Cromwell
加里波的(上 19、292)		葛栗婆耳慈(26)	ガリバルヂー(31)	加里波第 Garibaldi
英玛努埃(上 19、292)		耶麻努爱耳(26)	エマヌエル(31)	埃马努埃莱 Emanuele
加富尔(上 19、292)		喀波耳(26)	カボール(31)	加富尔 Cavour
鲍尔狄(上 40、323)	包尔特(5)	婆耳提(53)	ボルテーコ(62)	伏尔泰 Voltaire
希鲁尼兹(上 51、340)	毕儿尼志(15)	比尔尼图(66)	ビルニッツ(77)	皮尔尼兹 Pillnitz
布弄修哇(上 51、341)	布伦瑞克(15)	伯拉温须矮必(66)	ブラウンシュワイヒ(77)	布伦瑞克 Brunswick
旦丁(上 52、342)(上 81、387)	德桐(16)登特(67)	段敦(68、112)	ダントン(79、134)	丹东 Danton
脱兰斯洼尔(上 57、349)	脱拉斯巴尔(20)	杜兰斯坡耳(74)	トランスバール(86)	德兰士瓦 Transvaal
仙台洁(上 59、353)		资本家(77)	资本家(95)	资本家 capitalist
东亚洛伊多(上 62、356)	东亚罗以德报(43)	独文东亚报(81)	东亚ロイド(95)	德文新报 Der OstaSialische Lloyed
基隆代党(上 81、387)	吉罗纪斯特党(67)	第伦第斯特党(112)	ヂロンヂスト(134)	吉伦特派 Girondin
马拉(上 81、387)	马拉(67)	麦拉(112)	マラー(134)	马拉 Marat
罗伯士比(上 81、387)	罗布斯勒(67)	吕伯斯皮耳(112)	ロベスピール(134)	罗伯斯比尔 Robespierre
罗兰(上 81、387)	罗拉(67)	罗兰德(112)	ローランド(134)	罗兰 Roland

北洋本	田译本	自译本	日文本	通用译名
布利梭（上 81、387）	德奔索（67）	伯栗骚（112）	ブリッソー（134）	布里索 Brissot
萨吗康达（上 92、403）	撒马尔肯德（79）	撒马耳罕德（126）	サマルカンド（150）	撒马尔罕 Samarqand
大吉岭（上 93、403）	达记林（80）	达吉林（126）	ダーヂリン（151）	大吉岭 Darjeeling
苦利米亚（下 2、418）	克利米亚（89）	克里米亚（138）	クリミヤ（165）	克里米亚 Crimea
孔士坦丁（下 3、418）	冕城（89）	冕城（138）	冕城（クロンスタット）（165）	康斯坦丁 Constantia
伊古那齐辅（下 3、419）	伊格第甫（90）	伊格那赤夫（139）	イグナチーフ（166）	尼古拉耶维奇 NikolaiNiklaevich
尼泊尔（下 5、421）	奈巴尔（91）	纳婆耳（141）	ネバール（168）	尼泊尔 Nepal
阿富汗（下 5、422）	阿弗加尼斯特（91）	阿布喀尼斯坦（142）	アフガニヌタン（169）	阿富汗 Afghānistān（普什图语/波斯语）
杰士德派（下 9、428）	Jesuit 派（96）	耶士益得派（148）	ジェスイット（177）	耶稣教 Christianity
甘伯大（下 10、429）	耿柏特（97）	甘伯达（149）	ガンベッタ（178）	甘必大 Gambetta
苏彝士河（下 12、432）	苏彝士河（99）	苏士峡（152）	蘇士（182）	苏伊士河 Suez Canal
阿尔撒士罗连（下 12、432）	阿尔沙斯罗林（99）	亚耳撒士楼连（153）	アルサスローレーン（182）	阿尔萨斯－洛林 Alsace-Lorraine
布哇（下 13、434）	布哇（101）	布哇（154）	布哇（184）	夏威夷 Hawaii
古巴（下 13、434）	玖马（101）	久玛（154）	玖瑪（184）	古巴 Cuba
阿齐纳（下 13、434）	阿尼纳尔德（101）	亚吉那耳德（154）	アギナルド（184）	阿吉纳尔多 Aguinaldo
土耳其（下 16、438）	土耳其（101）	土耳古（159）	土耳古（189）	土耳其 Turkey
西摩亚（下 18、440）	师毛亚（105）	西毛亚（160）	シーモーヤ（191）	西摩尔 Seymour

北洋本	田译本	自译本	日文本	通用译名
瓦德西(下 19、441)	哇尔典(106)	瓦耳涅耳慈(162)	ワルデルヂー(193)	瓦德西 Walder-see
朴资茅司(下 19、442)	波的冒斯(106)	朴的茅斯(162)	ボーツマウス(193)	朴茨茅斯 Portsmouth
维提(下 58、498)	维的特(150)	维的(216)	ウ井ツテ(254)	维特 Vatel
罗斯福(下 58、498)	罗斯佛(150) 罗斯弗(155)	卢斯伯耳得(216)	ルーズヴェルト(254)	罗斯福 Roose-velt
巴拿马海峡(下 63、505)	巴奈马海峡(156)	巴奈马峡(226)	巴奈馬海峡(266)	巴拿马海峡 Panama Strait
俾士马克(下 65、508)	毕斯马克(159)	卑士麦克(229)	ビスマーク(270)	俾斯麦 Bis-marck
拿破仑(下 65、508)注:北洋本将"加富尔"误译为"拿破仑"	加富尔(159)	喀波耳(229)	カボール(270)	加富尔 Cavour
盎格鲁撒克逊(下 83、536)	盎格鲁撒克逊(180)	谙格鲁撒逊(257)	アングロサクソン(301)	盎格鲁-撒克逊 Anglo-Saxon

(8)语句翻译互有高下,北洋译本更显简明

田译本的译文,更接近于自译本和日文本,总体上不如北洋本简明扼要。兹列举如下(详见"各文本中的语词比对表"):

日文本第 33 页的"果して革命の已むべからざるを知れるか。革命の已むべからざるは、或は之を知らん。果して専制積弊の改めざるべからざるを知れるか。専製積弊の改めざるべからざるは、或は之を知らん。果して自由平等の真意を知れるか。果して共和政體の建設せざるべからざるを知れるか"一段话,125 个字符。田译本第 25 页译为"果知革命之不可已乎? 革命之不可已,或知之,果知专制积弊之不可不改乎? 专制积弊之不可不改,或知之,果知自由平等之真意义乎? 果知共和政体之不可不建设乎?"共 74 个字符;自译本第 28 页所译"果知革命之不可得已乎? 革命之不可得已也,或知之矣。果知专制积弊之不可不改乎? 专制积弊之不可不改也,或知之矣。果知自由平等之真理乎? 果知共和政体之不可不建设乎?"共 79 个字符;北洋本上编第 22 页(点校本第 295 页)则译为"果知革命之不可以已与? 夫专制积弊之必须扫除乎? 容有知者,姑置勿论,试更进而诘以自由平等之真谛若何? 共和政体之建设若何?"只有 59 个字符。

日文本第 35 页的"其指爪を緊束彎曲せられて",共 12 个字符;田译本第 30 页翻译为"紧束弯曲其指爪"7 个字,自译本第 30 页译为"紧束弯曲指爪"6 个字,北洋本上编第 24 页(点校本第 298 页)则译为"束其纤指"4 个字。

日文本第 35—36 页的"天足會を設け、一新宗旨を提唱して、兒女纏足の弊を救はんとす",共 29 个字符;田译本第 27 页翻译为"欲救其弊,设天足会,极力提倡",共 12 个字;自译本第 30 页译为"创设天足会,提倡一新宗旨,欲以救儿女缠足之弊",共 20 个字;北洋本上编第 24 页(点校本第 298 页)仅译为"提倡天足"4 个字。

日文本第 38 页的"汗臭く、垢臭く、濕つぽく",共 12 个字符;田译本第 28 页翻译为"汗臭垢臭潮湿臭呕吐臭"10 个字,自译本第 32 页译为"汗臭,垢臭,阴湿臭,霉臭"12 个字符,北洋本上编第 25 页(点校本第 299 页)仅译为"汗垢蒸薰"4 个字。

日文本第 131 页的"张謇の如き、學術文章は暫く置きて言はず。年来通州の一角に據りて、教育に、實業に、拮据經營して",共 46 个字符;田译本第 65 页所译"若张謇之学术文章,暂置不言,年来据通州之一角,而极力经营教育实业",共 32 个字符;自译本第 109 页所译"如张謇,学术文章,且置而不论。久据通州一角,教育云,实业云,拮据经营",共 34 个字符;北洋本上编第 80 页(点校本第 385 页)仅译为 6 个字"张謇拮据经营"。

日文本第 149 页的"人或は余を以て奇矯の言を弄し、獨斷を主張する者とせん",共 26 个字符;田译本第 79 页所译"人或以余弄奇矫之言,耸动人之耳目也",共 17 个字符;自译本第 125 页所译"或以余为弄奇矫之言,主张独断",共 14 个字符;北洋本上编第 92 页(点校本第 402 页)译为"人或以余为武断",共 7 个字。

日文本第 309 页的"卿等の宮廷に依附するは、恰も社鼠城狐に類せずや。卿等は國家の贅瘤にあらずや。國民の厄介物にあらずや",共 49 个字符;田译本第 185—186 页所译"卿等之依附宫廷者,非类于社鼠城狐乎? 卿等非国家之赘流,而国民之重累物乎?",共 36 个字符;自译本第 264 页所译"卿等依附于宫廷,不类社鼠城狐之为乎。卿等非国家之赘瘤耶? 非国民之寓公耶",共 35 个字符;北洋本下编第 89 页(点校本第 543 页)译为"公等非国家之赘瘤国民之附属物耶",只有 15 个字。

如此等等,不一而足。

当然,田译本也有翻译得比北洋本更简明扼要的。例如:

　　日文本第83页的"一戦に打ち破らんこと。何事かあると",共17个字符;自译本第71页所译"谓一战败敌,易易耳。人人有一战下辽城之概",共20个字符;北洋本上编第55页(点校本第346页)所译"直以为一战而破北军,何难之有",共14个字符;田译本第18页译为"一战而胜,何难之有",只有9个字符。

　　日文本第117页的"かくて終日騒々しく暮しつ、夜に入りてよりは、人々心に危ぶみつゝありしが、やがてやうやうに静まりね",共48个字符;自译本第98页所译"是日自晨至晚,人心汹汹,入夜未已。皆虞其有大变,久之稍定",共28个字符;北洋本上编第74页(点校本第376页)所译"如是扰攘终日,人各自危,由暮至夜,乃得渐静",共21个字符;田译本第58页译为"如是嚣嚣至暮,入夜人心稍安",只有13个字符。

　　日文本第177页的"不幸にして所在之あり。其多きに勝へず",共18个字符;自译本第148—149页所译"所在多有,不可指偻数"和北洋本下编第9页(点校本第428页)所译"所在有之,且不胜其多",各有10个字符;田译本第96页译为"所在皆有",只有4个字符。

　　日文本第243页的"此れ近時人才の益々破壊せられ、風俗の益々頽廢して、其極小刀細工的文教當局をして、教育の權威地に落つるを言明して、三教會同の愚擧に出でしめし所以にあらずや",共76个字符;自译本第246页所译"此非所以近时人材益败坏,风俗益颓废,而其极使区区刀笔之文教当局,言明教育权威之落地,敢冒三教会同之愚举也耶",共53个字符;北洋本下编第50页(点校本第246页)所译"近世人材之渐次破坏,风俗之益趋颓败。其极也,非所以使浅识之文教当局者明言教育权威之落地,而出于三教会同之拙举欤",共55个字符;田译本第140页译为"亦即使不识大体之文教当局所以声明教育之威权坠地,而出三教会同之愚举也",只有34个字符。

　　但是总体上来说,还是北洋本更简明扼要一些。

　　2. 对田译本各章驳语的分述

　　如前所述,田译本总共19章,所加驳语15条,长短不一,约8000字。在数量上远远少于北洋本(该译本22章,共加"译者曰"58段,眉批183处,夹注7处;共约2.7万字,其中上编1.7万多字,下编近1万字)。兹将相关章节中的驳论分述如下。

　　对日文本的前三章,即"绪论"、"袁世凯之月旦"和"孙逸仙之月旦",田译本未予翻译,也无驳论。对此,田译本在"凡例"中说明:"原书有现大总统袁及前大总统孙二人之人物月旦,其所言不外故诋二字。鄙人以著者意在离间我同胞与二总统也,故略之,盖避中其计耳。"这样的处理,既表明了田译本对袁世凯的袒护和尊崇,也避免了主要在"袁世凯之月旦"一章的驳语中对袁世凯的过多颂扬。

"支那人无共和之信念"

此前的"支那人无共和国民之资格＝＝无共和国民之历史＝＝无共和国民之思想"和"支那人无共和国民之素养"两章无驳语。本章的驳语1690余字(是各章驳语中最多的),也涉及前两章,特别是"支那人无共和国民之资格＝＝无共和国民之历史＝＝无共和国民之思想"一章的内容。

本章驳语的前500余字,主要针对"支那人无共和国民之资格＝＝无共和国民之历史＝＝无共和国民之思想"一章的内容,回顾了中国从尧舜禹禅让到春秋战国的历史,得出结论"谓我民族无民权的组织则可,谓为不疾君权,不乐自由,则大不可。又况君权之可疾,而自由之可乐,不待学说之修明而后家喻户晓也",说明中国既有共和国民之历史、思想,也有共和国民之资格。此后的1000余字,则主要通过中国与日本、与法国美国等的比较,说明中国也有一定程度的作为共和国民的思想、素养与信念,进而说明中国在辛亥革命后实行共和政体的可能性。

"共和政体之将来"

本章原为日文本的第四章。田译本将其由原在"支那人无共和国民之资格＝＝无共和国民之历史＝＝无共和国民之思想"、"支那人无共和国民之素养"和"支那人无共和之信念"之前,调整到这三章之后,成为田译本的第四章。这一章的"驳语"有870多字,在各章"驳语"中字数较多,排序第四。

该章的驳语,首先承认"风俗习惯之有不良者,势所然也",原因在于"吾国有五千余年之历史,八十万方里之大,四亿人民之众,加之政体前为专制",即历史悠久、国土广阔、人口众多、专制政体等因素;并预期在"共和告成"之后"加意改良,未必无成效可睹"。针对中岛端"不惜出死力而诋毁之,俨如世界各国,独吾国有缺点,他皆完善也"的片面性,田译本列举日本的许多恶风劣俗(私生子众多,父女兄妹通奸,父子夫妇兄弟相杀,有些男子在夏季只围兜裆布往来于市中等)乃至西洋各国的某些不良习惯(妇女束腰),说明"缺点何国皆有,不独吾国然也",进而说明中岛端借此作为"吾国不能行共和之理由"的荒谬;并进一步阐述了中国先推倒满清政权再实行社会改良的必经顺序、南北妥协、袁世凯"独占全数"成为大总统的合理性,揭露中岛端"盖欲吾同胞自相残杀,而己窃享其利。真可谓具虎狼之肝肺,毫不讲人道主义也"。

"支那人之虚势的元气"

本章的驳语有 1100 余字，仅次于"支那人无共和之信念"一章的 1690 余字。驳语首先肯定"论事当窥诸全体，出乎真心，若挟私意而妄断，则不特所言毫无价值，且于己之人格亦有损"，然后围绕"我革命派之谋举义"、清末"内阁"、"国会"和"铁路"等问题，驳斥了中岛端的论述，斥责他"胡言乱语"、"信口乱骂"，"尔亦食人食，衣人衣，何不知人间有羞耻事哉？呜呼！是亦卖淫国人之特色也，本性也，吾实苦于形容者也"，"尔眼花欤，犹有老幼远近之配镜，何苦必戴色镜，以视吾人？尔其休矣，勿复哓哓！"

"支那人有省分的观念而无国家的观念"

本章的驳语有 830 余字，通过对各省各地同乡会、苏杭甬铁路募集资本、党派之争和辛亥革命后的兵士变乱等事件的分析，说明中国人的国家观念和省分观念并不截然对立，表达了"吾国者集省而成也，人民爱省，即所以爱国也"的观念，和对"著者竟敢诋毁吾国，上自总统，下逮国民，刻薄无情，谁其甘受？"的愤慨。

"支那之运命"

本章的驳语只有 170 余字，照录如下："亡印度者，非英人也，乃印度自亡之也。今吾国之亡与不亡，其权操于吾人，而不在乎列国。所谓保全领土也，侵略计画也，乃列强间之私事，吾人决不过问。吾人此时，惟知培养实力而已。实力若足，则列强虽如虎狼，其奈我何？假如有某某国，欲乘此时而逞其野心，以与吾国挑战，则吾民亦不辞诉之以兵力。战胜我四万万人之福也，不胜亦不失为雄鬼。若夫坐任他人之蹂躏鱼肉，则断断乎不欲也。"

这一驳语强调了中国避免瓜分命运的主动权在于中国自己，关键在于"培养实力"，表达了中国不能"坐任他人之蹂躏鱼肉"，面对瓜分不惜一战的强烈意志。

"支那之瓜分与日本"

本章的驳语有 940 余字，在各章驳语中列第三位，主要揭露了日本军人和侨民在中国的横行不法，强调中国被瓜分的最大危险来自日本，揭示了中国日渐强盛、日本存在危机的趋势或曰期望。

"支那之瓜分与日本之究竟的利害"

此前的"日本对于支那瓜分之方略"一章，田译本无驳语。本章的驳语有 180 多字，较为简短，强调中岛端既然知道"二十世纪之最大问题，乃黄白两种相争之问题"，就应"开诚布公，与吾国共筹抵制之方"，因为"吾国若亡，尔日本亦不能独存故也"。日本"反常与吾国为难，俨如一强万无再弱之理，甚至欲统一吾国"，是"不度德不量力"。甚至讲到"吾国强而可以使尔日本为我共和国之一省，尔日本之实力虽再增进三倍五倍，亦不免为空想而已"。"吾国强而可以使尔日本为我共和国之一省"这一说法,气势很大,在有关论述中却极为少见,难免有虚幻之嫌。

"日本帝国百年后之命运"

本章驳语仅 210 余字,主要根据中岛端在"日本之宪政"一章中对日本的政府、议会、国民中所存在弊端的揭露,反讽"尔国之宪政,非培养细菌之宪政乎? 非无道德无廉耻之宪政乎? 以如是之宪政,而欲久立国于世界上,岂可得乎",进而讽刺中岛端"使著者稍有人心,当如何自愧自畏,而反妄诋吾国,真可谓不知自量之甚者也"。

"日本之教育"

本章驳语约有 730 字,主要从教育中的德育入手,根据日本人正冈犹一(通称为正冈艺阳)所著《呜呼卖淫国》一书提供的材料,说明日本私生子众多,连日本的政治家伊藤博文、星亨等都是私生子,"余恐东洋君子国,终必变为私生儿国矣","由是观之,日本之社会者,私生儿之养成所也。教育普及者,私生儿之普及也。余谓为无德育之教育,岂过言哉! 岂过言哉!"从而对日本的教育予以基本否定乃至完全否定。客观地说,这一驳语有以偏概全、略失公正之嫌。相形之下,北洋本在本章的译者曰和眉批中,虽然对日本的教育也基本否定,但在驳议上还客观一些。

"日本之实业"

本章内容较短,北洋本对此无驳议。田译本的驳语也只有 90 多字,是各章的驳语中最少的,说明"尔日本输出之货,多销售于吾国,是无异以吾国之财而养尔国民之生命也。今也吾国产业,日渐振兴,用国货者,日多一日。则尔国之财源将绝,即尔国民生计愈趋穷困之期将至矣! 从而尔国之前途如何,吾实不忍言矣"。

"日本之陆海军"

本章驳语有 210 余字,抓住中岛端批评日本之"陆军,必长人握其枢机,海军必萨人居其中心者"甚力,却"反诋毁吾国,不遗余力",进而探究其动机:"总之,尔非因在吾国数年未获有多金,且为吾民所轻鄙,故出此报复之言;即欲藉此博一支那通(即通乎支那事情之人也)之名,而谋噉饭之地者。余敢断言也!"把中岛端著书的动机归结为借名逐利,"谋噉饭之地",似乎过分了些。

与此相比,北洋本的驳议约 640 字,不但为日本的陆海军做了一定程度的辩护:"且国家之有海陆军,专为保护国民生命财产之用,惟能者可以当其任,不必问其为何州之人。萨人长人,于中日、俄日两大战,克奏肤功,是无愧于'能'之一字也","萨、长二州人,能把持海陆军职者,是必其人有军事之特长也,不然则其所引用者必贤";还拿中国陆海军官员的年幼无知作对比:"试观满清末造,黄口孺子,尽命为海陆军大臣,及其他重要职务。逮革命军起,彼等不敢出国门[京城]一步,一切军事计画,不得不委之汉人"。并进而斥责中岛端:"著者所痛斥之者,非愚则诬也。不然,则是著者为地域的观念所束缚,遂出此愤激之语也。"(参见点校本第495—496页;本书第520—521页)

"日本之外交"

本章驳语有320余字,批评日本的外交"对于美俄英诸国,则惧如虎狼,百方谄谀","对于吾国则张牙舞爪,任意侮辱",得出结论"尔日本之外交,畏强凌弱之外交也",进而揭示日本所面临的外交困境:"我国民吞恨忍羞而待时者,已有年矣,一旦机至,岂能甘心哉! 不但吾国然也,即彼暴俄,自战败后,其心中岂无复仇之志哉? 亦待时耳。美国巴拿马运河开通后,尔国岂能高枕而卧哉(观英美仲裁条约,则日美战争之事殆不可免)! 是数国者皆足致尔国之死命也"。并预言日本的国运堪忧:"著者谓尔国百年之后之命运,不堪设想,吾则谓不过百年之十分之一耳。"

"日本之宪政"

本章的驳语有180余字,主要根据中岛端提供的材料,反讽日本"行立宪政治"已20余年,自命为"文明国",实际上"其政府、议员、国民之腐败"表明日本"不知文明国之实何在乎? 宪政之效果何在乎?"进而质问中岛端"尔国之现象既如是腐败,则著者为腐败国民之一分子焉,有评论他国是非之资格哉! 然而,著者犹丑诋吾国。呜呼,天下无耻之人,孰有过于著者哉!"

"世道人心之一大危机"

本章的驳语有170余字,也主要根据中岛端提供的材料,揭露日本虽然"夸尔国教育之普及",实际上弊端甚多:"尔国每年父子夫妇兄弟相杀相戕者,不下三四百人,其余朋友亲故,因争财、争色、争权利、争势力而相刺相屠,更十数倍者,此岂以教育普及自称国所当有之事乎? 不但此也,父女兄妹通奸之事,报章杂志亦屡载不一载,此果何等之丑陋欤!";进而讽刺中岛端"使著者稍有血气,自愧之不暇,尚有何面目诋毁吾国哉。真可谓不知人间有羞耻事者也"。

"日本帝国民之觉悟"

本章的驳语有280多字,根据"著者谓尔国之元老大臣皆贪利禄,慕权势,树私党,毫无殉国奉公之诚;尔政党唯知党派之利害,不顾国家之安危,民生之休戚;尔海陆军人亦皆爱钱好色,有惜死之风,骄傲之气;尔一般国民亦不重礼节、尚廉耻；则是尔全国上下之人皆腐败也”，批评中岛端“所谓尔自国之命运犹难久保，乃反妄诋吾国，甚至言统一东亚，何胆大不羞一至于此哉！呜呼，是亦卖淫国人之特色也，本性也，吾实苦于形容者也”。这是田译本最后一章的驳语，似欠缺对全书的概括和总结。

3. 湖南图书馆所藏田节本概述

湖南图书馆所藏译本①，实际上是田译本的节选本（以下简作“田节本”），与田译本和其他文本比较，有以下特点：

（1）田节本是一个刻印本，既无目录，也无版权页和定价，只选刻了中岛端原书的上编第 4 章（“共和政体之将来”）到第 10 章（“支那之运命”）和下编的前两章（“东亚之们罗主义”和“支那之瓜分与日本”），共 9 章（中岛端原书和自译本、北洋本都为 22 章，田译本 19 章）。实际的目录为：

支那人无共和国民之资格＝＝无共和之历史＝＝无共和之思想

支那人无共和国民之素养　　　支那人无共和之信念

共和政体之将来　　　　　　　支那人之虚势的元气

支那人有省分的观念而无国家的观念　支那之运命

东亚之们罗主义　　　　　　　支那之瓜分与日本

（2）田节本共 45 大页，每大页折为两小页，中间标注页码，实际上约有 90 页、6 万字，系 32 开本。

（3）田节本在黑色文字上加有红色的句点和少量顿点；句点比较规整，对标注错了的还在句点中加了撇号。是印书时两色套印，还是阅读者所加，尚难断定。就其断句的水平来看，大多数比较准确，也有明显的差误。

（4）田节本的文末有阅读者“东亚硬汉识”：“末路写支那人从来之气习愈逼愈真，而支那瓜分之命运愈蹙，读之令人短气。”另有字体较大的几处眉批，和对某些字句的矫正与疑问，应为“东亚硬汉”或其他阅读者所加。

以上对各文本，特别是北洋本和日文本、自译本、田译本所作的比对，虽列举不少，仍属分类举例，自难全面，且略显繁杂。为了使读者看得全面和清楚，特将有关词语列表，单作一辑；对北洋本的译者曰、眉批和田译本的驳语，也专门列表予以比对。请参见。

---

① 于蕾、罗智华编：《湖南图书馆古籍线装书目录史部》，线装书局 2007 年版，第 575 页。

二、各文本中的语词比对表

按:括号中的数字,为各版本的页码。北洋法政本中的两个数字,前者是初印本和重印本的,后者是河北版"点校本"的。仿宋字,为本书著者所加简要注释。

北洋法政本	自译本	田译本	日文本
贫窭之鄙夫(上编1、264)	寒老措大……之田舍汉(1)		寒の老措大、……の田舍汉(1)
然默观近日以来,我(上1、264)	然近日以来,默观我(1)		然れども近日以来、黙して我が……を觀るに(1)
熟悉支那情形者、留心外交者(上1、264)	支那通、外交通(2)		支那通、外交通(2)
其流寓支那而足迹遍国中者(上1、264—265)	其在支那者,通南北中央,自旧式之支那浪人,支那破落户(2)		其の支那に在る者と雖、南北中央を通じて、舊式の支那浪人,支那破落戶(2)
教师(上1、265)	聘用教习(2)		御雇教師(2)
新闻通信员(上1、265)	执馆访员(2) 按:执,应为"报"		新聞通信員(2)
群将嗤之以鼻,以为支那人无革命之资格(上1、265)	群以鼻笑之,以为现在支那人,无有计画革命大事之资格(2)		鼻を以て之を笑ふ。以为へらく现在の支那人は革命の大事を企て得る资格なし(2)
梦风云于异日(上1、265)	梦寐中原异日之风云(2)		中原異日の風雲を夢みて(2)
腐儒(上1、265)	汉学措大(2)		漢学措大(2)
思想之陋(上1、265)	脑筋之陈腐太甚(2)		頭脳の舊式なる(2)
伊集院公使(上2、265)	伊集院钦差(2)		伊集院公使(3)
决无此等思想(上2、265)	非曾无如是形影之思想(2)		決して如是形影の思量だになかりしにあらずや(3)
翻译书记,碌碌寡识者流(上2、265)	碌碌琐琐之书记通译一流小才子(2)		碌碌たる書記通譯の小才子連をや(3)
悉涌革命之潮(上2、265)	早已为革命风潮所簸弄掀翻(3)		早く已に革命風潮の簸弄掀翻する所と爲らんとは(3)

续表

北洋法政本	自译本	田译本	日文本
熟悉支那情形者,议论纷如(上 2、265)	支那通,又杂然出现(3)		支那通、又雑然として出で来る(3)
洪杨之乱(上 2、266)	发贼之乱(3)		長髪賊の乱(3)
岂朝夕所能转移者(上 2、266)	岂容展转推移于一日半刻之间(3)		豈一日半刻の間に展轉推移するを容さんや(4)
皆称其为大有为之国,属望无已(上 2、266)	人人啧称其好望而不措(4)		人々其好望を稱して已まざりき(4)
遽指其灭亡之迹而无遗(上 2、266)	遽然指斥衰灭之迹,无复遗算(4)		遽に其衰滅の迹を指斥して遺算なし(4)
以前之观察,豫想妄断而已(上 2、266)	从来之观察豫想,徒妄断耳(4)		從前の觀察豫想は、妄断のみ(4)
前后矛盾,毫无羞耻,反傲然俯视吾侪,而自标榜(上 2、266)	以一人之身,而前日后日,两两截然,矛盾撞着,不羞不怪,傲然俯视余辈田舍汉,高自标榜(4)		同一人を以て、前日後日、兩々截然、矛盾撞着して、羞ぢす怪まず。傲然余輩田舍漢を俯視し、高く自ら標榜して(4)
此辈心理,真余所大惑不解者也(上 2、266)	此余辈田舍汉之所以不得无疑于彼辈心事也(4)		此れ余輩田舍漢が彼等の心事に疑なきを得ざる所以なり(4)
观察政治评论得失(上 2、266)	观察评论政治(4)		政治を観察し評論する(4)
空中楼阁(上 2、266)	羊头狗肉(4)		羊頭狗肉(4)
又从而为之说曰(上 3、267)	又为之说云(4)		又説を爲して云ふ(5)
官军集者虽多,恐亦不易下也(上 3、267)	假令官军后至者虽众,恐不易一举而拔(4)		假令官軍後に至る者多しと雖、恐らくは抜き易からじ(5)
摄政王(上 3、267)	监国王(5)		攝政王(5)
抱负(上 3、267)	惯用技俩(5)		得意の技俩(6)

北洋法政本	自译本	田译本	日文本
自龟山发炮，俯而击之，武昌城郭，立成齑粉（上3、267）	大别山上炮列一击，可以粉碎阇城（5） 按：大别山，龟山原名。		大別山上の砲列一擊、以て阇城を粉碎すべし（6）
朝颂孙而夕赞袁（上4、268）	朝唱孙之优势，夕说袁之好望（6）		朝には孫の優勢を唱へ、夕には袁の好望を説く（7）
袁氏为君主党，完全主张立宪者也（上4、268）	袁彻头彻尾，不肯曲立宪君主之主张（6）		袁は徹頭徹尾、君主立憲の主張を曲げざるべく（7）
化身（上4、269）	权化（6）		權化なり（7）
长驱以入燕京，作廓清之快举（上4、269）	出乎长驱捣北京之快举（7）		長驅して北京を衝くの快舉に出でん（7）
其终必出于决裂者势也（上4、269）	终有决裂之一途耳（7）		終に決裂の一途あらんのみと（7—8）
迟迟（上4、269）	日又一日（7）		日又一日（8）
手段（上4、269）	技俩手腕（7）		手腕技俩（8）
或云建都北京，或云建都南京（上4、269）	或云首府不可不置在北方，或云必不可不迁居南京（7）		或は云ふ首府は北に置かざるべからず。或は云ふ必ず南京に移らざるべからず（8）
莫可方物（上4、269）	不可穷诘（7）		窮詰す可らず（8）
已灭亡（上4、269）	巳屋（7） 按：巳，应为已。		已に亡びたり（8）
傲然自称为新过渡政府之首领（上4、269）	傲然冒后继政府首领之号（7）		傲然自ら後繼政府の首領と稱し（8）
新过渡政府，不在北京，其在天津乎（上5、269）	后继政府所在之地，非北京即天津也（7）		後繼政府の所在地、北京にあらずんば、必ず天津ならん（8）
孙黄以下之纯粹共和党人（上5、270）	孙黄以下，纯共和党诸人（8）		孫黄以下の純共和黨人（8—9）
欧洲通信员，又从而大加鼓吹，专事颂赞袁氏之为人（上5、270）	欧美报馆访员，又鸣鼓打锣，扬附和雷同之声，一意讴歌馨香世凯之人物技俩（8）		歐米新聞通信員、又之が太鼓を叩き、雷同の說を吹き捲くりて、一意世凱の人物技俩を頌贊謳歌し（9）

续表

北洋法政本	自译本	田译本	日文本
克林威尔（上 5、270）	格伦乞耳（8）		クロンヴエル（9）
拿破仑者。不伦不类，真不足当识者一噱也（上 5、270）	那翁乎，世凯乎者。其不伦，其奇怪，洵不值一笑也（8）		那翁か、世凱かと云ふ者あるに至る。その不倫、その奇怪、真に一笑にだも値せざるなり（9）
反覆无常（上 7、273）	翻覆表里（8）		翻覆表裡（9）
私人（上 7、273）	腰巾着（犹言荷包）（8）		腰巾着なりき（9）
出为朝鲜公使（上 7、273）	钦差于朝鲜（9）		出でゝ朝鮮に公使たり（9—10）
人物（上 7、273）	花旦（9）		大立物（10）
抱头鼠窜（上 7、273）	仓皇捧颈，鼠窜兔逸（9）		孤鼠々々と首を抱へて逃げ去りて（10）
反抗（上 7、273）	自中支吾（9）		反抗（10）
六君子斩（上 7、274）	谭林以下六人志士，斩于燕京市（9）		譚林以下六人の志士は、燕京の市に斬られて（10）
人士（上 7、274）	义人（9）		義人（11）
反覆（上 7、274）	反覆倾危（9）		傾覆（11）
护符（上 7、274）	守护神（10）		護本尊（11）
攀援而上（上 7、274）	鱼鱼雅雅（10）		鰻鱺上り（11）
无所建白（上 8、274）	无何等施设，又无何等云为（10）		何等の施設する所もあらざりき。又何等の云爲する所もあらざりき（11）
误（上 8、274）	註（10） 按：诖，音 guà，贻误		誤まられて（12）
醇王固衔世凯之卖帝者；而为嗣皇之生父，世凯之所深忌也（上 8、274—275）	醇王素衔世凯之卖帝；戴王而为嗣皇之生父，彼之所最深忌（10）		醇王は固より世凱が帝を賣りしを銜めり。王を戴きて嗣皇の生父とせんことは、彼が最も深く忌む所（12）
值亲贵大臣会议之席，突然（上 8、275）	陪席亲贵王公会议，突如而起（11）		親貴大臣会議の席に陪して、突然として起ち上り（12）

续表

北洋法政本	自译本	田译本	日文本
顾谁堪践此大位,窃谓非醇王不可(上8、275)	与其抢选彼此,不如醇王躬膺大宝(11)		誰彼と云はんよりは醇王躬から皇位を践み玉はんこそ(12)
怒不可遏(上8、275)	颇有忿激不禁之势(11)		さしも心中の激怒に耐へざりけん(12)
拍案,案仆,一座皆股栗(上8、275)	拍案起,案仆,磔然有声,一座皆惊(11)		案を拍ちしかば、案は磴と仆れぬ。一座の親王大臣皆驚き(13)
色丧(上8、275)	失色(11)		色を失ひぬ(13)
为之辞,又以大丧为言,幸免于患(上8、275)	陈谢颇力,由其系谅闇之际,终得释(11)		爲めに辭を盡して無禮を陳謝せしかば大喪の際、さはとて纔に赦されきとぞ(13)
去位(上8、275)	失脚(11)		失脚(13)
服奴仆服(上8、275)	为奴仆妆(11)		奴僕の粧を為して(13)
解说(上8、275)	陈谢关说(11)		陳謝遊説(13)
以报醇王(上9、275)	复仇于醇王(12)		醇王に復讎する(14)
中蕣之嫌(上9、276)	中蕣之私(12)		中蕣の私(14)
干涉(上9、276)	容喙(12)		容喙して(14)
宫中将大起风潮(上9、276)	宫廷行且埋没于暗斗之风潮中(12)		宮廷は將に暗鬪の風潮中に没せんとすと(14)
军事外交(上9、276)	军国重事,列强交涉(12)		軍國の重事、列強の交渉(14)
诡谲(上9、276)	邪智(12)		邪智(14)
及应庆王之请而起,又不遽入北京(上9、276)	已而与庆王相应而起,又未促装晋京(12)		已にして慶王と相應じて起つに及びて、又遽に北京に入らず(14)
而不穷追(上9、277)	不敢穷追(13)		追窮せず(16)
故智(上10、277)	术(14)		故智(16)
防堵(上10、277)	防备(14)		防備(16)
气未竭(上10、277)	气力未索(14)		氣力未だ索きず(16)
诚(上10、278)	苟(14)		苟も(17)
直臣意中事(上10、278)	在臣方寸之中(14)		臣が方寸の中に在りと(17)

续表

北洋法政本	自译本	田译本	日文本
非真欲与革军较优劣也（上 10、278）	非真有与革军格斗之勇气也（14）		實に革軍と格鬪する勇氣ありしにはあらず（17）
绐以美辞（上 10、278）	徒咱以甘言美辞（15）		徒に美辞甘言を以て欺く（17）
喜（上 10、278）	随喜（15）		随喜せると（18）
南下与革军议和者（上 10、278）	其建使于南方,与革军妥协之议者（15）		其の南方に使して革軍と妥協せんの議を建てし者（18）
属目（上 11、278）	指目（15）		指目（18）
眩（上 11、279）	眩惑（16）		眩惑（19）
箸（上 11、279）	匕筋（16）		匕筋（19）按:意为汤匙、勺
时局之困难愈甚（上 11、279）	不知时局之困难愈甚也（16）		時局の困難日々に甚しきを知らず（19）
忽（上 11、279）	偶（16）		偶偶（19）
而辞让不遑,则显其公而忘私之忠忱。将以掩军民之耳目,而若为社稷之重臣也者（上 11、280）	而辞让不敢当,其忘私事而尽瘁公事亦如此。以糊涂中外军民之耳目,俨然以社稷臣自居（17）		而も辭讓敢て當らず。私事を忘れて公事に盡瘁すること亦此の如しと。以て中外軍民の耳目を糊塗して、あつぱれ社稷の重臣と成り了んぬ（20）
智策（上 11、280）	策略（17）		策略（20）
和议迁延,穷迫将益甚（上 11、280）	妥协迁延一日,穷迫又急一日也。以为延期又延期,一日又一日（17）		妥協遷延すること一日なれば、窮迫又一日なる内情を知れり。以爲らく延期又延期、一日又一日（20）
势必就我范围（上 11、280）	其势不得不奉我之命（17）		其勢我が命を奉せざることを得じと（20）
过渡（上 12、280）	过接（17）		過接（20）
入仕二十年（上 12、280）	通彼之二十年之公生涯（18）		彼が二十年の公生涯を通じて（21）
卖祖国,卖邻邦（上 12、280）	卖与国,卖国家（18）		與國を賣り、國家を賣る（21）
一族尽赤（上 12、280）	赤族之祸（18）		一族赤盡の禍（21）
留心支那时局、侧身外交界者（上 12、281）	支那通,外交通（18）		支那通、外交通（21）

续表

北洋法政本	自译本	田译本	日文本
若此辈者皆为袁世凯之所卖也（上 12、281）	此辈皆买被世凯人物太甚者也（买被,俗语估价太贵也,犹言谬信）(18)		此輩皆袁世凱を買被れる者のみと(22)
余尝谓我朝野论者,皆为袁世凯所欺矣(上 15、285)	余前已骂我朝野论者买被袁世凯(19)		余は我が朝野論者の袁世凱を買被れるを罵れり(22)
亦未免失于过信焉(上 15、285)	似亦不免买被太甚(19)		亦買被を免れざるに似たり(22)
余今更无庸喋喋(上 15、285)	今余非欲故意追究彼之昼伏夜行,出没于沿海(19)		余は今更事新しく彼が海岸覗きの事情を追究すまじ(22)
由是言之上(15、285)	即此一事(19)		此一事より言へば(22—23)
余敢断言其否否(上 15、285)	余窃悲不得不连叫否否者也(19)		余は不幸否否と言はざることを得ざるを悲しむ(23)
不识军界识者之一噱(上 15、286)	不值军界识者之一噱(20)		軍界識者の一噱にだも值らず(23)
人(上 15、286)	余辈(20)		余輩(23)
必之心事(上 15、286)	彼之心事(20)		彼が心事(23)
心弱(上 16、287)	怯懦(21)		心弱(24)
如出一辙(上 16、287)	如应声虫(21)		鸚鵡返の如し(24)
即令知之,亦不知其难之若是也(上 16、287)	将知其容易而不豫忖如是之至难乎(21)		将其容易ならざるを知りしも、かく計り至難なりとは豫期せざりしか(25)
蝮蛇螫手,壮士断腕(上 17、288)	古诗云:蝮蛇一螫手,壮士疾解腕(22)		蝮蛇一螫手。壯士疾解腕(26)
剧烈之痛苦(上 17、288)	苦痛巨甚(22)		苦痛の劇甚(26)
笞顽童(上 17、288)	顽童见人鞭(22)		頑童の打ち(26)
无何(上 17、288)	少时(22)		やゝ(26)
一从者,无聊而居(上 17、288)	一从仆侍,如不堪无聊者(23)		從者一人あり,手持無沙汰に控えたり(27)
剖开寸许(上 17、288)	剖开仅一二寸(23)		一二寸の切開(27)

续表

北洋法政本	自译本	田译本	日文本
每月（上17、288） 按：应为"每日"。	日日（23）		日々（27）
洗涤硼酸，则叫唤痛苦，其愚痴岂不令人绝倒（上17、288）	况硼酸水之洗涤，有何痛苦，乃哀号绝叫，作痛痛之声，愚乎耄乎，使人不觉欲奋拳而起（23）		硼酸の洗涤に、痛いよ痛いよと泣き喚く、馬鹿々々しさ。人をしておのれ撲りて呉れんずと思はしむ（27）
怯懦（上17、288）	臆病无胆气（23）		臆病未練（27）
攻击（上18、289）	尚理窟喜攻讦（24）		理窟を尚びて、攻訐を喜ぶの風と爲り（28）
又有排争之性（上18、289）	又成争胜讳过之性癖，成排他主我之态（24）		又勝を爭ふ性癖と爲り、排他主我の態と爲る（28）
前棒（上18、289）	先锋（24）		先棒（28）
相争而不相下（上18、289）	相争不已（24）		相爭うて已まざる（28）
心性执拗（上18、290）	又富于执着心（24）		又執着心に富めり（29）
居丧（上18、290）	丁亲忧（25）		親の喪を守りて（29）
洪秀全假天主教名（上18、290）	秀全天主教徒也，今欲借其教（25）		秀全は天主教徒なり。今其教を借りて（29）
未可知（上19、290）	不必如彼之烈（25）		必しも彼が如くならず（30）
安危（上19、291）	果否核定（26）		定まると、定まらざる（30）
心胆丧失（上19、291）	半疯半痴（26）		ヒステリー（31）
隐居故里（上19、292）	归卧广东故山（26）		將に廣東の故山に歸臥せんとすと（31）
加里波的（上19、292） 按：通译为加里波第	葛栗婆耳慈（26）		ガリバルヂー（31）
英玛努埃（上19、292） 按：通译为埃马努埃莱	耶麻努爱耳（26）		エマヌエル（31）
加富尔（上19、292）	喀波耳（26）		カボール（31）
指摘（上20、292）	指弹（27）		指弾（31）

北洋法政本	自译本	田译本	日文本
狗(上 20、292)	猫(27)		猫(31)
发际(上 20、292)	实际(27)		實際(32)
定见(上 20、292)	主义(27)		主義(32)
孙逸仙也,袁世凯也(上 22、295)	夫孙逸仙也,袁世凯也(28)	夫袁世凯也孙逸仙也(25)	夫れ孫逸仙也や,袁世凱や(32)
重视(上 22、295)	买被(28)		買被(32)
果知革命之不可以已与? 夫专制积弊之必须扫除乎? 容有知者,姑置勿论,试更进而诘以自由平之真谛若何? 共和政体之建设若何?(上 22、295)	果知革命之不可得已乎? 革命之不可得已也,或知之矣。果知专制积弊之不可不改乎? 专制积弊之不可不改也,或知之矣。果知自由平等之真理乎? 果知共和政体之不可不建设乎?(28)	果知革命之不可已乎? 革命之不可已,或知之,果知专制积弊之不可不改乎? 专制积弊之不可不改,或知之,果知自由平等之真意义乎? 果知共和政体之不可不建设乎?(25)	果して革命の已むべからざるを知れるか。革命の已むべからざるは、或は之を知らん。果して專制積弊の改めざるべからざるを知れるか。專製積弊の改めざるべからざるは、或は之を知らん。果して自由平等の真意を知れるか。果して共和政體の建設せざるべからざるを知れるか(33)
晓然于自由之原理,共和之真谛(上 22、296)	口共和,唱自由(29)	日说共和,日唱自由(25)	共和を口にし自由を唱ふ(34)
事业(上 23、296)	事实(29)	事实(26)	事實(34)
际是时(上 23、296)	今之时(30)	今之时(26)	今の時(35)
净尽(上 23、296)	断割(30)	革去(26)	斷割(35)
蹓躅趑趄(上 23、298)	蹒跚蹩蹀(30)	蹒跚蹩蹀(26)	蹣跚蹴跛(35)
苦痛(上 23、298)	少美观(30)	怪状(26)	美觀を缺く(35)
睹莲步之珊珊[姗姗](上 23、298)	为莲步袅袅罗绮不胜(30)	称为莲步袅袅(26)	蓮步袅袅と爲す(35)
束其纤指(上 24、298)	紧束弯曲指爪(30)	紧束弯曲其指爪(26)	其指爪を緊束彎曲せられて(35)
宛转呼号之声(上 24、298)	宛转之状,呼号之声(30)	宛转呼号之状(26)	宛轉呼號の状(35)
惨不忍闻(上 24、298)	不忍正视(30)	不忍正视(26—27)	正視するに忍びざらしむ(35)
以为如此,方尽教养之责,而表爱视之心(上 24、298)	以为不缠足者,非女子也(30)	以为不缠足者非女子(27)	以爲らく纏足せざる者は、女子にあらず(35)

续表

北洋法政本	自译本	田译本	日文本
提倡天足（上24、298）	创设天足会，提倡一新宗旨，欲以救儿女缠足之弊（30）	欲救其弊，设天足会，极力提倡（27）	天足會を設け、一新宗旨を提唱して、兒女纏足の弊を救はんとす（35—36）
目为奇异（上24、298）	为婢妾风习（30）	为婢妾之风习（27）	婢妾の風習と爲して（36）
禁令屡颁（上24、298）	三令五申，以禁止之（31）		三令五申、之を禁止す（36）
而有余（上24、298）	无复余蘖（31）		餘りなかるべし（36）
大抵如是焉耳已（上24、298）	概多此类（31）	大抵如是而已（27）	大抵是の如きのみ（36）
负笈（上24、298）	载笔（31）	载笔（27）	筆を載せて（36）
灰色墨色（上24、299）	灰白色、淡墨色（31）	灰白色……、薄墨色（27）	灰白色……、薄墨色（36）
玻璃（上24、299）	碧瑠璃（31）	瑠璃（27）	瑠璃（37）
及明立舷头，四顾渺茫不见岸（上24、299）	及明立舷头四顾，渺茫不见岸（31）	及明，立舷头而四顾，渺茫不见乎岸（27）	明くるに及びて、舷頭に立ちて四顧するに、渺茫として岸を見ず（37）
为赭褐之混合色，如溶赤土者焉。滔滔荡荡，无量无垠，满目浊流而已（上24、299）	五分赭色，五分褐色，混混滔滔，浊浪不尽，是已（31）	五分之赭色，五分之褐色，如溶赤土，混混滔滔，流无际限（27）	五分の赭色、五分の褐色、赤土を溶したらん様に混々滔々、際限もなき濁水を流すなりけり（37）
临风摇舞，如献媚于旅人者（上24、299）	随风袅袅摇曳（32）	随风摇曳（27）	風に靡きて裊々摇曳（37）
楼阁高耸（上24、299）	红砖楼屋几层层（32）	红砖楼屋（28）	紅甎樓屋幾層々（37）
帆樯林立，不可屈数（上24、299）	大小船舶几百千只（32）	帆樯林立，大小船舶几百千只（28）	大小の船舶幾百千隻（37）
岸上人集如蚁蠢然动（上25、299）	岸上几簇人，潮涌蚁聚，蠢蠢蠕蠕（32）	岸上簇集之人，蠢蠢然如蛹如蚁（28）	岸上に簇り集れる人は、潮の如く蟻の如く、蠢めきつゝあり（37）
汗垢蒸薰（上25、299）	汗臭，垢臭，阴湿臭，霉臭（32）	汗臭垢臭潮湿臭呕吐臭（28）	汗臭く、垢臭く、濕つぽく（38）
至若辈劳力者之污秽（上25、299）	至于苦力辈，最极腌脏（32）	至于苦工辈之不洁（28）	苦力輩の醃臢さに至りて（38）

续表

北洋法政本	自译本	田译本	日文本
颜面、手足,若附煤炭,苍赭黑黝(上25、300)	无论颜面手足胸腹,墨墨煤气,亦苍亦赭亦黑(32)	无论头面、手足、胸腹,俨然如煤,现苍黑赭等色(28)	顔とも云はず、手足とも云はず、胸腹とも云はず、煤けたらん様に、蒼く、赭く、黑く(38)
若辈衣服,如海松块片,油污污染,尚现明光焉(上25、300)	其所穿衣服,千缕百缀,且腻且汗,黑而有光(32)	彼等所衣之服,如海松破烂不堪,腻染汗染,而成黑光(28)	彼等が身に纏へる衣服は、海松の如く、千切れ千切れにて、腻染み、汗染みて、黑光りに光れり(38)
总之奇臭厌人,俨如腌鱼腐臭,沁人口鼻,其难堪为何如乎!而彼等不自觉其臭,互相竞前,搬运行李。予叱之,旅夥拒之,彼等亦若不闻,大有白刃临头不退怯之状。此际予亦不得不退避三步矣(上25、300)	一言而尽,其恶臭之恶,如鲍鱼已腐,沁人鼻目矣。然彼等不自知其臭,欲卸船客行李,且挤且排,且唤且骂旅馆茶房。船上杂役,叱咤使去,如耳不闻,咄咄迫人身边来。余辈平日自夸意气,谓白刃临头上,亦不肯退一步。然至此不觉辟易二三尺矣。(32)	一言以蔽之曰:其恶臭如腐之腌鱼,不禁沁入鼻脑。然而彼等尚不以为臭,惟争先欲负船客之行李。余骂之,旅馆之僮仆叱之,均不入耳,而嚣嚣于吾等之身边。虽平日以白刃临头,犹不肯退后之余,至此亦不觉逡巡者二三步(28)	一口に言へば、その恶臭のしつこきは、醃魚の腐りたらん如く、目鼻に沁み入るかとばかり覚えぬ。されど彼等は臭き物身知らずの諺に洩れず。船客の行李を負はんとて、推し退けつ、推し退けられつ。我れ勝に罵り喚きて、旅館のボーイ等が叱り懲すを耳にも入れず、我等が身邊に競び蔦る。日頃は白刃頭に臨むとも、やはか後へは退くまじと自負しつゝありし身の、我知らず逡巡すること二三步(38)
记者(上25、300)	主笔(33)	主笔(28)	主筆(38)
而恶臭袭人(25、300)	可怪一阵臭风袭人来(33)	忽焉一阵之臭风,袭人而来(28)	怪しや一陣の臭風は人を襲ひ来りぬ(39)
乃见当门一厕耳。余不禁(上25、300)	咄是何事?门口正面,设有一大窦腧,不洁最甚。出入馆中者,均便旋焉。余于是不禁嗳呀一声(33)	门口之正面,设有极不洁之小便所。出入不论何人,皆便于此处。余[余]始悟(28)	何事ぞ門口の正面には小便所―不潔極まれる=を設けあり。出入の誰彼は、皆此處にて用を辨ずるなりけり。余は覺えずあつと計り(39)
面目亦一新焉(上25、300)	稍稍一新面目(33)	面目一新(29)	やゝ面目を一新せりき(39)
游目于拱宸桥畔(上25、300)	望见拱宸桥畔早市,人海人山,杂杂沓沓,心颇奇之(33)	方眺拱宸桥畔之杂沓(29)	物珍しきまゝに、拱宸橋畔の雜沓を眺めゐたり(39)
忽粪污其手(上25、300)	忽不知何故,黄金的一块物,涂彼手(33)	忽见黄金一块,涂于彼手(29)	如何なる動機にや、黄金的一塊物は、彼が手に塗れぬ(39)

续表

北洋法政本	自译本	田译本	日文本
不知所为（上 25、300）	更注视焉（34）		如何にするぞと見れば（39）
｛至｝今不知其心理如何矣（上 25、301）	如其心理如何，至今竟未能测也（34）	而彼等之心理如何，至今犹难测知也（29）	彼等が心理の如何様なるかは、今も測り知ること能はず（40）
曝尻通衢（上 25、301）	晒尻街上，一丝不自遮（34）	晒尻街上，一丝不自遮（29）	街上に尻を曝して、一絲の人目を遮る者なく（40）
上海租界，为外人管理之地。通衢隘巷，无比丑态（上 26、301）按：比，相类，类似，比配，能够相比。与"此"或相通。	上海租界，系外人管理之地。大小街上，不见此等丑态固宜（34）	上海之租界，为外国人所管理。故大小街上，不见有此等之丑态（29）	上海の租界は、外国人管理の地。大小街上、有繋に此等の醜態あるを見ざれど（40）
踞道上而溺者（上 26、301）	箕踞道上，放出黄金汁者（34）	大踞道上而放出黄金汁者（29）	道上に大踞して、黄金汁を放出しつゝある者（40）
衔烟筒而道家常，行所无事（上 26、301）	悠然口吹烟管，弄家常茶饭的闲话（34）	悠然口吸烟管，谈家常茶饭的闲话（29）	悠然烟管を口にし、家常茶飯的閑話を弄しつゝ（40）
垣基外部，倾斜如崖（上 26、301）	瓦墙外草地，作崖状（34）	瓦墙之外，崖样之倾斜地也（29）	瓦墙の外は崖様の傾斜地なり（40—41）
息则必至崖下溲焉（上 26、301）	憩必大小便于崖下（35）	息则必便于崖下（29）	息へば必ず崖下に大小便する（41）
莫之能止（上 26、301）	去而复来，如盘上蝇（35）	究归无效（30）	屢屢叱り屢屢逐ひ散らせども甲斐なし（41）
一日彼辈来溲于此，邻妇自楼上瞥见，厉声叱之，则笑而不去。邻妇怒其顽顿也，入室取手枪相向，始狼狈逃去（上 26、301）	一日彼等又来，大小便如例。余东邻细君自楼上望见，厉声叱之使去，然冷笑不顾，面目最可憎。细君乃走入内，手拳铳拟之，欲辄射。彼等始狼狈仓皇，抱尻而去（35）	一日又来便之，邻家之主妇某氏，由楼上望见，即厉声叱骂，但彼等冷笑不顾。主妇不得已，乃取出手铳，欲狙击之，彼等始抱尻而逃（30）	一日彼等来りて大小便す。余が隣家の細君、樓上より望み見て、厲聲して叱り止むれども、冷笑しつゝ顧みず。餘りの面憎さに、細君はつと走り入りて、拳銃を取り出し、矢庭に彼等に向ひて放たんとしたりければ、彼等は始めて狼狽して、尻を抱へて逃げ去りぬ（41）
其踞于路而曝其臀者，且相望也（上 26、302）	其踞于路上者，前臀后臀相望也（35）	其踞于路上而曝臀者，前臀后臀相望（30）	其の路上に踞して臀を曝す者、前臀后臀相望めり（41）

续表

北洋法政本	自译本	田译本	日文本
甚至解衣而溲于巡警之前(上26、302)	甚至巡警面前,扬扬呈出股间伟器,以春风春水一时来的态度,迸散臭风臭水(35)	甚至在巡查面前,呈出扬扬股间之伟器,持春风春水一时来之态度,而迸散臭风臭水(30)	甚しきは、巡查面前に在りて、揚々股間の偉器を呈出し、春風春水一時来的態度を以て、臭風臭水を迸散して(41)
巡警亦熟视无睹焉(上26、302)	巡警亦熟视谛察,不敢诘,又不敢叱(35)	巡查亦熟视谛察,不叱不诘(30)	巡查も亦熟視諦察して、詰らず叱らず(41—42)
禁遗污物于道上(上26、302)	禁道上翻不洁污秽之物(35)	禁堆不洁污秽物于道上(30)	道上に不潔污穢の物を翻すことを禁ずと(42)
余尝在苏州矣,有德国式新军过宅前。忽有二三人去其伍者,余方怪之,则见其溲于路侧矣,而军官亦不之禁也。如是者又数人,或隐他物以自障焉。彼不愧德国式之兵士矣,犹能去军官之前,避众人之目也。俄而又有数人,或踞而曝其尻,或立而露其私以溺焉。彼偯然军官者,盖亦莫如之何。忽号笛一声,曰:少息。于是东者东,西者西(上26—27、302)	余又尝住在苏州,遇一队兵勇自门前过,云系德国式新练军。偶有二三兵勇,故意失伍者,余窃怪而见之,彼即立于路旁小便焉,然士官不敢呵止。众见之,忽又三五人,有七八人,或走匿于小地物阴。足见彼亦德式练勇,避士官面前,避佗人展望而大便者矣。已而又三五人,又七八人,或露尻而大便,或起而小便。士官自有士官襟度,见其不可已也,忽吹号笛曰:休矣。于是一队兵士,或东或西(35—36)	余尝在苏州见一队之兵士(称为德国式新军)过宅前,偶有二三之兵士故意去列者。余窃怪而视之,乃立于路傍而小便也,但队官亦不禁止。未几又有三五人七八人,或走而隐于偏隅之地,盖避队官之面前,及他方之展望而大便也,真不愧为德国式之兵士也。少时又有三五人,七八人,或曝臀而大便,或立而小便。队官亦不愧为队官也,无已,忽吹号笛曰:少息。于是一队之兵卒,不东西去而大小便者,殆无一人(30)	余嘗て蘇州に在り。一隊の兵士(独逸式新軍と稱せり)宅前を過ぐるを見る。偶偶二三の兵士故意に列を去る者あり。余窃に怪みて之を見れば、彼は路傍に立ちて小便するなりけり。しかも士官は之を禁ぜんともせず。かくと見るや、忽ち又三五人あり、七八人あり。或は走りて小地物の蔭に隠る。彼はさすがに獨式の兵士なり。士官の面前を避け、他方の展望を避けて大便するなりけり。かくと見るや、又三五人、又七八人、或は尻かたげて大便し、或は立ちて小便す。士官もさすが士官なり、餘儀なしとや思ひけん。忽ち號笛を吹きて曰く、休めと。於是一隊の兵卒、或は東し或は西し(42)
有是哉军纪之整肃,一心一德于溲事(上27、302)	有是哉练军之纪律,同心一体,至于大小便亦然。一队如是,十队亦如是,千百队亦复如是(36)	有是哉练军之纪律,同心一体者,乃大小便也。一队如是,十队亦如是,即千百队亦莫不如是(31)	是あるかな練軍の紀律、同心一體は、大小便にまで至れりと。一隊如是、十隊も亦如是。即ち千百隊も亦如是(42)
天上天下(上27、302)	天上天下(36)	世界上(31)	天上天下(42)
溲于道周(上27、302)	粪于道上(36)	脱粪于道上(31)	道上に脱糞する(43)

北洋法政本	自译本	田译本	日文本
溺器(上 27、302)	虎子(36)	便桶(31)	虎子(43)
读书(上 27、302)	读书作字(36)	读书(31)	讀書(43)
有时臭气扑鼻,未知视梅花风里何如也(上 27、302—303)	时有一团芬芳,蔼然掠人鼻头来,宛是立梅花风里之想(36)	有时一团之臭气,扑鼻而来,宛如立于梅花风里(31)	時ありては一團の臭氣、藹然人の鼻頭を掠め来る、宛も梅花風裏に立つが如し(43)
其举动之非礼(上 27、303)	自家居止,非礼太甚(36)	自己之所为非礼太甚(31)	自家の擧動の非禮太甚しく(43)
其溲也未尝净手(上 27、303)	每大小便,未尝以水净手(37)	其大小便后,未尝净手(31)	其の大小便するに方りて、未だ嘗て手を淨めず(43)
余背而遇之,彼乃目礼余,且操不完全之日本语曰:今晨安否?(上 27、303)	意鄙之,佯为不知,侧面自其旁过。彼则余且揖,操极拙之日语曰：太早哉?(37)	当时余即背颜,但足已过傍,彼遂操不完全之日本语曰:"快毕"(31)	余はさもこそと、見ぬふりして、顔打ち背け、足早にその傍を過ぐれば、彼は余に目禮しつゝ不完全なる日本語を操りて曰く、お早いですなと。(43)
不计其数(上 27、303)	不知几十几百(37)	不知凡几(31)	幾十幾百なるを知らず(44)
婢妾(上 27、303)	大婢小婢(37)	大婢小婢(31)	大婢小婢(44)
芜湖(上 28、304)	芜江(37)	芜湖(32)	蕪湖(44)
寒慄[慄](上 28、304)	肌粟(38)	毛骨悚然(32)	渾身ゾッとしたり(45)
天甫昧爽(上 28、304)	会天才明(38)	天甫明(32)	會會天纔に明けぬ(45)
无数苇席所葺蒲鉾小屋(上 28、304)	无数蜗居,以苇席葺屋,累累相望(38)	无数苇席所葺之蒲鉾小屋(32)	無数の葦席もて葺きたる蒲鉾小屋あり(45)
溲豚、溲江水(上 28、304)	居民粪尿,猪仔粪尿(38)	人及豚之大小便与江水(32)	大小便＝＝豚の大小便＝＝江水(45)
襟怀豁达与物无忤(上 28、304)	孟浪太甚(38)	不讲卫生(32)	無頓着(45)
南人(上 28、304)	南清人(39)	南方人(33)	南清人(46)
亦不问可知也(上 28、305)	如不闻也者,如不知也者(39)		聞かざるが如く、知らざるが如し(46)
四千年来(上 29、305)	千百年来(39)	千百年来(33)	千百年來(47)
他皆口头禅耳(上 29、305)	则千言万语,究竟不过口头禅而已(40)	则千言万语,亦不过口头禅而已(33)	千言萬語、竟に口頭禪に過ぎざるのみと(47)

续表

北洋法政本	自译本	田译本	日文本
作色(上 29、305)	色然(40)	色变(33)	色然(47)
禁于人者,亦毫无利害痛(上 29、305)	即在见禁者,亦无甚利害苦痛(40)	而在被禁者亦无何等之利害苦痛(33)	禁ぜらるゝ者に在りても、亦何等の利害苦痛なし(47)
浃肌沦髓深入膏肓(上 29、305)	入骨髓,入膏肓,沁肺腑(40)	入于骨髓,入于膏肓,沁于肺腑(34)	骨髓に入り、膏肓に入り、肺腑に沁せり(47) 按:盲,应为"肓"之误。
荡涤净扫(上 29、305)	洗涤断割(40)	洗涤而革去(34)	洗滌斷割(47)
牺牲几多生命,消耗几多财产(上 29、307)	牺牲几万生灵,几亿财产(41)	牺牲几万之生命,数亿之财产(34)	幾萬の生命、幾億の財産を犠牲にする(48)
傍若无人(上 30、307)	眼中无敌(41)	目空一切(34)	眼中敵なきが如し(48)
乞丐、……颓兵(上 30、307)	苦力,……老军(41)	苦工,……老军(如同废兵)(34)	苦力、……老軍=廢兵同様なる(48)
其口革命者(上 30、307)	岂口革命者(41)	岂号称革命党人(34)	豈革命を口にする者(48)
戟手跃跃(上 30、307)	戟手跳跃(41)	戟手而跃跃(34)	手を戟にして躍り上りつゝ(49)
辄不相接(上 30、307)	两两相离,未辄相接(41)	两两相离,辄不相接(34)	兩々相離れて、未だ輒く相接せず(49)
盖可直取敌人矣,而又不相接(上 30、307)	将相博而犹未相接(41)	此际确将交锋,然犹不果(34)	攫み蒐らんずと見れば、猶未だ相接せず(49)
奋其喙,怒其目,竖其眉,振其臂,各不相下(上 30、307)	歪口瞠目,摇肩挥拳,不屈不挠(41)	歪口瞠目,摇肩拍手,飞舞一场(34)	口を歪めつ、眼を瞠りつ、肩を搖り動かし、手を左右に打ち振りつ、負けず劣らず(49)
莫之或先(上 30、307)	未先下手(41)	无敢先下其手者(34—35)	未だ先づ手を下さず(49)
其甘心于敌乎?手握汗腥而终不相接(上 30、307)	迫切益急,使人握汗者,不知凡几,而终不相搏(41)	每斗将就攫,辄懔然汗下,而不敢近(35)	攫み蒐らんよと、手に汗を握ること幾度なれども、彼は終に攫み蒐らず(49)
乃抗其颜,壮其语(上 30、307)	则更壮烈其颜色,急激其语气(42)	状其色,激其语(35)	更に顔色を壯烈にし、語氣を急激にし(49)
其卑怯陋劣,令人作呕(上 30、308)	其濡滞,其无断决,而且执拗如此(42)	其寡断怯懦而无坚志(35)	其のテキバキせず、思ひ切り惡しく、しみつたれ臭くして、又執念きこと是の如し(49)

续表

北洋法政本	自译本	田译本	日文本
至于如是不仅上方赘六（日本东京人鄙西京大阪人之词）喧遂之比（上30、308）		直不可与日本京都附近人民之喧器相比拟（35）	たゞに上方贅六の喧哗の比のみならず（49）
为僭位帝王，如翻手之易（上31、309）	一蹴而僭伪帝王，如翻手指掌耳（43）		一躍して僭偽帝王と爲らんこと、翻手指掌の如けんのみ（51）
彼已卖三代相恩之孤儿寡妇，于南人何有哉？（上32、310）	彼已卖三代承恩之孤儿寡妇矣，何有乎南人？（43）		彼已に三代相恩の孤兒寡婦を賣れり、南人に於て何かあらん（51）
绞取（上32、310）	括取（43）		絞り取りて（51）
似而非论者志士（上32、310）	伪志士、伪论客（44）		似而非論者志士を買収して（51）
绐（上32、311）	瞒着牢络（44）按：牢络，同笼络。		瞞着籠絡する（52）
专制之弊益甚，而不可复至除。是始悔向者之非计（上32、311）	专制之弊益出，不可复除。至是而始悔（44）		專製の弊益益出でゝ復除くべからず。是の時に至りて始めて悔ゆ（52）
固非其意之所在（上33、312）	固不以措意（45）	毫不致意（36）	固より其の意とする所にあらず（53）
秦皇始行君权独尊之制（上33、312）	秦始皇立君权独尊之制（45）	秦始皇立君权独尊之制（36）	且秦皇始めて君權獨尊の制を立てしより（53）
君与民不共为国之所致也（上33、312）	不与民共国之所致耳（45）	军民不共国之所致也（36）	君と民と國を共にせざるの致す所なり（54）
加于己颈（上34、313）	拟己咽吭（46）	置于己之咽喉（36）	己の咽吭に擬す（54）
夸张（上34、313）	糊涂（46）	糊涂（37）	糊塗（54）
欣然自得（上34、314）	得得然出来（46）		得々然として出で来り（54）
革命党人（上34、314）	革党、人民（46）	革党（37）	革黨人民（55）
同声（上36、316）	同不容疑（47）	同信（1）	同じく疑はざる所（56）
袭取共和之皮相（上36、316）	妆共和之面目（47）	装共和政体之面目（1）	共和政體の面目を粧ふことあらん（56）

续表

北洋法政本	自译本	田译本	日文本
溯支那民族(上36、316)	原夫支那民族沿革之迹(48)	考支那民族之沿革(1)	支那民族沿革の迹を原ぬるに(56)
舜禹(上36、317)	尧舜禹(48)	尧舜禹(2)	堯舜禹(57)
天生民而为之君(上36、317)按:《左传·襄公十四年》,原为"天生民而立之君"。	天之生民,为之君(48)	天之生民,为之君(2)	天之生民,爲之君(57)
圣贤之资(上36、317)	圣贤之伟材(48)	圣贤之伟材(2)	聖賢の偉材たり(57)
商侯履代夏(上37、317)	商侯履伐桀代夏(49)	汤放桀而代夏(2)	商侯履(殷の湯王)桀を伐ちて夏に代り(57)
周侯发代殷(上37、317)	周侯发灭纣代殷(49)	武王伐纣而代殷者(2)	周侯發(周の武王)紂を滅ぼして、殷に代りし(57)
吊民伐罪(上37、317)	讨君吊民(49)	讨君吊民(2)	討君弔民(57)
虽有抚我者后虐我者仇之语(上37、317)	抚我者后虐我者仇,虽汤誓有斯语(49)	虽有抚我者后虐我者仇之语(2)	撫我者后。虐我者仇。(尚書湯誓)の語はあれども(58)
周武殷汤(上37、317)	商发、周发(49)按:商发,应为殷汤或商汤。	商汤周武(2)	周武殷湯(58)
周末(上37、317)	周季(49)	周末(2)	周末(58)按:指周朝末年。
彝伦(上37、317)	五伦(49)	彝伦(2)	彝倫(58)
横征暴敛(上37、318)	苛敛诛求(49)	苛敛诛求(3)	苛斂誅求(58)
泥沙(上37、318)	汤水(49)	流水(3)	水の如く(58)
为人佣(上37、318)	以雇奴之身(50)	以佣奴之身(3)	雇奴の身を以て(59)
始皇车骑仪卫之盛(上37、318)	始皇巡幸,千乘万骑,仪卫之盛(50)	始皇巡幸之千乘万骑,仪卫之盛(3)	項羽が始皇巡幸の千乘萬騎、儀衞の盛んなる(59)
刘邦(汉高祖)则云"大丈夫当如是矣"(上37、318)	刘李之望秦宫观,云壮哉大丈夫当如是矣也(50)按:刘李,应为刘季(刘邦别称)之误。	刘邦则曰:壮哉,大丈夫当如是矣(3)	劉邦(漢高祖)が「壯哉大丈夫當如是矣」と言へりしが如き(59)

续表

北洋法政本	自译本	田译本	日文本
为赤帝之神子（上 37、318）	以为豁达大度之英雄天子，以为赤帝神子（50）	为豁达大度之英雄天子，以及赤帝神子（3）	豁達大度の英雄天子と爲し、赤帝の神子と爲し（59）
痕迹（上 37、319）	朕兆（50）	痕迹（3）	痕迹（59）
形色（上 38、319）	形式（51）	形式（4）	形式（60）
主张共和之说者盖鲜（上 39、320）	未有主张共和之说者（51）	尚无主张共和之说者（4）	未だ共和の説を主張せし者あらず（60）
以徼幸于不可知之浮名也（上 39、321）	徒止流传昼伏夜行之名者也（51）	寄居海外之所由来也（4）	徒に海岸覗の浮名を謳はれし所以（60）
而今共和民国已建设矣（上 39、321）	而今一旦突如，共和民国既已建设矣（51）	而今突然建设共和政府（4）	而して今や一旦突如として共和民國は建設せられぬ（60）
则不免皮相之见也（上 39、321）	恐失于太早计，又不免为皮相之见矣（51）	吾恐言之太早，且不免为皮相之见（4）	恐らくは太早計に失せん。又皮相の見たることを免れじ（60）
所谓自由平等（上 39、321）	自由云，平等云，民权云（51）	自由平等民权者（4）	自由と云ひ、平等と云ひ、民權と云ふ（60）
问之士绅不知也，问之僧道平民更不知也。甚言之（上 39、321）	问之乡绅，不知也。问之家塾先生，不知也。问之僧道，不知也。问之平民，不知也。如痛切言之（52）	问之乡绅不知也，问之家塾先生村夫子不知也，问之僧道不知也，问之平民不知也。更痛切言之（4）	之を郷紳に問ふに知らざるなり。之を家塾先生村夫子に問ふに知らざるなり。之を僧道に問ふに知らざるなり。之を平民に問ふに知らざるなり。如し痛切に言はば（61）
鲍尔狄（上 40、323）	婆耳提（53）	包尔特（5）	ボルラーュ（62）按：通译为伏尔泰 Voltaire。
数十年（上 40、323）按：应为"数百千人"。	数百千人（53）	数百千人（5）	數百千人（62）
词华绚烂（上 40—41、324）	绝妙好辞（53）	词才绚烂（5）	詞才絢爛（63）
操纵众愚，驾驭众弱（上 42、326）	驾驭指纵众愚众弱（54）	驾驭操纵众愚众弱（6）	衆愚衆弱を駕馭し操縦す（64）
权力最强，威势最炽，事无不行，志无不成（上 42、326）	权力最强，莫事不行，威势最炽，莫志不成（54）	权力最强，势威最盛，故事无不行，志无不成（6）	權力最強く、威勢最熾んなれば、事として行はれざるはなく、志として成らざるはなし（64）

续表

北洋法政本	自译本	田译本	日文本
欲朝夕不重失败(上42、326)	欲不日夕重蹈败失(55)	虽欲不重失败(6)	日夕失敗を重ねざらんとするも得べからず(64)
勃兴(上42、326)	皇张(55)	隆盛(6)	皇張(64)
虽自尊自大之中国人,恐未有不自颜赧然者。试观彼等现状,以读书识字为人生第一要件。车夫马丁,亦能言之。然目不识丁者,比比然也(上42、326—327)	虽自尊自大著称之中国民,反省自顾,能不赧然。盍试见现在情状乎!支那古来以读书识字为人生第一要件之国也,然无论车夫马丁,以至厨奴家仆,目无一丁字者,比比皆是(55)	虽如何自大自尊之支那国民,能不自顾而赧然哉?试观彼等之现状,古来以读书识字为人生第一要件,然而车夫马丁以及厨奴家仆,目不识丁者,比比然也(7)	如何に自大自尊の中國民と雖、自ら顧みて赧然たらざらん者はあらじ。試に彼等が現狀を觀よ。古来讀書識字を以て人生第一の要件とせる國柄なるに、車夫馬丁は言ふも更なり、厨奴家僕に至るまで、目に一丁字なき者皆是なり(64—65)
美服驰而行(上42、327)	鲜衣骑马而行者(55)	衣美服骑马而行者(7)	美服馬に騎りて行く者あり(65)
盖没字碑也(上42、327)	盖亦眼里无一丁字者,即没字碑也(56)	盖亦眼里无一丁字者,即没字碑也(7)	蓋亦眼裏一丁字なき者、即没字碑なりき(65)
明盲(上42、327)	明盲眼无一丁字之谓也(56)	明盲[盲](7)	明盲(65)
或粗记姓名,或亦作日常应答之尺牍,而成略文辞之体者(上42、327)	或仅知记自己姓名。至于能作日常应酬尺牍,或略成文辞体者(56)	或仅知自己之姓名。其有能作日常应答之尺牍,或略成文章之体者(7)	或は纔に自己の姓名を記することを知るも、日常の應答尺牘を作り、或は略略文辭の體を成す者(65)
言语道断(上42、327)	咄咄怪事(56)		言語道斷(65)
不能执笔(上42—43、327)	眼无丁字(56)	不能提笔(7)	無筆なり(65)
百分之几(上43、327)	若干分(56)	若干人(8)	若干プロセント(66)
村舍私塾(上43、328)	家塾(57)	私塾(8)	寺小屋的私塾(66)
名望居袁、岑之次(上43、328)	名望不亚于袁、岑(57)	有亚于袁岑之名望(8)	袁岑に亞ぐの名望ありき(66)
乱暴(上43、328)	孟浪(57)	颠顸(8)	亂暴(67)

续表

北洋法政本	自译本	田译本	日文本
颇苦于善后之处置,踌躇四顾,得见铜元铸造之利,仅足弥缝(上43、328)	颇觉棘手。最后赖有铜元余利一项,因而才得弥缝(57)	颇苦于善后之处置,幸而发见铜货铸造之利益,遂移之以充其经费(8)	頗る善後の處置に苦しみしが、辛うじて銅貨鑄造の利益を看出して、纔に彌縫することを得たりき(67)
人口(上44、329)	生口(57)	人口(8)	生口(67)
教育上不免缺乏(上44、329)	少教育素养(58)	不免教育上之缺点者(9)	教育上缺乏を免かれざる(68)
政治(上44、330)	法政(58)	政治(9)	政治(68)
曰醇王,曰朗,曰洵,曰涛,曰那桐,世续(上44、330)	曰醇王,曰肃,曰恭,曰朗,曰洵,曰涛,其他如那桐、世续(58)	醇王、朗、洵、涛诸贝勒、那桐、徐世昌、世续(9)	醇王と曰ひ、朗と曰ひ、洵と曰ひ、濤と曰ひ、那桐世續(68)
法律(上44、330)	刑法制度(58)	刑法之制度(9)	刑法制度(68)
原稿大抵成于留学生之译笔(上45、331)	底稿概系留学生代译(59)	原稿大抵由留学生译成(10)	原稿は大抵留學書生の譯筆に成りし者ならんと(69)
求诸实际,殆为梦境(上45、331)	如其中心融然理会,未曾梦想料及(59)	至于中心之理会,虽梦亦不能及也(10)	中心理會し得るが如き、夢にも思ひ寄らぬ事なり(69)
横著(上45、332)	狡狯(60)	横暴(10)	横著(70)
摇惑(上46、332)	飘摇(60)	飘摇(10)	飘摇(70)
无骨之海鼠(上46、332)	无骨无筋之海鼠(60)	无骨之海鼠(10)	骨なきの海鼠(70)
海母(上46、332)	无目无口之海母(60)	海母(10)	海母(70)
求其不图一身之利达(上46、332)	求其远在海外,崎岖艰关,不图一身之利达(60)	始终不图一身之利禄(10)	其一身の利達を圖らずして(70)
浮萍今日对岸开(上46、332)	趁水浮萍,昨东今西(60)	得意(11)	浮萍や今日は向ふの岸に咲く(70)
皆是(上46、332)	滔滔皆是(60)		滔々皆是なり(71)
故其学业亦颇可观(上46、332)	其学业成绩,似亦较良好(61)	其学业成绩,亦颇可观(11)	其の學業も亦やゝ好成績を見るに似たり(71)

续表

北洋法政本	自译本	田译本	日文本
所以然者,以留学于日本者,往来甚便,文字相类,其从事也易众。费用颇廉,其需用也无多。是以一般蠢奴村夫轻躁浮夸之流,甚至咽哑聋盲之辈,连绎不绝于途(上 46、332—333)	盖留学生之东来者,取其水陆往还甚便,取其文字相类、肄业甚易,取其费用甚廉,故愚物来焉,粗苯汉来焉,轻躁者来焉,盲者来焉,聋哑者来焉(61)	大抵来日本留学者,取其往来之便利,且文字相似,加之费用亦廉,故愚物来,粗苯汉亦来,盲者、聋哑者亦来(11)	大抵留學生の日本に来る者は、其往来の甚だ便なるを取り、其文字相類して、勉學の甚だ容易きを取り、其費用の甚だ廉なるを取る。故に愚物も来り、粗笨漢も来り、輕躁者も来り、盲者も来り、聾啞者も来る(71)
留学欧美,成绩稍著,亦自然之势耳(上 46、333)	留学欧美诸国者则反是,故视之留日学生,品质学艺,在数筹上,亦自然之理势也(61)	留学于欧美者则反是,故其品质成绩,均在日本留学生数筹之上,亦自然之理也(11)	歐米に留學する者は是に反す。故に日本留學生に比較するに、品質成績數籌の上に在り。亦自然の理勢なり(71)
不待龟蓍,可以枚卜矣(上 46、333)	亦可知矣(61)	可知矣(11)	亦知るべし(71)
盖彼辈能脱仕进利禄之观念者,实凤毛麟角,不啻沧海一滴也。以此九牛一毛,安望其指顾大局,左右时势乎哉？纵曰能之,亦支持暂时,非至于势穷力屈,芒芒然贸贸然不止(上 46、333)	究竟脱发财升官之窠臼者,其人不甚多。自四万万人见之,仅九牛之一毛耳,安足左右指导大局耶！或左右指导之矣,日久势穷,力屈气索,亦终芒芒然归来而已(61)	其有能脱发财升官之巢［窠］白,而谋国家之大事者,寥寥如晨星之可数。由四万万人观之,不过九牛一毛而已,安能左右大局哉？纵令能之,亦不久而势穷力尽,终不能安其位而已(11)	究竟發財昇官の窠臼を脱せる者、其人甚だ多からず。四萬々人より之を見れば、九牛の一毛のみ。安んぞ大局を左右し指導するに足らん。たとひ或は左右し指導することを得るも、日久しうして勢窮まり力屈し、亦終に芒々然として歸り来らんのみ(71)
支那人教育之窳下,文化之幼稚(上 46、333)	支那人之无教育,文化程度至低(61)	支那人之无教育,而文化之程度亦低者(11)	支那人の無教育にして、文化程度の至りて低きこと(71—72)
囊括民心之所由致(上 46、333)	最用力于此(61)	极用力于此(11)	最も力を此に用ゐたり(72)
自作之灾(上 47、333)	自作孽(62)	自招之灾(11)	自招之災(72)
赞成(上 48、335)	雷同(62)	赞成(12)	贊成(72)
复无超群逸众之伦,建伟大之事业,挽已去之人心(上 48、335)	无一大英雄,事业功绩,拔群绝伦者,出而代之(62)	现又无一事业功德超群绝伦之大英雄出而代之(12)	而して一大英雄の事業功德拔群絕倫なる者、出でて之に代る者なきを以て(72)

续表

北洋法政本	自译本	田译本	日文本
以还我真正自由，建设实在共和为主义（上48、335）	谓主义必不可不自由，政体必不可不共和也（62）	言主义必不可不自由，而政体必不可不共和也（12）	主義は必ず自由ならざるべからず、政體は必ず共和ならざるべからずと曰ふ（72）
而好事者流，喜乱之辈，乘便劫掠，恣意攫夺（上48、335）	甚者好事喜乱之徒，欲乘变故之际，小则恣劫掠，大则攫取功名富贵而已（62）	甚至好事喜乱之徒，乘变故小而恣肆劫掠，大而攫取功名富贵而已（12）	甚しきは事を好み亂を喜ぶの徒、変故に乗じて、小は劫掠を恣にし、大は功名富貴を攫取せんとするのみ（73）
武昌兵变，消息传来，风靡全国。南则盲从，北则妄应。自形式上观之，似乎自由之心膨〈涨〉〔胀〕，共和之效果易于成就也。而自里面观之，适足以征其飘飘泛泛无一定之根蒂而已（上48、335）	如夫武昌兵变一传，南北各省皆动，山东山西亦响应，不特足为支那人热心于自由，而共和政体易行之证左，适见其思想信念，泛泛摇摇，无一定根蒂也（62—63）	夫武昌之兵变一传，南北各省，皆闻风而起，山东山西亦相继响应。此不但不足为支那人之热心自由及易行共和政体之证左，适足见支那人之思想信念，飘飘泛泛而不定也（12）	夫の武昌の兵變一たび傳はりて、南北各省皆動き山東山西亦響應するが如き、但に支那人の自由に熱心にして、共和政體實行の容易なる證左と爲すに足らざるのみならず。適適支那人の思想信念の飘飘泛泛一定の根蒂なきを見るに足るなり（73）
身膺疆吏，不以镇摄军民为事，乃先入叛列。北望魏阙，涕泗滂沱，貌假满廷忠良之声，外受军人胁迫之力，俨然标榜独立。铺张民气之喧腾，亦似山东独立，由于天与人归，无可如何者（上49、336）	地方督抚之大吏，而不肯绥抚反侧。凤入叛徒之列，藉言北望魏阙，不禁涕泪滂沱，一面则妆满廷忠臣声色，一面则佯为迫于众心，万不得已，标榜山东省独立，昌言民气喧腾（63）	以身居地方大吏之任，不镇抚部下之军民，而先入谋叛之列。北望魏阙，不禁涕泪滂沱，一面装满廷忠臣之声色，一面如迫于人心之趋向而万不得已，标榜山东省之独立，助长民气之喧腾（12）	其身の地方大吏の任に居りながら、部下の軍民を鎮撫せんともせず。逸早く謀叛の列に入り、北魏闕を望み、涕涙滂沱を禁ぜずなど、一面は滿廷忠臣の聲色を粧ひ、一面は人心の歸向に迫られて、萬已むことを得ざるが如く、山東省の獨立を標榜して、民氣の喧騰を吹聴したりし（73）
贾协统之反对（上49、336）	贾协统反噬（63）	贾协统之反对（12）	賈協統（旅團長）の反對（73）
私主（上49、337）	私党（63）	私党（13）	私黨なり（73—74）
彼其心以为江南独立，北地戒严，征讨之军，不日南下（上49、337）	彼其意谓今江南各省，已宣言独立矣，北京政府不得不出军讨（63）	彼心以为江南各省，现已宣言独立，北京政府，不能不出军征讨（13）	彼其心に以爲へらく、今江南各省、已に獨立を宣言せり。北京政府は軍を出して之を討ぜざることを得ず（74）

续表

北洋法政本	自译本	田译本	日文本
孙氏自谋,殊觉狼狈,因不惜昧却初心,取消独立,贻笑于人也(上49、337)	自宝琦一身见之,是亦一大不便甚者。故急急取消独立,欲以糊涂前日之失态(64)	宝琦之由一身观之,是亦大不便之甚者,故又取消独立,而掩饰前之失态也(13)	寶琦の一身より之を見れば、是も亦一大不便の甚しき者。故に逸早く獨立を取消して、前の失態を糊塗せんとす(74)
庸人(上49、337)	愚物(64)	愚物(13)	愚物(74)
不惟不加以制裁,反出于抚慰。皇皇上谕,竟不惜堕其价值而毅然发之,孙又何所惮哉(上49、337)	不别加制裁之上谕是(64)	有不加罪之上谕是也(13)	別に制裁を加へずの上諭を發せし是れなり(75)
即为叛民叛党而已,载征载讨(上49、338)	是叛州府耳,叛民耳。严罚剿诛(64)	是叛民而已,是叛府县也,严罚剿讨(13)	是れ叛民のみ。叛州府のみ、嚴罰勦討(75)
笼络已去之族(上49、338)	笼络乖离之人心,反叛党为政党(64)	笼络乖离之人心,认叛民而为政党(13)	乖離の人心を籠絡せんとし、叛民を認めて政黨と爲せり(75)
为渊驱鱼,为丛驱爵(上49、338)	则虽日日呼号独立,日日取消独立可矣(64)	虽日日宣言独立,日日取消独立亦可也(14)	日々獨立を呼號し、日々獨立取消を反復すと雖可なり(75)
孙氏庸人,焉敢怀此叵测乎?(上50、338)	宝琦之以一味怯懦之愚物,而敢冒如是胆大无顾忌之行事者为此(64)	此宝琦辈以怯懦愚物,犹出如是大胆行动之所由来也(14)	此れ寶琦輩が怯懦一遍の愚物を以て、猶此の大膽に似たるが如き行動に出でし所以なり(75)
质而言之,皆怯死爱财之徒(上50、338)	露骨言之,均怯死爱钱之臆病(怯怚太甚也)党人(65)	详言之,均怯死爱钱有臆病之人耳(14)	露骨に言へば、均しく死を怯れ錢を愛する臆病黨のみ(75—76)
孙逸仙之派(上50、338)	孙文一派之共和主义(65)	孙文一派(14)	孫文一派の共和主義(76)
恐陷于缧绁之苦(上50、338)	怕刑罚落来头上(65)	恐上断头台(14)	刑罰の頭上に落ち来らんことを怕れしのみ(76)
政府之不罪革党(上50、338)	政府已认各省革党为政党(65)	满廷认各省之革党为政党(14)	今政府已に各省の革黨を認めて政黨と爲せり(76)
决无刑法兵马之过问(上50、338)	小之刑法,大之兵马,绝不问吾党之罪也(65)	盖以小而刑罚,大而兵马,决不问该党之罪也(14)	小にして刑法、大にして兵馬、決して吾黨の罪を問はざるなり(76)

续表

北洋法政本	自译本	田译本	日文本
上海之所以独立者,此也(上 50、338)	此上海党之所以宣言独立,而不致敢他省人后也(65)	此上海党之宣言独立,而不肯落于各省人后之所以也(14)	此れ上海黨が獨立を宣言して、敢て各省人の後に落ちざりし所以なり(76)
动辄为外国干涉,中国瓜分,鬼鬼祟祟,假为胁迫敌人之状态,而遂其姑息之解决(上 50、339)	开口辄说外国干涉来,说中国瓜分,互假鬼面而胁敌人,以冀一日早行姑息的解决(65)	开口不曰外国将来干涉,即曰招起瓜分之祸,互相鬼祟,以胁清廷,而使早行解决(14)	口を開けば輒ち外國干涉来を說き、中國瓜分を說く、互に鬼面を假りて敵人を脅かし、以て一日も早く姑息的解決を了せんとす(76)
颠覆政府,光复河山,实名震寰瀛之事,名正言顺。各国干涉,又何足惧而自馁乎? 乃彼辈战战兢兢,一似万一受人干涉,中国即行瓜分者也。何怯懦之甚也! (上 50—51、339)	颠覆满清,光复旧物,名声事业,震耀中外矣。苟内顾而不疚,何外国干涉之足怕哉! 设使万一有干涉之事乎,一喝斥之可,又何中国瓜分之足恐哉。然而南北两党,均口外国干涉,说列强瓜分,战战栗栗,似谓一旦干涉来矣,万事皆休也者。何其胆之小如豆也(65—66)	而颠覆满清,光复旧物,声名事业,震耀中外。苟内省不疚,何恐外国之干涉哉? 万一有干涉之事,一喝斥之可也,又何畏其瓜分哉! 然而南北两党,均口言外国干涉,战战栗栗,大有干涉一来,万事皆休之情态。何其胆小如豆哉! (14)	滿清を顚覆し、舊物を光復し、名聲事業、中外に震耀せり。苟も内に顧みて疚しからずんば、何の外國干涉の怕るゝに足らんや。よし萬一干涉の事あらば、一喝之を斥けて可なり。又何の中國瓜分の恐あらんや。然り而して南黨北黨、均しく外國干涉を口にして、戰戰慄慄、一旦干涉来らば、萬事皆休まんと言ふ者の如し。何ぞ其膽の小にして豆の如くなるや(76—77)
希鲁尼兹(上 51、340)	比尔尼图(66)	毕儿尼志(15)	ビルニッツ(77) 按:英文词汇 Pillnitz,通译为皮尔尼兹。
革命为祖国(上 51、340)	为革命为祖国(66)	为祖国而革命(15)	革命の爲めに、祖國の爲めに(77)
布弄修哇(上 51、341)	伯拉温须矮必(66)	布伦瑞克(15)	ブラウンシュワイヒ(77) 按:英文 Brunswick,通译为布伦瑞克。
长驱直入,至于巴里(上 51、341) 按:意为到达巴黎。	长驱直入巴里(66)		長驅して直ちに巴里に入らんと(77) 按:巴里,通译为巴黎,其日文名称为パリ。
决不与闻媾和之言(上 51、341)	决不借耳于媾和之言(67)	决不纳媾和之言(15)	決して耳を媾和の言に借さじと(78)

续表

北洋法政本	自译本	田译本	日文本
有一民党议员言于巴里会议曰(上52、341)按:"巴里"应为人名,北洋本似译为地名。	民党议员巴礼念于议会曰(67)	有一民党议员巴赖其人告于议会曰(15)	一民黨議員バーレー議會に告げて曰く(78)
皆量力尽其职责(上52、341)	莫不皆负债于自由矣(67)	皆自由负债者也(15)	皆債を自由に負へる者なり(78)
所有之力量手段(上52、341)	一切形体物质上精神上力量,一切政治上社会上手段(67)	凡形式的精神的力量,及政治的社会的手段(15)	あらゆる形體的精神的力量、あらゆる政治的社會的手段(78)
天幕(上52、341)	帐幕(67)	帐房(16)	天幕(79)
解绵撒丝(上52、341)	解棉丝(67)	解析绵丝(16)	綿撒絲を解け(79)
一时巴雷之主张此议者甚众(上52、342)按:"巴雷"应为人名,北洋本似译为地名。	盖巴礼此议,非巴礼一人之声也(68)	盖巴赖此议,非彼一人之声(16)	蓋バーレーの此議は、一人の聲にあらず(79)
旦丁(上52、342)	段敦(68)	德桐(16)	ダントン(79)按:英文 Danton,通译为丹东。
对待今日共和国民之反对党,无他,曰大胆而已(上52、342)	今日国民之于敌党,一大胆,二大胆,三亦大胆而已(68)	今日共和国民之对于反对党,在大胆、大胆、大胆而已(16)	今日共和國民の反對黨に對する、一にも大膽、二にも大膽、三にも大膽のみと(79)
怯懦柔弱(上52、342)	怯悺无气力如此(68)	其怯懦如此(16)	その怯懦氣力なきこと此の如し(79)
执政官始入公署之时,署中无何等器具。斗室之中,仅有一古棹,且曾折一足;上置书笺小册及二三文具,亦系由某治安委员处取来者。所坐之椅,亦甚粗劣(上52、342)	执政官始入第也,无有何等什器。惟见一小房中,仅有只脚半折之古卓子一座,其上载书笺小册及二三文房,亦他人自治安委员处携来者。执政四人各倚粗朴椅子,围炉而坐。炉中柴薪,且燃且燼,不甚便取暖(68)	执政官之始入官厅也,无何等之什器。唯小室之中,有一破烂古棹而已;上载数本之小册,与二三之文具。此亦或人由治安员处所持来者也(16)	執政官の始めて邸に入るや、何等の什器だにありざりき。一小室の中、有る物とては一脚折れたる古卓子のみ。そが上に書箋の小册子と、二三の文房具を載せたり。此も亦或人が治安委員の處より持ち来れるなりき。彼等は四座の粗末なる椅子に倚りて、燻りがちなる柴木の前に灼り居たり(80)

续表

北洋法政本	自译本	田译本	日文本
卧薪尝胆，不以为苦（上53、342）	一切辛苦，一切艰难，无所不耐，日夕尽瘁（69）	忍一切之辛苦，耐一切之迫害（16）	あらゆる辛苦、あらゆる迫害を忍びつゝ（80）
盘石之安（上53、342）	百年不动之地（69）	百年不动之地（16）	百年不動の地（80）
乘自动车往返，以表示其得意（上53、343）	驾汽车，驱驰街上也（69）	驱自动车也，均示洋洋得意之状态（17）	自動車を乗り回はしつゝ得意を示すが如き（80）
以雇人之资格（上53、343）	以雇奴佣仆之心（69）	以短工健足之资格（17）	雇人足の資格を以て（80—81）
劳动者（上53、343）	力食者（69）	苦工（17）	勞働者（81）
其实此辈之中，非有革命党人，不过彼等冒党人之名耳（上53、343）	实则非苦力、屠者、卖面、杂役中，有革命志士也。苦力、屠者卖者、杂役辈之冒革命党人名耳（69）	其实彼等并非革命党人，不过冒[冒]其名而已（17）	其實肉切、餛飩屋、苦力中、革命黨人あるにあらず。肉切餛飩屋、苦力輩の革命黨人の名を冒せるのみ（81）
从戎（上54、344）	事戎轩（70）	从戎（17）	戎軒を事とせる（81）
且恐一旦失时，将无由得其旅费乎（上54、344）	且怕一日后时，不能得川资耳（70）	且恐一日失时，不得旅费而已（17）	且は一日時を失ひて、旅費を得ること能はざるを怕れしのみ（81）
旅费（上54、344）按：点校本误为"旋费"。	川资（70）	旅费（17）	旅費（81）
其报（上54、344）按：应为"某报"	某汉字报（70）	某报（17）	某報（81）
蘗人形（上54、346）	刍人（70）	蘗人形（18）	蘗人形（82）
直以为一战而破北军，何难之有（上55、346）	谓一战败敌，易易耳。人人有一战下辽城之概（71）	一战而胜，何难之有（18）	一戦に打ち破らんこと。何事かあると（83）
而不知敌系著名之练军，又加以新式机关炮。故御敌之兵，一闻进进进之声，即纷乱嘈杂，右奔左驰，争先逸足逃出者不绝，叱之而不能止也，杀之而不胜杀也。顾盼之间，战机顿失，一败之余，再进无术（上55、346—347）	北人素以练军著名，加以新式机关炮，士气锐甚。咄哉我军不扬，且叱且咤，连声前前，声下七离八遭，东奔西溃，争先逃去者，项背相望。叱不耐叱，斩不耐斩。战机在前，捕捉不得，一败涂地，不可复振矣（71）	奈敌为负名之练军，加之有新式之机关炮。而己之同营之士卒，毫不足恃，每发前进前进之号，不但不能遵行，反七离八遭，左右而逃者，不可胜数。叱不胜叱，斩不胜斩，坐失战机，一筹莫展（18）	敵は名にし負ふ練軍なり。加ふるに新式の機關砲あり。味方の士卒の言ひ甲斐なさ。進め進めと、罵る聲に下より。七離八遭、右往左往、我先に逸足出して逃げ行く者、引きも切らず。叱して叱するに耐へず。斬りても斬るに耐へず。看る看る戰機を失ひつ。ただ一按に打ち負けて、盛り近さん術もなく（83）

续表

北洋法政本	自译本	田译本	日文本
言之丑矣（上 55、347）	何等丑，何等陋（72）	其丑态为何如哉！（19）	何等の醜、何等の陋（84）
无益之甚者也（上 55、347）	不亦糊涂颟顸太甚乎（72）	亦岂非夸大之甚哉？（19）	亦言甲斐なきの甚しきにあらずや（84） 按：甲斐：价值、用处。
不平（上 56、348）	不慊（72）	不平（19）	不平（85）
足（上 57、349）	慊（73）	慊（20）	慊（85）
脱兰斯洼尔（上 57、349）	杜蘭斯坡耳（74）	脱拉斯巴尔（20）	トランスバール（86） 按：通译为德兰士瓦 Transvaal。
受报应（上 57、350）	食其报（74）	受应报（21）	その應報を受くる（87）
不足我国人（上 57、350）	不慊于我国人（74）	憎恶我国人（21）	我が國人に歉焉たる（87）
图腾口说（上 59、352）	多口舌（75）	多口舌之争（39）	口舌多き（88）
今请举一事证之（上 59、352）	今请一一举事例证之（76）	今请一一举例证之（39）	今請ふ一々事例を擧げて之を證せん（88）
工事几不进行（上 59、352）	土木竣工，无足观者（76）	故工事亦未几停办（39）	工事は幾ばくも進行せざりし（88）
势将半途中止（上 59、352）	犹未全成（76）	尚有一半为未成之体耳（39）	一半は猶未成の體なきり（88）
不旋踵间（上 59、353）	更一转（76）	直而言之（40）	更に一轉じて（89）
仙台洁（上 59、353）	资本家（77）		シンヂブート（90）
盛宣怀知仙台洁之交涉，非徒手所能取消，亦置之不顾（上 59、353）	盛亦老侩奴，凤知资本家交涉，不可赤手结局，又不肯倾耳于两省人士之言（77）		盛もさる者、シンヂブートの交渉は、赤手にして引き去る性質にあらざるを知れば、兩省人士の言に耳を傾くべくもあらず（90）
设辞曰（上 60、353）	设一条遁路云（77）	乃设一条之遁路曰（40）	一條の遁路を設けて云ふ（90）
契约（上 60、354） 按：重印本、点校本误为"契纳"。	合同（78）	契约（40）	契約（90）
商埠（上 60、354）	开港场（79）	通商口岸（41）	開港場（92）
如是激昂（上 61、355）	动摇如此（79）	动摇如此（41）	動摇せること此の如し（92）

北洋法政本	自译本	田译本	日文本
信如或人言（上61、355）	信如或者所说（79）	或云（41）	或者の説の如んば（92）
三千万元（上61、355）	三千百万磅（79）按：百，应系赘字。	三千万元（42）	三千萬元（92）
第一富豪（上61、355）	第一流富豪（79）	第一流之富豪（42）	第一流の豪富（92）
其他（上61、355）	至于第二流之下（79）	至于第二流以下者（42）	第二流以下に至りて（92）
各觅亲知（上61、355）	攀缘义故（79）	运动各所（42）	各所縁を巡りて（93）
著著投机（上61、355）按：重印本、点校本将第二个"著"误为"者"。	著著投机（80）	著著投机（42）	著著機に投じて（93）按：著，此处同"着"（zhāo）。
异常迫窘（61、356）	最苦逼迫（80）	最诉紧逼（42）	逼迫を訴へて（94）
许鼎霖、张元济为两省代表，雷奋、杨廷栋亦因精通法理随行（上61、356）	许鼎霖以苏人，张元侪［济］以浙人，代表两省。雷奋杨廷栋均以苏人，且由其谙新法理为之副（80）	许鼎霖（苏人）、张元济（浙人）二人为正，雷奋、杨廷栋（均江苏之后进，颇通新法律）二人为副（43）	時に許鼎霖（蘇人）張元濟（浙人）の二人両省の代表たり。雷奮、揚［楊］廷棟の二人（均しく江蘇の躍起連なり）新法理に通ぜりとて、之が副たりき（94）
余素未识代表为何等人物（上62、356）	余素识此等人士为何物（81）	余素知此等人士之为人（43）	余は素より此等人士の、如何なる人物なるかを知れり（94）
窃祝其心意之必并是（上62、356）	窃祈其心事必如是（81）	窃信其心事必如是也（43）	窃に其心事の必ず是の如くなれかしと祈りたりき（95）
东亚洛伊多（上62、356）	独文东亚报（81）	东亚罗以德报（43）	东亚ロイド（95）按：Der Ostasialische Lloyed，通译为德文新报。
此岂可谓得策（上62、357）	此亦非策之得者（82）	岂可云得策乎？（43）	此も亦得策と謂ふべからず（96）
晤（上62、357）	悟（82）	悟（43）	悟りし（96）
设竟不成（上62、357）	荏苒不决如故（82）		例の如く捗々しからざりき因りて外（96）
直不欲买（上63、358）、	未辄允（83）	直不从其请（44）	直ちに買上げんとはせず（97）

续表

北洋法政本	自译本	田译本	日文本
已与公司脱离关系(上63、358)	已谙悉公司内情(83)	已窥破公司之内情(44)	己に公司の脚下を見抜きたれば(97)
乃以一时无利益分配,竟食其前言而不悔(上63、358)	仅不忍一期半期之利息,直将前日之烂唇嘎声呼唤叫号之论据,一抛而不悔(83)	仅以一期半期之无红利,直反前言而不悔(44—45)	僅に一期半期の無配當に耐へずして、直ちに前日の口を爛らし、聲を嗄らして、呼號しつゝ来りし論據を抛ち去りて悔いず(97—98)
充足之理由(上63、358)	甚深之根蒂(83)	焉有一定之主见哉!(45)	甚深の根蒂あるにあらず(98)
阿颜取容(上63、358)	有觍面目(83)		阿容々々と(98)
新闻(上64、360)	报章(84)	报纸(45)	新聞(99) 按:即报纸。
日形激烈(上64、360)	逐日逐月,益现激烈之象(85)	日烈一日(46)	日を逐ひ月を逐いて、益益激烈の象を現はし来りつ(99)
粟时勘(上65、361)	粟时裁(86)	粟时裁(46)	粟時裁(101) 按:应为粟裁时。
湖人(上65、361)	湖南人(86)	湖南人(46)	湖南の人(101)
既而二人去之武昌(上65、361)	二人在同乡京官之称赞感叹声中去北京,赴武昌(86)	是二人者于同乡京官称赞感叹之中,离北京而去武昌(47)	二人は同郷京官の稱賛感歎の中に北京を去りて武昌に到れば(101—102)
两湖人士之面目,殆坠于地(上65、362)	两湖人士,面目名声,一扫尽矣(86)	两湖人士之面目,殆将坠地(47)	兩湖人士の面目は殆ど地に墜ちんとす(102)
将焉图救(上66、363)	将不可救矣(88)	将不可救(48)	将に救ふべからざらんとすと(103—104)
守门卫兵士(上66、363)	门卫兵丁(88)	卫门兵士(48)	門衛兵士(104)
王(上66、364)	王爷(89)	王爷(48)	王爺(105)
相视哭不已(上66、364)	相见而哭不止(89)	相见涕哭(48)	相見哭して已まず(105)
一般(上68、365) 按:通作"一班"。	一辈(91)	一流(50)	一輩(108)
实状(上68、366) 按:重印本与点校本误为"宝状"。	实情(91)	实状(50)	實狀(108)
容日(上70、369)	俟竣近日(92)	俟一二日(51)	近日を俟ちて(109)

北洋法政本	自译本	田译本	日文本
而院中人以不甚穷诘之（上 70、370） 按：以，应为"亦"。	然院中人不甚追穷（92）		而して院中の人甚だ之を追窮せず（109）
欲自欺以欺人。卒之自欺不敢，而世亦不能欺（上71、370）	欲自欺并欺人。究不能自欺，又不能欺人（93）	自欺而欲欺人，终至自欺亦不敢，欺世又不能（52）	自ら欺き人を欺かんとしつゝ、終に自ら欺きも敢ず、又世をも欺きおほせず（111）
觇支那者（上 72、372）	支那通者（94）	通乎支那事者（55）	支那通（111）
庇助（上 72、372）	祖助（95）	庇助（55）	庇助（112）
此在法律思想不发达之社会（上 72、372）	在个人观念独炽、法律思想不甚发达之社会（95）	此在个人观念独盛，而法律思想不发达之社会（55）	個人観念のみ獨り熾盛にして、法律思想の發達せざる社會に在りて（112）
以为可欺（上 72、372）	意其奇货可居（95）	以为奇货可居（55）	奇貨居くべしとや思ひけん（113）
皆视以为奇货可居，咸于上官未察觉时（上 72、372—373）	皆谓狡兔获矣，长材疾足，博上峰知遇，在此时矣（95）	皆以为得上官之赏者惟此时（56）	好き獲物こそ出で来つれ、上官の御覚に預からんは此時ぞと（113）
惊惶号泣，手足无措，呼天而诉。听者藐藐（上 72、373）	啼哭号泣，不听；辨疏百方，亦不纳（95）	均泣之，无论如何辩解，概不之听（56）	泣き喚くをも聞き入れず。辯解の言も聞かばこそ（113）
干事（上 72、373）	董事（96）	总理（56）	會幹（113）
清法官关某（上73、373） 按：清，原误为"请"。	清法官关某（96）	中法官关某（56）	清法官關某（114）
巡捕印度人也，所畏者仅英官耳，若支那人则不足当其一瞬，徐徐引犯人行（上 73、373）	印捕平日仅知畏英官，眼中素无清官，将引该氏去（96）	巡捕者印度人也，所畏者英人而已，其眼中并无支那人，故遵英法官之命，而将未亡人等引出法廷（56）	巡捕は印度人なり、怖しき者は英官のみ、支那人など眼中にあるべき様もなし。やをら一行を引き立てんとす（114）
此胡为者！其手即触关某身。关某却退，无暇责其暴横（上 73、374）	尔何物！挤关某使退。关某呵止之，不省（96）	将欲何为乎？于是巡捕之手，遂触于关某之身，一时骚然（56）	何するぞと、大喝一聲、巡捕の手は、關某の身に觸るよと見る間に、つと突き退けて、狼藉すなと咎むる間もあらせず（114）
又与囹圄为缘矣（上 73、374）	复为笼中禽矣（96）	复投于未决监中（56）	再び未決監中の人とは為りぬ（115）

续表

北洋法政本	自译本	田译本	日文本
十百为群,起而殴之,状极横暴(上73、374)	千百作队,蜂拥蚁聚,拳打脚踢,最极狼藉(97)	十人百人,蜂拥蚁集,拳打足踢,最为狼藉(57)	十人百人、蜂擁し蟻集して、拳打脚踢、最も狼藉を極めたり(115)
询之居停(上74、375)	质诸主人(97)	问于馆主人(57)	主人に問へば(116)
诟谇声如潮涌至(上74、375)	几千百人骂詈声,叫唤声,聚成一大群团,轰轰沓沓(98)	当时几千百人詈骂叫号之声而成一团(57)	幾千百人が罵詈叫喚の聲は、一團となりてわあわあと聞ゆ(116)
发乱如蝟(上74、375) 按:蝟,同猬。	头发蓬蓬(98)	头发纷乱(58)	頭髪は掻きむしりたらん様にて(117)
曳只履(上74、375)	只脚穿靴(98)	只足穿靴(58)	隻足に靴子を穿きつつ(117)
武装严肃(上74、376)	或荷枪者,或异行李者,或搭炮者,喧喧嘈嘈之声载途(98)	其严重之程度(58)	武装の様いと嚴重にて(117)
如是扰攘终日,人各自危,由暮至夜,乃得渐静(上74、376)	是日自晨至晚,人心汹汹,入夜未已。皆虞其有大变,久之稍定(98)	如是嚣嚣至暮,入夜人心稍安(58)	かくて終日騒々しく暮しつ、夜に入りてよりは、人々心に危ぶみつつありしが、やがてやうやうに静まりね(117)
而此激烈之传单,终不知出于何人之手(上74、376)	传单所出,亦始明白矣(99)	至于传单之出处,犹未能知(58)	傳單の出所も知られぬ(117)
要之此次风潮之发生(上74、376)	要之上海居民几万人家罢市一事(99)	要之上海罢市一事者(58)	要するに上海居民幾萬人戶罷市の一事(117)
同乡官厅驱逐(上74、376)	同乡官人之追放(99)	同乡官人,放逐贺昌运(58)	同郷官人の……追放是なり(117)
在籍某观察(上74、376)	在籍候补道某(99)	在籍候补道台(58)	在藉某候補道臺(118)
北京不乏销金窟,明眸皓齿、高唱缓歌者流,辐辏其间(上74、376)	北京本饶消金窝。今之燕赵,非古之燕赵。不特多慷慨悲歌之士,而明眸皓齿,浅酌低唱,不乏其人(99)	北京者元来不乏消金窝,今之燕赵,不独多慷慨悲歌之人,即明眸皓齿、高唱缓歌其人亦不少(58)	北京は本来消金窩に乏しからず。今の燕趙は慷慨悲歌の人のみならで、明眸皓齒、高唱緩歌其の人多しと聞ゆ(118)

续表

北洋法政本	自译本	田译本	日文本
人人多趋承之，遂为温柔乡上客（上74、376）	此间人人皆跪拜迎之，己亦意得心骄，不知早晚凤已为温柔乡里人（99）	即为人所诱，而成温柔乡里之客（58）	人々に持て囃さるゝ儘に、早晩か温柔郷裏の客とはなりぬ（118）
无昼无夜，瞀于淫荒，色胆因之愈肆（上74、376）	日有一日，夕又一夕，肠断魂消，意气如狂矣（99）	旦暮任性所为（58）	明し暮しするに任せて、心は愈荒み行きて、物狂はしき迄になりつ（118）
皖人有孙家鼐者，前清故相，而摄政王幼时之师也。相国即世后，眷属留居京邸。潭潭宅第，门楣犹昔（上74、376）	京中有孙家鼐氏者，系安徽人，为前相国，又为监国王业师，最极隆贵。以故门第高大，不减生时（99）	此处有故孙家鼐之家眷寄居，家鼐者安徽之出身，曾为相国，且前清摄政王幼时之师傅也。其门第之高大，至今犹不少变（58）	此處に故孫家鼐と聞えしは、安徽の出身にて、前の相國たり。且は摂政王が幼時の舊師とて、生前いと時めきたりしかば、門第の高大なるは、尚ありし昔に變らず（118）
闺门以内肃如也，不知于何处为昌运所窥见。昌运惊为旷世奇遇，觉曩者流连色界，所见未免过隘。从此一缕邪心，专注彼美，殚精竭虑，谋亲芳泽。先诱媚妇婢，啖以重金，使比于己（上75、376—377）	昌运间窥见之，不禁神往。以平日荒声色之人，而始觉世有恋爱者，切肤镌心矣。已而钻营百方，私赂该氏侍婢多金，赚令暗中助己（99）	昌运不知如何窥见，称为当世无二。至是而后，日夜妄想，而不知身之所在，不得已乃以利诱未亡人之婢女，而使为己之内援（58—59）	昌運如何なる隙間よりか搔間見たりけん、世に二つなく覺えて、日頃漁色に身を持ち崩しつる者が、初戀てふことを知る身とはなりぬ。斯さまざまに心を撓きし餘り、未亡人が婢女に物多くとらせて、語らひ寄りて、己が方人とはなしつ（118）
乘其昏睡间，大肆强暴之行。媚妇由梦中惊觉，而风雨如晦，絮已沾泥，吞声饮泣，自恨失足，且恐丑声播扬，为阀阅羞（上75、377）	伺其昏睡也，生憎狂风盲雨，遍地狼藉。一朵红杏，早委泥土去矣。该氏正在半醉半醒、睡梦昏昏中，凤自悟事非，然此间情绪，不忍明明白白向他人语，才有饮恨吞泣，扪心懊恼而已。又怕门外人泄听，真是光天化日措身无处的光景（100）	乘昏睡之间，风雨狼藉，而一朵之红杏，遂委诸泥土。未亡人于醉梦之中，知将不利于己也，但欲拒不得，唯吞恨饮泣，恐为门外人所知（59）	昏睡の間を伺ひて、生憎や風雨狼藉、一朵の紅杏は、泥土に委し去りぬ。未亡人は醉夢の中より、かくとは心づきし者から、明明白白には打ちも出されねば、ただ恨を呑み泣を飲みて、門外人の洩れ聞かんをぞ怖しきことの限にはしける（118—119）

北洋法政本	自译本	田译本	日文本
昌运窥其隐衷，更挟以相胁，谓苟不依其意而行，将以此事遍告于众。孀妇虽抱无穷之恨，然争之无术，不得不悼心失图，曲从其命。昌运又以丞相宅第，国人所瞻，往来殊不便，乃诱孀妇出亡，藏诸密友家。初尚善视之，至是以其孤身可欺，意复骄甚，且苛遇之，终遂弃之如遗。唯日趋枇杷门巷，流连忘返。既不思盗人孀妇为可虑，且时扬言于众曰：此吾千金所购之爱姬也。孀妇身虽被污，心实不甘，羞悔交萦，朝夕以泪洗面，大有一腔幽恨诉与阿谁之概焉（上75、377）	昌运知事已遂，益骄甚，因而侮弄该氏，且赚且胁，云此后如有不惟命是听，应将这里颠末流布世间。该氏恨也不耐，悔也不耐，惟时至今日，无计可施，只得下心抑情，号泣承命，不知所为。已而昌运又嫌久在孙氏，终上人指目，复赂婢，拐该氏出门去，匿于友人某家。昌运始逢迎颇至，久之谓妇人一身惟我心所之，意益骄，竟背氏去，或入狭斜，终夕不回。又羞窃寡妇，间与人语云：此姬系我千金买来者。该氏已失身于无赖，亦思己之守节不固，一旦零落至此，且恨且羞，千万无量，朝哭夕泣，谁诉谁告（100）	彼时昌运或诱之以甘言，或施之以威吓，未亡人遗恨虽无限，然自知无力相争，遂含羞忍辱，于饮泣之中，任彼所为。由是而后，昌运以孙相国府第，往来之人颇多，不便出入，故又使婢女等诱出未亡人，窃匿于己相得之友人处。昌运初虽因未亡人而心神不安，今则洋洋得意，可为所欲为；然又恐有人谓拐人之寡妇，遂阳言出千金所买之爱姬也。至是未亡人甚悔且羞，朝夕哭泣，但无可诉之人（59）	昌運は圖に乗りて、未亡人を種種に責めさいなみ、或は賺しつ、或は威しつ、はては我が意の儘ならずば、事の本末を世人に知らせばやと云ふ。未亡人は遺恨限なければ、今は爭はん術もなく、心弱くも泣く泣く彼が言ふ儘にのみなり行きぬ。かくて昌運は。未亡人の孫氏の第に在らんには、人目の關も繁ければとて、例の婢女を誑りて、未亡人を門外に誘ひ出して、竊に心合ひたる友人の許に隱しぬ。昌運初めの程こそ、やゝ心やさしう持てなしつらめ、かゝりし後は、婦人の一身は我意の儘なる者をと、心驕りて、明暮つらく當り散らし、はては未亡人を打ち棄てゝ、狭斜の巷にのみ分け入りて、日を暮すこともあり。又人の寡婦を盗めりと言ふことを、うしろめたしとや思ひけん、折に触れては、此は我が千金にて買ひ取りたる愛姫なりなど言ふこともありき。未亡人は身の不検さに、心ならずもかくなり果てし者から悔しきと、羞かしきこと限もなく、朝夕泣き暮しつれど、訴ふべき人もなし（119）
先是孙氏宅第，已遍知孀妇私出事。又添恶魔影身，度必为门楣耻。固不敢公然言之，亦不敢私以告人。隐然置之，不觉累日（上75、377）	先是孙氏第中知该氏窃出门去，又訇魔鬼昌运在其身边。顾家门名声，不容与无赖争讼，不敢禀诸公，又不敢语私人。居数月，……（100）	先是孙氏之第，知未亡人为昌运所诱拐，欲泄其愤，而又恐为家门之耻，故吞声忍气以度日（59）	是より先孫氏の第にては、未亡人が忍びて家出しつる由洩れ渡り、又昌運てふ魔鬼の影身に添へる由も、大方推しつれど、家門の耻を思へば、公にはもとより、私にも打明けて人に告げん由だになし。かくて日を送る程に（120）

续表

北洋法政本	自译本	田译本	日文本
如失掌中珠,且妒且怒,莫之能遏。使人诟于孙氏,继以不堪之语诬媚妇。虽尽施其种种伎俩,而相国家中,唯忍耻吞声,不与较也(上75、377—378)	且恨且怒,如表[丧]掌中珠,焦躁不耐,或迫孙氏焉,或胁该氏焉。然孙氏则忍羞含垢,不敢声矣(101)	知失掌中之珠,愤怒非常,或使人迫孙氏,或胁未亡人,虽用种种之手段,而相国之家,忍耻而不出声(59)	掌中の珠を失ひたらんが如く、且は妬く且は腹立しさに耐へかねて、あるは人をして孫氏に迫らせ、あるは未亡人を脅しなど、あらゆる手段の限を盡しけれど、相國の家にては、ただ耻を忍びて聲をだに出さざりき(120)
狱既兴(上76、378)	已而再四审讯(101)	数回审问之后(59)	かくて幾度か糺問(121)
驱逐出京,且远流于新疆(上76、378)	追放京外,因流谪新疆地方,除名为民(101)	放逐京外,而递送于新疆(60)	京外に追放せられ、剰さへ新疆地方に遠流の身とぞなりける(121)
抚然(上76、378)	慨然(102)	抚然(60)	憮然(121)
当时彼二人常造余寓,偶相值,汪虚左以迎,陈亦不辞,傲然就座。余方腹笑之,而观二人态度,均有踟蹰不安之状。汪为人素小心,陈傲然坐于汪之上,心非不惮汪。惟惮之,故饰为此倔强之态度耳。汪与余谈,陈闻汪语辄愕然;此陈语余时,汪亦侧目视之(上77、380)	当时汪陈二人,往往诣余寓。一日二人相遇,汪先来而陈后至。汪让上座,陈则傲然上座。余心不禁窃笑。窥二人态度,似均不能自安。汪素小心之人,陈之傲然不让,实非不惮汪,惮而故示不屈下也。故汪与余谈,陈意其说何事。余与陈语,汪亦侧目视之(103—104)	当时是二人者,屡诣余寓。一日二人相遇,汪先来,陈后至;汪恭然让座,陈不辞而傲然就席。余心窃笑之,后见二人之态度,均不能自安。汪元来小心人也,陈虽傲然就座,实则非不惮汪,惮而故意强装耳。于是汪与余谈,陈则默而不言;余与陈语,汪亦侧目视之(61)	當時是の二人往往余が寓に詣る。會會二人相遇ふ。汪先づ来りて陳後に至る。汪は恭しく座を讓りしに、陳は辭しもやらず、傲然席に就きぬ。余は心に可咲しと思ひつゝ、二人の態度を見るに、均しく自ら安んずこと能はざるに似たり。汪は素より小心の人、陳が傲然汪の上に座せしも、實は汪を憚らざるにあらず。憚り故意に強がりを粧ひしのみ。されば汪と余と談ずれば、陳は何事をか語ると訝りつゝあり。余と陳と語れば、汪も亦目を側てゝ視つゝあり(123—124)
土壤相接(上77、381) 按:接,重印本误为"按"。	土壤相连(104)	土壤相连(62)	土壤相連(124)
罗以是深感端方之知遇(上78、381)	自是罗深德端(104)	由是而后,罗深感端方之知遇(62)	是より羅は深く端方が知遇に感じて(125)
教育(上78、381)	教习(105)	教习(62)	教習(125)
教务(上78、381)	育英(105)	育英(62)	育英(125)

续表

北洋法政本	自译本	田译本	日文本
不无少失(上78、381) 按:不无,重印本和点校本误为"无不"。	不能无一二谬误(105)	不无一二错误过失(62)	一二錯誤過失なきと能はざりしならん(125)
端方迁湖南,罗亦由推荐而入北京学部,兼江苏前任如故(上78、382) 按:点校本误为:端方迁湖南,兼江苏罗亦由推荐而入北京学部,前任如故。	端迁湖南巡抚,罗亦入北京学部,仍带江苏前任如故(105)	端方转任湖南,罗亦由其推荐于学部,但尚未辞江苏之任(62)	端方湖南に遷り。羅も亦其推薦に由りて、北京の學部に入り、江蘇の前任を帯ぶること故の如し(125)
罗顿失奥援(上78、382)	罗背后无复有一人推挽者(105)	罗之背后,无一人之有力者(62)	羅の背後には、一人の有力者なくなりしかば(126)
必食其肉寝其皮而后甘心乎(上78、382)	必欲剥其皮而刷其肉,至其骨髓焉(105)	必剥其皮、挖其肉,至于骨髓而后快者(63)	必ず其皮を剝ぎ、其肉を啖りて、其骨髓に至らんとする(126)
必欲尽歼而后快(上78—79、382)	将不逸匹马只骑焉(106)	使只骑匹马皆不能逃(63)	隻騎匹馬を逃さじとするがごとし(127)
排他主义(上79、383) 按:他,原误为"地"。	排他主义(106)	排他主义(63)	排他主義(127)
孙于本国文字茫无所得(上79、383)	孙不能汉文,于祖国学术,无所理会(107)	孙不能汉文,本国之文学无所得(64)	孫は漢文を能くせず本國の文學に得る所なし(128)
章冷讥热嘲,未脱六朝清谈气习(上79、383)	章执拗偏狭,半笑半颦之六朝的白面书生也(107)	章则半笑半颦之六朝的白面书生也(64)	章は意地惡氣なる半笑半顰の六朝的白面書生なり(128) 按:意地恶气:刁难、找人麻烦。
失意如沉九渊(上79、383)	失意可以没九渊之极端神经质是已(107)	失意则九渊亦可沈[沉](64)	志を失へば九淵にも沈みつべき極端なる神經家なる是のみ(128)
置之一处,何异水火同器(上79、383) 按:异,重印本和点校本误为"以"。	置此二人于一处,如盛冰炭于一器,欲不相尅,不可得矣(107)	若置是二人于一处,则如盛冰炭于一器,虽不欲相尅,亦不可得(64)	是二人を一處に置くは、水炭を一器に盛るが如し。相尅せざらんとするも得べからず(128)
视同附骨之疽,势将得而甘心(上79、384)	视为共和党之狮子身中虫,有一刀斫头之说(107)	视共和党为狮子身中之虫,有一刀断头之说(64)	視て共和黨獅子身中の蟲と爲し、一刀斫頭の說あり(129)

北洋法政本	自译本	田译本	日文本
邦人诸友（上80、384）	日人（108）	邦人（65）	邦人（129）
二人非素效忠满廷，特未公然树叛旗为戎首耳（上80、384）	盖是二人者，素不心服于满廷，惟从未至公然翻叛旗甘为戎首耳（108）	二人本不心服于满廷者，但尚未公然翻叛旗而甘为戎首（65）	蓋是二人本滿廷に心服する者にあらざりしも、未だ公然叛旗を飜して甘んじて戎首となるに至らざりき（129—130）
虽多不慊于孙，南京政府不得不暂推为盟主（上80、384）	虽素不服于逸仙者，而已（已）采用共和政体，则不得不假推孙为盟主也（108）	素虽不服孙文，然既采用共和政体，则不得不推孙为盟主（65）	素より孫文に服せざりしものと雖、已に共和政體を採用するときは、假りに孫を推して盟主と爲さざることを得ざるが如し（130）
尝以章品藻询余（上80、384）按：尝，重印本、点校本误为"器"。	尝问余以章之品藻（109）	曾以章之品藻问余（65）	嘗て余に問ふに章の品藻を以てす（130）
殆小祢衡（上80、385）按：殆，重印本、点校本误为"席"。	其殆小祢衡（109）	殆小祢衡欤（65）	それ殆んど小禰衡か（130）
谬采虚声（上80、385）	徒闻其夸张之声（109）	徒闻彼法螺（即吹牛之意）之声，故谬信为伟才耳（65）	徒に法螺の聲を聞く（130）
纯粹投身共和事业（上80、385）	彼之成纯共和党（109）	彼成纯革党（65）	彼が純共和黨と成り了せし（131）
表见（上80、385）	发明（109）	声明（65）	發明（131）
先达（上80、385）	领袖（109）	先进（65）	先達（131）
张謇拮据经营（上80、385）	如张謇，学术文章，且置而不论。久据通州一角，教育云，实业云，拮据经营（109）	若张謇之学术文章，暂置不言，年来据通州之一角，而极力经营教育实业（65）	张謇の如き、學術文章は暫く置きて言はず。年来通州の一角に據りて、教育に、實業に、拮据經營して（131）
与张謇相继为上海商务总会总董。苏杭甬铁路干部人士之排斥借款自汤始（上80、385）	与张相踵为上海商务总会会董，又为苏杭甬铁路董事。称为外款拒斥运动谋主（109）	与张謇相继而为上海商务总会之总董，又为苏杭甬铁道之总理，称为排斥借款之张本（66）	张謇と相繼ぎて上海商務總會の總董たり。又蘇亢[杭]甬鐵道の幹部たり。借款排斥運動の張本と稱せらる（131）
视（上80、385）	较之（109）	比较（66）	如き（131）

北洋法政本	自译本	田译本	日文本
要之张汤本无共和思想,潮流所趋,自不得不为共和党人(上 80、385)	要之是二人者,本来不必共和党人。惟自今日趋势上言之,自不得不为共和党人(110)	要之,是二人者,元来虽不持共和主义,但今日之趋势上,自不得不为共和党人(66)	是二人者本来必しも共和主義にあらざりしも、今日の趨勢上自ら共和黨人たらざることを得ず(131—132)
张谓(上 81、386)	张则冷嘲热骂且云(110)	于是张热骂冷评,谓(66)	張が熱罵冷評を加へ(132)
而与之并立之同盟会(上 81、386)	统一党已以江苏、浙江为根据,同盟党 与此相对峙(111)	统一党既以江浙为根据,而同盟党与之对立者(67)	統一黨已に江蘇浙江を以て根據と爲せり。同盟黨の之と相對立する(133)
事端叠起(上 81、386)	种种事情,愈出愈多(111)	各种之事件愈出愈多,错综纷纠而不可解(67)	種種の事情は、益益出でて益益多く(133)
与夺嫉妒之念(上 81、386)	权利势力与夺妬忌之念(111)	权利势力之谋(67)	權利勢力與奪嫉妬の念(133)
餍其心(上 81、386—387)	饱其意(111)	饱其腹(67)	其心を飽かしむる(134)
小故(上 81、387)按:重印本、点校本误为"小时"。	细故(111)	小故(67)	細故(134)
基隆代党(上 81、387)按:Girondin,通译为:吉伦特派。	第伦第斯特党(112)	吉罗纪斯特(67)	ヂロンヂスト(134)
马拉(上 81、387)	麦拉(112)	马拉(67)	マラー(134)
旦丁(上 81、387)	段敦(112)	登特(67)	ダントン(134)按:通译为"丹东"。
罗伯士比(上 81、387)按:Robespierre,通译为罗伯斯比尔。	吕伯斯皮耳(112)	罗布斯勃(67)	ロベスピール(134)
罗兰(上 81、387)	罗兰德(112)	罗拉德(67)	ローランド(134)
布利梭(上 81、387)按:通译为布里索。	伯栗骚(112)	奔索(67)	ブリッソー(134)
笼络(上 82、387)	笼盖(112)	笼盖(68)	籠蓋する(134)

北洋法政本	自译本	田译本	日文本
奸雄之心所最窃喜者也（上 82、387）	抑亦奸雄之所心窃祈，而不禁晴吐舌者也（112）按：晴，应为"暗"之误。	亦即使他人占渔父之利也（68）	又姦雄の心竊に祈りて暗に舌を吐くを禁ぜざる所（134）
孙、黄（上 82、387）	孙黄章等（112）	孙黄等（68）	孫黄章等（134）
惊呼骇走，日夕以路亡国之论，号呼于众（上 82、388）	鸠面丧首。日夕呼号路亡即路亡之说（112）按：第二个"路亡"应为"国亡"。	日夕呼号路亡即国亡之说（68）	眼の色易へて騒ぎ立てゝ、日夕路亡國亡論を呼號しつゝある（135）
如弗见闻（上 82、388）	视如不见，听如不闻（112）	俨如未闻未见（68）	聞かざるが如く、見ざるが如く（135）
气衰力瘁（上 82、388）	声嗄气馁（113）		聲も氣力も竭き果てんず（135）
眉须轩昂（上 83、389）	眉昂色飞（113）	眉昂色飞（69）	眉昻り色飛び（136）
烈火燃眉未足喻其急（上 83、389）	洵如自己头发，见炎火烧（114）	俨如火已及踵（69）	真に自己の頭髪の炎火に燒かるゝが如し（136）
南人食米饮老酒，北人食面饮粱酒（上 83、389）	南人食稻饭、饮绍酒，北人吃面饼、饮粱酒（114）	南人食白米、饮老酒，北人则食麦、饮粱酒（69）	南人は稻飯を喫し、老酒を飲み、北人は麨を喫し、梁酒を飲む（137）
轻快（上 83、389）	轻俊（114）	温柔（69）	輕快（137）
今而后（上 84、390）	自今之后（115）	自此以后（70）	今より後（138）
愚夫（上 84、390）	没晓汉（115）	愚人（70）	没分曉漢（138）
关东人已与外国搆衅，关东人可自处分之（上 84、390）	山阳人已与外国搆隙矣。山阳人自处分可（115）	四国人已与外国搆隙，四国人自处分之可也（70）	中國人已に外國と隙を構ふ、中國人自ら處分して可なり（138）
下焉者惟有爱己心，且无爱乡心（上 84、391）	自此以下，已无爱乡心（116）	若其下者，本无爱乡心（71）	此より以下は、已に愛鄉心なし（139）
谋于某翰林故老。某云（上 84、391）	询诸翰林故老某某，金云（116）	谋之于故老之某翰林，曰（71）	某翰林の故老に謀りしに、云く（139）
不走而救之，而曰古无此例（上 84、391）	走而救之乎？曰古来无此例也。袖手不敢走救（116）	走而救之乎？抑曰古无是例，袖手而傍观乎？（71）	走りて之を救はんか。曰く古来此の例なしと。袖手して赴き救はず（139）

北洋法政本	自译本	田译本	日文本
战国时秦有陕甘、四川，楚有湖南、湖北、安徽、江苏、浙江、江西之大半，齐有山东及江苏之一部，燕有直隶，韩有河南及江苏之一部，魏有河南，赵有山西及直隶之一部（上85、392）	战国之时，有秦、楚、齐、燕、韩、魏、赵七国（117）	战国时有秦、楚、燕、齐、韩、赵、魏七国（71）	戰國秦（陝甘四川）楚（湖南湖北安徽江西浙江江蘇の大半）齊（山東及び江蘇の一部）燕（直隸）韓（河南及び安徽の一部）魏（河南）趙（山西及び直隸の一部）あり（140）
孙氏（上85、392）	孙坚父子（118）	孙氏（72）	孫氏（141）
刘氏（上85、392）	王氏（118） 按：应为刘氏。	刘氏（72）	劉氏（142）
广东（上86、393）	广东西（118）	广东（72）	廣東西（142）
百二十八年（上86、393） 按：应为百八十二年。	一百八十年（119）	百八十二年（73）	百八十二年（142）
云贵两广（上86、394）	云贵福建广东西（119）	云贵两广福建（73）	雲貴、福建、廣東西（143）
今虽稍戢，其兵其志，决不小也（上86、394）	今虽稍戢其兵，其志决不小也（120）	今兵虽稍戢，而其志不小（73）	今稍稍兵を戢めたりと雖、其志決して小ならず（144）
其余广东、福建、云、贵等省（上87、394）	其余广东、福建、湖南、云、贵等地方（120）	其余广东、福建、云贵、湖南等处（74）	其餘廣東福建湖南雲貴等の地方（144）
一线忽动，则千间大厦，倏焉焦土（上87、395）	一线忽动，雷火爆裂，千间高厦，瞬间焦土（120）	一线忽动，雷火爆裂，千间之高厦，瞬间之焦土（74）	一線忽ち動けば、雷火爆裂、千間の高厦、瞬間の焦土（144）
仍半出于地方（上87、395）	或由地方，或由中央（121）	或由地方推举，或由中央任命（74）	或は地方より出で、或は中央より出づ（144）
将布中央集权制而为急，则治标之计与！则适为专制政府之续（上87、395）	欲急布中央集权之制，则为满清专制政府之续（121）	如急布中央集权之制，则为专制政府之续（74）	急に中央集權の制を布かんとすれば、專制政府の續たらん（144）
南方各省之失（上87、395） 按：失，应为"矢"。	南方各省之矢（121）	南方各省之视线（74）	南方各省の矢（144—145）

续表

北洋法政本	自译本	田译本	日文本
将行地方分权制而为缓,则治本之计与(上87、395)	缓而行地方分权之政(121)	如暂行地方分权之制(74)	緩にして地方分權の政を行はんか(145)
要之治标则分裂也速,治本则分裂也缓(上87、396)	要之急则快快的分裂,缓则慢慢地分裂(121)	要之急则分裂速,缓则分裂迟(74)	之を要するに急なれば快快的に分裂し、緩なれば慢慢地に分裂せん(145)
百乘之汽车(上87、396) 按:在日语中,火车被读为"汽车",汽车则被写为"自动车"。故此译有误,应为"百乘之火车"。	百辆之火车(121)	百辆之火车(74)	百輌の火車(145)
立为齑粉(上87、396)	千百粉碎(121)	粉碎其身(74)	千百粉碎して(145)
闲尝论之(上88、396)	综而论之(121)	总之(75)	綜べて之を論ずるに(145)
今也,锈蚀铁箍尽且裂(上88、396)	今也铁箍则锈蚀已尽,自然决裂(122)	今也外之铁箍锈蚀殆尽,自然决裂(75)	今や鐵箍は鏽蝕し盡して、自然に決裂せり(145—146)
腕力(上88、396)	拳勇(122)	腕力(75)	腕力(146)
富豪良家之玉帛子女(上88、397)	富豪金帛,良民子女(122)	富豪良民之金帛子女(75)	富豪良民の金帛子女(146)
峨峨广厦,化为焦土;百万金钱,尽入军囊(上88、397)	几千家财,几万银钱,尽为兵勇囊中物矣(122)	几千之家财,几万之银钱,皆为兵士囊中之物(75)	幾千の家財、幾萬の銀錢、皆兵士囊中の物と化し去りぬ(146)
则抱首奔窜,如鼠之避猫(上88、397)	则抱首而逃,卷尾而奔,如黠鼠怯猫(123)	则抱首而窜,卷尾而奔,如怯黠鼻之猫(76)	首を抱へて逃れ、尾を捲きて奔る。黠鼻の猫を怯るゝが如し(147)
聚而不散也不可(上88、397)	聚而不散难耐其弊(123)	聚而不散,其害不浅(76)	聚めて散ぜざれば、其弊に耐へず(147)
二十一省(上88、397)	山林(123)	二十一省(76)	廿一省(147)
百日共和(上89、398)	共和政之一百日间(123)	百日间之共和政(76)	共和政の一百日間(147—148)
统领(上89、398)	领佐(123)	统领(76)	統領(148)

续表

北洋法政本	自译本	田译本	日文本
先着鞭(上 89、398)	先鞭(124)	先鞭(76)	先鞭(148)
蒸蒸日上(上 89、398)	隆隆日上(124)	蒸蒸日上(76)	隆隆日に上り(148)
自昧(上 89、398)	真心夸大(124)	真心如斯自惚(76)	真心……自惚れんか(148)
农工商大臣(上 89、398)	农商部大臣(124)	农工商大臣(77)	農商務大臣(148)
人或以余为武断(上 92、402)	或以余为弄奇矫之言,主张独断(125)	人或以余弄奇矫之言,耸动人之耳目也(79)	人或は余を以て奇矯の言を弄し、獨斷を主張する者とせん(149)
如以余言为谬(上 92、402)	如不信余言乎(125)	如不信余言(79)	如し余が言を信ぜずんば(149)
更请纵其耳目(上 92、402)	请更飞目长耳(125)	则请飞目长耳(79)	請ふ更に飛目長耳(149)
其暗中受人嗾使无疑(上 92、402)	背后有一大黑影可知矣(125)	其背后有一大黑影可知矣(79)	其背後に一大黑影あること知るべし(150)
其必叛去也审矣(上 92、403)	久之必叛去矣(125)	终必叛去(79)	久しうして必ず叛き去らん(150)
萨吗康达(上 92、403)按:Samarqand,通译为撒马尔罕。	撒马耳罕德(126)	撒马尔肯德(79)	サマルカンド(150)
浅见一流(上 92、403)	霞关一流(126)	霞关一流(80)	霞關一流(150)
此辈之心事,实不可思议(上 92、403)	此辈心事,甚深无量(126)	此辈之心事甚深无量(80)	此輩の心事は、甚深無量、不可思議なり(150)
乃明知而故若无睹(上 93、403)	知而不置之眼中也(126)	知而不置于眼中也(80)	知りて眼中に置かざりしなり(151)
大吉岭(上 93、403)	达吉林(126)	达记林(80)	ダーヂリン(151)
将送之还拉萨(上 93、403)	送还达赖(126)	将送哒口赖归拉萨(80)	將に達賴を拉薩に送還せんとすと(151)
西国电报(上 93、403)	西电传言(127)	西电传言(80)	西電傳へ言ふ(151)
预计(上 93、404)	素意(127)	素志(80)	下心(151)

续表

北洋法政本	自译本	田译本	日文本
但事实之为物（上93、404）	但事实语事实者（127）	但事实者（80）	但事實は事實を語る者なり（152）
积虑处心（上93、404）	蓄谋藏心（127）	包藏祸心（80）	謀を蓄へ心を藏すること（152）
事机迫凑（上93、404）	机至（127）	有机可乘（80—81）	機會あらば（152）
或将动（上93、404）	或将动而未动（127）	或将动而未动（81）	或は将に動かんとして未だ動かず（152）
杯弓蛇影（94、406）	杯蛇弓影（127）按："蛇弓"应为"弓蛇"。	杯弓蛇影（81）	盃弓蛇影（152）
张本（上94、406）	骨子（128）	注重（81）	骨子（152）
决无所动（上94、406）	万不止动摇矣（128）	决无影响（81）	決して動くまじきなり（153）
岂得见于二十世纪哉（上94、406）	非二十世纪中应有之事也（128）	非二十世纪所可有之事也（81）	二十世紀に有り得べき事にあらずと（153）
易言之（上94、406）	更申言之（128）	更换言之（81）	更に之を換言すれば（153）
得毋有感其意而厌闻其语之情耶（上95、406）	似宜感谢，而实不免最可厌者矣（128）	亦知将不利于己（81）	難有迷惑の事情なきにあらず（153）
我不侵夺某之田园，破坏某之家宅。其为好意固也（上95、407）	我不敢践某甲田园也，我亦不敢坏某甲家宅也。见好则见好矣（128）	我不毁伤某甲之田园，我不破坏某甲之家宅。好意固好意（81）	我は某甲の田園を荒すまじきなり、我は某甲の家宅を破壊すまじきなりと。好意は則ち好意なりと雖（153）
先开其端。如是推测（上95、407）	先下手矣。剖析得如是（129）	先行下手而已。如此解释（82）	先づ手を下すことを得ずと。かく解剖し來れば（154）
特列国间之私约（上95、407）	特止列国间之私约（129）	特不过列强间相互之私约（82）	特に列國相互間の私約にして（154）
虽欲抗议（上95、407）	即一片抗议（129）	虽一片之抗议（82）	一片の抗議すら（154）
獢犬之先声（上95、408）	猎狗之少待少待之一喝而已（129—130）	所谓猎犬预吠一声者是也（82）	所謂獵犬がお預けの一聲に過ぎざるなり（155）
无论十年百年之久（上95、408）	无论十年廿年，虽五十年百年之后（130）	十年二十年无论矣，虽五十年百年之久（82）	十年二十年に論なく、五十年百年の久しきと雖（155）

续表

北洋法政本	自译本	田译本	日文本
系乎实力上之问题。若谓以一纸空文（上 95、408）	乃实际形势上事。如有谓一片死文空约之力（130）	乃实际形势上之事。如谓由一片之死文空约（83）	實際形勢上の事、如し一片の死文空約に由りて（155）
彼英、美、德、法、俄诸国（上 96、408）	英也、俄也、德也、法也（130）	英也、德也、法也、美也、俄也（83）	英や、露や、獨や、佛や、米や（155）
肥肉一脔，任人烹割（上 96、408）	一块美肉，为列强所攫割（130）	一块之美肉，必为列强所分裂者（83）	一塊の美肉は、列強の攫裂する所と爲らんこと（155）
论者（上 96、408）	民间志士论客（130）	民间之志士政客（83）	民間の志士論客（156）
始终不渝（上 96、408）	彻头彻尾（130）	彻头彻尾（83）	徹頭徹尾（156）
三五年后（上 96、409）	五年十年之后（131）		五年十年の後（156）
惟恃兵力（上 96、409）	必不可不由实力而决（131）	必由实力解决（83）	必ず實力に由りて決せざるべからず（156）
亦不足虑（上 96、409）	何恐何怕（131）	何足畏哉（84）	何ぞ怕るに足らん（157）
近在眉睫，决无可逭者（上 96、409）	念念刻刻，已近在眉睫，决不可免矣（131）	念念刻刻，迫于眉睫间（84）	念念刻刻、已に近く眉睫間に在り。決して免るべからず（157）
非特形式已也（上 97、410）	亦不仅一形式而已（131）	不独形式而已（84）	亦一形式に止まらず（157）
或假合办实业之名，或假借款筑路之名，或假挖采煤矿之名，特手段方法有差异耳（上 97、411） 按：合，重印本和点校本误为"令"。	如其方法手段，或借实业合办之说，或借出款筑路之说，或借采煤掘矿之名（132）	其方法手段，或假合办实业之名，或藉借款修路之名，或借采掘各矿之名（84）	其方法手段の如き、或は合辦實業の名を借り、或は借款築路の名を借り、或は採掘煤礦の名を借る（157）
有百利而无一害（上 97、411）	有利用之效，无见利用之忧（132）	有利用之效力，而无被利用之忧虑（84）	利用の効ありて、利用せらゝの憂なし（158）
投资于满洲（上 98、411）	放下美国资本（132）	投资于满洲（85）	米國の資本を満洲に放下して（158）

北洋法政本	自译本	田译本	日文本
四国借款,已有复活之机(上 98、411)	斯得黎得四国借款,复活之机至(133) 按:斯得黎得,straight 音译。	师特脱四国借款之事复活(85)	ストレート四國借款復活の機至る(158)
旬日(上 98、411)	旬月(133)	旬月(85)	旬月(158)
争先(上 98、412)	争先鼍至(133)	争先(85)	必ず先を争ひて四面より来り(159)
不顾国家之休戚(上 98、412)	不顾国家民生百年之休戚(133)	不顾国家民生百年之休戚(85)	國家民生百年の休戚を顧るに違あらず(159)
前之借款既尽,后之借款又来(上 98、412)	一借款去,而一借款又来(133)	一借款去,一借款又来(85)	一借款去りて、一借款又来り(159)
累累(上 98、412)	积累重叠(133)	积累重叠(85)	積累重疊して(159)
铁道四通八达矣,奈管理者非支那人何!实业振兴矣,金银铁煤充塞各地矣,奈享利者非支那人何!举一国之实业实利,罔不入外国资本家之囊中,而里面分割之势成矣(上 98、412)	铁道四通八达矣,然非支那人之所管理也!实业稍稍振兴矣,然享其利者非支那人也!地下宝藏取次发掘,金银铁煤,随在堆积矣,然享其利者非支那人也!举凡一切实业实利,尽入外国资本家囊中,而里面分割之势成焉(133)	铁路虽四通八达,而非支那人之所管理。实业虽稍振兴,而享其利者非支那人。地下之宝藏,均被开采,金银煤铁铜虽到处堆积,而享其利者,亦非支那人。举凡一切之实业实利,皆入外国资本家之囊中,而里面瓜分之势成(85)	鐵路は四通八達せり、しかも支那人の管理する所にあらず。實業は稍稍振興せり、しかも其の利を享くる者は支那人にあらず。地下の寶藏を發掘せられて、金銀鐵煤は到る處に堆積せり、しかも其の利を享くる者は支那人にあらず。凡そ一切の實業實利を擧げて、外國資本家の囊中に入る。而して裏面分割の勢成る(159)
外藩尽入列强,内部亦皆分立,各以其所亲善之外国为后盾(上 98、412)	满蒙回藏之外藩,前后皆折而入于列强;十八省本部亦各有独立割据之形。各私援其素所亲善之外国,以为己后盾(133)	满蒙西藏之外藩,尽入列强之手;十八省之本部,亦有各据一方之象,各以其素所亲善之外国为后盾(85)	滿蒙西藏の外藩は、盡く折れて列强に入り、十八省の本部も亦各各獨立割據の形あり。各各私に其の素より親善なる所の外國を援けて後盾と爲す(159)
四分五裂(上 98、412)	七离八遭,四分五裂(134)	七乱八遭,四分五裂(85)	七離八遭、四分五裂(160)
于此而谋挽救(上 98、412)	天时人心,已至于此(134)	天时人心,既至于此(85—86)	天時人心已に此に至りて(160)

续表

北洋法政本	自译本	田译本	日文本
无能为矣(上 98、412)	无复挽救之策矣(134)	亦无挽回之策(86)	復挽回の策なし(160)
况轻佻浮薄、怠惰怯懦之支那人(上 98、412)	轻佻浮薄、怠惰怯懦、无胆无气之支那人(134)	轻佻浮薄、怠惰怯懦、无气无胆之支那人哉?(86)	輕佻俘[浮?]薄、怠惰怯懦、氣なく膽なき支那人をや(160)
孟罗主义(下编 1、415)门罗主义(目录)	孟禄主义(135)	们罗主义(86)	モンロー主義(161)按:英文 Monroe Doctrine。
唯支那人得处分之(下 1、415)	支那人独自处分可(135)	独支那人可处理之(86)	支那人獨り之を處分すべし(161)
亚洲(下 1、415)	东亚(135)	亚洲(86)	亞洲(161)
主义(下 1、416)	根本义(136)	本义(87)	根本義(162)
人定胜天,天定胜人(下 1、416)	人众胜天,天定胜人(136)	人众则胜天,天定则胜人(87)	天の人に勝つか、人の天に勝つか(162)
将来之事(下 1、416)	日后之所定(136)	日后之所定(87)	日後の定まる所(162)
几千(下 1、416)按:应为"几十"。	几十(136)	几十(87)	幾十(163)
天下恶乎定(下 2、416)	天下安乎定(136)	天下安乎定(87)	天下安んか定まらん(163)
则非最精密、最切实、最强固、最远大,不可也(下 2、417)	不可不最精密、最切实、最深固、最远大(137)	则不可无确实之研究,远大之抱负(88)	最も精密に、最も切実に、最も根強く、最も遠大ならぎるべからず(163)
俄领(下 2、417)	俄属(137)	俄领(88)	露領(164)
苦利米亚(下 2、418)	克里米亚(138)	克里米亚(89)	クリミヤ(165)
合同(下 3、418)	连衡(138)	合同(89)	合同(165)
孔士坦丁(下 3、418)	冕城(138)	冕城(89)	冕城クロンスタット(165)
与其摘青果不如待其熟而自落(下 3、418)	打青果而掇之,不如待熟果自落(138)	打果落,不如待其熟而自落也(89)	青果を打ちて之を落すは、熟果の自ら落つるを待つに如かず(165—166)
未至二字(下 3、419)按:"未至"应加引号。	未一字(139)	尚未二字(89)	未だの二字(166)

北洋法政本	自译本	田译本	日文本
道光中长发未平（下3、419） 按：道光，应为咸丰。	咸丰中，发贼未平（139）	道光时，长发之乱未平，加之英法联军入京（90）	道光中、長髪賊の未だ平かず（166）
伊古那齐辅（下3、419） 按：此人全名为：尼古拉·尼古拉耶维奇·穆拉维约夫。	伊格那赤夫（139）	伊格第甫（90）	イグナチーフ（166）
有海参崴之不冻港（下3、419）	海参威［崴］以其为不冻港（139）	不冻港之海参崴（90）	浦潮は太平洋不凍港（167）
炸弹（下4、419）	爆药（140）	砲裂弹（90）	爆裂弾（167）
乃其野心之微露者（下4、419）	乃其野心之只鳞片甲，无端闪烁云间，误触人指目者（140）	乃野心之只鳞片甲，无端闪于云间，而误触人之指目者（90）	乃ち野心の隻鱗片甲の端なく雲間に閃きて、誤まりて人の指目に觸れし者（167）
再三（下4、419）	再四（140）	至再至三（90）	再三再四（167）
而为俯拾北京之计（下4、419）	以为南下擣北京之前提（140）	南下而擣北京之隐谋（90）	南下北京を擣るの前提と爲すにあらずや（167）
倘彼而已据满蒙、新疆也（下4、419）	假令彼已据满蒙、新疆乎（140）	假如彼已据满蒙、新疆（90）	彼にして已に滿蒙新疆に據れりとせよ（167）
高飞（下4、419）	搏羊角风而冲（140）	冲九万里之中空（90）	九萬里の中空に冲るがごとし（167）
成吉思汗两道南下（下4、420）	元太祖成吉斯汗两道南下（140）	元太祖成吉斯汗两道南下（90）	元の太祖成吉汗が兩道南下（167）
勿谓今之俄人战败之余烬（下4、420）	勿道今之俄人，系十年战败之余烬（140）	勿道今之俄人，十年战败之余烬也（90）	道ふこと勿れ今の露人は十年戰敗の餘燼なりと（167）
一任其意之所之（下4、420） 按：后“之”，至也。	惟意所趋（140）	一任彼意之所向（90）	彼が意の趨く所のまゝなり（168）
圣彼得堡之地图（下4、420）	彼得堡参谋本部之舆图（141）	彼得堡参谋部之地图（91）	彼得堡参謀部の地圖（168）
尼泊尔（下5、421）	纳婆耳（141）	奈巴尔（91）	ネバール（168）
东连四川打箭炉（下5、421）	东则打箭炉一路，与四川昆连（141）	东以打箭炉之一路，连于四川（91）	東は打箭炉の一路、四川に連る（168）

续表

北洋法政本	自译本	田译本	日文本
略天山两路,并南和阗(下5、421)	略天山西路,南并和阗(141)	略天山两路,并南和阗(91)	天山兩路を略し、南和闐を并せ(168)
迟回(下5、422)	顾盼(141)	左顾右盻(91)	左顧右盻(169)
不昧先机之兆(下5、422)	不逸制先之机(141)	不逸制先之机(91)	制先の機を逸せざらん(169)
阿富汗(下5、422)	阿布喀尼斯坦(142)	阿弗加尼斯特(91)	アフガニスタン(169)
何期狮子旗早飞扬于拉萨城外(下5、422)	何料狮子旗早翻于拉萨城外(142)	孰料狮子旗早翻于拉萨城外(92)	何ぞ料らん獅子旗は早く拉薩城外に翻りて(169)
国人(下5、422)按:指英国人。	英人(142)	英人(92)	英人(170)
英人既入西藏,其东一路自打箭炉起,遥遥如线以入四川(下6、422)	英人已入西藏,更东面而望,一路孔道,起自打箭炉,遥遥如线入四川(142)	英人既入西藏,更面东而望一路之孔道,由打箭炉起,遥遥如线而入四川(92)	英人已に西藏に入り、更に東面して望めば、一路の孔道は、打箭炉より起りて、遥遥線の如く四川に入る(170)
夺人土地,吸人膏血,其手段之巧妙(下6、423)	夺人土地,征人臣民,浚人膏血,其术至巧(143)	夺他人之土地,征服其人民,吸收其膏血之巧妙(92)	他人の土地を奪ひ、人民を征服し、膏血を吸ふことの巧妙なる(170)
更进而经营四川(下6、423)	更伸只手入四川(143)	更伸只手而入四川(92)	更に隻手を伸べて四川に入り(170)
将尽入英人之掌握矣(下6、423)	尽立于联合王国旗下风矣(143)	尽为英人所有矣(92)	盡くユニオンジャックの下風に立たん(171)按:ユニオンジャック,直译为:英国国旗。
设于利害得失之故,了如指掌(下6、423)	打算一番,得失利害之数,全然明白(143)	筹算一番,而利害得失之数,全然明瞭(93)	打算一番、利害得失の數、全然明白ならば(171)
水陆之交通既便,四方之呼应尤灵,一日千里(下6、423)	内河四通之便,支线八达之利,南北上下,接应呼号,千里一瞬(143)	内河四通之便,支线八达之利,南北上下,呼号相应,而一日千里(93)	内河四通の便、支線八達の利、南北上下、接應呼號して、千里一日(171)
巧操纵之而善驾驭之(下6、424)	操纵焉,驾驭焉(144)	巧操纵之,驾驭之(93)	巧に之を操縱し、之を駕馭すること(171)
一步一着(下7、424)	步又一步,着又一着(144)	详(93)	步一步、着一着(172)

北洋法政本	自译本	田译本	日文本
足坚定于大地,目常射夫高远。徐徐渐进,不须臾止(下7、424)	足则恒不忘紧着大地,目则常不忘注于最高顶。徐徐而进,稍稍而前,未尝须臾中止(144)	足常不忘踏乎大地,目常悬注于最高顶,如水之侵入地中,徐徐前进,而须臾亦不肯中止者(93)	足は常に大地に緊着することを忘れず、目は常に最高頂に注ぐことを忘れず。徐徐稍稍に前進して、須臾も中止せざること(172)
彼既图国力之发展,又岂袖手旁观,一任他人经营者耶? 彼对外政策之行动,一在运筹何如耳(下7、424)	彼已抛无利益之孤立矣,亦岂忠实于无利益之同盟者耶。彼之对外行动,顾算盘上数字如何耳(144)	彼既以孤立无利益,亦岂忠实无利益之同盟者哉! 彼对外之政策,一视算盘上之数字如何而已(93)	彼は已に利益の打算なき孤立を抛てり、亦豈利益の打算なき同盟に忠實なる者らんや。彼が對外の政策行動は、一に算盤上の數字如何に在るのみ(172)
善言之(下7、424)	以好辞令言之(144)	善意言之(93)	體善く言へば(172)
刻论之,则英人又具奸商之心术与强盗之胸度(下7、424)	以恶声出之,乃英人具有驵侩之心术,与巨贼之胆力(145)	恶意评之,英人者具奸商之心术,隶强盗之流亚者(93)	惡樣に評すれば、英人は姦商の心術と斬取强盗の度胸を具する者なり(172)
醉心(下7、424)	腐心(145)	腐心(94)	腐心して(173)
吾恐他日掌中物,不免为他人所攫也(下7、425)	吾恐异日或有手中油饼见鸢鸥攫去之时也(145)	吾恐他日手中之肉,不保为膺所攫(94)	吾恐らくは他日手中の油揚の、鳶に攫み去らるゝ時なきを保せず(173)
将至于是,易至于是,且必至于是也。世有明眼人其领之乎(下7、425)	望得如是,易望如是,成得如是,做得如是而已。设世有明眼者其人,必领余辈之言也(145)	有不得不然者也(94)	かく望み得べく、かく望み易く、又かく成り得べく、かく爲し得べしと謂ふなり(173)
大理府与云南府(下8、426)	大理府(145)	大理府(94)	大理府＝雲南の首府(173)
随事触发(下8、426)	触事触时,在在发露(146)	在在发露(94)	事に觸れ折に觸れて、在在發露して(174)
终为法人所笼盖,一反掌之间耳(下8、426) 按:点校本将"笼盖,"标点为"笼,盖",似有误。	终为法人所笼盖,一反手之顷耳(146)	终为法人所笼盖者,一翻手间事耳(95)	終に佛人が籠蓋する所と爲らんこと、一飜手の間のみ(174)

续表

北洋法政本	自译本	田译本	日文本
东向（下8、426）	东南而下（146）	东向而下（95）	東向して下れば（174）
云贵（下8、426）	云南（146）	云贵（95）	雲貴（175）
云南（下8、426）	云贵（147）	云南（95）	雲貴（175）
无虑（下9、427）	不止（147）	已有（95）	止まるにあらず（175）
山西陕甘（下9、427）	山西、陕西（147）	山、陕二西（95）	山西陕甘（175）
图谋（下9、427）	计图（147）	计图（95）	計圖（176）
迨至痛深怨积，始放逐教民，或屠杀之。排外仇洋之声，渐闻于外（下9、428）	及其痛不耐痛，痒不耐痒也，有教师之放逐焉，有教民之屠杀焉，间又闻排洋仇外之声矣（148）	及至不堪其痛，不耐其痒，始放逐教民，或屠戮之，而排外仇洋之声起矣（96）	其の痛みて痛に耐へず、痒くして痒きに耐へざるに及びて、始めて教民の放逐と爲り、屠殺と爲り、間間排外仇洋の聲を聞く（177）
杰士德派（下9、428）	耶士益得派（148）	Jesuit派（96）按：通译为耶稣教。	ジェスイット派（177）
所在有之，且不胜其多（下9、428）	所在多有，不可指偻数（148—149）	所在皆有（96）	不幸にして所在之あり。其多きに勝へず（177）
甘伯大（下10、429）	甘伯达（149）	耿柏特（97）	ガンベッタ（178）按：通译为甘必大（Cambetta）
之义（下10、430）	主义（150）	主义（97）	主義（179）
故此事三国一经决心，即容易见诸实行者（下11、430）	故此一事，所最难者，在三国断决如何。至于实行，则无甚难者（150）	故此一事，如三国决意实行，则易如反掌耳（97）	故に此一事は、三國の决心次第、案外容易に實行し得べし（179）
下长江（下11、430）	下汉口（150）	下长江（97）	長江を下り（179）
错综繁杂（下11、430）	犬牙错综（151）	错综繁杂（98）	錯綜繁雜（179）
无数起伏顿挫（下11、430—431）	十起伏，百顿挫（151）	十之起伏、百之顿挫（98）	十の起伏、百の頓挫（180）
败（下11、431）	据（151）		割取せし（180）
亟亟（下11、431）	锐意（151）		豫想して（180）
弹丸之地（下11、431）	一掌大之地（151）	一掌大之地（98）	一掌大の地（180）

北洋法政本	自译本	田译本	日文本
且山东僻在一隅，而不使雄争中原（下 11、431）	且僻在山东一隅，不便争雄于中原（151）	且僻在山东之一隅，不便与中原争雄（98）	且山東の一隅に僻在して、雄を中原に爭ふに便ならず（180）
穷屈（下 11、431）	局束（151）	穷困（98）	窮屈（180）
运气（下 12、431）	气运（152）	气运（99）	氣運（181）
满持而不发（下 12、432）	持满不动（152）	持满不动（99）	滿を持して動かざる（181）
苏彝士河（下 12、432）	苏士峡（152）	苏彝士（99）	蘇士（182）
阿尔撒士罗连（下 12、432）按：通译为阿尔萨斯、洛林。	亚耳撒士楼连（153）	阿尔沙斯、罗林（99）	アルサスローレーン（182）按：应为アルサスローレン。
极东之中原（下 12、432）	极东之地（153）	极东之中原（100）	極東の中原（182）
屡欲试兵威于法人之前（下 12—13、433）	几拟老拳于法人头上矣（153）	几欲置铁拳于法人之头上（100）	幾たびか鉄拳を佛人の頭上に擬せり（183）
近又屡露锋棱于英人之侧（下 13、433）	近时屡欲下痛棒于英人眉间矣（153）	近时又欲下痛棒于英人之眉间（100）	近時幾たびか痛棒を英人の眉間に下さんとせり（183）
悮（下 13、433）按：悮，今作"误"，用在此处应有误。	悟（153）	明知（100）	悟り（183）
殊嫌其迂远（下 13、433）	而憾其稽缓迟久（153）	然又焦灼其为时太远（100）	其の待ち遠しきに焦燥てり（183）
徒闻他人之酒肉香芬，堂上之弦歌舞蹈（下 13、433）	徒嗅厨里醇酒肥牛之香，耳堂上弦歌舞踏之声（154）	徒鼻闻他人之香酒芬肉，耳听堂上弦歌舞蹈之声（100）	徒に他人の酒香肉芬を鼻にし、堂上絃歌舞踏の聲を耳にしつゝ（183）
而己独不得不呻吟于室隅（下 13、433）	己则独呻吟向隅（154）	己独呻吟于一室（100）	己は獨り室隅に呻吟して（183）
以野心家喧传一世（下 13、433）	以野心的肉团鸣于一世（154）	此岂以野心勃勃称于一世（100）	野心的肉團を以て一世に謠はれし（183）

续表

北洋法政本	自译本	田译本	日文本
使我在极东使我在日本之地位之言（下13、433）	如使我在极东也，如使我在日本之地位也（154）	向使我在极东，又居日本之地位（100）	我をして極東に在らしめば、我をして日本の地位に在らしめば（184）
纠合群不逞之徒（下13、433）	纠合群不逞之徒（154）	纠合不逞之徒（100）	羣不逞の徒を纠合して（184）
排挞（下13、433）	摆阖（154）	摆阖（100）	擺闔（184）
并吞布哇,合并古巴、吕宋之行动（下13、434）	并吞布哇,并合久玛吕宋之暴横行动（154）	并吞布哇、玖马,合并吕宋之伎俩（101）	布哇を并吞し、玖瑪、呂宋を合併せし手際（184）
阿齐纳（下13、434）按：阿齐纳,通译为埃阿吉纳尔多。	亚吉那耳德（154）	阿尼纳尔德（101）	アギナルド（184）
西班牙人（下13、434）	西人（155）	西班牙人（101）	西班牙人（184）
向人挑战（下13、434）按：向,在重印本和点校本中,被误为"何"。	挑战他人（155）	挑战（101）	戰を他人に挑む（185）
舐糠之犊,一变而为食米之犊矣（下13、434）	偶尔一舐人血之良狗,今则一变而为一渴人血之狂狗矣（155）	无端而舐人血之良狗者,终必化为渴人血之狂犬也（101）	端なく一たび人の血を舐りし良狗は、果然人の血に渴する狂犬と化し了りぬ（185）
彼难逢迎支那官民之意,筹种种之策略（下14、435）按：难,似有误。	彼每逢迎支那官民之心,经营惨淡,用意良苦（155）	彼极力逢迎支那官民,讲种种之策略（101）	彼は支那官民の意を逢迎して、種種の策略を講ぜしかども（186）
火焰迫于眉睫,掘井犹未及泉（下14、435）	火焰炎炎方腾,刻刻迫人眉睫,而井泉未及三尺之水焉（156）	火焰刻刻迫于目前,而井泉之水不及三尺（102）	火焰は刻刻目前に迫り来れども、井泉は未だ三尺の水に及ばず（186）
美国乌得有至大之发言权乎（下14、435）按：至大,在初印本中误为"几大"；之,在重印本和点校本中,误为"不"。	美国果何所据,而有至大之发言权乎（156）	我美国果何所据而有至大之发言权哉？（102）	米國はの何の據る所ありて至大の發言權を有せん（186）

续表

北洋法政本	自译本	田译本	日文本
左右瞻顾,欲物色一同志,而忽闻有德人嘤求之声(下14、435)	方且左右顾盼,物色与己共事者,忽有独人呼曰:来来(156)	正左右顾望,物色偶人,忽闻德人相招之声(102)	左右顾望して、己と事を共にすべき者を物色しつゝありしに、忽ち獨人が来来の聲を聞けり(186)
故第一着现于世者,即前日之声明也(下14、435)	已而第一出现者,乃前日北京外交团之声明也(156)	如是第一出现者,前日之声明也(102)	かくて第一に出現せし者は、前日の聲明なり(186)
根性(下15、436)	奴性(157)	性(102)	根性(187)
实不堪其害(下15、436)	终则不耐其弊(157)	实则受害不浅(103)	實は其の害に耐へざりき(187)
又欲依赖美国以陷我(下15、436)	又窃倚赖于美国而图纳我日本于陷阱之中矣(157)	又依赖美国而陷我(103)	又窃に米國に依頼して我を陷いれんとしたりき(188)
不能融洽(下15、437)	支吾不相合(158)	不合时(103)	支吾あらん(188)
日悬诸口(下15、437)	每伴公言(158)	每阳言(103)	每に陽に……を公言しつゝ(188)
而反速分割之来者(下15、437)	而里面早其分割之机者(158)	实则促瓜分之机者(103)	實は分割の機を早めん者(188)
最下之境,千年万年再无超升之期者,恐非他国也(下15、437)	阿鼻地狱之最下底,而使其千年万年无复出头之期者,非他国即美德也(158)	大海之最下底,虽千年万年犹不能浮上者(103)	那落の最下底に陷れて、千年萬年、再び浮び上るの期なからしめん者、恐らくは他國にあらじ(189)
土耳其(下16、438)	土耳古(159)	土耳其(104)	土耳古(189)
过渡政府(下18、440)	后继政府(160)	后继政府(104)	後繼政府(190)
则乘分割之机,先发不为人制(下18、440)按:点校本标点为"则乘分割之机先发,不为人制",应误。	乘分割之机,不为人所制机先(160)	乘瓜分之机,先发制人(104)	分割の機に乘じて、人の先を制する所とならず(190)
以其邻于我日本也(下18、440)	以我日本立其傍近也(160)	以我日本立于其傍故也(105)	我日本の其傍近に立てるを以てなり(191)

续表

北洋法政本	自译本	田译本	日文本
使君之被困于交民巷中者(下18、440)	使臣笼居交民巷(160)	使臣困居于交民巷者(105)	使臣の交民巷中に籠居せること(191)
西摩亚(下18、440) 按:通译为爱德华·西摩尔Edward Seymour。	西毛亚(160)	师毛亚(105)	シーモーア(191)
大沽(下18、441)	太沽(161)	大沽(105)	太沽(191) 按:太,极大也。
敌人(下18、441)	贼匪(161)	贼(105)	賊(191)
安堵如故者(下18、441)	安其堵者(161)	安其堵者(105)	其堵に安んぜしめし(192)
倾心(下18、441)	窃属意(161)	窃归于我者(105)	窃に心を我に寄する(192)
不得与列国比,有足令人怪异者矣(下19、441)	殆乎使人诧异其与列国比例失衡太甚矣(161)	而使人甚怪其不得于列国比例权衡也(105)	人をして列國と比例權衡を得ざることの甚しきを怪ましむるばかりなりき(192)
震慑(下19、441)	有所惮(162)		憚る所ありし(192)
不欲落后(下19、441)	不厌其迟(162)		後れ馳せに(192—193)
瓦德西(下19、441)	瓦耳涅耳慈(162)	哇尔典(106)	ワルデルヂー(193)
而其愿终不得偿者(下19、442)	以使我失望者(162)	令人抚然自失者(106)	鼻明かせんとしたりし(193)
后见人(下19、442) 按:意为监护人。	后盾(162)	监督者(106)	後見(193)
睥睨日本(下19、442)	眼中无复日本(162)	眼中无我日本(106)	眼中我が日本なかりき(193)
荡平东三省而怀割据之心(下19、442)	赶急荡平东三省,先现分割之色(162)	扫荡东三省,而先现瓜分之色(106)	逸早く東三省を蕩平して、先づ分割の色を現はしぬ(193)
席(下19、442) 按:意为凭借,依仗。	乘(162)	乘(106)	棠[乘]じ(193)
朴资茅司(下19、442)	朴的茅斯(162)	波的冒斯(106)	ボーツマウス(193)

续表

北洋法政本	自译本	田译本	日文本
真相(下 19、442)	马脚(163)	马脚(106)	馬脚(194)
自革命起,武汉战争也(下 20、443)	革命乱作,为武汉之接仗(163)	自革命乱起以来,有武汉之战争(107)	革命亂起りてより、武漢の戰爭と爲り(194)
怯懦无勇,好纷争而无统一,喜空谈而鲜实力(下 20、443)	怯懦而无胆气、无斗志也,乱杂而无体统也,喜空论而无实际也,团体之散漫而不巩固也(163)	怯懦而无胆气,杂乱而无统一,喜空论而不务实际(107)	怯懦にして膽氣なく鬪志なく、亂雜にして統一なく、空論を喜びて實際なく、團體の鞏固ならざる(194)
疮痍犹未补也(下 20、443)	疮痍未痊,元气未复(164)	疮痍未愈(107)	瘡痍未だ癒えず(195)
非为未熟。特以彼此相顾(下 20、443)	非不熟矣。惟彼此相顾(164)	非不周到。惟彼此相顾(107)	熟せざるにあらず。ただ彼此相顧て(195)
彼我之间分肥多寡之分未易审定(下 20、443)	列国间,分肥多少,比例之率,未辄决定(164)	彼我间肥瘦多寡之按分比例,未易定出(107)	彼我の間、分肥多少の按分比例の未だ看出し易からざると(195)
不欲尸戎首之恶名(下 20、443)	惮己独受分割祸首之恶名(164)	惮落瓜分第一之恶名(107)	己獨り分割の第一人たる惡名を受けんことを憚りて(195)
日濒于危殆之局(下 20、444)	日又一日,趋于危险之局(164)	日危一日(107)	日又一日、危險の局に近づかんとす(195)
非计(下 21、444)	不可为(165)	非(108)	非なる(196)
其有时标榜真实平和战争者,亦仅限于兵力侵略利害不相偿之会耳(下 21、444)	其真实标榜平和战争,仅止兵力侵略之利害不偿之时而已(165)	其有真实标榜平和战争者,亦仅限于兵力侵略之利害,不能相偿而已(108)	其の真實平和戰爭を標榜するは、兵力侵略の利害相償はざる場合に限れり(196)
非然(下 21、444)	不然(165)	不然(108)	然らずんば(196)
英之取缅甸也,非十数年前之事也耶?(下 21、444)		英之取缅甸,非十数年前之事乎?(108)	英の緬甸を取りしも、十数年前の事にあらずや(196)
平和战(下 21、444)	平和商战(165)	平和商战(108)	平和商戰(196)
残忍惨毒(下 21、444)	不可为(165)	不可以为(108)	爲すべからざる(196)
亿(下 21、444)	亿万(165)	亿(108)	億(197)

北洋法政本	自译本	田译本	日文本
殆假平和论者之谬想耳(下 21、445)	所谓荒唐悠谬平和论者之空想焉耳(166)	所谓荒唐悠谬平和论者之空想焉耳(108)	所謂似而非平和論者の謬想のみ(197)
无论各国全废军备等诸梦想(下 21、445)	全废各国军备,无论矣(166)	今欲使各国全废军备,……殆不可能之事也(109)	各國の軍備を全廢するは勿論(197)
输入(下 21、445)	浸渐(166)	侵入(109)	浸漸して(197)
分割(下 21、445)	豆剖爪分(166) 按:爪,应为"瓜"之误。	瓜分(109)	分割(198)
江苏一半属于东晋(下 22、446)	安徽、江苏(二省一半属晋)(167)	江苏之一半属于东晋(109)	安徽、江蘇(江蘇の一半は東晋に属す)(198)
以成偏安之局(下 22、446)	才守江南半壁之地(167)	仅守江南半壁之地(110)	纔に江南半壁の地を守りて(199)
四川、江苏、安徽之一半(下 22、446)	四川及江苏安徽之一半(167)	四川、江苏、安徽之一半(110)	四川、江蘇、安徽の一半(199)
尚为半属国体(下 22、446)	犹为羁縻之民(167)	尚为半属之体(110)	尚半屬國の體なりき(199)
齐(高氏)(下 22、447)	高齐(168)	齐(高氏)(110)	齊(199)
为周(宇文氏亦外种),宇文氏复并东魏(下 22、447)	为宇文周。宇文周又并高齐(168)	为周(宇文氏亦外种),宇文氏复并东魏(110)	周と爲り(宇文氏亦外種)宇文氏複東魏を併せ(199)
横行于今至直隶、山东西、河南、陕西之间(下 22、447) 按:至,应为"之"。	横行于今之直隶、山东、河南、陕西之间(168) 按:山东,或为对"山东西"的矫正。	横行于今之直隶、山东、山西、河南、陕西之间(110)	今の直隷、山東西、河南、陝西の間に横行せり(200)
山西、直隶北部(下 22、447)	山西直隶之地(168)	山西、直隶之北边(110)	山西直隷の北邊(200)
而略定东三省(下 23、449)	而荡灭五部,略定东三省(169)	略定东三省(111)	東三省を略定し(201)
诏富骄贫(下 24、450)	诏富者骄富者(171)	诏富者骄富者(112)	富者に諂ひ貧者に驕ること(203)

续表

北洋法政本	自译本	田译本	日文本
自分一死,利福不枉,威武不屈者(下24—25、450) 按:点校本排印为"□□□死利福,不枉威武不屈者",有误。	一死自矢,不以利福而枉,不以威武而屈者(171)	以身殉之,虽利福不能枉,威武不能屈者(112)	一死自ら分として、利福を以て枉げず、威武を以て屈せざる者(203)
列强财产分配之率(下25、450)	列强之财产按分之率(171)	列强间财产分配之率(113)	列强が財産按分の率(204)
御(下25、450)	支(171)	支持(113)	支ふる(204)
亦一括而还付于支那(下27、453) 按:而,重印本、点校本误为"无"。	亦一括还付支那(172)	亦一括而还于支那政府(115)	亦一括して支那政府に還付して(204)
我一切风马牛视之(下27、453)	举凡一切听做马耳东风(172)	我则如马耳东风(115)	一切馬耳東風と聞き流して(205)
人口之殖民地(下27、453)	生口之尾闾者(173)	殖……人口(115)	生口の吐出口(205)
将前将却(下28、455)	左顾右盻(174)	瞻前顾后(116)	左顧右盻(207)
骄(下28、455)	夸(174)	骄(116)	驕る(207)
新闻(下28、455)	各报(174)	各报(117)	新聞(207)
偷一隅之苟安(下28、455)	偷安偏偶(175) 按:偶,应为"隅"之误。	偷偏隅之苟安(117)	偏隅の苟安を偷む(208)
北方之新军(即直隶之兵队)与南方之新军(即湖北之兵队)(下29、456)	北方新式练军,即直隶之兵勇,与南方新式练军,即湖北之兵勇(175)	北方之新式军(即直隶之兵队)与南方之新式军(即湖北之兵队)(117)	北方の新式軍即直隷の兵隊と、南方の新式軍即湖北の兵隊(208)
专门家(下29、456)	兵学专家(175)	专门家(117)	專門家(208)
除山东一省多斥卤乏肥沃而外(下29、456) 按:此句翻译或排印应有误,应为"除山东一省而外,多斥卤乏肥沃"。	除山东一省外,多斥卤,乏肥沃之壤(176)	除山东一省而外,大半多石田而少肥沃之壤(118)	山東一省を除く外、斥鹵多く、肥沃の壊に乏し(208)

北洋法政本	自译本	田译本	日文本
常自负气力之雄豪(下29、456)	恒气力自雄豪(176)	虽恒以气力之雄豪自负(118)	恒に氣力の雄豪を自負する(209)
山水佳丽,气候温暖,地味肥沃,物产丰富(下29、456)	山水则佳丽明媚,气候则寒暑合宜,土地则肥沃膏腴,物产则精粗兼具(176)	论山水则佳丽明媚,论气候则寒暖合宜,言地味则肥沃膏腴,言物产则精粗俱备(118)	山水は佳麗明媚、氣候は寒暖宜しきに合ひ、地味は肥沃膏腴なり。物産は精疎具はらざるはなし(209)
米谷(下29、456)	禾谷(176)	禾谷(118)	禾穀(209)
一篙春水染鸭头(下29、457)	一篙春水鸭头色(176)	一篙之春水,色如鸭头(118)	一篙の春水は鴨頭の色を成す(209)
气味佳良(下29、457)	不寒不暖(176)	寒暖适宜(118)	寒からず暖ならず(209)
淅(下29、457)	炊(176)	生(118)	淅ぐ(209)
膻帽(下29、457)	毡帽(176)	毡帽(118)	氈帽(209)
其苦乐相去远矣(下29、457)	殆乎似非同一人间矣(176)	殆非同一人间耳(118)	殆と同一人間にあらざるに似たり(210)
敏捷(下29、457)	怜悧(177)	怜悧(118)	怜悧(210)
互异(下30、457)	各不相均(177)	不同(118)	均しからざるに本づけり(210)
苟安(下30、457)	小康(177)	苟安(119)	苟安(210)
虽不无志于中原人(下30、457)	虽非全无志于中原(177)	虽非无志中原(119)	中原に志なきにあらずと雖(210)
渐衰(下30、457)	稍稍萎靡(177)	衰弱(119)	稍々衰弱し(210)
硕儒大家(下30、457)	硕学、大儒(177)	硕儒大家(119)	碩儒大家(210)
称书画之名手者(下30、457)	以至书、画、工艺、名手(177)	书画名手者(119)	稱して書畫の名手と爲す者(210)
惟老悖(下30、458) 按:初印本、重印本原为"悖老悖";点校本校注为"〈悖〉〔惟〕老",遗漏了第二个"悖"。应校注为"〈悖〉〔惟〕老悖"。	老悖(177)	老腐(119)	老悖(211)

北洋法政本	自译本	田译本	日文本
于是乎扫尽矣（下 30、458）	扫地尽矣（178）	殆一扫而尽矣（119）	一掃して盡きたり（211）
晚景（下 30、458）	末光（178）	末光（119）	末光（211）
洎细查之其本末（下 30、458）按：之，或为赘字。	而子细通观其本末（178）	而细观其本末（119）	子細に其の本末を通觀すれば（211）
六百年（下 30、458）	六七百年（178）	六百年（120）	六百年来（212）
两两无经济上之融通（下 30、458）按：点校本误为"两面□"。	两两不相融通（178）	两两无经济上之通融（120）	兩兩経済上の融通なからましかば（212）
日常需要之物品（下 31、459）	日常需要来历，盐酒也，蜜糖也，茶纸也，笔墨也，食之稻米也，衣之绸缎也（179）	其日常需要物品之来历，所谓盐酒蜜糖茶纸笔墨，以至衣之绸缎食之稻米（120）	日常需要の物品の来歴を問ふに、鹽酒蜜糖茶紙筆墨より、衣の絽緞（212）
赖从帝王之所居（下 31、459）按：从，点校本误为"以"。	以从来帝王所居（179）	以北京为从来帝王之所居（120）	從来帝王の居にして（212）
河南安徽江苏江北（下 31、459）.	河南、安徽、江苏（专指江北而言）（179）	河南安徽江苏三省（江北）（120）	河南、安徽、江蘇＝＝江北（212）
必穷于财力一事（下 31、459）	先诉困绌者（179）	必为财力所穷困（120）	財力の一事に窮せん（212）
让于他人（下 31、459）	使为他国有矣（180）	委诸他人之手（120）	他國の有たらしむべからずと（213）
终不能敌胜北人（下 31、460）	终不能久敌北人（180）	终不能胜北人（121）	終に久しく北人に敵すること能はず（214）
沼吴（下 31、460）	亡吴（180）	亡吴（121）	吳を亡して（214）
仅一传而不振（下 31、460）	然一再传而不振（180）	然亦仅一传不振（121）	僅に一傳して振はずなりにき（214）
湖南北（下 31、460）按：点校本为"湖南、湖北"。	湖南北（180）	湖南、湖北（121）	湖南北（214）

续表

北洋法政本	自译本	田译本	日文本
终灭于陕西千里之秦下(下31、460)	然遂为秦人所灭(180)	终亦被灭于秦人(121)	遂に陕西の秦人に滅ぼされき(214)
南朝之宋齐梁陈虽尝北上以争中原,皆未能得志(下32、460)	南朝之宋、齐、梁、陈,四代相继,间有北上欲争中原者,每不能得志(181)	南朝之宋齐梁陈,虽间有相继北上、争雄中原之人,每不能得志(121)	南朝の宋齊梁陳相繼ぎて、間間北上して中原を争はんとする者ありしも、每に其の志を得ること能はざりき(214)
仅据一隅(下32、460)	同时并举,然皆割据偏隅而已(181)	并起,亦不过割据偏隅之地而已(121)	並び起りしかども、皆偏隅に割據せしのみ(215)
屡图中原而卒无效,且渐衰焉(下32、460)	屡图恢复中原,然终不效,国运稍稍陵迟(181)	而图恢复中原,每归无效。其后国势渐衰(121)	中原恢復を圖りしも、每に效あらず。稍稍衰へ行きて(215)
一人之心万人之心也(下32、461)	一人之心乃万人之心也(181)	一人之心者,万人之心也(122)	一人の心は萬人の心なり(215)
久假不归(下32、461)	假而不反(181)	假而不归(122)	假而不反(215)
则非列强所易许者(下32、461)	则列强亦不得辄允(181)	则列强必不许可(122)	列强も亦輒く許すべからず(215)
国力尚未充实欤(下33、462)	国力而未全充实乎(182)	国力亦未充实(122)	國力にして未だ充實せざらんか(216)
国力坚实刚健欤(下33、462)	国力而坚实刚健也(182)	国力亦既充实(123)	國力にして坚實剛健ならんか(216)
即在野政客,全国人民,何莫不然(下33、462)	即民间政论家亦然,合国上下亦然(183)	即在野之政论家亦然也,全国民亦然也(123)	民間の政論家も亦然り。全國人民も亦然り(217)
目前之将来(下33、462)	眼前事物情态(183)	眼前之事(123)	眼前の出来事(217)
必不可如是(下33、462)	必不当如是(183)	必不可如斯(123)	必ずかくせざるべからず(217)
徒伺他人之气色,而朝变夕更,毫无定见(下33、462)	每伺傍气色,且夕朝暮,转转变化,似不知无所归着者(183)	每伺人之气色,且夕朝暮,转转变化,而不知所归着(123)	常に傍人の氣色を伺ひ、且夕朝暮、轉々變化して、歸著する所を知らざるに似たり(217)
以气吞列强、威惮五洲之资(下33、462)	故宜为列强所顾忌忌惮焉(183)	而为列强所心怯所忌惮(123)	列强に氣兼され畏憚せらるべき身を以て(217)

续表

北洋法政本	自译本	田译本	日文本
现役预备后备,十七年概可得百七十万人(下 33、462)	现役预备后备十七年,无虑一百七十人(183) 按:"一百七十人",显为"一百七十万人"之误。	合计现役豫备后备,十七年大凡一百七十万人(123)	现役豫備後備を通計するに十七年、大凡一百七十萬人(217)
五十万国民(下 33、462) 按:应为五千万。	五千万(183)	五千万(123)	五千萬(217)
孙子之言(下 33、463)	此乃二千年前孙子之所道破者(184)	为二千年前之孙武子所道破(123)	二千年前孫武の道破せし所(218)
每月一元左右(下 33、463) 按:应为"每日一元"。	每日仅一元左右(184)	每日约一元左右(123)	每日一圓左右(218)
浩大(下 33、463)	巨多(184)	浩大(123)	浩大(218)
毫无所增益(下 34、463)	岁岁无加(184)	年年无增(124)	年々増すことなし(218)
岁无消减(下 34、463)	每岁有增加而无减(184)	每岁虽有增无减(124)	每歳増すことありて減ずることなけれども(218)
不得平准(下 34、463)	不得其衡(184)	常不相偿(124)	平準を得ず(218)
三亿七千万(下 34、463) 按:七千,重印本和点校本误为"七十"。	三亿七千万(184)	三亿七千万(124)	三億七千萬(218)
白人种横行阔步以五大洲中(下 36、466)	白人种横行阔步于五大洲中(186)	今也横行于五大洲中(125)	白人種は五大洲中に横行濶步して(220)
优胜劣败(下 36、467)	优劣胜败(186)	优胜劣败(125)	優勝劣敗(220)
败残(下 36、467)	败窜(186)	残败(125)	敗殘(221)
由来已久(下 36、467)	所自来久(186)	由来已久(125)	由りて来る所久し(221)
历史(下 37、467)	体裁(187)	历史(125)	歷史(221)

北洋法政本	自译本	田译本	日文本
亦可憎可忌之敌也(下37、468)	盖亦有不易与之叹矣(187)	殆眉间之一大赘瘤也(126)	亦心憎き敵なるべし(222)
残蹂(下37、468)按:残,应为"践"之误。	践蹂(187)	践蹂(126)	踐蹂(222)
四千年之旧文明,将由其根底倾覆而去(下37、468)按:重印本和点校本,将"由"误为"有"。		四千年之旧文明,殆将由其根本而倾覆之(126)	四千年の舊文明は,将に其の根柢より傾覆し去られんと(222)
沉(下38、468)	陆沉(188)	陆沉(126)	陸沈せんとす(223)
进取的也(下38、469)	进取的也,侵略的也(188)	进取的也(127)	進取的なり(223)
退守的也(下38、469)	退守的也,平和的也(188)	退守的也(127)	退守的なり(223)
气力(下38、469)	气质(189)	气力(127)	氣力(223)
识者之所是认(下38、469)	识者亦是认之(189)	识者所公认(127)	識者の是認する所と(223)
佛(下38、469)	法(189)		佛(224)
亘以如是种族、宗教之观念(下38、469)	以如是种族之见界,以如是宗教之观念(189)	以如是种族之见,如是宗教观念(127)	如是種族の見を以て、如是宗教觀念を以て(224)
知力体力(下38、470)	智力(190)	智力体力(128)	智力體力(224)
相亲(下38、470)	相信(190)	相信(128)	相信じ(224)
眼中钉(下38、470)	眉间一大赘瘤(190)	眉间之一大赘瘤也(128)	眉間の一大贅瘤なり(225)
为声明(下39、470)	而又声明焉(190)	目的(128)	又聲明せずと雖(225)
不必尽为狼子野心者(下39、470)	虽不必尽野心的肉块,又不必尽洋鬼子的心情(190)	虽非尽如狼子(128)	必しも盡く野心の肉塊ならず、洋鬼子的心情のみならずと雖(225)
气概(下39、470)	气风(191)按:气风,日语词汇,意为风气、习气、风尚。	气概(128)	氣風(225)

续表

北洋法政本	自译本	田译本	日文本
分割之利益与共者(下 39、471)	共分割之利者(191)	享瓜分之利益者(128)	分割の利益を共にする者(225—226)
俄然立于欧美列强之面前者(下 39、471)	一朝介立于欧美列强之咫尺面前者(191)	一旦立于欧美列强之咫尺面前者也(128)	一朝俄に歐米列强の咫尺面前に立たしむる者なり(226)
以新其法律、政治(下 39、471)	一新其政治、法律(192)	一新其政治、法律、宗教、文学(129)	其の政治法律宗教文學を一新し(226)
人口(下 40、471)	生口(192)	人口(129)	人口(227)
二三万吨之艨艟,五六万人之貔貅(下 40、472)按:万,应为"百万"。	二三百万吨之艨艟,五六百万人之貔貅(192)	二三百万吨之艨艟,五六百万人之貔貅(129)	二三百萬噸の艨艟、五六百萬人の貔貅(227)
手工(下 40、472)	工手(192)	工手(129)	工手(227)
纺绩、火柴(下 40、472)	棉丝、火寸(192)	纺绩、火寸(129)	紡績火寸(227)
平乡(下 40、472)	萍乡(192)	萍乡(129)	萍郷(227)
茶(下 40、472)	茶纸(193)	茶(130)	茶(227)
横张(下 40、472)	扩张(193)	扩张(130)	擴張(228)
完全(下 40、472)	完善(193)	完全(130)	完全にし(228)
而此等白人国之海陆军,某某国为合从,某某国为连横(下 40、472—473)	而此等白人国之海陆军,或与某某国合从,或与某某国连衡(193)	而是等白人国之海陆军,或此与彼合纵,或彼与此连衡(130)	而して此等白人國の海陸軍は、或は某某國と合從し、或は某某國と連衡して(228)
中夏(下 40、473)	东亚大陆(193)	东亚大陆(130)	東亞大陸(228)
苦(下 40、473)	窘(194)	苦(130)	苦しむる(228)
三代以还(下 40、473)	三代盛时(194)	三代盛时(130)	三代の盛時(228)
薛延陀(下 40、473)	薛延陀、回鹘、吐蕃(194)	薛延陀、回鹘(130)	薛延陀、囘鹘、契丹(228)
遗蘖(下 41、473)	残蘖(194)	残蘖(130)	殘蘖(228)
海贼(下 41、473)	海盗(194)	海贼(130)	海賊(229)
其终竟见灭于满洲一小部落之酋长(下 41、473)	终则为满洲一小部落酋长所灭(194)	终为满洲一小部落之酋长所灭(130)	終に満洲一小部落の酋長に滅ぼされき(229)

北洋法政本	自译本	田译本	日文本
道光以来，又被英国之逼凌，法国之侵侮。遂致黑水白山沃野千里为俄人所并，香港为英人所攫，安南全境见夺于法（下41、473）	至道光以来，又屡窘于英法诸国。而黑龙江外几千里之地，折而入于俄国焉。自是之后，香港略于英人，安南夺于法人（194）	道光以来，又屡为英法诸国所穷。于是俄并黑龙江外几千里之地，英取香港，法夺安南（131）	道光以来に至りて又屡屢英佛諸國に窘しめられ、黑龍江外幾千里の地は、遂に露人に并せられぬ、香港は英人に取られぬ。安南は佛人に奪はれぬ（229）
寂寂无闻焉（下41、473）	廖乎无闻焉（194）	殆无所闻（131）	殆ど聞く所なし（229）
尚武侵略原非其长故也（下41、473）	尚武非其本来长处（194）	尚武非其本来之所长也（131）	尙武は其の本来の長處にあらざればなり（229）
雄视东海之表为汉族敬畏之缘起乎（下41、474）	雄视于东海之表，不肯让一步，而却为汉族畏敬者以此（194）	雄视于东海之表，而不肯退让一步，却受汉族畏敬之所以也（131）	東海の表に雄視して、肯て一步を讓らず、却りて漢族の畏敬を受くる所以なり（229）
冲绳（下41、474）	琉球（195）	琉球（131）	沖繩（230）
将不得不露出于（下41、474）	露不莫出于（195）按：应为"莫不露出于"。	无不露于白人之前（131）	露出せざるはなし（230）
富井（下41、474）	富津（195）	富津（131）	富津（230）
寸（下41、474）	时（195）	寸（131）	寸（230）
经日继夜，慎勿忘（下41、474）	终日终夜，刻刻念念（195）	终日终夜，时时刻刻（131）	終日終夜、刻刻念念（230）
太和（下41、474）按：太，极大也。	大和（195）	大和（131）	大和（230）
扰（下42、474）	入寇（195）	入寇（132）	入寇せり（230）
蹂躏（下42、475）	焦土（195）	焦土（132）	焦土（231）
则或属于俄法，或属于德美（下42、475）	其属英，属俄法，属德美者（196）	属于英法美德俄诸国者（132）	其の英に屬し、露佛に屬し、獨米に屬する者（231）
国籍既异，利害自殊（下42、475）	所属之邦国已（已）不同，则利害得失亦不同（196）	但所属之国不同，故其利害亦异（132）	屬する所の邦國已に同じからざれば、利害も亦同じからず（231）
相亲相信相扶持（下42、476）	相信爱、相扶助（197）	相信相爱，相扶相助（133）	相信愛し、相扶助すべし（232）

续表

北洋法政本	自译本	田译本	日文本
从中离间而中伤之乎(下43、476)	中伤伤间(197) 按:伤间,应为"离间"。	从而中伤离间之有人哉!(133)	中傷し離間する者あるをや(233)
一蹴倒之(下43、476)	一踢仆之(198)	一蹋而倒(133)	一踢して之を倒す(233)
口口(下43、476)	每口(198)	口虽称(133)	每に……口にすと雖(233)
令(下43、477)	假令(198)	假如(134)	たとひ(234)
恣纵(下43、477)	横行(198)	横行(134)	横行(234)
他人岂计我之利不利哉?分割之者行将分割而去,被分割者亦将由分割而亡令(下43、477)	则无论我之利与不利,当分裂者固已分裂,而当分割者亦且分割矣(199)	无论我之利不利,瓜分者固瓜分之,被瓜分者亦被瓜分耳(134)	我の利と不利とに論なく、分裂すべき者は固より分裂し去りて、分割せらるべき者亦分割せられん(235)
重断令(下43、478)	再断言(199)	重断之曰(135)	重ねて斷じて曰ふ(235)
果利我乎否乎(下46、480)	果于我乎,将不利于我乎(200)	果利于我乎,抑不利于我乎(135)	果して我に利なるか、果して我に不利なるか(236)
进步不已(下46、480)	骎骎进步(200)	骎骎乎进步(136)	骎骎進步(236)
岁入经常、临时二者(下46、480)	言岁计乎,通经常临时出入(200)	言岁计,合经常临时(136)	歳計を問へば、經常臨時を合せて(236)
日张(下46、480)	月张(201)	月张(136)	月に張る(236)
新兴国(下46、480)	日出处新兴国(201)	新兴国(136)	日出處新興國(237)
观听(下46、481)	俗耳俗目(201)	俗耳俗目(136)	俗耳俗目(237)
抑渐赴于(下46、481)	将步一步,日一日(200)	抑渐赴(136)	はた步一步、日一日(237)
励精图治,宵衣旰食(下46、481)	尽人皆知,无庸赘言(201)		掛けまくも惶恐し(237)
圣上在大本楼(下47、481)	圣上驻跸广岛,日御大本营楼上(202)	圣上在大本营楼上(137)	聖上は大本營の樓上にましまして(238)
袖(下47、481)	腋下(202)	袖(137)	袖(238)
好色不论娼妓尼婢(下47、482)	其渔色多淫,无论娼妓尼婢,不择其敌手为何人(202)	好色而不论倡[娼]优奴婢(137)	其の色を好みて、娼妓尼婢に論なく、敵手の何人なるをも擇ばざる(238)

北洋法政本	自译本	田译本	日文本
退隐(下47、482)	致仕(202)	退隐(137)	退隐(238)
他方从事市价之交易(下48、483)按:他,北洋本原误为"地"。	一面买卖股票(204)	一面私营商贾之事业(138)	一面相場の駆引に従事して(240)
图宠商之便宜,间接饱其私囊者有之(下48、483)	便宠商之私图,而且肥中饱之饶矣(204)	只计宠商之便宜,间接肥自己之怀(138)	寵商の便宜を計りて、間接に自家の懷を肥せり(240)
帝心(下48、483)	圣旨(204)	御旨(138)	大御心(240)
大君之雄心(下48、483)	大皇帝之宸衷(204)	大君之圣虑(139)	我が大君の大御心(241)
仰慕大内山之庇荫(下48、484)	念念瞻仰紫禁城(205)	念念仰大内山之御荫(139)	大内山の御蔭を仰ざ奉らざるはなし(241)
上下一体之历史,于不知不识之间,情谊日薄,渐归冷淡,尚不觉悟(下48、484)	上下一体之历史情谊,在不知不识之间,一日薄于一日,一夕冷于一夕,而不之悟(205)	上下一体之历史的情谊,于不知不识之间,日薄一日,一夕冷一夕而不悟(139)	上下一體の歴史情誼をして、不知不識の間に、一日は一日よりも薄く、一夕は一夕よりも冷ならしめんとするを悟らず(242)
未必(下49、484)	决不(205)	决不(139)	決して彼が如くならじ(242)
然欤否欤(下49、484)	然乎不然乎(205)	然耶否耶(139)	然るか然らざるか(242)
近世人材之渐次破坏,风俗之益趋颓败。其极也,非所以使浅识之文教当局者明言教育权威之落地,而出于三教会同之拙举欤(下50、486)	此非所以近时人材益败坏,风俗益颓废,而其极使区区刀笔之文教当局,言明教育权威之落地,敢冒三教会同之愚举也耶(206)	亦即使不识大体之文教当局所以声明教育之威权坠地,而出三教会同之愚举也(140)	此れ近時人才の益々破壊せられ、風俗の益々頹廢して、其極小刀細工の文教當局をして、教育の權威地に落つるを言明して、三教會同の愚擧に出でしめし所以にあらずや(243)
在有形式而无精神(下50、487)	在专尚形式而全无精神(206)	在有形式而无精神(140)	形式的なるに在り。無精神なるに在り(243)
每日之新闻纸(下50、487)	日日都鄙报章(207)	日日之新闻(141)	日々都鄙の新聞紙(244)
探东儒之缺点(下51、488)	穿凿东儒之理窟(208)	搜东儒之缺点(141)	東儒の缺點探に過ぎず(245)
出人意表(下53、490)	在人意料外(208)	出人意料之外(143)	人の意料外に在り(245)

北洋法政本	自译本	田译本	日文本
内国之取引（下53、490）	国内之买卖（209）	内国之交易（143）	内國の取引（245）
疲弊（下53、490）	疲敝（209）	疲敝（144）	疲弊（246）
偶夸其长（下53、490）	夸一日之长（209）	夸一日之长（144）	一日の長を誇るすら（246）
极辽（下53、490）	至辽远（209）	尚远（144）	極めて遼遠なり（246）
注目（下54、491）	刮目（210）	拭目而视（145）	刮目せざる（247）
侵略之大志（下54、492）	有侵略之野心也（211）	侵略之大志（146）	侵略の大志あらば（248）
独一筹莫展（下55、492）	不敢动一指（211）	一指不动（146）	一指を動かさんともせず（248）
材能智勇绝伦之人，不得位置；胆量气识兼备之士，沈沦下僚，或退处田间（下55、493）	有材者，有能者，智勇绝伦者，不必占地位。胆之人，量之人，气之人，多沈沦于下僚，或早就预备后备之闲地（212）	所谓有能者，有才者，有智勇绝伦者，必难占一地位。有胆量之人，有气节之人，多沉沦于下僚，或早使归后备之闲地（146）	材ある者、能ある者、智勇絶倫なる者、必しも地位を占むるにあらず。膽の人、量の人、氣の人、多くは下僚に沈淪し、或は早く豫後備の閑地に就きて（249）
间一二志士，欲以有为（下55、493）	虽欲为国家用（212）	纵然用之（146）	國家の用を爲さんと欲すと雖（249）
使终身不得遂其志（下55、493）	使其不得放出一头地（212）	使不得出一头地（146）	一頭地を出すことを得ざらしむ（249）
弃之而不顾（下55、493）	弃之闲地而不顾（212）	置于闲地而不顾（146）	之を閑地に棄てゝ顧みず（250）
此士气所以萎靡，而上下所以解体也（下55、493）	此所以士气渐有萎靡不振之象，而又上下稍有解体之兆也（212）	此士气所以渐有萎靡不振之气象，而上下所以稍有解体之先兆也（146）	此れ士氣の漸く萎靡不振の象ある所以。又上下稍々解體の兆ある所以なり（250）
劝戒（下55、493）	戒饬（212）按：饬，通"饬"。	戒饬（147）	戒飭せり（250）
见夫死者名没，生者受勋。又有功者未必显荣，有劳者未必录用（下55、493）	皆见死者之赏独薄，而生者之勋最高也。悟有功劳者不必录，而有缘故者必见用（213）	见死者则赏独薄、生者之勋最高、有功劳者必不录、有奥援者必拔擢（147）	皆死者の賞獨り薄くして、生者の勳最高きを見て、功勞ある者の必しも録せられず、縁故ある者の必ず用ゐらるゝを悟れり（250）

续表

北洋法政本	自译本	田译本	日文本
然死者竟长已矣（下 55、493）	然身后岂得衣锦之荣（213）	然死而使他人收华实并茂之效（147）	死んで花實が咲かうかいと（250）
殉难为巨擘（下 56、494）	临死为第一（213）	最后为第一（147）	最後を以て第一と爲す（250）
自刃敌前轻死几如鸿毛（下 56、494）	伏刃敌前，投尸海波（213）	自刃敌前，而为沧海之藻屑（147）	自刃して、滄海の藻屑となりしが如き（251）
犬死是也（下 56、494）	狗死（徒死）云者（213）	所谓犬死者是也（147）	犬死とは是なり（251）
而索本追源，……有以开其端也（下 56、494）	然而开之端者，起于……（213）	而致之者，实……（147）	而して之が端を開きし者は……より起れり（251）
否乎（下 56、494）	不特此也（214）	不但此也（148）	余曰く否否（251）
不审乎此（下 56、495）	不此之知（214）	不知此（148）	但に此のみならず（252）
伸张（下 58、497）	皇张（215）	伸张（148）	伸張（252）
日清之役，欧美人之目中，始〈其〉〔识〕我而知极东小国不易侮（下 58、497）	日清之役，使欧美人知东亚有我日本者。自是之后，彼等始知极东小国之不易侮也（215）	日俄战后，使欧美人悟我日本为东方之强国，宇内之精锐者（148）	日清の役は、歐米人をして我が日本の存在を認めしめし者。是より後、彼等は始めて極東の小國の侮り易からざるを知れり（252—253）
朴资茅司	波的茅斯（215—216）	包的冒斯（149）	ポーツマウス（253）
愚儒（下 58、497）按：儒，古同"懦"。	无气无力之擂板汉（216）	优柔（149）	擂板漢のみ、無氣無力の腰拔のみ（254）
维提（下 58、498）	维的（216）	维的特（150）	ウィツテ（254）按：通译为维特。
罗斯福（下 58、498）	卢斯伯耳得（216）	罗斯佛（150）	ルーズヴェルト（254）
不我德（下 59、498）按：不崇敬我的品德。	不德我（217）	不以我为德（150）	我を德とせず（255）

续表

北洋法政本	自译本	田译本	日文本
不我廉（下59、498） 按:不赞佩我的清廉。	不廉我(217)	不以我为廉(150)	我を廉なりとせず(255)
不我恩（下59、498） 按:不感恩于我。	不恩我(217)	不以我为恩(150)	我を恩とせず(255)
伏见奉聘（下59、498）	伏见嗣王奉聘(217)	伏見若宫奉聘(150)	伏見若宫奉聘(255)
三省六万方里之地（下59、499）	三省六万日方里之地(217)		三省六萬方里の地(255)
善后一事,其委曲皆惟我意耳（下60、500）	善后一事,惟我意所命,无有日后支吾之理也(219)	善后一事,不难如意,日后决无支吾之理(152)	善後の一事、委屈ただ我が意のまゝならん。日後支吾ある道理なしと(257)
若无载洵、肃王之苦言,某之忠告（下60、500）	当时微载洵贝勒及肃王善者之苦谏,又无某某氏之忠言(219)	当时若无载洵贝勒，及肃王之苦言，与夫某某氏之忠告(152)	當時載洵貝勒及び肅王の苦言なく、又某某氏の忠告なかりせば(258)
葛藤（下60、500）	纠葛(219)	葛藤(152)	葛藤(258)
长丸事件（下60、500）	辰丸事件(220)	辰丸事件(152)	辰丸事件(258)
登陆（下60、500）	上岸(220)	运搬(152)	陸揚(259)
至于自由下我日章旗,无理尤甚矣（下60、501）	至其擅卸去我船上日章旗,乃不法之最甚者,万不可恕也(220)	至随手撒下我日章旗,其不法尤甚(152)	彼が勝手に我が日章旗を引卸したるに至りては、不埒の最も甚しき者。決して許すべからず(259) 按:胜手:任意,随便。
我之咎清廷也固宜,自邻邦之友谊言之,为不失清廷之欢心,暗削其革党之势力,禁止奸商密售军器,联络邦交,我素志也（下61、501） 按:"固宜,自",在点校本中被误断为",固宜自"。	我外交当局之咎清廷固宜,然翻自邻邦友谊上言之,更自我政府之平日为买清廷欢心,恒常威迫孙逸仙言之,我当局应先禁奸商之密卖军械于某革党也(221)	我外交当局之咎支那政府也固宜,虽然,由邻邦之友谊言之,更由我政府平日为买支那政府之欢心,威迫孙逸仙等之态度言之,我当局宜先禁奸商之秘卖军器于某革党(153)	我が外交當局の清廷を咎むる固より宜し。然れども翻りて隣邦の友誼上より言へば、更に我が政府が平日清廷の歡心を失はざらんが爲めに、孫逸仙等を威迫しつつありし態度より言へば、我が當局は先づ姦商の某革黨に軍器を密賣するを禁ずべかりしなり(259—260)
故意懈怠（下61、501）	故意乎,懈怠乎(221)	故意乎,懈怠乎(153)	故意か懈怠か(260)
此等无理之言,安可出诸同种同文之帝国公使乎（下61、501）	暴慢亦甚矣,此岂可听做平生标榜同文同种之帝国公使之言哉(221)	可谓不合情理之至。此岂平日标榜同种同文之帝国公使所当言者乎(153)	理不盡の沙汰と謂ふべし。此をしも平生同文同種を標榜せる帝國公使の言と做す可きか(260)

续表

北洋法政本	自译本	田译本	日文本
而谓日本肯出此乎(下61、502)	日本政府之不敢出此,固不待言而知(221)	日本政府不敢出此者,固不待言而知(154)	日本政府の敢て此に出でざるは、固より言を待ちて知らず(260)
雄心(下61、502)	老狯心(221)	狡滑心(154)	横着心(261)
清人之不我心服,亦无足怪矣(下61、502)	清人之不心服于我,非无以也(222)	支那人之不心服于我,亦非无理(154)	清人の我に心服せざる、必しも理なきにあらず(261)
急策善后(下61、502)	以为善后一策(222)	而讲善后之策(154)	善後の一策と爲すが如き(261)
变化不常(下61、502)	变化无常(222)	变化无常(154)	變化常ならず(261)
奕棋(下61、502)	拙奕手(222)	笨碁(154)	笨碁(261)
急其所缓,而缓其所急(下61、503)	下手闲处,而不致意于肯綮(222)	任意乱动,所谓重要之地,皆等闲视之(154)	下らぬ駄目を押して、大切なる灸所を等閑にす(261)
小村颇信袁世凯为依我援助赖我维持,然招致美国资本家(下62、503)	如夫小村之方且信袁世凯倚我之援助,恃我之扶持之日,一面招致美国之资本家(222)	夫当小村正信袁世凯之倚我援助、赖我扶持时,而一面请美国之资本家(154)	小村が袁世凱の我が援助に倚り、我が扶持を頼めりと信じつゝありし一面に、米國の資本家を招致し(261)
亲睦无似(下62、503)	莫逆交(223)	以……莫逆之交自惚(154)	親友無二(262)
所谓亲睦云者,殆仅虚与委蛇已耳(下62、503)	所谓油饼见鸢鸥攫去者,非耶(223)	美肉为鹰所攫乎(155)	所謂ゆる鳶に油揚を攫はれしにも似たらずや(262)
一纸之草约(下62、504)	一片觉书(223)	一纸之劝告书(155)	一片の覺書(263)
又见日本居太平洋一方,隆隆勃勃,占东亚形胜,乘新兴之气运,即移民排斥一事观之,知其有不慊然者矣(下63、504)	见日本之居太平洋之一方,占东亚之形胜,乘新兴之气运,隆隆勃勃也,而又知其由移民排斥一事观之,不慊于己也(224)	见日本居太平洋之一方,占东亚之形胜,乘新兴之气运,隆隆勃勃。又知日本因移民排斥一事,不慊于己(156)	而して日本の太平洋の一方に居り、東亞の形勝を占め、新興の氣運に乘り、隆隆勃勃たるを見て、又其の移民排斥の一事に由りて、己に慊たらざるを知る(264)
奸徒(下63、504)	奸物(224)	奸细(156)	姦物(264)
大西洋(下63、504)	太西洋(224)	太西洋(156)	太西洋(264) 按:太,极大也。

北洋法政本	自译本	田译本	日文本
国务卿（下 63、505）	国务大臣（225）	国务卿（156）	國務卿（265）
明断如神，不移如山（下 63、505）	如铁山不移（225）	其不移也如铁山（157）	移らざること鐵山の如し（265）
殆妇人女子之智欤（下 63、505）	何其濡滞如妾妇为也（226）	何柔懦如是之甚哉！（157）	何ぞ女々しきや（265）
较之轰轰烈烈俄国之态度（下 63、505）	视之俄国态度雄大（226）	较之俄国态度之雄壮（157）	露國の態度の立派なりしに想ひ（265）
汗流浃背（下 63、505）	冷汗三斗（226）	汗流浃背（157）	冷汗三斗（265）
分际（下 63、505）	身（226）	分际（157）	分際（266）按：分际，意为身份。
由旁而出，欲夺我掌中物（下 64、505）	自人旁出，而欲夺之我手中矣（226）	由傍夺我手中之利权（157）	一旦傍より出でて、我が手中より奪ひ去らんとす（266）
铁腕斥之（下 63、506）	一喝斥之（226）	铁腕一喝斥之（157）	鐵腕一喝之を斥けたり（266）
巴拿马海峡（下 64、506）	巴奈马峡（226）	巴拿马海峡（157）	巴奈馬海峽（266）
不待智者而后决也（下 64、506）	不待千里眼，而了如指掌矣（226）	虽非千里眼，而瞭瞭如指掌也（157）	千里眼を待たずと雖、瞭瞭指掌の如し（266）
不特（下 64、506）	不必（226）	不独（157）	必しも……ならず（267）
余于国际公法未曾寓目（下 65、507）	余辈不读国际公法一页者（228）	余辈虽未读国际公法之一页（158）	余輩は國際公法の一頁をも讀破せざる者（268）
伊（下 65、507）按：意大利的简称。	义（228）	伊（159）	伊（269）
有同盟之名（下 65、508）	非无同盟之国也（229）	非无同盟之国（159）	同盟の國なきにあらず（269）
有相交之国，无相信之国（下 65、508）	非无所赖之国也，未至真心相信也（229）	非无所赖之国，未至真相信也（159）	頼む所の國なきにあらず、未だ眞に相信ずるに至らざるなり（269）
气运（下 65、508）	将来（229）	将来（159）	将来（269）

续表

北洋法政本	自译本	田译本	日文本
俾士马克（下 65、508） 按：Bismarck，通译为俾斯麦。	卑士麦克（229）	毕斯马克（159）	ビスマーク（270）
加富尔（下 65、508） 按：北洋本误为"拿破仑"。	喀波耳（229）	加富尔（159）	カボール（270）
伸张（下 65、508）	皇张（229）	伸张（159）	伸張（270）
崑崙与喜马拉牙之山峰砑礌轰礚崩颓于一时（下 67、510） 按：与，重印本与点校本，误作"为"。	崑崙、喜马拉亚之山顶，虽砑礌轰礚，一时崩溃（230）	崑崙、喜马拉亚之山顶，虽砑礌轰礚，一时崩溃（160）	崑崙、喜馬拉亞の山頂は、砑礌轟礚一時に崩れ掛らん（270）
巩固（下 67、510）	金瓯无缺（230）	金瓯无缺（160）	金甌無缺（270）
完全（下 67、510）	众志成城（230）	众志成城（160）	衆志爲城（270）
请言其故（下 67、510）	请一二说其故（230）	请申论之（160）	請ふ一二其故を說かん（270）
明渡（下 67、510）	交让（231）	谦让（161）	明渡（271）
举其意之所向（下 67、511）	惟其所为意（231）		惟惟其の意とする所（271）
一邱之貉（下 68、511）	同穴之狐狸（231）	同穴之狐狸（161）	同穴の狐狸（272）
才捶头公（下 68、511）	巨头公爵（231）	桂公（161）	才槌頭公（272）
小才细智（下 68、511）	小有才略（232）	小刀手工之术（162）	小刀細工（272）
愚氓（下 68、511）	众惠（232） 按：应为"众愚"。	众愚（162）	衆愚（272）
形同骗手（下 68、511）	扒手狙人怀（232）	如扒手之夺人怀中之物（162）	扒手の人の懷中物を狙ふが如く（272—273）
类似卖笑（下 68、511）	如帮间媚狎客（232） 按：帮间，即帮闲。闲，间的本字。	如娟优之媚嫖客（162）	幇間の狎客に媚ぶるが如し（273）

北洋法政本	自译本	田译本	日文本
党与(下 68、511)	与党(232)	党(162)	與黨(273)
一成不变(下 68、512)	七生不变(232)	七生不变(162)	七生不變(273)
政法繁缛,纪律废弛,言论自由日益扩充,而国民元气日即消沉,岁计增加,而财力衰耗,武备整顿,而民生憔悴(下 68、512)	政治法制,日流繁缛;而国家纪律,日就弛废。言论之自由,月见扩充;而自主之精神,日觉消沈。岁计出入之数年年加多,而国民之财力年年衰耗。陆海军备岁岁整顿,而国民之元气岁岁憔悴(232)	政治之法制日流于繁缛,而国家之纪纲则日趋于废弛。言论之自由日渐扩充,而国民之元气则日消一日。岁计出入之数,年年加多,而国民之财力则反形衰耗。陆海军备,岁岁整顿,而国民之精神则燋焠[憔悴]较前(162)	政治法制は日々に繁縟に流れて、國家の紀律は日々に弛廢し、言論の自由は月々に擴充せられて、國民の元氣は月々に銷沈す。歲計出入の數は年々多きを加へて、國民の財力は年々衰耗し、陸海軍備は歲々整頓し、國民の元氣は歲々憔悴せり(274)
似此年复一年,我国家进退维谷,将至陷于莫可奈何之境。由今之道无变今之俗(下 68、512)	我国家将陷于进退维谷、生死两难之池,而无复奈何矣。今之形势而不变(233)	我国家将不进退维谷,而陷于生死两难之境者几希矣。如果长此不变(162)	我が國家は將に進退誰れ谷まり、生死兩難の地に陷りて、復奈何ともすること能はざらんとす。今の形勢にして變せずんば(274)
推原祸首,实官吏贵族之罪也(下 68、512)	原其所自,实官僚阀族之罪也(233)	推究其故,非官僚阀阅之罪而谁乎!(163)	其の根本を原ぬるに、實に官僚閥族の罪なり(274)
而民党能力薄弱并无辅弼之力(下 69、514)	而喝破民党之无能也(234)	而喝破民党之无能(163)	民黨の無能を喝破せるや(275)
强硬之对外派,联合而迫政府,其势炎炎,有若烈焰。老狯如春亩相公,狡猾如陆奥外相,无能抗拒(下 69、514)	对外硬各派联合而又迫政府,其势烈烈如炎焰。以春亩相公之八面的老狯而不能斥,以陆奥外相之利刃的鬼才而不能抗(234)	对外硬之各派,复联合而迫政府,其势甚烈。以春亩相公之老滑,犹不能斥;以陆奥外相之鬼才,犹不能拒(163)	對外硬の各派、聯合して又政府に迫る。其の勢烈烈炎焰の如し。春畝相公の八面的老獪を以てして斥くること能はず。陸奥外相の剃刀的鬼才を以てして抗すること能はず(275)
蝸狭(下 70、514)	融洽(234)	融和(164)	融和(276)

北洋法政本	自译本	田译本	日文本
政党内阁之名始出现于日本政党史(下70、514) 按:始,重印本和点校本误为"姓"。	政党内阁始现于日本宪政史上焉(235)	至是而政党内阁,始现于日本之政史上(164)	政黨内閣始めて日本黨政史上に現はる(276) 按:党政,或为"政党"之误。
日夜求之者(下70、514)	十年一日梦寐不忘者(235)	日夜渴想而不已者(164)	十年一日夢想して巳まざりし者(276)
不料曩时(下70、515)	何料雀儿百岁,不忘踊跃(俚谚言旧习不易脱也)。曩日(235)	孰料雀虽至百而不忘踊,曩时(164)	何ぞ料らん雀百まで踊忘れず、曩時(276)
加之猎官邀誉、贪权营私之欲,交相驱逐,又使为名利场中之战斗员(下70、515)	加以猎官之热,财利之欲,迭驱彼我,复为修罗场中之人矣(235)	加之猎官之心,财利之欲,交相驱彼我而使再为修罗场中之人(164)	加ふるに獵官の熱、財利の慾は、交交彼我を驅りて再び修羅場中の人と爲らしめんとは(276) 按:修罗场,语出佛家语,意为战场、争斗场。
攘夺相位(下70、515)	文相椅子之争夺(235)	争夺文相之地位(164)	文相椅子の爭奪(276)
而"御信任"三字遂为未来永劫。组织内阁之第一条件,洵可谓千秋之恨事,亦党人之所自招也(下70、515)	而御信任三字则为未来永劫组织内阁之第一条件焉,洵可谓千秋恨事矣此亦党人所自招者也(235)	而御信任三字,遂为永久组织内阁之第一条件。洵可谓千秋之恨事,亦党人所自招也(164)	御信任の三字は、未來永劫内閣組織第一の條件と為りぬ。洵に千秋の恨事と謂ふべし。亦黨人の自ら招きし所なり(276—277)
增加(下70、515)	更加臭秽(235)	丑态,更有甚于前者(164)	更に幾倍の臭穢を加へしめし(277)
演成离奇之状态(下70、515)	演出此一大失态(236)	演出之失态也(164)	此の一大失態を演出せり(277)
滥行贿赂(下70、515)	一则贿赂,二则贿赂(236)	一亦贿赂,二亦贿赂(165)	一も賄賂、二にも賄賂(277)
概由买收(下70、515)	一则买收,二则买收(236)	一亦收买,二亦收买(165)	一も買収、二にも買収(277)
明目张胆(下70、515—516)	青天白日之下(236)	青天白日之下(165)	青天白日の下(277)
遗臭(下71、516)	永留臭秽之痕(236)	永留臭秽之痕(165)	永く臭穢の痕を留めて(277)
百世(下71、516)	百年千年(236)	千百年(165)	百年千年(277)

北洋法政本	自译本	田译本	日文本
常人（下71、516）	常识以上之人（236）	稍有常识者（165）	常識以上の人（278）
院中议员无一反对者（下71、516）	院中三百头颅，无复一个半个反对者（236）	院中之三百头颅，无一人起而反对（165）	院中の三百頭顱、一個半個の反對する者なく（278）
栃木县（下71、516） 按：点校本误为"橱木县"。	橡木县（237） 按：应为栃木县。	栃木县（165）	櫔木縣（278）
闾阎平民（下71、516）	田舍汉（237）	田舍汉（165）	田舍漢（278）
不枉民休养之本旨（下71、516） 按：民，应为"民力"。	不枉体养民力之本旨（237）	不失民力休养之本旨（165）	民力休養の本旨を枉げざりき（278）
三百议员之价格至是（下71、516）	三百头颅之价值如此（237）	所谓三白［百］头颅之价值，至是亦可怜矣（165）	三百頭顱の價値も是に至りて（278）
对议会中之傲岸不屈者则以解散动之，以黄白诱之。于是院中之多欲怯弱者咸靡然赴之；自兵丁以至神将，亦皆争先恐后，仰政府之鼻息矣（下71、516—517）	议会而有傲岸不屈之气，以解散风动之，继则散黄白以诱之。于是院中之多欲者、骨软者、腰酸者，靡然赴之。自捉刀走卒，以至神将佐领，亦皆伺政府鼻息，争先恐后（237）	如议会仍坚持不屈，则先以解散风动之，继散黄白诱之。于是院中之多欲者，软骨者，弱腰者，靡然应之；殆举全院皆仰政府之鼻息，争先恐后（166）	議會にして傲岸不屈の氣あれば、解散風を以て之を動し、次には黄白を散じて之を誘ふ。是に於て院中の慾多き者、骨軟なる者、腰弱き者、靡然として之に赴き、足輕陣笠より、稗将以下に至るまで、亦皆政府の鼻息を伺ひ、先を爭ひ後れんことを恐る（279） 按：足輕陣笠，指出战时头戴斗笠的普通士兵；又指武士的随从。
又丑态中之尤者也（下71、517）	又丑态中最极丑态者（237）	又其丑态中之最丑态者（166）	又醜態中の最も醜態を極めたる者（279）
大肆谩骂（下71、517）	直笔毒骂（237—238）	大肆毒骂（166）	大に毒罵を肆にせしめば（279）
且以自由权变自许之板垣翁亦欣然迎之（下72、517）	即自由权化自许之板垣翁亦欢然迎之（238）	以自由权化自许之板垣翁，亦欣然迎之（166）	自由の權化自ら許せる板垣翁も亦欣然之を迎へて（280）

续表

北洋法政本	自译本	田译本	日文本
附伊藤叛板垣者有之,附伊藤而不叛板垣者亦有之,欲得御信任耳。其所以焦燥不安者,缘其志在利禄也(下72、518)	附伊藤而叛板垣耳。非附伊藤而叛板垣耳,由欲得御信任三字耳。其所以焦燥不安者,为其志为一日早近政权,而攫取利禄耳(239)	归顺伊藤而叛板垣而已,非归顺伊藤而叛板垣也,因得御信任之三字而已,为能早握政权、攫取利禄而已(167)	伊藤に附きて板垣に叛きしのみ。伊藤に附きて板垣に叛きしにあらず。御信任の三字を得んとしたりしのみ。其の志一日も早く政權に近づきて、利禄を攫み取らんと焦燥りしか爲めのみ(280)
见夫久戴板垣为首领而不能有满私欲之机会也(下72、518)按:夫,重印本和点校本误为"未"字。	由悟其永戴板垣为首领,终不能捉赝自家私欲之机会耳(239)	若永戴板垣为首领,则终无满自己私欲之机会而已(167)	永く板垣を戴きて首領と爲さば、終に自家の私慾を満すべき機會を捉ふる能はざるを悟りしが爲めのみ(280—281)
广长舌(下72、518)	长广舌(239)	言论(167)	長廣舌(281)
自明治十四年之政争逐内阁以来(下72、518)	自明治十四年之政争排出内阁(239)	自明治十四年之政争被逐内阁以来(167)	明治十四年の政争に内閣を逐はれしより(281)
开拓心胸,清浊兼容(下73、519)	清浊并吞,侈然自大(240)	清浊并饮,议论雄壮(167)	清濁并せ呑みて、大包袱を擴ぐるに至りて(281)
卵翼之恩(下73、519)	卵翼之思(240)	卵翼之思(恩)(167)	卵翼の恩あり(282)
缘于御信任三字也(下73、519)	为与御信任三字甚疏远耳(240)	以不得御信任三字而已(168)	御信任の三字に縁遠きを以てなり(282)
遂毅然退去矣(下73、519)	一朝奉身引去(240)	遂卷身而去(168)	一朝身を奉じて退き去りぬ(282)
与大隈相处三十余年(下73、519)	以三十年来与大隈昵近之身(240)	以三十年来与大隈相交(168)	卅年来大隈と昵近の身を以て(282)
况其他哉(下73、519)	况其余党中细人乎(240)	至其余党中之小人,更不待言矣(168)	其餘黨中の細人をや(282)
机关也(下73、519)	机关也,手段也(240—241)	机关也(168)	機關なり、手段なり(283)
果能指导舆论现实舆论(下73、519)	果否足以指导现实舆论(241)	而又能指导舆论、实现舆论而已(168)	果して輿論を指導し實現し得るかを顧みるべきのみ(283)

续表

北洋法政本	自译本	田译本	日文本
且此三条件(下73、519)	此三者条件皆具(241)	此三者条件皆具(168)	此の三條件皆な具はりて(283)
固如是(下73、520)	固不宜如是(241)	固不可如是(168)	固より是の如くなるべからず(283)
心(下73、520)	宸衷(241)	心(168)	大御心(283)
且政友会、国民党既以御信任三字远板垣、逐大隈矣,然则今之政友会、国民党设终无取得御信任之资格,党人其将解党以博御信任乎(下73、520)	且政友会、国民党,已以御信任三字,或敬远板垣焉,或放逐大隈焉。果然,谓今之政友会、国民党,究竟无有御信任之资格也,则党人必敢行解党,以副御信任乎(241)	且政友会国民党既以御信任三字,或敬远板垣,或放逐大隈,然则今之政友会国民党如终无得御信任之资格,则其党人必至解党而博御信任乎?(168)	然らば則ち今の政友會、國民黨は、終に御信任を得べき資格なしと曰はば、黨人は必ず解黨をして迄も、御信任を搏せんとするか(283)
放行(下74、520)	放侈(242)	放僻邪侈(169)	放侈(284)
募党于(下74、520) 按:应为“募党与于”。	募党与于(242)	募党与于(169)	黨與を地方に募るや(284)
治水(下74、520)	治产(242) 按:应为“治水”之误。	治水(169)	治水(284)
逞其巧言美利之手段(下74、520)	啖以巧言美利(242)	啖以巧言美利(169)	啖はすに巧言美利を以てして(284)
并合异分子而不具择为谁(下74、521)	抱合异分子,而不择彼此(242)	抱合异分子,而不择彼我(169)	異分子を抱合して、誰彼を撰ぶ所なければなり(284)
无政见政策,惟腐心(下74、521) 按:点校本断句为“无政见,政策惟腐心”,应误。	无政见政策,惟腐心(242)	无政策,唯腐心……(169)	政見もなく、政策もなく、惟惟……に腐心すればなり(284)
举一切阀族内阁之计画悉踏袭之(下74、521)	一切施设,袭踏阀族内阁之计画(242)	举一切而袭踏藩阀内阁之计划(169)	一切を擧げて閥族内閣の計畫を襲踏し(285)
掩(下74、521)	糊涂(242)	糊涂	糊塗(285)

续表

北洋法政本	自译本	田译本	日文本
不足道也(下74、521)	骂詈之而不足,涕唾之而不足,呕吐之而犹且不足(242)	詈骂不足,叱唾亦不足,呕吐犹不足(169)	罵詈して足らず、唾して足らず、嘔吐して猶足らず(285)
相伯仲耳(下74、521)	在五十步百步之间耳(243)	在五十步百步之间耳(170)	五十步百步の間に在り(285)
故其党中之行动,常不能保其一致。甲进乙退,丙左丁右(下74—75、521)	以故党人中,动辄支吾齟齬,一则欲进,一则欲退,一则欲东,一则欲西(243)	以故党人中之意见,恒不能一致,一欲进,一欲退,一欲左,一欲右(170)	故を以て黨人中動もすれば一致を保つこと能はず。一は進まんと欲し、一は退かんと欲し、一は左せんとし、一は右せんとす(285)
从仆(下75、522)	仆从(243)	从仆(170)	從僕(286)
无名小卒(下75、522)	后辈末流(243)	杂兵之徒(170)	雜兵一輩(286)
犹越人视秦人之肥瘠(下75、522)	如痛痒不相关者(243)	不关痛痒(170)	痛痒相關せざる者の如し(286)
爱兰之巴奈尔(下75、522)按:即爱尔兰的巴奈尔。	爱兰之巴纳耳(244)	爱尔兰之巴拿尔(170)	愛蘭のバーネル(286)
纵横(下75、522)	狮子吼(244)	临(170)	獅子吼(286)
梅毒(下75、523)	霉毒(244)	梅毒(170)	梅毒(287)
如患脊髓者(下75、523)	如脊髓患者(244)	如脊髓患者(170)	脊髓患者の如く(287)
若非取今之政党纵断之而又横断之(下76、523)	非纵横断今之政党(245)	非纵横断今之政党(171)	今の政黨を縱斷し横斷して(288)
而政党(下76、524)按:重印本、点校本误为"政党而"。	而政党(245)	而政党(172)	政黨(288)
可云的确(下76、524)	未有的确于此者(246)		此より的確なるはあらず(289)
唱(下76、524)	喝破(246)	提议(172)	喝破(289)

续表

北洋法政本	自译本	田译本	日文本
不惟无一人唱租税减轻之论,问有一人真实思虑及此者乎?（下76、524）	无矣（246）	不但无之,试问有一人能真实思及此者乎?（172）	惟に一人の喝破せし者なきのみならず。一人の真實此に思ひ到りし者ありや（289）
师弟（下77、524）	师资（246）	师第（172）	師弟（289）
腕力（下77、525）	武力胁喝（246）	腕力（172）	腕力（289）
金钱收买（下77、525） 按:金钱,重印本误为"金录",点校本校正为"金〈录〉〔钱〕"。	银钱收买（246）	金钱买收（172）	金錢買收（290）
周旋屋（下77、525）	周旋家（247）	周旋家（172）	周旋屋（290）
以手易品（下77、525）	左纷右拏（247）	交手易品（172）	手を易へ品を易へて（290）
以投票收买之名分,配于选举人（下77、525） 按:逗号,应在"分"前。	以收买投票之名,摊配选举人（247）	以买收投票之名,而分配于选举人（172）	投票買收の名を以て選擧人に分配す（290）
俑钱（下77、525）	中饱（247）	肥己（172）	コンミッション（290）
任牙保之左右（下77、525）	信牙保挥霍（247）	一任牙保等之左右（173）	牙保連の左右するに任す（290）
此其人之不足代表民意舆论也,可知矣。而投票者又何望其人之果能代表民意舆论耶?（下77、525）	何知其人之足以代表民意舆论与否,又何望其人之果能代表民意舆论哉（247）	何能知其人之足以代表民意舆论否乎? 又何望其代表乎?（173）	何ぞ其人の民意輿論を代表するに足るや否やを知らん。又何ぞ其人の果して能く民意輿論を代表するを望まんや（290）
而选举场之占胜者（下77、525—526）	先鸣于选举场者（247—248）	而选举场里之战胜者（173）	而して選擧場裏の勝を占むる者（291）
无投票权利（下77、526）	卖投票之权利（248）	卖投票之权利（173）	投票の権利を賣る（291）

北洋法政本	自译本	田译本	日文本
卖于丙、复卖于丁,利用无记名法而为二重三重四重五重之卖票。其贱陋至此(下77—78、526)	卖于丙丁,藉无记名法之便,行再卖三卖。其贱劣无耻至此(248)	卖于丙丁,利用无记名法,而为二重三重之卖票者。其卑劣鄙陋孰甚!(173)	丙丁に賣り、無記名法を利用して、二重三重の賣票を爲す者あり、其賤劣鄙陋此に至る(291)
坏(下78、527)	丑(249)	丑(174)	醜(293)
体政(下78、527)按:《左传》:"礼以体政"。	政治(249)	政治(174)	政治(293)
及今救之,犹恐不及。若犹不大加更张,痛为洗涤(下79、527)	及今而救之,不为太早矣。况今而不加一大断割,一大洗涤乎(250)	今即救之,犹觉为时太晚,况今而不施一大刀割,不下一大洗涤乎!(175)	今に及びて之を救はんも、時たること太だ早しとせず。況んや今にして一大斷割を加へ、一大洗滌を下さざらんか(293)
虽有(下79、528)	尝有(250)	有(175)	嘗て……あり(294)
一无及此(下79、528)	一念至此(250)	一念至此(175)	一念此に至る(294)
流风所被(下80、530)	余弊(251)	余弊(176)	餘弊(295)
怯懦(下80、530)	怯惟(251)	怯懦(176)	怯懦(295)
颇惊人耳目(下80、530)	至么麽。然其蚀物,极神速,极轻微,而其害殆不可测,往往骇人耳目(252)按:么麽:即幺麽,意为微不足道、微小。	颇惊人之耳目(176)	頗る人の耳目を驚せり(295)
不禁戚然忧矣(下80、531)	令人转不禁危惧之念(252)	而恐惧之念,益不能禁(177)	疑惧の念を禁ずること能はず(296)
七百年霸府,何由而倒? 封建武门制度,何由而革?(下80、531)		七百年之霸府,果何由而倒乎? 封建武士之制度,果何由而改乎?(177)	七百年の霸府は、何に由りてか倒れし。封建武門の制度は、何に由りてか改まれる(296)
东北士氏(下80—81、531)	东北之士民(252)	东北之士民(177)	東北の士民(296)
不平之辈(下81、531)	不逞之徒(252)	不平之徒(177)	不平の徒(296)

续表

北洋法政本	自译本	田译本	日文本
龟山上皇归洛传三种之神器,后始得统一(下81、531—532)按:"归洛"二字之后,应有逗号。	后龟山上皇还都,传三种神器之后,乃始传统。(253)		後龜山上皇歸洛、三種の神器を傳へさせ玉ひて後、始めて傳統ましましたるなり(297)
海山千年(下81、532)	海山千年俗语:海千年,山千年,言阅历极深也(253)		海山千年(297)
其丑态之极,昭然明矣。其事体之本末未辨者,亦昭然明矣(下81、532)	其丑态最甚,可谓咄咄怪事。其不辨事体本末,亦可谓咄咄怪事(253)	其丑态为何如哉!其不辨事体之本末,亦难以言语形容者也(177)	其の醜態を極めたりしは、言語道斷なり。其の事體本末を辨ぜざるも亦言語道斷なり(297)
御真影(下81、532)	宸影(253)	御真像(178)	御真影(298)
凿方枘圆(下81、532)	以针为棒(253)	針小棒大(178)	針小棒大(298)
忽焉发起者然(下81、532)	忽自脚底起(253)	由足下而起(178)	脚下より起りたるが如し(298)
苏我马子(下81、532)按:点校本误为"苏我马□"。	苏我马子(254)	苏我马子(178)	蘇我馬子(298)
远迈前古(下82、533)	前古无与比伦(254)	前古无比(178)	前古與に比すべきなし(298)
第一高等师范学校(下82、533)	第一高等学校(254)按:实为第一高级中学校。	第一高等学校(178)	第一高等學校(299)
又岂非三千年来第一不祥之事乎?(下82、533)		亦即非三千年来第一不祥之事乎?(178)	又即ち三千年来第一不祥の事にあらずや(299)
御真影(下82、533)	宸容(254)	御真像(178)	御真影(299)
涂径(下82、533)	径路(254)	路径(178)	徑路(299)
肌栗而发立(下82、533)	肌粟发立(254)	毛发悚然(178)	肌粟し髪立(299)

续表

北洋法政本	自译本	田译本	日文本
毫无惭愧之色,谨慎之体(下82、533)	毫无惭愧之色,又无谨慎之意(255)	毫无惭愧之色,谨慎之体(179)	毫も慚愧の色なく、謹慎の體なし(299)
余不禁转生危惧之念也(下82、534)	我安得不危惧又危惧哉(255)	吾人安得不起危惧之念哉(179)	余は轉危惧の念を禁ぜざるなり(300)
现在有依赖性之一种物(下82、534)	现代之障碍物(256)	现代进化之障碍物(179)	現代の厄介物(300)
根本性之符号(下83、534)	根性之标榜者(256)	根性之信条(179)	根性の信號(300)
非反古耶(下83、534)	非一故纸耶(256)	非一反古乎(179)	一の反古にあらずや(301)
余素视伪忠、伪孝、伪忠君、伪爱国者为蛇蝎(下83、534)	余素蛇蝎视夫伪忠、伪孝、伪忠君、伪爱国者(256)	余素视伪忠、伪孝、伪忠君、伪爱国为蛇蝎者(180)	余は本来僞忠僞孝、僞忠君僞愛國を蛇蝎視する者(301)
不知此而云云(下83、535)	不此之知,而云云是非(256)	不知此而云(180)	此を知らずして云云す(301)
盎格鲁撒克逊(下83、536)	谙格鲁撒逊(257)	盎格鲁撒克逊(180)	アングロサクソン(301)
日月(下84、536)	日日(257)	日日(180)	日日(302)
乘事机(下84、537)	触机触事(258)	触机触事(181)	機に觸れ事に觸れて(302—303)
年复一年,日就月将(下84、537)	五年十年,日日夜夜,每分每秒(258)	五年十年,则日日夜夜,每分每秒(181)	五年十年、日日夜夜、每分每秒(303)
汛(下84、537)按:应为"汛"(泛)之误。	汛(258)	汛(181)	汛く(303)
四亿万(下84、537)	四万万(258)	四万万(181)	四億萬(303)
一旦猝遇亡国之祸(下84、537)	一旦猝遇亡国之祸,而莫之能救也(258)	将遭亡国之祸(181)	一旦猝に亡國の禍に遇へり(303)
遍于上下(下84、537)	满于都鄙(258)	充满乎上下(181)	上下に滿てり(303)

北洋法政本	自译本	田译本	日文本
与治国同道罔不兴,与乱国同道罔不亡(下84、537)	与兴同道罔不兴,与亡同道罔不亡(258)	兴同道则无不兴,亡同道则无不亡(181)	興と道を同じくすれば興らざるはなく、亡と道を同じくすれば亡びざるはなしと(303)
圣德日新,如日月之中天,何有黄昏之象(下86、539)	非乾刚之圣德日新月隆耶?日月方悬于中天,何处有昏暮气象(259) 按:乾刚,应为"乾纲"。	圣德非日新月隆乎?日光方悬于中天,何处有黄昏之气象乎?(182)	聖德は日々に新たに月月に隆におはしまさずや。日月方に中天に懸れり。何の處にか黄昏の氣象あらん(304)
坠落(下86、539)	堕落(259)	堕落(182)	堕落(304)
无是非(下86、539) 按:重印本误为"无事非"。	无是非(260)		是非なく(304)
余不学无术一贫窭之田舍夫(下87、540)	余一介老措大,不学无识之田舍汉(260)	余辈虽一介之老措大、不学无识之田舍汉(183)	余輩は一介の老措大、不學無識の田舍漢のみ(305)
世人(下87、540)	一世(261)	一世(183)	一世(305)
敢先告(下87、540)	最先敢告于(261)	敢告(183)	敢て最先……に告ぐ(306)
入虎穴以冒万死,而博一生者(下87、540)	常出入于虎穴之中,冒万死而博一生者(261)	常出入于虎穴之中,冒万死而博一生者(183)	常に虎穴の中に出入して、萬死を冒して一生を博せし(306) 按:冐,同冒。
公等何竟排弃一切之情实,不顾平日之主张耶(下87、541)	公等何不排去一切情实,顾平日主张如何(262)	公等何不排去一切之情实,而顾平日之主张如何乎?(184)	公等何ぞ一切の情實を排し去りて、平日の主張如何と顧みざる(307)
公等造幸福于国民者何在(下88、542)	卿等何处与国利民福乎(262)	果有为国兴利,为民谋福之事乎?(184)	卿等は何の處にか國民利福を興したるぞ(308) 按:興(兴),或为"奥"(与)之误。
今日岂公等私心自用,攘权夺利之时乎(下88、542)	今日岂卿等屑屑于小感情小利害之时乎?弄小机略小术策之时乎(262)	今之时岂容卿等争小利害,弄小术策之时乎?(184)	今日は卿等が小利害小感情に屑屑たるの時か。小機略小術策を弄するの時か(308)

续表

北洋法政本	自译本	田译本	日文本
武人不爱钱，古有明训（下 88、542）	武人爱钱，古今来所戒（263）	武人爱钱者，今古之禁物也（185）	武人錢を愛するは、今古の禁物（308）
用之如泥沙（下 88、542）	随手挥霍，一如汤水（263）	任意挥霍者胡为乎（185）	揮霍手に隨がひて、湯水の如き（308）
百姓村夫（下 88、542）	农夫商贩（263）	农夫商人（185）	百姓町人（308）
殊不知将来之大敌（下 88、542） 按：不，重印本、点校本误为"之"。	然将来勍敌（263） 按：勍（qíng）敌：强敌；有力的对手。	而将来之大敌（185）	しかも將來の大敵（309）
位置（下 88、543）	标置（264）	声价（185）	標置して（309）
公等果有表率四民之品格乎（下 88、543）	卿等果有坐人上方之资格乎（264）	卿等果有居人上之品格乎？（185）	卿等果して人の風上に置かるべき品格ありや（309）
莫大之鸿恩（下 88、543）	海岳之鸿恩（264）	海岳之鸿恩（185）	海岳の鴻恩（309）
公等非国家之赘瘤国民之附属物耶（下 89、543）	卿等依附于宫廷，不类社鼠城狐之为乎。卿等非国家之赘瘤耶？非国民之寓公耶（264）	卿等之依附宫廷者，非类于社鼠城狐乎？卿等非国家之赘流，而国民之重累物乎？（185—186）	卿等の宮廷に依附するは、恰も社鼠城狐に類せずや。卿等は國家の贅瘤にあらず、國民の厄介物にあらずや（309）
巨万（下 89、543） 按：重印本、点校本误为"百万"。	巨万（264）	巨万万（186）	巨萬萬（310）
不然（下 89、544）	脱兔（265）	见遗（186）	見遁（310）
亡国灭家（下 89、544）	亡家灭贼（265） 按：贼，应为"族"。	亡家灭族（186）	亡家滅族（310）
生梵妻（下 89、544）	生大黑（寺婢）（265）		生ける大黑（311）
质（下 89、544）	强卖（265）	市（186）	押賣（311）
犹且盛气念弥陀，唱南无（下 89、544） 按：南无，应为"阿门"。	犹且温然蔼然，念弥陀佛，唱亚孟（265） 按：亚孟，意为阿门，是アーメン的汉译。	反力念弥陀佛"阿们"（187）	猶且殊勝氣に彌陀佛を念じアーメンを唱ふ（311）

北洋法政本	自译本	田译本	日文本
非得之于欧美人乎(下 90、545)	非欧美人之零售耶(265)	非受之于欧美人乎？(187)	歐米人の受賣にあらずや(312)
其支那人(下 90、545)	某清人(266)	某支那人(187)	某清人(312)
其英人(下 90、545)	某英人(266)	某英人(187)	某英人(312)
其美人(下 90、545)	某美人(266)	某美人(187)	某米人(312)
刻刻(下 90、545)	刻一刻，念一念(267)	刻刻(188)	刻一刻(313)
真剑(下 90、546)	真剑白刃(267)	真剑(188)	真劍(313)
诚者，不出妄语(下 90、546)	诚自不妄语入(267)	诚者，不妄语不妄为之谓也(188)	誠は不妄語より入る(313)
喁喁然(下 91、546)	喁喁喁喁(267)	喁喁喁喁(188)	喁喁喁喁(313)
皇种(下 91、546)	黄种(268)	黄种(188)	黄種(313)
胆宜小而心宜小(下 91、546) 按：应为"胆宜大而心宜小"。	心宜小也，胆宜大也(268)	胆宜大而心宜小(188)	膽は宜く大なるべし、心は宜く小なるべし(314)
盛行经纶(下 91、546)	盛行轻纶(269) 按：轻，应为"经"。	盛行经纶(189)	盛に經綸を行はんと(315)

三、对北洋本"译者曰"、"眉批"和田译本"驳语"的比对

1. 此种比对,既为对北洋本和田译本的比较,也可以集中展现北洋本的驳议全貌。

2. 北洋本的驳议重点在"译者曰",内容较为充实。"眉批"则相对简短、零散,大多有较强的针对性。对眉批,自应联系所针对的段落或语句来理解;单独来看,也能大致上感受到驳议者的倾向性。与田译本相比,北洋本的辩驳更为具体,在几乎每章后和许多段落之后都有"译者曰",眉批则更有具体的针对性。田译本则只在大部分章节之后有"驳论",也就只能概而述之了。

3. 与北洋本相比,田译本从日本的社会风俗习惯和国内政治上对日本批评较多,有的还比较激烈;在中日国家关系上,特别是对中岛端和日本右翼势力关于中国必然被瓜分的渲染,对其分裂和独占中国的野心,则涉及较少。

4. 就驳论而言,田译本对袁世凯的维护不如北洋本;就翻译中的篇章处理而言,对袁的维护则甚于北洋本。

5. 北洋本对原著者中岛端的抨击更为激烈,对他的相对肯定(良药苦口,引为鉴戒)却也更多。田译本对著者的批评相对缓和,对他的相对肯定也极少。除了"凡例"中的总体说明外,只有廖廖几句。

6. 对中岛端的原书,北洋本是群译群评,驳议范围广,内容多,也有些庞杂。田译本则一人单独翻译和评论,风格比较一致,视野也相对狭窄。

北洋本	田译本
上编　绪论	（未译）
眉批:醉生梦死之说。谓为天夺之魄也可,谓为鼠目寸光也亦可。(北洋本上编第 1 页,点校本第 264 页)	
眉批:吾国光复之日,著者乃谓为亡国之日。立言绝奇,宅心绝险。(北洋本上编第 1 页,点校本第 264 页)	
眉批:堂堂宪法,而曰钦定,此吾人所以革命;桓桓武士,击楫中原,此吾人所以能举革命;莘莘学子,共撑神州,此吾所以能筹革命;资政院、谘议局,奄奄待毙,一听政府之横行,此吾人所以不得不革命。(北洋本上编第 2 页,点校本第 265 页)	

　　眉批:抑知养革军之势,即袁氏所以展其抱负者乎?
(北洋本上编第 3 页,点校本第 267 页)

　　译者曰:日人天性褊啬,眼光绝短,好腾口舌,模棱推移,鲜所适中。著者斯篇描写尽致,将岛民浮薄之态,全盘托出矣。而独不悟己亦正犯此病。东坡诗云:但闻烟外钟,不见烟中寺。著者心曲,恰有是境。又如《水浒传》花和尚大闹五台山,骂其同侪曰:我要不是看师父面上,把你们这秃驴个个打杀。而忘其顶上圆光也,呵呵。
(北洋本上编第 5 页,点校本第 270 页)

　　译者又曰:探著者缪论发动之源有三:一曰功名心。凡小有才者,多喜国家多事,以便行其自私自利之心,逞其不仁不义之志,遂其可羞可耻之功名事业,以自荣而耀人。假志士之名,收市狯之利。推其用意,直欲以穷兵黩武饵其政府,而己可乘机以猎功名耳。二曰野心。是书开宗明义,即首诋其朝野上下,当中国多事之秋,尚徬徨于醉生梦死之中,不能明断果决,急起而分割中国。嗟乎! 中日素称同种同文,何此不祥之言,竟出自友邦人士之口也! 夫战争之祸惨矣! 拿破仑远征也,普法战争也,日俄战争也,成吉思汗西侵也,耗几许之资财,丧若干之生命。寡人妻,孤人子,独人父母。进步为之阻害,学术为之萎靡。战血光中,炮弹灰里,所赢得者东乡大将之智勇,毕士麦之手段,成吉思汗、拿破仑之威名而已,他无有也。此持人道主义者,所深痛恨,以其徒能满足少数武断政治家及海陆军人等之功名心,资本家之取利心;而所谓国威国光者尽虚荣也。军人战场上之相残,有同禽兽。居今之世,犹不能脱食肉竞争之阶级,诚足为吾人类羞矣。今著者必欲怂恿其国人,为扰乱世界和平之戎首。无论吾国革命后民气不可轻侮,借曰中国果见分割,列强以均势不相下,吾国民各思以热血染尽山河,东亚战祸,将无终极。就令炎黄遗裔,肝脑涂尽,神州旷野,阒其无人。日本对此战血余腥之亚东大陆,孑然三岛,欲进而图中原,则遭列强之钳制;欲退而守空岛,则苦孤立而无援。灿烂樱花之海国,恐沈没于太平洋惊涛骇浪之中。呜呼! 著者可以醒矣。三曰郁愤。著者讥其国人可谓至矣。内而政府、政党、实业家、教育家，外而公使、领事、商务官、新闻通信员，以至在外国为教师者，无一不受其讥嘲。然则日本朝野上下，果无一人足以当著者意乎？盖著者小有才智，而未见用，故牢骚抑郁不平之气，字里行间，锋棱时露。籍煽动风云之略，作发舒愤慨之资。硁硁小人，吾又奚责者？绪论虽简，著者衷怀，于兹尽露矣。（北洋本上编第 5—6 页，点校本第 270—272 页）

袁世凯之月旦　　　　　　（未译）

眉批：岛人仇袁之机，即伏于此。（北洋本上编第 7 页，点校本第 273 页）

眉批：即令有之，将留此身以有用耳，胡言怯懦？（北洋本上编第 8 页，点校本第 275 页）

眉批：专制帝王家阴幕蔽天，蜚语之来，要有所自，安见为袁所造？至龟駿误国，起用老成，则又一般人民之心理。乌得谓袁思乘机任意周内，识者哂之。（北洋本上编第 9 页，点校本第 275—276 页）

眉批：诡谲亦何损于英雄？（北洋本上编第 9 页，点校本第 276 页）

眉批：罪己诏乃滦军所迫，与袁何涉？更何言复仇？（北洋本上编第 9 页，点校本第 276 页）

眉批：使皇族而宜入内阁者，则岛国于此何以为宪法所禁。（北洋本上编第 9 页，点校本第 276 页）

眉批：阴险又何损于英雄？（北洋本上编第 9 页，点校本第 277 页）

眉批：此正是英雄作用。（北洋本上编第 10 页，点校本第 277 页）

眉批：爱亲觉罗氏之私积，皆三百年来吾侪小民之汗血脂膏也。不取之，则以养独夫之爪牙，饵吾民之豺狼。袁氏此举，功德无量。著者必欲颠倒黑白，适见其奴性之深也。（北洋本上编第 10 页，点校本第 278 页）

译者曰：知人亦岂易言哉？盖棺论定，世固有；盖棺千百年而论犹未能定者，然亦有。盖棺之前可预断其为若何之人物，而无须穷稽诸千百年后者，此其系于国运人心者至钜,固可先决无稍惑。皮相者,不足语也。夫皮相者,犹不足语,则夫机智阴狡者,其用意固别有在,无一语之可稽信。而吾人之对于横逆之来,非可默尔而息者也。著者之论袁项城也,信口雌黄,横施诋毁。往迹则讥无完肤,未来则狂诬妄断,贻我民国开幕英雄之羞。笔舌犹在,宁复可忍!袁项城之事业历史,在武汉起义之先,公使也,总督也,军机大臣也。处前清专制淫威之下,欲建悠远重钜之事业,固必须出以机警深稳之手段,操纵捭阖。虽不能尽人尽地而施,然有时为成功之捷径。要箸所需,容有不得不施者。小儒动持小信小义,立人之背后,而斥其长短,此其眼光只可论白衣秀士王伦耳。外交向以一国之实力为后盾,即言交涉,亦枢臣实司其权。区区一小公使将校,乌得膺其全咎?岛人津津指摘,若有余味,自鸣其战胜国之得意,然实吾国伤心惨目之痛史也。比干剖心,屈原沈江,译者犹讥其愚忠;管仲不死子纠之难,孔子许之,然古今不可一致论者。彼其痛心祖国,一瞑不复,大节苦衷,固可令千载后,闻风凛敬。若夫族类既异,尤不能以前人所持之节,责诸后人。至末路见疑,私宅废居,专制君后通常防制之习惯。而在满清,尤具有特别之隐衷。与人物之所以为人物,其论点固无涉也。武汉起义后之袁项城,事业历史,前此曾国藩、李鸿章之所瞠目惊心,不敢为不能为者。袁项城则不动声色,除旧布新,定国事于至危极险之顷。虽曰时势造英雄,前后所遭遇之时势,固有异同。然其举大任于风声鹤唳之时,外为急进志士所磨齿,唾骂抨击,欲得而甘心,炸弹日环伺于侧,生死至难决定;内为宗社强要所扼防,深忌缧绁在身,时有不慎,则必至举国以殉,而民国亿兆同胞,胥断送于万劫存亡不可知之数。内患外迫,至难捉摸,稍纵即逝。卒能从容布置,千难万险,合南北而一之,融五族而共进于共和之域,得至于今日者。袁项城之所以为袁项城,固自有在,常智又乌足以测之。复仇云者,胁迫云者,举为井蛙梦呓之语。旋乾转坤之业,固非按部就班者所能达也。往事既如此矣,民国之经营搆设,亦非袁项城之大刀阔斧,无由荷其负担。十年总统之言,惟英雄能知英雄。诚如孙中山所道:揆诸人心国运,袁项城所以自效于国,与其所以自待,人之所以望袁项城及其所以望袁项城者而望之于国,俱不难昭然若揭。著者何由断为断头台上之一人,而敢以诬我民国,而敢以诬我民国之袁项城。士别三日当刮目相待,岛国儿会当刮尔目以俟我庄严璀璨之民国,以俟我民国之袁项城,丰碑铜像,巍巍高立于云表,最后之一日。尔所谓拿破仑之雄才大略者,以视我袁项城何如?尔所谓克林威尔之热心魄力者,以视我袁项城何如?尔所谓华盛顿之德量信念者,以视我袁项城何如?吾人亦无所用其辩护,尔亦无须肆其讥讽,事势到来,终有吾人心目中之袁项城出现。表白结局之日,断头者之未必果断,盲目者之会当终盲也。休矣勿多谈。(北洋本上编第12—14页,点校本第281—284页)

孙逸仙之月旦　　　　　　　　　（未译）

眉批:种因于二十年前,而卒收光复之果者,中山也,何言一事无成?(北洋本上编第15页,点校本第285页)

眉批:武昌革命之兵士,与革命党何异,著者试为下一界说。(北洋本上编第15页,点校本第285页)

眉批:所谓幸运儿者,乃时势孕育之英雄也。逸仙实造时势之英雄,惜乎岛人不识也!(北洋本上编第15页,点校本第285页)

眉批:英雄披肝胆相见,磊磊落落,共决天下事。孙、袁之交欢,世皆称之。岛人独以为异,是真如吴牛喘月者。(北洋本上编第16页,点校本第285页)

眉批:仁人之言,谁不爱之?岛人则独以为奇。(北洋本上编第16页,点校本第286页)

眉批:汝以为吾国破坏犹未极耶?幸灾乐祸,亦险矣哉!(北洋本上编第16页,点校本第286页)

眉批:冷讥热讽,纯是为挑拨孙、袁恶感,煽动吾国内讧而设,思欲使神州当世英雄堕竖子术中。居心良苦,然亦太藐视上国英雄也。(北洋本上编第17页,点校本第286页)

　　眉批:又思挑拨广东人与他省人之恶感。(北洋本上编第 18 页,点校本第 290 页)

　　眉批:又思挑拨广东人与湖南人之恶感。又思挑拨天主教徒与儒教徒之恶感。(北洋本上编第 19 页,点校本第 290 页)

　　眉批:信教自由,载在法典,枉废口舌。(北洋本上编第 19 页,点校本第 291 页)

　　译者曰:妇人参政,美洲有行之者。英、葡诸国,且得以女子为元首。即日本皇室典范,太后及女亦均可摄政,未闻有议之者。同一事也,何在彼则有行政之能力,在我则不应有参政之权利乎? 彼狂叫怒号之妇女,正其爱国热诚之所致。著者以专制奴性之眼光,讥讪上国,亦可鄙矣。(北洋本上编第 19 页,点校本第 291 页)

　　眉批:中山退隐,高洁之怀,天下共见。乃挑拨之不足,又从而诬之。吾无如尔何,吾惟有以人头畜鸣目之而已。(北洋本上编第 19—20 页,点校本第 292 页)

　　眉批:孙中山与加里波的,其高洁有相同者,何以于彼则誉之,于此则毁之? 曰:中山,华人也;加里波的,西人也。媚外诋华,乃岛人近二十年来之常态耳。(北洋本上编第 20 页,点校本第 292 页)

　　眉批:共和即其定见,高洁即其人格。著者并此而不知,吾欲渡扶桑而耳提面命之。(北洋本上编第 20 页,点校本第 292—293 页)

　　译者曰:吾译此节既毕,凝思累日而不得其论点。既而曰:吾误矣,吾误矣。著者丧心病狂,意存破坏,则凡丑诋谩骂之足以快其私者胥剌杂记之,初无所谓论点也。夫孙氏倡革命于举世不解共和之日,莽莽神州一身无所寄,流离海表,辛苦备尝。二十年如一日,遂有多数党人连翩而起,言孙之言,行孙之行,以与人道蟊贼穷凶极恶之专制政体抗。停辛伫苦,踏白刃而不辞。力填平等路,血灌自由苗,平等路如砥,自由苗而苗,中华民国乃见于东亚大陆。此岂书生弄舌鼓唇所能解者哉? 惟其得之也难,故其爱之也至。惟其爱之也至,故其拥护之也周。乃荐大政治家、大经世家之袁世凯于国民,而飘然解组去。

非径去也,犹涣汗大号,日诏国人。其浩然之气,真挚之诚,高洁之怀,缠绵悱恻之心,可敬可钦,可歌可泣,与日月争光可也。夫然中华民国,乃真民国,乃真共和国。有孙氏乃成其为民国,乃成其为共和国。有袁氏乃成其为民国,乃成其为共和国也。武汉首义,燃点耳,其可燃性固遍于各省也。非武汉能使各省响应,各省自发其可燃性而已。著者谓中国革命,为武昌兵士振臂一呼之力,而孙氏为幸运儿,一若中华民国成于无意识之中者。曾亦思天下事,宁有无因而至者耶?邦人士怵于沦亡,暂留热血以对外侮,而投戈以礼相见,孙、袁调度其间颇费苦心。著者多方毁之,其以东亚大陆破碎未极,不便倭人得牧马其间以为恨耶?袁氏东亚之人望,而日本之所忌者也。故每蜚语中伤之,必使不立于政界而后已。仇袁氏,遂并荐袁氏之孙氏而仇之。仇袁氏、孙氏,遂并袁、孙所居之共和国而亦仇之。一念之邪,群魔交至。著者之脑筋已非人性的作用,则其所言,尚有一句一字可以取信于天下者乎?(北洋本上编第 20—21 页,点校本第293—294 页)

共和政体之将来

译者曰:新时代之革命,宜为广义的,诚如该氏所云。惟事有终始,物有本末。顾其终而不开其始,则无以为功;舍其本而图其末,则无以收效。回溯前清末造,各种腐败现象,信如氏所论,百务扫除净尽。然欲与氏商榷者,其着手方法,舍政治革命不为,而先从社会各方面一一进行乎?抑宜政治革命、法制革命、道德革命、学术革命、宗教革命、风俗革命、习惯革命同时并举乎?从前之说,则大憝在前,动辄我阻。由后之说,则虽人自为战,亦恐无以竟其业。著者昧焉不察,反讥章太炎前者之主张为狭隘。不知我国革命之目的,不问其为广义的复杂的革命,抑为狭义的政治革命,遥忆

共和政体
之将来

按:吾国有五千余年之历史,八十万方里之大,四亿人民之众,加之政体前为专制,故风俗习惯之有不良者,势所然也。今者天佑吾国,共和告成,从此加意改良,未必无成效

当时,必不可不以排满为手段者,势使然也。咄尔岛人,误以手段为目的,尚欲纵论天下事耶?(北洋本上编第 23 页,点校本第 297 页)

眉批:国人听者!(北洋本上编第 24 页,点校本第 298 页)

眉批:井蛙不可以语天,夏虫不可以语冰。奇异之感,宁止黄海水耶?天下事自岛人视,无非如此耳。(北洋本上编第 24 页,点校本第 299 页)

眉批:国人听者!(北洋本上编第 25 页,点校本第 300 页)

眉批:当门一厕,固属可厌。然以是遂武断支那人之新智识卑下,抑何可笑。(北洋本上编第 25 页,点校本第 300 页)

眉批:军士听者,有则改之,无则加勉。(北洋本上编第 27 页,点校本第 302 页)

眉批:何不言盘古氏,而言元、明氏。立言以愈奇愈妙,且以愈荒唐愈佳。(北洋本上编第 28 页,点校本第 304 页)

译者曰:尝有一匈牙利人曰:日人隘,无道德心。吾欧文明昉于希腊,民到于今讴歌弗衰。东陆文明,昉于支那,同一雰围气中者,亦无不受其赐,日本其一也。而日人语及支那,则鄙夷侮蔑,无所不用其极。其人盖枭獍也。谅哉言乎!此书所言,皆所谓鄙夷侮蔑,无所不用其极者也。余足迹遍南北,所见所闻,较彼倭人为亲切,盖未有如斯之甚者。而时作嘲弄,其尖薄亦可丑。彼不过故为之辞,藉惊世骇俗之笔,以售其市狯罔利之奸而已。此不独污衊支那,亦所以亵渎天下,愿与天下共弃之。彼日人之以卖淫闻于世,廉耻扫地,玷污大化,其为何如人种,亦愿与天下共商榷之。(北洋本上编第 29 页,点校本第 306 页)

眉批:灞上、棘门,罔非儿戏。即尔岛人自骄骄人之日俄之役,何独非儿戏哉?(北洋本上编第 30 页,点校本第 307 页)

眉批:中央集权是一种政策,专制是一种政体。此

可睹。而著者不惜出死力而诋毁之,俨如世界各国,独吾国有缺点,他皆完善也。果然则尔国每年私生儿之死亡,较公生儿在二倍以上者,有道德乎(参观日本教育之按语)?父女兄妹通奸者,有伦纪乎(报章杂志屡载不一载)?父子夫妇兄弟相杀者,有纲常乎(参观世道人心之一大危机)?青天白日之下,妇女便于道上者,有廉耻乎(吾人屡见不一见)?尔等窗前(或门前)之有一臭水濠[壕]者,清洁乎?一般之男子当夏季时,仅围长三尺宽三寸之白巾于胯下而往[往]来市中者,雅观乎(浑身除此而外再无一线)?其他类乎

而不辨，尚奚哓哓者。（北洋本上编第 31 页。在点校本第 307 页被遗漏）

译者曰：此节不过撷拾议和时往复电文"不忍睹生民涂炭"一语，而于当时两军情状，究未深悉也。当武汉停战，遣使议和，两军早默表同情，故其谈判开始，即曰"不忍生民涂炭"。亦谓议和之第一层，即不再战是已。其后方将筹议若何推翻满清，若何建设共和。著者即一斑以概全豹，不亦谬乎？且凡事亦求目的能达而已。目的既达，遑问手段如何？今战亦革命，不战亦革命，又乌在必出于战而后可言革命哉？大抵日本人日祷祝吾同种相残，而冀收渔人之利。至不可得，乃为此忌嫉之论。然吾国人多深知日本人之野心，决不为其謇言所欺也。（北洋本上编第 31 页，点校本第 308—309 页）

译者曰：此节谓吾国大总统将来仍为帝王，谬妄孰甚！夫帝王之制不能再见于中国，虽五尺童子亦能臆决。民心之趋向，断非一二人之私见所能违。此时大总统纵欲帝制自为，亦万不能遂其志。身败名裂，终为天下后世笑。而荒岛飘零，系身囹圄，拿翁末路，前鉴匪遥。袁公纵至愚，亦不出此。著者徒欲间吾南北，幻想百出，抑何劳也。（北洋本上编第 32 页，点校本第 310 页）

田译本略而未译的两节：（据北洋本的译文）

清皇已退位矣，临时政府已成立矣，大总统已公选矣。若自其表面观之，着着进行，似无一毫之障碍。而根本之情弊、痼疾依然也。一清皇去，一清皇来，一专制政府亡，一专制政府兴。所谓公选之大总统，亦由兵马黄金之力而得者。何公选之有？一转瞬间，为中央集权之制，为十年总统，为终身执政，为僭位帝王，如翻手之易，革命之实何在哉？抑革命党人未虑及此乎，将革命党之究竟目的，自始如是乎？假使支那之革命，曰如是而可，则余将问革命之意义，果为何等之事乎？……（北洋本上编第 31 页，点校本第 309 页）

夫袁世凯何如人哉？彼非佞奸无比之荣禄之牙保

是等者，不可胜数。尔尚诋毁吾国，亦多见其不知量矣！不特尔国然也，即号称最文明之西洋各国，亦不敢谓其风俗习惯，皆尽美尽善。不见彼妇女束腰之一事乎？其害于卫生者，彼等非不知也。知【不】而不改且盛者，亦习俗使然耳。可见缺点者何国皆有，不独吾国然也。而著者以此为吾国不能行共和之理由，则吾敢谓尔日本至今犹不能行立宪。何也？尔国民尚无廉耻、无道德故也（参观日本之宪政）。著者谓吾国之文学腐败，果然则尔国之由中学以及大学校设汉文一科者，胡为乎？可见著者之言，毫无价值也。至于革命之宗旨，非乎? 彼非贪欲鄙吝之庆王之门生乎? 彼非淫虐鸷悍之西后之宠臣乎? 彼非专制政府之鹰犬乎? 彼已卖其君,于国民何有哉? 彼已卖三代相恩之孤儿寡妇,于南人何有哉? 今彼假勤王军召集之名,绞取内帑之财,养其爪牙。彼假维持京师治安之名,张一己之威福,买收新闻,买收一部军民,及似而非论者、志士,隐然雄视北方,为猛虎负隅之势,而恫喝南方革军。又假各国公使之异议,阻止迁都之说。彼不遽露马脚者,惟恐中外民心之不服,东西列国之监视也。若彼一朝得志,岂为永久倾心民论注意公议者哉? 而革党不少悟,见清皇退位,则曰大局已定;见姑息和议之局方成,则谓南北统一之业已毕。遂以共和民国大总统之印绶,授之阴险狡猾、刻薄残忍、贪权如色、爱利如命、由专制化成之老奸,而曰盍早南来? 曰否,北京不可去也。往来应酬之际,已为彼所绐,而参议院亦成彼笼中之物。以及各部首领,各军统领,无不皆然。终之袁竟不南下,国都竟不南迁。不但此也,专制之势已成,而不可复拔。专制之弊益甚,而不可复除。至是始悔向者之非计,噫亦晚矣!(北洋本上编第32页,点校本第310—311页)

眉批:阻止迁都,正表公之老成谋国。倘建都南京,则塞北关东敌氛益炽,倭人将窃笑于旁矣。(北洋本上编第32页,点校本第310—311页)

眉批:骂我临时大总统曰老奸,侮我甚矣! 恶声至,必返之,还以赠诸尔天皇。(北洋本上编第32页,点校本第311页)

译者曰:袁世凯知机善变识时务人也。卖其君即忠于国,忘其恩即忠于民。北方无袁氏,北方之秩序荡然矣。袁不南下,都不南迁,黎副总统主张于先,各省都督赞成于后。类皆审时度势有非如是不可者,未可以此疑袁氏也。(北洋本上编第32—33页,点校本第311页)

眉批:此吾民族革命之真精神,此吾华今日肇造共和之真种子。(北洋本上编第33页,点校本第312页)

译者曰:专制之弊,诚有如著者所言,此正革命之

仅为推倒满洲政府而已,不过以彼为第一著。第一著完后,始能从事建设。凡社会中有不合宜者,皆改良之。有腐败者,皆革去之。此一定之次序也,而著者谓章太炎一派,以排满为目的,不知何所据而云哉! 殆亦不免武断而已。又谓南北妥协早成立者,正疑吾民不知革命不可已之所以。大总统公选时,而袁大总统独占全数者,亦即疑吾民不知专制不可已之所以。此更居心不良之言也。何也,推倒满清者,本革命宗旨中之第一。若南北妥协而能达其目的,则早成立有何不可? 而著者谓为不彻底之革命,盖欲吾同胞自相残杀,而已

所以起也;至谓民心公议,可不为意。然则秦鹿失而陈涉揭竿,火德衰而黄巾崛起,又何解乎? 专制之国,其君主每立于不安稳之地位。水能载舟,亦可覆舟,民之于君亦然。在专制时代,此理尤为显著也。(北洋本上编第 33 页,点校本第 312—313 页)

　　眉批:此等虚饰,较之以天皇即家长自豪者何如? (北洋本上编第 34 页,点校本第 313 页)

　　译者曰:满清专制,人民共愤,故有此次之革命。而爱亲觉罗氏,知人心已去,决然退位,其功亦不可没。著者乃罕譬相讥,其意必欲汉满仇杀,悉无噍类而后快。我方组织五族共和,而彼乃倡大背人道之谬说。呜呼! 其心不可问矣。(北洋本上编第 34 页,点校本第 313—314 页)

　　译者曰:此节骂党人,实激党人也;愧党人实危袁氏也。日本人居心之险诈,手段之卑劣,于此可见。袁氏之欲为帝王与否,吾姑勿与辩。试问以土地人民为帝王私产,此制尚可行于二十世纪乎? 尚可行于二十世纪之中国乎? 日本为君主国,天皇之权极大,其宪法中有"天皇神圣不可侵犯"之规定,故其奴隶根性,尚未尽除。无怪其脑筋中,有如此之印象也。(北洋本上编第 34—35 页,点校本第 314—315 页)

窃享其利。真可谓具虎狼之肝肺,毫不讲人道主义也。至公选大总统时,而我现大总统独占全数者,足见其有雄才大略,而名望较高他人也。而著者反谓吾民不知专制之弊,离间之言,岂能愚吾人哉! (田译本第 37—39 页)

支那人无共和国民之资格　无共和国民之历史　无共和国民之思想

支那人无共和国民之资格＝＝无共和国民之历史＝＝无共和国民之思想

田译本无驳语

　　眉批:有是理,无是理,休尽呓语。请尔拭目以俟诸将来。尔万世一系准靠的住么? 何须多管人闲事。(北洋本上编第 36 页,点校本第 316 页)

　　眉批:"颇似主权在民"一语,足征岛人灵明之气,尚

存一点。（北洋本上编第37页，点校本第317页）

眉批：即如尔所言，彝伦与自由、民权何涉？必尽弃之方谓自由民权，则自由必为罪恶自由。此等浅识竟自不知，尚复云云，休矣。（北洋本上编第37页，点校本第317—318页）

眉批：岛人之陋，竟以枭雄野心谓具平等自由之思，骂人亦不会骂。（北洋本上编第37页，点校本第319页）

译者曰：政治进化之阶级，大都由酋长而封建而专制而共和，亦各随其民智民德递衍递嬗，而日趋于文明。譬之夏葛冬裘，各适其时而已。信如作者所言，有历史而后有政治，则是酋长之后，不应有封建，封建之后不应有专制矣；则是日本向为专制，不应为君主立宪矣；则是法国拿坡仑以前非共和，亦不能为共和矣。中国自古以来，虽无共和之形式，而有共和之精神。纪传所载，不可枚举。尧之禅舜，舜之禅禹，虽非出于公选，而人民朝觐讴歌，皆云舜禹，是默认之公选，是公选之精神也。孟子曰"舜禹之有天下也，天与之，人与之。汤放桀，武王伐纣也，或箪食壶浆以迎之，或前徒倒戈以助之"。是非主权在民之明征乎？孔子之时，列国分离，各自为政，非尊周室则不能统一主权，以为攘夷之用。然其言伦理也，则必两两对待，故曰君君、臣臣、父父、子子，初未尝偏于一端也。至孟子则为倡民权说之大家。如所谓君之视臣如犬马，则臣视君如国人；君之视臣如草芥，则臣视君如寇仇。又曰：得乎邱民为天子。何莫非经自民权之义乎？祖龙为专制之祖，其后暴君踵接，各国往迹类如此者，宁能于中国而丑诋之？惟是中国虽云专制，而专制效力所不及之处，至为广远。盖除收税、折狱外，强半取放任主义。此中国自由民权之精神，所以长存而不没也。异国浅夫，乌足知之？（北洋本上编第38页，点校本第319—320页）

眉批：主张不主张，尔乌从知之？孙逸仙固为民国革命先觉伟人，然有之自孙逸仙始一语，几以孙逸仙为专制国神圣魔王，尽将其他伟人一笔抹倒。得勿精神病发现，误将梦呓中之天皇颠倒耶！谀人亦复丧心病狂。（北洋本上编第39页，点校本第320—321页）

眉批:那个不知,这个不知,说者自居于知之列。惟其自居于知而其实乃真不知,其浑真令人无从教诲。(北洋本上编第39页,点校本第321—322页)

译者曰:革命诸先觉,主张革命主义,垂二十年。虽屡失败,而再接再厉,终不稍懈。海内同志,闻风而起者,栉比鳞集。书报演说,遍于内地,聆其说者,辄痛心专制,引领共和其势力,先及于士绅,次及于商民,次及于军界。武汉起义,旬月之间,白旗已遍插扬子江上下游。革命说之中于人心,既深且速,此其明证。夫吾亦非谓尽中国人皆有自由平等之思想也,皆深明共和之制度也。然试问凡一政治必俟人人了解其意义,而后推行之乎?抑有大多数人了解,而即推行之乎?若必待人人了解而后推行之,则将有一二人不了解其政治,即不能行也。如此持重,天下容有可为之事乎?若谓大多数人了解即可推行也,则中国军学绅商各界于社会尤占势力,尚不得谓之大多数耶?信如著者所云,今日日本陬曲农愚,确能一一领略宪政之意义否?此恐未必然矣。然则日本何以行君主立宪?自责之不暇,尚刺刺不休论人耶!(北洋本上编第39—40页,点校本第322—323页)

眉批:推论法人处,背后恭维可谓尽致,满纸势利话头。法人见之定曰:倭人知我,胜我自知。(北洋本上编第40页,点校本第323页)

译者曰:孟氏等能创抒新论,风靡一时,卒成伟大之业固矣。然章太炎、汪精卫诸氏之《民报》论议,渊渐起冶,由是而后言论实行,双方并进,国运所趋,遂有今日之民国。东海西海,时异势殊,然而造点固有同者矣。以强弱之不同,而崇贬之,遂信口雌黄。岛民性质,趋炎附势,觍然论列人国,得勿为当世羞哉?资格之说,尤属荒谬无稽。吾人之程度,平度计较,诚不能与共和先进国并趋,此无容讳。天下事固不能一蹴而几。至以视印度土蕃、非洲野人,相去尚不可以道里计,斯亦世界人公认者也。司马氏之用心,路人皆知。其言之谬,固不待论,而邦人对之不可不深省者也。(北洋本上编第41页,点校本第324—325页)

支那人无共和国民之素养

眉批:著者得毋谓日本之不能行共和政者,以其人之程度,与西印度之土蕃、南非洲之野蛮等乎?(北洋本上编第 42 页,点校本第 326 页)

译者曰:著者而谓具文虚饰,为吾国人之本色,引满清官场之腐败现象以实之,不知此正满清腐败政府之不见容于国民,而急欲推倒之者也。满清已被淘汰,则其战胜满清者,必其优越于满清者也。乌得以视满清之眼光而逆亿之乎?且民军一起,各省响应,不数月而民国告成。教育虽尚未普及,而民国已见于世,正不得不谓基于人民之一般新理想,是亦教育上之效果也。(北洋本上编第 43—44 页,点校本第 328—329 页)

眉批:何必吹牛太甚!维新之际,以视吾人何如?时间先后,竟尔妄自尊大。子诚岛国人也,好气量!(北洋本上编第 44 页,点校本第 329 页)

译者曰:此段所言,尤属狂妄无稽,不辩自明也。以中国现在肄业之学生计之,亦必在日本人十分之一以上。当前清之季,中国读书人士未有不输入新智识而具改革之新思想者。武汉首义,各省遽收响应之效果,职是故也。至满清中央政府之腐败,王公大臣之无学无识,信如著者所云矣,然与今日之民国无关。牵强附会,言语无味,著者有焉。(北洋本上编第 44—45 页,点校本第 330 页)

译者曰:所谓素养者,精神的耶?形式的耶?以云精神的,则吾人之所素养者,其所由来者远矣。以云形式的,岂有专制之日,颁布素养共和之诏旨,施行素养共和之教育,以备将来改造共和之事!盲人说日,无有是处。(北洋本上编第 45 页,点校本第 331 页)

眉批:良心语一现。(北洋本上编第 45 页,点校本第 332 页)

眉批:得非穷岛污秽之所致乎?奉劝国人幸勿再失足也。(北洋本上编第 46 页,点校本第 332 页)

眉批：英雄造时势，时势亦造英雄。马、伍诸公际前清时，故其表见仅此。易地以处，则岛人所谓轰轰烈烈之伊籐[藤]公，恐尚未必与马、伍等。时境不同，成就遂异。浮薄儿只知以成败论人耳。（北洋本上编第46页，点校本第333页）

眉批：良心乍见复隐，可为著者之人格一叹。（北洋本上编第46页，点校本第333页）

译者曰：此段所云，不啻为吾国留学生写一肖像，逼似逼真，然以此遂推测吾国全体国民无共和之素养，亦未免有武断之疵。大抵世界各国，虽如何文明，如何智识高尚之邦，断不能无一二疥癣之流；而谓支持大局，维持现状，全赖斯辈，殊未必然也。吾国近日执政，此辈滥竽之时，实绝无仅有之事。且国家之强弱，与太仓粒米之留学生，实无绝对因果之关系。论者敢谓世界强国尽出于该国一二留学生之赐也乎？知其一而不知其二，徒觉其识之褊猲而已。（北洋本上编第47页，点校本第334页）

支那人无共和之信念

译者曰：吾国此次革命，纯系政治上之目的，毫无种族之介蒂。世界各国，莫不洞悉。武昌起义之翌日，黎都督即宣言曰：推倒专制之局，建设共和之制。禁止残戮无辜，保护人民生命财产。而南北响应，实足觇我国民程度之高，民权膨胀之度。若谓一般国民均昧于自由平等之意义，不识共和制度之真谛，乃臆度之词，吾国民所不忍受也。总之厌苦秕政，希免涂炭，即为吾国倾覆专制、建造共和之绝大原因，未可持之以讥吾国民也。至所谓变更政体，为飘飘泛泛无一定之根蒂，则是非伏羲于天皇神圣不可侵犯下之国民，不得言有根蒂矣。若夫乘乱劫掠，尤为无稽之甚。自武昌论之，起义次日，商不辍市，民不止耕，已收严

支那人无共和之信念

按：丹朱、商均非真不肖也，特不如舜禹之贤耳。然而尧舜能禅让者，足见其公天下之心。且舜禹均为人民所心服，向使当时若行投票选举，则舜禹之能当选，自不待言。此非类乎现今共和国之总统公选而何乎？禹曰：天视自我民视，天听自我民听。洪范谋及庶人，周礼每岁召万民而询之。晋文听舆人之诵，以卜军之进退。其他经传所举，若此类不胜枚数，则当时之人民虽无议院，亦得参与政事。此非类乎现今共

肃治理之效。著者何所见而言此？（北洋本上编第 48 页,点校本第 335—336 页）

眉批:上海光复历史,著者未闻耶？何痫呓诬蔑若此！（北洋本上编第 50 页,点校本第 338 页）

译者曰:自武昌起义,不数日而各国遂承认民军为交战团体。尔时民军之毅力,及其举止文明,可不言而喻。夫交战团体与母国旧政府为对敌资格,其一切战争行为,皆受国际法之支配,而不得适用国内法。故前清政府视民军为政党,而不以之为叛徒。自国际法上言,乃默示承认交战团体之意。自事实上言,不失为笼络民军之一政策。焉得谓为抛弃主权耶？盖自当时两方势力观察,民军已有凌驾清军之势。虽清政府欲加以惩罚,安所得乎？若再从而颁发雷霆之命,诚有如著者所谓为渊殴鱼、为丛殴爵者矣。（北洋本上编第 50 页,点校本第 338—339 页）

眉批:著者下笔为此言时,言在此而心在彼,勿谓秦无人。（北洋本上编第 50 页,点校本第 339 页）

译者曰:此等蜇语,洵属无味。当列国承认我民军为交战团体后,一切交战国条例莫不遵守,外国自无干涉之理。且列国之承认为交战团体也,知我民军之可以成功而达到目的。不然苟非狡狯无信之邦,必无今日承认、明日干涉之事。满纸荒唐言,一片诬罔语。彼国对我之感情,今可恍然矣。且兢兢业业者,恐因此损失我同胞生命财产,而不能尽维持之责耳。南北议和,五族一家,清帝退位之日,即我民国底定之日。安得谓为姑息之解决乎？清皇帝顺应时势,离去帝位,以博五族共和之福,

和国之主权在民而何乎？至于人权思想,凡为人类,莫不有之。微独民权国之国民然也,即君权国之国民,亦无不然。所不同者,特程度之优劣耳！吾国前虽号称专制,然此就其国家经制而言耳。若谓我民族无人权思想,则大不然。盖疾专制,乐自由,为人类之天性,而无待乎外铄。观师旷云:天之爱民甚矣,岂其使一人肆然于民上,而莫或痤之,必不然矣！孟子云:贼仁者谓之贼,贼义者谓之残。残贼之人,谓之匹夫。闻诛匹夫纣矣,未闻弑君。又曰:民为重,君为轻。高堂隆云:天下者天下之天下,非一人之天下。张蕴古云:闻以一人事天下,未闻以天下奉一人。凡此皆我民族社会心理之宣言也,故谓我民族无民权的组织则可,谓为不疾君权,不乐自由,则大不可。又况君权之可疾,而自由之可乐,不待学说之修明而后家喻户晓也。身受者自能知之,自能言之。著者亦人类耳,亦士人耳,何不晓人类心理之作用一至于此哉？真可谓卖淫国人之特色矣！吾书至此,吾欲搁笔。但著者吾仇也,非私仇,乃公仇也。吾又安能已于言哉？

又何假为胁迫之有哉？（北洋本上编第 51 页，点校本第 339—340 页）

眉批：既知奥普联军之谬，何以厚诬我民军？其心实不可问！（北洋本上编第 51 页，点校本第 340—341 页）

眉批：自是东亚共和国民之先鞭。岛人虽眼热，争奈彼国人之程度与土蕃野蛮等，而不足与语共和何？（北洋本上编第 52 页，点校本第 342 页）

眉批：以此等琐事，而验共和信念。著者真不愧井底蛙！（北洋本上编第 53 页，点校本第 342—343 页）

译者曰：吾国革命主动者，皆渊博学子，稳健士绅。故义旗所指，莫不响应，不过百日，共和告成。非分子健全，曷克臻此！阳夏之役，湖南援军，即学生军也，死守龟山，全军覆没。胜败虽异数，其热诚爱国之心，一往直前之概，虽千载而下，闻之者尤宜同声愤慨。无赖、败类，能如是乎？如著者以屠户、膳夫投身革命，举以证民军分子之不纯。夫村孺死国，法人奉为美谈；娼妇窃图，和族传为佳话。况民国原无华族、士族、平民之阶级，凡属国民，即负兴亡之责。其致身革命也，适足见吾国民同仇之概、爱国之诚。詈我乎？誉我乎？刘四之言，固不足为吾人荣辱也。（北洋本上编第 53 页，点校本第 343—344 页）

译者曰：民国光复，举国一致，实具有力者致其力，有财者致其财之概。以血液注于祖国之健儿，蓬勃云涌，以视法国固未遑多让也。著者乃举一二毛屑细故，武断我国无共和之信念，此其理论，宁复可通？凡论事必以全体为归，举其一而概其万，何国能免？吾闻日俄战役之起也，日

试问著者，尔日本自开国以来，有立宪之历史乎？尔一般国民，当明治维新时，有立宪之思想素养与夫信念乎？如曰有之，则尔国行立宪时，西洋学者谓世界上惟英国可行立宪，岂非讥尔国民无立宪之资格乎？如曰无之，则是突然行立宪政体也，尔尚有何面目而诋毁吾国哉？虽然，著者必曰共和难于立宪。其言之当否，吾人暂置不论。但试问美国以集合数族人而成之国，其初岂有共和之历史乎？当行共和前，诸种教育之机关，殆未完备，所谓共和之思想、素养、信念三者，何由而得乎？然而美国之共和政，日见发达，可知国家之文化，由渐而进。人民之智识，与年俱增。若待有最高之程度而始行之，则不特西洋各国无是例，即尔日本当明治维新时，尔大多数国民，非目不识丁者乎？既目不识丁，焉有程度之可言哉？不独彼时无程度之可言，即现今著者非谓尔国民尚不知立宪政治之为何物乎？夫以行立宪二十余年之国民，犹不知立宪政治之为何物，则尔国民无立宪之资格也可知（参观［见］《日本之宪政》）。既无立宪之资格，则

本驻某处之士官,应诏赴敌,以恋一土妓故,遂自刎以殉情。日俄之战,日本国民固异口同声、同仇敌忾者也,以某士官而污其全国,谅日本人不忍受也。然则著者何以加诸我?(北洋本上编第54页,点校本第345页)

眉批:民军汉阳失利,黄上将在武昌,不在江北也。黄氏痛祖国之不振,枕戈泣血,与锋镝为缘,何所用其逃?虽欲毁之,其何伤于日月乎?(北洋本上编第55页,点校本第346页)

眉批:果有人心者,亦当愧其失言。(北洋本上编第55页,点校本第347页)

眉批:黄氏今已辞留守职,异尔又作何语?(北洋本上编第55页,点校本第347页)

译者曰:内国革命目的在国体、政体之改革,苟能以平和手段,得达其目的,则万不忍自残同胞。不得以南北讲和,小有迁就,遂谓民军战斗力之不足也。著者滥引法国民军与普奥战争之事,以国家间之战争,方诸国内之革命,此诚不通之论也。且夫满清退位,共和告成,南北统一,感情融洽,自孙、黄北来之后,更无些毫之嫌。而著者谓南人受北人之侮蔑,诚荒谬已极。推究其意,盖恐我南北统一,同心协力,铸造一大强国。邻国之强,非敌国之福。故出此挑拨感情之言,以间我南北之人民耳。吾今正告著者曰:继自今,勿妄言!上国有人,决不堕尔术中也。(北洋本上编第56页,点校本的347—348页)

眉批:空中楼阁,难为尔苦心经营。真不知世间有羞耻事!(北洋本上编第56页,点校本第349页)

当改政体为专制。然而不改者,得非以人文之程度,徐徐而高,断难遽然增完美者乎?又不见法、美二国乎?法国虽民主立宪,而其人民之程度,固不如君主立宪国之英人。若夫以政党之发达言,虽共和如美国,且犹不及。然而法、美二国不以其不及为病者,亦非以今日虽有不及,未必终于不及乎?而著者唯拉杂一二故事,即衡我大多数国民现在之心理犹如是,真可谓不通人群进化之理者也。又谓法国未行共和以前,有孟德斯鸠之法理论,卢梭之民约论,先涵养民意,鼓舞民气,然后始行共和政体。然则我孙、黄前辈等,非提倡革命于二十年前,而以行共和政体为目的乎?法理、民约二论,虽非吾国人所著,然吾民读之者,不知其数(吾国之蒋氏《东华录》,黄氏《明夷待访录》,王氏、墨氏之书无论矣)。自倡革命以来,以身殉国之志士,又不知几许人。我国民岂未被其感动乎?报章杂志为之鼓吹,我国民岂未见未闻乎?去岁武汉义起,不阅月,而各省相继响应,岂非我大多数国民痛满洲政府之专制,而渴仰共和之实据乎?其所以

眉批:其必有所为而故作如是语,全书皆可作如是观。(北洋本上编第 57 页,点校本第 349 页)

眉批:真是无理取闹!(北洋本上编第 57 页,点校本第 350 页)

译者曰:去岁武汉起义,各省影从。不数月间,大局已定。破坏之期短,建设斯易,乌待乎七年八年也?又何需乎二十一省之财力,四万万人之兵力为哉?南北战争之际,民军踊跃当先,不遗余力,前死后继,决无畏心。士人投笔从戎,农工罢业扞敌,妇孺之馈饷捐资,富豪之毁家纾难,不能指数。是中外之所共闻,世人之所同见。独著者不知,何耳目之闭塞如是也?然译者意尔非不知也,特以我人民杀戮无多,财力耗费未尽,充尔之意,必令我全国糜乱,互相残杀,财源掘尽而后快。故隐其情,设词妄语,是为幸祸之小人,未可以与辩也。(北洋本上编第 57—58 页,点校本 350—351 页)

眉批:胡乱纠缠,言无因果。吾人无革命信念,何以有革命?(北洋本上编第 58 页,点校本第 351 页)

如是渴仰者,非因先有几分之涵养乎?而著者谓为一日而建设共和政府,一日而实行共和政治者,妄言而已,不足取也。至恐外国干涉一事,亦不足为病。何也?列强皆虎狼耳,知有强权而不知有公理。无端犹欲逞其野心,况有辞可藉哉(如因战争妨害彼商务事)?吾人所以虑之者,正为此也。而著者谓由吾人无共和之信念,殆亦不免武断而已。要之我大多数国民今日已具有几分共和之程度,此非吾人自祖之私言,即尔国文学博士服部宇之吉(曾为北京大学堂教习)亦曾言之,并谓吾国民性与法国民性相似。然则法国民能运用共和政体,吾民独不能乎?可见著者之言,乃故诋吾民也。吾人复何责焉?(田译本第 21—24 页)

支那人之虚势

眉批:吾人听者!(北洋本上编第 59 页,点校本第 352 页)

眉批:道路传闻,或妇失实。然著者闻斯密亚丹之言否乎?一国资本各有用途,欲发达一种新产业,不得不自既存之产业吸引其资本。严某虽富,决无存蓄数百万现金于家之理。其不能废其固有之营业,而多投资于此,亦人之恒情。况吾国前此各种事业,以所用非人而失败

支那人之虚势的元气

谚云:戴蓝眼镜者,所见皆蓝。著者所见,得母[毋]类是?尔果欲拉杂一二事故,以证吾国群众之心理。然则幸德一派之谋,尔亦谓为日本民族之精神乎?常陆【山】、梅谷(日本力士

者屡有所闻,资本家不免有戒心乎?(北洋本上编第 61 页,点校本第 354—355 页)

眉批:此清政府不愿废约,出其愚民手段,致有此结果,不足为两省人士病。至代表之大言不惭,还当叩之代表,余不能为作辩护语也。(北洋本上编第 62—63 页,点校本第 357 页)

眉批:谬,谬。清政府虽不仁,固不可以外国视之。(北洋本上编第 63 页,点校本第 358 页)

眉批:江浙人听者!我中国人听者!然余犹嫌范围狭隘,更为推广曰:日人与中国人同种,即日人之性情,亦无不如是。(北洋本上编第 63 页,点校本第 358 页)

译者曰:前之所拒,英款也。后所卖与本国,政府也。借债筑路,万一蹉跌,两省利权,折入英人之手,势必誓死力争。卖诸政府,则铁路虽卖,一切利益仍归之我国,何所往而不利?故后之出售,无损于拒款热诚。前之拒款,无涉于卖路苦衷。所与之相手方既异,方针手段,自因而不同。凡有常识者所可共喻也。著者乃惊疑骇怪漫骂不置,岂非咄咄怪事!吾闻岛国之民性情褊急,气宇狭小,易喜易怒,每以感情意气用事,著者殆亦未之免欤!(北洋本上编第 63—64 页,点校本第 359 页)

眉批:吾国人之一举一动,岂必皆令著者知。(北洋本上编第 65 页,点校本第 361 页)

眉批:此语确否?还当质之粟时勘。(北洋本上编第 65 页,点校本第 362 页)

眉批:革命以来待理之事,较此重要者甚多,一时自无暇及此。(北洋本上编第 65 页,点校本第 362 页)

眉批:以"大抵"二字下断语,其臆度可知,其强捏可知。(北洋本上编第 66 页,点校本第 362 页)

之名)之体格,亦谓足以代表尔日本人之身量乎?可见论事当窥诸全体,出乎真心,若挟私意而妄断,则不特所言毫无价值,且于己之人格亦有损。曩日我革命派之谋举义也,非尔日本大多数诋为虚势的运动,轻鄙之,虐待之,以买满廷之欢心,藉逞己国之私欲者乎?然而今也满廷颠覆,共和告成,亿兆人民,同心拥护。尔等之胡言乱语,已见一班[斑],不待吾人再哓哓喋舌也。以言乎内阁问题,弹劾者,固不免虎头蛇尾之诮,但处于专制政体之下,议员虽慷慨激烈,其奈满廷横暴何?著者不谅吾人之苦衷,信口乱骂,俨如吾国之议员腐败。果然则尔国议员当民生凋敝时,尚欲增加自己之岁费者爱民乎?受政府之贿赂而为其走狗者本分乎(参观[见]日本之宪政)?尔亦食人食,衣人衣,何不知人间有羞耻事哉?呜呼!是亦卖淫国人之特色也,本性也,吾实苦于形容者也。

眉批:著者非满清政府,何为骇异?(北洋本上编第66页,点校本第362页)

眉批:我中国人乃未之闻。物以群分,著者应有是友。虽然此言果出之友耶?抑托之友也。(北洋本上编第68页,点校本第365—366页)

译者曰:四次请愿国会,于革命成功,颇与以钜大之助力。盖满清政府立宪之闷葫芦,从此一砖打破。立宪之伪面目,从此一手掀翻。国民受此棒喝,乃知与虎谋皮之非计,因而改易途辙,专致力于破坏之一方。故其成功之迅速有可惊者,此岂偶然哉?顾论者乃于此而诡辞厚诬之,是乌可以不辩?四次国会请愿,实发起于东省人士。盖见夫黑山白水,沃野千里,固犹是吾中华之领土也。徒以贪庸误国,内政弗克自振,外敌因而生心。一误再误,爰至于今,鹊巢鸠居,喧宾夺主。鹫旗影中,木屐声里,是痛是恨,是悲是愤!饮泪吞声,卧薪尝胆,又谁知吾东省父老之痛之深也?执非国民而能堪此所不能不以改革政治呼吁于举国同胞者,此也。虽然,自国之贤,邻国之仇,吾固知吾人为此有以深触日人之忌矣。此侮我之言之所由来欤?吾请就其时之关于此事,为吾所目睹者,而述其麟爪,以证其谬妄。方东省代表之人都也,路过天津,青年学界,列队欢迎,代表乃下车留津一日。是日,在东马路宣讲所开学生同志大会,得以备聆东省之危状。于是青年学子热血沸腾,愤不可遏,发电全国,相约同时罢课,以与满政府为难。彼其时最激烈者,推河北四校。河北四校者,法政、军医、师范、工业也。法政学校流血者三人,军医学校一人。若江君元吉,若孙君可,若秦君广礼,若方君宏真(军医学生)。或则割臂,或则断指,悲愤淋漓,激昂慷慨。犹忆法政学校同人在该校东大讲堂开会报告秦君广

以言乎国会问题,请即开者,乃出于爱国之热忱,故忍痛而断指血书。而著者反诋为虚伪,甚至以乞丐比之。然则尔明治天皇病重时,尔人民等日夜跪于宫城前而祈祷者,亦虚伪乎?亦为饮二三瓶之荷兰水乎(时当夏季,故该政府特备是物以解跪者之渴)?如曰然,则跪于宫城前之尔国民等闻之,必致尔于死地而后甘心。如曰否,则尔祈祷之人民既为真爱君,我断指血书者,何得为伪爱国乎?可见著者之言,乃有意诋毁吾人也。言既出于有意,则著者之人格可知矣!吾人又何必与尔较论是非哉?以言乎铁路问题,拒外债者,非不喜外资之输入,乃因处于专制政体之下,制度紊乱,外资输入,不惟不能利用,祸且踵至。故一面极力反对,一面募股替代,盖欲免外人之蚕食,谋国民经济之独立也。既不幸而遭失败,夫复何言?虽然失败之由,不在谋者之不忠,而在时势之困难。此非尔豆眼浅见

礼断指事,适是日清谕有云:朝廷用人自有权衡,岂容资政院置喙! 某君将此荒谬绝伦之清谕宣之于众,继有某大呼曰:如此政府,吾辈要他不要? 群应曰:"不要!"某君继呼曰:"不要将安处之?"于是群声错杂,但闻"推倒之!""破坏之!"之声,与捶拳顿足声同时并发。而孙君可乃于是时跃上演台曰:"今日吾辈欲图大事,非同心协力死生以之之不可。其有冷血动物破坏团体者,请视此"。言次,右手出利刃,深刺右[左]臂三匝。碧血淋漓,案上台前,模糊皆是。而孙君气竭,不能强支矣,遂以车马送入医院。于是全堂五百余人相聚,议进行方法,每至悲愤处,则相向大哭,声震天地。后校长李君桀至,见案边之血痕狼藉,学生之眼泪模糊,亦痛哭失声。推其悲愤之情,直欲得满政府之误国贼而甘心焉。呜呼! 何其壮也。迄今思之,历历在目,使论者而知此,应亦自悔其言之妄矣。嗟嗟武汉一呼,战云陡起,阳夏之役,南京之役,铁血视之,殊觉黯然无光。然在盛焰之下,而能有此,亦空谷足音也。嗟尔日人,其勿厚诬我矣!(北洋本上编第68—70页,点校本366—369页)

眉批:日本之议会何似? 请阅者至下编"日本之宪政"处一察。(北洋本上编第70页,点校本第369页)

译者曰:此段指摘前清资政院,颇有中肯綮语。虽然资政院已属过去,喋喋然如白发宫人谈天宝遗事,殊无谓也。若夫今之为参议院议员者,则不可不慎乃修,尽乃职,勿使搬弄是非之鼠辈,扑风捉影造作蜚语以为我国羞也。(北洋本上编第71页,点校本第371页)

所能窥及者也。夫铁路事业,归作商办,需款甚巨,势不得不仿有限公司制而募集资本。但此制原创于欧西,多恃法律为之保障,然后可邀庶人之信用。吾国素尚习惯法,商事多属对人信用,且新商法尚未颁布实行,故此种良制,虽经输入,然用之者未获其灵敏之妙技,信之者鲜察其实益之所在。加之内国信用机关犹未完全设立,无由调度金钱之融通,以致资金滞涩,呼唤不灵。富翁纵有厚资,亦难随时随意以运转,其不能剋期召集巨款,复何足怪? 著者蛙屈一方,见尔本国会社事业之发达,资本之易集,习焉不察,以为吾国金融机关之完备、法律之权势亦如尔国;故呈此幻想,妄加评断,不知人方苦于有志未逮,尔复落井下石,故诋吾人,是诚何心? 尔眼花钦,犹有老幼远近之配镜,何苦必戴色镜,以视吾人? 尔其休矣,勿复晓晓!(田译本第52—54页)

支那人有省分观念无国家观念

眉批:判决文件诉案,中国无此会馆。不知著者何所见而云然。(北洋本上编第 72 页,点校本第 372 页)

眉批:陪审官乃无聊事,于此犹能力争,足征人心不死。(北洋本上编第 73 页,点校本第 373 页)

眉批:黄、农华胄,尚义愤不平,于此可见一斑。(北洋本上编第 73 页,点校本第 373 页)

译者曰:作者自云上海商号全体罢业,则在上海各省人所设商号皆歇业,非独宁波人可知,其原因则为某国人欺侮华官也。以国家机关被辱,而动全国商人公愤,非本爱国之心所激发而何? 即此一端,已可为吾国人有统一团体而又富于国家思想之铁证。作者既明认之矣,而尤哓哓致辩,胡为者?(北洋本上编第 75 页,点校本第 374—375 页)

眉批:此案发生时,余友某在大理院典文牍,为余言,绝不类此。然仅关系私人,姑不与辩。独怪作者本为论据,又饰以稗官小说之言,不值通人一噱。(北洋本上编第 75 页,点校本第 376—377 页)

眉批:此案确与孙宅无关系,益见作者为耳食之言。(北洋本上编第 75 页,点校本第 377 页)

眉批:既友二人,而复诋之,天良丧尽!(北洋本上编第 77 页,点校本第 380 页)

译者曰:如作者所言,汪梁诸人,党派不同,议论歧出,何关省界? 然汪梁虽各抱政见,而以国利民福为归则一。中国古来先公家后私仇者,盖屡见矣。如相如、廉颇之于赵,萧何、曹参之于汉,是其先例。何得以其小有凤嫌,而逆料其不克同舟共济哉?(北洋本上编第 77 页,点校本第 380—381 页)

眉批:此言无论为实为虚,但出于其门生故旧快快去时之口,安知非一时忿激之谈,岂可据为定论!(北洋本上编第 78 页,点校本第 382 页)

支那人有省分的观念而无国家的观念

按:吾国者集省而成也,人民爱省,即所以爱国也。而著者据我国京中之官吏,有各省之团体,都会之商贾,有每省之团体,即谓吾民有省分的观念,而无国家的观念者,不知指其不能任事乎? 抑谓其不能有此团体乎! 如曰前者,则著者言会馆之势力,可以统一制裁官商界之同乡人,是无异一裁判所也,其补助于国家者,良非浅鲜。如曰后者,则尔国亦有某某县会,某某府会,不知著者亦谓其有府县的观念,而无国家的观念乎? 至同乡为同乡出

眉批：两党党纲判然不同，著者盍一调查？（北洋本上编第 79 页，点校本第 383 页）

眉批：前谓张謇辈生平不主激烈，今云特未公树叛帜。数页之间，词锋僪弩。著者毫无定见，信口雌黄，于斯昭然若揭。（北洋本上编第 80 页，点校本第 384 页）

眉批：原无畛域，尔何必强分？可恶！（北洋本上编第 81 页，点校本第 386 页）

译者曰：政治良善之国，必有两大政党各抒其政见以为竞争。此兴彼仆，此仆彼兴，故常以一方立于执行地位，一方立于监督地位。今两政党宗旨不同，口笔争执，当然之事，无足怪者。作者乃深文罗织之，至谓有若何之念，更推其将来必相屠杀。不知作者何由知之，又凭何以决之。（北洋本上编第 82 页，点校本第 387—388 页）

眉批：年来我国士夫关于国是，大抵一夫提倡，全国响应，奔走呼号，互相告语，热血千丈，如潮如雷，安有所谓省界者存？苏杭甬铁路股金，各省人应募者不少；蒙古事变，各都督多请从征。非牺牲财力之明证欤？（北洋本上编第 82—83 页，点校本第 388 页）

眉批：此论在满政府时容或有之，盖即寓有独立之意也。亦如铁路收归国有，各省多抗拒之者。今民国成立，川汉铁路且让送于政府矣。此论即使有之，亦当然消灭。（北洋本上编第 84 页，点校本第 390 页）

眉批：中国言政教者，每谓由近及远，不过先后之分，全无轻重之别。如爱家者自能爱国。吾国之杀身成仁、毁家纾难者，皆善用其爱也。（北洋本上编第 84 页，点校本第 391 页）

眉批：历史上分合，东西如出一辙，妄引为分割之兆，乖谬已极！（北洋本上编第 85 页，点校本第 392 页）

眉批：共和宣布后，四川曾协济中央银数十万两，是其渴望宁静、信仰中央之心已昭然若揭。著者何缘而下此论断？（北洋本上编第 86 页，点校本第 394 页）

眉批：按以下列举诸件，皆不足妨害统一。不知著者具何种蛇蝎心理，推测我民国伟人。（北洋本上编第

力，亦不足为病。何也？譬如著者为长野县人，有一静冈县无赖之徒，将欲加害于汝，尔长野县人闻之走而赴救乎？抑坐视不理乎？如走而赴救，则直接是保尔生命，间接即为国除暴也。不知著者亦谓其有同乡的观念，而无国家的观念乎？苏杭甬铁路募集资本事，平心而论，外省入股者不乏其人；而著者谓外省人不肯出半文钱而助之，岂著者曾阅募股之账目哉？殆亦有意诋毁吾国人也。若夫党派与党派争者，非因有省分之别，乃由主张之不同耳！如曰不然，则尔国非有政友、国民、中央三党

86—87页,点校本第394页)

　　眉批:宗社党何尝有此魄力?无理取闹,可恶已极!(北洋本上编第87页,点校本第394页)

　　译者曰:历代之乱,无非以君主易姓,故群雄割据,盖皆欲为帝王耳。今改专制为共和,其事大相径庭。著者援古证今,牵强比附,犹内方枘于圆凿,格格不相入。要之割据之事,断不能再见于今日。著者请毋劳梦想!(北洋本上编第87页,点校本第395页)

　　眉批:都督民选,系民国奠基,新旧交替,一时权宜计。嗣此悉由总统任命,往例可征也。(北洋本上编第87页,点校本第395页)

　　眉批:吾国历史、习惯、地理,皆以中央集权为便,何不可行之有?当南京政府未取消时,曾发生中央集权制地方分权制问题。而主张中央集权制者,卒占多数。即主张地方分权最烈之宋氏,后亦不露反对。可见南方各省之赞成中央集权,无疑也。(北洋本上编第87—88页,点校本第395—396页)

　　眉批:著者之喻诚巧矣,无如所拟不类何。(北洋本上编第88页,点校本第396页)

　　眉批:鄂军起义将士,一心以与党王制者抗。晋军败走,太原之民涕零者数日。蜀军赴鄂助战,比至汉阳已失,众咸愤不欲生。他军若是者,罄竹难书。知有金钱而不知有廉耻者,固如是乎?(北洋本上编第88页,点校本第396页)

　　眉批:京、津兵士哗溃,各处严缉,尽法惩治,除莠安良,事迹历然。犹曰不敢,则所谓敢者,将必脔肉碎骨而后已乎?(北洋本上编第89页,点校本第398页)

　　眉批:这个尔可气不得。(北洋本上编第89页,点校本第398页)

　　眉批:自昧是尔自传。(北洋本上编第89页,点校本第398页)

　　眉批:中国地大物博,惟其博大,故治也难;而其成也,力且久。岛民其以速效自衒乎?且拭目以视来叶。(北洋本上编第89页,点校本第398页)

乎?其期宪政之发达也同,其谋国利民福也亦同;以情理论之,殆宜和睦。然而遇事辄争论不已,平日亦如水火冰炭之不相容者,亦因有府县之别乎?不但尔国然也,即美国亦有共和、民主、进步三大党,其平日各谋扩张自党之势力,对于他党常疾视之。可见党派相争,各国皆有,不独吾国然也。而著者以此为吾国各省分裂之先兆,并引历史而证明之,此更背谬不通之言也。何也?思想随时势而发达,智识以交换而倍增。现今吾国人之思想智识,岂前几百千年人所可比拟者哉?满清时代迂儒之言译者曰:吾译此章,欲嗔欲笑,辄投笔叹曰:有是哉作者之谬也!夫观念者知识间之写照也。国家观念者,亦不过其写照之一而已。国家观念之外,不妨有他观念者存。有他观念,抑何妨于国家观念耶?作者谓支那人有省分观念,无国家观念,乃为不词。而"省分观念"一语,又其不词者也。省为行政区划,非一有特性之团体。吾人虽欲为虚撝一写照,亦不可得,则省分观念无自而生也,审矣。推作者之意,其将指地方观念者言之乎?虽然地方观念与国家观念,非绝对不相容者也。世固有国会议员为一地方之代表者矣,北美合众国等是也。其他因风土之异就一地方为特别组织者,又屡见不一。见未尝有人焉谓此遂为分崩离析者也。国家观念之有无,视其人观念之繁简;观念之繁简,视其人程度之优劣。有程度者,未有不抱国家观念者也。此疆彼界,妄分畛域者,非鄙夫则病狂也,不能比之恒人也。斯不能以此而概论其余矣。去年国民军起义,全国云涌,无贵无贱,无富无贫,无男无女,无老无幼,劳心者劳心,劳力者劳力,奔走呼号,废食忘寝,卒驱除国家之魔障。此而谓之无国家观念,其梦呓耶?抑别具肺肠耶?且夫史事皆陈迹,无当于今之世也。而作者则述之津津有味,若可为铁证者。然则延元以还,分为南北,应仁乱后,群起割据。若伊达氏,若北条氏,若武田氏,若织田氏,若京极氏,若北畠氏,若西村氏,若赤松氏,若菊池氏,若少贰氏,若长曾我部氏,据地自雄,日寻干戈,其将为日本分割之铁证乎?风物习性之殊,社会学事也,无当于政治者也。而作者则述之津津有味,若可为铁证者。然则江户子、神田子之聪敏,京女郎之美艳,相摸女之多情;上州盗贼,远州滨松之淫靡;备前奢于衣,因幡奢于食,美作奢于屋;美浓语则嘎,上州语则备,江户语则背拉抱,长崎语则拔植添。东京大阪鄙京都人曰上方赘六,京都人则诋之曰马鹿野郎。彼此互异,相背而驰。将为日本分割之铁证乎?政治之生活未惯,则政海之风波易起,此常情也,无起置论者也。而作者则述之津津有味,若可为铁证者。然则曩者伊藤板垣大隈等交相倾轧,反唇

行,岂足代表吾辈新进之青年哉?分裂之事,余敢断其必无也!至兵士暴动,固为不法,著者诋之宜也,吾人亦甚恨之。但试问团匪乱时及日俄战后,尔国在北京满洲之军队,任意奸淫抢掠者,正当乎?不法乎?日俄战时,尔国人卖军用地图于俄国者,爱国乎?卖国乎?噫,著者休矣!尔国人之丑事,已堆积如山。吾人前此不肯形诸笔墨者,存忠厚也。著者竟敢诋毁吾国,上自总统,下逮国民,刻薄无情,谁其甘受?虽然豺狼当道,安问狐狸?吾故恕尔何如?(田译本第77—78页)

相讥,村媪不足喻其丑,又将为日本分割之铁证乎?库伦梗化,全国激昂,无论此省彼省,无论此党彼党,咸奋身不顾,欲得妖僧而甘心。无国家观念者,固如是乎?作者休矣。欲颠倒黑白,淆惑观听,以售其奸,徒增其陋而已。西人尝曰:日人阴险人也。信然。(北洋本上编第89—91页,点校本399—401页)

支那[人]之运命

眉批:"或以余为武断",著者自知之,似犹有一线灵明,争奈旋明旋昧何?(北洋本上编第92页,点校本第402页)

译者曰:近日长春会议,东蒙古多数王公,已输诚内向。西藏达赖喇嘛,亦受我国封锡。不知著者闻之,当作何语。其中心之不愉快,又当如何。(北洋本上编第92页,点校本第402页)

眉批:外蒙一带,与西比利亚交通便易,遂谓有折入于俄之势。则英之加拿大应折入于美,美之吕宋应折入于日矣。岂非惧乎?浅见一流之观察法,著者盖自道也。(北洋本上编第92页,点校本第402—403页)

眉批:达赖现已向化,受我封典。著者闻之,当为何如?(北洋本上编第93页,点校本第403页)

眉批:李氏不过前清一督抚,其去留何关大局?以此遂谓无折冲之材,乃木死后,日本亦可谓无干城之选耶?(北洋本上编第93页,点校本第404页)

译者曰:上所述数端,皆属事实。吾政府当局,吾爱国同胞,所当反观深省,合谋挽救者也。著者据此,即谓为吾国已被分割之证。彼盖信吾国人无挽回之力,故敢下此武断语也。夫国家改革之际,一时扰攘,何国蔑有?他不具论,美利坚立国未久,南北之战,相持五年。即著者本国改革之初,尊王倒幕,反抗数起;其至革新有功之伟人西乡隆盛,亦揭叛旗而酿西南之役。著者得亦据此谓为已被分裂乎?吾国不幸,改革稍晚,致落列强之后。谓列强为人道计,为世界平和计,正宜左提右挈,与我便

支那之运命

按:亡印度者,非英人也,乃印度自亡之也。今吾国之亡与不亡,其权操于吾人,而不在乎列国。所谓保全领土也,侵略计画也,乃列强间之私事,吾人决不过问。吾人此时,惟知培养实力而已。实力若足,则列强虽如虎狼,其奈我何?假如有某某国,欲乘此时而逞其野心,以与吾国挑战,则吾民亦不辞诉之以兵力。战胜我四万

利,以期共进强盛之域。日本与我国同洲同种,地邻密迩。唐宋以来,历史上已有密切之关系。尤宜顾唇齿之义,提携辅助,匡我不逮;则我之益,亦非日之不利。讵可幸灾乐祸,张皇其辞,取言论一时快意,不顾挑动两国人民之恶感耶?虽然,吾国人思之,蒙古、西藏,固我国之领土,其得其失,于日人何与?而著者乃言之若是迫切,一若将旦夕不保者,何故?彼岂有爱于我,而促我深省耶?毋亦警告其政府,谓蒙古、西藏已将入他人手,则其国势力所可及之区域,亦当急起直追,勿落他人后耳。夫非彼之土地,彼尚恐他人得特殊利益,而思捷足争攫。彼明明我国之土地,我乃听其不保而任他人之分割乎?我政府当局,爱国同胞,其同心合谋,力图挽救,一雪支那已被分割之言之耻。(北洋本上编第 93—94 页,点校本第404—406 页)

眉批:忽云中华民国,忽云支那大帝国,徜徉迷离,恰是梦境尔。头脑若斯,此书皆可作呓语观矣。(北洋本上编第 95 页,点校本第 406—407 页)

眉批:著者之视吾国,若无物然,夫特阑斯哇尔,弹丸国耳,尚能抗强英,曾谓吾国不堪一试乎?一旦国交破坏,吾国自足了之。友邦之或抗议,或中立,在其道德何如耳?吾国存亡岂恃此哉?(北洋本上编第 95 页,点校本第 407 页)

眉批:尔与尔妻,其为有实力之掠婚乎?抑为一纸空文之婚约乎?岂非靠不住者乎?然则尔何不喊尔父兄,日夜瞰其卧室,而防其有所私乎?(北洋本上编第 95—96 页,点校本第 408 页)

眉批:世人皆人也,非虎狼也。其人面兽心者,中岛端耳。(北洋本上编第 96 页,点校本第 408 页)

眉批:尔实自欺自昧。(北洋本上编第 96 页,点校本第 409 页)

译者曰:原人时代,人与禽兽无异也。世运日进,人道日昌,去禽兽乃日远,人类遂岿然独秀,而贵于万物矣。人道遂粲然大备而昭于日星矣。夫世间凡百设施,无非发乎人性以促进人道,表彰人道以范围人心者也。是故万人之福也,不胜亦不失为雄鬼。若夫坐任他人之蹂躏鱼肉,则断断乎不欲也。(田译本第 86 页)

以人道观之，则山岳不可易。若不由人道，则如马之泛驾，豕之突牢，蹴踏搏噬，固无物也。条约之不足恃，由来久矣。不仅保全领土之条约也，而国际法乃日彰者何故哉？人道在则然耳。日人之以守约号召者，皆知人道者也，皆有良心者也，皆脱去禽兽性根者也，皆尊重其国体而顺应世运者也。著者背人道，丧良心，发作其禽兽性根，披猖灭裂不顾人格，已足玷辱其国体而得罪于世运。乃犹以为未足，日以危言强聒其国人，必使其国家亦如彼之背人道丧良心，发作其禽兽性根，不顾国体而阻世运之进行然后已。人道之蟊贼也，世运之蟊贼也，又其国家之蟊贼也，人人得而诛之者也。今夫著者之弟幼稚也，易欺也，试问人人得用其男风乎？著者之妹柔弱也，易欺也，试问，人人得用其野合乎？如曰然也，予欲无言。如曰不然，则所以不然者其有以语我来。呜呼！吾不欲弄此闲笔墨，愿世间有心人其勿忘此獠！（北洋本上编第96—97页，点校本第409—410页）

眉批：颇能附会，其如小有才而未闻道何？（北洋本上编第97页，点校本第411页）

眉批：尔非新政府之裤内虫，何以知其长短？（北洋本上编第98页，点校本第412页）

眉批：尔非蓍龟，何以知未来事？着实混帐！（北洋本上编第98页，点校本第412页）

译者曰：借微息之外债，辟雄厚之利源，于公私交困之余，实为利国福民惟一之政策。徒以满清末造，亲贵揽权，贪庸误国。借款之初，条件酷否，漫不加察。既借之后，分配乖方，虚糜浪费。以致累累黄白，半饱私囊；种种主权，断送外国。利归于官，害及于民，而祸患终归于国家。推其究竟所及，诚如著者所谓"是国家破产之兆"，不能自讳，亦不必自讳也。故借款问题，每一发生，举国鼎沸，拒款、拒款之声，蜂拥而起。今也民国告成，老迈龙钟之权奸，童稚顽劣之亲贵，铲除一空。断送利权之契约，既不致轻听误认；而察奸摘伏，明析秋毫，干没中饱之弊，亦一律廓清。借款以振兴实业庸何伤？即佣外人为技师管理亦庸何伤？不惟无伤，实属大利。此非吾国人士之私言,质之世界,当亦所共认者也。著者乃以察满清朽败官吏之思想,察我民国新人物;窥专制国家之眼光,窥我共和政府。谰语诡词,厚诬为里面分割确证,何荒诞僻谬,一至于此。虽然,苦言药也,甘言疾也,我政府诸公傥视为药石,深自警省,未始非他山之一助云。(北洋本上编第 99 页,点校本第 413—414 页)

下编
东亚之孟罗主义

东亚之们罗主义

田译本无驳语

　　眉批:支那事惟支那人为之,著者亦知之乎! 然则喋喋何为者? (北洋本下编第 1 页,点校本第 415 页)

　　眉批:既知支那分割为东亚全局悲,而亦不利于日本。何以拨弄是非,惟恐分割之不速? 真丧心病狂也! (北洋本下编第 1 页,点校本第 416 页)

　　眉批:以此前提而下此释语,其识解曾村学究之不若。乃不自愧而反自矜,丑矣。(北洋本下编第 2 页,点校本第 416 页)

　　眉批:数语蓄有无限风云,岛人一腔心事,全吐出矣。(北洋本下编第 2 页,点校本第 417 页)

　　眉批:欲见好于俄人,故作迎合语。妾之美我者,畏我也。丑极。(北洋本下编第 2 页,点校本第 417 页)

　　眉批:吾人所必争者,惟国仇耳。(北洋本下编第 3 页,点校本第 417 页)

　　眉批:暴俄窥我蒙疆,司马昭之心路人皆知。而谓狡猾如尔政府者,不之知耶? 著者之为是言,非自诩其眼光之独到,乃恨其政府与暴俄携手之不早耳! (北洋本下编第 3 页,点校本第 418—419 页)

　　眉批:休尽妄想! (北洋本下编第 4 页,点校本第 420 页)

　　译者曰:近自俄蒙协约暴露以来,神州健儿,同声愤慨,相率请命中央,誓师北上。天戈所指,消漠北之妖云;义旗所临,回中原之霸气。蠢蠢顽酋,胆敢抗背宗邦,甘作暴俄之傀儡,潜结密约,断送全蒙之山河。不惟蒙族同胞所不认,抑亦中华民国所不容也。一旦飞将督师,横驰塞外,彼俄人者,自当确守国际公法,以敦睦谊。吾华军旗所至,亦必保护远人,勿使稍有惊惧损失,以尽东道之责。若乃不顾公理,强行干涉,则是蔑视我国权,欺凌我五族,扰乱世界和平,为人道蟊贼;破坏均势成局,为瓜分戎首。惟有陈师鞠旅,秣马厉兵,相率中原健儿,与暴俄相见于硝烟弹雨之中,雪地冰天之境耳。如天之福,得挫暴俄之锋,而山河还我,而世界和平赖以维持,固所深幸;其不济惟死而已,吾何畏彼哉!然而著者闻之,幸我之灾,乐我之祸,涎羡俄之诡计,更不知其将作何语矣。(北洋本下编第4—5页,点校本第420—421页)

　　眉批:一则曰支那本部溃裂,再则曰支那本部分割。立言无据,居心可诛!(北洋本下编第5页,点校本第422页)

　　夹注:满庭已倒,更复何怨?(北洋本下编第5页,点校本第422页)

　　夹注:民国以汉满蒙藏回组成,五族平等,时至今日,何来羁绊?(北洋本下编第5页,点校本第422页)

　　眉批:咄咄岛人,心目中只有帝国二字,足见奴根深固。(北洋本下编第6页,点校本第423—424页)

　　眉批:以云险诈,无过于岛人者。自己背负九升九,还说他人不足斗,无耻已极!(北洋本下编第7页,点校本第424页)

　　译者曰:英于吾国,其商业势力,至为伟大,使吾国不幸而罹分裂之祸,英国于此,纵能与列强分尝一脔,而其得固未足偿其失也。是故英对吾国之政策,素重保全。无如吾近邻二国,野心勃勃,日怀侵略。英遂不得不注意西藏,以保均势之局。使日俄而无他意者,英则决不首发难也。今著者不曰某国如何侵略,则曰某国如何经营,实则裂我神州者,非英非美非德非法,惟暴俄与尔岛国耳。吾人默识之矣。(北洋本下编第7—8页,点校本第425页)

　　眉批:滇都督蔡锷、黔都督唐继尧,皆革命伟人、军学钜子,而以土匪首领诬之,我五族同胞所不忍受也。(北

洋本下编第 8 页,点校本第 426 页)

眉批:岛人尚读过《三国演义》。(北洋本下编第 8 页,点校本第 426 页)

译者曰:著者此论述法人假宗教之暗布政治上之势力,甚为痛切。吾人于此,宜急图国民教育之普及,俾教民亦知爱国,庶不至为外人所利用,则其祸源自杜,慎勿拨庚子已事之灰烬,而授人以口实也。(北洋本下编第 10 页,点校本第 429 页)

夹注:按:即战地军队所仰需之背后地点。(北洋本下编第 11 页,点校本第 431 页)

眉批:劲敌何人,胡不明言? 噫,吾知之矣。(北洋本下编第 12 页,点校本第 432 页)

眉批:破坏满铁中立策者谁乎? 非尔岛国也耶? 中美邦交素称辑睦,岛人妒甚,往往造作蜚语以间之。今著者曰:(买欢心)亦此志也。至还付赔款一举,尤属仗义,更以见其情谊之笃诚。夫吾固甚愿吾东邻之有以如是买吾人之欢心者,而卒不闻。噫,居心若是,则其平日以甘言蜜语舐吾者,皆伪耳。(北洋本下编第 13—14 页,点校本第 434—435 页)

眉批:巴拿马一旦开通,只知有美日之战,不知有他。(北洋本下编第 14 页,点校本第 435 页)

眉批:某国究竟为谁? (北洋本下编第 14 页,点校本第 435 页)

眉批:妨害某某国之独占权利,是维持世界和平,昌明人道主义。效即止此,功德亦无量也。(北洋本下编第 14 页,点校本第 436 页)

眉批:辽东半岛事,岛人遭三国干涉,卒忍痛未偿所愿,此恨绵绵茫无尽期。然恶人恶报,理固应尔,夫将谁尤? (北洋本下编第 15 页,点校本第 436 页)

眉批:杨花水性,惟岛人之本色。(北洋本下编第 15 页,点校本第 436 页)

眉批:较之尔国,还算是良友。(北洋本下编第 15 页,点校本第 437 页)

夹注:惟汝日与俄耳! (北洋本下编第 15 页,点校

本第 437 页）

　　夹注：我同胞亟听之！（北洋本下编第 15—16 页，点校本第 437 页）

　　夹注：我同胞亟听之！（北洋本下编第 16 页，点校本第 438 页）

　　眉批：呓语，真不顾体面！（北洋本下编第 16 页，点校本第 438 页）

　　眉批：孟罗主义者，即日本独吞中国之代名词耳。（北洋本下编第 16 页，点校本第 438 页）

　　译者曰：从来外交重捭阖之术，列强持均势之局。其利害关系最深者，其操纵离合之术亦最谲。强弱相遇无公理，国际之间无道德，势使然也。今著者纵论列强之态度，某也居心叵测，某也蓄志阴毒，于英、法、俄则诋之忌之，于德、美则讥之间之，于吾华则诅之咒之。人皆万恶，惟我独善，而独不论及日本。何其明于观人，而暗于观己耶？推其居心，世界惟有日本，著者方快意。否则亚洲惟有日本，著者亦快意。否则吾国甘为鱼肉，一任日本之宰割，著者亦快意。否则列强于东方宿植之势力，拱手以让之日本，著者亦快意。否则将列强逐出亚陆，坐令日本雄霸一洲，著者亦快意。即不然，列强能与日本同谋分裂吾华，而与日本以特别独厚之利益，则著者亦未尝不快意。而无如其不能也。立国于世者，匪止日本也。经营东方者，又有欧美列强也。吾国人心未死，不奄奄待毙，任其刀俎割烹也。至其述列强谋我之情，洞若观火，且痛哭流涕以陈之，似甚念辅车唇齿之谊也者。实则亚东孟罗主义一语，已露出光芒万丈。而后知其且悲且怨且惜且痛哭流涕满纸郁郁恨恼无穷者，殆恨日本未得独张东亚之霸权耳，未得独吞中国耳。岂真爱我者哉！然吾人闻之，则有足为棒喝之警者。光复以来，士夫方谓铺张扬厉，如火如荼。而人则视为分割之祸，迫于眉睫。人方为刀俎，我方为鱼肉。唐人诗云："夕阳无限好，只是近黄昏"。呜呼！译至此，吾不知涕泪之何从矣。（北洋本下编第 16—17 页，点校本第 438—439 页）

日本与支那分割

眉批：多谢盛情。（北洋本下编第 18 页，点校本第 440 页）

眉批：谁倾心于尔者，尔其梦耶！（北洋本下编第 18 页，点校本第 441 页）

眉批：早知岛人未获好意，数语竟自败露。（北洋本下编第 19 页，点校本第 441 页）

眉批：日本者，吾中华之产儿也。考其立国千年之历史，一切文化制度莫非传袭上国者。是则尔岛自开国以来，吾华无一日不负教训诱导之责，乃以有今日，反曰保护我、鞭挞我、后见我。鸥鹜食母，数典忘祖，甚矣！其背本也！（北洋本下编第 19 页，点校本第 442 页）

眉批：共和国民之精神，以忠国为荣。岛人奴性最深，死抱忠君二字，竟无觉醒之一日。可怜！（北洋本下编第 20 页，点校本第 443 页）

眉批：同胞听者！（北洋本下编第 20 页，点校本第 443 页）

眉批：汉族男儿听者！（北洋本下编第 22 页，点校本第 446 页）

眉批：汉族男儿听者！（北洋本下编第 23 页，点校本第 448 页）

（译者按：南宋之亡也，文天祥、张世杰诸先烈先后以身殉国，厓山碧血，芳烈千秋。虽其时文、张诸公均凛然于君臣之节，曾有"间关万里为赵氏一块肉"之言。而神州沦陷满地腥膻，上国衣冠污于夷狄，则诸公种族之痛深矣。白沙《厓山奇石诗》云："忍夺中华与夷狄，乾坤回首众堪悲"。读之可以概见。以视岛国乃木其人，于君主一人之逝世辄以身殉，而举国犹歌哭其壮烈者，迥非可同日而语。

支那之瓜分与日本

按：团匪乱时，尔日本军队之在北京，有奸淫良家妇女者，有抢掠商铺财产者，有偷盗宫中宝玩者，有屠戮善良人民者。其不法行为，较各国兵队尤甚。我京中人士，恨入骨髓，而著者谓为秋毫未犯，试问尔日本人有此道德乎？兹举二三例证之。吾秦近数年来所聘日教员不下十人，内中颇能热心教授者仅三四人，余皆横暴非常。有谢花宽功其人者，东京高等师范学校出身也。曾因鸡奸马夫不从，遂殴打几至于死。学生闻之大愤，要求监督解约。而谢花遂声言曰：监督如允学生之请，则彼即以手枪对待。呜呼，此曾受高等教育之人，尚且不法如此，况一般之兵士乎。如谓兵士能严守军律，则日俄战争后，驻在满洲之尔国军人任意奸淫抢掠者，正当之行为乎？我国因此屡与尔国交涉，尔政府不惟不严责兵士，反谓以生命所换得者。噫！是何言欤。不特此也，去岁在武昌之尔国军人，强迫我黎副总统，而索

岛奴眼光如豆,乌足与论上国英雄耶?)(北洋本下编第23页,点校本第448页)

眉批:三五年来,革命怒潮东西震荡,君主一物将绝迹于世界。西风红叶,树树惊秋,大限来时,悉无幸免。此满清政府之所以倒,爱亲觉罗氏之所以衰也。且我中华建国,合五族为一家,礼制大同,政权平等,乌有所谓排挤搆陷蹴踏踩践者。岛人专好挑拨恶感,利我同室操戈。呜呼,其心不可问矣!(北洋本下编第24页,点校本第449页)

眉批:共和亦是异族耶? 不通。(北洋本下编第24页,点校本第450页)

眉批:媚强侮弱,谄富骄贫,正是岛人自强。(北洋本下编第24页,点校本第450页)

眉批:中华男儿听者。(北洋本下编第25页,点校本第450页)

译者曰:著者历举吾汉族痛史,谓我为侮弱畏强之民族。呜呼,吾愿与黄帝子孙一雪斯言之耻也。斯篇所论,如镌功奇石。张宏范不是胡儿是汉儿之类,固足为吾族羞,而其所诋毁亦有为吾汉族所不认受者。盖夫专制一姓之兴亡,秦以后踸然其匪一代也。然而若秦、若汉、若隋、若唐,其改姓易步,无不亡也忽焉。而独于宋明之季,河山半壁,义旗相望,一二孤臣义士,宁断头陨命,血溅鲸波,以图延残局、留正朔于海波穷岛之间。虽至势穷力尽,事不可为,终无灰心挫志者,则以民族主义之大防,为不可越也。若文文山,若张苍水,若黄梨洲,若郑成功,若朱舜水,或则辗转穷岛,泣血天涯;或则窜徙波涛,痛苦海外。心悬落日,志切回天。成败可无论,只其孤忠劲节,碧血丹心,亦有惊天地、而泣鬼神者矣。即自满清入关,以迄武汉光复,我汉族男儿,抱种族大义,断头流血,杀身以行其素志者何

二十七万元者,岂应分乎? 其他类乎是等者,不可胜数。总之,尔国人之无道德,无廉耻,已印于吾民之脑中,虽至死犹不能忘。俄国期满而不撤满洲所驻足之兵,固有侵略吾国土地之野心。但尔日本不辞以兵力解决者,非为吾国也,乃自为耳。何以言之? 俄兵若久据东三省而不撤,则朝鲜危。朝鲜危,尔国之内部,亦不得太平无事故也。至所引历史上之各端,乃几百千年之事,不代表吾人现在之心理能力也。吾人所以革命者,不特因种族之界,而兼改良政治者也。曾经举事数次,并非始于去岁。而著者谓乘孤儿寡妇茕茕无所赖无所恃之时,始大声疾呼曰:满虏可逐。然则,尔日本近十数年来,屡侵夺吾国之利权,及侮辱我国民者,岂非乘吾国实力不足之时,而出此不法之行为乎? 不然,何不加诸西洋各国乎? 要之尔日本不欲吾国瓜分者,本心也;恐吾国强盛者,亦本心也。盖吾国瓜分,尔日本亦不能独存;吾国强盛,尔日本亦难得安眠也。因此之

限？盖其忍痛茹苦，三百年来如一日也。十载已还，志士仁人之抱共和主义，而牺牲其身者，如镇南关之役、河口之役、黄花岗之役，乃至阳夏之战、石城之战，其间所掷之头颅，所倾之脑血，更不知其几许也。呜呼！岛奴其志之？辽东战役之耻辱，台湾之攘据，朝鲜之吞噬，满洲之侵陵，汉阳诸姬，楚实尽之。吾汉族男儿，卧薪尝胆，已非一日，痛寐中未忘有国仇在也。异日铁血光中，我汉族男儿，将于黄海之滨，与岛奴决死以判雌雄。尔时当勿谓秦无人也。呜呼！尔岛奴其志之，我汉族男儿其誓之！（北洋本下编第 25—26 页，点校本第 450—452 页）

故，日以侵略吾国之土地利权，藉扩尔自国之势力，为唯一之目的。虽然，穷则变，变则通，事物必然之理，自然之势也。吾国今日虽尚衰弱，但近年来人民之思想，颇有进步。从此更加教育，安知十年二十年之后，不一变而为强盛乎？尔国现时虽较吾国稍强，但社会之腐败，日甚一日；人民之生计，愈趋穷困。安知十年二十年之后，不一变而为衰亡乎？告尔日人，如为子孙计，当去其不法之行为、信口之乱骂。否则，吾民虽能忍受一时，而终必有以报复者，敢断言也。（田译本第 113—115 页）

日本与支那分割之方略

眉批：雪耻何年？报仇何日？我国民其勿忘。（北洋本下编第 27 页，点校本第 454 页）

眉批：燕赵健儿听者！中华健儿听者！（北洋本下编第 28 页，点校本第 455 页）

眉批：岛人亦知吾燕赵男儿之勇武乎？燕赵男儿果有一人生者，不令岛人入中华一步也！（北洋本下编第 29 页，点校本第 456 页）

眉批：湘淮健儿听者！（北洋本下编第 30 页，点校本第 458 页）

眉批：著者亦知岛国有破产之祸乎？然则日弄是非，惟恐

日本对于
支那瓜分
之方略

田译本无
驳语

天下无事，害人自害，果何为者？（北洋本下编第 34 页，点校本第 463 页）

译者曰：日本苦贫，一日不仰赖我华，即一日不能立国。挽近以来，列强为逐鹿于中原，而澎澎勃勃之新中国，亦将跃起腾飞。使中国而亡也，日本纵据满洲一角，亦不能与列强争雄，而卒失所仰赖以日濒削弱。使中国而兴也，则雪耻十年，还我边鄙，雄师百万，虎视于白山黑水之间。蕞尔岛民，隔江相望，徒有染指之思，而莫敢谁何。其兴其亡，无在而非日本之隐忧也。故其举国上下，时有并吞中国之雄怀。迨自审其力有未能，而衡其势亦未可，则又怨天尤人，痛哭流涕，如猢狲失树，乱跳乱叫。噫！是不可以已乎？吾华固千年古国也，即一旦列强肇瓜分之变，将约四亿同胞，共作雄鬼，合万里神州，成一大冢耳。倘列强不为戎首，尔日本其敢有以图我者，则如蜉蝣之撼大树，自取败亡之辱耳。其亦知今后之中华，非复昔日之中华矣乎！（北洋本下编第 34 页，点校本第 464 页）

译者又曰：神州建国，四千余载，人口富力实足，以雄长斯世而有余。燕赵之众，带甲百万，民风非不武也；江淮之间，沃野千里，物产非不饶也。苟能振厉奋兴，富强之效，可立而待。近人诗云：英雄用武非无地，南有长江北大河。而卒不克与列强角逐者，则三百年来满清政府误之也。今也独夫放逐，日月重光，大好河山，依然还我。健儿负江山欤？江山负健儿欤？有富强之资，而不知自保以阔步横行，乃转为他人所觊觎，以思为所凭借，而大展其雄图。呜呼！是吾人之大耻也！是吾人之奇羞也！抑吾更深有感者，著者于吾华南北民族地理之特色，至为熟悉。谓以南方之富庶，养北方之武健，以北方之武健，卫南方之富庶，为最宜于中央集权。今吾国浅识躁进之徒，乃谬欲以地方分权，启南北之分离。噫，读是书者，亦知所警悟乎！（北洋本下编第 34—35 页，点校本第 465 页）

日本与支那分割之利害

支那之瓜分与日本之究竟的利害

眉批：尔岛国以奉戴天子神孙自豪，吾则未尝以老帝国自许。盖帝国二字，已与吾华绝缘矣！（北洋本下编

按：著者谓二

第 37 页,点校本第 467 页)

　　眉批:中华男儿听者!(北洋本下编第 38 页,点校本第 469 页)

　　眉批:休尽高自位置。(北洋本下编第 38 页,点校本第 470 页)

　　眉批:中华男儿听者!(北洋本下编第 39 页,点校本第 471 页)

　　眉批:汉族男儿听者!(北洋本下编第 41 页,点校本第 473 页)

　　眉批:使当时无此海天一劫,则岛人之灭久矣。范文虎有知,亦当痛恨于九泉下矣。(北洋本下编第 42 页,点校本第 474 页)

　　眉批:拨此杀机者谁欤?(北洋本下编第 42 页,点校本第 475 页)

　　眉批:前岛人之夺我安奉铁路也,余曾有句云:向人每欲论同种,到此方知我独无。我固甚愿向我东邻论同种也。其如狼子野心何!(北洋本下编第 43 页,点校本第 476 页)

　　眉批:还有几句良心话,难得!(北洋本下编第 44 页,点校本第 477 页)

　　眉批:寥寥数语,莽莽风云,还是欲独吞中国耳!癞虾蟆要食天鹅肉,休作妄想!(北洋本下编第 44 页,点校本第 478 页)

　　译者曰:其豆相煎,同根自剪,自古痛之。中日唇齿辅车之邦,同文同种之国,自宜互相提携,捍御外侮。焉有友邦而可以相猜相忌者乎?使日本而念此耶,则宜折冲于列强之间以辅中华之进运,异日相安相处,以与白人争存于天壤,岂不甚善?而无如日人言不顾行,口蜜腹剑。与虎谋以拒群狼,群狼去而虎将噬我矣。近顷日人所盛倡者曰亚洲孟罗主义也,曰大亚细亚主义也。听其言则友朋也,窥其心则盗贼也。所谓此等主义者乃日本希图独霸亚东之代名辞耳!盖日人狡黠,每思设计以欺我而欺世,卒之{司}马昭之心路人共喻,适见其作伪心劳日拙耳。独是二十世纪之中国非兴则亡,亦无容讳十世纪之最大问题,乃黄白两种相争之问题。此言诚然,但尔等既知之,即应开诚布公,与吾国共筹抵制之方。何也?吾国若亡,尔日本亦不能独存故也。乃不为子孙计,反常与吾国为难,俨如一强万无再弱之理,甚至欲统一吾国,何不度德不量力,如是之甚哉!要之,吾国强而可以使尔日本为我共和国之一省,尔日本之实力虽再增进三倍五倍,亦不免为空想而已。况今也财政之愈趋于困难,社会之愈趋于腐败哉!(田译本第 135 页)

【讳】者。兴则日本或可赖以图存，亡则日本亦随之，此必然之数也。日人果输诚相与，翻然来与我为友，则吾固甚愿我友邦今日之有以助我，而期以他日或有以助我友邦也。东海有人其有以挽回之二人心之离异者也乎？跂予望之矣。（北洋本下编第44—45页，点校本第478—479页）

日本百年后之运命

眉批：大臣以君主为护符，必其君主之可以为护符也。若于宪法上削减君主之特权，则此弊自不至发生。著者不从根本上研究改革之法，而徒责备伊藤，慎亦甚矣。（北洋本下编第47页，点校本第482页）

眉批：如著者言，则前之所谓君民上下同德一心者，真耶伪耶？（北洋本下编第48页，点校本第483—484页）

眉批：人君不耕而食，不蚕而衣，安有余物以赈恤灾民乎？其所谓赈恤者，乃以其所取之于民者还之于民者耳。而著者乃感恩不置，何其愚也！（北洋本下编第48页，点校本第484页）

眉批：情谊日薄，渐归冷淡，此乃日本国民自由平权思想发达之所致也。华族何术以笼络之，使归于浓厚乎？且华族与君主共存亡休戚者也，岂有不自为谋，而劳著者之借箸而筹耶？（北洋本下编第48—49页，点校本第484页）

译者曰：日本阶级之习，由来已久，中人甚深，牢不可破。名为立宪，其实君主之权无限。名为平等，其实华族之贵，决不肯下侪于齐民。民权主义大昌以后，所谓允文允武神圣不可侵犯之君主，奕祀相传，拥护皇室之华族，将在淘汰之列。彼自维新后，清日、俄日两战，俱获胜利，遂以为天下莫强。殊不知清日之役，以对抗者为破碎不完之清政府也，非其国民；俄日之役，以对抗者为厉行专制之俄政府也，亦非其全体也。故战无不胜，攻无不克。继自今国民与国民战，而非以一政

日本帝国百年后之命运

按：尔日本自行宪政以来，非已二十余年乎。其政府议会国民，宜骎骎乎向进步之域，此理之当然，而势之所不得不然者也。然而著者谓尔政府皆腐蚀宪政、培养细菌者也；尔议会则为政府之走狗，不顾国家之安危、民生之休戚者也；尔国民皆无道德无廉耻者也（参观日本之宪政）。果然则尔国之宪政，非培养细菌之宪政乎？非无道德无廉耻之宪政乎？以如是之宪政，而欲久立

府对待一国,其胜负之数,将不在彼而在此矣。且日制君主华族等为世袭,既为世袭,则其人不免昏愚庸懦,骄纵淫佚,有断然者。而每代之世袭君主,皆称为【为】圣明之天子,不世出之圣主,岂非至卑鄙不可对人之欺世语哉?试问著者于下笔时,亦有此觉悟心否也?(北洋本下编第49页,点校本第484—485页)

国于世界上,岂可得乎。使著者稍有人心,当如何自愧自畏,而反妄诋吾国,真可谓不知自量之甚者也。(田译本第139—140页)

日本之教育

眉批:作者前不已言教育之普及益广,道义之基础益固乎?此又云非事实,则前者为妄语明矣。(北洋本下编第50页,点校本第486—487页)

眉批:岛人皆有此等恶德,则无怪著者如此荒谬也。(北洋本下编第50页,点校本第487页)

译者曰:著者尝谓吾国人口仅当日本十分之一,而以教育不普及为其实征。吾始也惑且愤,继也愧且惧,而终也恍然悟日本之教育如是如是而已。夫以如斯之教育,虽举国领其旨要,其结果不过深固其奴根,奖劝其狡黠,将挟一二小智慧小技术以

日本之教育

按:教育之门类有三:曰德育,曰智育,曰体育。今尔国之智育体育如何,吾人暂置不论。惟德育一门,直可谓之无也。如以余言为过,则请举一例证之。有正冈犹一{艺阳}其人,曾著《呜呼卖淫国》一书,内中所言其国之丑事,无一非使人骇异者。兹译其一段如下:余(著者自称)之乡里者,日本有数之都会也,有人口十万,户数四万。因为中日战争之临战地,遂高其名。虽然,由明治三十七至{三十}八年,此一年中,市民所收得者非黄金,亦非临战地之光荣。然则何物也?读者请勿惊,乃二千人之私生儿也。试思十万之市民中,假如以五万为女子,称为妙龄之妇人,亦不过一万。而处女之私通者,即以一千生子,其私生儿已达于二千,岂非可惊之现象哉?夫二千人之私生儿,由户籍簿观之,不过增加无父儿二千人而已,不足为奇。由人口上观之,四千万人中,仅增加二万分之一耳,亦不足为怪。虽然,由道德上观之,二千人之私生儿者,岂非国民堕落之反射哉?然此仅十万人口之都会,一年间之所得而已。其他如东京、大阪以及全国之各府州县,每年更增加者,非私生儿而何乎?就最近人口之统计观之,私生儿之死亡,较公生儿在二倍以上。呜呼!此果何等之

为害义之资、济奸之具耳。其国多一受此等教育之国民，其国即增一独夫之奴隶。世界多一受此等教育之人类，世界即多一人道之蟊贼。迨夫孳生繁殖观摩濡染充三岛而为藏污纳垢之所，即不自腐而人且被除之矣。著者宜舞文弄墨撰尔日本分割之运命矣！何暇哓哓论他人事耶？（北洋本下编第51—52页，点校本第488—489页）

现象欤？余恐东洋君子国，终必变为私生儿国矣！私生儿者日荫者也；而日荫者，在日本最有势力也。伊藤博文者非日荫者乎？彼至今尚不知实父实母之为何人也，今也一跃而为日本之宰相。星亨者何物也？由或者之所传，称为强盗之一夜儿也。读者试思所谓君子国之宰相及院内总理者，非山中之遗儿，即强盗之一夜儿。而国民尚不知耻，反以有伊藤及星亨二人夸示天下，岂非咄咄怪事哉！不但宰相及院内总理然也，其他不知名之日荫者，殆不可胜数云云。由是观之，日本之社会者，私生儿之养成所也。教育普及者，私生儿之普及也。余谓为无德育之教育，岂过言哉！岂过言哉！（田译本第142—143页）

日本之实业

北洋本无驳议

日本之实业

按：尔日本输出之货，多销售于吾国，是无异以吾国之财而养尔国民之生命也。今也吾国产业，日渐振兴，用国货者，日多一日。则尔国之财源将绝，即尔国民生计愈趋穷困之期将至矣！从而尔国之前途如何，吾实不忍言矣。（田译本第144页）

日本之陆海军

眉批：萨、长二州人以陆海军为其私有物，著者攻击之不遗余力。攻之诚是也，然以皇位为一家之私有物，著者不唯无反对之言，且以此夸示于人曰：此日本民族之特性，万国无有也。岂所谓知其一不知其二者耶！（北洋本下编第54—55页，点校本第491—492页）

日本之陆海军

按：著者讥吾人有省分之界限，又讽吾国去岁南北之妥协，是无异夸尔国无类乎此等事情也。果然则尔国之眉批:著者知其国民将为扩张军备陷于厄运,顾日望天下多事,以为一己升官发财之地。庄生曰:哀莫大于心死。(北洋本下编第 55 页,点校本第 492 页)

眉批:除中国外,四邻皆强国。日人虽有侵略之大志,亦无所用之矣。且中国自改革政体以来,政府与国民渐有联合一气,以抗外患之致。即发难,亦不能保其所得必偿所失也。(北洋本下编第 55 页,点校本第 492 页)

译者曰:观著者此篇,纯为讨萨、长二州人专利之檄文。使此事而发现于吾国,著者必大声疾呼曰,此支那人之省分观念也! 此支那分裂之兆也! 非所谓暗于观己者乎? 且国家之有陆海军,专为保护国民生命财产之用,惟能者可以当其任,不必问其为何州之人。萨人长人,于中日、俄日两大战,克奏肤功,是无愧于“能”之一字也。试观满清末造,黄口孺子,尽命为海陆军大臣,及其他重要职务,逮革命军起,彼等不敢出国门一步,一切军事计画,不得不委之汉人。若萨人长人,所引用者尽族党姻戚,不问贤否,焉有不失败之理? 然则萨、长二州人,能把持海陆军职者,是必其人有军事之特长也,不然则其所引用者必贤。而著者所痛斥之者,非愚则诬也。不然,则是著者为地域的观念所束缚,遂出此愤激之语也。嗟乎权利之争点,不在人之优劣,而在地域之或彼或此,斯诚不能无碍于国家之统一。著者其勿哓哓可也。(北洋本下编第 56—57 页,点校本第 495—496 页)

日本之外交

眉批:同胞其谛审之,辽东父老子弟辗转于马足下,犹宛然在目也。对此当何如? (北洋本下编第 58—59 页,点校本第 498 页)

眉批:不取东三省,非日本之所不欲,乃各国之所不许耳,于中国何恩之有? 著者岂忘辽东半岛之

陆军,必长人握其枢机,海军必萨人居其中心者,非界限而何乎? 因扩张陆军问题,而西园寺公望屡请元老山县、井上等出而调停者,非妥协的行动而何乎? 尔反诋毁吾国,不遗余力,岂吾民曾虐待尔乎? 不然,何妄断如是之甚哉! 总之,尔非因在吾国数年未获有多金,且为吾民所轻鄙,故出此报复之言;即欲藉此博一支那通(即通乎支那事情之人也)之名,而谋嗷饭之地者。余敢断言也! (田译本第 148—149 页)

日本之外交

按:尔日本之外交,畏强凌弱之外交也。对于美俄英诸国,则惧如虎狼,百方诌谀(如前年美

已事乎?(北洋本下编第 59 页,点校本第 498 页)

眉批:惠恐其国人而不足,又从而激励之。其心实不可问。(北洋本下编第 59 页,点校本第 499 页)

眉批:惜乎不令著者为外相也,羡杀人,急杀人。(北洋本下编第 59 页,点校本第 499 页)

眉批:辽东劫运。(北洋本下编第 60 页,点校本第 500 页)

译者曰:二辰丸事件发生,清廷老朽,一闻日本政府之恫喝,则震惧股栗,鸣炮谢罪,诚我国莫大之辱也。幸有我国民起而排斥日货,日政府乃仓皇狼狈,有召还公使之举。日本国民至今犹咎其外交之失败。顾返观我同胞排斥日货一事,不久即置之脑后;今日且趋之若鹜,购买热视前竟增数倍。此不佞迻译至此,所为抚今思昔不觉舍卷太息而未知所以救之也。(北洋本下编第 61 页,点校本第 502 页)

眉批:南满者中国之南满也,中政府自有处分之权。作者乃云招美国资本家夺彼南满之利,是何言欤?(北洋本下编第 62 页,点校本第 503 页)

眉批:日本为大国乎?为小国乎?若为小国而欲学大国之风度,亦自速其灭亡而已。试问美人之提议,若无俄人为之羽翼,日岂能独立抗拒乎?(北洋本下编第 63 页,点校本第 505 页)

眉批:失其道者寡助,将谁尤?(北洋本下编第 65 页,点校本第 508 页)

译者曰:国国环立,各欲保持其国权,以和平幸福为目标。故讲求邦交,期相安于无事,此世界主义之所以贵也。即有时出以竞争,盖以为求和平之手段,不得已之事耳。乃蕞尔日本,孤立海岛,乘新兴之气,骄傲放纵,目无世界;弃置和平,日思构祸。作梦想则无大不包,见利益则无小不取。顽鄙尖刻,等诸无赖。屡思构怨于各国,而戎首自居。苏子所谓匹夫匹妇得一金而不知其所措者,其此之谓乎?著者以狂癫之论,助长其政府贪鄙之心。俄日战后协约,以为未劫夺中国特别权利,非常悔恨。美国舰队国舰队航至横滨,当时美日战争之说甚盛,日本畏之,上下极力欢迎,甚至使妓女等立于埠头而与美国人周旋以买其欢心,其一例也。英美订协约时,英国将日英同盟条约效力之大半割与美国,日本不敢提出强硬之抗议,其二例也);对于吾国则张牙舞爪,任意侮辱(如安奉线之自由行动及辰丸事件之横暴等)。我国民吞恨忍羞而待时者,已有年矣,一旦机至,岂能甘心哉!不但吾国然也,即彼暴俄,自战败后,其心中岂无复仇之志哉?亦待时耳。美国巴拿马运河开通后,尔国岂能高枕而卧哉(观英美仲裁条约,则日美战争之事殆不可免)!是数国者皆足致尔国之死命也。著者谓尔国百年之后之命运,不到日,彼曾欢迎之,而以为昏愦示弱。充彼之念,殆欲逞凶横之手段以陷人,断交际之礼节以绝人。具此肺肝,犹谈外交,岂非怪物?其对中国也,对美也,对法也,对俄也,对德也,对其攻守同盟之英也,均有指斥,视世界各国无足当其一盼。荒谬若此,尚有可驳之价值乎?且也指斥各国之余,转谓彼受各国之玩弄。猜忌性成,可怜可笑,一似偷儿窃物,而恨人之窥见也者。吁,何其惧也!(北洋本下编第65—66页,点校本第508—509页)

堪设想,吾则谓不过百年之十分之一耳。(田译本第159—160页)

日本之宪政

眉批:著者于此,应先从事日本割分之运命矣。(北洋本下编第68页,点校本第512页)

译者曰:非元勋大臣之破坏日本宪法,乃日本宪法自然所生之结果也。何也?唯有日本宪法乃能制造日本之元勋大臣。则元勋大臣者,乃日本宪法之产儿,且受其鞠育保护以至于长大也。著者曰上恃宫中信任甘与舆论为敌,然则非才捶头公之能敌舆论,信任乃真舆论之劲敌也。使去其信任则才捶头公一匹夫耳,何能为哉?且吾尤不解者,国有万世一系之天皇,著者以为冠绝五洲之特色;今于天皇所信任之人,则指斥痛骂不啻禽兽。是于著者尊君之道相悖,且非爱屋及乌之义也。(北洋本下编第69页,点校本第512—513页)

眉批:如此恨事不能雪,尚汲汲于其他,令人羞死!(北洋本下编第70页,点校本第515页)

眉批:有何面目诋諆我同盟会、统一党?(北洋本下编第79页,点校本第528页)

译者曰:观此篇所言日本国民,真所谓无立宪资格者矣。政府散金钱以买收议员,而三百议员中,不受者只一人。则议员散金钱以买选举票,其国民之不卖票者,亦不过三百分之一而已。作者屡诋中国人为不洁,夸日本人有洁癖,似此嗜利无耻之流,岂所谓洁于身而不洁于心者耶?且作者又屡以五千万

日本之宪政

按:尔日本非自称为文明国乎?行立宪政治非已二十余年乎?然而其政府、议员、国民之腐败,尚有如尔所云者,则不知文明国之实何在乎?宪政之效果何在乎?著者亦日本国民之一分子也,日本国文明,则著者为文明国民之一分子;日本国衰亡,则著者为衰亡国民之一分子。尔国之现象既如是腐败,则著者为腐败国民之一分子焉,有评论他国是非之资格哉!然而,著者犹丑诋吾国。呜呼,天下无耻之人,孰有过于

忠实无比之臣民自豪,而耸动其雄飞于支那大陆矣。其所谓五千万者,其即指此辈耶?则吾不知于忠实之义,居何等也。若谓此辈以外,别有所谓五千万臣民乎?则吾又不信日本于政府议员有选举权之国民外,别有如是多数之臣民也。然则作者勿谓雄飞大陆也,今日之支那,非若昔日之支那易与也。禹域河山,无处而非干净土也。必不度德量力,而欲以其腥风,污我国土。得欤失欤?作者其三思焉可也。(北洋本下编第79页,点校本第528—529页)

世道人心之一大危机

眉批:季孙之忧,不在颛臾。岛人亦自省否?(北洋本下编第80页,点校本第530页)

眉批:此真志士仁人从容就义者矣!岂曰似之而已哉?(北洋本下编第82页,点校本第533页)

译者曰:物极必反天之道也。印度阶级之制严,而佛氏倡平等之教;法国专制之风酷,而卢梭倡民约之论;日本伪立宪,而有幸德秋水鼓吹社会主义。佛氏也、卢梭也、幸德秋水也之三人者,虽生不同时,居不同地,而其慈祥恻怛为吾人类之一大救世主,则一也。日本政府,蒙专制政体以立宪之皮,图掩国民之耳目。虽有四民同等之宣言,特一空文耳!而其贵族、华族、士族、平民、新平民之间,其权利之不平等自若也。幸德氏慨然提倡社会主义,欲以平其不平,正与著者痛斥元勋大臣及萨、长二州人专横无忌之言相合。且其处死刑也,以公道之在人心,世界万国国民无有不痛斥日本政府之惨无人理者。著者乃詈之为鬼畜,诋之为大逆,岂真别有肺肠欤?(北洋本下编第83页,点校本第535—536页)

译者曰:世界民族各有特长:或以气魄胜,或以精力胜,或以意志胜,或以情热胜。以云特长,洵特长矣。至云日本之特长,则指君民一家之国体,万世一系之皇统两语。夫君主国之适存于世界与否,姑不具论。然此不过国体上之事,而指以为民族之特

著者哉。(田译本第175页)

世道人心之一大危机

按:著者讥吾民族多目不识丁者,是无异夸尔国教育之普及也。果然则尔国每年父子夫妇兄弟相杀相戕者,不下三四百人,其余朋友亲故,因争财、争色、争权利、争势力而相刺相屠,更十数倍者,此岂以教育普及自称国所当有之事乎?不但此也,父女兄妹通奸之事,报章杂志亦屡载不一载,此果何等之丑陋欤!使著者稍有血气,自愧之不暇,尚有何面目诋毁吾国哉。真可谓不知人间有羞耻事者也。

长,支离怪诞,可鄙孰甚？其云中国虚伪爱钱,因以亡国,尤为荒谬。我之由革命而共和,乃政治上之事,岂有丝毫私念,杂于其间？况政体变更,纯属内部之事,与国家之存在,有何关系？我国正当经营缔造,作一庄严灿烂、五族共和之大国,将一跃跻于强国之列。而狂者指以为亡国,尚得为有价值之言耶？梦呓而已矣。(北洋本下编第85页,点校本第537—538页)

日本国民之觉悟

眉批:今也明治亡矣,其奈何？(北洋本下编第86页,点校本第539页)

眉批:下级人民未受新思潮之激荡,易以术笼络之。秦始皇之愚民政策,亦以民愚而后便于驱使也。虽然,使世界之中而只一国孤立,此策亦未尝不可用。无如列强林立、虎视眈眈。体力强者终不足以敌智力之强,此野蛮种族所以相继灭亡也。著者当今之世,乃力夸其下级人民为日本民族之特色,虽欲不谓为亡国灭种之术,不可得已！(北洋本下编第86—87页,点校本第539—540页)

眉批:著者亦知妄语之国民不能容于天地之间乎！盍自省？(北洋本下编第90页,点校本第546页)

眉批:著者下笔时,其亦自思此书由何观念发生者乎？抑口蜜腹剑也！(北洋本下编第91页,点校本第546页)

眉批:口口王道,犹是天宝时代之头脑。以若所为,求若所欲,视缘木求鱼殆有甚焉！(北洋本下编第91页,点校本第547页)

译者曰:吾国共和告成以来,日本君党妒极嫉深,无所不用其阻挠。盖忧其国人受吾民国之影响,不肯受皇帝贵族之愚弄奴隶,将有溃堤决防之虞也。故汲汲与俄协谋,极力破坏,欲使东亚大陆永无民主

(田译本第181—182页)

日本帝国民之觉悟

{按:}譬如有甲乙二人,甲之所作所为较优于乙,然后始可评论乙之是非得失,此常情也。若甲之行为较劣于乙,反论乙之是非得失,他人虽不笑其无廉耻,而甲能问心无愧乎？惟国亦然,必也其文化尽美尽善,其国基稳如泰山,然其国民乃可非议他国。今著者谓尔国之元老大臣皆贪利禄,慕权势,树私党,毫无殉国奉公之诚;尔政党唯知党派之利害,不顾国家之安危,民生之休戚;尔海陆军人亦皆爱钱好色,有惜死之

国发生，以保全其皇室万世帝王臣妾全国之业。而彼等亦得世袭罔替同享最上之权利。不知此为世运所不容，人道所不许也。夫二十世纪者，平民政治发展之时期也。二十世纪之人民，应享平等自由之人民也。不见夫三四年来之大势乎？葡国革命，吾华革命，俄罗斯亦蠢蠢欲动。吾恐帝王君主之魔物，不数十年将绝迹于世界矣。今余译此书至《日本国民[之]觉悟》章，余方谓著者以先觉自命，奔走呼号于国人者，必国利民福之问题，曰平等也，曰自由也，曰推倒君主也。抑知其不然，乃欲残民以逞，扰乱和平，而梗大化。吁，曷其谬哉！然则著者实害世运之蟊贼，而阻进化之人妖鬼畜也。（北洋本下编第92页，点校本第547—548页）

译者又曰：著者意在分割中国，斯不得不诬中国之可以分割。欲诬中国可以分割，斯不得不造作蜚语，散布流言，以淆乱天下之耳目而因以售其奸。是书下编推论分割中国，故于上编虚搆一中国可以分割之影象。于是无而为有，虚而为实，细而为钜，捕风捉影，信口雌黄，绘声绘形，惟肖惟妙。岛人心事如是而已。呜呼！优胜劣败，适者生存。天演之行，无所假借。斯固人人所当自省自奋，祈天永命，无所用其不平者也。若夫无可亡之道而横谤之来，谬云必亡，磨刀霍霍，咄咄逼人，必使至于澌灭而后已。是可忍孰不可忍？然则读是书而不蹶然兴者，其自待何如也！（北洋本下编第92页，点校本第548—549页）

风，骄傲之气；尔一般国民亦不重礼节、尚廉耻；则是尔全国上下之人皆腐败也。所谓尔自国之命运犹难久保，乃反安诋吾国，甚至言统一东亚，何胆大不羞一至于此哉！呜呼，是亦卖淫国人之特色也，本性也，吾实苦于形容者也。（田译本第189—190页）

第三辑:《〈支那分割之运命〉驳议》注疏

《支那分割之运命》原序①

支那,二十世纪之谜也。能解此谜者,可以霸东亚,可以雄五洲。然解谜必有键,键果何物?昔秦昭王遣使者遗君王后玉连环,曰:"齐多智,而解此环不?"君王后引锥②椎破之,谢秦使曰:"谨以解矣"③。善哉,君王后之断也!铁锥一下,纷纠立决。解谜之术亦无他,断之一字而已。虽然,断之

---

① 此序在自译本中被分为三段,译文亦有不同。比较起来,更接近日文本。

支那二十世纪之谜也,能解此者,可以为东亚霸,可以为五洲雄。不知解谜之键者,果何欤?

昔秦昭王赠连环于齐君王后,请解之。君王后对使者,手铁椎一击破之曰:谨解之矣。善哉君王后之断也,铁椎一下,万事即决。解谜之键者非他,断一字而已。

虽然断之本在信,信之本在自省而不疚。抑不知今之欲解谜者,断乎,信乎?将自省而不疚乎?是书虽一部小册子,苟有善读者,于解谜之术,思过半矣。

在日本学者后藤延子提供的《斗南文存》(又称《斗南存稿》)复印件中,此序的文本和标点又有不同:

支那,二十世纪之隐语也。能解此者,可以为东亚霸,可以为五洲雄。不知解隐语之诀者果何欤?昔秦昭王赠连环于齐君王后请解之,君王后对使者,手铁椎一击破之曰:谨解之矣。善哉君王后之断也,铁椎一下,万事即决。解隐语之诀者非他,断一字而已。虽然断之本在信,信之本在自省而不疚。抑不知今之欲解隐语者,断乎,信乎?将自省而不疚乎?是书虽一部小册子,苟有善读者,于解隐语之术,思过半矣。

② 锥 在日文本、自译本和《战国策》中,原为"椎"。椎,同槌,敲打用的棒。

③ 语出《战国策·齐策六》:"秦昭王尝使使者遗君王后玉连环,曰:'齐多知,而解此环不?'君王后以示群臣,群臣不知解。君王后引椎椎破之,谢秦使曰:'谨以解矣!'"参见(西汉)刘向编著:《战国策》,时代文艺出版社2000年版,第230页。比较起来,北洋本参酌了《战国策》的原文。

更多的一些《战国策》版本,则说给君王后送玉连环的是秦始皇(参见高诱:《战国策》第2册,商务印书馆1934年版,第12页。(汉)刘向编;梁方健,孙蕴译注:《战国策》,山东画报出版社2012年版,第168页)。

秦昭王 即秦昭襄王(前325—前251),嬴姓,赵氏,名则,一名稷,秦惠文王之子,秦武王异母弟,母为宣太后,战国时期秦国国君。早年在燕国做人质。公元前307年,秦武王去世,秦昭襄王与其争位,遂立。公元前251年,昭襄王去世,终年75岁。史书简称为秦昭王。

本在信,信之本在内省不疚①。抑不知今之欲解此谜者,将操何术乎? 此书虽区区二篇,有善读者,当于解谜之术,思过半矣。

明治四十五年四月②

复堂学人③

君王后　齐襄王的王后,太史敫之女,齐王田建生母。公元前 284 年,齐湣王被杀,燕、秦等六国攻打齐国,齐湣王之子田法章改名换姓在太史敫家做佣人。太史敫之女认为田法章绝非常人,便与他私定终身。不久,田法章继位,是为齐襄王,立太史敫之女为王后,史称“君王后”(君王后本姓后,当了王后不能被称为“后后”,所以史称“君王后”)。
大多数资料都说君王后的去世时间为公元前 249 年。如果此说无误,则给君王后送玉连环的就只能是秦昭王,而不可能是秦始皇。秦始皇生于公元前 259 年,在君王后去世时才 10 岁,在前 247 年被立为秦王时才 13 岁(此时君王后去世已三年),应不可能送玉连环给君王后。一说君王后去世于前 224 年。公元前 265 年,齐襄王离世后,君王后协助儿子田建执政。君王后贤德,与秦国交往谨慎,与诸侯讲求诚信。在她辅政的 41 年,田齐一直都很太平。直到她死后 3 年的前 221 年,齐国才被秦所灭。据此,送玉连环给君王后的更可能是秦始皇,君王后去世于前 249 年的说法则有误。

①　内省不疚　指自我反省并不感到愧疚,即没有做愧心事。语出《论语·颜渊》:“内省不疚,夫何忧何惧?”

②　明治四十五年四月　明治四十五年,即 1912 年。明治天皇死于 1912 年 7 月 30 日,同年太子嘉仁继承皇位,年号“大正”,故 1912 年又称大正元年。“四月”,表明中岛端该书完稿于 1911 年底或 1912 年初。

③　复堂学人　即中岛端(1859—1930),日本江户(今东京)人,著译甚多。自幼接受旧式教育,6 岁开始读《论语》,十三四岁开始用汉语作文、写诗。1902 年春—1908 年 10 月,曾在中国上海、苏州等地任职、游历。1908 年 10 月末到北京,目睹了光绪、慈禧去世及安葬,国会请愿运动等重大事件。1911 年春末回到日本后,5 月 30 日在汉文学会上作“支那的未来与汉文学者的觉悟”的演讲,指出中国各个方面都显现出亡国征候,革命的风潮已迫近,未来结局将陷入分割命运而再现五胡十六国。特别列举了 1911 年春江苏省昆山起事的流民 700 余人的被杀事件,批判官方摧残人命、摧残人权的倒行逆施。由此断言容许这等私刑的旧习存在,就没有资格成为实施宪政的国民。辛亥革命之后开始撰写此书,历时一个半月完稿。起初以《支那的将来与日本》为题,后改为《支那分割之运命》。参见[日]後藤延子著,李继华、吕旭春编译:《中岛端〈支那分割之运命〉泛论》,本书第 615—621 页。

《支那分割之运命》后叙①

余已卒业②。或告余曰：甚矣子之善骂也。子非家世业儒之人，而又非曾游禹域，多与其士夫交欤？今乃著论，历诋其士夫政俗，不少宽假，若有怨毒焉者，无乃太甚乎！余曰：吁！此何言！俚谚不云乎，爱之至者，憎疾亦百倍焉。今夫乡曲子女，逾墙钻穴，淫奔失节，曾犬豕之不若。我则颦蹙而斥之，或且嘲而笑之矣。至若吾宗亲子侄，一有类此者，我则愀然泪出，谆谆而诲。诲之而不足，则又攻诘而激之。激之而不足，则又诟骂而叱咤之。甚且捽其发，鞭其背而逐之矣。无他，亲疏之分不同故耳。支那之与我日本，非所谓兄弟之国者耶？子亦盍见今之情势乎？其腐败丑污，岂仅淫奔失节而已耶。其无道义也，无纪纲也，岂仅逾墙钻穴而已耶！然而上下沈酣，昏昏醉梦，我安得不厉声疾呼，又安得不诟骂叱咤！我之泪安得不涟如洏③如，又安得不捽其发而鞭之。一部支那分割④，乃我之厉声疾呼也，诟骂叱咤也，涟如洏如之泪也。窃谓此亦同宗至亲之道宜尔。而子乃咎之，不亦异乎？且今白人之强梁跋扈亦极矣！穿人藩篱，毁人堂奥，必不覆人之室、歼人之族不已。苟不自戒，岂特支那之豆剖瓜分而已哉！虽我日本，亦不可保其金瓯无缺；而黄种全体，且不知其死所矣。则我之呼号分割运命者，又岂仅为支那一国而已哉。抑余更有进焉者，古语云：福兮祸所倚，祸兮福所伏。安知今之分割之祸，不为异日大一统之始耶；又安知白人全盛之日，乃非黄

---

① 该后叙写于 1912 年 12 月，载于同月出版的自译本，后收入《斗南文存》（亦称为《斗南存稿》）。曾被收入刘民山著《李大钊与天津》（天津社会科学院出版社 1989 年版，第 234 页。个别文字有差误），《李大钊全集》河北版第一卷未收。因对理解中岛端的全书内容和写作动机有益，移载于此。

日本学者後藤延子指出："《日本及日本人》（政教社）……695 号（1916 年 12 月 15 日）……载有中岛的《余辈的中国观》，其中对于自己的著书说：'如袁一派的御用学者，驳击最有力，盖痛触其疾'，这个袁一派的御用学者系指在袁世凯创立的北洋法政专门学堂学习、并与同窗好友们结成北洋法政学会、出版了《〈支那分割之运命〉驳议》（1912 年 12 月）的李大钊等人"。（《李大钊与日本文化——河上肇与大正时期的杂志》，引自後藤延子著，王菁等编译：《李大钊思想研究》，中国社会出版社 1999 年版，第 96 页）

就此"后叙"来看，说中岛端"有意污蔑中国"，似不成立。但是从中岛端的全书内容，特别是上编后两章和下编前四章的内容来看，他以高高在上的态度，渲染、夸大中国的弊端和危机，希望日本借此得到更大的殖民利益，甚至独占中国，实现"东亚霸权"，并为此而出谋划策，基本上看不到对中国的同情。据此，中岛端在此处的辩解，应有虚饰的成分。

② 余已卒业　应指中岛端的《支那分割之运命》已经出版。

③ 洏　音 ér，流泪的样子。如：洏洏；洏涟；涟洏。

④ 一部支那分割　即中岛端的《支那分割之运命》一书。

种始兴之机耶;又安知我之说支那分割者,非天之假一野人,以警醒万四[四万]万人耶。则如余之善骂与否,虽余亦不自知也,而何毁誉褒贬之足问哉。昔孔子作春秋曰:知我者其春秋乎,罪我者其春秋乎!余孔子之徒也,今于是书,亦窃敢自附于孔子之志云。若夫不以文而害辞,不以辞而害意,则存乎其人,我何与焉。客嘻而去,因书而系之。

大正元年十二月

《〈支那分割之运命〉驳议》译序①

　　前月东报②载日人中岛端氏著《支那分割之运命》，大书特书，颇怪惑其名。既出版，同人读之。睹其于吾国朝野上下，政务之巨，里巷之琐，历诋靡遗③，辄愤恨眦裂。彼固自居于知者之列，若谓言之皆验。而观国者亦或以其详纤若斯，信而可稽。是诬者终于诬，惑者无穷期也。相与询谋，拟辞而辟之，以存吾真。佥曰善，遂译而加驳议。盖世之觇④人国者，其用意固别有在；则夫穷毁狂诟，亦固其所。而人之爱其国，恒自视为尊严神圣，而竭拥护之责，又人之情也。庄子曰："其或是也，其或非也邪；其俱是也，其俱非也邪。我与若不能相知也"⑤。然而是非之间，信乎其有间矣。说者曰：讳疾莫深，望而却走，运劫所致，古今同慨。锢疴⑥纵云退剥，新机时虞漂摇。中区鱼烂，元气湮耗，犹复虚憍瞑眩⑦。驰骋域中，瞻瞩所谓大人先生，亦复自厕于狙公之流⑧，未闻有所通翔。盱顾⑨有以持其后，自不言而人言之，此实吾国之伤痛借影⑩也。抑又闻之，动力之引，必倾其端。新运所轫，强力者无从而持。征诸先例，美血战八年，法历经革命，艰阻困苦，卒履厥境。吾国改革，仅逾半载，秩序恢复，遂有今日。虽遗憾孔多，近古以来，未之有也。夫人心者立国之基，而民习者以渐而易。禹域大陆，列祖列宗所遗留之精神，实未尽湮没于耑⑪制魔王之下。而吾民族之灵光岿然，磅礴蓄积，洵

---

① 此"译序"的作者不详。从行文用语比较古典晦涩来看，似为北洋法政学会首位编辑部长郁嶷（李大钊排次位）所写。

② 1912 年 10 月 18 日的东京《朝日新闻》，曾刊登中岛端《支那分割之运命》一书的出版广告。

③ 靡遗　没有遗漏。

④ 觇　窥视，揣测。

⑤ 语出《庄子·内篇·齐物论》，译为："我们两人有一人对，有一人错呢？还是两人都对，或者二人都错呢？我和你都不知道"。参见乙力注译：《老子庄子　经典珍藏版》，三秦出版社 2007 年版，第 110、112 页。若：你，汝。

⑥ 锢疴　顽症。

⑦ 虚憍瞑眩　虚憍，同虚骄；瞑眩，头晕目眩。

⑧ 自厕于狙公之流　厕身于猕猴之流。狙：猕猴。

⑨ 通翔。盱顾　初印本、重印本为"通翔盱顾。"盱顾，曾见过，又不太确定。通翔，词义不详。

⑩ 借影　借他人或他事来比喻自己。此处应为借鉴之意。

⑪ 耑　即专，今简作专。耑，与"专"为通假。

足以光煊东大陆而无汗。二十年而往,必有验者。兹固非吾人之哆然①自大者也!污德之遗,何国能免?法美先进,宁曰绝无?彼鬼瞰沉沉,祸心所伏,竟悍然媒孽②之曰:是固所以构③成亡国命运者也。斯则吾族虽心死气尽,万劫而期期不认者也。是二说者,其合也耶?其不合也耶?果其有以合也,则知其解者,是旦暮遇之④也,又何暇深怒固拒于其间哉?虽然世之觇人国者,彼其所谓亡国之运命者,固至无定,亡不亡固有以致。而人之爱其国也,固非仅可以言语而爱其国。言语之外,必有系其国存亡之运命者,而国始可以不亡。斯亦在爱其国者,审处之而自择之而已矣。顾审处之而自择之,非尽可责之一二人。群国人审处⑤而自择所以存之道,则虽觇人国者阴狡万能,亡国之运命之口,日聒于国内外,无害也。斯则本会区区之微诣也夫。

　　　　　　大中华民国元年十一月　日　北洋法政学会

<hr>

① 哆然　(1)张口欲噬貌。陆游《鹅湖夜坐书怀》诗:"拔剑切大肉,哆然如饿狼"。卢襄《西征记》:"昔胡羯枭鸣,腥我嵩岱,哆然四顾,有横吞天下之志"。(2)涣散貌。《谷梁传·僖公四年》:"齐人执陈袁涛涂。齐人者,齐侯也。其人之何也?於是哆然外齐侯也"。范宁注:"哆然,众有不服之心"。

② 媒孽　亦作"媒蘖"、"媒糵"。酒母。比喻借端诬罔构陷。

③ 构　初印本为"搆",重印本为"构"。构,亦作"搆"。

④ 旦暮遇之　很快就会遇到。旦暮:早晨和傍晚,比喻短暂的时间。

⑤ 人。群国人审处　初印本、重印本原为"人,群国,人审处"。应为"人群,国人审处。"

《〈支那分割之运命〉驳议》译例

　　一、此书系著者有意污蔑吾国[1]，故译文之后，每加案语，以辟其谬。因名曰：支那分割之运命驳议。

　　一、驳议于文意复杂时，则作二则。

　　一、迻译之余，更加眉批，以补驳议之不足[2]。

　　一、原注仍标以括弧，译者附注则用小字双行列于原文下，以示区别。

　　一、原书有三处，系以附文，以引申其义。按其性质，实为注疏[3]。今照原注例，括之以弧，以免与驳议混。

　　一、原书篇中栏上有作标题者，有似标题而实非者，殊嫌芜杂，且与眉批相混。置之书首目录下，亦有未安。兹一律不著[4]。

　　一、吾国为二十二行省，著者每曰二十一省[5]，不知是何肺腑？兹特仍其旧，以使我国民猛省。

　　一、著者每称清帝去位曰支那亡国。著者不解亡国、易代之分[6]，可鄙可恶。亦仍之，以彰其丑。

　　一、译此书者，志在普及，使人人知日人对中华之感情。故书价仅取足印费，与借以牟利者不同。

　　一、此书仓卒付印，纰缪之处恐不能免，阅者谅之。

---

[1]　总的来看，将中岛端此书定性为"有意污蔑吾国"，基本合理，亦稍觉过分。

[2]　除"译者曰"和眉批外，尚有 7 处夹注。参见点校本第 422、431、437、438、448 页；本书第 428、437、445、461—462 页。

[3]　原书有三处，系以附文，以引申其义。按其性质，实为注疏。参见《李大钊全集》河北版，第一卷，第 365—366、398、459—461 页；自译本第 91—92、124、180—181 页；本书第 356、400—401、477—480 页。

[4]　日文本的正文原有眉批，又将眉批集中于目录的各章之下，作为提要。中岛端自译本，亦将日文本中的眉批省略。田译本则基本照译了这些眉批。

[5]　清旧制内地分置十八省，边疆地区不置省。光绪中除蒙古、青海、西藏仍沿旧制外，新疆、台湾、奉天、吉林、黑龙江陆续建省，但台湾旋被日本侵占，故合内地原有十八省，共有二十二省。民国初年因袭不变，至 1928 年始有增改。中岛端所说"二十一省"，不详。据日本学者後藤延子介绍，在此后的论著中，中岛端似接受了北洋法政学子们的批评，不再提中国"二十一省"，一律改为"二十二省"。参见本书第 592 页。

[6]　中岛端有强烈的忠君思想。依此为出发点，他"每称清帝去位曰：支那亡国"，亦可理解。

《〈支那分割之运命〉驳议》重印序①
（一九一三年四月）

人类社会诸现象,森罗棋布,参伍错综,变动不居,至繁极赜也。宿识积学,莫年矻矻,探索途穷。而咫闻②小儒,顾欲搦管③论列,执微以概著,操小眚④而掩巨德,一若彼植矿生理之科,因果整然,可以蚤莫求者,愼孰甚焉。夫中岛端之于是书,其挑拨中日国民恶感之罪小,而其论证之猥陋,乃不得比于常识,为深足惜也。矧其刺刺累幅者,冥坐虚构,闻声而吠,又莫审其景之何似乎?就令听说⑤皆验,则晢种⑥百年前榛狉⑦之俗,群仰轩裔⑧为声教⑨宝窟者,今且魏然以文化优秀誉环澥⑩矣。若以高曾⑪虽贤无救子孙之童昏⑫,而亚夏贻胄,秉能独异,驰进之迹,类非吾人所得望尘而已。然日本固与我同种也,其民量隘而地褊小,无固有之文明。维新前自其建国数千年之永,凡思想文化,受吾国孕铸陶育,尚无以并骛而齐驾。而其学者思吾之思,学吾之学,方其潜索幽缒⑬也,固以悠宇万华所萃,无中国若⑭矣。

---

① 1913 年 4 月,《〈支那分割之运命〉驳议》再版,以北洋法政学会名义写了重印序。这个重印序,《李大钊全集》河北版认为系李大钊所写。1964 年重印本的"重印说明"中,亦认为1913 年 4 月的"该书再版之启事",与 1915 年的"再版支那分割之运命驳议启示"内容大体相同,仅文字上稍有变动。可见《言治》月刊所载 1913 年 4 月的再版启事"亦出大钊同志之手"。但是,从其文言色彩较浓,语义较为深奥,与 1915 年的"再版支那分割之运命驳议启事"在文字上差异较大来看,这个"重印序"似为北洋法政学会编辑部的首席部长(李大钊列次席)郁嶷所写。下一篇《再版支那分割之运命驳议》,则应为李大钊所写。
② 咫闻　狭隘、肤浅的见闻。
③ 搦管　握笔;执笔为文。
④ 眚　过错。
⑤ 听说　或为"所说"之误。
⑥ 晢种　白种人。
⑦ 榛狉　形容尚未开化的原始状态。柳宗元《封建论》:"草木榛榛,鹿系狉狉。"榛榛:草木丛生;狉狉:兽群狂奔。
⑧ 轩裔　应指中国、中华。
⑨ 声教　声威教化。
⑩ 澥　靠陆地的海湾。
⑪ 高曾　高祖曾祖。泛指祖先。
⑫ 童昏　愚昧无知;年幼无知者。
⑬ 潜索幽缒　似为潜心求索、暗地追随之意。
⑭ 悠宇万华所萃,无中国若　(日本)悠悠环宇的精华集萃,都不如中国的好。

然而自顷不逾三十岁,骤进突化,顾昧所由来①,日骄侈②以炫矜③吾人之前,而吾人曾不以罘④。此政俗卑僿⑤之故。倡言丑诋者诚以专制之国政令不修,民智日蔽,而社会遂以颓腐。此其原于政体者甚巨,曾不独欧美日然也。

　　而中岛端者,固百方媒孽,饰辞狂耆⑥,曷不计彼邦往者之迹,固未尝与我异也。苟吾国而可亡,彼日本者又胡以自处?诗曰:兄弟阋墙,外御其侮。日本吾兄弟之邦也,今皙种黄祸⑦方深。吾国即有可以召分割之道,犹将勷佽⑧捍卫之不遑,乌有阴骘如中岛氏者,捏言妄毁,欲以扇拨⑨两国之祸乱,而启虞亡虢灭⑩之隐忧者乎?则本会同人不惜辞而辟之以痛告国人也,岂得已哉。首版锓行⑪,不数月风靡一世,而全书告罄。于以征是书为薄海所同愤也。兹复再版,爰重赘数语如此。

中华民国二年四月
北洋法政学会启

---

①　自顷不逾三十岁,骤进突化,顾昧所由来:应指日本明治维新以后,国力增强,极力回避、掩盖同中国的文化渊源。

②　骄侈　骄傲放纵。

③　炫矜　炫耀自夸。

④　曾不以罘　似有不以为然,不以为怪之意。罘:同"向"。简体字为罘。

⑤　卑僿　卑微僻塞。

⑥　耆　强横。

⑦　皙种黄祸之虑　白种人对"黄祸"的忧虑。

⑧　勷佽　襄助,互助。

⑨　扇拨　煽惑挑拨。

⑩　虞亡虢灭　通作虢灭虞亡。语出《左传·僖公五年》:"晋侯复假道于虞以伐虢(guó)。"宫之奇谏曰:"虢,虞之表也。虢亡,虞必从之。"虞:春秋时诸侯国之一,在今山西平陆县东北。虢:虢仲后代的封地,在今河南三门峡市和山西平陆县一带。晋献公派使者去虞国,要求借路去攻打虢国。宫之奇劝阻虞公说:"虢国是虞国的外围,虢亡,虞必从之"。虞公不听劝阻,答应了晋国的借路要求。晋军灭了虢国后,回国途中顺道灭了虞国。

⑪　锓行　印刷发行。

《〈支那分割之运命〉驳议》再版启示①

（一九一三年四月）

　　瓜分中国之说,喧传已久,列强以均势相牵,莫敢发难。今专制倾覆,共和告成,新机勃发,欣欣向荣,斯时也,群国人谋所以培植之、灌溉之、拥护而长养之,固足以炫耀东大陆,而启世界太平之运。彼包藏祸心,狡焉思启,横诬丑诋,而媒孽之曰分崩之运命,以歆动天下之耳目,而速惨祸。如日本中岛端之著《支那分割之运命》,斯则最堪痛心者矣。氏书于去年十月间出版。曾登广告曰:"七十万方里之土地,五亿万人口之民族,乱国欤? 亡国欤? 统一欤? 分割欤? 浑浑沌沌,漂泊于洪涛巨浸之中者,非今日之支那耶? 盖支那者,二十世纪之谜也。能解此谜者,可以霸东亚,可以雄五洲。此书洵为支那民族之三世相②,又解谜之良键。凡朝野士夫,苟有雄飞大陆之志者,盍早握此键"③。呜呼,风狂雨横,惨淡相逼。天事人谋,纷沓交乘。邦人兄弟,其亦怵于未来永劫,蹶然兴起,而谋所以自处者欤。爰取译之并加驳议,命以今名,洋装一册,去年十二月出版,以为国人当头之棒、警梦之钟,知耻知惧,竞奋图存。尔来风靡一世,远及外国,斯岂本会之私幸巳[已]哉。原版售罄,再版已出,较原版尤精致,定价大洋五角,外埠邮费三分。军人八折,批发十部以上者八折,二十部以上者七折,百部以上者六折。原书售日币壹圆二十钱,著者自译本售壹元,更有译者豫约定为壹元,定价壹元五角④。今加驳

---

① 原名"再版《〈支那分割之运命〉驳议》",原系(俄)婆资德奈夜夫著、北洋法政学会译《蒙古及蒙古人》一书中所附的广告。

② 三世相　应指前世、今世、来世。

③ 从日本学者後藤延子的《中岛端〈支那分割之运命〉泛论——一个亚细亚主义者的选择》中的叙述来看,此广告即刊登于1912年10月18日东京《朝日新闻》的《支那分割之运命》一书的"新刊广告"(日本信州大学人文学部论集,2005年3月号,第180、182页;参见本书第574页)。"方里",是日本的土地面积单位。1平方里合1542.3公顷,亦即15.423平方公里。1912年时的中国国土(含外蒙古)约为1141.8万平方公里,合日本土地面积计量单位74.032万方里。中国的"方里",仅相当于1/4平方公里。五亿万人口,应为当时的中国人口"四亿"或"四万万"之误。日文本第197、303、313页和自译本第166页,初印本和重印本下编第21、84、91页,点校本第445、537、546页,都为"四亿万"。四亿万,则为四亿的别称或虚指。自译本第258、267页译为"四万万",田译本第90页和田节本第43页译为"四亿"。

④ 关于本书各版本的定价,俊藤延子教授曾指出:"本书原著价格是日币一圆二十钱,著者的汉译本是日币一圆(中国币一元二角)。""田雄飞还面向中国人对此书预约发行","预约作为一元五角"(参见本书第586页。但在笔者所见田译本的版权页上,仅为"定价三角"。详情待查。

议数万言，价廉如此，非牟利也①

北洋法政学会启

---

① 本书的出版启动经费何来？值得一探。北洋法政学会成立后，曾多方募捐。据《言治》第
一年第二期刊登的《北洋法政学会特别捐名单》，第一年收捐款 200 元；第二年收 1134 元，
其中有当时的校长兼北洋法政学会会长张恩绶"代募洋一千元"（《李大钊史事综录》，北
京大学出版社 1989 年版，第 48 页）。这个"代募洋一千元"，不算小数目，很可能出自学校
经费或官方资助。考虑到北洋法政学校的官方背景和法政学子们的拥袁态度，这种推测
虽无确证，应非妄断。该书虽然几次重印（印数不详），能否保本乃至盈利，尚无证据。这
样，出版该书的部分乃至全部经费，很可能来自上述捐款，特别是校长张恩绶的"代募
洋"。
　　在 1913 年 4 月 27 日出版的《政府公报》第 349 号中，有一则"内务部批第二百七十一
号"：

　　　原具呈人北洋法政学会会长张恩绶　呈悉。查该会以研究法政学术为宗旨，尚无不
　　合，应即准予立案。惟请所有由会出版书籍予以版权一节，应俟将书籍呈到，再行核办。
　　仰即遵照此批。

部　印
中华民国二年四月十五日

这个"呈批"的第一句是同意北洋法政学会立案。第二句则对张恩绶代表北洋法政学会
提出的"所有由会出版书籍予以版权"的要求，答以"俟将书籍呈到，再行核办"。"由会
出版书籍"，应即北洋法政学会编译出版的《〈支那分割之运命〉驳议》和《蒙古与蒙古
人》；"予以版权"，应即批准这两本书正式出版。"将书籍呈到，再行核办"，尚未见到下
文，亦可表明这两本书的出版和"校方"（北洋法政专门学校）及"官方"（北洋政府内务
部）的联系。

再版《〈支那分割之运命〉驳议》启示①

（一九一五年四月）

　　瓜分中国之说,喧传已久,列强以均势相牵,莫敢发难。今者,欧战既腾于西方,野心斯兴于日本,藉端要索,横暴相陵②,以煎同根而速惨祸。盖其处心积虑,狡焉思启者,匪一日矣。中岛端氏曾著《支那分割之运命》一书,于民国二年③十月出版。其叙文有曰:"七十万方里之土地,五亿万人口之民族,乱国欤? 亡国欤? 统一欤? 分割欤? 浑浑沌沌,漂泊于洪涛巨浸之中者,非今日之支那耶? 盖支那者,二十世纪之谜也。能解此谜者,可以霸东亚,可以雄五洲。此书洵为支那民族之三世相,又解谜之良键。凡朝野士夫,苟有雄飞大陆之志者,盍早握此键"④。北洋法政学会同人,怵于亡国之痛,亟取而译之,并附驳议,字字皆薪胆之血泪。旋于是年十二月出版,风行全国。中岛氏所刊原书,定价日币壹圆二十钱,译本壹元五角⑤。今加驳议数万言,其价才大洋五角,军人八折,亦欲为国人当头之棒、警梦之钟,知耻知惧,激发其复仇敌忾之心耳,非牟利也。方今巴尔干半岛之风云谜,列强争其键而解之,遂皆沈沦战血横流之中。则自余谜之待解者,厥惟吾国。日本乘火行劫,确已着手谋掌此键⑥。但中国者,中国人之中国,故解此谜者,亦惟中国人能之。神华⑦男儿,有奋起雄飞之志者,不可不一读是书。发售处天津河北直隶公立法政专门学校内北洋法政学会及全国各大书坊。

李大钊谨启

---

① 该文原为在日本由健行社于1915年4月出版发行的译著《中国国际法论》中所附的三则出书广告之一,收入《李大钊全集》第二卷,河北教育出版社1999年版,第294—295页。

② 陵　在《〈支那分割之运命〉驳议》1962年重印本(以下简作"重印本")的"重印说明"所引"再版《〈支那分割之运命〉驳议》的启事"中,此字为"凌"。

③ 民国二年　原文如此,应为民国元年,即1912年。重印本的"重印说明"中已注明"为一九一二年之误"。

④ 如上序所述,应为发表于1912年10月18日东京《朝日新闻》的《支那分割之运命》一书的"新刊广告",此处所谓"叙文"有误。

⑤ 译本壹元五角　参见本书第237页注④。

⑥ 键　在重印本的"重印说明"所引"再版《〈支那分割之运命〉驳议》的启事"中,此字为"迷"。

⑦ 神华　应为"神州中华"的省称,或曰中华的美称。《宋书·索虏传论》:"至乃连骑百万,南向而斥神华,胡旆映江,穹帐遵渚,京邑荷檐,士女喧惶"。《北齐书·文苑传·颜之推》:"瀍涧鞠成沙漠,神华泯为龙荒,吾王所以东运,我祖於是南翔"。唐沉亚之《唐故银青光禄大夫驸马都尉郭公墓志》:"河族昆仑,命源惟长,跂于神华,其来泱泱"。

本书注疏说明

一、本书以收入《李大钊全集》河北版第一卷的黄霞、唱春莲、赵洁敏等人所作"点校本"为底本,参之以 1912 年的初印本,1962 年上海书店重印本,1912 年底的日文本、自译本和 1913 年田雄飞所译《支那瓜分之命运》。

二、依据上述原则,凡"点校本"所作校勘、注释之合理者,均遵从点校本。不尽合理者则参照其他文本谨作新的校勘。其中对不涉及断句的标点则径改,对涉及断句和语义者则加注释说明。

三、《〈支那分割之运命〉驳议》一书于 1912 年 12 月出版后,曾多次重印。至少有 1913 年 4 月、1915 年 7 月和 1962 年 2 月三次重印。如能找到所有的中文版本并作比对,看其是否有修订,应有很大必要。目前只能找到 1912 年初印本和 1962 年重印本,在对不同版本的比对上仍有欠缺。

四、田雄飞所译《支那瓜分之命运》(附驳论),目前所能看到的,有上海群益书社的铅印本(存于南京图书馆,190 页,32 开,本书简称田译本),和刻印的节译本(小 32 开,45 大页,90 小页,无出版社和版权页,亦无目录,存于湖南图书馆,本书简称田节本)。本书以田译本为主体,参之以田节本。

五、在本书的引文中,对赘字,以【 】表示;校正错别字,以[ ]表示;增补之字,放入 ⸤⸥ 中;引文中的原有括号一般不予变动。

六、引文中的不同用语和译语仍因其旧,不作强行统一。如"省分"、"省份","们罗主义"、"门罗主义"、"孟罗主义"、"孟禄主义"等。

上　编①

绪　论

　　传曰:耕当问奴,织当问婢②。余不学无术,一贫
窭之鄙夫③耳,何足以语当世之务？然默观近日以
来,我④国朝野人士之言行,实有不胜其骇异者。不
知此辈何以当今日中外多事之秋,尚徬徨于醉生梦死
之中而不悟也。其证不远,则支那目下问题是已。

　　此次支那内乱,自黎元洪发难于武汉⑤始,实
我明治四十四年十月十一日⑥也。然爱亲觉罗⑦氏
亡国之象,发现已久,非自近二三年始也。履霜坚
冰,由来渐矣⑧。自识者观之,十月十一日之变,不
能讶其早,犹觉讶其晚耳。

醉生梦死之说。谓
为天夺之魄也可,谓
为鼠目寸光也亦可。
吾国光复之日,著
者乃谓为亡国之
日⑨。立言绝奇,
宅心绝险。

---

①　点校本第 264 页为“上编”。

②　耕当问奴,织当问婢　古谚语。谓办事应与熟习其事的人商量。语出《隋书·柳彧传》:
“耕当问奴,织当问婢。此言各有所能也”。自译本正文第 1 页,“问婢”误为“间婢”。

③　余不学无术,一贫窭之鄙夫　日文本第一页,原为“寒の老措大、不学無術の田舎漢”。自译本第
1 页,译为“余一寒老措大,不学无术之田舍汉”。窭:ju 贫穷。措大:旧指贫寒失意的读书人。

④　然默观近日以来,我　日文本第 1 页,原为“然れども近日以来、黙して我が……を観る
に”。自译本第 1 页,为“然近日以来,默观我”。

⑤　黎元洪发难于武汉　中国的有关论著通称辛亥革命,或曰武昌新军首义。黎元洪原为北
洋陆军暂编第 21 协统,起义军发动并初步控制武昌局面后,被迫担任湖北军政府都督;
汉口、汉阳光复,各国领事宣布“中立”后,才宣告就职。

⑥　明治四十四年十月十一日　日文本第 2 页同此。即公元 1911 年 10 月 11 日。武昌首义发
动于 10 日夜间,初步胜利于 11 日晨。自译本第 1 页,为“十月十日”。

⑦　爱亲觉罗　在初印本、重印本和自译本、田译本中,都为“爱亲觉罗”;在点校本中改为“爱
新觉罗”。二者应属满语译为汉语的不同译法。抑或为日语中的汉译词汇。今通作“爱
新觉罗”。为保存文献原貌,以下仍沿用旧称“爱亲觉罗”。
爱新觉罗,拉丁文转写为 Aisin Gioro,是清朝皇室姓氏。满语“爱新”是族名,“金”的意思。
“觉罗”是姓氏,是以努尔哈赤祖先最初居住的地方“觉罗”(今黑龙江省伊兰一带)作为姓
氏,发源地在宁古塔旧城东门外三里。“爱新觉罗”这一姓氏的含义是,金子般高贵神圣
的觉罗族。
自译本第 1 页,将“爱亲觉罗”之后的“氏”,误为“民”。

⑧　履霜坚冰,由来渐矣　意为从地上结霜,到形成坚冰,是一个逐渐变冷的过程。此句在日
文本第 2 页和自译本第 1 页,都无对应语句,应为北洋本的译者所加。

⑨　正文中所说“爱亲觉罗氏亡国之象”,似可理解。对爱亲觉罗氏来说,的确算是亡国。

然而所谓熟悉支那情形者、留心外交者①、经世家、政论家，于十月十一日以前，未尝有一人言及支那之亡国者。不惟居国内之朝野人士为然也，其流寓支那而足迹遍国中者②，乃至有新知识之教师③者、实业家、新闻通信员④，亦未尝有一人豫言支那之革命者。间有能言之者，群将嗤之以鼻，以为支那人无革命之资格⑤，不足以图此大事也。夫梦风云于异日⑥，策战国之纵横，以为功名事业，唾手可得者，腐儒⑦之空想耳。适足以见其人思想之陋⑧。识时务者，岂宜如是乎？又不惟民间之人士为然也，若外交界之领事、商务官，及陆海军人，亦莫不如是。藉曰不然，试以此等问题，问于北京我国之公使馆员，于四十四年十月十一日前，果有一人思及支那之革命者乎？ 即或有之，而伊集院公使⑨、青木军门⑩等之

堂堂宪法，而曰钦定，此吾人所以革命；桓桓⑪武士，击楫中原，此吾人所以能举革命；莘莘学子，共撑神州，此

① 熟悉支那情形者、留心外交者　日文本第2页和自译本第2页，俱为"支那通、外交通"。

② 其流寓支那而足迹遍国中者　日文本第2页，原为"其の支那に在る者と雖、南北中央を通じて、舊式の支那浪人、支那破落戶"。自译本第2页，为"其在支那者，通南北中央，自旧式之支那浪人，支那破落户"。

③ 教师　日文本第2页原为"御雇教師"，自译本第2页译为"聘用教习"。

④ 新闻通信员　自译本第2页，译为"执馆访员"。执（執），应为"报（報）"之误。

⑤ 群将嗤之以鼻，以为支那人无革命之资格　日文本第2页，原为"鼻を以て之を笑ふ。以てへらく現在の支那人は革命の大事を企て得る資格なし"。自译本第2页，译为"群以鼻笑之，以为现在支那人，无有计画革命大事之资格"。

⑥ 梦风云于异日　日文本第2页，原为"中原異日の風雲を夢みて"。自译本第2页，为"梦寐中原异日之风云"。

⑦ 腐儒　日文本第2页和自译本第2页，为"汉学措大"。

⑧ 思想之陋　日文本第2页，原为"頭腦の舊式なる"。自译本第2页，译为"脑筋之陈腐太甚"。

⑨ 伊集院公使　即伊集院彦吉（1864—1924），日本明治、大正时代的外交官，男爵。1908年6月起任日本驻华公使6年。1923年9月任第2次山本权兵卫内阁外务大臣。自译本第2页，译为"伊集院钦差"。

⑩ 青木军门　应为青木宣纯（1859—1924），日本陆军将领。1884年任职于参谋本部，被派到广州，一直从事对中国问题的研究，被誉为日本军部的第一个"中国通"。中日甲午战争时任第一军参谋。1897年至1905年先后四次任驻华使馆武官。1900年义和团运动时期，曾指挥日军参加进犯天津、北京的战役。1913年升中将，任旅顺要塞司令。退职后充袁世凯顾问，协助其建设北洋陆军。军门，在明代是称呼总督和巡抚的（明代督抚同级），清代则作为对一省最高绿营长官——提督的尊称。中岛端尊称青木宣纯为"军门"，反映了中国文化对日本的影响。北洋本沿用日文本第3页的"青木军门"，似有欠缺，应翻译为青木将军或青木武官。

⑪ 桓桓　威武的样子，如桓桓于征（《诗·鲁颂·泮水》）；"桓桓陈将军，仗钺奋忠烈"。（杜甫：《北征》）

脑中,决无此等思想①,可断言也。矧彼翻译书记,碌碌寡识者流②乎?盖人人皆谓钦定宪法已颁,民刑法草案已成,支那法制之基础,可谓定矣。三十六镇之兵已备,四十八镇之计画,亦将次第告成。支那之武力,不可侮矣。有大学,有中学,有小学,二十一行省之教育,不患不普及矣。有资政院,有谘③议局,支那之宪政,亦可由此着着进行矣。执意一夫倡乱④,武汉震动,未及旬日,江南各省,悉涌革命之潮⑤。于是吾国朝野上下之政客、外交家、熟悉支那情形者,议论纷如⑥。或曰,支那革命之渐,非自今日始也,拳匪乱时,先已有其征矣。或曰,爱亲觉罗氏之天下,实应亡于洪杨之乱⑦,至今日而始有革命之举,无足奇也。或曰,支那之内乱,非自今日始也,自政治、法律以至军政、防备、财务、经济、教育、宗教,无一非亡国之象。所谓睡狮者,非真睡狮也,半生半死之狮耳。诸如此类,更仆难数。由前言之,则支那内乱,不应发于今日。由后言之,则爱亲觉罗氏之衰运,似已早在人人意料之中。夫一国之兴亡,一朝之安危,岂朝夕所能转移者⑧哉?而今之谈支那问题者,在明治四十四年十月十一日前,皆称其为大有为之国,属望无已⑨。

吾所以能筹革命;资政院、谘议局,奄奄待毙,一听政府之横行,此吾人所以不得不革命。

---

① 决无此等思想　自译本第2页,为"非曾无如是形影之思想"。日文本第3页,原为"决して如是形影の思量だになかりしにあらずや"。

② 翻译书记,碌碌寡识者流　自译本第2页,为"碌碌琐琐之书记通译一流小才子"。日文本第3页,原为"碌碌たる書記通譯の小才子連をや"。

③ 谘　今通作"咨"。

④ 一夫倡乱　一夫,常用以指造反作乱者,这里指黎元洪。实际上,黎并非武昌起义的首倡者。

⑤ 悉涌革命之潮　日文本第3页,原为"早く已に革命風潮の簸弄掀翻する所と爲らんとは"。自译本第3页,为"早已为革命风潮所簸弄掀翻"。

⑥ 熟悉支那情形者,议论纷如　日文本第3页,原为"支那通、又雑然として出で来る"。自译本第3页,为"支那通,又杂然出现"。

⑦ 洪杨之乱　即洪秀全、杨秀清等人发起和领导的太平天国农民战争。日文本第3页,原为"長髮賊の乱"。自译本第3页,为"发贼之乱"。

⑧ 岂朝夕所能转移者　自译本第3页,为"岂容展转推移于一日半刻之间"。日文本第4页,原为"豈一日半刻の間に展轉推移するを容さんや"。

⑨ 皆称其为大有为之国,属望无已　自译本第4页,为"人人喷称其好望而不措"。日文本第4页,原为"人々其好望を稱して已まざりき"。

在明治四十四年十月十一日后，又遽指其灭亡之迹而无遗①。使前之言而中，则目前之乱，胡为而起？使后之说而信，则以前之观察，豫想妄断而已②，皮相之见而已。然前日之言支那太平者，即今日之言支那亡国者也。前后矛盾，毫无羞耻，反傲然俯视吾侪，而自标榜③，曰外交家，曰政论家，曰经世家，曰熟悉支那情形者。此辈心理，真余所大惑不解者也④。不知彼观察政治评论得失⑤者，果真面目乎？抑如空中楼阁⑥，徒有其名而无其实耶？

　　初，黎元洪之据武汉也，官军未遽动，于是外交家，及熟悉支那情形者，又从而为之说曰⑦：革军前据长江，后控湖泽，有猛虎负隅之势。官军集者虽多，恐亦不易下也⑧。或曰：黎元洪既举大事，不急筹邀击官军之策，惟思苟延残喘，偷安一时，非知兵略者也。已而南北各省，前后响应，为武汉之声援。北京政府亦知时局之日艰，而有起用袁世凯之说。论者又复为揣摩之辞曰：袁氏果出山乎？袁氏不出，如四万万苍生何？无何袁氏果起用矣。论者又云：袁氏既出，彼不能无成算也，旬日之后，当可表

---

① 遽指其灭亡之迹而无遗　自译本第4页，为"遽然指斥其衰灭之迹，无复遗算"。日文本第4页，原为"遽に其衰滅の迹を指斥して遺算なし"。

② 以前之观察，豫想妄断而已　初印本、重印本上编第2页同此。日文版第4页，原为"従前の観察豫想は、妄断のみ"。自译本第4页，译为"从来之观察豫想，徒妄断耳"。据日文本、自译本的断句，应为"以前之观察豫想，妄断而已"。

③ 前后矛盾，毫无羞耻，反傲然俯视吾侪，而自标榜　日文版第4页，原为"同一人を以て、前日後日、兩々截然、矛盾撞着して、羞ぢす怪まず。傲然余輩田舍漢を俯視し、高く自ら標榜して"。自译本第4页，为"以一人之身，而前日后日，两两截然，矛盾撞着，不羞不怪，傲然俯视余辈田舍汉，高自标榜"。

④ 此辈心理，真余所大惑不解者也　自译本第4页，为"此余辈田舍汉之所以不得无疑于彼辈心事也"。日文版第4页，原为"此れ余輩田舍漢が彼等の心事に疑なきを得ざる所以なり"。

⑤ 观察政治评论得失　日文本第4页，原为"政治を観察し評論する"。自译本第4页，为"观察评论政治"。

⑥ 空中楼阁　日文本第4页和自译本第4页，为"羊頭狗肉"。

⑦ 又从而为之说曰　初印本、重印本上编第3页同此。日文本第5页，原为"又説を爲して云ふ"。自译本第4页，为"又为之说云"。

⑧ 官军集者虽多，恐亦不易下也　日文本第5页，原为"假令官軍後に至る者多しと雖、恐らくは抜き易からじ"。自译本第4页，为"假令官军后至者虽众，恐不易一举而拔"。

见①。顾袁氏虽出,而时局之艰,日甚一日,二十一省之鼎沸,似终无可补救者。

　　无何袁世凯不从军南征,先入京师,遂有皇帝罪己之诏,继又有摄政王引罪之请②。人人又云:今日朝廷之事权,全掌握于袁氏之手。袁氏之得以发挥其抱负③,将自兹始乎? 然革军之气势益炽,上海陷,苏州陷,杭州亦陷,而各省风潮愈急矣。

抑知养革军之势,即袁氏所以展其抱负者乎?

　　已而北军大破革军,一举而拔汉阳。黄兴以下,仅以身免,群趋长江下游。人人又云:汉阳既下,武昌危在旦夕,自龟山发炮,俯而击之,武昌城郭,立成齑粉④,革军无噍类矣。然而官军持重,不敢少动。革军亦死守武昌,无沮丧之色。后五六日,南京为革军所得。张人骏⑤、铁良⑥先逃,张勋亦奔徐州,长江下游大震。

　　未几,革军建设中华民国,推孙逸仙为大总统。人人又云:共和政府,基础定矣。二十一省中,未承认共和者,东三省、直隶、河南、山东而已,大局不言可知也。然而革军以财源不继,军需无着,日日声言北伐,声言进攻,卒不果。官军亦以财力涸竭,士

---

① 表见　今通作“表现”。见:“现”的本字。

② 遂有皇帝罪己之诏。继又有摄政王引罪之请　1911 年 10 月 30 日,清廷以皇帝名义下罪己诏,解散“皇族内阁”,宣布解除党禁,命资政院起草宪法。12 月 6 日,载沣辞去监国摄政王职位。摄政王,自译本第 5 页,译为“监国王”。

③ 抱负　自译本第 5 页,译为“惯用技俩”。日文本第 6 页,原为“得意の技俩”。

④ 自龟山发炮,俯而击之,武昌城郭,立成齑粉　日文本第 6 页,原为“大别山上の砲列一撃、以て闍城を粉砕すべし”。自译本第 5 页,为“大别山上炮列一击,可以粉碎闍城”。龟山,原名大别山。

⑤ 张人骏,字千里(1846—1927),又字安圃,清末直隶丰润(今河北省丰润县)人。进士出身。光绪二十六年(1900)任山东布政使。后历任漕运总督、山西巡抚、两广总督。宣统元年(1909)改任两江总督。武昌起义后,曾同铁良、张勋等遏阻徐绍桢第九镇新军响应革命。江浙联军进攻南京,他渡江脱逃。

⑥ 铁良,字宝臣(1863—1939),穆尔察氏,满洲镶白旗人。清末大臣,以“知兵”自称。曾为荣禄幕僚。后任户部、兵部侍郎。1903 年赴日本考察军事,回国后任练兵大臣,协助袁世凯创设北洋六镇新军。继任军机大臣。1906 年任陆军部尚书,与袁世凯争夺北洋新军的统帅权。1910 年调任江宁将军。辛亥革命时,防守南京,与革命军作战,并与善耆等皇族成员组织宗社党,反对清帝退位。中华民国建立后,又以遗老身份在青岛、大连、天津等地,积极参与清帝复辟活动。

气不振,未能即出征讨之师。彼此相持,雌雄未决。人人又云:支那人之国民性,未可以常识律也。今革军已无北伐之实力,官军亦无南下之气势。此后南北将争是非于笔舌之间,不能决胜负于战场之上矣。夫如是,则南自南,北自北,除划界分立之外,无他途也。然而官、革两军,不遽交绥,时局纷乱益甚,不知何时方终局也。

　　已而南北之和议起,唐、伍两全权①,相会于上海。人人又云:孙、袁二人之格斗,将自兹始乎? 彼二人之智勇,孰优孰劣,不久可以见矣。于是有朝颂孙而夕赞袁者②,议论纷如,莫衷一是。或曰:袁氏为君主党,完全主张立宪者也③。伊之所以停战议和者,实以财政困难,不得已而出此,非其本心也④。设一旦军资有所补给,必复举兵南下,为剿灭之计。或云:孙逸仙者,共和主义之化身⑤也。有生死不移之魄力,必不能为袁氏甘言所动。一旦和议不谐,必将率革命健儿,长驱以入燕京,作廓清之快举⑥也。是二人者,绝对不能相合。如水火冰炭之不相容,其终必出于决裂者势也⑦。然伍、唐两全权之应酬谈判,迟迟⑧未得要领,延期复延期,数传决裂,而终未决裂。孙、袁二人之手段⑨,亦不可得而见。

① 唐、伍两全权　指当时的南北议和全权代表唐绍仪、伍廷芳。
② 朝颂孙而夕赞袁者　日文本第 7 页,原为"朝には孫の優勢を唱へ、夕には袁の好望を説く"。自译本第 6 页,为"朝唱孙之优势,夕说袁之好望"。
③ 袁氏为君主党,完全主张立宪者也　日文本第 7 页,原为"袁は徹頭徹尾、君主立憲の主張を曲げざるべく"。自译本第 6 页,为"袁彻头彻尾,不肯曲立宪君主之主张"。
④ 伊之所以停战议和者,实以财政困难,不得已而出此,非其本心也　此句在日文本第 7 页和自译本第 6 页,无对应语句。
⑤ 化身　日文本第 7 页,原为"權化なり"。自译本第 6 页,为"权化"。
⑥ 必将率革命健儿,长驱以入燕京,作廓清之快举　日文本第 7 页,原为"長驅して北京を衝くの快擧に出でん"。自译本第 7 页,为"出乎长驱捣北京之快举"。快举:大快人心之举动。
⑦ 其终必出于决裂者势也　自译本第 7 页,译为"终有决裂之一途耳"。日文本第 7—8 页,原为"終に決裂の一途あらんのみと"。
⑧ 迟迟　日文本第 8 页和自译本第 7 页,为"日又一日"。
⑨ 手段　日文本第 8 页,原为"手腕伎倆"。自译本第 7 页,为"技俩手腕"。

万不得已,清帝退位,宣布共和。或云皇上退位,或云皇上退政,或云建都北京,或云建都南京①,或云皇帝尊号必须世袭,或云皇帝尊号,限于一代。彼此所争者,口舌之胜负,非肝胆之披沥也;枝叶末节之吹求,非根本之解决也。当是时也,人人又揣摩其趋向,臆测其形势。须臾之间,千变万化,莫可方物②。

今也,清帝已去位矣,爱亲觉罗氏之社稷已灭亡③矣。于是袁世凯傲然自称为新过渡政府之首领④,而膺组织临时政府之大任。彼之意满气骄,若以为天下之事,尽在余一人掌握之中者。而论者又从而为之说曰:清廷已亡矣。新过渡政府,不在北京,其在天津乎⑤? 方今南方革党首领,大半纳款于袁氏。孙、黄以下之纯粹共和党人⑥,有日形凋落之势。成南北一统之大业者,非袁氏其谁乎?且也,莫礼逊⑦一流之欧洲通信员,又从而大加鼓

① 或云建都北京,或云建都南京　日文本第8页,原为"或は云ふ首府は北に置かざるべからず。或は云ふ必ず南京に移らざるべからず"。自译本第7页,为"或云首府不可不置在北方,或云必不可不迁居南京"。
② 莫可方物　不可以识别。方:辨别。日文本第8页,原为"窮詰す可らず"。自译本第7页,为"不可穷诘"。
③ 已灭亡　自译本第7页,为"已屋"。日文本第8页,原为"已に亡びたり"。
④ 傲然自称为新过渡政府之首领　自译本第7页,为"傲然冒后继政府首领之号"。日文本第8页,原为"傲然自ら後繼政府の首領と稱し"。
⑤ 新过渡政府,不在北京,其在天津乎　日文本第8页,原为"後繼政府の所在地、北京にあらずんば、必ず天津ならん"。自译本第7页,为"后继政府所在之地,非北京即天津也"。
⑥ 孙黄以下之纯粹共和党人　自译本第8页,为"孙黄以下,纯共和党诸人"。日文本第8—9页,原为"孫黄以下の純共和党人"。此处所说"纯粹共和党人",应泛指孙中山、黄兴领导和影响的同盟会、国民党等共和主义者,而非特指成立于1912年5月、以黎元洪为理事长的共和党。
⑦ 莫礼逊,原名George Ernest Morrison(1862—1920),中文译名亦作莫利森、莫利逊、马礼逊等。澳大利亚人,活跃于中国新闻界的著名外国记者。十九世纪九十年代初期第一次来华,回国后写了题为《一个澳大利亚人在中国》的报道,介绍沿途见闻,开始受到英国新闻界的注目,被伦敦《泰晤士报》聘为特约记者。1897年,以该报特派记者身份再次来华,长住北京20年,成为这一时期驻华时间最长的外国记者。他广交军政学各界人士,为《泰晤士报》提供了不少中国时局的详细报道。此外,他还直接参预中国的政治活动。袁世凯称帝期间,曾聘他为法律政治顾问,赐给金印一颗,并一度下令将王府井大街改名莫里逊大街。莫里逊很注意搜集有关中国政治、经济、历史、地理、文化等方面的情报,是当时有名的中国通。他积存的有关中国的书刊,累计达两万五千余册,后来被收入日本东洋文库,是研究近代中国的重要资料。莫里逊于1917年回国,1920年死于家乡。

吹,专事颂赞袁氏之为人①,称之为四百州②中之
大英雄,四万万人之救世主;甚至有拟之为克林威
尔③、拿破仑者。不伦不类,真不足当识者一
噱也④。

　　译者曰:日人天性褊啬⑤,眼光绝短,好
腾口舌,模棱推移,鲜所适中。著者斯篇
描写尽致,将岛民浮薄之态,全盘托出矣。
而独不悟己亦正犯此病。东坡诗云:但闻
烟外钟,不见烟中寺。著者心曲,恰有是
境。又如《水浒传》花和尚大闹五台山,骂
其同侪曰:我要不是看师父面上,把你们
这秃驴个个打杀⑥。而忘其顶上圆光也,
呵呵。
　　译者又曰⑦:探著者缪论⑧发动之源有三:
一曰功名心。凡小有才者,多喜国家多事,以

---

①　欧洲通信员,又从而大加鼓吹,专事颂赞袁氏之为人　自译本第8页,译为"欧美报馆访员,又鸣
　　鼓打锣,扬附和雷同之声,一意讴歌馨香世凯之人物技俩"。日文本第9页,原为"歐米新聞通信
　　員、又之が太鼓を叩き、雷同の説を吹き捲くりて、一意世凱の人物技俩を頌贊謳歌し"。
②　四百州　宋代时华夏有州三百余,后以其成数"四百州"代指中国全土。
③　克林威尔(Oliver Cromwell,1599—1658),英国政治家、军事家、宗教领袖。在17世纪英国
　　资产阶级革命中,是资产阶级新贵族集团的代表人物、独立派的首领。在1642年至1648
　　年两次内战中,先后统率"铁骑军"和新模范军,战胜了王党军队。1645年6月在纳西比
　　战役中取得对王党的决定性胜利。1649年,在城市平民和自耕农压力下,处死国王查理
　　一世,宣布成立共和国。1653年,建立军事独裁统治,自任"护国主"。自译本第8页,译
　　为"克伦乞耳"。日文本第9页,原为"クロンヴエル"。
④　拿破仑者。不伦不类,真不足当识者一噱也　日文本第9页,原为"那翁か、世凱かと云ふ
　　者あるに至る。その不倫、その奇怪、真に一笑にだも值せざるなり"。自译本第8页,为
　　"那翁乎,世凯乎者。其不伦,其奇怪,洵不值一笑也"。
⑤　褊啬　狭隘,吝啬。
⑥　我要不是看师父面上,把你们这秃驴个个打杀　出自《水浒传》第五回《赵员外重修文殊
　　院,鲁智深大闹五台山》,原为:"俺不看长老面,洒家直打死你那几个秃驴!"
⑦　该段译者曰,把中岛端的"缪论发动之源",概括为"功名心""野心"和"郁愤"。在"野心"
　　一段中,叙述了战争的危害,揭露了中岛端"必欲怂恿其国人,为扰乱世界和平之戎首"的
　　企图,并指出由于中国"民气不可轻侮""国民各思以热血染尽山河""列强以均势不相下"
　　等原因,不但"东亚战祸将无终极",日本也将"沈没于太平洋惊涛骇浪之中"。这些论述
　　虽不无偏颇,仍有深刻之处。
⑧　缪论　通"谬论"。

便行其自私自利之心,逞其不仁不义之志,
遂其可羞可耻之功名事业,以自荣而耀人。
假志士之名,收市狯[侩]之利。推其用意,
直欲以穷兵黩武饵其政府①,而己可乘机以
猎功名耳。二曰野心。是书开宗明义,即首
诋其朝野上下,当中国多事之秋,尚徬徨于
醉生梦死之中,不能明断果决,急起而分割
中国。嗟乎! 中日素称同种同文,何此不祥
之言,竟出自友邦人士之口也! 夫战争之
祸惨矣! 拿破仑远征②也,普法战争③也,日
俄战争④也,成吉思汗西侵⑤也,耗几许之资
财,丧若干之生命。寡人妻,孤人子,独人
父母。进步为之阻害,学术为之萎靡。战血光

---

① 政府　初印本、重印本上编第 5 页,同为“政府政府”,点校本第 271 页,径改为“政府”。

② 拿破仑远征　应指拿破仑远征俄国。1812 年 6 月 24 日,不可一世的法皇拿破仑,突然
向俄国发起大规模的进攻。法军迅速向俄国腹地进军,占领了维尔诺、明斯克、波洛茨
克等地。俄军节节败退。8 月,沙皇亚历山大一世不得不再次起用库图佐夫为俄军总
司令。库图佐夫一面整顿军队,提高战斗力,一面作战略撤退,实行坚壁清野,消耗和
迟滞法军,争取时间,寻机歼敌。9 月间,连俄国首都莫斯科都被放弃。经过波罗西
诺会战和马洛雅罗斯拉维茨会战。到 10 月 24 日,俄军终于把法军彻底击败。远征
俄国的惨败,改变了拿破仑的命运,他一手缔造的法兰西帝国从此一蹶不振,逐渐走
向衰亡。

③ 普法战争　1870—1871 年普鲁士同法国之间的战争。因争夺欧洲大陆霸权和德意志统
一问题,普法两国关系长期紧张。1870 年 7 月 14 日,德国首相俾斯麦发表了挑战性的“埃
姆斯电报”,触怒了法国政府。7 月 19 日,法国对普宣战。战争开始后,法军接连败北。9
月 2 日,拿破仑三世率近十万名法军在色当投降。4 日,巴黎爆发革命,成立法兰西第三共
和国。但普军仍长驱直入,包围巴黎。1871 年 1 月 28 日,巴黎失陷,两国签订停战协定。
2 月 26 日,双方在凡尔赛签订初步和约。5 月 10 日在法兰克福签署了正式和约。这次战
争使普鲁士完成德意志统一,结束了法国在欧洲的霸权地位。

④ 日俄战争　1904 年 2 月至 1905 年 5 月,日本与沙皇俄国为了侵占中国东北和朝鲜,在中
国东北的土地上进行的战争。战争以沙俄失败告终,俄国被迫于 1905 年 9 月 5 日在朴茨
茅斯同日本签订和约。日俄战争期间,中国东北是双方陆上交锋的战场,当地人民蒙受极
大灾难,生命财产遭到空前浩劫。日俄战争使日本在东北亚取得军事优势,并取得在朝
鲜、中国东北驻军的权利,令俄国的扩张受到阻挠。

⑤ 成吉思汗西侵　成吉思汗十四年(1219),以西域花剌子模国杀蒙古商人和使者为由,以军
事扩张和掳掠财物为目的,亲率大军约 20 万分路西征。数年间先后攻破讹答剌(在今锡
尔河中游)、布哈拉及撒马尔罕等地。遣哲别、速不台率军追击花剌子模国王摩诃末,迫其
逃至宽田吉思海(今里海)中小岛(后病死)。再命哲别、速不台继续西进,远抵克里米亚
半岛;自率一军追击摩诃末之子札兰丁至申河(印度河)。

中,炮弹灰里,所赢得者东乡大将①之智勇,毕士麦②之手段,成吉思汗、拿破仑之威名而已,他无有也。此持人道主义者,所深痛恨,以其徒能满足少数武断政治家及海陆军人等之功名心,资本家之取利心;而所谓国威国光者尽虚荣也。军人战场上之相残,有同禽兽。居今之世,犹不能脱食肉竞争之阶级,诚足为吾人类羞矣。今著者必欲怂恿其国人,为扰乱世界和平之戎首。无论③吾国革命后民气不可轻侮,借曰④中国果见分割,列强以均势不相下,吾国民各思以热血染尽山河,东亚战祸,将无终极。就令⑤炎黄遗裔,肝脑涂尽,神州旷野,阒其无人⑥。日本对此战血余腥之亚东大陆,孑然三岛,欲进而图中原,则遭列强之钳制;欲退而守空岛,则苦孤立而无援。灿烂樱花之海国,恐沈没于太平洋惊涛骇浪之中。呜呼!著者可以醒矣。三曰郁愤。著者讥其国人可谓至矣。内而政府、政党、实业家、教育家,外而公使、领事、商务官、新闻通信员,以至在外国为教师者,无一不受其讥嘲。然则日本朝野上下,果无一人足以当著者意乎?盖著者小有才智,而未见用,故牢骚抑郁不平之气,字里行间,锋棱时露。籍⑦煽动风云之略,作发舒愤慨之资。硁硁⑧小人,

---

① 东乡大将　应为东乡平八郎(1848—1934),日本海军大将,元帅、侯爵,与陆军的乃木希典并称日本军国主义的"军神"。在对马海峡海战中率领日本海军击败俄国海军,开了在近代史上东方黄种人打败西方白种人的先例,使他得到"东方纳尔逊"之誉。

② 毕士麦　今通译为俾斯麦。

③ 无论　无视,不用说。

④ 借曰　如果说,假若。

⑤ 就令　就是让(使),即令,即使。

⑥ 阒其无人　寂静无人,形容战争惨绝人寰的破坏力。阒:音 qù,寂静。

⑦ 籍　通"藉"。

⑧ 硁硁　kēng kēng,浅薄,固执。

吾又奚责者? 绪论虽简,著者衷怀①,于兹尽
露矣。②

---

① 衷怀　初印本、重印本上编第 6 页,同为"哀怀"。点校本第 272 页矫正为"〈哀〉〔衷〕怀"。
② 对中岛端来说,"绪论"只是开头的导语,主要是历数辛亥革命前后的时事演变和日本朝
野人士对此认识的肤浅多变,为进一步展开论述奠定基础。对北洋法政学子来说,这一章
的"译者曰"则带有结论性质,揭示了中岛端的"缪论发动之源"。

袁世凯之月旦①

袁世凯果为何如人乎？乃一反覆无常②之小人耳。内无文治之才，外无武勋之略，无斡旋③危局之能，无洞见大势之识，徒知炫小惠，弄小术，以献媚于上官，买欢于外国，以固自己之权势地位而已。彼岂以国利民福为心者哉？如曰不信，试读彼二十年来之历史④，彼不过李鸿章一私人⑤耳。特以其小有才气，出为朝鲜公使⑥。偶有明治十七年京城之乱⑦，以金、朴二人⑧之拙策，竹添公使⑨之迂阔（实则为某某元勋⑩之失计），我庙堂之暧昧外交政策，朝鲜王⑪之昏庸，相依相辅，遂演出绝大之失败，使彼一跃而为三国间之人物⑫矣。方其得志乘势之时，举鸡林八道⑬，悉在彼一呼岛人仇袁之机，即伏于此。

① 日文本第9页、自译本第8页为"袁世凯人物月旦"。月旦，即"月旦评"。东汉汝南地区名士许劭和许靖，都喜欢品评人物，每月一换品题，故称为"月旦评"。后来，"月旦评"泛指品评人物，或省称"月旦"。

② 反覆无常　日文本第9页和自译本第8页，为"翻覆表里"。

③ 斡旋　初印本、重印本上编第7页，都为"斡旋"。点校本273页，校注为"〈幹〉〔斡〕旋"。干旋，也有类似用法。日文本第9页和自译本第8页，原为"料理"。

④ 二十年来之历史　初印本、重印本上编第7页，日文本第9页和自译本第8页，皆为"二十年来之历史"，无书名号。点校本第273页，加了书名号，应误。

⑤ 私人　日文本第9页，原为"腰巾着なりき"。自译本第8页，为"腰巾着犹言荷包"。着，通"者"。腰巾着，又称夹袋中人物。

⑥ 出为朝鲜公使　日文本第9—10页，原为"出でゝ朝鲜に公使たり"。自译本第8页，译为"钦差于朝鲜"。1885年11月，袁世凯被任命为"驻扎朝鲜总理交涉通商事宜大臣"（又称为"驻朝办事大臣"），位同三品道员，一度左右朝鲜政局，俨然朝鲜的太上皇。

⑦ 明治十七年京城之乱　指1884年12月的朝鲜京城之乱，史称甲申变乱。自译本第9页，误为"明治廿七年"。

⑧ 金、朴二人　应指当时朝鲜的亲日派人物金玉均、朴泳孝。

⑨ 竹添公使　即竹添进一郎，时任日本驻朝鲜公使。

⑩ 某某元勋　不详。日文本第10页同此。自译本第9页，为"某某元老"。

⑪ 朝鲜王　当时的朝鲜国王是李熙（1852—1919），1864年即位。

⑫ 三国间之人物　三国，应指中国、朝鲜、日本。人物，自译本第9页为"花旦"；日文本第10页为"大立物"。

⑬ 鸡林八道　鸡林，朝鲜的别称。原为新罗古名。《三国史记》新罗本纪脱解王九年条："春三月，王夜闻金城（庆州）西始林树间，有鸡鸣声。迟明，遣瓠公视之，有金色小椟（小匣）挂树枝，白鸡鸣其下。瓠公还告。王使人取椟开之，有小男儿在其中，姿容奇伟。上喜，谓左右曰：此岂非天遗我以令胤乎！乃收养之。及长，聪明多智略，乃名阏智，以其出于金椟，姓金氏，改始林为鸡林，因以为国号"。以此，后人称朝鲜国土为鸡林，如"鸡林八道"，亦雅称朝鲜为鸡林，如《鸡林类事》《鸡林杂传》等。

一吸之中,有副王之观①焉。然二十七年②之役,我
国举大军以入朝鲜也,彼早已抱头鼠窜③,无所策
画。及我军陷辽东,举旅顺,行且盟于北京城下,亦
不知袁氏何在也。夫如是而袁氏权略,亦可想
见矣。

　　光绪皇帝用康、梁之言,计画新政。颇有不利
于西太后者,又恐守旧者之反抗④也,窃与袁氏约,欲
用彼部下精兵八千人以自固。袁始许而后叛之,并依
荣禄⑤而密诉于太后。于是光绪帝囚,六君子斩⑥;
新政萌芽,亦大受其摧残。此中外人士⑦所扼腕太
息为支那痛惜者也。袁氏为人反覆⑧,有如此者。

　　此后以荣禄为其主人,西太后为其护符⑨,日
夕迎其欢心,助其私曲,无所不至,无所不为。由是
攀援而上⑩,寝假⑪为北洋大臣、直隶总督矣,寝假
为二十一省督抚中之第一人矣,寝假为支那唯一之
大政治家、大外交家⑫矣。然西太后始虽爱之,至

---

①　有副王之观　1882年朝鲜壬午之乱后,朝鲜王李熙立意维新。他敦请时任驻朝清军营务
处总理和朝鲜军务会办的袁世凯移居朝鲜的三军府居住,以便就近指挥和督练韩军。此
时的朝鲜分为两大力量:一部分是原来亲日的闵妃及其家族,这时却与袁世凯极接近,变
成了朝鲜内部的亲清派;一部分是“开化党”,以洪英植、朴泳孝等为首的亲日派。1884年
12月洪英植、朴泳孝等发动政变(甲申之乱),袁世凯力主平乱,并将朝鲜国王接至清军兵
营内保护起来,代主持内政、外交、军事。后来朝鲜王回宫,亦邀请袁入宫护卫,居住偏殿,
和国王仅隔一墙,朝夕晤对。朝大臣每日必会见袁世凯议事,听其指挥。此处所说袁世凯
有副王之观,即指此。

②　二十七年　应指日本明治二十七年,即公元1894年。自译本第9页,译为“甲午”。

③　抱头鼠窜　自译本第9页,为“仓皇捧颈,鼠窜兔逸”。日文本第10页,为“孤鼠々々と首
を抱へて逃げ去りて”。

④　反抗　日文本第10页同此。自译本第9页,为“自中支吾”。

⑤　依荣禄　自译本第9页,为“反由荣禄”。日文本第10页,原为“却て荣禄に由りて”。

⑥　六君子斩　日文本第10页,原为“谭林以下六人の志士は、燕京の市に斩られて”。自译
本第9页,为“谭林以下六人志士,斩于燕京市”。六君子,即戊戌变法失败后被杀的谭嗣
同、林旭、康广仁、杨深秀、杨锐、刘光第。

⑦　人士　日文本第10页和自译本第9页,为“义人”。

⑧　反覆　自译本第9页,为“反覆倾危”。日文本第11页为“倾覆”。

⑨　护符　自译本第10页,为“守护神”。日文本第11页为“护本尊”。

⑩　攀援而上　自译本第10页,译为“鱼鱼雅雅”。日文本第11页,为“鳗鲡上り”。

⑪　寝假　逐渐。

⑫　在本书中,中岛端对袁世凯多有贬斥和否定,此处却称为“支那唯一之大政治家、大外交
家”。是自相矛盾,还是讽刺挖苦,抑或客观辩证?值得探究。

晚年则颇有疑彼之心。故采铁良之策，藉兵制统一之名，遂收其年来养成三镇之兵权。继且解直隶总督之职，而使任外务部尚书兼军机大臣焉。盖名虽重用之，实则夺其权而预防其跋扈①。其后与张之洞同入中央政府，张以老成硕望居其上，袁遂不得自擅。当时庆王领袖军机，袁见其贪婪愚劣之易与②也，又深相结纳，思以保全其禄位，然自是彼遂无所建白③矣。

　　及西太后、光绪帝先后病笃④（或传帝后二人自知不起，尝相对恸哭，为世凯等所误，恨不能全母子生前之欢），皇嗣未定。醇王⑤，帝之弟也；王之长子⑥，帝之至亲也。醇王固衔⑦世凯之卖帝者；而为嗣皇之生父，世凯之所深忌也⑧。且庆王亦窃有立我长孙⑨（即振贝子之男⑩）之志。于是二人相

---

① 盖名虽重用之，实则夺其权而预防其跋扈　日文本第11页，原为"名は之を重用すと雖、實は其の權を奪ひて、彼が跋扈飛揚を豫防せしなり"。自译本第10页，未译此对应语句。

② 易与　容易对付。

③ 无所建白　自译本第10页，译为"无何等施设，又无何等云为"。日文本第11页，原为"何等の施設する所もあらざりき。又何等の云爲する所もあらざりき"。建白：提出建议或陈述主张。

④ 光绪、慈禧相继病逝于1908年11月14、15日（农历十月廿一、廿二）。中岛端于1908年10月末来到北京，直到1911年春末回国，近距离观察了晚清末年的时局变化。

⑤ 醇王　即载沣（1883—1951），奕譞的第五子，光绪（载湉）同父异母弟。1890年袭醇亲王，宣统帝（溥仪）之父，监国摄政王。

⑥ 王之长子　即醇王的长子溥仪（1906—1967）。1908年11月14、15日光绪、慈禧病逝前夕被立为皇帝，第二年改年号为"宣统"。1912年2月12日被迫退位。

⑦ 衔　有成见，不满意，怀恨。

⑧ 醇王固衔世凯之卖帝者；而为嗣皇之生父，世凯之所深忌也　自译本第10页，为"醇王素衔世凯之卖帝；戴王而为嗣皇之生父，彼之所最深忌"。日文本第12页，原为"醇王は固より世凯が帝を賣りしを銜めり。王を戴きて嗣皇の生父とせんことは、彼が最も深く忌む所"。

⑨ 庆王之"长孙"　庆王即奕劻（1838—1917），晚清重臣、宗室，满洲镶蓝旗，爱新觉罗氏。乾隆帝第十七子永璘之孙，辅国公绵性长子。光绪十年（1884年）任总理各国事务大臣，封庆郡王，1891年迁总理海军事务大臣，1894年袭庆亲王。1903年任领班军机大臣，1908年晋封世袭罔替庆亲王。1911年任首任内阁总理大臣。清帝逊位后，避居天津。庆王的"长孙"，即载振的长子，名溥钟，生于1897年。

⑩ 振贝子之男　振贝子，即载振（1876—1947），奕劻长子。晚清时历封镇国公、贝子头衔。1902年曾代表清朝廷赴英参加英国国王爱德华七世加冕典礼。1903年赴日本考察第五届劝业博览会。回国后积极参与新政，奏请成立商部，任尚书。1906年，清政府机构改革，成立农工商部，任大臣。1911年，任弼德院顾问大臣。辛亥革命后一度躲避天津，后返回北京。振贝子之男，即溥钟。

谋,排斥醇王之子,然卒不成。既而帝后相继殂落,或云宜立长君,或云宜择至亲。世凯见阴谋之不遂也,更思有以媚醇王。一日,值亲贵大臣会议之席,突然①曰:"今国家大事,无有急于册立皇嗣者。顾谁堪践此大位,窃谓非醇王不可②,盖为先皇之至亲,且叶于长君之义也"。醇王素称宽厚长者,闻其言,怒不可遏③,厉声叱之曰:"世凯何物? 如斯放肆"。拍案,案仆,一座皆股栗④。世凯亦不觉色丧⑤,幸某王为之辞,又以大丧为言,幸免于患⑥。其阴狡如此。(此一事亦其去位⑦之一近因)

　当宣统即位,醇王摄政,世凯即被斥。盖光绪、

---

① 值亲贵大臣会议之席,突然　自译本第11页,为"陪席亲贵王公会议,突如而起"。日文本第12页,原为"親貴大臣会議の席に陪して、突然として起ち上り"。

② 顾谁堪践此大位,窃谓非醇王不可　自译本第11页,为"与其抢选彼此,不如醇王躬膺大宝"。日文本第12页,原为"誰彼と云はんよりは醇王躬から皇位を踐み玉はんこそ"。

③ 怒不可遏　自译本第11页,为"颇有忿激不禁之势"。日文本第12页,原为"さしも心中の激怒に耐へざりけん"。

④ 拍案,案仆,一座皆股栗　自译本第11页,为"拍案起,案仆,磔然有声,一座皆惊",日文本第13页,原为"案を拍ちしかば、案は礑と仆れぬ。一座の親王大臣皆驚き"。

⑤ 1913年夏,人物品评社编印的《照妖镜中之袁世凯》中讲到:慈禧及光绪病笃,袁因戊戌之事,担心光绪胞弟醇王之子溥仪继位,将于己不利,遂与庆王密谋立庆王长孙,然卒未成功。光绪、慈禧死后,袁世凯"见阴谋不遂,更思有以媚醇王。一日值亲贵大臣会议之席,突然提议,谓当立醇王,以合长君之义",醇王"怒不可遏,厉声叱之曰:'何物袁世凯,如斯放肆!'拍案案仆"。袁世凯"不觉色丧"(转引自尚小明:《攻击与回应:民初袁世凯三传面世之幕后故事》,《历史教学》2014年第4期)。
野史氏所著《袁世凯全传》中(1916年6月初版,上海中新书局印,第51页;又见佚名:《袁世凯全传　袁世凯轶事》,沈云龙主编:《近代中国史料丛刊》第17辑,第69页)提及:"时光绪帝病势日剧,皇嗣未定,醇王子溥仪当立。袁虑其修前怨,且庆王亦窃有立我长孙之志,于是二人相谋排斥醇王之子,然卒不成。继而帝后相继殂落,袁思有以媚醇王,以宜立长君为言。醇王怒斥之,袁大沮丧,遂以溥仪(宣统帝)继承大统"。
以上所引,与中岛端此处所说较为一致,可互为参照。
色丧　初印本、重印本上编第8页同此。自译本第11页为"失色",日文本第13页原为"色を失びぬ"。

⑥ 幸某王为之辞,又以大丧为言,幸免于患　自译本第11页,为"已而某王为世凯陈谢颇力,由其系谅闇之际,终得释"。日文本第13页,原为"爲めに辭を盡して無禮を陳謝せしかば大喪の際、さはとて纔に赦されきとぞ"。某王:或指庆王奕劻。为之辞:为其辩解、托辞。谅闇:亦作"谅阴"。居丧时所住的房子。借指居丧,多用于皇帝。

⑦ 去位　日文本第13页和自译本第11页,为"失脚"。

太后①,素不喜袁之为人也(或言光绪既崩后,偶检点其御物②,得其遗书于筐③中。读至帝悔恨为世凯所卖一段,恸哭不已,自是遂深憎世凯)。王亦以袁之心曲④,终不利于皇家,将杀之。袁闻之,服奴仆服⑤,仓卒出都,逃至天津。哀恳英公使及某某公使⑥,复得同僚为之解说⑦,幸克保全首领,放还故山。其怯懦如此⑧。

即令有之,将留此身以有用耳,胡言怯懦?

世凯既获罪,归卧河南省二三年。时有觊觎之心,思有以报醇王⑨。窃与庆王、徐世昌交通⑩,以蜚语中伤宫廷。或云摄政王与太后有中冓之嫌⑪;或云太后欲干涉政治,与王妃相倾轧,宫中将大起风潮⑫;或云军事外交⑬,责重事繁,非年少无经验者所能胜

专制帝王家阴幕蔽天,蜚语之来,要有

────────────

① 太后　应指隆裕太后,即光绪帝的皇后。

② 光绪既崩后,偶检点其御物　此句系中岛端的附注,在初印本、重印本上编第8页的括号中原无断句和标点。此句标点系点校本所加,似有误,应为"光绪既崩,后偶检点其御物"。自译本第11页,为"光绪帝已殂,一日后检点御物"。日文本第13页,原为"光绪帝の殂せし後,后は一日先帝の御物を檢点せし"。

③ 筐　初印本、重印本上编第8页和日文本第13页同此,自译本第11页为"筐笥"。

④ 心曲　初印本、重印本上编第8页同此,日文本第13页和自译本第11页为"心事"。

⑤ 服奴仆服　自译本第11页,系"为奴仆妆"。日文本第13页,原为"奴僕の粧を為して"。

⑥ 当时的英国驻华公使为朱尔典(John Newell Jordan)。"某某公使",不详。

⑦ 解说　自译本第11页,为"陈谢关说"。日文本第13页,为"陈谢游说"。

⑧ 1913年春夏,人物品评社编印的《照妖镜中之袁世凯》中讲到:溥仪继位后,摄政王"以袁之心险,恐终不利于皇室",适隆裕太后(光绪后)检点光绪遗物,得遗书,"读至朕悔恨为世凯所卖一段,恸哭不已,自是遂深恨世凯"。满人如载泽、善耆、那桐、铁良等也都不满意于袁氏平日所为,欲杀之。袁闻之,"知不能免,服仆从服,仓卒出都,逃至天津",旋又秘密进京,"恳英公使及某某公使,复得同僚为之解说,始克保全首领,放还故山。其怯懦有如此者"(转引自尚小明:《攻击与回应:民初袁世凯三传面世之幕后故事》,《历史教学》2014年第4期)。这与中岛端此处所说较为一致,可互为参照。

⑨ 以报醇王　此处的"报",为"报复"之意。自译本第12页,为"复仇于醇王"。日文本第14页,原为"醇王に復讎する"。

⑩ 窃与庆王、徐世昌交通　自译本第12页,为"窃与庆王、徐世昌等串通"。日文本第14页,原为"窃に庆王徐世昌等と交通して"。交通:此处为"勾结"之意。

⑪ 中冓之嫌　中冓:内室,指中门以内。语出《诗·鄘风·墙有茨》:"中冓之言,不可道也"。后以"中冓"指闺门秽乱。此处所说"中冓之嫌",似影射摄政王载沣与隆裕太后有男女私情。日文本第14页和自译本第12页,为"中冓之私"。

⑫ 宫中将大起风潮　日文本第14页,原为"宫廷は将に暗鬪の風潮中に没せんとすと"。自译本第12页,为"宫廷行且埋没于暗斗之风潮中"。

⑬ 军事外交　自译本第12页,为"军国重事,列强交涉"。日文本第14页,原为"軍國の重事、列强の交渉"。

任,非起用世凯不可。乘机伺隙,画策匪懈,其诡谲①如此。

此次武昌乱起,庆王以下,袁之私党,皆为之斡旋②,内外呼应,始有起用之说。彼乃故不动声色,再三再四,招之不来。及应庆王之请而出,又不遽入北京,③犹作如进如退之态度。未几以杀革党气焰为名,先颁清皇罪己之诏。夫罪己诏者,摄政王之谢罪状,弹劾案也。彼于是演复仇之第一出矣。又假资政院公论,建亲贵王公不宜入内阁之议,悉置皇族大臣于政治圈外(朗贝勒④之内阁副总理、洵贝勒⑤之海军大臣、涛贝勒⑥之参谋总长、泽公⑦之度支部大臣、肃亲王⑧之理藩部大臣同时解职)。并于其年来之恩人而兼私党之庆王,亦排之使去。于是自内阁以至禁卫军之将校,步军之统领,莫非其羽翼。又见诸王之暗愚怯懦,屏息无为,而中外无复异议也。遂矫太后旨,数摄政王罪,给以五万元干俸而罢之⑨,视王不啻幽囚,彼于是演复仇第二出

所自,安见为袁所造? 至龟駸⑩误国,起用老成,则又一般人民之心理。乌得谓袁思乘机任意周内⑪,识者哂之。

诡谲亦何损于英雄? 罪己诏乃滦军⑫所迫,与袁何涉? 更何言复仇?

使皇族而宜入内阁者,则岛国于此何以为宪法所禁。

---

① 诡谲　日文本第14页和自译本第12页,为"邪智"。

② 斡旋　初印本、重印本上编第9页,都为"幹旋"。点校本第276页,校注为"〈幹〉〔斡〕旋"。日文本第14页和自译本第12页,则为"斡旋"。

③ 及应庆王之请而出,又不遽入北京　自译本第12页,为"已而与庆王相应而起,又未促装晋京"。日文本第14页,原为"已にして慶王と相應じて起つに及びて、又遽に北京に入らず"。

④ 朗贝勒　即爱新觉罗·毓朗(1864—1922),曾任清廷军咨大臣。担任皇族内阁协理大臣(相当于内阁副总理)的是那桐、徐世昌,似无毓朗。

⑤ 洵贝勒　即爱新觉罗·载洵(1886—1949),载沣之弟。

⑥ 涛贝勒　即载涛(1887—1970),载沣之弟,曾任清廷军谘大臣,相当于参谋总长。

⑦ 泽公　即载泽(1868—1929),在皇族内阁中任度支部大臣,相当于财政大臣。

⑧ 肃亲王　即爱新觉罗·善耆(1866—1922),在皇族内阁中先任民政部尚书,后任理藩部尚书。

⑨ 遂矫太后旨,数摄政王罪,给以五万元干俸而罢之　1911年12月6日,在以隆裕太后名义下达的准许载沣退位的懿旨中提及:"著赏给岁俸银五万两,由皇室经费项下支出"。中岛端说此乃袁世凯"矫太后旨",似无确证。干俸,初印本、重印本上编第9页同此,自译本第13页为"岁俸"。日文本第15页,原为"五萬元の捨扶持を以て"。

⑩ 龟駸　应有误。初印本、重印本上编第9页,为"童駸"。应指摄政王"年少无经验"。

⑪ 周内　亦作"周纳"。本义为弥补漏洞,使之周密。引申为罗织罪状,陷人于罪。

⑫ 滦军　即驻扎滦州的清军。1911年12月29日,清军第20镇统制张绍曾在滦州电奏清廷,实行兵谏,提出"废除内阁、速开国会",同时提出改革的十二条政纲。在日渐严峻的形势下,清廷不得不以皇帝名义下《罪己诏》,宣布开放党禁,释放政治犯,撤销皇族内阁,维新更始,实行立宪,还以滦州兵谏的"十二条政纲"为蓝本,起草了宪法,称为《重大信条十九条》。

矣①。盖其初起也,非为国民,非为皇家,一欲借公
事以复仇,一则假国家之名,以政权为私物耳②。
其心术之阴险如此。

阴险又何损于
英雄?

其初见武昌兵乱,视为寻常小事。以黎氏若易
与者,思以富贵功名诱之。黎氏斥之曰:此次元洪
举兵,纯出于讨君吊民之意。美官重禄,非屑受也。
袁不禁中心③忸怩。及汉阳既陷,武昌仅隔一衣带
之水,乃以官军之重炮,俯瞰射击。④ 知革军不能
支也,则又召还冯国璋,而不穷追⑤。其意谓元洪
在彼,他人皆不能制,独我能制其死命。则我之地
位权力,将益巩固。是盖袭用古来权奸之故智⑥,
所谓养寇自重之术也。孰知元洪乘此召募新军,急
修防堵,而革军之势复张,竟出其意料之外乎!

苏浙革军之逼南京也,张勋坚守不下,官军之
气未竭⑦。世凯诚明观大局,亟宜遣一军救之,而

此正是英雄作用。

彼乃汲汲固结中央地位,不顾其他,以至南京终陷。
长江南北,悉竖五色之旗。其掌握中央政权之日,
乃中华民国建立之时也。

袁于是知革军不易与,欲声言出军征讨,苦于

---

① 此处所说,与野史氏著《袁世凯轶事》中(1916 年 6 月初版,上海中新书局印,第 72—73
   页;又见佚名:《袁世凯全传 袁世凯轶事》,沈云龙主编:《近代中国史料丛刊》第 17 辑,
   第 224—225 页)所述,较为一致,可互为参照。
② 1913 年春夏,人物品评社编印的《照妖镜中之袁世凯》中讲到:武昌起义爆发后,袁氏以庆
   王等私党斡旋,重新出山,于是"大复仇之幕开矣"。他"以杀革命党气焰为名,请清皇先
   颁罪己之诏",旋"假资政院公论,建亲贵王公不宜入内阁之议,悉置皇族于政治圈外",将
   内阁副总理朗贝勒、海军大臣载洵、参谋总长载涛、度支部大臣载泽、理藩部大臣善耆同时
   解职,"并于其恩人而兼私党之庆王,亦排之使去"。又"矫太后旨,数摄政王罪,给以五万
   元乾俸而罢之。袁世凯之私怨,于是了矣。则袁世凯之意,初非为国民、为清室,盖欲借时
   机以复私仇而摄政权也"(转引自尚小明:《攻击与回应:民初袁世凯三传面世之幕后故
   事》,《历史教学》2014 年第 4 期)。这与中岛端此处所说较为一致,可互为参照。
③ 中心 内心、心中。
④ 日文本第 16 页,此处尚有一句:"猶二百三高地の旅顺要塞に於けるがごとし"。自译本
   第 13 页译为"犹二百三高地之于旅顺要塞耳",并在"二百三高地"之后,加注"旅顺左近
   丘陵"。
⑤ 而不穷追 自译本第 13 页,为"不敢穷追"。日文本第 16 页,原为"追窮せず"。
⑥ 故智 曾经用过的计谋;老办法。今通作"故伎"。日文本第 16 页和自译本第 14
   页,为"术"。
⑦ 气未竭 自译本第 14 页,为"气力未索"。日文本第 16 页,原为"氣力未だ索きず"。

军资不足;谋于外国资本家,顾无有应之者。计大穷不知所出,佯请于太后欲辞职。及太后力挽留之,乃曰:"臣世受国恩,一死殉职,固其分也。今革军虽猖獗,然乌合之众,不难敉平①。所忧者军资困乏耳,诚②许出内帑以供军需,一战破贼,直臣意中事③"。因取得太后私财,又屡假太后旨,搜括王公蓄积,前后计数百万,足支三四月之需。然其初④固设言以欺太后,胁亲贵以夺其囊中物为目的,非真欲与革军较优劣也⑤。借国家之用以养一己之爪牙,浚皇族之⑥膏血,以饵爱亲觉罗氏之豺狼。此袁氏之志也。

当是时,袁亦悟革命之势终不可避,又知革军不可给以美辞⑦也,欲先自厚其实力以临大敌。且其意谓革军气势虽张,然南人脆弱,非北人敌。诚能安抚北人,则最后实力之竞争,败南人易如反掌耳。其以全权界唐绍仪使南下,盖亦惯用此手段也。绍仪广东人,初留学美国,纳美妇为妻⑧。其渴仰新文明,喜⑨共和政体,非一日矣。故说世凯

爱亲觉罗氏之私积,皆三百年来吾侪小民之汗血脂膏也。不取之,则以养独夫之爪牙,饵吾民之豺狼。袁氏此举,功德无量。著者必欲颠倒黑白,适见其奴性之深也。

---

① 敉平　安抚,安定。敉,音 mǐ。

② 诚　如果。日文本第17页和自译本第14页,为"苟も"。

③ 直臣意中事　日文本第17页,原为"臣が方寸の中に在りと"。自译本第14页,为"在臣方寸之中矣"。

④ 初　初衷,真意。

⑤ 此处所说,与野史氏著《袁世凯轶事》(1916年6月初版,上海中新书局印,第71页;又见佚名:《袁世凯全传　袁世凯轶事》,沈云龙主编:《近代中国史料丛刊》第17辑,第223—224页)所述,较为一致,可互为参照。
"非真欲与革军较优劣也"一句,在日文本第17页,原为"實に革軍と格鬪する勇氣ありしにはあらず"。自译本第15页,为"非真有与革军格斗之勇气也"。

⑥ 之　初印本上编第10页同此,重印本上编第10页误为"也"。

⑦ 给以美辞　日文本第17页,原为"徒に美辞甘言を以て欺く"。自译本第15页,为"徒啗以甘言美辞"。给:音 dài,[书]欺哄。啗:dàn,拿利益引诱之。

⑧ 纳美妇为妻　初印本、重印本上编第10页和自译本第15页同此。日文本第18页,原为"米婦を納れて妻と爲せり"。有关论著中,未见提及唐绍仪有美籍夫人。《唐绍仪传》中(张晓辉、苏苑著,珠海出版社2004年版,第14、375页)介绍:他1881年从美国回国后娶元配张氏(1900年在天津英租界死于炮击)。后纳一妾某氏,任职朝鲜时又娶一朝鲜女子郑氏为妾(死于1912年)。1913年再娶继室吴维翘。

⑨ 喜　日文本第18页为"随喜せると"。自译本第15页为"尸祝"。

主张共和者,绍仪也;南下与革军议和者①,绍仪也。绍仪在天津时,与世凯往来,恐反对党人属目②,踪迹极诡秘。当其以全权南下,非欲鼓吹君主立宪说,特借此一行,伺南人之气息如何耳。且藉革党之口,声明革命不能已,皇位不可不退,因以排斥爱觉罗氏,谋取而代之。夫然南人之强硬者,世凯之所窃喜;而主张清帝退位者,又世凯之所甚愿也。然袁对中外人则云:余深荷国恩,虽时势至此,岂忍负孤儿寡妇乎?其容貌,其语言,其态度,宛然一爱觉罗氏之大忠臣也。盖以此眩③宗社党之耳目,慰军民之不平,而窃待时机之成熟也。无何,民国政府成立,推为大统领者,乃孙逸仙。此世凯无二之政敌也,其失望可知,遂投箸④而起,声言南北协约,以君主立宪为前提。而唐、伍两全权,擅用共和政体,逾其职权。且协议未决,南人先组织政府,公选大总统,有悖协议本旨。遂罢唐绍仪全权,自任交涉之事。彼此推诿,往来反复,徒驳诘片言只字,而不入本题。延迟荏苒,时局之困难愈甚⑤。当是时,世凯忽⑥被刺客狙击,置身于爆弹之下⑦。而宗

---

① 南下与革军议和者　日文本第18页,原为"其の南方に使して革軍と妥協せんの議を建てし者"。自译本第15页,为"其建使于南方,与革军妥协之议者"。
② 属目　日文本第18页和自译本第15页,为"指目"。
③ 眩　迷惑。日文本第19页和自译本第16页,为"眩惑"。
④ 投箸　日文本第19页,原为"ヒ筋を投じて"自译本第16页,为"投ヒ筋"。
⑤ 时局之困难愈甚　自译本第16页,为"不知时局之困难愈甚也"。日文本第19页,原为"時局の困難日々に甚しきを知らず"。
⑥ 忽　日文本第19页和自译本第16页,为"偶々"。
⑦ 世凯忽被刺客狙击,置身于爆弹之下　1912年初,革命党"北方共和会"决定组织"暗杀部"除去袁世凯。暗杀部分为三组。一组伪装成茶客,在东华门外的三义茶馆待机;一组伪装成食客,在祥宜坊酒馆待机;黄之萌、张先培率另一组在菜市场一带扮作买菜的市民,伺机行动。1月16日上午10点,下朝的袁世凯乘坐绿呢马车,在大批卫队、保镖的簇拥下,刚走到丁字街三义茶馆门口,一颗炸弹从楼上飞下,没有击中袁的马车,只是炸翻了后面随行的车辆。袁世凯大惊,即令马车加速。走到祥宜坊门口,酒馆里又掷出两枚炸弹,一枚炸死了卫队管带袁金标等四个亲兵,另一枚炸翻了袁世凯乘坐的马车。袁没有受伤,从翻倒的车里爬出来,跃上一匹马,急驰而去。大批清兵很快赶到,封锁现场。黄之萌等人被捕后,坚贞不屈,被处死。

社党亦大噪,御前会议之日,恭、肃、那诸王①主战
之说起。世凯乃一面集重兵于北京,以恫喝宫廷。
又唆使党人以四十将军之连名,强要宣布共和②。
又一面使东三省军民,电请任己为总统③④,为南北
协约条件之一,以牵制南人。又遣其腹心说太后,
赐与一等侯爵,己则佯为谦让⑤,援曾国藩以自拟,
以为我已得宫廷之信任如此,而辞让不遑,则显其
公而忘私之忠忱。将以掩军民之耳目,而若为社稷
之重臣也者⑥。迨至良弼仆⑦,肃王奔⑧,那王回
藩⑨,始扬扬现其本色。其以小智策⑩愚弄上下,不

---

① 恭、肃、那诸王　即恭亲王溥伟、肃亲王善耆、那桐。叶赫那拉·那桐(1856—1925),满洲镶黄旗人,晚清"旗下三才子"之一,在清末光绪、宣统年间先后充任户部尚书、外务部尚书、总理衙门大臣、军机大臣、内阁协理大臣等,并兼任过京师步军统领和管理工巡局事务。

② 唆使党人以四十将军之连名,强要宣布共和　1912年1月26日,在袁世凯的授意下,段祺瑞领衔并联络姜桂题、张勋、段芝贵等47人,电请朝廷明降谕旨,速定共和政体,清帝逊位,改建民国。

③ 使东三省军民,电请任己为总统　不详。初印本、重印本上编第13页同此,日文本第20页、自译本第17页亦提及此事。

④ 1913年春夏,人物品评社编印的《照妖镜中之袁世凯》中讲到:(袁世凯)于是召集重兵,云屯阙下,危言恫吓;复唆使其党人四十将军(应为四十七将军——引者)联名强要宣布共和;又一面使东三省军民电请任己为总统(转引自尚小明:《攻击与回应:民初袁世凯三传面世之幕后故事》,《历史教学》2014年第4期)。这与中岛端此处所说较为一致,可互为参照。

⑤ 遣其腹心说太后,赐与一等侯爵,己则佯为谦让　1912年1月26日,清廷发布谕旨,封袁世凯为一等侯爵。随后,袁世凯上奏折婉拒。

⑥ 而辞让不遑,则显其公而忘私之忠忱。将以掩军民之耳目,而若为社稷之重臣也者　日文本第20页,原为"而も辞讓敢て當らず。私事を忘れて公事に盡瘁すること亦此の如しと。以て中外軍民の耳目を糊塗して、あつぱれ社稷の重臣と成り了んぬ"。自译本第17页,为"而辞让不敢当,其忘私事而尽瘁公事亦如此。以糊涂中外军民之耳目,俨然以社稷臣自居"。

⑦ 良弼仆　爱新觉罗·良弼(1877—1912),清末大臣。武昌起义后,坚决主张镇压,反对起用袁世凯。1912年1月12日,良弼与溥伟、铁良等组织君主立宪维持会(俗称宗社党),反对南北议和与清帝逊位;26日,议事毕回家,在光明殿胡同家门口(今北京西四北大红罗厂街),遭同盟会京津保支部杀手彭家珍(四川武备学堂毕业生)向其投掷炸弹,被炸伤左腿;29日,袁世凯遣民政部尚书赵秉钧买通一中医,开一药酒服食,晚遂死。

⑧ 肃王奔　袁世凯就任总统后,肃亲王善耆在其挚友、日本浪人川岛浪速等人的安排下,潜往旅顺的日本租借地。

⑨ 那王回藩　袁世凯内阁成立,那桐随奕劻去弼德院,任顾问大臣。不久因患中风而辞官引退。

⑩ 智策　日文本第20页和自译本第17页,为"策略"。

知人间有羞耻事若此。

　　盖世凯稔知民国政府财源困竭，和议迁延，穷迫将益甚①。南军欲战不得，欲和不可，势必就我范围②。而民国政府无人，甘为彼所播弄。今清帝已退位，世凯已为过渡③政府之首领。此后南北统一，世凯果能举为大总统乎（后果为大总统）？是亦一问题也。虽然，余之所敢断言者，则支那虽一时统一，实未可保其长久。袁世凯虽为总统，实未可保其果为一二年之总统。何则？袁世凯者，一翻覆欺诈之小人耳。无阿瞒④之才，而有阿瞒之志。入仕二十年⑤，不过贪恋政权耳，擅作威福耳。卖君，卖友，卖祖国，卖邻邦⑥。无诚实之心，无恻怛之情。徒弄目前区区之小策，而无洞观将来大局之明⑦。非有拿破仑⑧之雄才大略，非有克林威尔⑨之热心气魄，非有华盛顿之德量信念。以如是之倾覆⑩小人，如是之谲诈阴狡，而立于四万万人民之上，总揽二十一省，当内忧外患、前狼后虎之冲。蝼蚁负山，精卫填海。其不至身首异处，一族尽赤⑪者几希矣。此理此势，因果报应之自然律，固不得

① 和议迁延，穷迫将益甚　日文本第20页，原为"妥協遷延すること一日なれば、窮迫又一日なる内情を知れり。以爲らく延期又延期、一日又一日"。自译本第17页，为"妥协迁延一日，穷迫又急一日也。以为延期又延期，一日又一日"。

② 势必就我范围　日文本第20页，原为"其勢我が命を奉せざることを得じと"。自译本第17页，为"其势不得不奉我之命"。

③ 过渡　日文本第20页和自译本第17页，为"过接"。

④ 阿瞒　即曹操，字孟德，乳名阿瞒。直称其乳名阿瞒，是对曹操的蔑称。

⑤ 入仕二十年　日文本第21页，原为"彼が二十年の公生涯を通じて"。自译本第18页，为"通彼之二十年之公生涯"。

⑥ 卖祖国，卖邻邦　日文本第21页，原为"與國を賣り、國家を賣る"。自译本第18页，为"卖与国，卖国家"。

⑦ 1913年春夏，人物品评社编印的《照妖镜中之袁世凯》，与中岛端此处所说较为一致，可互为参照。参见尚小明：《攻击与回应：民初袁世凯三传面世之幕后故事》，《历史教学》2014年第4期。

⑧ 拿破仑　日文本第21页和自译本第18页，为"那翁"。

⑨ 克林威尔　自译本第18页，译为"格伦乞耳"。日文本第21页，原为"クロンヴェル"。

⑩ 倾覆　谓邪僻不正，反复无常。

⑪ 一族尽赤　应为满门抄斩之意。日文本第21页，原为"一族赤盡の禍"。自译本第18页，为"赤族之祸"。

不如是也。然今之留心支那时局、侧身外交界
者①,犹且推之为当代之英雄,当代之伟人,一若其
共和政②之将来,惟此一人是赖者。故余敢断
言曰,若此辈者皆为袁世凯之所卖也③。④

　　译者曰:知人亦岂易言哉? 盖棺论定,世
固有盖棺千百年,而论犹未能定者;然亦有盖
棺之前,可预断其为若何之人物,而无须穷稽
诸千百年后者。此其系于国运人心者至巨,固
可先决无稍惑。皮相者不足语也。夫皮相者
犹不足语⑤,则夫机智阴狡者,其用意固别有
在,无一语之可稽信。而吾人之对于横逆之
来,非可默尔而息者也。著者之论袁项城也,
信口雌黄,横施诋毁。往迹则讥无完肤,未来
则狂诬妄断,贻我民国开幕英雄之羞。笔舌犹
在,宁复可忍! 袁项城之事业历史,在武汉起
义之先,公使也,总督也,军机大臣也。处前清
专制淫威之下,欲建悠远重巨之事业,固必须
出以机警深稳之手段,操纵掉阖。虽不能尽人
尽地而施,然有时为成功之捷径。要箸所需,
容有不得不施者。小儒动持小信小义,立人之
背后,而斥其长短,此其眼光,只可论白衣秀士

---

①　留心支那时局、侧身外交界者　日文本第21页和自译本第18页,为"支那通,外交通"。

②　共和政　初印本、重印本上编第12页和日文本第21页、自译本第18页,都为"共和政"。
点校本第281页校注为"共和政{府}",似无必要。

③　若此辈者皆为袁世凯之所卖也　自译本第18页,为"此辈皆买被世凯人物太甚者也(买
被,俗语估价太贵也,犹言谬信)"。日文本第22页,原为"此輩皆袁世凱を買被れる者の
みと"。

④　在本章中,中岛端历数辛亥革命前后袁世凯的作为,虽曾称之为"支那唯一之大政治家大
外交家",总体上则将其定性为"翻覆欺诈之小人",并在后面有关部分中预言其终将走向
专制和帝制复辟,与当时国内外的疑袁、反袁声浪相一致,亦与20世纪中期中国大陆对袁
的主流评价相一致。

⑤　初印本、重印本上编第12页中,相关段落标点如下:"盖棺论定,世固有盖棺千百年而论犹
未能定者,然亦有盖棺之前,可预断其为若何之人物,而无须穷稽诸千百年后者。此其系
于国运人心者至钜,固可先决无稍惑皮相者不足语也。夫皮相者犹不足语",与此处差异
较大。

王伦耳。外交向以一国之实力为后盾,即言交涉,亦枢臣实司其权。区区一小公使将校①,乌得膺其全咎? 岛人津津指摘,若有余味,自鸣其战胜国之得意,②然实吾国伤心惨目之痛史也。比干剖心③,屈原沈④江,译者犹讥其愚忠;管仲不死子纠之难,孔子许之⑤,然古今不可一致论者。彼其痛心祖国,一瞑不复,大节苦衷,固可令千载后,闻风凛敬。若夫族类既异⑥,尤不能以前人所持之节,责诸后人。至末路见疑,私宅废居,专制君后通常防制之习惯。而在满清,尤具有特别之隐衷⑦。与人物之所以为人物,其论点固无涉也⑧。武汉起义后之袁项城事业历史,前此曾国藩、李鸿章之所瞠目惊心,不敢为不能为者。袁项城则不⑨动声色,除旧布新,定国事于至危极险之顷。虽曰时势造英雄,前后所遭遇之时势,固有异同。然其举大任于风声鹤唳之时,外为急进志士所磨齿,唾骂抨击,欲得而甘心,炸弹日环伺

---

① 区区一小公使将校　应指甲午战争之前在朝鲜时的袁世凯。

② 得意,　初印本、重印本上编第13页同此;点校本第282页断句为"得,意",应误。

③ 比干剖心　《史记·殷本纪》载:殷纣王的叔父比干,见纣王荒淫失政,暴虐无道,常常直言劝谏。纣王被比干批评得无言以对,勃然大怒,于是说:"吾闻圣人之心有七窍,信有诸?"说罢,命人剖胸取心。比干无惧色,慷慨就戮。

④ 沈　同"沉"。

⑤ 管仲不死子纠之难,孔子许之　子纠是齐国公子,与公子小白争夺齐国继承权。管仲原来是子纠的老师,帮助子纠争夺王位。据说曾箭射小白,中其带钩。小白装死躺下,才躲过一劫。最后小白杀死子纠,成功登上王位。鲍叔牙(小白老师)认为管仲有才能,向小白推荐。小白不计前嫌,任用管仲为齐国国相。在管仲帮助下,小白在战国时期称雄,史称齐桓公。孔子对于管仲,原谅其不为子纠徇死之罪,"而取其一匡九合之功,盖权衡于大小之间,而以天下为心也"(李泽厚著:《论语今读》,天津社会科学院出版社2008年版,第246页)。

⑥ 族类既异　指中国商周、战国时为汉族统治,清朝则为满族对汉族的统治。

⑦ 隐衷　初印本、重印本上编第13页,误为"隐哀"。点校本第282页,校正为"隐〈哀〉〔衷〕"。

⑧ 与人物之所以为人物,其论点固无涉也　似指政治人物的言论,未必反映其真实想法。

⑨ 则不　在点校本第282页,被遗漏。

于侧,生死至难决定;内为宗社强要所扼防深忌,①缧绁在身,时有不慎,则必至举国以殉,而民国亿兆同胞,胥断送于万劫存亡不可知之数。内患外迫,至难捉摸,稍纵即逝。卒能从容布置,千难万险,合南北而一之,融②五族而共进于共和之域,得至于今日者。袁项城之所以为袁项城,固自有在,常智又乌足以测之。复仇云者,胁迫云者,举为井蛙梦呓之语。旋乾转坤之业,固非按部就班者所能达也。往事既如此矣,民国之经营构设,亦非袁项城之大刀阔斧,无由荷其负担。十年总统之言③,惟英雄能知英雄。诚如孙中山所道:揆诸人心国运,袁项城所以自效于国,与其所以自待,人之所以望袁项城及其所以望袁项城者而望之于国,俱不难昭然若揭④。著者何由断为断头台上之一人,而敢以诬我民国,而敢以诬我民国之袁项城。士别三日当刮目相待,岛国儿会当刮尔目以俟我庄严璀璨之民国,以俟我民国之袁项城,丰碑铜像,巍巍高立于云表,最后之一

---

① 扼防深忌 初印本、重印本上编第13页,为"扼防深忌,"。点校本第283页断为"扼防,深忌",应有误。

② 融 同"螎"。初印本上编第13页为"融",重印本上编第13页和点校本第283页为"螎"。"螎"虽同"融",将"融"径改为"螎"却欠妥。

③ 十年总统之言 初印本和重印本上编第14页同此;点校本第283页,误断为"十年。总统之言"。所谓"十年总统之言",即孙中山所说让袁世凯担任十年总统,自己十年间专心修建铁路。参见陈锡祺主编:《孙中山年谱长编》,中华书局1991年版,第717页。孙中山1912年八九月到北京时表示:"维持现状,我不如袁。规划将来,袁不如我。为中国目前计,此十年内,似仍宜以袁氏为总统,我专尽力于社会事业"(《与某人的谈话》,《孙中山全集》第2卷,中华书局1982年版,第440页)。在《与汤漪的谈话》中,孙中山又表示:"袁总统才大,予极盼其为总统十年"(《孙中山全集》第2卷,中华书局1982年版,第441页)。

④ 诚如孙中山所道:揆诸人心国运,袁项城所以自效于国,与其所以自待,人之所以望袁项城及其所以望袁项城者而望之于国,俱不难昭然若揭 孙中山所说,出处不详。初印本上编第14页,原为"诚如孙中山所道:揆诸人心国运,袁项城所以自效于国,与其所以自待,人之所以望袁项城,及其所以望袁项城者,而望之于国,俱不难昭然若揭"。重印本上编第14页,标点为"诚如孙中山所道揆诸人心国运,袁项城所以自效于国与其所以自待人之所以望袁项城,及其所以望袁项城者,而望之于国,俱不难昭然若揭"。

日。尔所谓拿破仑之雄才大略者,以视我袁项城何如?[1] 尔所谓克林威尔之热心魄力者,以视我袁项城何如? 尔所谓华盛顿之德量信念者,以视我袁项城何如? 吾人亦无所用其辩护,尔亦无须肆其讥讽,事势到来,终有吾人心目中之袁项城出现。表白结局之日,断头者之未必果断,盲目者之会当终盲也。休矣勿多谈。[2]

---

[1] 朱成甲认为:"这段驳议文字,在'驳论'中是比较长的,分量是最重的,文字亦似李大钊的文字,似应视为李大钊的手笔"(朱成甲著:《李大钊传》上,中国社会科学出版社 2009 年版,第 120 页)。

[2] 在本章及此后有关章节中,北洋法政学子们全力拥袁,为之多方辩解。与全盘否定袁世凯相比,虽有一定的客观性,总体上却显现出局限性。

孙逸仙之月旦

余尝谓我朝野论者,皆为袁世凯所欺矣①。而此辈对于孙逸仙,亦未免失于过信焉②。夫孙逸仙之性情材干③,识者已有定评,余今更无庸喋喋④。即彼之大言壮语,一事无成,余亦不事追究。唯就最近之事实,及传播于江湖之耳目者,以观其为何如人焉。夫此次中国之革命,实由于武昌兵士,一时激发而起⑤。自革命党言之,诚彼意略之所不及也⑥。而黄兴乃突然而来,孙逸仙亦突然而出,所谓孙逸仙由海外同志赍来数百万之义财者,实无其事也。所谓彼由英美两国得来默认者,亦无其事也。但以时势之所激,情事之所趋,当中华民国建立之初,遂由各省代表,多数之投票,一跃而登大总统之位。半生之坎坷不遇,一旦偿之而有余。由是言之⑦,彼诚一代之幸运儿也。然则孙逸仙者,果持自由共和之主义者欤?果有拨乱反正之大抱负欤?余敢断言其否否⑧也。

种因于二十年前,而卒收光复之果者,中山也,何言一事无成?

武昌革命之兵士,与革命党何异,著者试为下一界说。

所谓幸运儿者,乃时势孕育之英雄也。逸仙实造时势之英雄,惜乎岛人不识也!

---

① 余尝谓我朝野论者,皆为袁世凯所欺矣　自译本第19页,为"余前已骂我朝野论者买被袁世凯"。日文本第22页,原为"余は我が朝野論者の袁世凱を買被れるを罵れり"。

② 亦未免失于过信焉　日文本第22页,原为"亦買被を免れざるに似たり"。自译本第19页,为"似亦不免买被太甚"。

③ 材干　今通作"才干"。

④ 余今更无庸喋喋　自译本第19页,为"今余非欲故意追究彼之昼伏夜行,出没于沿海"。日文本第22页,原为"余は今更事新しく彼が海岸覗きの事情を追究すまじ"。

⑤ 中岛端对辛亥革命的偶然性注意较多,对其必然性却注意和叙述不够。与"绪论"中所说"爱亲觉罗氏亡国之象,发现已久,非自近二三年始也。履霜坚冰,由来渐矣",似有抵牾。

⑥ 自革命党言之,诚彼意略之所不及也　此句在自译本第19页未译出。日文本第22页,原为"革命黨とり之を言へば,實は意料外の出来事なりしなり"。意略:谋略。

⑦ 由是言之　自译本第19页,为"即此一事"。日文本第22—23页,原为"此一事より言へば"。

⑧ 余敢断言其否否　自译本第19页,为"余窃悲不得不连叫否否者也"。日文本第23页,原为"余は不幸否否と言はざることを得ざるを悲しむ"。否否:犹言不是不是。多用于应对。《史记·太史公自序》:"夫子所论,欲以何明? 太史公曰:唯唯,否否,不然"。

　　曷观夫长江水师观舰式①乎？其态堂堂，有如王者；意气傲岸，旁若无人。而长江水师，果何物也？自海琛、海圻②以下，具近世军舰之形式者，几何？其吨数几何？其载炮几何？名为观舰式，究不识军界识者之一噱③耳。彼孙逸仙者，乃欲借此等儿戏行动，以壮新共和国之军容，立于列强环视之前，而自鸣其得意。其稚气，其夜郎自大，使数千里外之人④，不禁齿冷。惜今无三吴壮士重瞳其人⑤者，倘草泽有一二英雄，亦当骂之曰：彼可取而代也。

　　虽然，此不过一时之事，犹可言也。至彼假南北协合之名，而与袁世凯相接洽，则彼⑥之心事，余不能无疑矣。夫袁世凯果何如人⑦耶？以言其阅

英雄披肝胆相见，磊磊落落，共决天下事。孙、袁之交

---

①　长江水师观舰式　不详。观舰式，今通称海上阅兵式。历史上，日本也将海上阅兵式称为观舰式。长江水师是清朝同治七年（公元 1868 年）新建立的经制水师，由湘军水师改建。长期担负着捕盗、缉私、守卡、御侮等重要职责，维护沿江一带的稳定。长江水师的经费主要由沿江五处厘卡供给，岁饷 70 余万两白银。拥有旧式木质战船 774 只，兵 12000 余名，设长江水师提督一员统领全军。1912 年 1 月 12 日下午，孙中山曾与黄兴一起慰问海军处人员，视察南京的狮子山炮台，旋乘"联鲸号"炮艇巡视各军舰，复坐舢板环视各舰一周。中岛端所说"长江水师观舰式"，或指此。

②　海琛、海圻　海琛号巡洋舰是清政府向德国订造的装甲巡洋舰，于 1898 年 9 月 21 日抵达天津大沽，加入海军巡洋舰队。海圻号巡洋舰是清政府于 1896 年从英国购买的巡洋舰，排水量 4300 吨，航速 24 节，人员编制 445 名。海圻，初印本和重印本的上编第 15 页，及点校本第 285 页，俱误为海圻。1911 年 4 月 11 日，程璧光奉清廷命，率海圻号巡洋舰赴英祝贺英王乔治五世的加冕典礼，参加了 6 月 24 日的各国军舰的观舰式。此后，"海圻"号即赴美国、古巴等地访问，8 月 10 日到达纽约，8 月中旬抵达古巴的哈瓦那，直到 1912 年 5 月才回到上海。1912 年 8 月 18 日，孙中山乘安平轮离沪启程赴天津转北京，由海琛舰随同护送（《孙中山北上报导》，朱宗震、杨光辉编：《民初政争与二次革命》上册，上海人民出版社 1983 年版，第 123—124 页。陈锡祺主编：《孙中山年谱长编》，中华书局 1991 年版，第 713 页）。

③　不识军界识者之一噱　自译本第 20 页，为"不值军界识者之一噱"。日文本第 23 页，原为"軍界識者の一噱にだも值らず"。

④　人　日文本第 23 页和自译本第 20 页，为"余辈"。

⑤　三吴壮士重瞳其人　指项羽。秦始皇游览会稽郡渡浙江时，项梁和项羽去观看。项羽说："彼可取而代也！"重瞳，就是一个眼睛里有两个瞳孔。在神话传说里，有重瞳的人一般都是圣人或英雄。在现代医学看来，这种情况属于瞳孔粘连畸变，又叫对子眼。

⑥　彼　初印本和重印本上编第 15 页及点校本第 286 页，原为"必"，应有误。在日文本第 23 页和自译本第 20 页中，则为"彼"。

⑦　果何如人　究竟是怎样的人？

历,非尝为李鸿章之股肱,荣禄之腹心,西太后之爪牙者欤?以言其政见,非以固执专制、垄断政权为主义者欤?且其性情狡猾多诈,无信义,乏羞耻。如是之人物,而欲与之言共和政体、人权自由,是犹说盗跖以忠孝仁义耳。岂足信哉!

　　且孙逸仙二十年来所主张者,果何物耶?如其为共和也,而能容袁世凯其人,则其所谓共和者,灰鼠色耶?暗褐色耶?纯黑色耶?果为何种之共和耶?如袁世凯也,而能容人权自由,则其所谓人权自由者,亦专制之变体耳。乃袁世凯则曰:南北分裂,重开战端,实不忍生民之涂炭也。孙逸仙亦曰:南北分裂,重开战端,实不忍生民之涂炭也。余实未信袁世凯为如是慈爱之政治家;余亦未信孙逸仙为如是心弱①之革命党也。然而二人之言,则符节相合,如出一辙②,何其奇也!实则二人之言,皆虚伪耳。彼此盖互相诈欺,以便其私图耳。

　　如谓不然,试思共和者为如何之政体?自由者为如何之主义耶?支那之专制政体,自开国以来,历四千年二十一朝③于兹矣。一旦欲从而破坏之,且割断保守旧习之积弊,而建立此新国体、新制度焉,岂谈笑嬉嬉之间,所可得而致之者哉?其必须费几年之日月,牺牲几万之生灵,此固可前知者也。然今者举事数月,小战私斗数合耳。乃借此生灵涂炭之说,一若恐和议不即早成功者。若然是孙逸仙之主张共和,初不过空论已耳,实未知共和实行之匪易也。即令知之,亦不知其难之若是也④。且夫真正之共和,果可以姑息之和议而得之乎?果可以

欢,世皆称之。岛人独以为异,是真如吴牛喘月者。

仁人之言,谁不爱之?岛人则独以为奇。

汝以为吾国破坏犹未极耶?幸灾乐祸,亦险矣哉!

---

① 心弱　日文本第24页同此;自译本第21页,为"怯懦"。

② 如出一辙　日文本第24页原为"鹦鹉返の如し"。自译本第21页,译为"如应声虫"。

③ 开国以来,历四千年二十一朝　中国历史朝代的划分说法不一。"二十一朝"或指:黄帝、颛顼、帝喾、尧、舜、夏、商、周(西周、东周)、秦、西汉、东汉、魏、晋(西晋、东晋)、南北朝、隋、唐、五代、宋、元、明、清。开国四千年,则从黄帝纪元开始。

④ 即令知之,亦不知其难之若是也　自译本第21页,为"将知其容易而不豫忖如是之至难乎"。日文本第24页,原为"将その容易ならざるを知りしも、かく計り至难なりとは豫期せざりしか"。

姑息之和议,而得之于专制主义者之下乎?孙逸仙者,果信袁世凯之为人欤?是则愚不可及也。使知其人不足信,暂为权宜之计,推诿难局于他人,而为一己卸肩计,是则自卖其主义也。故使前者而信也,则孙逸仙特迂愚耳、轻佻耳;使后者而信也,则孙逸仙亦志薄行弱、怯懦而无气者耳。二者姑置勿辨,平心论之,若孙逸仙者,究竟①无主张共和之资格耳,遑问其建设?遑问其实行?

　蝮蛇螫手,壮士断腕②,是知绝大之手术,有时固不可不用也。其不能忍剧烈之痛苦③者,儿女子④之事而已。革命者非要绝大之手术欤?痛苦无涯,固其所也。而犹不能断,则革命之意义,又何居耶?余尝寓上海某医院楼上。一日,楼下有哀哭者,其声呜呜然,缕缕不绝,余颇怪之。忽闻大叫声曰:痛哉痛哉! 谛而听之,则又呼曰:夫人痛哉痛哉! 余犹以为近邻之笞顽童耳。其后每日同一时刻至,则必如是,余怪甚。一日以事下楼,过其室,勿⑤又闻号痛声。无何⑥,医士之主妇,含笑出。余怪而问之,主妇益笑不可止,指室内而示余,则见一五六旬之白发绅士也,泪痕满面,淋漓未干,似方毕手术,整衣将去者。傍有一从者,无聊而居⑦,谓余曰:此某大商店之主人也。稍罹花柳轻症⑧,剖开寸许⑨,故每月⑩

冷讥热讽,纯是为挑拨孙、袁恶感,煽动吾国内讧而设,思⑪欲使神州当世英雄堕竖子术中。居心良苦,然亦太藐视上国英雄也。

---

①　究竟　毕竟,终究。

②　蝮蛇螫手,壮士断腕　日文本第26页为"蝮蛇一螫手。壮士疾解腕"。自译本第22页,为"古诗云:蝮蛇一螫手,壮士疾解腕"。

③　剧烈之痛苦　自译本第22页,为"苦痛巨甚"。日文本第26页,原为"苦痛の劇甚"。

④　儿女子　(1)犹言妇孺之辈。(2)孩童。

⑤　勿　初印本、重印本上编第17页同此。勿,通"忽",意谓急速。日文本第26页和自译本第22页,为"忽"。

⑥　无何　不久,很短时间之后。自译本第22页,为"少时"。日文本第26页,原为"やゝ"。

⑦　一从者,无聊而居　自译本第23页,为"一从仆侍,如不堪无聊者"。日文本第27页,原为"従者一人あり,手持無沙汰に控えたり"。

⑧　花柳轻症　即性病,目前称之为性传播疫病。古人认为这是寻花问柳之病,故名。

⑨　剖开寸许　自译本第23页,为"剖开仅一二寸"。日文本第27页,原为"一二寸の切開"。

⑩　每月　初印本、重印本上编第17页同此,应为"每日"。日文本第27页和自译本第23页,为"日々"。

⑪　设,思　初印本、重印本上编第17页原无标点;点校本第287页断为"设思,",应有误。

来院洗涤之。余闻之,不觉失笑。以六十之老翁,犹罹花柳病,奇怪已甚。而洗涤硼酸,则叫唤痛苦,其愚痴岂不令人绝倒①? 是真支那怯懦②之人种也。是真蝮蛇螫手而不能断腕之人种也。今孙、袁二人之议和,盖亦花柳翁之哀号于洗涤而已。呜呼此亦支那人之本色也欤?③

且孙逸仙之人物性情以外,又有一大弱点,即其为广东种,而布哇产是也。身生于布哇④,幼受美国之教育,未修祖国之学术。虽巧操英语,而不工汉文。关于祖国,又缺少系统的知识。此所以一部之广东人与在外之本省人,虽欢迎其共和之说法,而于他省之间,其声名威望,究不若黄兴辈之盛也。章炳麟一派,亦追其后尘,而主张共和,然动则反噬者,盖亦为此耳。且广东人在二十一行省中,具⑤有特殊之性格。因其地为古来西南诸国互市之场,开港以来,与外国人最亲善。土人之谋生于南洋诸岛、布哇、北美者颇多,以故闻见自广。风气开发,独在他省之先也。然其性情气质,活泼自喜,不似他省之因循姑息。以现在知名之人士而论,如岑春煊⑥、

① 洗涤硼酸,则叫唤痛苦,其愚痴岂不令人绝倒　自译本第23页,为"况硼酸水之洗涤,有何痛苦,乃哀号绝叫,作痛痛之声,愚乎耄乎,使人不觉欲奋拳而起"。日文本第27页,原为"硼酸の洗涤に、痛いよ痛いよと泣き喚く、馬鹿々々しさ。人をしておのれ撲りて呉れんずと思はしむ"。

② 怯懦　日文本第27页为"臆病未練"。自译本第23页为"臆病无胆气"。

③ 此段借一老翁患花柳病,治疗时又大呼小叫,来讥讽孙、袁和中国人,实属以偏概全,生拉硬扯。驳议者此处无语,似有欠缺。

④ 布哇　夏威夷(Hawaii)的别称。此处说孙中山出生于夏威夷,应有误。几种《孙中山年谱》中都说他出生于广东香山县翠亨村。另说:广州起义失败后,孙中山一直受到清政府通缉。而按照美国国会1882年通过的《排华法案》,中国劳工也禁止移民美国。孙中山的革命活动,变得非常困难。在革命党人杨文炳的劝导下,孙中山写了"自述证言",声称他1870年出生在夏威夷的Ewa,而不是众所周知的1866年广东香山县翠亨村。此后通过夏威夷侨领的协助,他取得了夏威夷的出生证明,入籍美国。有学者认为"这是革命活动的需要,也是孙中山的策略"。

⑤ 具　初印本上编第18页和日文本第28页、自译本第24页同此,重印本上编第18页和点校本第289页误为"且"。

⑥ 岑春煊　原名春泽(1861—1933),字云阶,广西西林县人,壮族。山西大学堂(今山西大学)创建者。1900年八国联军进犯京津地区,岑春煊率兵"勤王"有功,成为清末重臣,与袁世凯势力抗衡,史称"南岑北袁"。中岛端把岑春煊列为广东人,有误。

康有为、梁启超、唐绍仪、温宗尧①、陈锦涛②,无不
气格迥异,各具奇能。外人所以称广东人富有文明
之风气者,盖亦在此。虽然广东人之所长,亦即其
所短。智识之开发,则有攻击③之风;独立之气象,
又有排争之性④。故粤汉铁路,五六年来,每为攻
击之种子⑤。而七十二行⑥之商民,常为争斗之前
棒⑦。费尽几百万之资本,而实际之竣工,则不过
数十哩⑧而已⑨。夫以本省之中,尚相争而不相
下⑩如此,况与他省乎?且不闻上海人骂人之言
乎?动则曰汝广东人耳。问其故,则曰:广东人
虽为中国人,而实与中国人之性情迥异。 狡狯剽

---

① 温宗尧　字钦甫(1876—1947),广东台山人。近代政客。历任驻藏参赞大臣、广东军政府外
长、政务总裁。而后转向支持桂系军阀,抗日战争时期曾担任伪南京政府高职。

② 陈锦涛　字澜生(1870—1939),清末及民国政要。广东南海人。1901 年以官费留学美
国,攻读数学、社会学、经济学等,1906 年夏获博士学位。9 月回国后应清廷部试,又考中
法政进士,衔入翰林院。清末曾任大清银行监察、度支部预算案司长、统计局局长、印铸局
局长、币制改良委员会会长和资政院资政等。1912 年 8 月 25 日,同盟会联合其他四个政
团组成国民党,他被推举为参议之一。民国成立后,历任南京临时政府财政总长、审计处
总办。次年任财政部驻外财政员,赴欧调查财政。1916 年后,曾任段祺瑞政府财政总长、
盐署督办和关税特别会议全权代表等。1932 年应聘为国难会议会员。1935 年任南京国
民政府币制研究委员会主席。1938 年 3 月任南京伪维新政府财政部部长兼兴华银行总
裁。次年 6 月病死于上海。

③ 攻击　日文本第 28 页,原为"理窟を尚びて、攻訐を喜ぶの風と爲り"。自译本第 24 页,
为"尚理窟喜攻讦"。

④ 又有排争之性　日文本第 28 页,原为"又勝を爭ふ性癖と爲り、排他主我の態と爲る"。
自译本第 24 页,为"又成争胜讳过之性癖,成排他主我之态"。

⑤ 种子　起源,根源。

⑥ 七十二行　泛指广州的各行各业。狭义则指广州的七十二行商,是清末广
东工商界的行帮联合组织。约在 19 世纪末出现,由各行推举"值理"组成,协调各行商人
的利益并协商交纳捐税等事,至辛亥革命前实已发展至一百多行,曾参与创办广东粤汉铁
路公司和轮船会社。1907 年以七十二行商和九善堂为基础成立粤商自治会,对革命持中
立态度。但武昌起义后,曾赞成粤省独立并自发向革命党人输诚。广东军政府成立后,七
十二行商、九善堂、总商会曾竭力筹募军饷并支持北伐。

⑦ 前棒　通常写作先棒。日语词汇。意为:爪牙、走卒、帮闲、帮凶。自译本第 24 页,为"先
锋"。日文本第 28 页,原为"先棒"。

⑧ 哩　英语 mile 的译名,英美制长度单位,一哩等于 5280 英尺,合 1609 米,今通译为英里。
自译本第 24 页,即译为英里。

⑨ 自译本第 24 页,此下尚有"实由广东人之性癖致之"。日文本第 28 页,原为"又廣東人の
性癖之を致せるなり"。

⑩ 相争而不相下　日文本第 28 页,原为"相爭うて已まざる"。自译本第 24 页,为"相争不已"。

悍,心性执拗①,如一人被他人侮打,必群起而攻,
不报仇不止。此所以招他省之厌忌,视彼如异种异
族,而不能相容也。逸仙于祖国事业,无论过去、现
在,到处荆棘,多不可耐者,盖亦以其为广东种
故也。

　　昔洪秀全率长发之徒,据夺江南,十有三年。
殆占中原之大半,后竟为曾氏弟兄所歼灭。实则长
发之乱,洪氏非与爱亲觉罗相角逐,不过广东人与
湖南人之竞争耳,又天主教徒与儒教徒之竞争耳。
方②洪秀全初兴时,曾国藩在故里居丧,振袂而起,
传檄四方,谓"洪秀全假天主教名③,欲推倒政府,
以异端邪说,而贼④圣道⑤。我辈宜牺牲身心,以讨
斯贼。非独所以为政府,亦即所以卫吾道也"。于
是湖南志士,应声而起者凡千人。终赖其力,以毙
秀全。假令秀全若非天主教徒,其兴也虽未可
知⑥,而其丧也亦未必如彼之速。今逸仙广东种布
哇产,且基督教徒也。其主张共和,虽未必如洪秀
全之假教为名,然国人之视其为外教徒则同。此有
心人之所以迟疑不进,彼亦不得不疑惧其前途矣。
不惟此也,观逸仙近日之所为,荒谬狂妄,颇露于意
表。如鼓吹社会平权论,承认女子参政权,足窥其
不达祖国之实情。且拟架设扬子江铁桥⑦,为共和

又思挑拨广东人与
他省人之恶感。

又思挑拨广东人与
湖南人之恶感。又
思挑拨天主教徒与
儒教徒之恶感。

信教自由,载在法
典,枉废⑧口舌。

---

①　心性执拗　自译本第24页,为"又富于执着心"。日文本第29页,原为"又執着心に富めり"。

②　方　正在,正当。

③　洪秀全假天主教名　自译本第25页,为"秀全天主教徒也,今欲借其教"。日文本第29
页,原为"秀全は天主教徒なり。今其教を借りて"。

④　贼　伤害。

⑤　自译本第24页,此下尚有一句"不独政府之乱民也"。日文本第29页,原为"獨り政府の
亂民なるのみならず"。

⑥　未可知　自译本第25页,为"不必如彼之烈"。日文本第30页,原为"必しも彼が如くな
らず"。

⑦　民国初年孙中山架设长江大桥的设想,或指1912年4月9日,孙中山抵达武汉,当晚与副
总统黎元洪交谈。"谈次论及武汉建造纪念铁桥事,先生力表同情,深盼建成,以志不朽"
(《鄂垣欢迎孙中山续志》,《申报》1912年4月14日第3版)。据此,应为黎元洪首先提及
此事,孙中山表示赞成。

⑧　废　初印本和重印本第19页同此。今通作"费"。

纪念,真儿童之见,不值一笑矣。共和政体之安危,尚非过去之问题,在将来之努力如何。岂暇从事于纪念之事乎?今民国财政,乏绌日甚,凡百施设,无所着手,又何为以借来之巨款,而起此不急之大工事哉?且男子参政之权,尚未全实现,岂可骤容心胆丧失①之妇女,狂叫怒号乎?事体轻重本末,亦何不知之甚也!

译者曰:妇人参政,美洲有行之者。英、葡诸国,且得以女子为元首。即日本皇室典范,太后及女亦均可摄政,未闻有议之者。同一事也,何在彼则有行政之能力,在我则不应有参政之权利乎?彼狂叫怒号之妇女,正其爱国热诚之所致。著者以专制奴性之眼光,讥讪上国,亦可鄙矣。

闻逸仙已解总统印绶,将隐居故里②。是殆将学加里波的③于革命中途,解兵权而赋归来之故智乎?然当其时,王有英玛努埃④之明,相有加富尔⑤之贤,善后诸事,无一可忧。故彼遂一掷功名富贵,而归卧故园。今逸仙以为如英玛努埃者谁乎?如加富尔者又谁乎?当此之时,而置身于闲云野鹤之地,爱国者之心情,固如是哉?或曰⑥:逸仙之倦于

中山退隐,高洁之怀,天下共见。乃挑拨之不足,又从而诬之。吾无如尔何⑦,吾惟有以人头畜鸣目之而已。

---

① 心胆丧失　自译本第 26 页,为"半疯半痴"。日文本第 30 页原为"ヒステリー"。

② 隐居故里　自译本第 26 页,为"归卧广东故山"。日文本第 31 页,原为"將に廣東の故山に歸臥せんとすと"。

③ 加里波的　通译加里波第(1807—1882),意大利民族统一运动的领袖,军事家。自译本第 26 页,译为"义国葛栗婆耳慈"。日文本第 31 页,原为"ガリバルヂー"。

④ 英玛努埃　即维托里奥·埃马努埃莱二世(意大利语:Vittorio Emanuele II,1820—1878),萨丁尼亚-皮埃蒙特国王(1849 年—1861 年在位),意大利统一后的第一个国王(1861 年—1878 年)。自译本第 26 页,译为"耶麻努爱耳"。日文本第 31 页,原为"エマヌエル"。

⑤ 加富尔(1810—1861)　撒丁王国首相(1852—1861),意大利王国首相(1861),意大利统一时期自由贵族和资产阶级君主立宪派领袖。自译本第 26 页,译为"喀波耳"。日文本第 31 页,原为"カボール"。

⑥ 或曰　自译本第 27 页为"或传"。日文本第 31 页,原为"或は傳ふ"。

⑦ 无如尔何　不能把你怎么样。

国事,由其行囊之太重,又为袁氏之所赆①满。是说虽不敢必信,然观逸仙近日之出处进退,则不免识者之指摘②。夫加里波的,一代之侠男儿也。其行为虽过奇矫,然精神之高洁,意气之壮烈,足以令懦夫起而顽夫③廉。今逸仙既无其精神,而徒学其皮毛,正所谓画虎不成反类狗④者乎?其浮薄轻佻,令人欲謇不可而欲笑不能也。

大抵支那人勇于空论,而怯于实行;巧于优孟衣冠⑤,而乏于发际⑥真心。共和亦口舌耳,革命亦口舌耳,此岂真足以成大事哉?然而我朝野之论者皆云:四百州中志士虽夥⑦,政客虽多,而政见操守之始终澈底⑧者,惟逸仙一人而已,殆所谓有定见⑨有人格之人欤!虽然定见欤,人格欤,吾不知其为何物,独见其泛泛飘飘⑩如风船球⑪之孙逸仙其人而已。余故曰我朝野人士,不独为袁世凯所欺,而且

孙中山与加里波的,其高洁有相同者,何以于彼则誉之,于此则毁之?曰:中山,华人也;加里波的,西人也。媚外诋华,乃岛人近二十年来之常态耳。

共和即其定见,高洁即其人格。著者并此而不知,吾欲渡扶桑而耳提面命之。

---

① 赆 音 jìn,临别时馈赠的财物。中岛端在此处有挖苦孙中山中饱私囊之意。1912 年初唐绍仪组阁之初,与六国银行团之借款谈判,因银行团坚持以监督中国财政为条件,难以成立。经袁世凯批准,乃于 3 月间向比利时华比银行借款。该项借款的一部分,由唐绍仪交南京临时政府办理善后。北京的《中国日报》和《国民公报》刊载了孙中山"私攫比款 50 万,以 30 万饷同盟会"之谣言。孙中山曾于 4 月下旬致电朱蒂煌,6 月 29 日致电袁世凯、国务员、参议院、财政部、各省都督并唐绍仪、陈锦涛等,以辟谣言。袁世凯、陈锦涛、唐绍仪、财政部的复电,都证实孙中山并无收受比款之事。参见陈锡祺主编:《孙中山年谱长编》,中华书局 1991 年版,第 695—696、706—707 页。
② 指摘 日文本第 31 页和自译本第 27 页,为"指弹"。
③ 顽夫 贪婪的人。《孟子·万章下》:"故闻伯夷之风者,顽夫廉,懦夫有立志。"赵岐注:"顽 贪之夫。"
④ 狗 日文本第 31 页和自译本第 27 页,为"猫"。
⑤ 优孟衣冠 比喻假扮古人或模仿他人。也指登场演戏。
⑥ 发际 初印本、重印本上编第 20 页同此。日文本第 32 页和自译本第 27 页,为"实际"。
⑦ 夥 多。今通作"伙"。
⑧ 澈底 彻底。
⑨ 定见 日文本第 32 页和自译本第 27 页,为"主义"。
⑩ 飘飘 日文本第 32 页、自译本第 27 页和初印本上编第 20 页同此。重印本上编第 20 页和点校本第 292 页为"飃飃"。将"飘"排为"飃",应有误。
⑪ 风船球 日语词汇"風船"的汉译,意为气球。

被欺于孙逸仙矣。①

　　译者曰:吾译此节既毕,凝思累日而不得其论点。既而曰:吾误矣,吾误矣。著者丧心病狂,意存破坏,则凡丑诋谩骂之足以快其私者胥剌杂记之②,初无所谓论点也。夫孙氏倡革命于举世不解共和之日,莽莽神州一身无所寄,流离海表,辛苦备尝。二十年如一日,遂有多数党人连翩而起,言孙之言,行孙之行,以与人道蟊贼穷凶极恶之专制政体抗。停辛伫苦,踏白刃而不辞。力填平等路,血灌自由苗,平等路如砥,自由苗而苗,中华民国乃见于东亚大陆。此岂书生弄舌鼓唇所能解者哉? 惟其得之也难,故其爱之也至。惟其爱之也至,故其拥护之也周。乃荐大政治家、大经世家之袁世凯于国民,而飘然③解组④去。非径去也,犹涣汗大号⑤,日诏国人。其浩然之气,真挚之诚,高洁之怀,缠绵悱恻之心,可敬可钦,可歌可泣,与日月争光可也。夫然中华民国,乃真民国,乃真共和国。有孙氏乃成其为民国,乃成其为共和国。有袁氏乃成其为民国,乃成其为共和国也。武汉首义,燃点耳,其可燃性固遍于各省也。非武汉能使各省响应,各省自发其可燃性而已。著者谓中国革命,为武昌兵士振臂一呼之力,而孙氏为幸运儿,一若中华民国成于无意识之中者。曾亦思天下事,宁有无

① 在本章中,中岛端对孙中山基本否定乃至完全否定,其根据却大多"传播江湖于耳目者"。除对孙中山不该与袁世凯妥协的批评有些道理,对孙中山与辛亥革命的局限性有所触及外,大多系表面化的指责、否定,甚至把孙中山的局限性归因于广东人种和中国人的民族性;对辛亥革命的必然性和历史意义很少涉及,的确表现了偏见。

② 著者丧心病狂,意存破坏,则凡丑诋谩骂之足以快其私者,胥剌杂记之　北洋法政学子的此类评价,似觉激愤稍过。剌杂,今通作"拉杂"。

③ 飘然　初印本上编第20页,原为"飘然"。重印本上编第20页为"飙然",应有误。点校本第293页校注为"〈飙〉〔飘〕然"。

④ 解组　解下印绶。谓辞去官职。组:印绶。

⑤ 涣汗大号　谓帝王号令,如人之汗,一出不复收。

因而至者耶？邦人士①怵于沦亡,暂留热血以对外侮,而投戈②以礼相见,孙、袁调度其间颇费苦心。著者多方毁之,其以东亚大陆破碎未极,不便倭人得牧马③其间以为恨耶？袁氏东亚之人望④,而日本之所忌者也。故每蜚语中伤之,必使不立于政界而后已。仇袁氏,遂并荐袁氏之孙氏而仇之。仇袁氏、孙氏,遂并袁、孙所居之共和国而亦仇之。一念之邪,群魔交至。著者之脑筋已非人性的作用,则其所言,尚有一句一字可以取信于天下者乎?

---

① 邦人士　日语通用词汇,意近“国人”。

② 投戈　放下武器。

③ 牧马　初印本上编第 21 页同此。重印本上编第 21 页和点校本第 294 页为“牧冯”,应有误。

④ 人望　为众人所仰望的人。

共和政体之将来

孙逸仙也,袁世凯也①,过渡时代之一傀儡已耳②,革命涡中之一浮沤③已耳。假令二十一省之大,四万万人之众,真知革命之不可已,共和制之必需建设,则虽无逸仙、世凯其人,而革命共和之事业,亦可着着进行,无丝毫之障害。重视之可也,不重视之亦可也,于大局有何轻重乎?

但予④窃疑今之论者,不独重视逸仙、世凯,抑且重视⑤全体支那人。试思二十一省四万万人,果知革命之不可以已,与夫⑥专制积弊之必须扫除乎? 容有知者,姑置勿论,试更进而诘以自由平等之真谛若何⑦? 共和政体之建设若何? 是否具有运用共和政治之能力资格乎? 予纵为支那人不肯倾满腔同情,至此亦不得不言否否也。或曰:今中华民国,南北已统一,政府已成立,已举袁世凯为大总统矣。凡百建设事项,已次第施行矣⑧。子亦何为出此迂阔之言乎? 予曰:不然。即南北统一,早告成功,而支那民族果知革命之不可以已与否,予

---

① 孙逸仙也,袁世凯也　日文本第32页、自译本第28页和北洋本上编第22页,都把孙逸仙放于袁世凯之前,田译本第25页则为"袁世凯也孙逸仙也"。

② 已耳　自译本第28页为"耳",田译本第25页为"而已"。日文本第32页,原为"のみ"。

③ 浮沤　水面上的泡沫。因其易生易灭,常比喻变化无常的世事和短暂的生命。

④ 此下几段中,译者自称"予",与这几段前后的译者自称"余",有所不同。似为这几段的译者独特用语。日文本第33页和自译本第28页,皆为"余"。

⑤ 重视　日文本第32页和自译本第28页,为"買被"。田译本第25页为"所愚"。

⑥ 果知革命之不可以已,与夫……　初印本、重印本上编第22页,原为"果知革命之不可以已与夫……"。点校本第295页断句为"果知革命之不可以已与? 夫……",似有误。

⑦ 果知革命之不可以已,与夫专制积弊之必须扫除乎? 容有知者,姑置勿论,试更进而诘以自由平等之真谛若何? 共和政体之建设若何?　自译本第28页,为"果知革命之不可得已乎? 革命之不可得已也,或知之矣。果知专制积弊之不可不改乎? 专制积弊之不可不改也,或知之矣。果知自由平等之真理乎? 果知共和政体之不可不建设乎?"田译本第25页类此。日文本第33页,原为"果して革命の已むべからざるを知れるか。革命の已むべからざるは、或はこれを知らん。果して専制積弊の改めざるべからざるを知れるか。専制積弊の改めざるべからざるは、或はこれを知らん。果して自由平等の真意を知れるか。果して共和政體の建設せざるべからざるを知れるか"。

⑧ 凡百建设事项,已次第施行矣　日文本第33页、自译本第28页和田译本第25页,无此句。

不能无所疑。选举袁世凯为大总统,全体一致,无一人反对,则支那民族果悟专制积弊之必须扫除与否,予更不能无所疑也。至于共和政体之建设问题,假令四万万人均晓然于自由之原理,共和之真谛①,予断彼支那民族亦无共和国民之资格也②。今请逐一论之。

夫所谓革命者,何哉? 仅指驱除爱亲觉罗氏排斥八旗军人而言耶? 则革命二字,只于排满之代名词耳。今也清帝退位,旗人已屏息而不动,则革命之大事,似可全告成功矣。虽然今之革命家,固主张汉、满、蒙、回、藏一视同仁者也,故革命不可不为广泛的、高尚的意义。若详言之,则所谓革命者,不只颠覆一朝一姓已也,必举一切旧物破坏之,荡灭之,使无噍类焉,庶可名副其实。若彼章太炎一流,尝以排满为革命之第一义者,实大误也。盖新时代之革命,不宜若是之狭隘,又不宜若是之无意识也。且即以事实③而言,汉族之文明,乃四千年前之旧物。政治腐败,法制腐败,道德腐败,宗教风俗习惯无不腐败④。即山河国土,亦无不现腐败之象者⑤。故际是时⑥,诚为一大革命之好机会也。然试返观支那之革命家,果知其道德、宗教、文学、艺术、人情、风俗习惯之已腐败乎? 即知之矣,果有从根本上洗刷净尽⑦弃而不悔之勇猛决心乎?

① 晓然于自由之原理,共和之真谛　日文本第34页,原为"共和を口にし自由を唱ふ"。自译本第29页,为"口共和,唱自由"。田译本第25页,为"日说共和,日唱自由"。
② 后面的"东亚之门罗主义"一章中,曾表示对中国的共和民主制"不敢挟是非之见于其间"。此处则断言中国无共和国民之资格。两相比较,似自相矛盾。
③ 事实　初印本、重印本上编第23页和点校本第296页都为"事业",应有误。日文本第34页、自译本第29页和田译本第26页,都为"事实"。
④ 日文本第34页、自译本第30页和田译本第26页,此处还提及中国的"学术腐败"。
⑤ 中岛端对中华文化中的弊端领悟较深,有一定的合理性。由此走向全盘否定中华文明,把清末的腐败等同于中华文明之腐败,则难免偏激。
⑥ 际是时　日文本第35页、自译本第30页和田译本第26页,都为"今之时"。
⑦ 净尽　日文本第35页和自译本第30页,为"断割"。田译本第26页为"革去"。

译者曰：新时代之革命，宜为广义的，诚如该氏①所云。惟事有终始，物有本末。顾其终而不开其始，则无以为功；舍其本而图其末，则无以收效。回溯前清末造，各种腐败现象，信如氏所论，百务扫除净尽。然欲与氏商榷者，其着手方法，舍政治革命不为，而先从社会各方面一一进行乎？抑宜政治革命、法制革命、道德革命、学术革命、宗教革命、风俗革命、习惯革命同时并举乎？从前之说，则大憝在前，动辄我阻②。由后之说，则虽人自为战，亦恐无以竟其业。著者昧焉不察，反讥章太炎前者之主张为狭隘。不知我国革命之目的，不问其为广义的复杂的革命，抑为狭义的政治革命，遥忆当时，必不可不以排满为手段者，势使然也。咄尔岛人，误以手段为目的，尚欲纵论天下事耶？

曷观夫缠足之一事乎？缠足之有害于天然发育，无不知者；其于行动为不便，亦无不知者。其踉蹡赵趄③之陋态，与其拳曲盘折之苦痛④，亦无不知者。而支那人独以之为无上之美观，千年不变，相习成风，欲以人工巧助造化。睹莲步之珊珊⑤，则群相赞叹，以为妍致⑥。父母以之强其儿女，乡党

---

① 该氏　即中岛端。前面的"驳议"中，一般称中岛端为"著者"，此段则几次称"氏"，似为此段"驳议"撰写者的独特用语。
② 我阻　我的阻碍；阻碍我。
③ 踉蹡赵趄　形容缠足女性行进艰难、摇摇摆摆的样子。日文本第35页、自译本第30页和田译本第26页，为"蹒跚蹩跹"。
④ 苦痛　日文本第35页，原为"美観を缺く"。自译本第30页，为"少美观"。田译本第26页为"怪状"。
⑤ 睹莲步之珊珊　自译本第30页，译作"为莲步袅袅罗绮不胜"。日文本第35页，原为"蓮步裊裊と爲す"。田译本第26页，译作"称为莲步袅袅"。"珊珊"，象声词，佩玉相撞击声，多叠用。形容女子步履缓慢，多用"姗姗"。睹，初印本、重印本上编第23页，原为"赌"。
⑥ 则群相赞叹，以为妍致　此句在日文本第35页、自译本第30页和田译本第26页中，无对应语句。

以之教其家人。方其初也,六七岁之幼女,束其纤指①。痛苦不堪,宛转呼号之声②,令人惨不忍闻③。而慈母反恬然不之怪,以为如此,方尽教养之责,而表爱视之心④。不然,则成人之后,难缔良缘。吁,其愚诚不可及也!已近十年来⑤,亦有识其弊者,提倡天足⑥。而世人则多视为怪物,目为奇异⑦,不与相齿。虽有法令严禁(西太后末年曾颁缠足禁),然终少遵奉者。不只闾巷愚夫愚妇已也,自〈翊〉〔诩〕新智识者流之家庭亦莫不皆然。

夫缠足乃形骸上一小事耳。禁令屡颁⑧,其应遵奉,更不待言。若识者有见于是,政府注意于是,自可一朝禁绝之而有余⑨。乃终不能若是者何哉?彼等竟不知其陋习故也;或虽知之,而终不能割弃之之故也。支那人墨守污俗,千百年来,大抵如是焉耳已⑩。

国人听者!

---

① 束其纤指　日文本第35页,原为"其指爪を緊束彎曲せられて"。自译本第30页,为"紧束弯曲指爪"。田译本第26页为"紧束弯曲其指爪"。

② 宛转呼号之声　日文本第35页,为"宛轉呼號の状";田译本第26页,为"宛转呼号之状"。自译本第30页,为"宛转之状,呼号之声"。

③ 惨不忍闻　自译本第30页和田译本第26页,为"不忍正视"。日文本第35页,原为"正視するに忍びざらしむ"。

④ 以为如此,方尽教养之责,而表爱视之心　自译本第30页为"以为不缠足者,非女子也"。日文本第35页原为"以爲らく纏足せざる者は、女子にあらず"。田译本第27页为"以为不缠足者非女子"。

⑤ 吁,其愚诚不可及也!已近十年来　初印本、重印本上编第24页,原为"吁其愚诚不可及也已!近十年来"。日文本第35页、自译本第30页和田译本第27页,为"近十年来"。

⑥ 提倡天足　自译本第30页,为"创设天足会,提倡一新宗旨,欲以救儿女缠足之弊"。日文本第35页,原为"天足會を設け、一新宗旨を提唱して、兒女纏足の弊を救はんとす"。田译本第27页,为"欲救其弊,设天足会,极力提倡"。

⑦ 目为奇异　自译本第30页,为"为婢妾风习"。田译本第27页,为"为婢妾之风习"。日文本第36页,原为"婢妾の風習と爲して"。

⑧ 禁令屡颁　自译本第31页,为"三令五申,以禁止之"。日文本第36页,原为"三令五申、之を禁止す"。田译本第27页未译此句。

⑨ 而有余　日文本第36页原为"餘りなかるべし",自译本第31页译为"无复余蘖矣"。

⑩ 大抵如是焉耳已　自译本第31页,为"概多此类"。日文本第36页,原为"大抵是の如きのみ"。

又曷观夫不洁之事乎？忆予十年前，负笈游支那①。时四月中旬，樱花落尽。舟过五岛洋②，翌日午后，已见海水为淡绿色，渐进则为灰色墨色③。黄海浊水之说，见于入明僧④游记中。然触吾人眼帘者，则皆绀青⑤及玻璃色⑥之日本海水。乍观此景，奇异之感，不知何自而生也。夜半后，遥见灯塔⑦，舟行渐迟⑧，云已近扬子江⑨口矣。及明立舷头，四顾渺茫不见岸⑩，诚东亚大陆之大江也。但所异者其水为赭褐之混合色，如溶赤土者焉。滔滔荡荡，无量无垠，满目浊流而已⑪。继进吴淞口，左井蛙不可以语天，夏虫不可以语冰。奇异之感，宁止黄海水耶？天下事自岛人视，无非如此耳。

---

① 忆予十年前，负笈游支那　1902年4月14日，中岛端作为上海东亚同文书院院长杉浦重刚的随行人员，从日本长崎出发，16日到达上海。参见［日］後藤延子著，李继华、吕旭春译编：《中岛端〈支那分割之运命〉泛论》，本书第617页。自译本第31页，在"十年前"之后注有"明治卅五年"。负笈：自译本第31页和田译本第10页，为"载笔"；日文本第36页，原为"筆を載せて"。

② 五岛洋　日本五岛列岛周围的海域。五岛列岛（Goto-retto），日本九州西海岸外群岛。属长崎县。呈东北——西南向。包括福江、久贺、奈留、若松和中通5岛，以及附近众多岛屿（多为无人岛），亦包括福江岛西南约60公里的鸟岛和男女群岛。总面积696.7平方公里。

③ 灰色墨色　自译本第31页，为"灰白色""淡墨色"。日文本第36页，为"灰白色……、薄墨色"；田译本第27页类此。

④ 入明僧　到明朝游历的日本僧人。或泛指到中国游历的日本僧人。

⑤ 绀青　各文本同此。按色表名称划分，为介于琉璃青色与普鲁士蓝之间的一种颜色。《现代汉语词典》所注"黑里透红的颜色。也称红青、绀紫"，与此处文意似不符。

⑥ 玻璃色　日文本第37页为"瑠璃色"，田译本第27页同此。自译本第31页为"碧瑠璃色"。

⑦ 灯塔　初印本、重印本上编第24页同此。日文本第37页、自译本第31页和田译本第27页，为"灯台"。

⑧ 渐迟　逐渐迟缓，速度放慢。

⑨ 扬子江　狭义上的扬子江是长江的江苏段（仪征、扬州一带，因扬子津及扬子县得名），广义上的扬子江就是长江。外国人称长江为扬子江，始于1793年英国使者马戛尔尼。扬子津，长江北岸的渡口之一，在扬州以南20余里的江边，与镇江的京口相对。

⑩ 及明立舷头，四顾渺茫不见岸　自译本第31页，断句为"及明立舷头四顾，渺茫不见岸"。日文本第37页，原为"明くるに及びて、舷頭に立ちて四顧するに、渺茫として岸を見ず"。据日文本断句，则应译为"及明，舷头四顾，渺茫不见岸"。田译本第27页，为"及明，立舷头而四顾，渺茫不见乎岸"。

⑪ 为赭褐之混合色，如溶赤土者焉。滔滔荡荡，无量无垠，满目浊流而已　自译本第31页，为"五分赭色，五分褐色，混混滔滔，浊浪不尽，是已"。日文本第37页，为"五分の赭色、五分の褐色、赤土を溶したらん樣に混々滔々、際限もなき濁水を流すなりけり"。田译本第27页，为"五分之赭色，五分之褐色，如溶赤土，混混滔滔，流无际限"。

折入黄浦江(即吴淞江)。江面狭于我国利根川①,而较隅田川②为广。两岸风景,尽在目中。适春雨霏霏,轻扑客衣,如烟如雾。岸上杨柳千万丝,呈鹅黄色,临风摇舞,如献媚于旅人者③。加以菜畦麦陇,点缀其间,时有蓑衣牧童往来,牛羊前行,恰似一幅烟雨④归耕图。令人不觉微吟"正是江南好风景"⑤之句焉。距上海数里,遥见楼阁高耸⑥,麟次栉比。江上帆樯林立,不可屈数⑦,不问而知为东洋最繁盛之港也。比至埠头,见岸上人集如蚁,蠢然动⑧。不意观览之际,忽觉奇臭扑鼻。不惟当时不识其为何臭,至今亦不能形容其为何臭。偶一思及,唯觉汗垢蒸薰,令人作呕⑨。此为何臭? 即上海特臭也,亦即支那特臭也。至若辈劳力者之污秽⑩,殊为日本人所梦想不到者。颜面、手足,若附煤炭,苍赭黑黝⑪,大约终年不见沐浴也。

国人听者!

---

① 利根川(Tone River,とねがわ),日本国内长度第二、流域面积最大的河流,长度仅次于信浓川。亦被称为日本三大河流之一。

② 隅田川(すみだがわ),日本东京都的河流,于东京都北区的新岩渊水门与荒川分流,注入东京湾。全长23.5km,古称墨田川、角田川。支流有新河岸川、石神井川、神田川、日本桥川等。

③ 临风摇舞,如献媚于旅人者　自译本第32页,译为"随风袅袅摇曳"。田译本第27页,译为"随风摇曳"。日文本第37页,原为"風に靡きて裊々揺曳"。

④ 雨　点校本第299页校注为〈两〉〔雨〕,初印本上编第24页为"雨",重印本上编第24页误为"两"。

⑤ 正是江南好风景　语出杜甫的《江南逢李龟年》:正是江南好风景,落花时节又逢君。

⑥ 楼阁高耸　自译本第32页,为"红砖楼屋几层层"。日文本第37页,原为"紅甎樓屋幾層々"。田译本第28页,译为"红砖楼屋"。

⑦ 帆樯林立,不可屈数　自译本第32页,为"大小船舶几百千只"。日文本第37页,原为"大小の船舶幾百千隻"。田译本第28页,译为"帆樯林立,大小船舶几百千只"。

⑧ 岸上人集如蚁,蠢然动　自译本第32页,为"岸上几簇人,潮涌蚁聚,蠢蠢蠕蠕"。日文本第37页,为"岸上に簇り集れる人は,潮の如く蟻の如く、蠢めきつゝあり"。田译本第28页,为"岸上簇集之人,蠢蠢然如蝴如蚁"。

⑨ 汗垢蒸薰,令人作呕　自译本第32页,为"汗臭、垢臭、阴湿臭、霉臭,令人欲呕吐耳"。日文本第38页,原为"汗臭く、垢臭く、濕つぽく、瞀惡しとのみ思ひたり"。田译本第28页,译为"汗臭垢臭潮湿臭呕吐臭"。

⑩ 至若辈劳力者之污秽　自译本第32页,为"至于苦力辈,最极腌臜"。日文本第38页,原为"苦力輩の醃臢さに至りて"。田译本第28页,译为"至于苦工辈之不洁"。

⑪ 颜面、手足,若附煤炭,苍赭黑黝　自译本第32页,为"无论颜面手足胸腹,墨墨煤气,亦苍亦赭亦黑"。田译本第28页,为"无论头面、手足、胸腹,俨然如煤,现苍黑赭等色"。日文本第38页,原为"顔とも云はず、手足とも云はず、胸腹とも云はず、煤けたらん樣に、蒼く、赭く、黑く"。

若辈衣服,如海松块片,油污污染,尚现明光焉①。总之奇臭厌人,俨如腌鱼腐臭,沁人口鼻,其难堪为何如乎!而彼等不自觉其臭,互相竞前,搬运行李。予叱之,旅伙拒之,彼等亦若不闻,大有白刃临头不退怯之状。此际予亦不得不退避三步矣②。呜呼支那人之特臭,支那人之不洁!此予东亚大陆上岸之第一印象也。

至上海月余,访中外日报③记者某氏④。该报上海第一流新闻也;某氏亦南方第一流人物也,夙以

① 若辈衣服,如海松块片,油污污染,尚现明光焉　自译本第32页,为"其所穿衣服,千缕百缀,且腻且汗,黑而有光"。日文本第38页,原为"彼等が身に纏へる衣服は、海松の如く、千切れ千切れにて、膩染み、汗染みて、黒光りに光れり"。田译本第28页,译为"彼等所衣之服,如海松破烂不堪,腻染汗染,而成黑光"。污染:初印本、重印本上编第25页原为"汗染"。海松:海藻类松藻科植物,呈暗绿色。

② 总之奇臭厌人,俨如腌鱼腐臭,沁人口鼻,其难堪为何如乎!而彼等不自觉其臭,互相竞前,搬运行李。予叱之,旅伙拒之,彼等亦若不闻,大有白刃临头不退怯之状。此际予亦不得不退避三步矣　自译本第32—33页,为"一言而尽,其恶臭之恶,如鲍鱼已腐,沁人鼻目矣。然彼等不自知其臭,欲卸船客行李,且挤且排,且唤且骂旅馆茶房。船上杂役,叱咤使去,如耳不闻,咄咄迫人身边来。余辈平日自夸意气,谓白刃临头上,亦不肯退一步。然至此不觉辟易二三尺矣"。

田译本第28页,译为"一言以蔽之曰:其恶臭如腐之腌鱼,不禁沁入鼻脑。然而彼等尚不以为臭,惟争先欲负船客之行李。余骂之,旅馆之僮仆叱之,均不入耳,而嚣嚣于吾等之身边。虽平日以白刃临头、犹不肯退后之余,至此亦不觉逡巡者二三步"。

日文本第38页,原为"一口に言へば、その惡臭のしつこきは、醃魚の腐りたらん如く、目鼻に沁み入るかとばかり覚えぬ。されど彼等は臭き物身知らずの諺に洩れず。船客の行李を負はんとて、推し退けつ、推し退けられつ。我れ勝に罵り喚きて、旅館のボーイ等が叱り懲すを耳にも入れず、我等が身邊に競び蒐る。日頃は白刃頭に臨むとも、やはか後へは退くまじと自負しつゝありし身の、我知らず逡巡すること二三步"。

③ 中外日报　原名《时务日报》。1898年5月5日在上海创刊。当时,《时务报》风行一时,然月止三册(旬刊),且以提倡变法为主旨。其经理汪康年乃别出《时务日报》,以"转圜时务,广牖见闻"为宗旨,记载中外大事,评论时政得失。虽立场比较保守,却注意版面革新,增加材料,分栏编辑,开我国日报改进之先河。7月,清廷欲改《时务报》为官办,被拒绝。《时务报》改为《昌言报》。《时务日报》亦于8月17日起改名《中外日报》。1908年以经费所限,由上海道蔡乃煌资助,受蔡监督,编辑者纷纷离去。汪遂以报馆售于蔡,未几停刊。

④ 记者某氏　日文本第38页原为"主筆某氏"。自译本第33页和田译本第28页,为"主笔某氏"。应指后面提到的《中外日报》主笔汪康年(1860—1911),清末维新派。浙江钱塘(今杭州市)人。字穰卿。中国近代资产阶级改良派报刊出版家、政论家。中日甲午战争后,愤励变法图强。1895年参加上海"强学会",次年与黄遵宪办《时务报》,自任经理,延梁启超主编。后改为《昌言报》,不久停刊。1898年创《时务日报》于上海,旋易名《中外日报》,拥护清末新政,支持上海民众反对法人侵占"四明公所公墓"。1901年《辛丑条约》签订后,俄军久驻奉天(今沈阳)不撤,他愤然致电中外,慷慨力争。1904年任内阁中书。1907年在北京办《京报》,1910年办《刍言报》。著有《汪穰卿遗著》《汪穰卿笔记》等。中岛端访问"中外日报记者某氏"的时间,约在1912年5月间。参见[日]後藤延子著,李继华、吕旭春译编:《中岛端〈支那分割之运命〉泛论》,本书第617页。

开明著名,日人多识之。甫入门,熹微不辨物色,而恶臭袭人①。予甚怪之,而实不知其所自来。及辞出,谛视之,乃见当门一厕耳②。予③不禁悟④支那人之新智识,竟如斯而已。然某氏固江南名人,而支那有数之政客也。(后四五年该报移居,面目亦一新焉⑤。)

当门一厕,固属可厌。然以是遂武断支那人之新智识卑下,抑何可笑。

余之始游杭州也,坐大东(今日清汽船)会社⑥支店⑦之楼上。景物萧疏⑧,游目于拱宸桥畔⑨。俄有一担粪夫,至楼前涤便器。余方转背不欲观,忽粪污其手⑩,于是将睹其究竟。其人乃插入溺器

---

① 　而恶臭袭人　自译本第33页,为"可怪一阵臭风袭人来"。田译本第28页,为"忽焉一阵之臭风,袭人而来"。日文本第39页,原为"怪しや一陣の臭風は人を襲ひ来りぬ"。

② 　杨昌济在《余改良社会之意见》一文中,提及:"近阅日人所著《中国瓜分之命运》,痛言中国人之不洁,谓时报馆之门口任出入者之溲溺"(《杨昌济文集》,湖南人民出版社1983年版,第208页)。此处所说"时报馆",或为《时务日报》的俗称,或《中外日报》的旧称。

③ 　本节(章)此段之前自称"予",此后则自称"余",似表明非一人所译。自译本中,皆译为"余"。

④ 　乃见当门一厕耳,予不禁悟　自译本第33页,译为"咄是何事? 门口正面,设有一大窦腧,不洁最甚。出入馆中者,均便旋焉。余于是不禁嗳呀一声"。田译本第28—29页,译为"门口之正面,设有极不洁之小便所。出入不论何人,皆便于此处。佘[余]始悟"。日文本第39页,原为"何事ぞ門口の正面には小便所—不潔極まれる=を設けあり。出入の誰彼は、皆此處にて用を辨ずるなりけり。余は覺えずあつと計り"。

⑤ 　面目亦一新焉　自译本第33页,译为"稍稍一新面目云"。日文本第39页,原为"面目を一新せりき"。田译本第29页,译为"面目一新"。

⑥ 　大东(今日清汽船)会社　1896年成立于上海,初名大东新利洋行。1898年改组为大东汽船合资会社,1900年改组为大东汽船株式会社,1907年重组为日清汽船株式会社。是第二次世界大战前日本在华航运企业的重要代表。1939年并入东亚海运株式会社。

⑦ 　支店　分店,分公司。

⑧ 　萧疏　初印本、重印本上编第25页,原为"萧疎"。疏、疎,互为异体字。

⑨ 　游目于拱宸桥畔　自译本第33页,译为"望见拱宸桥畔早市,人海人山,杂杂沓沓,心颇奇之"。田译本第29页,为"方眺拱宸桥畔之杂沓"。日文本第39页,原为"物珍しきまゝに、拱宸橋畔の雑沓を眺なめゐたり"。
　　游目　转动目光;放眼纵观;浏览。
　　拱宸桥　位于浙江杭州大关桥之北,是杭州古桥中最高最长的石拱桥。始建于明崇祯四年,以后多次坍塌和重建。在古代,"宸"指帝王住的地方,"拱"即拱手,两手相合表示敬意。每当帝王南巡,这座高高的拱形石桥,象征对帝王的相迎和敬意,拱宸桥之名由此而来。1895年中日《马关条约》签订后,杭州列为通商口岸。1896年在此地建立洋关。日清汽船株式会社杭州支社,即设立于此桥附近。

⑩ 　忽粪污其手　自译本第33页译为"忽不知何故,黄金的一块物,涂彼手"。田译本第29页译为"忽见黄金一块,涂于彼手"。日文本第39页原为"如何なる動機にや、黄金的一塊物は、彼が手に塗れぬ"。

洗之，不但洗也，且久浸之。余且呆且怪，不知所为①。其人则舁②便器悠然去。余思世间竟有此人种乎？今不知其心理如何矣③。

余雇一仆，恒遗矢道上。余责其无状，则坦然答曰：很方便。余不觉呆然。夫青天白日之下，曝尻通衢④，恬不知耻，人亦不之怪，不之咎（廉耻羞恶之观念至斯已破坏尽矣）。便不便姑不论，如其举动之类豚犬何？而以"很方便"三字了之，斯可谓很方便也已。⑤

上海租界，为外人管理之地。通衢隘巷，无此丑态⑥。足一出租界，则三三五五，踞道上而溺者⑦，所在皆是。吾侪掩鼻而过，彼辈则笑之以鼻。衔烟筒而道家常，行所无事⑧，毫无倦色，诚葛天氏⑨之民哉！

余又尝居上海之野矣！五六楼居，自成一郭；垣基外部，倾斜如崖⑩。　每朝赴上海市场卖菜者，

---

① 不知所为　自译本第34页，译为"更注视焉"。日文本第39页，原为"如何にするぞと见れば"。田译本第29页，将此句省略未译。

② 舁　音 yú，担，挑。

③ 今不知其心理如何矣　今，似应为"至今"。自译本第34页，译为"如其心理如何，至今竟未能测也"。日文本第40页，原为"彼等が心理の如何樣なるかは、今も測り知ること能はず"。田译本第29页，译为"而彼等之心理如何，至今犹难测知也"。

④ 曝尻通衢　田译本第29页，译为"曝臀市中"。自译本第34页，译为"晒尻街上，一丝不自遮"。日文本第40页，原为"街上に尻を曝して、一絲の人目を遮る者なく"。

⑤ 自译本第34页，此处加注"其后雇仆役亦每每如此"。

⑥ 上海租界，为外人管理之地。通衢隘巷，无此丑态　此：重印本上编第26页和点校本第301页误为"比"。自译本第34页，译为"上海租界，系外人管理之地。大小街上，不见此等丑态固宜"。田译本第29页，译为"上海之租界，为外国人所管理。故大小街上，不见有此等之丑态"。日文本第40页，原为"上海の租界は、外国人管理の地。大小街上、有繫に此等の醜態あるを见ざれど"。

⑦ 踞道上而溺者　自译本第34页，为"箕踞道上，放出黄金汁者"。田译本第29页，译为"大踞道上而放出黄金汁者"。日文本第40页，原为"道上に大踞して、黄金汁を放出しつゝある者"。

⑧ 衔烟筒而道家常，行所无事　自译本第34页，为"悠然口吹烟管，弄家常茶饭的闲话"。田译本第29页，译为"悠然口吸烟管，谈家常茶饭的闲话"。日文本第40页，原为"悠然烟管を口にし、家常茶飯的闲话を弄しつゝ"。

⑨ 葛天氏　是中国上古传说中一位贤能的首领，在位时人民安康，被后人尊为乐神。其部落驻地在今河南省宁陵县、长葛市一带，后世将他的统治视为理想社会。

⑩ 垣基外部，倾斜如崖　自译本第34页，为"瓦墙外草地，作崖状"。田译本第29页，译为"瓦墙之外，崖样之倾斜地也"。日文本第40—41页，原为"瓦墙の外は崖樣の倾斜地なり"。

恒十人二十人群息于此,息则必至崖下溲焉①。居
于此者皆日人,甚厌之。然屡叱屡逐,莫之能止②。
一日彼辈来溲于此,邻妇自楼上瞥见,厉声叱之,则
笑而不去。邻妇怒其顽顿也,入室取手枪相向,始
狼狈逃去③。崖下之臭气,虽由此渐减,然未绝也。

　　余初以为此民间一隅之事耳。其后赴北京,则
所谓首善之区,风教④道德之源也。巡警之制度,
取法日本,十年来一扫旧习,颇有文明之誉。孰意
隘巷内粪秽山积,污水河泻。其踞于路而曝其臀
者,且相望也⑤。其至解衣而溲于巡警之前⑥,毫无
忌惮之色。而巡警亦熟视无睹焉⑦。然而违警罪⑧

---

① 息则必至崖下溲焉　自译本第35页,为"憩必大小便于崖下"。田译本第29页,译为"息
则必便于崖下"。日文本第41页,原为"息へば必ず崖下に大小便する"。

② 莫之能止　自译本第35页译为"去而复来,如盘上蝇",田译本第30页译为"究归无效"。
日文本第41页,原为"散らせども甲斐なし"。甲斐:日语词汇,意为效果、价值、意义,或
有价值、有意义。

③ 一日彼辈来溲于此,邻妇自楼上瞥见,厉声叱之,则笑而不去。邻妇怒其顽顿也,入室取手
枪相向,始狼狈逃去　自译本第35页,为"一日彼等又来,大小便如例。余东邻细君自楼
上望见,厉声叱之使去,然冷笑不顾,面目最可憎。细君乃走入内,手拳铳拟之,欲辄射。
彼等始狼狈仓皇,抱尻而去"。
田译本第30页,译为"一日又来便之,邻家之主妇某氏,由楼上望见,即厉声叱骂,但彼等
冷笑不顾。主妇不得已,乃取出手铳,欲狙击之,彼等始抱尻而逃"。
日文本第41页,原为"一日彼等来りて大小便す。余が隣家の细君、楼上より望み见て、
厉声して叱り止むれども、冷笑しつゝ顾みず。馀りの面憎さに、细君はつと走り入り
て、拳铳を取り出し、矢庭に彼等に向ひて放たんとしたりければ、彼等は始めて狼狈し
て、尻を抱へて逃げ去りぬ"。

④ 风教　中国古代关于诗歌的社会作用的一种说法,反映了统治阶级对于文艺的功利主义
要求。最早提出这一说法的是《毛诗序》:"风,风也,教也;风以动之,教以化之"。

⑤ 其踞于路而曝其臀者,且相望也　初印本、重印本上编第26页同此。自译本第35页,为
"其踞于路上者,前臀后臀相望也"。田译本第12页,为"其踞于路上而曝臀者,前臀后臀
相望"。日文本第41页,原为"其の路上に踞して臀を曝す者、前臀后臀相望めり"。

⑥ 甚至解衣而溲于巡警之前　自译本第35页,为"甚至巡警面前,扬扬呈出股间伟器,以春风春
水一时来的态度,进散臭风臭水"。田译本第30页,译为"甚至在巡查面前,呈出扬扬股间之伟
器,持春风春水一时来之态度,而进散臭风臭水"。日文本第41页,原为"甚しきは、巡查面前に
在りて、扬々股间の伟器を呈出し、春风春水一时来の态度を以て、臭风臭水を进散して"。

⑦ 巡警亦熟视无睹焉　自译本第35页译为"巡警亦熟视谛察,不敢诘,又不敢叱"。田译本
第30页译为"巡查亦熟视谛察,不叱不诘"。日文本第41—42页,原为"巡查も亦熟视谛
察して、诘らず叱らず"。

⑧ 违警罪　1810年《法国刑法典》第1条规定:"法律以违警刑所处罚之犯罪,称为违警罪"。
相当于当今中国的治安处罚。

之文告,固俨然在上也。其词曰:禁遗污物于道上①。一若置大小便于污物范围之外也者,非可笑之甚者乎?

　　虽然此犹闾巷小民之事耳。余尝在苏州矣,有德国式新军过宅前。忽有二三人去其伍者,余方怪之,则见其溲于路侧矣,而军官亦不之禁也。如是者又数人,或隐他物以自障焉。彼不愧德国式之兵士矣,犹能去军官之前,避众人之目也。俄而又有数人,或踞而曝其尻,或立而露其私以溺焉。彼俨然军官者,盖亦莫如之何。忽号笛一声,曰:少息。于是东者东,西者西②,或大便,或小溲。其不自由行动者,殆无一人也。余不觉叹曰:有是哉军纪之整肃,一心一德于溲事③。

军士听者,有则改之,无则加勉。

---

① 禁遗污物于道上　自译本第 35 页,为"禁道上翻不洁污秽之物"。日文本第 42 页,原为"道上に不潔污穢の物を翻すことを禁ずと"。田译本第 30 页,为"禁堆不洁污秽物于道上"。

② 余尝在苏州矣,有德国式新军过宅前。忽有二三人去其伍者,余方怪之,则见其溲于路侧矣,而军官亦不之禁也。如是者又数人,或隐他物以自障焉。彼不愧德国式之兵士矣,犹能去军官之前,避众人之目也。俄而又有数人,或踞而曝其尻,或立而露其私以溺焉。彼俨然军官者,盖亦莫如之何。忽号笛一声,曰:少息。于是东者东,西者西　自译本第 35—36 页,为"余又尝住在苏州,遇一队兵勇自门前过,云系德国式新练军。偶有二三兵勇,故意失伍者,余窃怪而见之,彼即立于路旁小便焉,然士官不敢呵止。众见之,忽又三五人,有七八人,或走匿于小地物阴。足见彼亦德式练勇,避士官面前,避佗人展望而大便者矣。已而又三五人,又七八人,或露尻而大便,或起而小便。士官自有士官襟度,见其不可已也,忽吹号笛曰:休矣。于是一队兵士,或东或西"。田译本第 30 页,译为"余尝在苏州见一队之兵士(称为德国式新军)过宅前,偶有二三之兵士故意去列者。余窃怪而视之,乃立于路傍而小便也,但队官亦不禁止。未几又有三五人七八人,或走而隐于偏隅之地,盖避队官之面前,及他方之展望而大便也,真不愧为德国式之兵士也。少时又有三五人、七八人,或曝臀而大便,或立而小便。队官亦不愧为队官也,无已,忽吹号笛曰:少息。于是一队之兵卒,不东西去而大小便者,殆无一人"。
日文本第 42 页,原为"余嘗て蘇州に在り。一隊の兵士(独逸式新軍と稱せり)宅前を過ぐるを見る。偶偶二三の兵士故意に列を去る者あり。余窃に怪みて之を見れば,彼は路傍に立ちて小便するなりけり。しかも士官は之を禁ぜんともせず。かくと見るや,忽ち又三五人あり、七八人あり。或は走りて小地物の蔭に隱る。彼はさすがに獨式の兵士なり。士官の面前を避け,他方の展望を避けて大便するなりけり。かくと見るや,又三五人,又七八人,或は尻かたげて大便し,或は立ちて小便す。士官もさすが士官なり,餘儀なしとや思ひけん。忽ち號笛を吹きて曰く,休めと。於は一隊の兵卒,或は東し或は西し"。

③ 有是哉军纪之整肃,一心一德于溲事　自译本第 36 页,为"有是哉练军之纪律,同心一体,至于大小便亦然";其后还有"一队如是,十队亦如是,千百队亦复如是"一句,北洋本未译。日文本第 42 页,原为"是あるかな練軍の紀律,同心一體は、大小便にまで至れりと。一隊如是、十隊も亦如是。即ち千百隊も亦如是"。田译本第 31 页,为"有是哉练军之纪律,同心一体者,乃大小便也。一队如是,十队亦如是,即千百队亦莫不如是"。

盖天上天下①,支那兵而外,其举一队而溲于道周②
者,恐未之有也。

虽然此犹匹夫之事耳。余又尝见一官立学校
校长,置溺器③于室内矣。起居坐卧,无不与溺器
偕。读书在是,文词品评在是,宾朋言笑亦在是。
有时臭气扑鼻,未知视梅花风里何如也④。吾侪屡
为所苦,而其人则视为固然。初不知东人有洁癖
也,又初不知其举动之非礼⑤,为有心人所颦蹙⑥
也。其溲也未尝净手⑦,盖其视为人生日常之事,
与饮食等也。何必问其净不净,又何必费一勺水。
其大悟彻底,至于如是。

余又尝入一士人室,见其方踞溺器于室内而溲
也。余背而遇之,彼乃目礼余,且操不完全之日本
语曰:今晨安否?⑧ 余掩鼻竟去,不禁失笑。其风
流脱俗,有如此者。⑨

---

① 天上天下　日文本第42页和自译本第36页亦同。通作"天上地下"。田译本第31页译
　　为"世界上"。
② 溲于道周　自译本第36页,为"粪于道上"。日文本第43页,原为"道上に脱糞する"。
　　田译本第31页,译为"脱粪于道上"。道周:道路两边。
③ 溺器　田译本第31页,译为"便桶"。日文本第43页和自译本第36页,为"虎子"。虎子,
　　一种盛器。口部似张口的虎首,背有提梁,圆腹,下有四足,因其形如虎,故名。
④ 有时臭气扑鼻,未知视梅花风里何如也　自译本第36页,为"时有一团芬芳,蔼然掠人鼻
　　头来,宛是立梅花风里之想"。日文本第43页,原为"時ありては一團の臭氣、蔼然人の鼻
　　頭を掠め来る、宛も梅花風裏に立つが如し"。田译本第31页,译为"有时一团之臭气,扑
　　鼻而来,宛如立于梅花风里"。
⑤ 其举动之非礼　自译本第36—37页,为"自家居止,非礼太甚"。田译本第31页,译为"自
　　己之所为非礼太甚"。日文本第43页,原为"自家の舉動の非禮太甚しく"。
⑥ 颦蹙　皱眉蹙额,比喻心存反感,或忧愁不乐。
⑦ 其溲也未尝净手　自译本第37页,为"每大小便,未尝以水净手"。日文本第43页,原为"其の
　　大小便するに方りて、未だ嘗て手を淨めず"。田译本第31页,译为"其大小便后,未尝净手"。
⑧ 余背而遇之,彼乃目礼余,且操不完全之日本语曰:今晨安否?　自译本第37页,为"意鄙
　　之,佯为不知,侧面自其旁过。彼则目余且揖,操极拙之日语曰:太早哉?"田译本第31页,
　　译为"当时余即背颜,但已过傍,彼遂操不完全之日本语曰:'快毕'"。日文本第43页,
　　原为"余はさもこそと、見ぬふりして、顔打ち背け、足早にそが傍を過ぐれば、彼は余に
　　目禮しつゝ不完全なる日本語を操りて曰く、お早いですナと"。
⑨ 对此,杨昌济在1914年6月3日的日记中写道:"阅日本人所著中国瓜分之命运,痛言中
　　国人之不洁;其言苏州上海各处习惯,实有使人愧汗者。如士人书斋中置马桶对客出
　　恭,亦余所未闻也。长沙乡间之习惯,于寝室中置尿桶,臭不可闻,余家亦素来如此;余自

　　虽然此犹个人之事耳。苏、杭二府，江南佳丽之
地，以山水明媚、人物靓洁名。试自上午七时乃至九
时十时之间，观其城中，通衢隘巷之左右，有一物焉，
以木制之，如筒如箱，大二三尺，圆者、方者、高者、低
者，或丹漆，或赭黄，或暗褐，<u>丛然林立</u>，不计其数①。
初至其地者，怪而问之，乃知皆人家溺器也。每朝待
担粪夫担去其不洁物，婢妾以簌子②磨擦之，其声如
雷轰如潮涌也。洗毕沃之以水，覆于道上，盖千百
年来之积习如是也。街巷筑路之石甃③，不雨常
湿，大暑亦未尝干。其色若苍、若黄、若黑。似泥非
泥，似土非土。一种阴湿不洁之气，不可言状。此
不独苏、杭二府也，江南各省之城市都府皆然也。
　　余又尝溯长江至汉口矣④。舟过芜湖⑤，其地

海外归来乃改去此恶习"（杨昌济《达化斋日记》校订本，湖南人民出版社 1981 年版，第 38
页）。他又在《余改良社会之意见》一文中说："东西洋各国，于厕所亦力求洁净。中国人
居家，于此事太不注意，往往污秽狼藉，不堪入目，而相率安之，亦因居民无爱洁之美习也。
近阅日人所著《中国瓜分之命运》，痛言中国人之不洁，谓时报馆之门口任出入者之溲溺，
以为进步之人所行若此，其他则更何说。其所言实有使人愧汗者。……中国乡间人家往
往置便具于室隅，积之旬月始行倾弃，人日夜居室内，常受秽气之熏蒸。此乃至野蛮之习，
所宜立即除去者也"（《杨昌济文集》，湖南人民出版社 1983 年版，第 208 页）。有研究者
评论说：杨昌济"站在一个教育家的立场上，与日本比较而肯定中国在社会风俗、习惯上存
在的种种积弊，并且呼吁要立即革除。杨昌济对《支那分割之命运》中'用意别有所在'的
'觇人国者'的'穷毁狂诟'自然不会没有识别，但是他将这种批判作为逆耳的忠言来听
取，这与他的冷静、理性的社会改革思想是一致的"（刘岳兵：《杨昌济的思想与日本
（下）——以〈达化斋日记〉为中心》，《船山学刊》2010 年第 3 期）。就杨昌济两次提及的
"中国瓜分之命运"来看，他见到的应是田雄飞译本。刘岳兵文中所说"支那分割之命
运"，或者把"中国瓜分之命运"中的"瓜分"误为"分割"，或者将"支那瓜分之命运"与"支
那分割之运命"这两个译名混淆。
①　不计其数　自译本第 37 页，为"不知几十几百"。日文本第 44 页，原为"幾十幾百なるを
　　知らず"。田译本第 31 页，为"不知凡几"。
②　婢妾以簌子　婢妾，日文本第 44 页、自译本第 37 页和田译本第 31 页，为"大婢小婢"。簌
　　子：把竹子的尖端劈碎制成的刷子。簌，音 sā sā lā，日本汉字。
③　石甃　铺路用的石板。甃，音 zhòu。
④　溯长江至汉口　1912 年 4 月 20 日，中岛端等人乘船离开上海，21 日路过南京和安庆，25
　　日到达汉口，参观了大冶矿山及被日本炼铁厂收购的狮子山。30 日离开汉口，5 月 2 日回
　　到上海。参见［日］後藤延子著，李继华、吕旭春译编：《中岛端〈支那分割之运命〉泛论》，
　　本书第 617 页。
⑤　芜湖　日文本第 44 页和田译本第 32 页同此。自译本第 38 页，为"芜江"。芜江，不详。
　　日本人宗方小太郎所写《关于中国的政党结社》中提及"芜江支部　《皖江日报》"，见汤志
　　钧著：《乘桴新获从戊戌到辛亥》，古籍出版社 1990 年版，第 252 页。

以不洁闻。余无端为好奇心所驱,与同舟某君上陆。全市皆粪秽狼藉,青黄黝黑之色,腥膻臊臭之气,触目扑鼻,不能久停。仓皇逃归,登舟拭其靴底,有物盈寸,异臭袭人,乃元明以来,半泥、半粪、半土、半尿之遗物也。余不觉寒栗①,遂罹瘟疾,数日始痊。后以语友人,友哂曰:此所谓少见多怪也。厦门之不洁,且甚于此。

既至汉口,天甫昧爽②,停舟而未登岸,见岸上有无数苇席所葺蒲鉾小屋③,曰"贫民窟"。有溲于其侧者。四面粪秽杂然,又有豚杂沓呻吟,求食其中。近岸则有溲流入江中。其时有下岸而汲者,问之,曰:供饮料也。溲豚、溲江水④、饮料水,余又惊支那人之襟怀豁达与物无忤⑤也。然汉口固在支那文明政治家张之洞之玄关(汉语言"门房")前者也。

南人恒言,北人不洁,使人辟易⑥。问其故,则曰此金、元氏以来北狄野蛮之陋习,浸渐至今,而未改也。孰意彼亦同一雾围⑦气中之人,使吾侪东人辟易乎?于以知支那二十一省之不洁,无官、无民、

何不言盘古氏,而言元、明氏。立言以愈奇愈妙,且以愈荒唐愈佳。

---

① 寒栗　初印本、重印本上编第28页,原为"寒慄",应为"寒慄"(栗)。慄,同"飘",与"慄"(栗)似不相通。自译本第38页为"肌粟",亦似有误。田译本第32页,为"毛骨悚然"。日文本第45页,原为"浑身ゾッとしたり"。

② 天甫昧爽　田译本第32页,译为"天甫明"。自译本第38页,译为"会天才明"。日文本第45页,原为"會了天纔に明けぬ"。

③ 无数苇席所葺蒲鉾小屋　田译本第32页为"无数苇席所葺之蒲鉾小屋"。自译本第38页为"无数蜗居,以苇席葺屋,累累相望"。日文本第45页,原为"無数の葦席もて葺きたる蒲鉾小屋あり"。蒲鉾,中文又意译为"鱼板""鱼糕",是日本一种以鱼浆为原料而制成的食品。蒲鉾所使用的鱼是白身鱼,即鱼肉为白色的鱼种,有别于鱼肉为红色的赤身鱼。将鱼肉捣碎磨成糊状后,置于日本冷杉或白桧等较无气味的木板上成型,然后经过蒸或烤等工序即制成蒲鉾。此处所说"蒲鉾小屋",含义不详。鉾:古同"矛"。

④ 溲豚、溲江水　自译本第38页,为"居民粪尿,猪仔粪尿"。日文本第45页,原为"大小便＝＝豚の大小便＝＝江水"。田译本第32页,译为"人及豚之大小便与江水"。

⑤ 襟怀豁达与物无忤　自译本第38页为"孟浪太甚"。田译本第32页为"不讲卫生"。日文本第45页原为"無頓着"。

⑥ 辟易　bì yì,退避。

⑦ 雾围　日文本第46页和田译本第33页同此。与"氛围"同。自译本第39页,误为"零围"。

无贵、无贱，千年以前如是，千年以后亦如是矣。人之有指摘其不洁太甚，悖乎文明风气者，亦不问可知也①。夫粪秽之不洁，②人孰不知，奚难见哉？而支那人之风气乃如是焉。纵有先觉者，出令严禁，余恐四万万人中，能领略何谓不洁之疑问者，未必有一人，矧③望一洗其陋乎？夫然支那人有自尊自大之人种也，岂能悟其风俗之腐败也哉？

余又尝告一支那报主笔曰："贵国四千年文明之国，以中华自许，以黄帝子孙自矜者也，然实二十一省一大溷厕④耳。四万万人，四千年来⑤，生息于粪秽不洁之中，蠢蠢然，蠕蠕然，而不悟其丑，又何文明开化之足云？欲行新政，此为第一着也。苟此一事不能实行，他皆口头禅耳⑥"。其人作色⑦，而又不能难余。夫缠足也，不洁也，形式上事，至易见者也。且在禁之者，不难用其禁；禁于人者，亦毫无利害痛苦⑧。苟悟其非，朝令夕改可也。而千百年来，几亿万人，明君贤相，英雄豪杰，伟人硕儒，智者勇者，皆不悟其非；或悟之而不知所以救之。匹夫匹妇如此，士大夫如此，王公大人亦如此，是乃支那人之本色也。盖其积习已浃肌沦髓深入膏肓⑨，斯

① 亦不问可知也　自译本第39页，为"如不闻也者，如不知也者"。日文本第46页，原为"聞かざるが如く、知らざるが如し"。田译本第33页，此句未译。
② 自译本第39页，此处另有一句"入目入鼻"。日文本第46页，原为"目に入り鼻に入る"。
③ 矧　音shěn，意谓：另外，况且，何况，也。
④ 溷厕　厕所。
⑤ 四千年来　日文本第47页、自译本第39页和田译本第33页，皆为"千百年来"。
⑥ 他皆口头禅耳　自译本第40页，译为"则千言万语，究竟不过口头禅而已"。田译本第33页，译为"则千言万语，亦不过口头禅而已"。日文本第47页，原为"千言萬語、竟に口頭禪に過ぎざるのみと"。
⑦ 作色　日文本第47页和自译本第40页，为"色然"。田译本第33页，为"色变"。
⑧ 禁于人者，亦毫无利害痛苦　"痛苦"，点校本第305页，为"痛"。自译本第40页，为"即在见禁者，亦无甚利害苦痛"。田译本第33页，为"而在被禁者亦无何等之利害苦痛"。日文本第47页，原为"禁ぜらるゝ者に在りても、亦何等の利害苦痛なし"。
⑨ 已浃肌沦髓深入膏肓　浃肌沦髓：浸透肌肉，深入骨髓。自译本第40页，为"入骨髓，入膏肓，沁肺腑"。田译本第33—34页，为"入于骨髓，入于膏肓，沁于肺腑"。日文本第47页，原为"骨髓に入り、膏肓に入り、肺腑に沁せり"。

岂一朝一夕谈笑之顷,所能荡涤净扫①者哉②?

　　译者曰:尝有一匈牙利人曰:日人隘,无道德心。吾欧文明昉③于希腊,民到于今讴歌弗衰。东陆文明,昉于支那,同一雰围气中者,亦无不受其赐,日本其一也。而日人语及支那,则鄙夷侮蔑,无所不用其极。其人盖枭獍④也。谅哉言乎!此书所言,皆所谓鄙夷侮蔑,无所不用其极者也。余足迹遍南北⑤,所见所闻,较彼倭人为亲切,盖未有如斯之甚者。而时作嘲弄,其尖薄⑥亦可丑。彼不过故为之辞,藉惊世骇俗之笔,以售其市狯[侩]罔利⑦之奸而已。此不独污衄⑧支那,亦所以亵渎天下,愿与天下共弃之。彼日人之以卖淫闻于世,廉耻扫地,玷污大化,其为何如人种,亦愿与天下共商榷之。

　　至政治上之事殆尤甚焉。有权利关系,有利害关系,有种族关系,有阶级关系,有省分乡土之关系,有学术派别之关系,有感情意见之关系,有习惯风俗之关系。其繁赜错杂,奚啻万千?秦汉以来,几千百年,臭恶污秽,陈陈相因而未改。今欲为根本上之刷洗,必举社会一切,而投于流血之中,牺牲

----

① 荡涤净扫　日文本第47页和自译本第40页,为"洗涤断割"。田译本第34页,为"洗涤而革去"。
② 中岛端依据中国几千年的积习来观察共和政体之将来,虽有一定的道理,却难免走向对中国共和政体的悲观。
③ 昉　音 fǎng,起始。
④ 枭獍　音 xiāo jìng,亦作"枭镜"。旧说枭为恶鸟,生而食母;獍为恶兽,生而食父。比喻忘恩负义之徒或狠毒的人。
⑤ 余足迹遍南北　如果此言不虚,则此段"译者曰",应非李大钊所写。在北洋法政专门学校读书时的李大钊,还说不上"足迹遍南北"。
⑥ 尖薄　尖巧轻薄。犹刻薄。
⑦ 罔利　犹渔利。语本《孟子·公孙丑下》:"以左右望而罔市利"。《明史·文苑传二·李梦阳》:"寿宁侯张鹤龄招纳无赖,罔利贼民,势如翼虎"。
⑧ 污衄　污蔑,侮辱。衄,音 nu。

几多生命,消耗几多财产①,固意中事,非此则不足与言革命也。而支那之革命党人,其议论堂堂正正,傍若无人②;其口吻之壮烈,如火如荼。然举事仅数阅月,武汉之接战,南京之攻围,几千之乞丐,与几百之颓兵③相角逐,直儿戏耳,非生死存亡之鏖战也。其所耗资产,亦不过数十百万而已。彼此交绥,相峙于咫尺之间。胜者不知乘新胜之势,败者亦不思雪前败之耻。未几已唱南北和议矣! 不知彼之所谓革命者何耶? 其口革命者④,未知革命之意耶?

　余尝见支那人斗于道上者矣。怒号狂叫,声震行路,口角飞沫,戟手跃跃⑤将直撞敌人之胸。危机一发,辄不相接⑥。其声益高,其语益激,其势益迫。盖可直取敌人矣,而又不相接⑦。于是一进一退,奋其喙,怒其目,竖其眉,振其臂,各不相下⑧。

灞上、棘门⑨,固非儿戏。即尔岛人自骄骄人之日俄之役,何独非儿戏哉?

---

① 牺牲几多生命,消耗几多财产　自译本第41页,为"牺牲几万生灵,几亿财产"。日文本第48页,原为"幾萬の生命、幾億の財産を犠牲にする"。田译本第34页,为"牺牲几万之生命,数亿之财产"。

② 傍若无人　日文本第48页,为"眼中敵なきが如し"。自译本第41页,为"眼中无敌"。田译本第34页,为"目空一切"。

③ 乞丐、颓兵　自译本第41页,为"苦力"、"老军"。日文本第48页,为"苦力"、"老军＝＝废兵"。田译本第34页,为"苦工"、"老军(如同废兵)"。

④ 其口革命者　自译本第41页,译为"岂口革命者"。日文本第48页,原为"豈革命を口にする者"。田译本第34页,为"岂号称革命党人"。

⑤ 戟手跃跃　日文本第49页,原为"手を戟にして躍り上りつゝ"。自译本第41页,译为"戟手跳跃"。田译本第34页,译为"戟手而跃跃"。戟手,手臂微屈,以食指斥人。因手形像戟,故称。

⑥ 辄不相接　自译本第41页,为"两两相离,未辄相接"。日文本第49页,原为"兩々相離れて、未だ輒く相接せず"。田译本第41页,为"两两相离,辄不相接"。

⑦ 盖可直取敌人矣,而又不相接　自译本第41页,为"将相博而犹未相接"。日文本第49页,原为"攫み蒐らんずと見れば、猶未だ相接せず"。田译本第34页,译为"此际确将交锋,然犹不果"。

⑧ 奋其喙,怒其目,竖其眉,振其臂,各不相下　自译本第41页,为"歪口瞪目,摇肩挥拳,不屈不挠"。田译本第34页,为"歪口瞪目,摇肩拍手,飞舞一场"。日文本第49页,原为"口を歪めつ、眼を瞪りつ、肩を搖り動かし、手を左右に打ち振りつ、負けず劣らず"。

⑨ 灞上、棘门　语出王安石《白沟行》诗:"棘门灞上徒儿戏,李牧廉颇莫更论"。灞上,也作霸上。古地区名,因处灞水西高原得名。在今陕西省西安市东南、蓝田西。为古代咸阳、长安附近军事要地。汉刘邦灭秦,经此地进取咸阳。棘门:古代帝王外出,在止宿处插戟为门,称"棘门"。棘,通"戟"。

而互伺敌人之声色，莫之或先①。其甘心于敌乎？
然手握汗腥而终不相接②也。其间揣敌人之强弱，
计胜负之利害，觉彼此皆不易与，乃抗其颜，壮其
语③，狞猛其态，以威之。如此顾念间，危机一转，
逡巡却步，分背④去矣。其去也，五步则回三，十步
则回五，反唇相讥。至五十步百步，其声犹不止。
意气飞扬，如大胜而归者⑤。其卑怯陋劣，令人作
呕⑥。至于如是不仅"上方赘六"（日本东京人鄙西
京大阪人之词）喧阓之比⑦也，此非南北议和之一
小照乎？

　　夫革命者，天下至难之事，固不可行于平和之
间。流血之惨，不可不忍；生民之涂炭，不可不忍；
经济之苦痛，不可不忍。如曰不能忍，不如自始不

---

① 莫之或先　自译本第 41 页，译为"未先下手"。田译本第 34—35 页，为"无敢先下其手者"。日文本第 49 页，原为"未だ先づ手を下さず"。

② 其甘心于敌乎？手握汗腥而终不相接　手握汗腥，应为手心出汗之意。自译本第 41 页，为"迫切益急，使人握汗者，不知凡几，而终不相搏"。日文本第 49 页，原为"攫み蒐らんよと、手に汗を握ること幾度なれども、彼は終に攫み蒐らず"。田译本第 35 页，为"每斗将就攫，辄懔然汗下，而不敢近"。

③ 抗其颜，壮其语　自译本第 42 页，为"壮烈其颜色，急激其语气"。日文本第 49 页，原为"顔色を壮烈にし、語氣を急激にし"。田译本第 35 页，为"状其色，激其语"。

④ 分背　相背而立；分别、别离。

⑤ 中岛端的这段评述，表现了一种"看热闹不嫌事大"的看客心态，应非善意。他这里所说的"支那人"，主要应指上海人。对上海人的这种特性，中国人自己也有所评述："上海人的患得患失还表现在一些冲突中，路上因冲突而争吵，嘴上骂得很凶，但老半天也不动手。外地人对此最着急：怎么还不打，在我们那里，早花了他丫的脸了。其实上海人心里有本账，一旦动手，双方都没有好处，你来我往的，保不准谁都鼻青眼肿，在单位在家里都不好看，所以用声音维持着自己的尊严，直到有人来劝，找个台阶自各散去"（参见陈宪主编：《上海头脑》，文汇出版社 2006 年版，第 39 页；沈嘉禄著：《上海人活法》，上海文化出版社 2008 年版，第 126 页）。由此可见，上海人的这种特性，属于"君子动口不动手"的传统，不应一概否定。

⑥ 其卑怯陋劣，令人作呕　自译本第 42 页，为"其濡滞，其不断决，而且执拗如此"。田译本第 35 页，为"其寡断怯懦而无坚志"。日文本第 49 页，原为"其のテキパキせず、思ひ切り悪しく、しみつたれ臭くして、又執念きこと是の如し"。

⑦ 至于如是不仅"上方赘六"（日本东京人鄙西京大阪人之词）喧阓之比　自译本第 42 页未译此句。田译本第 35 页，为"直不可与日本京都附近人民之喧嚣相比拟"。日文本第 49 页，原为"たゞに上方赘六の喧哗の比のみならず"，无括号中之注解。上方赘六，日本俗语，意为京都的人精儿。古时江户人对京都等关西人之谑称。江户人觉得关西人精于算计、不豪爽。喧阓：喧嚣，轰响。阓，音 hui。

谈革命。何则？姑息弥缝之革命，不足达真正革命
之目的故也。非唯不能达革命之目的，更可破坏真
正革命之主义也。而今之革命党则曰：不忍睹生民
之涂炭。官军亦曰：不忍睹生民之涂炭。议和又议
和，迁延复迁延，无一刀两断之勇，无一气猛进之
概。如是革命，可谓之支那派之革命，可谓之无精
神之革命，可谓之不彻底之革命。要之不过一时之
糊涂，不知根本上之解决而已。

　　译者曰：此节不过撬拾议和时往复电文
"不忍睹生民涂炭"一语，而于当时两军情状，
究未深悉也。当武汉停战，遣使议和，两军早
默表同情，故其谈判开始，即曰"不忍生民涂
炭"①。亦谓议和之第一层，即不再战是已。
其后方将筹议若何推翻满清，若何建设共和。
著者即一斑②以概全豹，不亦谬乎？且凡事亦
求目的能达而已。目的既达，遑问手段如何？
今战亦革命，不战亦革命，又乌在必出于战而
后可言革命哉？大抵日本人日祷祝吾同种相
残，而冀收渔人之利。至不可得，乃为此忌嫉
之论。然吾国人多深知日本人之野心，决不为
其謷言③所欺也。

清皇已退位矣，临时政府已成立矣，大总统已
公选矣。若自其表面观之，着着进行，似无一毫之
障碍。而根本之情弊、痼疾依然也。一清皇去，一
清皇来，一专制政府亡，一专制政府兴。所谓公选
之大总统，亦由兵马黄金之力而得者。何公选之

中央集权是一种政

---

①　不忍生民涂炭　初印本、重印本的上编第 31 页和点校本第 308 页同此。疑在"不忍"后遗
　　漏"睹"字。

②　斑　初印本上编第 31 页同此。重印本上编第 31 页和点校本第 309 页为"班"。班，旧时
　　同"斑"。将"斑"径改为"班"，似不妥。

③　謷言　初印本、重印本的上编第 31 页同此，点校本第 309 页误为"誓言"。謷（wèi）言，指
　　不实之言。

有? 一转瞬间,为中央集权之制,为十年总统,为终身执政,为僭位帝王,如翻手之易①,革命之实何在哉? 抑革命党人未虑及此乎,将革命党之究竟目的,自始如是乎? 假使支那之革命,曰如是而可,则余将问革命之意义,果为何等之事乎? 余故曰今之支那人,果不知革命之不可已也。

　　译者曰:此节谓吾国大总统将来仍为帝王,谬妄孰甚! 夫帝王之制不能再见于中国,虽五尺童子亦能臆决。民心之趋向,断非一二人之私见所能违。此时大总统纵欲帝制自为,亦万不能遂其志。身败名裂,终为天下后世笑。而荒岛飘零②,系身囹圄,拿翁③末路,前鉴匪遥。袁公纵至愚,亦不出此。著者徒欲间吾南北,幻想百出,抑何劳也。

夫袁世凯何如人哉? 彼非佞奸无比之荣禄之牙保④乎? 彼非贪欲鄙吝之庆王之门生乎? 彼非淫虐鸷悍之西后之宠臣乎? 彼非专制政府之鹰犬乎? 彼已卖其君,于国民何有哉? 彼已卖三代相恩之孤儿寡妇,于南人何有哉⑤? 今彼假勤王军召集策,专制是一种政体⑥。此而不辨,尚奚哓哓者。⑦

---

① 为僭位帝王,如翻手之易　自译本第43页,为"一蹴而僭伪帝王,如翻手指掌耳"。日文本第51页,原为"一躍して僭偽帝王と爲らんこと、翻手指掌の如けんのみ"。此句及其所在段落,在田译本中略而未译。
　　中岛端在此段及前后相关部分,对袁世凯复辟帝制的预见,较为准确;或曰不幸而言中。其下"译者曰"的反驳,虽表明了"民心之趋向,断非一二人之私见所能违。此时大总统纵欲帝制自为,亦万不能遂其志。身败名裂,终为天下后世笑"的历史规律,但在对袁世凯的具体认识和评价上,则表现了北洋法政学子的某些局限。
② 飘零　初印本上编第32页同此。重印本上编第32页为"飘零"。点校本第310页校注为"〈飃〉[飘]零"。
③ 拿翁　即拿破仑。
④ 牙保　是宋朝时立契的中介人和保人,俗称"中介"。此处所谓牙保,应指从事不法行为的中介。
⑤ 彼已卖其君,于国民何有哉? 彼已卖三代相恩之孤儿寡妇,于南人何有哉?　在自译本第43页,译为"彼已卖其君矣,何有乎国民? 彼已卖三代承恩之孤儿寡妇矣,何有乎南人?"南人,应指南方人。"于南人何有哉?"涵义不详。日文本第51页,原为"彼已に三代相恩の孤兒寡婦を賣れり、南人に於て何かあらん"。
⑥ 此处用"政策"和"政体"来区分"中央集权"和"专制",值得斟酌。
⑦ 此段眉批在初印本和重印本的上编第31页都有,在点校本第309页则被遗漏。

之名,绞取①内帑之财,养其爪牙②。彼假维持京师
治安之名,张一己之威福,买收新闻,买收一部军
民,及似而非论者志士③,隐然雄视北方,为猛虎负
隅之势,而恫喝南方革军。又假各国公使之异议,
阻止迁都之说。彼不遽露马脚者,惟恐中外民心之
不服,东西列国之监视也。若彼一朝得志,岂为永
久倾心民论注意公议者哉?而革党不少悟,见清皇
退位,则曰大局已定;见姑息和议之局方成,则谓南
北统一之业已毕。遂以共和民国大总统之印绶,授
之阴险狡猾、刻薄残忍、贪权如色、爱利如命、由专
制化成之老奸,而曰盍早南来?曰否,北京不可去
也。往来应酬之际,已为彼所绐④,而参议院亦成
彼笼中之物。以及各部首领,各军统领,无不皆然。
终之袁竟不南下,国都竟不南迁。不但此也,专制
之势已成,而不可复拔。专制之弊益甚,而不可复
除。至是始悔向者之非计⑤,噫亦晚矣!

> 阻止迁都,正表公
> 之老成谋国。倘建
> 都南京,则塞北关
> 东敌氛益炽,倭人
> 将窃笑于旁矣。
>
> 骂我临时大总统曰
> 老奸,侮我甚矣!
> 恶声至,必返之,还
> 以赠诸尔天皇。

　　译者曰:袁世凯知机善变识时务人也。卖其君
即忠于国,忘其恩即忠于民。北方无袁氏,北方之
秩序荡然矣。袁不南下,都不南迁,黎副总统主张
于先⑥,各省都督赞成于后。类皆审时度势有非如
是不可者,未可以此疑袁氏也。

　　夫专制,东洋政治家病根也,否则古今来政治

---

① 绞取　日文本第51页,原为"絞り取りて"。自译本第43页,为"刮取"。
② 爪牙　初印本、重印本的上编第32页,原误为"爪瓜"。点校本第310页,径改为"爪牙"。
　　日文本第51页和自译本第44页,为"爪牙"。
③ 似而非论者志士　重印本第32页,为"似而非论者、志士"。日文本第51页,原为"似而非
　　論者志士"。自译本第44页,为"伪志士、伪论客"。
④ 绐　自译本第44页,为"瞒着牢络"。日文本第52页,原为"瞞着籠絡する"。
⑤ 专制之弊益甚,而不可复除。至是始悔向者之非计　始悔:开始后悔。向者:过去。初印
　　本上编第32页同此。重印本上编第32页和点校本第310—311页,将"复除。至是"误为
　　"复至除。是"。自译本第44页,为"专制之弊益出,不可复除。至是而始悔"。日文本第
　　52页,原为"專製の弊益益出でゝ復除くべからず。是の時に至りて始めて悔ゆ"。
⑥ 在1912年初的定都之争中,黎元洪先是主张定都武汉。因响应者不多,从2月27日开
　　始,改为主张暂时定都北京维持局势,尔后从长计议再定武昌。

家之通弊也①。试历数秦汉以来二千余年,二十一代之帝王,其间有真实爱民之意者几人哉? 非仅汉之文帝②、宋之真宗③二人乎? (均苟安姑息者)此外虽以秦皇汉武之雄才大略,唐太宗之聪明英武,亦均为专制之主人翁而已。若夫三国之争夺,六朝之篡弑,五代之僭窃,宋、元、明之倾覆歼灭,其惟一之目的,无非帝冠之与夺,国土之攫取。而民心之向背,公议之是非,固非其意之所在也④。且自秦皇始行君权独尊之制⑤,至汉而臣民之卑屈萎靡益甚。王莽藉外戚之亲,而僭窃帝位,中外畏服,历十五载,无问罪者。自汉之后,此弊益甚。历代帝王之稍知重民者,止于创业初年而已。一二世后,即徒以其臣民为纳租课税之机关,至其安危休戚,固非所问也。且人心日见浮薄,风俗日益坏乱,伦理道德扫地矣。君主视臣民如草芥,则人民视君主如仇雠。国破不救,主杀不疑,甚至七年之间,三易帝统⑥,国人上

此吾民族革命之真精神,此吾华今日肇造共和之真种子。

---

① 夫专制东洋政治家病根也,否则古今来政治家之通弊也　此句之意似为:专制是东洋政治家的病根,而且是古今来政治家的通弊。在日文本第52页和自译本第44页,"否则"为"否"。田译本第35页,为"夫专制者,东洋政治家之病根也,亦即古今来政治家之通弊也"。

② 汉之文帝　即汉文帝刘恒,汉代第五位皇帝,为人宽容平和,在政治上保持低调。即位后,励精图治,兴修水利,衣着朴素,废除肉刑,使汉朝进入强盛安定的时期。

③ 宋之真宗　即宋真宗赵恒(968—1022),宋太宗第三子,997年以太子继位。在位25年,为守成之主,使北宋进入经济繁荣期。自译本第45页,为宋仁宗,与日文本有异。宋仁宗,是宋真宗之子。

④ 固非其意之所在也　日文本第53页,原为"固より其の意とする所にあらず"。自译本第45页,为"固不以措意"。田译本第36页,为"毫不致意"。

⑤ 秦皇始行君权独尊之制　日文本第53页,原为"且秦皇始めて君權獨尊の制を立てしより"。自译本第45页和田译本第36页,为"秦始皇立君权独尊之制"。

⑥ 七年之间,三易帝统　从中国历代纪元表来看,广义地说,这种情况有以下9次:(1)东汉末期,公元145—147年,从顺帝到冲帝、质帝、桓帝,三年三易。(2)南齐末期,494—501年,从海陵王到明帝、东昏侯、和帝,七年三易。(3)南梁末期,550—555年,从武帝到简文帝、元帝、敬帝,六年三易。(4)北魏末期,528—532年,从孝明帝到孝庄帝、长广王、节闵帝、安定王、孝武帝,五年五易。(5)北齐,560—565年,从文宣帝到废帝、孝昭帝、武成帝、后主,六年四易。(6)唐朝前期,684年,从高宗到中宗、睿宗、武后,一年三易。(7)唐朝后期,821—826年,从宪宗到穆宗、敬宗、文宗,六年三易。(8)南宋末期,1275—1278年,从度宗到恭帝、端宗、帝昺,四年三易。(9)元末,1328—1333年,从泰定帝到天顺帝、文宗、明宗、宁宗、顺帝,六年五易;其中从泰定帝到天顺帝、文宗、明宗,二年三易。
狭义地讲,"七年之间,三易帝统",应指南齐末期的"七年三易"。

下恬不为怪。盖亦专制政治之弊,君与民不共为国之所致也①。②

　　译者曰:专制之弊,诚有如著者所言,此正革命之所以起也;至谓民心公议,可不为意③。然则秦鹿失而陈涉揭竿,火德④衰而黄巾崛起,又何解乎?专制之国,其君主每立于不安稳之地位。水能载舟,亦可覆舟,民之于君亦然。在专制时代,此理尤为显著也。

　　今满清之政纲废弛者已几十百年,其失民心也已久。及其末路,悬立宪之虚名,收专制之实权,上下憎怨,乖离之极,终遇此次之倾覆。然尚美其名曰:朝廷以尧舜之心为心,举天下政权,公诸国民。而承其后者,亦曰:欣戴君上退让之恩,酬以破格之优礼。上下相欺相愚,以饰为得意之态。譬有盗贼以白刃加于己颈⑤,不得已而付以财囊,方脱虎口,乃曰我爱汝之廉洁,举我之产以赏汝。而盗贼亦拜受曰:君,无上之恩人也,谨保护尊体。是非绝大滑稽者哉?支那人之喜虚饰好夸张如是,是可为捧腹绝倒者矣。

此等虚饰,较之以天皇即家长自豪者何如?

　　译者曰:满清专制,人民共愤,故有此次之革命。而爱亲觉罗氏,知人心已去,决然退位,其功亦

---

①　君与民不共为国之所致也　自译本第45页,为"不与民共国之所致耳"。田译本第36页,为"军民不共国之所致也"。日文本第53页,原为"君と民と国を共にせざるの致す所なり"。

②　此段表明了中岛端对中国封建社会演变的历史周期率的较为深入认识。驳议者对此加的批注"此吾民族革命之真精神,此吾华今日肇造共和之真种子",应系赞同,而非否定。

③　至谓民心公议,可不为意　此句是对中岛端前面所说"民心之向背,公议之是非,固非其意之所在也"的化用,应属中岛端的观点。

④　火德　秦朝的正朔为水德。汉高祖刘邦时,张苍认为秦朝国祚太短且暴虐无道,不属于正统朝代。应该由汉朝接替周朝的火德,所以汉朝之正朔应为水德。到汉武帝时,认为秦属于正统朝代,改汉正朔为土德(因土克水)。直到王莽建立新朝,方才采用刘向刘歆父子的说法,认为汉朝属于火德。刘秀光复汉室之后,正式承认了这种说法,从此确立汉朝正朔为火德。东汉及以后的史书如汉书、三国志等,皆采用了这种说法。

⑤　加于己颈　自译本第46页,为"拟己咽吭"。日文本第54页,原为"己の咽吭に拟す"。田译本第36页,为"置于己之咽喉"。

不可没。著者乃罕譬相讥①,其意必欲汉满仇杀,
悉无噍类而后快。我方组织五族共和,而彼乃倡大
背人道之谬说。呜呼! 其心不可问矣。

于是袁世凯欣然自得②,意气堂堂,已有帝王
之态度。而革命党人,自东自西,自南自北,欢迎讴
歌,争先恐后,曰君当代之伟人也,君合华盛顿、拿
破仑为一人者也。嗟呼,此辈真心吐如是之言乎?
抑为黄白之所魅,枪剑之所胁,而为此奴颜婢膝之
丑态乎? 盖此辈若非自欺,则暗愚蒙昧疯颠丧心而
已。夫自革命之起,不过三四月,当民气激昂最盛,
民心潮势最炽之时,内之军界、商界、学界,外之革
党人民③,一以袁世凯为救世主,为弥勒佛出世。
似不惜举二十一行省四万万人,为袁氏之私产者。
今日如此,他日可知。呜呼,此亦支那人之本色也,
岂可与谈专制更张之事哉! 余故曰今之革命党,果
不知专制之不可不改也。

译者曰:此节骂党人,实激党人也;愧党人实危
袁氏也。日本人居心之险诈,手段之卑劣,于此可
见。袁氏之欲为帝王与否,吾姑勿与辩④。试问以土
地人民为帝王私产,此制尚可行于二十世纪乎? 尚可
行于二十世纪之中国乎? 日本为君主国,天皇之权极
大,其宪法中有"天皇神圣不可侵犯"之规定,故其奴
隶根性,尚未尽除。无怪其脑筋中,有如此之印象也。

---

① 罕譬相讥　以奇特、尖刻的比喻加以讥讽。
② 欣然自得　自译本第 46 页,为"得得然出来"。日文本第 54 页,原为"得々然として出で
来り"。
③ 革党人民　日文本第 55 页和自译本第 46 页,为"革党、人民"。田译本第 37 页,译为"革
党"。初印本、重印本的上编第 34 页和点校本第 314 页,为"革命党人"。
④ 吾姑勿与辩　初印本、重印本的上编第 34 页同此。点校本第 314 页遗漏"与辩"二字。

支那人无共和国民之资格
无共和之历史　无共和之思想

支那人既不知革命之不可已,又不知专制之不可不改,而革命已成,专制已倾矣。今也袁世凯为大总统矣,临时政府俨然组织矣,共和民国之基础,将益牢固矣。此后新政之推行,更为显著者,殆智愚之所同声①也。然余敢重断之曰:万万无是理也。纵令一时袭取共和之皮相②,不久亦终于颠覆而已。盖支那民族,绝对无共和国民之资格也。何以言之?③ 支那民族,无共和之历史,无共和之思想故也。④ 夫政治非空论之问题,而实际之事业也。无历史之政治,犹无根本之树木,且不得望其永久维持,而况发达乎? 故无论古今东西,健全之国家国民,⑤未有实行无历史之政治者;亦未有以无历史之政治,而致国家之富强、文明之发达者。溯支那民族⑥,自黄帝以至于今,四千余年于兹矣,未尝有自由平等之思想,亦未尝有共和政体之历史也(共和之字面,虽见于周厉王之末年,而与今之所谓共和政体者不同)。或谓尧之让舜,舜之传禹,非父子世袭之例,为后世共和政体总统公选之滥觞。然舜禹⑦均出自黄帝之裔,同一王族也。且其禅让之事,虽有四

有是理,无是理,休尽呓语。请尔拭目以俟诸将来。尔⑧万世一系⑨准靠的住么? 何须多管人闲事。

---

① 同声　自译本第47页为"同不容疑"。日文本第56页原为"同じく疑はざる所"。田译本第1页,为"同信"。

② 袭取共和之皮相　自译本第47页,为"妆共和之面目"。日文本第56页,原为"共和政體の面目を粧ふことあらん"。田译本第1页,为"装共和政体之面目"。

③ 日文本第56页和自译本第48页,此下另起一段。

④ 田译本第1页,此下另起一段。

⑤ 国家国民　初印本、重印本的上编第36页,原为"国家,国民"。

⑥ 溯支那民族　自译本第48页,为"原夫支那民族沿革之迹"。日文本第56页,原为"支那民族沿革の迹を原ぬるに"。田译本第1页,为"考支那民族之沿革"。

⑦ 舜禹　日文本第57页、自译本第48页和田译本第2页,皆为"尧舜禹"。

⑧ 将来。尔　初印本和重印本的上编第36页都为"将来尔",未加标点。点校本第316页断为"将来尔。",应有误。

⑨ 日本从古代起即没有改换朝代,始终为皇室一系,号称"万世一系"。但古代天皇的事迹有来自传说、神话之虞,从崇神天皇开始,考古学才能确认其实际存在;自应神天皇开始,历史之可信度才大为提高。

岳大臣①之赞成,实出于尧舜之独断,不得云公选也。更自其行政制度上观之,则纯然君为天子之主义②也。天生民而为之君③为之师,无所谓自由平等之思想也。特以尧子丹朱④、舜子商均⑤之不肖⑥,不足承帝王之大业。而舜、禹均圣贤之资⑦,帝者之裔,且朝野心服,愿戴为君。以一时权宜之计,而为禅让耳,非以此为后世相传之定制也,至禹遂复父子世袭之旧矣。虽云天视自我民视,天听自我民听⑧,不过谓欲知天意之所在,由民心之向背察之而已,非谓万事以人民为主也。

其后商侯履代夏⑨,周侯发代殷⑩,亦皆起自当时大国之诸侯,由吊民伐罪⑪之名,而创一代之王

① 四岳大臣　即岳羲仲、岳羲叔、岳和仲、岳和叔四个大臣,是炎帝神农的后裔。这四个人精通天文地理,尧让他们分管四方的星相和山川变化,以决定一年为四季划分,史称四岳。

② 君为天子之主义　通称君权神授观念,即君权受命于天,君为上天之子。日文本第 57 页,"君为天子"4 字原有引号。

③ 天生民而为之君　意为上天造就了民众,就会为之设立君主。语出《左传·襄公十四年》:"天生民而立之君,使司牧之"。日文本第 57 页、自译本第 48 页和田译本第 2 页,为"天之生民,为之君"。

④ 丹朱　丹朱是尧帝的嫡长子,出生时全身发红,因取名"朱"。丹朱智慧极高,是围棋界始祖,并传为史上围棋第一高手,极受尧的宠爱。但其个性刚烈,做事坚决有主见,欠和顺与政治智慧,被尧视为"不肖乃翁"。朱一开始被封于丹渊(丹水),故称之为丹朱。其封地在今天河南淅川县的丹水流域,淅川秦时为丹水县。

⑤ 商均　是帝舜与女英(帝尧次女,娥皇之妹)所生的儿子。

⑥ 据说袁世凯曾有诗云:唐虞揖逊官天下,其实朱均本不贤。赢得后人观神器,商周革命妄称天。参见陈晨编:《袁世凯轶事》,人民日报出版社 2011 年版,第 109 页。

⑦ 圣贤之资　自译本第 48 页和田译本第 2 页为"圣贤之伟材"。日文本第 57 页为"聖賢の偉材たり"。

⑧ 天视自我民视,天听自我民听　语出《尚书·泰誓中》。《尚书》古称《书》,主要是记录尧舜以来古代帝王的事迹、演讲,后世认为这是孔子曾经教授过的《六经》之一。《泰誓》是《尚书》的一篇,记录了周武王讨伐商纣王的誓词。"誓"是《尚书》中的一种体例,相当于今天的动员演说。

⑨ 商侯履代夏　商侯履,又名商汤(?—约前 1588 年),子姓,名履,河南商丘人。商朝的创建者,前 1617—前 1588 在位 30 年,其中 17 年为夏朝商国诸侯,13 年为商朝国王。自译本第 49 页,为"商侯履伐桀代夏"。田译本第 2 页,为"汤放桀而代夏"。

⑩ 周侯发代殷　周侯发,即周文王的第二个儿子姬发(约前 1087—前 1043),他继承其父遗志,推翻商朝统治,成为西周王朝的开国之君,即周武王。自译本第 49 页,为"周侯发灭纣代殷"。田译本第 2 页,为"武王伐纣而代殷者"。

⑪ 吊民伐罪　日文本第 57 页、自译本第 49 页和田译本第 2 页,皆为"讨君吊民"。

业。非由诸侯之劝进,亦非由国民之公选。虽有抚我者后虐我者仇之语①,而君臣之大义名分,则俨然不紊。特上有大无道如桀、纣之君,下有大有道之诸侯,如周武、殷汤者②,而后得为放伐③之举。固为千百年间稀有之变例,决非常制也。自由、平等之说何有焉?周末④孔子之徒,最重彝伦⑤之教,独孟子民为贵、社稷次之、君为轻云云,颇似主权在民之说。然实愤当时六国诸王,喜战争,尚武力,横征暴敛⑥,视民命如草芥,用民财如泥沙⑦,特将民命之不可不爱,民财之不可不重,痛切道破,以警醒⑧之而已。而君君、臣臣、父父、子子之教,孔子以来,儒家所奉为金科玉律、万古不磨者,非有一毫自由民权之意义也。

　　如秦之始皇,本以武力统一六国,持绝对帝权主义⑨。其极也则尽销天下之武器,尽废天下之诗书,坑杀唱异议之儒生,而以君主独裁,断行一切。苛征租税,酷施刑罚,压服人民,不顾其疾苦憎恶,⑩而咸阳宫殿,如彼雄丽,楚人一炬,可怜焦土

"颇似主权在民"一语,足征岛人灵明之气,尚存一点。

即如尔所言,彝伦与自由、民权何涉?必尽弃之方谓自由民权,则自由必为罪恶自由。此等浅识竟自不知,尚复云云⑪,休矣。

---

① 虽有抚我者后虐我者仇之语　田译本第2页同此。自译本第49页,为"抚我者后,虐我者仇,虽汤誓有斯语"。日文本第58页,为"撫我者后,虐我者仇(尚书汤誓)的语。"

② 周武、殷汤　日文本第58页同此。田译本第2页为"商汤周武"。自译本第49页,为"商发周发"。商发,应为"殷汤"之误。

③ 放伐　谓以武力讨伐并放逐暴虐的君主。语本《孟子·梁惠王下》:"齐宣王问曰:'汤放桀,武王伐纣,有诸?'"明王廷相《雅述》下编:"揖让之后为放伐,放伐之后为篡夺"。明顾璘《鸣蛙赋》:"唐虞受禅,舜禹雍和,汤武放伐,伊吕攫挈。"

④ 周末　即周朝末期。日文本第58页和田译本第2页同此。自译本第49页,译为"周季"。

⑤ 彝伦　日文本第58页和田译本第2页同此。彝伦:伦常;常理,常道。自译本第49页译为"五伦"。

⑥ 横征暴敛　日文本第58页、自译本第49页和田译本第3页,皆为"苛敛诛求"。

⑦ 泥沙　自译本第49页为"汤水",田译本第3页为"流水"。日文本第58页,原为"水の如く"。

⑧ 警醒　初印本上编第37页同此,重印本上编第37页,为"警醒"。

⑨ 帝权主义　又称皇权教皇主义。含义不详,应有君权神授、君主专制之意。参见中村一男编:《反对语大辞典》,东京堂出版,第155、207页。(英)白德库克(Badcock,C.R.)著:《人类文明演进之谜文化的精神分析》,浙江人民出版社1992年版,第261页。

⑩ 自译本第50页,此处另有"以故一传之后"。

⑪ 云云　应为喋喋不休、胡言乱语之意。

矣。方是时也,陈涉为人佣①,乃谓王公将相宁有种? 项羽见始皇车骑仪卫之盛②,乃云彼可取而代之。刘邦(汉高祖)则云③大丈夫当如是矣。一似人人有勃然自立之志、自由平等之思者。然刘、项二人,龙骧虎啸,大小七十二战。垓下一败,重瞳之英雄,穷途自刎。而高祖置酒宫中,谓我今日乃知为天子之贵也矣。自当时并起草野之豪杰,以至于亿兆之人民,皆以彼为天授,为天命所归,为赤帝之神子④,故无复起与争者。奉戴其子孙四百余年,三代以来,无其匹者。其间岂有自由民权之思想哉? 又岂有共和主义之痕迹⑤哉?⑥ 自是之后,历三国、六朝、唐、宋、元、明、清,革命连续,政变频繁。外戚之攘帝位者有之,武臣之弑君主者有之,外国异种之侵入、割据、君临中原者有之,起自平民乘风云之会而为帝王者亦有之。其形色⑦制度,虽种种不一,然未尝行民主共和之政。其思想,其主义,又未尝一步出于专制政治之域外也。

岛人之陋,竟以枭雄野心谓具平等自由之思,骂人亦不会骂。⑧

----

① 为人佣　田译本第3页,为"以佣奴之身"。自译本第50页,译为"以雇奴之身"。日文本第59页,原为"雇奴の身を以て"。

② 始皇车骑仪卫之盛　自译本第50页,为"始皇巡幸,千乘万骑,仪卫之盛"。日文本第59页,原为"始皇巡幸の千乘萬騎、儀衛の盛んなる"。田译本第3页为"始皇巡幸之千乘万骑,仪卫之盛"。

③ 刘邦(汉高祖)则云　田译本第3页,为"刘邦则曰"。自译本第50页,为"刘李……,云"。刘李,应为刘季(刘邦别名)之误。日文本第59页,原为"劉邦(漢高祖)が……と言へりしが如き"。

④ 为赤帝之神子　白帝和赤帝都是中国传说中的五帝之一。白帝是中国嬴姓及其他数百个姓氏的始祖。赤帝是传说中的上古帝王炎帝,为天下共主,与黄帝同为中华民族始祖。传说刘邦起事反秦时,曾斩杀一条白蛇,后来有人见一老人对蛇哭泣,说她的儿子白蛇乃白帝之子,如今被赤帝之子所杀,所以悲伤。当时又流传汉朝代秦是火德当兴,火为赤,因此称刘邦赤帝之子。自译本第50页此句之前,另有"以为豁达大度之英雄天子"一句。日文本第59页,原为"豁达大度の英雄天子と爲し"。田译本第3页所译类此。

⑤ 痕迹　日文本第59页和田译本第3页同此。自译本第50页,为"朕兆"。

⑥ 初印本、重印本的上编第38页,日文本第59页和田译本第3页,自此另起一段。

⑦ 形色　日文本第60页、自译本第51页和田译本第4页,皆为"形式"。

⑧ 针对中岛端所说陈涉、项羽、刘邦等人"一似人人有勃然自立之志、自由平等之思者","其间岂有自由民权之思想哉? 又岂有共和主义之痕迹哉?"驳议者在此段批注中说中岛端"以枭雄野心谓具平等自由之思",似反驳不够有力。

译者曰：政治进化之阶级①，大都由酋长而封建而专制而共和，亦各随其民智民德递衍递嬗，而日趋于文明。譬之夏葛冬裘，各适其时而已。信如作者所言，有历史而后有政治，则是酋长之后，不应有封建，封建之后不应有专制矣；则是日本向为专制，不应为君主立宪矣；则是法国拿坡仑②以前非共和，亦不能为共和矣。中国自古以来，虽无共和之形式，而有共和之精神。纪传所载，不可枚举。尧之禅舜，舜之禅禹，虽非出于公选，而人民朝觐讴歌，皆云舜禹，是默认之公选，是公选之精神也。孟子曰"舜禹之有天下也，天与之，人与之。汤放桀，武王伐纣也，或箪食壶浆以迎之，或前徒倒戈以助之"③。是非主权在民之明征乎？孔子之时，列国分离，各自为政，非尊周室则不能统一主权，以为攘夷之用。然其言伦理也，则必两两对待，故曰君君、臣臣、父父、子子，初未尝偏于一端也。至孟子则为倡民权说之大家。如所谓君之视臣如犬马，则臣视君如国人④；君之视臣如草芥，则臣视君如寇仇⑤。又曰：得乎邱民为天子。何莫非经自民权之义乎⑥？祖龙为专制之祖，其后暴君踵接，各国往迹类如此者，宁能于中国而丑诋之？惟是中国虽云专制，而专制效力所不及之处，至为广

---

① 阶级　阶段，历程。

② 拿坡仑　通译为拿破仑。

③ 孟子曰："舜禹之有天下也，天与之，人与之。汤放桀，武王伐纣也，或箪食壶浆以迎之，或前徒倒戈以助之"　初印本、重印本上编第38页，原句无引号。在《孟子》中这句话本身也不连贯。点校本第319—320页，用一个引号括之，似有不妥。

④ 君之视臣如犬马，则臣视君如国人　语出《孟子·离娄章句下》，意为：如果君王把臣下看作狗和马，臣下就会把君王看作一般人。

⑤ 君之视臣如草芥，则臣视君如寇仇　意为：如果君王把臣下看做草芥，臣下就会把君王看作仇敌。语出《孟子·离娄章句下》，原句为："君之视臣如土芥，则臣视君如寇仇"。第一个"君"，重印本上编第38页，原误为"臣"。

⑥ 何莫非经自民权之义乎？　应为：难道不是源自或曰体现了民权主义吗？

远。盖除收税、折狱外,强半取放任主义。此中国自由民权之精神,所以长存而不没也。异国浅夫,乌足知之?①

迨至近年,自爱亲觉罗氏之衰运发现,威权不振。虽民心有思乱之象,而主张共和之说者盖鲜②,有之自孙逸仙始。若就此一事言之,逸仙亦一先觉者也,一伟男儿也。但信奉其主义者极鲜,其势力极微弱。此所以几举大事,屡经蹉跌,东奔西走,不得尺寸立足之地,以徼幸于不可知之浮名也③。而今共和民国已建设矣④,南北已统一矣,岂非目前之一大奇迹哉?

虽然,若以是谓支那民族,已抱共和之思想,则

主张不主张,尔乌从知之?孙逸仙固为民国革命先觉伟人,然有之自孙逸仙始一语,几以孙逸仙为专制国神圣魔王,尽将其他伟人一笔抹倒⑤。得勿精神病发现,误将梦呓中之天皇颠

---

① 在此前的论述中,中岛端说中国"无共和之历史,无共和之思想",民国以前的中国历代,"其形色制度,虽种种不一,然未尝行民主共和之政。其思想,其主义,又未尝一步出于专制政治之域外也",应有一定的道理。为了反驳中岛端,本段"译者曰"中所说"中国自古以来,虽无共和之形式,而有共和之精神","惟是中国,虽云专制,而专制效力所不及之处至为广远,盖除收税、折狱外,强半取放任主义,此中国自由民权之精神所以长存而不没也",并把孟子尊为"倡民权说之大家",似说服力不足。

② 主张共和之说者盖鲜　自译本第51页,为"未有主张共和之说者"。田译本第4页,为"尚无主张共和之说者"。日文本第60页,原为"未だ共和の説を主張せし者あらず"。鲜,初印本、重印本的上编第39页,原为"尠"。"尠"虽同"鲜",但此下第2行却直接用"鲜",故此"尠"似不宜径改为"鲜"。

③ 以徼幸于不可知之浮名也　自译本第51页,为"徒止流传昼伏夜行之名者也"。日文本第60页,原为"徒に海岸覗の浮名を謳はれし所以"。田译本第4页,为"寄居海外之所由来也"。

④ 而今共和民国已建设矣　自译本第51页,为"而今一旦突如,共和民国既已建设矣"。日文本第60页,原为"而して今や一旦突如として共和民國は建設せられぬ"。田译本第4页,为"而今突然建设共和政府"。

⑤ 此处说中岛端承认孙中山是革命先觉、伟人,即以其"为专制国神圣魔王,尽将其他伟人一笔抹倒",似觉牵强。在"孙逸仙之月旦"中,李大钊等人曾称孙中山为"造时势之英雄",并在"译者曰"中热烈赞扬道:"孙氏倡革命于举世不解共和之日,莽莽神州一身无所寄,流离海表,辛苦备尝。二十年如一日,遂有多数党人连翩而起,言孙之言,行孙之行,以与人道蟊贼穷凶极恶之专制政体抗。停辛伫苦,踏白刃而不辞。力填平等路,血灌自由苗,平等路如砥,自由苗而苗,中华民国乃见于东亚大陆。此岂书生弄舌鼓唇所能解者哉?……中华民国,乃真民国,乃真共和。有孙氏乃成其为民国,乃成其为共和国"(见点校本第285、293页,本书第267、276页)。就此来看,孙中山应属中国近代共和思想与实践第一人。承认这一点,与"几以孙逸仙为专制国神圣魔王,尽将其他伟人一笔抹倒",无必然联系。

不免皮相之见也①。试问共和二字，果如何之意义也？所谓自由平等②，又如何之意义也？遇此一问，而四万万人中，其能十分解答理会者有几人哉？问之王公大臣不知也，问之侍郎③丞参不知也，问之儒生不知也，问之士绅不知也，问之僧道平民更不知也。甚言之④，虽革命党中之铮铮人物，亦恐不知其真义也。至于各部首领，更不待言矣。夫人人无共和之思想，不知共和之意义，而共和政府，忽焉建设，共和政治，忽焉实行。余所称为一大奇迹者此也。

更进而言之，则共和政府之一日建设，共和政治之一日实行者，非即支那民族不知共和之真意义，不知自由民权之真主义之一大铁案哉？如曰不然，何不闻孙、黄二人近日之言也。彼等辞职之后，游说全国，不曰鼓吹共和思想乎？夫共和政府既已建设，共和政治既已实行，而反云鼓吹共和思想。本末颠倒，亦云甚矣，滑稽亦已甚矣。而支那民族之本来面目固如此，此非他种人之梦想所不及者哉？

　　译者曰：革命诸先觉，主张革命主义，垂二十年。虽屡失败，而再接再厉，终不稍懈。海内同志，闻风而起者，栉比鳞集。书报演说，遍于内地，聆其说者，辄痛心专制，引领共和，其

倒耶！谀人亦复丧心病狂。

那个不知，这个不知，说者自居于知之列。惟其自居于知而其实乃真不知，其浑真令人无从教诲。

① 则不免皮相之见也　自译本第51页，为"恐失于太早计，又不免为皮相之见矣"。日文本第60页，原为"恐らくは太早計に失せん。又皮相の見たることを免れじ"。田译本第4页，为"吾恐言之太早，且不免为皮相之见"。

② 所谓自由平等　自译本第51页，为"自由云，平等云，民权云"。日文本第60页，原为"自由と云ひ，平等と云ひ，民權と云ふ"。田译本第4页，为"自由平等民权者"。

③ 侍郎　初印本上篇第39页为"侍郎"，重印本上篇第39页误为"待郎"，点校本第321页校注为"〈待〉〔侍〕郎"。

④ 问之士绅不知也，问之僧道平民更不知也。甚言之　自译本第52页，为"问之乡绅，不知也。问之家塾先生，不知也。问之僧道，不知也。问之平民，不知也。如痛切言之"。在日文本第61页，原为"之を郷紳に問ふに知らざるなり。之を家塾先生村夫子に問ふに知らざるなり。之を僧道に問ふに知らざるなり。之を平民に問ふに知らざるなり。如し痛切に言はば"。田译本第4页，为"问之乡绅不知也，问之家塾先生村夫子不知也，问之僧道不知也，问之平民不知也。更痛切言之"。

势力先及于士绅①,次及于商民,次及于军界。武汉起义,旬月之间,白旗②已遍插扬子江上下游。革命说之中③于人心,既深且速,此其明证。夫吾亦非谓尽中国人皆有自由平等之思想也,皆深明共和之制度也。然试问凡一政治必俟人人了解其意义,而后推行之乎? 抑有大多数人了解,而即推行之乎? 若必待人人了解而后推行之,则将有一二人不了解其政治,即不能行也。如此持重,天下容有可为之事乎? 若谓大多数人了解即可推行也,则中国军学绅商各界④于社会尤占⑤势力,尚不得谓之大多数耶? 信如著者所云,今日日本陬曲农愚,确能一一领略宪政⑥之意义否? 此恐未必然矣。然则日本何以行君主立宪? 自责之不暇,尚刺刺不休论人耶!

征之法兰西革命史,前有路易十四世之专制暴横,后有路易十五世之淫乱放佚。外不戢干戈,内不修政刑,国力全竭,王室稍不振。于是时有孟德斯鸠之史论法理,有鲍尔狄⑦之文学词曲,有卢梭

推论法人处,背后恭维可谓尽致,满

---

① 引领共和,其势力先及于士绅　初印本、重印本上编第 39 页同此。点校本第 322 页断句为"引领共和其势力,先及于士绅",标点有误。

② 辛亥首义后,各地在独立起义后采用的旗帜,有青天白日旗,十八星旗,五色旗,八卦旗等,但是最流行、覆盖率最高的是白旗。有的在白旗上写一个"中"字,或者写一个"汉"字,有的像成都在"汉"字外面再画 18 个圈,更多的就是一块白布。

③ 中　zhòng,正对上,恰好合上,适合,符合。

④ 界　重印本上编第 40 页,原误为"男"。

⑤ 尤占　初印本、重印本上编第 40 页同此。点校本第 322 页,误为"占占"。

⑥ 宪政　初印本上编第 40 页同此。重印本第 40 页和点校本第 323 页为"宪改"。

⑦ 鲍尔狄　自译本第 53 页,为"婆耳提"。田译本第 5 页,为"包尔特"。日文本第 62 页,原为"ボルラーュ"。疑为伏尔泰(法语:Voltaire,1694—1778),原名弗朗索瓦—马利·阿鲁埃,法国启蒙时代思想家、哲学家、文学家,启蒙运动公认的领袖和导师。被称为"法兰西思想之父"。他不仅在哲学上有卓越成就,也以捍卫公民自由,特别是信仰自由和司法公正而闻名。尽管在他所处的时代,审查制度十分严厉,伏尔泰仍然公开支持社会改革。他的论说以讽刺见长,常常抨击天主教会的教条和当时的法国教育制度。伏尔泰的著作和思想,与托马斯·霍布斯及约翰·洛克一道,对美国革命和法国大革命的主要思想家都有影响。

之民约论。三大文豪，前后相踵而出世。以透彻燃犀之见解，快刀断丝之文辞，与热烈吐焰之至情，相倚相须①，不期而相合。鼓舞民气，开拓民心，涵养民意，于是共和主义、自由平等之说，翕然大起，风靡雷动。国中无贵贱，无老幼，崇拜渴仰而奉为金科玉律。大革命之端，实发于此也。

盖法人先有共和之思想（法国王政为共和主义之滥觞），有自由之主义，积数十年之日月，费数百千人②之辛苦经营，然后始成共和政体之实现。此其根底基础之牢固不拔，山岳不移，当大有为之时，发挥大有为之力，非所以凌轹前古，震惊后世哉！然而孙、黄之徒，无孟德斯鸠之识见学殖③，无鲍尔狄之词华绚烂④，无卢梭之气魄热情。前此未开拓支那民族之心胸，亦未能支配其感情，今乃于共和建设之后，始出于全国游说之一途。而支那民族，则四千年来不知共和之历史，复未闻共和之说法，一旦至于共和政治实行之后，始见共和思想之鼓吹。呜呼此亦悠悠大国之风哉！若此而谓于共和政体⑤有实现之资格，则西印度⑥之土蕃、南非洲之野蛮，皆

纸势利话头。法人见之定曰：倭人知我，胜我自知。

---

① 须　要求，寻求。也作“需”。

② 数百千人　日文本第62页、自译本第53页和田译本第5页同此。初印本、重印本上编第40页和点校本第323页，误为“数十年”，且与前一个“数十年”重复。

③ 学殖　《左传·昭公十八年》：“夫学，殖也；不殖将落。”杜预注：“殖，生长也；言学之进德，如农之殖苗，日新日益。”原指学问的积累增进，后泛指学业、学问。

④ 词华绚烂　日文本第63页，为“詞才絢爛”；田译本第5页同此。自译本第53页，为“绝妙好辞”。

⑤ 共和政体　初印本上编第41页同此。重印本上编第41页误为“共命政体”。点校本第324页校注为“共〈命〉〔和〕政体”。

⑥ 西印度　同“东印度”对称的地区名。十五世纪末和十六世纪初，意大利航海家哥伦布为寻找从欧洲通向东方的航路，四次西航大西洋，发现南、北美洲东北海岸和加勒比海的一些岛屿，误认为是印度。后来意大利探险家亚美利哥·维斯普奇到达南美东岸后，证明这是一块欧洲人所不知道的“新大陆”。后来欧洲殖民者就称南、北美大陆间的群岛为“西印度”。西印度群岛位于大西洋及其属海墨西哥湾、加勒比海之间，西端为古巴岛的圣安东尼奥角，向东弧状延至委内瑞拉以北海面上的阿鲁巴岛，包括大安的列斯、小安的列斯（合称安的列斯群岛）及巴哈马三大群岛。战略位置重要，为大西洋和太平洋间海上航线的必经之路，主要港市有古巴的哈瓦那、圣地亚哥，海地的圣多明各、太子港，波多黎各的圣胡安，特立尼达和多巴哥的西班牙港。

可为共和国民。天下岂有此奇怪之理哉?

　　译者曰:孟氏等能创抒①新论,风靡一时,卒成伟大之业固矣。然章太炎、汪精卫诸氏之《民报》②论议,渊渐起冶③,由是而后言论实行,双方并进,国运所趋,遂有今日之民国。东海西海,时异势殊,然而造点④固有同者矣。以强弱之不同,而崇贬之,遂信口雌黄。岛民性质,趋炎附势,觍然论列人国,得勿为当世羞哉?资格之说,尤属荒谬无稽。吾人之程度,平度计较⑤,诚不能与共和先进国并趋,此无容讳。天下事固不能一蹴而几。⑥至以视印度土蕃、非洲野人,相去尚不可以道里计,斯亦世界人公认者也。司马氏之用心,路人皆知。其言之谬,固不待论,而邦人对之不可不深省者也。

---

①　创抒　创造、抒发。

②　《民报》　革命派在海外的主要宣传阵地,创办于辛亥革命时期。前身为宋教仁在东京创办的《二十世纪之支那》,因第二期刊载《日本政客之经营中国谈》等文,尚未发行即遭日本政府没收,杂志被查封。同盟会成立后,将其改名《民报》作为会刊。孙中山为其撰写发刊词,提出了"三民主义"。该报的创办及其宣传,壮大了革命派的声势,也壮大了同盟会的队伍,成为进步舆论的中心。该报最高发行量达到1.7万份,第6至24期由章太炎主编(其中第19—22期由陶成章代理主编)。在出了24期后,曾一度被日本政府以"激扬暗杀"为由查禁。停刊一年后,由汪精卫在东京编发了第25、26期,1910年2月终刊。

③　《民报》论议,渊渐起冶　初印本、重印本上编第41页同此。点校本第324页,断句为"《民报》,论议渊渐起冶",或有误。

④　造点　应为名词,含义不详。

⑤　平度计较　平心而论。

⑥　几　接近,达到。

支那人无共和国民之素养

夫支那民族,不但无共和之历史、共和之思想,又绝无共和之素养。盖共和政体,为各种政体中之至难者,非人文程度最高之国民,不易实行。何则?专制政体,以一人之智勇,足以操纵众愚,驾驭众弱①。君主权力最强,威势最炽,事无不行,志无不成②,若自文化未开之世言之,至简易且便利也。共和则不然,既以民主为名,凡百之立法行政,不可不决诸公议。大自军国之重事,小至乡村之自治,无一不依众民之意见。苟人人不明事理,欲朝夕不重失败③而不可得。不但此也,自由平等之说,徒助长彼我之轧轹,争权争利,争势力,争名誉。社会百般之事,无一不为争夺之资④。又何望人文之发达,国运之勃兴⑤哉?要之,共和国民,最不可无教育之素养。若无之,则不足运用至难之政体也。

今支那已称共和民国,然以其文化程度,与古之希腊、罗马,今之美、法、瑞西⑥较,高欤低欤?虽自尊自大之中国人,恐未有不自颜赧然者。试观彼等现状,以读书识字,为人生第一要件,车夫马丁,

著者得毋谓日本之不能行共和政⑦者,以其人之程度,与西印度之土蕃、南非洲之野蛮等乎?

---

① 操纵众愚,驾驭众弱　日文本第64页为"衆愚衆弱を駕馭し操縱す"。自译本第54页,译为"驾驭指纵众愚众弱"。田译本第6页,为"驾驭操纵众愚众弱"。

② 权力最强,威势最炽,事无不行,志无不成　自译本第54页,为"权力最强,莫事不行,威势最炽,莫志不成"。田译本第6页,为"权力最强,势威最盛,故事无不行,志无不成"。日文本第64页,原为"權力最強く、威勢最熾んなれば、事として行はれざるはなく、志として成らざるはなし"。

③ 欲朝夕不重失败　初印本、重印本上编第42页同此。自译本第55页为"欲不日夕重蹈败失"。日文本第64页,原为"日夕失敗を重ねざらんとするも得べからず"。田译本第6页为"虽欲不重失败"。

④ 此句表明了中岛端对自由平等的偏见。

⑤ 勃兴　日文本第64页和自译本第55页,为"皇张"。田译本第7页,为"隆盛"。

⑥ 瑞西　今译为瑞士。

⑦ 共和政　应为当时的习惯用法。今通作"共和政体"或"共和政府"。

亦能言之。然目不识丁者,比比然也①。余尝游西湖,欲访岳王庙,而不知其所在。遥望前路有丈夫一,美服驰而行②。趋而及之,宛然一士人也。问以途径,其人瞠目久之,无一语。乃出笔纸,书"岳王庙在那处"示之。其人忸怩,面色潮红,③答"不晓得"之一语,匆匆去。盖没字碑也④。余呆然移时,颇怪之。其后往来南北殆十年,试之众人,大抵多明盲⑤也。或粗记姓名,或亦作日常应答之尺牍,而成略文辞之体者⑥,百人中不可得一人。如此京城中巡警及绿营兵,识字者少,不识字者多,真

---

① 虽自尊自大之中国人,恐未有不自颜赧然者。试观彼等现状,以读书识字,为人生第一要件,车夫马丁,亦能言之。然目不识丁者,比比然也　自译本第 55 页,为:"虽自尊自大著称之中国民,反省自顾,能不赧然。盍试见现在情状乎! 支那古来以读书识字为人生第一要件之国也,然无论车夫马丁,以至厨奴家仆,目无一丁字者,比比皆是"。对最后一句的翻译,自译本与北洋本差别较大。田译本第 7 页,为"虽如何自大自尊之支那国民,能不自顾而赧然哉? 试观彼等之现状,古来以读书识字为人生第一要件,然而车夫马丁以及厨奴家仆,目不识丁者,比比然也"。日文本第 64 页,原为"如何に自大自尊の中国民と雖、自ら顧みて赧然たらざらん者はあらじ。試に彼等が現状を觀よ。古来讀書識字を以て人生第一の要件とせる國柄なるに、車夫馬丁は言ふも更なり、厨奴家僕に至るまで、目に一丁字なき者皆是なり"。相形之下,北洋本的翻译似更接近于日文本,自译本与田译本的翻译则较为一致。自译本的译文,或对日文本有修改。

② 美服驰而行　日文本第 65 页,为"美服馬に騎りて行く者あり"。自译本第 55 页,为"鲜衣骑马而行者"。田译本第 7 页,为"衣美服骑马而行者"。

③ 自译本第 56 页,此处加"不敢正视"4 字。

④ 盖没字碑也　本指没有镌刻文字的碑石。特指泰山玉皇顶庙前的无字巨碑。喻虚有仪表而不通文墨的人。《旧五代史·唐书·崔协传》:"如崔协者,少识文字,时人谓之'没字碑'。"《新五代史·杂传十·安叔千》:"叔千状貌堂堂,而不通文字,所为鄙陋,人谓之'没字碑'。"自译本第 56 页和田译本第 7 页,为"盖亦眼里无一丁字者,即没字碑也"。日文本第 65 页,原为"蓋亦眼裏一丁字なき者、即没字碑なりき"。
日本李大钊研究者後藤延子,在 2014 年给笔者的信中提及:中岛端第一次到中国时,"用古代汉语会话,不怎么难"。对 20 世纪初的汉语,则不太熟悉,只能"用笔写字会话"。这样,他向路遇的杭州人问路,别人听不明白,对他写的问路纸条看不明白,都很有可能。故中岛端以此来证明"宛然一士人"的中国人是"没字碑",应有欠缺。

⑤ 自译本第 56 页,在"明盲"之后,加注"眼无一丁字之谓也"。

⑥ 或粗记姓名,或亦作日常应答之尺牍,而成略文辞之体者　成略,初印本、重印本上编第 42 页同此,或为"略成"之误。自译本第 56 页,为"或仅知记自己姓名。至于能作日常应酬尺牍,或略成文辞体者"。田译本第 7 页,为"或仅知自己之姓名。其有能作日常应答之尺牍,或略成文章之体者"。日文本第 65 页,原为"或は纔に自己の姓名を記することを知るも、日常の應答尺牘を作り、或は略ろ文辭の體を成す者"。

可谓言语道断①（称北军第一猛将之姜桂题亦不能执笔②）。惟商人大概能识文字，因平生为买卖交易也。

至近时政府，亦知普通教育之不可忽，以此为宪政预备之第一著。于京师及省会、州县、乡镇，各设小学校，以锐意奖励教育称。虽然，具文虚饰，为支那人之本色。在上者既以此导其群下，在下者亦以此迎合上旨。观夫宪政豫备之豫定表③，宣统元年国民中识字者应得百分之几④，二年应得百分之几，三年应得百分之几。逐年如法进其率，而无何等实际之确据，惟习于杜撰，就案上而记注加减耳。此足见与教育上之效果，无何等之关系也。

余又尝见学部之学校一览表，二十一省中，小学校若干所，生徒之人数若干。详细检点每校不过仅十数人，此岂真设小学耶？盖换从前村舍私塾⑤之名目，而为某某小学校耳。且端方⑥称为一时有为之政治家，名望居袁、岑之次⑦。代理两江总督时，于一二月间，设南京城内之小学校三十五所。而教育之配置，经费之豫算，初不过问。谓敏捷则

① 言语道断　日文本第 65 页同此。原为佛家语，指意义深奥微妙，无法用言辞表达。语出《缨珞经》："言语道断，心行处灭"。后指不能通过交谈、谈判的方法解决问题。自译本第 56 页，译为"咄咄怪事"。

② 不能执笔　田译本第 7 页，为"不能提笔"。自译本第 56 页，为"眼无丁字"。日文本第 65 页，原为"無筆なり"。

③ 宪政豫备之豫定表　通称《九年预备立宪逐年筹备事宜清单》，颁布于 1908 年 8 月。

④ 百分之几　自译本第 56 页为"若干分"。田译本第 8 页为"若干人"。日文本第 65 页，原为"若干プロセント"。

⑤ 村舍私塾　自译本第 57 页，为"家塾"。田译本第 8 页，为"私塾"。日文本第 66 页，原为"寺小屋的私塾"。

⑥ 端方 1861—1911，清末大臣，金石学家。托忒克氏，字午桥，号陶斋，满洲正白旗人。光绪八年（1882 年）中举人，历督湖广、两江、闽浙，宣统元年调直隶总督，后被弹劾罢官。宣统元年起为川汉、粤汉铁路督办，入川镇压保路运动，为起义新军所杀。谥忠敏。著有《陶斋吉金录》《端忠敏公奏稿》等。

⑦ 名望居袁、岑之次　自译本第 57 页，为"名望不亚于袁、岑"。田译本第 8 页，为"有亚于袁岑之名望"。日文本第 66 页，原为"袁岑に亞ぐの名望ありき"。
岑，即岑春煊（1861—1933），原名春泽，字云阶，广西西林县人。壮族，云贵总督岑毓英之子。1900 年八国联军进犯京津地区，岑春煊率兵"勤王"有功，成为清末重臣，与袁世凯势力抗衡，史称"南岑北袁"。

敏捷矣,谓乱暴则乱暴①亦甚。于江苏巡抚任中,始建师范学堂,一年计经费六万余元,然无一定之常费。及将去②江苏,颇苦于善后之处置,仅踌躇四顾,得见铜元铸造之利,仅足弥缝③。大抵如是之手段,以如是之姑息,粉饰一时,而不问实际之效果如何,中国官场之通例也。一省如此,他省亦如此。一人如此,他人亦如此。则如小学校云云,识字者人数云云,可知不过具文虚饰耳。

译者曰:著者而谓具文虚饰,为吾国人之本色,引满清官场之腐败现象以实之,不知此正满清腐败政府之不见容于国民,而急欲推倒之者也。满清已被淘汰,则其战胜满清者,必其优越于满清者也。乌得以视满清之眼光而逆亿④之乎?且民军一起,各省响应,不数月而民国告成。教育虽尚未普及,而民国已见于世,正不得不谓基于人民之一般新理想,是亦教育上之效果也。

余尝以为支那人恒称中国人口⑤四万万人,十倍于日本,而其实不过日本十分之一也。何则?切实计之,则四万万人中,能读书作字者,恐不足四五百万人也。夫读书作字,非共和国民惟一之资格。然读书作字,为共和国民之资格中,最容易之一科目,又为最紧要之一科目,不待知者而后知也。今

何必吹牛太甚!维新之际⑥,以视吾人何如?时间先后,竟尔妄自尊大⑦。子诚岛国人也,好

---

① 乱暴　日文本第67页同此;自译本第57页,为"孟浪"。田译本第8页为"颠顿"。

② 去　离开。

③ 颇苦于善后之处置,踌躇四顾,得见铜元铸造之利,仅足弥缝　自译本第57页,为"颇觉棘手,最后赖有铜元余利一项,因而才得弥缝"。田译本第8页,为"颇苦于善后之处置,幸而发见铜货铸造之利益,遂移之以充其经费"。日文本第67页,原为"颇る善後の處置に苦しみしが,辛うじて銅貨鑄造の利益を看出して,纔に彌縫することを得たりき"。

④ 逆亿　(1)谓事先疑忌别人欺诈不正。(2)猜想;预料。

⑤ 人口　田译本第8页同此。日文本第67页和自译本第57页,为"生口"。

⑥ 维新之际　应指日本的明治维新之前。

⑦ 时间先后,竟尔妄自尊大　意为:维新的时间领先于中国,使得中岛端妄自尊大。

以日常之书牍不能读、一字亦不能写之支那人,而占大多数。一旦遽曰人权自由,曰共和政体,其不免滑稽突梯固也,岂真奇想天外者耶！且支那人之教育上不免缺乏①,不但下等社会为然,虽读书士人亦然。彼等尚未完全脱却旧时科举之遗物,弄无用之闲文,纵不稽之空谈。十三经、二十四史之大略涉猎之者,殆不多见。其赖一种帖括之便,而为帐中之秘册者,则比比皆是,况新智识、新学问乎？下自州府之长吏各司道,上至各省总督巡抚,无谙练本国之法政制度者,况新政治②新制度乎？乃中央政府,自各部之尚书,以至王公大臣,如曰庆王,曰醇王,曰朗,曰洵,曰涛,曰那桐、世续、徐世昌③之辈,果能总核④中央之政体,窥见法律⑤之一班者,何人欤？孟子曰:上无道揆也,下无法守也,君子犯义,小人犯刑,国之所存者幸也⑥。又曰:上无礼,下无学,贼民⑦兴,丧无日矣。洵谓此也。

　　译者曰:此段所言,尤属狂妄无稽,不辩自明也。以中国现在肄业之学生计之,亦必在日本人十分之一以上。当前清之季,中国读书人士未有不输入新智识而具改革之新思想者。武汉首义,各省遽收响应之效果,职是故也。

气量！

---

① 教育上不免缺乏　日文本第 68 页为"教育上缺乏を免かれざる"。自译本第 58 页,译为"少教育素养"。田译本第 9 页,为"不免教育上之缺点者"。

② 政治　日文本第 68 页和田译本第 9 页同此。自译本第 58 页,为"法政"。

③ 曰醇王,曰朗,曰洵,曰涛,曰那桐、世续、徐世昌　日文本第 68 页,原为"醇王と曰ひ、朗と曰ひ、洵と曰ひ、涛と曰ひ、那桐、世續、徐世昌"。田译本第 9 页,为"醇王、朗、洵、涛诸贝勒、那桐、徐世昌、世续"。自译本第 58 页,译为"曰醇王,曰肃,曰恭,曰朗,曰洵,曰涛,其他如那桐、世续、徐世昌",增加"曰肃,曰恭"。
　　世续(1852—1921),字伯轩,索勒豁金氏,隶内务府满洲正黄旗。清末军机大臣,历转文华殿大学士,充宪政编查馆参预政务大臣。

④ 总核　亦作"总覈"。谓综合起来加以考核。王充《论衡·难岁》:"总覈是非,使世一悟"。

⑤ 法律　日文本第 68 页和自译本第 58 页,为"刑法制度"。田译本第 9 页,为"刑法之制度"。

⑥ 上无道揆也,下无法守也,君子犯义,小人犯刑,国之所存者幸也　在初印本、重印本的上编第 44 页和自译本第 58 页,此句都未加引号。一定要加引号,则应为"上无道揆也,下无法守也,……君子犯义,小人犯刑,国之所存者幸也"。道揆:准则;法度。

⑦ 贼民　自译本第 58 页,误为"财民"。

至满清中央政府之腐败,王公大臣之无学无识,信如著者所云矣,然与今日之民国无关。牵强附会,言语无味,著者有焉。

往年有五大臣出洋考查宪政,载泽、端方、戴鸿慈①诸人,尝调查日、美、英、德、法之宪法矣。然五大臣真出洋大臣耶? 世界周游大臣耳。倏焉访问帝王总统,倏焉游览伦敦巴里②。长则一年,短则半岁。曾亦劳心目,费思量? 及其归国,各赍复命之文书,曰某国宪政通览,曰某国立宪史,曰某国法制沿革③。尨然④巨册大篇,修章缕析,整齐详密。俨然中华之出洋大臣,使于四方不辱君命者也。岂料行囊中所秘藏者,多东京书肆之物;原稿大抵成于留学生之译笔⑤。其糊涂粉饰,汲汲于具文虚名如此。而何问实际之素养,实际之效果乎? 痛切言之,无论朝野,专制政治,亦缺完全实行之力量。何况立宪乎? 何况共和之政体,自由之主义乎? 口吻之模仿,殆或能之;求诸实际,殆为梦境⑥。人文程

---

① 戴鸿慈(1853—1910)　字光孺,号少怀,晚号毅庵,广东南海人。光绪二年进士,身历咸丰、同治、光绪、宣统四朝,历官刑部侍郎、户部侍郎、刑部尚书、军机大臣,是清朝二百余年广东省籍任职最高的官员,其一生的亮点是作为清末出国考察五大臣之一,出洋考察及回国后倡言和参与新政。

② 巴里　今译为巴黎,法国首都。

③ 曰某国宪政通览,曰某国立宪史,曰某国法制沿革　据有关论者考证,1906年6、7月间,杨度和梁启超为清廷派遣的出使各国考察政治大臣戴鸿慈与端方代拟了下列奏稿,即《中国宪政大纲应吸收东西各国之所长》、《实行宪政程序》和《考察各国宪政报告》、《请定国是以安大计折》、《请改定官制以为立宪预备折》、《请定外交政策密折》、《请设财政调查局折》与《请设立中央女学院折》等。载泽、端方等5人回国时,带回有关书籍400余种,辑为《列国政要》133卷、《列国政要续编》94卷和《欧美政治要义》18卷。此处所说"某国宪政通览""某国立宪史""某国法制沿革",不详。

④ 尨然　méng rán,高大貌。尨,通"庞"。柳宗元《三戒·黔之驴》:"黔无驴,有好事者船载以入。至则无可用,放之山下。虎见之,尨然大物也,以为神。"

⑤ 原稿大抵成于留学生之译笔　日文本第69页,为"原稿は大抵留學書生の譯筆に成りし者ならんと"。自译本第59页,译为"底稿概系留学生代译"。田译本第10页,为"原稿大抵由留学生译成"。

⑥ 求诸实际,殆为梦境　自译本第59页,为"如其中心融然理会,未曾梦想料及"。日文本第69页,原为"中心理會し得るが如き、夢にも思ひ寄らぬ事なり"。田译本第10页,为"至于中心之理会,虽梦亦不能及也"。

度如此,此可谓有共和之素养乎哉?

　　　　译者曰:所谓素养者,精神的耶? 形式的
耶? 以云精神的,则吾人之所素养者,其所由
来者远矣。以云形式的,岂有专制之日,颁布
素养共和之诏旨,施行素养共和之教育,以备
将来改造共和之事! 盲人说日,无有是处。

　　近时有所谓留学生者,称新知识之渊丛。支那
民族将来之运命,实系于此辈。就其在日本者观
之,由初至今,计几万人。其挚实笃学之人有之,聪
明怜利①之人有之,气力炽盛之人有之,学行优良
之人亦有之。然其大多数则轻佻浮薄,无骨头,无
气概,无根蒂,好色爱钱,鄙吝而淫佚,佞媚而横
著②。留学生、下宿屋③、下女之三者连环,本国之
新闻纸,至传为笑柄。其甚者有以诱惑、污玷良家
之子女,而鸣其得意者。其气力稍强者,则附和雷
同,嚣张虚憍;遇事辄骚然,摇惑④无定。其弱者卑
屈怯懦,如无骨之海鼠⑤、海母⑥。大抵此辈之研究
新学,除发财升官外,别无目的。若祖国之安危,民
族之休戚,虽挂诸口吻,然名实表里,多不相副。求
其不图一身之利达⑦,而始终贡献于国家,如我维

良心语一现。⑧

得非穷岛污秽之所
致乎? 奉劝国人幸
勿再失足也。

---

① 怜利　同"伶俐"。
② 横著　日文本第70页同此。自译本第60页,为"狡猾"。田译本第10页,为"横暴"。
③ 下宿屋　出租的房屋。
④ 摇惑　日文本第70页、自译本第60页和田译本第10页,为"飘摇"。
⑤ 无骨之海鼠　田译本第10页同此。日文本第70页,原为"骨なきの海鼠"。自译本第60
　页,为"无骨无筋之海鼠"。海鼠,又名刺参、海参,是一种名贵海产动物,因补益作用类似
　人参而得名。海参肉质软嫩,营养丰富,是典型的高蛋白、低脂肪食物,滋味腴美,风味高
　雅,是久负盛名的名馔佳肴,是海味"八珍"之一,与燕窝、鲍鱼、鱼翅齐名。
⑥ 海母　日文本第70页和田译本第10页同此。自译本第60页,为"无目无口之海母"。海
　母,通称水母,是海洋中重要的大型浮游生物。无脊椎动物,属腔肠动物门。
⑦ 求其不图一身之利达　自译本第60页,为"求其远在海外,崎岖艰关,不图一身之利达"。
　日文本第70页,原为"其一身の利達を圖らずして"。田译本第10页,为"始终不图一身
　之利禄"。
⑧ 良心语一现　点校本第33页,误为"良心语现"。

新前壮年书生者,殆无一人。观曹汝霖①、金邦平②、汪荣宝③一辈之在北京,官爵利禄以外,无复何物。其附王大臣,附大总统,附强有力者,持"浮萍今日对岸开④"之态度,而不自知其丑者皆是⑤也,此留学生之真面目也。若夫留学于欧美者,其品德较优,种类尚善,故其学业亦颇可观⑥。所以然者,以留学于日本者,往来甚便,文字相类,其从事也易易。费用颇廉,其需用也无多。是以一般蠢奴村夫轻躁浮夸之流,甚至咽⑦哑聋盲之辈,连绎不绝于途⑧。种类庞杂,教养艰苦,而其效果不良,

---

① 曹汝霖(1877—1966)　字润田。清末民初高级官员,新交通系首领。早年留学日本。五四运动时期,被指为卖国贼,住宅遭烧毁。抗日战争时期,曹汝霖不愿意与日本人合作,拒绝担任伪政府总理大臣一职。后被强行挂上"伪华北临时政府最高顾问"、"华北政务委员会咨询委员"等虚衔。

② 金邦平(1881—?)　字伯平,安徽黟县人。1899年留学日本早稻田大学,1902年毕业回国。历任翰林院检讨,袁世凯文案,北洋常备军督练处参议,宪政编查馆谘议官、资政院秘书长等。民国成立后,历任中国银行筹办总办,政事堂参议,农商部次长,全国水利局副总裁,农商部总长。1927年辞职后在天津英租界居住,致力于实业活动,曾任天津启新洋灰公司经理,上海启新洋灰公司经理,耀华学校校长。

③ 汪荣宝(1878—1933)　江苏元和(今苏州)人。好训诂词章。光绪二十三年(1897)拔贡。后留学日本早稻田大学,尝师事章太炎。归国后任京师译学馆教习。1908年迁民政部右参议,1911年为资政院议员、协纂宪法大臣。1912年,被举为临时参议院议员。后又任众议院议员,并加入进步党。1914年出任驻比利时大使。1915年归,任宪法起草委员会委员。后任驻瑞典大使。1922年转驻日公使。著有《思玄堂诗集》《清史讲义》《中国历史教科书》《法言义疏》《汪荣宝日记》等。

④ 浮萍今日对岸开　日文本第70页,原为"浮萍や今日は向ふの岸に咲く"。自译本第60页,译为"趁水浮萍,昨东今西"。田译本第11页,为"得意"。

⑤ 皆是　自译本第60页,为"滔滔皆是"。日文本第71页,原为"滔々皆是なり"。田译本第11页,未译相关词汇。

⑥ 故其学业亦颇可观　田译本第11页,为"其学业成绩,亦颇可观"。自译本第61页,为"其学业成绩,似亦较良好"。日文本第71页,原为"其の學業も亦やゝ好成績を見るに似たり"。

⑦ 咽　yè,咽部有阻塞,发音低沉不畅。

⑧ 所以然者,以留学于日本者,往来甚便,文字相类,其从事也易易。费用颇廉,其需用也无多。是以一般蠢奴村夫轻躁浮夸之流,甚至咽哑聋盲之辈,连绎不绝于途　田译本第11页,为"大抵来日本留学者,取其往来之便利,且文字相似,加之费用亦廉,故愚物来,粗苯汉亦来,盲者来,聋哑者亦来"。自译本第61页,为"盖留学生之东来者,取其水陆往还甚便,取其文字相类,肄业甚易,取其费用甚廉,故愚物来焉,粗苯汉来焉,轻躁者来焉,盲者来焉,聋哑者来焉"。日文本第71页,原为"大抵留学生の日本に来る者は、其往来の甚だ便なるを取り、其文字相類して、勉學の甚だ容易きを取り、其費用の甚だ廉なるを取る。故に愚物も来り、粗笨漢も来り、輕躁者も来り、盲者も来り、聾唖者も来る"。

亦毫无足怪者。故留学欧美,成绩稍著,亦自然之势耳①。虽然,比较观察,固有彼善于此之概。实际验之,亦不见特色之安在也②。留学欧美者,自曾国藩时代,早已发轫。如马建忠③、严复④、伍光建⑤、伍廷芳、唐绍仪、梁敦彦⑥等,实留学界之铮铮佼佼者。其树立⑦已如彼,则今日之留学生,不待龟蓍,可以枚卜矣⑧。盖彼辈能脱仕进利禄之观念者,实凤毛麟角,不啻沧海一滴也。以此九牛一毛,安望其指顾大局,左右时势乎哉?纵曰能之,亦支持暂时,非至于势穷力屈,芒芒然贸贸然不止⑨。

英雄造时势,时势亦造英雄。马、伍诸公际前清时,故其表见仅此。易地以处,则岛人所谓轰轰烈烈之伊籐

----

① 留学欧美,成绩稍著,亦自然之势耳　自译本第61页,为"留学欧美诸国者则反是,故视之留日学生,品质学艺,在数筹上,亦自然之理势也"。田译本第11页,为"留学于欧美者则反是,故其品质成绩,均在日本留学生数筹之上,亦自然之理也"。日文本第71页,原为"歐米に留學する者は是に反す。故に日本留學生に比較するに、品質成績数籌の上に在り。亦自然の理勢なり"。

② 虽然,比较观察,固有彼善于此之概。实际验之,亦不见特色之安在也　此句在日文本第71页、自译本第61页和田译本第11页,未见对应语句。

③ 马建忠(1845—1900)　别名干,学名马斯才,字眉叔,江苏丹徒(今镇江)人,中国清末洋务派重要官员,外交家,也是近代杰出的语言学家。

④ 严复(1854—1921)　原名宗光,字又陵,后改名复,字几道,福建侯官人,曾任京师大学堂译局总办、上海复旦公学校长、安庆高等师范学堂校长,清朝学部名辞馆总编辑。是清末著名的资产阶级启蒙思想家,翻译家和教育家。

⑤ 伍光建(1867—1943年)　原名光鉴,字昭,笔名君朔、于晋,广东新会人。中国近现代著名翻译家、外事活动家和启蒙教育家。第一个用白话文翻译西方名著并取得巨大成就,开创了白话文西书中译的新时代。

⑥ 梁敦彦(1857—1924)　广东顺德人。1872年作为第一批幼童被清政府派往美国留学。1878年考入耶鲁大学,1881年夏与其他学生一起被全部召返回国。1904年任汉阳、天津海关道。1907年起,任清外务部右侍郎、会办大臣兼尚书等职。1914年任北京政府交通总长。1913年欧美同学会成立时首任会长。

⑦ 树立　建立,建树。

⑧ 不待龟蓍,可以枚卜矣　自译本第61页,为"亦可知矣"。田译本第11页,为"可知矣"。日文本第71页,原为"亦知るべし"。

⑨ 盖彼辈能脱仕进利禄之观念者,实凤毛麟角,不啻沧海一滴也。以此九牛一毛,安望其指顾大局,左右时势乎哉?纵曰能之,亦支持暂时,非至于势穷力屈,芒芒然贸贸然不止　自译本第61页,为"究竟脱发财升官之窠臼者,其人不甚多。自四万万人见之,仅九牛之一毛耳,安足左右指导大局耶!或左右指导之矣,日久势穷,力屈气索,亦终芒芒然归来而已"。田译本第11页,为"其有能脱发财升官之巢[窠]曰,而谋国家之大事者,寥寥如晨星之可数。由四万万人观之,不过九牛一毛而已,安能左右大局哉?纵令能之,亦不久而势穷力尽,终不能安其位而已"。日文本第71页,原为"究竟發財昇官の窠臼を脱せる者、其人甚だ多からず。四萬々人より之を見れば、九牛の一毛のみ。安んぞ大局を左右し指導するに足らん。たとひ或は左右指導することを得るも、日久しうして勢窮まり力屈し、亦終に芒々然として歸り来らんのみ"。芒芒:迷茫;模糊不清。芒,通"茫"。

要之,支那人教育之窊下,文化之幼稚①,诚有出乎吾人意料外者。推原其故,虽由于历代帝王愚民政策之至精且密,又加以满清康、乾枭雄之主,囊括民心之所由致②。苟非其国民本来面目,游惰因循,不自振作,未必至于斯极也。由是言之,今日支那人所以欠缺共和之素养,不可不谓非自作之灾③,不可逭者。

　　译者曰:此段所云,不啻为吾国留学生写一肖像,逼似逼真,然以此遂推测吾国全体国民无共和之素养,亦未免有武断之疵。大抵世界各国,虽如何文明,如何智识高尚之邦,断不能无一二疥癣之流。而谓支持大局,维持现状,全赖斯辈,殊未必然也。吾国近日执政④,此辈滥竽之时,实绝无仅有之事。且国家之强弱,与太仓⑤粒米之留学生,实无绝对因果之关系。论者敢谓世界强国尽出于该国一二留学生之赐也乎?知其一而不知其二,徒觉其识之褊猲⑥而已。

公⑦,恐尚未必与马、伍等。时境不同,成就遂异。浮薄⑧儿只知以成败论人耳。

良心乍见复隐,可为著者之人格一叹。

① 支那人教育之窊下,文化之幼稚　田译本第11页,为"支那人之无教育,而文化之程度亦低者"。自译本第61页,为"支那人之无教育,文化程度至低"。日文本第71—72页,原为"支那人の無教育にして、文化程度の至りて低きこと"。
　　窊下,音yǔ xià,凹陷;低下。《荀子·大略》:"流丸止於瓯臾"。清王先谦集解:"瓯臾,窊下之地"。清冯桂芬《重建吴江松陵书院记》:"此邦故称瘠土,受贼蹂躏最烈,重以地形窊下,比岁秋霖损稼,景象雕坋,户鲜素封,徵工兴役,事势维艰"。
② 囊括民心之所由致　自译本第61页,为"最用力于此"。日文本第72页,原为"最も力を此に用ゐたり"。田译本第11页,为"极用力于此"。
③ 自作之灾　日文本第72页,原为"自招之灾"。田译本第11页类此。自译本第62页为"自作孽"。
④ 吾国近日执政　含义不详。或为"共和新政"之意。
⑤ 太仓　古代京师储谷的大仓。
⑥ 褊猲　气量、见识狭隘。褊,音biǎn。
⑦ 伊籘公　即伊藤博文(1841—1909),日本近代政治家。日本第一个内阁首相,第一个枢密院议长,第一个贵族院院长,首任韩国总监,明治宪法之父,立宪政友会的创始人。四次组阁,任期长达七年。其间发动中日甲午战争,使日本成为东亚头号强国。
⑧ 浮薄　初印本上编第46页,原为"浮薄"。重印本上编第46页,误为"浮溥"。点校本第333页,校注为"浮〈溥〉〔薄〕"。

支那人无共和之信念

　　支那人既无共和历史,又无共和思想,复缺共和素养,焉有共和之信念乎?彼一时赞成①共和者,不过以爱亲觉罗氏久失民心,复无超群逸众之伦,建伟大之事业,挽已去之人心②。故不得不暂缺君主,由公众之名,为一时弥缝之计,以杜绝纷争之源而已。此不惟中人之资所同见,即彼铮铮之政界人物,亦未尝据确乎不拔之怀抱,以还我真正自由,建设实在共和为主义③。其余愚氓,更不知自由平等为何物,共和政体为何事,只以厌苦秕政,希免涂炭,日祈更张新政,免除租税,故随声响应,附和雷同。而好事者流,喜乱之辈,乘便劫掠,恣意攫夺④。武昌兵变,消息传来,风靡全国。南则盲从,北则妄应。自形式上观之,似乎自由之心膨胀,共和之效果易于成就也。而自里面观之,适足以征其飘飘泛泛无一定之根蒂而已⑤。

---

① 赞成　日文本第72页、田译本第12页同此,自译本第62页译为"雷同"。

② 复无超群逸众之伦,建伟大之事业,挽已去之人心　自译本第62页,为"无一大英雄,事业功绩,拔群绝伦者,出而代之"。日文本第72页,原为"而して一大英雄の事業功德拔群絕倫なる者、出でて之に代る者なきを以て"。田译本第12页,为"现又无一事业功德超群绝伦之大英雄出而代之"。

③ 以还我真正自由,建设实在共和为主义　自译本第62页,为"谓主义必不可不自由,政体必不可不共和也"。日文本第72页,原为"主義は必ず自由ならざるべからず,政體は必ず共和ならざるべからずと曰ふ"。田译本第12页,为"言主义必不可不自由,而政体必不可不共和也"。

④ 而好事者流,喜乱之辈,乘便劫掠,恣意攫夺　自译本第62页,为"甚者好事喜乱之徒,欲乘变故之际,小则恣劫掠,大则攫取功名富贵而已"。田译本第12页,为"甚至好事喜乱之徒,乘变故小而恣肆劫掠,大而攫取功名富贵而已"。日文本第73页,原为"甚しきは事を好み亂を喜ぶの徒、变故に乘じて、小は劫掠を恣にし、大は功名富貴を攫取せんとするのみ"。

⑤ 武昌兵变,消息传来,风靡全国。南则盲从,北则妄应。自形式上观之,似乎自由之心膨胀,共和之效果易于成就也。而自里面观之,适足以征其飘飘泛泛无一定之根蒂而已　自译本第62—63页,为"如夫武昌兵变一传,南北各省皆动,山东山西亦响应,不特不足为支那人热心于自由,而共和政体易行之证左,适见其思想信念,泛泛摇摇,无一定根蒂也"。田译本第12页,为"夫武昌之兵变一传,南北各省,皆闻风而起,山东山西亦相继响应。此不但不足为支那人之热心自由及易行共和政体之证左,适足见支那人之思想信念,飘飘泛泛而不定也"。日文本第73页,原为"夫の武昌の兵變一たび傳はりて、南北各省皆動き

　　译者曰:吾国此次革命,纯系政治上之目
的,毫无种族之介蒂。世界各国,莫不洞悉。
武昌起义之翌日,黎都督即宣言①曰:推倒专
制之局,建设共和之制。禁止残戮无辜,保护
人民生命财产。而南北响应,实足觇我国民程
度之高,民权膨胀之度。若谓一般国民均昧于
自由平等之意义,不识共和制度之真谛,乃臆
度之词,吾国民所不忍受也。总之厌苦秕政,
希免涂炭,即为吾国倾覆专制、建造共和之绝
大原因,未可持之以讥吾国民也。至所谓变更
政体,为飘飘泛泛无一定之根蒂,则是非伏
翕②于天皇神圣不可侵犯下之国民,不得言有
根蒂矣。若夫乘乱劫掠,尤为无稽之甚。自武
昌论之,起义次日,商不辍市,民不止耕,已收
严肃治理之效。著者何所见而言此?

　　试观山东巡抚孙宝琦③,身膺疆吏,不以镇摄
军民为事,乃先入叛列。北望魏阙,涕泗滂沱,貌假
满廷忠良之声,外受军人胁迫之力,俨然标榜独立。
铺张民气之喧腾,亦似山东独立,由于天与人归、无

山東山西亦響應するが如き、但に支那人の自由に熱心にして、共和政體實行の容易なる
證左と爲すに足らざるのみならず、適適支那人の思想信念の飄飄泛泛一定の根蒂なき
を見るに足るなり"。

　　膨胀　初印本、重印本上编第 48 页,都为"膨涨",点校本第 355 页,校改为"膨〈涨〉
〔胀〕"。

① 武昌起义之翌日,黎都督即宣言　辛亥起义第二天即 10 月 11 日,湖北军政府强推黎元洪
为都督,并以他的名义发布《中华民国军政府鄂军都督黎布告》。12 日又相继发布《中华
民国军政府布告全国文》《黎都督布告海内人士电》等。10 月 13 日,黎元洪的态度开始变
化。10 月 15 日,在武昌阅马场召开的大会上,黎元洪宣读了《祭告天地文》《祭告黄帝文》
和誓词。

② 翕　音 xī,闭合;收拢;顺从。

③ 孙宝琦(1867—1931)　字慕韩。浙江杭州人。1911 年初,任山东巡抚。辛亥革命爆发
后,山东革命党人纷纷集会,要求山东独立,并推举他为交涉长,但他竭力阻挠和反对。在
山东独立实现、并被推为总统(迅即改称大都督)后,他不久就宣布此系误会,并大肆破坏
独立,镇压群众,在短短 10 多天内山东独立即被取消。此后历任北京政府外交总长、代国
务总长、国务总理、外交委员会委员长、中法大学董事长等。

可如何者①。乃遇袁世凯之一睨②，受贾协统之反
对③，遂神气沮丧，仓皇失措，终出于独立之取消。
其丑态为何如乎！盖孙实庆王之姻戚④，庆王乃袁
之私主⑤也。其宣言独立也，适在袁未起用之先。
彼其心以为江南独立，北地戒严，征讨之军，不日南
下⑥。山东南连江苏，北冲直省，扼津浦铁路之要，
控沿海险固之局，整戎赠饷，势所不免。则何如借
独立之名，占旁观之地，既不党南，又不援北，免筹
兵饷之责，且偷旦夕之安。一俟南北胜负区分，再
决去从。此孙宣言独立之隐衷也。殆袁氏起用，南
北互争，袁既不表示赞成共和之意，又假拥戴满廷
之名。大兵出征，一缘京汉铁路而出发，一由津浦
铁路而进攻。此时山东既已独立，不得不拒其过

---

① 身膺疆吏，不以镇摄军民为事，乃先入叛列。北望魏阙，涕泗滂沱，貌假满廷忠良之声，外
受军人胁迫之力，俨然标榜独立。铺张民气之喧腾，亦似山东独立，由于天与人归、无可如
何者　自译本第 63 页，译为"以地方督抚之大吏，而不肯绥抚反侧。夙入叛徒之列，藉言
北望魏阙，不禁涕泪滂沱，一面则妆满廷忠臣声色，一面则佯为迫于众心，万不得已，标榜
山东省独立，昌言民气喧腾"。
田译本第 12 页为"以身居地方大吏之任，不镇抚部下之军民，而先入谋叛之列。北望魏
阙，不禁涕泪滂沱，一面装满廷忠臣之声色，一面如迫于人心之趋向而万不得已，标榜山东
省之独立，助长民气之喧腾"。
日文本第 73 页，原为"其身の地方大吏の任に居りながら、部下の軍民を鎮撫せんともせ
ず。逸早く謀叛の列に入り、北魏闕を望みて、涕淚滂沱を禁ぜずなど、一面は滿廷忠臣
の聲色を粧ひ、一面は人心の歸向に迫られて、萬已むことを得ざるが如く、山東省の獨
立を標榜して、民氣の喧騰を吹聽したりし"。
② 袁世凯之一睨　1911 年 11 月 15 日，山东独立后两天，袁世凯入京组阁，任总理大臣。上
台伊始，他便电令各省督抚，"设法激励将士，取消山东独立"。在各方面的压力下，山东
独立仅维持了 13 天，便宣告取消。
③ 贾协统之反对　田译本第 12 页同此。日文本第 73 页，为"賈協統(旅團長)の反對"。自
译本第 63 页，为"贾协统反噬"。贾协统，即驻济南西郊的第五镇(师)第十协(旅)协统贾
宾卿(代理镇统制)。辛亥革命爆发后，支持山东独立，并被推举为副总统(迅即改称副都
督)。因为第五镇官兵对山东独立意见不一，贾宾卿无力控制局面，被迫辞职。此处说贾
宾卿"反对"山东独立，似不确。
④ 孙实庆王之姻戚　孙宝琦的女儿嫁给了庆王奕劻的儿子。
⑤ 私主　日文本第 73—74 页、自译本第 63 页和田译本第 13 页，皆为"私党"。
⑥ 彼其心以为江南独立，北地戒严，征讨之军，不日南下　自译本第 63 页，为"彼其意谓今江南
各省，已宣言独立矣，北京政府不得不出军讨之"。田译本第 13 页，为"彼心以为江南各省，
现已宣言独立，北京政府，不能不出军征讨"。日文本第 74 页，原为"彼其心に以爲へらく、
今江南各省、已に獨立を宣言せり。北京政府は軍を出して之を討ぜざるを得ず"。

境,以实其独立之名。孙氏自谋,殊觉狼狈,因不惜昧却初心,取消独立,贻笑于人也①。要之山东之独立与取消,全关于袁氏之用舍何如? 初无定见,素无信仰,于此可见一班。且孙氏碌碌庸人②耳,而其敢于宣言独立者,亦别有因在。北京政府,不视革党为叛徒③,而视为政党。不惟不加以制裁,反出于抚慰。皇皇上谕,竟不惜堕其价值而毅然发之,孙又何所惮哉?④ 吾以为爱亲觉罗氏一日未灭,即君宪制一日未覆,而二十一省皆其版图,四万万人民均其臣属,主权下不容有此叛类。其倡独立者,即为叛民叛党而已,载征载讨⑤,务使其臣服而后已。此实主权发动之理,不得不然者。乃满廷姑息养奸,目光如豆,借宽大之名,笼络已去之族⑥,自抛主权,臣民复何忌之有哉? 故今日宣言独立,无责而已;明日取消独立,不咎而已。是直为渊驱鱼,为丛驱爵耳⑦。不然,孙氏庸人,焉敢怀此叵测

---

① 孙氏自谋,殊觉狼狈,因不惜昧却初心,取消独立,贻笑于人也　自译本第64页,为"自宝琦一身见之,是亦一大不便甚者。故急急取消独立,欲以糊涂前日之失态"。田译本第12页,为"宝琦之由一身观之,是亦大不便之甚者,故又取消独立,而掩饰前之失态也"。日文本第74页,原为"寶琦の一身より之を見れば、是も亦一大不便の甚しき者。故に逸早く獨立を取消して、前の失態を糊塗せんとす"。
② 庸人　日文本第74页、自译本第64页和田译本第13页,皆为"愚物"。
③ "叛列""叛徒"之说,表明中岛端站在清政府的视角来认识问题。
④ 不惟不加以制裁,反出于抚慰。皇皇上谕,竟不惜堕其价值而毅然发之,孙又何所惮哉? 自译本第64页,为"不别加制裁之上谕是已"。日文本第75页,原为"別に制裁を加へずの上諭を發せし是れなり"。田译本第13页,为"有不加罪之上谕是也"。
⑤ 即为叛民叛党而已,载征载讨　日文本第75页,原为"是れ叛民のみ。叛州府のみ、嚴罰勦討"。田译本第13页,为"是叛民而已,是叛府县而已,严罚剿讨"。自译本第64页,为"是叛州府耳,叛民耳。严罚剿诛"。
⑥ 笼络已去之族　自译本第64页,为"笼络乖离之人心,反叛党为政党"。田译本第13页,为"笼络乖离之人心,认叛民而为政党"。日文本第75页,原为"乖離の人心を籠絡せんとし、叛民を認めて政黨と爲せり"。
⑦ 为渊驱鱼,为丛驱爵　初印本、重印本上编第50页,原系"为渊殴鱼,为丛殴爵"。殴,假借为"驱"。今通作"为渊驱鱼,为丛驱雀"。爵,同"雀"。日文本第75页和自译本第64页,未引此成语,对应语句为"日々獨立を呼號し、日々獨立取消を反復すと雖可なり"和"则虽日日呼号独立,日日取消独立可矣"。田译本第14页,为"虽日日宣言独立,日日取消独立亦可也"。

乎?① 至于上海独立,亦犹是耳。上海独立之领袖,即张〈謇〉〔謇〕②、沈仲礼③、李平书④、李云书⑤、虞洽卿⑥、周金箴⑦等,数人而已。之数人者,地位人物,虽各不同,而素为平和一派,则无异也。质而言之,皆怯死爱财之徒⑧耳。生平之主张,既非孙逸仙之派⑨,又非章炳麟之党;不倡革命,不言排

上海光复历史,著者未闻耶?何痴呓诬蔑若此!

① 孙氏庸人,焉敢怀此叵测乎? 自译本第64页为"宝琦之以一味怯懦之愚物,而敢冒如是胆大无顾忌之行事者为此"。日文本第75页,原为"此れ寶琦輩が怯懦一遍の愚物を以て、猶此の大膽に似たるが如き行動に出でし所以なり"。田译本第14页为"此宝琦辈以怯懦愚物,犹出如是大胆行动之所由来也"。

② 张謇(1853—1926) 字季直,号啬庵,祖籍江苏通州(今称南通),生于江苏省海门厅长乐镇(今海门市常乐镇)。清末状元,中国近代实业家、政治家、教育家,中国棉纺织业的早期开拓者。创办第一所纺织专业学校,开中国纺织高等教育之先河;首次建立棉纺织原料供应基地,进行棉花改良和推广种植的工作;以家乡为基地,努力发展近代纺织工业,为中国民族纺织业的发展作出了重要贡献。

③ 沈仲礼(1866—1920) 字敦和,浙江鄞县人。上海红十字会的创办人之一。曾任上海总商会会董。

④ 李平书(1854—1927) 原名安曾,字平书,号瑟斋。宝山高桥(今属浦东新区)人。1900年后入张之洞幕,历任湖北武备学堂总稽查、提调。1903年转任江南制造局提调,兼中国通商银行总董,轮船招商局、江苏铁路公司董事。清末上海地方自治运动的倡导者之一。辛亥革命爆发后,参与陈英士等发动上海起义的筹划、组织工作,光复后任沪军都督府民政总长兼江南制造局局长。

⑤ 李云书(1867—?) 名厚祐,浙江镇海人。1902年为上海商业会议公所议员。1906年10月,当选上海商务总会总理。1907年10月,选为上海商务总会协理。1912年5月,当选上海总商会议董,任期内辞职。1916年5月,当选上海总商会会董,任期内辞职。1924年8月,被列为总商会特别会董。

⑥ 虞洽卿(1867—1945) 名和德。浙江镇海人,早年到上海当学徒,1894年后任德商鲁麟洋行买办、华俄道胜银行买办。1903年开设通惠银号,发起四明银行。1905年上海发生大闹会审公堂案,与当局交涉获胜,名闻沪上。1908年创办宁绍轮船公司。1911年上海光复后任都督府顾问官、外交次长等职。1914年独创三北公司。五四运动期间上街劝说开市。1920年合伙创办上海证券物品交易所,任理事长。1923年当选为上海总商会会长。抗战时期坚持抗日爱国,日军占领租界后赴渝经营滇缅公路运输,支持抗战。

⑦ 周金箴(1847—1923) 号晋镳,浙江慈溪人。通久源轧花厂、赣丰饼油公司等企业股东。1888年与严信厚等创办华新纺织新局。1902年当选上海商业会议公所副总理。1904年当选上海商务总会协理,1906年当选上海商务总会议董。1907年选为上海商务总会第四任总理。1908年与李云书、虞洽卿、陈子琴集资创办四明银行。1909年到1910年连续选为上海商务总会第五、六任总理。1912年任上海总商会第一任总理,1914年连任。1915年升任沪海道尹。

⑧ 质而言之,皆怯死爱财之徒 自译本第65页,为"露骨言之,均怯死爱钱之臆病党人",并在"臆病"后加注"怯恇太甚也"。日文本第75页,原为"露骨に言へば、均しく死を怯れ錢を愛する臆病黨のみ"。田译本第14页,为"详言之,均怯死爱钱有臆病之人耳"。

⑨ 孙逸仙之派 田译本第14页,为"孙文一派"。自译本第65页,为"孙文一派之共和主义"。日文本第76页,原为"孫文一派の共和主義"。

满,不喜激烈之政变,又恐陷于缧绁之苦①。及是时知政府之不罪革党②也,虽宣言独立,决无刑法兵马之过问③,亦何苦而不倡独立,亦何苦而不叛政府乎? 上海之所以独立者此也④,安见其有共和之信念也哉?

　　译者曰:自武昌起义,不数日而各国遂承认民军为交战团体⑤。尔时民军之毅力,及其举止文明,可不言而喻。夫交战团体与母国⑥旧政府为对敌资格,其一切战争行为,皆受国际法之支配,而不得适用国内法。故前清政府视民军为政党,而不以之为叛徒。自国际法上言,乃默示承认交战团体之意⑦。自事实上

---

① 恐陷于缧绁之苦　田译本第 14 页,为"恐上断头台"。自译本第 65 页,为"怕刑罚落来头上"。日文本第 76 页,原为"刑罰の頭上に落ち来らんことを怕れしのみ"。

② 政府之不罪革党　自译本第 65 页,为"政府已认各省革党为政党"。日文本第 76 页,原为"今政府已に各省の革黨を認めて政黨と爲せり"。田译本第 14 页,为"满廷认各省之革党为政党"。

③ 决无刑法兵马之过问　自译本第 65 页,为"小之刑法,大之兵马,绝不问吾党之罪也"。日文本第 76 页,原为"小にして刑法,大にして兵馬,決して吾黨の罪を問はざるなり"。田译本第 14 页,为"盖以小而刑罚,大而兵马,决不问该党之罪也"。

④ 上海之所以独立者此也　自译本第 65 页,为"此上海党之所以宣言独立,而不致敢落他省人后也"。日文本第 76 页,原为"此れ上海黨が獨立を宣言して,敢て各省人の後に落ちざりし所以なり"。田译本第 14 页,为"此上海党之宣言独立,而不肯落于各省人后之所以也"。

⑤ 自武昌起义,不数日而各国遂承认民军为交战团体　1911 年 10 月 17 日,驻武汉英、俄、法、德、日各国领事,推选汉口租界区万国商会会长、英人盘恩持公函至武昌军政府,面晤都督黎元洪,表示承认民军为交战团体,各国将严守中立。盘恩离去后,军政府备答谢文 5 份,派汤化龙、胡瑛、夏维松送交汉口五国领事。

⑥ 母国　与祖国相对应的概念。母国,即文化上的祖国。那些本人已经拥有他国国籍的人,其祖先世代居住的国家即其母国。孙中山《中国内乱之因》:"凡是一个殖民地的人民,只做一国的奴隶,对于母国总可以享多少权利。"

⑦ 夫交战团体与母国旧政府为对敌资格,其一切战争行为,皆受国际法之支配,而不得适用国内法。故前清政府视民军为政党,而不以之为叛徒。自国际法上言,乃默示承认交战团体之意　此处所说,涉及国际法中对交战团体和叛乱团体的承认问题。对交战团体的承认,是指其他国家对一国内战中反抗政府的一方承认为享有国际法上交战资格的叛乱团体的行为。承认交战团体意味着叛乱者被承认为交战者。承认国对内战双方持中立的立场。对叛乱团体的承认,是指某一反政府的武力行动,还没有发展到内战的规模和程度,其他国家为了自身侨民、商务往来得到保护,有必要维护与该反政府团体保持一种联系,而做出的一种权宜行为。(事实上的承认)

言,不失为笼络①民军之一政策。焉得谓为抛弃主权耶? 盖自当时两方势力观察,民军已有凌驾清军之势。虽清政府欲加以惩罚,安所得乎? 若再从而颁发雷霆之命,诚有如著者所谓为渊殴鱼、为丛殴爵者矣。

且夫南北革党,动辄为外国干涉,中国瓜分,鬼鬼祟祟,假为胁迫敌人之状态,而遂其姑息之解决②。此亦革党信念义气不足之征也。夫以堂堂中国,二十一省土地,四万万人民,倡言共和,颠覆政府,光复河山,实名震寰瀛之事,名正言顺。各国干涉,又何足惧而自馁乎? 乃彼辈战战兢兢③,一似万一受人干涉,中国即行瓜分者也。何怯懦之甚也!④

著者下笔为此言时,言在此而心在彼,勿谓秦无人。

---

① 笼络　初印本上编第50页同此。重印本上编第50页误为"宠络"。点校本第339页校注为"〈宠〉〔笼〕络"。

② 动辄为外国干涉,中国瓜分,鬼鬼祟祟,假为胁迫敌人之状态,而遂其姑息之解决　自译本第65页,为"开口辄说外国干涉来,说中国瓜分,互假鬼面而胁敌人,以冀一日早行姑息的解决"。日文本第76页,原为"口を開けば輒ち外國干涉来を說き、中國瓜分を說く、互に鬼面を假りて敵人を脅かし、以て一日も早く姑息的の解决を了せんとす"。田译本第14页,为"开口不曰外国将来干涉,即曰招起瓜分之祸,互相鬼祟,以胁清廷,而使早行解决"。

③ 战战兢兢　初印本、重印本的上编第50页同此。点校本第339页校注为"战战〈竞竞〉〔兢兢〕",似无必要。自译本第66页和田译本第14页,为"战战栗栗",日文本第77页类此。

④ 颠覆政府,光复河山,实名震寰瀛之事,名正言顺。各国干涉,又何足惧而自馁乎? 乃彼辈战战兢兢,一似万一受人干涉,中国即行瓜分者也。何怯懦之甚也!　自译本第65—66页,为"颠覆满清,光复旧物,名声事业,震耀中外矣。苟内顾而不疚,何外国干涉之足怕哉! 设使万一有干涉之事乎,一喝斥之可,又何中国瓜分之足恐哉。然而南北两党,均口外国干涉,说列强瓜分,战战栗栗,似谓一旦干涉来矣,万事皆休也者。何其胆之小如豆也"。田译本第14页,为"而颠覆满清,光复旧物,声名事业,震耀中外。苟内省不疚,何恐外国之干涉哉? 万一有干涉之事,一喝斥之可也,又何畏其瓜分哉! 然而南北两党,均口言外国干涉,战战栗栗,大有干涉一来,万事皆休之情态。何其胆小如豆哉"!
日文本第76—77页,原为"滿清を顚覆し、舊物を光復し、名聲事業、中外に震耀せり。苟も内に顧みて疚しからずんば、何の外國干涉の怕るゝに足らんや。よし萬一干涉の事あらば、一喝之を斥けて可なり。又何の中國瓜分の恐あらんや。然り而して南黨北黨、均しく外國干涉を口にして、戰戰慄慄、一旦干涉来らば、萬事皆休まんと言ふ者の如し。何ぞ其膽の小にして豆の如くなるや"。
中岛端在此后大肆渲染中国将被分割,此处却轻言中国不应怕瓜分,似有自相矛盾之处。此句以赞扬中国的辛亥革命始,却以贬斥中国终,应非善意。

译者曰:此等蜚语,洵属无味。当列国承认我民军为交战团体后,一切交战国条例莫不遵守,外国自无干涉之理。且列国之承认为交战团体也,知我民军之可以成功而达到目的。不然苟非狡狯无信之邦,必无今日承认、明日干涉之事。满纸荒唐言,一片诬罔语。彼国对我之感情,今可恍然矣。且就业业者,恐因此损失我同胞生命财产,而不能尽维持之责耳。南北议和,五族一家,清帝退位之日,即我民国底定之日。安得谓为姑息之解决乎?清皇帝顺应时势,离去帝位,以博五族共和之福,又何假为胁迫之有哉?

试观法国大革命时之民气为何如?方法王路易十六世之被囚也,奥王、普王曾于希鲁尼兹①,决议干涉,声言法民如不复王路易,还其政权,则奥、普二国,将以兵力从事。法民闻之大怒曰:欧洲列国,有何权利足以命令我国民?又有何权利足以干涉我内政?乃先集民军十万,以待敌至。誓曰:我法人革命为祖国②,断不容外人之蹂躏。未几奥、普之大军临境,普以宿将布弄修哇③为元帅,其军

---

① 希鲁尼兹　日文本第 77 页原为“ビルニッツ”,自译本第 66 页译为“比尔尼图”。田译本第 15 页译为“毕儿尼志”。今通译为皮尔尼兹(Pillnitz),位于德国萨克森州。1791 年 6 月 20 日,路易十六被捕,激化了欧洲君主对法兰西共和国的敌视。8 月 27 日,普鲁士国王腓特烈·威廉与奥地利皇帝利欧波尔德二世在皮尔尼兹城堡签订宣言,要帮助路易十六恢复权力。皮尔尼兹宣言引起了法国人民的愤怒。立法议会要求奥、普收回这一宣言,并驱逐比利时境内的法国亡命者。奥国拒绝答复,反与普鲁士在 1792 年 2 月 7 日签订了军事同盟。4 月 20 日,法国对奥地利宣战;8 月,奥地利与普鲁士联军进逼巴黎,要求恢复路易十六的自由与统治。共和国的生存一度面临危机。到 9 月 20 日,临时组织的法军凭借“保卫共和国”的高昂热情,在瓦尔密战役中出人意料地击败了训练有素的普鲁士军队,扭转了不利战局。
② 革命为祖国　初印本、重印本上编第 51 页同此。“革命”二字之前似遗漏“为”字。自译本第 66 页,系“为革命为祖国”。日文本第 77 页,原为“革命の爲めに、祖國の爲めに”。田译本第 15 页,为“为祖国而革命”。
③ 布弄修哇　日文本第 77 页原为“ブラウンシュワイヒ”,自译本第 66 页译为“伯拉温须矮必”,田译本第 15 页为“布伦瑞克”。今通译为布伦瑞克(Brunswick)公爵。卡尔·威廉·斐迪南(1735—1806),不伦瑞克-吕讷堡公爵,不伦瑞克-沃尔芬比特尔-贝芬亲王,普鲁士陆军元帅。

之精锐,为欧洲当时所称。皆轻法国之民军,曰:彼既无训练,又无节制,易与耳。此行如游戏行军,破之而有余。长驱直入,至于巴里。岂料法国民气甚雄,勇不可当,败而不屈,胜而益振。奥、普之大军终不支,遂提议媾和,曰:如使法王路易复位,则二国之兵,愿自退去。法人不肯,曰:若二国之军,不全退去,则我共和国民之敌耳,决不与闻媾和之言①。二国之军,遂逡巡退去。慈母之赴其子之急也,触虎狼之爪牙而不惊者,以中心②有恻怛之至情故也。法承内乱之后,当新造之余,能挫强敌之锋者,盖亦共和之信念有以致之也。当时有一民党议员,言于巴里会议曰③:"凡我国民,皆量力尽其职责④。有力者竭其力,有财者致其财,必均以血液注于祖国。无贵贱,无老幼,人人须防卫祖国之自由。所有之力量手段⑤,必皆集中于此一事。所有之金钱物质,必皆倾倒于此一事。无论在内为民,在外为军,和衷共济,从事于此。壮丁事战斗;有妻者造武器,运行李、大炮,准备食粮。妇女缝兵衣,看护伤病者,制造天幕⑥;小儿解绵撒丝⑦。老人演说于路,鼓舞战士之勇气,奖励国民之一致。以公共之房屋,充作兵营。以广场为工厂,以地窖

既知奥普联军之谬,何以厚诬我民军?其心实不可问!

———

① 决不与闻媾和之言　自译本第67页,为"决不借耳于媾和之言"。日文本第78页,原为"决して耳を媾和の言に借さじと"。田译本第15页,为"决不纳媾和之言"。

② 中心　心中。

③ 有一民党议员,言于巴里会议曰　初印本、重印本上编第52页同此。日文本第78页,原为"一民黨議員バーレー議會に告げて曰く"。自译本第67页,译为"民党议员巴礼念于议会曰"。田译本第15页,为"有一民党议员巴赖其人告于议会曰"。据此,巴礼(巴里、巴赖)应为人名。"民党议员言于巴里会议",应为:民党议员巴里言于会议(议会)。

④ 皆量力尽其职责　自译本第67页,为"莫不皆负债于自由矣"。日文本第78页,原为"皆债を自由に负へる者なり"。田译本第15页,为"皆自由负债者也"。

⑤ 所有之力量手段　自译本第67页,为"一切形体物质上精神上力量,一切政治上社会上手段"。日文本第78页,原为"あらゆる形體の精神の力量、あらゆる政治的社會的手段"。田译本第15页,为"凡形式的精神的力量,及政治的社会的手段"。

⑥ 天幕　即帐篷。日文本第79页同此。自译本第67页为"帐幕"。田译本第16页,为"帐房"。

⑦ 解绵撒丝　自译本第67页,为"解棉丝"。日文本第79页,原为"绵撒丝を解け"。田译本第16页,为"解析绵丝"。

蓄硝石。以可乘之马,供骑兵之用;以不可乘之马,供炮兵之用。以猎器刀枪,供内国守备之用。举共和国如重围中之一小都府,一大兵营"①。一时巴雷之主张此议者甚众②。当时法国人之决心,实有如是之热烈。故十八以上二十五以下之国民,执武器立战场者,计十四军一百二十万人。旦丁③亦尝公言于议院曰:"对待今日共和国民之反对党,无他,曰大胆而已。④"法国民有此信念,然后有此气力胆量。此其所以内有反复之州县,外有干涉之列强,毫不足以挫其气,终能统一域内,驱除强敌者也。今日支那之革党,南北之联合稍迟,则曰中国将被瓜分矣;列强少作其色,则曰外国将来干涉矣!其怯懦柔弱有如此者⑤,而曰我中华民国为东亚共和国民之先鞭,不亦太可笑乎!

　　法国历史家又叙革命当时执政之事曰:执政官始入公署之时,署中无何等器具。斗室之中,仅有一古棹,且曾折一足;上置书笺小册及二三文具,亦系由某治安委员处取来者。所坐之椅,亦甚粗劣⑥。以新政府之执政,处彼区区斗室之中,卧薪

自是东亚共和国民之先鞭。岛人虽眼热,争奈彼国人之程度与土蕃野蛮等,而不足与语共和何?

----

① 从前后的语意来看,"举共和国如重围中之一小都府,一大兵营。"一句,亦应属于"民党议员巴里"的演说内容,故亦应纳入引号之中。重印本上编第 52 页,此段话原无引号,加引号以标明哪些是"民党议员"之言,应有必要。

② 一时巴雷之主张此议者甚众　自译本第 68 页,为"盖巴礼此议,非巴礼一人之声也"。田译本第 16 页,为"盖巴赖此议,非彼一人之声"。日文本第 79 页,原为"盖バーレー之此议,非一人之声"。据此,巴雷(巴礼)应为人名,而非地名巴黎。作为地名的巴黎,其日语词汇为"パリ"。

③ 旦丁　自译本第 68 页,为"段敦"。田译本第 16 页,为"德桐"。日文本第 79 页,原为"ダントン"。今通译为丹东。乔治·雅克·丹东(Georges-Jacques Danton)(1759—1794),18 世纪法国大革命时期著名活动家,雅各宾派的主要领导人之一。

④ 对待今日共和国民之反对党,无他,曰大胆而已　自译本第 68 页,为"今日国民之于敌党,一大胆,二大胆,三亦大胆而已"。日文本第 79 页,原为"今日共和國民の反對黨に對する、一にも大膽、二にも大膽、三にも大膽のみと"。田译本第 16 页,为"今日共和国民之对于反对党,在大胆、大胆、大胆而已"。

⑤ 怯懦柔弱有如此者　日文本第 79 页,原为"その怯懦氣力なきこと此の如し"。自译本第 68 页,译为"怯惬无气力如此"。田译本第 16 页,为"其怯懦如此"。

⑥ 执政官始入公署之时,署中无何等器具。斗室之中,仅有一古棹,且曾折一足;上置书笺小册及二三文具,亦系由某治安委员处取来者。所坐之椅,亦甚粗劣　自译本第 68 页,为"执政官始入第也,无有何等什器。惟见一小房中,仅有只脚半折之古卓子一座,其上载书笺小册及二三文房,亦他人自治安委员处携来者。执政四人各倚粗朴椅子,围炉而坐。炉

尝胆,不以为苦①,必思置共和国家于盘石之安②而
后已。而今日支那革命党之首领黄兴,当孙文③长
江大阅水师之时,乘自动车往返,以表示其得意④。
视法国当时之执政官,能无愧哉?

　　且如支那之革军,或云八十万,或云五十万,其
人数可谓众矣。及问其内容,非招募之无赖苦力,
即驱集之老兵废勇;非长江沿岸之盐匪,即广东哥
老会之败类⑤。共和为何物? 彼不知也。自由为
何物? 彼不知也。不过以雇人之资格⑥,应招募
耳。苟有机会之可乘,方思恣⑦其奸淫掠夺之素
愿。⑧ 而所谓决死党者,未见其果安在也。神户、
长崎在留之支那人之赴招募者,数十百人。其中有
苦力,有屠户,有开馄饨馆者,有充杂役者,皆意气

以此等琐事,而验
共和信念。著者真
不愧井底蛙!

中柴薪,且燃且燻,不甚便取暖"。

日文本第 80 页,原为"執政官の始めて邸に入るや、何等の什器だにありざりき。一小室
の中、有る物とては一脚折れたる古卓子のみ。そが上に書箋の小册子と、二三の文房具
を載せたり。此も亦或人が治安委員の處より持ち来れるなりき。彼等は四座の粗末なる
椅子に倚りて、燻りがちなる柴木の前に灼り居たり"。田译本第 16 页,为"执政官之
始入官厅也,无何等之什器。唯小室之中,有一破烂古棹而已;上载数本之小册,与二三之
文具。此亦或人由治安员处所持来者也"。

古棹　即旧桌。

① 卧薪尝胆,不以为苦　自译本第 69 页,为"一切辛苦,一切艰难,无所不耐,日夕尽瘁"。日
文本第 80 页,原为"あらゆる辛苦、あらゆる迫害を忍びつゝ"。田译本第 16 页,为"忍一
切之辛苦,耐一切之迫害"。

② 盘石之安　自译本第 69 页和田译本第 16 页,为"百年不动之地"。日文本第 80 页,原为
"百年不動の地"。

③ 孙文　日文本第 80 页、自译本第 69 页和田译本第 16 页,皆为"孙文",初印本、重印本上
编第 53 页为"孙汶"。点校本第 343 页校正为"孙〈汶〉〔文〕"。

④ 乘自动车往返,以表示其得意　自译本第 69 页为"驾汽车,驱驰街上也"。日文本第 80
页,原为"自動車を乗り回はしつゝ得意を示すが如き"。田译本第 17 页为"驱自动车
也,均示洋洋得意之状态"。

⑤ 将中国辛亥革命的参加者归结为"非招募之无赖苦力,即驱集之老兵废勇;非长江沿岸
之盐匪,即广东哥老会之败类",可见中岛端对中国革命的真实情感:既少同情,更乏科
学判断。

⑥ 以雇人之资格　自译本第 69 页,为"以雇奴佣仆之心"。日文本第 81 页,原为"雇人足の
資格を以て"。田译本第 17 页,为"以短工健足之资格"。

⑦ 恣　初印本上编第 53 页,原为"恣";重印本上编第 53 页,误为"姿"。点校本第 343 页校
注为〈姿〉〔恣〕。

⑧ 自译本第 69 页,此下另起一段。日文本第 81 页,则无此分段。

扬扬而去。不知者必曰:伟哉支那之劳动者①,亦有赴国难者。其实此辈之中,非有革命党人,不过彼等冒党人之名耳②。

　　译者曰:吾国革命主动者,皆渊博学子,稳健士绅。故义旗所指,莫不响应,不过百日,共和告成。非分子健全,曷克臻此! 阳夏之役③,湖南援军,即学生军也,死守龟山,全军覆没。胜败虽异数,其热诚爱国之心,一往直前之概,虽千载而下,闻之者尤宜同声愤慨。无赖、败类,能如是乎? 如著者以屠户、膳夫④投身革命,举以证民军分子之不纯。夫村孺死国,法人奉为美谈⑤;娼妇窃图,和族传为佳话⑥。况民国原无华族、士族、平民之阶级,凡属国民,即负兴亡之责。其致身革命也,适足见吾国民同仇之概、爱国之诚。詈我乎? 誉我

---

① 劳动者　日文本第81页同此。自译本第69页,为"力食者"。田译本第17页,为"苦工"。

② 其实此辈之中,非有革命党人,不过彼等冒党人之名耳　此译甚为简明。自译本第69页,为"实则非苦力、屠者、卖面、杂役中,有革命志士也。苦力、屠者卖者、杂役辈之冒革命党人名耳"。日文本第81页,原为"其實肉切、餛飩屋、苦力中、革命黨人あるにあらず。肉切餛飩屋、苦力輩の革命黨人の名を冒せるのみ"。田译本第17页,为"其实彼等并非革命党人,不过胃[冒]其名而已"。

③ 阳夏之役　1911年10月18日到11月27日的"阳夏保卫战",是辛亥革命中规模最大、战斗最激烈的一次战役,由汉阳战役和汉口战役组成。其中,汉阳古琴台和昭忠祠先后是革命军的司令部,归元寺是革命军的总粮台,汉阳三眼桥、米粮山、锅底山、仙女山、十里铺等地展开过激烈的争夺战。阳夏保卫战虽然以失败告终,却将清军主力拖在湖北,长达40天,为其他各省的独立赢得了宝贵时间。

④ 膳夫　古官名,掌宫廷的饮食。此处泛指厨师、伙夫。

⑤ 村孺死国,法人奉为美谈　或指1830年法国"七月革命"中,少年阿莱尔冒着枪林弹雨,将三色旗插到巴黎圣母院旁的一座桥头,而自己中弹牺牲。德拉克洛瓦的名画《自由引导着人民》中,在作为中心人物的少女右边,一个少年手提双枪,急奔过来,就是以阿莱尔为原型的。

⑥ 娼妇窃图,和族传为佳话　不详。娼妇,应指日本的艺妓。在日本传为佳话的艺妓,或指中西君尾。君尾先与维新志士井上馨一见钟情,又被幕府高官岛田左近追求。她本来拒绝了岛田的求婚,但在井上馨"以维新大局为重"的劝说下,最终同意嫁给岛田,借机刺探幕府的机密。君尾靠着岛田对她的宠爱,套出了大量幕府情报。在她的帮助下,许多维新派志士得以逃脱幕府追杀,并成功刺杀了岛田,除去了维新派的心腹大患,给幕府势力以沉重打击。中西君尾也因此享有"勤王艺伎""维新之花"的美誉。

乎？刘四之言①，固不足为吾人荣辱也。

当事变之始起也，东京支那之留学生，大为骚动。迫其公使，请求旅费，意气激昂。咆哮之状，有如狂犬。已而相继归国，不知真能投笔从戎②者，千百之中，果有几人。推其心，岂非一时之狼狈；且恐一旦失时，将无由得其旅费乎③？不然，何议旅费④数额之时，彼等之意气最激昂，言论最喧腾哉？支那某报⑤传云，当时横滨之劳动者，借留学生之名，骗去旅费而去者颇多。夫当仓卒之际，而有此等情事，亦不足怪。乃我日本人以日本人之心，推彼等之心，称为壮烈，以为支那人心未死，可谓迂阔之甚矣。

译者曰：民国光复，举国一致，实具有力者致其力，有财者致其财之概。以血液注于祖国之健儿，蓬勃云涌，以视法国固未遑多让也。著者乃举一二毛屑细故，武断我国无共和之信念，此其理论，宁复可通？凡论事必以全体为归，举其一而概其万，何国能免？吾闻日俄战役之起也，日本驻某处之士

---

① 刘四之言　唐代刘子翼，常州晋陵（今属江苏）人。善吟咏，有学行。隋大业初，历秘书监。性不容非，尝面折朋俦短长。李百药尝曰：“刘四虽复骂人，人都不恨”（见《旧唐书》）。后指用诙谐俏皮的语言骂人。清陈廷焯《白雨斋词话》第六卷：“《随园诗话》所载诗，如……《咏茶灶》云‘两三杯水作波涛’等类，皆舌尖聪明语，恶薄浅露，何异刘四骂人。”参见李翰文编选：《典故故事》，万卷出版公司2009年版，第86页。

② 从戎　田译本第17页同此。自译本第70页为“事戎轩”。日文本第81页，原为“戎轩を事とせる”。

③ 且恐一旦失时，将无由得其旅费乎　田译本第17页，为“且恐一日失时，不得旅费而已”。日文本第81页，原为“且は一日時を失ひて、旅費を得ること能はざるを怕れしのみ”。自译本第70页，为“且怕一日后时，不能得川资耳”。

④ 旅费　初印本上编54页，原为“旅费”，重印本上编54页误为“旋费”，点校本第344页同此。日文本第81页和田译本第17页都为“旅费”。自译本第70页，一概译为“川资”。

⑤ 某报　初印本、重印本的上编54页和点校本第344页误为“其报”。日文本第81页和田译本第17页，原为“某报”。自译本第70页，为“某汉字报”。

官,应诏赴敌,以恋一土妓,故遂自刎以殉情①。日俄之战,日本国民固异口同声、同仇敌忾者也,以某士官而污其全国,谅日本人不忍受也。然则著者何以加诸我?

假令支那人果有如法国人之信念意气,则两江、两湖、广东西之四五省分,约二亿人口,若一鼓作气,则壮士之应声而起,喑呜②而至者,不难有一二百万人。尚何至借力于流寓海外之苦力等辈哉?③ 然而革军必不能不借此辈之力也,故悬重赏,投多金,以招募之。则南方各省之人心可知,其兵勇之性质亦可知已。谁谓支那之民气未死耶?

若然则所谓八十万、五十万者,其人数虽多,实为藁人形④,土木偶⑤耳。况其人数之多少未可知,半为八公山上之草木⑥乎? 至其战斗力之强弱,则军界中之识者,已有定评,无待余辈之哓哓为也。大抵南人不如北人,其体格膂力不如也,其血气胆量不如也,其忍耐持久之性,又不如也⑦。往年湖北新军与保定新军对抗演习⑧之际,授两军之作战方略者,均为日本教官。问其优劣,则云湖北军不

---

① 日俄战役之起也,日本驻某处之士官,应诏赴敌,以恋一土妓,故遂自刎以殉情　不详。其中“妓,故遂”,在初印本、重印本上编第54页,为“妓故,遂”。土妓,亦或指艺妓。

② 喑呜　怒喝。

③ 此处的论述表明,中岛端不懂或无视革命发动之难,妄加非难。

④ 藁人形　日文本第82页和田译本第18页同。藁(音 gǎo)人,用草扎成的人形。自译本第70页,为“刍人”。刍,今简化为“刍”。

⑤ 土木偶　用泥土或木材制成的偶像,通常称为泥胎和木偶。

⑥ 八公山上之草木　《晋书·苻坚》载:“坚与苻融登城而望王师,见部阵齐整,将士精锐;又北望八公山上草木皆类人形,顾谓融曰:‘此亦劲敌也,何谓少乎?’忧然有惧色”。形容极度惊恐,疑神疑鬼。

⑦ 此处述及“南人不及北人”,令人有突兀之感。

⑧ 湖北新军与保定新军对抗演习　1906年10月,举行彰德秋操。南军调派的是张彪任统制的湖北新军第八镇外加河南第29混成协,穿蓝衣。北军是张怀芝统制的北洋新军第五镇和曹锟统领的第一混成协的一部,穿黄衣。参加这次演习的两军官兵共计3.3万多人,依次操练冲锋战、遭遇战、防守战三种战法。在真刀真枪的实战环节,北洋新军由于装备精良,盖过了湖北新军。在表演项目环节,湖北新军则军容严整,枪法精准,士气高昂,被阅操大臣们赞为“东南各省首屈一指”。

及保定军远甚。其后湖北新军复与南京新军为对抗之运动①，则南京军又不如湖北军。夫以同受新式训练之军人，尚不免有优劣强弱之分，况如革命军者，系一时乌合之众，无生死自誓之信念，乏必胜后已之意气，视乎银钱之多少，以决其进退向背之流乎！我闻汉阳之役，日本预备军人之在革军中者二十人。敌为远来之北人，而御敌者，则土著之南人也。既占大别山之地利，又得武昌之后援，直以为一战而破北军，何难之有②？而不知敌系著名之练军，又加以新式之机关炮。故御敌之兵，一闻进进进之声，即纷乱嘈杂，右奔左驰，争先逸足逃出者不绝，叱之而不能止也，杀之而不胜杀也。顾盼之间，战机顿失，一败之余，再进无术③。虽大将如黄兴者，亦仓皇奔命，狼狈而逃。若以是比之于法国民军当奥④普诸国之强敌，败而又战，又败而又战，每一战败，必增一倍之锐气，终压服内外之反对党，

民军汉阳失利，黄上将在武昌，不在江北也。黄氏痛祖国之不振，枕戈泣血，与

---

①　湖北新军复与南京新军为对抗之运动　应指 1908 年 11 月中旬的太湖秋操。主要由湖北新军第八镇及第 21 混成协，和南京新军陆军第九镇、苏州步队第 23 混成协、江北第 13 混成协标编为南、北两军。是清末新军编练以来南方新军第一次举行大会操。

②　直以为一战而破北军，何难之有　田译本第 17 页，为"一战而胜，何难之有"。自译本第 71 页，为"谓一战败敌，易易耳。人人有一战下辽城之概"。日文本第 83 页，原为"一戰に打ち破らんこと。何事かあると"。

③　而不知敌系著名之练军，又加以新式之机关炮。故御敌之兵，一闻进进进之声，即纷乱嘈杂，右奔左驰，争先逸足逃出者不绝，叱之而不能止也，杀之而不胜杀也。顾盼之间，战机顿失，一败之余，再进无术　自译本第 71 页，为"北人素以练军著名，加以新式机关炮，士气锐甚。咄哉我军不扬，且叱且咤，连声前前，声下七离八遭，东奔西溃，争先逃去者，项背相望。叱不耐叱，斩不耐斩。战机在前，捕捉不得，一败涂地，不可复振矣"。
田译本第 18—19 页，为"奈敌为负名之练军，加之有新式之机关炮。而己之同营之士卒，毫不足恃，每发前进前进之号，不但不能遵行，反七离八遭，左右而逃者，不可胜数。叱不胜叱，斩不胜斩，坐失战机，一筹莫展"。
日文本第 83 页，原为"敵は名にし負ふ練軍なり。加ふるに新式の機關砲あり。味方の士卒の言ひ甲斐なさ。進め進めと、罵る聲に下より。七離八遭、右往左往、我先に逸足出して逃げ行く者、引きも切らず。叱して叱するに耐へず。斬りても斬るに耐へず。看る看る戰機を失ひつ。ただ一接に打ち負けて、盛り近さん術もなく"。

④　奥　初印本、重印本的上编第 55 页，原为"墺"。点校本第 347 页校注为〈墺〉〔奥〕。日文本第 83 页原为"澳"，田译本第 19 页同此。自译本第 72 页为"奥"。

而称霸一时者,则所谓言之丑矣①。以若此之辈,而欲冒②革命之名,窃共和之号,诚为不知自量也已。且所称为大总统、大元帅者,果系何等人物乎?使孙文、黄兴辈,而真有人心,宜愧死矣,而乃恬然觍然。呜呼支那之革命军,支那之共和民国,此南人革命号呼之声,徒如雷霆霹雳,而实际不免于南北之苟且协商,至今受北人之侮蔑,其以此欤?而黄留守又据南京之重地,拥十五万之大军,自以为猛虎负隅之势。自我观之,实为群羊守牢之局耳,无益之甚者也③。如云不然,则何不振袂而起耶?

　　译者曰:内国革命目的在国体、政体之改革,苟能以平和手段,得达其目的,则万不忍自残同胞。不得以南北讲和,小有迁就,遂谓民军战斗力之不足也。著者滥引法国民军与普奥④战争之事,以国家间之战争,方诸国内之革命,此诚不通之论也。且夫满清退位,共和告成,南北统一,感情融洽,自孙、黄北来之后,更无些毫之嫌⑤。而著者谓南人受北人之侮蔑,诚荒谬已极。推究其意,盖恐我南北统一,同心协力,铸造一大强国。邻国之强,非敌国之福。故出此挑拨感情之言,以间我南北之人民耳。吾今正告著者曰:继自今,勿妄言!上

锋镝为缘,何所用其逃?虽欲毁之,其何伤于日月乎?

果有人心者,亦当愧其失言。

黄氏今已辞留守职,异⑥尔又作何语?

---

① 言之丑矣　自译本第72页,译为“何等丑,何等陋”。日文本第83页,原为“何等の醜、何等の陋”。田译本第19页,为“其丑态为何如哉!”

② 冒　日文本第84页、自译本第72页、初印本上编55页同此,重印本上编55页和点校本第347页误为“昌”。

③ 无益之甚者也　自译本第72页,为“不亦糊涂颟顸太甚乎”。田译本第19页,为“亦岂非夸大之甚哉?”日文本第84页,原为“亦言甲斐なきの甚しきにあらずや”。甲斐,日语词汇,意为效果、价值、意义,有价值、有意义等。

④ 奥　初印本、重印本的上编第56页原为“澳”。点校本第347—348页校注为〈澳〉〔奥〕。

⑤ 孙、黄北来之后,更无些毫之嫌　1912年夏,孙中山应袁世凯之邀进京,共商国是,逗留25天(8月24日至9月17日)。黄兴亦于9月17日到达北京,一直待到10月5日。当时,孙、黄与袁的关系,表面上还比较融洽。此后不久,袁世凯的专制面目逐渐暴露,与孙、黄等革命党人的矛盾日趋公开和激烈。

⑥ 异　同“已”,语气词,用于句首,表示感叹语气。用于句尾,则表示确定或疑问语气。

国有人,决不堕尔术中也。

　　且余之最不平①于革命党之行为者,在于财力之一事。夫支那人之性情,不长于战斗,乃古今中外之所同知。勤俭贮蓄之惯习,生产者之众多,与夫天然物力之丰富,于五洲之中鲜有比伦者(如章炳麟一派常骂日本之贫瘠焉)。然革命军兴以来,未逾数月,而已告战费之不给,铳炮之不足矣。南北两军之胜败,不云接战之如何,而曰兵饷之继否。不知江南各省之富庶,散于何处,尽于何时? 山西之钱庄一帮②,福建之林家一族③,上海之李、虞、沈、周诸氏④,又果安在? 彼等固亦曾主唱独立,呼号革命矣。而为其军国出资者几何? 又不知彼等之中,有放逐其爱妾,卖⑤却其珍玩者否耶? 有破其家产以谋纾国难者否耶? 如云有之,则中外之耳目,岂无闻者见者? 如曰无之,则今之共和民国,只有爱钱之革党,而无爱国之革党矣;只有利己之革军,而无牺牲之革军也已。余之对于革党,不得不抱一大不平者,此也。抑不知彼等有何面目见天下之人乎?⑥ 或者谓我当局有杜绝供给军资于革党之形迹,故革党之不足⑦于日本者在此。异日南人之排日热,亦或由此而来也。余则谓斯人也,其必有所为而故作如是语者。不然何颠倒事理之本末,一至于此也? 试思古来之谋革命大事者,孰倚他人之援助,而为惟一之命脉者也? 法国革命之事,已述之如前矣。美人之唱独立也,大小战斗,亘⑧七

空中楼阁,难为尔苦心经营。真不知世间有羞耻事!

其必有所为而故作如是语,全书皆可作如是观。

---

①　不平　日文本第85页和田译本第19页同此。自译本第72页,为"不慊"。

②　山西之钱庄一帮　不详。

③　福建之林家一族　不详。

④　上海之李、虞、沈、周诸氏　应即李平书、李云书、虞洽卿、沈仲礼、周金箴等豪富家族。

⑤　卖　日文本第85页、自译本第73页和田译本第19页为"卖",初印本和重印本的上编第56页误为"买"。点校本第349页校正为"〈买〉〔卖〕"。

⑥　自译本第73页,在此下另起一段。日文本第85页,则未另起。

⑦　足　满足,满意。日文本第85页、自译本第73页和田译本第20页,为"慊"。

⑧　亘　初印本、重印本的上编第57页,原为"互",应为"亘"(亘)之误。

年之久。其间辛苦艰难,不知凡几。财政之缺乏,
军器之不足,又①果何如也? 彼虽亦借法国之助
力,然犹在己之兵力财力既尽之后,而未尝以此为
惟一之司命也。往年脱兰斯洼尔②之谋独立也,其
所敌者英人。英以世界第一之富力,统三十万之大
军,而脱兰斯洼尔,犹血战二三年,至刀折弹尽而后
已。今也支那之革党,既建共和之大旗以着东亚之
先鞭自负矣。而其兵力如彼,财力又如此。有财者
未尝出财,有力者未尝尽力。从事当冲者,仅数十
人之干部耳;焦灼尽瘁者,亦仅数十人之干部耳。
未尝尽二十一省之财力,四万万人之兵力,以兴此
大事也。而反恨其素所蔑视之蕞尔三岛,嘲笑为贫
弱之日本,不供给若干军资者。虽甚愚之小人,决
不如此荒谬。孙、黄勿论已,即南方之士人,愚者痴
者虽多,亦未必出此。供军资者,系此辈自己分内
之事。自己尚不能尽力,又何遑责论他人哉? 勿论
其排日热也,抵制日货也,我只任其自来可也。向
天而唾者,自唾其面。他日之受报应者③,不在他
人,而必在彼之自身。以此非难我当局,不足我国
人④者,系庸人之言,不足取也⑤。

真是无理取闹!

　　　译者曰:去岁武汉起义,各省影从⑥。不

---

① 又　初印本上编第 57 页同此。重印本上编第 57 页,误为"叉"。
② 脱兰斯洼尔　初印本、重印本的上编第 95 页(点校本第 407 页,本书第 412 页)眉批中写
为"特阑斯哇尔"。据此似可认定眉批的作者,与此处正文的译者,非为一人。
自译本第 74 页,为"杜蘭斯坡耳"。田译本第 20 页,为"脱拉斯巴尔"。日文本第 86 页,原
为"トランスバール"。今通译为德兰士瓦,南非语:Transvaal,意为"越过瓦尔河"。1831
年布尔人开始侵入,1852 年成立德兰士瓦共和国(又名南非共和国)。经英布战争,1902
年沦为英国殖民地,1910 年成为南非联邦的一个省。现分为豪登、林波波与普马兰加三
个省,以及西北省的一部分。位于南非东北部。面积 28.4 万平方公里。人口 1144 万
(1980),班图语系部族占 78%。
③ 受报应　自译本第 74 页,为"食其报"。日文本第 87 页,原为"その應報を受くる"。
④ 不足我国人　意为不满足于日本人。自译本第 74 页,为"不慊于我国人"。日文本第 87
页,原为"我が國人に歉焉たる"。田译本第 21 页,为"憎恶我国人"。
⑤ 在《支那分割之运命》下编中,中岛端曾对日本政界作严厉抨击。此处的论述,则表明他
对日本政府的维护。
⑥ 影从　响应,追随。

数月间,大局已定。破坏之期短,建设斯易,乌待乎七年八年也?又何需乎二十一省之财力,四万万人之兵力为哉?南北战争之际,民军踊跃当先,不遗余力,前死后继,决无畏心。士人投笔从戎,农工罢业扞①敌,妇孺之馈饷捐资,富豪之毁家纾难,不能指数。是中外之所共闻,世人之所同见。独著者不知,何耳目之闭塞如是也?然译者意尔非不知也,特以我人民杀戮无多,财力耗费未尽,充尔之意,必令我全国糜乱,互相残杀,财源掘尽而后快。故隐其情,设词妄语,是为幸祸之小人,未可以与辩也。

要之,革党之兵力实不足,财力亦实困绌。然而财力之不足者,由于彼等之爱钱耳。兵力之不足者,由于彼等之畏死②耳。所以然者,亦实坐于无信念耳。无信念者无胆气,无胆气者无力量。试问上下五千年,纵横三万里,何时何地,有以爱钱畏死③最鄙吝怯懦之心,而能成共和革命之大事者耶?曷观夫法人、美人、脱兰斯洼尔人,更瞑目一思,反省诸己,果何如也?支那革党之无能无力者,实以无信念为一大病根。不此之察,而反区区琐琐④,指示枝叶末节之得失,是乌足以语东亚之将来哉?

胡乱纠缠,言无因果。吾人无革命信念,何以有革命?

---

① 扞 初印本、重印本的上编第 58 页,原为"扞"。点校本第 350—351 页,校改为〈扞〉〔扞〕,应无必要。扞:hàn,保卫,防御。扞:yū,指挥;引,拉;持。
② 畏死 初印本、重印本的上编第 58 页,原为"畏死"。点校本第 351 页,校改为〈畏〉〔死〕,似有误。
③ 畏死 初印本上编第 58 页,原为"畏死"。重印本上编第 58 页,误为"畏畏";点校本第 351 页,径改为"畏死"。
④ 区区琐琐 只注意细枝末节,缺乏大局观。

支那人之虚势

昔五代李嗣源(即后唐明宗)①尝嘲侪辈曰:诸君以口击贼,余以手击贼②。嗣源,沙陀③种,盖罟汉人之徒腾口说④也。大抵张虚势而乏实力,喜虚饰而不务实际,为汉族先天遗传性,亦数千百年来之性癖也⑤。邦人不察,每为其声势所眩惑,小自日常酬应,大至军国形势,往往不免过信者,正在此故。要亦由平生研究之粗漏散漫耳,今请举一事证之⑥。⑦ 初京汉铁路告成,粤汉铁路公司⑧亦同时创立,官民及股东间相互轧轹,纷议不绝。 工事

吾人听者!

---

① 李嗣源(866或867—933)　五代后唐皇帝,公元926—933年在位。沙陀部人,原名邈吉烈。李克用养子。以战功官至蕃汉内外马步军总管。同光元年(923),领兵取汴梁,灭后梁。926年,后唐庄宗在兵变中被杀,李嗣源入洛阳监国。即位后改名亶,改元天成。杀酷吏孔谦,褒廉吏,罢宫人、伶官,废内库,注意民间疾苦。但因文盲,君临朝廷,无驭驾能力;又兼用人不明,姑息藩镇。权臣安重海跋扈,次子李从荣骄纵,以致变乱迭起。弥留之际,从荣举兵反,饮恨而死。葬徽陵,谥圣德和武皇帝,庙号明宗。

② 诸君以口击贼,余以手击贼　原为"诸君喜以口击贼,嗣源但以手击贼耳",语出《资治通鉴》卷258,《唐纪》74。

③ 沙陀　初印本、重印本的上编第59页为"沙沱",点校本第358页校改为沙〈沱〉〔陀〕。日文本第88页和自译本第75页原为"沙陀"。沙陀,又名处月,以朱邪为氏。原是西突厥十姓部落以外的一部,其祖为北匈奴,后为悦般,居乌孙故地热海附近,游牧于今新疆准噶尔盆地西南(今巴里坤)一带,隶属轮台,因其地有大沙丘,故而得名。唐末朱邪部首领朱邪赤心平叛有功被赐姓为李。人种特征为深目多须,五代时期沙陀集团中许多武将的姓氏得到佐证:康、安、曹、石、米、何、史,等等,都是典型的从前昭武九姓的粟特胡人姓氏。沙陀建立了后唐、后晋、后汉、北汉四个政权。

④ 图腾口说　自译本第75页,为"多口舌"。日文本第88页,原为"口舌多き"。田译本第39页,为"多口舌之争"。

⑤ 前面几章,中岛端论及了所谓中国无共和之资格、历史、思想、素养、信念,本章又进一步上纲到对中国"先天遗传性"的批判。

⑥ 今请举一事证之　自译本第76页,为"今请一々举事例证之"。日文本第88页,原为"今請ふ一々事例を擧げて之を證せん"。田译本第39页,为"今请一一举例证之"。

⑦ 初印本、重印本上编第59页同此。日文本第88页、自译本第76页和田译本第39页,此下皆另起一段。

⑧ 粤汉铁路公司　应指"商办广东粤汉铁路总公司"。1905年,由于湘、鄂、粤三省绅民要求收回粤汉铁路修筑权的呼声高涨,清政府派湖广总督张之洞与美国华美合兴公司在6月9日订立了《收回粤汉铁路美国合兴公司售让合同》,是日双方批准,以675万美元赎回粤汉铁路。清政府准许粤汉铁路广东段商办,湘段官督商办,鄂段官办。同年9月9日,湖广总督张之洞向香港英政府借款110万英镑,作为收赎粤汉铁路路权之用,以粤、湘、鄂三省烟土税作抵押。经广州总商会及九大善堂集股2626万元,于1906年5月17日成立"商办

几不进行①,数百万资本,烟消雾散。而横断支那中腹之最大干线,势将半途中止②。政府鉴于民立公司之不足恃也,乃有苏杭甬借款筑路③之议,计款需三百万镑,英输资焉。路起沪宁铁道之苏州府,至浙江杭州府,转达宁波。是时,盛宣怀④代表支那政府,与英国资本家交涉。草约既成,正约未换之际,江浙两省人士,闻之而起。谓苏杭甬铁道,乃两省命脉所系,何等重要。既借款于英人,则材料不能不购自英国,技师不能不延聘英人,而管理员亦不能不使用英人。则一切权利,悉操英人手。且供借款之担保物,亦该铁道也。是铁道之利,常归英人。万一蹉跌,蒙其害者,该公司

广东粤汉铁路总公司"。1908 年 11 月 1 日,粤汉铁路广韶段广州至源潭竣工通车。1910 年 1 月 31 日,全体股东推举詹天佑任总办兼总工程师。

① 工事几不进行　日文本第 88 页,原为"工事は幾ばくも進行せざりし"。自译本第 76 页,为"土木竣工,无足观者"。田译本第 39 页,为"故工事亦未几停办"。

② 势将半途中止　日文本第 88 页,原为"一半は猶未成の體なきり"。田译本第 39 页,为"尚有一半为未成之体耳"。自译本第 76 页,译为"犹未全成"。

③ 苏杭甬借款筑路　1898 年 10 月,英国怡和洋行,代表英国银公司,同清朝铁路公司总办盛宣怀订立苏杭甬铁路草约,夺得了该路的修筑权。草约签订后,测勘工作一直没有进行。1903 年,盛宣怀致函英国银公司声明:如六个月内再不勘路估价,则以前合同作废。该公司置之不理。1905 年 7 月 24 日,浙江绅商在上海议决成立浙省铁路有限公司,公举前署两淮盐运使汤寿潜和在籍京堂刘锦藻为正、副总理,呈请自办全省铁路,呼吁废止苏杭甬铁路草约。一面集股,一面立即开工筑路,先修杭州至嘉兴段。次年,江苏绅商亦组成江苏铁路公司,以王清穆为总理,张謇为协理,议定先修上海至嘉兴段,以与浙路衔接。于是英国驻华公使萨道义于 1906 年 3 月 15 日照会清政府外务部,催促交换正约,同时要求禁止浙江商民自办铁路。1907 年 10 月 20 日,清政府外务部提出一个所谓"拟分办路、借款为两事"的方案:"路由中国自造,除华商原有股本尽数备用","约仍需款英金一百五十万镑,即向英公司筹借。"清政府立即批准了这个方案,并同英国订立《中国国家沪杭甬铁路五厘利息借款合同》,向英国借款 150 万金镑,聘用英国人为总工程师,并将苏杭甬铁路改为沪杭甬铁路。清政府批准"借款筑路"方案,激起了江浙民众的极大愤怒。浙路副工程师汤绪绝食抗议而死,浙路业务学校学生邬钢愤恨吐血而亡。反抗斗争进一步高涨。1907 年 10 月,江浙两省铁路公司揭露清廷"名曰借款,实则夺路"。10 月 22 日,杭州爱国人士首先创立国民拒路会。苏州、绍兴、宁波也相继成立拒款会或拒约会。两省的学校相继聚众抗议。11 月 25 日,又在杭州举行浙江全省拒款大会。通过斗争,英国掠夺这条铁路建筑权的企图终未得逞。

④ 盛宣怀(1844—1916)　清末官员,官办商人,洋务派代表人物,著名的政治家、企业家和慈善家,被誉为"中国实业之父"和"中国商父"。1896 年,任铁路公司督办,接办汉阳铁厂、大冶铁矿,奏设南洋公学于上海。1902 年,任正二品工部左侍郎。1911 年,任邮传部大臣。

也。不旋踵间①，而该铁道之一切利权，皆英人所有物矣。不但此也，即沿路一带利权，亦必归英人掌握。是路割即国割，路亡即国亡，中国瓜分之祸，其肇基于此。吾侪既为两省之人，安忍坐视，不出死力以争乎？乃一面诘责盛宣怀，一面陈情政府，力请中止借款。而政府达官，缘借款而享大利者，本轻视两省人之势力，莫肯听从。盛宣怀知仙台洁②之交涉，非徒手所能取消，亦置之不顾③。于是两省人心，激昂益甚。于新闻、演说中，攻击政府之横暴，宣怀之专擅。或云：何物宣怀，以江苏之人，竟敢私卖本省之利权于外人。宜掘彼祖先坟④墓，以示天谴之所在，并削除其本籍。矢集于宣怀一身，宣怀不堪，乃设辞曰⑤：草约订结后，以六个月为交换正约期。如有废弃之意，须于三个月以前，通告彼方。彼方接通告，经三个月而不提起异议，则该约归于无效。今宣怀通告废弃之意于英人，已逾三月，而英人并未提起异议，则该约之当归废弃可知。但该铁道，乃江浙两省最要之线，建筑万不可缓，人所共知。现在两省之财力，既不能举此，不得不借外款，以应一时之急。此非条约之义务，乃实际之必要者耳。至是两省人士，以借款之议，理论上当属废弃，而实际不废弃者，外务当局之罪也。苟当局不为外人威武所屈，则拒绝借款，一

----

① 不旋踵间　自译本第76页，为"更一转"。日文本第89页，原为"更に一轉せば"。田译本第40页，为"直而言之"。

② 仙台洁　日文本第89页，原为"シンヂブート"。自译本第77页，译为"资本家"。仙台洁，应为资本家的英文词汇（Capitalist）的日语转译。田译本第40页，未译此词及相关语句。

③ 盛宣怀知仙台洁之交涉，非徒手所能取消，亦置之不顾　自译本第77页，为"盛亦老偬奴，夙知资本家交涉，不可赤手结局，又不肯倾耳于两省人士之言"。日文本第90页，原为"盛もさる者、シンヂブートの交涉は、赤手にして引き去る性質にあらざるを知れば、两省人士の言に耳を傾くべくもあらず"。田译本第40页，未译此句。

④ 坟　初印本上编第60页同此。重印本上编第60页，原为"坆"，同坟。

⑤ 设辞曰　自译本第77页，为"设一条通路云"。日文本第90页，原为"一條の通路を設けて云ふ"。田译本第40页，为"乃设一条之通路曰"。

言可决耳。虽然,两省之财力,既不能建筑此
路,当局者自辞有可托,而吾侪亦不免推诿之
责。为今之计,宜一面鞭挞外务当局,拒绝外
款;一面集两省之资财,从事筑路。于是攻击之
锋,自宣怀而转向外务当局。观每日报端所载,
无往而非外务部是责。故屡次电禀上书,诘问
借款契约①可废而不废之理由。而政府不与答
覆,唯云借款一事,官民俱不免误会,须俟两省②
代表到京面议。因频促代表入京,然两省人士,
卒未之应也。其任募资之责者,自苏杭甬三府之
绅、商、学各界,至乡村士民,设会派人,且夕呼
号,持路割即国割、路亡即国亡之论,感动人民爱
省爱乡之心,殆不遗余力。

　　时余居上海。上海者东洋最繁华之商埠③也,尝
闻稔悉支那情形者之言曰:市中富豪,资产千万以上
者若干人;五百万以上者若干人;至百万以下,则指不
胜屈。至是,余窃谓江浙两省人士,既以借款筑路为
亡国之前提,两省人心,如是激昂④。市中富豪,宁波
人又居多数。信如或人言⑤,则严信厚⑥一家之财
力,不难立酿一二百万金。其余某某,或五十万,或 道路传闻,或妇失
实⑦。然著者闻斯

---

① 契约　初印本上编第 60 页和田译本第 41 页同此。重印本上编第 60 页和点校本第 354
　　页,误为"契纳"。日文本第 90 页和自译本第 78 页,为"合同"。
② 两省　日文本第 91 页和自译本第 78 页,原为"两省"。初印本、重印本的上编第 60 页,误
　　为"省两"。点校本第 354 页,校改为"两省"。
③ 商埠　日文本第 92 页和自译本第 79 页,为"开港场"。田译本第 41 页,为"通商口岸"。
④ 如是激昂　自译本第 79 页和田译本第 41 页,为"动摇如此"。日文本第 92 页,原为"動摇
　　せること此の如し"。
⑤ 信如或人言　日文本第 92 页,原为"或者の説の如んば"。自译本第 79 页,译为"信如或
　　者所说"。田译本第 41 页,为"或云"。
⑥ 严信厚　字筱舫(1838—1907),浙江慈溪人。曾在上海宝成银楼任职。同治初年,由胡光
　　墉介绍入李鸿章幕,参与镇压太平军和捻军。1885 年,署长芦盐务帮办。以盐务起家,从
　　事商业,积资巨富。1887 年开始陆续创办和参加投资的企业有:宁波通久源轧花厂、上海
　　中英药房、华兴水火保险公司、锦州天一垦务公司和景德镇江西瓷业公司等。并在各省经
　　营钱庄和汇兑。1900 年,由盛宣怀授意,成立上海商业会议公所;1902 年任该所总理。
　　1904 年任上海商务总会总理。后人推为宁波商帮先辈。
⑦ 或妇失实　初印本、重印本的上编第 61 页同此。点校本第 354 页,误为"或妇失宁"。其
　　中的"妇"字,含义难解,或为"归"之误。

三十万。三千万元①之额，仅上海一市，尚绰有余裕，况加以两省之通都大邑州县乡镇乎？募资之数，虽至三倍五倍不难也。而孰知事实终不如预想。严为上海第一富豪②，应募之数仅五万元。其他③则多不过二三万，少不及一万。举上海全市，尚不满百万之数。上海如此，宁波可知。至于苏杭，更无论矣。及至借款日期益迫，两省人心，益为焦灼。更复东西派人，游说地方绅董，分期投资。又复各觅亲知④，强令应募。如余所知，某公司之董事某，浙人也。令凡公司中人，苟属两省籍者，皆须割俸银之几分以应募。虽奴仆月得七八元之薄薪，亦购二十元之股票。如是者数月，终未满豫定之半额。或云江浙两省财力，实非如是贫瘠；唯募资者与资本家，缺双方之信用，故应募之数，寥寥无几也。余谓不然，当时募资之发起人，皆两省有名人物，信用最厚者。且观其运动，锐意励精，著著投机⑤，毫末无遗，非平日优柔寡断者比。微贱如马丁车夫，犹且应募，岂缺信用者所能乎？是岁之秒，上海市场之金融，异常迫窘⑥，出售书画古玩者极多，价值亦廉。其故维何？闻由两省人穷于应募之资所致，此可见两省财力之实际矣。

　　募资之事，既未如意，而英国资本家之促交换

密亚丹⑦之言否乎？一国资本各有用途，欲发达一种新产业，不得不自既存之产业吸引其资本。严某虽富，决无存蓄数百万现金于家之理。其不能废其固有之营业，而多投资于此，亦人之恒情。况吾国前此各种事业，以所用非人而失败者屡有所闻，资本家不免有戒心乎？

---

① 三千万元　日文本第 92 页和田译本第 42 页同此。自译本第 79 页，为"三千百万磅"，应有误。

② 第一富豪　自译本第 79 页，为"第一流富豪"。日文本第 92 页，原为"第一流の豪富"。田译本第 42 页，为"第一流之富豪"。

③ 其他　自译本第 79 页，为"至于第二流之下"。田译本第 42 页，为"至于第二流以下者"。日文本第 92 页，原为"第二流以下に至りて"。

④ 各觅亲知　自译本第 79 页，为"攀缘义故"。日文本第 93 页，原为"各所缘を辿りて"。田译本第 42 页，为"运动各所"。

⑤ 著著投机　初印本上编 61 页、自译本第 80 页和田译本第 42 页同此。日文本第 93 页原为"著著機に投じて"。重印本上编第 61 页和点校本第 355 页，误为"著者投机"。今通作"着着投机"。

⑥ 异常迫窘　日文本第 93—94 页，为"逼迫を訴へて"。自译本第 80 页，为"最苦逼迫"。田译本第 42 页，为"最诉紧逼"。

⑦ 斯密亚丹　即亚当·斯密（Adam Smith，1723—1790），是英国资产阶级古典政治经济学的杰出代表，其经济学说形成于十八世纪中叶，是"工场手工业时期集大成的政治经济学家"。其代表作《关于国民财富的性质和原因的研究》，为政治经济学成为一门独立的科学奠定了基础，迄今在经济学界仍有很大影响。

正约也愈急。两省人士,更迫胁外务部,力请废约。时外务大臣袁世凯①,置而不答,唯频促代表入京,谓早一日入京,则早一日解决。于是有代表入京之举。时许鼎霖②、张元济③为两省代表,雷奋④、杨廷栋⑤亦因精通法理随行⑥。临行,两省人士,张宴饯之。两代表慷慨誓众曰:此行代表两省四千万人,诘问中央政府外交失策之责。事成,重与诸君

---

① 外务大臣袁世凯　1907 年 9 月 4 日,袁世凯被授为外务部会办大臣尚书,军机大臣。1909 年 1 月被免职。

② 许鼎霖(1857—1915)　字九香,江苏省赣榆县城南人。1882 年(光绪八年)中举,1890 年受命为内阁中书。1893 年为秘鲁领事官。1896 年至 1903 年调皖先后任盐运使、庐州知府、署理凤阳知府、大通税监、安徽道员,代理芜湖道署务。1903 年调浙江省任洋务局总办。1911 年初任本溪湖煤铁公司督办、盐政正监督、奉天交涉使。1906 年组织预备立宪公会,任会董。1909 年 9 月筹办江苏省咨议局,任总会办。1910 年又充任北京资政院议员。1911 年任资政院总裁数日。1913 年初加入国民党,为江苏省议会议员。

③ 张元济(1867—1959)　号菊生,浙江海盐人。清末进士,入翰林院任庶吉士,后在总理事务衙门任章京。1902 年,入商务印书馆,历任编译所所长、经理、监理、董事长等职。1949 年后,担任上海文史馆馆长,继任商务印书馆董事长。著有《校史随笔》等。

④ 雷奋(1871—1919)　字继兴。江苏娄县(今上海松江)人,初在上海南洋公学读书。1899 年被派赴日本研习政法,毕业于早稻田大学,曾参加译书汇编社。回国后,任上海《时报》编辑,在城东女学、务本女塾等学校任教。此后曾任江苏省咨议局议员,资政院民选议员,其间曾在宪政期成会、资政院等处演讲,主编《法政杂志》。辛亥革命前夕被张謇聘为高级顾问。民国成立后,曾负责起草法律,后退出政界,回松江任自治公所总董。1913 年二次革命期间,曾在浙江都督朱瑞与松江守军、水师沈葆义部之间斡旋,使松江免遭战祸。其后,被任命为财政部参事、湖北省高等检察厅厅长等,均因罹患肺病而未能赴任。不久,卒于家。

⑤ 杨廷栋(1879—1950)　字翼之,江苏苏州府吴县人,清末民初政治人物,翻译家。1898 年 3 月到日本,入东京高等商业学校学习。曾参加 1900 年创办的译书汇编社。他最早将卢梭《社会契约论》完整翻译为中文。1902 年由上海文明书局出版。1901 年和秦力山、沈云鹏等于东京创办《国民报》。1902 年 12 月,戢翼翚在上海创办《大陆报》,杨廷栋和秦力山、雷奋、陈冷等为撰稿人。1908 年前后,入商务印书馆编译所任编辑。1908 年冬,江苏咨议局成立,张謇任议长,雷奋、杨廷栋等任议员。1910 年,他作为江苏咨议局代表到北京,参加各省咨议局联合会,并当选该会审查员,从而离开了商务印书馆。辛亥上海光复后,他曾参与张謇、赵凤昌等筹设"临时议会"的活动。民国成立后,杨廷栋曾任南京临时参议院议员,因反对汉冶萍公司借款协议而辞职。1912 年 4 月又任北京临时参议院议员。后曾任交通部秘书长。

⑥ 许鼎霖、张元济为两省代表,雷奋、杨廷栋亦因精通法理随行　此句在自译本第 80 页,为"许鼎霖以苏人,张元侪(济)以浙人,代表两省。雷奋杨廷栋均以苏人,且由其谙新法理为之副"。日文本第 94 页,为"许鼎霖(苏人)张元济(浙人)の二人両省の代表たり。雷奋、扬[杨]廷栋の二人(均しく江苏の跃起连なり)新法理に通ぜりとて,之が副たりき"。田译本第 43 页,为"许鼎霖(苏人)、张元济(浙人)二人为正,雷奋、杨廷栋(均江苏之后进,颇通新法律)二人为副"。

相见。万一不成,有死而已。意气如虹,众皆喝采。余素未识代表为何等人物①,因爱其言之壮,又窃祝其心意之必如是②也(当时两省人心之激昂,达于极点,前此殆未之闻见。东亚洛伊多③谓此事之成败,为南北分背④之朕兆)。

代表已去后月余,杳无消息。人人延颈北望,以为北京官场中有一种秘药,能软化豪杰才士,未识代表能不为其所笼络否。已而杨廷栋茫然归来,意气沮丧,大非昔比。告两省人士曰:大事去矣。借款之议已成,万无挽回之法。请述其本末:初英国资本家与盛宣怀结草约,谓如有废弃之意,应于三个月前通告。宣怀迫于众议,通告废约之意。然英国公使为本国资本家一再至外务部提出异议,追履契约。彼此往复之结果,外务部遂允英人之请。六个月限期已过矣,今借款之得失,虽有争论,不过外务部与两省之内讧耳。契约断不可废,英款终不得借。如欲决意废弃,则不得不负莫大之赔偿。果如是,不特外交上为失体,即财政上亦受一大损害。此岂可谓得策⑤? 莫如由今而后,专力募资,实行筑路。外款由部借部还。江浙两省之路,概不用外款,路权无忧

---

① 余素未识代表为何等人物　自译本第81页,为"余素识此等人士为何物"。田译本第43页,为"余素知此等人士之为人"。日文本第94页,原为"余は素より此等人士の、如何なる人物なるかを知れり"。

② 窃祝其心意之必如是　自译本第81页,为"窃祈其心事必如是"。日文本第95页,原为"窃に其心事の必ず是の如くなれかしと祈りたりき"。田译本第43页,为"窃信其心事必如是也"。如是,初印本上编第62页同此。重印本上编第62页和点校本第356页则为"并是",应有误。

③ 东亚洛伊多　田译本第43页,为"东亚罗以德报"。日文本第95页,原为"东亚ロイド"。自译本第81页,译为"上海之独文东亚报",应即在上海出版的德文东亚报。或指《德文新报》(Der Ostasialische Lloyed)。"洛伊多",应即"Lloyed"的音译。《德文新报》是中国最早的德语日报,1889年在上海创立,先后由冯·冈拉克、布鲁诺·纳瓦拉和卡尔·芬克担任主编,其中卡尔在1900年到1917年任职期间将报纸改为周报。该报被认为是远东地区最好的德语报刊,它的读者群覆盖了所有在中国以及南亚地区的德国人群。后来它与1901年发行的《北京德意志新闻》报合并。

④ 分背　相背而立;相互对立;分别,离别。

⑤ 此岂可谓得策　自译本第82页,为"此亦非策之得者"。日文本第96页,原为"此も亦得策と谓ふべからず"。田译本第44页,为"岂可云得策乎?"。

移于外人之手。于是两省人士,始得详契约之真相。盖前此之热心于运动取消者,终不免为一空想矣。而代表之不期生还之壮语,亦不免为一空想矣。

斯时两省人士,虽尚激烈,然既晤①借款之不可已,则稍趋于静。而募资一事,设竟不成②,则外款定部借还。于是以一面筑路一面募资之方针,先着手苏杭间路。然两省之财力,常告穷乏。故路工之进行,亦不能如意。二三年后,苏杭间之一部始落成。复以管理失宜,工程之遗误,致得失不能相偿。于是一部股东中有言利益分配不均者,又有持不如卖于政府之议者。遂使委员杨廷栋至北京邮传部③与政府交涉,请其收买。邮传部亦暗计利害得失,直不欲买④,给价七折;杨则坚持元额。再四往复,时邮传部已与公司脱离关系⑤,固执不移。杨终不得志,怏怏而归。夫一二年前路亡即国亡之说大声疾呼者,非江浙人士耶? 今以得失不相偿欲卖于政府,又非江浙人士耶? 前之路亡即国亡之说为是,则今日之欲卖者何耶? 后之卖路为是,则前之所谓路亡即国亡者何耶? 且得失不相偿,亦不过一年半年之事耳。日后之得失如何,尚不可知。乃以一时无利益分配,竟食其前言而不悔⑥。

此清政府不愿废约,出其愚民手段,致有此结果,不足为两省人士病。至代表之大言不惭,还当叩之代表,余不能为作辩护语也。

谬,谬。清政府虽不仁,固不可以外国视之。

---

① 晤　觉悟,明白。日文本第96页和自译本第82页,为"悟"。田译本第44页,为"知"。

② 设竟不成　自译本第82页,为"荏苒不决如故"。日文本第96页,原为"例の如く捗々しからざりき因りて外"。田译本第44页,未译此句。

③ 邮传部　清末官署名。1907年置。此前,交通行政无专管机构,船政招商局隶北洋大臣,内地商船隶工部,邮政隶总税务司,铁路、电政另派大臣主管。铁路又曾改隶商部。设邮传部后,一切并入,置尚书及左右侍郎为主管,分设邮政、路政、电政、邮政、庶务五司,各有郎中、员外郎、主事等官。所辖有邮政总局、电政总局及各省分局、电话局、交通银行(包括北京总行及上海、汉口、广州分行)、铁路总局及京汉、京奉、京张、沪宁、吉长、广长、正太等各路局。1909年,省庶务司,增承政、参议二厅。1911年,改尚书为大臣,侍郎为副大臣。辛亥革命后,北洋政府改为交通部。

④ 直不欲买　自译本第83页,为"未辄允"。日文本第96页,原为"直ちに買上げんとはせず"。田译本第44页,为"直不从其请"。

⑤ 已与公司脱离关系　自译本第83页,为"已谙悉公司内情"。日文本第96页,原为"已に公司の脚下を見抜きたれば"。田译本第44页,为"已窥破公司之内情"。

⑥ 乃以一时无利益分配,竟食其前言而不悔　自译本第83页,为"仅不忍一期半期之利息,直将前日之烂唇嘎声呼唤叫号之论据,一抛而不悔"。日文本第97—98页,原为"僅に一期半期の無配当に耐へずして、直ちに前日の口を爛らし、聲を嘎らして、呼號しつゝ来りし論據を抛ち去りて悔いず"。田译本第44—45页,为"仅以一期半期之无红利,直反前言而不悔"。

然则前之所谓亡国、爱国、借款、拒款云者,尽是一时之客气耳,妄言耳,非有充足之理由①也。且杨廷栋何物? 前为江浙之代表,则主张拒绝外款,又主张部借部还,又主张江苏铁道,江苏人民不可不自经营。今乃为无识股东所驱使,更为卖铁道之委员,阿颜取容②,往来于当局股东之间,亦可谓无识无耻者矣。杨廷栋一愚物不足道,是亦江浙人士之一标本。彼等之性情固如是,不独江浙人士为然,江南人之性情亦如是,即支那二十一省人之性情亦无不如是。如曰非然,请更奉一例证之。江浙人听者! 我中国人听者! 然余犹嫌范围狭隘,更为推广曰:日人与中国人同种,即日人之性情,亦无不如是。

　　译者曰:前之所拒,英款也。后所卖与本国,政府也。借债筑路,万一蹉跌,两省利权,折入英人之手,势必誓死力争。卖诸政府,则铁路虽卖,一切利益仍归之我国,何所往而不利? 故后之出售,无损于拒款热诚。前之拒款,无涉于卖路苦衷。所与之相手方③既异,方针手段,自因而不同。凡有常识者所可共喻也。著者乃惊疑骇怪漫骂不置,岂非咄咄怪事! 吾闻岛国之民性情褊急,气宇狭小,易喜易怒,每以感情意气用事,著者殆亦未之免欤!

　　江浙两省人之拒斥外款,其结果英款归于部借部还,暂保管于邮传,不供苏杭甬筑路之用。未几而川汉铁路之案起。川汉铁路,起湖北汉口,至四川成都,亦支那中腹横断之一大干线,联络长江上下游最紧要之孔道也。当时邮传部大臣徐世昌,谓英款既已借入无所用,不如以之改筑川汉铁路。湖

────────────────

①　充足之理由　自译本第83页,为"甚深之根蒂"。日文本第98页,原为"甚深の根蒂あるにあらず"。田译本第45页,为"焉有一定之主见哉!"

②　阿颜取容　自译本第83页,为"有觍面目"。日文本第98页,原为"阿容々々と"。田译本第44页,未译此句。

③　无涉于卖路苦衷。所与之相手方　北洋本上编第63页,断句同此。点校本第359页,断句为"无涉于卖路。苦衷所与之相手方",应有误。相手方,日语词汇,意为对手,对方。

南、湖北人士闻之大怒，以为是以江浙之祸转嫁于我两湖也。路亡即国亡之说果真，则江浙与两湖又有何别？江浙人既已拒斥英款，我楚人夙以义闻天下者，拒款一事，岂可在越人之下耶？于是绅董起，学者起，军人起，商民起。借新闻①、电报、演说、意见书，声明其主张。更与本省大吏及中央政府警告论争，几无虚日。而徐世昌方坚持筑路之议，不肯俯纳其说。两湖人素以剽悍闻（湖南人为最）。当长发贼之乱，建戡定之大功者，湖南人为多，平日常以此夸示于外省者也。今激于邮传部之压制，奋勇异常，言论举动日形激烈②。而邮传部仍持前议。且湖南人杨度③者向持自款自筑之说，际此翻然变计，以两湖之财力，实不足两省筑路之用，声明宜压伏本省人之意见，决行邮传部议。故邮传｛部｝益执前见，不少屈。于是两湖人士之物论④益烈，民气益激，官民相持益急。北望燕京，风云蓬勃；南眺洞庭，波涛鞺鞳⑤，杀气磅礴于衡湘间。张伯烈乃应

---

① 新闻　日文本第 99 页同此，即报纸。昔时，报纸曾被称为新闻纸。自译本第 84 页，为"报章"。田译本第 45 页，为"报纸"。

② 日形激烈　自译本第 85 页，为"逐日逐月，益现激烈之象"。日文本第 99 页，原为"日を逐ひ月を逐いて、益益激烈の象を現はし来りつ"。田译本第 46 页，为"日烈一日"。

③ 杨度（1875—1931）　字晳子，湖南湘潭人。中国近代知名学者、政治活动家、宣传家。参与或赞助了清末公车上书、变法维新、洪宪帝制、张勋复辟等活动。1902 年赴日留学，1905 年被选为中国留学生总会干事长。留日期间接受君主立宪思想，曾为清廷所派出国考察宪政的五大臣代笔书写宪政考察报告书。1907 年 1 月，在东京创办《中国新报》，并发起成立"宪政讲习会"，提出以"设立民选议院"为立宪运动的中心目标，力主速开国会。1907 年 12 月联络湘绅在长沙成立宪政讲习会湖南支部（旋更名为湖南宪政公会），起草《湖南全体人民民选议院请愿书》，联络湖南名流及青年学生 4000 余人上奏。

1910 年 3 月，杨度一反自己过去铁路自办的主张，给邮传部上条陈，谓粤湘鄂铁路均宜借款部办，立即引起鄂路代表张伯烈等人的檄讨。他返京路经汉口时，先寓迎宾馆，因怕遭到赶来的湖南拒款代表粟戡时等人的侮辱，又秘密住进既济水电公司。粟戡时等恐其到京依然为害，与张伯烈等商议，决定召开大会，宣布其罪状。大会之后，又公举代表带领学生多人蜂拥至水电公司，声言搜索"路贼"。杨度不敢露面，被汉口英国巡捕房和武昌巡警道保护，才得以离开武昌。此后，湖南又发出公启，说杨度"实属全国公敌，亟宜声罪致讨"并"刊血书万余通，附讨杨度文，目为卖国奴"。经此事件，杨度的声誉大为低落。参见侯宜杰著：《逝去的风流清末立宪精英传稿》，北京师范大学出版社 2013 年版，第 210—211 页。

④ 物论　通作物议。

⑤ 鞺鞳　原是钟鼓象声词，这里形容波涛声。又作"鞺鞺鞳鞳""鞺鞳"。

此时机而出。伯烈湖南[北]人①,夙负笈于东京,
修学有年,颇致意于国事。闻两湖事急,慨然归来。
不询于朋友,不谋于戚族,只身匹马,北走燕京②。
至则先③诣邮传部通刺,请谒徐大臣④。徐亦略识
张之为人,见事辣手,谢而不见。其后张数到邮传
部,竟不得一见。因出一计,露坐邮{传}部前庭
曰:"我今以国事危急,请见大臣。大臣见我,事立
可决。若不见我,则我有死无去耳"。警吏来谕,
不从。部员来谕,不从。同乡京官来谕,亦不从。
时天气将寒,日夕坚坐草席上,废食辍饮曰:不遂吾
愿,吾惟一死耳。闻见者莫不为之动容也。同时又
有粟戡时⑤者,亦湖人⑥。与张前后入京,亦欲见徐

---

① 伯烈湖南[北]人   张伯烈(1872—1934)   湖北随州人,字亚农,号益三。早年留学日本,
习法律。1907年任河粤汉川铁路总理。1910年任河南提学使,创办开封女子师范学堂。
民国成立后,被选为临时参议院议员。1913年为众议院议员。国会解散后,任总统府谘
议。1915年因对袁世凯不满,辞职闲居。1922年出任众议院副议长。后退隐不出。著有
《商办湖北铁路意见书》《假定中国宪法》等。
日文本第100页,自译本第85页,和初印本、重印本的上编第64页都说"伯烈湖南人"。
点校本第360页标点为"伯烈,湖南人。"田译本第46页则说"伯烈者湖北之人"。

② 闻两湖事急,慨然归来。不询于朋友,不谋于戚族,只身匹马,北走燕京   此说似不够确
切。徐海主编的《黎元洪传》(吉林大学出版社2010年版,第51—52页)介绍:1909年11
月14日,湖北铁路协会在汉口四官殿召开特别大会,到会者近3000人。当时报载,会议
"先由书记员散发东京据(拒)款会代表意见书,次由东京代表张伯烈、夏道南登台演
说⋯⋯"。11月18日,铁路协会开会选举职员,并推举进京请愿的人选。张伯烈说"兄弟
任务已毕,晋京非我所敢预"。29标士兵陶勋臣走上主席台,拔刀断指,坚决要求张北上,
张乃慨然允诺。1909年底,湖北代表张伯烈等人进京请愿,送行的达1万人之多。到京
后,他们多方活动。张伯烈甚至多次到邮传部及徐世昌家中"痛哭力争",到1910年初仍
无结果。

③ 先   初印本上编第64页同此;重印本上编第64页,误为"失"。点校本第360页,校改为
"先"。

④ 徐大臣   即徐世昌,1909年2月至1910年8月任邮传部尚书。

⑤ 粟戡时   初印本、重印本上编第65页为"粟时勘"。日文本第101页、自译本第86页和田
译本第46页,俱为"粟时戡"。应为粟戡时(1882—?),字墨生,号墨庵。湖南善化(今长
沙)人。早年留学日本法政大学。1909年任湖南咨议局议员。1910年与陈树藩等被举为
湘路代表赴京请愿,曾断指血书"湘路无庸借款,乞中堂主持。戡时谨上",以示保路决
心。1911年被举为湘路协赞会副会长。与罗杰等组辛亥俱乐部湖南支部。长沙光复后
任都督府外交司长。1912年任国民党湖南支部评议员。1913年创湖南筹蒙会,任副会
长。后任群治大学校长。

⑥ 湖人   初印本、重印本的上编第65页同此。日文本第101页、自译本第86页和田译本第
46页,都为"湖南人"。

大臣,陈其说。而徐不见,乃操刀①断一指示人曰:
我欲见徐大臣者为国事耳,而彼托故不见,我意已
决,有如此指。京中各报壮其言,啧啧称道不已,谓
张、粟二人,为两湖之双璧。当此事之始传也,或有
窃为徐危者。不知徐亦狡狯人也,欲免是非,遂中
止借款筑路之议。且云两湖人自任川汉筑路之役,
本部暂允其请。但异日该省财力不能自办时,应由
部款代办。于是两湖人士之公议始伸,而张、粟义
声遂满天下。既而二人去之武昌②,至则欢迎讴歌
之声,波兴云起矣。

两湖人士虽达拒款之目的,至川汉铁路之筑
造③,须臾不可缓。然两湖财力之匮竭犹之江浙;
募集股金之困难,亦犹江浙。杨度等自款自筑不能
之说,日以实现。两湖人士之面目,殆坠于地④。
当是时,张、粟一派之志士、壮士,亦杳无消息,不知
何在。最可笑者荆州将军某(旗人)⑤预约出一百
万元之股金,遂被推为总理。及就总理之任,以不
履行预约,又被放逐。其失体有如此者!更可怪
者,即断一指之粟时勘[裁时],双手十指,依然尚
存。由是始悟前日张、粟一派之大言壮语,不过一
哄之散场。断指割臂,亦一种食火吞剑之幻术而
已。而川汉铁路之纷扰,实为四川扰乱之⑥导线,

吾国人之一举一
动,岂必皆令著
者知。

此语确否?还当质
之粟时勘[裁时]。

---

① 刀 初印本、重印本的上编第 65 页,日文本第 101 页和自译本第 86 页同此。点校本第
361 页为"刃"。
② 既而二人去之武昌 自译本第 86 页,为"二人在同乡京官之称赞感叹声中去北京,赴武
昌"。日文本第 101—102 页,原为"二人は同郷京官の稱賛感歎の中に北京を去りて武昌
に到れば"。田译本第 47 页,为"是二人者于同乡京官称赞感叹之中,离北京而去武昌"。
③ 筑造 日文本第 101 页,和初印本、重印本的上编第 65 页,田译本第 47 页,都为"筑造"。
只有自译本第 86 页为"筑路"。点校本第 361 页,改为"筑路",似无必要。
④ 两湖人士之面目,殆坠于地 自译本第 86 页为"两湖人士,面目名声,一扫尽矣"。日文本
第 102 页,原为"両湖人士の面目は殆ど地に墜ちんとす"。田译本第 47 页为"两湖人士
之面目,殆将坠地"。
⑤ 荆州将军某(旗人) 不详。或为凤山,汉军镶白旗,1910 年 8 月至 1911 年 6 月任荆州将
军。此前任荆州将军的则有:恩存,蒙古正蓝旗,1907 年 10 月至 1910 年 4 月;联芳,汉军
镶白旗,1910 年 4—8 月。
⑥ 扰乱之 初印本上编第 65 页同此。重印本上编第 65 页,原为"扰之乱"。

未几演成武昌兵变。实际筑路之议,至今未就。此后变故百出,不知何时始可竣工。而前日拒斥借款之本意,及自款自筑之公议,俱付之流水,无人过问矣。① 大抵支那人尚雷同,乏自立之念,喜目前之虚声,不谋终局之长计,故每有此等失体。此川汉铁路取消借款之颠末也。两湖人在江南各省最称刚健挚实,非江苏、浙江之比。然其志士、壮士、有识者之所为如此。呜呼! 是亦支那人本来之性情也。②

　　至第三次运动即开国会,更有不禁令人骇异者。先是各省志士主张速开国会者渐多,气势益盛,政府知不可拒斥,遂缩宣统七年之开会期为宣统五年③。

　　至是而东三省各地人士,先后竞起,皆云前之所请,不过国会之速开,吾侪之所愿者,国会之即开也。我东三省介居日俄两强之间,形势之危险,朝不保夕。若不即开国会,将焉图救④。时锡良⑤总督东三省,窘于奉天人士之迫促,怒曰:速开国会,与东三省之割裂有何直接关系? 今日开国会,明日东三省之士民,即可高枕无忧耶? 决无此理! 理说情谕,至再至三,东省士民,终不首肯,遂有代表入京伏奏之议。至则先叩庆王门,请求谒见,不允。

革命以来待理之事,较此重要者甚多,一时自无暇及此。
以"大抵"二字下断语,其臆度可知,其强捏可知。

著者非满清政府,何为骇异?

———————

① 日文本第 103 页、自译本第 87 页和田译本第 47 页,此下另起一段。

② 从川汉铁路之纷扰,到四川保路运动,成为武昌起义之导火线,表明了川汉铁路之争的重大意义。中岛端无视这一点,只渲染募集股款之虚和实际筑路未成,应属以偏概全。在本章中,中岛端对清政府批评甚少,对各界人士则指责甚多,其立场与倾向性可见一斑。

③ 缩宣统七年之开会期为宣统五年　"宣统七年"之说似有误。按 1908 年 8 月的筹备立宪路线图,清廷要进行 9 年的预备方能召开国会,颁布宪法。还制定了"九年预备立宪逐年筹备事宜清单"(从光绪三十四年[1908 年]到光绪四十二年[1916 年,或曰宣统八年])。这样,预定召开国会的时间应为宣统八年(1916)。到 1910 年(宣统二年)11 月 4 日,在社会各界的强大压力下,清廷宣布将原定为 9 年的期限提前 3 年,改于宣统五年(1913)召开国会。

④ 将焉图救　自译本第 88 页,为"将不可救矣"。田译本第 48 页,为"将不可救"。日文本第 103—104 页,原为"将に救ふべからざらんとす"。

⑤ 锡良　字清弼(1853—1917),蒙古镶蓝旗人,同治十三年进士。晚清著名政治人物。1909年 2 月 8 日—1911 年 4 月 20 日任东三省总督。

代表皆云:不见王爷,我等虽死不还。守门卫兵士劝之去,不从①。因报民政部,请求处分。侍郎乌珍②驰至,百方慰谕,犹不从。已而大臣肃王亦来会,立门前,引见代表,告之曰:此事重大,非旦夕可决,宜退后俟命。代表等犹不肯信,皆失声痛哭,必请谒见王爷,不然有死无退。其辞色甚厉,若果有以死自决者。肃王见其志不可夺,入说庆王,劝其亲加慰谕。庆王③不得已允之,乃引见代表诸人。既至中庭,代表等且拜且跪,未及发一语,先同声恸哭,泪下滂沱。庆王见此亦哭,肃王亦哭,门内惟闻欷歔涕泣之声,不闻叱咤之声也④。而代表进陈东省危急之势曰:今国事方急,东省将为日俄所并,果尔吾侪无措身之地。愿王⑤为东省生灵缓一日之命。言毕,又痛哭不已。二王亦相视哭不已⑥。已而庆王收泪告诸代表曰:诸子忧国之至情如此,余亦不禁同情。但廊庙大事,非余一人所能专决。日后将询诸同僚,请求上裁。事之成否,虽未可预定,然余誓不负诸子之热诚。肃王亦从旁慰谕。代表等曰:二王爷之言如此,吾侪不无卸肩之地矣,请从此去。乃拜而出,至那桐⑦邸。那桐素以机敏自许

①　守门卫兵士　应为守门卫兵,或门卫兵士。自译本第88页,译为"门卫兵丁"。日文本第104页,原为"門衛兵士"。田译本第48页,为"卫门兵士"。

②　乌珍　字恪谨,汉军正蓝旗人。军功世家出身,光绪年间历任满洲正蓝旗副都统,民政部右侍郎(正二品)等职,宣统时,兼京师步军统领。辛亥年5月,撤销军机处,任奕劻"责任内阁"民政副大臣。辛亥年11月,又任袁世凯"责任内阁"民政部副大臣。民元后,寻卒。

③　庆王　初印本上编第66页、日文本第104页和自译本第88页,原为"庆王"。重印本上编第66页误为"亲王"。田译本第48页,为"庆"。

④　不闻叱咤之声也　田译本第48页类此。自译本第89页,未译此句。日文本第105页,原为"叱咤の聲を聞かず"。

⑤　王　日文本第105页、自译本第89页和田译本第49页,为"王爷"。

⑥　相视哭不已　自译本第89页,为"相见而哭不止"。日文本第105页,原为"相見て哭して已まず"。田译本第48页,为"相见涕哭"。

⑦　那桐　字琴轩(1856—1925),叶赫那拉氏,隶属内务府满洲镶黄旗人,晚清"旗下三才子"之一。光绪十一(1885)年举人,历任内阁大学士、户部尚书、外务部尚书、编纂官制大臣、曾办税务大臣、总理各国事务衙门大臣、军机大臣、皇族内阁协理大臣、弼德院顾问大臣等职。

者,谍知①庆王邸事,闻代表至,即时引见。未至中门,躬出迎迓。导之客室,款待备至,大有古大臣吐哺握发②之风。代表乃陈来意,并述庆、肃二王言。那桐欣然颔之曰:善善! 诸君之精诚,仆亦夙有所闻。但事关廊庙,不可草率,二三日后,当有成议。如有好消息,仆当先驰专使相报,诸君亦可安意矣。代表等大喜,谢其厚意而去。皆谓不出二三日,必有好消息。乃还寓解装,藉慰长途之苦,安然就寝。晓梦未醒,有啄啄叩门者,起问为谁,乃内城厅③警吏衔命而来者,且出示上谕云:朝廷已纳民意,缩短国会期限二年④。国家大事,不能朝令夕改。今无良之徒,设辞藉名,扰乱人心,宜急勒还乡里,不可须臾留于都下。代表等相视愕眙⑤失色,以为大异昨日庆[王]、肃王〈王〉及那相国之所言,争辩甚力。警吏掉首不顾,曰:我等只知奉行上官之命,如诸君高论,非我等所欲闻,诸君且急去。于是强为整装,拥至城外车站,搭载京奉火车,使人护送还乡。代表等以力不能及,遂悄然归奉天。至是始悟昨日庆王之哭伪也,那桐之甘言慰谕亦伪也。盖庙廊之议早已放逐代表,特未发表耳。最可怪者,那桐有好消息先驰报诸君之言犹在耳,竟使警吏一网打尽。辣手固可谓辣手,滑稽亦可谓滑稽,支那王公大人之伎俩大抵类此。

　　窃谓三省代表前日之意气,如彼其壮烈,断非一顿挫所能已者,必有卷土重来之一日,则北京骚扰之端也。而孰知代表归后,数日、十数日、一月、

---

① 谍知　探知。

② 古大臣吐哺握发　周公姬旦(? —公元前 1105)执掌周朝朝政时,求贤若渴,只要有贤人来访,正在洗头时也等不及洗梳完毕,握着尚未梳理的头发就跑出来。吃饭时,亦数次吐出口中食物,迫不及待地去接待贤士。这就是成语“握发吐哺”典故。

③ 内城厅　清末新政期间,在北京设内外城巡警厅,专司市政,内城厅丞为章仲和(宗祥),外城厅丞为朱桂莘(启钤)。

④ 缩短国会期限二年　各文本同此。应为缩短三年。即从原定 1916 年召开国会,提前至 1913 年。

⑤ 愕眙　亦作“愕怡”。意为惊视。

二月,终无何等消息,又无何等风潮。问前代表之踪迹,则杳如黄鹤,不可复觅矣。于是知前日代表之大声疾呼,以陈东省之危急者,伪也。痛哭流涕,以告国步①之艰难者,亦伪也。我辈局外人,信以为诚者,犹未识支那人之真相耳。余因之爽然自失者久之②。支那政界之狂诈行动,有如此者。(当时又有一般③志士,伏阙上血书,请愿国会即开者。四方有志者,翕然称赞不置。余友某氏窃洞其实状④,谓其人丰采举动,不类读书人。咋指⑤出血,题数字于白布,亦拙劣不成体,又有人从旁补笔修正之。意者赚来乞丐无赖之徒,使为如是之恶作剧者,非真有南霁云⑥之勇决也。此事自日本人观之虽近虚诬,而在支那人中其例不少。大抵与以二三十元,或四五十元,即乐断一指者,在在多是。又如乞丐刃额割胸,鲜血淋漓,示人以乞哀者,随处有之。或受毫厘之惠,即叩头于礧石之上,铿然作声者。吾辈思之,何其痛楚;彼则坦然自若也。其气习如此! 由是言之,某氏之说,或得其真欤。)

我中国人乃未之闻。物以群分,著者应有是友。虽然此言果出之友耶? 抑托之友也。

　　译者曰:四次请愿国会,于革命成功⑦,颇与以巨大之助力。盖满清政府立宪之闷葫芦,从此一砖打破。立宪之伪面目,从此一手掀翻。国民受此棒喝,乃知与虎谋皮之非计,因而改易途

---

①　国步　指国家的命运,亦指国土。

②　久之　重印本上编第68页,原为"之久"。

③　一般　意为一班、一些。日文本第108页和自译本第91页,为"一辈"。田译本第50页,为"一流"。

④　实状　日文本第108页、初印本上编第68页和田译本第50页为"实状",重印本上编第68页误为"實狀"。点校本第366页校为"〈宝〉〔实〕状"。自译本第91页,为"实情"。

⑤　咋指　初印本、重印本的上编第68页和点校本第366页,都为"昨指",应有误。日文本第108页,原为"指を咋み"。自译本第91页和田译本第50页皆为"咋指"。咋指,即咬指。

⑥　南霁云(712—757年10月)　唐朝玄宗、肃宗时期名将,生于魏州顿丘(今河南省清丰县)南寨村农民家庭。因排行第八,人称"南八"。在"安史之乱"中,协助张巡镇守睢阳,屡建奇功。后睢阳陷落,南霁云宁死不降,慨然就义。

⑦　四次请愿国会,于革命成功　初印本和重印本上编的第68页同此。点校本第366页,断句为"四次请愿,国会于革命成功",似欠妥。

辙,专致力于破坏之一方。故其成功之迅速有可
惊者,此岂偶然哉? 顾论者乃于此而诡辞厚诬之,
是乌可以不辩? 四次国会请愿,实发起于东省人
士。盖见夫黑山白水,沃野千里,固犹是吾中华之
领土也。徒以贪庸误国,内政弗克自振,外敌因而
生心。一误再误,爰至于今,鹊巢鸠居,喧宾夺主。
鹫旗影中,木屐声里①,是痛是恨,是悲是愤! 饮泪
吞声,卧薪尝胆,又谁知吾东省父老之痛之深也?
孰非国民而能堪此,所不能不以改革政治呼吁于
举国同胞者此也②。虽然,自国之贤,邻国之仇,
吾固知吾人为此有以深触日人之忌矣。此侮我
之言之所由来欤? 吾请就其时之关于此事,为吾
所目睹者,而述其麟爪,以证其谬妄。方东省代
表之入都也,路过天津,青年学界,列队欢迎,代
表乃下车留津一日。是日,在东马路宣讲所③开
学生同志大会,得以备聆东省之危状。于是青年
学子热血沸腾,愤不可遏,发电全国,相约同时罢
课,以与满政府为难。彼其时最激烈者,推河北四
校。河北四校者,法政、军医、师范、工业也。法政
学校流血者三人,军医学校一人。若江君元吉④,

---

① 鹫旗影中,木屐声里　　鹫旗,应指沙俄时期的俄罗斯国旗。木屐,日本人常穿的木制拖鞋。
　　此句代指沙俄、日本在中国东北的巨大势力。
② 孰非国民而能堪此,所不能不以改革政治呼吁于举国同胞者此也　　初印本上编第68—69
　　页同此。重印本上编第68页,将“孰”误为“执”。点校本第367页延续此误,并断句为
　　“执非国民而能堪此所不能,不以改革政治呼吁于举国同胞者,此也”,似欠妥。
③ 东马路宣讲所　　初印本、重印本的上编第69页和点校本第367页误为西马路宣讲所。
　　1910年12月15日下午2时,东三省学生代表数人在东马路宣讲所召开全国旅津学生大
　　会,有20个省的旅津学生和天津11个大中学校学生,共1300余人参加。参见来新夏主
　　编:《天津近代史》,南开大学出版社1987年版,第223页。
④ 江君元吉　　即江元吉。约于1908年和1910年编印的两种《北洋法政专门学校同学录》中
　　记载:江元吉,字迪生,湖北黄安人,北洋法政学堂专门预科德文班学生。比李大钊大5、6
　　岁,约生于1884年或1885年。在1913年6月编印的《北洋法政专门学校同学录》中,未
　　见江元吉的名字。疑在北洋法政学校未入本科,或本科未毕业。1910年12月18日(一说
　　17日,应为夏历11月17日),全国学界代表在天津自治研究所开会,会场人山人海,气
　　氛热烈。法政学堂学生江元吉登台,以刀割臂,血书“为国请命,泣告同胞”八字。参见彭
　　仕彦:《最后的诉求:天津第四次国会请愿运动初探》,载林家有主编《孙中山研究》第三
　　辑,中山大学出版社2010年版,第248—249页。

若孙君可,①若秦君广礼②,若方君宏真③(军医学生)。或则割臂,或则断指,悲愤淋漓,激昂慷慨。犹忆法政学校同人在该校东大讲堂开会④报告秦君广礼断指事,适是日清谕⑤有云:朝廷用人自有权衡,岂容资政院置喙! 某君将此荒谬绝伦之清谕宣之于众,继有某大呼曰:如此政府,吾辈要他不要? 群应曰:"不要!"某君继呼曰:"不要将安处之?"于是群声错杂,但闻"推倒之!""破坏之!"之声,与捶拳顿足声同时并发。而孙君可乃于是时跃上演台⑥曰:"今日吾辈欲图大事,非同心协力死生

① 孙君可 即孙可,字维亚,直隶蠡县人。在大约于1910年编印的《北洋法政专门学校同学录》中,"中学科"第一、二班的学生名单中未有孙可。在1913年6月编印的《北洋法政专门学校同学录》中,为中学第二班学生,年龄24岁,通信地址为蠡县大百尺镇佐废兴裕转魏家。据《北洋法政专门学堂校史》记载:"中学第二班学生",系"宣统二年"(1910)暑假后入学;此后的内容中,即提及"孙可诸人,断指血书"。此事发生的时间,为1910年12月19日晚。参见彭仕彦:《最后的诉求:天津第四次国会请愿运动初探》,载林家有主编《孙中山研究》第三辑,中山大学出版社2010年版,第248—249页。
② 秦君广礼 即秦广礼(1891—1919),字立庵,黑龙江巴彦人,原籍山东省登州府。他在家乡读完私塾后,考入天津北洋政法学堂。在大约编印于1910年的《北洋法政学堂同学录》中,为"别科第二班"学生。在《北洋法政专门学堂校史》中,"别科第二班"学生系"宣统三年"[1911年]"暑假后"入学,与秦广礼在1910年底即在天津参加国会请愿运动,有抵牾。在此前的内容中,也提及"秦广礼、孙可诸人,断指血书",故秦广礼应为"宣统元年"(1909年)正月招入的"老班别科"学生。辛亥革命时期,他参加同盟会,先后任首届国民参议员、法制委员会委员和临时大总统府护国监军。1911年回东北开展工作,在省城齐齐哈尔联合黑龙江省革命派24人,于12月17日发起组织《黑龙江省国民联合会》,拟定《通告书》和《联合会简章》,响应武昌起义。
③ 方君宏真 即方宏真,通作方宏蒸,广西人,生平不详。1910年12月18日(一说17日,应为夏历11月17日)午后1时,军医学堂学生方宏蒸在与本校学生讨论第四次国会请愿进行方法时,自己持刀断去中指,用血大书"热诚"二字,"书毕昏倒在地,该堂管理员及学生等大哭失声",随后军医学堂全体停课。参见彭仕彦:《最后的诉求:天津第四次国会请愿运动初探》,载林家有主编《孙中山研究》第三辑,中山大学出版社2010年版,第248—249页;叶曙明著:《大变局1911》,江苏文艺出版社2011年版,第257页;刘远图:《醒华》,丁守和主编:《辛亥革命时期期刊介绍》第3集,人民出版社1983年版,第489页。
④ 法政学校同人在该校东大讲堂开会 此次开会在1910年12月19日(夏历11月18日)。参见彭仕彦:《最后的诉求:天津第四次国会请愿运动初探》,载林家有主编《孙中山研究》第三辑,中山大学出版社2010年版,第249页。由此可见,下述"秦君广礼断指事",当发生在此前1910年12月15日于东马路宣讲所召开的全国旅津学生大会上。
⑤ 是日清谕 这一谕旨的发布,应在1910年12月18日(夏历11月17日)。
⑥ 演台 演讲台,讲台。

以之不可。其有冷血动物破坏团体者,请视此"。言次,右手出利刃,深刺右[左]臂三匝①。碧血淋漓,案上台前,模糊皆是。而孙君气竭,不能强支矣,遂以车马送入医院。于是全堂五百余人相聚,议进行方法②,每至悲愤处,则相向大哭,声震天地。后校长李君榘③至,见案边之血痕狼藉,学生之眼泪模糊,亦痛哭失声。推其悲愤之情,直欲得满政府之误国贼而甘心焉。呜呼!何其壮④也。迄今思之,历历在目,使论者而知此,应亦自悔其言之妄矣。嗟嗟武汉一呼,战云陡起,阳夏之役,南京之役,铁血视之,殊觉黯然无光。然在盛焰之下,而能有此,亦空谷足音也。嗟尔日人,其勿厚诬我矣!

至资政院之弹劾内阁案,更有使人爽然者。资政院之始开也,中外属望颇重,议员亦自任匪轻。其于岁计豫算案、国会速开案请愿,议员⑤肉薄政府之气势,恰有日本帝国议会初年之观,最后至内阁弹劾案而极矣。内阁弹劾案者,雷奋、孟昭常⑥、

日本之议会何似?

---

① 右手出利刃,深刺右臂三匝　初印本、重印本的上编第69页同此。应为右手出利刃,深刺"左"臂三匝。参见刘民山等:《李大钊与天津》,天津社会科学院出版社1989年版,第9页。

② 全堂五百余人相聚,议进行方法　初印本、重印本的上编第69页,原为"全堂五百余人,相聚议进行方法"。

③ 李君榘　即李榘(1874—?),字访渔,直隶束鹿人。光绪甲辰科进士。京师大学堂进士馆肄业,日本法政大学速成科毕业。授翰林院编修。1910年任北洋法政学堂第五任监督,曾参加天津立宪派活动。请愿召集国会风潮中,法政学生亦奔走最烈。1911年5月,全国各省咨议局联合会在北京开会决定建立全国性政党"宪友会",在天津设立直隶支部,被指派为负责人之一。民国成立,辞法政学堂监督职,被举为临时参议院议员。1913年充大总统府政治咨议。1914年充约法会议议员,平政院评事。

④ 壮　初印本、重印本的上编第69页,原为"状"。

⑤ 国会速开案请愿,议员　初印本和重印本的上编第70页、日文本第109页、自译本第92页和田译本第51页同此。点校本第369页,误为"国会速开案,请愿议员"。

⑥ 孟昭常　字庸生(1879—1931),江苏常州人。1903年考取官费生,到日本法政大学留学。1905年回国,1906年与郑孝胥等在上海筹组预备立宪公会,任副会长。以后为扩大立宪影响,又去日本团结"海内外留心法政者",组织法政学交通社,以"研究法政,交换知识,提倡社会意识"为宗旨。并在东京创办《法政学交通社杂志》,任主编,推动君主立宪的宣传。1908年2月在上海创办《预备立宪公会报》半月刊,仍任主编。为密切配合清末立宪运动,

罗杰①、于邦华②诸人首唱,殆全院一致通过。其大要谓庆、朗诸邸,那桐、徐世昌诸大臣等,颟顸误国,宜速令退职。案之表面,虽指军机全体,其本意则专集矢于庆邸一身,势非将内阁诸大臣尽逐不已。此开院以来之最大议案也。是时资政院之直声,殆震中外。院议既决,乃由议长伦贝子③入奏。伦固有八方美人④之称者,不愿触庆邸之虎髯,托故不奏者五六日⑤。议员或诘之,则云容日⑥当入奏。而院中人以不甚穷诘之⑦。时庆⑧闻弹劾内阁案议决,称病不出,声言将退职。监国⑨挽留之,弗允所请。伦贝子亦趑趄逡巡,以俟内阁之决进退。于斯

请阅者至下编"日本之宪政"处一察。

对宪法、行政、法律、财政、外交等问题展开了一系列讨论。1909 年 2 月,江苏成立咨议局,他当选为议员,在上海参加 15 省咨议局代表会议,讨论组织各省代表进京请愿,要求缩短立宪年限,迅速召开国会讨论组织内阁事宜,被推选为江苏代表,于次年 8 月,进京向都察院呈递请愿书。不久,清政府接纳请愿者意见,成立资政院,他被选为全国议员,留在北京,参与制订《资政院议员选举章程》,并任《宪报》主笔兼法政学堂校长。

① 罗杰(1867—?) 湖南长沙人,清末民初立宪派政治人物、教育家。清朝附贡生,早年曾任低级官吏,后来留学日本法政大学。在日本期间,1904 年 4 月同湖南籍留日学生仇鳌等人在东京创办新华会,以响应华兴会策划的长沙起义。归国后,历任长沙立达师范学堂监督、群治法政专门学校校长、官立长沙自治研究所所长,1909 年任湖南谘议局议员、常驻议员、审议长、资政院议员。

② 于邦华 字泽远(1869—1918),直隶枣强人。清末留日经济科,归国后在本县从事教育工作。曾任县中学堂监督、直隶宪政研究会组合员、资政院议员。著有《海国疆域考》《痴庵文存》《贯一堂史论》《痴庵诗存》等。

③ 议长伦贝子 爱新觉罗·溥伦(1874 年 11 月 10 日—1927 年 1 月 21 日),字彝庵,隶属满洲镶红旗。道光帝嗣曾孙,隐志郡王奕纬之孙,贝子载治第四子。袭封"贝子"爵位,时称"伦贝子"。1904 年 3 月 4 日,率清帝国代表团离京出席美国圣路易斯世界博览会。回国后受到重用,任资政院总裁、农工商大臣,是宣统年间皇族内阁重要成员之一。

④ 八方美人 日本人把八面玲珑,见什么人说什么话的女人叫做"八方美人"。朝鲜语称绝色的美女为"八方美人",因为在朝鲜民族看来,头的长度与身高比例为 1:8 的女人,从体形上看是最标准的。自译本第 92 页,在"八方美人"之后注:"模棱太甚之义"。

⑤ 日 初印本上编第 70 页和点校本第 369 页同此。重印本上编第 70 页,误为"者"。

⑥ 容日 自译本第 92 页,为"竢近日"。田译本第 51 页,为"俟一二日"。日文本第 109 页,原为"近日を竢ちて"。竢,同俟。

⑦ 而院中人以不甚穷诘之 以,似应为"亦"。自译本第 92 页,为"然院中人不甚追穷"。日文本第 109 页,原为"而して院中の人甚だ之を追窮せず"。田译本第 51 页,未译此句。

⑧ 庆 在自译本第 92 页中,为"庆王"。日文本第 109 页,原为"慶親王"。田译本第 51 页,为"老庆"。

⑨ 监国 即摄政王载沣。

时也，庆邸乃一面假作引退，一面使院中之官选议员汪荣宝、许鼎霖等，运动民党议员，饵以发财升官之利益。待孟、雷以下诸人前后软化，始假上谕以弃绝议院，曰：朝廷之选任大臣，自有权衡，弗许资政院容喙。于是院中之硬派议员大哗。而孟、雷等之为弹劾①内阁案之急先锋者，皆嗫不敢言。或云政府既不纳上奏案，议院宜自停会；或云吾辈不能于因循内阁之下议国事，宜即时解散。讨论未决，而停会之命下。闻停会期中，政府运动颇力。及再开会，院中议员无复固执前议者。皆曰：前日之弹劾军机大臣者，非弹劾今之军机大臣其人，乃弹劾所谓军机大臣之官职耳。遁辞自饰，恬不知耻。赫赫②震动中外之弹劾案，遂葬送于若有若无之中。而院中议员，且欲自欺以欺人，卒之自欺不敢，而世亦不能欺③，徒曝一败涂地之丑态于中外人士之前。然资政院依然资政院也，议员依然议员也，二十一省之选良④，依然二十一省之选良也。可笑乎？可鄙乎？可憎乎？余实无辞以形容之。盖支那人之尚虚饰而不顾实际，务虚名而不计实效，往往如此。由此类推，一可例万。今之共和党醉心共和之虚名，不究共和之实际，其终也不惟不能收共和之实效，乃至并其虚名而亦失之。此岂必智者而后知哉？⑤

---

① 弹劾　初印本、重印本的上编第 71 页同为"弹劾"。点校本第 370 页校改为"弹〈效〉〔劾〕"。日文本第 110 页、自译本第 93 页和田译本第 52 页，原为"弹劾"。

② 赫赫　初印本上编第 71 页同此；重印本上编第 71 页，误为"赭赫"。

③ 欲自欺以欺人，卒之自欺不敢，而世亦不能欺　自译本第 93 页，为"欲自欺并欺人。究不能自欺，又不能欺人"。日文本第 111 页，原为"自ら欺き人を欺かんとしつゝ、終に自ら欺きも敢ず、又世をも欺きおほせず"。田译本第 52 页，为"自欺而欲欺人，终至自欺亦不敢，欺世又不能"。

④ 选良　指挑选出来的优秀人才。

⑤ 本章中，中岛端罗列事件，长篇大论，反复叙述中国人"尚虚饰而不顾实际，务虚名而不计实效"，归结为中国"不惟不能收共和之实效，乃至并其虚名而亦失之"。对辛亥革命之前许多重大事件促成革命爆发和胜利的重大意义，则注意不够，令人有以偏概全之感。总起来看，他对清政府指责甚少，对中国各界人士批评甚多，可见其立场与倾向性之一斑。

　　译者曰:此段指摘前清资政院,颇有中肯
綮①语。虽然资政院已属过去,喋喋然如白发
宫人谈天宝遗事②,殊无谓也。若夫今之为参
议院议员者,则不可不慎乃修,尽乃职,勿使搬
弄是非之鼠辈,扑风捉影造作蜚语以为我国
羞也。

---

① 肯綮　音 kěn qìng,筋骨结合的地方,比喻要害或最重要的关键。
② 白发宫人谈天宝遗事　语出唐代元稹的《行宫》诗:"寥落古行宫,宫花寂寞红,白头宫女
　在,闲坐说玄宗。"天宝(742 年正月—756 年七月)是唐玄宗李隆基的后期年号(前期年号
　为开元,714—741),共计 15 年。

支那人有省分观念无国家观念

今之觇支那者①,辄曰:团体巩固,是殆知其一而不知其二也。夫支那人者,富于省界之观念,而缺统一国家之观念者也。盍观彼同乡之团体乎?若京师官吏,若都会商贾,每省各自有会馆。会馆权力,能统一同乡人,或制裁之,几与官府相埒。会友苟不寄②于会馆之公议,他人即不与之齿。甲乙争议,则会馆仲裁之。文件诉案,则会馆判决之。至商界中因金钱借贷而起交涉者,往往由会馆排解调停之,无需官府之公断。会馆于会友,亦实能尽其保护庇助③之责焉。此在法律思想不发达之社会④,亦不可少之机关也。试举上海罢市事以证余言。⑤ 上海罢市事在明治三十九年⑥,考其原因,有

判决文件诉案,中国无此会馆。不知著者何所见而云然。

---

① 觇支那者　自译本第94页,为"支那通者"。日文本第111页,原为"ゆる支那通"。田译本第55页,为"通乎支那事者"。觇,音chān,窥视,偷偷察看。

② 寄　日文本第112页、自译本第94页和田译本第55页,为"容"。

③ 庇助　日文本第112页和田译本第55页同此。自译本第95页,为"袒助"。

④ 此在法律思想不发达之社会　自译本第95页,为"在个人观念独炽、法律思想不甚发达之社会"。日文本第112页,原为"個人観念のみ獨り熾盛にして、法律思想の發達せざる社會に在りて"。田译本第55页,为"此在个人观念独盛,而法律思想不发达之社会"。

⑤ 日文本第112页和自译本第95页,此下另起一段。

⑥ 上海罢市事在明治三十九年　1905年12月6日,粤籍已故官员黎廷钰之妻黎黄[王]氏携带女孩15人、行李百余件由四川返粤,途经上海。上海公共租界巡捕房以"拐骗人口"罪在码头将黎黄[王]氏拘捕,送至会审公廨。8日会审中,中国谳员关炯之、金绍成以串拐证据不足,拟判押公廨女господин候讯。英国陪审员副领事德为门(Bertie Twyman)执意将被告交由捕房带回拘押。争执中,德为门令捕头木突生(Gibson,今通译为吉布森)指挥巡捕上前夺人。结果廨役二人被殴伤,金绍成朝珠补服被扯破,黎黄[王]氏等人亦被抢走。外国殖民者的暴行激起上海绅民的强烈愤慨。自次日起,各界民众相继在广肇公所、商务公所等处集会演说,以示抗议。上海道台袁树勋亦派人赴领事团及英国领署交涉,要求释放黎黄[王]氏,撤换德为门,惩治巡捕木突生等。同年12月15日,根据北京公使团的电令,黎黄[王]氏一行被释放,但领事团拒绝处理肇事凶手。同月18日,公共租界中国商店联合罢市,部分市民围攻老闸捕房和市政厅等处。巡捕、外国水兵、万国商团开枪镇压,华人死伤30余人,被捕多人。21日,两江总督周馥来沪,下令会审公廨开审。英方仍派德为门为陪审员,遭到关炯之拒绝。但由于清政府妥协退让,最后达成协议:一、英方不撤换副领事德为门(不久调往镇江)。二、领事团同意将女犯交由公廨收禁。三、公廨审案时允许巡捕出庭。四、捕头木突生等不予惩罚。结果,在罢市中被捕的华人被处以10年以下的徒刑。清政府还以袁树勋个人名义赔偿英国白银5万两。参见王荣华主编:《上海大辞典》(上册),上海辞书出版社,2007,第262页。日文本第112页和自译本第95页,说"上海罢市"发生在明治卅九年即1906年"春间",不确。此次上海罢市发生在1905年12月18日前后,无论按公历还是夏历,都是1905年冬,而非1906年春。

宁波人黎某①,宦于蜀,以疾殁。妻某氏扶枢归乡里,顺长江而东,抵镇江。税关吏某见其行李甚富,且知为仕宦孀妇,以为可欺②,索银钱若干③。黎氏拒而不与,某衔之,密电上海税关,谓黎氏携带他人子女,为私行诱拐之证。时清廷新颁禁止买卖奴婢之命,上海税关小吏,皆视以为奇货可居,咸于上官未察觉时④,唾手以待,而黎氏犹未知也。舟甫傍岸,警吏环至。黎氏与其子女惊惶号泣,手足无措,呼天而诉。听者藐藐⑤,同行二十余人,鱼贯相系,解赴会审公堂。未经审讯,即押入未决狱⑥中。据诱拐子女之罪名,则如是处置,固不为过。而对于无犯行之孀妇,则酷甚矣。后经英清法官会审,始知该氏所携者,为旧日奴婢,非诱拐蜀中良家子女也。

先是⑦上海四明公所⑧干事⑨(宁波会馆),闻

---

① 宁波人黎某 应为广东人黎廷钰,曾在四川府任经历之职(相当于省府秘书)。其妻为黎王氏。

② 以为可欺 自译本第95页,为"意其奇货可居"。日文本第113页,原为"奇货居くべしとや思ひけん"。田译本第55页,为"以为奇货可居"。

③ 税关吏某见其行李甚富,且知为仕宦孀妇,以为可欺,索银钱若干 黎黄[王]氏一行从重庆乘"鄱阳"号下行,途经南京浦口时,船上一个水手曾向黎黄[王]氏索讨酒钱,黎黄[王]氏给了两元钱,水手嫌少,怀恨在心,图谋报复。恰好黎黄[王]氏带了一批丫环,便编造了黎黄[王]氏是人口贩子的谎言,待船行到镇江时,告诉了镇江的一名传教士,让他转报上海公共租界巡捕房。参见马长林著《上海的租界》,天津教育出版社2009年版,第182页;上海市档案馆编《档案的上海》,上海辞书出版社2006版,第337页。

④ 皆视以为奇货可居,咸于上官未察觉时 自译本第95页,为"皆谓狡兔获矣,长材疾足,博上峰知遇,在此时矣"。日文本第113页,原为"好き獲物こそ出で来つれ、上官の御覚に预からんは此時ぞと"。田译本第56页,为"皆以为得上官之赏者惟此时"。

⑤ 惊惶号泣,手足无措,呼天而诉。听者藐藐 自译本第95页,为"啼哭号泣,不听;辨疏百方,亦不纳"。日文本第113页,原为"泣き喚くをも聞き入れず。辩解の言も聞かばこそ"。田译本第56页,为"均泣之,无论如何辩解,概不之听"。

⑥ 未决狱 关押未判决嫌犯的监房。

⑦ 先是 初印本、重印本的上编第72页同为"先皇"。点校本第373页校正为"先〈皇〉〔是〕"。自译本第116页和田译本第56页,为"先是"。日文本第113页,原为"是より先"

⑧ 四明公所 又称宁波会馆。原占地30多亩,建筑面积约800平方米,其中建砖木结构的硬山顶房屋20间作寄枢用,余后作义冢之地。以后又建歇山顶正殿五楹及硬山顶廊庑多间,供奉关帝等用。现公所仅存红砖白缝的高大门头一座,上刻定海贺师章书"四明公所"四个金色大字。1977年12月7日公布为上海市文物保护单位。2002年4月27日被调整为上海市纪念地点。

⑨ 干事 自译本第96页为"董事",田译本第56页为"总理"。日文本第113页,原为"會幹"。

黎氏押入未决狱,飞檄召同乡,谋善后策。以黎氏
冤情登诸报纸,刊于传单,质问会审公堂之不法。
百方奔走,不遗余力。上海市中之宁波人,无贫富
贵贱,万口同音,共相鼓噪,谓一日不释黎氏,则吾
侪一日不执业。无何,会审公堂之公判,再开于英
法官①主裁之下。姑勿论被告之供述,即清法官关
某②,亦痛论本案为镇江税吏之诬告,毫无事实,请
即释放。英法官声明,须经再审,仍当押入未决狱。
关某闻之怒甚,直斥英法官之不当,断断力辩,不稍
让步。英法官谓讨论无益,立命巡捕牵犯人去。巡
捕印度人也,所畏者仅英官耳,若支那人则不足当
其一瞬,徐徐引犯人行③。关某愈怒,急趋庭前阻
之。巡捕大喝一声:此胡为者! 其手即触关某身。
关某却退,无暇责其暴横④,印捕即牵犯出法庭去⑤。

陪审官乃无聊事,
于此犹能力争,足
征人心不死。

---

① 英法官　即英国驻上海领事馆副领事德为门。
② 清法官关某　清,初印本、重印本的上编第 73 页和点校本第 373 页原误为"请";日文本第
114 页和自译本第 96 页,原为"清";田译本第 56 页,为"中"。关某,即关炯之(约 1870—
1942),字别樵,湖北汉阳人。1903 年出任上海公共租界会审公堂正审官。1907 年底曾任
南通直隶州知州。
③ 巡捕印度人也,所畏者仅英官耳,若支那人则不足当其一瞬,徐徐引犯人行　自译本第 96
页,为"印捕平日仅知畏英官,眼中素无清官,将引该氏去"。田译本第 56 页,为"巡捕者
印度人也,所畏者英人而已,其眼中并无支那人,故遵英法官之命,而将亡人等引出法
廷"。日文本第 114 页,原为"巡捕は印度人なり、怖しき者は英官のみ、支那人など眼中
にあるべき様もなし。やをら一行を引き立てんとす"。
④ 此胡为者! 其手即触关某身。关某却退,无暇责其暴横　自译本第 96 页,为"尔何物! 挤
关某使退。关某呵止之,不省"。田译本第 56 页,为"将欲何为乎? 于是巡捕之手,遂触于
关某之身,一时骚然"。日文本第 114 页,原为"何するぞと、大喝一聲、巡捕の手は、關某
の身に觸るよと見る間に、つと突き退けて、狼藉すなと咎むる間もあらせず"。
⑤ 1905 年 12 月 8 日上午,工部局巡捕房诉黎黄[王]氏拐骗人口案在公共租界会审公堂开
庭审理。将近中午时分,审讯结束,会审官关炯之认为巡捕房控告黎黄氏为拐骗犯证据不
足,需作进一步调查,拟将黎黄氏诸人关押在会审公堂女押所听候处断。未待关炯之念完
判词,英国陪审官德为门即大声说道:"此案固然需要作进一步调查,但犯人必须由捕房带
回"。关炯之听德为门此言,不禁怒上心来,冷冷地说道:"德为门先生,未决女犯须押在西
牢,会审章程上并没有这一条,再说本官未奉道台命令,故不能照准"。不料德为门听罢竟
粗暴地叫道:"本人不知有上海道台,只知遵守本领事的命令"。说着,即命令巡捕将人犯
带走。关炯之见德为门如此狂妄,十分气愤,他忿忿地说道:"既然如此,本人也不知有英领
事"。说罢便让差役将黎黄氏等押往公堂女押所。德为门气急败坏,喝令巡捕上前抢人,

苦哉黎氏，又与囹圄为缘矣①。是日法庭内外，宁波人与他支那人来观审者，备悉颠末。少顷而英法官侮辱清法官、印捕殴打清法官之声，雷动于上海市。人语喧豗②，车马奔驰。一片杀气，涨于春申浦上，恰如风雨之骤至也。是夕数万纸秘密传单，不知出于谁氏之手，七十万人家中，分送无遗。甫及黎明，而上海罢市之风潮，已撼枕而至③。全市商号尽闭门，凡支那人皆罢业。偶见白人，则十百为群④，起而殴之，状极横暴。更闻有伤及白人头目者，印捕死伤者亦众。各国领事团乃急召集义勇队⑤，又电令停泊吴淞各军舰中之陆战队，速来上海。并急电上海道⑥，使率兵来救。白人周章至此，亦仅见之丑态也。

黄、农华胄，尚义愤不平，于此可见一斑。

译者曰：作者自云上海商号全体罢业，则在上海各省人所设商号皆歇业，非独宁波人可

几个工部局巡捕由捕头木突生率领，挥舞警棍，在公堂上大打出手。会审公堂上顿时乱作一团，原在旁听的《上海泰晤士报》洋人记者，竟也乘乱从旁听席上跳入助战，公堂差役当场被殴伤两人。守在大门口的差役见情形不妙，便将大门关闭，阻止巡捕出门。巡捕见大门紧闭，出不得会审公堂，便跑到关炯之面前，威逼关炯之让差役打开大门。关炯之怒斥道："你们可以毁门，可以暴打公堂，甚至杀了本官，也无不可！就是不能开门！"说毕愤然退入内室。巡捕见威逼不成，干脆破门而出，将黎黄氏等强行押往西牢关押。参见《1905年大闹会审公堂案始末》和《清末上海大闹会审公堂案始末》，载《新民晚报》2010年9月1日，2008年6月15日。黎黄氏，应为黎王氏。

① 又与囹圄为缘矣　自译本第96页，为"复为笼中禽矣"。日文本第115页，原为"再び未决监中の人とは為りぬ"。田译本第56页，为"复投于未决监中"。

② 喧豗　音xuānhuī，发出轰响，也指轰响声。

③ 自译本第96页，此下增加一句"正是与渔阳鼙鼓撼地来一般"。

④ 十百为群，起而殴之，状极横暴　自译本第97页，为"千百作队，蜂拥蚁聚，拳打脚踢，最极狼藉"。日文本第115页，原为"十人百人，蜂擁し蟻集して、拳打脚踢·最も狼藉を極めたり"。田译本第57页，为"十人百人，蜂拥蚁集，拳打足踢，最为狼藉"。

⑤ 为了保护西方列强在上海的利益，上海租界的各国除了拥有自己的军队和警察、巡捕外，还联合建立了一支民防性质的志愿武装力量，这支军队的名称叫"上海义勇队"（俗称"万国商团"）。该组织在1853年4月开始组建，其成员最初来自公共租界内的各国侨民，至1907年才有华人加入。

⑥ 上海道　清朝行政区划，略高于上海县、松江府，低于江苏省。其正式名称为"分巡苏松太常等地兵备道"。此时的上海道台，为袁树勋。

知,其原因则为某国人欺侮华官也①。以国家机关被辱,而动全国商人公愤,非本爱国之心所激发而何? 即此一端,已可为吾国人有统一团体而又富于国家思想之铁证。作者既明认之矣,而尤哓哓致辩,胡为者?

时余寓虹口附近旅馆。晨起,盥漱甫毕,闻户外人奔车驰,较平日殊喧,并时闻喝采声震地而起。方惊异间,小婢仓皇来告曰:今朝为支那人同盟罢工之始,在菜市场杀印捕三人,凡行经该地者皆杀之。余未之信,询之居停②,得知支那人罢市伊始,现在骚动中,无加害日本人之意,西洋人恐皆不免。是时诟谇声如潮涌至③,咸扃户不敢出。至九时始稍寂,余欲访知交于大马路④,将出,有告余者曰:危险未去,子盍少待! 余夙知此次罢市之原因,并闻其有不加害日本人之说;且余常服日本装,与白人迥异,一见即可辨别,当无足虑,遂谢之而行。自虹口至大马路,则见通衢曲巷,各肆严扃,路无行人,车马之声亦绝。途遇二三白人,衣裳涂炭,发乱如蝟⑤,或无冠,或曳只履⑥,大非平日鹰扬⑦之态度,踉跄直奔,不敢回顾。已而至大马路,寂无人声,静逾午夜。唯闻嗷嚅之音,自远而至,亦莫辨为

---

① 非独宁波人可知,其原因则为某国人欺侮华官也　初印本、重印本的上编第73页同此。此句标点似有误。应为"非独宁波人,可知其原因则为某国人欺侮华官也"。

② 询之居停　居停:停留并住下;《书》寄居之处的主人(原称"居停主人",后来简省为"居停")。日文本第116页,原为"主人に問へば"。自译本第97页,译为"质诸主人"。田译本第57页,为"问于馆主人"。

③ 诟谇声如潮涌至　诟谇:辱骂。自译本第98页,为"几千百人骂詈声,叫唤声,聚成一大群团,轰轰沓沓"。日文本第116页,原为"幾千百人が罵詈叫喚の聲は、一團となりてわあわあと聞ゆ"。田译本第57页,为"当时几千百人詈骂叫号之声而成一团"。

④ 大马路　上海南京路的旧称。

⑤ 发乱如蝟　蝟,即刺猬。自译本第98页,为"头发蓬蓬"。日文本第117页,原为"頭髮は搔きむしりたらん樣にて"。田译本第58页,为"头发纷乱"。

⑥ 曳只履　穿一只鞋。自译本第98页,为"只脚穿靴"。田译本第58页,为"只足穿靴"。日文本第117页,原为"隻足に靴子を穿きつゝ"。

⑦ 鹰扬　威武;趾高气扬。

何物声。路傍横卧一人,趋观之,则一苦力尸,小
弹洞胸,血痕殷然,盖遭白人之狙击者。归途至
黄浦外滩,见德国军舰之陆战队已尽登岸,整队
于英领事馆之前庭,武装严肃①,如将临大敌也
者。如是扰攘终日,人各自危,由暮至夜,乃得渐
静②。翌日黎氏无恙释放,罢市之风潮乃止。而
此激烈之传单,终不知出于何人之手③。要之此
次风潮之发生④,其原动力悉在四明公所⑤,即同
乡团结力之实现者。余至此始知会馆势力之强
大矣。

　　又有一例, 即北京同乡官厅驱逐⑥贺昌运是

---

① 武装严肃　自译本第98页,为“或荷枪者,或舁行李者,或搭炮者,喧喧嘈嘈之声载途”。
　日文本第117页,原为“武装の様いと嚴重にて”。田译本第58页,为“其严重之程度”。

② 如是扰攘终日,人各自危,由暮至夜,乃得渐静　自译本第98页,为“是日自晨至晚,人心
　汹汹,入夜未已。皆虞其有大变,久之稍定”。日文本第117页,原为“かくて終日騒々し
　く暮しつ,夜に入りてよりは,人々心に危ぶみつゝありしが,やがてやうやうに静まり
　ね”。田译本第58页,为“如是嚣嚣至暮,入夜人心稍安”。
　1905年12月18日上午9时,示威群众开始围攻老闸捕房。英租界巡捕几次想驱散示威
　群众,均未成功。示威群众突破了巡捕的防线,冲入老闸捕房,并放火焚烧。同时,聚集在
　工部局市政厅外面的示威群众开始向市政厅冲击,守候在那里的巡捕奉命开枪。群众当
　场被打死3人,打伤多人,连对面店铺里的两个伙计,也被流弹所伤。愤怒的人群拾起地
　上的砖瓦进行还击,将几个巡捕打得头破血流。英国军舰上的水兵闻讯赶来镇压,示威的
　群众才纷纷散去。这一天,共有18名华人平民被打死,几十人受重伤。参见《1905年大
　闹会审公堂案始末》,《新民晚报》2010年9月1日。

③ 而此激烈之传单,终不知出于何人之手　田译本第58页,为“至于传单之出处,犹未能
　知”。自译本第99页,为“传单所出,亦始明白矣”。两种翻译,意思似正相反。日文本第
　117页,原为“傳單の出所も知られぬ”,意思类于后者。

④ 要之此次风潮之发生　自译本第99页,为“要之上海居民几万人家罢市一事”。日文本第
　117页,原为“要するに上海居民幾萬人戸罷市の一事”。田译本第58页,为“要之上海罢
　市一事者”。

⑤ 原动力悉在四明公所　此说不确,应为广肇公所。黎王氏系广东人,而非宁波人。1905
　年12月9日,即事发第二天,广肇公所召开同乡大会以示抗议,寓沪广东绅商代表徐润、
　黄以权、陈维翰等15人领衔致电外务部、商部,剖白黎王氏身份来历,说明黎王氏系官家
　眷属,扶柩归籍,故仆从甚多,并非拐带。12日,“四明同乡会在四明公所集会,数千人到
　会,后到者几无立足之地,王清甫、林放卿、戈朋云、严承业、刘人杰相继演说”。这应属声
　援,而非原动力。参见熊月之:《上海通史·第3卷,晚清政治》,上海人民出版社1999年
　版,第268—269、270页。

⑥ 同乡官厅驱逐贺昌运　自译本第99页,为“同乡官人之追放贺昌运”。日文本第117页,
　原为“同郷官人の贺昌運追放”。田译本第58页,为“同乡官人,放逐贺昌运”。

也。贺昌运①者,在籍某观察之子②也,挟重赀入都,暗为其父运动官场。北京不乏销金窟,明眸皓齿、高唱缓歌者流,辐辏其间③。昌运绮年玉貌,富有多金,人人多趋承之,遂为温柔乡上客④。夕眠燕姬之膝,朝倚赵女之袖,无昼无夜,耽于淫荒,色胆因之愈肆⑤。皖人有孙家鼐者,前清故相,而摄政王幼时之师也。相国即世后,眷属留居京邸。潭潭宅第,门楣犹昔⑥。长子某,克承其家。次子某⑦,不幸早殁,遗孀妇一人,年方少艾,有倾国容,矢志守节。闺门以内肃如也,不知于何处为昌运所窥见。昌运惊为旷世奇遇,觉曩者流连色界,所见未免过隘。从此一缕邪心,专注彼美,殚精竭虑,谋亲芳

此案发生时,余友某在大理院典文

① 贺昌运 四川叙州府人,曾到日本东京留学,回国后为候补知县。

② 在籍某观察 自译本第99页,为"在籍候补道某"。日文本第118页,为"在藉某候補道臺"。田译本第58页,为"在籍候补道台"。

③ 北京不乏销金窟,明眸皓齿、高唱缓歌者流,辐辏其间 自译本第99页,为"北京本饶消金窝。今之燕赵,非古之燕赵。不特多慷慨悲歌之士,而明眸皓齿,浅酌低唱,不乏其人"。日文本第118页,原为"北京は本来消金窩に乏しからず。今の燕趙は慷慨悲歌の人のみならで、明眸皓齒、高唱緩歌其の人多しと聞ゆ"。田译本第58页,为"北京者元来不乏消金窝,今之燕赵,不独多慷慨悲歌之人,即明眸皓齿、高唱缓歌其人亦不少"。
辐辏,形容人或物聚集像车辐集中于车毂一样。也作辐凑。

④ 人人多趋承之,遂为温柔乡上客 田译本第58页,为"即为人所诱,而成温柔乡里之客"。日文本第118页,原为"人々に持て囃さるゝ儘に、早晩か温柔郷裏の客とはなりぬ"。自译本第99页,为"此间人人皆跪拜迎之,己亦意得心骄,不知早晚凤已为温柔乡里人"。

⑤ 无昼无夜,耽于淫荒,色胆因之愈肆 自译本第99页,为"日又一日,夕又一夕,肠断魂消,意气如狂矣"。日文本第118页,原为"明し暮しつつるに任せて、心は愈荒み行きて、物狂はしき迄になりつ"。田译本第58页,为"且暮任性所为"。

⑥ 皖人有孙家鼐者,前清故相,而摄政王幼时之师也。相国即世后,眷属留居京邸。潭潭宅第,门楣犹昔 自译本第99页,为"京中有孙家鼐氏者,系安徽人,为前相国,又为监国王业师,最极隆贵。以故门第高大,不减生时"。日文本第118页,原为"此處に故孫家鼐と聞えしは、安徽の出身にて、前の相國たり。且は摂政王が幼時の舊師とて、生前いと時めきたりしかば、門第の高大なるは、尚ありし昔に變らず"。田译本第58页,为"此处有故孙家鼐之家眷寄居,家鼐者安徽之出身,曾为相国,且前清摄政王幼时之师傅也。其门第之高大,至今犹不少变"。
孙家鼐,字燮臣(1827—1909),安徽寿州(今寿县)人。清咸丰状元。与翁同龢同为光绪帝师,累迁内阁学士,擢工部侍郎,署工部、刑部、户部尚书。1898年7月3日以吏部尚书、协办大学士受命为首任管理大学堂事务大臣,1900年后任文渊阁大学士、学务大臣等。
即世,去世。

⑦ 孙家鼐的长子、次子,不详。

泽。先诱媚妇婢，啖以重金，使比于己①。某夕潜入媚妇卧室，豫嗾婢进药酒饮之。乘其昏睡间，大肆强暴之行。媚妇由梦中惊觉，而风雨如晦，絮已沾泥。吞声饮泣，自恨失足，且恐丑声播扬，为阀阅羞②。昌运窥其隐衷，更挟以相胁，谓苟不依其意而行，将以此事遍告于众。媚妇虽抱无穷之恨，然争之无术，不得不悼心失图，曲从其命。昌运又以胲，为余言，绝不类此③。然仅关系私人，姑不与辩。独怪作者本为论据，又饰以稗官小说之言，不值通人一噱。

---

① 闺门以内肃如也，不知于何处为昌运所窥见。昌运惊为旷世奇遇，觉曩者流连色界，所见未免过隘。从此一缕邪心，专伺彼美，殚精竭虑，谋亲芳泽。先诱媚妇婢，啖以重金，使比于己　自译本第99页，为"昌运间窥见之，不禁神往。以平日荒声色之人，而始觉世有恋爱者，切肤镌心矣。已而钻营百方，私赂该氏侍婢多金，赚令暗中助己"。田译本第58—59页，为"昌运不知如何窥见，称为当世无二。至是而后，日夜妄想，而不知身之所在，不得已乃以利诱未亡人之婢女，而使为己之内援"。日文本第118页，原为"昌運如何なる隙間よりか掻間見たりけん，世に二つなく覺えて，日頃漁色に身を持ち崩しつる者が，初戀てふことを知る身とはなりぬ。斯さまざまに心を摧きし餘り，未亡人が婢女に物多くとらせて，語らひ寄りて，己が方人とはなしつ"。
北洋本译文中连用两个"昌运"，后一个可省略。

② 乘其昏睡间，大肆强暴之行。媚妇由梦中惊觉，而风雨如晦，絮已沾泥，吞声饮泣，自恨失足，且恐丑声播扬，为阀阅羞　自译本第100页，译为"伺其昏睡也，生憎狂风盲雨，遍地狼藉。一朵红杏，早委泥土去矣。该氏正在半醉半醒、睡梦昏中，凤自悟事非，然此间情绪，不忍明明白白向他人语，才有饮恨吞泣，扪心懊恼而已。又怕门外人泄听，真是光天化日措身无处的光景"。
田译本第59页，为"乘昏睡之间，风雨狼藉，而一朵之红杏，遂委诸泥土。未亡人于醉梦之中，知将不利于己也，但欲拒不得，唯吞恨饮泣，恐为门外人所知"。
日文本第118—119页，原为"昏睡の間を伺ひて，生憎や風雨狼藉，一朵の紅杏は，泥土に委し去りぬ。未亡人は醉夢の中より，かくとは心づきし者から，明明白白には打ちも出されねば，ただ恨を呑み泣を飲みて，門外人の洩れ聞かんをぞ怖しきことの限にはしける"。

③ 余友某在大理院典文胲，为余言，绝不类此　余某某，不详。余，应非李大钊。
许指严在《十叶野闻》中讲到："贺昌运者，四川富家子，以道员入都营干。偶游香厂，睹一丽人风骚冠侪辈，因注意焉。未几，托波通辞，竟成邂逅之缘，入此室处予取予求矣。丽人乃道咸间某相国之孙媳。某胡同巨第巍峨，家无尊长，仅一庶祖姑，亦聋聩不事事矣。故贺得出入无忌。顾某相国门生故吏，列朝右者颇多；亲友通往来者，不无显赫之辈。闻其状，愤不能平。时，贺竟移居相国第中，俨如小夫妇矣。戚某者，又怂恿其庶祖某诉讼。祖姑懦，畏贺气焰，谢不敢。后乃得相国族佗某者，诉于官厅，一时哄传都下。以贺某身为职官，犯此奸占之行为，苟不严惩，何以澄叙官方，整饬纲纪。刑官不得已乃捕贺，置之狱。贺上下行贿，卒以五万入庆邸，而得递解回籍之判决。既出狱，丽人追与之俱，曰：'以尔车来，以我贿迁。从此双宿双飞，薄道员而不为矣'。贺家故有妇，丽人愿为夫子妾。后挈之俱居沪，相国遗产为之挥霍殆尽，亦孽缘也"。章伯锋、顾亚主编《近代稗海》第11辑，四川人民出版社1988年版，第141页。
1911年1月9日槟榔屿《光华日报》所载《玉屑》中亦提及："贺昌运亦四川叙州府美少年"，"在东京留学"，"在北京犯案"，"奸拐相国之孙媳"。参见章开源主编《雷铁厓集》，武汉市：华中师范大学出版社，1986，第160页。
1909—1910年《小说时报》第6期的《一席谈》中讲到："贺昌运一案，当时一般君子派者，悉祖贾氏。而贾氏之为人，京师几无人不知者。其面前之人，大都皆伧伶御者。而贺昌运之次第，却在第三十名以外。此贾氏之同乡，无从代讳者。审案之日，贾氏自坐车来大理院到案，而大理院挥之外出，不许对质"。"此案即以和奸论，而独定贺以四千里之充军"。

丞相宅第,国人所瞻,往来殊不便,乃诱孀妇出亡,藏诸密友家。初尚善视之,至是以其孤身可欺,意复骄甚,且苛遇之,终遂弃之如遗。唯日趋枇杷门巷,流连忘返。既不思盗人孀妇为可虑,且时扬言于众曰:此吾千金所购之爱姬也。孀妇身虽被污,心实不甘,羞悔交萦,朝夕以泪洗面,大有一腔幽恨诉与阿谁之概焉①。

先是孙氏宅第,已遍知孀妇私出事。又添恶魔影身,度必为门楣耻。固不敢公然言之,亦不敢私以告人。隐然置之,不觉累日②。孀妇有乳母某氏者,

此案确与孙宅无关系,益见作者为耳食之言。

----

① 昌运窥其隐衷,更挟以相胁,谓苟不依其意而行,将以此事遍告于众。孀妇虽抱无穷之恨,然争之无术,不得不悼心失图,曲从其命。昌运又以丞相宅第,国人所瞻,往来殊不便,乃诱孀妇出亡,藏诸密友家。初尚善视之,至是以其孤身可欺,意复骄甚,且苛遇之,终遂弃之如遗。唯日趋枇杷门巷,流连忘返。既不思盗人孀妇为可虑,且时扬言于众曰:此吾千金所购之爱姬也。孀妇身虽被污,心实不甘,羞悔交萦,朝夕以泪洗面,大有一腔幽恨诉与阿谁之概焉　自译本第100页,为"昌运知事已遂,益骄甚,因而侮弄该氏,且赚且胁,云此后如有不惟命是听,应将这里颠末流布世间。该氏恨也不耐,悔也不耐,惟时至今日,无计可施,只得下心抑情,号泣承命,不知所为。已而昌运又嫌久在孙氏,终上人指目,复赂婢,拐该氏出门去,匿于友人某家。昌运始逢迎颇至,久之谓妇人一身惟我心所之,意益骄,竟背氏去,或入狭斜,终夕不回。又羞窃寡妇,间与人语云:此姬系我千金买来者。该氏以已失身于无赖,亦由己之守节不固,一旦零落至此,且恨且羞,千万无量,朝哭夕泣,谁诉谁告"。
田译本第59页,为"彼时昌运或诱之以甘言,或施之以威吓,未亡人遗恨虽无限,然自知无力相争,遂含羞忍辱,于饮泣之中,任彼所为。由是而后,昌运以孙相国府第,往来之人颇多,不便出入,故又使婢女等诱出未亡人,窃匿于己相得之友人处。昌运初虽因未亡人而心神不安,今则洋洋得意,可为所欲为;然又恐有人谓拐人之寡妇,遂阳言出千金所买之爱姬也。至是未亡人甚悔且羞,朝夕哭泣,但无可诉之人"。
日文本第119页,原为"昌運は圖に乘りて、未亡人を種種に責めさいなみ、或は賺しつ、或は威しつ、はては我が意の儘ならずば、事の本末を世人に知らせばやと云ふ。未亡人は遺恨限なけれど、今は爭はん術もなく、心弱くも泣く泣く彼が言ふ儘にのみなり行きぬ。かくて昌運は。未亡人の孫氏の第に在らんには、人目の關も繁ければとて、例の婢女を謀りて、未亡人を門外に誘ひ出して、竊に心合ひたる友人の許に隠しぬ。昌運初めの程こそ、やゝ心やさしう持てなしつらめ、かゝりし後は、婦人の一身は我意の儘なる者をと、心驕りて、明暮つらく當り散し、はては未亡人を打ち棄てゝ、狭斜の巷にのみ分け入りて、日を暮すこともあり。又人の寡婦を盗めりと言ふことを、うしろめたしとや思ひけん、折に觸れては、此は我が千金にて買ひ取りたる愛姬なりなど言ふこともありき。未亡人は身の不檢さに、心ならずもかくなり果てし者から悔しきと、羞かしきこと限もなく、朝夕泣き暮しつれど、訴ふべき人もなし"。
② 先是孙氏宅第,已遍知孀妇私出事。又添恶魔影身,度必为门楣耻。固不敢公然言之,亦不敢私以告人。隐然置之,不觉累日　自译本第100页,译为"先是孙氏第中知该氏窃出门去,又詗魔鬼昌运在其身边。顾家门名声,不容与无赖争讼,不敢禀诸公,又不敢语私人。居数月,……"。詗(xiòng),刺探。

闻之大愤，于某夕至孀妇所藏家，导之出，送归孙氏
第。既而昌运知之，如失掌中珠，且妒且怒，莫之能
遏。使人诉于孙氏，继以不堪之语诬孀妇。虽尽施其
种种伎俩，而相国家中，唯忍耻吞声，不与较也①。

　　初皖京官有知其事者，虑为故相国辱，不敢发
难。至是公愤所迫，如火燎原，而昌运可杀可杀之
声，不期而出于十百同乡京官之口。事未漏泄，可不
具论，今已至此，无可再忍，不待被害人之亲告，即以
污辱名门诉状，呈大理院。当此时，值此事，司法者
亦不敢拒绝。此支那之旧例，亦会馆固有权力也。
狱既兴②，昌运父某闻之，广散黄白，为其子关说，
终无效。后经数次讯问，昌运照诱拐良家子女律，
驱逐出京，且远流于新疆③。世人见此案之结局，

田译本第 59 页，为"先是孙氏之第，知未亡人为昌运所诱拐，欲泄其愤，而又恐为家门之
耻，故吞声忍气以度日"。
日文本第 120 页，原为"是より先孫氏の第にては、未亡人が忍びて家出しつる由洩れ渡
り、又昌運てふ魔鬼の影身に添へる由も、大方推しつれど、家門の恥を思へば、公にはも
とより、私にも打明けて人に告げん由だになし。かくて日を送る程に"。

① 如失掌中珠，且妒且怒，莫之能遏。使人诉于孙氏，继以不堪之语诬孀妇。虽尽施其种种
伎俩，而相国家中，唯忍耻吞声，不与较也　自译本第 101 页，为"且恨且怒，如表（丧）掌
中珠，焦躁不耐，或迫孙氏焉，或胁该氏焉。然孙氏则忍羞含垢，不敢声矣"。
田译本第 59 页，为"知失掌中之珠，愤怒非常，或使人迫孙氏，或胁未亡人，虽用种种之手
段，而相国之家，忍耻而不出声"。
日文本第 120 页，原为"掌中の珠を失ひたらんが如く、且は妬く且は腹立しさに耐へか
ねて、あるは人をして孫氏に迫らせ、あるは未亡人を脅しなど、あらゆる手段の限を盡
しけれど、相國の家にては、ただ恥を忍びて聲をだに出さざりき"。

② 狱既兴　自译本第 101 页，为"已而再四审讯"。日文本第 121 页，原为"かくて幾度か糺
問"。田译本第 59 页，为"数回审问之后"。

③ 驱逐出京，且远流于新疆　自译本第 101 页，为"追放京外，因流谪新疆地方，除名为民"。
日文本第 121 页，原为"京外に追放せられ、剩さへ新疆地方に遠流の身とぞなりける"。
田译本第 60 页，为"放逐京外，而递送于新疆"。
时为都察院御史的陈善同，在《奏参候选知县贺昌运片》中说："再臣风闻候选知县贺昌
运，系四川人。在籍素不安分，因恐督臣赵尔巽查办，挟赀来京运动官场，把持本省盐务。
上年借住顺治门外老墙根玻璃公司，用催眠术诱拐丞相胡同良家妇女，窝藏在寓，并有聚
众赌博种种不法情事。道路喧传，毫无忌惮。本月初间，经外城巡警总厅访闻，派巡警密
围数日，因有人庇护，致未下手。现今仕途庞杂，怪状百出。不图以痞棍之行，工魑魅之
术，竟有如昌运其人者，实属目无法纪，妨害治安。辇毂之下，岂容有此。拟请伤下民政
部，严密查拿，尽法惩治，以肃国纪，而靖地方。臣为保全治安起见，谨附片具陈，伏乞圣
鉴。谨奏。""片交民政部拿办"。（陈善同：《陈侍御奏稿》卷一、二十六，载沈云龙《近代
中国史料丛刊》274，台湾文海出版社，出版时间不详，第 59 页。）

不曰会馆之势力,而曰会馆之权利。同乡人团结力
有如此者,余故曰支那人同乡之观念,至强且盛也。

若夫同省同乡以外之团体,其薄脆微弱,有足
使外国人骇异者。余前年在上海,屡与汪康年①相
往来,论时局多艰,及新政障碍。汪抚然②太息曰:
"方今谈新政者,若者曰某会,若者曰某派,有济济
多士之观。然徐察其内容,其真能披沥肝胆共死生
祸福者,殆无几人。盖我之视人如此,则人之视我
亦如此。人人互相猜忌,互相嫉妒,终不能相依相
信。非独反对党为然,即同党同派之人,亦莫不
然"③。近人之谚曰:无三人之政党。洵哉其言之
也。汪为温和改革党之领袖,执上海人士之牛耳。
其人虽乏刚果明决之气,而有老成挚实之风。平日
言行,盖不愧士君子也(④彼尝与唐才常⑤之徒不
相容,又以其受张之洞之知,张杀唐时,有汪卖唐之
说。实则唐欲卖汪,且汪甚不服张,尝云:张聪明虽
绝世,惟于利害二字太分明也)。彼与康梁派之不
相合者,固由急、渐二派之争,亦似出于乡土异同之
观念也。汪初为上海《中外日报》主笔,名重江南。
当康有为主张维新说,受光绪帝之知遇,草野志士,
翕然应之。梁启超为康高足弟子,年少气锐,以文

---

① 汪康年(1860—1911),字穰卿,晚号恢伯。浙江钱塘(今杭州市)人。光绪间进士。张之
洞的幕僚。清末维新派,中国近代资产阶级改良派报刊出版家、政论家。中日甲午战争
后,愤励变法图强。1895年(光绪二十一年),参加上海"强学会"。次年,与黄遵宪办《时
务报》,自任经理,延梁启超主编。曾著文宣传资产阶级民权思想。后改为《昌言报》,不
久停刊。1898年创《时务日报》于上海,旋易名《中外日报》,拥护清政府实行"新政"。曾
支持上海人民反对法人侵占"四明公所公墓"。1901年《辛丑条约》签订后,俄军久驻奉天
(今沈阳市)不撤,他愤然致电中外,慷慨力争。1904年任内阁中书。1907年主办《京
报》。1910年(宣统二年)办《刍言报》。著有《汪穰卿遗著》《汪穰卿笔记》等。
② 抚然　茫然自失。抚,通"怃"。田译本第60页同此。日文本第121页为"憮然"。自译
本第102页,为"慨然"。
③ 这段话,重印本上编第76页原无引号。加上引号,有助于区分汪康年所言与中岛端之述。
如果加引号,似应包括"近人之谚曰:无三人之政党。洵哉其言之也"一句。
④ 从自译本第102页的排印来看,此处括号,应前移到"汪为温和改革党之领袖"之前。
⑤ 唐才常　(1867—1900),字伯平,汉族,湖南浏阳人,清末维新派领袖。是中国近代史上著名的
政治活动家。贡生,与谭嗣同并称长沙时务学堂教习中的"浏阳二杰",戊戌政变后,去日本、南
洋集资,回沪后创"自立会",旋于汉口谋发动自立军起义,事泄被捕就义。有《唐才常集》。

章见重于同侪。汪亦爱其才,引之主报社论坛。是时康有为以新进之人,挟英主①之宠,意气盖南北。道经上海,士大夫争欢迎之。彼傲然睥睨侪辈,有目中无人之概,多有不慊之者。而启超亦恃其才,倨傲自高,言论举止,颇涉专横,久之与汪不相能。而社中心醉康梁者,乃别树一帜,枢机之事务,多不相谋,遂欲逐汪之心腹而代之。然社中股东,多不心服,终逐梁去。此后康梁派长与汪派相离,急进渐进之间,若划鸿沟,无复相合之期。其始因意气不相下,一变而为感情之冲突,遂至宗旨乖离,政见反拨,人物排挤。原②其所由来,实以乡土风俗不同,言语习惯殊异之为祸耳(如北宋苏、程二子之徒,立洛、蜀二党;如明季③东林人士之争轧。汉人风气自古如斯,非独近时始有也)④。余又识陈梦坡⑤。梦坡鄂人,《苏报》之主人也。工文章,有意气自喜之风。言语骏快,不设城府,但于政治上尚急进主义,与汪派不相合。当时彼二人常造余寓,偶相值,汪虚左以迎⑥,陈亦不辞,傲然就座。余方腹笑之,而观二人态度,均有蹋蹴⑦不安之状。汪为人素小心。陈傲然坐于汪之上,心非不惮汪;惟

既友二人,而复诋之,天良丧尽!

----

① 英主　即当时力主变法的光绪皇帝。

② 原　推究,溯源。

③ 明季　日文本第 123 页和自译本第 103 页同此。在初印本和重印本上编第 77 页,误为"明李"。

④ (如北宋苏、程二子之徒,立洛、蜀二党;如明季东林人士之争轧。汉人风气自古如斯,非独近时始有也)　此为日文本第 123 页原注,自译本第 103 页和田译本第 61 页亦存。初印本、重印本的上编第 77 页作为"译者附注""用小字双行列于原文下,以示区别",有误。点校本第 380 页用仿宋体排印,亦误。

⑤ 陈梦坡　自译本第 103 页,为"陈范,号梦坡"。陈梦坡(1860—1913),原籍湖南衡山,后迁江苏阳湖(今武进)。1900 年出资承办《苏报》。1912 年南北统一,任《太平报》主笔。继至北京,任《民主报》主笔。遗稿有《烟波吟舫诗存》、《东归行卷》、《卷帘集》、《题襟集》、《庚申集》等。在上海期间,中岛端曾"在《苏报》上发表了与陈范相互交换意见的笔谈。"又"通过陈范结识了吴保初"。参见[日]后藤延子著,李继华、吕旭春编译:《中岛端〈支那分割之运命〉泛论》,见本书第 617—618 页。

⑥ 汪虚左以迎　日文本第 123 页,原为"汪は恭しく座を譲りしに"。自译本第 103 页,译为"汪恭让上座"。田译本第 61 页,为"汪恭然让座"。

⑦ 蹋蹴　今通作局蹴,犹委琐。庸俗不大方。

惮之故饰为此倔强之态度耳。汪与余谈,陈闻汪语
辄愕然;此陈语余时,汪亦侧目视之①。余以为时
局方艰,譬彼航海,胡越同舟,争则胥溺。彼主义虽
有急渐之差别,不必如是之相忌也。三人相对,各
抱衷怀,彼二人者遂匆匆归去。此后余常与汪相往
来,本无成心,而陈疏余。汪闻余与陈有酬酢,亦过
门而不入。余自是遂得窥支那谈新政者之消息矣。

　　译者曰:如作者所言,汪梁诸人,党派不
同,议论歧出,何关省界? 然汪梁虽各抱政见,
而以国利民福为归则一。中国古来先公家后
私仇者,盖屡见矣。如相如、廉颇之于赵②,萧
何、曹参之于汉③,是其先例。何得以其小有
夙嫌,而逆料其不克同舟共济哉?

----

① 当时彼二人常造余寓,偶相值,汪虚左以迎,陈亦不辞,傲然就座。余方腹笑之,而观二人
态度,均有踽踽不安之状。汪为人素小心,陈傲然坐于汪之上,心非不惮汪。惟惮之,故饰
为此倔强之态度耳。汪与余谈,陈闻汪语辄愕然;此陈语余时,汪亦侧目视之　自译本第
103—104页,译为“当时汪陈二人,往往诣余寓。一日二人相遇,汪先来而陈后至。汪恭
让上座,陈则傲然上座。余心不禁窃笑。窥二人态度,似均不能自安。汪素小心之人,陈
之傲然不让,实非不惮汪,惮而故示不屈下也。故汪与余谈,陈意其说何事。余与陈语,汪
亦侧目视之”。
田译本第61页,为“当时是二人者,屡诣余寓。一日二人相遇,汪先来,陈后至;汪恭然让
座,陈不辞而傲然就席。余心窃笑之,后见二人之态度,均不能自安。汪元来小心人也,陈
虽傲然就座,实则非不惮汪,惮而故意强装耳。于是汪与余谈,陈则默而不言;余与陈语,
汪亦侧目视之”。
日文本第123—124页,原为“當時是の二人往往余が寓に詣る。會会二人相遇ふ。汪先
づ来りて陳後に至る。汪は恭しく座を讓りしに、陳は辭しもやらず、傲然席に就きぬ。
余は心に可咲しと思ひつつ、二人の態度を見るに、均しく自ら安んずこと能はざるに似
たり。汪は素より小心の人、陳が傲然汪の上に座せしも、實は汪を憚らざるにあらず。
憚りて故意に強がりを粧ひしのみ。されば汪と余と談ずれば、陳は何事をか語ると訝
りつつあり。余と陳と語れば、汪も亦目を側てて視つつあり”。
据此,北洋本中“此陈语余时”中的“此”,应为赘字。

② 相如、廉颇之于赵　《史记》《廉颇蔺相如列传》记载:赵国名将廉颇,对蔺相如位列自己之
上不服气,想羞辱他。蔺相如为了赵国抵抗强秦的大局,百般忍让,最终得到廉颇的理解
和尊敬。

③ 萧何、曹参之于汉　汉朝名将曹参战功卓著,但评功封侯却名列萧何之下,曾有不服气。
后来看到萧何担任丞相,治国有方,愈益赞佩,二人的嫌隙也逐渐消弭。当刘邦一度怀疑
萧何谋反时,曹参极力为萧何辩解。萧何去世前,则向汉惠帝推荐曹参为自己的继承人。
曹参接相位后,萧规曹随,为开创汉初盛世做出了贡献。

如江苏、浙江,同居江南,土壤相接①,湖泽相交。山水风物最相近,民气亦相类。士人之风采文章,如在伯仲间。然一为古吴之地,一属古越之民,截然为二,不相混同。千载以前,仇敌之国;迄于今日,未成一家。平日无事,则熙熙往来。小有利害,辄相疾视,不稍假借。余友罗某(后为北京农科大学监督)②,夙以热心教育,见知于张之洞、端方二人。及端方巡抚江苏,举罗使任苏州师范学堂监督。罗本草野一学究,无官阶,无功名。惟其为人老成笃实,明于事理,又其素论以教育普及为新政第一要图。彼之一跃而为师范学堂监督也,实为破格。罗以是深感端方之知遇③,学堂内外事,知无不言,言无不行。中外教育④,均称其精明强干焉。教务⑤之经营,庶务之烦碎,莫不毕举。然当事自用⑥,支那人之通弊;其间不无少失⑦,此亦常人所

---

① 接 初印本上编第 77 页原为"接",重印本上编第 77 页误为"按"。点校本第 381 页校改为"〈按〉〔接〕"。日文本第 124 页、自译本第 104 页和田译本第 62 页,为"连"。

② 罗某(后为北京农科大学监督) 即罗振玉(1866?—1940),浙江上虞人。15 岁举秀才。1890 年在乡间为塾师并著书。1896 年与蒋斧等在上海创立农学社,开办农报馆。1898 年创办东文学社。1900 年应鄂督张之洞之邀,任湖北农务局总监兼农务学堂监督。1902 年任南洋公学虹口分校监督。次年入两广总督岑春煊幕参议学务。1904 年受江苏巡抚端方委任,创办江苏师范学堂,任监督。1906 年入京任学部二等谘议官。宣统元年(1909)补参事官兼京师大学堂(今北京大学)农科监督。1911 年辛亥革命爆发,与王国维为避居日本,从事学术研究。1919 年归国,住天津。1921 年,参与发起敦煌经籍辑存会。1924 年奉溥仪之召,入值南书房。1928 年迁居旅顺。九一八事变后,参与策划成立伪满洲国,并任多种伪职。
1902 年春到中国后,中岛端通过汪康年认识罗振玉,并成为其幕僚,从事日文汉译。罗任江苏师范学堂监督后,又聘任中岛端为该校翻译(1904 年 11 月—1907 年 10 月),月薪 150元。参见[日]后藤延子著,李继华、吕旭春编译:《中岛端〈支那分割之运命〉泛论》,见本书第 618—619 页。

③ 罗以是深感端方之知遇 自译本第 104 页,为"自是罗深德端"。意为罗振玉深感端方的恩德。日文本第 125 页,原为"是より羅は深く端方が知遇に感じて"。田译本第 62 页,为"由是而后,罗深感端方之知遇"。

④ 中外教育 日文本第 125 页、自译本第 105 页和田译本第 62 页,为"中外教习"。

⑤ 教务 日文本第 125 页、自译本第 105 页和田译本第 62 页,为"育英"。

⑥ 当事自用 指当事者过于自信,听不得不同意见。

⑦ 不无少失 初印本上编第 78 页同此,重印本上编第 78 页、点校本第 381 页误作"无不少失"。自译本第 105 页,译为"不能无一二谬误"。日文本第 125 页,原为"一二错误过失なきと能はざりしならん"。田译本第 62 页,为"不无一二错误过失"。

不免也。以端方信之深,举一省教育事权,一任于罗,毫不掣肘。虽有傍观不平之徒,亦莫可如何。已而端方迁湖南,兼江苏前任如故,罗亦由推荐而入北京学部①。是时罗之根本始渐摇,然犹未现于外也。后端方为调查宪法大臣,奉命使海外,罗顿失奥援②,江苏士人伺隙而起。罗偶以小过为人所讦,本可默为引罪,乃陈辩颇力,稍涉粉饰,于是江苏之学界官界,同时竞起攻之,急攻肉薄,几使罗措身无地。平心论之,罗锐意开拓江苏教育,不为无功;即有小失,亦何至举一省人士,与之相仇,必食其肉寝其皮而后甘心乎③? 若江苏人此举,亦未见其当也。于是罗亦不慊江苏人之所为,一夕匆匆弃职,尽挟其门生故旧之为教习、助教、账房、杂役者而去。学堂空虚,一时几无措手。当其由上海赴北京也,余送之登舟,叩其急去之故。门生某颦蹙言曰:无他,惟以仆等系浙江人,非江苏人。江苏事非江苏人莫为,故非④仆等外省人所能与也。言虽似激,然此中消息,外省人尚不能知,况外国人乎? 其后江苏人迫罗益急,如追败军残卒,必欲尽歼而后快⑤。攻击之锋,且夕不懈,一二月始已。通州⑥张

此言无论为实为虚,但出于其门生故旧怏怏⑦去时之口,安知非一时忿激之谈,岂可据为

----

① 端方迁湖南,兼江苏前任如故,罗亦由推荐而入北京学部　初印本、重印本的上编第78页,原为"端方迁湖南,罗亦由推荐而入北京学部,兼江苏前任如故"。自译本第105页,为"端迁湖南巡抚,罗亦入北京学部,仍带江苏前任如故"。田译本第62页,为"端方转任湖南,罗亦由其推荐于学部,但尚未辞江苏之任"。日文本第125页,原为"端方湖南に遷り。羅も亦其推薦に由りて、北京の學部に入り、江蘇の前任を帶ぶること故の如し"。点校本第382页,将"兼江苏"三字误植在"罗"之前。

② 罗顿失奥援　自译本第105页,为"罗背后无复有一人推挽者"。日文本第126页,原为"羅の背後には、一人の有力者なくなりしかば"。田译本第62页,为"罗之背后,无一人之有力者"。

③ 必食其肉寝其皮而后甘心乎　自译本第105页,为"必欲剥其皮而剐其肉,至其骨髓焉"。田译本第63页,为"必剥其皮、挖其肉,至于骨髓而后快者"。日文本第126页,原为"必ず其皮を剝ぎ、其肉を剮りて、其骨髓に至らんとする"。

④ 莫为,故非……　初印本和重印本上编的第78页,原为"莫为故,非……"。点校本第382页的校改颇有见地。

⑤ 必欲尽歼而后快　自译本第106页,为"将不逸匹马只骑焉"。日文本第127页,原为"隻騎匹馬を逃さじとするがごとし"。田译本第63页,为"使只骑匹马皆不能逃"。

⑥ 通州　指南通州,今称南通。

⑦ 怏怏　初印本上编第78页同此;重印本上编第78页,原误为"快快"。

謇为南方通儒,又号有大政治家之风采。然本省人士之攻罗,闻出其指使者为多①。盖江苏人之视浙江人如此,浙江人之视江苏人亦如此。要之排他主义②,乃支那各省人之通病,不独江苏、浙江为然也。

统一党③与同盟会,支那现在二大政党也。自其主义政见言之,同盟会排满,统一党亦排满④。同盟会急进共和,统一党亦急进共和,原无二致。惟同盟会以广东、湖南人为主脑,统一党以江苏、浙江人为中枢。职是之故,相持不下。而孙文、章炳麟之不相容,尤为两党水火之一大原因。试就孙、章之性格人物⑤比较言之,孙操英文英语,若欧产人,泰西时局,了如指掌;章不解英文英语,欧洲情形亦不甚了了。孙于本国文字茫无所得⑥,章以精

定论!

两党党纲判然不同,著者盍一调查?

---

① 《罗振玉评传》记载此事曰:"江苏师范学堂初具规模,罗氏也曾准备在这里继续实现自己振兴教育的抱负。这时苏州城内还有废基隙地,当事者招人购领建房,罗氏购得操场附近官地两亩,建房准备迎养老父,房未建成父亲就去世了。1906年春,百日居丧将满,忽发生苏州教育会逐客事,以会长张謇的名义在报上刊出文章,说罗氏建房占校地。实际是因为江苏师范学堂办得有起色,外地考生渐多,因建校时端方曾提出招生面向江苏省,但要一律凭文录取,且学校初创,限于人力、财力招生数额有限,罗氏又不轻受人请托,致使苏州士绅子弟入学受到限制,十分不满,所以发起逐客。罗氏与张謇当时都投身农学和教育事业,交好多年,不愿与他计较。便上书朱按察辩明建房用地之事,表示建房原拟迎养,现父亲已故去,愿将房屋捐献。朱按察原对教育会登报事很气愤,所以没有接受捐赠,而用官款偿还了购地和建筑费用。这时,汪康年的弟弟汪诒年说苏州教育会既然公开登报中伤,不应不公开答辩,否则造成默认的假象,所以代写了一份答辩登在报上,教育会再未作任何表示"。"百日居丧期满,罗氏至苏州辞职,苏抚和按察都出面挽留,但他还是离开了学堂,从此也再没有去过苏州"。见罗琨、张永山:《罗振玉评传》,百花文艺出版社1996年版,第46—47页。

② 排他主义　初印本、重印本上编第79页和点校本第383页,原为"排地主义"。日文本第127页、自译本第106页和田译本第63页,为"排他主義"。勉强解释"排地主义",或可指不同地域之间的互相排斥。

③ 统一党　通称光复会。

④ 统一党亦排满　此下自译本第106页以稍小字号标注"无论以五族一家各自标榜",日文本第127页为"(漢满蒙回藏五族一視を標榜すれど)"。田译本第63页,为"(虽标榜汉满蒙回藏五族一视同仁)"。

⑤ 人物　指人的品貌风度。

⑥ 孙于本国文字茫无所得　自译本第107页,为"孙不能汉文,于祖国学术,无所理会"。日文本第128页,原为"孫は漢文を能くせず本國の文學に得る所なし"。田译本第64页,为"孙不能汉文,本国之文学无所得"。

通汉学著。孙基督教徒,章信仰佛学。孙大言壮语以自喜,章以谩骂为能事。孙以热血男儿自命,章则冷眼观他世上人者。孙襟怀飘洒,有欧美高襟绅士风。章冷讥热嘲,未脱六朝清谈气习①。而两人共同病点,则轻躁好乱,无远虑,乏老成沉实,少确乎不拔之自信力②。易冷易热,得志可登天上,失意如沉九渊③。雄辩高谈,一时过渡人物,非创业垂统④之器也。且猜疑心深,自负心盛,嫉妒心强,功名心急。此殆支那人之通病欤!置之一处,何异水火同器⑤。此其所以同持排满主义,唱共和自由,乘风云之会,得志快意,据南方为根基,以与北方争雄,而每相反目也。近来同盟会派人士,动不慊于章之议论,视同附骨之疽,势将得而甘心⑥,特以黄兴慰谕而止耳。章乃裁书谩骂,谓此恫喝手段,虽收效于南洋产之人物,行之长江流域,则势有不能。今白刃将临克强之颈,尚暇为他人劳心耶?因历数其拥兵十万,月糜八百万巨款之罪。虽似章黄私事,领袖相忌如此,其余党人,可想像矣。邦人诸友⑦,多以同盟会为孙派,统一党为章派。其实

---

① 章冷讥热嘲,未脱六朝清谈气习　自译本第107页,为"章执拗偏狭,半笑半颦之六朝的白面书生也"。日文本第128页,原为"章は意地悪氣なる半笑半颦の六朝的白面書生なり"。田译本第64页,为"章則半笑半颦之六朝的白面书生也"。

② 自信力　初印本上编第79页同此。重印本上编第79页,误为"自信方"。

③ 失意如沉九渊　自译本第107页,为"失意可以没九渊之极端神经质是已"。日文本第128页,原为"志を失へば九淵にも沈みつべき極端なる神經家なる是のみ"。田译本第64页,为"失意则九渊亦可沈[沉]"。

④ 创业垂统　创立功业,传给后代子孙。日文本第128页和田译本第64页同此。自译本第107页,为"经纶之才"。

⑤ 置之一处,何异水火同器　异,初印本上编第79页同此,重印本上编第79页和点校本第383页误为"以"。自译本第107页,译为"置此二人于一处,如盛冰炭于一器,欲不相剋,不可得矣"。田译本第64页,为"若置二人于一处,则如盛冰炭于一器,虽不欲相剋,亦不可得"。日文本第128页,原为"是二人を一處に置くは、氷炭を一器に盛るが如し。相剋せざらんとするも得べからず"。

⑥ 视同附骨之疽,势将得而甘心　自译本第107页,为"视为共和党之狮子身中虫,有一刀斫头之说"。日文本第129页,原为"視て共和黨獅子身中の蟲と爲し、一刀斫頭の說あり"。田译本第64页,为"视共和党为狮子身中之虫,有一刀断头之说"。

⑦ 邦人诸友　日文本第129页和田译本第65页为"邦人",自译本第108页为"日人"。

同盟会又分广东、湖南二派,非悉崇拜孙文。统一党则张謇、汤寿潜①隐然执牛耳,势且与章并驾齐驱。二人非素效忠满廷,特未公然树叛旗为戎首耳②。革命骤起江南,各省急进派乘风潮之变,暂推章而置之第一位。犹南北豪杰,虽多不慊于孙,南京政府不得不暂推为盟主③。自其人物经历、识见、材干而言,章亦非张、汤敌,张、汤二人非甘拜下风者也。盖章毕竟一学究材,其人少善文章弄口舌;时务上之智识,粗杂无统系,浮疏欠透彻。且器宇褊狭,胆气薄弱,易盈易骄,非负重致远之材。余遇之于吴保初④家,殆三四次。陈梦坡尝以章品藻询余⑤,余笑曰:俊才也恨轻,奇才也恨小⑥,殆小祢衡⑦欤!陈也笑领之。邦人与章游⑧者多未窥其底蕴,⑨谬

前谓张謇辈生平不主激烈,今云特未公树叛帜。数页之间,词锋僢骛⑩。著者毫无定见,信口雌黄,于斯昭然若揭。

---

①　汤寿潜(1856—1917),字蛰先(或蛰仙),浙江萧山人。清末民初实业家和政治活动家,是晚清立宪派的领袖人物,因争路权、修铁路而名重一时。

②　二人非素效忠满廷,特未公树叛旗为戎首耳　自译本第108页,为"盖是二人者,素不心服于满廷,惟从未至公然翻叛旗甘为戎首耳"。田译本第65页,为"二人本不心服于满廷者,但尚未公然翻叛旗而甘为戎首"。日文本第129—130页,原为"蓋は二人本滿廷に心服する者にあらざりしも、未だ公然叛旗を飜して甘んじて戎首となるに至らざりき"。

③　虽多不慊于孙,南京政府不得不暂推为盟主　自译本第108页,为"虽素不服于逸仙者,而已(已)采用共和政体,则不得不假推孙为盟主也",日文本第130页,原为"素より孫文に服せざりしものと雖、已に共和政體を採用するときは、假りに孫を推して盟主と爲さざることを得ざるが如し"。田译本第65页,为"素虽不服孙文,然既采用共和政体,则不得不推孙为盟主"。

④　吴保初(1869—1913)　安徽庐江县人。与陈三立、谭嗣同、丁惠康等人赞同维新,时人称为"清末四公子"。是淮军将领、广东水师提督吴长庆之子。

⑤　尝以章品藻询余　尝,初印本上编第80页同此,重印本上编第80页和点校本第384页误为"器"。日文本第130页,原为"嘗て余に問ふに章の品藻を以てす"。自译本第109页为"尝问余以章之品藻",田译本第65页为"曾以章之品藻问余"。品藻:指人的品行、品质;又指评论人物,定其高下。

⑥　俊才也恨轻,奇才也恨小　虽然是俊才、器才,却为人轻躁,器宇偏狭。

⑦　殆小祢衡　殆,重印本上编第80页和点校本第385页误为"席";日文本第130页、自译本第109页和田译本第65页,都为"殆"。祢衡(173—198),字正平,平原郡(今山东临邑)人(《山东通志》载祢衡为今乐陵人)。东汉末年名士,文学家。与孔融等人亲善。后因出言不逊触怒曹操,被遣送至荆州刘表处;又因出言不逊,被送至江夏太守黄祖处,终为黄祖所杀,终年26岁(《三国演义》中为24岁)。

⑧　游　交游,交往。

⑨　自译本第109页,此处有一括注:无他,由汉文学力薄故耳。日文本第130页,原为"他なし漢文學の力薄ければなり"。田译本第65页,为"无他,汉学不深故也"。

⑩　僢骛　僢,音chuǎn,[书]同"舛"。相违背。骛,音wù,乱跑,奔驰。

采虚声,信为伟材①。其②主张共和,遥在孙后。纯粹投身共和事业③,自在《苏报》上与邹氏④小儿共唱排满主义始。其他无所表见⑤树立,徒借文字口舌之力,为留日学生之先达⑥而已。张謇拮据经营⑦,不吝财力,十年如一日。声名蔚然,压海上士林者非偶然也。特气度欠宏远,聪明自喜,不克容众,利害太明,无乾坤一掷之壮举,为可惜耳。汤寿潜稍有识度,夙负东西重望,尤为实业界所依重,与张謇相继为上海商务总会总董。苏杭甬铁路干部人士之排斥借款自汤始⑧,尝上书摄政王,痛论时政得失,弹劾盛宣怀卖国罪恶,触逆鳞而不顾。视⑨张謇左顾右盼,首鼠两端,迨满庭土崩瓦解,始公然排挤,又高数筹矣。要之张汤本无共和思想,

---

① 谬采虚声,信为伟才　自译本第109页,为"徒闻其夸张之声,故谬信为一伟材耳"。日文本第130页,为"徒に彼が法螺の聲を聞く。故に謬信して伟材と为すのみ"。田译本第65页,为"徒闻彼法螺(即吹牛之意)之声,故谬信为伟才耳"。

② 伟材。其　初印本上编第80页同此。重印本上编第80页,误为"伟其材"。

③ 纯粹投身共和事业　自译本第109页,为"彼之成纯共和党"。日文本第131页,原为"彼が純共和黨と成り了せし"。田译本第65页,为"彼成纯革党"。

④ 邹氏　即邹容(1885—1905),民主革命志士。出生于重庆市,祖籍湖北麻城。1902年赴日本留学,投身民主革命,是与秋瑾齐名的著名演说家。1903年,写成《革命军》一书(署名"革命军中马前卒"),旗帜鲜明地回答了中国民主革命的基本问题,特别是提出了"中华共和国"25条政纲,系统阐发了孙中山"建立民国"的设想。1903年,章太炎因"苏报案"被捕,邹容慷慨入狱。1905年4月3日死于上海狱中。辛亥革命以后,孙中山追赠邹容为"陆军大将军",崇祀宗烈祠。

⑤ 表见　biǎo jiàn,指显示出的某种才能、本领等。清袁一相《睢阳袁氏(袁可立)家谱序》:"环中(袁枢)兄奋起一时,念祖德以自表见,才品经济,肝胆词赋,种种第一"。日文本第131页和自译本第109页,为"发明"。田译本第65页,为"声明"。

⑥ 先达　日文本第131页同此。田译本第65页,为"先进"。自译本第109页,为"领袖"。

⑦ 张謇拮据经营　自译本第109页,为"如张謇,学术文章,且置而不论。久据通州一角,教育云,实业云,拮据经营"。日文本第131页,原为"张謇の如き、學術文章は暫く置きて言はず。年来通州の一角に據りて、教育に、實業に、拮据经营して"。田译本第65页,为"若张謇之学术文章,暂置不言,年来据通州之一角,而极力经营教育实业"。

⑧ 与张謇相继为上海商务总会总董。苏杭甬铁路干部人士之排斥借款自汤始　此句在自译本第109页,译为"与张相踵为上海商务总会会董,又为苏杭甬铁路董事。称为外款拒斥运动谋主"。日文本第131页,原为"张謇と相繼ぎて上海商務總會の總董たり。又蘇亢[杭]甬鐵道の幹部たり。借款排斥運動の張本と稱せらる"。田译本第66页,为"与张謇相继而为上海商务总会之总董,又为苏杭甬铁道之总理,称为排斥借款之张本"。

⑨ 视　比照,较之,与……相比。自译本第109页,为"较之"。日文本第131页,原为"如き"。田译本第66页,为"比较"。

潮流所趋,自不得不为共和党人①,而与章派合体。
然名望实力,久为江南人所推重。汤代表浙江,张
代表江苏,均不愧一方面重镇。非章之仅羽翼留学
青年团②客气自雄,无牢固不拔根据所可比。其势
久不耐居章下,特不若章轻躁突飞耳。故虽非统一
党表面首领,实权操纵,悉入掌握。其和平施设,亦
非章之粗率杂驳、无一定见,所可同日语也。至其
对于孙、黄近日行为,则恒迎以冷眼冷笑。方革军
陷南京也,掠夺人民财产,占领两江学堂,盗取书籍
器械。张谓③南京教育事业,不破坏于满清政府之
专制,而破坏于革党自由政治;其意之所向可以窥
见矣。大抵张、汤乃一体同功,虽不无径庭,而公私
关系不可分离,亦不容分离。章炳麟知己之弱点及
张、汤之优处,且敌党在前,未敢遽破三角同盟。三
人合而为一,江苏、浙江人士,虽未悉心服,尚不至
同室操戈也。而与之并立之同盟会④,则孙文代表
广东,黄兴代表湖南。虽广东人中不止孙派,湖南人
中不止黄派,二人今日地位一时实难控驭矣。总之
广东、湖南人士,多意气自许,功名自期,颇有以实力
决胜负之概。江苏、浙江多伶俐轻俊之士,口舌文
章,擅虚声胁敌之长。其余诸省,亦各就其性之所
近,因利害之异同,就彼去此,张其声势,助其气力。
二党之范围愈广,而轧轹亦愈甚。事端叠起⑤,错综

---

① 要之张汤本无共和思想,潮流所趋,自不得不为共和党人　自译本第 110 页,为"要之是二
人者,本来不必共和党人。惟自今日趋势上言之,自不得不为共和党人"。日文本第 131
页,原为"是二人者本来必しも共和主義にあらざりしも、今日の趨勢上自ら共和黨人た
らざることを得ず"。田译本第 66 页,为"要之,是二人者,元来虽不持共和主义,但今日
之趋势上,自不得不为共和党人"。

② 留学青年团　留日青年的团体。

③ 张谓　自译本第 110 页,为"张则冷嘲热骂且云"。田译本第 66 页,为"于是张热骂冷评,
谓"。日文本第 132 页,原为"張が熱罵冷評を加へ"。

④ 而与之并立之同盟会　自译本第 111 页,为"统一党已以江苏、浙江为根据,同盟党与此相
对峙"。日文本第 133 页,原为"统一黨已に江蘇浙江を以て根據と爲せり。同盟黨のの之
と相對立する"。田译本第 67 页,为"统一党既以江浙为根据,而同盟党与之对立者"。

⑤ 事端叠起　自译本第 111 页,为"种种事情,愈出愈多"。日文本第 133 页,原为"種種の事情
は、益益出でて益益多く"。田译本第 67 页,为"各种之事件愈出愈多,错综纷纠而不可解"。

纷纠,固结莫解。其始以省分之见解,为第一畦畛①;性情阅历之异同,为第二畦畛;得失利害,为第三畦畛;恩怨胜负之念,为第四畦畛;与夺嫉妒之念②,为第五畦畛。终非相屠相杀,则必不能餍其心③。今二党相对,尚未数月,每一小故④,辄猖猎相吠,如狂犬之争饵。异日议会已开,政党活动之舞台益大,问题事件益多,利害得失之关系益切,则二党之相忌相疑相咋⑤相攫,亦必益极于毒辣,不待智者之后知也。或曰同盟会如法国大革命时山岳党⑥,统一党如基隆代党⑦。但孙、黄二人无马拉⑧、旦丁⑨之猛烈胆大,无罗伯士比⑩之深刻阴险,张、汤等无罗兰⑪、

原无畛域,尔何必强分? 可恶!

----

① 畦畛　qí zhěn,界限;隔阂。
② 与夺嫉妒之念　日文本第 133 页,原为"權利勢力與奪嫉妬の念"。自译本第 111 页,为"权利势力与夺妒忌之念"。田译本第 67 页,为"权利势力之谋"。
③ 餍其心　自译本第 111 页,为"饱其意"。田译本第 67 页,为"饱其腹"。日文本第 134 页,原为"其心を飽かしむる"。餍,yàn,满足。
④ 小故　初印本上编第 81 页,原为"小故"。田译本第 67 页同此。重印本上编第 81 页和点校本第 387 页,误为"小时"。日文本第 134 页和自译本第 111 页,原为"細故"。
⑤ 相咋　相互攻击,或相互炫耀,张扬之意。咋,zhā,吆喝,炫耀;zé,咬住。
⑥ 山岳党(La Montagne),是法国大革命时期的激进派政党,罗伯斯庇尔与丹东为首。因为山岳党的成员都坐在议厅最左侧的高台上,而得名。
⑦ 基隆代党　通称吉伦特派(Girondin),原称布里索派(Brissotin)。指法国大革命期间推翻波旁王朝而掌握实权的共和派。因其中很多人原是吉伦特省人,因此被称为吉伦特派,或吉伦特党。自译本第 112 页,译为"第伦第斯特党"。田译本第 67 页,为"吉罗纪斯特"。日文本第 134 页,原为"ヂロンヂスト"。
⑧ 马拉　田译本第 67 页同此。自译本第 112 页,译为"麦拉"。日文本第 134 页,原为"マラー"。让·保尔·马拉(Jean-PaulMarat,1743—1793),法国政治家、医生,法国大革命时期民主派革命家。他创办的《人民之友》报(初称《巴黎政论家》),成为支持激进民主措施的喉舌。1793 年 4 月初,马拉以雅各宾总部主席的身份向全国发出组织控诉运动的通令,被吉伦特派交付法庭审讯,后被宣判无罪。6 月,雅各宾派取得政权之后,马拉强调要建立革命专政,用暴力确立自由。7 月 13 日,马拉在巴黎寓所被一名伪装革命的吉伦特派支持者 C.科黛刺杀。
⑨ 旦丁　今通译丹东。自译本第 112 页,译为"段敦"。田译本第 67 页,为"登特"。日文本第 134 页,原为"ダントン"。
⑩ 罗伯士比　又译罗伯斯比尔(Robespierre,1758—1794)、罗伯斯比,法国大革命时期政治家,是雅各宾派的实际首脑及独裁者。自译本第 112 页,译为"吕伯斯皮耳"。日文本第 134 页,原为"ロベスピール"。田译本第 67 页,为"罗布斯勃"。
⑪ 罗兰　即 Jean-Marie Roland,法国吉伦特党的领导人之一。罗兰夫人(Madame Roland,1754—1793),也是法国大革命时期著名的政治家,吉伦特党领导人之一。自译本第 112 页,译为"罗兰德"。日文本第 134 页,原为"ローランド"。田译本第 68 页,为"罗拉德"。

布利梭①之热情魄力，是其异耳。其言虽未必中
鹄，然二会异日之趋向，诚恐相争不已，不免俱伤。
据近日所传，章因与孙、黄反目不相容，其势稍为袁
氏所笼络②。要之二党终不能相下，又不能相容，
实前途最大之不幸也，奸雄之心所最窃喜者也③。
然而孙、黄④犹不悟，方从事攻讦。共和将来之基
础，日即动摇，置而不顾。呜呼此辈目中，只知党同
伐异，岂知有统一之国家者哉？

　　译者曰：政治良善之国，必有两大政党各
抒其政见以为竞争。此兴彼仆，此仆彼兴，故
常以一方立于执行地位，一方立于监督地
位⑤。今两政党宗旨不同，口笔争执，当然之
事，无足怪者。作者乃深文罗织之，至谓有若
何之念，更推其将来必相屠杀。不知作者何由
知之，又凭何以决之。

　　同盟、统一二会之事既如是。然而支那人省分
割据之思想，随处皆现，不独是二会为然也。如彼
昔者苏杭甬铁路案，江浙两省人士，惊呼骇走⑥，日

年来我国士夫关于
国是，大抵一夫提

----

① 布利梭　通译为布里索，即雅克-皮埃尔·布里索（Jacques-Pierre Brissot，1754—1793），法
　国政治家，记者。法国大革命期间吉伦特派领袖。自译本第112页，译为"伯栗骚"。日文
　本第134页，原为"ブリッソー"。田译本第68页，为"奔索"。
② 笼络　自译本第112页和田译本第68页，都为"笼盖"。日文本第134页，原为"籠蓋する"。
③ 奸雄之心所最窃喜者也　日文本第134页，原为"又姦雄の心竊に祈りて暗に舌を吐くを禁
　ぜざる所"。田译本第68页，为"亦即使他人占渔父之利也"。自译本第112页，为"抑亦奸
　雄之所心窃祈，而不禁晴吐舌者也"。自译本译文中"所心"，应为"心所"；晴，应为"暗"。
④ 孙、黄　田译本第68页，为"孙黄等"。日文本第134页和自译本第112页，为"孙黄
　章等"。
⑤ 政治良善之国，必有两大政党各抒其政见，以为竞争。此兴彼仆，此仆彼兴，故常以一方立
　于执行地位，一方立于监督地位　在写于1912年6月的《隐忧篇》中，李大钊曾提及：政党
　及党争"用之得当，相为政竞，国且赖以昌焉。又不惟国可赖党以昌，凡立宪国之政治精
　神，无不寄于政党，是政党又为立宪政治之产物矣"。这与此处所说，似有关联。
⑥ 惊呼骇走，日夕以路亡国亡论，号呼于众　田译本第68页，为"日夕呼号路亡即国亡之
　说"。自译本第112页，为"鸠面丧首，日夕呼号路亡即国亡之说"；其中第二个"路亡"，应
　为"国亡"之误。日文本第135页，原为"眼の色易へて騒ぎ立て、、日夕路亡國亡論を呼
　號しつ、ある"。

夕以路亡国亡之论，号呼于众。他省人则冷然旁观，如弗见闻①。及招募股金，竭两省财力，气衰力瘁②，未克举功。江浙之运命，亦于此穷。他省人犹如痛痒之不相关，未有肯舍半文相助者。两省人亦不敢求助于他省。然则两省人所谓路亡即国亡之说，系两省人之私言，为他省人所不信乎？曰否。路亡即国亡，非两省人之私言，即他省人亦皆确信不疑者也。然则旁观而不救者何耶？曰非我省内事耳，两省事两省人可自办之。福建自福建，安徽自安徽，与江浙不相涉也。日后本省有事不可不自办之。今日人之身，明日吾身，岂遑为他省分力哉？然则两省人之亡国割地，只系两省内部事乎？他省人之所谓国家中不包括③江浙二省乎？江浙独非国家之领土乎？问至此而左右顾，能为明白之回答者，盖无有也。江浙之事如是，川汉铁路之事亦如是。乃本省人外省人皆视为当然，莫敢议之怪之。余谓支那人虽有省分之观念，而无国家之观念者，盖为此也。

然而东三省有事，蒙古有事，江南、岭南人莫不眉须轩昂④，狂呼怒号，而谓今日中国瓜分之祸至，领土保全之约破，烈火燃眉未足喻其急⑤也。然云牺牲己之财力身力，以赴国家之难，则又相率趑趄不前。至是而平日之马脚毕露，乃犹觍焉人面，岂非咄咄奇事乎？支那人之心理，卒非外人所能窥测

倡，全国响应，奔走呼号，互相告语，热血千丈，如潮如雷，安有所谓省界者存？苏杭甬铁路股金，各省人应募者不少；蒙古事变，各都督多请从征。非牺牲财力之明证欤？

---

①　如弗见闻　自译本第112页，为"视如不见，听如不闻"。日文本第135页，原为"聞かざるが如く、見ざるが如く"。田译本第68页，为"俨如未闻未见"。

②　气衰力瘁　自译本第113页，为"声嘎气馁"。日文本第135页，原为"聲も氣力も竭き果てんず"。

③　包括　日文本第136页、自译本第113页、初印本上编第82页和田译本第68页同此。重印本上编第82页，为"包刮"。刮 guā，是"括"在中国南方某些地区的通常发音。

④　眉须轩昂　自译本第113页和田译本第69页，皆为"眉昂色飞"。日文本第136页，原为"眉昂り色飛び"。

⑤　烈火燃眉未足喻其急　自译本第114页，为"洵如自己头发，见炎火烧"。日文本第136页，原为"真に自己の頭髮の炎火に燒かるゝが如し"。田译本第69页，为"俨如火已及踵"。

者,亦在斯矣。此无他,心中毫无根据,惟附和雷同性有以致之耳。

　且支那人省界之见,非独政界,即学界、商界,莫不皆然。大抵因言语习惯之不同,而感情遂以乖隔,利害遂以反拨,终至如胡越之不相关。二十一省中,各有厚薄、深浅、亲疏之别。而南北之人心,其扞格为更甚。盖其风俗习惯,大相径庭。南人乘舟,北人乘马。南人食米饮老酒,北人食面饮粱酒①。南人衣绸缎,北人衣毡裘。南人操南音,北人操北音。北人怯雨湿,南人怯风沙。北人粗豪,南人轻快②。北人有贫窭之色,南人有富裕之象。其不相同者如此,北人之所喜,南人不必喜;南人之所忧,北人不必以为忧。虽同在一国之中,其利害祸福,安危休戚,漠不相关。有一大变故,起一大交涉,每曰南自南,北自北。北人之得意者,无所分于南人;北人之失计者,亦岂须南人之同情哉? 或言甲午日清之役,为北京朝廷之失策;而任二亿赔偿之责者,江南各省,居十之七。拳匪之乱,屠戮外人者,北方之无赖也;而负四亿之赔偿者,亦惟江南各省为最重。大抵北人之所为者,每不称南人之意;而受其弊善其后者,必为南人(往年铁良承旨南下,视察外省财政时,上海各报所论如此③)。南人之财产,不当为北人尽利用之;今而后④凡北人新计画新事业,有涉及财务者,可一律拒绝之。分南北而为二,其不知属于同一国家者,有如是也。或

此论在满政府时容或有之,盖即寓有独立之意也。亦如铁路收归国有,各省多抗拒之者。今民国成立,川汉铁

---

① 南人食米饮老酒,北人食面饮粱酒　自译本第114页,为"南人食稻饭、饮绍酒,北人吃面饼、饮粱酒"。日文本第136页,原为"南人は稻飯を喫し、老酒を飮み、北人は麨を喫し、粱酒を飮む"。田译本第69页,为"南人食白米、饮老酒,北人则食麦、饮粱酒"。粱酒,应指用高粱酿的烈性烧酒。

② 轻快　日文本第137页同此。自译本第114页,译为"轻俊"。田译本第69页,为"温柔"。

③ 括号中此句话,日文本第138页和自译本第115页原有。田译本第70页亦有。初印本和重印本的上编第83页排为"小字双行",误为"译者附注"。"点校本"延续此误,排为仿宋体。今改为宋体。

④ 今而后　自译本第115页,译为"自今之后"。日文本第138页,原为"今より後"。田译本第70页,为"自此以后"。

又言北省地瘠人贫，南省物富财多。若置于同一国家之下，北人有所利，南人无所利，非两分南北财政，则终不可得南人之满足也。如是议论，并非愚夫①之私言，往往出诸志士识者之口。言者固以此为当然，闻者亦不以为怪。自我日本人观之，如有人谓九州入于外人之手，此九州人之责任，非关东人之所知；关东人已与外国构衅，关东人可自处分之②，不须九州人之过问，谁不笑其无常识哉？然而支那之志士识者，所言如此；一般士人所见如此。此岂有统一国家之观念者哉？

路且让送于政府矣。此论即使有之，亦当然消灭。

盖支那人之爱国心，不如爱省心之厚，爱省心又不如爱乡心之厚，爱乡心不如爱家心之厚，爱家心更不如爱己心之深而痛切也。非谓其全无一分爱国心，全无国家之观念。虽曰有之，然不过仅一分而已，不能胜其爱己爱家之心也。此特就士人以上者而言，下焉者惟有爱己心，且无爱乡心③，何有于爱省心，更何有于爱国心乎？余闻之上海经莲珊④曰，甲午之役，径檄南方各省人士募义勇兵，醵金供饷，谋于某翰林故老。某云⑤古来读书人之报国，无如是之事例。夫国事之危急，将朝不保夕，又

中国言政教者，每谓由近及远，不过先后之分，全无轻重之别。如爱家者自能爱国。吾国之杀身成仁、毁家纾难者，皆善用其爱也。

---

① 愚夫　田译本第70页为"愚人"。日文本第138页原为"没分晓汉"，自译本第115页为"没晓汉"。

② 关东人已与外国构衅，关东人可自处分之　此句话中的"关东"，在自译本第115页为"山阳"，在日文本第138页为"中國"，在田译本第70页为"四国"，是对日本关东地方的不同表述。

③ 下焉者惟有爱己心，且无爱乡心　自译本第116页，为"自此以下，已无爱乡心"。日文本第139页，原为"此より以下は、已に爱郷心なし"。田译本第71页，为"若其下者，本无爱乡心"。

④ 经莲珊　即经元善（1840—1903），原名高泉，字莲珊（后也作莲山），浙江上虞人。父经纬，是上海富商，因接济军饷功，清廷授主事加员外郎衔。经元善首创协赈公所，受清廷嘉奖十余次。后涉足洋务企业，成为成功的洋务企业家。热心教育，创办经正女学，开中国女学先河。1900年1月26日，为反对慈禧太后为光绪皇帝立嗣，曾发动"寓沪绅商士民"计1231人联名通电，称其"名为立嗣，实则废立"，并"奏请圣上力疾临御，勿存退位之思"。

⑤ 谋于某翰林故老。某云　日文本第139页，原为"某翰林の故老に谋りしに，云く"。自译本第116页，为"询诸翰林故老某某，金云"。田译本第71页，为"谋之于故老之某翰林，曰"。

何遑问事例之有无？父兄将为人爆杀，不走而救之，而曰古无此例①。迂阔至此，可笑又可憎也。殆欲使人唾其面拽其发，一踢而后去耳②。支那人之锢蔽有如是者，其爱国心之厚薄有无，不问可知。读书人已如此，四万万大多数之心理，亦可知矣。然如有人曰：今之支那人，已非昔之支那人。四万万之人心，共和之日，已全然变化。则我亦何言！余惟怜其人之过于聪明耳。

　　夫二十一省之地，四万万之众，每省之利害不同，每人之意向不同。其形体虽生息于同一国家之下，其精神已散离于国家之外。无分裂之名，有分裂之实。时事至此，虽欲不分裂，岂可得耶？试取三四十页之支那历史读之，支那之分裂，不自今日始也。三代封建之世③无论矣。战国时秦有陕甘、四川，楚有湖南、湖北、安徽、江苏、浙江、江西之大半，齐有山东及江苏之一部，燕有直隶，韩有河南及江苏之一部，魏有河南，赵有山西及直隶之一部④。至始皇合而为一，然三十八年而又分裂⑤。刘氏据

历史上分合，东西如出一辙，妄引为分割之兆，乖谬已极！

---

① 不走而救之，而曰古无此例　自译本第116页，为"走而救之乎？曰古来无此例也。袖手不敢走救"。日文本第139页，原为"走りて之を救はんか。曰く古来此の例なしと。袖手して赴き救はず"。田译本第71页，为"走而救之乎？抑曰古无是例，袖手而傍观乎？"

② 殆欲使人唾其面拽其发，一踢而后去耳　在《支那分割之运命》的"后叙"中，中岛端亦讲过：中国"上下沈酣，昏昏醉梦，我安得不厉声疾呼，又安得不诤骂叱咤！我之泪安得不涟如洒如，又安得不捽其发而鞭之"（见本书第230页）。纵观全书，如果说中岛端的"厉声疾呼"应该肯定，"诤骂叱咤"尚有可忍。其欲对中国人"捽其发而鞭之"，或曰"唾其面拽其发，一踢而后去"，则表现了其自负和狂妄心态，很难被视为善意。

③ 三代封建之世　或指夏、商、周。

④ 战国时秦有陕甘、四川，楚有湖南、湖北、安徽、江苏、浙江、江西之大半，齐有山东及江苏之一部，燕有直隶，韩有河南及江苏之一部，魏有河南，赵有山西及直隶之一部　日文本第140页，原为"戰國秦（陝甘四川）楚（湖南湖北安徽江西浙江江蘇の大半）齊（山東及び江蘇の一部）燕（直隷）韓（河南及び安徽の一部）魏（河南）趙（山西及び直隷の一部）あり"。田译本第71页，为"战国时有秦、楚、燕、齐、韩、赵、魏七国"。自译本第117页，为"战国之时，有秦、楚、齐、燕、韩、魏、赵七国"。

⑤ 至始皇合而为一，然三十八年而又分裂　秦朝的持续时间是公元前221年至206年，共17年。"三十八年"之说，不详。或指秦嬴政继承王位的前246年至秦始皇死的前209年。

故秦之地,项氏据故楚之地,齐、燕、赵、魏,各自独立。五六年后,终为刘氏之天下①。七国之乱②,又复分裂。甫平定,而王莽又代汉。荆州之兵起,琅琊东海之兵起,隗嚣③据陇西,公孙述④据成都,光武⑤起南阳,王郎⑥起邯郸,海内分裂而为五六,终为东汉所统一。迨其末叶,袁绍⑦据冀州,公孙瓒⑧据燕,

---

① 五六年后,终为刘氏之天下　秦朝灭亡后,项羽和刘邦之间为争夺统治权力而进行战争,时间为公元前206年(汉元年)8月—公元前202年(汉五年),以项羽败亡,刘邦建立西汉王朝而告终。

② 七国之乱　公元前154年,汉景帝采用晁错的建议,下诏削夺吴、楚等诸侯王的封地。以吴王刘濞为首的七个刘姓宗室诸侯,以"清君侧"为名联兵反叛,后被窦婴、周亚夫等很快平定。

③ 隗嚣(?—公元33年),字季孟,天水成纪(今甘肃秦安)人。出身陇右大族,青年时代在州郡为官,以知书通经而闻名陇上。王莽的国师刘歆闻其名,举为国士。刘歆叛逆后,隗嚣归故里。刘玄更始政权建立(23)后,隗嚣趁机占领平襄。因隗嚣"素有名,好经书",推为上将军,成为割据一方的势力。更始二年,隗嚣归顺,封为右将军。是年冬,隗崔、隗义合谋反叛,隗嚣告密,刘玄感其大义灭亲,封为御史大夫。刘秀即位(25)后,隗嚣劝刘玄东归刘秀,刘玄不允。隗嚣欲挟持东归未遂,逃回天水,自称西州大将军,建武九年(33),病故。

④ 公孙述(?—36),字子阳,扶风茂陵(今陕西兴平县)人。西汉末,以父官荫郎,补清水县长(在今甘肃省境内)。公孙述熟练吏事,治下奸盗绝迹,由是闻名。王莽篡汉,公孙述受任为江卒正(即蜀郡太守)。王莽末年,天下纷扰,群雄竞起,公孙述遂自称辅汉将军兼领益州牧。是时公孙述僭号于蜀,时人窃言王莽称黄,公孙述欲继之,故称白,自称"白帝"。建武十一年(公元35),汉廷派兵征讨,被公孙述所拒。次年,复命大司马吴汉举兵来伐,攻破成都,纵兵大掠,尽诛公孙氏。计公孙述割据益州称帝,凡12年。

⑤ 光武　是东汉开国皇帝刘秀死后的谥号,后人常用"光武"来指代刘秀。

⑥ 王郎(?—公元24年)　本名王昌,赵国邯郸人,新朝末年群雄之一,割据河北。起初以卜相为业,后来诈称自己是汉成帝之子刘子舆,以图大事。公元23年,汉宗室刘林和大豪李育等拥立他为汉帝,都邯郸,史称这一政权为赵汉,以区别于汉延宗更始帝刘玄的玄汉,汉昌宗建世帝刘盆子的赤眉汉。公元24年农历五月,刘秀破邯郸,王郎兵败出逃,途中被杀。自公元23年十二月登基为汉帝,至公元24年五月政权覆亡,共在位两年。

⑦ 袁绍(?—202)　字本初,汝南汝阳(今河南省周口市商水县)人。出身名门,其家族有"四世三公"之称。袁绍于初平元年(190)被推举为反董卓联合军的盟主,与董卓交战,不久联合军即瓦解。此后,在汉末群雄割据的过程中,袁绍先占据冀州,又先后夺青、并二州,并于建安四年(199)击败了割据幽州的公孙瓒,势力达到顶点;但在建安五年(200)的官渡之战中大败于曹操。在平定冀州叛乱之后,于建安七年(202)病死。

⑧ 公孙瓒(?—199年)　字伯珪,辽西令支(治今河北迁安市)人,出身贵族。因母亲地位卑贱,只当了郡中小吏,后逐步做到中郎将。以强硬的态度对抗北方游牧民族,作战勇猛,威震边疆,逐渐成为北方最强大的诸侯之一。公孙瓒与袁绍相争,初期占据优势,但在龙凑之战后,公孙瓒锐气顿减,采取自保战略,逐渐失去了部下的信任,被袁绍击败。最终引火自焚,势力被袁绍吞并。

袁述据徐州①,刘表②据荆州,刘璋③据益州,孙氏④据吴,曹氏据邺⑤,董卓⑥据长安,各为分立,互争雄长。最后曹氏并直隶、河南、山东、山西、陕西及江苏、安徽之一半而号魏。孙氏并江苏、安徽之大半及湖南、湖北、江西、浙江、福建而号吴。刘氏并四川及陕西、云南之一部而号蜀汉。是为三国鼎立之世。后至司马晋复统一者二十五年⑦,已而又分裂为五胡十六国之世,为南北朝。北朝元魏,复分东西,后合而为宇文周⑧,

① 袁述据徐州　袁述,各文本皆如此,应为袁术(? —199),字公路,汝南汝阳(今河南商水西南)人,袁绍之弟。初为虎贲中郎将。董卓进京后任为后将军,袁术因畏祸而出奔南阳。初平元年(190)与袁绍、曹操等同时起兵,共讨董卓。后与袁绍对立,被袁绍、曹操击败,率余众奔九江,割据扬州。建安二年(197)在淮南称帝,建号仲氏。曾发兵20万征讨驻扎徐州的吕布,兵败而归。后因奢侈荒淫,横征暴敛,使江淮地区残破不堪,部众离心,先后为吕布、曹操所破,于建安四年(199)呕血而死。

② 刘表(142—208)　字景升,山阳郡高平(今山东微山)人。东汉末年名士,汉室宗亲,汉末群雄之一。他身长八尺余,姿貌温厚伟壮,号为"八俊"之一。为大将军何进辟为掾,出任北军中候。后取代王睿为荆州刺史。李傕等入长安,刘表遣使奉贡。李傕任为镇南将军、荆州牧。在荆州期间,刘表恩威并着,招诱有方,万里肃清,群民悦服。又开经立学,爱民养士,从容自保。远交袁绍,近结张绣,内纳刘备,据地数千里,带甲十余万,称雄荆江,先杀孙坚,后抗曹操。然而刘表为人性多疑忌,好于坐谈,立意自守,而无四方之志。后更宠溺后妻蔡氏,使妻族蔡瑁等得权。刘表死后,蔡瑁等人奉次子刘琮为主。曹操南征,刘琮举州投降,荆州遂没。

③ 刘璋(? —220)　字季玉,江夏竟陵(今湖北天门)人。东汉末年割据军阀之一。任益州牧。为人懦弱多疑,汉中张鲁骄纵,不听号令,刘璋杀张鲁母弟,双方成为仇敌,刘璋派庞羲攻击张鲁,战败。后益州内乱,平定后,又闻曹操将前来袭击。内外交逼之下,听信张松、法正之言,迎接刘备入益州,想借刘备之力,抵抗曹操。不料引狼入室,刘备反手攻击刘璋,法正又为刘备内应。不得已于214年投降,被迁往荆州公安(今湖北公安),于220年病逝于荆州。

④ 孙氏　日文本第141页和田译本第72页同此。自译本第118页,为"孙坚父子"。

⑤ 邺　音 yè,今河北省临漳县别称。公元204年,曹操击败袁绍攻入邺城(河北临漳曹魏邺城),之后开始了大规模修建邺城的时期。曹操封魏王时,魏国的都城就在邺,称为邺都。

⑥ 董卓　日文本第141页和田译本第72页,为"董卓之残孽"。自译本第118页,为"董卓残孽"。董卓(? —192),字仲颖,陇西临洮(今甘肃省岷县)人。凉州军阀。于东汉灵帝末年的十常侍之乱时受大将军何进之召率军进京,旋即掌控朝中大权,成为少帝、献帝时权臣,官至太师,封郿侯。其人残忍嗜杀,倒行逆施,招致群雄联合讨伐,但联合军在董卓迁都长安不久后瓦解。后被其亲信吕布所杀,余部由李傕等人率领。

⑦ 司马晋复统一者二十五年　265年司马炎自立为皇帝,国号晋,定都洛阳,史称西晋,280年灭东吴,完成统一。290年晋武帝司马炎病逝,291年"八王之乱"发生。"二十五年"之说,应指此。

⑧ 宇文周　即南北朝时期的北周。因皇室姓宇文,故称。

至隋始统一南北。二十八年又分裂①为七八国，山东有窦建德②，直隶有罗艺③，河南有王世充④及李密⑤，陕甘有薛仁杲⑥父子及李轨⑦，湖南有萧

---

① 至隋始统一南北。二十八年又分裂　隋朝由文帝杨坚于581年夺北周政权建立，589年灭陈，完成统一。后期隋炀帝统治腐朽，618年亡于农民起义。二十八年，应指589年隋统一全国至618年隋炀帝亡。

② 窦建德(573—621)　隋朝贝州漳南(今山东武城漳南镇)人。世代务农，曾任里长，尚豪侠，为乡里敬重。时炀帝募兵伐辽东，建德在军中任二百人长。目睹兵民困苦，义愤不平，遂抗拒东征，并助同县人孙安祖率数百人入漳南东境高鸡泊，举兵抗隋。及后窦建德家人被隋军杀害，建德乃率部众二百人投清河人高士达的起事军队。后称雄河北，建立夏国。621年五月为救王世充，在虎牢关一役被李世民击败并被俘，同年七月十一日(即公元621年8月2日)，被唐高祖处死于长安。

③ 罗艺(?—627)　字子延，襄州襄阳(今属湖北)人，隋末唐初将领、军阀，寓居京兆云阳(今陕西泾阳)。隋末任虎贲郎将，驻守涿郡。619年归唐后，赐姓李，初封燕公，后晋封燕郡王，助秦击败刘黑闼，统领天节军，镇守泾州。唐太宗登基后，进封开府仪同三司，位比三公。贞观元年，率军反唐，进据幽州。后被击败，逃往甘肃乌氏，为部下所杀。

④ 王世充(?—621)　隋末唐初割据者之一。隋新丰(今陕西临潼东北)人，字行满。祖籍西域，本姓支。仕隋历为江都郡丞。从613年，以镇压江南刘元进等部农民起义军，坑杀降众三万余人，升江都通守。617年，被调北援东都洛阳，为李密所败，遂入据洛阳以自固。及炀帝被弑，他与元文都、卢楚等拥越王杨侗为帝。旋即杀元文都等得以专权，又击败李密，声势大振。619年废杨侗，自立称帝，国号郑，年号开明。620年，李渊遣李世民攻郑，进逼东都。王世充乞援于窦建德。621年，李世民大破窦建德于虎牢，王世充以洛阳降，郑亡。同年七月，唐徙世充及其家属于蜀，途中为仇人独孤修德所杀。

⑤ 李密　隋唐时期的群雄之一。出生于四世三公的贵族家庭。隋末天下大乱时，李密成为瓦岗军首领，称魏公，率军屡败隋军，威震天下。后杀瓦岗军旧主翟让，引发内部不稳。后被隋军屡败，被越王杨侗招抚，又因在与宇文化及的拼杀中损失惨重，不久被王世充击败，率残部投降李唐。不久又叛唐自立，被唐将盛彦师斩杀于熊耳山。

⑥ 薛仁杲(?—618)　祖籍河东汾阴(今山西万荣西)，后移居兰州金城(今甘肃兰州)。薛举长子，隋末唐初占据陇西的军阀。骁勇善战，号称"万人敌"。大业十三年(617)四月，与其父薛举起兵，占据陇西。七月，薛举称帝，立薛仁杲为太子。武德元年(618)八月，薛举去世，薛仁杲继位。十一月，在浅水原之战中被唐军击败，被迫投降唐朝后，押送长安斩首。

⑦ 李轨(?—619)　字处则，甘肃武威人，河西著名豪望。隋末唐初时期甘肃河西地区割据者。为人机智多谋，能言善辩，又能赈济贫穷，被乡里称道。隋大业末年被任为武威郡鹰扬府司马。大业十三年(617)，李轨自称河西大凉王，武德元年(618)，唐高祖李渊为了进攻薛举，遣使给李轨送来玺书，称李轨为从弟。11月，李轨占河西(今甘肃河西走廊)五郡之地，改称凉帝，建元安乐。并遣人奉书给唐高祖，自称从弟、大凉皇帝臣轨。武德二年(619)5月，安兴贵奉唐高祖旨，劝李轨降唐，无效，遂与其兄户部尚书安修仁密谋，勾结胡兵发动兵变。李轨见大势已去，携同妻子登上玉女台，饮酒告别。李轨被俘，送往长安，与诸弟、子一同问斩。

铣①,湖北有杜伏威②。而李渊父子③起于太原,遂一统而为李唐之世。唐之中叶,自有安史之乱,直隶、山西之地,遂为武人割据角逐之场。至于五代,山西有王氏,直隶有刘氏④,河东有李氏,河南、山东有朱氏,淮南有杨氏,四川有孟氏,荆南有高氏,湖南有马氏,江苏、江西有徐氏⑤,浙江有钱氏,福建有王氏,广东⑥有刘氏;直隶、山西、山东、陕西之地,朱、李、石、刘、郭五氏,相代而为其主人。至五代之赵宋,中原虽复统一,而石晋⑦割与于契丹之燕云十六州,终无由而恢复。至辽金又⑧为南北朝之对立,百二

---

① 萧铣(583—621)　隋末唐初地方割据势力首领。南朝梁宗室,为西梁宣帝曾孙,祖父萧岩为西梁明帝萧岿之弟。隋朝仁寿五年(605),萧铣之叔伯姑母被隋炀帝册立为皇后,即萧皇后。萧铣遂被任为罗县县令。大业十三年(617),萧铣在罗县起兵,自称梁公。10月,称梁王,年号鸣凤。唐朝武德元年(618)4月,在岳阳称帝,国号梁,建元鸣凤,置百官,均循梁故制。其势力范围东至九江,西至三峡,南至交趾(越南河内),北至汉水,拥有精兵40万,雄踞南方。唐朝武德四年(621)兵败降唐,押往长安被斩,时年39岁。

② 杜伏威(598—624)　齐州章丘(今山东济南市)人,隋末农民起义首领。曾率起义军长驱千里,建立农民政权,打击隋朝统治。后降唐,被毒杀。

③ 李渊(566—635),字叔德,祖籍陇西成纪(今甘肃秦安),唐朝开国皇帝,杰出的政治家和战略家。李渊出身于北朝的关陇贵族,袭封唐国公。隋炀帝即位后,任荥阳(今河南郑州)、楼烦(今山西静乐)二郡太守。后被召为殿内少监,迁卫尉少卿。大业十一年(615),拜山西河东慰抚使。十三年,拜太原留守。当时,隋末农民起义遍布全国,政局动乱。与次子李世民在大业十三年五月起义,并从河东(今山西永济西)召回长子李建成和四子李元吉。公元618年5月称帝,国号唐,定都长安,不久统一全国。玄武门之变后,退位成为太上皇。贞观九年病逝,谥号太武皇帝,庙号高祖。

④ 刘氏　日文本第142页和田译本第72页同此。自译本第118页,误为"王氏"。

⑤ 徐氏　应指南唐开国君主徐知诰。唐末天下大乱,藩镇割据,其中杨吴是江南较有实力的藩镇之一。吴国在杨隆演嗣位后,政治混乱,人心不稳,大将徐温逐渐独掌吴国大权。徐温的养子、海州人徐知诰,借助徐温的势力掌握了吴国的政柄。他一方面对杨氏旧臣竭力怀柔,另一方面则积极扶持自己的势力,大力招徕、奖拔北来士人。经过20年苦心经营,徐知诰不仅大大缓和了杨氏旧臣的敌对情绪,而且拉拢起支持他的北方人与江南人两大势力,终于在吴天祚三年(公元937年),废黜吴帝杨溥,登上皇位,国号大齐。次年,徐知诰改姓名为李昪,改国号为唐,是为南唐,五代时割据政权之一。

⑥ 广东　日文本第142页、自译本第118页和田译本第72页,为"广东西"。

⑦ 石晋　即石敬瑭的后晋。石敬瑭(892—942),后晋高祖,五代十国时期后晋开国皇帝。早年隶属后唐李克用义子李嗣源麾下。后梁朱温与李克用、李存勖父子争雄,石敬瑭冲锋陷阵,战功卓著。多次解救李嗣源于危难之中,逐渐成为其心腹。李嗣源把女儿嫁给他,并让他统率"左射军"亲兵。唐末帝李从珂继位后,任石敬瑭为河东节度使,但双方互相猜忌。清泰三年(936),石敬瑭起兵造反,后唐军兵围太原,石敬瑭向契丹求援,割让幽云十六州,并甘做"儿皇帝",被世人唾弃为民族败类。随后,石敬瑭灭后唐,定都汴梁,国号晋。

⑧ 又　初印本上编第86页同此。重印本上编第86页,原误为"叉"。

十八年①而为胡元一统之世。元之末叶,徐寿辉②、方国珍③、朱元璋、陈友谅④、张士诚⑤等虽割据长江一带,终一统而为朱明。明季流贼之乱兴,海内复四分五裂。李自成、张献忠⑥之徒,南北横行,遂陷燕京。满人乃得破山海关而入中原,开二百七十年基业。未几而有三藩之乱⑦,云贵两广⑧相继叛离,用兵久之,始合为一。道、咸之际,洪秀全率发捻起事⑨,

---

① 百二十八年　日文本第142页和田译本第73页为"百八十二年"。自译本第119页,为"一百八十年"。此处所说"南北朝",应指和辽金对立的北宋末期和南宋。一百八十年,约为110年(宋徽宗建中靖国元年)至1279年南宋灭于元。"百二十八年"之说,应为"百八十二年"之误。

② 徐寿辉(1320—1360)　名真一,又作真逸,罗田(今属湖北)人,红巾军天完政权领袖。卖布出身。1351年八月,与邹普胜等在蕲州(今湖北蕲春)利用白莲教聚众起义,也以红巾军为号。十月,攻占蕲水与浠水,他被拥立为帝,国号天完。第二年,所部以"摧富益贫"等口号发动群众先后攻占今湖北、江西、安徽、福建、浙江、江苏、湖南等大片地区,众至百万。但因兵力分散,次年被元军打败,蕲水失陷,退入黄海梅山中。1355年势力复振。1360年被部将陈友谅杀死于采石(今安徽马鞍山西南)。

③ 方国珍(1319—1374)　又名谷真,洋屿人,元末浙东农民起义军领袖。曾降元,后降明,明洪武二年(1369),领广西行省左丞,留居京师(今南京)。七年,病死。

④ 陈友谅(1320—1363)　湖北沔阳(今仙桃)人,祖籍山东沂源县石楼村,元末农民起义领袖,大汉政权建立者。元末农民战争爆发后,参加徐寿辉、邹普胜、倪文俊等人领导的天完红巾军,以功升元帅。元至正十七年(1357),袭杀倪文俊。十九年,杀害在反元战争中功劳卓著的天完将领赵普胜。同年,杀徐寿辉左右侍臣,挟持徐,自称汉王。次年闰五月,杀徐寿辉,自立为帝。建国号大汉,改元大义,以邹普胜为太师。此后,一面继续反元战争,一面把军事重心放在对邻境朱元璋部的战争上。大汉将士多数是天完旧属,对陈的篡权夺位深为不满,在战争中相继倒戈降朱,使陈接连败北。二十三年八月(1363年10月4日),陈友谅在鄱阳湖中流矢身亡。

⑤ 张士诚(1321—1367)　元末兴化人,江浙一带的义军领袖与地方割据势力之一。1353年起义,1355年建都平江(即苏州),1363年自立为吴王。早期的张士诚是反元功臣,后期则投降元朝,镇压江南起义,最后亡于朱元璋政权。

⑥ 张献忠(1606—1647)　字秉忠,号敬轩,明末农民起义领袖,曾建立大西政权。与李自成齐名。1640年率部进兵四川。1644年在成都建立大西政权,即帝位,号大顺。1646年,清军南下,张献忠引兵拒战,在西充凤凰山中箭而死。自译本第119页,误为"张献诚"。

⑦ 三藩之乱　清初南方三藩的反清叛乱。三藩是清政府封的云南平西王吴三桂、广东平南王尚可喜、福建靖南王耿继茂。1673年,吴三桂首先反叛,尚之信(可喜之子)、耿精忠(继茂之子)继而响应。清廷采取剿抚并用方针,至1681年平定叛乱。

⑧ 云贵两广　田译本第73页为"云贵两广福建"。日文本第143页和自译本第119页,为"云贵福建广东西"。

⑨ 发捻起事　"发",指洪秀全为首领的太平天国起义军(1851—1864)。"捻",为其时在长江以北与太平天国呼应的捻军(1853—1868)。

东南各省,望风而靡,南北纷争者十五年①而后定.
此周季以来,各省分裂之略史也。

　　大抵中原有事,则岭南先叛,四川次之,江南再
次,其余各省则又次焉;及其定也,始江南,终四川、
广东西,此其叛复之次第也。今也各省之情势,合
乎否乎? 此次革命之变,造端于四川,激成于武昌,
波及江南各省,遂弥漫二十一省中。今四川士民,
虽稍安谧,其意不过伺②中原之动静,而徐决进退
耳,岂真归静谧哉? 此外黎元洪依据湖北,屡声言
北上,而终未起行。黄兴留守南京,拥大兵十五万,
而虎视一方。徐宝山③在扬州,柏文蔚④在清江浦,

共和宣布后,四川曾
协济中央银数十万
两⑤,是其渴望宁
静、信仰中央之心
已昭然若揭。著者
何缘而下此论断?

按以下列举诸件,
皆不足妨害统一。

---

① 南北纷争者十五年　太平天国起事于 1851 年 1 月,1864 年 7 月失败,余部延续到 1866 年初。
② 伺　日文本第 143 页、自译本第 119 页和田译本第 173 页同此。初印本和重印本的上编
　　第 86 页误为"向"。点校本第 394 页校注为〈向〉〔伺〕。
③ 徐宝山(1866—1913)　字怀礼,江苏丹徒人。清末著名盐枭,青帮首领,人称"徐老虎"。
　　1899 年后,势力遍及运河南北,长江中下游。一度同情戊变法,清廷颇为忌惮,由两
　　江总督刘坤一将其招安。徐宝山归顺后不断征剿青、洪同道,扩充自己实力。武昌起义
　　后,见清廷大势已去,在革命党的游说下转而反清,担任扬州军政分府都督,并接受黄兴
　　调遣,立有战功。袁世凯上台后又投靠北洋,积极反对革命党。时任沪军都督的陈其美
　　决定将其除掉。张静江让人将炸弹放入预制的古董箱内。5 月 23 日,派人送给徐宝山,
　　徐打开盒子时被炸死。
④ 柏文蔚(1876—1947)　近代资产阶级革命者。字烈武。安徽寿县人。1900 年与赵声等
　　在南京组织强国会,密谋反清。事泄走安庆,入安徽武备学堂。1904 年任南京防营第
　　23 标管带。与孙毓筠等谋炸两江总督端方,事败亡命关外。1905 年与陈独秀在芜湖成
　　立岳王会,不久到南京任第九镇 23 标二营管带,秘密加入同盟会。武昌起义爆发后,策
　　动第九镇统制徐绍桢率部起义,占领南京,任第一军军长兼北伐联军总指挥。1912 年
　　任安徽都督兼民政长。二次革命时,宣布安徽独立,任安徽讨袁军总司令。失败后逃亡
　　日本,1914 年参加中华革命党。1917 年归国,参与护法运动,任川鄂联军总指挥。1920
　　年起历任鄂西靖国军总司令、长江上游招讨使、建国军第二军军长等职。1924 年国民
　　党一大上当选为中央执行委员,奉命北上,整饬西北党务,同时与冯玉祥进行联络。
　　北伐战争开始后,任国民革命军第 33 军军长。1928 年改任北路宣慰使。1930 年任反蒋
　　派的北平国民党中央党部扩大会议常务委员。1932 年日军进攻上海,条陈抵抗意见,为
　　时论所推崇。抗战胜利后,任国民党中央政治委员会委员兼国府委员。著有《五十年革命
　　大事》。
⑤ 共和宣布后,四川曾协济中央银数十万两　不详。

黎宗岳①在安徽大通,张勋在徐州,添招新军,而训练磨厉,未尝少息。升允在陕甘②,屡破革军,意气愈振;今虽稍戢,其兵其志,决不小也③。且山西之匪徒,频出没于州县,迄今尚未镇定。绥远、宁夏之二将军,④亦按兵不动,窃尝观望风云。库伦之活佛,已宣言独立⑤。西藏之达赖,又将入拉萨⑥。

不知著者具何种蛇蝎心理,推测我民国伟人。

① 黎宗岳(1876—1915)　字嵩祝,号堃甫。1895 年肄业于安庆敬敷书院。1898 年 6 月,光绪帝正式宣布变法维新,诏令天下有识之士上书言事。黎宗岳迅即上书万言,深得两江总督刘坤一的赏识。1902 年考取优贡,次年乡试中副举,入京捐得内阁中书闲职。后被提拔为六品警官兼探访局长。并邀约同仁在京师创办国报馆。遭权贵妒嫉,被革职回乡。宣统元年(1909),赴上海筹措资金,创办公司,并秘密参加革命活动,为发动起义资助巨款。武昌起义后,被任命为长江各军参谋长,挥师东下,连克沿江各城。10 月下旬占领九江,成立驻浔军政府,与武汉遥相呼应。民国成立后,任大通军政府都督。4 月,胡万泰唆使孙毓筠进攻大通,他被迫离开大通,北上京师。后与黎元洪等组建共和党,力主平民政策,对袁世凯倒行逆施表示不满,因而遭袁监禁。经保释后再赴上海、武汉等地,先后创办人寿保险公司、粤汉铁路公司、九江电灯公司等实业。1915 年袁世凯称帝后,以黎宗岳不愿附己而令缉拿。他被迫潜往武汉,筹组共和军,实行武力讨袁。因监制炸弹失事,身受重伤而亡,时年仅 40 岁。1916 年 6 月,黎元洪继任总统后,对黎宗岳予以优抚,以表彰他首倡共和之功。

② 升允(1858—1931)　姓多罗特氏,字吉甫,号素庵,蒙古镶蓝旗人。历任山西按察使、布政使,陕西布政使、巡抚,江西巡抚,察哈尔都统,陕甘总督等要职。宣统元年,升允曾因上疏反对立宪,以妨碍新政之过失被革职,之后寓居西安满城。武昌起义爆发后,他又重新被启用,任陕西巡抚,总理陕西军事。升允率甘军东进,连下十余城,逼近西安。1912 年 2 月,清帝溥仪退位,甘军得知消息,拒不与革命军作战,升允退走。此后往来于天津、大连、青岛之间,结纳宗社党人,图谋复辟。

③ 今虽稍戢,其兵其志,决不小也　初印本、重印本的上编第 86 页同此。自译本第 120 页,则为"今虽稍戢其兵,其志决不小也";其断句似更合理些。日文本第 144 页,原为"今稍稍兵を戢めたりと雖,其志决して小ならず"。田译本第 73 页,为"今兵虽稍戢,而其志不小"。

④ 绥远、宁夏之二将军　初印本、重印本的上编第 86 页、点校本第 394 页、日文本第 144 页和自译本第 120 页,都为"绥夏、宁远之二将军"。田译本第 73 页则为"绥远、宁夏之二将军"。比较各种说法,应为绥远、宁夏二将军。清朝最后一任绥远将军为堃岫,1911 年 3 月接任,1912 年 10 月离任。此处所说宁夏将军应为常连。1911 年 10 月至 1912 年 9 月任宁夏副都统,为宁夏将军副手。1912 年 9 月至 1913 年 10 月任宁夏将军。其前任宁夏将军为台布,1911 年 6 月被解职。

⑤ 库伦之活佛,已宣言独立　1911 年 10 月,辛亥革命爆发,八世哲布尊丹巴在俄国支持下于12 月 28 日宣布外蒙古独立,任日光皇帝"额真汗",改元共戴。1915 年,哲布尊丹巴取消独立,受袁世凯政府册封为呼图克图汗,保持了自治王公的地位。

⑥ 西藏之达赖,又将入拉萨　达赖十三世土登嘉措(1876—1933)在位初期,西藏受到英国侵略。他虽力主抵抗,但终因兵败而避难于外蒙古。中英关于西藏问题第二次条约签订后,清朝又重新取得对西藏的部分主权,达赖十三世也返回拉萨。但因与驻藏大臣发生矛盾,遂于 1910 年逃往印度,投靠了英国。辛亥革命后,在英国的保护下,重返西藏掌地方政权。从此西藏处于半独立状态,达 40 年之久。

内外蒙古之诸部王公，亦有叛离之象。其余广东、福建、云、贵等省①，文武军民之轧轹私斗，所在皆是，日有所闻。加之宗社党②潜伏东三省，浸京津而蔓延长江南北。举凡驻防之所在，旗人之所在，俱昼伏夜行，暗通气息，而伺机会之至。一线忽动，则千间大厦，倏焉焦土③。此亦民国眼前之大危机也。

宗社党何尝有此魄力？无理取闹，可恶已极！

> 译者曰：历代之乱，无非以君主易姓，故群雄割据，盖皆欲为帝王耳。今改专制为共和，其事大相径庭。著者援古证今，牵强比附，犹内方枘④于圆凿，格格不相入。要之割据之事，断不能再见于今日。著者请毋劳梦想！

且也临时政府虽成，而基础尚未稳固，组织尚未完善。南北虽有妥协之名，终未见统一之实。权无所属，政出多门。大总统之选举虽毕，而各都督之任命，仍半出于地方⑤。至刑罚之宽严，租税之多寡，则惟随本地之便耳。将布中央集权制而为

都督民选，系民国奠基，新旧交替，一时权宜计。嗣此悉由总统任命，往例可征也。

---

① 其余广东、福建、云、贵等省　初印本、重印本上编第87页同此。自译本第120页，为"其余广东、福建、湖南、云、贵等地方"。日文本第144页，原为"其餘廣東福建湖南雲貴等の地方"。田译本第74页，为"其余广东、福建、云贵、湖南等处"。

② 宗社党　中国清末民初的政治组织，正式名称是"君主立宪维持会"，由满族贵族组成。1912年1月12日，为对抗辛亥革命，清皇室贵族分子良弼、毓朗、溥伟、载涛、载泽、铁良等秘密召开会议，1月19日以"君主立宪维持会"名义发布宣言，强烈要求隆裕太后坚持君主政权，反对共和。他们密谋打倒内阁总理大臣袁世凯，以毓朗、载泽出面组阁，铁良出任清军总司令，然后与南方革命军决一死战。袁世凯通过汪精卫授意京津同盟会分会暗杀宗社党首脑。1月26日，同盟会杀手彭家珍炸死良弼。在京满族权贵惶恐不安。2月12日，清宣统帝宣布逊位。宗社党遂告解散。

③ 一线忽动，则千间大厦，倏焉焦土　自译本第120页，为"一线忽动，雷火爆裂，千间高厦，瞬间焦土"。日文本第144页，原为"一線忽ち動けば、雷火爆裂、千間の高厦、瞬間の焦土"。田译本第74页，为"一线忽动，雷火爆裂，千间之高厦，瞬间之焦土"。

④ 内方枘　内，古同"纳"。枘（音ruì）初印本、重印本上编第87页，原误为"柄"。

⑤ 仍半出于地方　自译本第121页，为"或由地方，或由中央"。日文本第144页，原为"或は地方より出で、或は中央より出づ"。田译本第74页，为"或由地方推举，或由中央任命"。

急,则治标之计与！则适为专制政府之续①。南方各省之失②,皆将集于袁之一身,其极必至于支离灭裂而不可收拾。将行地方分权制而为缓,则治本之计与③！则姑息因循,日复一日,旧来之情弊益繁,腐败益甚,着手无由。中央政府之命令,终不能行于外省,此亦分裂之张本也。要之治标则分裂也速,治本则分裂也缓④。是盖时日迟速之问题,而非事实有无之问题也。而况内外皆有促之者哉？其形影盖已呈露于吾人之前矣！今欲力谋补救,是犹见万吨之轮舟,百乘之汽车⑤,以为其徐动也而骤止之,将见其身之立为齑粉⑥,而不留遗迹也。此亦现在之情势也。上溯而征诸前代,明末然,元末然,唐宋之末无不然。此亦天下自然之理势,而非人力所能为也。

闲尝论之⑦,支那人生息于二千余年专制政府

吾国历史、习惯、地理,皆以中央集权为便,何不可行之有？当南京政府未取消时,曾发生中央集权制地方分权制问题。而主张中央集权制者,卒占多数。即主张地方分权最烈之宋氏⑧,后亦不露反对。可见南方各省之赞成中央集权,无疑也。

著者之喻诚巧矣,无如所拟不类何。

---

① 将布中央集权制而为急,则治标之计与！则适为专制政府之续　初印本、重印本的上编第87页,原为"将布中央集权制,而为急则治标之计与！则适为专制政府之续"。自译本第121页,为"欲急布中央集权之制,则为满清专制政府之续"。日文本第144页,原为"急に中央集權の制を布かんとすれば、専制政府の續たらん"。田译本第74页,为"如急布中央集权之制,则为专制政府之续"。

② 南方各省之失　失,应为"矢"之误。自译本第121页,为"南方各省之矢"。日文本第144页,原为"南方各省の矢"。田译本第74页,为"南方各省之视线"。

③ 将行地方分权制而为缓,则治本之计与　初印本和重印本的上编第87页,原为"将行地方分权制,而为缓则治本之计与"。日文本第145页,原为"緩にして地方分權の政を行はんか"。自译本第121页,译为"缓而行地方分权之政"。田译本第74页,为"如暂行地方分权之制"。点校本之断句,似更合日文本与自译本。

④ 要之治标则分裂也速,治本则分裂也缓　自译本第121页,为"要之急则快快的分裂,缓则慢慢地分裂"。日文本第145页,原为"之を要するに急なれば快快的に分裂し、緩なれば慢慢地に分裂せん"。田译本第74页,为"要之急则分裂速,缓则分裂迟"。

⑤ 百乘之汽车　初印本、重印本的上编第87页同此。日文本第145页、自译本第121页和田译本第74页,为"百辆之火车"。在日语中,本无"火车"这一词汇,火车被称为"汽车"或"机关车",汽车则被称为"自动车"。近代日语中的"火车"是从中国吸取的汉语词汇,故将"火车"译为"汽车"有误。日文本第145页的"百輛の火車",应直译为"百辆之火车",或译为"百乘之火车"。如将日语中的"汽车"译为"火车",则是正确的。

⑥ 立为齑粉　自译本第121页,为"千百粉碎"。日文本第145页,原为"千百粉碎して"。田译本第74页,为"粉碎其身"。

⑦ 闲尝论之　日文本第145页,原为"綜べて之を論ずるに"。自译本第121页,译为"综而论之"。田译本第75页,为"总之"。

⑧ 宋氏　应指宋教仁。

以下，犹以大铁箍束众朽木也。唐、宋、元、明以来，外之铁箍愈坚愈紧，中之朽者愈深愈脆。今也，锈蚀铁箍尽且裂①，而其中之朽木自迸裂溃散于外，而无复可收拾者也②。且各省已有分裂之象，中央政府之财力、兵力俱穷，仅仰外国之借款，而延③一日之残喘。四国也，六国也，白耳义④也，虎视眈眈，外匿爪牙，而内蓄吞啮之欲。一旦有隙，则攫裂宰割，将任其所欲而为之。其新旧军之充斥南方各省者殆五十万。支那兵士之无训练，无纪律，知有金钱而不知有廉耻，知有腕力⑤而不知有道义，自古皆然。无事则横暴桀骛，侮上蔑法；有事则奸淫劫掠，必满兽欲而后已。近时新募之练军，素称严整。千百年之故态，时发现而不可遏。苏浙军之陷南京也，富豪良家之玉帛子女⑥，悉遭其劫掠侮辱。官军之取汉阳也，先要求悬赏二十万元。三镇之不鄂军起义将士，一心以与党王制者⑦抗。晋军败走⑧，太原之民涕零者数日。蜀军赴鄂助战，比至汉阳已失，众咸愤不欲生。他军若是者，磬竹难书。知有金钱而不知有廉耻者，固如是乎？

---

① 今也，锈蚀铁箍尽且裂　初印本和重印本上编第 88 页，原为"今也锈蚀，铁箍尽且裂"。日文本第 145—146 页，原为"今や鐵箍は鏽蝕し盡して、自然に決裂せり"。自译本第 122 页，译为"今也铁箍则锈蚀已尽，自然决裂"。田译本第 75 页，为"今也外之铁箍锈蚀殆尽，自然决裂"。

② 自译本第 122 页，此下有一句"所谓土崩瓦解之势是已"。日文本第 146 页，原为"所謂ゆる土崩瓦解の势是なり"。田译本第 75 页，为"所谓土崩瓦解之势是也"。

③ 延　初印本上编第 88 页同此。重印本上编第 88 页，误为"廷"。

④ 四国也，六国也，白耳义　白耳义，比利时（Belgium）的旧译。四国、六国，应指强迫清朝签订辛丑条约的 11 国中，比利时以外的其他 10 国，即英、俄、法、美、日、德、意大利、奥匈、西班牙与荷兰。

⑤ 腕力　日文本第 146 页和田译本第 75 页同此。自译本第 122 页，为"拳勇"。

⑥ 富豪良家之玉帛子女　田译本第 75 页，为"富豪良民之金帛子女"。日文本第 146 页，原为"富豪良民の金帛子女"。自译本第 122 页，为"富豪金帛，良民子女"。

⑦ 党王制者　应指与王制为党，即王制（帝制）拥护者。

⑧ 晋军败走，太原之民涕零者数日　武昌起义爆发后，太原的同盟会员密谋响应。10 月 29 日晨，第 85 标中的同盟会员杨彭龄、张煌等宣布起义，公推管带姚以价为起义军总司令。起义军攻入城内，杀死山西巡抚陆钟琦，攻占巡抚署。此后，时任第 86 标标统的阎锡山被举为大都督，成立山西军政府。清政府派第六镇统制吴禄贞为山西巡抚，带兵入晋镇压。早已是革命党人的吴禄贞劝说阎锡山共组"燕晋革命联军"，打出反清旗号，出兵石家庄，并决定会师北京，推翻清朝。新任内阁总理大臣袁世凯，以重金收买吴的旧部周符麟将吴刺杀。联军一时群龙无首，陷于瓦解，阎锡山率部撤回娘子关。不久，袁世凯又派兵进攻山西，娘子关失守，阎锡山率部撤出太原，一路攻入包头。1912 年 2 月清帝退位，袁世凯就任临时大总统。阎锡山见大势已定，率部返晋。经与各方密谋，被袁世凯委任为山西都督，即率部回师太原。

满意恩赏也,大肆焚掠于京津间,历三日而未已①。峨峨广厦,化为焦土;百万金钱,尽入军囊②。西人动辄激赏支那人,谓其服从心强,团结力强,忍耐持久之力强,苟训练有方,不难为世界第一强兵。余则曰支那人之劫掠性,先天以前有之,后天以后亦有之;未来永劫,虽洗濯而不能涤除也。养此辈为兵勇,无异教虎狼以步伐击刺③。一旦接良民、见妇女,则猛烈奋迅而不可当。如猝过大敌,则抱首奔窜,如鼠之避猫④。盖其对弱者则俨然天下之强兵,对强者则又天下之最弱者也。今也南北妥协,已成立于因循姑息暧昧模棱之间,虽袁、孙二大政治家之伎俩,亦略为中外士人所参破。三镇兵劫掠奸淫后,无复有畏制裁力者。此后有变,则兵勇之若何凶暴,若何淫虐,正未可知。聚而不散也不可⑤;散而不善为之所⑥,则是放千万虎狼于二十一省⑦中,异日横行天下,淫掠屠戮,所在皆是。四万万之良民,皆将受其祸也。武人跋扈之势既成,久之而共和之命脉尽矣,此余所谓百日共和⑧者是

---

① 三镇之不满意恩赏也,大肆焚掠于京津间,历三日而未已　此次兵变,即为袁世凯所策动。中岛端对此注意不够,仅指责兵变士兵,并进一步指责中国的国民性,应有欠缺。

② 峨峨广厦,化为焦土;百万金钱,尽入军囊　自译本第122页,为"几千家财,几万银钱,尽为兵勇囊中物矣"。日文本第147页,原为"幾千の家財、幾萬の銀錢、皆兵士囊中の物と化し去りぬ"。田译本第75页,为"几千之家财,几万之银钱,皆为兵士囊中之物"。

③ 步伐击刺　蔡沉集传:"步,进趋也。伐,击刺也。"击刺,用戈矛劈刺。《书·牧誓》"不愆于四伐五伐六伐七伐"。孔传:"伐谓击刺。"孔颖达疏:"戈,谓击兵;矛,谓刺兵。故云伐谓击刺。"引申为攻伐,诛杀。此处所说"步伐击刺",应指士兵的步伐和击刺训练。

④ 则抱首奔窜,如鼠之避猫　自译本第123页,为"则抱首而逃,卷尾而奔,如黠鼠怯猫"。日文本第147页,原为"首を抱へて逃れ、尾を捲きて奔る。黠鼻の猫を怯るゝが如し"。田译本第76页,为"则抱首而窜,卷尾而奔,如怯黠鼻之猫"。

⑤ 聚而不散也不可　日文本第147页,为"聚めて散ぜざれば、其弊に耐へず"。田译本第76页,为"聚而不散,其害不浅"。自译本第123页,译为"聚而不散,则不耐其奖";其中的"奖",应为"弊"之误。

⑥ 善为之所　妥善地为之安排处所、出路。

⑦ 二十一省　田译本第76页同此,日文本第147页为"廿一省"。自译本第123页,译为"山林"。

⑧ 百日共和　自译本第123页,为"共和政之一百日间"。日文本第147页,原为"共和政の一百日間"。田译本第76页,为"百日间之共和政"

也。昔者高欢①见禁军之暴横,焚大臣之家,杀伤张仲彝父子②,尽散家财而结豪杰之士曰:朝廷之纪纲不振如此,时势可知。三镇者非大总统之麾下乎?一朝以恩赏不满意之故,劫掠都下者三日,此何事耶?而统领③不敢严罚其渠魁,大总统不敢剿诛其徒党,此何等纪纲哉?使高欢而见其人,果如何也。然而支那之文明之士夫,高襟④之青年,方奋髯尖吻⑤,侈然而大言壮语曰:中华民国者,东方共和之第一先着鞭⑥者也。三五年后国运蒸蒸日上⑦,将俯视五洲,而吞吐一切。蕞尔三岛之侏儒,彼何为哉?呜呼若辈自觉其大言壮语也犹可,若果如是自昧⑧,则百日之共和亦恐不能保也。此余窃为邻邦四万万人寒心也。(往年载振贝子为农工商大臣⑨时奉

京、津兵士哗溃,各处严缉,尽法惩治,除莠安良,事迹历然。犹曰不敢,则所谓敢者,将必齑肉⑩碎骨而后已乎?

这个尔可气不得。

自昧是尔自传。

① 高欢(496—547)　北朝东魏权臣。原籍河北景县,因祖犯法,遂移居怀朔镇(今内蒙古自治区包头市东北,一说内蒙古固阳),成为鲜卑化汉人。他曾参加杜洛周起义军,继归葛荣,为亲信都督。后叛降尔朱荣,并收编六镇余部,镇压青州流民起义,任第三镇酋长、晋州刺史。他竭力调和汉胡关系,依靠鲜卑族和汉土族高门,扩充政治实力。普泰二年(532),一举消灭尔朱氏残余势力,以大丞相身份控制北魏朝政,永熙三年(534)逼走孝武帝,另立孝静帝并挟其迁都邺城。高欢专擅东魏朝政16年,死后,其子高洋代东魏称齐帝,追高欢为神武帝。
② 张仲彝父子　日文本第148页,自译本第123页,初印本、重印本上编第89页和田译本第76页均同此。应为"张彝父子",或"张彝、张仲瑀父子"。张彝,字庆宾,北魏清河东武城(今武城县西北部)人,历仕北魏孝文帝、宣武帝、孝明帝三朝,官至宰辅,后出镇陇西,先后拜安西将军、征西将军,是北魏孝文帝改革的积极推动者和主要策划者。515年孝明帝即位后,鲜卑贵族和汉官之间的矛盾日益尖锐。张彝次子、给事中兼尚书郎张仲瑀密奏朝廷,建议在任命官员的时候进行考评选拔,特别是上品高官不再参考军功。这份密奏激怒了鲜卑贵族子弟——羽林、虎贲。519年二月,上千名羽林军、虎贲军官兵集合起来,先砸了尚书省官署,然后冲到征西将军府,纵火行凶,烧死了张彝的大儿子左民郎中张始均,把张彝打得奄奄一息,很快气绝身亡。张仲瑀越墙而走,才得以幸免。
③ 统领　日文本第148页和田译本第76页同此。自译本第123页,译为"领佐"。
④ 高襟　襟:胸怀,抱负。高襟,应指抱负高远。
⑤ 奋髯尖吻　奋髯:说话时胡须抖动。尖吻:嘴巴突出。喻言辞激昂,口齿伶俐。
⑥ 先着鞭　日文本第148页、自译本第124页和田译本第76页,为"先鞭"。
⑦ 蒸蒸日上　田译本第76页同此。自译本第124页,为"隆隆日上"。日文本第148页,原为"隆隆日に上り"。
⑧ 自昧　自译本第124页,译为"真心夸大"。日文本第148页,为"真心是の如く自惚れんか"。田译本第76页,为"真心如斯自惚"。
⑨ 农工商大臣　日文本第148页为"農商務大臣",自译本第124页为"农商部大臣"。北洋本所用"农工商大臣",较为准确。田译本第77页同此。
⑩ 齑肉　碎肉。

命考查东西各国实业,归而大言曰:今东西列国各以富强自负,然中国地大物博,若此后急起直追,十年可与欧美争雄,不五年可与日本并驾。今五年矣,爱新觉罗氏之社稷,果如何哉? 支那人之大言壮语,不知自量,往往如此。)

中国地大物博,惟其博大,故治也难;而其成也,力且久。岛民其以速效自衒③乎? 且拭目以视来叶④。

　　译者曰:吾译此章,欲嗔欲笑,辄投笔叹曰:有是哉作者之谬也! 夫观念者知识间之写照也。国家观念者,亦不过其写照之一而已。国家观念之外,不妨有他观念者存。有他观念,抑何妨于国家观念耶? 作者谓支那人有省分观念,无国家观念,乃为不词①。而"省分观念"一语,又其不词者也。省为行政区划,非一有特性之团体。吾人虽欲为虚构一写照,亦不可得,则省分观念无自而生也,审矣。推作者之意,其将指地方观念者言之乎? 虽然地方观念与国家观念,非绝对不相容者也。世固有国会议员为一地方之代表者矣,北美合众国等是也。其他因风土之异就一地方为特别组织者,又屡见不一见,未尝②有人焉谓此遂为分崩离析者也。国家观念之有无,视其人观念之繁简;观念之繁简,视其人程度之优劣。有程度者,未有不抱国家观念者也。此疆彼界,妄分畛域者,非鄙夫则病狂也,不能比之恒人也。斯不能以此而概论其余矣。去年国民军起义,全国云涌,无贵无贱,无富无贫,无男无女,无老无幼,劳心者劳心,劳力者劳力,奔走呼号,废食忘寝,卒驱除国家之魔障。此而谓之无国家观念,其梦呓耶? 抑别具肺肠耶? 且夫史事皆陈迹,无当于今之世也。而作

① 不词　同"不辞",指文辞不顺,词意不通。
② 又屡见不一见,未尝　初印本和重印本的上编第90页同此,点校本第399页断句为"又屡见不一。见未尝",应有误。
③ 衒　今通作"炫"。夸耀。
④ 来叶　后世,将来。

者则述之津津有味，若可为铁证者。然则延元①以还，分为南北，应仁②乱后，群起割据。若伊达氏③，若北条氏④，若武田氏⑤，若织田氏⑥，若京极氏⑦，若北畠氏⑧，若西村氏⑨，若赤松氏⑩，

---

① 延元　是日本南朝的年号之一（1336 年二月二十九日至 1340 年四月二十八日）。其间的南朝天皇是后醍醐天皇与后村上天皇。

② 应仁　日本年号之一，在文正之后、文明之前，指 1467 年到 1468 年。此时期的天皇是后土御门天皇，室町幕府的将军是足利义政。

③ 伊达氏　日本武士名家，藤原氏山阴流之后。自镰仓时代起至江户时代为东北地方重要大名，至今在当地仍享盛名。到第 12 代伊达成宗时，伊达氏成为南陆奥的强大势力，并定居于伊达郡的梁川，以此迎接战国时期。伊达成宗在应仁之乱完结后，于文明十五年（1483）十月十日带同数百匹马上洛，向前将军足利义政及其妻子日野富子、将军足利义尚等人献的贡品总数为太刀 28 把、马 95 匹、砂金 380 两、钱六万定、名产品文字摺绢、名取埋木等等，可见伊达氏丰厚的财力。长享二年（1488），更协助奥州探题大崎义兼平定叛乱。

④ 北条氏　1495 年伊势长氏（即北条早云，1432—1519）攻入小田原城（在今神奈川县）。据此扩张其实力，条氏纲（1487—1541）始称北条氏。为与镰仓幕府的北条氏相区别，亦称后北条氏或小田原北条。

⑤ 武田氏　战国时代甲斐国之豪族，清和源氏之支裔，源义光之三男义清居甲斐之市河庄。义清之孙信义从源赖朝讨灭平氏，因功任骏河国守护。信义次子信光历任安艺、伊豆守护。南北朝时，武田氏加入足利氏一方。至战国时代信虎、信玄父子兼并信浓部分地方，武田氏进入全盛时代。信玄死后，其子胜赖于长篠之战败于织田、德川联军，自尽于天目山，甲斐武田氏遂亡。

⑥ 织田氏　日本的大名氏族及战国时代末期最强的大名，安土时代日本实际统治者。崛起于室町时代，代代在尾张国担任三管领之一斯波氏的守护代。进入战国时代后，家族发生内讧，最后由分家（弹正忠系）的织田信长成功统一织田氏并平定尾张国。日后信长以尾张国为基础，以"天下布武"为目标成功扩大织田信长势力，全盛时代成为领有以近畿地方为主，统领二十余国的强权。却因本能寺之变后信长死亡而发生内讧分裂，导致重臣羽柴秀吉的抬头和织田氏的衰败。关原合战后嫡流断绝，江户时代仍存留下数个小藩或高家、旗本，子孙存续至今。

⑦ 京极氏　日本的京极氏出自宇多源氏的佐佐木氏，在室町时代为"三管领四职"制度中的"四职"之一，出任过侍所所司和御相伴众以及北近江、飞驒（tuo）、出云、隐歧守护等职位。应仁乱后京极氏的代表人物，为京极政经和京极高清。

⑧ 北畠氏　战国时期，北畠氏和大浦氏、大光寺氏三家割据了津轻地方。浪岗御所的具永、具统、具运三代，京都都曾派使臣送来官位。永禄五年（1562），川原御所的北畠信杀害了浪岗御所的北畠具运，"川原御所"之乱由此而起。以后，浪岗御所的北畠氏急速衰败下去。

⑨ 西村氏　或指西村勘九郎。此人本是一名行商，流落到美浓，斋藤氏的家臣长井氏起用了他，让他承继自己的家臣西村氏，因而逐渐得势；最后竟杀掉恩人长井氏，继承斋藤氏之后，自称斋藤道三，领有美浓一国。参见（日）坂本太郎著，汪向荣、武寅、韩铁英译：《日本史概说》，商务印书馆 1992 年版，第 252 页。

⑩ 赤松氏　赤松氏兴起于佐用郡赤松村，经代代繁衍后分出了许多支族，多数支族以其分配的领地为名。早期分出的家族中，赤松丹心最早使用赤松氏的氏名，在元弘之乱和南北朝时期为宗家做出了很大贡献。此外的强力支族还有别所氏、佐用氏、宇野氏和小寺氏四家，并称"赤松四天王"。自丹心以后，赤松一族愈加分立，室町时期到战国时代，有依然护

若菊池氏①,若少贰氏②,若长曾我部氏③,据地自雄,日寻干戈,其将为日本分割之铁证乎?风物习性之殊,社会学事也,无当于政治者也。而作者则述之津津有味,若可为铁证者。然则江户子、神田子之聪敏④,京女郎之美艳,相模⑤女之多情;上州⑥盗贼,远州滨松⑦之淫靡;备前⑧

庇宗家的,更多的支族则各自割据播磨国的要地,自成一家。但在习惯上仍为一族,称为赤松三十六家。应仁之乱后赤松氏的代表人物,应为赤松政则。

① 菊池氏　一般认为,菊池氏的先祖是肥后国菊池郡的太宰少监藤原则隆,他是太宰权帅藤原隆家之子政则的后裔。"刀伊入寇"时,则隆曾跟随藤原隆家参战,传说因其田户中有菊花型水池,就把苗字改为了菊池。从九世纪到十一世纪前半叶,菊池氏的宗家一直是宰府的有力府官,族人则主要生活在菊池郡菊池村的深川(今菊池市深川)。在"应仁之乱"中,菊池氏的代表人物菊池重朝表面上虽参加了山名一方,但实际上还是把精力都用在了筑后的领地扩张,却屡次被大友氏所挫败。

② 少贰氏　少贰氏的先祖,有藤原氏道长流和藤原氏秀乡流两种说法。公元1467年(应仁元年),应仁之乱爆发,作为中国(日本地名)、九州地区大守护的大内教弘,应邀加入了西军并上洛。与大内氏势如水火的少贰氏自然加入了东军。就在大内教弘于京都活跃于中央政治的时候,少贰教赖认为缺少家督统领全局的大内氏有机可乘。于是到年末,教赖联系对马的宗氏,共同进军筑前。然而教赖低估了大内氏家臣团的力量,在大内重臣杉氏与陶氏的联手出击下,少贰—宗氏联军不断溃败。第二年初,奋战在前线的少贰教赖战死于筑前志摩郡。教赖的继任者是其嫡子赖忠,在应仁之乱这个大背景下,赖忠拥有了比其前几代家督更好的机会。公元1469年(文明元年),趁大内氏忙于上洛与京都进军之事,主力陆续调动,赖忠在宗氏的援助下,终于在太宰府站稳了脚跟,在筑前获得势力。稳定了筑前的形势后,赖忠作为东军的一员,开始了频繁的政治联络活动。同时,赖忠领受将军义政的偏讳,改名为少贰政尚。

③ 长曾我部氏　又名长宗我部氏,是日本一个武家氏族。在应仁之乱到来之际,长宗我部家在十六代当主文兼这一代时,家中发生了内乱。文明三年(1471),文兼的长子元门因"违背主上和父亲之命"的罪名被追放,家中因继承问题陷入了混乱,最后由文兼之弟雄亲继承了家业。

④ 江户子、神田子之聪敏　不详。应指江户、神田等地的男子比较聪敏。

⑤ 相模女之多情　不详。相模,即相模国,日本古代的令制国之一,属东海道,又称相州、湘州。相模国的领域大约为现在神奈川县(东北部份除外)。关于"相模"的"模"字,由于当时公文上的捺印以「摹」字表示,因此推测最初的写法为"相摹"。

⑥ 上州　日本古代的令制国之一上野国的别称,属东山道。现在的群马县。

⑦ 远州滨松　16世纪,是日本的内乱时代。滨松由于德川、今川、武田等的相互争斗而沦为战场。著名的滨松城,就是在那个时期,由后来支配江户时代的德川幕府开创人——德川家康所建。1871年由于废藩置县,在远州地方诞生了滨松县。随着市町村制的颁布,1889年诞生了滨松町。滨松,南临远州海滩。

⑧ 备前　备前国(びぜん Bizen),日本古代的令制国之一,属山阳道,又称备州。现在的冈山县东南部及兵库县赤穗市的一部分(福浦)。本属古吉备国之一部,大化改新后分为三国(备前、备中、备后),和铜六年(713)后分北部六郡为美作国。江户时代时,小豆、直岛诸岛划为国领。废藩置县后并入冈山县。

奢于衣,因幡①奢于食,美作②奢于屋;美浓语则嘎③,上州语则备④,江户语则背拉抱⑤,长崎语则拔植添⑥。东京大阪鄙京都人曰上方赘六⑦,京都人则诋之曰马鹿野郎⑧。彼此互异,相背而驰。将为日本分割之铁证乎? 政治之生活未惯,则政海之风波易起,此常情也,无起置论者也。而作者则述之津津有味,若可为铁证者。然则曩者伊藤板垣大隈⑨等交相倾轧,反唇相讥,村媪不足喻其丑,又将为日本分割之铁证乎? 库伦梗化⑩,全国激昂,无论此

① 因幡　因幡国(いなば itaba):日本古代的令制国之一,属山阴道,俗称因州。现在之鸟取县东部。古称稻叶,为古稻叶国,大化改新后改名因幡。明治四年废藩置县后本并入鸟取县。

② 美作　美作国(みまさか mimasaka),日本古代的令制国之一,属山阳道,俗称作州。现在的冈山县北部。古代备中国之一地,和铜六年(713)后拥备前国英多、胜田、苦田、久米、真嶋及大庭六郡为一国。平安时代庄园之地;废藩置县后分置津山、胜山、鹤田三县,后统称北条县,最后于明治九年编入冈山县。

③ 美浓语则嘎　不详。应指美浓地方的方言特点。美浓,指日本古代的美浓国(みの mino),属东山道,俗称浓州。古称三野、御野。现在之岐阜县南部。大化改新时立为一国。后加信浓之木曾地方而正式成形。废藩置县后为与飞骅国合并为岐阜县。嘎:象声词,形容声音短促、响亮。

④ 上洲语则备　不详。应指上洲地方的方言特点。备:完备、完美。或指说话周到得有点繁杂、啰嗦。

⑤ 江户语则背拉抱　背拉抱,应为べらぼう的音译,指江户地方的人在说话的语气上比较夸张。江户,最早是由豪族江户氏所统治,扇谷上杉氏家臣太田道灌筑城于此后,便一跃成为关东的战略要地。17世纪德川家康在关之原一战中取得关键性的胜利,由此开始了以江户城为据点的江户幕府统治时期。19世纪,随着幕府的最后终结,日本社会进入了明治维新时期,皇室从京都迁到江户并改称东京,成为新的日本首都。而江户城则相继改名为东京城、宫城与皇居,最终成为天皇的居住地。

⑥ 长崎语则拔植添　拔植添,应为バッテン的音译,有"非常"之音,相当于汉语的"然而",为语气词前置,表示下面还有话说。长崎是日本九州岛西岸著名港市,长崎县首府。长崎是日本锁国时代少数对外开放的港口之一,是一个交通枢纽城市。

⑦ 上方赘六　日本东京人鄙视京都、大阪人的话,意为吝啬、精明,行事缓慢等。

⑧ 马鹿野郎　初印本、重印本的上编第90页同此,骂人为笨蛋、废物的粗话。比"马鹿"的语气更强烈,有病入膏肓、无可救药的意思。出自中国"指鹿为马"的典故。日语词汇为バカヤロウ,读音为 ba ka ya rou,汉语中常写为"八格牙路"。点校本第401页,误为"马鹿野其郎"。

⑨ 伊藤板垣大隈　应指当时的日本政治家伊藤博文、板垣退助、大隈重信。

⑩ 库伦梗化　梗化,谓顽固不服从教化。库伦,乌兰巴托的旧称。1911年12月1日凌晨,外蒙古库伦集团成员带领沙俄军队,包围了清廷库伦办事大臣衙门,驱逐办事大臣三多等官员出境。12月16日,库伦独立集团正式宣布成立大蒙古国,以共戴为年号,奉哲布尊丹巴呼图克图为皇帝。

省彼省,无论此党彼党,咸奋身不顾,欲得妖
僧①而甘心。无国家观念者,固如是乎? 作者
休矣。欲颠倒黑白,淆惑观听,以售其奸,徒增
其陋而已。西人尝曰:日人阴险人也。信然。②

---

① 妖僧　指蒙古活佛哲布尊丹巴呼图克图。
② 本章中,中岛端从1905年底的上海罢市风潮和皖籍京官合谋惩治贺昌运,来论述中国人
同省同乡观念之强;又历数浙江人士汪康年与粤籍康有为、梁启超和鄂籍陈梦坡的相互抵
牾,江苏、浙江人士的难以相容,粤湘人士为主的同盟会与江浙人士为主的统一党内有小
派别、外则相对峙,以抨击中国人的省分观念;更追溯中国南北分立的经济、语言、风俗习
惯之根源和历史上的割据分裂,概述民国以来的分立状况。虽有现象铺陈过多,指摘未必
对应等欠缺,大体上还是层层递进、步步深入的。北洋法政学子的反驳,特别是揭示日本
明治维新之前的割据纷争和各地语言、风俗的差异,也有理有据,颇有说服力。

支那之运命①

　　夫支那人既无共和国民之资格能力,各省人心,支离灭裂,无统一归向之所,中华民国之运命,亦不能长保。则支那时局之究竟如何,余敢断言曰:各省分裂而已,列强分割而已,五胡十六国再见而已。斯言也,人或以余为武断②,但推测事势,研究事理,终有不得不归着于此者。如以余言为谬③,则请征之二三年后。如云不能待二三年,则更请纵其耳目④,观察近日之情势。支那今日非已被分割乎? 蒙古活佛之宣言独立,西藏土人之动摇,非其证据之昭昭者乎?

"或以余为武断",著者自知之,似犹有一线灵明,争奈⑦旋明旋昧何?

　　　　译者曰:近日长春会议⑤,东蒙古多数王公,已输诚内向⑥。西藏达赖喇嘛,亦受我国

---

① 支那之运命　日文本第149页、自译本第125页、初印本、重印本的上编第92页和田译本第79页,均为"支那之运命"。点校本第402页,为"支那[人]之运命"。

② 人或以余为武断　自译本第125页,为"或以余为弄奇矫之言,主张独断"。日文本第149页,原为"人或は余を以て奇矯の言を弄し、獨斷を主張する者とせん"。田译本第79页,为"人或以余弄奇矫之言,耸动人之耳目也"。

③ 如以余言为谬　自译本第125页,为"如不信余言乎"。田译本第79页,为"如不信余言"。日文本第149页,原为"如し余が言を信ぜずんば"。

④ 更请纵其耳目　自译本第125页,为"请更飞目长耳"。日文本第149页,原为"請ふ更に飛目長耳"。田译本第79页,为"则请飞目长耳"。

⑤ 长春会议　即第一次东蒙王公会议,又称"汉蒙会议""哲里木十旗王公会议"等,于1912年10月28日至11月1日在长春西南路道道署召开。1912年9月下旬,乌泰的东蒙古独立失败,哲里木盟各旗纷纷表示归附中华民国。哲里木盟盟长齐默特色木丕勒通知各旗定于1912年10月初在郑家屯召开全盟会议。吉林都督陈昭常获悉此信后,派翻译伊克塔春会晤盟长齐默特色木丕勒,"磋商各旗王公同至长春集会,联络感情等事宜",会议遂改在长春举行。会议根据《参议院议员选举法》选出阿穆尔灵圭、色旺端鲁布担任国会参议院议员。王公们又在《取消库伦独立劝诱书》上签字。11月1日,蒙古王公及各旗代表通过了中华民国政府提出的十项议案,会议闭幕。

⑥ 内向　谓面向中原。形容向往中国。引申指归附中原,臣服中央政权。

⑦ 奈　初印本上编第92页,原为"奈";重印本上编第92页,误为"秦"。点校本第402页,径改为"奈"。

封锡①。不知著者闻之,当作何语。其中心之不愉快②,又当如何。

夫蒙古活佛无独立之力,尽人所知。今乃傲然宣言独立,而无所惮,其暗中受人嗾使无疑③。而俄人云:我与蒙古,不过维持和亲通商,非有分割之野心,我岂忘领土保全之约乎?其言之信否,非余所知。虽然,古今来灭人国、割人地者,岂有公然以我欲灭汝国、割汝地之言告人者乎?且就现在之势言之,无论南北统一与否,回蒙外藩,必不永立于共和政体之下,其必叛去也审矣④。伊犁、新疆、天山两路,外蒙古一带,与西伯利亚铁道⑤并行盖数千外蒙一带,与西比利亚交通便易,遂谓有折入于俄之势。则英之加拿大应折入于美⑥,美之吕宋应折入于日⑦矣。岂非慎⑧乎?浅见一流之观察法,著者盖自道也。

---

① 达赖喇嘛,亦受我国封锡　1908 年,达赖十三世奉旨入京,觐见光绪和慈禧,商讨藏事,并由清廷颁给金册。达赖又于雍和宫会见英公使朱尔典,表示友好互利。1909 年 9 月取道藏北那曲返回拉萨。时值驻藏大臣联豫推行各项改革,引起动乱,清朝根据联豫请求,派川军入藏弹压。达赖致电各国驻京公使,要求迫使清朝撤军,同时下令征调民兵阻截川军。次年 3 月初,川军进抵拉萨,与藏军发生冲突,达赖逃往印度。清廷宣布革去达赖喇嘛名号。1911 年,清朝灭亡。达赖受英国指使,派达桑占东潜赴西藏组织暴动。驻藏川军以"响应革命"为名哗变,大肆抢劫拉萨市民财物,引起西藏人民的反对,被缴械送回内地。驻藏大臣因清帝退位而自动离职,西藏地方政权统治出现暂时真空状态。1912 年 6 月,达赖回藏。

② 愉快　初印本上编第 92 页同此,重印本上编第 92 页和点校本第 402 页,误为"愈快"。

③ 其暗中受人嗾使无疑　自译本第 125 页和田译本第 79 页,为"其背后有一大黑影可知矣"。日文本第 150 页,原为"其背後に一大黑影あること知るべし"。

④ 其必叛去也审矣　自译本第 125 页,为"久之必叛去矣"。日文本第 150 页,原为"久しうして必ず叛き去らん"。田译本第 79 页,为"终必叛去"。

⑤ 西伯利亚铁道　西伯利亚铁路,总长 9288 公里,从莫斯科到符拉迪沃斯托克,跨越 8 个时区,是世界上最壮观的铁路线之一。该铁路修建于 1891 年到 1916 年,起点是莫斯科,途中穿过辽阔的松树林,跨过了乌拉尔山脉、穿越了西伯利亚冻土带,最终抵达太平洋不冻港符拉迪沃斯托克。
按:译文中为"西伯利亚",眉批中则为"西比利亚",似可证明译者与此条眉批的作者并非一人。

⑥ 英之加拿大应折入于美　加拿大原为印第安人与因纽特人居住地。16 世纪沦为法、英殖民地,1756—1763 年期间,英、法在加拿大爆发"七年战争",法国战败,加拿大正式成为英属殖民地。1867 年,英将加拿大省、新不伦瑞克省和诺瓦斯科舍省合并为一个联邦,成为英国最早的自治领。此后,其他省也陆续加入联邦。

⑦ 美之吕宋应折入于日　19 世纪末,菲律宾经历了对西班牙革命、美西战争、美菲战争之后,成为美国殖民地。二战期间菲律宾为日本所占领,战后独立。

⑧ 慎　〈书〉颠倒错乱。

里。又有萨吗康达铁道①。平日自交通之便易观之,已有易附于俄之势;一旦有变,则俄人虽不言分割,自不得不折入于其版图。此出于地理形势之自然者,岂非分割之势已成乎?而我外务当局者曰:俄人于蒙古,尚不认为有分割之意。浅见一流②之观察法,每每如此。此辈之心事,实不可思议③。余辈所不能测知,又不能心服者也。④

英国之于西藏亦然。彼往年以大兵入拉萨,逐教主达赖喇嘛,非不知其土地人民为支那之藩属,乃明知而故若无睹⑤。及清廷抗议,始结暧昧不明之约而暂退军。既而达赖又叛清廷,为川军所逐,逃入大吉岭⑥,至今未还。或云印度政厅将送之还拉萨⑦,或云英国政府抑留之不使还。要之,西藏

达赖现已向化,受我封典。著者闻之,当为何如?

---

① 萨吗康达　日文本第150页,原为"サマルカンド"。自译本第126页译为"撒马耳罕德"。田译本第79页,为"撒马尔肯德";第88页则为"撒马尔干"。今译为撒马尔罕(Samarqand,或乌兹别克语:Самарканд,意为肥沃的土地),乌兹别克斯坦第二大城,撒马尔罕州首府。在国境东南部泽拉夫尚河谷地。中亚历史名城,有2500年历史。为古代索格德、帖木儿帝国的古都。1868年并入沙俄。1924—1930年曾为乌兹别克行政中心。撒马尔罕铁路,通称中亚铁路(旧称外里海铁路),是中亚细亚的交通大动脉,建于沙俄时代。1879年开始建设为窄轨铁路(由土库曼巴希到克孜尔阿尔瓦特),旋即修为宽五英尺的轨距,与全国一致。1886年修至梅尔夫。1888年修至撒马尔罕。1898年修至塔什干至安集延路段。

② 浅见一流　日文本第150页、自译本第126页和田译本第80页,为"霞關一流"。霞关,指东京千代田区南端,从樱田门到虎之门一带。是政府机关集中地区。江户时代,这个地区曾经布满了大名宅邸。进入明治时代,这些宅邸多数被政府没收,变成了外国公使馆或练兵场。后来由于将外务省设在这里,并以此为契机,实施了将政府机关集中在一起的城市建设计划,于是形成了现在的政府机关集中地区。随着时代转变,霞关成为"日本中央官界"的代名词。

③ 此辈之心事,实不可思议　日文本第150页,原为"此輩の心事は、甚深无量、不可思議なり"。自译本第126页,为"此辈心事,甚深无量"。田译本第80页,为"此辈之心事甚深无量"。

④ 余辈所不能测知,又不能心服者也。　初印本和重印本的上编第93页,为:余辈所不能测,知又不能心服者也。

⑤ 乃明知而故若无睹　自译本第126页,为"知而不置之眼中也"。田译本第80页,为"知而不置于眼中也"。日文本第151页,原为"知りて眼中に置かざりしなり"。

⑥ 大吉岭　是印度西孟加拉邦的一座小城,大吉岭区的首府,位于喜马拉雅山麓的西瓦利克山脉,又被称为"金刚之洲",平均海拔为2134米。自译本第126页,译为"达吉林"。田译本第80页,为"达记林"。日文本第151页,原为"ダーヂリン"。

⑦ 将送之还拉萨　日文本第151页,原为"将に達賴を拉薩に送還せんとす"。自译本第126页,为"送还达赖"。田译本第80页,为"将送哒嚩归拉萨"。

教主,在英人羁轭之下,则不容疑也。今西国电报①,西藏民心大动,将迎归达赖。待春夏之交,冰雪稍解,英亦将容其请。果然则英人之用意可知矣②;西藏将来落于何国人之手,亦不言可知矣。此岂非分割之兆已先见者乎? 虽然,英我之同盟国也③。言彼有欲割据西藏之野心,为分割支那之预计④,将为我外务当局所不信,或虽信而不喜明言。但事实之为物⑤,即说明事实者也。其奈以二三刀笔俗吏之手,不能掩天下之耳目何。

　　法人之于云南亦然。彼由蒙自铁道⑥,可长驱直入大理府。积虑处心⑦,十年如一日。支那人固知之,屡挑而屡不应。今李经羲⑧已去,无督抚以当折冲。一旦事机迫凑⑨,彼岂落英俄人之后哉? 凡此三者,或已动,或将动⑩,机运跃跃,迫人眉睫。

李氏不过前清一督抚,其去留何关大局? 以此遂谓无折

---

① 西国电报　自译本第127页和田译本第80页,为"西电传言"。日文本第151页,原为"西電傳へ言ふ"。

② 矣　初印本上编第93页原为"矣",重印本上编第93页误为"意"。点校本第404页校注为〈意〉〔矣〕。

③ 虽然,英我之同盟国也　初印本、重印本的上编第93页,原为"虽然英,我之同盟国也"。

④ 预计　日文本第151页,为"下心"。自译本第127页,为"素意"。田译本第80页,为"素志"。

⑤ 但事实之为物　自译本第127页,为"但事实语事实者"。日文本第152页,原为"但事實は事實を語る者なり"。田译本第80页,为"但事实者"。

⑥ 蒙自　位于云南省东南部,清末民初曾是云南省对外贸易的最大口岸。

⑦ 积虑处心　自译本第127页,为"蓄谋藏心"。日文本第152页,原为"謀を蓄へ心を藏すること"。田译本第80页,为"包藏祸心"。

⑧ 李经羲(1859—1925),李鸿章弟李鹤章之子,1879年(光绪五年)优贡生,先后历任四川永宁道、湖南盐粮道、按察使、福建布政使、云南布政使等职。1901年起任广西巡抚、云南巡抚、贵州巡抚。1909年升任云贵总督。1910年10月,大多数清朝督抚联名奏请清廷立即组织责任内阁,尽快召开国会,李经羲起了倡导和组织作用。辛亥革命后,蔡锷于云南起事响应,将其送离云南,后避居上海。1912年,被选为在沪成立的中华进步党副主裁。次年,宋教仁被刺后,与岑春煊等从上海致电袁世凯等,要求严查。1913年先后出任政治会议议长、参政院参政。1914年,为审计院院长。次年,袁世凯称帝后,同徐世昌、赵尔巽、张謇被封为"嵩山四友"。1917年5月起,曾任国务总理兼财政总长三个月,但由于政治原因不敢前往北京任职,张勋复辟失败后被免职。退职后,移居上海。

⑨ 事机迫凑　自译本第127页,为"机至"。日文本第152页,原为"機會あらば"。田译本第80—81页,为"有机可乘"。

⑩ 或将动　自译本第127页和田译本第81页,为"或将动而未动"。日文本第152页,原为"或は将に動かんとして未だ動かず"。

于此视而不见,非盲者何? 听而不闻,非瞆①者何? 余故曰:支那今日已被分割,无待二三年之后矣。

　　译者曰:上②所述数端,皆属事实。吾政府当局,吾爱国同胞,所当反观深省,合谋挽救者也。著者据此,即谓为吾国已被分割之证。彼盖信吾国人无挽回之力,故敢下此武断语也。夫国家改革之际,一时扰攘,何国蔑有? 他不具论,美利坚立国未久,南北之战,相持五年。即著者本国改革之初,尊王倒幕,反抗数起;甚至革新有功之伟人西乡隆盛③,亦揭叛旗而酿西南之役。著者得亦据此谓为已被分裂乎? 吾国不幸,改革稍晚,致落列强之后。谓列强为人道计,为世界平和计,正宜左提右挈,与我便利,以期共进强盛之域。日本与我国同洲同种,地邻密迩。唐宋以来,历史上已有密切之关系。尤宜顾唇齿之义,提携辅助,匡我不逮④;则我之益,亦非日之不利。讵可幸灾乐祸,张皇其辞,取言论一时快意,不顾挑动两国人民之恶感耶? 虽然,吾国人思之,蒙古、西藏,固我国之领土,其得其失,于日人何与? 而著者乃言之若是迫切,一若将旦夕不保者,何故? 彼岂有爱于我,而促我深省耶? 毋冲之材⑤,乃木死后,日本亦可谓无干城之选耶?

---

① 瞆　初印本、重印本的上编第93页俱为"瞆",点校本第404页校注为"〈瞆〉〔聩〕"。日文本第152页、自译本第128页和田译本第81页,皆为"聋"。瞆,古同"聩",点校本的校改是否必需,值得斟酌。即使必需,也应加以必要的说明。
② 上　初印本、重印本的上编第93页,原为"右"。
③ 西乡隆盛(1828—1877)　是日本江户时代末期(幕末)的萨摩藩武士、军人、政治家,他和木户孝允(桂小五郎)、大久保利通并称"维新三杰"。前期一直从事于倒幕运动,维新成功后鼓吹并支持对外侵略扩张,因坚持征韩论遭反对,辞职回到鹿儿岛,兴办名为私学校的军事政治学校。后发动反政府的武装叛乱,史称西南战争,兵败而死。
④ 匡我不逮　匡正我做不到,或做得不周到之处。
⑤ 材　初印本、重印本的上编第93页,原为"林"。点校本第405页径改"林"为"材",虽有道理,似不合注释规范。

亦警告其政府,谓蒙古、西藏已将入他人手,则
其国势力所可及之区域,亦当急起直追,勿落
他人后耳。夫非彼之土地,彼尚恐他人得特殊
利益,而思捷足争攫。彼明明我国之土地,我
乃听其不保而任他人之分割乎? 我政府当局,
爱国同胞,其同心合谋,力图挽救,一雪支那已
被分割之言之耻。

　　或云,此杞忧之言耳,杯弓蛇影①之类耳。夫
保全中国之领土,列强均无异议。日英同盟,首以
此为订约之张本②。日法、日美、日俄诸协约,亦无
不以保全领土为第一义。假令有某某强国,欲伺机
而试分割,列强亦自有耳目,岂竟默默听之乎? 假
令异日支那之内乱,历久不平,南北纷争,经年不
定,亦止内部之事? 保全领土一事,决无所动③;分
割之祸,百年后或不可知,十年、二十年之间,则可
决其必无。五胡十六国者,历史上之陈迹耳,岂得
见于二十世纪哉④?

　　虽然,余窃疑焉,保全领土一语,果有的确之效
力否? 易言之⑤,保全领土一语,非究竟无意义者
否? 夫保全领土者,列强之所私定。自支那观之,
得毋有感其意而厌闻其语之情耶⑥? 何则? 支那
者,堂堂之大国,所谓中华民国也。国势虽不振,尚　　忽云中华民国,忽

① 杯弓蛇影　日文本第152页和田译本第81页同此。自译本第127页为"杯蛇弓影",或为
　"杯弓蛇影"之误。
② 张本　日文本第152页和自译本第128页,为"骨子"。田译本第81页,为"注重"。
③ 决无所动　自译本第128页,为"万不止动摇矣"。日文本第153页,原为"決して動くま
　じきなり"。田译本第80页,为"决无影响"。
④ 岂得见于二十世纪哉　自译本第128页,为"非二十世纪中应有之事也"。田译本第81
　页,为"非二十世纪所可有之事也"。日文本第153页,原为"二十世紀に有り得べき事に
　あらずと"。
⑤ 易言之　日文本第153页,原为"更に之を換言すれば"。自译本第128页,为"更申言
　之"。田译本第81页,为"更换言之"。
⑥ 得毋有感其意而厌闻其语之情耶　自译本第128页,为"似宜感谢,而实不免最可厌者
　矣"。日文本第153页,原为"難有迷惑の事情なきにあらず"。田译本第81页,为"亦知
　将不利于己"。

未失独立之体面。今同盟某某国,擅订约束曰:支那之领土,不可不保全。譬如某甲有家宅田园,邻保私相议,曰我不侵夺某之田园,破坏某之家宅。其为好意固也①,奈损其人之面目何? 由此言之,保全领土一语,岂非损支那大帝国体面之甚者乎? 且列强之相约保全领土也,为敬爱支那人而为之乎? 抑为防卫己国之利权而为之乎? 夫保全领土,美名也,义举也。而自一面观之,似曰:支那无独立自由之力,我不可不代为保全。又自一面观之,似曰:我非无分割支那领土之意,且非无其力,但财产分配之率未定,则何人皆不得先开其端。如是推测②,则保全领土之约,决非出于列强善邻之好意,又非为尊重支那之主权而然。特列国间之私约③,而非对于支那为之者,则其效力之薄弱可知矣。今假定俄国已分割蒙古、伊犁,除日本外,更有何国首先抗议者? 抗议而不听,果诉之兵力而不辞乎? 纵欲诉之兵力,果用何方法乎? 此一事也,英也,德也,美也,皆所不能为;法则其同盟,虽欲抗议④,且有所不敢。俄国之事则然矣。又假令英人据西藏而不退,法人入云南而不去,抗议者何国? 以实力解决之者又有何国? 可知保全领土之约,决无确实

云支那大帝国,徜徉迷离,恰是梦境。尔头脑若斯⑤,此书皆可作呓语观矣。

著者之视吾国,若无物然,夫特阑斯哇尔⑥,弹丸国耳,尚能抗强英,曾谓吾国不堪一试乎? 一旦国交破坏,吾国自足了之。友邦之或抗议,或中立,在其道德何如耳? 吾国存亡岂恃此哉?

---

① 我不侵夺某之田园,破坏某之家宅。其为好意固也　田译本第81页,为"我不毁伤某甲之田园,我不破坏某甲之家宅。好意固好意"。自译本第128页,为"我不敢践某甲田园也,我亦不敢坏某甲家宅也。见好则见好矣"。日文本第153页,原为"我は某甲の田園を荒すまじきなり,我は某甲の家宅を破壊すまじきなりと。好意は則ち好意なりと雖"。

② 先开其端。如是推测　自译本第129页,为"先下手矣。剖析得如是"。日文本第154页,原为"先づ手を下すことを得ずと。かく解剖し來れば"。田译本第82页,为"先行下手而已。如此解释"。

③ 特列国间之私约　自译本第129页,译为"特止列国间之私约"。日文本第154页,原为"特に列國相互間の私約にして"。田译本第82页,为"特不过列强间相互之私约"。

④ 虽欲抗议　田译本第82页,为"虽一片之抗议"。自译本第129页,为"即一片抗议"。日文本第154页,原为"一片の抗議すら"。

⑤ 恰是梦境。尔头脑若斯　初印本、重印本的上编第95页,此眉批无标点。点校本第407页断句为"恰是梦境尔。头脑若斯",应有误。

⑥ 特阑斯哇尔　即德兰士瓦。在《支那人无共和之信念》一节的正文中,被译为"脱兰斯洼尔"(见点校本第349页;本书第339页),似可断定正文的译者和此处批注的作者非为一人。

之效力，不过据以息列强之纷议，使无敢先发难，而徐俟机会之来耳。所谓獬犬之先声①者是也。试思保全领土之约，果为有效力者，则此后应继续几何年乎？果为支那计者，则无论十年百年之久②，亦必支那已致富强，始废此约乎？抑现订协约满期后，列强无复保全领土之责乎？是亦一问题也。要之支那之分割与否，系乎实力上之问题。若谓以一纸空文③，可免支那分割之大厄者，非愚则妄耳。一旦时机骤至，彼英、美、德、法、俄诸国④，夫岂甘落人后者？肥肉一脔，任人烹割⑤，不待智者而辨矣。则我日本虽欲守旧日之空约，保其二十一省，岂可得乎？余故曰保全领土之约，不啻一纸空文。支那分割问题，惟在实力如何也。区区文字口舌，岂足缚列强之手足哉？

尔与尔妻，其为有实力之掠婚乎？抑为一纸空文之婚约乎？岂非靠不住者乎？然则尔何不喊尔父兄，日夜瞰其卧室，而防其有所私乎？

　　近日我国论者⑥，有以保全领土为支那问题解决之方针者。试问所谓保全领土者，特表示同人善邻之意思乎？抑无论成败利钝，始终不渝⑦，必以此四字为对待支那政策之方针乎？夫保全支那，意非不善也，名非不美也。然而时局败坏若此，一旦有某强国据有二十一省中之某地，公等得无迫政

世人皆人也，非虎狼也。其人面兽心者，中岛端耳。

---

① 獬犬之先声　獬，音xiē，短嘴狗。日文本第155页，原为"所謂獵犬がお預けの一聲に過ぎざるなり"。自译本第129—130页，为"猎狗之少待少待之一喝而已"。田译本第82页，为"所谓猎犬预吠一声者是也"。

② 无论十年百年之久　日文本第155页，为"十年二十年に論なく、五十年百年の久しきと雖"。田译本第82页，为"十年二十年无论矣，虽五十年百年之久"。自译本第130页，"久"译为"后"。

③ 系乎实力上之问题。若谓以一纸空文　自译本第130页，为"乃实际形势上事。如有谓一片死文空约之力"。田译本第83页，为"乃实际形势上之事。如谓由一片之死文空约"。日文本第155页，原为"實際形勢上の事、如し一片の死文空約に由りて"。

④ 彼英、美、德、法、俄诸国　日文本第155页，为"英や、露や、獨や、佛や、米や"。自译本第130页，为"英也，俄也，德也，法也"。田译本第83页，为"英也，德也，法也，美也，俄也"。

⑤ 肥肉一脔，任人烹割　肥肉一脔：切成小块的肥肉。自译本第130页，为"一块美肉，为列强所攫裂"。田译本第83页，为"一块之美肉，必为列强所分裂者"。日文本第155页，原为"一塊の美肉は、列强の攫裂する所と爲らんこと"。

⑥ 论者　自译本第130页，为"民间志士论客"。日文本第156页，原为"民間の志士論客"。田译本第83页，为"民间之志士政客"。

⑦ 始终不渝　日文本第156页、自译本第130页和田译本第83页，为"彻头彻尾"。

府,驱国民,而以兵力处分之乎? 得无复为支那流血三十万耗国帑二十亿乎? 如曰然,则为不知本末轻重;如曰不然,则保全领土一语,特空言虚文耳。空言虚文,岂足以杜绝虎狼国之野心乎? 三五年后①其不陷于自绳自缚者幸也。余敢重断之曰:支那分割,实力上之问题也。国际间问题,惟恃兵力②,区区空文徒言,岂足以托国家之安危存亡哉? 尔实自欺自昧。

　　果尔,所当问者,支那实力如何耳。果有独立自强之能力乎,虽无保全领土之协约,亦不足虑③。不然,虽有十百协约,分割溃裂之祸,转瞬且至。窃以为二十一省分割之机,近在眉睫,决无可逭者④,五胡十六国之势殆将复见欤!

　　　　译者曰:原人时代,人与禽兽无异也。世运日进,人道日昌,去禽兽乃日远,人类遂岿然独秀,而贵于万物矣。人道遂粲然大备而昭于日星矣。夫世间凡百设施,无非发乎人性以促进人道,表彰人道以范围人心者也。是故以人道观之,则山岳不可易。若不由人道,则如马之泛驾,豕之突牢,蹴踏搏噬,固无物也。条约之不足恃,由来久矣。不仅保全领土之条约也,而国际法乃日彰者何故哉? 人道在则然耳。日人之以守约号召者,皆知人道者也,皆有良心者也,皆脱去禽兽性根者也,皆尊重其国体而顺应世运者也。著者背人道,丧良心,发作其禽兽性根,披猖灭裂不顾人格,已足玷

----

① 三五年后　日文本第156页和自译本第131页,为"五年十年之后"。田译本第83页未译此句。

② 惟恃兵力　田译本第83页,为"必由实力解决"。自译本第131页,为"必不可不由实力而决"。日文本第156页,原为"必ず實力に由りて決せざるべからず"。

③ 亦不足虑　日文本第157页,原为"何ぞ怕るに足らん"。田译本第83—84页,为"何足畏哉"。自译本第131页,为"何恐何怕"。

④ 近在眉睫,决无可逭者　自译本第131页,为"念念刻刻,已近在眉睫,决不可免矣"。日文本第157页,原为"念念刻刻、已に近く眉睫間に在り。決して免るべからず"。田译本第84页,为"念念刻刻,迫于眉睫间"。

辱其国体而得罪于世运。乃犹以为未足,日以
危言强聒其国人,必使其国家亦如彼之背人道
丧良心,发作其禽兽性根,不顾国体而阻世运
之进行然后已。人道之蟊贼也,世运之蟊贼
也,又其国家之蟊贼也,人人得而诛之者也。
今夫著者之弟幼稚也,易欺也,试问人人得用
其男风乎? 著者之妹柔弱也,易欺也,试问,人
人得用其野合乎?① 如曰然也,予欲无言。如
曰不然,则所以不然者其有以语我来。呜呼!
吾不欲弄此闲笔墨,愿世间有心人其勿忘
此獠②!

　　且所谓分割者非特形式已也③,有表面之分割
焉,有里面之分割焉。或由外交④上之术数,或由
兵马炮弹之实力。俄人取黑龙江以外之地,据旅
顺、大连,德人取青岛,英人取香港,日人取台湾,表
面之分割也。至里面之分割,则列强有已著手者,
有正著手者,有将著手者。或假合办实业之名,或
假借款筑路之名,或假挖采煤矿之名,特手段方法
有差异耳⑤。昔清欲募英债以筑江浙之铁路也,二
省人士竭力争之,谓借款筑路,则断送路权于外人
之手。路权归诸外人,即不啻分割二省之土地于外
人。虽其言不必尽当,要亦有至理存焉。盖强国而

颇能附会,其如小
有才而未闻道何?

① 此段"译者曰"及上页的两段"驳议",人身攻击的色彩较浓,似可见驳议者的个性。李大
钊则极少用如此尖刻的语言。
② 獠　中国古代的一个民族,分布在今广东、广西、湖南、四川、云南、贵州等地区。亦泛指南
方各少数民族。是古时北方人骂南方人的话。又指夜间打猎。《说文》:"獠,猎也"。
③ 非特形式已也　自译本第131页,为"亦不仅一形式而已"。日文本第157页,原为"亦一
形式に止まらず"。田译本第84页,为"不独形式而已"。
④ 外交　自译本第131页,误为"外文"。
⑤ 或假合办实业之名,或假借款筑路之名,或假挖采煤矿之名,特手段方法有差异耳　合办,
初印本上编97页原为"合办",重印本上编第97页和点校本第411页误为"令办"。自
译本第132页,为"如其方法手段,或借实业合办之名,或借出款筑路之说,或借采煤掘矿
之名"。田译本第84页,为"其方法手段,或假合办实业之名,或藉借款修路之名,或借采
掘各矿之名"。日文本第157页,原为"其方法手段の如き、或は合辦實業の名を借り、或
は借款築路の名を借り、或は採掘煤礦の名を借る"。

借债于弱也，苟用得其宜，有百利而无一害①。弱国而负债于强国也，鲜有不为他人所乘，以致亡国破产之祸者（俄负法债，强者利用弱者之实例。埃及负英、法债，弱者利用强者之实例也。美之债务四十亿，债权十五六亿，而富力益盛者，有特别之理由故也。与支那今日之境遇，不可同日而论）。江浙人士之说，盖亦有见于此，而忧里面之分割也。美政府之提议满洲铁道中立也，其名虽曰绝他日争议之祸根，曰使支那之主权不受外国之掣肘，实则欲投资于满洲②，置利权之基础，以谋里面之分割也。今也支那南北政府，均苦财政缺乏，一切事业，无由著手。四国借款，已有复活之机③，旬日④之间，将有成议。此后筑路也，练兵也，振兴实业也，采掘煤矿也，赔款借换也，英、美、德、法、比诸国之资本家，又将争先⑤以买新政府之欢心矣。新政府迫于势之必至，或偷目前之粗安，不虑将来之利害；或计一己之利害，不顾国家之休戚⑥。前之借款既尔非新政府之裈内虫⑦，何以知其长短？

---

① 有百利而无一害　自译本第132页，为"有利用之效，无见利用之忧"。田译本第84页，为"有利用之效力，而无被利用之忧虑"。日文本第158页，原为"利用の効ありて、利用せらるゝの憂なし"。

② 投资于满洲　田译本第85页同此。自译本第132页，为"放下美国资本于满洲"。日文本第158页，原为"米國の資本を滿洲に放下して"。

③ 四国借款，已有复活之机　通称善后大借款。1912年3月，袁世凯为整顿北京的统治机构，加强政治、军事等各方面的统治力量，偿还积欠的外债和赔款，履行对清皇室的优待条件，派亲信周自齐访问在华的美、英、德、法四国银行团，以处理清政府债务善后事宜之名义，策划将清政府在1911年与美国资本团、英国汇丰银行、德国德华银行、法国东方汇理银行签订的清政府为改革币制和振兴实业借款1000万镑的合同（资金到位仅10万镑，清政府垮台），改为民国北洋政府的"善后大借款"。北洋政府许诺借款以盐税为担保，并把四国银行团列为北洋政府借款的优先权国家。
日文本第158页，原为"ストレート四國借款復活の機至る"。自译本第133页，为"斯得黎得四国借款，复活之机至"。田译本第85页，为"师特脱四国借款之事复活"。ストレート是日语中的外来语，来自英语 straight。在日语中，场合不同，它的意思也会变化，如直、直接、不弯曲等。

④ 旬日　日文本第158页、自译本第133页和田译本第85页，皆为"旬月"。

⑤ 争先　田译本第85页同此。日文本第159页为"必ず先を争ひて四面より来り"，自译本第133页，为"争先麇至"。

⑥ 不顾国家之休戚　自译本第133页，为"不顾国家民生百年之休戚"。田译本第85页，为"不顾国家民生百年之休戚"。日文本第159页，原为"國家民生百年の休戚を顧るに違あらず"。

⑦ 裈内虫　裤里的虱子。裈，〈书〉满裆裤，特指内裤。

尽,后之借款又来①。三五年后,母金②益伙,利息益多,虽得今日之小康,异日负债累累③,终非所堪。此之谓国家破产之兆也。铁道四通八达矣,奈管理者非支那人何! 实业振兴矣,金银铁煤充塞各地矣,奈享利者非支那人何! 举一国之实业实利,罔不入外国资本家之囊中,而里面分割之势成矣④。是时也,外藩尽入列强,内部亦皆分立,各以其所亲善之外国为后盾⑤,虽足以相敌而不足以相服也。于是人与人争,州与州争,省与省争,汉奸满贼,所在皆是。四万万人各为一身计,无为国家计者;各为家族谋,无为民族谋者。亿万人亿万心,必四分五裂⑥,无可救药,而土崩瓦解之日至矣,即表

尔非蠢龟,何以知未来事? 着实混帐!

---

① 前之借款既尽,后之借款又来　自译本第133页,为"一借款去,而一借款又来"。田译本第85页,为"一借款去,一借款又来"。日文本第159页,原为"一借款去りて、一借款又来り"。

② 母金　今通称本金,本钱。

③ 累累　自译本第133页和田译本第85页,为"积累重叠"。日文本第159页,原为"積累重叠して"。

④ 铁道四通八达矣,奈管理者非支那人何! 实业振兴矣,金银铁煤充塞各地矣,奈享利者非支那人何! 举一国之实业实利,罔不入外国资本家之囊中,而里面分割之势成矣　日文本第159页,原为"鐵路は四通八達せり、しかも支那人の管理する所にあらず。實業は稍稍振興せり、しかも其の利を享くる者は支那人にあらず。地下の寶藏を發掘せられて、金銀鐵煤は到る處に堆積せり、しかも其の利を享くる者は支那人にあらず。凡そ一切の實業實利を舉げて、外國資本家の囊中に入る。而して裏面分割の勢成る"。
自译本第133页,为"铁道四通八达矣,然非支那人之所管理也! 实业稍稍振兴矣,然享其利者非支那人也! 地下宝藏取次发掘,金银铁煤,随在堆积矣,然享其利者非支那人也! 举凡一切实业实利,尽入外国资本家囊中,而里面分割之势成焉"。除了语句不同,还多了"然享其利者非支那人也! 地下宝藏取次发掘"。
田译本第85页,为"铁路虽四通八达,而非支那人之所管理。实业虽稍振兴,而享其利者非支那人。地下之宝藏,均被开采,金银煤铁虽到处堆积,而享其利者,亦非支那人。举凡一切之实业实利,皆入外国资本家之囊中,而里面瓜分之势成"。

⑤ 外藩尽入列强,内部亦皆分立,各以其所亲善之外国为后盾　日文本第159页,为"滿蒙西藏の外藩は、盡く折れて列强に入り、十八省の本部も亦各各獨立割據の形あり。各各私に其の素より親善なる所の外國を援けて後盾と爲す"。自译本第133页,为"满蒙回藏之外藩,前后皆折而入于列强;十八省本部亦各有独立割据之形。各私援其素所亲善之外国,以为己后盾"。田译本第85页,为"满蒙西藏之外藩,尽入列强之手;十八省之本部,亦有各据一方之象,各以其素所亲善之外国为后盾"。

⑥ 四分五裂　日文本第160页和自译本第134页,为"七離八遭,四分五裂"。田译本第85页,为"七乱八遭,四分五裂"。

面分割之秋也。于此而谋挽救①，虽圣贤豪杰，无
能为矣②，况老朽腐败之支那民族乎？况轻佻浮
薄、怠惰怯懦之支那人③乎？故余曰：察过去之迹，
征现在之事，推将来之势，支那之必归于分割，断乎
无疑也。④

　　译者曰：借微息之外债，辟雄厚之利源，于
公私交困之余，实为利国福民惟一之政策。徒
以满清末造，亲贵揽权，贪庸误国。借款之初，
条件酷否，漫不加察。既借之后，分配乖方，虚
靡浪费。以致累累黄白，半饱私囊；种种主权，
断送外国。利归于官，害及于民，而祸患终归
于国家。推其究竟所及，诚如著者所谓"是国
家破产之兆"，不能自讳，亦不必自讳也。故
借款问题，每一发生，举国鼎沸，拒款、拒款之
声，蜂拥而起。今也民国告成，老迈龙钟之权
奸，童稚顽劣之亲贵，铲除一空。断送利权之
契约，既不致轻听误认；而察奸擿伏⑤，明析秋
毫，干没中饱之弊，亦一律廓清。借款以振兴
实业庸何伤？即佣外人为技师管理亦庸何伤？

---

① 于此而谋挽救　自译本第 134 页，为"天时人心，已至于此"。日文本第 160 页，原为"天時
人心已に此に至りて"。田译本第 85—86 页，为"天时人心，既至于此"。

② 无能为矣　自译本第 134 页，为"无复挽救之策矣"。日文本第 160 页，原为"復挽回の策
なし"。田译本第 86 页，为"亦无挽回之策"。

③ 况轻佻浮薄、怠惰怯懦之支那人　支那人，初印本上编第 98 页同此。重印本上编第 98
页，误为"支那之"。日文本第 160 页，原为"輕佻俘［浮？］薄、怠惰怯懦、氣なく膽なき支
那人をや"。自译本第 134 页，为"轻佻浮薄、怠惰怯懦、无胆无气之支那人"。田译本第
86 页，为"轻佻浮薄、怠惰怯懦、无气无胆之支那人哉？"

④ 在前几章多方论述中国不能实行真正共和与统一的基础上，中岛端在本章进一步叙述俄、
英、法对中国的虎视眈眈和蚕食，列强"保全中国领土"的不可靠和中国被分割的不同形
式与层面，最终结论是中国必然被分割，且迫在眉睫。北洋法政学子们既批评中岛端"以
察满清朽败官吏之思想，察我民国新人物；窥专制国家之眼光，窥我共和政府。谰语诡词，
厚诬为里面分割确证，何荒诞僻谬，一至于此"；也承认"苦言药也，甘言疾也，我政府诸公
傥视为药石，深自警省，未始非他山之一助云"。

⑤ 察奸擿伏　初印本、重印本的上编第 99 页，原为"察奸摘伏"。点校本第 413 页，校正为
"察奸〈摘〉〔擿〕伏"。擿，有同"摘"之意。但在这个成语里，擿，音 ti，意为揭发，与"摘"
并不同义。点校本的矫正很有道理。

不惟无伤,实属大利。此非吾国人士之私言,
质之世界,当亦所共认者也。著者乃以察满清
朽败官吏之思想,察我民国新人物;窥专制国
家之眼光,窥我共和政府。谰语诡词,厚诬为
里面分割确证,何荒诞僻谬,一至于此。虽然,
苦言药也,甘言疾也,我政府诸公傥视为药石,
深自警省,未始非他山之一助云。

《〈支那分割之运命〉驳议》上编终

下　编①

东亚之孟罗主义②

美人之持孟罗主义者,以为美洲之事,惟美洲人得处理之,不许他洲人之容喙③。今余辈亦谓亚细亚之事,惟亚洲人得处理之,何须欧美人之干涉耶? 极而言之,支那二十一省之事,唯支那人得处分之④,不容他国人之掣肘。如立宪君主制而合于四万万人之心理乎,立宪君主制可也;共和民主制而为四万万人之福利乎,民主共和制亦可也。余辈不敢挟是非之见于其间,而谓此当取、彼当舍也⑤。要在支那国民,永保太平无事,跻于富强之域,不忘彼此两国唇齿辅车之谊,终始相依,开拓亚洲⑥之进运,以当白人东渐之势耳。

> 支那事惟支那人为之,著者亦知之乎! 然则喋喋何为者?

---

① 全书 22 章,共有"按语"58 段、眉批 183 处、夹注 7 处,共约 2.7 万字。其中"上编"10 章(含"绪论"),有"译者曰"和"译者注"39 段、眉批 108 处,共约 1.7 万字。下编 12 章,仅有"译者曰"19 段、眉批 75 段、夹注 7 段,共约 0.96 万字。呈现前多后少的趋势。
　　下编大致以前五章和后七章(第六章"日本之教育"开始)分为两个部分。前五章有"译者曰"9 段、眉批 53 处、夹注 7 段(初印本、重印本的下编第 5、11、15—16、23 页,点校本第 422、431、437—438、448 页,本书第 428、437、445、461—462 页),共约 5800 字。后七章只有"译者曰"10 段、眉批 22 段,共约 3800 字。大体上也是呈现前多后少的趋势。
　　之所以出现这种情况,除了开端激情澎湃,结尾难免才思枯竭的一般规律外,还因为上编主要讲中国的分割问题,下编主要是对日本的反思(特别是下编后七章)。两者都讲得比较尖锐、尖刻。对前者,李大钊等人自然驳议甚多;对后者则似乎不能很好的应对。
② 孟罗主义　北洋本在目录中作"门罗主义"。自译本目录和第 135 页译为"孟禄主义",田译本目录和第 86 页为"们罗主义"。日文本第 161 页,原为"モンロー主義"。英文为 Monroe Doctrine。
③ 容喙　参与议论。梁启超《中国学术思想变迁之大势》第四章第四节:"故以政治论,使一政党独握国权,而他政党不许容喙,苟容喙者加以戮逐,则国政未有能进者也"。廖仲恺《革命继续的工夫》:"民权这两个字的解释,在政治上说,就是人民有参预立法、容喙政治的权"。
④ 唯支那人得处分之　自译本第 135 页,为"支那人独自处分可"。日文本第 161 页,原为"支那人獨り之を處分すべし"。田译本第 86 页,为"独支那人可处理之"。
⑤ 在此前的"共和政体之将来"一章中,中岛端已断言"彼支那民族亦无共和国民之资格也";此下接着说的则是中国必将被分割,"共和民国亦有土崩瓦解之象"。此处所说"余辈不敢挟是非之见于其间,而谓此当取、彼当舍也",显然虚伪。
⑥ 亚洲　日文本第 161 页和田译本第 87 页同此。自译本第 135 页,为"东亚"。

夫然,故余辈以实心促支那之觉醒,而祝其勿误自主独立之途,不失领土保全之义。然以过去现在之形迹,而推测将来之运命,则爱亲觉罗氏,已无中兴之机,共和民国亦有土崩瓦解之象;则分割之事,似终不可免矣。自主义①言之,支那分割之事,固不须欧美人之容喙。而自实际观之,分割之机,已在欧美人之掌中。至是而余辈窃不得不为支那人悲,又为东亚全局悲,且为我帝国之将来惜也!何者?支那之分割,不独为支那一国之存亡问题而已,东亚厄运之所伏也,亦我帝国安危之所系也②。

古语云:人定胜天,天定胜人③。今支那分割之势已成,而不可复救。天胜人乎?人胜天乎?将来之事④,未可逆睹也。然穷则变,变则通,事物必然之理,自然之势也。安知今日分割之势,他日不一变而为统一之运乎?又安知今日之分割,他日不一再分割,终至于不可收拾乎?又安知支那分割之势,不为五洲纷扰骚乱之原,且延及几十⑤百年后而不止乎?昔六国相争,兵马干戈之事常不绝。齐襄王问孟⑥子曰:天下恶乎定⑦?孟子曰:定于一。"孰能一之?"曰不嗜杀人者能一之。盖谓天运亦因人事之如何为转移也。后百余年,至秦始皇而果统一六国矣。然以其逞专制暴政,众民叛之,卒不

既知支那分割为东亚全局悲,而亦不利于日本。何以拨弄是非,惟恐分割之不速?真丧心病狂也!

以此前提而下此释语,其识解曾村学究之不若。乃不自愧而反自矜,丑矣。

---

① 主义　日文版第 162 页和自译本第 136 页,为"根本义"。田译本第 87 页,为"本义"。

② 将中国存亡与日本安危联系在一起,虽不无道理,总体上却是一种奇怪的、隐藏恶意的逻辑,最终目的是要说明由日本来拯救中国。

③ 人定胜天,天定胜人　日文本第 162 页,原为"天の人に勝つか、人の天に勝つか"。自译本第 136 页中,为"人众胜天,天定胜人"。田译本第 87 页,为"人众则胜天,天定则胜人"。出自《史记·伍子胥列传》:申包胥派人对伍子胥说:"吾闻之,人众者胜天,天定亦能破人。人众者胜天,意谓聚集众人的力量,可以战胜大自然。后演化为"人定胜天"。

④ 将来之事　自译本第 136 页,为"日后之所定"。日文本第 162 页,原为"日後の定まる所"。田译本第 87 页,为"日后之所定"。

⑤ 几十　日文本第 163 页、自译本第 136 页和田译本第 87 页,为"几十"。北洋本各文本都为"几千",应有误。

⑥ 孟　初印本下编第 2 页同此。重印本下编第 2 页,误印为"孟"。

⑦ 天下恶乎定　初印本、重印本的下编第 2 页同此。语出《孟子·梁惠王上》。自译本第 136 页和田译本第 87 页,为"天下安乎定"。日文本第 163 页,原为"天下安んか定まらん"。

得不归于豁达大度之汉高①。今之论支那分割者，但为目前计，则无须尽心力而为之。如为百年计，则非最精密、最切实、最强固、最远大，不可也②。何者？当气运之未定也，中人庸才，犹足以有为。及大势已成，虽有圣贤英雄，亦无由善其后也。盖我帝国之安危祸福，实决于此后之三五年。有经世之志者，岂可悠悠然而评论是非得失乎？

> 数语蓄有无限风云，岛人一腔心事，全吐出矣。

　　余辈前已言蒙古一带、伊犁新疆天山南北路，终当入于俄人之手。盖此等地方，在支那外藩中为最僻远，交通最不便、物产最贫瘠、实力最薄弱，而其北边则西伯利亚铁道并行。今之由北京赴此等地方者，多由西伯利亚铁道。其西边则近萨吗康达。萨吗康达者，里海铁路之终点，而又俄人南下之一孔道也。且民气文化最蒙昧，风俗习惯最粗豪而不羁，绝不似汉族之繁文缛礼。与俄领③之游牧人种，则颇相近焉。故无论自理论上言，抑自事实上言，此两地方之人种，与其隶属于支那，不如并合于俄人之为便也④。倘俄人而欲集大兵于库伦或伊犁方面欤，则其势极便，不出十日毕乃事矣。支那则反之，或出张家口而渡大漠，或出嘉峪关而赴安西⑤，至少亦须数月（此假定俄人与支那人兵力富力相等言之也）。俄人已运兵十万，支那人尚不能运兵一万也。况现在两国之强弱贫富，非可同日而论耶？又况本部内已有决裂溃散之势，人人有目前必争之仇，谁暇赴千万里外不测之敌乎？俄人今日不一举而略取此地者，所谓非不能也，不为也。

> 欲见好于俄人，故作迎合语。妾之美我者，畏我也⑥。丑极。

> 吾人所必争者，惟国仇耳。

---

① 汉高　即汉高祖刘邦。

② 则非最精密、最切实、最强固、最远大，不可也　日文本第163页，为"最も精密に、最も切实に、最も根强く、最も远大ならぎゐべからず"。自译本第137页，为"不可不最精密、切实、最深固、最远大"。田译本第88页，为"则不可无确实之研究，远大之抱负"。

③ 俄领　田译本第88页同此。日文本第164页，原为"露领"。自译本第137页，为"俄属"。

④ 中岛端此处所论，应有挑衅中国主权、诱惑俄人占领中国蒙古、新疆之嫌。

⑤ 安西　即甘肃的安西县。今称瓜州县。位于河西走廊西端，东与玉门市接壤，西与敦煌市为邻。

⑥ 妾之美我者，畏我也　语出《战国策·齐策一》：《邹忌讽齐王纳谏》。

如一旦决意而出此策乎,则英也美也(法德暂置不论),口舌上之抗议,容或有之,谁敢以实力相争者? 即令必争,又孰能使俄人感丝毫之痛痒乎(日本不在此限)? 苦利米亚之役①,英、法、意以三国合同②之力,且不能撼孔士坦丁③之寸土,非其证欤? 然而俄人计不出此者,乃彼计画规模之雄大,而手段之巧妙,不争功于一旦,而收利于终局也。盖自俄人观之,蒙古、新疆一带之折而入其手中者,特时日迟速之问题耳,非事实有无之问题也。力争可也,不力争亦可也。缓急疾徐,无不如意。与其摘青果不如待其熟而自落④。今日之势,岂须急于目前之小成,徒冒破坏保全领土条约之恶名,以招物议乎? 是故食指频动辄不敢先发,从容纡余⑤,若即若离,徐俟时机之至,乃俄人侵略上惯用之手段也。俄国半官报声称其政府决无并吞蒙古之意,所谓掩耳盗铃是也,岂足信哉! 不然活佛之宣告独立,谁为其谋主者? 蒙人之新式军械,谁供给之者? 苟少注意于个中消息,盖不待言而后知也。或有谓俄国尚未至并吞蒙古之程度者,不知未至二字⑥,即智愚区别之所存。其曰已至,则其机会之逸去也久矣。我国外交当局,号多才智之士,然其眼光不能如是之敏捷,所以不能悟俄国之意向也。且俄人

① 苦利米亚之役　自译本第 138 页,译为"克里米亚之役"。田译本第 88 页,为"克里米亚之战"。日文本第 165 页,原为"クリミヤの役"。通译为克里米亚战争(Crimean War,又名"克里木战争"),1853 年 10 月 20 日因争夺巴尔干半岛的控制权而在欧洲大陆爆发的一场战争,奥斯曼帝国、英国、法国、撒丁王国等先后向沙皇俄国宣战,战争一直持续到 1856 年才结束,以沙皇俄国的失败而告终。

② 合同　日文本第 165 页和田译本第 88 页同此,自译本第 138 页为"连衡"。

③ 孔士坦丁　通译为康斯坦丁,不详。在自译本第 138 页和田译本第 89 页,为"冕城"。日文本第 165 页,在"冕城"下注有"クロンスタット"。

④ 与其摘青果不如待其熟而自落　自译本第 138 页,为"打青果而掇之,不如待熟果自落"。田译本第 89 页,为"打果落,不如待其熟而自落也"。日文本第 165 页,原为"青果を打ちて之を落すは、熟果の自ら落つるを待つに如かず"。

⑤ 纡余　音 yū xú,又作纡徐。从容宽舒貌。

⑥ 未至二字　日文本第 166 页,原为"未だの二字"。自译本第 139 页为"未一字",似有误。为便于准确理解,可排为"'未至'二字"。田译本第 89 页,为"尚未二字"。

岂以蒙古、新疆、北满一带为满足者哉？自康熙中，爱珲城一败①以来，不窥支那之北边者二百年。道光［咸丰］中长发未平，而英法联军入北京也②，伊古那齐辅③将军以其辣手，乘满廷内外多难，藉名调停，而黑龙江外数千里之地，一攫而去，以充数十门巨炮之报偿。自是而后，有海参崴之不冻港④，遂为彼之重镇矣。即谓其为侵吞政策之发源地，亦无不可。故自东亚诸国言之，实一种绝大危险之炸弹⑤

暴俄窥我蒙疆，司马昭之心路人皆知。而谓狡猾如尔政府者，不之知耶？著者之为是言，非自诩其眼光之独到，乃恨其政府与暴俄携手之不早耳！

---

① 爱珲城一败　1657 年，沙俄派正规军在尼布楚河与石勒喀河合流处建立了雅克萨城与尼布楚城。之后中俄之间发生多次外交和军事上的冲突。1685 年，清康熙帝在平定“三藩之乱”后，派将军彭春于 5 月 22 日从瑷珲起兵 5000 人，5 月 25 日攻入雅克萨。之后清军撤而俄军卷土重来。1686 年清军再攻雅克萨并围城。经过几个月战斗，俄军伤亡惨重，首领托尔布津被击毙，雅克萨城指日可下，迫使沙皇政府“乞撤雅克萨之围”，并派戈洛文为大使，前来中国举行边界谈判。11 月，清政府为表示谈判诚意，宣布无条件停火，停止攻城。1689 年 9 月 7 日（康熙二十八年七月十四日），清政府全权使臣索额图和沙俄全权使臣戈洛文在尼布楚（今俄罗斯涅尔琴斯克）签订中俄《尼布楚条约》。条约内容以满、汉、蒙、俄和拉丁五种文字刻成界碑，明确划分了中俄两国东西边界，从法律上确立黑龙江和乌苏里江流域包括库页岛在内的广大地区属于中国领土，清朝同意把贝加尔湖以东原属中国的尼布楚土地让给俄国。

② 道光［咸丰］中长发未平，而英法联军入北京　日文本第 166 页，原为“道光中、長髮賊の未だ平かず、英佛聯军の北京に入るに及びて”。田译本第 90 页，为“道光时，长发之乱未平，加之英法联军入京”。自译本第 139 页，为“咸丰中，发贼未平，英法联军入北京”。道光皇帝死于 1850 年 2 月，咸丰皇帝在位时间为 1850—1861 年，太平天国农民战争发生于 1851 年，英法联军入北京在 1859 年 10 月。故“道光中长发未平”之说，不确。

③ 伊古那齐辅　自译本第 139 页，译为“伊格那赤夫”。田译本第 90 页，为“伊格那甫”。日文本第 166 页，原为“イグナチーフ”。应为尼古拉·尼古拉耶维奇·穆拉维约夫（1809—1881）。1847 年 12 月，沙俄政府任命他为伊尔库茨克和东西伯利亚总督。任职期间，不顾俄国外交部的反对，冒着与中国决裂的危险，在黑龙江流域展开了一系列军事冒险活动。1858 年 5 月 28 日，趁清朝政府陷入太平天国运动和第二次鸦片战争而无暇北顾之机，迫使黑龙江将军奕山同其签订了《瑷珲条约》。该条约不但将黑龙江以北、外兴安岭以南的 60 万平方公里土地完全割让给沙皇俄国，还将乌苏里江以东，包括库页岛在内的黑龙江下游以南 40 万平方公里土地划为中俄共管。《瑷珲条约》的签订，使俄罗斯打开了通往太平洋的通道。为表彰穆拉维约夫的功绩，亚历山大二世封其为“阿穆尔斯基伯爵”（即黑龙江伯爵）。

④ 有海参崴之不冻港　自译本第 139 页为“海参威［崴］以其为不冻港”。田译本第 90 页为“不冻港之海参崴”。日文本第 167 页原为“浦潮は太平洋不凍港”。浦潮，海参崴的日文译语“浦潮斯德”的简称。

⑤ 炸弹　日文本第 167 页为“爆裂弹”，自译本第 140 页为“爆药”。田译本第 90 页为“砲裂弹”。

贮藏场也。彼前年之据东三省也,乃其野心之微露
者①耳。彼再三②迫满廷,而谋得库张铁路③敷设
权者,又岂非预为异日雄飞之地,而为俯拾北京之
计④乎? 倘彼而已据满蒙、新疆也⑤,则左翼起海参
崴而包兴安、阿尔泰,右翼起帕米尔高原而蔽天山
两路,面东南下,殆犹大鹏垂天之翼,高飞于九万里
之空中⑥。支那二十一行省,其在指爪之下乎? 统
一之形成矣,岂但区区二三省之分割而已哉? 是即
成吉思汗两道南下⑦之壮图也,亦即大彼得⑧以来

---

① 乃其野心之微露者　自译本第140页,为“乃其野心之只鳞片甲,无端闪烁云间,误触人指目者”。田译本第90页,为“乃野心之只鳞片甲,无端闪于云间,而误触人之指目者”。日文本第167页,原为“乃ち野心の隻鱗片甲の端なく雲間に閃きて、誤まりて人の指目に觸れし者”。

② 再三　日文本第167页为“再三再四”,自译本第140页为“再四”。田译本第90页为“至再至三”。

③ 库张铁路　即库伦(现名乌兰巴托)到张家口的铁路。詹天佑曾计划将正在修建当中的“京张铁路”向前延伸,由张家口通向库伦修筑一条简易铁路“以备军用”,而这条“张库铁路”,又正好可以成为“张库商道”的补充。沙俄曾极力争夺库张铁路的修筑权。后由于外蒙独立,库张铁路的修筑未能实现。

④ 而为俯拾北京之计　俯拾,俯身拾取,引申为成事之易。自译本第140页,译作“以为南下攟北京之前提”。攟,同捃。日文本第167页,原为“南下北京を攟くの前提と爲すにあらずや”。田译本第90页,为“南下而攟北京之隐谋”。

⑤ 倘彼而已据满蒙、新疆也　“而”或为赘字。自译本第140页,译为“假令彼已据满蒙、新疆乎”。日文本第167页,原为“彼にして已に满蒙新疆に據れりとせよ”。田译本第90页,为“假如彼已据满蒙、新疆”。

⑥ 高飞于九万里之空中　自译本第140页,为“搏羊角风而冲”。日文本第167页,原为“九萬里の中空に冲るがごとし”。田译本第90页,为“冲九万里之中空”。

⑦ 成吉思汗两道南下　自译本第140页和田译本第90页,为“元太祖成吉斯汗两道南下”。日文本第167页,原为“元の太祖成吉汗が兩道南下”。“成吉汗”,日文本原文如此。
孛儿只斤·铁木真(1162—1227),蒙古帝国可汗,尊号“成吉思汗”(Ghinggis Khan),意为“拥有海洋四方的大酋长”。世界史上杰出的政治家、军事家。1206年春天建立大蒙古国,此后多次发动对外征服战争,征服地域西达中亚、东欧的黑海海滨。成吉思汗十四年,以西域花剌子模国杀蒙古商人和使者为由,以军事扩张和掳掠财物为目的,亲率大军约20万分两路西征。数年间先后攻破讹答剌(在今锡尔河中游)、布哈拉及撒马尔罕等地。遣哲别、速不台率军追击花剌子模国王摩诃末,迫其逃至宽田吉思海(今里海)中小岛(后病死)。再命哲别、速不台继续西进,远抵克里米亚半岛;自率一军追击摩诃末之子札兰丁至申河(印度河)。

⑧ 大彼得　即彼得大帝(1672—1725),是后世对沙皇彼得一世的尊称。被认为是俄罗斯历史上最伟大的帝王。他继位后积极兴办工业,发展贸易、文化、教育和科技,同时改革军事,建立正规的陆海军,加强中央集权。继而发动战争,夺得波罗的海出海口。可以说,近代俄国的政治、经济、文化、教育、科技等方面的发展,无不源于彼得大帝时代。

相传之遗策也。规模之大，计划之壮，有令人不觉称快者，勿谓今之俄人战败之余烬①也。去年之岁计，余六千万卢布；近日又有五年计画之海军扩张。其国力之兴隆若是，不出三五年，其有以惊骇东西列国之耳目乎！彼卷土重来之日，是即支那分割时期方熟之秋也。其活动之舞台，纵横无碍。为夜叉乎？为菩萨乎？一任其意之所之②。其得意之状可知也，其雄飞之状亦可知也。不知圣彼得堡之地图③，将画何等之圈线，染何等之彩色乎？余辈所以不禁有中夜闻鸡之想也。

休尽妄想！

　　译者曰：近自俄蒙协约④暴露以来，神州健儿，同声愤慨，相率请命中央，誓师北上。天戈所指，消漠北之妖云；义旗所临，回中原之霸气。蠢蠢顽酋，胆敢抗背宗邦，甘作暴俄之傀儡，潜结密约，断送全蒙之山河。不惟蒙族同胞所不认，抑亦中华民国所不容也。一旦飞将督师，横驰塞外，彼俄人者，自当确守国际公法，以敦睦谊。吾华军旗所至，亦必保护远人⑤，勿使稍有惊惧损失，以尽东道之责。若乃不顾公理，强行干涉，则是蔑视我国权，欺凌

---

① 勿谓今之俄人战败之余烬　自译本第 140 页，为"勿道今之俄人，系十年战败之余烬"。日文本第 167 页，原为"道ふこと勿れ今の露人は十年戰敗の餘燼なりと"。田译本第 90 页为"勿道今之俄人，十年战败之余烬也"。余烬：灰烬，尤指被火烧剩的灰烬，被消灭物体的残余。也有比喻残余兵卒，残存者。

② 一任其意之所之　第二个"之"，意为"至"。自译本第 140 页，译为"惟意所趋"。日文本第 168 页，原为"彼が意の趨く所のまゝなり"。田译本第 90 页，为"一任彼意之所向"。

③ 圣彼得堡之地图　日文本第 168 页，原为"彼得堡参謀部の地圖"。田译本第 91 页，为"彼得堡参谋部之地图"。自译本第 141 页，为"彼得堡参谋本部之舆图"。

④ 俄蒙协约　1911 年辛亥革命后，随着清朝统治的逐渐瓦解，在沙俄驻库伦（现乌兰巴托）领事的策动下，外蒙古藏传佛教格鲁派活佛八世哲布尊丹巴呼图克图，在库伦宣布独立，建立"大蒙古国"政府。11 月 30 日俄蒙军队包围了清政府驻库伦的办事大臣衙门，解除了清军武装，并将办事大臣三多及其随从押送出境。12 月 28 日，哲布尊丹巴在库伦登基，自称日光皇帝，年号共戴。此独立未被当时的清朝政府和后继的中华民国政府承认。1912 年 10 月 3 日，俄国前任驻华公使廓索维茨在库伦与"哲布尊丹巴政府"签订《俄库条约》。

⑤ 远人　应指外蒙古。

我五族,扰乱世界和平,为人道蟊贼;破坏均势成局,为瓜分戎首。惟有陈师鞠旅①,秣马厉兵,相率中原健儿,与暴俄相见于硝烟弹雨之中,雪地冰天之境耳。如天之福,得挫暴俄之锋,而山河还我,而世界和平赖以维持,固所深幸;其不济惟死而已,吾何畏彼哉! 然而著者闻之,幸我之灾,乐我之祸,涎羡俄之诡计,更不知其将作何语矣。②

余辈试再论英国之于西藏焉。西藏为唐代吐蕃③之地,北控和阗,西负哈密高原④,南接尼泊尔⑤、印度,东连四川打箭炉⑥一带。其地高而寒,五谷不登,物产不饶,故面积虽广而人口殊不甚蕃盛。英人一入此地,吞噬之念,迄今未忘,岂尽为通商贸易之利耶? 实以此为天然要害之地,早据之则扼俄人南下之路,足为印度北门之锁钥也。设使俄人一朝入伊犁,略天山两路,并南和阗⑦,一鼓而捣

---

① 鞠旅　向军队发布出征号令。犹誓师。《诗·小雅·采芑》:"钲人伐鼓,陈师鞠旅。"毛传:"鞠,告也。"

② 日本学者後藤延子教授,在《中岛端〈支那分割之运命〉泛论》下编(原载日本信州大学人文学部《人文科学论集》[人间情报学科编]第40号,2006年3月;见本书第605页)中认为,此段"译者曰"与李大钊《雪地冰天两少年》的叙述有关联,执笔者应为李大钊。

③ 吐蕃　音tǔ bō,7—9世纪时古代藏族建立的政权,是位于青藏高原的古代王国,由松赞干布到达磨延续两百多年,是西藏历史上创立的第一个政权。

④ 哈密高原　日文本第168页同此。自译本第141页,为"哈密耳高原"。田译本第91页,为"巴密尔高原"。应指帕米尔高原,中国古代称不周山、葱岭,古丝绸之路在此经过。地处中亚东南部、中国西藏地区的西北部,横跨塔吉克斯坦、中国和阿富汗。是亚洲多个主要山脉的汇集处,包括喜马拉雅山脉、喀喇昆仑山脉、昆仑山脉、天山山脉、兴都库什山脉五大山脉。

⑤ 尼泊尔　自译本第141页,为"纳婆耳"。田译本第91页,为"奈巴尔"。日文本第168页,原为"ネバール"。

⑥ 东连四川打箭炉　日文本第168页,原为"東は打箭炉の一路、四川に连る"。自译本第141页,为"东则打箭炉一路,与四川昆连"。田译本第91页,为"东以打箭炉之一路,连于四川"。
打箭炉,古地名,即今四川甘孜藏族自治州的政治经济中心康定县。康定,藏语名叫"打折渚",打箭炉系"打折渚"的汉译雅化,该名最早出现于《明史·西域传》中。1908年,清政府将打箭炉厅改为康定府。1913年,国民政府设置为康定县。

⑦ 略天山两路,并南和阗　日文本第168页,原为"天山兩路を略し、南和闐を并せ"。田译本第91页,为"略天山两路,并南和阗"。自译本第141页,为"略天山西路,南并和阗";西,为"两"之误。

西藏乎。虽有崑仑一脉之山系,而喇嘛教徒之脆弱,不能当哥萨克枪队之一声。英人即欲自印度赴救,然道路险隘,形势不便,迟回①之间,拉萨将已落俄人之手。西藏陷则尼泊尔、帕米尔东西呼应,不难胁制印度矣。则印度虽欲不摇动,不可得也。至是而英人之宝藏,将夜夜为盗贼所窥,英人岂得高枕而眠耶? 此英人所以必据西藏之形胜,不昧先机之兆②者也。彼英人明知西藏本为支那藩属,不取与北京政府交涉之迂策,单刀直入,急侵拉萨,扼达赖喇嘛之咽喉,使将来订为半属国③之约,亦以此也(往年与俄国争阿富汗④亦此意)。⑤ 今也支那本部已有分割之势,内顾不暇,遑论崑仑山南之外藩。而达赖喇嘛久怨满廷(满庭已倒,更复何怨?),即藏人亦疾视支那之无状。脱离二百年来之羁绊(民国以汉、满、蒙、藏、回组成,五族平等。时至今日,何来羁绊?),此其时也。何期狮子旗早飞扬于拉萨城外⑥? 盉格鲁撒克逊人之铁锁,紧缚五百万藏人之手足,使不能一动,而英人⑦吞并西藏之宿愿始偿。

英人既入西藏,其东一路自打箭炉起,遥遥如

一则日支那本部溃裂,再则日支那本部分割。立言无据,居心可诛!

---

① 迟回　迟疑,犹豫。日文本第 169 页和田译本第 91 页,为"左顾右盻";自译本第 141 页为"顾盼"。

② 不昧先机之兆　自译本第 141 页和田译本第 91 页,为"不逸制先之机"。日文本第 169 页,原为"制先の機を逸せざらん"。

③ 半属国　属国,汉代为安置归附的匈奴、羌、夷等少数部族而设的行政区划。在按一定地域范围划定的属国中,"本国之俗"一般保持不变。也指内属汉朝的少数族部族或部落。半属国,不详。

④ 阿富汗　自译本第 142 页,为"阿布喀尼斯坦"。田译本第 91 页,为"阿弗加尼斯特"。日文本第 169 页,原为"アフガニスタン"。

⑤ 重印本下编第 5 页和自译本第 142 页,此下皆另起一段。

⑥ 何期狮子旗早飞扬于拉萨城外　自译本第 142 页,为"何料狮子旗早已翻于拉萨城外"。田译本第 92 页,为"孰料狮子旗早翻于拉萨城外"。日文本第 169 页,原为"何ぞ料らん狮子旗は早く拉薩城外に翻りて"。狮子旗,全称为雪山狮子旗,是清朝政府于 18 世纪末授予西藏地方军队的军旗。

⑦ 英人　日文本第 170 页、自译本第 142 页和田译本第 92 页,都为"英人"。初印本、重印本的下编第 5 页和点校本第 442 页都为"国人",应误。

线以入四川①。夫四川人口六千万,土地肥沃,幅员
辽阔,古称陆海。物产之饶多,财源之丰富,他省罕有
及之者。且地占长江上游,从此东南下三峡,则山川
平衍,沃野千里,自荆州、宜昌、沙市以达武昌。其西
则为青海、陇西,即吐蕃侵唐之故道。附陕甘之背,扼
河洛之吭,诚形胜之地也②。长江流域,英人夙所垂
涎,所谓属于彼势力圈内者。兵力的侵略,非彼所长。
顾彼陆军之实力,虽不足角逐于大陆,而借通商之力,
于平和无事之间,金钱授受之下,夺人土地,吸人膏
血,其手段之巧妙③,较之俄人直接侵略,更有甚焉。
彼既以西藏为囊中物,更进而经营四川④,转入两湖。
别自江苏、浙江溯长江而上,入安徽、江西,则长江上下
游连络之势成。而北岭以南,南岭⑤以北,支那中原肥
沃之地,将尽入英人之掌握矣⑥。若夫香港,英人极
东之根据地也。九龙租借地,不妨随时扩张。进窥广
东,转向广西,亦非极难之事。自此等事实发生之实际
言之,似不过一梦想。然以英人计划周密,隐忍持久,加
以无穷之财力,设于利害得失之故,了如指掌⑦,则延
长川汉铁道几百千里,自四川至汉口,而达南京,更

---

① 英人既入西藏,其东一路自打箭炉起,遥遥如线以入四川　自译本第142页,为"英人已入西藏,
更东面而望,一路孔道,起自打箭炉,遥遥如线入四川"。田译本第92页,为"英人既入西藏,更
面东而望一路之孔道,由打箭炉起,遥遥如线而入四川"。日文本第170页,原为"英人已に西藏
に入り、更に東面して望めば、一路の孔道は、打箭炉より起りて、遙遙線の如く四川に入る"。
② 诚形胜之地也　此句在日文本第170页、自译本第142页和田译本第92页未见,系北洋
本译者所加。
③ 夺人土地,吸人膏血,其手段之巧妙　日文本第170页,原为"他人の土地を奪ひ、人民を
征服し、膏血を吸ふことの巧妙なる"。自译本第143页,为"夺人土地,征人臣民,浚人膏
血,其术至巧"。田译本第92页,为"夺他人之土地,征服其人民,吸收其膏血之巧妙"。
④ 更进而经营四川　自译本第143页,为"更伸只手入四川"。田译本第92页,为"更伸只手
而入四川"。日文本第170页,原为"更に隻手を伸べて四川に入り"。
⑤ 北岭　南岭　北岭,应指秦岭。南岭,由越城岭、都庞岭、萌渚岭、骑田岭、大庾岭五座山组
成,故又称"五岭"。地处广东、广西、湖南、江西四省区交界处。
⑥ 将尽入英人之掌握矣　田译本第92页,为"尽为英人所有矣"。自译本第143页,为"尽立
于联合王国旗下风矣"。日文本第171页,原为"盡くユニオンジャックの下風に立た
ん"。ユニオンジャック,直译为:英国国旗。
⑦ 设于利害得失之故,了如指掌　自译本第143页,译为"打算一番,得失利害之数,全然明
白"。日文本第170页,原为"打算一番、利害得失の數、全然明白ならば"。田译本第93
页,为"筹算一番,而利害得失之数,全然明瞭"。

折而接安徽、河南。水陆之交通既便,四方之呼应尤灵,一日千里①,不啻仙人缩地之术也。即割中原建立一大帝国,亦非万难之事。纵不能建一大帝国,然使某省独立,某省为半属国,某省为缓冲地带,居其中心,握其枢纽,巧操纵之而善驾驭之②,如统治印度者然。以博爱人道为后盾,以殖产兴业为标志,外用商战之政策,内弄侵略之手段,无帝国之虚名,收帝国之实效。现时之英人,虽无此远大计划,然得陇望蜀,舐糠及米,古今人情之常也(当东印度会社③创立之时,岂有并吞印度之雄心乎?然而时势变迁,世事推移,非终成今时之英印帝国耶?)。且得尺则尺,得寸则寸,一步一着④,必计较锱铢之利害,预测最后之成败。足坚定于大地,目常射夫高远。徐徐渐进,不须臾止⑤。如水之浸渐于地中,英人进取之特色也。彼取印度以此术,略埃及亦以此术。彼固不为无益之侵略,然亦非固执无益之保全领土说者⑥。彼既图国力之发展,又岂袖手旁观,一任他人经营者耶?彼对外政策之行动,

咄咄岛人,心目中只有帝国二字,足见奴根深固。

---

① 水陆之交通既便,四方之呼应尤灵,一日千里　自译本第143页,为"内河四通之便,支线八达之利,南北上下,接应呼号,千里一瞬"。日文本第170页,原为"内河四通の便、支線八達の利、南北上下、接應呼號して、千里一日"。田译本第93页,为"内河四通之便,支线八达之利,南北上下,呼号相应,而一日千里"。
② 巧操纵之而善驾驭之　自译本第144页,为"操纵焉,驾驭焉"。日文本第171页,原为"巧に之を操縦し、之を駕馭すること"。田译本第93页,为"巧操纵之,驾驭之"。
③ 东印度会社　今通称东印度公司。
④ 一步一着　日文本第172页,为"步一步、着一着"。自译本第144页,为"步又一步,着又一着"。
⑤ 足坚定于大地,目常射夫高远。徐徐渐进,不须臾止　自译本第144页,为"足则恒不忘紧着大地,目则常不忘注最高顶。徐徐而进,稍稍而前,未尝须臾中止"。日文本第172页,原为"足は常に大地に緊着することを忘れず、目は常に最高頂に注ぐことを忘れず。徐徐稍稍に前進して、須臾も中止せざること"。田译本第93页,为"足常不忘踏乎大地,目常悬注于最高顶,如水之侵入地中,徐徐前进,而须臾亦不肯中止者"。
⑥ 彼固不为无益之侵略,然亦非固执无益之保全领土说者　此句中两个"无益",在自译本第144页都为"得失不偿"。在田译本第93页都为"不符算盘结算"。在日文本第172页都为"算盘勘定に合はぬ"。

一在运筹何如耳①,岂有一分豪侠气与名誉心耶?善言之②,则英人固兼绅士之风采与商人之手腕者也;刻论之,则英人又具奸商之心术与强盗之胸度③者也。运筹之间,谓彼暗藏弹丸于无形,非冤诬也。信彼运筹之际而无刀剑之准备者,非迂则愚而已矣。夫然,今日醉心④于借款之成败,而从事于隐然分割者,安知三五年后,不一变而为显然分割耶?彼惑于英人重极东惟一之同盟国必不出于此者,吾恐他日掌中物,不免为他人所攫也⑤。至此时而瞠目呆然,智耶愚耶! 余今不忍言其人之为谁矣,余非曰英人果有如是之计划,果有如是之野心。利权之所在,形势之所趋,事实之所迫,时日之所积,将至于是,易至于是,且必至于是也。世有明眼人其额之乎⑥?

以云险诈,无过于岛人者。自己背负九升九,还说他人不足斗,无耻已极!

　　译者曰:英于吾国,其商业势力,至为伟

---

① 彼既图国力之发展,又岂袖手旁观,一任他人经营者耶? 彼对外政策之行动,一在运筹何如耳　自译本第144页,为“彼已抛无利益之孤立矣,亦岂忠实于无利益之同盟者耶。彼之对外行动,顾算盘上数字如何耳”。田译本第93页,为“彼既以孤立无利益,亦岂忠实无利益之同盟者哉! 彼对外之政策,一视算盘上之数字如何而已”。日文本第172页,原为“彼は已に利益の打算なき孤立を抛てり、亦豈利益の打算なき同盟に忠實なる者ならんや。彼が對外の政策行動は、一に算盤上の數字如何に在るのみ”。
② 善言之　田译本第93页,为“善意言之”。日文本第172页,原为“體善く言へば”。自译本第144页,为“以好辞令言之”。
③ 刻论之,则英人又具奸商之心术与强盗之胸度　日文本第172页,原为“惡樣に評すれば、英人は姦商の心術と斬取强盗の度胸を具する者なり”。田译本第93页,为“恶意评之,英人者具奸商之心术,隶强盗之流亚者”。自译本第145页,为“以恶声出之,乃英人具有驵侩之心术,与巨贼之胆力”。胸度:胸怀与气度。驵侩:亦作“驵会”“驵阛”“驵狯”。侩:壮马,骏马。驵侩指马匹交易的经纪人。后泛指经纪人、市侩。
④ 醉心　日文本第173页、自译本第145页和田译本第94页,为“腐心”。
⑤ 吾恐他日掌中物,不免为他人所攫也　田译本第94页,为“吾恐他日手中之肉,不保为膺所攫”。膺,或为“鹰”之误。自译本第145页,为“吾恐异日或有手中油饼见鸢鸥攫去之时也”。日文本第173页,原为“吾恐らくは他日手中の油揚の、鳶に攫み去らるゝ時なきを保せず”。
⑥ 将至于是,易至于是,且必至于是也。世有明眼人其额之乎　自译本第145页,为“望得如是,易望如是,成得如是,做得如是而已。设世有明眼者其人,必额余辈之言也”。日文本第173页,原为“かく望み得べく、かく望み易く、又かく成り得べく、かく爲し得べしと謂ふなり”。田译本第94页,为“有不得不然者也”。

大,使吾国不幸而罹分裂之祸,英国于此,纵能
与列强分尝一脔,而其得固未足偿其失也。是
故英对吾国之政策,素重保全。无如吾近邻二
国,野心勃勃,日怀侵略。英遂不得不注意西
藏,以保均势之局。使日俄而无他意者,英则
决不首发难也。今著者不曰某国如何侵略,则
曰某国如何经营,实则裂我神州者,非英非美
非德非法,惟暴俄与尔岛国耳。吾人默识
之矣。

余辈前已论法人之觊觎云南矣。夫由法人据
安南(明治十七年①),至今垂三十年。彼之窥伺云
贵边境,匪一日矣。今也一线铁道,起于蒙自,骎骎
乎长驱而入于大理府与云南府②。三色旗③之雄
风,披靡于沿途之山河草木。其傍若无人之态度,
已震惊于滇人之耳目。其侵略之野心,随事触
发④,不可掩也。前总督李经羲,夙有忧之,每遇一
交涉,力请北京政府,屯重兵于云贵,预为防备。然
中央政府,以兵力财力两俱困乏,未允所请。此次
革命之乱,经羲为云南军民所逐;贵州巡抚沈⑤,亦
见机逃走。承其后者,土匪首领之类而已。人心离
散,无所统一。所谓汉奸之徒,卖其同胞土地,图自
己之便利者,所在皆是。且云贵二省,本贫瘠之区
也。从前中央政府,常割他省之饷银以协济之。今
也中央政府,已土崩瓦解;各省自谋独立保全,犹恐
其力有所不足,更何暇分余裕以赴各省之急哉? 如
是而累日经月,云贵二省,不能独立,终为法人所

滇都督蔡锷、黔都督
唐继尧,皆革命伟
人、军学钜子,而以
土匪首领诬之,我五
族同胞所不忍受也。

① 明治十七年　即公元 1884 年。
② 大理府与云南府　日文本第 173 页为“大理府＝雲南の首府”,自译本第 145 页和田译本
　第 94 页,皆为“大理府”。
③ 三色旗　指从左至右蓝、白、红依次排列的法国国旗。
④ 随事触发　自译本第 146 页,为“触事触时,在在发露”。田译本第 94 页,为“在在发露”。
　日文本第 174 页,原为“事に觸れ折に觸れて、在在發露して”。
⑤ 贵州巡抚沈　即清代末任贵州巡抚沈瑜庆(1858—1918)。

笼盖,一反掌之间耳①。设云南已折入于法人之手,从此东北下金沙江,可以通四川,三国时诸葛武侯南侵之故道也。由此东向②,则可捣湖南、江西之背。清初吴三桂由云贵③东下者,乃此路也。更南面而下珠江一路,直入广西,以窥广东之背,此特就用兵之一端而言耳。然今之法人,非仅蹈袭拿破仑之故智已也,兵力侵略之外,不无经营商战之术焉。彼注目于云贵者,其用意非仅在云贵二省也,尤欲占长江上流之形胜,而据最膏腴最殷富之中原也。如引伸云南④铁道,入四川,入湖南,入湖北,一转而连络京汉、粤汉两路,为二十一省横断之一大干线,至易易耳。果如是,则法人排英德、压日美、占支那市场之大势力,可期而待也。⑤ 且也,天主教之牧师,侨居于支那者,大抵皆法人也。其中服支那服,语支那语,以绿眼红发之人,垂辫子、戴暖凉帽⑥,纯然扮华人妆者,亦皆法人也。深入内地,而经理种种事业,或学院,或病院,外蒙宗教宏通之假面,潜行拓地殖民之阴谋者,通支那南北,无虑⑦数十百人。长江一带,及开港市场无论已,至于山西陕甘⑧之僻陬,无处不有彼等之足迹,无处不留彼等之巢穴。试由彼等建设教堂之地方观之,

岛人尚读过《三国演义》。

① 终为法人所笼盖,一反掌之间耳　初印本和重印本的下编第8页,原为"终为法人所笼葢,一反掌之间耳"。葢,古同"盖",今简为"盖"。自译本第146页,为"终为法人所笼盖,一反手之顷耳"。日文本第174页,原为"终に佛人が籠蓋する所と爲らんこと、一翻手の間のみ"。田译本第95页,为"终为法人所笼盖者,一翻手间事耳"。点校本第426页,断句为"终为法人所笼,盖一反掌之间耳",应有误。
② 东向　日文本第174页同此。自译本第146页为"东南而下",田译本第95页为"东向而下"。
③ 云贵　日文本第174页和田译本第95页同此,自译本第146页为"云南"。
④ 云南　日文本第175页和田译本第95页同此,自译本第147页为"云贵"。
⑤ 日文本第175页和自译本第147页,此下另起一段。
⑥ 暖凉帽　应指清朝官员的礼帽。分为夏天戴的凉帽和冬天所戴的暖帽。每年三月开始戴凉帽,八月换戴暖帽。
⑦ 无虑　大约,大概。自译本第147页为"不止"。日文本第175页,原为"止まるにあらず"。田译本第95页为"已有"。
⑧ 山西陕甘　日文本第175页同此。自译本第147页为"山西、陕西",田译本第95页为"山、陕二西"。

而某处画线,某处画点,寻其脉络,索其径路,彼等图谋①之迹,历历在目(余知友某,久执事于上海法文报②,尝语余曰:每见法国牧师,由内地送来印刷之地图,制作之精巧致密,不愧专门家之技艺。检其着目之点,正具军用地图之体裁。法人之用意,颇有足畏者,盖亦非影响之谈③)。又观其传道方法,多杂政治上之手段,不专主宗教上之信条。不问信仰之是非如何,先利用治外法权;不问人物品类之高下若何,专招徕党伙伴侣。以故称为教徒者,大半系一种无赖之贱民,藉名教徒,恃外国牧师之庇护,私行不法不义之事。或侵侮良民,或诱惑愚民,无所忌惮。地方官吏,疾其横暴。每逢逮捕审问,教会牧师,必出而干涉之,谓为我之教徒,不受他人之制裁。纷纠葛藤之结果,怒号咆哮不已,动辄借上级神父之命,与领事督抚交涉。一步之误,则赔偿之要求,免黜之责罚,不旋踵而至。故地方官吏,多视之如不见,听之如不闻,以避其烦累。良民忍之,敢怒而不敢言。迨至痛深怨积,始放逐教民,或屠杀之。排外仇洋之声,渐闻于外④。此所谓闹教之原因也。西人常驳斥假杰士德派⑤之博爱,侵略人之国土,为宗教之大辱。而现时支那内地之天主教牧师中,类于此派之行为者,不幸而

---

① 图谋　日文本第175页、自译本第147页和田译本第95页,为"计图"。

② 上海法文报　应指《中法新汇报》(*L'Echode Chine*),上海最早的法文日报。初名《法兴时务报》。1897年(光绪二十三年)7月1日在上海创刊。上海法租界当局主办。该报在华出版达30年之久,约1927年前后停刊。1910年7月至1913年期间的实际主编为莫耐斯梯埃(Monestier),其他时期均为雷墨尔。

③ 影响之谈　形容道听途说,没有确实根据的言谈说法。

④ 迨至痛深怨积,始放逐教民,或屠杀之。排外仇洋之声,渐闻于外　自译本第148页,为"及其痛不耐痛,痒不耐痒也,有教师之放逐焉,有教民之屠杀焉,间又闻排外仇洋之声矣"。田译本第96页,为"及至不堪其痛,不耐其痒,始放逐教民,或屠戮之,而排外仇洋之声起矣"。
日文本第177页,原为"其の痛みて痛みに耐へず、痒くして痒きに耐へざるに及びて、始めて教民の放逐と爲り、屠殺と爲り、間間排外仇洋の聲を聞く"。

⑤ 杰士德派　应为耶稣会(Jesuits)的音译。自译本第148页,译为"耶士益得派"。日文本第177页,原为"ジェスイット派"。田译本第96页,为"Jesuit派"。

所在有之,且不胜其多①。此非独支那人士愤惋慷慨之私言,吾人亦屡次寓②诸耳目者也。欧美传道会中之识者,亦往往痛恨之,而攻击其不法。然而牧师神父,无一人肯反省者;其教徒无丝毫改悔之色。此辈已置身于法律道德制裁之外,苟利于己,何辞乎卖同胞? 又何惮乎卖国家哉? 往年法人之取安南也,此辈之力极多。匪独为宗教上之罪人,实政治上无上之罪人也。匪独一国之首恶,亦即天下人类之蟊贼也。曩时法之甘伯大③尝言:天主教徒之在国内者,宜痛束缚之,勿使与于政治;而在东洋者,宜极力保护之,可使为国家之后盾。盖法国政治家之真意,往往如是。其对支那政策,虽不必专利用宗教,然宗教亦供一种武器之用也。今法国之于欧洲,权威势力,不如往昔,不过仅占第二流之上席。然在东洋,颇立于优胜之地。彼已久据安南,窥支那之南境。如新得云贵二省,则其意气益锐,希望益大。异日机锋之所向,四川、广西、两湖,究竟非偏安于一隅者。余辈所敢明言,而信其必然也。

　　译者曰:著者此论述法人假宗教之暗布政治上之势力,甚为痛切。吾人于此,宜急图国民教育之普及,俾教民亦知爱国,庶不至为外

---

① 所在有之,且不胜其多　自译本第148—149页,为“所在多有,不可指偻数”。日文本第177页,原为“所在之あり。其多きに勝へず”。田译本第96页,为“所在皆有”。

② 寓　初印本和重印本的下编第10页,原为“屇”,同“寓”。

③ 甘伯大　自译本第149页,为“甘伯达”。田译本第97页,为“耿柏特”。日文本第178页,原为“ガンベッタ”。应为莱昂·米歇尔·甘必大(Leon Michel Gambetta,1838—1882),法国第三共和国总理(1881—1882年),共和派政治家,著名律师。1869年提出激进的社会改革纲领,当选议员,成为共和派领袖。1870年9月革命后任临时政府内务部长。普法战争中乘气球飞越普军围城防线,在外省组织抵抗。1871年1月,为抗议临时政府妥协投降而一度引退。同年7月再次当选议员,创办《法兰西共和国报》,联合温和共和派,挫败恢复帝制的阴谋,成为第三共和国奠基人之一。1879年任众议院议长,继而任总理。1882年1月下台,同年12月去世。

人所利用,则其祸源自杜①,慎勿拨庚子已事②
之灰烬,而授人以口实也。

　　要之俄人之略蒙古伊犁新疆,取北满,英人入
西藏,法人入云南。三五年来,中外之所啧啧评论
者,纵令今日俄然实现,要不足深怪矣。且如此等
地方,去海口甚远,不妨他人之通商贸易,与列国无
何直接之关系。但从保全领土之意义言之,要不能
无挟异议之余地;又从机会均等之义③言之,亦大
有独占之嫌。第此三国或由利益之交换,暗默之承
认,决然行之。④　则德美诸国,惟有袖手旁观而已,
必不能力争也。故此事三国一经决心,即容易见诸
实行者⑤。但俄人将进而入张家口,捣北京之根
本;或由嘉峪关侵入,而伺陕西之背面,摇河洛之中
央乎? 英人将进而并四川,入两湖,下长江⑥,与江
苏浙江,遥相呼应,而席卷扬子江流域一带乎? 法
人将进而侵江西,窥两湖,入广西乎? 此等地方,实
支那帝国之大动脉也,神经中枢也,膏腴富实之区
也。死生安危之所决,实系于此。各国之利害影
响,极为重大;彼此之关系,亦错综繁杂⑦,则一指
之所触,毛发胥动。不仅支那人之抵抗激烈,各外
国之反对猛剧,而三国间之利害得失,亦各不相同,
必相反拨、相摩荡、相冲突、相牵制、相交让,鼎沸縻

---

① 在发表于 1913 年 6 月 1 日出版的《言治》月刊第一年第三期的《论民权之旁落》中,李大钊
　提及:"若夫国民教育,乃培根固本之图,所关至钜"(见中国李大钊研究会编注:《李大钊
　全集》修订本第一卷,人民出版社 2013 年版,第 76 页)。
② 已事　往事。
③ 之义　日文本第 179 页、自译本第 150 页和田译本第 97 页,为"主义"。
④ 决然行之　点校本第 430 页,误为"决行之。然"。
⑤ 故此事三国一经决心,即容易见诸实行者　田译本第 97 页,为"故此一事,如三国决意实
　行,则易如反掌耳"。日文本第 179 页,原为"故に此一事は、三國の決心次第、案外容易に
　實行し得べし"。自译本第 150 页,为"故此一事,所最难者,在三国断决如何。至于实行,
　则无甚难者"。
⑥ 下长江　田译本第 97 页同此。日文本第 179 页,原为"長江を下り"。自译本第 150 页为
　"下汉口"。
⑦ 错综繁杂　日文本第 179 页和田译本第 98 页同此。自译本第 151 页,为"犬牙错综"。

烂,不经无数起伏顿挫①,必不能决。其势或三五
年始定,亦未可知。余故曰支那之将来,殆为五胡
十六国之再现而已。

　　然则有志于支那之中原者,俄英法三国外,将别
无有乎? 曰否否。祈支那之分割,较此三国最甚者,
德是也。德人之败②青岛已十余年矣,彼以天主教
二牧师之血,而购山东一角之地③,当时之行动,弱
肉强食之实例也。彼岂不知己之轻视国际公法乎?
盖彼素料支那之将有分割,亟亟④以求立足之地,
适遇此偶然之机会,遂驱彼出此不法之举动而已。
虽然,青岛仅弹丸之地⑤,驻屯之军队,仅一万余
人,且山东僻在一隅,而不使雄争中原⑥。将以为
根据地乎? 甚狭隘也;将以为策源地乎? (按:即
战地军队所仰需之背后地点。)其穷屈⑦也。此彼
所以十年以来,抱雄飞之志,生髀肉之叹,忍而俟时
机之至也。彼之将谋据济南,不止一再;思攫铁路
沿道之利权,亦不止一再。及近时津浦铁道之开
通,北上则可窥天津、北京,南下则可扼江苏之孔

---

①　无数起伏顿挫　自译本第151页,为"十起伏,百顿挫"。日文本第180页,原为"十の起
　　伏、百の頓挫"。田译本第98页,为"十之起伏、百之顿挫"。

②　败　日文本第180页为"割取せし",自译本第151页为"据"。

③　以天主教二牧师之血,而购山东一角之地　史称巨野教案、曹州教案。1890年,德国夺得
　　法国在山东传教的护教权后,开始在山东积极进行传教活动。巨野县磨盘张庄教堂德国
　　天主教神父薛田资,在当地发展教会势力,唆使教徒欺压平民,激起公愤。1897年11月1
　　日下午,分别在阳谷和曹州郓城一带传教的德国天主教神父能方济(1859—1897)和韩·
　　理加略,来到张家庄,参加天主教纪念"诸圣"的例会"诸圣瞻礼"。薛田资因能方济和
　　韩·理加略是来客,就把寝室让给两人住,自己住于门房里。当天晚上,天下小雨,约11
　　时,巨野县大刀会组织会员和民众二三十人手持刀、红缨枪进入教堂院子里。他们见堂内
　　已经熄灯,就砸开西边窗户,杀死能、韩两人。躲在门房里的薛田资则侥幸逃命。1895年
　　以来曾几次向清政府要求租借东南沿海港湾的德国政府,即以此为借口,于11月中旬出
　　兵强占胶州湾,并强迫清政府签订《胶澳租界条约》,允许德国租借胶州湾,在山东享有修
　　筑胶济铁路和开采铁路沿线矿产等特权。

④　亟亟　自译本第151页,为"锐意"。

⑤　弹丸之地　日文本第180页、自译本第151页和田译本第98页,为"一掌大之地"。

⑥　且山东僻在一隅,而不使雄争中原　"不使",应为"不便"之误。自译本第151页,为"且
　　僻在山东一隅,不便争雄于中原"。田译本第98页,为"且僻在山东之一隅,不便与中原争
　　雄"。日文本第180页,原为"且山東の一隅に僻在して、雄を中原に争ふに便ならず"。

⑦　穷屈　田译本第98页为"穷困"。日文本第180页和自译本第151页,为"局束"。

道。更横断而西向,则据河洛一带帝王之故都,亦非甚难。今革命之运气①,弥漫于二十一省中,而更波及山东一省。然而山东之吏民,宣言独立,而又取消之。风潮欲动而又静。德人满持而不发②者,犹欲敛鸷鸟之翼,以待搏击而已。此后民心动摇而不定,彼或一旦闻机会均等之声,猛然起而攫去此一美脔,必不待一两年之后矣。虽然彼之根据地,甚穷屈也;彼之兵力,甚单弱也。将进而向天津、北京乎? 则别有劲敌,不容彼染一指。更南而窥江淮乎? 或据河洛之中央,而扼芦汉铁道③之腹心乎? 威海卫之英人,胁彼之侧面,而不能无后顾之忧。纵令出青岛而据济南,既后援无继,又呼应不便,将奈何乎?

　　自德人虎踞中欧,四十余年,今法人气力虽馁,其志何尝一日忘报巴里城下之盟哉? 彼忍耻吞怨,不敢北向而出军者,诚知其实力有不及也。倘德人有事,而以十万之陆军,二十万吨之海军,留置苏彝士河④以东,半年以后,则巴里之共和政府,岂能默默而旁观乎? 莱因莱因之声,将不出于德人之口,而必先出于法人之口矣。阿尔撒士、罗连二州,旬日间⑤将

劲敌何人,胡不明言? 噫,吾知之矣。

---

① 运气　日文本第 181 页、自译本第 152 页和田译本第 99 页,为"气运"。

② 满持而不发　自译本第 152 页和田译本第 99 页,为"持满不动"。日文本第 181 页,原为"滿を持して動かざる"。

③ 芦汉铁道　从京郊芦(卢)沟桥到汉口的铁路。1895 年 12 月,清廷政府谕令卢汉铁路商办。但张之洞在募集商股的过程中多方受阻,不得不把修筑任务交给盛宣怀。盛宣怀承办卢汉铁路的款源主要是借洋债。比利时一举夺得了该路的贷款权。卢汉铁路于 1898 年开始修筑。北端卢沟桥至保定一段,盛宣怀受命督办铁路总公司之初,即请领官款承建,长 132.7 公里。南端汉口通济门至滠口一段,张之洞于议借比利时款期间建成,长 23.5 公里。1905 年 9 月,南北两端线路建成,在詹店车站附近接轨,11 月 25 日,黄河铁桥全部完工。次年 4 月 1 日,全线正式通车,改名为京汉铁路。

④ 苏伊士河　自译本第 152 页为"苏士峡"。日文本第 182 页为"蘇士"。田译本第 99 页为"苏彝士"。

⑤ 阿尔撒士、罗连二州,旬日间　在初印本和重印本的下编第 12 页,原为"阿尔撒士、罗连,二州旬日间"。阿尔撒士、罗连,今通译为阿尔萨斯、洛林(Alsace-Lorraine),法国东部地区,包括今法国上莱茵、下莱茵和摩泽尔(Moselle)省,即普法战争后法国于 1871 年割让给德国的领土。1919 年第一次世界大战后,这块土地归还法国。第二次世界大战期间,被德国占领,后又归还法国。田译本第 99 页,为"阿尔沙斯、罗林,不旬日间"。自译本第 153 页,为"亚耳撒士楼连二州,旬日间"。日文本第 182 页,原为"アルサスローレーンは、旬日間にして"。此日文译名,或应为"アルザスローレン"。

复为法人之所有。其实际情势如此,故德人虽夙梦想支那之分割,预备立足之地,终不能试一大飞跃也。其出师之最多额,在陆则三四师团,在海则十余万吨。虽欲一日蹶起①,而驰逐于极东之中原②,亦难如意,所谓鞭长不及马腹者是也。此虎髯之德皇所以不堪技痒之憾。假使彼为苏彝士以东之帝王,则团匪之乱③,不如彼其早定;日俄之役,不如彼其平和结局。而支那分割之局,将不待今日而早现矣。此后如闻俄人之略北满、蒙古一带,英人之入西藏,法人之据云南,首不禁其懊恼嫉妒之念,而片刻不能安于席者,将非他人,而必为德皇其人也。彼昔年以来,屡欲试兵威于法人之前④,惟以俄人暗掣其肘而不果。近又屡露锋棱于英人之侧⑤,又以海军之力不足而亦不果。彼虽自觉不得不随先进诸国之后,然动则现反噬之态度。彼平时之势,虽自悟⑥不得不由商战而争雌雄,然殊嫌其迂远⑦。今梦寐之间,将望支那之分割,拥百万之劲兵,以其身在大西洋外几千里之远,不能实行平生之雄图,徒闻他人之酒肉香芬,堂上之弦歌舞蹈⑧,而己独不得不呻吟于

---

① 蹶起　初印本、重印本的下编第 12 页、日文本第 182 页、自译本第 153 页和田译本第 100 页,都为"蹶起"。点校本第 432 页,校注为〈蹶〉〔崛〕起,似无必要。

② 极东之中原　日文本第 182 页和田译本第 100 页同此。自译本第 153 页,为"极东之地"。

③ 团匪之乱　指 1900 年至 1901 年发生的义和团运动。

④ 屡欲试兵威于法人之前　自译本第 153 页,为"几拟老拳于法人头上矣"。日文本第 183 页,原为"幾たびか鉄拳を佛人の頭上に擬せり"。田译本第 100 页,为"几欲置铁拳于法人之头上"。

⑤ 近又屡露锋棱于英人之侧　自译本第 153 页,为"近时屡欲下痛棒于英人眉间矣"。日文本第 183 页,原为"近時幾たびか痛棒を英人の眉間に下さんとせり"。田译本第 100 页,为"近时又欲下痛棒于英人之眉间"。

⑥ 悟　初印本、重印本的上编第 13 页和点校本第 433 页。今作"误",应有误。悞,应矫正为"悟"。日文本第 183 页和自译本第 153 页,为"悟"。田译本第 100 页,译为"明知"。

⑦ 殊嫌其迂远　自译本第 153 页,为"而憾其稽缓迟久"。日文本第 183 页,原为"其の待ち遠しきに焦燥てり"。田译本第 100 页,为"然又焦灼其为时太远"。

⑧ 徒闻他人之酒肉香芬,堂上之弦歌舞蹈　田译本第 100 页为"徒鼻闻他人之香酒芬肉,耳听堂上弦歌舞蹈之声"。自译本第 154 页,为"徒嗅厨里醇酒肥牛之香,耳堂上弦歌舞踏之声"。日文本第 183 页,原为"徒に他人の酒香肉芬を鼻にし,堂上絃歌舞踏の聲を耳にしつゝ"。舞踏,或为"舞蹈"的别称。

室隅①,以甘乎冷羹残脍。此岂以野心家喧传一世②
之德皇其人之所堪乎? 使我在极东使我在日本之地
位之言③,其切齿痛恨之声,觉恍然响于人之耳鼓也。
于是纠合群不逞之徒④,弄纵横排挞⑤之诡辩,彼此
离间,或中伤之,使其纷争轧轹,反目疾视,兵火格斗;
而已立于其间,以窃占大利益。自彼往年唱黄祸之
说,以日本可畏之流言,传播于大陆诸国间者观之,则
异日活动之情态,有思过半者矣。而闻德人之声,雷
同附和,首先驰骋者谁乎? 即美国是也。

美国本为纯粹和平之共和国民,一意信奉利用厚
生之实利主义,决不夺人土地,略人臣民。然近征二十
年来之实际,如并吞布哇⑥,合并古巴、吕宋之行动⑦,

---

① 而已独不得不呻吟于室隅　自译本第 154 页,译为"己则独呻吟向隅"。日文本第 183 页,
原为"己は獨り室隅に呻吟して"。田译本第 100 页,为"己独呻吟于一室"。

② 以野心家喧传一世　田译本第 100 页,为"以野心勃勃称于一世"。自译本第 154 页,译为
"以野心的肉团鸣于一世"。日文本第 183 页,原为"野心の肉團を以て一世に謠はれし"。

③ 使我在极东使我在日本之地位之言　之言,或应为"言之"。自译本第 154 页,为"如使我在
极东也,如使我在日本之地位也"。日文本第 184 页,原为"我をして極東に在らしめば,我
をして日本の地位に在らしめば"。田译本第 100 页,为"向使我在极东,又居日本之地位"。

④ 纠合群不逞之徒　初印本、重印本的下编第 13 页和自译本 154 同此。日文本第 184 页,原
为"羣不逞の徒を纠合して"。意为纠合成群的不逞之徒。或断为:纠集群的不逞之徒。
不逞之徒,指因不得志或心怀不满而闹事捣乱的人。田译本第 100 页,为"纠合不逞之徒"。

⑤ 排挞　自译本第 154 页和田译本第 100 页,为"摆阖"。日文本第 184 页,原为"擺闔"。

⑥ 并吞布哇　布哇,日本人对夏威夷(Hawai'i)的旧称。夏威夷,由太平洋中部的 132 个岛屿
组成。首府位于欧胡岛上的檀香山。最早的居民是波利尼西亚人,1778 年后欧、亚移民
陆续移来。1795 年建夏威夷王国。1898 年被美国吞并。1900 年归属美国。1959 年成为
美国的第 50 个州。

⑦ 并吞布哇,合并古巴、吕宋之行动　自译本第 154 页,为"并吞布哇,并合久玛吕宋之暴横
行动"。日文本第 184 页,原为"布哇を并吞し、玖瑪、吕宋を合併せし手際"。田译本第
101 页,为"并吞布哇、玖马,合并吕宋之伎俩"。
1492 年,哥伦布航海发现古巴岛。1510 年西班牙远征军开始征服古巴并进行殖民统治。
1762 年英国占领古巴。1763 年《巴黎条约》签定,西班牙用佛罗里达的大部分领土换回了
古巴。1790 年古巴出现要求独立的运动,即由获得自由的农奴何塞·安东尼奥·阿朋德
领导的奴隶起义。1868 年和 1895 年先后爆发两次独立战争。1898 年美国赢得对西班牙
的战争后占领古巴。1901 年古巴的新宪法,被迫接受"普拉特修正案",允许美保留干预
古巴内政的权利。1902 年 5 月 20 日,美扶植成立"古巴共和国"。1903 年,美国强租古巴
海军基地两处,至今仍占领着关塔那摩基地。
吕宋　即今菲律宾群岛中的吕宋岛。宋元以来,中国商船常到此贸易,明时称之为吕宋。
自 1571 年至 1898 年,其地为西班牙侵占,故《海录》译作小吕宋,而以大吕宋称呼西班牙。
过去华侨去菲律宾者多在吕宋登陆,故以吕宋为菲律宾之通称。

举专制武断之政府、力图侵略之国民,所不敢为之暴横,而毅然为之矣。其最甚者,如诈阿齐纳①等之志士,约以将来可以自主之权,借土人之力,而逐西班牙人②,遂至于断行合并,违背前言。不可谓非以博爱人道自为标榜之民族,千百年后之一大瑕疵也。彼虽素怯战而为平和之国民,今乃为向人挑战③之狂暴国民矣。舐糠之犊,一变而为食米之犊矣④。彼已掌握北美大陆之全权,今乃一跃而欲争霸于⑤东亚大陆。然而彼惟一之根据地,吕宋群岛而已,进取退守,两为不便。就其实际商战观之,则在中部以南者,不如英人之基础牢固;在北方一带者,不如日本人之行动活泼。但彼所恃为无上之强力者,无尽藏之生产力,与丰富无限之资本而已。故彼欲求立足地于大陆,必先建投资之政策。藉绝日俄两国后来争端之美名,提议满洲铁道之中立。然而除日俄两国以外,英德法诸国,均不赞成,终蹉

破坏满铁中立策者谁乎?非尔岛国也耶?中美邦交素称辑睦,岛人妒甚,往

---

① 阿齐纳　田译本第 101 页,为"阿尼纳尔德"。自译本第 154 页,为"亚吉那耳德(吕宋人)"。日文本第 184 页,原为"アギナルド"。通译为埃米利奥·阿吉纳尔多(Emilio Aguinaldo,1869—1964),或阿奎纳多,菲律宾独立领袖。1895 年参加了安德烈斯·博尼法西奥的"卡蒂普南"秘密团体,1896 年发表宣言,号召菲律宾人民驱逐西班牙政府。1898 年菲律宾宣布脱离西班牙而独立,他被推选为第一任总统。但数个月后,西班牙与美国签订条约,将菲律宾割让给美国。阿吉纳尔多继续与美国作战,直到 1901 年被捕为止。第二次世界大战期间与日本勾结,战后被短暂监禁,后因总统特赦获释。1950 年被任命为议会议员。晚年致力于发扬菲律宾民族精神和民主,改善菲美关系。

② 西班牙人　日文本第 184 页和田译本第 101 页同此。自译本第 155 页,为"西人"。

③ 向人挑战　初印本下编第 13 页原为"向人挑战",重印本下编第 13 页和点校本第 434 页误为"何人挑战"。自译本第 155 页译为"挑战他人",日文本第 185 页,原为"戰を他人に挑む"。田译本第 101 页仅为"挑战"。

④ 舐糠之犊,一变而为食米之犊矣　成语"舐糠及米"的化用,意谓先舔米外的糠,一直舔到里面的米。比喻先占据地方再夺取政权。也比喻由表及里,逐步进逼。舐:用舌头舔东西。此成语出自《史记·吴王濞列传》。西汉时期,各诸侯国不听中央的号令,各自为政。御史大夫晁错建议汉景帝削减各诸侯国的领地,把权力收归中央。实力最大的吴王刘濞野心勃勃地对其他诸侯国王说削减领地就像舐糠及米一样,号召其他六国起来反抗,历史上称七国之乱。自译本第 155 页,为"偶尔一舐人血之良狗,今则一变而为一渴人血之狂狗矣"。日文本第 185 页,原为"端なく一たび人の血を舐りし良狗は,果然人の血に渇する狂犬と化し了りぬ"。田译本第 101 页,为"无端而舐人血之良狗者,终必化为渴人血之狂犬也"。

⑤ 初印本下编第 13 页为"于",重印本下编第 13 页和点校本第 434 页为"与"。

跌于中途矣。彼又买支那人之欢心，而欲作为他日结托之地。还付团匪事变之赔款①，并为留学生养成之条件。于是北京政府，喜救一时财政之急；中国青年学生，亦颇感激美人之厚谊。自是之后，彼难逢迎支那官民之意，筹种种之策略②，终未一见效果而已。

此次革命乱起，二十一省将益多事，何日终局未可知也。而英俄法德诸国，各有策源地与根据地，作战之计画，已有端绪。然东望太平洋，则风涛渺茫，达于七千海里之遥。巴拿马之开通，犹远在三年之后。七年之艾，不足救目前之疾③。火焰迫于眉睫，掘井犹未及泉④。倘异日有大陆分割之

往造作蜚语以间之。今著者曰（买欢心）亦此⑤志也。至还付赔款一举，尤属仗义，更以见其情谊之笃诚。夫吾固甚愿吾东邻之有以如是买吾人之欢心者，而卒不闻。噫，居心若是，则其平日以甘言蜜语饴吾者，皆伪耳。

---

① 还付团匪事变之赔款　1900年（庚子年），义和团运动在中国北方部分地区达到高潮，清政府对列强开战，八国联军占领了北京。1901年（辛丑年）9月，中国和11个国家达成了屈辱的《解决1900年动乱最后议定书》，即《辛丑条约》。条约规定，中国从海关银等关税中拿出4亿5千万两白银赔偿各国，并以各国货币汇率结算，按4%的年息，分39年还清。史称"庚子赔款"，西方人称为"拳乱赔款"（Boxer Indemnity）。1909年起，美国将所摊浮溢部分本利退回，充作留美学习基金，到1924年6月退回余款本利1250余万美元（另说"美国在光绪年间主动退还中国的庚子赔款近2900万美元"，见杨奎松：《"中间地带"的革命》，山西出版集团、山西人民出版社2010年版，第5—6页），作为中国教育文化基金。1917年12月起，大部庚款缓付5年，德奥部分因战败取消，和俄国缓付部分，都拨作国内公债基金。1924年5月底苏联政府声明放弃俄国部分庚款，于清偿所担保债务后，完全充作提倡中国教育款项。1925年法、日、英、比、意、荷等国都先后声明退回赔款余额，并订立协议，充作办理对华教育文化事业，或充作外国银行营业费用和发行内债基金之用。退回庚款的实际使用，大都由中外合组的管理委员会主持。日本虽有承诺，却百般拖延，最终一文未退。

② 彼难逢迎支那官民之意，筹种种之策略　"难"字似有误。田译本第101页，为"彼极力逢迎支那官民，讲种种之策略"。自译本第155页，译为"彼每逢迎支那官民之心，经营惨淡，用意良苦"。日文本第186页，原为"彼は支那官民の意を逢迎して、種種の策略を講ぜしかども"。

③ 七年之艾，不足救目前之疾　成语"七年之病，求三年之艾"的化用。出自《孟子·离娄上》，意为病久了才去寻找治这种病的干艾叶。比喻凡事要平时准备，事到临头再想办法就来不及。

④ 火焰迫于眉睫，掘井犹未及泉　自译本第156页，为"火焰炎炎方腾，刻刻迫人眉睫，而井泉未及三尺之水焉"。田译本第102页，为"火焰刻刻迫于目前，而井泉之水不及三尺"。日文本第186页，原为"火焰は刻刻目前に迫り来れども、井泉は未だ三尺の水に及ばず"。

⑤ 亦此　点校本第435页，对此两字加了引号。

说,或列国会议之事,美国乌得有至大之发言权乎①? 即有如何之主张,亦必须置深固之基础。左右瞻顾,欲物色一同志,而忽闻有德人嘤求之声②,于是以为英俄法日皆与我利害相反,非我可握手之友,其可恃者独此国耳。故第一着现于世者,即前日之声明也③。略谓自今以后,各国应共同从事,不许某国之独力运动。其言虽甚似公平,然前日英美德法比诸公使之访问袁世凯④,果经外交团之协议乎? 而近日华盛顿政府,首先承认新政府之说⑤,果由于各国之协同乎? 其他如某某借款,亦非出于全体之共同。果尔,则美国之提议,究竟归于无意义而已。惟其意之所指,则别有心意。要之,仅为虎髯德皇之傀儡而已;不过忌某国之欲独

巴拿马一旦开通,只知有美日之战,不知有他。

某国究竟为谁?

妨害某某国之独占权利,是维持世界

① 美国乌得有至大之发言权乎　此句中"至大之",初印本下编第 14 页原为"几大之",重印本下编第 14 页和点校本第 435 页误为"几大不"。自译本第 156 页,为"美国果何所据,而有至大之发言权乎"。田译本第 102 页,为"我美国果何所据而有至大之发言权哉?"日文本第 186 页,原为"米國はの何の據る所ありて至大の發言權を有せん"。

② 左右瞻顾,欲物色一同志,而忽闻有德人嘤求之声　自译本第 156 页,为"方且左右顾盼,物色与己共事者,忽有独人呼曰:来来"。田译本第 102 页,为"正左右顾望,物色偶人,忽闻德人相招之声"。日文本第 186 页,原为"左右顧望して、己と事を共にすべき者を物色しつつありしに、忽ち獨人が来来の聲を聞けり"。嘤求,"嘤鸣求友"的简写。语出《诗经·小雅·伐木》:"嘤其鸣矣,求其友声"。

③ 故第一着现于世者,即前日之声明也　田译本第 102 页,为"如是第一出现者,前日之声明也"。自译本第 156 页,为"已而第一出现者,乃前日北京外交团之声明也"。日文本第 186 页,原为"かくて第一に出現せし者は、前日の聲明なり"。

④ 前日英美德法比诸公使之访问袁世凯　不详。

⑤ 近日华盛顿政府,首先承认新政府之说　中国辛亥革命后,欧洲列强和日本以承认中华民国为要挟,企图迫使中国政府满足他们瓜分中国领土和夺取中国财政主权的无理要求。而美国塔夫脱政府为实现其"金元外交"在中国的运用,自愿与其他列强一道,一再推迟对中华民国的承认。1912 年 7 月 7 日,北京政府新任内阁总理陆征祥致电美国国务卿诺克斯,请求美国政府立即承认中华民国政府。此前美国政府就接到驻华公使嘉乐恒主张迅速承认中华民国政府,以安定中国内政的报告。同时,美国国内要求承认中华民国的呼声愈来愈高。在这样的形势面前,美国政府于 7 月 20 日电询英、法、德、意、日、俄、奥等国政府是否愿意立即承认中国政府,并说明美国国内的舆论均主张立即承认中华民国,美国政府不便久违民意。美国从其他列强那里得到否定的答复后,决定等中国永久宪法宣布,临时政府终止后,再予以承认,以便维持列强合作的原则。1913 年威尔逊就任美国总统后,于 4 月率先承认中华民国,客观上有利于中国。参见秦珊:《1913 年美国威尔逊政府率先承认中华民国的决策过程》,《南开学报》1999 年第 2 期;秦珊著:《美国威尔逊政府对华政策研究》,中国社会科学出版社 2005 年版,第 41~44、59 页。

占权利,预张铁网以妨害之而已。

　　支那民族之依赖的根性①,渊源于先天以前,而发达于后天以后。且以夷狄制夷狄,使陷于蚌鹬之争,而己占渔人之利,为其外交上传来之政策。一误再误,至今不悟。彼与法争安南时,专依赖英国,终归无效。与我争朝鲜时,亦暗依赖英国之声援,亦归无效。争辽东半岛时,依赖俄法德三国干涉,虽似有效,实不堪其害②。德人入胶州湾,俄人据旅顺、大连,皆胚胎于此时。及俄人据东三省而不动,彼又依赖我日本。东三省既恢复以后,又欲依赖美国以陷我③。今就其内乱未定、财政危急观之,又依赖六国借款。会议未谐,又欲暗依比国与德国之借款。媚甲附乙而谄于丙丁,苟图目前之小利。究不知甲乙丙丁,皆有叛去之日,可谓如娼妇之一点朱唇万人尝者。美德二国岂不知此中之实情乎?知之而犹应之,借与一臂之力者,实大有所利用之故也。彼岂真亲爱支那民族乎?(胶州湾之强夺,非德人对于支那之真相乎?绝对拒绝支那人之入国,又岂不可见美人之心地乎?)此后万一列强之意见不能融洽④,虽“支那利权,支那保全”日悬诸口⑤,实则挑猜疑之念,长憎怒之情,殖纷议之种,深缪辖⑥之根。表面虽似妨支那分割,而反

和平,昌明人道主义。效即止此,功德亦无量也。

辽东半岛事,岛人遭三国干涉,卒忍痛未偿所愿,此恨绵绵茫无尽期。⑦然恶人恶报,理固应尔,夫将谁尤?

杨花水性,惟岛人之本色。

---

①　根性　日文本第187页同此。自译本第157页,为“奴性”。田译本第102页,为“性”。

②　实不堪其害　田译本第103页,为“实则受害不浅”。自译本第157页,为“终则不耐其弊”。日文本第187页,原为“實は其の害に耐へざりき”。

③　又欲依赖美国以陷我　田译本第103页,为“又依赖美国而陷我”。日文本第188页,原为“又窃に米國に依頼して我を陷いれんとしたりき”。自译本第157页,为“又窃倚赖于美国而图纳我日本于陷阱之中矣”。

④　不能融洽　自译本第158页,为“支吾不相合”。日文本第188页,原为“支吾あらん”。田译本第103页,为“不合时”。

⑤　“支那利权,支那保全”日悬诸口　初印本、重印本的下编第15页原无引号和逗号。自译本第158页,为“每佯公言支那之利权,支那之保全”。日文本第188页,原为“每に陽に支那の利權、支那の保全を公言しつゝ”。田译本第103页,为“每阳言支那之利权,支那之保全”。

⑥　缪辖　意为交错,杂乱。引申为纠缠不清。

⑦　卒忍痛未偿所愿,此恨绵绵茫无尽期。　此句标点,似应为“卒忍痛未偿所愿。此恨绵绵茫无尽期,”。

速分割之来者①,断为德美二国而已。至最后分割
之日,此二国终非支那之良友,将为支那之仇敌矣。
不但此也,十年二十年之后,将更开骚扰搅乱之端,　较之尔国,还算是
使四万万人终陷于最下之境,千年万年再无超升之　良友。
期者,恐非他国也②(惟汝日与俄耳!)。③ 支那者
宇内一大旧国也,今以其民族腐败人心离散之故,
一旦遇亡国之运,举四万万之生灵,陷于水火涂炭
之中,而不能复生。我安得不放声大哭,为我千年
以来之友邦悲乎? (我同胞亟听之!)我日本亦东
方新兴一雄邦也! 今同种之民族,邻国之政府,在
此惨毒苦痛之中,而不能救,又不敢救。坐视四千
年文明之古国,陷于灭亡之运,而不能筹一善后之
策。新兴国之实安在? 东亚霸权之效力安在? 且
西欧文明之东渐,亚洲国家,为其推倒,为其淘汰
者,不一而足。若土耳其④,若印度,若埃及,若波
斯⑤,若安南、缅甸,莫不皆然。今支那亦不免于亡　吃语,真不顾体面!
国之运,(我同胞亟听之!)则以后在东亚之中,顶
天立地,持自主之体面者,惟我日本帝国而已。就
东亚人种全体观之,祸乎福乎? 吉乎凶乎? 呜呼!　孟罗主义者,即日
东亚之事,东亚人能自主之者,其在何时乎! 孟罗　本独吞中国之代名
主义之实现,又在何日乎! 我安得不为东亚全洲痛　词耳。
哭流涕,并为我帝国怨且惜乎!⑥

---

① 而反速分割之来者　日文本第 188 页,原为"實は分割の機を早めん者"。自译本第 158
　页,为"而里面早其分割之机者"。田译本第 103 页,为"实则促瓜分之机者"。
② 最下之境,千年万年再无超升之期者,恐非他国也　日文本第 188 页,原为"那落の最下底
　に陷れて、千年萬年、再び浮び上るの期なからしめん者、恐らくは他國にあらじ"。自译
　本第 158 页,为"阿鼻地狱之最下底,而使其千年万年无复出头之期者,非他国即美德也"。
　田译本第 103 页,为"大海之最下底,虽千年万年犹不能浮上者"。超升:谓从困境中解脱。
③ 自译本第 158 页,此下另起一段。日文本第 189 页未另起段。
④ 土耳其　田译本第 104 页同此。日文本第 189 页和自译本第 159 页为"土耳古",应系
　Turkey 的别译。
⑤ 波斯(Persia)　是伊朗在欧洲的古希腊语和拉丁语的旧称译音。在中文里,"波斯"被用
　于描述 1935 年之前的事,或该民族从古就有的事物,如波斯语和波斯地毯。现代政治、经
　济等事务则用"伊朗"一词。
⑥ 中岛端在本章中论及:按照亚洲孟罗主义,"亚细亚之事,惟亚洲人得处理之。支那二十一
　省之事,唯支那人得处分之,不容他国人之掣肘"。但在实际上,中国面临着分割危机,且

译者曰：从来外交重捭阖之术，列强持均势之局。其利害关系最深者，其操纵离合之术亦最谲。强弱相遇无公理，国际之间无道德，势使然也。今著者纵论列强之态度，某也居心叵测，某也蓄志阴毒，于英、法、俄则诋之忌之，于德、美则讥之间之，于吾华则诅之咒之。人皆万恶，惟我独善，而独不论及日本。何其明于观人，而暗①于观己耶？推其居心，世界惟有日本，著者方快意。否则亚洲惟有日本，著者亦快意。否则吾国甘为鱼肉，一任日本之宰割，著者亦快意。否则列强于东方宿植之势力，拱手以让之日本，著者亦快意。否则将列强逐出亚陆，坐令日本雄霸一洲，著者亦快意。即不然，列强能与日本同谋分裂吾华，而与日本以特别独厚之利益，则著者亦未尝不快意。而无如其不能也。立国于世者，匪止日本也。经营东方者，又有欧美列强也。吾国人心未死，不奄奄待毙，任其刀俎割烹也。至其述列强谋我之情，洞若观火，且痛哭流涕以陈之，似甚念辅车唇齿之谊也者。实则亚东孟罗主义一语，已露出光芒万丈。而后知其且悲且怨且惜且痛哭流涕满纸郁郁恨恼无穷者，殆恨日本未得独张东亚之霸权耳，未得独吞中国耳。岂真爱我者哉！然吾人闻之，则有足为棒喝②之警者。光复以来，士夫方谓铺张扬厉，如火如荼。而人则视为分割之祸，迫于眉睫。人方为刀俎，

关系到日本、东亚乃至世界。除了俄人略蒙古伊犁新疆取北满，英国人西藏，法人人云南的危险外，还面临德美两国的觊觎。中国沿用的以夷制夷外交方针，难以抵挡德美的染指。本章的论述，为以下几章论述日本对中国分割的态度、方针做了铺垫。北洋法政学子们则一针见血地指出：孟罗主义者，即日本独吞中国之代词耳。

据此，对中岛端在本章中的论述，可概括为以下几句话：孟罗主义虽然好，欧美列强难做到。中国必然被分割，惟待日本柱东亚。

① 暗 初印本和重印本的下编第 16 页，原为"闇"。

② 棒喝 初印本下编第 17 页原为"棒喝"，重印本下编第 17 页误为"捧喝"。点校本第 439 页校注为"〈捧〉〔棒〕喝"。

我方为鱼肉。唐人诗云:"夕阳无限好,只是
近黄昏"。呜呼! 译至此,吾不知涕泪之何
从矣。

日本与支那分割

　　夫使支那分割之势已成,分割之机已至,我帝国能独任拨乱反正之事,建回天挽澜之业乎? 此亦一大问题也。无已,则有策焉。我帝国不贪尺寸土地,俨然局外中立,毫不与分割之议。如至南满租借之期满,则举旅顺、大连,尽还支那,不问过渡政府①为何物。徐察民心所向,任其自然归著而无所干涉,一也;不然,则乘分割之机,先发不为人制②,扼守其要害,控制其形胜。一面不逆今日分割之运,一面为异日统一之地,以免同文同种生灵涂炭之苦痛,兵火之惨祸。抚循③民心,扶植人道,所谓尽人事而俟天命,又一也。一言以蔽之,即全不与于分割,抑与于分割云尔。④ 穷其根本而论之,则支那土崩瓦解之势,早已胚胎于团匪扰乱之时(更进而求之,实在长发扰乱之时也)。而至今尚未发生者,以其邻于我日本也⑤。当团匪势最猖獗时,六国使君之被困于交民巷中者⑥数月。以英提督西摩亚⑦之勇,率军赴援之际,途中为匪徒所围,仓皇逃归而不敢复出。于是西人之旅居东土者,皆以

多谢盛情。

---

①　过渡政府　日文第 190 页、自译本第 160 页和田译本第 104 页,为"後繼政府"。

②　则乘分割之机,先发不为人制　点校本第 440 页,断句为"则乘分割之机先发,不为人制"。自译本第 160 页,为"乘分割之机,不为人所制机先"。日文本第 190 页,原为"分割の機に乗じて、人の先を制する所とならず"。田译本第 104 页,为"乘瓜分之机,先发制人"。

③　抚循　安抚,慰问。

④　日文本第 191 页、自译本第 160 页和田译本第 105 页,此下另起一段。

⑤　以其邻于我日本也　自译本第 160 页,为"以我日本立其傍近也"。日文本第 191 页,原为"我日本の其傍近に立てるを以てなり"。田译本第 105 页,为"以我日本立于其傍故也"。

⑥　使君之被困于交民巷中者　自译本第 160 页,为"使臣笼居交民巷"。日文本第 191 页,原为"使臣の交民巷中に籠居せること"。田译本第 105 页,为"使臣困居于交民巷者"。

⑦　英提督西摩亚　自译本第 160 页为"西毛亚"。田译本第 105 页为"师毛亚"。日文本第 191 页,原为"シーモーア"。即爱德华·西摩尔(Edward Seymour, 1840—1929),英国海军将领。曾参与第二次鸦片战争、八国联军侵华战争。1897—1901 年任英国东亚舰队司令。1900 年 6 月 10 日,各国以保护北京使馆为名,由他率领一支英、俄、德、法、美、日、意、奥八国军队组成的侵略联军二千余人,从天津出发,进犯北京。在杨村、廊坊等地受到义和团和清军的狙击,被迫后撤,退回天津。1901 年归国。著有《我的海军生涯和旅行游记》。

为六国使臣将为匪徒所屠,因哀诉于我政府,请出大兵①以维人道,我军乃始渡海②。大沽③之役先登而攻陷炮台者,我军也;攻陷天津城者亦我军也;合围北京,力战破敌人④死守之朝阳门而倾其巢穴者亦我军也⑤。满廷帝后既逃去,各国军队闯入宫城,劫掠市上,奸淫屠戮,无所不至。其严守纪律秋毫无犯,不失吊民伐罪之意者,独我军也。其后各国暂设民政署⑥,分管北京士民。其能断讼狱、布政令、惩无赖之徒、恤无告之人,使数十万良民安堵如故者⑦,我军也。就实际言之,日本之劳力最多,其功亦最著。故中外称颂之声,交集于我军;支那人之倾心⑧于我者亦不少矣。我日本上下初无土地侵略之贪念、权利取得之野心,故讲和赔款之议起,我帝国之所要求者最廉⑨,不得与列国比,有足

谁倾心于尔者,尔其梦耶!

---

① 在共计 33000 人的八国联军中,日军有 22000 人,占全部侵华兵力的三分之二。证明日本在八国联军侵华战争中对中国的危害最大。

② 我军乃始渡海　初印本下编第 18 页、自译本第 161 页同此。重印本下编第 18 页、点校本第 441 页,原为"我军之始渡海"。田译本第 105 页,为"我军始渡海"。

③ 大沽　田译本第 105 页同此。日文本第 191 页和自译本第 161 页,原为"太沽"。太:极大。

④ 敌人　日文本第 191 页和田译本第 105 页为"贼"。自译本第 161 页,为"贼匪"。

⑤ 此亦表明日军在八国联军侵华战争中对中国造成的危害之大。

⑥ 各国暂设民政署　1900 年 10 月,八国联军统帅瓦德西建议由各国派员组成一个统一的国际委员会来管理北京,以改变各国在自己的占领区各行其是的局面。这个建议遭到法国反对,后几经磋商,于 12 月 10 日成立了一个不包括法军代表的"管理北京委员会"(亦称北京民政厅公司),办事机构设在理藩院衙门。从该会所发文告章程来看,其权限只限于管理公共秩序、卫生、军队给养、人民粮食问题及筹款。这与成立该会的初衷大相径庭,并没有改变各国分占北京的局面和性质。

⑦ 安堵如故者　自译本第 161 页和田译本第 105 页,为"安其堵者"。日文本第 192 页,原为"其堵に安んぜしめし"。

⑧ 倾心　日文本第 192 页为"窃に心を我に寄する"。田译本第 105 页,为"窃归于我者"。自译本第 161 页,为"窃属意"。

⑨ 我帝国之所要求者最廉　对于庚子赔款,联军各国的分配率以俄国最多,计 28.97%;德 20.02%,法 15.75%,英 11.25%,日 7.73%,美 7.32%,意 5.91%,比 1.89%,其余都不足 1%。日本所得为白银 3479.3 万两(合 4895.3 万日元),在八国中列第五。到 1907 年,在各方面的努力下,美国政府同意退还所收庚子赔款的半数。在美国的带动下,其他各国相继退还部分庚款。只有日本态度消极,百般拖延,分文未退。

令人怪异者矣①。

　　当时列国或真无分割之意，或有其意而不敢首先提议以呈露野心者，虽不无他项原因（列国未窥破支那之真相其一，无分割之准备其二），而震慑②于我日本之威势实为其中一大阻力也。使当日有提议分割者，我日本之发言权足以压服列强而有余，或竟收得其大半，亦非意外之事。此亦列强所不愿也。德皇不欲落后③，乃派瓦德西④将军（当时彼实不料议和结局如此其速），使居各国将军之首位，以攘夺我日本之功，而其愿终不得偿者⑤，实以此也。若使当时无我帝国，列国早已演支那分割之第一出矣。幸我帝国与支那为邻，一面保护之，一面鞭挞之，隐然自居于后见人⑥之地位（然支那人不自觉也，我政府亦不自觉也）。唯俄人以傲慢粗放自居，睥睨日本⑦，故借镇定乱民之名荡平东

早知岛人未获好意，数语竟自败露。

日本者，吾中华之产儿也。考其立国千年之历史，一切文化制度莫非传袭上国者。是则尔岛

----

①　不得与列国比，有足令人怪异者矣　田译本第 105 页，为"而使人甚怪其不得于列国比例权衡也"。自译本第 161 页，为"殆乎使人诧异其与列国比例失衡太甚矣"。日文本第 192 页，原为"人をして列國と比例權衡を得ざることの甚しきを怪ましむるばかりなりき"。

②　震慑　自译本第 162 页，为"有所惮"。日文本第 192 页，原为"憚る所ありし"。

③　不欲落后　自译本第 162 页，为"不厌其迟"。日文本第 192—193 页，原为"後れ馳せに"。

④　瓦德西　阿尔弗雷德·格拉夫·冯·瓦德西（Alfred Graf Von Waldersee, 1832—1904），早年入普鲁士边防炮队，参加过普法战争。后任德国总参谋长，晋升陆军元帅。1900 年 8 月任八国联军统帅，11 月抵达北京，指挥侵略军由津、京出兵侵犯山海关、保定、正定以及山西境内，残酷镇压义和团，屠杀中国人民，胁迫清政府接受议和大纲，扩大列强侵华权益。1901 年 6 月回国。著有《瓦德西回忆录》，中文节译本名《庚子联军统帅瓦德西拳乱笔记》。自译本第 162 页，译为"瓦耳涅耳慈"。田译本第 106 页，为"哇尔典"。日文本第 193 页，原为"ワルデルヂー"。

⑤　而其愿终不得偿者　自译本第 162 页，为"以使我失望者"。日文本第 193 页，原为"鼻明かせんとしたりし"。田译本第 106 页，为"令人抚然自失者"。

⑥　后见人　日本法律术语，应为"监护人"之意。参见南洋公学译书院初译，商务印书馆编译所补译校订，李秀清点校：《新译日本法规大全》第 2 卷（点校本），商务印书馆 2007 年版，第 573、585 页。《日本民法典》（1897 年），北京政法学院法制史教研室：《外国法制史参考资料汇编》3，第 78、101 页。日文本第 193 页，原为"後見"。自译本第 162 页，译为"后盾"。田译本第 106 页为"监督者"。

⑦　睥睨日本　自译本第 162 页，为"眼中无复日本"。田译本第 106 页，为"眼中无我日本"。日文本第 193 页，为"眼中我が日本なかりき"。

三省而怀割据之心①。我帝国为保护支那主权维持东亚和平起见，屡次严重交涉，俄人终无让步之意，日俄之战基于此焉。我日本席②百战百胜之威，俄人成连战连败之局。逮朴资茅司和议③告成，而战争始息。自是④我帝国始终一贯，标其保全领土主义而不敢或渝⑤；各国亦固持机会均等主义，而不敢私谋侵略。非各国之尊重支那主权也，非各国之能坚守盟约也，惮于我日本之武力耳！不但此也，当时支那之真相⑥尚未全露，东西人士皆以为支那兵力虽弱，土地犹广，人民犹众，民族之团结及其同化力异常强大，征服不易，统御实难。即一朝以武力分割之，而其人民之精神不属，不如持平和之态度，善导之，利用之，视为各国生产之市场，商工业之顾客之为愈也。是以当时列国之中虽有抱分割之念者，而亦未敢公然发表也。⑦　自革命起，武汉战争也⑧，南京攻围也，南北议和也，清皇退位也，地方轧轹也，军民冲突也，革党内讧也，京津兵变也。支那民族之姑息苟安，怯懦无勇，好纷

自开国以来，吾华无一日不负教训诱导之责，乃以有今日，反曰保护我、鞭挞我、后见我。鸱鸮食母，数典忘祖，甚矣！其背本也！

---

① 荡平东三省而怀割据之心　日文本第193页，为"逸早く東三省を蕩平して、先づ分割の色を現はしぬ"。自译本第162页，为"赶急荡平东三省，先现分割之色"。田译本第106页，为"扫荡东三省，而先现瓜分之色"。

② 席　凭借，依仗。自译本第162页和田译本第106页为"乘"。日文本第193页为"粜じ"。粜，或为"乘"之误。

③ 朴资茅司和议　自译本第162页，译为"朴的茅斯"。田译本第106页，为"波的冒斯"。日文本第193页，原为"ポーツマウス"。今通称朴茨茅斯条约。1905年9月5日，日俄双方在美国新罕布什尔州朴茨茅斯海军基地经过了长达25天的谈判后，签订了《朴茨茅斯条约》，正式结束了在中国土地上进行的日俄战争。

④ 自是　自译本第162页和田译本第106页，为"自是之后"。日文本第193页，原为"是とり後"。

⑤ 渝　改变。

⑥ 真相　日文本第194页、自译本第163页和田译本第106页，为"马脚"。

⑦ 日文本第194页、自译本第163页和田译本第107页，此下另起一段。

⑧ 自革命起，武汉战争也　自译本第163页，为"革命乱作，为武汉之接仗"。日文本第194页，原为"革命亂起りてより、武漢の戰爭と爲り"。田译本第107页，为"自革命乱起以来，有武汉之战争"。

争而无统一,喜空谈而鲜实力①,无爱国心,无忠君心,无牺牲心。一切丑态陋态,一切短处病处,一切腐处坏处,历历呈于东西人之目。纵非欧美人,纵非素抱野心之侵略家,而身历其境,目睹其事,其不油然勃然生支那人易与之感者有几人乎? 然回视我日本之实力则如何? 自征俄之战以来仅七八年,疮痍犹未补也②。二十余亿之内外债犹重压五千万人之头也,租税之负担有加无减,生计之穷迫愈趋愈下。于是我国民始有厌战之色,不如前之十年③一日思泄其卧薪尝胆之余愤于大陆也。而列国对于支那将来之形势,揣摩计画,预备经营,则非为未熟。特以彼此相顾④,不敢提倡分割之义耳。其表面上犹若持机会均等门户开放主义者,亦因目前彼我之间分肥多寡之分未易审定⑤,将来成败之终局未易预测,不欲尸戎首之恶名⑥,开争乱之战局耳。然列国之心目已洞瞩于二十一省之表里,无复匿影之余地矣。四万万人之运命日濒于危殆之局⑦,分割之祸不待十年,非俟智者而始决也。

　　或谓兵力的分割,往时强国对于弱国之政策

共和国民之精神,以忠国为荣。岛人奴性最深,死抱忠君二字,竟无觉醒之一日。可怜!

同胞听者!

---

① 怯懦无勇,好纷争而无统一,喜空谈而鲜实力　自译本第 163 页,为"怯懦而无胆气、无斗志也,乱杂而无体统也,喜空论而无实际也,团体之散漫而不巩固也"。日文本第 194 页,原为"怯懦にして膽氣なく闘志なく、亂雜にして統一なく、空論を喜びて實際なく、團體の鞏固ならざる"。田译本第 107 页,为"怯懦而无胆气,杂乱而无统一,喜空论而不务实际"。

② 疮痍犹未补也　自译本第 164 页,为"疮痍未痊,元气未复"。日文本第 195 页,原为"瘡痍未だ癒えず"。田译本第 107 页,为"疮痍未愈"。

③ 年　初印本下编第 20 页同此。重印本下编第 20 页,原误为"平"。

④ 非为未熟。特以彼此相顾　自译本第 164 页,为"非不熟矣。惟彼此相顾"。日文本第 195 页,原为"熟せざるにあらず。ただ彼此相顧て"。田译本第 107 页,为"非不周到。惟彼此相顾"。

⑤ 彼我之间分肥多寡之分未易审定　日文本第 195 页,原为"彼我の間、分肥多少の按分比例の未だ看出し易からざると"。自译本第 164 页,为"列国间,分肥多少,比例之率,未辄决定"。田译本第 107 页,为"彼我间肥瘦多寡之按分比例,未易定出"。

⑥ 不欲尸戎首之恶名　自译本第 164 页,为"惮己独受分割祸首之恶名"。日文本第 195 页,原为"己獨り分割の第一人たる恶名を受けんことを憚りて"。田译本第 107 页,为"惮落瓜分第一之恶名"。尸:承担,承受。

⑦ 日濒于危殆之局　自译本第 164 页,为"日又一日,趋于危险之局"。日文本第 195 页,原为"日又一日、危険の局に近づかんとす"。田译本第 107 页,为"日危一日"。

也。如俄奥普分割波兰①,拿破仑之侵略奥普,是也。然自今世文化益开,人道主义盛行,人人厌兵力战争之危险惨毒,悟平和战争之功效确实。当今日而言支那之分割,岂非迂远之甚者乎? 此所谓知其一不知其二也。今之列强亦前之列强耳,不公言侵略者非悟侵略之非计②,乃侵略手段之益趋巧妙也。其有时标榜真实平和战争者,亦仅限于兵力侵略利害不相偿之会耳③。非然④者,法之取安南也,非二十年前之事也耶? 英之取缅甸也,非十数年前之事也耶?⑤ 美之并布哇,取古巴、非律宾群岛也,非十余年前之事也耶? 英俄两国现时非谋分波斯也耶? 则今之列强鼓吹人道主义、标榜平和战⑥者,非悟侵略之非义不法,非悟铁血战之残忍惨毒⑦,顾视其利得失何如耳。且欧美列强扩张海陆军备,年盛一年,武器之精锐,战术之巧妙,日加一日者,何为也? 英德之海军竞争者何为也? 俄国新支出五亿⑧之巨款而制造军舰者何为也? 美国十年以来尽人力财力夜以继日而开巴拿马运河者何为也? 今日以后所谓兵力战争较往时不易者当然也,

---

① 俄奥普分割波兰　1772年8月5日,俄奥普三国第一次签署瓜分波兰的条约。波兰因此失去约50%的人口和1/3国土,德维纳河、德鲁特河和第聂伯河以东的土地都并入俄国版图。普鲁士取得物产丰富的罗亚尔普鲁士省以及大波兰地区北部。奥地利得到维斯图拉河以南的小波兰地区、西波多利亚以及后来名为加利西亚的地带。

② 非计　自译本第165页为“不可为”。日文本第196页原为“非なる”。田译本第108页为“非”。

③ 其有时标榜真实平和战争者,亦仅限于兵力侵略利害不相偿之会耳　田译本第108页,为“其有真实标榜平和战争者,亦仅限于兵力侵略之利害,不能相偿而已”。自译本第165页,为“其真实标榜平和战争,仅止兵力侵略之利害不偿之时而已”。日文本第196页,原为“其の真實平和戰爭を標榜するは、兵力侵略の利害相償はざる場合に限れり”。

④ 非然　自译本第165页和田译本第108页,为“不然”。日文本第196页,原为“然らずんば”。

⑤ 英之取缅甸也,非十数年前之事也耶?　田译本第108页,为“英之取缅甸,非十数年前之事乎?”日文本第196页,原为“英の緬甸を取りしも、十数年前の事にあらずや”。自译本第165页,未译此句。

⑥ 平和战　日文本第196页、自译本第165页和田译本第108页,为“平和商战”。

⑦ 残忍惨毒　自译本第165页,译为“不可为”。田译本第108页,为“不可为”。日文本第196页,原为“爲すべからざる”。

⑧ 亿　日文本第197页和田译本第108页同此。自译本第165页,为“亿万”。

战争之期间较往时短促者亦事实也,战争之地域、规模较往时更广阔雄大者亦必然之理数也。此后商战独行于世界,兵马干戈之惨祸将绝迹于人间者,殆假平和论者之谬想耳①！无论各国全废军备等诸梦想②,即欲稍为抑制,亦岂能实行于今日？如其有之,亦必待五大洲中一霸国之出现,当期诸东大陆问题解决以后矣。则支那分割之说岂果梦呓语乎？

或又曰,支那有七十万方里之土地③,四亿万之人民④,四千年来之历史⑤,民族之团结⑥称为强固无比,同化异种之力亦绝大无量也。近日欧美新文明输入⑦其国,后进青年之觉醒奋起者不知几千万。此次革命,此辈之力居多。纵令列强之中有觊觎分割者,支那人岂唯唯诺诺而甘受外族异种之羁

---

① 殆假平和论者之谬想耳　日文本第 197 页,原为"所謂似而非平和論者の謬想のみ"。田译本第 109 页,为"所谓似是而非平和论者之谬想而已！"自译本第 166 页,为"所谓荒唐悠谬平和论者之空想焉耳"。

② 无论各国全废军备等诸梦想　自译本第 166 页为"全废各国军备,无论矣"。日文本第 197 页,原为"各國の軍備を全廢するは勿論"。田译本第 109 页,为"今欲使各国全废军备,……殆不可能之事也"。

③ 七十万方里之土地　日文本第 197 页同此。田译本第 109 页,为"八十万方里之土地"。方里,日本面积计量单位。1 方里等于 15.423 平方公里。民国初年的中国国土面积为 1100 多万平方公里,合 70 余万方里或近 80 万方里。自译本第 166 页为"七十万里之土地";里,应为方里。

④ 四亿万之人民　日文本第 197 页和自译本第 166 页,同此。田译本第 109 页,译为"四亿之人民"。民国初年的中国人口约为 4 万万,或曰 4 亿。此处所说"四亿万",应为四万万或四亿的泛称。亿万,或许是日文的习惯用法。

⑤ 四千年来之历史　此为按黄帝纪元计算的中国历史。黄帝纪元是清朝末期革命派使用的纪元。清光绪二十九年(1903),刘师培在《国民日日报》发表"黄帝纪年论",反对年号制,同时也反对康有为等变法派主张的孔子纪年,主张把黄帝诞生之年作为纪元元年,光绪二十九年是黄帝历 4614 年。由于黄帝的生卒年月在文献上没有明确记载,宋教仁主张把被认为是黄帝即位的癸亥年作为纪元元年,把 1904 年作为黄帝纪元 4602 年。以《民报》为首的革命派杂志采用了黄帝纪元。武昌起义后,湖北军政府采用黄帝纪元,各省政府也跟着使用。不过,在建立共和政府的讨论中,黄帝纪元被认为是基于帝王的纪年法,与民主共和精神不相称。孙中山就任临时大总统后,宣布将宣统三年辛亥十一月十三日作为中华民国元年元旦(1912 年 1 月 1 日),之后黄帝纪元被停止使用。但是在某些论著中,仍时有提及。

⑥ 团结　初印本下编第 21 页原为"团结",重印本下编第 21 页误为"围结",点校本第 445 页校改为"〈围〉〔团〕结"。

⑦ 输入　日文本第 197 页和自译本第 166 页,为"浸渐"。田译本第 109 页为"侵入"。

绊乎？分割①之声闻于中外,而竟不实现者,非此
之故耶？余曰否否。汉族生息于外族异种之下久
矣,非自爱亲觉罗氏始也。秦汉以前姑置不论,司
马晋②之失政,首起于北方者匈奴单于之后裔刘
渊③也(匈奴种),始据今之山西、直隶而并陕西、河
南之地,继其后者石氏也(羯种)④。次由辽东起而
略今之直隶、山东、山西、河南等者,慕容氏⑤也(鲜
卑种);又次起者苻氏⑥也(氐⑦种)姚氏⑧也(羌

---

① 分割　日文本第 198 页同此。田译本第 109 页为"瓜分"。自译本第 166 页,为"豆剖爪分"。爪,应为"瓜"之误。

② 司马晋　晋朝(265—420),司马氏建立的王朝,是中国历史上九个大一统朝代之一,分为西晋与东晋。它上承三国,下启南北朝,属于六朝之一。265 年司马炎自立为皇帝,国号晋,定都洛阳,史称西晋,280 年灭东吴,完成统一。此后是绵延 16 年的"八王之乱"。晋愍帝迁都长安,316 年灭西晋,建立了十六个国家,史称"五胡乱华"。317 年,晋室南渡,司马睿在建邺建立东晋。东晋曾多次北伐。383 与前秦淝水之战后得到暂时巩固。两晋时期少数民族迁至中原,加强了民族融合,北人南迁,开发了江南地区。两晋总历时 156 年。420 年,刘裕建宋,东晋灭亡。

③ 匈奴单于之后裔刘渊　刘渊,字元海,生年不详,卒于西晋永嘉四年(310)。南匈奴单于於扶罗之孙,匈奴左贤王刘豹之子。十六国匈奴汉国的创立者。建安二十一年(216 年),曹操分匈奴为五部,以刘豹为左部帅居于新兴(今山西忻州市北),刘豹死后,刘渊代为左部帅。西晋太康十年(289),晋武帝司马炎以刘渊为匈奴北部都尉。公元 304 年,刘渊反晋独立,自称汉王。很快攻下了上党、太原、河东、平原等郡,势力越来越大。公元 308 年,刘渊称汉帝。第二年迁都平阳(今山西临汾西南)。

④ 石氏也(羯种)　后赵,十六国之一。羯族石勒所建。都襄国(今河北邢台),后迁邺(今河北临漳县西,河南安阳市北)。盛时疆域有今河北、山西、陕西、河南、山东及江苏、安徽、甘肃、辽宁的一部分。历七主,共 32 年。

⑤ 慕容氏　鲜卑族以部为氏,东汉桓帝时,檀石槐把鲜卑分为东、中、西三部,以右北平(今河北平泉县)以西至上谷(今河北怀来县)为中部,慕容世为中部大人。西晋太康十年(289 年)慕容廆投降西晋,又迁徙河青山(今辽宁义县附近)。收容大量汉人,侨置郡县,吸收汉族先进技术和文化。西晋末年,先后建有前燕、后燕、南燕等政权。

⑥ 苻氏源于羌族,出自古西戎分支氐族酋首苻洪,属于以宗教信仰为氏。苻洪(285—350),字广世,原姓蒲,后以谶文有"草付应王",遂改苻姓。前秦政权奠基者,略阳临渭人,氐族,世为西戎酋长。部落小帅蒲怀归之子,亦是前秦开国皇帝苻健之父。苻健称帝后追谥其为惠武皇帝,庙号太祖。

⑦ 氐　初印本下编第 22 页同此。重印本下编第 22 页,误为"氏"。

⑧ 姚氏　后秦(384—417),羌族政权,又称姚秦,位十六国之列。前秦龙骧将军姚苌所建,都长安避讳苌而改常安。极盛时辖有今陕西、甘肃、宁夏及山西、河南的一部分。占据关中绝大多数的重要政治、经济城镇和关东大片领土,威服陇右、河西诸国。历三主(姚苌、姚兴、姚泓),共 34 年。后秦武昭帝姚苌(330—393),字景茂,南安赤亭(今甘肃陇西西)人,羌族。十六国时期后秦政权的开国君主,384—393 年在位。

种），赫连氏①也（匈奴种），类皆据陕西甘肃之地也。方苻氏全盛之时，由陕西甘肃以至山西、直隶、山东、河南、安徽、江苏（江苏一半属于东晋②）之地俱并而有之。斯时殆举古中原（秦、赵、韩、魏、齐、燕及吴楚之一半）之汉族尽为外族异种之臣民。所谓五胡十六国之世是也。其后苻坚淝水败绩，慕容氏、姚氏分据其故地。又其后拓跋氏③（匈奴之别种）由漠北起而讨灭诸豪，遂一统江北。于是汉族皇帝仅守江南半壁，以成偏安之局④（今之湖南北、浙江、福建、四川、江苏、安徽之一半⑤，即古之蜀、楚、吴越、闽越之地，周代所谓南蛮之地也。广东西是时尚为半属国体⑥），而中原大半遂归于外族异种之手矣。而汉族始为鱼肉，后为奴隶臣民，而无敢出一言只句者矣。是之谓南北朝。斯时江南晋、宋、齐、梁、陈五代篡弑之祸相踵，乱臣贼子虽不乏其人，然俱无敢北向而图恢复中原故土者。其间如桓温⑦、

汉族男儿听者！

---

① 赫连氏 源于南匈奴，出自东晋十六国时期铁弗部，属于汉化改姓为氏。因匈奴单于娶汉室女子为妻，其后裔子孙有跟随刘氏者。东汉末至两晋时期，中国北方少数民族匈奴部首领叫右贤王刘去卑，他的一个后代自称为夏王，并将刘姓改为赫连氏，意思是赫赫与天连接。到西晋时期，刘虎改为铁弗氏。东晋十六国时期，刘虎的曾孙、南匈奴铁弗部首领刘勃勃称国号"大夏天王"，傲称自己"云赫连天"，改姓名为"赫连·勃勃"。他建立了著名的夏国，汉史称"胡夏"。其王族子孙遂以"赫连"为氏，世代相传。

② 江苏一半属于东晋 日文本第 198 页，原为"江蘇の一半は東晋に属す"。田译本第 109 页，为"江苏之一半属于东晋"。自译本第 167 页，为"安徽、江苏（二省一半属晋）"。

③ 拓跋氏 中国复姓之一，出自鲜卑族拓跋（又称托跋）部，为黄帝后裔有拓跋氏。相传黄帝娶妻嫘祖，生子昌意。昌意娶蜀山之女昌仆，生高阳氏颛顼。昌意的小儿子悃被封在北土（即今中国北部地区）。黄帝以土德之瑞称王。鲜卑族谓"土"为"拓"，谓"后"为"跋"，故以"拓跋"为姓，称拓跋氏，意即黄帝的后代。北魏孝文帝拓跋宏改革时，率王族改为元姓，其王族之外的拓跋氏遂成为庶姓，仍为拓跋氏，不与皇室同族。

④ 以成偏安之局 自译本第 167 页，为"才守江南半壁之地"。田译本第 110 页，为"仅守江南半壁之地"。日文本第 199 页，原为"纔に江南半壁の地を守りて"。

⑤ 四川、江苏、安徽之一半 日文本第 199 页和田译本第 110 页同此。自译本第 167 页，为"四川及江苏安徽之一半"。

⑥ 尚为半属国体 田译本第 110 页，为"尚为半属之体"。日文本第 199 页，原为"尚半属國の體なりき"。自译本第 167 页，译为"犹为羁縻之民"。

⑦ 桓温（312—373）字元子，谯国龙亢（今安徽怀远县龙亢镇）人。东晋重要将领及权臣、军事家，谯国桓氏代表人物。官至大司马、录尚书事。因领兵消灭成汉而声名大盛，又曾

刘裕①之徒出远征之军,稍立战功,即急图一己帝王封侯之富贵,而为汉族吐气者无一人也。在江北之中原,拓跋氏后分为东魏、西魏。东魏②为齐(高氏)③,西魏④为周(宇文氏亦外种),宇文氏复并东魏⑤。一传而至隋文帝⑥,取江南而灭陈,于是南北始得一统,而四百余州复成汉族之天下。由东晋南

三次领导北伐,掌握朝政并曾操纵废立,更有意夺取帝位。终因最后一次北伐大败而令声望受损,受制于朝中王氏和谢氏势力而未能如愿。死前欲得九锡亦因谢安等人借故拖延,未能实现。因桓温获赐谥号宣武,故被称为"桓宣武"。其子桓玄后来一度篡夺东晋帝位而建立桓楚,追尊桓温为"楚宣武帝"。

① 刘裕　宋高祖武皇帝刘裕(363—422),字德舆,南北朝时期宋朝的建立者,史称宋武帝。中国历史上杰出的政治家、卓越的军事家、统帅。于义熙十三年(417年)灭亡后秦,420年7月10日(宋武帝永初元年六月十四日),废东晋恭帝司马德文,自立为帝,国号大宋,都建康,南朝开始。称帝前后进行一系列的改革措施,进一步打击了贵族、士族势力,改善了政治和社会状况,为元嘉之治打下了坚实基础,同时也奠定了南朝政治的雏形。被明代大思想家李贽誉为"定乱代兴之君"。

② 东魏(534—550)　北朝的朝代之一,从北魏分裂出来的割据政权。都邺(今安阳地区),有今河南汝南、江苏徐州以北,河南洛阳以东的原北魏统治的东部地区,历一帝,约十七年。永安三年(530),北魏孝庄帝元子攸利用朝见机会杀尔朱荣,荣侄尔朱兆起兵赴洛阳,杀死孝庄帝,立元恭为帝(北魏节闵帝)。太昌元年(532),原尔朱荣部将高欢在河北大族的支持下,消灭潼关以东的尔朱氏势力,杀节闵帝,立元修为帝,即孝武帝。北魏政权落入高欢手中。永熙三年(534),孝武帝不愿作高欢控制的傀儡皇帝,逃往长安,投靠宇文泰。十月,经高欢和百僚商议后,决定立元善见为皇帝,即东魏孝静帝,改元天平,东魏正式建立。元善见仅十一岁,由权臣高欢辅政。次年(535),宇文泰在长安立元宝炬为西魏文帝,北魏正式分裂为东、西魏。高欢以原六镇流民为主,建立强大武装,自己住在晋阳(今山西太原西南),使之成为东魏政治中心。

③ 齐(高氏)　日文本第199页和田译本第110页,为"齐、(高氏)"。自译本第168页,为"高齐"。

④ 西魏(534—556)　北朝之一,由北魏分裂出来的割据政权。历三帝,共二十二年(535—557)。都长安。管辖今湖北襄樊以北、河南洛阳以西,原北魏统治的西部地区。北魏永熙三年(534),孝武帝元修脱离高欢,从洛阳逃至长安,投靠北魏将领、鲜卑化的匈奴人宇文泰。次年宇文泰杀孝武帝,立元宝炬为帝(文帝),史称西魏,政权实由宇文泰掌握。

⑤ 为周(宇文氏亦外种),宇文氏复并东魏　田译本第110页同此。日文本第199页,原为"周と爲り(宇文氏亦外種)宇文氏複東魏を併せ"。自译本第168页,译作"为宇文周。宇文周又并高齐"。

⑥ 隋文帝(541—604)　杨坚,汉族,鲜卑赐姓普六茹,隋朝开国皇帝,其父杨忠是西魏和北周的军事贵族,北周武帝时官至柱国大将军,封为隋国公,杨坚承袭父爵。公元581年二月甲子日,北周的静帝以杨坚众望有归下诏宣布禅让。杨坚登基称帝,定国号为大隋,改元开皇,宣布大赦天下。杨坚称帝后,于开皇七年(公元587年)灭亡后梁,一年后下诏伐陈。开皇九年(公元589年)灭陈,统一了中国。同年琉球群岛归降隋朝。隋文帝结束了西晋末年以来近三百年的分裂局面,使中国又回到了和平年代。

渡至是二百三十余年①，其间汉族之大多数俱戴外
种分割之政府。厥后唐之中叶，作乱于玄宗之世者
安禄山②史思明③之徒皆外种也，横行于今之直隶、
山东西、河南、陕西之间④。及五代时后唐之庄宗
（存勖）⑤明宗（嗣源）俱沙陀之外种也；后晋之高
祖石敬瑭⑥亦沙陀种也。敬瑭创业之始称臣于契

---

① 由东晋南渡至是二百三十余年　应指 317 年东晋南渡至 589 年隋朝灭陈，统一中国，共计
　270 余年。

② 安禄山（703—757）　营州柳城（今辽宁朝阳）人。本姓康，名轧荦山。因母改嫁突厥番官
　安延偃，遂改姓安，改名禄山。开元二十八年（740 年）为平卢兵马使，以贿赂交结唐廷派
　往河北的御史，博得唐玄宗李隆基的称许与宠信。开元二十九年，官营州都督；天宝元年
　（742 年）为平卢节度使；天宝三年，兼范阳节度使、河北采访使；十年，又兼河东节度使，掌
　握了今河北、辽宁西部、山西一带的军事、民政及财政大权。又受封为东平郡王。是唐代
　藩镇割据势力之一的最初建立者，也是安史之乱的主要发动人之一，并建立燕政权，年号
　圣武。

③ 史思明（703—761）　宁夷州人，原姓阿史那，名崒干，因战功被唐玄宗李隆基赐名"思
　明"。史思明少年时与安禄山一起在营州柳城（今辽宁省朝阳）长大。成年以后，二人同
　时被唐政府封为捉生将。以后史思明又担任了大将军。天宝十四年（755 年）十一月，他
　与安禄山一道，诈称奉密旨讨伐杨国忠，在范阳起兵 15 万南下反唐，很快席卷河北，即"安
　史之乱"。攻打京城长安（今西安市）时，即由他作先锋。第二年叛军攻下洛阳，安禄山在
　洛阳称大帝，令史思明经略河北，封他为范阳节度使，占有十三郡，拥有兵马八万余众。及
　安庆绪杀禄山自立为帝，他为唐师所败，退保邺城，降唐，封归义王、范阳长史、河北节度
　使。肃宗恐其再反，计谋杀之，乃起兵再叛。乾元二年（759 年）拔魏州（今河北大名），称
　大圣燕王，年号应天。后进兵解安庆绪邺城（今河南临漳西）之围，杀庆绪，还范阳，称帝，
　更国号大燕，建元顺天。

④ 横行于今之直隶、山东西、河南、陕西之间　之，初印本下编第 22 页同此。重印本下编
　第 22 页和点校本第 447 页误为"至"。日文本第 200 页，原为"今の直隶、山東西、河南、
　陕西の間に横行せり"。田译本第 110 页，为"横行于今之直隶、山东、山西、河南、陕西之
　间"。自译本第 168 页，为"横行于今之直隶、山东、河南、陕西之间"。

⑤ 后唐之庄宗（存勖）　李存勖（有时被写作"勗"，885—926 年），即后唐庄宗，神武川之新
　城（今山西雁门）人，五代时期后唐政权的建立者。唐末河东节度使、晋王李克用的长子。
　沙陀人，本姓朱邪氏。908 年继晋国王位，之后经过多年征战，北却契丹，南击朱梁，东灭
　桀燕（刘守光），使晋国逐渐强大。923 年 4 月在魏州（河北大名府）称帝，国号"唐"，史称
　后唐，是为后唐庄宗。同年 12 月灭后梁，实现了对中国北方的大部统一。以勇猛闻名，又
　洞晓音律，能度曲。存词四首，载《尊前集》。926 年死于兵变。

⑥ 后晋之高祖石敬瑭（892—942）　即晋高祖，五代十国时期后晋开国皇帝。年轻时朴实稳
　重，寡言笑，喜兵书，隶属李克用义子李嗣源帐下，后梁朱温与李克用、李存勖父子争雄，石
　敬瑭冲锋陷阵，战功卓著。唐末帝李从珂继位后，任石敬瑭为河东节度使，但双方互相猜
　忌。清泰三年（936 年），石敬瑭起兵造反，后唐军兵围太原，石敬瑭向契丹求援，割让幽云
　十六州，并甘做"儿皇帝"，随后，石敬瑭灭后唐，定都汴梁，国号"晋"。

丹之耶律德光①,结割地之约,借其兵马而亡后唐
之从珂②。因与以③燕云十六州,由是契丹始入今
之山西、直隶北部④。其后契丹与晋后主⑤不和,遂
率大军而蹂躏中原,终未得志。然幽燕之地永入于
外种之版图,虽以后周世宗⑥之英武竟不得恢复,
虽以宋太祖⑦统一南北尚不得取关南之地⑧。而燕
云一带之汉族奉耶律氏(即辽)⑨为君主,无敢归顺

---

① 耶律德光(902—947) 契丹第二位皇帝。20岁担任天下兵马大元帅,立功甚多。同样有
  勇有谋的母亲述律后对他另眼相看,在继承皇位的问题上全力支持他,反对喜欢汉族文化
  的长子耶律倍继位。947年2月24日,耶律德光将国号由"大契丹国"改为"大辽",成为
  辽朝首位皇帝。
② 后唐之从珂 李从珂(885—936) 镇州(今河北正定)人,五代时期后唐皇帝,原为后
  唐明宗李嗣源义子,本姓王。934—936在位,死后无谥号及庙号,史家称之为末帝或
  废帝。
③ 与以 初印本下编第23页同此。重印本下编第23页,误为"与从"。
④ 山西、直隶北部 自译本第168页,为"山西直隶之地"。日文本第200页,原为"山西直隶
  の北邊"。田译本第110页,为"山西、直隶之北边"。
⑤ 晋后主 应指晋出帝石重贵。后晋开国帝石敬瑭死后,其侄石重贵继位,是为晋出帝。大
  臣景延广掌权,在向契丹告知石敬瑭死讯时,用对等的书式,称孙不称臣,契丹主于是驱兵
  南下。晋军士兵英勇作战,开运元年(944)和二年两次击退契丹军。三年十月,石重贵任
  姑父杜威(又名杜重威)为元帅,率兵抵挡契丹。杜威效法石敬瑭,暗中与辽勾结,辽朝答
  应立杜威为晋朝皇帝。杜威信以为真,决意投降,遂引契丹军南下,十二月十七日(947年
  1月11日)入开封,虏重贵北迁,晋灭亡。
⑥ 后周世宗 即柴荣(921—959) 五代时期后周皇帝,在位六年。邢州尧山(今河北省邢
  台市隆尧县)人,祖父柴翁、父柴守礼是当地望族,从小在姑丈郭威家长大,因谨慎笃厚被
  郭威收为养子。951年,郭威建立后周,委任柴荣治理澶州。954年,郭威驾崩,柴荣继位
  为帝。柴荣在位期间,整军练卒,裁汰冗弱,招抚流亡,减少赋税,使后周政治清明,百姓富
  庶,中原开始复苏。他又南征北战,西败后蜀,夺取秦、凤、成、阶四州;南摧南唐,尽得江
  北、淮南14州;北破契丹,连克二州三关。在议取幽州时病倒,不久去世,年仅39岁,庙号
  世宗,谥号睿武孝文皇帝。
⑦ 宋太祖 即赵匡胤(927—976) 北宋王朝的开国皇帝,庙号宋太祖。出生于洛阳夹马营,
  祖籍河北涿州。年轻时曾经在少林寺学习武术。948年,投后汉枢密使郭威幕下,屡立战
  功。951年,郭威称帝,建立后周,赵匡胤任禁军军官,周世宗时官至殿前都点检。960年,
  发动陈桥兵变,黄袍加身,代周称帝,建立宋朝,定都开封。在位16年,加强中央集权,提
  倡文人政治,开创了中国的文治盛世,死后葬于郑州巩县宋陵之永昌陵。
⑧ 关南之地 应即山海关以南的燕云之地,即今河北省北部一带。
⑨ 耶律氏(即辽) 源于契丹族鲜卑分支宇文部支,出自唐朝末年契丹迭剌部耶律家族,属
  于以家族名称为氏。唐朝末年的中原混战,使得北方汉族人纷纷逃入契丹地区,躲避战
  乱。汉族的先进生产及其他技术对契丹的经济发展起到了促进作用。而在契丹八部中迭
  剌部离中原较近,所以发展最快,势力超过了其他七部。迭剌部的夷离堇(部落酋长或
  联盟军事首长),一直由耶律氏家族世袭担任。这个家族从阿保机的八世祖耶律雅里重新

中原朝廷者。北宋中叶以后耶律氏衰,金源氏由混同江起①,遂略幽燕之地而亡辽,乘势而图汴宋之都,虏徽、钦二帝归国。徽宗子康王构渡江南而建都于杭州,即南宋高宗也。自是而后中原大半又为金人所有,汉族奉之为君,甘为其奴隶而不辞。出勤王军而图恢复者,曾无一人亦如往例。其后百五十余年②蒙古忽必烈③灭金亡宋,而南北复统一者八十余年④。通南北宋虽前有李纲⑤、赵鼎⑥、张浚⑦、岳飞、韩世忠⑧,后有文天祥、张世傑⑨之辈,亦只知殉

汉族男儿听者!

整顿契丹部落联盟,担任夷离堇之后,就进入了契丹社会的上层,而且从七世祖开始就掌握了联盟的军权,地位仅次于联盟首领。公元907年,辽太祖耶律阿保机统一契丹各部称汗,国号"契丹",918年定都临潢府(今内蒙古赤峰市巴林左旗南波罗城)。936年南下中原,攻灭五代后晋。947年2月24日,辽太宗耶律德光将国号由"大契丹国"改为"大辽"。耶律氏在辽、金、宋时期发展到巅峰,元朝以后开始逐渐隐息。耶律氏族人为避祸乱,纷纷转改为其他汉姓。

① 金源氏由混同江起　女真,中国古代生活于东北地区的古老民族。12世纪前期独立建国,定国号为"金",称本族为"金源氏"。"金源氏"即"金天氏"之后,言其族起源与"金"有关。混同江,是松花江在辽金时期的名称。

② 百五十余年　应指南宋存续的1127—1279年。

③ 忽必烈(1215—1294)　名字全称孛儿只斤·忽必烈。蒙古族。成吉思汗之孙,拖雷第四子,元朝的创始皇帝,庙号世祖。他也是第五代的蒙古大汗。1260—1294年在位。

④ 八十余年　应指南宋灭亡的1279年到元朝灭亡的1368年。

⑤ 李纲(1083—1140)　字伯纪,南宋抗金名臣。祖籍邵武(今属福建),自祖父一辈起迁居无锡县(今无锡市)。宋徽宗政和二年(1112)进士。历官太常少卿。宋钦宗时,授兵部侍郎、尚书右丞。靖康元年(1126)金兵侵汴京时,任京城四壁守御使,团结军民,击退金兵。但不久即被投降派所排斥。宋高宗即位初,一度起用为相,曾力图革新内政,仅77天即遭罢免。绍兴二年(1132),复起用为湖南宣抚使兼知潭州,不久又被罢。多次上疏陈抗金大计,均未被采纳。后抑郁而死。

⑥ 赵鼎(1085—1147)　南宋政治家、词人。字元镇,自号得全居士。南宋解州闻喜(今属山西)人。宋高宗时的宰相。崇宁五年(1106)进士。曾任河南洛阳令、开封士曹等职。南渡后,累官至尚书左仆射同中书门下平章事兼枢密使。他荐任岳飞、韩世忠等爱国将领,有效地组织了军事力量以抵御金兵。他极力反对议和,遭到秦桧等人的迫害。吉阳三年,知秦桧必欲杀己,自书箕尾归天上,气作山河壮本朝。不食而卒,年63岁。

⑦ 张浚　字德远(1097—1164),汉州绵竹(今属四川)人。南宋抗金大臣。宋徽宗政和八年(1118年)进士,调山南府士曹参军。高宗建炎、绍兴间,历枢密院编修官,侍御史,知枢密院事,川陕宣抚处置使,尚书右仆射同中书门下平章事兼知枢密院事都督诸路军马。

⑧ 韩世忠(1089—1151)　陕西绥德人,字良臣,两宋之际名将,汉族,与岳飞、张俊,刘光世合称"中兴四将"。在抗击西夏和金,平定各地叛乱中,作出了重大贡献。为官正派,不肯依附丞相秦桧,为岳飞遭陷害而鸣不平。死后被赠为太师,追封通义郡王。是南宋朝颇有影响的人物。

⑨ 张世傑(?—1279)　涿州范阳(今属河北)人。1234年金朝灭亡后为元朝将领张柔的部下,戍守河南杞县,后因犯罪逃奔南宋。南宋抗元大将,民族英雄。

身于赵氏之一块肉耳。(译者按:南宋之亡也,文天祥、张世傑诸先烈先后以身殉国,厓山①碧血,芳烈千秋。虽其时文、张诸公均凛然于君臣之节,曾有"间关万里为赵氏一块肉"②之言。而神州沦陷满地腥膻,上国衣冠污于夷狄,则诸公种族之痛深矣。白沙《厓山奇石诗》云:"忍夺中华与夷狄,乾坤回首重堪悲"③。读之可以概见。以视岛国乃木④其人,于君主一人之逝世辄以身殉,而举国犹

---

① 厓山　今作崖山,位于广东新会县南部的大海中。与汤瓶嘴对峙如门,形势险要。为扼守南海门户。南宋末期,宋军曾在此和蒙古国交战,史称崖山海战。它意味着南宋残余势力的彻底灭亡,也标志元朝最终统一中国。但日本有些史学家认为这场战役的结果标志着古典意义的中华文明的衰败与陨落,因此有崖山之后无中国,崖山之后无汉族,宋亡之后少华夏,明亡之后无中国等说法。

② 间关万里为赵氏一块肉　语出陈白沙撰写《慈元庙碑》,今树立于江门市新会区崖山慈元庙故址。宋亡后两百年,明成化十二年(1476)和弘治四年(1491),由陈白沙倡议先后兴建大忠祠和慈元庙于当年宋少帝行都故址之上。建大忠祠为表彰南宋力抗元兵,坚贞不屈的"三忠"文天祥、陆秀夫和张世杰;慈元庙为纪念以身殉国的宋少帝及杨太后。《慈元庙碑》亦为此而立,由陈白沙亲自撰文并以茅龙笔书写。碑文中提及张世杰曰"吾忍死万里间关至此,正为赵氏一块肉耳,今无望矣"。
间关,犹辗转。

③ 白沙《厓山奇石诗》云:"忍夺中华与夷狄,乾坤回首重堪悲"　应为陈白沙亲书赵瑶绝句:"忍夺中华与外夷,乾坤回首重堪悲。镌功奇石张宏范,不是胡儿是汉儿"。重,在点校本第448页,为"众",应误。
赵瑶,字德用。晋江人。进士。考《阮通志》职官表,瑶,成化十二年任按察司金事。该诗当作于此时。
陈白沙,陈献章的尊称。陈献章(1428—1500),明代思想家、教育家、书法家、诗人,广东唯一一位从祀孔庙的明代硕儒,主张学贵知疑、独立思考,提倡较为自由开放的学风,逐渐形成一个有自己特点的学派,史称江门学派。字公甫,号石斋,别号碧玉老人、玉台居士、江门渔父、南海樵夫、黄云老人等。因曾在白沙村居住,人称白沙先生。广东省江门市新会区人,正统十二年(1447)两赴礼部不第,从吴与弼讲理学,半年而归。居白沙里,筑阳春台,读书静坐,数年不出户。入京至国子监,祭酒邢让惊为真儒复出。成化十九年(1483)授翰林检讨,乞终养归。著作后被汇编为《白沙子全集》。

④ 岛国乃木　即日本的乃木希典(1849—1912.9.13),日本陆军大将,对外侵略扩张政策的忠实推行者。长州藩士出身。1868年随山县有朋参加日本戊辰战争。1871年毕业于陆军士官学校,1877年参加平息西乡隆盛挑起的日本西南战争。1885年晋少将,任第11步兵旅旅长。1886年赴德国研究军事。归国后历任近卫第2步兵旅旅长、驻名古屋第5旅旅长。中日甲午战争时任第2军第1旅旅长,率部侵占中国旅顺、辽阳。1895年率第2师入侵台湾。翌年任台湾总督,1900—1904年退役。1904年日俄战争爆发后任第3军司令,以"肉弹"战术攻克旅顺。次年参加奉天之战。战后任军事参议官。是皇孙裕仁的导师,1912年明治天皇病逝后,同其妻剖腹殉节,成为日本武士道精神的典型代表。遗有《乃木希典日记》

歌哭其壮烈者,迥非可同日而语。岛奴眼光如豆,
乌足与论上国英雄耶?)求其为汉族出力者杳无一
人。甚至史天泽①、张弘范②、吕文焕③等皆以汉人
汉臣而为胡人之爪牙,拟刃于旧君之吭,为外种尽
其心身有所不惜,更安有出死力以抵抗异族誓不共
戴天其人乎?朱元璋兴,始恢复中原而为汉族之天
下。然至其末叶,怒耳哈赤④起自长白山下,乘风
云之会,仅以十三甲士之小部落酋长,而略定东三
省⑤,始号满洲之主。及流贼李自成陷北京,庄烈
帝⑥以身殉国。吴三桂回关外之军而欲讨自成,因
而乞援于满人。于是满人二十万之大军遂入北京,
而亡明之社稷,尽屠明宗室诸王,靡有⑦余孽也。
当是时三桂之辈又为外种之鹰犬,名为旧君报仇,

---

① 史天泽(1202—1275)　元初名将,后官至中书右丞相,是元朝最早的汉人丞相。字润甫,永
　　清(今属河北)人。1225年春,接替其兄史天倪都元帅职。不久率军击败金将武仙,俘杀抗
　　蒙红袄军将领彭义斌,攻克赵州、真定(今河北赵县、正定)等地,1229年授为五路万户。
② 张弘范(1238—1280)　字仲畴,祖籍河北易州定兴,元朝著名的军事家、统帅。曾参加过
　　襄樊之战,后跟随元帅伯颜灭宋。1276年1月陷南宋首都临安(今浙江杭州)。1277年授
　　予镇国上将军,任命为江东道宣慰使。1278年使弟张弘正为前锋,俘获南宋丞相文天祥
　　于五坡岭(今广东海丰北)。1280年正月十日病卒,终年43岁。
③ 吕文焕　中国南宋后期著名将领。安丰(今安徽寿县)人。吕文焕在宋蒙襄樊之战后期
　　任宋朝守将,相持达6年之久。1273年,襄阳兵尽粮绝,吕文焕投降元朝,并立刻为元军
　　策划攻打鄂州(今湖北武汉),自请为先锋。随后攻破及招降沿江诸州,并为伯颜向导,引
　　元军东下。1276年,元军破南宋都城临安(今浙江杭州),吕文焕与伯颜一起入城。官至
　　中书左丞,1286年告老还乡,卒于家。
④ 怒耳哈赤　今通作努尔哈赤。爱新觉罗·努尔哈赤(1559—1626),清王朝的奠基者。通
　　满语和汉语,喜读《三国演义》。25岁时起兵统一女真各部,平定关东,1616年,建立后金,
　　割据辽东,建元天命。萨尔浒之役后,迁都沈阳。之后席卷辽东,攻下明朝在辽70余城。
　　1626年兵败宁远城之役。同年四月,努尔哈赤又亲率大军,征蒙古喀尔喀,七月中旬,努
　　尔哈赤身患毒疽,不久去世,葬于沈阳清福陵。清朝建立后,尊为清太祖。
⑤ 而略定东三省　自译本第169页,为"而荡灭五部,略定东三省"。日文本第201页,原为
　　"東三省を略定し"。田译本第111页,为"略定东三省"。
⑥ 庄烈帝　即明思宗朱由检(1611年2月6日—1644年4月25日),明朝第16位皇帝,亡国
　　之君。1627—1644年在位,年号崇祯。即位后大力铲除阉党,勤于政事,节俭朴素,并六下
　　罪己诏,是位年轻有为的皇帝。在位期间农民起义猖獗,关外清朝势大,内忧外患交集。
　　1644年,李自成军攻破北京后,于煤山自缢身亡,终年35岁。庙号思宗,后改毅宗、怀宗。
　　清朝上谥号守道敬俭宽文襄武体仁致孝庄烈愍皇帝,故被称为庄烈帝。
⑦ 靡有　亦是李大钊常用的词语之一。在发表于1919年2月至5月的《劳动教育问题》《战
　　后之妇人问题》《新旧思潮之激战》《唐山煤厂的工人生活》《现代青年活动的方向》《现在
　　与将来》《秘密外交与强盗世界》等篇什中,都有应用。

实则无丝毫忠心于明室。所以满人屠戮明宗室诸王,彼亦毫无难色也。独史可法①、瞿式耜②之徒固守南京以身殉,《扬州十日记》③留当时惨毒之痕,不过徒为后人酸鼻之资耳。汉族之大多数负三百年来之朱氏,而欣戴爱亲觉罗氏之新主,臣之事之,二百七十年。虽其间有不服之人,亦不过千万人中之一二耳。方今乘爱亲觉罗氏之末运,寡妇孤儿茕茕无赖之时,始大声疾呼逐满虏而杀辫发奴。呜呼! 外种全盛之日仰而奉为天子神孙,尊其儿女为天潢贵胄,为金枝玉叶,甘心为其奴婢臣妾。高曾祖父相继食其厚禄,享其美官,三跪九叩头而无敢贰心者殆三百年矣。一旦见其衰弱,遂排挤之,构陷之,蹴踏之,蹂践之。不至拊其背,扼其吭,食其肉,饮其血,歼其种类不止。何其甚也! 此亦汉族之特色,侮弱畏强,古今来气习使然也。由此观之,汉族未尝不屈膝于外种异族。夫五胡十六国之时,匈奴强则附匈奴,匈奴弱则附鲜卑,又弱则附胡羯,附氐④,附羌,附拓跋。至五代以后,辽金强则附辽金,胡元强则为胡元效战,满清盛则讴歌满清,满清衰则又叛去而呼号共和。此后若有二三强者富者出见,不知彼更依附何人。彼只知媚强侮弱,谄富骄贫⑤,仅计目前之利害得失,安能墨守内外种族之现界,吐刚强不屈之气概哉! 所谓今

三五年来,革命怒潮东西震荡,君主一物将绝迹于世界。西风红叶,树树惊秋,大限来时,悉无幸免。此满清政府之所以倒,爱亲觉罗氏之所以衰也。且我中华建国,合五族为一家,礼制大同,政权平等,乌有所谓排挤构陷蹴踏蹂践者。岛人专好挑拨恶感,利我同室操戈。呜呼,其心不可问矣!

共和亦是异族耶? 不通。

媚强侮弱,谄富骄贫,正是岛人自

---

① 史可法(1601—1645)　明末政治家,军事统帅。汉族,祥符人(今河南开封),祖籍顺天府大兴县(今北京)。明南京兵部尚书东阁大学士,因抗清被俘,不屈而死,是中国著名的民族英雄。后人收其著作,编为《史忠正公集》。

② 瞿式耜(1590—1650)　字起田,号稼轩、耘野。汉族,江苏常熟人,明末诗人、民族英雄,南明政治人物。崇祯朝官至户科给事中。晚年参加抗清活动,拥立桂王朱由榔。顺治四年,城破被捕,与张同敞同在桂林风洞山仙鹤岭下就义。

③ 《扬州十日记》　清顺治二年四月(1645年),南明弘光朝兵部尚书史可法督率扬州军民抗御清军围攻的守卫战失败以后,清军对扬州城内的民众实行惨无人道的大屠杀。当时的幸存者王秀楚所著《扬州十日记》中,记载屠杀共持续10日,扬州死难80万人。辛亥革命前夕,留日学生把列为《四库》禁毁书、在国内湮没无闻达250年之久的《扬州十日记》从日本印了带回中国,"希望使忘却的旧恨复活,助革命成功"(鲁迅《杂记》)。

④ 氐　日文本第203页、初印本的下编第24页和田译本第112页同此。自译本第171页和重印本的下编第24页,为"氏"。

⑤ 谄富骄贫　日文本第203页,为"富者に諂ひ貧者に驕ること"。田译本第112页,为"谄富者骄富者"。自译本第171页,误为"谄富者骄富者"。

之后进青年觉醒奋起者,盖可知矣。夫然支那分割之实行与否,只在列国之形势关系如何耳。汉族见惯由来分割之历史,虽以瓜分之祸,亡国之惨,呼号于众,如衒①独立之意气,为国家牺牲心身而不惜者,特一时之大言壮语耳。异日分割之时至,为种族为国家而自分一死,利福不枉,威武不屈者②,四万万人中果几人哉? 余故曰支那分割之未即实现者,只以列强财产分配之率③未定,彼此成败之终局得失未易测故耳。若支那人之历史惯习,民心之向背,毫不足御④分割之势也。⑤

　　译者曰:著者历举吾汉族痛史,谓我为侮弱畏强之民族。呜呼,吾愿与黄帝子孙一雪斯言

道⑥。

中华男儿听者。

---

① 衒　音 Xuàn,同"炫"。

② 而自分一死,利福不枉,威武不屈者　初印本、重印本的下编第 24—25 页同此。自译本第 171 页,为"一死自矢,不以利福而枉,不以威武而屈者"。田译本第 112 页,为"以身殉之,虽利福不能枉,威武不能屈者"。日文本第 203 页,原为"一死自ら分として、利福を以て枉げず、威武を以て屈せざる者"。点校本第 450 页,为"而□□□死利福,不枉威武不屈者",应有漏字和断句之误。

③ 列强财产分配之率　即列强瓜分、掠夺中国的比率。自译本第 171 页,译为"列强之财产按分之率"。日文本第 204 页,原为"列强が财产按分の率"。田译本第 113 页,为"列强间财产分配之率"。

④ 御　日文本第 204 页和自译本第 171 页"支"。田译本第 113 页为"支持"。

⑤ 在本章中,中岛端自诩日本为决定中国是否被分割的关键力量,指出在支那分割的危机面前,日本有两种选择:或者"独任拨乱反正之事,建回天挽澜之业","乘分割之机,先发不为人制,扼守其要害,控制其形胜"(这是中岛端最期望的所谓最好结局),或者"俨然局外中立,毫不与分割之议"(这是中岛端在下章认为"断断不能行"的选择)。支那分割的危机之所以尚未发生,"以其邻于日本",得到了日本的"保护"和"后见"。在八国联军战争中,日本应其他国家之请才出兵,攻陷大沽、天津、北京出力最大(这无意中表明了日本对中国的危害最大),入北京后纪律最好,索取赔款最廉。列强之所以未分割中国,主要是震慑于日本之威势。日俄战争则是日本为了制止俄国分割中国东北,"保护支那主权"而战。辛亥革命反而暴露了中国的"丑态陋态",激发了列强分割中国的野心。到 20 世纪初,列强瓜分世界的企图依旧,武力分割世界的准备依旧。中国未被分割,并非由于人多地广、民族团结、青年觉醒,不甘受外族异种之羁绊。恰恰相反,中国人畏强侮弱,自晋末到清代,"生息于外族异种之下久矣","支那之历史惯习,民心之向背,毫不足御分割之势也"。总起来看,中岛端对当时世界局势的把握尚有较高水平,甚或不低于北洋法政学子。但他极力渲染中国的分割危机,很难说是出于关心中国的好意。退一步说,他即使无意煽动对中国的分割,某些日本人的狂妄自负感亦暴露无遗。且正因为无意,而更加暴露其狂妄。

⑥ 自道　初印本、重印本的下编第 24 页,原为"自道"。点校本第 450 页,误为"自强"。

之耻也。斯篇所论,如镌功奇石。张宏范不是胡儿是汉儿之类,固足为吾族羞,而其所诋毁亦有为吾汉族所不认受者。盖夫专制一姓之兴亡,秦以后莘然①其匪一代也。然而若秦、若汉、若隋、若唐,其改姓易步,无不亡也忽焉。② 而独于宋明之季,河山半壁,义旗相望,一二孤臣义士,宁断头陨命,血溅鲸波③,以图延残局、留正朔④于海波穷岛之间。虽至势穷力尽,事不可为,终无灰心挫志者,则以民族主义之大防,为不可越也。若文文山⑤,若张苍水⑥,若黄梨洲⑦,若郑成功⑧,

---

① 莘然　众多貌。

② 亡也忽焉。　初印本和重印本的下编第 25 页同此,点校本第 451 页断句为"亡也。忽焉,"应有误。

③ 鲸波　犹言惊涛骇浪。杜甫《舟出江陵南浦奉寄郑少尹诗》:"溟涨鲸波动,衡阳雁影徂"。文天祥《指南录后序》:"以小舟涉鲸波明"。

④ 正朔　一年第一天开始的时候。正和朔分别为一年和一月的开始。夏历以冬至后第二个月为正月,天历以冬至所在的月份为正月,夜半为朔。从汉武帝时候和太初历直到今天的夏历,都用夏正。古时改朝换代,新王朝常重定正朔。虽然汉以后朝代很少改正朔,但改年号、颁历法,仍然是天子体现皇权的重要手段。旧时称历书为皇历,盖因历书必由皇帝所颁。直到近代,历法正朔,仍被视为政权的标志。清末,革命党所办报纸多以黄帝纪元,以表明不承认清的合法性,是以不使用清的正朔。

⑤ 文文山　文天祥(1236—1283),字履善,又字宋瑞,自号文山、浮休道人。汉族,吉州庐陵(今江西吉安县)人,南宋末大臣,文学家,民族英雄。宝祐四年(1256 年)进士,官到右丞相兼枢密使。被派往元军的军营中谈判,被扣留。后脱险经高邮稽庄到泰县塘湾,由南通南归,坚持抗元。祥光元年(1278 年)兵败被张弘范俘虏,在狱中坚持斗争三年多,后在柴市从容就义。著有《过零丁洋》《文山诗集》《指南录》《指南后录》《正气歌》等作品。

⑥ 张苍水　张煌言(1620—1664),南明儒将、诗人。字玄著,号苍水,汉族,鄞县(今浙江宁波)人,崇祯举人,官至南明兵部尚书。南京失守后,与钱肃乐等起兵抗清。后奉鲁王,联络 13 家农民军,并与郑成功配合,亲率部队连下安徽 20 余城,坚持抗清斗争近 20 年。至清康熙三年,见大势已去,隐居不出,被俘后遭杀害。其诗文质朴悲壮,表现出忧国忧民的爱国热情。有《张苍水集》行世。

⑦ 黄梨洲　黄宗羲(1610—1695),明末清初经学家、史学家、思想家、地理学家、天文历算学家、教育家,汉族,浙江绍兴府余姚县人。字太冲,号南雷,别号梨洲老人、梨洲山人等,学者称梨洲先生。黄宗羲学问渊博,思想深邃,著作宏富,与顾炎武、王夫之并称明末清初三大思想家(或清初三大儒);与顾炎武、方以智、王夫之、朱舜水并称为"明末清初五大家";亦有"中国思想启蒙之父"的誉。

⑧ 郑成功(1624—1662)　17 世纪明末抗清名将、民族英雄。郑成功先祖由中原固始县入闽,其父郑芝龙出生于福建省泉州府南安县安平港。1645 年清军攻入江南,郑芝龙降清。成功乃率领父亲旧部在中国东南沿海抗清,成为南明后期主要军事力量之一。曾包围清江宁府,但终遭清军击退,只能凭借海战优势固守海岛厦门、金门。1661 年率军横渡台湾海峡,翌年击败荷兰东印度公司在台大员的驻军,开启明郑时期,不久即病死。

若朱舜水①，或则辗转穷岛，泣血天涯；或则窜徙波涛，痛苦海外。心悬落日，志切回天②。成败可无论，只其孤忠劲节，碧血丹心，亦有惊天地、而泣鬼神者矣。即自满清入关，以迄武汉光复，我汉族男儿，抱种族大义，断头流血，杀身以行其素志者何限？盖其忍痛茹苦，三百年来如一日也。十载已还，志士仁人之抱共和主义，而牺牲其身者，如镇南关之役③、河口之

① 朱舜水　朱之瑜(1600—1682)，明清之际的学者和教育家。字楚屿，又作鲁屿，号舜水，汉族，浙江余姚人，明末贡生。因在明末和南明曾二次奉诏特征，未就，人称征君。清兵入关后，流亡在外参加抗清复明活动。南明亡后，东渡定居日本，在长崎、江户(今东京)授徒讲学，传播儒家思想，很受日本朝野人士推重。著有《朱舜水集》。其治学特点是提倡"实理实学、学以致用"，认为"学问之道，贵在实行，圣贤之学，俱在践履"。他的思想在日本有一定影响。和黄宗羲、王夫之、顾炎武、颜元一起被称为明末清初中国五大学者。

② 1913年春夏李大钊在《覆景君函》中写道："先哲朱舜水，身丁亡国大痛，间关出走，飘零异域，无时不以恢复中原为念。虽至势穷力尽，曾无灰心挫志，直至死而后已。梨洲所谓海外一二遗老孤臣，心悬落日，血溅鲸波，其魂魄不肯荡为冷风野马者，先生殆其人欤？"在1915年2月的《警告全国父老书》中，李大钊又写道："昔者改姓易代，兴亡倏忽，而一二遗老孤臣，不忍见宗社之倾，君父之辱，犹或黄冠草履，歌哭空山，乱礁穷岛，相望饮泣，亦欲抱残经于学绝之交，存正朔于危难之际，虽至势穷力尽，卒无变志灰心，杀身成仁，刎颈殉国，流离转徙，客死天涯。宋之文山、叠山，明之苍水、舜水，垂于史册，炳如日星。矧今之世，允非昔比，国社为墟，种族随殄，亡国新法，惨无人理。君子有猿鹤之哀，小人罹虫沙之劫。空山已无歌哭之地，天涯不容漂泊之人"。这两段论述，与此处所说，有相似之处，似表明此一大段驳议为李大钊所写。天津市李大钊研究者刘民山，认为这一大段按语，"慷慨激昂，义正词严，宛若一纸檄文。细味这段按语，颇似李大钊之手笔"(刘民山著：《李大钊与天津》，天津社会科学院出版社1989年版，第29、180页)。唐山市学者李权兴也讲道："细加品味这段案语的文风，酷似出自李大钊之手笔"(《应该怎样对待李大钊早期的译文》，李权兴等编：《李大钊史事钩沉》，冀出内准字(2001)第AT006号，第83页)。

③ 镇南关之役　又称镇南关起义。清光绪三十三年(1907)12月2日，同盟会会员黄明堂、关仁甫率勇80人，携带快枪42杆，潜袭广西镇南关第三炮台。守兵百余人略事抵抗，即相率投降。接着，第二、第一炮台相继夺得。3日，孙中山亲率黄兴、胡汉民、日人池亨吉、法国退职炮兵上尉狄氏等，登上炮台。次日，清军开到，发起攻击。孙中山在阵地为伤员包扎，并亲手发炮。他慨言道："反对清政府二十余年，此日始得亲发炮击清军耳！"当日下午，得知清军大兵来援，孙中山便决定回河内筹款筹械，命黄明堂坚守5日，一俟饷械运到，便进取龙州。当晚，孙中山、黄兴等下山回安南。7日，军机处将失去镇南关的张鸣岐"交部议处"，又命他戴罪立功"即日克复"。清军以4000兵力围攻。当夜，清廷左江镇总兵兼荣字营统领陆荣廷率兵向北台猛扑，黄明堂坚持数日，枪弹告罄，于8日夜弃炮台，退出镇南关。

役①、黄花岗之役②,乃至阳夏之战③、石城之
战④,其间所掷之头颅,所倾之脑血,更不知其
几许也。呜呼! 岛奴其志之? 辽东战役⑤之
耻辱,台湾之攘据⑥,朝鲜之吞噬⑦,满洲之

---

① 河口之役　又称河口起义。河口是滇越铁路的交通孔道。在镇南关起义同时,孙中山亦
筹划在河口起义,以此为依托,以图云南。光绪三十四年三月(1908 年 4 月),孙中山派黄
明堂、王和顺率领从镇南关撤出的起义军 100 余人,开赴云南边境,汇合当地会党、游勇,
在孟坝寨设立前敌指挥部,伺机发难。4 月 30 日(四月初一)凌晨,黄明堂率军向河口发
起攻击。清军防营一部闻讯,击毙其管带蔡正钧,起义响应。革命军与反清义军会合,攻
占河口。5 月 1 日(四月初二),革命军又经过激战,毙清边防督办王镇邦(玉藩),夺取
河口炮台。黄明堂以中华国民军南军都督名义,布告安民,严申军纪。此后,起义军又分
兵出击,连克新街、南溪、坝洒,直迫蛮耗、蒙自;部队也由三百余人发展到三千余人。孙中
山即委黄兴为云南国民军总司令,节制各军,并命他赶到河口督师。革命军与清军在老范
寨、泥巴黑、羊子街等地相持 20 余日,最后被清军击败。5 月 26 日(四月廿七日),清军占
领河口。黄明堂率 600 余人撤至越南境内,被法国殖民当局勒逼缴械,强行遣散。河口起
义虽然失败,但影响深远,为辛亥云南起义奠定了良好基础。
② 黄花岗之役　通称黄花岗起义或广州起义。1911 年 4 月 27 日下午 5 时 30 分,黄兴率 120
余名敢死队员直扑两广总督署,发动了同盟会的第十次武装起义——广州起义。起义失
败后,广州革命志士潘达微收殓牺牲的革命党人遗骸 72 具,葬于广州郊外的红花岗,并将
红花岗改为黄花岗,史称"黄花岗 72 烈士"。这次起义因而也称为黄花岗起义。
③ 阳夏之战　1911 年 10 月 18 日到 11 月 27 日,历时 41 天的"阳夏保卫战",是辛亥革命中
规模最大、战斗最激烈的一次战役,牺牲成千上万人,为抗击清军、捍卫共和作出了很大贡
献。阳夏保卫战系由汉阳战役和汉口战役组成,其中,汉阳古琴台和昭忠祠先后是革命军
的司令部,归元寺是革命军的总粮台,汉阳三眼桥、米粮山、锅底山、仙女山、十里铺等地展
开过激烈的争夺战。阳夏保卫战虽然以失败告终,却将清军主力拖在湖北,长达 40 日之
久,为其他各省的独立赢得了时间。
④ 石城之战　又称南京之战,指清宣统三年(1911)11 月至 12 月,江苏、浙江革命军联合攻
占南京(时称江宁)的作战。
⑤ 辽东战役　应指中日甲午战争中的辽东之战。从 1894 年 9 月 17 日到 1895 年 3 月上旬,
战争在辽东半岛进行,有鸭绿江江防和金旅、海城之战。
⑥ 台湾之攘据　清政府在甲午战争失败后,被迫在 1895 年 4 月与日本签订《马关条约》,其
内容之一是中国将辽东半岛、台湾岛及所有附属各岛屿、澎湖列岛割让给日本。日本以海
军大将桦山资纪为台湾首任总督,并派北白川能久亲王率领近卫师团武力接收台湾。日
军军舰到达淡水港附近,遭到了守军的强烈抵抗。到 1895 年 6 月 2 日,日军占领基隆炮
台。同日,清朝代表李经芳与桦山资纪正式签订割台协议。唐景崧、丘逢甲等民主国的领
导者见情势危急,纷纷内渡。领导中心一失,台北陷入混乱。日军攻下台北后,于 6 月 17
日在巡抚衙署举行总督府始政仪式,宣布开始统治台湾。直到 50 年后的 1945 年,日本对
台湾的殖民统治才宣告结束。
⑦ 朝鲜之吞噬　朝鲜原是中国的"保护国"。甲午战争失败后,清政府被迫将在朝鲜的"宗
主权"让给日本。当时执政的闵妃集团在看到三国干涉日本归还中国辽东半岛的事实,决
定依靠俄国与日本对抗。俄国对朝鲜也抱有野心,于是支持闵妃集团政变,赶走了日本公

侵陵①，汉阳诸姬，楚实尽之②。吾汉族男儿，
卧薪尝胆，已非一日，痯痳中未忘有国仇在也。
异日铁血光中，我汉族男儿，将于黄海之滨，与
岛奴决死以判雌雄。尔时③当勿谓秦无人也。
呜呼！尔岛奴其志之，我汉族男儿其誓之！④

使塞进朝鲜政府的亲日派官员。日本恼羞成怒，1895 年 10 月 8 日，派日本军队冲进王宫，
将闵妃乱刀砍死，并组织了亲日派政府。到 1896 年 2 月 10 日，在俄国的支持下，朝鲜国
王发动政变，亲日政府宣告垮台。日本由于实力不足，只得与俄国达成妥协，双方共同拥
有朝鲜的利益。但在 1905 年的日俄战争中，日本战胜俄国，《日俄和约》第一条就明确规
定俄国放弃在朝鲜的全部权益。从此，朝鲜逐步沦为日本的"保护国"。

① 满洲之侵陵　应指 1905 年在中国东北进行的日俄战争。
② 汉阳诸姬，楚实尽之　谓汉水以北的姬姓诸国，尽被楚国所灭。形容当时楚国之强大。语
　出《左传·僖公二十八年》："汉阳诸姬，楚实尽之。"黄侃《口中篇》："汉阳诸姬楚实尽，怀
　王入秦亦堪憨。金宝辇来置阿房，终怀荆璧降道旁"。汉阳：汉水的北方。诸姬：指春秋时
　与周、晋同姓姬的诸侯国，如随、蔡等。
③ 尔时　点校本第 452 页，原为"尔。时"。
④ 在本章中，中岛端历陈中国的弊端、痛史，北洋法政学子们则极力为中国辩护。在最后几
　章中，当中岛端深入反思和尖锐抨击日本自身的弊端缺陷时，北洋学子们则正中下怀，借
　机反诘。这正是中日文化的不同视角所致，体现了中日文化的碰撞。

日本与支那分割之方略①

夫分割之势已成而不可复动,分割之机一发而不可复收。则我日本对于此当如何为之？全不与于分割欤,抑进而与于分割之事欤？从前者之说,则此后支那之政体为共和亦可,为专制亦可,无论从内分裂,从外分割,虽一尺之土,一寸之地,我亦无所贪之。至如南满铁路一带,十年后租借期满,弃如敝屣。旅顺、大连亦一括而还付于支那②,毫不提出异议。我全然撤去满洲,退据鸭绿江,仅固守朝鲜。虽俄人取北满、蒙古,英人入西藏,法人据云贵,德人并山东,二十一省兵马倥偬埋没于炮烟弹雨之中,四万万人叫号水火涂炭之苦,我一切风马牛视之③,独超然东海之表,歌三岛之升平而已。此亦一策也。虽然,此说我帝国上下必所不甘服也。何者？既往之对外政策从根本被破坏故也。盖今不论北守南进论④者与南北两进论⑤者,自北

---

① 此节之后的译文,断句的准确率较低,似显前谨后松之特点。

② 亦一括而还付于支那　初印本下编第 27 页同此。重印本下编第 27 页和点校本第 453 页,将"而"误为"无"。日文本第 204 页,原为"亦一括して支那政府に還付して"。自译本第 172 页,为"亦一括还付支那"。田译本第 115 页,为"亦一括而还于支那政府"。

③ 我一切风马牛视之　田译本第 115 页,为"我则如马耳东风"。自译本第 172 页,为"举凡一切听做马耳东风"。日文本第 205 页,原为"一切馬耳東風と聞き流して"。
　马耳东风,语出李白《答王十二寒夜独钓有怀》诗:"世人闻此皆掉头,有如东风射马耳";苏轼《和何长官六言次韵五首》诗:"青山自是绝世,无人谁与为容。说向市朝公子,何殊马耳东风"。比喻把别人的话当作耳旁风。

④ 北守南进论　通称"南进论"。"北进论"与"南进论",是日本对外政策的两大不同派别。"北进论"主张向以中国"满蒙"地区和朝鲜半岛为中心的大陆方向进行扩张;"南进论"则主张向北防守,向中国华南地区及东南亚各地扩张。明治末期,日本对外扩张方向虽未确定,但一般而言,日本陆军主张"北进",海军主张"南进"。1900 年八国联军占领北京后不久的 8 月 22 日,日本首相山县有朋起草《关于北清事变后的意见书》,对当时的日本政策提出了建议。其中谈及"北方经营策",强调"北守南进"的必要性,说既然"北清之祸乱尚未治,满洲之处理尚不可议",过去提出的满韩交换论还不是时机,"此际应以南方经营为先,视机再同俄国交涉以求保全北方经营"。

⑤ 南北两进论　日本军政界同时向南方和北方的海外扩张的主张。南进以日本海军为主,北进则以日本陆军为主。

美移民制限行①,以满韩地方为我每年蕃殖五十万人口之殖民地②,一旦以③南满之地入于他人之手,朝鲜恐亦不守。以后我移民之所向,果于何地求之哉?且不仅移民一事,维新以来,至今四十余年,我帝国为朝鲜劳心用力者果为何哉?岂不以除西顾之忧为大陆雄飞之地乎?前者日清之役,出军三十万,连战连胜,八阅月,旅顺下,大连举。将入山海关为北京城下之盟,忽又有媾和之议。议始成,忽又有三国干涉之事。我国民吞恨忍羞④以俟时者,又十年⑤始有日俄一役。出军一百万,费财二十亿,抛我同胞之头颅几十万个,流我同胞之血几十万斗,所失如彼其多,所得如彼其微。今虽欲退保朝鲜,一衣带水之鸭绿江,岂足恃哉?是并满韩而丧之也,是举四十年之辛苦经营仅能获得者而弃之沟中也。此岂国民之所忍哉?假令实行之,我日本之国威国权,一朝坠地;而大和民族发展之途,从是将塞矣。且从经济上论之,我与支那决不可相离。使任其为他人瓜分割裂,则我农工商业,将永失培养之资。亦岂我国民之所能堪哉?余故曰:前者之策,断断不能行也。

雪耻何年?报仇何日?我国民其勿忘。

　　旅顺、大连,我租借地也。南满铁道,我掌握中物也。纵令俄人并蒙古、伊犁、新疆而延及于北满

① 北美移民制限行　1882 年美国施行"排华法案",禁止中国人进入美国。此后,日本人的出国移居方向转向美国。日本移民的急剧增加,引起了美国社会各界的不满。1905—1906 年美国排日活动加剧。1907 年又制定限制日本移民的新移民法。由于美国歧视日本移民现象加剧,日美关系紧张。1908 年,日美两国达成"君子协定",缓和因移民问题引起的紧张局势。

② 人口之殖民地　日文本第 205 页,为"生口の吐出口"。自译本第 173 页,为"生口之尾闾者"。田译本第 115 页,为"殖……人口"。

③ 以　初印本下编第 27 页同此。重印本下编第 27 页和点校本第 453 页,误为"之"。

④ 在甲午战争后签订的《马关条约》中,日本强迫中国赔款 2 亿两白银,又索取"赎辽费"3000 万两,共计 2 亿 3000 万两,为日本 1895 年财政规模的大约 3 倍;还强迫中国割让台湾和澎湖列岛。中岛端对这些极少提及,更无对中国的同情和歉疚,而只认日本未得到辽东半岛是"吞恨忍羞",可见其对中国并无善意。

⑤ 俟时者,又十年　田译本第 116 页同此。初印本、重印本的下编第 27 页,原为"俟时者又十年,"。自译本第 173 页,为"以待时机又十年,"。日文本第 205 页,原为"時を俟つこと又十年"。

一带,我亦略南满之地,又何难之有? 分割之事苟不可免,我民族发展上又万不可止,则我单刀直入①,果断决行而已。他人容喙,更何是惮? 若夫逡巡踌躇,不能决然进取,又不能安于退守,将前将却,②每伺他人之鼻息,坐视机会之逸去,而不得一染指,徒拾残骸枯骨归而骄③其妻妾,岂不污大和男儿之面目乎? 且列国已以分割为究竟④之方针,则我亦不可不进而争衡于中原。南满一带之地,虽不如北满土地肥沃物产饶多,然亦足为我进取之策源地。西由内蒙古起至于山海关一线,横断南下,而直隶而山西。至少限于黄河以北,不可不置于我之势力圈内(往年当日俄协约之时,支那之新闻⑤传言两国间别有密约,将来有事之日,俄当取蒙古北满,日本当据南满及黄河以北。此虽系悬揣之说,盖亦有所见于斯乎)。且福建前已有不割让之约矣,虽非预为今日分割之地,然亦可藉为分割之一据也。然福建土地硗埆⑥,山川险隘,人口少,物产乏,为二十一省最贫瘠之区。自守犹患不足,更何足以资进取乎! 古来割据此地者大抵如守蜗牛之壳,当中原有事之日虽得偷一隅之苟安⑦,然终不能大肆活动,不旋踵即为他人所并吞也。如我日本若以进取为方针,则其势不可不连络浙江、江苏二省,而立南北犄角之计。盖就用兵上言之,则黄河以北为古燕赵之地,决不可委于他人之手;就财力上言之,则江苏、浙江为二十一省中最便利、最膏腴之地,决不可使他国有之。何者? 燕赵自古称为

燕赵健儿听者! 中华健儿听者!

---

① 单刀直入　初印本、重印本的下编第28页,原为"单力直入",应误。
② 将前将却　前进、后退难以确定。田译本第116页,为"瞻前顾后"。日文本第207页和自译本第174页,为"左顾右盻"。
③ 骄　日文本第207页和田译本第116页同此。自译本第174页,译为"夸"。
④ 究竟　应为终极、确定之意。
⑤ 新闻　日文本第207页同此。自译本第174页和田译本第117页,为"各报"。
⑥ 硗埆　qiāo què 土地坚硬瘠薄。重印本下编第28页,原为"墝确"。
⑦ 偷一隅之苟安　日文本第208页,原为"偏隅的苟安を偷む"。田译本第117页,为"偷偏隅之苟安"。自译本第175页,为"偷安偏偶"。偶,为"隅"之误。

天下精兵之区,志气勇壮,体力雄健。今之燕赵虽非古之燕赵,然比之江南人之孱弱迥不相同。试取北方之新军(即直隶之兵队)与南方之新军(即湖北之兵队)①两两对照,孰勇孰怯? 孰耐实战之苦? 孰能当炮火之冲? 虽非专门家②亦不难一目辨识也。若南京之军队则更下湖北军队数等矣③。盖由南北人先天性质④、体力之异同,决非一时偶然之现象也。但由财力上观之,黄河以北之地,除山东一省而外,多斥卤乏肥沃⑤。如山西之煤炭随处溢于地表,或有谓举全地层皆由煤炭而成者,洵为无尽之宝藏,但未遽易采掘耳。至于其他之物产殆无足观者,以故北人虽常自负气力之雄豪⑥,然不能不苦物资之匮乏。自辽金以来据北方者每仰南人之供给,始则要请银绢之岁币⑦,终则举大军而南下者,盖亦出于自然之势也。南人反是,居天然之乐土,山水佳丽,气候温暖,地味肥沃,物产丰富⑧。

岛人亦知吾燕赵男儿之勇武乎? 燕赵男儿果有一人生者,不令岛人入中华一步也!

————————————

① 北方之新军(即直隶之兵队)与南方之新军(即湖北之兵队)　日文本第 208 页,为"北方の新式軍即直隷の兵隊と、南方の新式軍即湖北の兵隊"。田译本第 117 页,为"北方之新式军(即直隶之兵队)与南方之新式军(即湖北之兵队)"。自译本第 175 页,为"北方新式练军,即直隶之兵勇,与南方新式练军,即湖北之兵勇"。

② 专门家　日文本第 208 页和田译本第 117 页同此。自译本第 175 页,为"兵学专家"。

③ 若南京之军队,则更下湖北军队数等矣　把"南京之军队"和"湖北军队"作为南北军队来比较,应指 1908 年 11 月间的太湖秋操。以南洋新军第九镇及驻苏步队第 45 标、江北步队 25 标,编为混成第九镇,番号为"北军",湖北第八镇及 21 混成协混编成的第 11 镇为"南军"。由于光绪、慈禧去世和熊成基安庆起义的发生,太湖秋操仓促收兵。中岛端所说"若南京之军队,则更下湖北军队数等矣",应无确证。

④ 先天性质　或即"天性"之意。日文本第 208 页、自译本第 175 页和田译本第 117 页,为"先天之性质"。

⑤ 除山东一省而外,多斥卤乏肥沃　此句在初印本、重印本的上编第 29 页和点校本第 456 页,为"除山东一省多斥卤乏肥沃而外",应有误。自译本第 176 页,为"除山东一省外,多斥卤,乏肥沃之壤"。日文本第 208 页,原为"山東一省を除く外、斥鹵多く、肥沃の壤に乏し"。斥卤:盐碱地。田译本第 118 页,为"除山东一省而外,大半多石田而少肥沃之壤"。

⑥ 常自负气力之雄豪　日文本第 208 页,原为"恒に氣力の雄豪を自負する"。自译本第 176 页,为"恒气力自雄"。田译本第 118 页,为"虽恒以气力之雄豪自负"。

⑦ 银绢之岁币　应指占据北方的统治者要求南方以丝织品向朝廷纳贡。银绢:白绢,绢素。用白色生丝织成。

⑧ 山水佳丽,气候温暖,地味肥沃,物产丰富　自译本第 176 页,为"山水则佳丽明媚,气候则寒暑合宜,土地则肥沃膏腴,物产则精粗兼具"。日文本第 209 页,原为"山水は佳麗明媚、

如粳稻、米谷①、桑麻、茶丝、酒盐、绸缎、鱼蟹、橘柚等物,随处随时求之而无不可得。试于莺花三月而下扬州也,远山如眉如黛,弱柳如丝如烟,满地靡芜②十里绿,一篙春水染鸭头③。或稳骑驴背,或醉倚画舫。软风扑面,气味佳良④。湖沼池塘,纵横来往。桑畦稻田,千里相连。绍兴之酒泛琥珀之光,无锡之米淅⑤珠玉之味。较之北人之高粱面屑才满口腹,羊裘膻帽⑥仅御风寒,寒时朔风凛烈,冻人欲死,热时沙石如煎,足以杀人者,其苦乐相去远矣⑦。谁又有弃舟楫之恬安,而驱驰于风霾黄沙卷地蔽天之中,以梦金戈铁马之快也哉!盖南中乐土也,使人满意,温雅、敏捷⑧、文弱、脆软,而优柔不断,为退守的。北地苦境也,使人坚忍强健,粗野豪爽,放胆而果断刚毅,为进取的。南北人之性情气质不同,即本乎天时地利互异⑨。故据北方者,其始也虽不免蛮野之气象,粗莽之颜色,而其后必振,自有兴国之风。居南土者始则计目前之苟安⑩,虽

氣候は寒暖宜しきに合ひ、地味は肥沃膏膩なり。物産は精疎具はらざるはなし"。田译本第118页,为"论山水则佳丽明媚,论气候则寒暖合宜,言地味则肥沃膏腴,言物产则精粗俱备"。地味:土质。

① 米谷　日文本第209页、自译本第176页和田译本第118页,为"禾穀"。
② 靡芜　一种香草,叶子风干可以做香料。
③ 一篙春水染鸭头　应指船篙搅动春水,呈现鸭绿色。自译本第176页,为"一篙春水鸭头色"。日文本第209页,原为"一篙の春水は鸭头の色を成す"。田译本第118页,为"一篙之春水,色如鸭头"。
④ 气味佳良　自译本第176页,为"不寒不暖"。日文本第209页,原为"寒からず暖ならず"。田译本第118页,为"寒暖适宜"。
⑤ 淅　(书)淘米。日文本第209页同此。自译本第176页此字为"炊",田译本第118页为"生"。
⑥ 膻帽　初印本、重印本的下编第29页,原为"氊帽"。日文本第209页,为"氈帽"。自译本第176页和田译本第118页为"毡帽"。氊,同膻,羊毛的气味。北洋将"氈(毡)帽"翻译为"氊帽"或"膻帽",似可斟酌。
⑦ 其苦乐相去远矣　自译本第176页,为"殆乎似非同一人间矣"。田译本第118页,为"殆非同一人间耳"。日文本第210页,原为"殆と同一人间にあらざるに似たり"。
⑧ 敏捷　日文本第210页、自译本第177页和田译本第118页,为"怜悧"。
⑨ 互异　自译本第177页,为"各不相均"。日文本第210页,原为"均しからざるに本づけり"。田译本第118页为"不同"。
⑩ 苟安　日文本第210页和田译本第119页同此。自译本第177页,为"小康"。

不无志于中原人①,而久之意气渐衰②,不耐持久。
徒贪偏安之乐,无能冒恢复之难,终酿成亡国之俗。
此证之古今历史,历历不诬者也。就近代观之,凡硕
儒大家③、文人词客,称书画之名手者④,南人十居
八九,而以武功立身成名者则以北人为最多。但发
匪之乱,建戡定之伟勋者湖南壮士(即湘勇)占其大
半,此破格之异例也。盖湖南人者春秋战国所谓楚
人也。楚人之剽悍,当时虽争霸中原,乃竟乏持久之
力,不能与北人对峙竞雄。观乎晋楚、秦楚之力争可
知矣。且湘勇之出世,实曾国藩提倡之力,由于罗泽
南⑤、江忠源⑥等诸人之奋起。是诸人没后,湖南士

---

① 虽不无志于中原人　虽然不是没有立志进取中原的人。自译本第177页,此句为"虽非全
无志于中原"。日文本第210页,原为"中原に志なきにあらずと雖"。田译本第119页为
"虽非无志中原"。

② 渐衰　日文本第210页,为"稍々衰弱し"。自译本第177页,为"稍稍委靡"。田译本第
119页为"衰弱"。

③ 硕儒大家　日文本第210页和田译本第119页同此。自译本第177页,为"硕学、大儒"。

④ 称书画之名手者　日文本第210页,原为"稱して書畫の名手と爲す者"。自译本第177
页,为"以至书、画、工艺,名手"。田译本第119页,为"书画名手者"。

⑤ 罗泽南(1807—1856)　字仲岳,号罗山,湖南双峰县人。因洪杨事起,1852年以在籍生员
的身份率生徒倡办团练,次年协助曾国藩编练湘军。自此率湘军转战江西、湖北、湖南三
省。因战功卓著,历迁任知县、同知、道员(加按察使衔)。1856年在武昌之战中,中弹而
死。罗泽南一生治学颇有成,且多育人之暇所为。著作计有《小学韵语》《西铭讲义》《周
易附说》《人极衍义》《姚江学辨》《读孟子札记》《皇舆要览》及其诗文集等。日文本第211
页和自译本第178页,为罗汉南,应有误。

⑥ 江忠源(1812—1854)　晚清湘军初期统帅,湖南新宁人。清道光十七年(1837)举人。
1844年在籍办团练。1847年率团丁配合清军镇压雷再浩会党起义,升署浙江秀水知县。
清咸丰元年(1851)7月,以太平军金田起义,奉命赴钦差大臣赛尚阿广西军营。旋在籍募
勇500人赴桂,号"楚勇",为湘军之雏形。次年,所部扩至1500人。5月,在全州以北之
蓑衣渡伏击太平军,夺其船只辎重,打破其沿湘江北攻长沙的计划。旋尾追太平军入湖
南,援长沙,抢占城东南高地蔡公坟,使太平军局处城南一隅陷入被动。1853年2月赴任
湖北按察使。5月奉命帮办江南大营军务,奏陈严法令、汰弁兵、明赏罚、戒浪战、严约束、
宽胁从等整顿军务的主张,为湘军组建积累了重要经验。6月太平军将攻南昌,江忠源应
江西巡抚张芾之请率部先期入城助守,多次破坏太平军的"穴地攻城"。此后上奏清廷,
请设长江水师以与太平军水师抗衡,对后来曾国藩组建湘军水师有一定影响。授官安徽
巡抚。10月,以太平军从南昌撤围西上,急赴湖北田家镇(今武穴西北)增防,被太平军击
败,退至武汉。12月率部入守庐州(今合肥),陷入太平军的重围。因兵单粮乏,援兵不
至,庐州城于1854年1月14日被太平军攻破,投水自杀。被清廷追赠总督,谥忠烈。有
《江忠烈公遗集》传世。

气稍衰。彭玉麟①逝,刘坤一②老,更较萧条。今坤一死已十年,湘人之为满清末路大吏者,惟老悖③之周馥④,姑息之魏光焘⑤而已,湘勇之意气面目于是乎扫尽矣⑥。且湘勇之同时起者又有淮勇焉。淮勇多为江北之安徽人,今淮勇虽不过强弩之末,然较之湘勇之落寞无人才者,似犹存有一分之血气焉。近时湘人之奋兴者颇不乏人,然究竟属于桑榆晚景⑦,汉阳一战已足略窥其本末⑧矣。大抵北强

湘淮健儿听者!

① 彭玉麟(1817—1890)　字雪琴,祖籍湖南衡阳县(今衡阳市衡阳县渣江),生于安徽省安庆府。清朝著名政治家、军事家、书画家。清末水师统帅,湘军首领,人称雪帅。与曾国藩、左宗棠并称大清三杰,与曾国藩、左宗棠、胡林翼并称大清"中兴四大名臣",湘军水师创建者,中国近代海军奠基人。官至两江总督兼南洋通商大臣,兵部尚书。于军事之暇绘画作诗,以画梅名世。他的诗由俞曲园结集付梓,题名《彭刚直诗集》(八卷),收录诗作500余首。

② 刘坤一(1830—1902)　湘军宿将,字岘庄,湖南新宁人。廪生出身,1855年参加湘军楚勇与太平军作战。累擢直隶州知州,赏戴花翎。1862年升广西布政使,1864年升江西巡抚,1874年调署两江总督,1875年9月授两广总督,次年兼南洋通商大臣。1891年受命"帮办海军事务",并任两江总督。在其后的甲午战争、百日维新、义和团乱、清末新政等晚清历史事件上,均发挥重要作用。

③ 惟老悖　初印本、重印本的下编第30页,原为"悖老悖"。点校本校注为"〈悖〉〔惟〕老",遗漏了第二个"悖"字。应校注为"〈悖〉〔惟〕老悖"。日文本第211页和自译本第178页,为"老悖"。田译本第119页,为"老腐"。

④ 周馥(1837—1921)　安徽建德(今东至)人。早年因多次应试未中,遂投笔从戎,在淮军中任文书。后升任县丞、知县、直隶知州留江苏补用、知府留江苏补用。清同治九年(1870年),以道员身份留直隶补用,其间积极筹划建立北洋海军事宜,还创办了中国第一所武备学堂——天津武备学堂。1877年任永定河道;1881年任津海关道;1883年兼任天津兵备道;1884年,奉李鸿章之命到渤海编练民舶团练;1888年升任直隶按察使。甲午战争爆发后,被任命为前敌营务处总理。马关议和后,以身体病弱自请免职。

⑤ 魏光焘(1837—1916)　湖南隆回人。晚清政治、军事、外交上的重要人物。与李鸿章、张之洞、刘坤一等同为十九世纪末期清政府重臣。曾任新疆布政使,新疆巡抚、云贵总督、陕甘总督,后任两江总督、南洋大臣、总理各国事务大臣。署理两江总督期间,继刘坤一、张之洞之后,筹建三江师范学堂,为开启近代南京大学的重要人物。

⑥ 于是乎扫尽矣　日文本第211页,为"一掃して盡きたり"。田译本第119页,为"殆一扫而尽矣"。自译本第178页,为"扫地尽矣"。

⑦ 晚景　日文本第211页、自译本第178页和田译本第119页,为"末光"。

⑧ 汉阳一战已足略窥其本末　辛亥起义后,到11月上旬,全国18个省宣布独立,脱离清政府。形势对湖北军政府有利,湖南革命党人也腾出力量,派遣军队跨省赶来武汉。汉阳前线聚集了湘鄂联军1万余人,黄兴于11月中旬下令反攻汉口。11月25日,两路清军在扁担山一带会合,合力进攻汉阳守城革命军。11月26日,湖南援军自行撤退过长江经洞庭湖回湖南,湖北军队也纷纷乘船渡江到武昌。汉阳陷落。

南弱之说,时或有破格异例;洎细查之其本末①,则确为古今之定论。此所以辽金人之雄视北方而常足以苦南人②,元明清三代建都北京所以镇压中原也。要之借北人之强力以威服南人,藉南人之富力以驯养北人。此北京六百年来③为中央集权之所在地,得能保其繁昌殷富者,实南人财力集注之所致也。使当时南自南、北自北,两两无④经济上之融通,则北京能维持今之地位体面也哉? 今就实际言之,北京上自政府以至于士大夫、商民,问其日常需要之物品⑤,何一非江南之所产耶? 一旦绝其供给之途,则城中百万生灵不至陷于冻死、饿死之苦境不止。幸而不至于斯者,赖从帝王之所居⑥,为南中财赋物力之走集处⑦耳。假如我日本据黄河以北之地,而河南、安徽、江苏江北⑧等处尚未席卷来归,则举燕赵之精兵健马在我掌握,异日南下,虽无不便,而当日之辛苦经营必穷于财力一事⑨,势不可不别求补救之方。补救之方维何? 连福建一带以至于浙江、江苏统归我统治圈内而已。今浙江、江苏虽未必十分殷富,然其本来殷富之素质为东西人之所熟悉。苟培养开发,方法得宜,异日富力之蔚然勃

---

① 洎细查之其本末　“之”或为赘字。自译本第178页,为“而子细通观其本末”。日文本第211页,原为“子細に其の本末を通観すれば”。田译本第119页,为“而细观其本末”。

② 苦南人　使南方人痛苦、困苦。

③ 六百年　日文本第212页和田译本第120页同此。自译本第178页,为“六七百年”。

④ 两两无　初印本、重印本的下编第30页同此。点校本第458页,误为“两面□”。

⑤ 日常需要之物品　自译本第179页,译为“日常需要来历,盐酒也,蜜糖也,茶纸也,笔墨也,食之稻米也,衣之绸缎也”。日文本第212页,原为“日常需要の物品の来歴を問ふに、鹽酒蜜糖茶紙筆墨より、衣の綢緞”。田译本第120页,为“其日常需要物品之来历,所谓盐酒蜜糖茶纸笔墨,以至衣之绸缎食之稻米”。

⑥ 赖从帝王之所居　初印本、重印本的下编第31页同此。点校本第459页,为“赖以帝王之所居”,似不妥。自译本第179页,为“以从来帝王所居”。田译本第120页,为“以北京为从来帝王之所居”。日文本第212页,原为“従来帝王の居にして”。

⑦ 走集处　今通作聚集处。

⑧ 江苏江北　日文本第212页,为“江苏＝＝江北”。自译本第179页,为“江苏(专指江北而言)”。

⑨ 必穷于财力一事　自译本第179页,为“先诉困绌者”。日文本第212页,原为“财力の一事に窮せん”。田译本第120页,为“必为财力所穷困”。

兴无疑义也。果然则河北之兵力与江南之富力胥入我掌握中,中原形势大半可决矣。余故曰:①由用兵上言之,则燕赵(即今之直隶、山西)之地决不可委诸他人;由财力上言之,则江苏、浙江二省又决不可让于他人②。③ 古来支那南北之争虽互有胜败,其终局之胜属北人。故观南北朝之对立,南朝每为北朝所统一,未有南朝征服北朝者。惟明太祖朱元璋起身于江南之一乞丐沙弥,而能扫荡胡元,统一中原,洵古来之大异例也。实则胡元虐政,汉人厌苦久矣,元璋奋起,实代表汉人之公愤。其后燕王棣④(即成祖,太祖之二子⑤)举兵燕京,南下金陵,夺建文帝⑥之社稷,建都燕京,即今之北京是也,亦见南北形势之轻重矣。春秋之时,楚、吴二国崛起江南,僭称王号。楚之庄王、成王⑦屡争中原霸

---

① 点校本第459—461页,由此开始到段末,都放入引号中,似有不妥。

② 让于他人　自译本第180页,为"使为他国有矣"。日文本第213页,原为"他國の有たらしむべからずと"。田译本第120页,为"委诸他人之手"。

③ 此下至段末,初印本和重印本的下编第31—32页都放在括号中;日文本第213—215页、自译本第180—181页和田译本第120—122页,则每行之首俱空两字。应系中岛端在正文之外所作注疏。

④ 燕王棣　即明成祖朱棣(1360—1424),明朝第三位皇帝,明太祖朱元璋第四子。受封为燕王,指挥了洪武朝的第七、八次北伐,并取得大胜。后发动靖难之役,起兵攻打侄子建文帝。1402年夺位登基,改元永乐。他五次亲征蒙古,出兵安南,东北设立奴儿干都司,西北设立哈密卫,巩固了南北边防,维护了中国版图的统一与完整。多次派郑和下西洋,加强了中外友好往来。编修《永乐大典》,疏浚大运河。1421年迁都北京,对强化明朝统治起到了积极作用。在位期间将靖难之后的疮痍局面发展至经济繁荣、国力强盛的盛世,史称"永乐盛世"。他一生文治武功赫赫,却多疑好杀,靖难之役后杀死多位建文帝忠臣。去世后有16名妃子被迫殉葬。原庙号太宗,后由明世宗改为成祖。

⑤ 太祖之二子　应为太祖之第四子。

⑥ 建文帝　明惠帝朱允炆(1377—?),明朝第二位皇帝。明太祖朱元璋之孙,懿文太子朱标第二子,年号"建文",在靖难之变后下落不明。后世人以其年号而称建文帝。

⑦ 楚之庄王、成王　即楚庄王和楚成王。楚庄王(?—前591),又称荆庄王,华夏族,姓芈,熊氏,名侣,谥号庄。楚穆王之子,春秋时期楚国最有成就的君主,春秋五霸之一。庄王之前,楚国一直被排除在中原文化之外,庄王自称霸中原,不仅使楚国强大,威名远扬,也为华夏的统一,民族精神的形成发挥了一定的作用。楚庄王自前613年至前591年,共在位23年,后世对其多给予较高评价。有关他的一些典故,如"一鸣惊人"等也成为成语,对后世有深远影响。楚成王(前?—前626),芈姓,熊氏,名恽。在位45年。郢(今宜城楚皇城,一说今江陵纪南城)人。春秋时楚国国君,楚文王之子。公元前672年杀其兄楚堵敖而即位,公元前638年,在泓之战中战败宋襄公,称雄中原。前626年,被太子商臣(楚穆王)和潘崇逼死。

权,吴王夫差父子①亦频出兵邻国,然终不能敌胜
北人②。越王勾践③用范蠡④之计以沼吴⑤,一时
称雄东南,仅一传而不振⑥。至战国之世,楚最大
国也,领有今之江苏、安徽、湖南、湖北⑦、江西、浙
江之地,终灭于陕西千里之秦下⑧。及汉末三国
孙氏兄弟⑨起于江南,都南京称吴帝,与魏、蜀鼎

①　吴王夫差父子　即阖闾与夫差。阖闾(?—前496),姬姓,吴氏,名光。春秋末期的霸主,
吴国传为西周初年所封,其始祖为文王伯父太伯、仲雍之后裔,初都蕃离(今江苏无锡东
南),后都于吴(今江苏苏州)。吴国到阖闾执政时(前514—前496),以楚国旧臣伍子胥
为相,以齐人孙武为将军,使国势日渐强盛。公元前496年,阖闾攻越,战于檇李(今浙江
嘉兴西南),越军采取偷袭战术,阖闾中箭,伤脚大拇指,伤重不治。
夫差(?—前473),姬姓,春秋时期吴国末代国君,阖闾之子,前495至前473年在位。前
494于夫椒之战大败越国,攻破越都(今浙江绍兴),使越屈服。此后,又于艾陵之战打
败齐国,全歼十万齐军。前482年,于黄池之会与中原诸侯歃血为盟。夫差执政时期,吴
国极其好战,连年兴师动众,造成国力空虚。勾践不忘会稽之耻,国力逐渐恢复。趁夫差
举全国之力赴黄池之会时,越军乘虚而入,并杀死吴太子。夫差与晋争霸成功,夺得霸主
地位后匆匆赶回。前473年,越再次兴兵,终灭吴国,夫差自刎。
②　终不能敌胜北人　日文本第214页,原为“终に久しく北人に敌すること能はず”。自译
本第180页,为“终不能久敌北人”。田译本第121页,为“终不能胜北人”。
③　越王勾践　勾践(约前520—前465),春秋末越国国君(前496—前465在位)。姓姒,名
勾践,又名菼执。曾败于吴,屈服求和。后卧薪尝胆,发愤图强,终成强国。公元前473年
灭吴。
④　范蠡　字少伯,春秋时期楚国宛地三户邑(今河南淅川县)人。春秋末著名的政治家、谋
士和实业家。他出身贫贱,但博学多才,与楚宛令文种相识,相交甚深。因不满当时楚国
政治黑暗、非贵族不得人仕而一起投奔越国,辅佐越国勾践。传说他帮助勾践兴越国,灭
吴国,一雪会稽之耻,功成名就后急流勇退,化名姓为鸱夷子皮,变官服为一袭白衣与西施
西出姑苏,泛一叶扁舟于五湖之中,遨游于七十二峰之间。其间三次经商成巨富,三散家
财,自号陶朱公,乃中国儒商之鼻祖,后人尊称“商圣”。
⑤　沼吴　初印本、重印本的下编第31页同此。沼:水池,积水的洼地。上古时期,池和沼都表水
池。一说圆曰池,曲曰沼。沼,应无动词之意,此处所说“沼吴”,或有误。自译本第180页和田
译本第121页,为“亡吴”。日文本第214页,原为“吴を亡して”。
⑥　仅一传而不振　日文本第214页,原为“僅に一傳して振はずなりにき”。自译本第180
页,为“然一再传而不振”。田译本第121页,为“然亦仅一传不振”。
⑦　湖南、湖北　田译本第121页同此。初印本、重印本的下编第31页,原为“湖南北”;日文
本第214页和自译本第180页,同此。
⑧　终灭于陕西千里之秦下　日文本第214页,原为“遂に陕西の秦人に滅ぼされき”。自译
本第180页,为“然遂为秦人所灭”。田译本第121页,为“终亦被灭于秦人”。
⑨　孙氏兄弟　即孙策、孙权。孙策(175—200),字伯符,吴郡富春(今浙江富阳)人。孙坚长
子,孙权长兄。东汉末年群雄之一,割据江东一带的军阀,三国时期吴国的奠基者之一。
三国演义中绰号“小霸王”。为继承父亲孙坚的遗业而屈事袁术,后脱离袁术,统一江东。
在一次狩猎中为刺客所伤,不久身亡,年仅26岁。其弟孙权接掌孙策势力,并于称帝
后,追谥孙策为长沙桓王。

立而不能渡江以窥中原,二三世后卒为北人所
并。东晋以后,江北为五胡所据,始有南北朝之
名。南朝之宋齐梁陈虽尝北上以争中原,皆未
能得志①。至隋统一又为北人之胜。五代之时,金
陵之李氏②、杭州之钱氏③、湖广之马、高二氏④、

孙权(182—252),字仲谋,吴郡富春(今浙江富阳)人,三国时代东吴的建立者。父亲孙坚
和兄长孙策,在东汉末年群雄割据中打下了江东基业。19 岁时兄长孙策遭暗杀身亡,孙
权继而掌事,成为一方诸侯。208 年,与刘备联合,于赤壁打败曹操军队,建立了孙刘联
盟。219 年,派吕蒙夺取刘备部属占据的荆州,使吴国的领土面积大大增加。222 年被魏
文帝曹丕封为吴王,建立吴国;229 年称帝。是三国时代统治者中最长寿的。孙权称帝
后,设置农官,实行屯田,平定山越,设置郡县,促进了江南经济的发展。在此基础上,他又
多次派人出海。230 年,他派卫温到达夷州。晚年"多嫌忌,果于杀戮",而且在继承人问
题上反复无常,引致群下竞争。252 年病逝,享年 70 岁,庙号太祖,谥号大皇帝。

① 南朝之宋齐梁陈虽尝北上以争中原,皆未能得志　自译本第 181 页,为"南朝之宋、
齐、梁、陈,四代相继,间有北上欲争中原者,每不能得志"。田译本第 121 页,为"南
朝之宋齐梁陈,虽间有相继北上、争雄中原之人,每不能得志"。日文本第 214 页,原
为"南朝の宋齐梁陈相繼ぎて、間間北上して中原を争はんとする者ありしも、每に其の志
を得ること能はざりき"。

② 金陵之李氏　李光弼(708—764),中国唐代营州柳城(今辽宁省朝阳)人,契丹族。李光
弼于唐天宝十五年(756)初,经郭子仪推荐为河东节度副使,参与平定安史之乱。因功被
封为临淮郡王。762 年出镇徐州,进封临淮王,徙居金陵(今江苏南京),从此子孙蕃盛,形
成金陵李氏。

③ 杭州之钱氏　又称吴越钱氏,始祖为钱镠(852—932),字具美(一作巨美),小字婆留,杭
州临安人。五代吴越国创建者。唐末拥兵两浙,统十二州,封吴王、吴越王,兼淮南节度
使,后自称吴越国王,在位 41 年。谥号武肃王,葬安国县衣锦乡茅山。在位期间,曾征用
民工,修建钱塘江海塘,又在太湖流域,普造堰闸,以时蓄洪,不畏旱涝,并建立水网圩区的
维修制度,有利于这一地区的农业经济。

④ 湖广之马、高二氏　即五代时期湖广地区的马氏和高氏。马氏的始祖或为马殷(852—
930),字霸图,汉族。原籍许州鄢陵(今河南鄢陵),五代十国时楚国第一代君主。唐乾宁
元年(894),随刘建锋率部入湖南,据潭州,被授为马步军都指挥使。唐乾宁三年,刘建锋
为部曲所杀,马殷被推为主帅。随即略取邵、衡、永、道、郴、朗、澧、岳等州,统一湖南,任武
安军节度使。朱温建后梁,马殷受封为楚王。后唐灭梁,马殷建国承制,自置官属,建楚王
天宫幕府,任用高郁、吕师周等人,采取一系列政策措施,保持楚境的独立和地方安定,发
展经济,使楚国在五代十国中强盛一时。后唐天成五年(930)病卒。
高氏的始祖或为高季兴(858—929),五代时期南平国开国君主。祖籍渤海蓚县(今河北
景县),先世乃山东(太行山以东)汉族名门渤海高氏。唐末,朱温势力已扩大至荆州。后
梁开平元年(907),朱温即帝位后,派高季兴任荆南节度使。荆南镇旧辖 10 州(一作 8
州),唐末,为邻道侵夺殆尽。高季兴到镇时,仅得江陵一城。季兴招集亡散军民,又收用
以唐进士梁震为首的文武官作辅佐,暗中准备割据。乾化四年(914),后梁封季兴为渤海
王。后唐同光元年(923),李存勖灭后梁,季兴入朝洛阳。次年,受封为南平王。后唐灭
前蜀以后,季兴得到归、峡二州。还一度控制了夔(今四川奉节东)、忠(今四川忠县)、万
(今四川万县市)三州,但很快又被后唐取回,故南平是十国中最小最弱之国。但因南平
特殊的地理位置和复杂的政治、经济关系,高季兴得以长期割据一方。他死后,高氏父死
子嗣,兄终弟及,直至 963 年才被宋朝灭亡。

福建之王氏①、广东西之刘氏②，仅据一隅③。一二世后，俱为赵宋所灭矣。赵宋南渡以后，虽有宗泽④、岳飞、韩世忠等之名将，李纲、赵鼎等之名相，屡图中原而卒无效，且渐衰焉⑤，而赵氏幼帝⑥遂没于厓山之海底。夫南北形势之异同，国运兴亡之原因也，其大略如此。

虽然一人之心万人之心也⑦。吾日本占据南满初非有久假不归之意，然自实际形势上观之，则确为久假不归，又不可不久假不归⑧。一旦支那分

① 福建之王氏　王潮(846—897)，原名王审潮，字信臣，光州固始(今河南固始)人，是秦名将王翦的后代，琅琊王氏士族。唐末任固始县史。唐僖宗中和元年(881)，寿州(今安徽寿县)变民首领王绪任命王潮为军正。中和五年(885)，随王绪转战福建，因王绪多疑猜忌，遂发动兵变，囚王绪。次年(886)攻占泉州(今福建泉州)，被福建观察使陈巖任命为泉州刺史。陈巖死后，王潮命堂弟王彦复、弟王审知攻福州(今福建福州)，唐昭宗景福二年(893)攻克。其后逐渐占领今福建省全境，受封为福建观察使。乾宁三年(896)，升任威武军节度使。同年病重，选择三子王审知继立。王审知自称王，开创了闽国。

② 广东西之刘氏　刘隐(873—911)，五代时岭南藩镇。上蔡(今河南上蔡)人。父谦，为封州(今广东封县)刺史。刘谦死后，刘隐代为封州刺史。唐天祐二年(905)进为清海节度使，据有田林(今广西田林县)、彬县(今湖南彬县)至濒南海之大片地区，逐渐坐大。后梁乾化元年(911)，进封其为海南王，当年病死。其弟刘岩(又名刘陟)接任静海军节度使，其后又袭封南海王称号。917年，刘岩在番禺称帝，建国号为"大越"，改元为"乾亨"，定都番禺(广州)。次年，刘岩自称是汉朝皇室的后裔，又改国号为"大汉"，史称南汉。

③ 仅据一隅　自译本第181页，为"同时并举，然皆割据偏隅而已"。日文本第215页，原为"並び起りしかども、皆偏隅に割據せしのみ"。田译本第121页，为"并起，亦不过割据偏隅之地而已"。

④ 宗泽(1060—1128)　北宋末、南宋初抗金名将。字汝霖，汉族，婺州义乌(今浙江金华义乌)人，刚直豪爽，沉毅知兵。进士出身，历任县、州文官，颇有政绩。任东京留守期间，曾20多次上书高宗赵构，力主还都东京，并制定了收复中原的方略，未被采纳。他因壮志难酬，忧愤成疾，1128年7月，临终三呼"过河"而卒。著有《宗忠简公集》传世。

⑤ 屡图中原而卒无效，且渐衰焉　田译本第121页，为"而图恢复中原，每归无效。其后国势渐衰"。自译本第181页，为"屡图恢复中原，然终不效，国运稍稍陵迟"。日文本第215页，原为"中原恢復を圖りしも、每に効あらず。稍稍衰へ行きて"。

⑥ 赵氏幼帝　即宋端宗赵昰(1269—1278)，又称宋帝昰，是宋朝第八位皇帝，1276年6月14日—1278年5月8日在位2年。景炎三年(1278)3月，为躲避元将刘深的追逐，江万载父子带兵扶赵昰上船避入广州湾对开海面，不幸遇上台风，将年幼体弱的宋端宗卷入海浪中。年逾70的江万载扑入狂风巨浪中奋力将宋端宗救起，自己却被海浪卷走。宋端宗惊惧交加，因此染病。因元军追兵逼近，不得不浮海逃往碙洲(今湛江碙洲岛)。小皇帝屡受颠簸，又惊病交加，5月8日在碙洲去世，葬于永福陵(今香港大屿山)。

⑦ 一人之心万人之心也　语出杜牧《阿房宫赋》："一人之心，千万人之心也。"自译本第181页，为"一人之心乃万人之心也"。日文本第215页，原为"一人の心は萬人の心なり"。田译本第122页，为"一人之心者，万人之心也"。

⑧ 久假不归　此处三个"久假不归"，日文本第215页和自译本第181页，都为"假而不反"。田译本第122页，为"假而不归"。

割,列强固视为当然而无容异议者也。但进而入直
隶入山西并黄河以北一带,则非列强所易许者①。
况江苏、浙江为长江流域中最便利之区,最肥沃之
地。英国视为彼势力圈内之一部,尝与满清政府约
不割让者乎。英国固以此等省分[份]为将来之根
据地者,虽与吾国同盟,而金钱之前无择于父子兄
弟,商贾之常态也。利害得失之际岂有友国敌国之
别哉? 其一小部尚不乐给与[予]他人,况其大部
耶? 况其全体耶? 抗议之声将首发于此。俄德法
美亦均有志于中原者,岂遽容吾日本垄断莫大之利
益乎? 盖此事为分割当日之最大难关,非可决于樽
俎②谈笑之间。余故谓列强分割之势已成,而未表
于事实者,原于列强间分配之率③未易定也。异
日④若有分割之事,多少之争,广狭之争,必不能
免。即列强逞虎狼吞噬之际,试搏击伎俩之秋也。
吾日本全不与于分割则已,苟进而与于分割,此时
此机,若误一步,则大事将去,洵一大厄运,亦一大
好时机也。古语不云乎,断而行之,鬼神避之。要
在吾国之国是国力如何耳。苟国是飘摇未定,国力
尚未充实欤⑤,则前之所言,均属一场呓语耳。苟
国是一定不移,国力坚实刚健欤⑥,举二十一省而
统一之可也,三四省何足道哉! 但吾辈之所窃虑
者,惟在我当局者果有所谓国是者否耶。今不惟吾
当局者对于支那之现在、将来,无一定之政策方针,

---

① 则非列强所易许者　自译本第 181 页,为"则列强亦不得辄允"。日文本第 215 页,原为
　"列强も亦辄く許すべからず"。田译本第 122 页,为"则列强必不许可"。
② 樽俎　古代盛酒肉的器皿。樽以盛酒,俎以盛肉。后来常用做宴席的代称。
③ 列强间分配之率　应指列强各国分割中国权益的比率。
④ 异日　初印本、重印本下编第 32 页与日文本第 216 页、自译本第 182 页、田译本第 122 页
　同此。点校本第 461 页,为"异日日",多了一个"日"字。
⑤ 国力尚未充实欤　此句在日文本第 216 页,原为"國力にして未だ充實せざらんか"。自
　译本第 182 页,译为"国力而未全充实乎"。田译本第 122 页,为"国力亦未充实"。
⑥ 国力坚实刚健欤　此句在日文本第 216 页,原为"國力にして堅實剛健ならんか"。自译
　本第 182 页,译为"国力而坚实刚健也"。田译本第 123 页,为"国力亦既充实"。

即在野政客，全国人民，何莫不然①？不独对于十年二十年之将来，无一定之政策方针，即对于二三年、一年乃至目前之将来②，亦毫无必当如是、必不可如是③之决断。且无此抱负，徒伺他人之气色，而朝变夕更，毫无定见④。夫已居东亚主人之地位，以气吞列强、威惮五洲之资⑤，反慑服于甲国，追随于乙国，而一举一动，毫无独立特行之态度，此岂可与谈国是之得失者哉？至国力之充实如何，亦不能无忧。今每年入伍之新兵约十万人，通计现役预备后备，十七年概可得百七十万人⑥。即此后一两年中，可得精兵百四五十万人。海军之大小舰船，除现在建造中者不计外，约有五十万吨以上，六十万吨以下。海陆军之额，非不多也。且也将士沉毅，好谋而善断；兵卒忠勇，临阵而忘身。又有五千万⑦国民为之后援，白刃可蹈也，汤火可赴也。然

---

① 即在野政客，全国人民，何莫不然　日文本第217页，为"民間の政論家も亦然り。全國人民も亦然り"。自译本第183页，为"即民间政论家亦然，合国上下亦然"。田译本第123页，为"即在野之政论家亦然也，全国民亦然也"。

② 目前之将来　日文本第217页，原为"眼前の出来事"。自译本第183页，为"眼前事物情态"。田译本第123页，为"眼前之事"。

③ 必不可如是　田译本第123页，为"必不可如斯"。自译本第183页，为"必不当如是"。日文本第217页，原为"必ずかくせざるべからず"。

④ 徒伺他人之气色，而朝变夕更，毫无定见　自译本第183页，为"每伺傍气色，旦夕朝暮，转转变化，似不知无所归着者"。日文本第217页，原为"常に傍人の氣色を伺ひ、旦夕朝暮、轉々變化して、歸著する所を知らざるに似たり"。田译本第123页，为"每伺人之气色，旦夕朝暮，转转变化，而不知所归着"。

⑤ 以气吞列强、威惮五洲之资　日文本第217页，原为"列強に氣兼され畏憚せらるべき身を以て"。自译本第183页，为"故宜为列强所顾忌忌惮焉"。田译本第123页，为"而为列强所心怯所忌惮"。

⑥ 现役预备后备，十七年概可得百七十万人　自译本第183页为"现役预备后备十七年，无虑一百七十人"；"一百七十人"显为"一百七十万"之误。日文本第217页，原为"現役豫備後備を通計するに十七年、大凡一百七十萬人"。田译本第123页为"合计现役像备后备，十七年大凡一百七十万人"。日本兵役制度分为现役、预备役、后备役、补充兵役、国民役。其中现役、预备役、后备役，统称为常备役。

⑦ 五千万　初印本、重印本的下编第33页和点校本第462页，原为"五十万"，应有误。日文本第217页、自译本第183页和田译本第123页，为"五千万"。

财力之有无,则又若何? 出师十万,日费千金①。孙子之言②,诚兵家之金科玉律也。况今之战,异于古之战,匪膂力血气之争,乃器械之争也,乃兵站粮饷之争也,乃金钱多少之争也。通计日清、日俄两役③,一兵所费,每日一元左右④。苟此后大陆有事,至少亦须动百万之师,若继续二年则军费之浩大⑤可知。且日俄战后,吾日本所借之中外国债,达于二十亿,而每年之租税,止七亿元。国民之负担,虽岁有增加,而其收入之额,则毫无所增益⑥。通商贸易之大数,虽岁无消减⑦,而输出入之比较,十年来常不得平准⑧。正货⑨之流出益多,兑换之基础将动。运募债卖债之手段,虽得救一时之急,而三亿七千万之在外金货⑩,日减月耗,不可保五六年之久。物价昂腾之势,滔滔然如洪水涌来。细民穷,中产之人穷,上产之人亦穷。今而不讲救济

---

① 出师十万,日费千金　语出《孙子兵法》"用间篇":"凡兴师十万,出征千里,百姓之费,公家之奉,日费千金"。

② 孙子之言　自译本第 184 页,为"此乃二千年前孙子之所道破者"。日文本第 218 页,原为"二千年前孫武の道破せし所"。田译本第 123 页,为"为二千年前之孙武子所道破"。

③ 日清、日俄两役　即 1894 年的中日甲午战争和 1905 年的日俄战争。

④ 一兵所费,每日一元左右　初印本、重印本的下编第 33 页和点校本第 463 页,原为"每日一元",应有误。田译本第 123 页,为"一兵士之所费,每日约一元左右"。自译本第 184 页,为"一兵丁所费,每日仅一元左右"。日文本第 218 页,原为"一兵士の费やす所,每日一圆左右"。

⑤ 浩大　日文本第 218 页和田译本第 123 页同此,自译本第 184 页为"巨多"。

⑥ 毫无所增益　自译本第 184 页,为"岁岁无加"。日文本第 218 页,原为"年々增すことなし"。田译本第 124 页,为"年年无增"。

⑦ 岁无消减　自译本第 184 页,为"每岁有增加而无减"。田译本第 124 页,为"每岁虽有增无减"。日文本第 218 页,原为"每歳增すことありて减ずることなけれども"。

⑧ 不得平准　日文本第 218 页,原为"平準を得ず"。平准:古代经济制度,是运用贵时抛售、贱时收买的方式,以求稳定市场价格的一种经济措施。自译本第 184 页,为"不得其衡"。田译本第 124 页,为"常不相偿"。

⑨ 正货　又称"正金",即真实的货币,相对纸币及债券等而言。在金本位制下的正货就是金币或金块,在银本位制下就是银币或银块,在金银复本位制下就是金和银。"正货"和"现金"不同,正货只包含单纯的货币金属,现金则包含纸币及兑换券等。此处所说"正货",应指日本的黄金储备。

⑩ 三亿七千万之在外金货　田译本第 124 页同此。七千,在重印本下编第 34 页和点校本第 463 页误为"七十"。日文本第 218 页,为"三億七千萬の在外金货"。自译本第 184 页,为"金货之存托海外者,仅止三亿七千万"。在外金货,或指外汇储备。金货,金属铸的货币。

之策,行将见全国破产之祸矣。然现时吾之国力,岂惟不可谓为充实而已哉?一旦大陆有事,则资金何所借假乎?英耶?法耶?美耶?比耶?是数国者,或与吾相颉颃①,或为吾敌人之与国,或为吾敌人之金穴。则我之所赖者谁耶?抑袖手旁观,坐任他人之挥霍纵横耶!②

著者亦知岛国有破产之祸乎?然则日弄是非,惟恐天下无事,害人自害,果何为者?

译者曰:日本苦贫,一日不仰赖我华,即一日不能立国。挽近以来,列强为逐鹿于中原,而澎澎勃勃之新中国,亦将跃起腾飞。使中国而亡也,日本纵据满洲一角,亦不能与列强争雄,而卒失所仰赖以日濒削弱。使中国而兴也,则雪耻十年,还我边鄙,雄师百万,虎视于白山黑水之间。蕞尔岛民,隔江相望,徒有染指之思,而莫敢谁何。其兴其亡,无在而非日本之隐忧也。故其举国上下,时有并吞中国之雄怀。迨自审其力有未能,而衡其势亦未可,则又怨天尤人,痛哭流涕,如猢狲失树,乱跳乱叫。噫!是不可以已乎?吾华固千年古国也,即一旦列强肇瓜分之变,将约四亿同胞,共作雄鬼,合万里神州,成一大冢耳。倘列强不为戎首,尔日本其敢有以图我者,则如蚍蜉之撼

---

① 颉　初印本、重印本的下编第34页和自译本第184页,误为"颃"。

② 本章里,中岛端再次提及在中国分割的危急关头,日本面临的两种选择:"全不与于分割"和"进而与于分割",并明确指出前者为日本"帝国上下必所不甘服也。何者?既往之对外政策从根本上被破坏故也";"前者之策,断断不能行也"。基于此,中岛端认为日本在甲午战争时"将入山海关为北京城下之盟",因"三国干涉"不得不放弃辽东半岛为"吞恨忍羞",日俄战争则使日本损失巨大,所得甚微;进而为日本规划了乘中国被分割之机,"争衡于中原"的蓝图和"方略":即以"东亚主人"之地位自居,以控制朝鲜半岛为"除西顾之忧,为大陆雄飞之地"即侵略中国的跳板,北方以南满为"进取之策源地","西由内蒙古起至于山海关一线,横断南下,而直隶而山西。至少限于黄河以北,不可不置于我之势力圈内";南方则将福建"藉为分割之一据","连福建一带以至于浙江、江苏统归我统治圈内";从而"立南北犄角之计""河北之兵力与江南之富力胥入我掌握中,中原形势大半可决矣"。对此方略,中岛端又分析了中国南北方的经济、地理、割据状况作为依据,并指出日本欲"争衡于中原",必然与英国和其他列强发生冲突,因而必须尽早确定"国是",充实"国力"。如此等等,显现了中岛端对中国的殖民野心。

大树,自取败亡之辱耳。其亦知今后之中华,非复昔日之中华矣乎!

译者又曰:神州建国,四千余载,人口富力,实足以①雄长斯世而有余。燕赵之众,带甲百万,民风非不武也;江淮之间,沃野千里,物产非不饶也。苟能振厉奋兴,富强之效,可立而待。近人诗云:英雄用武非无地,南有长江北大河②。而卒不克与列强角逐者,则三百年来满清政府误之也。今也独夫放逐③,日月重光,大好河山,依然还我。健儿负江山欤?江山负健儿欤?有富强之资,而不知自保以阔步横行,乃转为他人所觊觎,以思为所凭借,而大展其雄图。呜呼!是吾人之大耻也!是吾人之奇羞也!抑吾更深有感者,著者于吾华南北民

---

① 人口富力,实足以 初印本、重印本的下编第34页同此,点校本第465页,断为"人口富力实足,以"。

② 英雄用武非无地,南有长江北大河 语出杜羲悼李培仁烈士诗,原载《晋乘》第1期(东京出版),第48—52页,1907年9月15日。参见李浩、郭海编著:《晋矿魂李培仁与山西争矿运动》,山西人民出版社2001年版,第54页。

杜羲(1887—1936),字仲忠,原籍山西,后移居河北静海县,从名宿刘代耕读书。14岁读十三经。17岁入小学,继毕业于姚村陆军小学,获选赴日本入振武学校。未几,因胁迫监督赵礼泰,被清吏除名,改入早稻田大学,并加入中国同盟会。1908年归国,赴太原,任山西大学堂讲席,后任陕西高等学堂教习。1911年赴北京,创《国风日报》。武昌起义爆发,赴关外联合东北军,以为兰天蔚声援。1912年南京临时政府成立后,与景定成主办《山西日报》。1913年二次革命爆发,赴江西促李烈钧举兵讨袁。失败后走辽沈,旋被捕解北京。获释后再至太原。1914年至安邑;夏赴上海,为上海镇守使郑汝成延入军署。1921年4月,孙中山任非常大总统,被任命为总统府参议;秋,随孙中山北伐至桂林。1922年春,孙中山改道北伐,任姚雨平警备军的参谋长;6月陈炯明叛变,孙中山蒙难永丰舰时,任命为讨逆军中路总司令部参谋长。1927年任南京国民政府参事。1928年任天津市政府参事。1933年任监察院监察委员。1936年2月7日因不满时政,投玄武湖自杀,年49岁。

李培仁(1866—1906),大同市阳高县人。1904年考入山西大学堂,1905年冬被选送日本政法大学留学。李培仁留学之时,国家正处于危难之际,英国人看上了山西的矿藏,要求山西巡抚将山西省孟县、平定州及泽州、潞安两府所属的煤、铁矿藏,让给英商福公司开采。省内绅商全力反对,并呈诉清廷。感到救国无望的李培仁发出"思奋身一掷,为晋人作痛声之呼"的呼声,身揣绝命书,然后跳进东京新宿海二重桥下自尽。这就是著名的"李培仁蹈海"事件。绝命书被留日同乡公布之后,留日学生争相传看,群情激愤。先是山西留日同乡会开追悼会,接着豫、晋、秦、陇四省也联合召开追悼大会,有数千人参加,其中包括国内18个省的学生代表及章太炎、胡汉民等知名人士。

③ 独夫放逐 应指满清政权倒台。

族地理之特色,至为熟悉。谓以南方之富庶,养北方之武健,以北方之武健,卫南方之富庶,为最宜于中央集权。今吾国浅识躁进之徒,乃谬欲以地方分权,启南北之分离①。噫,读是书者,亦知所警悟乎!

---

① 此处借中岛端之言,为中央集权立论,表明当时的北洋法政学子大都持拥袁态度,将南方革命党人视为"浅识躁进之徒"。

日本与支那分割之利害①

夫国是未定,或竟无之;国力未实,或竟乏焉。而漫云他国土地人民之分割者,徒为书生之大言,何足取哉? 虽然,此犹标末②之论,自根本言之,则虽国是已定,国力已充,犹不得遽云支那分割之事。何则? 别有一先决问题,如支那分割一事,是否果利于吾日本是也。

余尝谓二十世纪之最大问题,殆为黄白两种人之冲突。而冲突之战场,其必为东亚大陆之中原乎? 此就支那分割之情势言之也。

考近世史,白人勃兴仅二三百年,西欧文明之东渐,仅一二世。然其势之所激,汹涌澎湃,荡荡滔滔,遇山则吞山,遇陵则吞陵,必非尽吞世界不已。土国仆③矣,埃及覆④矣,印度没⑤矣,缅甸并⑥

---

① 此节的译文,有些句子较长,断句的准确率较低,似显译者的特点。

② 标末　树梢。喻枝节。

③ 土国仆　土耳其在奥斯曼帝国极盛时,势力达欧亚非三大洲,领有南欧、巴尔干半岛、中东及北非之大部分领土,西达直布罗陀海峡,东抵里海及波斯湾,北及奥地利和斯洛文尼亚,南至苏丹与也门。自消灭东罗马帝国后,定都于君士坦丁堡、改名伊斯坦布尔,且以罗马帝国(拜占庭帝国)的继承人自居。16世纪中期,苏莱曼大帝在位之时,日趋鼎盛,其领土在17世纪中期更达最高峰。但是奥斯曼帝国终不能抵挡近代化欧洲国家的冲击,于19世纪初趋于末落,最终于第一次世界大战期间败于协约国之手。1918年10月底,奥斯曼帝国被迫签订丧权辱国的停战协定,昔日的属地被协约国瓜分一空。老谋深算的英国还鼓动奥斯曼帝国的周边国家,妄图将它肢解分裂。

④ 埃及覆　埃及具有悠久的历史和文化,与古巴比伦、古印度、古中国并称“四大文明古国”。公元640年左右,阿拉伯人进入埃及,建立阿拉伯国家,至9世纪中叶,埃及人的阿拉伯化大体完成。1517年沦为奥斯曼帝国的一个行省。1798年被拿破仑法军占领。1882年英国殖民军占领埃及。1914年埃及沦为英国的“保护国”。

⑤ 印度没　到18世纪,印度受到英国的侵略和控制。经营英国在印度事务的主要实体是不列颠东印度公司,1818年马拉塔人势力最后覆灭后,大多数印度王公都承认了东印度公司的宗主权。最晚被英国兼并的印度领土有信德(1843)、锡克人控制的旁遮普(1849)、贝拉尔(1853)和奥德(1856)。1858年通过的《改善印度管理法》,取消了东印度公司,由印度事务大臣接管其全部职权;并成立以印度总督为首的印度政府。英国人也正式结束了已无存在意义的莫卧儿王朝,将巴哈杜尔沙阿二世流放到缅甸。此后印度进入由英政府直接统治的时代。

⑥ 缅甸并　缅甸是历史悠久的文明古国,旧称洪沙瓦底。825—1757年,孟族国王统治南缅甸。1044年形成统一国家后,经历了蒲甘、东吁和贡榜三个封建王朝。英国于1824年至1885年间先后发动了3次侵缅战争并占领了缅甸,1886年将缅甸划为英属印度的一个省。

矣,安南灭①矣,波斯裂②矣。今也白人种横行阔步
于五大洲中③,山河草木,悉任其蹂躏驰突,无敢起
而与之争者。白人之意气,吐吞宇宙,呼吸乾坤,宛
然有天之骄子态度。宗教也、道德也、风俗也、文字
也、艺术也、法律政治也,苟非白人种之所出,则似
乎不免自然淘汰、优胜劣败④之数。方是时也,东
方有二大独立国,曰支那,曰日本,均系黄人种,殆
可与白人种对峙。虽时有胜负,而犹未遽立其下
风。盖白人起自西欧,达于极东,可目为劲敌者,土
耳其、印度及此二国而已。土耳其本东亚一败残⑤
之民族,游牧于欧亚之间,当其全盛之日,虽一时震
动西欧诸国,然无千年不拔之根基。勇健善战,虽
有古匈奴之遗风,而文化之程度极低,固非白人之
敌也。印度,东方一大旧邦,腐败老朽,由来已
久⑥。国内种族杂糅,而非统一之民族。且性情孱
弱,无刚健之气概,宜其为白人一再蹂躏,而不能复
起也。至日本、支那二国,虽建国之历史⑦不同,土
地之广狭、人民之多少各异,而其人种流派相近,性
情习气相近。道德宗教之渊源,文化发达之径路,
亦皆相近。一固执四千年之旧文明,以中华老帝国

①　安南灭　安南,越南的故称。19 世纪后期,法国对越南进行殖民侵略,清朝作为宗主国派
兵抵抗,冯子材和刘永福、黑旗军等参战。1885 年,越南政府、清政府与法国签订《越法新
约》,承认越南摆脱中国的藩属国地位。从此,越南沦为法国的附庸。

②　波斯裂　波斯,伊朗的故称。19 世纪,西方列强加紧在伊朗的争夺。1801 年俄国兼并格
鲁吉亚;英国同伊朗发生三次战争,导致伊朗割地赔款及承认阿富汗独立。此后法国、奥
地利、美国等相继强迫伊朗订立了不平等条约。19 世纪下半叶,英、俄攫取了在伊朗的采
矿、筑路、设立银行、训练军队等特权。1907 年,英、俄两国相互勾结划分了在伊的势力范
围:北部属俄国,南部属英国,中部为缓冲区。之后,法国、奥地利、美国等相继强迫伊朗签
订不平等条约。伊朗虽然名义上仍是独立国家,实际上处于半封建、半殖民地的地位。

③　白人种横行阔步于五大洲中　于,在重印本下编第 36 页和点校本第 466 页,误为"以"。
自译本第 186 页,同为"白人种横行阔步于五大洲中"。日文本第 220 页,原为"白人種は
五大洲中に横行濶步して"。田译本第 125 页,为"今也横行于五大洲中"。

④　优胜劣败　日文本第 220 页和田译本第 125 页同此。自译本第 186 页,为"优劣胜败"。

⑤　败残　日文本第 220 页同此。自译本第 186 页,为"败窜"。田译本第 125 页,为"残败"。

⑥　由来已久　田译本第 125 页同此。日文本第 220 页,原为"由りて来る所久し"。自译本
第 186 页,为"所自来久"。

⑦　历史　日文本第 221 页和田译本第 125 页同此。自译本第 187 页,为"体裁"。

自许;一以奉戴三千年之天子神孙①,以金瓯无缺之国体,冠冕于宇内。二国在五六十年前,俱受白人之炮火洗礼。胜负之形,强弱之势,虽颇有异同,而未肯低眉屈膝于白人之前,以为奴隶者,则相似也。要之近百年来,苏士峡②以东,喜望峰③以北,与白人颉颃④上下,未遽奉命者,止此二国。由白人观之,亦可憎可忌之敌也⑤。

今也,天时乎? 人事乎? 眠狮将终不起矣,中华老帝国终不免土崩瓦解之厄运矣。白人种滔滔莽莽,如怒潮,如狂风,杀到四百余州⑥。黄帝子孙,夏禹山河,将尽为白人所残蹋⑦鱼肉。四千年之旧文明,将由其根底倾覆而去⑧。道德也,宗教也,法制也,学术也,文艺也,风俗也,习惯也,器械也,物产也,饮食衣服也,言语文字也,其不相同如冰炭水火者,或相混同,或相驳杂,或相冲突,或相排斥,或相轧轹,或相淘汰。有才者,有智者,有勇者,有力者,有财产者,有机略者。商贾与商贾战,农工与农工战,兵士与兵士战,贵族与贵族战,士大

尔岛国以奉戴天子神孙自豪,吾则未尝以老帝国自许。盖帝国二字,已与吾华绝缘矣!

① 三千年之天子神孙 约公元2世纪,日本各地有100多个部落(其中有的与东汉建立了关系)。到公元4世纪,在关西地方建立了比较大的国家,据说最终将它们统一起来的是当今皇族的祖先。当时,日本国范围仅包括本州西部、九州北部及四国,4世纪后才出现比较统一的国家。据日本传说《古事记》和《日本书纪》,第一代天皇——神武天皇于公元前660年建国并即位。按照日本人的推算法,公元1910年是皇纪2569年,把皇统向前多推算了大约一千年。在这一千年的空白中,人为地安插了10位虚构的天皇。三千年之说,更是日本人的自夸。
② 苏士峡 今通称苏伊士地峡。前文中有"苏彝士"之译。
③ 喜望峰 Cape of Good Hope 的日文旧译。今通译为好望角。
④ 颉 初印本、重印本的下编第37页,原误为"頑"。
⑤ 亦可憎可忌之敌也 日文本第222页,原为"亦心憎き敵なるべし"。自译本第187页,为"盖亦有不易与之叹矣"。田译本第126页,为"殆眉间之一大赘瘤也"。
⑥ 四百余州 日语中中国大陆的代称。宋朝全盛时号称"八百州",南宋时的半壁江山,有三百多州,称为"四百州"。后以其成数"四百州",指中国全土。
⑦ 残蹋 日文本第222页、自译本第187页和田译本第126页,为"践蹋"。残,或为"践"之误。蹋:同"踏",践踏,踩。
⑧ 四千年之旧文明,将由其根底倾覆而去 "由",重印本下编第37页和点校本第468页,误为"有"。自译本第187页,未译此句。日文本第222页,原为"四千年の舊文明は,将にその根柢より傾覆し去られんと"。田译本第126页,为"四千年之旧文明,殆将由其根本而倾覆之"。

夫与士大夫战,僧徒与僧徒战,学者与学者战,平民
与平民战,政治家与政治家战,兵略家与兵略家战,
外交家与外交家战。有贸易之战,有铁血之战,有
术数①之战,有言论之战,有发明之战,有忍耐之
战,有精力之战。举四百余州,四万万人,尽陷于格
斗鏖战之中,势将投黄白两人种于一大栅栏内,以
较其优劣,角其强弱,而定其胜败。胜败所定,即民
族运命之所决,安危死生之所分也。胜者将永雄飞
于五洲,而败者将终沉②于九渊矣。

　　白人为战于客地者,自动的也,进取的也③;乘
连战连胜之势,其资本丰富④,其体力健强,其知识
锐敏。黄人为战于主地者,他动的也,退守的也⑤;
承积衰积弱之余,其资本竭乏⑥,其体力羸弱,其知
识迟钝。由今之形势,卜后之运命,若非有一大伟
人,乘一大转机,焕然一新民族之性情气力⑦,黄人
殆不免劣败之数。且白人种族之见最深,宗教之观
念亦甚炽。今之白人,虽非昔之白人,政教分离之
说,识者之所是认⑧。然彼之对于异种族、异教徒,
非如黄人之淡泊宽裕。故虽平日标榜人道主义,鼓
吹博爱宗旨者,一旦利害相反,意见不合,则反目疾
视,纤芥⑨之怨必报,决不稍为宽假。此所以有宗
教自由之名,无信教自由之实;异种迫害之事,所以

---

① 术数　权术,谋略。

② 沉　日文本第 223 页、自译本第 188 页和田译本第 127 页,为"陆沉"。

③ 进取的也　田译本第 127 页同此。日文本第 223 页,原为"進取的なり"。自译本第 188
　　页,为"进取的也,侵略的也"。

④ 其资本丰富　田译本第 127 页,为"其资本丰富也"。日文本第 223 页,原为"其の资本は
　　豊富なり"。自译本第 188 页,未译此句。

⑤ 退守的也　田译本第 127 页同此。日文本第 223 页,原为"退守的なり"。自译本第 188
　　页,为"退守的也,平和的也"。

⑥ 其资本竭乏　田译本第 127 页,为"资本缺乏"。日文本第 223 页,原为"资本は竭乏せ
　　り"。自译本第 188 页,未译此句。

⑦ 气力　日文本第 223 页和田译本第 127 页同此。自译本第 189 页,为"气质"。

⑧ 识者之所是认　自译本第 189 页,译为"识者亦是认之"。日文本第 223 页,原为"識者の
　　是認する所と"。田译本第 127 页,为"识者所公认"。

⑨ 纤芥　亦作"纤介",意指细微;细小的嫌隙。

每及于人之视听也。夫然,英也,佛①也,德美之与俄也,亘以如是种族、宗教之观念②,对于劣败之黄人。黄人将来之运命吉凶祸福,不问可知矣。将不为四万万人之新犹太族③,则为二十一省之南非土番④耳。其惨毒之情态,更可知矣! 奴隶欤? 囚虏欤? 乞丐欤? 古来亡国灭族之祸,大抵如斯也。

当是时,我日本以黄人之一族,虽亦从白人之后,同享分割之利,同居优胜之列。然以种族不同,宗教不同,性情气质、风俗习惯乃至知力体力⑤财力亦皆大不相同。即一时利害之关系,虽似偶然相合,而有同盟缔交之名,谁能保其终始相亲⑥相爱而不相负者耶? 况日本者,东亚之主人,又占最优之地势,不能不为嫉妒猜忌之所集也。由我日本言之,对于白人,本无何等不平之念。白人对我日本,似亦当无丝毫猜忌之情。然由白人观之,则我日本居东亚主人之位,隐然握霸者之权,恰如眼中钉⑦焉。妨彼之横行阔步者,我日本也。抑彼之飞扬跋

中华男儿听者!

休尽高自位置。

---

① 佛 法国的旧译和简称。自译本第189页,直译为"法"。此处译为"佛",系日文直译。

② 亘以如是种族、宗教之观念 田译本第127页,为"以如是种族之见,如是宗教观念"。自译本第189页,为"以如是种族之见界,以如是宗教之观念"。日文本第224页,原为"如是種族の見を以て、如是宗教觀念を以て"。

③ 犹太族 即犹太人,又称犹太民族,是广泛分布于世界各国的一个族群。耶稣死后不久,犹太人起义反对罗马人,耶路撒冷被罗马大军攻破,圣殿被拆毁,犹太人被迫流落到世界各地。在欧洲多年来深刻复杂的政治、经济、社会背景下,信仰上的区别不断被利用,造成犹太人在欧洲国家长期受到歧视、迫害和杀戮。19世纪末期,由于东欧的迫害加剧,犹太人逃离此地,大多数投奔美国、加拿大和西欧。

④ 南非土番 即南非的土著居民。最早的土著居民是桑人、科伊人及后来南迁的班图人。1652年荷兰人开始入侵,对当地黑人发动多次殖民战争。19世纪初英国开始入侵,1806年夺占"开普殖民地",荷裔布尔人被迫向内地迁徙,并于1852年和1854年先后建立了"奥兰治自由邦"和"德兰士瓦共和国"。1867年和1886年南非发现钻石和黄金后,大批欧洲移民蜂拥而至。英国人通过"英布战争"(1899—1902),吞并了奥兰治自由邦和德兰士瓦共和国。1910年5月英国将开普省、德兰士瓦省、纳塔尔省和奥兰治自由邦合并成南非联邦,成为英国的自治领地。

⑤ 知力体力 日文本第224页为"智力體力",田译本第128页同此。自译本第190页,为"智力"。

⑥ 相亲 日文本第224页、自译本第190页和田译本第128页,为"相信"。

⑦ 眼中钉 自译本第190页,为"眉间一大赘瘤"。田译本第128页,为"眉间之一大赘瘤也"。日文本第225页,原为"眉間の一大贅瘤なり"。

扈者,我日本也。使彼不得垄断权利肆逞威力者,亦为我日本也。且白人虽未必尽以征服异教徒、歼灭异种族,为理想,为声明①,然彼固以自然淘汰、适者生存之主张,为惟一之真理者。而综其过去现在,对异种族、异教徒所施之手段方法,与其结果形迹,似白人不尽歼灭异种族、征服异教徒不止也。白人亦不必尽为狼子野心者②,而其一意图谋进取、贪利无厌之性情气概③,恒溢于人道博爱之准绳以外;其至于道义宗教之本旨,视若无睹者,亦理数之必然也。又况藉人道博爱之美名,蒙宗教信仰之假面,以文明之形骸,匿吞噬之爪牙者,正复不少耶!支那之分割,最足暴露彼之伎俩。其视我日本,不过为一己利用之资。今之分割之利益与共者④,断后之羽翼也。我日本据东亚之形胜,居其中,岂彼所能忍乎?彼一旦得志,则何有于异种族?何有于异教徒?由是推之,五年十年之后,离合反覆之情伪⑤亦可知已⑥。

由一面观之,支那之分割,乃招数千里之白人,移植一衣带水之黄海彼岸者。即使我日本,俄然立于欧美列强之面前者⑦也。何则?设白人割据支那之中原,赍来彼之资本、器械,政治家、宗教家、工业家、农牧家,一切之人民,一切之物资,各于其领

① 为声明　自译本第 190 页,为"而又声明焉"。日文本第 225 页,原为"又聲明せずと雖"。田译本第 128 页,为"目的"。
② 不必尽为狼子野心者　田译本第 128 页,为"虽非尽如狼子"。日文本第 225 页,原为"必しも盡く野心の肉塊ならず、洋鬼子の心情のみならずと雖情"。自译本第 190 页,为"虽不必尽野心的肉块,又不必尽洋鬼子的心情"。
③ 气概　田译本第 128 页同此。日文本第 225 页和自译本第 191 页,为"气风"。
④ 分割之利益与共者　日文本第 226 页,原为"分割の利益を共にする者"。自译本第 191 页,为"共分割之利者"。田译本第 128 页,为"享瓜分之利益者"。
⑤ 情伪　真假;真诚与虚伪。犹虚实。
⑥ 已　日文本第 226 页原为"のみ"。自译本第 191 页为"矣"。初印本、重印本下编第 39 页为"己"。点校本第 471 页校正为"已"。
⑦ 俄然立于欧美列强之面前者　日文本第 226 页,原为"一朝俄に歐米列强の咫尺面前に立たしむる者なり"。自译本第 191 页,为"一朝介立于欧美列强之咫尺面前者"。田译本第 129 页,为"一旦立于欧美列强之咫尺面前者也"。

域内,移植之、配置之、撒布之、日夜锐意淬厉之,培养蕃殖。则十年之后,铁路开通,矿山采掘,农产物益丰裕,商工业益发展。物质上之改良先行,人文上之变化亦著。主人也,教师也,财主与债权者,皆白人也。改其言语文字,易其衣服辫发,变其风俗习惯,以[一]新其法律、政治、宗教、文学①。属于英者化于英;属于法者化于法;属于美、属于德、属于俄者,亦皆随其所属而化焉。人人革其旧来面目,则英法美德俄之祖国,忽出现于东亚大陆矣。不止此也,以二十一省②之财政力,四万万之人口③,供攻击防备之用,则二三百万吨之艨艟,五六百万人之貔貅④,亦不难致矣。其现于我日本之前也,则我日本之地位果何如耶?

　　试思白人投丰裕之资本,役四万万人之手工⑤,开发二十一省之农工产物,日本之纺绩、火柴⑥、器械等,果能为其敌乎? 开平、滦州、平乡⑦及太行一带之煤炭,尽为白人所发掘。我抚顺、本溪湖及筑丰⑧之炭果能横行于东洋之市场乎? 芦汉、

中华男儿听者!

① 以[一]新其法律、政治、宗教、文学　自译本第 192 页,为"一新其政治、法律、宗教、文学"。田译本第 129 页同此。日文本第 226 页,原为"其の政治法律宗教文學を一新し"。

② 二十一省　初印本下编第 40 页、日文本第 227 页、自译本第 192 页和田译本第 129 页同此。重印本下编第 40 页,原误为"二十二省"。

③ 人口　日文本第 227 页和田译本第 129 页同此。自译本第 192 页,为"生口"。

④ 二三百万吨之艨艟,五六百万人之貔貅　日文本第 227 页、自译本第 192 页和田译本第 129 页同此。初印本、重印本的下编第 40 页和点校本第 472 页,原为"二三万吨之艨艟,五六万人之貔貅",有误。
艨艟,中国古代具有良好防护的进攻性快艇。又作艨冲、蒙冲。东汉刘熙《释名·释船》载:"外狭而长曰蒙冲,以冲突敌船也。"可见蒙冲船形狭而长,航速快,专用以突击敌方船只。

⑤ 手工　日文本第 227 页、自译本第 192 页和田译本第 129 页,为"工手"。

⑥ 纺绩、火柴　日文本第 227 页和田译本第 129 页,为"紡績火寸"。自译本第 192 页,为"棉丝、火寸"。纺绩:把丝麻等纤维纺成纱或线。

⑦ 平乡　平乡县地处华北平原南部,清代属直隶顺德府。民国二年(1913)属直隶省冀南道。1914 年,冀南道改大名道,平乡县属之。日文本第 227 页、自译本第 192 页和田译本第 129 页,为"萍乡"。此处所指,应非江西之萍乡,而是河北省之平乡。

⑧ 筑丰　位于福冈市及北九州岛市中间。在明治时代之后,因作为日本首屈一指的石炭产地而繁荣一时。

粤汉之铁道入于某国①,库张一路入于某国②,沪宁、苏杭甬一路入于某国③,京奉、京张一路入于某国④,其他某路某线均某某国之建筑经营,长江内河之通航又入于某国⑤之手,我南满、日清等之会社⑥果得维持经营乎? 其他浙江、江苏之生丝,江西福建之茶⑦,湖南北之稻米,四川之木材药料,关外之皮革,大冶⑧之铁,铜官⑨之铜,无一非我之劲敌。而我日本之实业家果有十分对抗之成算乎?

又试思英人只手横张⑩威海卫之军港,只手扼

---

① 芦汉、粤汉之铁道入于某国　芦(卢)汉铁路的修筑权归比利时。粤汉铁路的修筑权先归美国,后由美国和比利时分筑南段和北段。高价赎回路权后,又于宣统元年(1909)四月与德、英、法三国银行团签订《湖广铁路借款合同》,借款550万英磅。

② 库张一路入于某国　库张铁路的修筑权曾为俄国所取得。

③ 沪宁、苏杭甬一路入于某国　"某国",指英国。

④ 京奉、京张一路入于某国　1898年10月,清政府修筑铁路将京榆铁路延伸至奉天(今称沈阳),改称关内外铁路,并与英国、俄国签订关内外铁路借款合同。1907年8月又改称京奉铁路。京张铁路是中国首条不使用外国资金及人员,由中国人自行完成,投入营运的铁路。清政府排除英国、俄国等殖民主义者的阻挠,委派詹天佑为京张铁路局总工程师(后兼任京张铁路局总办)主持修建。

⑤ 长江内河之通航又入于某国　这里所说的某国,指英国为首的外国列强。1858年签订的中英《天津条约》,使英国为首的西方国家取得长江自汉口以下的通航特权。同年,中俄《瑷珲条约》使沙俄取得黑龙江、松花江、乌苏里江的通航权。1876年的中英《烟台条约》和1890年的中英《烟台续约》,使外人自上海至汉口的航行特权延伸到宜昌与重庆。长江主流的航权至此全部丧失。甲午战争以后,列强对中国内河航权的攫夺更加漫无限制。中日《马关条约》签订后,外船在长江航线上的航行已由主流扩展到支流。1897年《中缅条约》附款专条规定:梧州、三水开作通商口岸,并将江门、甘竹滩、肇庆府及德庆州城外四处,开为停泊上下客商货物之口,按照长江停泊口岸章程办理。1902年的中英《续议通商行船条约》,再次扩大已有的内河以及内港航行权,规定湖南长沙等地辟为通商口岸,而且使两广的内河航行权几乎全被攫夺。此外,该约附件丙《续议内港行轮修改章程》,亦为外商在各地内河自由航行提供了口实。

⑥ 南满、日清等之会社　即日本的南满铁道株式会社和日清汽船株式会社。1906年6月7日,日本以经营南满铁路为名,在大连设立了"南满铁道株式会社"。日清汽船株式会社1896年成立于上海,初名大东新利洋行。1898年改组为大东汽船合资会社,1900年改组为大东汽船株式会社,1907年合并重组为日清汽船株式会社。是第二次世界大战前日本在华航运企业的重要代表。1939年并入东亚海运株式会社。

⑦ 茶　日文本第227页和田译本第130页同此。自译本第193页,为"茶纸"。

⑧ 大冶　位于湖北省东南部,长江中游南岸。清末属湖北省武昌府。民国以后,废府改道,属湖北省江汉道。现为由黄石市代管的县级市。

⑨ 铜官　应指安徽铜陵,位于安徽省南部、长江下游南岸。以矿产资源储量丰富、矿种齐全而闻名,其中铜、金、银、硫铁矿和石灰石储量均在全省名列前茅。

⑩ 横张　日文本第228页、自译本第193页和田译本第130页,为"扩张"。

舟山列岛而为黄海之策源地;德人完全①胶州湾青岛之设备;美人整顿菲律宾之海军;佛人亦增广州湾之舰队;俄人亦复兴海参崴之军港,置几十只之战舰,更集大军于北满及图们江口。而此等白人国之海陆军,某某国为合从,某某国为连横②,其心目皆注我日本。我参谋本部军令部,终岁之间岂复有片刻悠悠安眠③之余裕乎?

汉族退守的人种,文弱不长于侵略者也。以故据有中夏④殆数千年,常为邻近弱小族所苦⑤。三代以还⑥,有北狄犬戎⑦;秦汉以后有匈奴鲜卑。南北朝无论矣,隋唐五代有突厥薛延陀⑧契丹,赵宋有辽金,最后复为蒙古所吞并。迄至有明,有蒙古之遗孽⑨,有日本之海贼⑩,有鞑靼,其终竟见灭于满洲一小部落之酋长⑪。爱新觉罗氏入主燕京,征

---

① 完全　田译本第 130 页同此。日文本第 228 页,原为"完全にし"。自译本第 193 页,为"完善"。

② 而此等白人国之海陆军,某某国为合从,某某国为连横　自译本第 193 页,为"而此等白人国之海陆军,或与某某国合从,或与某某国连衡"。合从,今通作"合纵"。日文本第 228 页,原为"而して此等白人國の海陸軍は、或は某某國と合從し、或は某某國と連衡して"。田译本第 130 页,为"而是等白人国之海陆军,或此与彼合纵,或彼与此连衡"。

③ 安眠　日文本第 228 页、自译本第 193 页、初印本下编第 40 页和田译本第 130 页同此。重印本下编第 40 页和点校本第 473 页,误为"安民"。

④ 中夏　应为"中土华夏"之简称。日文本第 228 页、自译本第 193 页和田译本第 130 页,为"东亚大陆"。

⑤ 苦　田译本第 130 页同此。日文本第 228 页,为"苦しむる"。自译本第 194 页,为"窘"。

⑥ 三代以还　日文本第 228 页、自译本第 194 页和田译本第 130 页,为"三代盛时"。

⑦ 北狄犬戎　春秋时有华夏和南蛮、东夷、西戎、北狄的划分。狄,先秦时期北方民族。狄人部落众多,春秋时以赤狄、白狄、长狄最著,通称北狄。犬戎是古族名,中国古代的一个民族,即猃狁,也称西戎,活动于今陕、甘一带,猃、岐之间。在甘肃静宁县威戎(今静宁威戎镇)立都。

⑧ 薛延陀　唐朝时期北方的游牧民族之一。亦为汗国名。原为铁勒诸部之一,由薛、延陀两部合并而成。在"薛延陀"与"契丹"之间,日文本第 228 页只提及"回鹘",田译本第 130 页只提及"回纥";自译本第 194 页则提及"回鹘、吐蕃"。

⑨ 遗孽　初印本和重印本的下编第 41 页同此。日文本第 228 页、自译本第 194 页和田译本第 130 页,为"残孽"。点校本第 473 页,将"孽"校订为"蘖",似无必要。

⑩ 海贼　日文本第 228 页和田译本第 130 页同此。自译本第 194 页,为"海盗"。

⑪ 其终竟见灭于满洲一小部落之酋长　自译本第 194 页,为"终则为满洲一小部落酋长所灭"。田译本第 130 页,为"终为满洲一小部落之酋长所灭"。日文本第 229 页,原为"終に満洲一小部落の酋長に滅ぼされき"。

伐喀耳喀①、喀什喀儿②、准噶耳③以后，对于内外蒙古诸旗，政多仁弱，军尚怀柔，西北边陲始得无事。道光以来又被英国之逼凌，法国之侵侮。遂致黑水白山沃野千里为俄人所并，香港为英人所攫，安南全境见夺于法④，山东一角被割于德，台湾、旅顺、大连亦并归我掌握之中。试披览汉族与他族关涉⑤之历史，文明也，同化也，古今来固具一种之特色。以言武力侵略，则秦皇汉武扫除漠南匈奴、唐太宗征服东西突厥而外，寂寂无闻焉⑥。如北宋由太祖至仁宗，前后与契丹三十八战，仅获一胜。盖其文弱积习已深⑦，尚武侵略原非其长故也⑧。此岂非支那拥数万众据数万里仍不免他族凌侮之由

汉族男儿听者！

---

① 喀耳喀　又称喀尔喀蒙古，中国清代漠北蒙古族诸部的名称。初见于明代，以分布于喀尔喀河得名。喀尔喀蒙古东接呼伦贝尔，西至阿尔泰山，南临大漠，北与俄罗斯接壤。

② 喀什喀儿　通称喀什噶尔，简称喀什，故称疏勒。唐太宗以后，为唐朝政府的重要军事据点，当时的安西四镇之一。清乾隆时期，是"总理南八城事宜"的喀什噶尔参赞大臣的驻地。光绪十年(1884)，置喀什噶尔道，共辖有疏勒、莎车两个府和英吉沙尔直隶厅、蒲犁分防厅、和阗直隶州。

③ 准噶耳　通称准噶尔，是厄拉特蒙古的一支部落。17世纪到18世纪，准噶尔部控制天山南北，在西起巴尔喀什湖，北越阿尔泰山，东到吐鲁番，西南至吹河、塔拉斯河的广大地区，建立史上最后的游牧帝国。

④ 道光以来，又被英国之逼凌，法国之侵侮。遂致黑水白山沃野千里为俄人所并，香港为英人所攫，安南全境见夺于法　自译本第194页，为"至道光以来，又屡窘于英法诸国。而黑龙江外几千里之地，折而入于俄国焉。自是之后，香港略于英人，安南夺于法人"。田译本第131页，为"道光以来，又屡为英法诸国所穷。于是俄并黑龙江外几千里之地，英取香港，法夺安南"。
日文本第229页，原为"道光以来に至りて又屡屡英佛諸國に窘しめられ、黑龍江外幾千里の地は、遂に露人に并せられぬ、香港は英人に取られぬ。安南は佛人に奪はれぬ"。

⑤ 关涉　日文本第229页和初印本、重印本的下编第41页同此，自译本第194页为"交涉"。田译本第131页，为"关系"。

⑥ 寂寂无闻焉　日文本第229页，原为"殆ど聞く所なし"。田译本第131页，为"殆无所闻"。自译本第194页，为"廖乎无闻焉"。

⑦ 文弱积习已深　日文本第229页、自译本第194页和田译本第131页，未见对应语句。

⑧ 尚武侵略原非其长故也　自译本第194页，为"尚武非其本来长处"。日文本第229页，原为"尚武は其の本来の長處にあらざればなり"。田译本第131页，为"尚武非其本来之所长也"。

来? 日本以三岛之地雄视东海之表为汉族敬畏之缘起①乎?

今假令进取、侵略之白人倾倒汉族,进而代之,为东亚大陆之主人翁。则北由桦太②之一角,南至台湾冲绳③,西至日本海、黄海,东至太平洋,我日本之头面手足将不得不露出于④白人之前,斯诚日本桥之水⑤可通于黄海、红海、地中海、波罗的海矣。斯时也太平洋沿岸岂只海参崴舰队⑥尝为觊觎而已哉? 他日于富井⑦观音崎⑧之炮台,亦不可无立于十四寸⑨炮口前之觉悟心。此后无论平时,无论有事,我日本五千万众达旦通宵,经日继夜,慎勿忘⑩外防敌国之侵略,内固军备之国防。我太和⑪民族自有一种之天祐绝大之抱负,虽不必徒畏白人之强梁跋扈,悲黄人之运命颓萎,然自政策利害上筹计之,究非甚可欣慰之事,此亦支那分割之余势也。

---

①　雄视东海之表为汉族敬畏之缘起乎　自译本第 194 页,为"雄视于东海之表,不肯让一步,而却为汉族畏敬者以此"。日文本第 229 页,原为"東海の表に雄视して、肯て一步を讓らず、却りて漢族の畏敬を受くる所以なり"。田译本第 131 页为"雄视于东海之表,而不肯退让一步,受汉族畏敬之所以也"。

②　桦太　即库页岛,俄罗斯称为"萨哈林岛"(Sakhalin),是俄罗斯联邦最大的岛屿,属萨哈林州管辖。历史上为中国领土,沙皇俄国通过 1860 年的《中俄北京条约》逼迫清政府割让该岛。此后多由日、俄分治,日本控制库页岛南部,称桦太。1905 年和 1918—1925 年间,日本曾统治库页岛全境;1945 年 8 月,苏联夺得库页岛全境。

③　冲绳　日文本第 230 页同此。自译本第 195 页和田译本第 131 页,为"琉球"。

④　将不得不露出于　日文本第 230 页,为"露出せざるはなし"。自译本第 195 页,为"露不莫出于",应为"莫不露出于"之误。田译本第 131 页,为"无不露于白人之前"。

⑤　日本桥之水　又称日本桥川,流经日本东京都千代田区,连接神田川和隅田川。自译本第 195 页,注有:东京市中央桥名。

⑥　海参崴舰队　又称俄罗斯远东舰队。

⑦　富井　日文本第 230 页、自译本第 195 页和田译本第 131 页,为"富津"。即日本千叶县的富津市。

⑧　观音崎　位于日本神奈川县三浦半岛,因过去该地曾有观音寺而得名。

⑨　寸　自译本第 195 页,为"时"。

⑩　经日继夜,慎勿忘　日文本第 230 页和自译本第 195 页,为"终日终夜,刻刻念念"。田译本第 131 页,为"终日终夜,时时刻刻"。

⑪　太和　日文本第 230 页、自译本第 195 页和田译本第 131 页,原为"大和"。太,极大。

　　更由一面观之,支那之分割,黄人相食相戕者也。昔者忽必烈用宋人之力而灭宋,扰①我西陲。玄海之役②,骤遇飓风,飘荡大海为我军所屠戮,十万之师获生还者仅三人而已。其实没于海波者尽属汉人韩人,蒙古人无与焉。然岂只蒙古为之哉,辽金之伐宋窘宋亦用宋人之力也。亦非只辽金曾为之,五胡之蹂躏③中原,鱼肉汉族,亦借汉族之力也。又非只五胡已也,白人之与黄人亦何莫不然?如英人之取印度而用印人之力(一千八百五十八年印度内乱④英曾以印人之助而戡之),法之取安南亦半多利用安南之人。假令白人割据东亚大陆,使当时无此海天一劫,则岛人之灭久矣⑤。范文虎⑥有知,亦当痛恨于九泉下矣。

---

① 扰　日文本第 230 页、自译本第 195 页和田译本第 132 页,为"入寇"。

② 玄海之役　至元十八年(1281)忽必烈再次发兵两路,一路由忻都、洪茶丘率领四万作战部队,战船九百艘,从朝鲜出发;一路由范文虎率领十万江南屯田部队,战船三千五百艘,从庆元(今浙江宁波市)出发。总计蒙古人 4.5 万,高丽人 5 万,汉人约 10 万。两军约定于 6 月会合,作战部队主管作战,屯田部队在占领区屯田,生产米粮,以为长久之计。8 月 1 日,元军再次遭到台风的袭击,风暴持续四天,军舰大部分沉没,范文虎落水被张禧救起。平户岛尚有被救起的士卒四千余人无船可乘,张禧将船上的七十五匹战马弃于岛上,载四千士卒回国。被遗弃在日本九龙山海滩上的元军尚有三万余人,日本发动反攻,将残存的元军驱赶至一处名为八角岛的狭窄地区,大部分战死。

③ 蹂躏　日文本第 231 页、自译本第 195 页和田译本第 132 页,为"焦土"。

④ 一千八百五十八年印度内乱　1857 年爆发了著名的印度民族大起义。从 2 月到 4 月,军队起义事件不断发生。5 月 11 日起义者进入德里,拥立莫卧儿皇帝巴哈杜尔·沙二世为印度皇帝,成立了由十人组成的行政院为领导机构。年轻的章西女王拉克希米·巴伊于 6 月领导起义,波及北印度和中印度广大地区,中心是德里、坎普尔、勒克瑙。从 6 月上旬到 9 月中旬,起义者进行英勇的德里保卫战。7 月初巴雷利起义领袖巴克德·汗到达德里,被任命为德里起义军总司令。但巴哈杜尔·沙二世周围的封建贵族反对巴克德·汗,致使起义军失去统一指挥。9 月中旬,在血战 6 天之后,德里陷落。1858 年 2 月 18 日至 3 月 19 日,起义军在勒克瑙进行艰苦的保卫战,最后被迫撤出城市。3 月 22 日至 4 月 3 日,在章西女王拉克希米·巴伊领导下,起义军进行詹西保卫战。6 月章西女王在瓜廖尔牺牲。此后通过《改善印度管理法》,取消了东印度公司,由印度事务大臣接管其全部职权;并成立以印度总督为首的印度政府。英国人也正式结束了已无存在意义的莫卧儿王朝,将巴哈杜尔·沙二世流放到缅甸。此后印度进入由英政府直接统治的时代。

⑤ 使当时无此海天一劫,则岛人之灭久矣　初印本、重印本的下编第 42 页和点校本第 474 页,原为"使当时无此海天人劫,则岛一之灭久矣"。人劫,为"一劫"之误;岛一,为"岛人"之误。在初印本、重印本下编第 42 页的竖排眉批中,"人"和"一"虽非一行,横看却并列,应为排印之误。

⑥ 范文虎(?—1302)　曾任南宋殿前副都指挥使,抗元消极推诿。元至元十二年(1275)以城降元,担任两浙大都督、中书右丞等职,招降或攻战沿江州军。随伯颜入南宋都城临安(今浙江省杭州市),行省参知政事,十五年进左丞。十八年以日本行省右丞领兵十万随忽必烈第二次征日本,史称"弘安之役"。八月一日至日本一岐、平户等岛,遇台风,临阵脱逃,竟将十余万远征军将士遗弃在海岛上,报称败状,并归咎厉德彪、王国佐等。忽必烈透过 3 位幸存者得知真相,范文虎被革职查办。

则或属于俄法,或属于德美①,是皆同一之黄人也,是皆前日之同胞也。国籍既异,利害自殊②。平居无事之日,通商贸易,利较锱铢,往复周旋,争及毫厘,已有冲突轧轹之虞。况一旦决裂,相见于炮云弹雨之下乎?行将岭南与岭北战,江南与江北战,河南与河北战,山东与山西战,其时相杀相戕者则皆黄人也,亦即皆前日之同胞也。我日本亦与之分割欤?则亦将与河南北之汉族战,与江南北之汉族战,与山东西之汉族战,与岭南北之汉族战,生死相争者亦莫不皆黄人也。我日本胜而汉族败耶,是一黄人胜而一黄人败也。其不然汉族胜日本败耶,是亦一黄人胜一黄人败也。就黄人全体言之,终不免有一失败者。更就黄人全体利害言之,亦终不免有一受害者。我日本其助白人以杀汉族欤?是助黄人之敌而屠黄人也。汉族其助白人以攻我欤?是又附自己之敌而残同种也。要言之相杀相残相戕相食者尽皆黄人,他族无与也。且日本与支那建国以来于今数千余载,同洲同种同文,有邻邦交通之情谊,有唇齿辅车之关系,宜其相亲相信相扶持③也。然征诸近数十年之实际,两国之所为有大谬不然者。我之亲法敬德恋美人畏服英人也,彼则曰此日本远交近攻之策也。彼之亲俄畏英敬重美人感服德人也,我则曰此支那远交近攻之策也。平心论之,彼我相疑相忌者,虽不必尽为事实,然亦不必尽谓无

拨此杀机者谁欤?

前岛人之夺我安奉铁路④也,余曾有句云:向人每欲论同

---

① 则或属于俄法,或属于德美　日文本第231页,原为"其の英に属し、露佛に属し、獨米に属する者"。自译本第196页为"其属英,属法,属德美者";田译本第132页为"属于英法美德俄诸国者"。

② 国籍既异,利害自殊　自译本第196页,为"所属之邦国已不同,则利害得失亦不同";已,应为"已"。田译本第132页,为"但所属之国不同,故其利害亦异"。日文本第231页,原为"属する所の邦国已に同じからざれば、利害も亦同じからず"。

③ 相亲相信相扶持　自译本第197页,为"相信爱、相扶助"。日文本第232页,原为"相信爱し、相扶助すべし"。田译本第133页,为"相信相爱,相扶相助"。

④ 前岛人之夺我安奉铁路　安奉铁路,是日本在日俄战争期间,借口战时军运需要,强筑的轻便铁路。从安东(今辽宁丹东)到苏家屯,长261公里,1904年动工。1905年9月,日本战胜沙俄,继续强行修筑安东至奉天间的军用轻便铁道。11月26日,清政府与日本签订《日清满洲善后协约及附属条约》,同意日方所修筑的安奉线轻便窄轨临时军用铁道,改建为标准轨距永久性的商业铁路。到12月15日,安奉线全长303.7公里的军用窄轨轻便铁路建成通车。到1911年11月1日,又由日本改筑成宽轨商业性铁道。

其事实。盖一由日清之役恶感既种于前,加之近今东亚问题时起葛藤,恶感复承其后也。又况伺其傍者不利二国之相信相助,从中离间而中伤之乎①? 于是二国始以相疑相忌之心,终成相怨相憎之念。我视彼为劣败者,扬言曰支那老国之末路也,易与耳! 一蹴倒之②有何难哉! 彼以为我暴富儿,扬言曰日本以蕞尔之岛攫我台湾,灭我朝鲜,自鸣得意,颇以新兴国自负。我固衰弱者,苟一旦跻于富强之域,雪前日之耻,又何难哉? 是以往来酬酢之间,口口③同文同种,而其心终无同种之敬爱,同文之感情,虽未至相食相残之甚,然究不得相信相爱者,不得谓为无故也。一旦若有分割之祸,我亦列于白人之前,彼之怨我憎我长无止境。则后此黄人之相食相戕将无已时,又何能冀其举东亚大陆之黄人为至亲之一家哉?

今也黄白二种将会集东亚大陆之野,演出宇宙间古今来未曾有之绝大鏖战。为黄人者即各尽其智勇,各竭其气力,兄弟一心外御其侮,犹恐不支。况相疑相忌不能相信相赖④,甚至相怨相憎相食相戕乎? 日后胜败之运不待预卜可以知矣。令⑤我日本甘为白人之牛后,割得二三省之领域,二三万方里之土地,四五千万之人民,何能补黄人之衰灭,又何能妨白人之恣纵⑥? 他日茕茕孤立,环顾五洲,无一同种之国,无一同盟之邦,无一可为唇齿辅种,到此方知我独无。我固甚愿向我东邻论同种也⑦。其如狼子野心何!

---

① 从中离间而中伤之乎　日文本第 233 页,原为“中傷し離間する者あるをや”。自译本第 197 页,为“中伤伤间”;伤间,应为“离间”之误。田译本第 133 页,为“从而中伤离间之有人哉!”

② 一蹴倒之　日文本第 233 页,原为“一蹴して之を倒す”。田译本第 133 页,为“一踢而倒”。自译本第 198 页,为“一踢仆之”。

③ 口口　初印本、重印本的下编第 43 页同此。日文本第 233 页和自译本第 198 页,为“每口”。田译本第 133 页,为“口虽称”。

④ 相赖　相互依赖。

⑤ 令　自译本第 198 页为“假令”。田译本第 134 页为“假如”。日文本第 234 页,原为“たとひ”。

⑥ 恣纵　日文本第 234 页、自译本第 198 页和田译本第 134 页,为“横行”。

⑦ 余曾有句云:向人每欲论同种,到此方知我独无。我固甚愿向我东邻论同种也　点校本第 476 页,原为“余曾有句云:向人每欲论同种。到此方知我独无我,固甚愿向我东邻论同种也”,断句应有误。此句在初印本、重印本下编第 43 页的原眉批中无标点,断句较易出错。诗句“向人每欲论同种,到此方知我独无”,语出不详。就此诗句来看,此按语应非李大钊所写。

车相扶相持者。徒贪目前区区之小利,以遗千年不灭之丑名,招百年不悔之大患。岂非大东男儿无前之羞①,又岂非大和民族莫大之辱乎? 大抵事无论中外,人无论古今,其叛同种媚异族,未有不受颠覆危亡之祸者。此亦自然之数,立国者所当引为鉴戒者也。吾故曰:支那之分割,于我利耶,抑不利耶!

还有几句良心话,难得!

　虽然分割之事已成不得复收,分割之机已动不可复遏,他人岂计我之利不利哉? 分割之者行将分割而去,被分割者亦将由分割而亡②。夫然我日本之进退将如何而后可耶? 使我果有绝大之果断,绝大之力量,绝大之精神抱负,进而挽回支那民族之厄运,救四万万生灵于水火涂炭之中。更进而言之,王道荡荡,我大和民族之天职,将于斯时发轫矣。不然者分割之一事我与之不利,我不与之亦不利也。吾故重断③之曰有统一后来支那之绝大理想也,然其德其力能实行之可也。否则是殆以燕伐燕④,如水益深,如火益热耳。支那之分割,即我日本将来厄运之始,可云有百害而无一利也。⑤

寥寥数语,莽莽风云,还是欲独吞中国耳! 癞虾蟆⑥要食天鹅肉,休作妄想!

---

① 无前之羞　即前所未有的羞耻。

② 他人岂计我之利不利哉? 分割之者行将分割而去,被分割者亦将由分割而亡　自译本第199页,为"则无论我之利与不利,当分裂者固已分裂,而当分割者亦且分割矣";日文本第235页,原为"我の利と不利とに論なく,分裂すべき者は固より分裂し去りて,分割せらるべき者亦分割せられん"。田译本第134页,为"无论我之利不利,瓜分者固瓜分之,被瓜分者亦被瓜分耳"。

③ 重断　日文本第235页,原为"重ねて斷じて曰ふ"。田译本第135页,为"重断之曰"。自译本第199页,为"再断言"。

④ 以燕伐燕　语出《孟子·公孙丑下》"今以燕伐燕,何为劝之哉?"意思是:一个和燕国同样黑暗无道的齐国,去攻打燕国。

⑤ 中岛端在本章中论及:列强东侵,诸国败亡,只余中日两国在抗衡。两国之中,中国面临瓜分,"中华老帝国终不免土崩瓦解之厄运矣";日本则"据东亚之形胜,居其中心","据东亚主人之位,隐然握霸者之权"。中国被分割,将加剧日本与欧美列强的矛盾与冲突,将不利于日本在中国的殖民利益。因此最有利的选择是日本独占中国。"使我果有绝大之果断,绝大之力量,绝大之精神抱负,进而挽回支那民族之厄运,救四万万生灵于水火涂炭之中。更进而言之,王道荡荡,我大和民族之天职,将于斯时发轫矣。不然者分割之一事我与之不利,我不与之亦不利也"。如果仅限于"为白人之牛后,割得二三省之领域,二三万方里之土地,四五千万之人民",则是"徒贪目前区区之小利,以遗千年不灭之丑名,招百年不悔之大患。岂非大东男儿无前之羞,又岂非大和民族莫大之辱乎?"客观地看,中岛端对日本独占中国讲得不是特别明确。但是综观全书,却是不难理解的最终结论。对此,北洋法政学子也一针见血地指出:亚洲孟罗主义,或曰大亚细亚主义,"乃日本希图独霸亚东之代名词耳!"

⑥ 癞虾蟆　通称癞蛤蟆。虾蟆,音 há má。

译者曰：其豆相煎，同根自剪，自古痛之。中日唇齿辅车之邦，同文同种之国，自宜互相提携，捍御外侮。焉有友邦而可以相猜相忌者乎？使日本而念此耶，则宜折冲于列强之间以辅中华之进运，异日相安相处，以与白人争存于天壤，岂不甚善？而无如日人言不顾行，口蜜腹剑。与虎谋以拒群狼，群狼去而虎将噬我矣。近顷日人所盛倡者曰亚洲孟罗主义也，曰大亚细亚主义也。听其言则友朋也，窥其心则盗贼也。所谓此等主义者乃日本希图独霸亚东之代名辞耳①！盖日人狡黠，每思设计以欺我而欺世，卒之{司}马昭之心路人共喻，适见其作伪心劳日拙耳。独是二十世纪之中国非兴则亡，亦无容讳【讳】者。兴则日本或可赖以图存，亡则日本亦随之，此必然之数也。日人果输诚相与，翻然来与我为友，则吾固甚愿我友邦今日之有以助我，而期以他日或有以助我友邦也。东海有人其有以挽回之二人心之离异者也乎②？跂予望之③矣。

---

① 1917 年 2 月 21 日和 4 月 18 日，李大钊发表《极东们罗主义》和《大亚细亚主义》两文。1919 年元旦，又发表《大亚细亚主义与新亚细亚主义》，其中讲到："'大亚细亚主义'是并吞中国主义的隐语"，"是大日本主义的变名。就是日本人要借亚细亚孟罗主义一句话，挡欧、美人的驾，不令他们在东方扩张势力。在亚细亚的民族，都听日本人指挥，亚细亚的问题，都由日本人解决，日本作亚细亚的盟主"（见中国李大钊研究会编注：《李大钊全集》修订本，人民出版社 2013 年版，第一卷第 483—484 页，第二卷第 154—156、379—381 页）。这些论述，与此段所说颇有关联，似可证明此段评语为李大钊所写。

② 东海有人其有以挽回之二人心之离异者也乎　初印本、重印本的下编第 45 页同此。此句较为难解，待查。东海：应指日本。"二人心"，或应为"二国人心"。全句似可解为：日本有人能挽回中日两国人心的离异吗？或曰：日本有能够挽回两国人心离异的人吗？

③ 跂予望之　初印本下编第 45 页同此。重印本下编第 45 页，误"跂"为"跛"。跂予望之，语出《诗经·河广》："谁谓宋远？跂予望之"。意为：谁说我们宋国距离遥远，难以回去？我踮起脚跟就看到了。

日本百年后之运命①

夫支那分割之一事,果利我乎否乎②? 此亦一大问题也。虽然自根本上观之,则别有一先决问题③,即我国百年后之运命如何是也。

方今上有明君,下有贤相④,以忠爱无比五千万之臣民,戴三千年来圣子神孙绵绵不绝至尊至贵之皇室。中兴以来,四十余年,君民上下,同德一心,宵衣旰食,励精图治。从精神上言,教育之普及益广,文化之程度益高,学术之研究益精,道义之基本益固。从物质上言,农工商业之进步不已⑤,富力之充实丰裕,五年可增一二倍,十年可加四五倍。军备则有百五十万之陆军、六十万吨之海军。岁入经常、临时二者⑥,不下七亿以上。前有讨清之役,后有征俄之战,国运隆隆日上,国威赫赫日张⑦。

---

①　中岛端在本章之前,对日本倍感自豪;本章之后,则对日本诸多抨击。应非自相矛盾,而是以客观辩证的反思,激励日本消除弊端,奋起完成其独占中国的使命,应非。就本章内容而言,在"日本百年后之运命"的大标题下,却并无深刻论述,仅有对日本官员的简单指责,令人有名不副实之感。
　　本章的标题,日文本第236页、自译本第200页,都为"日本帝国百年后之运命";田译本第135页,为"日本帝国百年后之命运"。

②　果利我乎否乎　日文本第236页,原为"果して我に利なるか、果して我に不利なるか"。自译本第200页,为"果利于我乎,将不利于我乎"。田译本第135页,为"果利于我乎,抑不利于我乎"。

③　本段中两个"问题",初印本下编第46页同此。重印本下编第46页,都误为"间题"。

④　此处说"方今上有明君,下有贤相",下面接着又说"有君无臣,古今同慨,无贤宰相将奈何",似为自相矛盾。中岛端在下面抨击的主要是四任日本首相的伊藤博文(1885年12月至1888年4月;1892年8月至1896年8月;1898年1—6月;1900年10月至1901年5月),而伊藤博文之后的日本首相则有桂太郎(1901年6月至1906年1月;1908年7月至1911年8月)和西园寺公望(1906年1月至1908年7月;1911年8月至1912年12月)。中岛端对桂太郎也有不恭之词,对西园寺公望则未提及。或许,他对时任首相西园寺公望的评价,要好于伊藤博文和桂太郎。

⑤　进步不已　日文本第236页和自译本第200页,为"骎骎进步"。田译本第136页为"骎骎乎进步"。

⑥　岁入经常、临时二者　日文本第236页,为"幾計を問へば、経常臨時を合わせて"。自译本第200页,为"言岁计乎,通经常临时出入"。田译本第136页,为"言岁计,合经常临时"。

⑦　日张　日文本第236页,原为"月に張る"。自译本第201页和田译本第136页,为"月张"。

考之古今东西,人文之发达,进步之神速,未有如是
之显著者也。是亦三千年来,涵养蓄积之国民性情
精华,一旦焕发外现,洵可谓新兴国①之气象,冠于
寰宇,耀于五洲也矣。然而余思百年后之事,每不
得无杞人之忧者何哉?

余虽不敏,非疯癫狂疾之人,不欲弄奇矫之言,
耸动一时之观听②。仅就我帝国朝野十年来之事
迹,仰观俯察,反覆思索,窃不得不惕然恐,凛然惧。
不知我帝国果继续乘新兴之运乎?抑渐赴于③亡
国之深渊乎?余田舍鄙夫,事之大者远者,不得而
知,仅就其近者小者陈之。

上有不世出之明天子,励精图治,宵衣旰食④。
然而有君无臣,古今同慨,无贤宰相将奈何?昔元
田永孚⑤尝侍讲御前,称赞西乡⑥、大久保⑦二氏为
中兴元勋。但二氏逝世以来,庙廊之上,任辅弼之
责者果何人乎?人皆称伊藤博文为世间之元勋,非

---

① 新兴国　田译本第 136 页同此。日文本第 237 页和自译本第 201 页,为"日出處新興國"。
② 观听　日文本第 237 页、自译本第 201 页和田译本第 136 页,为"俗耳俗目"。
③ 抑渐赴于　田译本第 136 页,为"抑渐赴"。日文本第 237 页,原为"はた步一步、日一日"。自译本第 201 页,为"将步一步,日一日"。
④ 励精图治,宵衣旰食　自译本第 201 页,为"尽人皆知,无庸赘言"。日文本第 237 页,原为"掛けまくも惶恐し"。田译本第 136 页,未译此句。
⑤ 元田永孚(1818—1891)　日本江户末期、明治前期教育家。熊本县人。早年在藩校时习馆学经史之学。幕末任高瀬町奉行等职。明治之初,1870 年任宣教使,兼任参事。1871 年在宫内省任职,兼作明治天皇的侍读、侍讲。1885 年任宫中顾问官。1888 年为枢密顾问官,深得明治天皇信任,参与起草皇室典籍,修改《教育敕语》草案。尽力以儒学的忠孝、仁义教化国民,确立以天皇为中心的教育。著有《教学大旨》、《幼学纲要》。
⑥ 西乡　即西乡隆盛(1828—1877),是日本江户时代末期(幕末)的萨摩藩武士、军人、政治家。他和木户孝允(桂小五郎)、大久保利通并称"维新三杰"。前期一直从事于倒幕运动,维新成功后鼓吹并支持对外侵略扩张。因坚持征韩论遭反对,辞职回到鹿儿岛,兴办名为私学校的军事政治学校。后发动反政府的武装叛乱,史称西南战争,兵败而死。
⑦ 大久保　即大久保利通(1830—1878),幼名正助,号甲东,后改名利通。生于日本萨摩藩(今鹿儿岛),原为武士,日本明治维新时期的政治家,号称东洋的俾斯麦。1866 年成为倒幕派领导人,致力于"萨(萨摩藩)长(长州藩)倒幕联盟"的活动。1868 年 1 月 3 日与西乡隆盛、木户孝允、岩仓具视等人发动"王政复古"政变,推翻了德川幕府的统治。明治新政府成立后,历任总裁局顾问、参议、大藏卿等职,成为政府主要领导人,领导了"奉还版籍"、"废藩置县"等资产阶级改革。1873 年 10 月在"征韩论"政争中,击败西乡隆盛、板垣退助等人,从此直接掌握政府权力中枢。1877 年平定西乡隆盛为首的鹿儿岛士族叛乱(西南战争)。1878 年 5 月 14 日,在东京被士族岛田一郎等人刺死。

所谓君眷之第一者哉？虽然日清之役,圣上在大本
楼上①,亲览军国机务,半年有余,未尝一出二十
叠②大之小室外。而博文日夕有暇,呼酒聘妓,恣
其豪兴,独使至尊忧社稷而不顾。无暇荐国士于圣
主,而为自家物色光菊③。其大不敬可想见;平生
之相业,亦不言可知。有功归君,有过引身,古大臣
辅弼之义也。如是人者,恒以君眷之优渥,夸示中
外。苟有一大难事,必隐于衮龙御衣之袖④,以避
众民之集矢于其身。余尝考古今宰相,与是人之性
行相似者,得一人焉,即南宋之贾似道⑤其人也。
在职数十年间,君眷钟于一身,相似也;好色不论娼

---

① 圣上在大本楼上　田译本第 137 页,为“圣上在大本营楼上”。日文本第 238 页,原为“聖
　　上は大本营の楼上”。自译本第 202 页,为“圣上驻跸广岛,日御大本营楼上”。
　　甲午战争爆发后,日本明治天皇睦仁率大本营由东京进驻广岛。从 9 月 15 日到达广岛,
　　到第二年 4 月 26 日回宫,在大本营驻跸达七个半月。大本营的房屋,是座木结构的二层
　　楼房。天皇的办公室,在二楼中央,宽度为 24 叠,没有住宿设备,权且在办公处的角落里
　　放一张床,用屏风围着,让天皇晚上安歇,白天就收拾起来。天皇所用的桌子椅子,都是在
　　附近的家具店买的,普通粗糙。与宽阔的宫城相比,只是一个临时下榻处。
② 二十叠　叠:日本的房间面积计量单位。在日本,房间面积通常用榻榻米的块数来计算,
　　一块称为一叠,大约为 1.62 平方米(东京及关东地区一叠约为 1.53 平方米)。传统的商店
　　店堂设计为五叠半(8.91 平方米),茶室常常是四叠半(7.29 平方米)。二十叠,约为 32.4
　　平方米。
③ 光菊　日文本第 238 页和田译本第 137 页同此。自译本第 202 页,“光菊”后注“妓名”。
　　光菊本是广岛的歌妓。中日战争发生后,伊藤博文陪天皇去广岛,在一次宴会上遇着了
　　她,从那以后,她便成为伊藤博文的人了。由于当时正是处在战争中,所以这种事情被频
　　繁的利用作为攻击伊藤博文的材料。因此,传说颇有夸大事实的倾向,但是实际上那段时
　　间并不长,而且他们的关系似乎也不很和谐。因为这个女人的性格不合伊藤博文的口味。
　　参见(日)久米正雄著《伊藤博文时代》,团结出版社 2007 年版,第 311 页。
④ 袖　日文本第 238 页和田译本第 137 页同此。自译本第 202 页,为“腋下”。
⑤ 贾似道(1213—1275)　南宋权臣。字师宪。台州(今浙江临海)人。少落魄;因其姊入宫
　　为贵妃,遂得重用。理宗淳祐元年(1241)任湖广总领。1245 年,任沿江制置副使;同年,
　　迁荆湖制置使兼江陵府知府,理宗给予“调度赏罚,得以便宜施行”的大权。1249 年,升任
　　为京湖安抚制置大使。1259 年,蒙古大举攻宋,忽必烈率军围攻鄂州(今武昌)。他奉命
　　援鄂抗蒙,从汉阳进入鄂州城内而不敢出战。10 月,鄂州城东南被蒙军两次攻破;宋军死
　　战,城始保住。11 月,他私自派人向蒙军求和,愿称臣纳贡,忽必烈不允。后蒙古蒙哥汗
　　在四川战死,忽必烈急思回兵漠北争夺王位。因此当他第二次派人请降时,忽必烈即应
　　允,议定以长江为界,宋朝每年奉献给蒙古银 20 万两,绢 20 万匹,蒙古军乃退。他隐瞒了
　　割地、赔款、求和的行径,谎报诸路大捷,抗蒙得胜。理宗认为他立了大功,召之还朝,封卫
　　国公。后襄阳被元军围攻数年,他隐瞒军情,不以全力支援。在鲁港之战中,败于元军,被
　　革职放逐。至福建漳州木绵庵,被监送人郑虎臣所杀。

妓尼婢①，相似也；其爱文墨，喜招诗人文士，又相似也。似道任军国之重事，而消遥于葛岭②别墅，不肯诣朝堂。阳乞退隐③，阴使心腹私党入宫运动，致宋主④泣而挽留。春亩高卧于沧浪阁⑤，奉还总理大臣之印绶，而乞骸骨⑥。一召不至，再召不至，卒待天子下破格之优诏，曰朕实赖卿启沃，而后春亩始起。何其相似如此之甚也！春亩当三国干涉辽东交还之后，为中外识者嘲笑揶揄之的。彼欲掩饰上下之耳目，窃训地方官吏，催促各处人民，开祝捷大会。似道不能解鄂州之围，一方请降于蒙古，他方募集诗人，咏歌太平无事之诗章⑦，以欺朝野之人士。又何其相似之甚也！然春亩若遇中才之庸主，则日本将为赵宋之续。幸而上有不世出之天子，下有五千万忠勇之臣民，故日清之役，如彼之胜；日俄之战，亦如彼之胜；日本帝国至今尚不失其金瓯无缺之尊严也。

大臣以君主为护符，必其君主之可以为护符也。若于宪法上削减君主之特权，则此弊自不至发生。著者不从根本上研究改革之法，而徒责备伊藤，俱亦甚矣。

---

① 好色不论娼妓尼婢　日文本第238页，为"其の色を好みて、娼妓尼婢に論なく、敵手の何人なるをも擇ばざる"。自译本第202页，为"其渔色多淫，无论娼妓尼婢，不择其敌手为何人"。田译本第137页，为"好色而不论倡[娼]优奴婢"。

② 葛岭　道教名山胜地。位于杭州市西湖之北宝石山西面。相传东晋时著名道士葛洪曾于此结庐修道炼丹，而得名。

③ 退隐　日文本第238页和田译本第137页，为"退隐"。自译本第202页，为"致仕"。

④ 宋主　指宋度宗，名赵禥(1240—1274)。宋理宗之侄。1260年，被立为太子。1264年10月继位，第二年改年号为"咸淳"。他25岁即位，35岁即身亡，是荒淫无道、昏庸无能的皇帝。当时，金朝已灭亡多年，元朝军队大举南下。国难当头，他却将军国大权交给奸臣贾似道执掌，致使朝政腐败，百姓困苦。

⑤ 春亩高卧于沧浪阁　伊藤博文，号春亩。沧浪阁，伊藤博文的府邸。

⑥ 乞骸骨　封建时代，官员因年老自请退休，称"乞骸骨"，意谓使骸骨得归葬其故乡。《晏子春秋》："臣愚，不能复治东阿，愿乞骸骨。"亦作"乞骸"或"赐骸骨"。

⑦ 宋理宗端平元年(1234)，宋蒙联军成功灭金，但蒙古却违背之前的约定，把宋应得的土地削减。宋出兵欲强行要回土地，惨败而归，更被蒙古于1258年以"违约"名义入侵。南宋惨败后，理宗令右丞相贾似道领兵出战，驰援鄂州。贾似道在出征后与蒙军私下议和，并许诺宋朝会向蒙古进贡。第一次议和，蒙军并不愿意。及后，蒙古大汗蒙哥在钓鱼城一战中死于城下，贾似道得知忽必烈会回国争夺汗位，便看准机会，与忽必烈签订和约，表示愿意称臣，岁奉20万两银、绢20万匹。此后贾似道与其他将领会师，趁蒙军撤退时杀伤了170余名外敌。却自夸为空前绝后的战功，而隐瞒蒙军撤退的真相。宋理宗被蒙骗，赐贾似道卫国公与少师，更令文武百官恭迎贾似道"凯旋"。此后，贾似道与同党编辑《福华编》，用以歌颂他抵抗蒙军的"英勇事迹"。

春亩为元勋之一人，尚有如此卑污之状态，况山县①井上②之辈乎？又况桂③寺内④之辈乎？天子之五条誓文⑤，虽明白晓示万机决于公论，而彼等阀族，擅握政权，垂四十年，果真心倾耳于公论舆议乎？果注意于国家之安危、生命之休戚乎？有为保自己之地位，招集爪牙腹心之人者矣，而为国家礼贤下士者谁乎？有以阀族之守护神自任者矣，而以社稷之臣誓死于国者谁乎？有欲充实自己之财囊者矣，而谋国家之丰富者谁乎？一方参与国家之枢机，他方从事市价之交易⑥，冀得一攫万金者有之，而为国家之财政筹画长久之计者有何人乎？图

如著者言，则前之所谓君民上下同德一心者，真耶伪耶？

---

① 山县　即山县有朋（1838—1922），日本军人，政治家。幼名辰之助，后改小助、小辅。明治维新后由山县狂介改名山县有朋，号含雪。长洲藩士出身，早年参加"尊王攘夷"活动。历任陆军卿、参军、参谋本部长、内务大臣、农商大臣和内阁总理大臣（首相）。1909年伊藤博文死后，成为日本最有权势的元老，对内阁交替和重大内政外交问题都有重要影响。

② 井上　即井上馨（1836—1915），日本著名政治家、实业家。明治大正两朝元老重臣，幕府末期及明治时代的活跃人物。明治维新后日本纺织业、铁道事业的开创者。

③ 桂　即桂太郎（1848—1913），长州藩出身，陆军第一长老山县有朋的掌门弟子，在山县有朋隐退后成为其代言人。3次出面组阁（1901—1906；1908—1911；1912—1913），任内缔结英日同盟，进行日俄战争，并策划吞并朝鲜。是日本有史以来任职时间最长的首相。他与山县有朋一样反对政党政治，主张藩阀统治，后来也出面组建自己的政党。

④ 寺内　即寺内正毅（1852—1919），山口县人。日本军事家、政治家，陆军元帅。中日甲午战争时任大本营运输通信部长官。1894年8月27日晋升陆军少将。后历任参谋本部第一局长（事务代理），封男爵（1895年8月20日），参谋本部附，步兵第3旅团长，1898年首任陆军教育总监，陆军士官学校校长（事务代理），同年升为中将。1900年兼参谋次长兼铁道会议议长，1902年任第一届桂太郎内阁陆军大臣兼教育总监，并在第一次西园寺公望内阁、第二次桂太郎内阁中留任，任期长达10年。参与指挥日俄战争，曾任陆军大臣兼南满州铁道设立委员长。1906年11月21日晋升陆军大将，翌年9月21日升子爵。任铁道会议议长兼马政长官兼韩国统监兼第一任朝鲜总督。

⑤ 天子之五条誓文　1868年4月6日（旧历3月14日），明治政府以天皇名义发布了《五条誓文》，拉开维新帷幕。史称明治政府的"施政纲领""新政方针"，其内容为：（1）广兴会议，万机决于公论；（2）上下一心，大展经纶；（3）公卿与武家同心，以至于庶民，须使各遂其志，人心不倦；（4）破旧来之陋习，立基于天地之公道；（5）求知识于世界，大振皇基。

⑥ 他方从事市价之交易　他，初印本、重印本下编第48页和点校本第483页，误为"地"。日文本第240页，为"一面相场の驱引に从事して"。自译本第204页，为"一面买卖股票"。田译本第138页，为"一面私营商贾之事业"。

宠商之便宜,间接饱其私囊者有之①,而为哀哀穷
民抛弃许多之资财者何人乎? 教育之敕语②,炳若
日星。而彼等不能砥砺一己之品行,渔色贪财,败
坏风俗,蹂躏名教。圣旨所载,悬为厉禁,而彼等若
未之见也。戊申之诏书③,凛如风霜,乃彼等筑甲
第,饰绮罗,蓄婢妾,奢侈淫佚,无所不至。非大悖
帝心④而无忌惮乎? 惟其然也,四十年间政治之情
态,我大君具有至仁至慈之雄心,英果刚健之威严,
照耀中外上下,若太阳之丽中天。时有觉其如云
翳⑤之点缀者,岂非彼辈为之乎? 我大君三千年
来,终为大和民族之大君矣。然彼等非以贵族官僚
之类,假皇室屏藩之名,傲然立于上而天子一人下
而臣民五千万之间乎? 我大君之雄心⑥,恒注目五
千万之臣民。某处有水火之灾变,则必赐之以物而
赈恤之。某地有疫病之流行,则必派遣人员而调查

人君不耕而食,不
蚕而衣,安有余物
以赈恤灾民乎? 其

---

① 图宠商之便宜,间接饱其私囊者有之　日文本第 240 页,大意为"寵商の便宜を計りて、間
接に自家の懐を肥せり"。田译本第 138 页,为"只计宠商之便宜,间接肥自己之怀"。自
译本第 204 页,为"便宠商之私图,而且肥中饱之饶矣"。宠商:尊崇商业,拉拢商人。

② 教育之敕语　通称教育敕语,为日本明治天皇颁布的教育文件,由山县有朋内阁的法制局
长官井上毅等人起草,于 1890 年 10 月 30 日颁布。颁布教育敕语的主要目的,是由于当
时的日本教育偏重于欧美器物的介绍,忽略道德教育;而道德教育为日本所固有,不可轻
言废弃;故要求学生必须培养、锻炼自身的道德与修养。教育敕语后来成为小学在固定庆
典时必须朗读的文件,其宗旨成为第二次世界大战前日本教育的主轴。但是从明治时期
开始,西园寺公望等人都批评过教育敕语的内容过度侧重于国家主义;也曾经发生过内村
鉴三拒绝向教育敕语行礼的"不敬事件"。到昭和年间,教育敕语变得绝对化与神圣化,
强制学生背诵,学校也必须兴建特别的奉安殿安置教育敕语。日本于 1938 年通过《国家
总动员法》后,教育敕语成为军国主义的教典。第二次世界大战后,教育敕语于 1946 年起
从教育体系中被排除,其提倡道德教育的内容在《教育基本法》中仍被保存。

③ 戊申之诏书　1908 年 10 月,明治天皇发布了《戊申诏书》(1908 年即明治四十一年,阴历
为戊申年)。诏书声称:随着"日进之大势,共享文明之惠泽",国运之发展势在必行,而战
后时日尚浅,要更张庶政,"宜上下一心,忠实服业,勤俭治产,惟信惟义,醇成厚俗,去华就
实,相诫荒怠,自强不息",而说:"朕处方今之世局,倚籍(通'藉'——引者按)我忠良臣民
之协翼,恢弘维新之皇猷,发扬祖宗之威德"。力图借重天皇的权威,把国民思想统一到忠
诚实业、自强不息上来。

④ 帝心　日文本第 240 页为"大御心"。自译本第 204 页,为"圣旨"。田译本第 138 页,为
"御旨"。

⑤ 云翳　阴暗的云。

⑥ 大君之雄心　日文本第 241 页,为"我が大君の大御心"。自译本第 205 页,为"大皇帝之
宸衷"。田译本第 139 页,为"大君之圣虑"。

之。我五千万臣民之心,亦无不日夜向九重之上,仰慕大内山①之庇荫②。而彼等常云:华族为皇室之屏藩。果然,则五千万之臣民,为皇室之何物耶?仅以数百千无胆气无血性无真心不文不武孱弱之人种,拥护皇室。而我皇室与五千万臣民之间,上下隔阂,置之不顾,终至三千年来君民一家上下一体之历史,于不知不识之间,情谊日薄,渐归冷淡,尚不觉悟③。此岂以国家之安危、民生之休戚自任者之所为哉?设令彼等上不戴允文允武④圣明之天子,下不拥忠爱无比五千万之臣民,则日清之役,未必如彼;日俄之战,未必⑤如彼;立宪政治之实行,亦未必如彼;独立自主之国体国权,亦决不能如彼。余故曰:上虽有不世出之圣主,其如下无贤良之宰相何?然欤否欤⑥?⑦

译者曰:日本阶级之习,由来已久,中人甚深,牢不可破。名为立宪,其实君主之权无限。名为平等,其实华族之贵,决不肯下侪于齐民⑧。民权主义大昌以后,所谓允文允武神圣

所谓赈恤者,乃以其所取之于民者还之于民者耳⑨。而著者乃感恩不置,何其愚也!

情谊日薄,渐归冷淡,此乃日本国民自由平权思想发达之所致也。华族何术以笼络之,使归于浓厚乎?且华族与君主共存亡休戚者也,岂有不自为谋,而劳著者之借箸而筹耶?

---

① 大内山　皇宫的别称。日文本第241页和田译本第139页同此。自译本第205页,为"紫禁城"。
② 庇荫　日文本第241页和田译本第139页,为"御荫"。自译本第205页,无直接对应词语。
③ 上下一体之历史,于不知不识之间,情谊日薄,渐归冷淡,尚不觉　自译本第205页,为"上下一体之历史情谊,在不知不识之间,一日薄于一日,一夕冷于一夕,而不之悟"。田译本第139页,为"上下一体之历史的情谊,于不知不识之间,日薄一日、夕冷一夕而不悟"。
日文本第242页,原为"上下一體の歷史情誼をして不知不識の間に、一日は一日よりも薄く、一夕は一夕よりも冷ならしめんとするを悟らず"。
④ 允文允武　既能文又能武。允:副词,意为:真的,确实。
⑤ 此句中两个"未必",在自译本第205页,都为"决不"。
⑥ 然欤否欤　田译本第139页,为"然耶否耶"。日文本第242页,原为"然るか然らざるか"。自译本第205页,为"然乎不然乎"。
⑦ 本章在"日本百年后之运命"这个巨大题目下,却无深刻论述,仅有对日本官员的简单指责。
⑧ 齐民　即平民。
⑨ 再开明亲民的君主,也极少亲自劳作耕织,能做到取之于民还之于民亦属不易。故此段眉批似属简单反诘,说服力不强。

不可侵犯之君主,奕祀①相传,拥护皇室之华族,将在淘汰之列。彼自维新后,清日、俄日两战,俱获胜利,遂以为天下莫强。殊不知清日之役,以对抗者为破碎不完之清政府也,非其国民也;俄日之役,以对抗者为厉行专制之俄政府也,亦非其全体也。故战无不胜,攻无不克。继自今国民与国民战,而非以一政府对待一国,其胜负之数,将不在彼而在此矣。且日制②君主华族等为世袭,既为世袭,则其人不免昏愚庸懦,骄纵淫佚,有断然者。而每代之世袭君主,皆称为【为】圣明之天子,不世出之圣主,岂非至卑鄙不可对人之欺世语哉? 试问著者于下笔时,亦有此觉悟心否也?

① 奕祀　亦作"奕禩"。意为世代,代代。清胡鸣玉《订讹杂录·奕禩》曰:"禩同祀,商谓年为祀。奕禩,犹奕世也"。初印本、重印本下编第49页和点校本第484页,都为"奕禩"。
② 日制　日本的制度。

日本之教育

教育之普及者,一事实也。然今日之文教当局者与教育家,果为何事耶? 试观今日之教育家奉行敕语之状态若何。当三大节日①,校长捧读于坛上,生徒谨听于坛下。曰吾祖吾宗者,仅吾祖吾宗四字之音而已。曰君民同德,仅君民同德四字之音而已。犹转读大般若经②也,捧读者形式上捧读之,谨听者形式上谨听之,意义如何? 趣旨如何? 固非所知也。中学生尚如此,况小学生徒乎? 自此上至高等学校、专门校、大学,教师生徒,均不晓敕语之真意。或晓之,能日夜服膺,躬行实践,毫无违背者,果有耶? 无耶? 只云教育之大方针,在教育之敕语。殊不知圣天子之雄心,果如是乎? 即如此尚希望教育敕语之效果乎? 是谓之污读敕语,是谓之伪教育。近世人材之渐次破坏,风俗之益趋颓败,其极也非所以使浅识之文教当局者明言教育权

---

① 三大节日　自译本第 206 页,注为"正月元日,四月三日,及十一月三日"。应指日本的纪元节、神武天皇祭日和天长节。

"正月元日"为纪元节,即日本建国之日。其来源是根据日本书纪中神武天皇即位之日:辛酉年(目前多指前 660 年)1 月 1 日(日本古历),以纪念大和朝廷的建立。由于日本纪元在此日开始,故名为纪元节。1872 年 12 月 15 日(古历明治 5 年 11 月 15 日),明治天皇政府把农历 1 月 1 日公布为纪元节,1873 年 1 月 1 日日本改用太阳历,因此该年纪元节定于太阳历 1 月 29 日,即古历 1 月 1 日。第二次世界大战结束后,在美国监管下,日本修改宪法,纪元节被废除。1966 年则以建国纪念日之名,重新设立为法定假期。

"四月三日",是日本神武天皇的祭日。1945 年后被废止。

十一月三日天长节,即天皇诞生日。因奈良时代光仁天皇勒[敕?]令而开始,之后曾废止,到明治维新时又被恢复为日本三大节日之一,并在 1873 年正式成为国家的节庆。随着朝代的不同,庆祝天皇诞生的日子也不同。明治天皇时为 11 月 3 日,当时又称为明治节。1932 年在上海日本租界举行天长节祝典时遭炸弹袭击,朝鲜司令官白川大将被炸死。为此,战后废止了天长节,但相继将之改名为天皇诞生日和文化节,而持续至今。

② 大般若经　佛教经典,全称《大般若波罗蜜多经》,简称《般若经》,为宣说诸法皆空之义的大乘般若类经典的汇编。唐玄奘译,全书共 600 卷,包括般若系 16 种经典(即十六会)。

威之落地,而出于三教会同之拙举欤①! 盖教育权威之落地,由于敕语奉行之不力;敕语之不奉行,由于教育者无活泼之精神,徒②斤斤于细目,而不用意③教育上之本源。此亦文教当局者之罪也。要之方今教育之通弊,在有形式而无精神④,琐屑而不通大体。徒有普及之名,无普及之实。殆以此也,国民之道德智识,其效果之有无,不问可知矣。⑤ 所谓人民之程度渐高何所指乎? 指识字读书者之益多而言耶? 指衣食住之渐趋增加而言耶? 抑谓通社会上下尊重礼节崇尚廉耻脱去野蛮卑陋之旧态耶? 如前者则或为事实,如后者则余敢断然证明其非事实。不然,请检每日之新闻纸⑥而读之。目前之社会,岂有人文程度高下之可言哉? 淫佚奢侈、游惰放荡、骄慢浮薄、轻佻阴险、忌刻嫉妒、偏执猜疑、贪态鄙吝,种种之恶德,充满于社会黯淡臭秽之空气,岂不与古今亡国之现象相似耶? 是之谓时代精神乎? 非即我日本已陷于亡国之时代耶?

作者前不已言教育之普及益广,道义之基础益固乎? 此又云非事实,则前者为妄语明矣。

岛人皆有此等恶德,则无怪著者如此荒谬也。

①　其极也,非所以使浅识之文教当局者明言教育权威之落地,而出于三教会同之拙举欤　此句大意为:到最后,不是使见识浅薄的文教当局明言教育权威之落地,在于三教会同的拙举吗? 自译本第206页,译为“而其极使区区刀笔之文教当局,言明教育权威之落地,敢冒三教会同之愚举也耶”。田译本第140页,为“亦即使不识大体之文教当局所以声明教育之威权坠地,而出三教会同之愚举也”。
　　日文本第243页,原为“其極小刀細工的文教當局をして、教育の權威地に落つるを言明して、三教會同の愚擧に出でしめし所以にあらずや”。
　　三教会同　明治四十五年2月15日,根据内务次官床次竹二郎欲将宗教和国家结合起来的设想,由姊崎正治(与高山樗牛有亲密交往的宗教学者)斡旋,在华族会馆,神道(13人)、佛教(51人)、基督教(7人)各宗各派代表会聚在一起,政府方面则由原敬内相及其下属的官员出席,相互间进行了恳谈。第二天,三教代表做出决议:“吾等期望当局者尊重宗教,融合政治、宗教及教育之间的关系,以资伸张国运”。这次恳谈会终于使基督教在日本得到了和神道、佛教同等的待遇。
②　徒　初印本下编第50页同此。重印本下编第50页,误为“徙”。
③　用意　着意,留意。用心研究或处理问题。
④　在有形式而无精神　自译本第206页,为“在专尚形式而全无精神”。日文本第243页,原为“形式的なるに在り。無精神なるに在り”。田译本第140页,为“在有形式而无精神”。
⑤　日文本第244页和自译本第207页,此下另起一段。
⑥　每日之新闻纸　田译本第141页,为“日日之新闻”。自译本第207页,为“日日都鄙报章”。日文本第244页,原为“日々都鄙の新聞紙”。

夫学术之研究渐精,或为事实。至云道德之基础益固,则余未能遽谓其然也。某博士病理之研究,某博士火药之发明,某技师无线电信之创造,其他种种之技术工艺,日增月进,研钻讲究①者,虽不乏人。而哲理也,文学也,如精神界之各种门类,其能开拓一代之思想,导引一世之人心者,果何人哉?博士学士之数,斗量车载,不下数千百人。而观其言论文字,非舐西人之糟粕,即探东儒之缺点②,不过略晓皮毛,一知半解而已。每遇一伦理上之问题发生,一社会上之问题出现,彼此摸索,赴甲趋乙,以糊涂暧昧之语,掩迷惑谬妄之愚,而不自觉其丑者,比比皆是。至于世道人心之如何,从未为若辈所留心,况道义之基础,伦理之标准哉?一言以蔽之曰:今日之精神界荒凉矣,寂寞矣,无根原,无精彩,无活气,无热力,以此欲粉饰明治之圣代③,余恐遗千百年后世人之窃笑也。

译者曰:著者尝谓吾国人口仅当日本十分之一,而以教育不普及为其实征。吾始也惑且愤,继也愧且惧,而终也恍然悟日本之教育如是如是而已。夫以如斯之教育,虽举国领其旨要,其结果不过深固其奴根,奖劝其狡黠,将挟一二小智慧小技术以为害义之资、济奸之具耳。其国多一受此等教育之国民,其国即增一独夫之奴隶。世界多一受此等教育之人类,世界即多一人道之蟊贼。迫夫孳生繁殖观摩濡

---

① 研钻讲究　初印本、重印本的下编第 51 页,日文本第 44 页和自译本第 207 页同此。应为钻研、探究之意。田译本第 141 页,为"研钻考究"。

② 探东儒之缺点　田译本第 141 页,为"搜东儒之缺点"。日文本第 245 页原为"東儒の缺點探に過ぎず"。自译本第 208 页,为"穿凿东儒之理窟"。理窟:义理的渊薮、奥秘。

③ 圣代　旧时对于当代的谀称。晋代陆云《晋故豫章内史夏府君诔》:"熙光圣代,迈勋九区"。

染充三岛而为藏污纳垢之所，即不自腐而人且被除之矣。著者宜舞文弄墨撰尔日本分割之运命矣！何暇哓哓论他人事耶？①

---

① 在上编的"支那人无共和之素养"一章中，中岛端曾以中国人的教育程度远远不如日本而自炫："支那人恒称中国人口四万万人，十倍于日本，而其实不过日本十分之一也。何则？切实计之，则四万万人中，能读书作字者，恐不足四五百万人也。夫读书作字，非共和国民惟一之资格。然读书作字，为共和国民之资格中，最容易之一科目，又为最紧要之一科目，不待知者而后知也。今以日常之书牍不能读、一字亦不能写之支那人，而占大多数。一旦遽曰人权自由，曰共和政体，其不免滑稽突梯固也，岂真奇想天外者耶！"在本章中却又对日本的教育作了严厉的抨击。这固然体现了中岛端作为学者的独立判断和客观表述，也难免令人有自相矛盾之感。这种自相矛盾，自然被北洋法政学子们紧紧抓住："著者尝谓吾国人口仅当日本十分之一，而以教育不普及为其实征。吾始也惑且愤，继也愧且惧，而终也恍然悟日本之教育如是如是而已。夫以如斯之教育，虽举国领其旨要，其结果不过深固其奴根，奖劝其狡黠，将挟一二小智慧小技术以为害义之资、济奸之具耳"。

日本之实业

实业发达,亦一事实也。近十年来之勃兴,实出人意表①。制造、建筑、采矿、冶金、电气、瓦斯②、纺绩、生丝、海产,内国之取引③,海外之贸易,五年而二三倍,十年而四五倍,可谓进步矣!然农产益多,而农民益穷。工业益盛,而工民益苦。交通④贸易之便益开,而商民不能享其利。内国农田所产稻麦,不足以供五千万人之食用。内国工场制造品,不足以防外国品之输入。每年贸易实额,五六年来,常不相偿。外有殷富繁昌之观,内呈疲弊⑤困顿之象。国家财政之破绽,将从此一途而来。国民经济之苦境,正有可寒心者在也。要之,我国实业,犹如幼儿匍匐而蹈大人之迹。对东洋诸国,偶夸其长⑥,当难免夜郎自大之诮,况与欧美先进国同日论乎?盖日本现为农业国,欲一变而为工业国、为商业国,更必待二三十年之后。国力富实之前途,可谓极辽⑦矣。⑧

① 出人意表 自译本第208页,为"在人意料外"。日文本第245页,原为"人の意料外に在り"。田译本第143页,为"出人意料之外"。
② 瓦斯 gas的音译。一般民众对气体燃料的通称,分为液化石油气与天然气、煤气三大类。
③ 内国之取引 日文本第245页,原为"内國の取引"。内国:国内。取引:日语词汇。意为交易,贸易。田译本第143页,为"内国之交易"。自译本第209页,为"国内之买卖"。
④ 交通 日文本第246页和田译本第144页同此。自译本第209页,误为"文通"。
⑤ 疲弊 日文本第246页同此。自译本第209页和田译本第144页,为"疲敝"。
⑥ 偶夸其长 日文本第246页,原为"一日の長を誇るすら"。自译本第209页和田译本第144页,为"夸一日之长"。
⑦ 极辽 日文本第246页为"極めて遼遠なり"。自译本第209页,为"至辽远"。田译本第144页,为"尚远"。
⑧ 日本学者後藤延子在《中岛端〈支那分割之运命〉泛论》(日本信州大学人文学部《人文科学论集》第44号[2006年3月号],见本书第614页)中指出:最令人注目的是,《驳议》对于第七章"日本之产业",既没有眉批,也没有评论。这一章叙述了日本的产业还处于第一次产业的幼稚阶段。下编第三章(本书著者按:即"日本与支那分割之方略"一节)论述日本的国力时,中岛端叙述了日本因为日俄战争,内外债已超过20亿日元,每年的租税达到7亿日元,国民的负担年年递增,出现了"全国破产之祸"。在这些地方,驳议者加入了"日本苦贫"的眉批。而在第七章中,译者好像还没有理解到日本是一个农业国的现实,和日本财力不足拿不出对外侵略的战费之间的关系。

日本之陆海军

　　军备整顿,亦事之较著者也。如陆军由六师团,而十二师团,而十九师团。海军由六万吨为二十六万吨,为六十万吨。曰炮兵旅团,骑兵师团,机关铳①队,轻气球②队。曰十年计画,曰第二期扩张。陆海军之锐意励精,必遂而后已。谁不注目③于其整顿充实之大为进步耶?陆海军经费,占岁计大半,尽人所知。年年有扩张而无缩小,有膨胀而无节减,规模可谓大矣,气概可谓雄矣。然论者或曰:我陆军长人之陆军耳,非帝国④之陆军。我海军亦萨人之海军耳,非帝国之海军也云云。余闻我陆海军之直隶于大元帅矣,未闻其为萨、长二州⑤人之私有物也。余闻我国民为国家养陆海军矣,未闻为长人之山县⑥、萨人之山本⑦二氏树爪牙也。然细检我陆海军之内情,陆军似正为长人之陆军,海军似确为萨人之海军。按之十余年来之事实,主陆海枢机者,必长人也,非长人则必准长人也,否则必长人之所得左右者也。居海军中心者必萨人也,非萨人则必准萨人也,否则必萨人之所得左右者也(东乡⑧、乃木⑨二大将之于陆海军也,不在此限)。彼扩张一舰队,此则增设一师团。此谋招一新军,

萨、长二州人以陆海军为其私有物,著者

---

① 机关铳　机关枪的日本叫法。

② 轻气球　今通称氢气球。

③ 注目　日文本第247页和自译本第210页,为"刮目"。田译本第145页,为"拭目而视"。

④ 帝国　初印本下编第54页同此。重印本下编第54页,误为"常国"。

⑤ 萨、长二州　即日本的萨摩州和长州。

⑥ 长人之山县　即山县有朋,日本长州人。

⑦ 萨人之山本　即山本权兵卫(1852—1933),日本萨摩州(今鹿儿岛县)人。日本海军之父,获伯爵称号。历任海军准尉,高雄舰、高千穗舰舰长,海军军务局长,海军大臣,内阁首相。

⑧ 东乡　即东乡平八郎(1848—1934),萨摩州人。日本海军元帅,侯爵,与陆军的乃木希典并称日本军国主义的"军神"。在对马海峡海战中率领日本海军击败俄国海军,开近代史上东方黄种人打败西方白种人的先例,有"东方纳尔逊"之誉。

⑨ 乃木　即乃木希典(1849—1912),长州人。日本军事人物,善写汉诗,持身严谨。因日俄战争攻克旅顺口成名,在二战前被多数日本人奉为"军神"。现代的日本史学界对其武功,特别是在日俄战争旅顺战役中的战役指挥,基本持否定态度。有些更激进的,如司马辽太郎,干脆称之为愚将。战前对乃木的肯定和吹嘘,不过是鼓吹愚忠天皇的人为神话。

彼则拟造一巨舰。似谓萨人已扩张海军,我长人岂可甘拜下风? 长人已充实陆军,我萨人何得甘为牛后? 若然,军备之扩张充实,非准乎国家威力之必要,乃仅视萨、长二州势力之消长如何耳。我国民之养陆海军,非为国家增实力,乃为萨、长私党树爪牙耳。且国民之财力有限,而私党势力之竞争无穷。军备日谋扩充,国力亦因之日趋乏绌。至于无极,国民将为扩充军备,不陷于破产之厄运不已也。虽然当局者果有进取之雄图,侵略之大志①,非全无意义无目的,尚可忍也(其政策之得失姑不具论)。今也不然,大陆之风云方急,独一筹莫展②。劲敌迫于前,犹一毛不拔。始如处女,终亦如处女矣。虽平日喋喋于争执海权,保持东亚均势,以胁吓国民,实则无所见也,又非欲大有为也。徒拥六十万吨之海军,百五十万之陆军,费尽国家岁入之大半,不过以五千万人民之膏血,为演习观舰之装饰而已。果何为乎? 萨、长私党之竞争是为耳。岂非国家之罪人乎? 亦岂非不忠于大元帅陛下者乎?

夫既为私党势力计,故用人用财之际,虽有冗员,不能淘汰;虽有滥费,不能节减。且其所拔擢登用者,限于一己之族党姻戚。材能智勇绝伦之人,不得位置;胆量气识兼备之士,沈沦下僚,或退处田

攻击之不遗余力。攻之诚是也,然以皇位为一家之私有物,著者不唯无反对之言,且以此夸示于人曰:此日本民族之特性,万国无有也。岂所谓知其一不知其二者耶!

著者知其国民将为扩张军备陷于厄运,顾③日望天下多事,以为一己升官发财之地④。庄生曰:哀莫大于心死。

除中国外,四邻皆强国。日人虽有侵略之大志,亦无所用之矣。且中国自改革政体以来,政府与国民渐有联合一气,以抗外患之

---

① 侵略之大志　田译本第146页同此。日文本第248页,原为"侵略の大志あらば"。自译本第211页,为"有侵略之野心也"。此处公然从非贬义上使用"侵略",可以窥见中岛端对外立场、态度之一斑。

② 独一筹莫展　日文本第248页,原为"一指を動かさんともせず"。自译本第211页,为"不敢动一指"。田译本第146页,为"一指不动"。

③ 顾　反而。

④ 指责中岛端"日望天下多事,以为一己升官发财之地",似觉与中岛端的人生经历和追求不符。田译本的"凡例"第1条也说:"闻著者在其国中赋闲无事,故至吾国希攫教员一席,而又未遂。因著是书,妄诋吾国,盖欲博一支那通之名,藉以谋噉饭之地也。日人真可鄙,我同胞切勿忘之"。在"日本之陆海军"一章的"按"语中,田译本又指出:"尔非因在吾国数年未获多金,且为吾民所轻鄙,故出此报复之言;即欲藉此博一支那通(即通乎支那事情之人也)之名,而谋噉饭之地者"。这些论述,揭示了中岛端的目的在于"博一支那通之名,藉以谋噉饭之地",虽有一定的道理,也不无偏颇。

间①,永不为国家之用。间一二志士,欲以有为②,亦必极力压迫,使终身不得遂其志③(陆海军阶级,新旧间之区别甚重。此弊太甚,势固宜然)。一旦有事,骤召而用之,置之炮烟弹雨万死一生之危地。有功亦未必厚赏,有劳亦未必重酬,事终则复弃之而不顾④。此士气所以萎靡,而上下所以解体也⑤。日清役后,我陆海军人,犹以卧薪尝胆相激励,相劝戒⑥。以故论功行赏之际,虽时有不当,上下敌忾之气象,犹郁勃不衰。日俄之役则不然,人承大胜之后,大吐得意气焰。然战士还家,废兵归里,见夫死者名没,生者受勋。又有功者未必显荣,有劳者未必录用⑦。始以为一死殉国,本男儿快心之事,然死者竟长已矣⑧。见夫高级武官,多爱身爱钱蓄致。即发难,亦不能保其所得必偿所失也。

---

① 材能智勇绝伦之人,不得位置;胆量气识兼备之士,沉沦下僚,或退处田间　自译本第212页,为"有材者,有能者,智勇绝伦者,不必占地位。胆之人,量之人,气之人,多沈沦于下僚,或早就预备后备之闲地"。田译本第146页,为"所谓有能者,有才者,有智勇绝伦者,必难占一地位。有胆量之人,有气节之人,多沉沦于下僚,或早使归后备之闲地"。
　　　日文本第249页,原为"材ある者、能ある者、智勇絕倫なる者、必ずしも地位を占むるにあらず。膽の人、量の人、氣の人、多くは下僚に沈淪し、或は早く豫後備の閑地に就きて"。

② 间一二志士,欲以有为　日文本第249页,原为"國家の用を爲さんと欲すと雖"。自译本第212页,为"虽欲为国家用"。田译本第146页,为"纵然用之"。

③ 使终身不得遂其志　日文本第249页,原为"一頭地を出すことを得ざらしむ"。自译本第212页,为"使其不得放出一头地"。田译本第146页,为"使不得出一头地"。

④ 弃之而不顾　日文本第250页,原为"之を閑地に棄てゝ顧みず"。自译本第212页,为"弃之闲地而不顾"。田译本第146页,为"置于闲地而不顾"。

⑤ 此士气所以萎靡,而上下所以解体也　日文本第250页,原为"此れ士氣の漸く萎靡不振の象ある所以。又上下稍稍解體の兆ある所以なり"。自译本第212页,为"此所以士气渐有萎靡不振之象,而又上下稍有解体之兆也"。田译本第146页,为"此士气所以渐有萎靡不振之气象,而上下所以稍有解体之先兆也"。

⑥ 劝戒　日文本第250页,为"戒飭せり"。田译本第147页,为"戒饬"。自译本第212页,为"戒饰"。饰,通"饬"。

⑦ 见夫死者名没,生者受勋。又有功者未必显荣,有劳者未必录用　日文本第250页,原为"皆死者の賞獨り薄くして、生者の勳最高きを見て、功勞ある者の必ずしも錄せられず、緣故ある者の必ず用ゐらるゝを悟れり"。自译本第213页,为"皆见死者之赏独薄,而生者之勋最高也。悟有功劳者不必录,而有缘故者必见用"。田译本第147页,为"见死者则赏独薄、生者之勋最高、有功劳者必不录、有奥援者必拔擢"。

⑧ 然死者竟长已矣　日文本第250页,原为"死んで花實が咲かうかいと"。田译本第147页,为"然死而使他人收华实并茂之效"。自译本第213页,为"然身后岂得衣锦之荣"。

美妾买良田。又以为虽已生还,犹须博金钱以为乐。于是怯懦苟安之风,弥漫于陆海军中人矣。古今士气之不振,类皆由此胚胎,无足怪者①。日俄之役,无论海军陆军,将士之忠勇奋战,皆足惊中外之耳目。就中最悲痛最壮烈者,尤以金州、常陆二船②将士之殉难为巨擘③(虽然金州丸之将校大半为国贼)。余以此事质诸二三军人,咸云力尽降敌,未必为武人耻。金州、常陆二船将士,自刃敌前轻死几如鸿毛④。虽心胸近乎壮烈,而手段未免迂拙,所谓犬死是也⑤。何如一度全生,更图报效于日后?余亦默然不能答矣。后更质之他人,军人议论,往往如是。士气不振,已至于此,洵可寒心。而索本追源,实萨、长二州人以陆海军为私党之爪牙,有以开其端也⑥。或曰旅顺之险,欧美人称为一夫当关万夫莫⑦敌之要塞,乃木大将竟攻陷之,八千士卒,一朝降服。婆罗的舰队⑧,俄人之精华也,东乡提督一鼓破之,四十余艘之艨艟,逃者仅二三耳。

① 自译本第 213 页,此后另起一段。

② 金州、常陆二船　即日本海军的运兵船金州丸和常陆丸。1904 年 4 月 25 日,俄国人突然袭击朝鲜元山,击沉日本运兵船"金州丸",百余名陆军官兵丧生。6 月 12 日,俄国海军的海参崴分舰队发动开战以来对日本海上交通线的第三次袭击,由俄罗斯号、格罗莫鲍伊号、留里克号组成编队南下。11 时俄舰发现了刚刚出港的"常陆丸"号运兵船,正运载 1 个近卫营和 18 门重型榴弹炮前往旅顺。俄舰从前、左、右三个方向包抄并炮击,至 14 时日船沉没,除 152 人获救外,其余 1063 人全部阵亡。

③ 殉难为巨擘　日文本第 250 页,大意为"最後を以て第一と爲す"。自译本第 213 页,为"临死为第一"。田译本第 147 页,为"最后为第一"。

④ 自刃敌前轻死几如鸿毛　日文本第 251 页,为"自刃して、滄海の藻屑となりしが如き"。田译本第 147 页,为"自刃敌前,而为沧海之藻屑"。自译本第 213 页,为"伏刃敌前,投尸海波"。

⑤ 犬死是也　日文本第 251 页,原为"犬死とは是なり"。自译本第 213 页,为"狗死(徒死)云者"。田译本第 147 页,为"所谓犬死者也"。

⑥ 而索本追源,……有以开其端也　自译本第 213 页,为"然而开之端者,起于……"。日文本第 251 页,原为"而して之が端を開きし者は……より起れり"。田译本第 147 页,为"而致之者,实……"。

⑦ 莫　初印本、重印本的下编第 56 页,都误为"英"。点校本第 494 页,校注为"〈英〉〔莫〕"。

⑧ 婆罗的舰队　即俄罗斯海军的波罗的海舰队。日俄战争(1904—1905)期间,俄国曾抽调波罗的海舰队的舰只组成太平洋分舰队。这支分舰队历尽艰辛,航行 3 万公里,到达太平洋,但在对马海战中惨败。

此二者非我陆海军精锐无比之铁案乎？余曰否。日俄大战，乃十年卧薪尝胆之结果。我固有之武士道，经千百年来之锻炼陶冶，一一表现于外者也。此后更有大役，国民之奋兴，士卒之振起，果能如当日乎？否乎！① 我国民如不自儆戒，十年之后，安知我日本健儿无死守旅顺要塞之时乎？日本海，乃东乡提督歼灭波罗的舰队之地也。虽然绝影岛②，非文禄中我水军败北之战场乎？必欲使我陆海军为常胜军，为无敌舰队，必先夺萨、长二州人之兵权，收萨、长二州人之陆海军，使为直隶于大元帅之陆海军。改私党的陆海军，使为国民的陆海军。而后军备始可扩张，始可充实。不审乎此③，徒言陆④海军备之扩张充实，必不知本末轻重者也，大元帅之贼臣也，国民之蟊贼也，岂可使永尸其位乎？

译者曰：观著者此篇，纯为讨萨、长二州⑤人专利之檄文。使此事而发现于吾国，著者必大声疾呼曰，此支那人之省分观念也！此支那分裂之兆也！非所谓暗于观己者乎？且国家

---

① 否乎！　日文本第251页，原为"余曰く否否"。自译本第214页，为"不特此也"。田译本第148页，为"不但此也"。

② 绝影岛　位于今韩国庆尚南道釜山市东南200米处，现在简称影岛，西北、东南走向，是釜山港的天然屏障。1592年（日本文禄元年），日本军队发动侵略朝鲜的壬辰战争，在陆战中取得重大胜利，在海战中则连遭失败。战争爆发后，全罗左道水军统制使李舜臣，偕同全罗右道水军统制使李亿棋，统率全罗道水军，指挥龟船舰队90多艘舰船，在朝鲜南部海域奋勇迎战。从5月到7月，在多次海战中击毁日军舰船上百艘。9月，李舜臣因功晋升全罗、庆尚、忠清三道水军统制使。11月，率船170余艘，突入釜山港，击沉日军舰船百余艘，重创日军在釜山设置的补给基地。李舜臣在海上连战连捷，使陆上战局向有利于朝鲜的方向转化，打乱了日军水陆并进、一举吞并朝鲜的计划。日本陆军由于供应不足，被迫从朝鲜北部和中部撤退，退守釜山及其附近狭窄地域。

③ 不审乎此　日文本第252页，原为"但に此のみならず"。自译本第214页，为"不此之知"。田译本第148页，为"不知此"。

④ 陆　初印本下编第56页，原为"陆"；重印本下编第56页，误为"胜"。点校本第495页，校注为"〈胜〉〔陆〕"。

⑤ 州　初印本和重印本的下编第56页误为"洲"，点校本第495页校注为"〈洲〉〔州〕"。

之有海陆军①,专为保护国民生命财产之用,惟能者可以当其任,不必问其为何州之人。萨人长人,于中日、俄日两大战,克奏肤功,是无愧于"能"之一字也②。试观满清末造,黄口孺子,尽命为海陆军大臣,及其他重要职务③;逮革命军起,彼等不敢出国门④一步,一切军事计画,不得不委之汉人。若萨人长人,所引用者尽族党姻戚,不问贤否,焉有不失败之理?然则萨、长二州人,能把持海陆军职者,是必其人有军事之特长也,不然则其所引用者必贤。而著者所痛斥之者,非愚则诬也。不然,则是著者为地域的观念所束缚,遂出此愤激之语也。嗟乎权利之争点,不在人之优劣,而在地域之或彼或此,斯诚不能无碍于国家之统一⑤。著者其勿哓哓可也。

① 海陆军　初印本下编第 57 页同此。重印本下编第 57 页和点校本第 495 页,误为"陆海军"。

② 下编"日本百年后之运命"之后,中岛端对日本的深入反思和尖锐批判,给北洋法政学子们的反驳提供了许多口实,有些言论连北洋学子们也觉得中岛端对日本过苛。译者在此处即有认为中岛端对日本陆海军指责过甚,因而为后者鸣不平之意。

③ 满清末造,黄口孺子,尽命为海陆军大臣及其他重要职务　载洵(1886—1949),摄政王载沣六弟,1909 年始任筹办海军大臣时 23 岁,次年实授海军大臣。载涛(1887—1970),载沣七弟,1908 年任清朝训练禁卫军大臣 21 岁。次年奉命管理军咨处事务。1911 年任军咨大臣,相当于参谋总长,统掌军令。所说"黄口孺子",应指载洵和载涛。

④ 国门　初印本、重印本下编第 57 页同此,似有误,应为京城之门。

⑤ 无碍于国家之统一　初印本、重印本的下编第 57 页同此。点校本第 496 页遗漏"于国"二字。

日本之外交①

　　国威之发扬,国权之伸张②,亦确为一事实也。日清之役,欧美人之目中始有我,而知极东小国不易侮③。日俄之役,欧美始识我精强,群焉以黄祸为可惧矣。旅顺号天险,半载攻围,血雨肉弹,遂擒虏将。婆罗的舰队之精锐,一经日本海之鏖战,六千健儿尽为海鬼,四十兵舰同时击沉,逃去者仅两艘。此日本武士道之所以名遍四海,帝国威灵之所以远震八荒也。然此不过战阵之事耳,至于对外政策,其足使人颦蹙者,不一而足。不知国威果能发扬,国权果能不玷乎? 是则余辈所不敢遽答者矣。

　　条约改正以前之事暂置而不论,三国干涉之事亦姑舍而不言。独自朴资茅司④媾和,承百战百胜之威,受千载不雪之辱。欧美外交界皆云日本之海陆军虽雄而外交殊愚懦⑤不足畏,其国民之精神虽

---

① 本章中,自译本的译文较为繁杂,北洋本的译文则较为简练。

② 伸张　初印本、重印本下编第 58 页,日文本第 253 页和田译本第 149 页同此。自译本第 215 页,为"皇张"。

③ 日清之役,欧美人之目中始有我,而知极东小国不易侮　其中的"始有我",重印本下编第 58 页误为"始其我";点校本第 497 页将"其"矫正为"识",未能探其在初印本下编第 58 页中的本源。

　本句在自译本第 216 页,为"日清之役,使欧美人知东亚有我日本者。自是之后,彼等始知极东小国之不易侮也"。田译本第 149 页,为"日俄战后,使欧美人悟我日本为东方之强国,宇内之精锐者"。

　日文本第 252—253 页,原为"日清の役は、歐米人をして我が日本の存在を認めしめし者。是より後、彼等は始めて極東の小國の侮り易からざるを知れり"。

④ 朴资茅司　自译本第 215—216 页,译为"波的茅斯"。田译本第 149 页,为"包的冒斯"。日文本第 253 页,原为"ポーツマウス"。今通作朴茨茅斯。1905 年 9 月 5 日,日俄双方在美国经过 25 天谈判,签订了《朴茨茅斯条约》,正式结束了在中国土地上进行的日俄战争。日俄《朴茨茅斯条约》正约 15 款,附约 2 款,内容有:(1)沙俄承认日本在朝鲜享有政治、经济及军事特权,俄国不得干涉。(2)俄国将从中国取得的旅顺口、大连湾的租界权及其附属特权,转让给日本。(3)俄国将其所获之中国南满铁路及其支路、利权、煤矿等,无偿地转让给日本。(4)俄国将库页岛北纬 50 度以南割让给日本,并同意日本民众在俄国沿岸的日本海、鄂霍次克海、白令海经营渔业。(5)日俄双方在各自的铁路沿线驻扎护路兵队,每公里不超过 15 名。

⑤ 愚懦　重印本下编第 58 页和点校本第 497 页,误为"愚儒"。儒,古同"懦",将"懦"径改为"儒"则不妥。自译本第 216 页,译为"无气无力之擔板汉"。日文本第 254 页,原为"擔板漢のみ、無氣無力の腰拔のみ"。田译本第 149 页,为"优柔"。

健而元勋大臣多老耄垂死半身墓中之骨,敌之易耳。夫岂独欧美,即老朽昏耄如清廷之臣亦识我当局无能,以为日本海陆军之武力虽百战百胜而外交幼稚,小村①究非维提②之敌。国民之忠勇虽足以制强俄,而伊藤、山县第不能斥罗斯福③之强迫的仲裁。然则东三省之恢复,俄兵之撤退,虽由日本之武力,实美总统一言和平之力耳。呜呼强弩之末不能穿鲁缟! 海陆军之力破世界第一强敌而有余,而终局一着④伟业堕尽,国威国权永沦地下矣!

同胞其谛审之,辽东父老子弟辗转于马足下,犹宛然在目也。对此当何如?

　　当我军乘连战连胜之势,陷辽阳,夺旅顺,奉天失守,婆罗的舰队一战澌灭。支那朝野奔走相告,以为日本既逐俄人于贝加尔⑤以西,则东三省之土地人民必不复还于中国。即不然亦必索莫大之赔偿,求莫大之权利。我中国既无实力以相抗,又无完好词令以满日本之意,则东三省土地人民不举而奉诸日本不可得矣。至媾和成,彼亦窥破我之弱点,则又云日本之肯媾和乃实力之不足,不得已从美总统之仲裁耳,毫无恩于中国也。是故还付东省而清人不我德⑥,不索⑦一钱之赔偿而清人不我

① 小村　应为小村寿太郎(1855—1911),日向国饫肥藩(现宫崎县日南市)出身。历任外务次官、驻美、驻俄、驻华公使等职。1901 年就任外务大臣,缔结日英同盟。日俄战争后,1905 年作为日本全权代表与俄国签订朴次茅斯条约。

② 维提　日文本第 254 页,原为"ウヰッテ"。自译本第 216 页,为"维的"。田译本第 150 页为"维之特"。通译为维特,日俄朴茨茅斯谈判中的俄罗斯全权代表。谢尔盖·尤利耶维奇·维特(1849—1915),俄罗斯帝国政治家,曾任交通大臣(1892)、财政大臣(1892—1903)、大臣委员会主席(1903—1905)和第一任俄罗斯帝国大臣会议主席(1905—1906)。日俄战争后主持同日本的谈判,将俄国的损失降到最低。被封萨哈林伯爵。

③ 罗斯福　田译本第 150 页,为"罗斯佛"。自译本第 216 页,为"卢斯伯耳得"。日文本第 254 页,原为"ルーズヴェルト"。

④ 一着　初印本、重印本下编第 58 页,日文本第 254 页、自译本第 216 页同此。应为一步、一个举措之意。

⑤ 贝加尔　即贝加尔湖。

⑥ 不我德　不念我的德。自译本第 217 页,为"不德我"。田译本第 150 页,为"不以我为德"。日文本第 255 页,原为"我を德とせず"。

⑦ 索　初印本下编第 59 页,原为"索"。重印本下编第 59 页,误为"紊"。点校本第 498 页,校注为〈紊〉〔索〕。

廉①,不取一瓦一木之利权而清人不我恩②。不特此也,甚至以轻侮冷笑之心相迎,伏见奉聘③其实例也。夫日本费财二十亿,出兵百余万,为清廷主权而争东省。功成而不敢以为德,举而奉诸清廷。清人则以与我为邻,未折一兵未费半金而三省六万方里之地④竟得恢复。就令日俄之役非专为清国,然清人若有自主之力,我亦无用开如是之大战,冒如是之危难也。清人宜如何德我? 如何恩我? 乃彼视之若固然,未尝遣一吏,致一谢词。我乃先以天潢之贵冑往聘清廷,彼不得已始勉强使载振答聘焉。然则日本与支那果孰为施惠国,孰为受惠国乎? 本末颠倒莫此为甚,皆清人轻我之心有以成之也。

　　小村外相熟悉清廷外交之曲折者也,然战后持使节赴北京,而此中机微毫未觉察。以为我日本耗二十亿之财,出百万之师,折兵十数万,为清廷恢复三省之地,清之念我高谊,感我厚恩,有必然而无疑者。及至北京果见迎宾馆之待遇至美至尽,饮馔之丰美,应接之郑重,几埒帝王。于是小村益骄,而不取东三省,非日本之所不欲,乃各国之所不许耳,于中国何恩之有? 著者岂忘辽东半岛之已事⑤乎?

　　愚忞其国人而不足,又从而激励之。其心实不可问。

---

① 不我廉　不认我的廉。自译本第 217 页,为"不廉我"。田译本第 150 页,为"不以我为廉"。日文本第 255 页,原为"我を廉なりとせず"。

② 不我恩　不感我的恩。自译本第 217 页,为"不恩我"。田译本第 150 页,为"不以我为恩"。日文本第 255 页,原为"我を恩とせず"。

③ 伏见奉聘　日文本第 255 页,为"伏見若宮奉聘"。田译本第 150 页同此。自译本第 217 页为"伏见嗣王奉聘"。应指日本亲王伏见宫贞爱于日俄战争后出使中国。
伏见宫贞爱(1858—1923),皇族伏见宫邦家亲王第十四子。1871 年封为亲王,翌年继承伏见宫王号。1873 年 11 月任陆军少尉(参加西南战争)。1886 年 12 月授予大勋位菊花大绶章,翌年 12 月任近卫步兵第 4 联队长。1892 年 12 月晋升陆军少将,历任步兵第 4 旅团长(甲午中日战争率部出征辽东半岛)、第 1 旅团长、第 10 师团长、第 1 师团长(日俄战争再度出征辽东半岛)。1904 年 6 月晋升陆军大将,7 月任大本营附,翌年 7 月改任军事参议官。1912 年 12 月任内大臣府出仕,明治天皇丧事总裁。1914 年 1 月授予元帅称号,4 月内大臣府出仕辞职。1916 年 1 月被授予大勋位菊花章项链。1923 年 2 月 4 日去世,国葬。曾获二级金鵄勋章。

④ 三省六万方里之地　日文本第 255 页同此。自译本第 217 页,为"三省六万日方里之地"。此处的"方里",为日本的土地计量单位。1 平方里合 1542.3 公顷,亦即 15.423 平方公里。中国东北三省的面积约为 100 万平方公里,合日本面积计量单位约 6 万方里。

⑤ 已事　往事。初印本、重印本的下编第 59 页,原为"已事"。

知彼之所以出此者,实以有所惮,而弄其笼络之手段已耳。当时我所提议者不过俄国既得权继续之承认而已,无他权利之让与也,无尺地寸土之分割也,无一钱半文之赔偿也。抑思挟我新破强俄之余威,恃我再造东省之厚恩,以临怯懦媚外之清廷,以势而言何要求不可得,何协约不可订,又何种之草约不可得而征也。且就此后所订之日法、日美协约而言,则当时订一某条约,实为最要之急务。乃小村竟信清廷之感我恩、畏我威,而清亦故作感恩、畏威之态。于是小村以为有袁世凯在,善后一事,其委曲皆惟我意耳①。遂仅言俄国既得权之继续,其他细目皆俟他日协商矣。讵料他日协商一语竟酿成安奉线之交涉②,一变而为彼我之冲突,再变而为自由行动之通告,几至开干戈之隙(若无载洵、肃王之苦言,某某之忠告③,争议之极葛藤④大起,遂为第三国所乘亦未可知)。夫清廷有惮我之心,

惜乎不令著者为外相也,羡杀人,急杀人⑤。

---

① 善后一事,其委曲皆惟我意耳　日文本第 257 页,原为"善後の一事、委屈ただ我が意のまゝならん。日後支吾ある道理なしと"。自译本第 219 页,为"善后一事,惟我意所命,无有日后支吾之理也"。田译本第 152 页,为"善后一事,不难如意,日后决无支吾之理"。委曲:事情的经过,底细。

② 安奉线之交涉　安奉铁路始建于 1904 年日俄战争期间。1905 年 12 月 15 日全线竣工。同年 11 月 2 日,日本政府任命外相小村寿太郎为全权大使前来北京,同清政府会谈,清政府也任命庆亲王奕劻、外务部尚书瞿鸿机及直隶总督袁世凯为全权代表。双方经过近 5 个星期的谈判,于 12 月 22 日签订了《中日会议东三省事宜正约》。其中第三条内容是:"日本得继续经营战时铺设的安东(今丹东)至奉天(今沈阳)的军用铁路至 1923 年,届期估价卖给中国"。此前,清政府多次向日本政府提出拆除安奉线军用轻便铁路,都遭到拒绝。而在《中日会议东三省事宜正约》及附约签订不久,就强迫清政府同意日本"改良"安奉军用轻便铁道线,并掌握一切经营活动。1907 年 4 月 1 日,日本政府及满铁株式会社同时下令,由日本"铁道提理部"负责改良安奉线铁道工程。该部偷梁换柱,将"改良"换为"改筑",并于 1909 年 8 月开始动工,修筑安奉线铁道。1909 年 12 月,日本又强逼清政府签订了架筑鸭绿江铁桥协定,实现了安奉铁路与朝鲜铁路的接轨。

③ 若无载洵、肃王之苦言,某某之忠告　日文本第 258—259 页,原为"當時載洵貝勒及び肅王の苦言なく、又某々氏の忠告なかりせば"。自译本第 219 页为"当时微载洵贝勒及肃王善耆之苦谏,又无某某氏之忠言"。田译本第 152 页为"当时若无载洵贝勒,及肃王之苦言,与夫某某氏之忠告"。某某,不详。

④ 葛藤　比喻纠缠不清的关系。日文本第 258 页和田译本第 152 页同此。自译本第 219 页,为"纠葛"。

⑤ 急杀人　初印本、重印本的下编第 59 页同此。点校本第 499 页,误为"□杀人"。

无恩我之意;怀诈我之志,无德我之念;加之以轻侮
嘲笑之气。故苟可以敷衍目前,何言不吐? 苟有一
隙可乘,何等口实而不利用乎? 安奉修筑问题,自
根本上观之,本无容异议之余地。而清人竟以改
筑、修筑四字为争议之口实,极力相拒。盖以全无
德我之意,一味轻侮之气,先入为主也。而致此者
实为我外交之当局。

　　且①我外交当局所以招清人之轻侮者亦别有
故,长[辰]丸事件②其一例也。平心而论,彼我之
际初无恶意,但清人稍欠常识,而我亦不免于小过,
相激而成交涉耳。何则? 盖辰丸搭载军用品欲卖
于革党乃事实也,往来徘徊于某湾③以伺登陆④之
隙亦事实也,其未入某港口亦事实也。然而广东税
关吏竟认该船为已抵某地点,已觉冒昧;闯入船中,
斥船长之抗议,擅行差押货物,更觉失当。至于自

辽东劫运。

----

①　且　初印本下编第 60 页和点校本第 500 页同此。重印本下编第 60 页,误为“旦”。

②　长[辰]丸事件　日文本第 258 页、自译本第 220 页和田译本第 152 页,为“辰丸事件”。
1908 年 2 月,清廷侦知澳门广和居商人谭壁理等委托日本商船“二辰丸”将神户辰马商行
的步枪 2000 枝、子弹 4 万发,自日本私运往澳门。于是派出 4 艘兵船在澳门附近巡逻。2
月 5 日上午,“二辰丸”驶近澳门,停泊在路环岛东面约二浬的大沙沥海面,准备卸货。清
廷官兵截获后,广东水师巡弁李炎山等上船查验属实,船主亦无可置辩,只好认罚。于是
弁员将船货暂扣,一齐带回黄埔,以凭照章充公;并撤去该船所挂的日本国旗。日人提出
抗议,粤督张人骏以赔偿损失及鸣炮谢罪了事。粤人引为大耻,上海两广同乡会及政闻社
等皆电粤力争,遂发起抵制日货运动。香港方面并组织“振兴国货会”。运动持续八个
月,日商损失颇大。章开沅主编《辛亥革命辞典》(增订配图本,武汉出版社 2011 年版)第
3 页介绍说:1907 年(光绪三十三年)底,驻港革命党人冯自由获悉澳门奸商柯某将由日本
雇商轮私运军械至澳门附近水域起陆,出售谋利,遂决定于船械到达时,派部袭击,夺取武
器,运至香山(今中山)钱山附近供党人起义之用。后侦知船上仅一千支枪十万发子弹,
不足供作战之用,且又在葡界停泊,易起交涉,乃停止劫船行动。1908 年 2 月,为柯某运枪
械之日轮二辰丸在澳门海面被清方舰艇拘获,引起日本人严重抗议,清粤督被迫鸣炮道歉
并赔偿损失,事乃寝。粤人引为外交上大耻,引发两广抵制日货运动。此段史实曾为人误
解,以为该船所载军械属革命党昕有。后冯自由特撰文予以澄清,云二辰丸所载武器与革
命党毫无关系,且为党人初拟夺取而中途罢议之物。据此,中岛端所说“辰丸搭载军用品
欲卖于革党乃事实也”,不确。

③　某湾　应为澳门附近九洲洋路环岛东面约二浬的大沙沥海面。

④　登陆　日文本第 259 页为“陆揚”。自译本第 220 页,为“上岸”。田译本第 152 页,
为“运搬”。

由下我日章旗,无理尤甚矣①。自国际公法上观之,我尚未入违法之范围。清人违犯之迹,则历历可观(当时下日章旗者,为税关所雇之官吏美人某。欧美人在支那者,多傍若无人之态。支那人之隶其指挥者,亦假虎威,敢于不法而无惮色。平日对其国人虐待凌辱者往往有之,殆恃强侮弱之习癖也。外国交涉,多由此等贱劣种人②所酿成)。我之咎清廷也固宜,自邻邦之友谊言之,为不失清廷之欢心,暗削其革党之势力,禁止奸商,密售军器,联络邦交,我素志也③。当辰丸自门司出发之时,清人某既早飞报于广东税关,我即当禁该船出港。乃计不出此,故意懈怠④,一旦事发,遽援公法以判曲直。公法虽合,而情谊究为未尽。于是而求清人之心服,安可得耶? 况某公使⑤怒号于北京总

---

① 至于自由下我日章旗,无理尤甚矣　田译本第 153 页,为"至随手撤下我日章旗,其不法尤甚"。自译本第 220 页,为"至其擅卸去我船上日章旗,乃不法之最甚者,万不可恕也"。日文本第 259 页,大意为"彼が勝手に我が日章旗を引卸したるに至りては、不埒の最も甚しき者。決して許すべからず"。胜手:任意、随便。

日章旗,又称作日の丸、日之丸,日本国旗的别称。曾是日本船只使用的一种旗帜。1854 年(安政元年),江户幕府规定,以其作为"总船印"(识别日本所有船只的标志),自此开始,日本船舶皆悬日章旗。明治维新后,日章旗作为日本国旗应用,但是并未经过法定程序。

② 种人　初印本、重印本的下编第 60 页同此。日文本第 259 页、自译本第 221 页和田译本第 153 页,都为"人种"。

③ 我之咎清廷也固宜,自邻邦之友谊言之,为不失清廷之欢心,暗削其革党之势力,禁止奸商,密售军器,联络邦交,我素志也　点校本第 501 页,将此句中第一个逗号移至"故宜"之前,应误。

自译本第 221 页,为"我外交当局之咎清廷固宜,然翻自邻邦友谊上言之,更自我政府之平日为买清廷欢心,恒常威迫孙逸仙言之,我当局应先禁奸商之密卖军械于某革党也"。

田译本第 153 页,为"我外交当局之咎支那政府也固宜,虽然,由邻邦之友谊言之,更由我政府平日为买支那政府之欢心,威迫孙逸仙等之态度言之,我当局宜先禁奸商之秘卖军器于某革党"。

日文本第 259 页,原为"我が外交當局の清廷を咎むる固より宜し。然れども翻りて隣邦の友誼上より言へば、更に我が政府が平日清廷の歡心を失はざらんが爲めに、孫逸仙等を威迫しつつありし態度より言へば、我が當局は先づ姦商の某革黨に軍器を密賣するを禁ずべかりしなり"。

④ 故意懈怠　日文本第 260 页,原为"故意か懈怠か"。自译本第 221 页和田译本第 153 页,为"故意乎,懈怠乎"。

⑤ 某公使　即当时的日本驻华公使林权助(1860—1939),日本明治、昭和时代的外交官。1906 年 7 月至 1908 年 10 月任日本驻华公使。

理衙门,以为事如不决,则调数艘军舰于大沽。此
等无理之言,安可出诸同种同文之帝国公使乎①?
夫辰丸事件,本为琐事。是非曲直,任何规定,全不
至有碍邦交。况交涉荏苒,经久不决,亦属常事。
乃遽云调军舰,国际旧例,向未有此粗暴之事,而谓
日本肯出此乎②? 乃我公使竟有此狂哮焉。彼清
廷虽无人,亦素富雄心③者,岂畏此等恫喝哉? 且
此等狂哮,又岂宜见诸唇齿相依之邦哉? 清人之
不我心服,亦无足怪矣④。未几排斥日货之恶潮
起,仓皇狼狈,不知所出。召还公使,急策善
后⑤,我外交当局之失著,亦云甚矣。此招人轻
侮之一原因也。

　　译者曰:二辰丸事件发生,清廷老朽,一
闻日本政府之恫喝,则震惧股栗,鸣炮谢罪,
诚我国莫大之辱也。幸有我国民起而排斥日
货,日政府乃仓皇狼狈,有召还公使之举。日
本国民至今犹咎其外交之失败。顾返观我同
胞排斥日货一事,不久即置之脑后;今日且趋
之若鹜,购买热视前竟增数倍。此不佞⑥迻译
至此,所为抚今思昔不觉舍卷太息而未知所以

---

① 此等无理之言,安可出诸同种同文之帝国公使乎　自译本第221页,为"暴慢亦甚矣,此岂
可听做平生标榜同文同种之帝国公使之言哉"。日文本第260页,原为"理不盡の沙汰と
謂ふべし。此をしも平生同文同種を標榜せる帝國公使の言と做す可きか"。田译本第
153页,为"可谓不合情理之至。此岂平日标榜同种同文之帝国公使所当言者乎"。

② 而谓日本肯出此乎　日文本第260页,原为"日本政府の敢て此に出でざるは、固より言
を待ちて知らず"。自译本第221页,为"日本政府之不敢出此,固不待言而知"。田译本
第154页,为"日本政府不敢出此者,固不待言而知"。

③ 雄心　日文本第261页为"橫着心"。自译本第221页为"老猾心"。田译本第154页为
"狡滑心"。

④ 清人之不我心服,亦无足怪矣　日文本第261页,原为"清人の我に心服せざる、必しも理
なきにあらず"。田译本第154页,为"支那人之不心服于我,亦非无理"。自译本第222
页,为"清人之不心服于我,非无以也"。

⑤ 急策善后　自译本第222页,为"以为善后一策"。日文本第261页,原为"善後の一策と
爲すが如き"。田译本第154页,为"而讲善后之策"。

⑥ 不佞　在李大钊的著述中,未见自称"不佞"。故此段"译者曰",应非李大钊所写;此部分
正文,亦非李大钊所译。

救之也。

大抵外交当轴,对支那政策,向无方针。缓急宽猛,因人因时,变化不常①。其矛盾冲突不免失败也,亦固其所。譬诸奕棋②,斤斤于一子之得失,而不计全局之利害,急其所缓,而缓其所急③。总由于不悉支那之情形,亦不切实研究故也。小村颇信袁世凯为依我援助赖我维持④,然招致美国资本家开连山港⑤,筑锦爱铁路,夺我南满之利者,非袁世凯欤?而外交当局者不之悟也。通款于美国政府,假诺克斯⑥之口,使提议满洲铁路之中立,将我既得利权,从根本上倾覆以去者,非梁敦彦⑦欤?而外交当局者不之知也。我公使伊集院⑧自以为与袁世凯亲睦无似⑨,而当袁撄醇王之怒也,先投

南满者中国之南满也,中政府自有处分之权。作者乃云招美国资本家夺彼南满之利,是何言欤?

① 变化不常　自译本第222页和田译本第154页,为“变化无常”。日文本第261页,原为“變化常ならず”。

② 奕棋　通作“弈棋”。自译本第222页,译为“拙奕手”。日文本第261页和田译本第154页,为“笊碁”。

③ 急其所缓,而缓其所急　自译本第222页,译为“下手闲处,而不致意于肯綮”。日文本第261页,原为“下らぬ駄目を押して、大切なる灸所を等閑にす”。田译本第154页,为“任意乱动,所谓重要之地,皆等闲视之”。

④ 小村颇信袁世凯为依我援助赖我维持,然招致美国资本家　自译本第222页,译为“如夫小村之方且信袁世凯倚我之援助,恃我之扶持之日,一面招致美国之资本家”。田译本第154页,为“夫当小村正信袁世凯之倚我援助、赖我扶持时,而一面请美国之资本家”。日文本第261页,原为“小村が袁世凱の我が援助に倚り、我が扶持を頼めりと信じつゝありし一面に、米國の資本家を招致し”。

⑤ 连山港　即葫芦岛。

⑥ 诺克斯　即菲兰德·蔡斯·诺克斯(Philander Chase Knox,1853—1921),美国律师、政治家,曾任司法部长和国务卿(1909年3月—1913年3月)。

⑦ 梁敦彦(1857—1924)　广东顺德人,15岁成为第一批留美幼童。回国后,历任汉阳海关道、天津海关道、外务部尚书、外务部大臣等职。民国成立后,任北京政府交通总长。1917年张勋复辟时,被清废帝溥仪任为外务部尚书、议政大臣。复辟失败后,匿居东交民巷,被北京政府明令通缉,次年7月免缉。后寓居天津。1924年5月10日在天津病逝。

⑧ 伊集院　即伊集院彦吉(1864—1924),日本明治、大正时代的外交官,曾任日本驻天津领事、总领事(1902—1908)、驻华公使、外务大臣、男爵。1908年10月至1913年6月,任日本驻华公使。

⑨ 亲睦无似　日文本第262页,原为“親友無二”。自译本第223页,为“莫逆交”。田译本第154页,为“以……莫逆之交自惚”。

英使,复逃天津①,终未尝与之谋。所谓亲睦云者,
殆仅虚与委蛇已耳②。若伊集院公使,以云滑稽则
诚滑稽也,以云迂阔则诚迂阔也。袁沉迷于君主立
宪,己亦沉迷于君主立宪。袁为共和总统,己亦祝
共和万岁焉。果日本之代表乎? 抑袁世凯之傀儡
乎? 夫如是外交当局,不免于支那之轻侮亦何足
怪哉!

且支那以积衰积弱之邦,尚有轻我之意,何况
强国? 试就美国观之,自排斥移民之案起,其非议
我在美商人者日益甚,我在美商人之抵抗亦日益
烈。乃我外交当局者,对此殊觉淡然,以为罗斯福
日本良友也,尤表同情于帝国者也。纵有排斥移民
之案喧传民间,必不至现诸议会;即现诸议会,亦必
即时消灭。其后罗斯福,果未使此案现诸议会,我
公使似有先见矣。然而条约上虽无明文,而一纸之
草约③,实已具条约上之效力,使我不得不【得】
行④限制。是无排斥之名,而行排斥之实也。从可
知罗氏果美之良总统,而非我国之良友已。我外交
当局事前无先见之明,事后无挽救之策,亦招轻侮
之一原因也。

美国向守孟罗主义,非有他洲侵略之野心也。
然自并布哇,取古巴⑤,夺菲律宾群岛,骎骎⑥焉遂
有掌握太平洋海权之雄心。美国非以尚武为建国
之大本也,其人又非轻生重义之国民也。然以利欲
之念,欲驱怯懦之羊豚,而为豺狼之凶猛。又见日
本居太平洋一方,隆隆勃勃,占东亚形胜,乘新兴之

---

① 袁摆醇王之怒也,先投英使,复逃天津　参见本书第245—246页。
② 亲睦云者,殆仅虚与委蛇已耳　自译本第223页,为“油饼见鸢鸥攫去者”。日文本第262
页,原为“ゆる鳶に油揚を攫はれしにも”。田译本第155页,译为“美肉为鹰所攫乎”。
③ 一纸之草约　自译本第223页,为“一片觉书”。田译本第155页,为“一纸之劝告书”。
日文本第263页,原为“一片の覺書”。
④ 不得不【得】行　初印本、重印本下编第62页,原为“不得不得行”。
⑤ 古巴　日文本第263页和自译本第224页,为“玖玛”。田译本第155页,为“玖马”。
⑥ 骎骎　形容马跑得很快的样子。常比喻事业进展得很快。

气运,即移民排斥一事观之,知其有不慊然者矣①。于是好乱小人,爱利奸徒②,相谋而搆陷二国,而日美战争之说起。日美战争之说,一转而为大西洋③舰队之西航。大西洋舰队之西航,籍世界一周为名,而练习远航,实一种示威运动而已。彼以大舰队一行,挫日本雄图于未然,欲独为太平洋上之主人翁也。而日本朝野欢迎,洵空前绝后之盛举。当时参预海军最高机务之某某④,其意中吾不得而知也;我外交当局汲汲欲买美国之欢心,美人之得意可知也。此亦招轻侮之一原因也。

于是美人以为我已排斥日本之移民,又以威胁迫其外交当局。今者巴拿马海峡之开通,近迫于三四年之后。世界通商之视线,将由大西⑤、太平两洋注于黄海一带。占其中心者支那大陆也,先据此者世界商场之主人也。而日俄两国在支那得有绝大之利权,非拔去其根本,不足逞其野心。故国务卿⑥诺克斯有满洲铁道中立之提议。满洲铁道中立之策,欲破坏日俄两国之既得权利也。是时英以与我同盟之故,不敢遽赞成斯议。德法亦因利害非直接关系,且恐贾俄人之怨,依违不答。俄则只以"否"之一字了之,明断如神,不移如山⑦,真大国之风度也哉! 我外交当局,不能为独断之决答,殆见

日本为大国乎? 为小国乎? 若为小国而欲学大国之风度,亦自速其灭亡而已。试问美人之提议,若无俄人为

---

① 又见日本居太平洋一方,隆隆勃勃,占东亚形胜,乘新兴之气运,即移民排斥一事观之,知其有不慊然者矣　不慊然:不满,不以为然。自译本第224页,为"见日本之居太平洋之一方,占东亚之形胜,乘新兴之气运,隆隆勃勃也,而又知其由移民排斥一事观之,不慊于己也"。田译本第156页,为"见日本居太平洋之一方,占东亚之形胜,乘新兴之气运,隆隆勃勃。又知日本因移民排斥一事,不慊于己"。日文本第264页,原为"而して日本の太平洋の一方に居り、東亞の形勝を占め、新興の氣運に乘り、隆隆勃勃たるを見て、又其の移民排斥の一事に由りて、己に慊たらざるを知る"。

② 奸徒　日文本第264页和自译本第224页,为"奸物"。田译本第156页,为"奸细"。

③ 大西洋　日文本第264页、自译本第224页和田译本第156页,为"太西洋"。太,极大也。

④ 参预海军最高机务之某某　不详。

⑤ 大西　日文本第264页和自译本第225页,为"太西"。太,极大也。

⑥ 国务卿　日文本第265页和田译本第156页同此。自译本第225页,为"国务大臣"。

⑦ 明断如神,不移如山　日文本第265页,原为"移らざること鐵山の如し"。自译本第225页,为"如铁山不移"。田译本第157页,为"其不移也如铁山"。

俄国之决心,始摈斥此议,殆妇人女子之智欤①?较之轰轰烈烈俄国之态度②,不令人汗流浃背③乎?夫以东洋之一强国,洒十万生灵之热血,费二十亿之巨资,辛苦经营,始收得此权利。以支那尚不易置喙之至难问题,诺克斯何物?以眇眇一国务卿之分际④,一旦由旁而出,欲夺我掌中物⑤,非一大轻侮而何?虽俄国以铁腕斥之⑥,而日本当局之轻重,已为美人所看破。此后若巴拿马海峡⑦已开,大舰队已组织,甲案乙议,愈出愈急,迫我而来者非如今日之比也。况乎支那共和之前途,可为寒心者不一而足。中外危惧之念,日长月异。财政之困绌,不得不以先募外资为急务。美国立于其间,挥其毒手老拳,投资本以吸收支那之利源。而东亚大陆之霸权,必有出死力相争之一日。然则异日者一大痛棒,而落于我之头颅上者,不待智者而后决也⑧。我当局又漠然不悟,此亦一招轻侮之原因也。

之羽翼,日本岂能独立抗拒乎?

---

① 殆妇人女子之智欤　日文本第 265 页,原为"何ぞ女々しきや"。自译本第 226 页,为"何其濡滞如妾妇为也"。田译本第 157 页,为"何柔懦如是之甚哉!"。

② 较之轰轰烈烈俄国之态度　日文本第 265 页,原为"露國の態度の立派なりしに想ひ"。自译本第 226 页,为"视之俄国态度雄大"。田译本第 157 页,为"较之俄国态度之雄壮"。

③ 汗流浃背　田译本第 157 页,为"汗流浃背"。日文本第 265 页,原为"冷汗三斗"。自译本第 226 页,为"冷汗三斗"。

④ 分际　日文本第 266 页和田译本第 157 页同此,应为"身份"之意。自译本第 226 页,译为"身"。

⑤ 由旁而出,欲夺我掌中物　初印本、重印本下编第 63 页同此。自译本第 226 页,为"自人旁出,而欲夺之我手中矣"。日文本第 266 页,原为"一旦傍より出でて、我が手中より奪ひ去らんとす"。田译本第 157 页,为"由傍夺我手中之利权"。

⑥ 铁腕斥之　日文本第 266 页,原为"鐵腕一喝之を斥けたり"。田译本第 157 页,为"铁腕一喝斥之"。自译本第 226 页,为"一喝斥之"。

⑦ 巴拿马海峡　田译本第 157 页同此。日文本第 266 页,为"巴奈馬海峽"。自译本第 226 页,为"巴奈马峡"。

⑧ 不待智者而后决也　日文本第 266 页,原为"千里眼を待たずと雖、瞭瞭指掌の如し"。自译本第 226 页,为"不待千里眼,而了如指掌矣"。田译本第 157 页,为"虽非千里眼,而瞭瞭如指掌也"。

①且敌国之轻侮我者,不特②相忌相克也。虽与我同盟之国,亦不免有此态度。如《英美仲裁条约》,其一例也。《英美仲裁条约》,经美国上院之修正,英国之诺否,未可知也。然该约之真意,可一言以尽之。英国豫想他日日美战争之祸,先为躲避之余地。其中某条,所谓订约国双方于订约之有效期间,为他之同盟国,得免执武器之义务者,即他日太平洋日美海战时,英国明白表示无救同盟国日本之意也。痛言之,英国即在《日英同盟条约》③有效期间时,万一日本立于九死一生之穷境,决不顾之之谓也。夫称之曰攻守同盟,彼此所负同盟条约,勿论英多于日本,抑日本多于英,必不可不有共死生共存亡之真心,否则不可谓真攻守同盟也。盖攻守之地,死生存亡,一言即决,不容徘徊。夫然虽用兵之地不一,策应之术不一,而祸福利害之所伴,天涯地角,必不容相背,是真所谓同盟之精神也。今者英以与美同种之故,其通商贸易有密接之关系,又以美富力雄厚,一朝而为仇雠,英之受害不浅。

---

① 日文本第 266 页同此。自译本第 226 页,此处未分段。

② 不特　日文本第 267 页,原为"必しも……ならず"。自译本第 226 页,为"不必"。田译本第 157 页,为"不独"。

③ 《英美仲裁条约》与《日英同盟条约》　日俄战争后,美国资本企图插足中国东北以及美日之间争夺东北斗争的加剧,促成了日俄之间的妥协与合作,并形成了瓜分中国东北、对付美国等列强的联合阵线。而且,日本还利用英日同盟,使美国"金元外交"在中国东北受到挫折。按照第二次《英日同盟条约》规定,日美一旦交战,英国有义务援助日本,所以英日同盟便成了美国争霸亚太地区的障碍。美国总统塔夫脱于 1910 年 8 月便向英国提出缔结仲裁条约(遇有纠纷先行商讨之意)的建议,条件是修改第二次《英日同盟条约》中的有关规定。英国十分希望与美国保护良好关系,也不愿牺牲英日同盟。1910 年 9 月,英国外交大臣爱德华·格雷将美国总统的建议通知日本驻英大使加藤高明,并提出了继续保持英日同盟的两种方案:一是日美之间也签订一项仲裁条约;二是修改《英日同盟条约》。日本对英、美接近表示不满,更不愿按照英国的主意与美国签订仲裁条约。但考虑到英日同盟为日本外交的基石,即使采取英国提出的有限同盟,仍可以利用它来阻挠英美合作,与美国资本相对抗。所以日本表示接受第二方案,修订第二次《英日同盟条约》。经过谈判,英日双方于 1911 年 7 月 13 日签订了《第三次英日同盟条约》。与《第二次英日条约》相比,《第三次英日同盟条约》对缔约方在战争中的任务作了变动。它规定,当缔约国一方与第三国缔结了普遍仲裁条约时,在仲裁条约有效期内,此缔约国没有与第三国交战的义务。事实上,英国在与日本签订《第三次英日同盟条约》之前,为了不得罪美国,就已经和它订立了仲裁条约。

故割日英同盟之效力之大半与之，亦毫无吝色，又不顾日本之意向若何。此其计自家之利害者急，计同盟国之休戚者轻，非卖同盟而何？非轻侮日本而何？若然英与某某国，一旦有事，我亦不赴其急，亦固其所。然我当局既不能力争于事前，而回英人之意，又不于事后而讲挽救之策。此辈解攻守同盟之四字为何意义乎？余于国际公法未曾寓目①，然不闻攻守同盟当为片务条约②也。又不知半身不遂之条约，果可冒攻守同盟之名否耶？我外务省中之识者学者，犹以英为忠实于同盟乎？犹以日英同盟的确③有效者乎？④ 夫西邻之支那轻侮我，东邻之美国轻侮我，攻守同盟之英亦轻侮我。若然我日本所依赖者谁也？伊⑤也奥也？既立于风马牛不相及之地位，利害痛痒不相为谋。德也法也，或协约或否，虽于东洋不无关系，但不甚亲密。唯俄国跨欧亚两洲，是我北境之近邻也，又曩者大战之敌国也。近且与俄协约，日谋亲厚，似可以足恃矣。虽然就东洋之利害而论，二国共通之点固多，而相反之处亦不少。此又未可遽以肝胆相照心腹相许也。夫然我日本于国际上之地位，有同盟之名⑥，无同盟之实；有相交之国，无相信之国⑦。纵有六十万吨之海军，百五十万之陆军，茕茕孤立⑧，孰倚孰

---

① 余于国际公法未曾寓目　日文本第 268 页，原为"余輩は國際公法の一頁をも讀破せざる者"。自译本第 228 页，为"余辈不读国际公法一页者"。田译本第 158 页，为"余辈虽未读国际公法之一页"。

② 片务条约　即单方面承担义务的不平等条约。

③ 的确　初印本、重印本下编第 65 页和点校本第 507 页为"有确"，应为"的确"之误。日文本第 268 页、自译本第 228 页和田译本第 158 页，为"的確"。

④ 日文本第 268 页、自译本第 228 页和田译本第 159 页，此下另起一段。

⑤ 伊　日文本第 269 页和田译本第 159 页同此。自译本第 228 页，为"义"，应指意大利。

⑥ 有同盟之名　日文本第 269 页，原为"同盟の國なきにあらず"。自译本第 229 页，为"非无同盟之国也"。田译本第 159 页，为"非无同盟之国"。

⑦ 有相交之国，无相信之国　日文本第 269 页，原为"頼む所の國なきにあらず，未だ眞に相信ずるに至らざるなり"。自译本第 229 页，为"非无所赖之国也，未至真心相信也"。田译本第 159 页，为"非无所赖之国，未至真相信也"。

⑧ 孤立　日文本第 269 页、自译本第 229 页和田译本第 159 页同此。重印本下编第 65 页，原误为"孤立"。

亲？今者支那之气运①,益形黯澹;东亚大陆之风云,益蓬蓬勃勃;太平洋之波涛,益澎湃荡潏。当大有为之时,处大有为之地,而外交上之形势如此。以堂堂东方一强国,上戴不世出之明主,下有五千万忠勇之臣民,特立独行,即不借他人之援助,使俾士马克②、加富尔③辈遇之,未必索然如是也。余故曰:国威宜发扬,国权宜伸张④。虽然外交之萎靡不振,未有如今日之甚者,谓余不信,请示明证。⑤

失其道者寡助,将谁尤？

译者曰:国国环立,各欲保持其国权,以和平幸福为目标。故讲求邦交,期相安于无事,此世界主义⑥之所以贵也。即有时出以竞争,盖以为求⑦和平之手段,不得已之事耳。乃蕞尔日本,孤立海岛,乘新兴之气,骄傲放纵,目

---

① 气运　日文本第 269 页、自译本第 229 页和田译本第 159 页,为"将来"。

② 俾士马克　日文本第 270 页为"ビスマーク"(应为ビスマルク)。自译本第 229 页,译为"卑士麦克"。田译本第 159 页,为"毕斯马克"。今通译为俾斯麦(Otto von Bismarck)。奥托·冯·俾斯麦(1815 年 4 月 1 日—1898 年 7 月 30 日),普鲁士宰相兼外交大臣,被称为"铁血首相"。他是德国近代史上一位举足轻重的人物,是普鲁士德国容克资产阶级的最著名的政治家和外交家。1862 年上任时提出"铁血政策",并于 1866 年击败奥地利统一德国(除奥地利),1870 年击败法国使德意志帝国称霸欧洲大陆。他结束了德国的分裂,这是历史的进步。但是统一后的德国实力逐渐强大,受"铁血政策"影响成为世界战争的策源地,这是俾斯麦不可推卸的责任。被称为德国的"建筑师""领航员"。

③ 加富尔　田译本第 159 页同此。初印本、重印本的下编第 65 页和点校本第 508 页,原为"拿破仑",应有误。日文本第 270 页,原为"カボール"。自译本第 229 页,译为"喀波耳";该译本第 26 页,则将 1861 年曾任意大利王国首相的加富尔译为"喀波耳"。检索拿破仑的日语译名,应为ナポレオン。故カボール,更可能是加富尔,而非拿破仑。加富尔的日文译名,应为カヴール,全称则为カミッロ・カヴール。在《孙逸仙之月旦》一章中,就把"カボール"译为"喀波耳"和加富尔(见日文本第 31 页,自译本第 26 页,初印本、重印本上编第 20 页,点校本第 292 页和本书第 264 页)。

④ 伸张　日文本第 270 页和田译本第 159 页同此。自译本第 229 页,译为"皇张"。

⑤ 在本章中,中岛端以日本是对中国的"施惠国"自居,认为日本对华外交不够强硬,没有取得应得的利益。从而暴露了他对中国的野心,显现了他在"后叙"中所做自我辩解(对中国是好意,恨铁不成钢)的虚伪性。北洋法政学子们则斥责他"以狂癫之论,助长其政府贪鄙之心"。

⑥ 世界主义　认为全人类都属于同一精神共同体,是与爱国主义和民族主义相对立的思想。世界主义不推崇某种形式的世界政府,仅仅是指国家之间和民族之间更具包容性的道德、经济和政治关系。

⑦ 求　初印本、重印本下编第 65 页,原为"术"。

无世界;弃置和平,日思搆祸。作梦想则无大不包,见利益则无小不取。顽鄙尖刻,等诸无赖。屡思构怨于各国,而戎首自居。苏子所谓匹夫匹妇得一金而不知其所措者①,其此之谓乎? 著者以狂癫之论,助长其政府贪鄙之心。俄日战后协约,以为未劫夺中国特别权利,非常悔恨。美国舰队到日,彼曾欢迎之,而以为昏愦示弱。充彼之念,殆欲逞凶横之手段以陷人,断交际之礼节以绝人。具此肺肝,犹谈外交,岂非怪物? 其对中国也,对美也,对法也,对俄也,对德也,对其攻守同盟之英也,均有指斥,视世界各国无足当其一盼。荒谬若此,尚有可驳之价值乎? 且也指斥各国之余,转谓彼受各国之玩弄。猜忌性成,可怜可笑,一似偷儿窃物,而恨人之窥见也者。吁,何其惧也!

---

① 苏子所谓匹夫匹妇,得一金而不知其所措者　语出苏轼《伊尹论》,原为:"贩夫贩妇得一金而不知其所措,非智不若,所居之卑也"。

日本之宪政

虽然外交之争犹其末耳,我内治苟能益善益美,完全无缺,纵使太平洋之风涛澎湃汹涌,撼地而来,崑崙与喜马拉牙之山峰砰礴轰磕崩颓于一时①,而我三千年来巩固②之国体,何有丝毫之动摇? 五千万众完全③之主权,何有纤尘之玷辱? 但余外观宪政之运用,内察民心之趋向,窃有不得不惕然惧、栗然恐者。请言其故④。

溯自立宪政体之建设已二十余年,自治制度之实行又在其前。然町村之自治也,其不掣肘于地方俗吏、扰乱于政党龌龊之流者有几何? 泊乎运用宪政,其不见阻挠于官僚贵族、败坏于恶劣政党者又有几何? 试征以往昔之事迹,贵族为我政府之蠹贼者久矣。夫万机决诸公论,固已明揭于五条誓文。而历来宰相执政,其真尊重公论者几人乎? 虽未言不须决诸公论,而究未尝决诸公论,且并不可不决诸公论之信念而亡之。是以当议会之开也为超然内阁,次焉干涉选举,又转而为买收政策,为肝胆相照,为内阁明渡⑤,再转而为盲从,最后乃为情投意合。其间或即或离,或远或近,或亲或疏,变幻出没殆不可测。若夫内政外交,其目的方针姑不问如何,举其意之所向⑥,惟知独占权势,垄断利禄,专有功名,如斯而已。故舆论有利于己者则纳而不拒,以

---

①　崑崙与喜马拉牙之山峰砰礴轰磕颓于一时　初印本下编第 67 页同此。重印本下编第 67 页和点校本第 510 页,将"与"误作"为"。日文本第 270 页,原为"崑崙、喜馬拉亞の山頂は、砰礴轟磕一時に崩れ掛らん"。自译本第 230 页和田译本第 160 页,为"崑崙、喜马拉亚之山顶,虽砰礴轰磕,一时崩溃"。

砰礴轰磕,应指山体崩塌、万石奔泻的景象。通作砰磅轰磕。语出司马相如《上林赋》。

②　巩固　日文本第 270 页、自译本第 230 页和田译本第 160 页,为"金甌無缺"。

③　完全　日文本第 270 页,原作"衆志爲城"。自译本第 230 页和田译本第 160 页,为"众志成城"。

④　请言其故　日文本第 270 页,原为"請ふ一二其故を說かん"。自译本第 230 页,为"请一二说其故"。田译本第 160 页,为"请申论之"。

⑤　明渡　日文本第 271 页同此。自译本第 231 页,为"交让"。田译本第 161 页,为"谦让"。

⑥　举其意之所向　日文本第 271 页,原为"惟惟其の意とする所"。自译本第 231 页,为"惟其所为意"。田译本第 161 页,此句未明确译出。

饰公平之态。反是则固拒之，或以衮龙御衣之袖视为藏身之具。蟠结盘踞，党同伐异，其术至周密矣。排挤轧轹多方牵制，其策至精微矣。收养子，顾姻戚，树爪牙，结羽翼，其计至巧妙矣。至于国家之休戚，宪政之隆替，则漠不相关也。若伊藤、山县、井上、松方诸老①称为当代元勋、一时栋梁者，亦一邱之貉②耳。兹考察其半生历史，摧残舆论之迹彰明莫掩，而指导舆论之功毫无可见。名虽翊赞宪政，实则腐蚀基础，培养霉菌，斯乃诸氏之力也。其最甚者莫如才捶头公③，彼非维新之功臣，非中兴之元老耶？无才德，无胆气，以眇尔武弁一朝优沐殊荣，翱翔于台阁之上，攀龙鳞而附凤翼。其小才细智④足以模糊俗目，其便佞巧慧足以笼络愚氓⑤。善窥他人之弱点，形同骗手⑥；巧买他人之欢心，类似卖笑⑦。

---

① 伊藤、山县、井上、松方诸老　即日本明治时期的元勋伊藤博文、山县有朋、井上馨、松方正义。松方正义（1835—1924），萨摩藩人。日本著名理财家。1871年任大藏大丞。1881年任大藏卿。内阁制度实行后仍任藏相（财政大臣），成为明治政权中财政主管者，主管国家财政事务16年。推行财政与金融方面的一系列重大变革，包括整理纸币、建立近代货币、信用制度等。1891—1892年和1896—1897年两度任日本首相。后列为元老，任枢密顾问官和内相。其理财实践史称"松方财政"。

② 一邱之貉　日文本第272页、自译本第231页和田译本第161页，为"同穴之狐狸"。

③ 才捶头公　初印本、重印本下编第68页，为"才揣头公"。日文本第272页，为"才槌頭公"。才槌头，在日语中指"前后凸出的锛儿头。"自译本第231页，译为"巨头公爵"。在田译本第161页，则为"桂公"。在初印本、重印本下编第69页的"译者曰"中，还提及"才槌头公一匹夫耳"。桂公，应指桂太郎（1848年1月4日—1913年10月10日），日本近代政治家，军事家，明治、大正两朝元老重臣。长州藩出身，陆军第一长老山县有朋的掌门弟子，在山县有朋隐退后成为其代言人，3次出面组阁（1901—1906；1908—1911；1912—1913）任内缔结英日同盟，进行日俄战争，并策划吞并朝鲜。他是日本有史以来任职时间最长的首相，与山县有朋一样反对政党政治，主张藩阀统治，但是后来也出面组建自己的政党。这一时期因为桂太郎与西园寺公望轮流登台组阁而被称为"桂园时期"。根据日本学者柴田干夫提供的资料，桂太郎个子矮，头特别大，因而被称为"才槌头公"或"巨头公爵"。

④ 小才细智　日文本第272页，为"小刀细工"。田译本第162页，为"小刀手工之术"。自译本第232页，为"小有才略"。

⑤ 愚氓　日文本第272页和田译本第162页为"衆愚"。自译本第232页为"众惠"，应为"众愚"之误。

⑥ 形同骗手　日文本第272—273页，为"扒手の人の懷中物を狙ふが如く"。田译本第162页，为"如扒手之夺人怀中之物"。自译本第232页，为"扒手狙人怀"。

⑦ 类似卖笑　日文本第273页，原为"幇間の狎客に媚ぶるが如し"。自译本第232页，为"如幇間媚狎客"。幇间，日语词汇，意为帮闲；酒宴上的男性职业助兴者；男艺者。田译本第162页，为"如娼优之媚嫖客"。

上恃宫中信任,甘与舆论为敌。无论外交、财政、教育、武备,莫不以弥缝为唯一之策。彼所知者,己之便不便,党与①之利不利耳。岂顾国家之休戚,宪政之隆替哉? 夫然对于议会别无良术,凡可以甘言欺之者则欺以甘言,可以贿赂诱之者则诱以贿赂,可以解散恫喝之者则恫喝以解散。要之以甘言乘人之自负心,以贿赂满人之欲望,以恫喝袭人之怯懦,乃其政策耳。设使解剖其身,吾知其无一滴爱国热诚,而为利禄权势之念所充塞矣。犹复恃宠眷之隆,极将相之荣,叨大勋位准元老之称,以之临议会,治国民。其出入内阁不知凡几,以一成不变②之念,把持官位,贪恋权势,必欲逞其利欲,饱其私心,以致势力遍于官厅,气焰风靡海内,而人才悉为其所摧残。其极也至于今日仅存立宪之形骸,而无立宪之生命。实行宪政愈久,而效果愈不得见。政法繁缛,纪律废弛。言论自由日益扩充,而国民元气日即消沉。岁计增加,而财力衰耗。武备整顿,而民生憔悴③。似此年复一年,我国家进退维谷,将至陷于莫可奈何之境。由今之道无变今之俗④,吾恐颠覆宪政,必不

著者于此,应先从事日本割分之运命矣。

---

① 党与 同党之人。日文本第 273 页和自译本第 232 页,为"与党"。田译本第 162 页为"党"。日本、英国等采取议院内阁制,要求政府信任议会,决议也采用多数决定制。议会中的多数党派成为执政党派,被称为与党。也就是执政党,和在野党相对。

② 一成不变 日文本第 273 页、自译本第 232 页和田译本第 162 页,为"七生不变"。

③ 政法繁缛,纪律废弛。言论自由日益扩充,而国民元气日即消沉。岁计增加,而财力衰耗。武备整顿,而民生憔悴 点校本第 512 页对此句的标点都为逗号,似有欠缺。
自译本第 233 页,为"政治法制日日流于繁缛,而国家之纪律,日日弛废。言论之自由月月扩充;而国民之元气,日觉消沉。岁计出入之数,年年加多;而国民之财力,年年衰耗。陆海之军备,岁岁整顿;而国民元气,岁岁憔悴"。田译本第 162 页,为"政治之法制日流于繁缛,而国家之纪纲则日趋于废弛。言论之自由日渐扩充,而国民之元气则日消一日。岁计出入之数,年年加多,而国民之财力则反形衰耗。陆海军备,岁岁整顿,而国民之精神则燋焠[憔悴]较前"。
日文本第 274 页,原为"政治法制は日々に繁縟に流れて、國家の紀律は日々に弛廢し、言論の自由は月々に擴充せられて、國民の元氣は月々に銷沈す。歳計出入の數は年々多きを加へて、國民の財力は年々衰耗し、陸海軍備は歳々整頓して、國民の元氣は歳々憔悴せり"。

④ 似此年复一年,我国家进退维谷,将至陷于莫可奈何之境。由今之道无变今之俗 日文本第 274 页,原为"我が國家は將に進退誰れ谷まり、生死兩難の地に陷りて、復奈何ともすること能はざらんとす。今の形勢にして變せずんば"。田译本第 162 页,为"我国家将不进退维谷,而陷于生死两难之境者几希矣。如果长此不变"。自译本第 233 页,为"我国家将陷于进退维谷、生死两难之池,而无复奈何矣。今之形势而不变"。自译本译文中的"池",或为"地"之误。

待百年之后,而亡国灭种之祸至矣。推原祸首,实官吏贵族之罪也①。

> 译者曰:非元勋大臣之破坏日本宪法,乃日本宪法自然所生之结果也。何也?唯有日本宪法乃能制造日本之元勋大臣。则元勋大臣者,乃日本宪法之产儿,且受其鞠育保护②以至于长大也。著者曰上恃宫中信任甘与舆论为敌,然则非才捶头公之能敌舆论,信任乃真舆论之劲敌也。使去其信任,则才捶头公一匹夫耳,何能为哉?且吾尤不解者,国有万世一系之天皇,著者以为冠绝五洲之特色;今于天皇所信任之人,则指斥痛骂不啻禽兽。是于著者尊君之道相悖,且非爱屋及乌之义也。

政党妨害宪政之发达由来已久,固不自今日始矣,然其始也致力于宪政之实现者不为少。当第一议会③开幕之际,民间政党之元气犹未衰,遂立吏党④民党名目,标榜岁计查定案⑤而肉薄政府。虽不免小有稚气,而意气郁勃颇有可观者。斯时柔佞之徒虽欲妄试其蛊惑,竟莫由施⑥其伎俩。观于吏党民党之简单名称,一言之下,足使国民辨别正邪曲直。

---

① 推原祸首,实官吏贵族之罪也　日文本第 274 页,为"其の根本を原ぬるに、實に官僚閥族の罪なり"。自译本第 233 页,为"原其所自,实官僚阀族之罪也"。田译本第 163 页,为"推究其故,非官僚阀阅之罪而谁乎!"

② 且受其鞠育保护　初印本、重印本下编第 69 页同此。点校本第 513 页为"且受其保护",遗漏"鞠育"二字。

③ 第一议会　应指日本的第一届议会。1889 年,根据《大日本帝国宪法》(即明治宪法),帝国议会成立,采用两院制,设置众议院与贵族院。

④ 吏党　各文本同此。含义不详,或指带有官方背景的政党。

⑤ 岁计查定案　通称预算案。1892 年 8 月,第一次松方正义内阁因议会弹劾和内讧倒台,伊藤博文受命第二次组阁。这时,日本对中国的作战准备已经进入最后阶段。日本议会认为对清开战未必会顺利,驳回了以增加军备开支为主要内容的财政预算案,并且当时残存的地方势力和民党试图弹劾伊藤。但是伊藤博文策动天皇下发诏书,首开用天皇压制议会的先河,迫使议会在圣断下让步,预算案终得通过。

⑥ 施　初印本下编第 69 页、日文本第 274 页、自译本第 233 页和田译本第 163 页同此。重印本下编第 69 页,误为"旋"。点校本第 513 页将"旋"校订为"施",似未探究其本源。

是则社会之空气尚不甚混浊臭秽,亦可想见矣。其后有制舰之案①,桦山海相②登众议院之坛,明言萨、长藩阀于维新中兴之际有帝国再造之功,而民党能力薄弱并无辅弼之力③。议员大怒,蹴席质问于坛前者不下数十人。于是院内秩序紊乱,谩骂之声,叱咤之声,潮涌地震,达于院外。当是时也,民党目中已无萨、长藩阀,何元勋元老之有哉? 盖政党元气之盛,以此时为最也。

及条约厉行之议起,强硬之对外派,联合而迫政府,其势炎炎,有若烈焰。老狯如春亩相公,狡猾如陆奥外相④,无能抗拒。遂致续行解散,以避民党之锐锋。此政党元气稍衰之候也。

迨日清构衅,朝野上下咸倾心军国之事,不遑

---

① 制舰之案　1891 年桦山资纪任第一届松方正义内阁海军大臣时,海军的造舰预算被议会以海军内部腐败,政府被长州、萨摩两藩阀把持而否决。桦山大怒,跳到讲台上大喊:"开口闭口就是'萨长'政府,没有这个萨长政府,四千万生灵活个屁"。结果议会解散,内阁辞职。日本军队逼政府下台不是稀罕事,但开先例的是海军,而不是名声在外的陆军,桦山从此被人称为"蛮勇将军",被解除了海军大臣职务,改任枢密顾问官,并转为预备役海军中将。

② 桦山海相　即桦山资纪(1837—1922),日本鹿儿岛人。1885 年累升至海军中将。历任海军省军务局长、海军次官。1890 至 1891 年先后任第一次山县内阁和第一次松方正义内阁海军大臣。1893 年任军令部长。参与指挥甲午中日战争,晋级大将,封子爵。1895 年 5 月受命为第一任台湾总督,翌年封伯爵,任枢密顾问官。1903 年获元帅称号。

③ 而民党能力薄弱并无辅弼之力　日文本第 275 页,原为"民黨の無能を喝破せるや"。自译本第 234 页,为"而喝破民党之无能也"。田译本第 163 页为"而喝破民党之无能"。

④ 强硬之对外派,联合而迫政府,其势炎炎,有若烈焰。老狯如春亩相公,狡猾如陆奥外相,无能抗拒　田译本第 163 页,为"对外硬之各派,复联合而迫政府,其势甚烈。以春亩相公之老滑,犹不能斥;以陆[奥]相之鬼才,犹不能拒"。自译本第 234 页,为"对外硬各派联合而又迫政府,其势烈烈如炎焰。以春亩相公之八面的老狯而不能斥,以陆奥外相之利刃的鬼才而不能抗"。
日文本第 275 页,原为"對外硬の各派、聯合して又政府に迫る。其の勢烈烈炎焰の如し。春畝相公の八面の老獪を以てして斥くること能はず。陸奥外相の剃刀的鬼才を以てして抗すること能はず"。
陆奥外相　即陆奥宗光,又名陆奥阳之助,是日本伊藤博文内阁时期的政治与外交家。1868 年得岩仓俱视的赏识,步入日本政界;后在伊藤博文内阁任外务大臣。1888 年任日本驻美公使,兼任墨西哥外交大使。他是近代中日关系史上关键性的人物之一,在其外交大臣任内利用朝鲜东学党起义之机,施展狡狯的外交手段,发动了甲午侵华战争。因此,这一时期的日本外交被称为"陆奥外交"。

内讧。广岛临时会议,则全院一致,议决①二亿军费,议会得放一线光彩。官民似隐然有蝺浃②之致,而政党之意气始有式微之象矣。

自兹以往,春亩不耐同僚之压抑,又悟政党之终不可蔑视,则推荐大隈、板垣二人组织内阁。政党内阁之名,始出现于日本政党史③。当是时,人皆以为政党内阁实民间党人所日夜求之者④。今得见之,此后党人如以公是公非之心致意于国利民福,则宪政大成之境庶几得达。不料曩时⑤自由改进之残蘖,积年相争相轧之余忿,尚存留于党人之脑。加之猎官邀誉、贪权营私之欲,交相驱逐,又使为名利场中之战斗员⑥。于是大隈、板垣二人之感情冲突,竟见乖离,使国人复诵古谣一斗粟尚可舂,一尺布尚可缝,兄弟二人不相容等语。一转为攘夺相位⑦,为二党决裂,再转为内阁瓦解。政党之丑态尽行暴露,政党之面目荡然扫地尽矣。由是政党内阁之名不可复睹,而御信任⑧三字遂为未来永

如此恨事不能雪,尚汲汲于其他,令人羞死!

---

① 议决 日文本第 275 页、自译本第 234 页、初印本下编第 70 页和田译本第 163—164 页,都为"议决"。重印本下编第 70 页,误为"议央"。点校本第 514 页校订为"议〈央〉〔决〕",虽不无道理,却未注意其本源。

② 蝺浃 日文本第 276 页和田译本第 164 页为"融和"。自译本第 234 页为"融洽"。蝺浃,同融洽、融和,但用语更古典。

③ 政党内阁之名,始出现于日本政党史 始,初印本下编第 70 页同此,重印本下编第 70 页和点校本第 514 页误为"姓"。日文本第 276 页,原为"政黨内閣始めて日本黨政史上に現はる"。自译本第 235 页,为"政党内阁始现于日本宪政史上焉"。田译本第 164 页为"至是而政党内阁,始现于日本之政史上"。

④ 日夜求之者 田译本第 164 页,为"日夜渴想而不已者"。自译本第 235 页,为"十年一日梦寐不忘者"。日文本第 276 页,原为"十年一日夢想して巳まざりし者"。

⑤ 不料曩时 日文本第 276 页,原为"何ぞ料らん雀百まで踊忘れず、曩時"。自译本第 235 页,为"何料雀儿百岁,不忘踊跃(俚谚言旧习不易脱也)。曩日"。田译本第 164 页,为"孰料雀虽至百而不忘踊,曩时"。

⑥ 加之猎官邀誉、贪权营私之欲,交相驱逐,又使为名利场中之战斗员 日文本第 276 页,原为"加ふるに獵官の熱、財利の慾は、交交彼我を驅りて再び修羅場中の人と爲らしめんとは"。
自译本第 235 页,为"加以猎官之热,财利之欲,迭驱彼我,复为修罗场中之人矣"。
田译本第 164 页,为"加之猎官之心,财利之欲,交相驱彼我而使再为修罗场中之人"。
修罗场,佛家语。修罗毕生以战斗为目标,修罗场指的是他们之间的死斗坑,通常用"修罗场"来形容惨烈的战场。在日语中又引申至现实中的战场和需要竞争、争斗的场合。

⑦ 攘夺相位 日文本第 276 页和自译本第 235 页,为"文相椅子の争奪"。田译本第 164 页,为"争夺文相之地位"。

⑧ 御信任 御,日语中为接头词,表示礼貌、尊敬等意。御信任,应特指天皇的信任。

劫,组织内阁之第一条件①。洵可谓千秋之恨事,
亦党人之所自招也。

至三十二年议地租增征之案②,更足使政党之
丑态增加③。而政党与内阁互相扶持,演成离奇之
状态④。元勋山县与怪贼星亨⑤实其首谋也。地租
征增始于二十七年日清之役,初约以五年为限,至
是则将续行增征⑥。在政府不免有食言之不韪,在政
党亦失休养民力之本旨。其为不法也,当时人无不知
之,无不言者。不独以民党自许之宪政本党以为然
也,即为政府党与之宪政党亦深以为然也。而星贼之
操纵自党也,滥行贿赂⑦;山县之笼络中立党人也,
概由买收⑧。由是议院始有公然行买收者,政党亦
明目张胆⑨受授贿赂,毫不羞愧。而议员之气节品

---

① 而御信任三字遂为未来永劫,组织内阁之第一条件。洵可谓千秋之恨事,亦党人之所自招
也　初印本、重印本的下编第 70 页同此。日文本第 276—277 页为"御信任の三字は、未
来永劫内閣組織第一の條件と為りぬ。洵に千秋の恨事と謂ふべし。亦黨人の自ら招き
し所なり"。自译本第 235 页,为"而御信任三字则为未来永劫组织内阁之第一条件焉,洵
可谓千秋恨事矣此亦党人所自招者也"。田译本第 164 页,为"而御信任三字,遂为永久组
织内阁之第一条件。洵可谓千秋之恨事,亦党人所自招也"。
② 三十二年议地租增征之案　即明治三十二年(1899)年的地税增加案。1898 年第三次伊
藤内阁曾企图拉拢自由党,增加地税(扩张军备的财源),遭到反对。自由党并于 6 月与进
步党(1896 年由改进党改组而成)合并,组成宪政党,否决了增税案。其后于 1898 年 11
月成立的第二届山县有朋内阁,以权利收买宪政党,实现了悬而未决的地税增加案。
③ 丑态增加　日文本第 277 页,为"更に幾倍の臭穢を加へしめし"。自译本第 235 页,为
"更加臭秽"。田译本第 164 页,为"丑态,更有甚于前者"。
④ 演成离奇之状态　日文本第 277 页,原为"此の一大失態を演出せり"。自译本第 236 页,
为"演出此一大失态"。田译本第 164 页,为"演出之失态也"。
⑤ 星亨(1850—1901)　日本明治时代官僚。早年留学英国读法律。回国后当律师,并加入
自由党。曾撰文抨击藩阀政府,后因舌祸事件和秘密出版事件两度入狱。出狱后被逐出
东京,赴欧美。后转向支持政府。1892 年任众议院议长,翌年因污职事件辞职。后又任
韩国法律顾问和驻美公使。1900 年协助伊藤博文创立政友会,并出任第四次伊藤内阁递
相。任内再因污职事件辞官。后任东京市参事会议长,独断专行,被政敌暗杀。
⑥ 至是则将续行增征　日文本第 277 页、自译本第 236 页类此。田译本第 164 页,为"期满
而犹欲继续行之者"。
⑦ 滥行贿赂　日文本第 277 页,原为"一も賄賂、二にも賄賂"。自译本第 236 页,为"一则贿
赂,二则贿赂"。田译本第 165 页,为"一亦贿赂,二亦贿赂"。
⑧ 概由买收　日文本第 277 页,原为"一も買収、二にも買収"。自译本第 236 页,为"一则买
收,二则买收"。田译本第 165 页,为"一亦收买,二亦收买"。
⑨ 明目张胆　日文本第 277 页,原为"青天白日の下"。自译本第 236 页和田译本第 165 页,
为"青天白日之下"。

格全然坠地,议会之面目价值尤无足言。其遗臭①
于明治之宪政史也,虽百世②不能改也。

　　既而有增加议员岁费之议。岁费增加之案③
亦一种买收之变体耳。夫一面续行地租增征而重
国民之负担,一面增加岁费而充彼等之私囊。常
人④犹不屑为不忍为也,然院中议员无一反对者⑤。
初虽有之,旋即甘受二千金之贿赂矣。当是时毅然
凛然始终不受贿者,惟栃木县⑥之一平民田中正
造⑦耳。正造者一纯然闾阎平民⑧也,非有才学也,
非有识见也。然以其为闾阎平民之故,终始如一,
不枉民{力}休养之本旨⑨。且以增加岁费之不当,
终不受一钱。而其余之才子、豪杰、智者、学者,不

---

① 遗臭　日文本第277页,原为"永く臭穢の痕を留めて"。自译本第236页和田译本第165
　　页,为"永留臭秽之痕"。
② 百世　日文本第277页和自译本第236页,为"百年千年"。田译本第165页,为"千百年"。
③ 岁费增加之案　即关于议员岁费(年薪)增加的提案:"贵众两院议长之岁费四千元,增为
　　五千元,副议长之二千元,增为三千元;议员之八百元,增为二千元"。对这一议案,"岛田
　　三郎、田中正造等极力反对,主张当兹恶税频仍之时,是等岁费即或废止未尝不可,决不宜
　　多所增高,致国民负担加重。然无记名投票之结果,以百四十五对于百二十五可决之。斯
　　则山县内阁巧于操纵宪政党,竟将松方内阁及伊藤内阁苦恼不能处理之增税案,以增加议
　　员岁费之报酬,居然解决矣"。参见植原悦二郎著,黄文中译:《日本民权发达史》,商务印
　　书馆,1925年,第286页。
④ 常人　日文本第278页,原为"常識以上の人"。自译本第236页,为"常识以上之人"。
　　田译本第165页,为"稍有常识者"。
⑤ 院中议员无一反对者　日文本第278页,原为"院中の三百頭顱、一個半個の反對する者
　　なく"。自译本第236页,为"院中三百头颅,无复一个半个反对者"。田译本第165页,为
　　"院中之三百头颅,无一人起而反对"。
⑥ 栃木县　日文本第278页,初印本、重印本下编第71页和田译本第165页同此。自译本第
　　237页误为"橡木县",点校本第516页误为"橱木县"。栃木县在日本本州中部,东西北三面
　　环山和丘陵,南部属关东平原,境内有那须、高原火山群和日光火山群,遍地温泉。
⑦ 田中正造(1841—1913),栃木县人。日本自由民权运动活动家。明治维新前当过厂主。
　　明治维新时任岩手梁的小吏,因有杀人嫌疑,坐牢四年。1879年创办《栃木新闻》,参加自
　　由民权运动。1880年为栃木县议会议员,后为议长。因反对县令三岛通庸的暴政而被囚
　　禁。1890年为众议员,在议会上多次诉述足尾铜山矿毒问题。因议会未予采纳,1899年
　　辞职,并于1901年12月向天皇直诉。后致力于修田治水等农民问题。著有《田中正造全
　　集》19卷。从田中正造的简历来看,中岛端说他"一纯然闾阎平民也,非有才学也,非有识
　　见也",似不确,或有意为之。
⑧ 闾阎平民　日文本第278页、自译本第237页和田译本第165页,为"田舍漢"。
⑨ 不枉民{力}休养之本旨　日文本第278页,原为"民力休養の本旨を枉げざりき"。自译
　　本第237页,为"不枉体养民力之本旨"。田译本第165页,为"不失民力休养之本旨"。

问其党与或反对党,莫不甘受政府之买收。是举议院全体而无一人有能及田中正造者也。三百议员之价格至是①,不亦可悯耶? 此为政党落堕②之第一步。

自是而后,买收与解散二者为政府对议会之最大武器。一面威迫,一面怀柔。对议会中之傲岸不屈者则以解散动之,以黄白诱之。于是院中之多欲怯弱者咸靡然赴之;自兵丁以至裨将,亦皆争先恐后,仰政府之鼻息矣③。而政党之阵大乱而不可复战,党人始为政府所招降,并转而为政府之爪牙矣。至政友会之欢迎伊藤,国民党之驱逐大隈,又丑态中之尤者也④。党人中之所谓是非云云,要不过掩耳窃铃耳。使后世编辑宪政史者而剔抉指摘大肆谩骂⑤,则百年之后其将令今之党人措身无地矣乎!

政友会非自由党之后身耶? 自由党二十年以来出死力以攻击之者非藩阀政府耶? 然伊藤非藩阀之第一人耶? 洎后虽抛弃超然内阁之主张,推荐

① 三百议员之价格至是　日文本第278页,原为"三百頭顱の價值も是に至りて"。自译本第237页,为"三百头颅之价值如此"。田译本第165页,为"所谓三白[百]头颅之价值,至是亦可怜矣"。

② 落堕　初印本、重印本下编第71页,点校本第516页同此。日文本第278页、自译本第237页和田译本第165页,为"堕落"。

③ 对议会中之傲岸不屈者则以解散动之,以黄白诱之。于是院中之多欲怯弱者咸靡然赴之;自兵丁以至裨将,亦皆争先恐后,仰政府之鼻息矣　自译本第237页,为"议会而有傲岸不屈之气,以解散风动之,继则散黄白以诱之。于是院中之多欲者、骨软者、腰酸者,靡然赴之。自提刀走卒,以至裨将佐领,亦皆伺政府鼻息,争先恐后"。"自兵丁以至裨将",日文本第279页,原为"足輕陣笠より、裨将以下に至るまで"。足轻阵笠,即出战时头戴斗笠的普通士兵;又指武士的随从。田译本第166页,为"如议会仍坚持不屈,则先以解散风动之,继散黄白以诱之。于是院中之多欲者,软骨者,弱腰者,靡然应之;殆举全院皆仰政府之鼻息,争先恐后"。

④ 又丑态中之尤者也　日文本第279页,原为"又醜態中の最も醜態を極めたる者"。自译本第237页,为"又丑态中最极丑态者"。田译本第166页,为"又其丑态中之最丑态者"。

⑤ 大肆谩骂　日文本第279页,为"大に毒罵を肆にせしめば"。田译本第166页,为"大肆毒骂"。自译本第237—238页,为"直笔毒骂"。

大隈、板垣①使之组织内阁,实出于一时之愤懑,而
有此自暴自弃之行为耳。其形体依然为藩阀中人,
其精神亦未尝稍易也。然而旧自由党迎而为首领,
爱戴崇拜如救世主,且以自由权变自许之板垣翁亦
欣然迎之②,举其旧党人而授之,宣言于世间曰:
"我之本旨在济宪政有终之美③,伊藤公真为其人
也"。果尔则宪政有终之美,与藩阀政府可并行不
悖乎? 即使并行不悖,则所谓宪政有终之美者果为
何物乎? 不无疑问也。试问目前政党之堕落,能济
宪政之美乎? 不知板垣翁信今之政党足以济宪政
有终之美乎? 抑以政友会为理想的政党也? 古语
云寿则多辱,呜呼板垣虽死而自由未必死,余深惜
板垣翁不死于岐埠遭难之日也。

　　要之自由之旧党人附伊藤叛板垣者有之,附伊
藤而不叛板垣者亦有之,欲得御信任耳。其所以焦
燥不安者,缘其志在利禄也④,见夫久戴板垣为首

---

① 板垣　应为板垣退助(1837—1919),日本第一个政党自由党的创立者。土佐藩出身。1860 年参加藩政,主管军事,后率兵勤王倒幕。1868—1873 年在明治政府中任职。1875 年创立爱国公党,并建议成立民选议院。1878 年创办教授民权学说的学校,以日本的卢梭闻名。1881 年成为自由党领袖。1882 年至岐阜演说时遭人刺杀,曾大喊"板垣虽死,自由不灭"。1887 年封伯爵。在政治上与伊藤博文合作。1898 年 6 月 10 日,自由党和进步党第一次合作,在帝国议会否决政府提出的地租增征案,而面临议会解散的局面。板垣与进步党党魁大隈商谈,将自由党和进步党合组为宪政党。这时,在政府拥有最高地位的伊藤博文,看到政党政治成为时代潮流,即向天皇推荐板垣和大隈二人组织宪政党内阁。这是日本有史以来的第一次政党内阁,由大隈任总理大臣兼外务大臣,板垣任内务大臣。史称"隈板内阁"。自由党和进步党的联合,只是夺取政权的一时妥协之策。当政以后两党即开始轧轹,产生内讧,终于瓦解分裂。自由党派另组宪政党,而进步党派自称宪政本党。日本最初的政党内阁,仅 4 个月即崩溃。
② 且以自由权变自许之板垣翁亦欣然迎之　点校本第 517 页在此句的第一个"之"后加一句号,应断句有误。自译本第 238 页,为"即自由权化自许之板垣翁亦欢然迎之"。日文本第 280 页,原为"自由の権化自ら許せる板垣翁をも亦欣然之を迎へて"。田译本第 166 页,为"以自由权化自许之板垣翁,亦欣然迎之"。
③ 济宪政有终之美　帮助宪政实现美好结局。
④ 附伊藤叛板垣者有之,附伊藤而不叛板垣者亦有之,欲得御信任耳。其所以焦〈燥〉〔躁〕不安者,缘其志在利禄也　日文本第 280 页,原为"伊藤に附きて板垣に叛きしのみ。伊藤に附きて板垣に叛きしにあらず。御信任の三字を得んとしたりしのみ。其の志一日も早く政權に近づきて,利禄を攫み取らんと焦燥りしか爲めのみ"。自译本第 239 页,为"附伊藤而叛板垣耳,非附伊藤而叛板垣耳,由欲得御信任三字耳,由欲一日早握政权而攫取利禄耳"。田译本第 167 页,为"归顺伊藤而叛板垣而已,非归顺伊藤而叛板垣也,因得御信任之三字而已,为能早握政权、攫取利禄而已"。
　　焦燥　初印本、重印本下编第 72 页都为"焦燥"。点校本第 518 页校注为"〈燥〉〔躁〕",似无必要。"燥"与"躁",都有性情急、干燥之意。

领而不能有满私欲之机会也①,有何政见之异同政策之得失哉? 然而傲然以大政党自许,毫无羞愧,盖政友会出世之日,即政友会已亡之时也。彼其生诞之当日,早已并其生命精神而丧失之,其死也久矣。然而党中之人无敢异议,社会中人无敢指斥。果尔则政党与社会,两两已成走尸行肉矣。痛哉!

　　国民党之逐大隈也,亦出自欲握政权之野心。以大隈之人格,与御信任三字有不相容者也。彼其政见虽不免茫漠,其广长舌②虽缺透彻,其放胆大言虽不免为蒙羊质以虎皮。然自明治十四年之政争逐内阁以来③,至今三十余年矣。其间虽时有出入,然未尝得安于台阁也。以只脚不具之身,加以七十垂死之龄,与政府战,与反对党战,与社会战,始终奋斗不少退让,其意气精力亦可谓一世之豪也。至其开拓心胸,清浊兼容④,非犬养、大石⑤一辈所能比肩背。且其对于国民党也始则有卵翼之恩⑥,继则有扶持引导之谊,慈母也,良师也,益友也。而党人乃一旦起而逐之,将⑦政见之不相容欤? 曰否否! 境遇之不两立欤? 曰否否! 感情之

---

①　见夫久戴板垣为首领而不能有满私欲之机会也　夫,初印本、重印本下编第72页和点校本第518页,误作"未"。自译本第239页,为"由悟其永戴板垣为首领,终不能捉餍自家私欲之机会耳"。日文本第280—281页,原为"永く板垣を戴きて首領と爲さば、終に自家の私慾を滿すべき機會を捉ふる能はざるを悟りしが爲めのみ"。田译本第167页,为"若永戴板垣为首领,则终无满自己私欲之机会而已"。

②　广长舌　指佛的舌头。据说佛舌广而长,覆面至发际,故名。后用以喻能言善辩。日文本第281页和自译本第239页,为"長廣舌"。田译本第167页,为"言论"。

③　自明治十四年之政争逐内阁以来　日文本第281页,原为"明治十四年の政争に内閣を逐はれしより"。田译本第167页,为"自明治十四年之政争被逐内阁以来"。自译本第239页,为"自明治十四年之政争排出内阁"。

④　开拓心胸,清浊兼容　日文本第281页,原为"清濁并せ呑みて、大包袱を擴ぐるに至りて"。自译本第240页,为"清浊并吞,傲然自大"。田译本第167页,为"清浊并饮,议论雄壮"。

⑤　犬养、大石　即犬养毅和大石正巳。大石正巳(1855—1935),日本高知县人,明治、大正时期的政治家。曾任日本众议员,农商大臣。

⑥　卵翼之恩　田译本第167页同此。日文本第282页,原为"卵翼の恩あり"。自译本第240页,为"卵翼之思"。思,应为"恩"之误。

⑦　将　初印本、重印本下编第73页同此。日本第282页,自译本第240页和田译本第167页,都为"抑"。

有冲突欤？曰否否！然则彼等之逐大隈也果为何哉？无他，缘于御信任三字也①。汲汲于政权，有一大隈为之梗，即不便与当局权嬖之徒苟合之也。于是大隈亦自悟其不可长留党中，遂毅然退去矣②。然而犬养、武富、箕浦③之徒与大隈相处三十余年④，于其去也不敢挽留，亦不欲挽留。以私情言之刻薄冷淡殆有似乎无人心；从公义观之则有悖乎士人共同出处进退之旨。彼等尚如此，况其他哉⑤？

　　政友会之迎伊藤也，仅以御信任三字。国民党之逐大隈也，亦仅以御信任三字。夫立宪政治者舆论政治也，政党者实现舆论之机关也⑥。政党之立于世其最宜注意者有三：主义果不悖于公理耶？政策果适合于时宜耶？果能指导舆论现实舆论⑦否耶？具此三条件⑧然后御信任三字始有意义。今

---

① 缘于御信任三字也　日文本第282页，为"御信任の三字に縁遠きを以てなり"。自译本第240页，为"为与御信任三字甚疏远耳"。田译本第168页，为"以不得御信任三字而已"。

② 遂毅然退去矣　日文本第282页，为"一朝身を奉じて退き去りぬ"。自译本第240页，为"一朝奉身引去"。田译本第168页，为"遂卷身而去"。

③ 武富、箕浦　应为武富时敏和箕浦胜人。武富时敏（1856—1938），日本明治、大正、昭和时期政治家，曾任大隈重信内阁书记官长、大藏大臣、通信大臣。箕浦胜人（1854—1929），日本著名新闻记者、实业家、政治家。曾为众议员、内阁通信大臣。日文本第282页和自译本第240页，在"武富箕浦"之后，还提及"加藤"。加藤，应指加藤高明（1860—1926），明治大正期间的外交家、政治家，第24任日本内阁总理大臣。其政府和政策在二战前最为民主，改组桂太郎创立的宪政会，主张支持中国关税自主，采取对英美协调，坚持对华不干涉，仅维持日本之合法利益。加藤本人毕生提倡宪政。在职期间实行男子普选，裁减大量军队，削弱军部势力，减少贵族院权利，采用温和的社会立法。

④ 与大隈相处三十余年　日文本第282页，大意为"卅年来大隈と昵近の身を以て"。自译本第240页，为"以三十年来与大隈昵近之身"。田译本第168页，为"以三十年来与大隈相交"。

⑤ 况其他哉　日文本第282页，原为"其餘黨中の細人をや"。自译本第240页，为"况其余党中细人乎"。田译本第168页，为"至其余党中之小人，更不待言矣"。

⑥ 机关也　田译本第168页同。日文本第283页，原为"機關なり、手段なり"。自译本第240—241页，为"机关也，手段也"。

⑦ 果能指导舆论现实舆论　初印本、重印本的下编第73页同此。日文本第283页，原为"果して輿論を指導し實現し得るかを顧みるべきのみ"。自译本第241页，为"果否足以指导现实舆论"。田译本第168页，为"而又能指导舆论、实现舆论而已"。

⑧ 具此三条件　初印本下编第73页同此，重印本下编第73页和点校本第519页，将"具"误为"且"。日文本第283页，原为"此の三條件皆な具はりて"。自译本第241页和田译本第168页，为"此三者条件皆具"。

不辨主义之邪正,不问政策之当否,不顾舆论之向背从违,漫然曰御信任、御信任,则御用政党已耳。政党之本领固如是①,我圣天子之心②决不可如是之狭隘也。彼以小人之腹度君子之心者,非大不敬而何?且政友会、国民党既以御信任三字远板垣、逐大隈矣,然则今之政友会、国民党设终无取得御信任之资格,党人其将解党以博御信任乎③?余故曰政党必要之条件,在主义如何,政策如何,舆论之从违向背如何。于此三者完全无缺,然后御信任三字始有神圣之意义。而政友会、国民党之所为如此,宜政党之生命消灭,而政党之骸骨独存。呜呼此非宪法之大不幸乎?而致之者今之党人之罪也。

近三五年之政界,更有甚焉者矣。政友会恃其庞大杂驳绝对多数之势,横行议院内外④,或盲从,或明从。借肝胆相照之字面,藉情意投合之名目,暴横放行⑤无所不至。其募党【与】于⑥地方也亦有种种之手段,或以港湾之修筑,或以铁道之敷设,或云治水⑦,或

---

① 固如是　自译本第 241 页,为"固不宜如是"。二者似恰相反。日文本第 283 页,原为"固より是の如くなるべからず"。比较起来,北洋本的"固如是"讲得似乎是本然,自译本的"固不宜如是"讲得似乎是应然。田译本第 168 页,为"固不可如是"。

② 心　田译本第 168 页同此。日文本第 283 页,为"大御心"。自译本第 241 页,为"宸衷"。

③ 且政友会、国民党既以御信任三字远板垣、逐大隈矣,然则今之政友会、国民党设终无取得御信任之资格,党人其将解党以博御信任乎　此句稍觉难解。自译本第 241 页,译为"且政友会、国民党,已以御信任三字,或敬远板垣焉,或放逐大隈焉。果然,谓今之政友会、国民党,究竟无有御信任之资格也,则党人必敢行解党,以副御信任乎"。田译本第 168 页,为"且政友会国民党既以御信任三字,或敬远板垣,或放逐大隈,然则今之政友会国民党如终无得御信任之资格,则其党人必至解党而博御信任乎?"日文本第 283 页,原为"然らば则ち今の政友會、國民黨は、終に御信任を得べき资格なしと曰はば、黨人は必ず解黨して迄も、御信任を搏せんとするか"。

④ 恃其庞大杂驳绝对多数之势,横行议院内外　点校本第 520 页,断句为"恃其庞大杂驳,绝对多数之势横行,议院内外",应误。

⑤ 暴横放行　日文本第 284 页和自译本第 242 页,为"暴横放佚"。田译本第 169 页,为"放僻邪佚"。

⑥ 募党【与】于　初印本、重印本下编第 74 页和点校本第 520 页,原为"募党于"。日文本第 284 页,原为"黨與を地方に募るや"。自译本第 242 页和田译本第 169 页,都为"募党与于"。党与:同党之人。

⑦ 治水　日文本第 284 页和田译本第 169 页同此。自译本第 242 页,为"治产",或有误。

云殖产①。逞其巧言美利之手段②,破坏地方自治之基础,蹂躏私人权利之自由。其所注意者仅在于党势之扶植,党运之恢张③耳,而民生之利害国家之休戚非所计也。余尝名政友会曰尊氏党④,以其巧于利用他人之弱点诱以私欲也,并合异分子而不具择为谁⑤也。无名誉,无气节,无政见政策,惟腐心⑥于多数势力之一事也。是故阀族之所为,虽有不法,便于己则不咎矣。政府之所行,虽有不当,便于己则不责矣。以代表国民之政党而为藩阀之爪牙,以代表舆论之公人,而为私人之走狗。今也入而当行政之局,亦为从来情意投合之束缚。举一切阀族内阁之计画悉踏袭之⑦,虽有冗员而不能淘汰,虽有滥费而不能节减。苟且弥缝于一时,以掩⑧天下之耳目,其存心之陋劣不足道也⑨。余故曰政友会之死也久矣,非今日始也。

　　国民党者今日政界中惟一之民党也,其比较他党为清洁,亦人所许也。虽然其汲汲于利禄权势者,亦与政友会相伯仲耳⑩。故其旗帜恒不鲜明,

① 殖产　日语词汇,意谓发展生产。
② 逞其巧言美利之手段　日文本第284页,原为"唳はすに巧言美利を以てして"。自译本第242页和田译本第169页,为"唳以巧言美利"。
③ 恢张　张扬,扩展。
④ 尊氏党　自译本第242页,在"尊氏党"后加注"足利尊氏,人名"。
⑤ 并合异分子而不具择为谁　日文本第284页,原为"異分子を抱合して、誰彼を擇ぶ所なければなり"。自译本第242页为"抱合异分子,而不择彼此"。田译本第169页为"抱合异分子,而不择彼我"。
⑥ 无政见政策,惟腐心……　自译本第242页同此。点校本第521页断句为"无政见,政策惟腐心……",应误。日文本第284页,原为"政見もなく、政策もなく、惟惟……に腐心すればなり"。腐心:苦心,痛心。田译本第169页,为"无政策,唯腐心……"。
⑦ 举一切阀族内阁之计画悉踏袭之　日文本第285页,原为"一切を擧げて閥族内閣の計畫を襲踏し"。自译本第242页,为"一切施设,袭踏阀族内阁之计画"。田译本第169页,为"举一切而袭踏藩阀内阁之计划"。
⑧ 掩　日文本第285页、自译本第242页和田译本第169页,为"糊涂"。
⑨ 不足道也　日文本第285页,原为"罵詈して足らず、唾して足らず、嘔吐して猶足らず"。自译本第242页,为"骂詈之而不足,涕唾之而不足,呕吐之而犹且不足"。田译本第169页,为"詈骂不足,叱唾亦不足,呕吐犹不足"。
⑩ 相伯仲耳　日文本第285页,原为"五十步百步の間に在り"。自译本第243页和田译本第170页,为"在五十步百步之间耳"。

其行动亦不免暧昧。至其政见则如守内治主义①,
如采外重主义②,有时如积极政策,有时如消极政
策。以为国民之同党欤,则少奋迅猛前之概。以
为政府之劲敌欤,则无玉斗粉碎之气。一半婴
守③旧垒不敢进取,一半则心醉功名,暮夜通款于
官僚。故其党中之行动,常不能保其一致。甲进
乙退,丙左丁右④,殆如两头蛇之迷其进退也。平
日虽舆论舆论之声不绝于口,试问其能为舆论之
先觉而指导之乎?曰不能也。即问其能为舆论
之从仆⑤而追随其后乎?曰不能也。其在院中
每为多数党员所压迫,⑥又不能大声疾呼于国民
之前,与多数党宣战。每于一事件一问题之发
生,则使无名小卒⑦从事战斗。其素所谓首领名士
者,莫不袖手旁观,犹越人视秦人之肥瘠⑧。其意
以为政友会已有大多数之势矣,胜败之数不待讨论
而后决也。吾曹虽奋战格斗,亦无益矣。夫以寡敌
众,其难操胜算也固矣。然以难操胜算之故而即不
敢言战,何若不出席于议会之为愈耶?何若自始即
废一切讨论之为愈耶?又何若举议会中之一读二

---

① 内治主义　注重对内整备,实行"民治民权"的政治主张。参见生活书店编译所:《海外的
感受》上,生活书店1933年版,第535页。(日)古田良一著,章钦亮译:《日本通史》,国立
编译馆1942年版,第329页。

② 外重主义　注重对外发展、扩张的主张。或称"外竞主义"。参见吴贯因:《中央经费与地
方经费》,《庸言》,第一卷第十号。

③ 婴守　环守,固守。婴,环绕,缠绕。

④ 故其党中之行动,常不能保其一致。甲进乙退,丙左丁右　日文本第285页,原为"故を以
て黨人中動もすれば一致を保つこと能はず。一は進まんと欲し,一は退かんと欲し,一
は左せんとし,一は右せんとす"。自译本第243页,为"以故党人中,动辄支吾龃龉,一则
欲进,一则欲退,一则欲东,一则欲西"。田译本第170页,为"以故党人中之意见,恒不能
一致,一欲进,一欲退,一欲左,一欲右"。

⑤ 从仆　日文本第286页和田译本第170页同此。自译本第243页,为"仆从"。

⑥ 日文本第286页和自译本第243页,此处另有"闷闷之情不自禁"一句。

⑦ 无名小卒　日文本第286页,为"雜兵一輩"。田译本第170页,为"杂兵之徒"。自译本
第243页,为"后辈末流"。

⑧ 犹越人视秦人之肥瘠　日文本第286页,原为"痛痒相關せざる者の如し"。自译本第
243页,为"如痛痒不相关者"。田译本第170页,为"不关痛痒"。

读等①之一切形式,悉皆废却之为省事耶? 不见夫爱兰之巴奈尔②乎? 非仅以二十八人之同志,纵横③于英之下议院,至使保守、自由二大政党,无不战栗震怖耶? 政界中之少数党人,特患无此意气耳。苟有一片诚实,一副热肠,无论成败利钝,犹足以震动政界。而国民党之现状实如此,徒于速记录上留蛙鸣蝉噪无用之饶舌,以为他年缅怀往事之资而已,不诚可悯哉! 要之此辈无一片诚实,无一副热肠,疏慢怠惰之本性,自养成一种党风,终陷于半身不遂之重症耳。政友会如梅毒④入于骨髓,又如浑身坏乱之患癞病者;国民党如患脊髓者⑤,又如中风症。两党所患均不治之重症,均为腐败之私党,固不可以健全公党目之也。至于中央俱乐部⑥则仅舐官僚余秽之豚犬耳,更何足挂齿哉!

　　余尝怪今日政党中人,就个人观之,则学者有之,才子有之,智谋者有之,品性高洁者有之,操行

----

① 议会中之一读二读等　议会制国家的议案审议程序。指任何议案都必须经议会三读审议后才能通过。所谓一读,指在议会全院或议会的某一院将议案分发给议员,并由议长宣布议案的名称或要点。在一读和二读之间,议员有时间研究议案,形成自己的意见。一读要对议案的一般内容和原则进行辩论,如获通过,即进入二读。二读是宣读议案内容,交专门委员会审查并提出修改意见,议会再进行辩论,提出修改意见,交专门委员会再行修改。然后进入三读,即进行表决。在一院制的议会,议案经过三读通过后,即完成了在议会的立法程序。若是在两院制议会,议案在一院三读通过后,要送到另一院按同样程序三读通过。

② 爱兰之巴奈尔　日文本第286页,原为"愛蘭のバーネル"。自译本第244页,为"爱兰之巴纳耳"。田译本第170页,为"爱尔兰之巴拿尔"。即爱尔兰的巴奈尔,又译巴涅尔、帕内尔(Parnell,1846—1891),爱尔兰民族主义者,自治派领袖。1875年当选为英国下院议员。后任爱尔兰农民争取土地改革的土地联盟主席。因阻止国会通过有关爱尔兰的土地立法,被捕。

③ 纵横　日文本第286页和自译本第244页,为"獅子吼"。田译本第170页为"临"。

④ 梅毒　日文本第287页和田译本第171页同此。自译本第244页,为"霉毒"。

⑤ 如患脊髓者　初印本、重印本的下编第75页同此,应为"如患脊髓病者"。日文本第287页,原为"脊髓患者の如く"。自译本第244页和田译本第171页,为"如脊髓患者"。

⑥ 中央俱乐部　日本官僚派的政党组织,由山县有朋、桂太郎等掌控。成立于1910年初,由日本第26届国会中的在野议员组成。参见(日)纐缬厚著:《近代日本政军关系研究日本发动侵华战争的历史渊源》,社会科学文献出版社2012年版,第72、95、104页;钟清清主编:《世界政党大全》,贵州教育出版社1994年版,第160页;刘伟编:《1909年的故事》,中国少年儿童出版社2001年版,第148页。

坚确者有之,意气壮烈者有之。以一党概括之,则无廉耻,无气节,无信义,无见识,无品格。贪婪淫佚,阴险柔佞,猜疑媚嫉,轻佻浮薄,鄙劣怯懦。凡腐败丑陋污秽溷浊之一切恶德恶行,无不兼具。以堂堂公党,为一大粪船;巍巍议院,为一大厕圊①。天下最不洁之物堆积于其中,丑声臭闻达于十里之外,使人望风辟易者,果何谓也? 不知政党中或有一种腐败空气,能使党人腐败耶? 两院之议场或自有一种麻醉剂,能使常人陷于醉生梦死之境耶? 苟欲图政界之廓清,若非取今之政党纵断之而又横断之②,尽破坏其组织,尽淘汰其分子,更辟一新世界,则必不可也。然此非一朝一夕之事,又非一人二人之力所能及。若此岂非宪政上之一大不幸乎? 呜呼自立宪以来已二十余年,有政党以来又三十余年,人人望宪政之尽善尽美,而宪政之阻挠障碍益甚;人人渴仰政党内阁,而政党③之腐败溷浊益甚。由今之方针而不变今之形势,则宪政之前途可知矣。其所以致此者,则民间私党之罪也。

虽然致宪政之腐败坏烂者,非独阀族官僚与民间私党之罪,抑亦国民之罪也。夫吾国民非茫然于立宪政治之为何物者乎? 立宪政治者舆论政治耳,舆论者人人本公是公非之心,而必由议会代表之。然今之议会果足代表舆论乎? 议员之中具代表舆论之资格者谁乎? 试举一最易知之事以证之:现在苦租税之苛重④,全国五千万人莫不皆然,称曰舆论,可云的确⑤。

---

① 圊　qīng,茅厕,厕所。
② 若非取今之政党纵断之而又横断之　日文本第288页,原为"今の政黨を縱斷し横斷して"。自译本第245页和田译本第171页,为"非纵横断今之政党"。
③ 而政党　初印本下编第76页、自译本第245页和田译本第171页同此。日文本第289页,原为"政黨"。重印本下编第76页和点校本第524页,误为"政党而"。
④ 苛重　初印本下编第76页、日文本第289页、自译本第246页和田译本第172页同此。重印本下编第76页和点校本第524页,误为"苟重"。
⑤ 可云的确　日文本第289页,原为"此より的確なるはあらず"。自译本第246页,为"未有的确于此者"。

问议会中四百头颅,有一人唱①租税减轻之论者乎? 不惟无一人唱租税减轻之论,问有一人真实思虑及此者乎?② 政友会若此,国民党若此,中央俱乐部亦若此。则今之政党,今之议员,非代表舆论民意者可知矣。然国民无庸怪政党之不代表舆论,与议员之不代表民意也。何则? 国民固未尝望其为舆论民意之代表也。何以证之? 不见夫选举场之事乎? 在十数年前候补者之求投票,有因姻戚之关系者,有由师弟③之关系者,有由交际上之关系者,有由业务上之关系者,有由利益交换之关系者,有由腕力④之关系者,有由金钱之收买者。今则金钱⑤收买之力,能将一切之情实、交际、胁迫等种种之方法手段排除而去,无敢抵抗者。每一选举,候补者之所费,多则三四万元,少亦一万元。曰运动者,曰周旋屋⑥,曰有力家,曰同主义者,杂然而出,以手易品⑦。围绕候补者之身边,甘为牙保,以投票收买之名,分配于选举人⑧。一票之价,最廉亦不下一元,最高则在十数元之上。实则牙保佣钱⑨

---

① 唱　日文本第 289 页和自译本第 246 页,为“喝破”。田译本第 172 页为“提议”。

② 不惟无一人唱租税减轻之论,问有一人真实思虑及此者乎?　日文本第 289 页,原为“惟に一人の喝破せし者なきのみならず。一人の真實此に思ひ到りし者ありや”。田译本第 172 页,为“不但无之,试问有一人能真实思及此者乎?”自译本第 246 页,简为“无矣”。

③ 师弟　日文本第 289 页同此。田译本第 172 页为“师第”。自译本第 246 页,译为“师资”。

④ 腕力　日文本第 289 页和田译本第 172 页同此。自译本第 246 页,为“武力胁喝”。

⑤ 金钱　日文本第 290 页、初印本下编 77 页和田译本第 172 页同此。重印本下编第 77 页误为“金录”,点校本第 525 页校注为“金〈录〉〔钱〕”。自译本第 246 页译为“银钱”。

⑥ 周旋屋　日语词汇,意为:斡旋人,介绍人,中介人。自译本第 247 页和田译本第 172 页,为“周旋家”。

⑦ 以手易品　含义不详。田译本第 172 页为“交手易品”。日文本第 290 页,原为“手を易へ品を易へて”。自译本第 247 页,为“左纷右挐”。

⑧ 以投票收买之名,分配于选举人　初印本下编第 77 页,原为“以投票收买之名分,配于选举人”。重印本下编第 77 页,将“举”误为“于”。点校本第 525 页,将“名分”之后的逗号遗漏。自译本第 247 页,译为“以收买投票之名,摊配选举人”。日文本第 290 页,原为“投票買收の名を以て選舉人に分配す”。田译本第 172 页,为“以买收投票之名,而分配于选举人”。

⑨ 佣钱　日文本第 290 页,原为“コンミッション”。自译本第 247 页,译为“中饱”。田译本第 172 页,为“肥己”。

之额最伙。候补者虽知其内情,而一离牙保之手,则几千百之投票,四分五裂而不可收拾。此亦自家生死存亡之所系,故饮泣瞑目,任牙保之左右①。选举人只听牙保之言,初不问候补者之人格如何,才干如何,识见操行如何,惟收买代价之高者,我即赴而投之。此其人之不足代表民意舆论也可知矣,而投票者又何望其人之果能代表民意舆论耶②?且已受金钱而卖投票,则选举人与被选举人仅买卖双方之关系,何代表被代表资格之有?候补者已买得议员之地位,此后之行为言论,一任我意之所欲为,何容选举人之掣肘?收买尚不知耻,遑论被收买哉?而选举场之占胜者③,大概此辈居多。此议员之品格所以日下;政党之腐败坏烂,所以益甚。宪政破坏之源实由此也。

夫立宪④政治者舆论政治也,舆论者国民公是公非之意见也。国民无政治上是非之意见,是无立宪国民之资格。有是非之意见而无⑤投票权利,是卖立宪政治。甚有以一个投票,卖于甲、卖于乙、卖于丙、复卖于丁,利用无记名法而为二重、三重、四重、五重之卖票。其贱陋至此⑥,而犹傲然横行于

---

① 任牙保之左右　日文本第290页,原为"牙保連の左右するに任す"。自译本第247页,为"信牙保挥霍"。田译本第173页,为"一任牙保等之左右"。

② 此其人之不足代表民意舆论也,可知矣。而投票者又何望其人之果能代表民意舆论耶?　日文本第290页,原为"何ぞ其人の民意輿論を代表するに足るや否やを知らん。又何ぞ其人の果して能く民意輿論を代表するを望まんや"。自译本第247页,译"何知其人之足以代表民意舆论与否,又何望其人之果能代表民意舆论哉"。田译本第173页,为"何能知其人之足以代表民意舆论否乎?又何望其代表乎?"。

③ 而选举场之占胜者　日文本第291页,原为"而して選擧場裏の勝を占むる者"。自译本第247—248页,为"先鸣于选举场者"。田译本第173页,为"而选举场里之战胜者"。

④ 立宪　初印本、重印本下编第77页都为"宪立"。点校本第526页,校注为"〈宪立〉〔立宪〕"。日文本第291页、自译本第248页和田译本第173页都为"立宪"。

⑤ 无投票权利　初印本、重印本下编第77页同此。自译本第248页和田译本第173页,为"卖投票之权利"。日文本第291页,原为"投票の権利を賣る"。

⑥ 卖于丙、复卖于丁,利用无记名法而为二重、三重、四重、五重之卖票。其贱陋至此　日文本第291页,原为"丙丁に賣り、無記名法を利用して、二重三重の賣票を爲す者あり、其賤劣鄙陋此に至る"。自译本第248页,为"卖于丙丁,藉无记名法之便,行再卖三卖。其贱劣无耻至此"。田译本第173页,为"卖于丙丁,利用无记名法,而为二重三重之卖票者。其卑劣鄙陋孰甚!"

选举场中,毫无羞耻之色。虽有选举法之罚则,警察官之取缔,亦莫可奈何。况警察官吏①亦在情实之漩涡中,所谓厉行取缔者岂足信耶?大抵四百议员中,不由投票收买之手段而得当选者,果有几人哉?试就所谓某党之地盘、某党之势力圈内验之,每一选举有不行投票收买者乎?特不过卖于自党候补者之价值,较卖于他党者稍为低廉耳。今也政友会在议院中称最多数党。然假定有某某人,抛百万金为某党之运动费,所谓多数党者亦将于一夜之中而溃崩矣。若运动手段方法得其机宜,五十万可耳,三十万亦可耳。如是而得一二百人,则在议院中得擅多数党之名,又得藉舆论之名,恣其旁若无人之行动。果然,则今日大政党之价值,不亦可知乎?舆论政治之真相,不亦可知乎?然则真多数党果如是乎?真舆论政治果如是乎?曰否否!此国民不学无术致之也,此国民无廉耻无道德②致之也。

今也政府收买议员,议员亦收买选举人,两两相依相助,破坏宪政,不悟其坏③,恬然曰先进立宪国实际亦如是耳,古今来岂有理想的政治乎?然则立宪政治,其贿赂政治钦!舆论政治,其买收政治钦!果然,则余欲咒咀④立宪政治矣。

余故曰日本国民,不知其⑤立宪体政⑥为何物,而无立宪国民之资格者也。其根本既如是腐败,乃区区欲改正选举法,诚不知本末轻重,徒多事耳。政党乎?政府乎?立宪政治已行之二十余年矣,政府、议会、国民宜如何骎骎进步?然而江河日下,一

---

① 吏　初印本、重印本的下编第78页都为"史",点校本第526页校注为"〈史〉〔吏〕"。日文本第291页、自译本第248页和田译本第173页都为"吏"。

② 道德　田译本第174页同此。日文本第292页和自译本第249页,为"道心"。

③ 坏　日文本第293页、自译本第249页和田译本第174页,为"丑"。

④ 咒咀　初印本、重印本的下编第78页同此。日文本第293页、自译本第249页和田译本第174页为"咒"。今通作"诅咒"。咀,通"诅"。

⑤ 其　初印本和重印本下编第78页,同为"起"。点校本第527页,矫正为"〈起〉〔其〕"。

⑥ 体政　语出《左传》"礼以体政"。日文本第293页、自译本第249页和田译本第174页为"政治"。

往不返,腐败如此,废弛如此。呜呼可不哀哉!①
夫一结核菌,不防之可以杀数十百人,可以杀数千
万人。今之政府,亦一结核菌也。政党亦一结核菌
也,选举人亦莫不为一结核菌也。腐蚀之痕,坏烂
之迹,在在皆是。及今救之,犹恐不及。若犹不大
加更张,痛为洗涤②,十年之后,日本宪法之归着,
不知何如矣。岂惟宪法之归着,即日本帝国之存
亡③,亦不可知矣。万一后世史家编史册曰:"太平
洋之西,黄海之东,虽有④一立宪国曰日本,而今亡
矣"。不知今之为日本人者,有何面目上对祖宗,
下对子孙? 余辈非乐出不祥之言,然一无及此⑤,
安得不惕然惧栗然恐哉!

有何面目诋谋我同
盟会、统一党?

　　译者曰:观此篇所言日本国民,真所谓无
立宪资格者矣。政府散金钱以买收议员,而三
百议员中,不受者只一人。则议员散金钱以买
选举票,其国民之不卖票者,亦不过三百分之
一而已。作者屡诋中国人为不洁,夸日本人有
洁癖,似此嗜利无耻之流,岂所谓洁于身而不
洁于心者耶? 且作者又屡以五千万忠实无比
之臣民自豪,而耸动其雄飞于支那大陆矣。其
所谓五千万者,其即指此辈耶? 则吾不知于忠

---

① 呜呼可不哀哉!　日文本第293页和自译本第250页,无对应语句,应为北洋本译
　　者所加。
② 及今救之,犹恐不及。若犹不大加更张,痛为洗涤　日文本第293页,原为"今に及びて之
　　を救はんも、時たること太だ早しとせず。況んや今にして一大斷割を加へ、一大洗滌を
　　下さざらんか"。自译本第250页,译为"及今而救之,不为太早矣。况今而不加一大断
　　割,一大洗涤乎"。田译本第175页,为"今即救之,犹觉为时太晚,况今而不施一大刀割,
　　不下一大洗涤乎!"
③ 中岛端在上编中论中国之分割,下编中则论日本之存亡。客观地看,他论日本之存亡固有
　　妄议,论中国之分割亦有夸张。就其能直面日本政党政治和君主立宪政体的弊端来看,也
　　属学者气习,难能可贵。对当今中国的改革和反腐败,应有一定的借鉴作用。
④ 虽有　初印本、重印本下编第79页同此。自译本第250页,为"尝有"。日文本第294页,
　　原为"嘗て……あり"。田译本第175页,为"有"。
⑤ 一无及此　初印本、重印本下编第79页同此。"无",似有误。日文本第294页,原为"一
　　念此に至る"。自译本第250页和田译本第175页,为"一念至此"。

实之义,居何等也。若谓此辈以外,别有所谓
五千万臣民乎? 则吾又不信日本于政府议员
有选举权之国民外,别有如是多数之臣民也。
然则作者勿谓雄飞大陆也,今日之支那,非若
昔日之支那易与也;禹域河山,无处而非干净
土也。必不度德量力,而欲以其腥风,污我国
土。得钦失钦? 作者其三思焉可也。

世道人心之一大危机

夫政界腐败,至今日极矣。而民心趣向之机微,又有不得不寒心者。昔汉宣帝承武帝穷兵黩武之后,信赏必罚,①称中兴之明主。尝欲北伐匈奴,大臣魏相②谏曰:今年子弟之弑③其父兄,妻之杀其夫者,计二百二十二人。是非小变,不亟化之,乃欲发兵讨远夷,吾恐季孙之忧,不在颛臾,而在萧墙之内也。宣帝乃止。今睹都下新闻,父子、夫妇、兄弟,相杀相戕者,无日无之。一年之内,足三四百人。其余朋友亲故,争财争色争权利,由睚眦之怨,相刺相屠者,更十数倍。此何象乎?不以此为不祥,将孰为不祥乎?

或云方今承日俄大战之后,人心大变,有粗暴自负、刚勇自喜之风。流风所被④,有杀伐之象耳,不足忧也。按此非无一理,然日俄之战,去今已七八年,而人心风俗之残酷,逐日有增无减,以⑤非一时之余弊。矧且淫佚猥亵之风,游惰怯懦⑥之俗,滋蔓于社会中,岂仅粗暴刚勇之弊哉。此非人心趣向转捩之兆乎?

> 季孙之忧,不在颛臾。岛人亦自省否?

---

① 自译本第251页,此处尚有"综覈名实"一句。覈,简为"核"。

② 魏相(?—前59),字弱翁。济阴定陶(今山东定陶西北)人,徙平陵(今陕西咸阳西北)。汉宣帝刘询时期的中兴名臣。举贤良,以对策高第,为茂陵令,茂陵大治。后迁河南太守,禁止奸邪,豪强畏服。宣帝即位,征为大司农,迁御史大夫,继为丞相。宣帝亲政之初,励精为治,练群臣,核名实。而魏相总领众职,辅佐有功。元康中,宣帝欲因匈奴衰弱,出兵击其右地,使不敢复扰西域。魏相谏阻,宣帝从其言而止。他又建议"遣谏大夫、博士巡行天下,察风俗,举贤良,平冤狱","省诸用,宽租赋,弛山泽波池,禁秣马酤酒贮积"。"本于农而务积聚,量入制用以备凶灾"。这些意见都被采纳施行。魏相与御史大夫丙吉,同心辅政,为宣帝所倚重。史称宣帝中兴,魏相、丙吉声名冠众臣。

③ 弑 初印本、重印本的下编第80页,原误为"斌"。日文本第294页、自译本第251页和田译本第176页,都为"杀"。

④ 流风所被 日文本第295页、自译本第251页和田译本第176页,为"餘弊"。

⑤ 以 通"已"。日文本第295页、自译本第251页和田译本第176页,为"似"。

⑥ 怯懦 日文本第295页和田译本第176页同此。自译本第251页,为"怯恇"。恇,kuāng,害怕,惊慌,怯弱。

　　闻近年有白蚁之害,颇惊人耳目①。某兵营,尝为其所侵;某校舍,亦罹其害。就而检之,台榭之宏壮如故,及至内部,由柱石以至屋顶,殆无处不有蚀腐之痕。一朝遇暴雨狂风,立时崩溃,不能复支。所谓土崩瓦解之患者,此之谓也。窃疑今日社会人心,最深之根底,最微之分子,其亦受白蚁之侵蚀乎?更孰察当局者之所为,益不禁戚然忧矣②。何以言之?

　　夫大义名分四字,今之学者识者,视为四十年前之旧物。政治家、宗教家、教育家,视为怪诞不足轻重之词。然试思之,无此四字,维新中兴之业,何由而成?七百年霸府,何由而倒?封建武门制度,何由而革③?东北士氏④,何由束手而听命?海内不平之辈⑤,何由屏息而不言?四民同等之制⑥,何由而行?且三千年来金瓯无缺之国体,何由维持至今,而无丝毫之污点也?而当局者未尝思及焉。彼岂非阳为恭敬之态,而内无忠爱恻怛之诚者哉! 不

---

① 颇惊人耳目　田译本第 176 页,为"颇惊人之耳目"。日文本第 295 页,原为"頗る人の耳目を驚せり"。自译本第 252 页,为"至么麽。然其蚀物,极神速,极轻微,而其害殆不可测,往往骇人耳目"。么麽,通常写为"幺麽"。么,在古代是"幺"的俗字。幺麽:微小;卑微;细小;微不足道。

② 益不禁戚然忧矣　日文本第 296 页,原为"疑惧の念を禁ずること能はず"。自译本第 252 页,为"令人转不禁危惧之念"。田译本第 177 页,为"而恐惧之念,益不能禁"。

③ 七百年霸府,何由而倒? 封建武门制度,何由而革?　应指日本的幕府时期和武士制度。幕府政治即为日本封建武士通过幕府实行的政治统治,又名武家政治,是古时日本一种权力曾一度凌驾于天皇之上的中央政府机构。从 1185 年到 1867 年,幕府制度共持续 682 年。日文本第 296 页,原为"七百年の霸府は,何に由りてか倒れし。封建武門の制度は,何に由りてか改まれる"。田译本第 177 页,为"七百年之霸府,果何由而倒乎? 封建武士之制度,果何由而改乎?"自译本第 252 页,未译此两句。

④ 东北士氏　日文本第 296 页、自译本第 252 页和田译本第 177 页,为"东北之士民"。

⑤ 不平之辈　日文本第 296 页,为"不平の徒"。田译本第 177 也,为"不平之徒"。自译本第 252 页,为"不逞之徒"。

⑥ 四民同等之制　封建时代,日本形成了繁密的等级制度。德川幕府把居民分为士、农、工、商四个等级。士,就是武士阶层,属于统治阶级。农、工、商属于被统治阶级。在四个等级之下,还有"秽多"(从事制革、屠宰等职业者)、"非人"(艺人、乞丐)等"贱民",他们是社会的最底层。明治维新时期,政府宣布从法律上取消等级制度,事实上却大量保存这一制度,等级观念根深蒂固地渗透到日本人的生活中。

信吾言,请观南北朝正闰①问题。南北朝正闰之说,非得明治四十四年而始定之问题也(南北两朝,虽同称皇统,北朝为逆臣尊氏所拥立,意欲赐下锦旗,以避不廷之名耳,固非欲践历代相传之宝祚也。故南北合体之约成后,龟山上皇②归洛③,传三种之神器④后,始得统一⑤,前此决不得目为正统。理义至明,无复容疑),而文部当局,却颠倒正闰,混同黑白,揭之堂堂全国学校之课本,不少悟其误谬。偶有人讦其不稽,始则为坚白同异之诡谈⑥。继则狼狈周章⑦,为混淆不明之答覆。

---

① 正闰　谓正统和非正统。《资治通鉴魏文帝黄初二年》:"据汉传于魏而晋受之,晋传于宋以至于陈而隋取之,唐传于梁以至于周而大宋承之,故不得不取魏、宋、齐、梁、陈、后梁、后唐、后晋、后汉、后周年号,以纪诸国之事,非尊此而卑彼,有正闰之辨也"。

② 龟山上皇　指后龟山天皇(1347?—1424),名熙成,1383年至1392年11月19日在位,是南朝最后一代天皇。后龟山天皇在位9年期间,南朝势力开始衰弱,与蒸蒸日上的室町幕府不可同日而语。南北朝和平统一成为必然。1392年10月28日,南朝君臣接受和约,带着三神器离开吉野,闰10月2日到达京都的大觉寺。同月5日,三神器从大觉寺被移到北朝后小松天皇所居住的土御门内里;这标志着南北朝时代的终结,北朝统一了日本。此后,后龟山居住在大觉寺里,时人称之为"大觉寺殿"或"南主",享受室町幕府的优待。1394年2月23日,接受了"不登极帝"和"太上天皇"的尊号。1397年11月27日,后龟山辞退了自己的尊号和兵仗,出家隐居,法号金刚心。明治44年(1911),日本政府宣布南朝一系为正统,后龟山天皇被当作日本历史上的第99代天皇。

③ 归洛　自译本第253页,译为"还都"。即回归京都。日本京都古城的建筑,与中国唐朝的洛阳城和长安城十分相似。因为平安京建立之初,时逢中国的盛唐时期,中日两国交往密切。早在公元8世纪,京都分为东京、西京两部分,东京仿洛阳,西京仿长安。城北中央为皇室所在的宫城,宫城之外是作衙署之用的皇城,而皇城之外是作为一般官吏、平民居住的都城。镰仓幕府时期,被称为长安的西京衰落下去,而东京洛阳兴盛起来,超过了西京。所以当时的日本人,将京都称为洛阳、洛城。战国大名进京,也就称为"上洛"或"归洛"了。

④ 三种之神器　指八咫镜、八尺琼曲玉、草薙剑。大约在七世纪,被确定为日本天皇的象征。每当新天皇即位,即接受这三件宝物,作为护身之物,始终置于身边。

⑤ 龟山上皇归洛,传三种之神器后,始得统一　初印本、重印本的下编第81页,无第一个逗号。日文本第297页,原为"後龜山上皇歸洛、三種の神器を傳へさせ玉ひて後、始めて傳統ましましたるなり"。自译本第253页,此句为"后龟山上皇还都,传三种神器之后,乃始传统"。点校本第531—532页,断句为"龟山上皇归洛传三种之神器,后始得统一",似有欠缺。田译本第177页,未译此句。

⑥ 坚白同异之诡谈　指战国时名家公孙龙的"离坚白"和惠施的"合同异"之说。对"坚白石"这一命题,公孙龙认为"坚"、"白"是脱离"石"而独立存在的实体,从而夸大了事物之间的差别性,而抹杀了其统一性;惠施看到事物间的差异和区别,但以"合同异"的同一,否定了差别的客观存在。两者都只强调事物的一个方面,而否定其他方面。《荀子·礼论》:"礼之理诚深矣,坚白同异之察,入焉而溺"。

⑦ 狼狈周章　仓皇惊恐。

终也使海山千年①之老狯巨头公爵者,叩头于黄口乳臭②汉学书生之前。其丑态之极,昭然明矣。其事体之本末未辨者,亦昭然明矣③。

宫内、文部二省之俗吏,平日对于人,有一事之及于御真影④云云、敕语云云者,则凿方枘圆⑤,哓哓然无所措手足。如天下大事,忽焉发起者然⑥,动辄使人疑其未具常人之智识也。今文部所编纂之国内各学校国史,既颠倒皇统之正闰,反为牵强附会之说以饰其非。其心术之鄙劣,竟不知人间有可羞耻之事焉。以是辈当文教之局,任国政之重;以如是心术,说忠君,谈爱国,其非伪忠君、伪爱国者几希矣。名教之废弛,风俗之腐败,何足怪哉!

抑更有甚者,如幸德⑦一流大逆不道是也。盖

---

① 海山千年　自译本第253页,在此句后注曰:“俗语:海千年,山千年,言阅历极深也”。

② 臭　日文本第297页、自译本第253页和田译本第177页同此。初印本、重印本的下编第81页,误为“具”。

③ 其丑态之极,昭然明矣。其事体之本末未辨者,亦昭然明矣　日文本第297页,原为“其の醜態を極めたりしは、言語道斷なり。其の事體本末を辨ぜざるも亦言語道斷なり”。自译本第253页,为“其丑态最甚,可谓咄咄怪事。其不辨事体本末,亦可谓咄咄怪事”。田译本第177页,为“其丑态为何如哉! 其不辨事体之本末,亦难以言语形容者也”。

④ 御真影　日文本第298页同此。田译本第178页为“御真像”。指日本天皇与皇后的照片。自译本第253页为“宸影”。

⑤ 凿方枘圆　日文本第298页和田译本第178页,为“針小棒大”。自译本第253页,为“以针为棒”。

　　枘:初印本、重印本的下编第81页,原为“柄”。

⑥ 忽焉发起者然　自译本第253页,为“忽自脚底起”。田译本第178页,为“由足下而起”。日文本第298页,原为“脚下より起りたるが如し”。

⑦ 幸德　即幸德秋水(1871—1911),日本早期社会主义活动家、思想家。高知县人。自幼爱读《老子》《庄子》和佛教经典,8岁能作汉诗。18岁计划到中国,因贫困而中途折回。后到大阪,作了中江兆民的学生。1898年入万朝报社工作。这时日本的工人运动风起云涌,《万朝报》对罢工深表同情。这对幸德的思想影响很大,开始倾向于社会主义,并加入社会主义研究会。1901年,与片山潜(1859—1933)等人创建日本第一个社会主义政党——社会民主党。1903年,日俄战争爆发前夕,因为在反战问题上与万朝报社意见不合而脱离,同堺利彦等人创办《平民新闻》周刊,宣传反战和社会主义思想。1904年,开始接触马克思主义,在《平民新闻》周刊上发表了和堺利彦共译的《共产党宣言》。还翻译了孙中山的《革命潮》一文,刊登在《平民新闻》上。1905年《平民新闻》被迫停刊,幸德被捕,坐牢5个月。他在狱中读书,受了无政府主义的影响。出狱后,去美国访问约半年,无政府主义思想有所发展。1907年《平民新闻》复刊,改为日报。幸德发表《我的思想变化》一文,主张与片山潜等所采取的议会主义合法斗争相对立的“直接行动”。1910年,日本政府为了一网打尽社会主义者和无政府主义者,炮制了所谓图谋暗杀天皇的“大逆事件”。他被捕入狱,1911年被处死,年仅40岁。

本朝自有史以来,为人臣而犯大逆不道者,虽有苏我马子①、北条义时②、足利尊③氏三贼,未有以匹夫匹妇对至尊而敢大不道④者。此实我皇统所以神圣尊严,我国历史所以冠绝万邦也。今圣明在上,恩德之隆,远迈前古⑤。彼幸德一辈,何物鬼畜⑥,以日本民族一分子,敢谋大逆不道。其本身之悖乱,直不可以人类视。岂非明治昭代⑦一大污点乎? 又岂非三千年来第一不祥之事乎?⑧ 犹忆二十年⑨

---

① 苏我马子　初印本、重印本的下编第81页,日文本第298页、自译本第254页和田译本第178页同此。点校本第532页,误为"苏我马□"。苏我马子(?—626),日本飞鸟时代的政治家,贵族。大和时代后期的中央贵族。其父苏我稻目,曾任大臣(官职)。父死后继任大臣。时苏我氏与物部氏两族为皇嗣问题矛盾加剧。苏我氏利用佛教及与皇族联姻的手段控制朝政。587年用明天皇卒。物部氏欲立反佛法者,苏我氏奉皇后之命,联合厩户皇子等,起兵灭物部氏,立崇信佛教的崇峻天皇。自此苏我氏开始独揽大权。592年,崇峻天皇恶苏我氏专横,欲除之。苏我氏闻讯,派人将崇峻杀死,立敏达天皇之后丰御食炊屋姬为皇,即推古天皇。苏我马子笃信佛教,614年染疾,度男女千人出家,并在廷鸟建造法兴寺。622年,摄政厩户皇子(圣德太子)卒,由其执政。626年死,其子苏我虾夷继任。

② 北条义时(1163—1224),日本镰仓幕府第二代执权、北条时政之子。幼名江间小四郎。1180年与父一起参加源赖朝在伊豆举兵征讨平氏活动。1199年源赖朝死后,成为幕府十三名元老之一,组织幕府合议制度。1204年为相模守。1205年与姊北条政子一起粉碎其父北时政企图拥立女婿平贺朝雅的阴谋活动,夺取其父之权力,任执权兼政所别当。1209年宣布取消各地守护终身制,定期轮换。1213年杀侍所别当和田义盛,身兼政所、侍所的别当,掌握幕府军政实权。1219年谋杀源赖朝之子、幕府第二代军将源实朝,计谋拥戴皇族将军失败。1221年承久之乱时,打败以后乌羽上皇为中心的皇室势力。巩固了幕府统治,奠定以北条氏为中心的幕府执权体制的基础。

③ 足利尊　田译本第178页,为"足然尊"。

④ 大不道　初印本、重印本的下编第82页,日文本第298页和自译本第254页同此。田译本第178页,为"大逆不道"。

⑤ 远迈前古　日文本第298页,原为"前古與に比すべきなし"。自译本第254页,为"前古无与比伦"。田译本第17页,为"前古无比"。

⑥ 何物鬼畜　中岛端在此处称幸德秋水等人为"鬼畜",随后又说他们"直不可以人类视","其无状殆真无人理",皆人身攻击,有失学人风度。也表明了他的忠君思想之深。

⑦ 昭代　政治清明的时代。常用以称颂本朝或当今时代。

⑧ 又岂非三千年来第一不祥之事乎?　自译本第254页,未译此句。日文本第299页,原为"又即ち三千年来第一不祥の事にあらずや"。田译本第178页,为"亦即非三千年来第一不祥之事乎?"。

⑨ 二十年　自译本第254页和田译本第178页同此。日文本第299页,原为"廿年"。初印本、重印本的下编第82页,原误为"二千年"。

前,有内村某尝为第一高等师范学校教谕①,不肯向御真影②前叩头。当时余推彼大不敬之心术,窃恐后来将有更甚之者,今果幸德③一流之事。内村为基督教徒,幸德为无神论者。而细寻其思想之涂径④,则变迁推移之迹,颇似一脉。夫幸德竖子耳!余所恐者,今日社会最下级中,抱如斯之心情,敢如斯之狂妄者,必不止内村一人,又必不止幸{德}⑤一流也。毒素所浸染,霉菌所蔓延,生生不息,则其害毒所至,将有不易测者。履霜坚冰,言念及此,不禁使人肌栗而发立⑥矣。且余所最惊异者,当时幸

---

① 内村某尝为第一高等师范学校教谕　内村,应为内村鉴三(1861—1930),是日本明治、大正时期的基督教教育家。生于江户武士家庭,幼年受武士道和儒学思想熏陶。1874 年入东京外国语学校,3 年后毕业,入札幌农学校,受该校虔诚而热烈的基督教精神感染,于 1878 年接受洗礼。认为日本是四周邻海岛国,欲富国须从开发无尽的水产宝藏开始,即选择学习水产专业。1881 年毕业后任职于北海道开拓使机关,负责渔业行政工作。1884 年入美国阿玛斯特大学学习。1890 年回国,任东京第一高级中学校教师,反对把《教育敕语》神格化。1891 年在该校校长捧读天皇《教育敕语》时,坚持不鞠躬礼拜,被视为"大不敬事件"。1892 年被解除职务,去泰西学馆任教。1897 年任《万朝报》英文栏主笔。1898 年创办《东京独立杂志》。倡导非战论,曾发表《战争废止论》抨击"战争的利益是强盗的利益,是为盗者一时的利益,而又为盗者与被盗者永久的不利益。盗者之道德为之堕落,结果他不得不付出数倍于被他拔剑所盗得之物以清偿他的罪恶。若世上有应称为大愚者.那就是以剑图谋国运进步的人"。1903 年,力主和平解决即将爆发的日俄战争,在当局的极大压力下和幸德秋水、堺利彦一起退出《万朝报》。后专心从事《圣经》研究和基督教传教活动。他对一部分知识分子影响很大,弟子有藤井武、冢本虎二、矢内原忠雄等。内村主张无教会主义,提倡只信仰圣经,而不应从属特定教派或神学。著有《圣书之研究》《求安录》《地人论》等。
　　第一高等师范学校,在日文本第 299 页、自译本第 254 页和田译本第 178 页,为"第一高等学校",即东京第一高级中学。
② 御真影　日文本第 299 页同此。田译本第 178 页,为"御真像"。自译本第 254 页,为"宸容"。
③ 幸德　初印本、重印本的下编第 82 页,原为"幸得"。日文本第 299 页、自译本第 254—255 页和田译本第 178 页,都为"幸德"。
④ 涂径　亦作"涂迳",今通作途径。道路;路径。《列子·杨朱》:"及其游也,虽山川阻险,涂迳修远,无心之,犹人之行咫步也"。晋葛洪《抱朴子·省烦》:"至于墨子之论,不能非也,但其张刑网,开涂径,浃人事,备王道,不能曲述耳"。罗惇曧《文学源流》:"然《左氏》雄才,文章千古,上揖三代,下启百世,辟编年之涂径,为史家之导师"。
　　日文本第 299 页和自译本第 255 页,为"径路"。田译本第 178 页,为"路径"。
⑤ 幸{德}　初印本、重印本的下编第 82 页,都为"幸"。日文本第 299 页和自译本第 255 页,都为"幸德"。
⑥ 肌栗而发立　初印本、重印本的下编第 82 页同此。日文本第 299 页和自译本第 255 页,为"肌栗发立"。比较起来,"肌栗"指皮肤因惊吓或气愤而起鸡皮疙瘩,"肌栗"则指肌肉发抖。二者大体相通。田译本第 179 页,为"毛发悚然"。

德一流,立于法庭之上,受法官审讯,毫无惭愧之色、谨慎之体①。其态度,其辞气,大似志士仁人杀身以殉道也者。甚至如幸德、菅野②等,相顾默笑,直以神圣法庭为戏侮之场。其无状无耻殆真无人理也。彼疯癫狂疾之徒,不足深怪。而以社会耳目自许之操觚③者流,无一人叱责者。世之读者,亦无一人怪之者。恬然视为一种杀人劫盗之流亚④,徒逞好奇之念,而忘其为三千年最大不祥之事、最大逆无道之凶贼。于此可见社会心理之麻痹不仁矣。世道人心之败坏,一至于此,余不禁转生危惧之念也⑤。⑥ 然而世之谈道德伦理者,动辄曰:忠孝非道德之全部,忠臣爱国非世界的伦理。又云今之道德观念与古人之道德观念不同,旧革囊不可以盛新酒浆,旧伦理岂足以束缚新人物乎? 是殆以忠孝一本之教,视为现在有依赖性之一种物⑦,以忠君爱国为岛国根本性之符号⑧也。假使忠孝非道德之全体,则所谓道德之根本果何物耶? 忠欤孝欤,不过旧日之伦理观念,则今日新伦理果以忠孝二字为死语耶? 试思无忠之一字,则天壤无穷之敕语,

此真志士仁人从容就义者矣! 岂曰似之而已哉?

---

① 毫无惭愧之色,谨慎之体　田译本第179页同此。日文本第299页,原为"毫も惭愧の色なく、谨慎の體なし"。自译本第255页,译为"毫无惭愧之色,又无谨慎之意"。
② 幸德、菅野　即幸德秋水和菅野须贺(或称菅野须贺子)。菅野须贺(1881—1911年1月25日),日本女革命家,幸德秋水的同居恋人。生于京都附近农村的矿工家庭,早年经历过矿工的艰苦生活。曾以幽月笔名为《平民新闻》、《每日新闻》(1904—1905)撰稿。1909年,她出版《自由思想》杂志(仅出版两期便被查禁),曾两次被捕(1908和1910)。1910年被捕后,英勇不屈。同幸德秋水及其他10名革命者均在狱中被杀害。菅野须贺主张推翻帝制,建立社会主义。然而,她的思想具有无政府主义色彩。
③ 操觚　原指执简写字,后指写文章。觚(gū),古代书写用的木简。
④ 流亚　同一类的人或物。
⑤ 余不禁转生危惧之念也　日文本第300页,原为"余は転危惧の念を禁ぜざるなり"。自译本第255页,为"我安得不危惧又危惧哉"。田译本第179页,为"吾人安得不起危惧之念哉"。
⑥ 日文本第300页和自译本第255—256页,此下另起一段。
⑦ 现在有依赖性之一种物　日文本第300页,大意为"现代的厄介物"。自译本第256页,为"现代之障碍物"。田译本第179页,为"现代进化之障碍物"。
⑧ 根本性之符号　日文本第300页,原为"根性の信號"。田译本第179页,为"根性之信条"。自译本第256页,为"根性之标榜者"。

非反古耶①? 无孝之一字,则伊势太庙②,将奉置于何地耶? 既有国家、有君民,苟不以忠君、爱国为道德上第一义,则将以何事当之? (共和国民不知此)余素视伪忠、伪孝、伪忠君、伪爱国者为蛇蝎③。而自日本国民观之,除忠孝外,决无道德之标准,又无第一义也。苟日本民族一日不灭,则此二字未来永劫,决不容有丝毫动摇。盖伦理之精神,本无新旧之差;道德标准,岂有古今之异乎? (如其有异同者,乃形式上之事。至精神上,则通乎古今,不动不移。是谓真道德,是谓真伦理。不知此而云云④,诡辩而已,曲学而已。)

　　译者曰:物极必反,天之道也。印度阶级⑤之制严,而佛氏⑥倡平等之教;法国专制之风酷,而卢梭倡民约之论;日本伪立宪,而有幸德秋水鼓吹社会主义。佛氏也、卢梭也、幸德秋水也之三人者,虽生不同时,居不同地,而其慈祥恻怛为吾人类⑦之一大救世主,则一也。日本政府,蒙专制政体以立宪之皮,图掩国民之耳目。虽有四民同等之宣言,特一空文耳!而其贵族、华族、士族、平民、新平民之间,其权利之不平等自若也。幸德氏慨然提倡社会主义,欲以平其不平,正与著者痛斥元勋大臣及

----

① 非反古耶　田译本第 179 页,为"非一反古乎"。日文本第 301 页,原为"一の反古にあらずや"。自译本第 256 页,为"非一故纸耶"。
② 伊势太庙　通称伊势神宫,是日本神社的主要代表。伊势神宫位于三重县,传说起于远古时代。自明治天皇(1867—1912 在位)以后的历代天皇即位时均要去参拜。主要由内宫皇大神宫与外宫丰受大神宫所构成。内宫祭祀天照大御神,外宫祭祀丰受大御神。
③ 余素视伪忠、伪孝、伪忠君、伪爱国者为蛇蝎　田译本第 180 页,为"余素视伪忠、伪孝、伪忠君、伪爱国为蛇蝎者"。日文本第 301 页,为"余は本来偽忠偽孝、偽忠君偽愛國を蛇蝎視する者"。自译本第 256 页,为"余素蛇蝎视夫伪忠、伪孝、伪忠君、伪爱国者"。
④ 不知此而云云　田译本第 180 页,为"不知此而云"。日文本第 301 页,原为"此を知らずして云云す"。自译本第 256 页,为"不此之知,而云云是非"。
⑤ 阶级　初印本下编第 83 页,原为"阶级"。重印本下编第 83 页,误为"阶纸"。
⑥ 佛氏　应指佛祖释迦牟尼。
⑦ 吾人类　初印本、重印本的下编第 83 页,原为"吾人人类"。

萨、长二州人专横无忌之言相合。且其处死刑
也,以公道之在人心,世界万国国民无有不痛
斥日本政府之惨无人理者。著者乃詈之为鬼
畜,诋之为大逆,岂真别有肺肠欤?

　　且坤舆①上各民族,必有一种特长。斯拉夫
族,豪宕而胆大;日耳曼族,缜密细心,不倦不挠;盎
格鲁撒克逊②族,质实刚健,执拗不屈;拉丁族轻快
伶俐。或以气魄胜,或以精力胜,或以意志胜,或以
情热胜。③ 而我日本民族之特长何在乎? 气魄欤?
意志欤? 情热欤? 之数者,虽未必不落他人后,而
其中自有先天以来,后天以后,为他民族不能企及
于万一者存焉,即我君民一家之国体,奉戴万世一
系之皇统是已。此乃我建国之精神,又明治中兴之
精神也。苟无此,则帝国无缺之金瓯,早于北条、足
利二氏之时代,已被玷辱;我日本民族,早于千百年
前支离而灭裂矣! 夫然,忠孝一本,忠君爱国,洵我
民族根本的主义,又原始的精神也。后来民族之扩
大发展,亦必不可不由此。我日本④民族灭尽则
已,不然,则是主义,是精神,虽千万年之后,决不容
有寸毫动摇。今当局者日日⑤标榜忠孝之说、忠君
爱国之义,以鼓舞指导于他人;而己则不必忠不必
孝,又不必忠君爱国。学士先生亦日日说道德,谈
伦理,其中心实无恻怛之情;世道人心,为其梦想所
不及。而无良小人、狂妄凶徒,又持无君无父之邪
见,蓄阴险猛恶之毒心,敢构大逆不道、毫无人理之

---

① 坤舆　地的代称。此处代指地球、世界。
② 盎格鲁撒克逊　田译本第180页同此。自译本第257页,为"谙格鲁撒逊"。日文本第301
页,原为"アングロサクソン"。
③ 初印本、重印本的下编第84页,日文本第301页、自译本第257页和田译本第180页,此处
都为句号。点校本第536页,将句号改为删节号。
④ 日本　初印本下编第84页、日文本第302页、自译本第257页和田译本第180页同此。重
印本下编第84页,原误为"日未"。
⑤ 日日　日文本第302页、自译本第257页和田译本第180页,为"日日"。初印本、重印本
下编第84页和点校本第536页,都为"日月",应有误。

谋,将乘事机①以逞其野心。如是年复一年,日就月将②,蔓延益广,浸染益泛③,腐蚀益深。余所谓社会道义心之根底,亦受一种白蚁之害,盖即指此也。虽曰:我帝国基础,确乎不拔,万无动摇之虞,亦岂非世道人心之一大危机乎?此余所以独抱杞人之忧也。不宁惟是,观夫支那民族,有七十万方里之大,四亿万④人之众,以爱钱、爱身、爱色、多虚伪、喜党争故,一旦猝遇亡国之祸⑤。今我日本帝国,最大根底,稍为白蚁所侵蚀,淫猥贪婪怯懦鄙吝之风,遍于上下⑥,宛然支那民族之续也。古语不云乎:与治国同道罔不兴,与乱国同道罔不亡⑦。呜呼!我日本之将来,其亡国耶?其兴国耶?

　　译者曰:世界民族各有特长:或以气魄胜,或以精力胜,或以意志胜,或以情热胜。以云特长,洵特长矣。至云日本之特长,则指君民一家之国体,万世一系之皇统两语。夫君主国之适存于世界与否,姑不具论。然此不过国体上之事,而指以为民族之特长,支离怪诞,可鄙孰甚?其云中国虚伪爱钱,因以亡国,尤为荒谬。我之由革命而共和,乃政治上之事,岂有丝毫私念,杂于其间?况政体变更,纯属内部

① 乘事机　日文本第302—303页,原为"機に觸れ事に觸れて"。自译本第258页和田译本第181页,为"触机触事"。
② 年复一年,日就月将　日文本第303页和自译本第258页,为"五年十年,日日夜夜,每分每秒"。田译本第181页,为"五年十年,则日日夜夜,每分每秒"。
③ 泛　初印本、重印本下编第84页为"汛",应有误。日文本第303页、自译本第258页和田译本第181页,原为"汎"(泛)。
④ 四亿万　日文本第303页同此。自译本第258页和田译本第181页,为"四万万"。
⑤ 一旦猝遇亡国之祸　日文本第303页,原为"一旦猝に亡國の禍に遇へり"。田译本第181页,为"将遭亡国之祸"。自译本第258页,此句后尚有"而莫之能救也"。
⑥ 遍于上下　日文本第303页,为"上下に滿てり"。田译本第181页,为"充满乎上下"。自译本第258页,为"满于都鄙"。
⑦ 与治国同道罔不兴,与乱国同道罔不亡　语出《尚书》"太甲下",原为"与治同道,罔不兴;与乱同事,罔不亡"。日文本第303页,原为"興と道を同じくすれば興らざるはなく、亡と道を同じくすれば亡びざるはなしと"。自译本第258页,为"与兴同道罔不兴,与亡同道罔不亡"。田译本第181页,为"兴同道则无不兴,亡同道则无不亡"。

之事,与国家之存在,有何关系? 我国正当经营缔造,作一庄严灿烂、五族共和之大国,将一跃跻于强国之列。而狂者指以为亡国,尚得为有价值之言耶? 梦呓而已矣。

日本国民之觉悟

　　自悲观的方面观之，我日本有亡国之风，乃事实也；又自乐观的方面观之，则有兴国之象，亦事实也。① 余再三思索，更觉有大可悸者存焉。

　　试思我明治皇帝，非不世出之英主乎？圣德日新，如日月之中天，何有黄昏之象②？余辈幸生此时代，亲浴圣天子之治化，何可出亡国不祥之言？且帝国臣民五千万人中，腐败坠落③者，其人虽不少，不过中流之阶级而已。其余大多数下级人民，未尝失本来淳朴刚健之性情。苟涵养之、淬励之、训练之、匡正之，不误其方④，则人人皆帝国之忠臣，又祖宗以来之良民也。不见彼陆海军下级兵卒乎？无事则耐风雨、耐寒暑、耐劳苦、耐上官苛责，无丝毫愤怨不平色。一旦⑤有事，则在万死一生之境，犹不忘从容就义。临命终时，闻天皇陛下⑥万岁之声，则含笑瞑目。此时此际，无利害，无是非⑦，无得

今也明治亡⑧矣，其奈⑨何？

下级人民未受新思潮之激荡，易以术笼络之。秦始皇之愚民政策，亦以民愚而后便于驱使也。虽然，使世界之中而只一国孤

---

① 自译本第 259 页，此下增加一句"意者我日本无乃在兴亡之间乎"。

② 圣德日新，如日月之中天，何有黄昏之象　自译本第 259 页，为"非乾刚之圣德日新月隆耶？日月方悬于中天，何处有昏暮气象"。乾刚，应为"乾纲"。日文版第 304 页的相应语句，介于二者之间，原为"聖德は日々に新たに月月に隆におはしまさずや。日月方に中天に懸れり。何の處にか黄昏の氣象あらん"。田译本第 182 页，为"圣德非日新月隆乎？日光方悬于中天，何处有黄昏之气象乎？"

③ 坠落　初印本、重印本下编第 86 页同此。日文版第 304 页、自译本第 259 页和田译本第 182 页，为"堕落"。

④ 不误其方　初印本、重印本的下编第 86 页，自译本第 259 页和田译本第 182 页同此。日文本第 304 页，原为"其の方を誤まらずんば"。方，或指方向。

⑤ 一旦　日文本第 304 页、自译本第 259 页和田译本第 182 页同此。初印本、重印本下编第 86 页，点校本第 539 页，为"一日"。

⑥ 陛下　初印本下编第 86 页同此。重印本下编第 86 页，误为"陛下"。

⑦ 无是非　初印本下编第 86 页和自译本第 260 页同此。日文本第 304 页，原为"是非な〈"。重印本下编第 86 页，误为"无事非"。点校本第 539 页，校注为"无〈事〉〔是〕非"。田译本第 182 页未译此句。

⑧ 明治　即明治天皇（1852 年 11 月 3 日—1912 年 7 月 30 日），第 122 代日本天皇（1867 年—1912 年在位），名睦仁。中岛端在本书中未提及明治去世，故该书或完稿于 1912 年 7 月 30 日之前。日本学者後藤延子在《中岛端〈支那分割之运命〉泛论》中介绍该书动笔于辛亥革命之后，"仅一个半月就完成书稿"（参见本书第 603 页）。中岛端的原序，写于"明治四十五年四月"即 1912 年 4 月。据此，该书应完稿于 1912 年 4 月之前，或曰年初。

⑨ 奈　初印本、重印本的下编第 86 页，原误为"余"。

失,一心一意,恻怛之诚,不期然而然也。盖宇内虽广,种族①虽多,何处有如是景象乎? 何人有如是性情乎? 此乃我日本民族之特色也、本性也,又非三千年来君民一家之国体所使然耶?(此辈之不表现于平日者,实在最下等之社会,恒有一种潜势力,此其价值之所以益贵也。)今也闻日本将亡、日本将亡之声,此辈其将翕然起乎? 人人为爱国志士,人人为殉国义人,大难大厄,无不可当,又有何亡国不祥之事耶?② 且元老也、当局大臣也、政党也、政治家也,亦日本民族之一分子。其良知良心,岂尽麻木不仁耶? 彼等之瞆瞆濛濛,有如今之甚者,特逐一时之荣华,徬徨于醉生梦死之中,无从旁提撕③者使之觉醒也。

余不学无术一贫窭之田舍夫④耳。然野人之呼吁,亦时有天启之音。将来之祸福,岂无自吾辈口出,而入于世人⑤之耳者耶? 苟一言不当,余甘服千死万死之刑。不然则世人亦宜谨听余言。

余敢先告⑥今之元老诸公:公等须现真面目。公等非文久庆应⑦中之志士义人耶? 又非维新中兴之功臣耶? 昔日之沐雨栉风,十年一日,入虎穴以冒万死,而博一生者⑧,非公等耶? 昔日之一饭不忘君恩者非公等耶? 今也公等贪利禄、慕权势、

立,此策亦未尝不可用。无如列强林立、虎视眈眈。体力强者终不足以敌智力之强,此野蛮种族所以相继灭亡也。著者当今之世,乃力夸其下级人民为日本民族之特色,虽欲不谓为亡国灭种之术,不可得已!

---

①　种族　初印本下编第 86 页、日文本第 305 页、自译本第 260 页和田译本第 182 页同此。重印本下编第 86 页,误为“种旅”。

②　日文版第 305 页和自译本第 260 页,此下另起一段。

③　提撕　教导,提醒。

④　余不学无术一贫窭之田舍夫　日文版第 305 页,原为“余輩は一介の老措大、不學無識の田舍漢のみ”。自译本第 260 页,为“余一介老措大,不学无识之田舍汉”。田译本第 183 页,为“余辈虽一介之老措大、不学无识之田舍汉”。

⑤　世人　田译本第 183 页同此。日文版第 305 页和自译本第 261 页,为“一世”。

⑥　敢先告　日文版第 306 页,原为“敢て最先……に告ぐ”。自译本第 261 页,为“最先敢告于”。田译本第 183 页,为“敢告”。

⑦　文久庆应　俱为日本孝明天皇(1846—1867)用过的年号。文久,在万延之后、元治之前,指 1861 年到 1863 年期间。庆应,在元治之后、明治之前,指 1865 年到 1868 年期间。

⑧　入虎穴以冒万死,而博一生者　日文版第 306 页,原为“常に虎穴の中に出入して、萬死を冒して一生を博せし”。自译本第 261 页和田译本第 183 页,为“常出入于虎穴之中,冒万死而博一生者”。

卖私恩、树私党,似毫无殉国奉公之诚,何耶? 岂四十余年荣华宠幸之梦,公等之精神气节,消磨殆尽乎? 帝国今日之地位,安乎危乎? 东大陆之将来,风乎雨乎? 祸乎福乎? 圣天子之信任公等如何厚,国民之期望公等如何重! 公等请自省,平日之行事,果不辱圣主之知遇,负国民之倚赖乎? 虽圣天子不咎公等,国民不责公等,公等独不愧于心乎? 中夜人定后,孤灯耿耿下,请静思往事,默想将来,公等能安眠乎? 公等何不翻然觉悟,反旧时之真面目?

余敢告当局诸大臣:公等须现真面目。公等平日非以国士自任者耶? 公等二十余年,奔走驰驱于政界何为者? 今既辱圣明之知,居台阁之上,军国大事,一系于公等矣。然而制度之如何修改,财政之如何整顿,公等何竟排弃一切之情实,不顾平日之主张耶①? 公等欲自欺也,则帝国今日之形势,非历历在公等之前耶? 外交振作否耶? 内治整顿否耶? 国民困苦之声,不入于公等之耳耶? 憔悴之色,不映于公等之目耶? 今日最大之情弊为何事? 最大之急务为何事? 今之时能容公等慕荣华、贪利禄乎? 公等何不反前日之真面目?

余敢告政友、国民两党:公等须现真面目。公等非现在之大政党乎? 公等十年来所主张之政策如何? 曰盲从,曰明从,曰情投意合,何等之事乎? 曰消极,曰积极,如何之意乎? 代议制为何? 立宪政体为何? 公等平生之言行,果不辱选良之名耶? 公等造幸福于国民者何在②? 党派之利害,与国家之休戚,孰重孰轻? 国民今为何等之情状? 国家今

---

① 公等何竟排弃一切之情实,不顾平日之主张耶　日文本第307页,原为“公等何ぞ一切の情實を排しおりて、平日の主張如何と顧みざる”。自译本第262页,为“公等何不排去一切情实,顾平日主张如何”。田译本第184页,为“公等何不排去一切之情实,而顾平日之主张如何乎?”。

② 公等造幸福于国民者何在　日文版第308页,原为“卿等は何の處にか國民利福を興したるぞ”。自译本第262页,为“卿等何处与国利民福乎”。田译本第184页,为“果有为国兴利,为民谋福之事乎?”

处何等之形势？今日岂公等私心自用,攘权夺利之时乎①？公等何不反旧日之真面目？

余又敢告海陆军人:公等须现真面目。公等非日清战役之猛卒耶？公等非日俄战役之勇士耶？公等又非国家之干城耶？公等胸间之金鸱②,公等万死一生③之标志也。然而今日之生者,非多负当时之死者耶？一将成功万骨枯！公等之富贵功名,非多数下级兵卒鲜血之余沥耶？两次大战之勋业,非一由圣天子之神威,一由忠勇国民之后援所使然耶？公等忘之乎！武人不爱钱,古有明训④。公等之财帛何自得来？公等之渔色,又何为者？军饷也,军需也,非皆国民之膏血乎？公等用之如泥沙⑤何耶？公等以百姓村夫⑥轻视国民,然无百姓村夫之后盾,则公等能独为何事乎？公等尚梦想往日之战胜乎？殊不知⑦将来之大敌,更有可惧者。公等若不即早自戒,则公等必有百悔不及之一日。公等何不反旧日之真面目？

余又敢告贵族缙绅:公等须现真面目。公等非蒙祖先之余泽,窃圣主之恩宠者耶？公等上有何功劳于国家,下有何作为于民生？公等之爵禄名位,

---

① 今日岂公等私心自用,攘权夺利之时乎　日文版第 308 页,原为"今日は卿等が小利害小感情に屑屑たるの時か。小機略小術策を弄するの時か"。自译本第 262 页,为"今日岂卿等屑屑于小感情小利害之时乎？弄小机略小术策之时乎"。田译本第 185 页,为"今之时岂容卿等争小利害,弄小术策之时乎？"

② 金鸱　金鸱勋章,第二次世界大战前日本帝国的军事勋赏,设立于 1890 年 2 月。分为七等(正式名称是:功一级金鸱勋章……功七级金鸱勋章),奖励给武功卓越的军事人员。二战结束后,于 1947 年废止了金鸱勋章。鸱,同鸥。

③ 一生　初印本下编第 88 页、日文本第 308 页和田译本第 185 页同此。重印本下编第 88 页,误为"生一"。

④ 武人不爱钱,古有明训　日文本第 308 页,原为"武人钱を爱するは、今古の禁物"。田译本第 185 页,为"武人爱钱者,今古之禁物也"。自译本第 263 页,为"武人爱钱,古今来所戒"。

⑤ 用之如泥沙　日文本第 308 页,原为"挥霍手に随がひて、湯水の如き"。自译本第 263 页,为"随手挥霍,一如汤水"。田译本第 185 页,为"任意挥霍者胡为乎"。

⑥ 百姓村夫　日文本第 308 页,原为"百姓町人"。自译本第 263 页,为"农夫商贩"。田译本第 185 页,为"农夫商人"。

⑦ 不知　初印本下编第 88 页,原为"不知"。重印本下编第 88 页和点校本第 542 页,误为"之知"。

非公等无智无能之徽章耶？公等高自位置①，所谓居四民之上者。公等果有表率四民之品格乎②？公等自称为皇室屏藩。公等果知忘身奉公报圣主莫大之鸿恩③乎？公等非国家之赘瘤国民之附属物耶④？公等勿恃九重之保护。日月雨露之恩，虽及于虺蛇⑤豺狼，然福善祸淫之天道，岂有丝毫之疏漏耶？公等如不自戒饬，则伤国家之体面，污宫廷之威信，断非浅鲜。公等恐无保全首领之途。公等何不反本来之真面目？

余又敢告富豪之徒：公等须现真面目。公等巨万⑥之富，自公等勤勉节俭而来乎？公等非阴假国家之力，垄断私利耶？公等非用贿赂之手段，横夺国利民福耶？公等致富之术，其去诈伪窃盗也几希。公等非吸怯弱者之血而食其肉者耶？公等非于小民饥寒哀号声中弦｛歌｝欢笑⑦者耶？公等非赖国家法律之庇护，始保其财产之安全耶？然而公等有何报酬于国家乎？公等勿自恃其富豪，勿夸其家宅之为金城铁壁。悖入者必悖出，公等富之影⑧，非即死之影耶？大地决裂，山河破碎，则金城铁壁乎何有？天网恢恢，疏而不漏。积不善之家，

① 位置　日文本第309页和自译本第264页，为"标置"。田译本第185页为"声价"。

② 公等果有表率四民之品格乎　日文本第309页，原为"卿等果して人の風上に置かるべき品格ありや"。自译本第264页为"卿等果有坐人上方之资格乎"。田译本第185页为"卿等果有居人上之品格乎？"。

③ 莫大之鸿恩　日文本第309页、自译本第264页和田译本第185页，为"海岳之鸿恩"。

④ 公等非国家之赘瘤国民之附属物耶　日文本第309页，原为"卿等の宮廷に依附するは、恰も社鼠城狐に類せずや。卿等は國家の贅瘤にあらずや。國民の厄介物にあらずや"。自译本第264页，为"卿等依附于宫廷，不类社鼠城狐之为乎？卿等非国家之赘瘤耶？非国民之寓公耶"。田译本第185—186页，为"卿等之依附宫廷者，非类于社鼠城狐乎？卿等非国家之赘流，而国民之重累物乎？"

⑤ 虺蛇　音 huǐ shé，毒蛇。亦喻恶人。

⑥ 巨万　初印本下编第89页和自译本第264页，为"巨万"。重印本下编第89页和点校本第543页，误为"百万"。日文本第309页和田译本第186页，为"巨万万"。

⑦ 弦｛歌｝欢笑　初印本、重印本的下编第89页，都为"弦欢笑"。日文本第310页，原为"絃歌歡笑"。田译本第186页类此。自译本第264页，为"絃歌笑语"。

⑧ 富之影　日文本第310页和自译本第265页同此。含义不详。田译本第186页，为"之富影"。

必有余殃。因果报应之律,岂独于公等不然①耶?
公等若不自悟,则亡国灭家②之祸,将于公等身受
之。公等何不早反其真面目?

　　余又敢告宗教家:公等须现真面目。公等非以
广济众生、博爱救世为帜志者乎? 售死信仰,而购
生梵妻③者非公等耶? 质④枯寂之灵,以易面包与
肉者非公等耶? 旦夕詈伪善,旦夕且行伪善;终日
谈信仰,而须臾无信仰之诚。以堕落地狱之身,怀
疑满腹之心,犹且盛气念弥陀,唱阿门⑤。公等岂
非视释迦、基督为玩弄物耶? 今日扰乱国民之信
仰,破坏国民之心理,使无所归向统一者,抑谁之
咎? 公等犹有人心乎? 何不早反真面目,以图消灭
罪障耶?

　　余又敢告教育家曰:公等须反真面目。公等者
非制造未来之国民者乎? 然公等非日夜使国民蒙
昧、轻薄、怯懦、狡猾,为永劫的小国民乎? 或曰日
俄之役,得百战百胜之利,公等之力居多。然则现
今之公等耄年乎? 抑失神乎? 教育敕语者,岂命伪
忠君、伪爱国者乎? 公等如何奉行圣旨? 教育权威

---

① 不然　日文本第310页为"见遁";田译本第186页为"见遗"。自译本第265页为
　　　"脱兔"。
② 亡国灭家　日文本第310页和田译本第186页,为"亡家灭族";自译本第265页,为"亡家
　　　灭贼"。贼,应为"族"之误。
③ 生梵妻　梵,音qiu,意为"荆"。日文本第311页,为"生ける大黑"。自译本第265页,为
　　　"生大黑(寺婢)"。
④ 质　日文本第311页,为"押賣"。自译本第265页,为"强卖"。田译本第186页为"市"。
⑤ 犹且盛气念弥陀,唱阿门　阿门,初印本、重印本的下编第89页,点校本第544页,原为
　　　"南无",应有误。日文本第311页,原为"猶且殊勝氣に彌陀佛を念じアーメンを唱ふ"。
　　　自译本第265页,译为"犹且温然蔼然,念弥陀佛,唱亚孟"。アーメン,为"阿门"的英文
　　　日译。亚孟,即阿门,而非"南无"。下一句提及的"释迦、基督",亦证明"亚孟"应为阿门。
　　　田译本第187页,为"反力念弥陀佛'阿们'"。
　　　南无,梵语namas音译。中文意译为:归命、敬礼、归依、救我、度我等义,是众生向至心皈
　　　依信顺的话。佛教用语,常用在佛、菩萨或经典名之前,表示尊敬或皈依。
　　　阿们(Amen,天主教亦译为亚孟),是犹太教、基督宗教和伊斯兰教的宗教用语,在礼拜和
　　　祷告时表示同意或肯定的意思。阿们最初用于犹太教,后来为基督教所采纳。基督徒常
　　　在祷告或赞美时,运用阿们作为总结和肯定。伊斯兰教虽不常用此词,但每念诵《古兰
　　　经》的第一章之后,必以阿们作为结束语。

之堕地,伊谁之过？公等何不早反其面目,以谢其老悖之罪？

余又敢告五千万之同胞曰:公等须反真面目。公等者,非以新人物自许者乎？非以一等国民自负者乎？公等其刮汝目,洗汝面,去其浮夸之习,除其骄慢之念。公等之智识才学,非得之于欧美人乎①？公等之富力财力,非方濒于破产之穷境乎？其支那人②詈公等为卖淫国民,公等果不耻斯言乎？其英人③怒公等欠商业道德,公等何不改其轻佻多诈之态乎？其美人④嘲公等无发明独创之头脑,公等何不积沈潜刻苦之工夫乎？公等真以日本民族之精神物质两者,自信为世界中最优良者乎？今果有最优良之实力乎？公等非动辄谓膨胀的日本乎？膨胀者,水胀火胀之谓也,病的增长之谓也,腐坏败乱之谓也。公等知之乎？公等者非谓称为武士道的国民乎？然公等之怯懦淫佚何哉？爱钱爱身何哉？不重节义,不知廉耻,何哉？公等之祖先,为质实刚健,为清廉洁白,为弘毅宽裕,公等何不自猛省耶？公等之将来为尧天舜日之太平乎？为疾风暴雨乎？九死一生之大厄难,非刻刻⑤来迫于公等之身乎？公等欲免亡国灭种之祸,何不早自反真面目？使公等不早自反真面目,异日天柱摧,地维碎,虽欲保公等真面目,岂可得哉？盖真面目者,真剑⑥也,真实也。敬神云者,此心也;信仰云

---

① 非得之于欧美人乎　日文本第 312 页,原为“歐米人の受賣にあらずや”。自译本第 266 页,为“非欧美人之零售耶”。田译本第 187 页,为“非受之于欧美人乎？”

② 其支那人　初印本、重印本的下编第 90 页同此。田译本第 187 页,为“某支那人”。日文本第 312 页和自译本第 266 页,为“某清人”。

③ 其英人　初印本、重印本的下编第 90 页同此。日文本第 312 页、自译本第 266 页和田译本第 187 页,为“某英人”。

④ 其美人　初印本、重印本的下编第 90 页同此。日文本第 312 页,原为“某米人”。自译本第 266 页和田译本第 187 页,为“某美人”。

⑤ 刻刻　田译本第 188 页同此。日文本第 313 页为“刻一刻”。自译本第 267 页,为“刻一刻,念一念”。

⑥ 真剑　田译本第 188 页同此。自译本第 267 页,此两字后注“白刃”二字。真剑,日语词汇,意为:(1)真刀真剑。(2)认真,做事认真貌。

者,亦此心也。约言之,诚而已! 诚者,不出妄语①。妄语之人,妄语之国民,岂能容身于天地之间哉!

余更告我帝国上下曰:君等试举目一视东大陆之形势如何。七十万方里之地,今非将被瓜分乎? 四亿万之生灵今非将浮沉于水火之中,埋没于涂炭之下,喁喁然②以待来苏之人乎? 黄种之国于世界者不止十数,今前后颠踣,不能复起。而我帝国独屹③立于五洲之上,以三千年之旧邦,而精神元气磅礴不衰。此岂非我帝国自觉其天职④之时乎? 天之福人类也,无白种独厚,黄种独薄之理。盖穷则变变则通,今日者非黄种⑤复兴之运乎? 修尔之德,养尔之力,胆宜大而心宜小⑥,我日本于东大陆,无两敌之相抗也。勿以侵略之念临人,勿以侮弱之眼视人。以不嗜杀人之心,持扶植人道之主义,行同种同族患难相救、疾病相扶之政策。以生人之道杀人,虽死不怨;以佚人之道⑦劳人,虽劳不叛。杀人剑即活人剑,恩惠兼行,宽猛相济,功勿自伐,德勿自恃,勿急一时之近功,而误百年之大计。加以诚实恻怛之心,始终不倦不挠,是王道之谓也。果如是岂特日本民族之发展云乎哉? 虽黄种统一可得而期,世界平和可得而望,四海兄弟天下一家

著者亦知妄语之国民不能容于天地之间乎! 盍自省?

著者下笔时,其亦自思此书由何观念发生者乎? 抑口蜜腹剑也!

口口王道,犹是天

---

① 诚者,不出妄语　日文本第 313 页,原为"誠は不妄語より入る"。自译本第 267 页,为"诚自不妄语人"。田译本第 188 页,为"诚者,不妄语不妄为之谓也"。

② 喁喁然　众人景仰归向的样子。日文本第 313 页、自译本第 267 页和田译本第 188 页,为"喩喩喁喁"。

③ 屹　初印本下编第 91 页、日文本第 313 页、自译本第 267 页和田译本第 188 页,原为"屹"。重印本下编第 91 页,误为"迄"。点校本第 546 页,校注为"〈迄〉〔屹〕"。

④ 天职　初印本下编第 91 页、日文本第 314 页、自译本第 267 页和田译本第 188 页同此。重印本下编第 91 页,误为"大职"。点校本第 546 页,校注为"〈大〉〔天职〕"。

⑤ 黄种　初印本、重印本的下编第 91 页和点校本第 546 页,原为"皇种"。日文本第 314 页、自译本第 268 页和田译本第 188 页,为"黄種"。

⑥ 胆宜大而心宜小　初印本、重印本的下编第 91 页,原为"胆宜小而心宜小",应有误。田译本第 188 页,为"胆宜大而心宜小"。日文本第 314 页,原为"膽は宜く大なるべし、心は宜く小なるべし"。自译本第 268 页,译为"心宜小也,胆宜大也"。

⑦ 佚人之道　又作佚道,意为使百姓安乐之道。

之最上乘理想,可得而实现矣!

嗚呼! 不可失者非时乎? 不可逸者非机乎? 扬我帝国之声威于五洲,贻功业于百代者,今日也;偷一时之苟安而酿将来衰灭之祸者亦今日也。五千万众,其投袂而起哉! 帝国之安危祸福于目前决之也。今之时非断而行之之秋乎? 善哉维新之誓文曰:上下一心,盛行经纶①。余惟有日夕祈我帝国上下之同心奋起而已。②

宝时代之头脑③。以若所为,求若所欲,视缘木求鱼殆有甚焉!

　　译者曰:吾国共和告成以来,日本君党妒极嫉深,无所不用其阻挠。盖忧其国人受吾民国之影响,不肯受皇帝贵族之愚弄奴隶,将有溃堤决防之虞。故汲汲与俄协谋,极力破坏,欲使东亚大陆永无民主国发生,以保全其皇室万世帝王臣妾全国之业。而彼等亦得世袭罔替同享最上之权利。不知此为世运所不容,人道所不许也。夫二十世纪者,平民政治发展之时期也。二十世纪之人民,应享平等自由之人民也。不见夫三四年来之大势乎? 葡

---

① 盛行经纶　田译本第189页同此。日文本第315页,原为"盛に經綸を行はんと"。自译本第269页,为"盛行轻纶",应有误。经纶,整理丝缕、理出丝绪和编丝成绳,引申为筹划治理国家大事。

② 在最后两段中,中岛端对日本独占中国有所回避和辩解,讲到"勿以侵略之念临人,勿以侮弱之眼视人。以不嗜杀人之心,持扶植人道之主义,行同种同族患难相救、疾病相扶之政策"等好话。这一方面不似日本的某些右翼狂人,张牙舞爪;另方面则有一定的迷惑性。他接着说的"以生人之道杀人,虽死不怨;以侠人之道劳人,虽劳不叛。杀人剑即活人剑,恩惠兼行,宽猛相济,功勿自伐,德勿自恃,勿急一时之近功,而误百年之大计",则隐含杀机,锋芒毕露。他最后所说"扬我帝国之声威于五洲,贻功业于百代者今日也"和"余惟有日夕祈我帝国上下之同心奋起而已"等,显然不是主张日本一般地参与分割中国,更不是彻底退出中国,而只能是独占中国。

③ 天宝时代之头脑　天宝(742年正月—756年七月)是唐玄宗李隆基用过的三个年号之一,也是最后一个年号(前两个为先天、开元),共计15年。"天宝时代之头脑",或出自中唐诗人元稹的《行宫》:"寥落古行宫,宫花寂寞红。白头宫女在,闲坐说玄宗"。在"支那人之虚势"一章的最后一则"译者曰"中,曾提及"白发宫人谈天宝遗事"(北洋本上编第71页,点校本第371页,本书第362页)。
日本学者后藤延子认为"天宝"应为"天保"之误(见本书第593页),似不确。天保是日本的年号之一,从1830年12月10日—1844年12月2日。1888年,德富苏峰曾发表《新日本之青年》,把"明治青年"与"天保老人"相对应,把一些出生于天保年代、明治初期执掌朝政的日本政治家伊藤博文、井上馨、山县有朋、大隈重信、木户孝允、福泽谕吉、板垣退助等蔑称为"天保老人"。对北洋法政学子来说,更可能使用中国历史上的"天宝",而非日本历史上的"天保"。

国革命①,吾华革命,俄罗斯亦蠢蠢欲动。吾恐帝王君主之魔物,不数十年将绝迹于世界矣。今余译此书至《日本国民{之}觉悟②》章,余方谓著者以先觉自命,奔走呼号于国人者,必国利民福之问题,曰平等也,曰自由也,曰推倒君主也。抑知其不然,乃欲残民以逞,扰乱和平,而梗大化。吁,曷③其谬哉! 然则著者实害世运之蟊贼,而阻进化之人妖鬼畜也。

译者又曰:著者意在分割中国,斯不得不诬中国之可以分割。欲诬中国可以分割,斯不得不造作蜚语,散布流言,以淆乱天下之耳目而因以售其奸。是书下编推论分割中国,故于上编虚构一中国可以分割之影象。于是无而为有,虚而为实,细而为巨,捕风捉影,信口雌黄,绘声绘形,惟肖惟妙。岛人心事如是而已④。呜呼! 优胜劣败,适者生存。天演之行,无所假借。斯固人人所当自省自奋,祈天永命,无所用其不平者也。若夫无可亡之道而横谤之来,谬云必亡,磨刀霍霍,咄咄逼人,必使至于澌灭而后已。是可忍孰不可忍? 然则读是书而不蹶然⑤兴者,其自待何如也!⑥

《〈支那分割之运命〉驳议》下编终

---

① 葡国革命　1910 年 10 月,葡萄牙革命推翻了君主制,正式成立第一共和国。国王曼努埃尔二世逃亡国外。

② 日本国民{之}觉悟　初印本、重印本的下编第 92 页,原为“日本国民觉悟”。

③ 曷　通“何”。

④ 本节“译者曰”可看做对全书的总结。认为中岛端论述中国的分割是污蔑、“虚构”、无而为有、信口雌黄,或许过分一些。但是中岛端夸大和渲染中国的分割,还是可以肯定的。

⑤ 蹶然　初印本、重印本下编第 91 页同此。点校本第 549 页,校注为“〈蹶〉〔崛〕然”。蹶然:又作“蹷然”,忽然,突然。崛然:挺立貌。就此来看,还是“蹶然”更恰当些。

⑥ 总的来看,下编中的眉批和译者曰,在数量和篇幅上都有所减少。究其原因,一则上下编的译注,略有前紧后松之感。二则因为在下编中,中岛端反思日本甚力,有的连北洋法政学子们也认为过苛。故除揭其对中国、对日本前后不一外,无太多话可说。中岛端对日本反思和抨击甚为直率,除为日本的对外扩张出谋划策而恨铁不成钢外,亦表现了其独立学者的客观之处。

附　录

中岛端《支那分割之运命》泛论①
—— 一个亚细亚主义者的选择

[日本]后藤延子著　吕旭春译　李继华编校

一、前　言

　　北洋法政学会成立于1912年,是以北洋法政专门学堂第一期学生(1907年9月入学,1913年6月毕业。预科三年,正科三年)为中心成立的。此学会成立以来,"已出版多种书籍"(《言治》月刊第一期,"本会特别启事")。此后,1913年4月开始正式发行《言治》月刊(英文名 Statesmanship②)。郁嶷和李大钊在学会成立的第一年入会,并担任编辑部部长③(《言治》月刊第一期,"北洋法政学会第二期职员名册")。

　　北洋法政专门学堂,是直隶总督兼北洋大臣袁世凯(任期1901—1907)为推进新政事业而创设的新式教育机关,"以造就完全法政通材为主旨"④。预科三年中,外语课程(日、英、德、法语)占的比重很高,日语是必修科目。

---

① 本部分原题为《中岛端〈支那分割之运命〉的周边——一个亚细亚主义者的选择》,分上下两篇,又称(一)(二),以第二节第6个小标题"日本是否应该参与分割中国"为界。此前(不含)为上编,此后(含)为下编。

② Statesmanship　直译为:政治家风度,政治家才能,治国之才;经纶;政治才能;政治手腕等。北洋法政学会的调查部部长凤文祺在《言治》第一期的《释言治》中写道:

治之义行四。训理……训校……训简……训监。言者言其应理、应校、应简习、应监督者也。

民国新造,政类乱丝,千纬万经,莫寻其络。不得其道而理之,将益棼也。

法制政策,国有其宜弃短撷长,裨益来祀。不会其通而校之,将何从也?

乍脱专制,聿兴民政,因革损益,辄异前规。不循其途而简习之,转以滋纷扰矣。

服从民意,共和所胎,执政敝法,亦孔之灾。不探其本而监督之,国其无宁日矣。

此言治之所为着也。他日由是而理者理之,校者校之,简习者简习之,监督者监督之,斯同人之愿偿矣。

据此,"言治"的中文含义应为治国论坛、国是论坛等。——编校者注

③ 采用二人部长制。但是否从第一期职员开始就有两位编辑部长,不能确定。

④ 《北洋政法专门学堂章程》(《北洋公牍类纂(一)》卷三史治一总纲　教育),依据《奏定分科大学章程》(1904)起草。

预科一年级每周有 36 节课，日语就占了 12 节课。

　　预科和正科都十分重视外语教育，外国教员授课，"一概不用通译"，以节钟点而收实益。因为"日文日语为将来听讲所必需"，很受重视。与其他外国教员相比，日本教师占据主力位置，比较有名的有吉野作造、今井嘉幸、大石定吉等。这些教员上课时使用大量专业术语，学生没有较强的日语能力，不可能理解⑤。可见北洋法政专门学堂的学生们，日语水平相当高。

　　本科学生定额 200 名，入学后可以自由选修政治或法律。选修政治的学生，从正科二年级开始分为政治和经济两个专业，所修课程有所不同。选修法律的学生，从正科三年级开始，分成国（内）法和国际法两个专业，所修课程也有差异⑥。

　　本科生课程的最大特点是，正科三年级学生除了毕业考试，还要求写论文。此项规定依据奏定分科大学章程中的"毕业课艺及自著论说"而制定。学生从正科三年中所学有心得者自由设题，字数要求一万以上，而且必须在

---

⑤　根据注④，北洋法政专门学堂除了本科外，还附设简易科。这是本科生毕业之前的临时过渡措施，以"直隶地方绅士"（"绅班"）和直隶以外"有职人员"（"职班"）为对象，分为培养地方自治人员的"行政门"，和培养法官、律师的"司法门"（编校者按：在大约编于 1908 年、印于 1913 年的一份《北洋法政专门学校同学录》中，这两个班被分称为"行政科"与"司法科"）。修业期限一年半，合并修满三个学期也可随时毕业。入学年龄限制在 45 岁以下。简易科课程主要由本国教员担任，不足时"偶用外国教员，不能不用通译传达"。1906 年 1 月，吉野作造被聘任袁世凯长子袁克定的家庭教师，来到中国。根据他的日记（《吉野作造选集》13 卷，岩波书店，1996 年版），1907 年 7 月他被聘担任北洋法政专门学堂的教员，从 9 月开始为简易科"绅班"和"职班"学生讲授国法学和政治学。从 7 月份开始双方就工资问题进行交涉，到 12 月 16 日才正式受聘为北洋法政专门学堂的教师。他 1908 年的日记欠缺，1909 年 1 月初回国途中又开始记日记。他在任时，第一届本科生还在读预科，预科一、二年级的课程中没有《法学通论》，所以李大钊等人并没有直接受教于吉野作造。但是汪向荣著《日本教习》（三联书店 1988 年）和竹内实监译《清国雇用的日本人》（朝日新闻社 1991 年）中，记载了北洋法政专门学堂共聘用 12 名日本人（包括台湾籍翻译一名，校医一名）的姓名、简历、担当科目等，其中吉野作造是"总教习"。汪向荣的著作中采用了今井嘉幸提供的信息和照片，可信度很高。因此，李大钊称吉野作造为老师，也是合理的。据吉野作造《清国雇用的日本人教师》（国家学会杂志 23 卷 5 号，1909 年 5 月）记载，他在讲课时给学生分发讲义，并使用汉字板书，所以日本教员比欧美教师上课更容易使学生理解。吉野作造使用的教科书，是美浓部达吉的《日本国法学》上卷上　总论（有斐阁，1907 年）。在日记中，还记载着他出的试题。

⑥　李大钊在当时选择的专业是什么，目前尚不明。但是，李大钊去日本"专研社会经济学"（郁嶷《送李龟年游学日本序》，《言治》月刊第四期）。1913 年末 1914 年 1 月初来到日本后，写了一篇关于物价和货币购买力的关系的论文，陈述了自己的疑问和见解（《物价与货币购买力》，《甲寅》杂志一卷三号，1914 年 8 月 10 日），从这两件事来看，我推测他选择的是政治门经济专业。

　　编校者按：在 1913 年 6 月编印的《北洋法政专门学校同学录》中，李大钊（李钊）毕业于"政治经济科"。

预定期限内完成,否则不能毕业。

　　学生通过预科和正科共六年学习,接受了自由而充实的教育,通过写毕业论文培养了自主选题及论证能力,成为政治法律方面的专门人才。学生入学时的年龄限制为 16 岁以上 25 岁以下,6 年后毕业时,已经是 22 岁到 31 岁的新锐青年。

　　但是,第一期学生在天津学习的 1907 年到 1913 年这段时间,中国正处于激烈转型时期。在 1908 年以来开展的四次国会速开请愿运动和反对日本侵占的安奉铁路改筑运动中,学习法政的年轻精英们当然不会置身事外⑦。辛亥革命爆发后,一些教员、学生积极参加,地理教员白雅雨在滦州起义中牺牲。辛亥革命后政局多变,1913 年 3 月 20 日,出任民国临时大总统的袁世凯,派刺客在上海火车站枪杀了国民党的指导者宋教仁。北洋法政专门学堂的学生们临近毕业,人心惶惶。

　　此时,袁世凯在国内受到的怀疑和指责日渐高涨,再加上他无视国会对善后大借款的反对强行签字、二次革命的爆发等,学生们在民国前途令人担忧的时期迎来了毕业。第一期学生共同度过了清末民初的 6 年动荡时期,相互关系很好,十分团结。北洋法政学会几乎集结了第一期学生的全部。

　　作为学业水准很高的法政学生,他们十分渴望将所学新知识应用到现实政治中。因此,艰难编印的《言治》月刊往往脱期,到第六期停刊。随着第一届本科学生的毕业离校和政治见解、立场的分化,法政学会逐渐解体。

　　本文要研究的是,《言治》创刊以前北洋法政学会出版的书籍。如前所述,该学会出版过多种书籍。但笔者并不清楚具体有哪些书籍,唯一清楚的是针对中岛端《支那分割之运命》而发表的《〈支那分割之运命〉驳议》(洋装金字一册本)。根据《言治》月刊第一期刊登的广告,这本书出版于 1912 年 12 月。该期《言治》,还刊登了《蒙古丛书第一种　蒙古及蒙古人》"近日发行"的广告⑧。

---

　　⑦　后述。李大钊《十八年来之回顾》(1923 年 12 月 30 日)。
　　⑧　这本书原名《蒙古及蒙古人》,之所以冠以"蒙古丛书第一种"7 个字,是因为以后还编辑了
　　　很多和蒙古有关的书籍。这本书以郁嶷为中心翻译,也由他作序(申玉山、刘丽君:《〈李
　　　大钊与天津〉简评》,河北省李大钊研究会主办《李大钊研究》第六辑,1997 年)。洋装硬
　　　皮一大本,定价大洋 2 元 3 角。这本书实际上是在俄罗斯取得了蒙古文学博士学位的波
　　　兹德涅耶夫,在 1892 年和妻子一起从圣彼得堡经由西伯利亚进入哈库特,在游历观察了
　　　外蒙古地方一年半后写的日记,详细记录了蒙古人的生活、内部组织以及和俄罗斯人的关
　　　系等。这本书的第二卷续刊是关于 1893 年内蒙古地方的调查报告。北洋法政学会出版
　　　的是第一卷,是对东亚同文会编纂局翻译、那珂通世校阅本的重译(定价 2 圆 50 钱)。直
　　　接从俄语翻译成汉语的本书第一、二卷,1989 年由内蒙古人民出版社([俄]阿·马·波兹
　　　德涅耶夫著,刘汉明、张梦玲、卢龙译)出版发行。根据出版说明,1913 年的北洋法政学会
　　　的译本,是从日文翻译的重译本,"译文粗疏、错漏较多",现在已很难找到。

在李大钊与留日同学张润之合译的《中华国际法论》⑨中，也刊登了三本书的广告。即《〈支那分割之运命〉驳议》的再版广告，《蒙古丛书第一种　蒙古及蒙古人》的广告以及《世界风云与中国》的近刊预告。这三则广告都署名"李大钊谨启"⑩。

《言治》季刊第三期（1918 年 7 月）的"本会出版新书"中，提及《再版支

编校者按：哈库特，不详。或指蒙古的撒哈库特汗盟。见潘公昭编：《今日的外蒙》，中国科学图书仪器公司 1947 年版，第 199 页。

编校者又按：那珂通世（1851—1908），日本岩手县人，明治时期的著名东洋史学家。致力于中国、日本及朝鲜古代史研究，尤其在中国元朝史研究上成果最大。维新后历任千叶县师范学校校长，东京女子师范校长，元老院书记官，帝室制度调查官，东京高等师范学校教授，讲授汉文及东洋史学科。1890 年写成《支那通史》，师承福泽喻吉，以欧洲文明中心框架重新分析中国，证明中国 2000 年的历史是停滞的历史，从文化、军事、政治三个方面对中国历史作了一个片面而阴暗的阐述，在当时的日本社会产生很大的负面影响，使得中国几千年的文化形象在日本人心目中一落千丈，也给清末中国人提供了革命的理由。1901 年获得文学博士学位，1906 年被派到中国研究东方史，曾翻译蒙古文《元朝秘史》。其他有"元世译文补正""崔东壁遗书""东洋历史地图""元代疆域图"，以及"日韩古代交通史稿""近世朝鲜政鉴"等。他是天皇主义者，但更注重史证。他在搜集资料后，认为神武天皇前后的神话记载不足，《日本书纪》所载的神武元年（纪元前 660），大约延长史实 600 年以上。战前帝国大学国史系对那珂通世的这段考证，只准学生知道，不许学生毕业后教中学时讲这段历史。

⑨　李大钊在《中华国际法论译叙》（1915 年 4 月）中，详细记载了今井嘉幸和自己的关系，及他的为人和主张，并记载了翻译的经过。今井嘉幸经吉野作造介绍，1908 年 2 月担任北洋法政专门学堂的教师。今井一开始也是通过台湾籍翻译，教授简易科司法门的学生。北洋法政学会成立时，他捐助了 20 元大洋，成为名誉会员（《言治》月刊第二期"北洋法政学会特别捐名单"）。辛亥革命爆发后，给学生们讲授战术学（今井嘉幸：《堂吉诃德》，文艺春秋，1937 年 5 月号）。后来他和袁世凯有了冲突，曾到南方参加革命派的活动。1912 年 3 月末回到天津，恢复原职，为民国建立撰写了《建国策》（汉文），呈献给大总统、副总统、各国务员、各省都督及开国人士，还执笔写了《中华民国宪法私案》。1913 年回国，向东京帝国大学法学部提交学位申请论文《支那的外国裁判权和外国行政地域》，1914 年 12 月被授予法学博士学位。1915 年 3 月，由丸善社出版《支那国际法论》。李大钊和张润之将其翻译成中文，题目改为《中华国际法论》。又附载了今井嘉幸发表在《言治》月刊第二期的论文《论撤去领事裁判权》（黄旭译），1915 年 4 月由健行社出版。参见今井嘉幸自叙传《五十年之梦》以及松冈文平的解说（神户学术出版，1977 年）。

编校者按：从李大钊和张润之译书的书影来看，应为《中国国际法论》，而非《中华国际法论》。将"中国"误为"中华"，应始于《李大钊文集》1984 年版，延续于《李大钊文集》1999 年版和《李大钊全集》2006 年版（三书皆为人民出版社出版）。到 2013 年人民出版社出版的《李大钊全集》修订本第一卷，正文和注释 2 中改为《中国国际法论》，注释 1 仍误为《中华国际法论》。

⑩　和《言治》月刊第一期所载的二则广告相比，这次广告的基调变化不大，增加了一些对新的形势变化的介绍，文字上焕然一新。

那分割之运命驳议》《蒙古及蒙古人》《中国国际法论》，和夏勤的《指纹法》⑪。《世界风云与中国》这本书，似乎没有出版。

　　通过上面的叙述，我们清楚了在《言治》创刊以前，北洋法政学会刊行的《〈支那分割之运命〉驳议》第一版脱销，又马上再版。而北洋法政学会重新发行《言治》季刊的时候，也依然在出版书籍。⑫

　　北洋法政学会出版的书籍，除了夏勤的《指纹法》⑬，都译自日文书籍。而且出版的每本书籍，无论内容和形式，都没有简单糊弄。这也说明了学校在预科教育阶段，对学生的日语教育十分严格，教育水准很高。学生在上学期间，通过阅读日本的报纸、杂志和书籍，了解了很多信息，知悉日本的动向，获得了十分有利的条件。而且在毕业后，也有很多人选择去日本留学。

------

⑪ 《言治》季刊第三期在日本看不到，根据目录能够推测除了文苑栏和附录栏之外，李大钊所写文章较多。李大钊作为杂志的责任者，以前写的文章不多，这次想弥补一下。他写文章时使用了很多笔名，例如去闇《最近欧洲社会党之运动》一文，从标题就能够推测是李大钊所写。"去闇"就是"明"的意思，这和李大钊的笔名之一"明"相一致。另外还有发表于"补白"栏的文章《俄国革命与文学家》。《李大钊文集》全五册（人民出版社1999年版）的编者刘桂生教授，将这篇文章和清华大学图书馆所藏的原件进行对照，确认了这就是李大钊的作品。笔者还对"补白"栏的其他9篇文章进行了研究，无论从文章标题还是内容来看，都能推测出是李大钊的作品。"补白"的意思是补充空白，这也是杂志的编辑责任者应该做的事情。让人很想对照原件，作进一步的确认。

编校者按：李大钊的笔名之一"明"，应为"明明"。"去闇"是李大钊在北洋法政专门学校的同学张适吾的字，而非李大钊的笔名。从《最近欧洲社会党之运动》一文的文风和习惯用语来看，与李大钊的署名文章也差别较大。参见李继华、冯铁金、周芳编注：《李大钊轶文辑注与研究》，线装书局2013年版。後藤教授看到该书后，在2014年5月24日给李继华的信中指出："我好不容易找到安部矶雄《欧洲社会党之现状》，逐一对照两编（篇）文章。结果，去闇的日语理解能力不很高，特别是日语口语（或者近于口语）的理解力差得远。恐怕去闇没去过日本，但他的努力很宝贵"。"所以您的辛勤工作的结果，有说服力，我真佩服"。这进一步证明了"去闇"并非李大钊。

⑫ 《言治》季刊第一期的发行日期，是1917年4月1日。但是从该杂志刊登了《德华日报》4月25日论文的译文，能够推测该杂志脱期出版。《言治》月刊停刊3年半后，《言治》的名字重新复活。但是只持续了3期，又停刊了。

⑬ 夏勤，1892年生，江苏人，原名惟勤，字敬民、子竞等。1913年6月在北洋法政专门学校毕业后，于当年秋天去日本留学。英语也十分精通，在《言治》月刊第六期发表了《古代法》的著者梅因（Maine）《自然律与衡平率》的译文，还附上了李大钊的识语。中央大学毕业后，又在东京帝国大学学习刑法。1917年回国，历任检察官、最高法院院长等。

编校者按：子竞，应出自李大钊在《〈自然律与衡平率〉识》中所说"夏子竞民"。夏子竞民，即夏勤，字竞民。"子"是对夏勤的尊称。检索有关资料，夏勤从日本回国的确切年份是1917年。

《自然律与衡平律》，是H.S.梅因所著《古代法》的第三章，今译为"自然法与衡平"。

另一方面,这些人的其他外语能力就比较差⑭,当然也有像夏勤这样英语很好的学生。因此,这些学生对日本十分熟悉,而掌握其他国家的信息则比较少。

本稿要对北洋法政学会同人在校期间发行的《〈支那分割之运命〉驳议》这本书进行研究。我为何要研究这本书呢? 原因有三:其一,在中国,将日文书翻译并加"驳议"出版的非常少,所以这本书很宝贵,也很难找到⑮。其二,与这本书有很大关系的人物,是后来中国共产党的创立者、北方地区的早期领导人李大钊。笔者多年来一直研究李大钊思想,也希望能开拓新的研究视野。其三,中岛端是中岛敦的伯父,也是中岛敦最初期作品《斗南先生》的原型。中岛敦将此作品在 1933 年(昭和 8 年)9 月的草稿基础上加以修改,发表于单行本《光和风和梦》(筑摩书房,1942 年)。对这本书的研究,也为对中岛敦文学的研究提供了一个切入点。

基于以上三点理由,本稿首先将中岛端《支那分割之运命》的论点和《〈支那分割之运命〉驳议》的论点进行对比,然后探究两者的不同和分歧之处,分析形成如此分歧的原因和责任者。

---

⑭ 李大钊在《〈自然律与衡平率〉识》中说"吾国治法学者,类皆传译东籍。抑知东人之说,亦由西方稗贩而来者。展[辗]转之间,讹谬数见。求能读皙文而通者,凤毛麟角矣。继兹而犹不克自辟学域,尚断断以和化为荣。或虽守西籍而不克致用"。

⑮ 笔者披见的是 1962 年 2 月上海图书馆的重印本。这本书是中国李大钊研究会的王世儒先生好意转让给我的。另外,上海群益书店在 1913 年出版了田雄飞翻译的《支那瓜分之命运附驳论》。据《现代中华民国满洲国人名鉴》记载,田雄飞担任过陕西省政府委员兼建设厅长,国民政府禁烟委员会委员,其他不详。
编校者注:楚奚明所著《中国国民革命名人传》的《田雄飞传》中提及:"田君名雄飞,德三其字也。陕西榆林县人。十七入邑庠,督学朱公,调之肄业弘道学堂。鉴于国家衰弱不振,慨然东渡扶桑。值革命潮流,骤形高涨,君于时加入同盟会。辛亥武昌起义,乃与同志联袂返国,由沪而宁而武汉,奔走数月。迨清帝退位,民国成立,以学业未竟,仍赴日。偶见日人所著支那瓜分之命运一书,对我国民诋諆,无所不至。义愤填膺,穷月余之力,译为汉文,期以唤起同胞。书成未旬日,初版售罄,国人思想精神为之一奋"。见沈云龙:《近代中国史料丛刊》第三编第 21 辑(总第 204 辑),台湾:文海出版社,第 90—91 页。
《中国国民党百年人物全书》中介绍:田雄飞,字德三,陕西榆林人。早年赴日本留学,加入中国同盟会。1911 年辛亥革命后曾返国参加革命。1912 年民国成立后再度赴日。1913 年返陕进行反袁活动,被当局通缉,不得已赴日。1915 年从早稻田大学政治经济科毕业后归国,执教于上海,后又返陕西。1918 年广东护法军政府成立后赴广东,旋奉令慰劳陕西靖国军。1921 年冯玉祥入陕,被令督办陕西临渭河北税务。1922 年被任为襄城县知事。1923 年任职于冯玉祥的陆军检阅使署。1924 年参加北京政变。1926 年国民军退守南口时任直隶口北道尹,负责筹划粮饷。后随军参加五原誓师后的活动。1927 年被任命为豫南道区行政长。1928 年 4 月 7 日调任陕西省政府委员兼建设厅厅长。1929 年 5 月25 日改任禁烟委员会委员。见刘国铭主编:《中国国民党百年人物全书》(上册),团结出版社 2005 年版,第 387 页。

解放后的中国,一般将中岛端定义为"日本狂热的侵略主义者"。这和北洋法政学会的同人对于中岛端的评价基本相同。李大钊后来也写了多篇批判大亚细亚主义的文章,这和他在学期间接触到中岛端的著书有很大关系。那么,我们暂且先把中岛端认定为亚细亚主义思想家⑯。但是在看完中岛端的文章后,我们是否还应该再把他定义为侵略主义者、大亚细亚主义者呢!

对亚细亚主义的定义不能一概而论,因为它是像镜片球一样杂乱反射的多面体。我将中岛端作为一个具体事例,尝试运用事例研究法,探讨如何才能做到东亚的互助、友好和共生。

二、《支那分割之运命》及其驳论

1.《支那分割之运命》的反响

中岛端的《支那分割之运命》,于1912年10月15日由政教社出版。北洋法政学会发行的《〈支那分割之运命〉驳议》(以下简称《驳议》),出版于同年12月15日。二者仅仅相差两个月。著者自身的汉译本,以发行者小谷保太郎的名义,出版于1913年1月2日(自序1页,后叙2页,目录2页,正文269页)。另外,田雄飞还面向中国人对此书预约发行。本书原著价格是日币一圆二十钱,著者的汉译本是日币一圆(中国币一元二角),田译本预约价为一元五角。而北洋法政学会发行的《驳议》,译文加反驳,价钱才"大洋五角",强调了此书的廉价,不以营利为目的⑰。另外《驳议》和《蒙古丛书　蒙古及蒙古人》一样,军人可以享受八折优惠。

从上述《驳议》的迅速出版,及为了普及这本书采取的手段来看,北洋法政学会的同人们感受到了中国分割命运的威胁乃至危机。这也是同人们急切合作出版这本书的理由。

中国的分割动向的加速,始于1895年日清战争⑱之后。在这之前,中国主要被英国所侵略。之后俄、德、法以及日本,陆续加入租借中国领土、划

---

⑯　关于亚细亚主义和大亚细亚主义,有人认为两者不同,有人认为是同义语。参见赵军《大亚细亚主义与中国》(亚纪书房,1997年)的正文和藤井升三的序文。

⑰　摘自《言治》月刊第一期的广告。1913年8月15日出版的杂志《日本及日本人》612号,刊登了《支那分割之运命》的再版广告,还记载了"支那某势力者向我当局要求禁止发行该书"。另外,还记天津《民意报》招募预约刊登后,收到了5万份申请。"本书如何使支那朝野震撼,不问而知"。

⑱　1895年日清战争,中国通称为甲午战争(1894年7月—1895年4月)。

分势力范围的队伍中。1900年义和团事件之后，列强在华势力形成均势，领土暂得保全。但是俄国不肯从满洲撤兵，美国也加入进来，所以列强分割战争依然在悄悄深入。

而一味迎合诸列强以保全自身的清政府，被称为"洋人的朝廷"（陈天华《猛回头》），成为改革和革命的对象。后来爆发了辛亥革命，中国人怀着独立富强的愿望，欢呼民国诞生。但是，本该充满光明的民国前途，其实并不平坦。辛亥革命之前发生了一系列事件，如俄国策动外蒙古独立，英国占领西藏，法国进驻云南。而在辛亥革命之后，这些事件并没有停止。由于民国财政困难，加上列强以对民国政府的承认为诱饵，向其提供借款，获得了矿山开采权，扩张势力范围，对中国的分割更加露骨。

中岛端的《支那分割之运命》，正在中国人的危惧和焦燥最强烈时期出版。《驳议》的广告，引用东京《朝日新闻》1912年10月18日刊登的中岛端著书广告中"苟有雄飞大陆之志者，盍早握此键"，非常煽动人心。当然这是出版社为图书销售所做宣传。只要能引人注目，激起购买欲望，即便书中内容和广告宣传不一致也没关系。关于这一点，从昔到今变化不大。

但是这本书在华反响强烈，因为中国人认为它煽动日本朝野对大陆的侵略野心。

孙逸仙来日停止的原因在于《支那分割之运命》的出版发行。本书是久喜町中岛端（又称复堂）的著作，由神田的政教社出版发行。本书一出版，在日中国留学生就如烈火般愤怒激昂，立刻买了数十本寄给孙文、袁世凯以下的知名人物及各官衙、团体。他们还在各地召开集会、发表决议，并发电报告知本国国民。

收到这些情报的国民会在北京召开大会，并立刻发电报给孙文，要求他终止日本之行。还在各地召开演讲大会，警告国民。报纸也翻译并连载此消息。另外还鼓吹抵制日货。

因为此事件，宋教仁的日本之行也不得不终止。为孙文打前站的夏重民⑲，由于孙文的日本之行终止，只能暂时居住在国民会支部。

上引段落，出自宇都宫太郎（日本参谋本部第二部长）写给上原勇作陆

---

⑲ 夏重民（1873[1885?]—1922），祖籍广东番禺，辛亥革命人士。早年就读于两广高等学堂广府中学。后赴日本留学于早稻田大学。1905年，加入中国同盟会。1907年在东京创办《大江报》。翌年又创办《日华新报》，成为著名的新闻报人。辛亥革命前回国参加推翻清王朝的活动，曾任《天锋报》撰述、同盟会广东支部组织员兼总务科主任。袁世凯任民国大总统后，他赴美国与谢英伯等创办《新国民日报》，宣传反袁救国。1913年回粤参与讨伐

军大臣的报告书(1912 年,日期不明)⑳。中岛端的著书引起了在日留学生的强烈愤慨,他们频频给中国的主要人物以警告。国民会成立于 1911 年初,是为了应对俄、英、法瓜分中国的紧急事态,促进民族主义崛起,由在日留学生发起的团体。

国民会的成员,大多为在日留学生。他们纷纷呼吁中国各地成立国民会的组织,于是 6 月份在上海成立了中国国民会总会。此后还组成了义勇队,除了对外抵抗,还参与推翻清朝的革命行动㉑。

1912 年 11 月初的《民立报》等报纸上,就登载了孙文即将去日本的消息。由于多次后延,孙文直到 1913 年 2 月才来到日本㉒。另外,宋教仁预定 1912 年 3 月来日本,替换清朝的驻日公使汪大燮㉓,最终没有实现。目前还没有足够资料,能够证明孙文和宋教仁的来日中止,是因为受到了中岛端著书出版的影响。

龙济光,失败后又赴日本。翌年参加中华革命党;同年冬赴加拿大维多利亚,任《新民国报》主笔,并发动华侨组织义勇团及航空队。不久再赴日本,奉孙中山电召率团归国讨袁,被任为中华革命军东北军总司令部华侨义勇团团长、航空队司令,率队进占山东济南、潍县等地。1917 年冬,在广州重办《天民报》。翌年 3 月任大元帅府稽查长,未久赴香港创办《香江晨报》,自任社长兼总编辑,积极宣传护法。桂系军阀被逐出广东后,回广州接收《中国新报》,并改组为《广州晨报》,任社长,兼任广三铁路局局长。坚定地支持孙中山北伐统一中国的主张,撰文揭露陈炯明反对孙中山的活动,引起陈对夏的仇恨。1922 年 6 月16 日,陈炯明叛变,派军队封查《广州晨报》,夏当场被捕,19 日被叛军杀害。1924 年 2 月16 日,广州革命政府追赠夏为陆军少将并加中将衔。——编校者注

⑳ 《上原勇作关系文书》(升味准之辅主编,东京大学出版会 1976 年版)。

㉑ 参见小岛淑男《留日学生的辛亥革命》(青木书店,1989 年);杨天石《1911 年的拒英、拒法、拒俄运动》(载《从帝制走向共和——辛亥前后史事发微》,社会科学文献出版社,2002年);《致莫里森书简》(东京发 1911 年 5 月 10 日)及其附件《关于中国留日学生组织国民会宗旨与计划之说明》(骆惠敏编《清末民初政情内幕》上,知识出版社 1986 年版)。另外,宋教仁被暗杀的报道刊登后,在 1913 年 4 月创刊的国民党留日支部《国民杂志》"发刊词二"中,李作栋说我们不要像中岛端在《支那分割之运命》中讲的那样"尖刻",不要因一时激愤而冲动。为此,首先《国民杂志》要"持健全言论,以示人民所适从"。李作栋在孙文来日本时,代表黎元洪表示了欢迎。

㉒ 关于孙文来日本的日程,以及孙文与日本政界、财界的交涉,陈锡祺主编的《孙中山年谱长篇》(上下二册,中华书局 1991 年版)有详细介绍。关于孙文预定 1912 年 11 月来日本的受阻经过,藤井升三的《孙文之研究》(劲草书房,1966 年),根据大阪《每日新闻》的报道已经探明。据东京《朝日新闻》11 月 30 日和《万朝报》11 月 29 日的报道所记载,胡瑛先被派遣到日本,为孙文来日本做准备。

㉓ 《日本外交文书》第 44 卷、第 45 卷别册《清国事变(辛亥革命)》789(1912 年 3 月 9 日付)《关于宋教仁作为中国代表者到东京赴任的事件》。内田良平担心中国的革命政府和袁世凯会妥协,就和桂太郎商量,安排宋教仁和日本的当局者会面。(《东亚先觉志士传记》(中)25《武昌革命和黑龙会一派的援助》)

但是中岛端的著书，促使中国人防止外国侵略的有机可乘，并促进了南北议和，这确为事实。而且在这个时期，不仅仅是中岛端的著书，全世界都有著书在预告中国分割的必然性。以上种种原因，促使革命派妥协并拥立袁世凯做总统，促进中国走向统一。这应是最接近事实的说法。

可以看一下焦明的《对于支那分崩论之感言》（《独立周报》第九期，1912 年 11 月 17 日出版）。文中记述中岛端的《支那分割之运命》"颇耸动其朝野之视听"。焦明给中岛端"驰书购求之"，但是迟迟没有买到。另外，伦敦的杂志也刊登了长期在俄国生活的"季龙"写的《支那分崩论》，驳斥了1912 年 8 月 1 日就任袁世凯顾问的莫里森的见解。莫里森在伦敦《泰晤士报》上写文章称赞袁世凯的才干，对民国的前途十分乐观。焦明对"季龙"的主张进行商讨，认为存在很大的盖然性。

李大钊是《独立周报》在天津的"代派"员[24]。北洋法政学会的同人们十分喜爱这个杂志，李大钊的好友兼同学白坚武向该杂志的第五期投过稿。因此，焦明的文章更增加了北洋法政学会同人们的危机感，他们痛感翻译中岛端的书并进行驳议的必要性。

对中岛端这本在中国反响巨大的著书，日本人如何看待呢？在政教社刊行这本书的同时，《日本及日本人》杂志 592 号（1912 年 10 月 15 日）也刊登了中岛端的文章。说明中岛端的著书有一定的读者群。而且这本书出版后不到一年，1913 年又再版。

尽管中岛端的这本书得到了一部分读者的极高评价，但是在它之后出版的酒卷贞一郎《支那分割论》（1913 年 7 月启成社）以及内藤湖南的《支那论》（1914 年 3 月文会堂书店），到现在还受到人们的极高评价，中岛端的书却被人们忘记。今井嘉幸在《列强对支那的竞争》（富山房《时事丛书》，1914 年）中指出，中岛端的著书是论述"支那分割论"的第三种，认为此书是"最新得其势之议论"。但今井是北洋法政专门学校的教授，他知道这本书也理所当然。除了今井以外，目前还没有找到证据，能够证明这本书被当时的日本人争相阅读，震撼了很多日本人的心。

中岛端的著书没有引起轰动，可以举出以下理由。首先，中岛端本人经常自称"田舍汉"、"草莽书生"、"村学究"等，实际上中岛端的确既非经历超凡的新闻记者，也非著名学者。其次，中岛端的家族有"皇汉学"传统，他

㉔　参见朱成甲《李大钊早期思想与近代中国》（河北人民出版社，1989 年、1999 年版），第 57 页。《独立周报》第三期（1912 年 10 月 6 日）之后，在"代派处"出现了李钊的名字。

的文章多是汉文训读体㉕，虽然文章流利，却相当难理解，并不符合当时日本人的嗜好。其三，他的文章每拍的间隔很短，节奏十分紧迫，不给读者思考的空隙，所以读起来十分疲劳。

据说中岛端仅仅用一个半月就完成了这本书㉖，有一种一气呵成的感觉㉗。所以他的文笔有时过于奔放，论理不够充分。读者很难把握论点的真意，读后的收获不大。用中岛端的话来说，他写文章"思路不通时则倚案而坐，平铺纸张，静静的看着我的笔。当得到内心的指示时，我的笔会首先动起来将想法传递给自己。所以说，我的文字大都是思路不通时迸出的东西，一开始我并没有想要将它公布于众，更没有想要打动人心指导读者"㉘。由此看来，中岛端写文章时比较随便自由，都是自己的一时之见。

但是我觉得，中岛端的书籍没有得到好评的最大理由，是读者被东京《朝日新闻》的新刊广告所蛊惑，买了这本书，读完之后却大失所望。这篇广告写得十分激昂，"七十万方里之土地，五亿万人口之民族，乱国欤？亡国欤？统一欤？分割欤？浑浑沌沌，漂泊于洪涛巨浸之中者，非今日之支那耶？盖支那者，二十世纪之谜也。……来吧，朝野的经世家！！政论家！！军人！！青年！！苟有雄飞大陆之志，盍早握此键"。读者期待的是单纯明快的决断，希望此书能给自己提供一个行动指针。但是此书的结论十分暧昧模糊，不知道作者的意图为何，使读者在读完后有一种半吊子的不彻底感觉。

当时的日本朝野，表面上一直标榜中国领土保全，实际上不过是应对列强势力均衡这一形势的策略。日本的本意是确保在满蒙的势力范围，促使列强承认日本在中国的特殊地位，扶植日本的在华势力㉙。1912 年川岛浪速所著《对支管见》（会田勉《川岛浪速翁》，文粹阁 1936 年版所收。1912年 8 月呈给当局者），还有 1912 年内田良平所著《对支策断案》和《支那观》等，都露骨地记述了日本想要瓜分中国的本意。

但是中岛端的书籍非但没有鼓吹日本分割中国，还给日本泼冷水，在骂中国人的同时也严厉地批判和恶骂日本朝野。所以笔者的推测是，中岛端

㉕　汉文训读体，依日语文法解读汉文的一种日文体裁，在明治时代成为官方文体，与过去不同的是夹杂假名部分一律片假名表记。——编校者注。

㉖　《支那的将来（六）》（《日本及日本人》637 号 1914 年 9 月 1 日）。原标题是《支那的将来和日本》。

㉗　吉村弥生《中岛家的人们》（《中岛敦全集》别卷，筑摩书房 2002 年）。

㉘　《余辈的支那观》（《日本及日本人》695 号，1916 年 12 月 15 日）。

㉙　《关于对清政策文件》（1911 年 10 月 24 日阁议决定）、《支那外交政策的纲领》（1912 年稿），收在《日本外交年垃（并）主要文书》中。亦可参见犬养毅《支那问题与日本国策》（1913 年 1 月）。

的书之所以没有耸动日本朝野，就在于它偏离了当时日本的整体方向，使日本民众大失所望。也就是说，中岛端没有顺应当时的潮流，导致宣传失败。

2.《支那分割之运命》和《驳议》的构成

首先来看一下《支那分割之运命》的构成。署名"复堂学人"、完稿于1912 年 4 月的"自序"有两页，目录有 6 页（包括每章标题，对章节内容的简要介绍，还注明了每章的页数），共 322 页。本书分为上下两篇，各有 160 页和 154 页。上编叙述了中岛端对中国现状的认识，即分割命运的必然性。下编讲的是中国分割的悲剧结果，必然会对邻邦日本产生很大影响。现在不能期待中国能够挽回悲惨命运，就要全面思考日本将来应该采取什么措施，以避免同样结果。在下编中，对日本国民提了很多建议。

这本分为上下两篇的书，预计的阅读对象其实是日本人③。作者对于此书在中国能引起如此大的反响十分惊讶，他为了不让自己的本意遭到曲解，于是亲自把这本书译成中文。

下面来看北洋法政学会的《驳议》。这本书由译文和驳论构成，上编 99页，下编 92 页，译序 2 页，译例 1 页，原序 1 页，目录 2 页（原著目录中的内容概要被省略），总共 197 页。它只卖"大洋五角"，也许仅够印刷费用。

难以确定作者是谁的"译序"③，记述了《驳议》刊行的经过、目的：中岛端的书"朝野上下，政务之巨，里巷之琐，历诋靡遗"，如果放任不管，"观国者亦或以其详纤若斯，信而可稽，是诬者终于诬，惑者无穷期也。相与询谋，拟辞而辟之，以存吾真，佥曰善。遂译而加驳议。盖世之觇人国者，其用意固别有在。则夫穷毁狂诉，亦固其所。而人之爱其国，恒自视为尊严神圣，而竭拥护之责，又人之情也"。

有两种思考方式：第一，中岛端所述中国现状确为事实，"实吾国之伤痛借影也"。一味依赖"大人先生"，是自欺欺人。第二，革命后的混乱各国都难以避免。但是，吾国改革，仅逾半年，秩序恢复。20 年后，必有所验。

上面两种说法都成立。不爱国者一直宣扬中国面临亡国命运，但是中国并不会亡国。爱国的方式除语言外就是国民如何行动，国民的行动与国家存亡有很大关系，能够避免亡国。为了让国民能够慎重思考和选取应对方法，就要介绍中岛端的狡猾发言并加以反驳。以上所述就是"译序"严密且有逻辑的论证，在对民国前途怀有危机感的同时，呼吁民众重新振作，自

---

③　《支那的将来（四）》（《日本及日本人》635 号，1914 年 8 月 1 日）中有这样一句话，"区区杞人之忧，专在君国之前途。支那之命运，是其客，非其主"。

③　从该"译序"的文言色彩比较重来看，应为北洋法政学会的首位编辑部长郁嶷（李大钊列次位）所写。——译者注。

觉其责任,促使国民思考如何才能保卫祖国。

　　中岛端的著书,确实有很大真实性。如果忽视这些事实,或者加以默认、屈服,就是甘于亡国命运。中国并不一定会亡国,亡不亡国取决于国民。以上这种展开事态呼吁挽回命运的语调,使笔者想起了李大钊之后发表的《厌世心与自觉心》。而且李大钊强调只靠口头讲做不到爱国,国家存亡除了嘴上说以外,还关系其他方面。这些发言让我想起了他重视实践的思想。《驳议》对军人优惠的广告,也反映了李大钊重视国民的实际行动。

　　下面来看一下"译例"。驳议以"译者曰"的形式,添加在各章节末尾或译文中间;"驳议于文意复杂时,则作二则"。迻译之余,更加眉批,以补驳议之不足。因此,原著中的小标题都被剪掉了。另外,原著中说中国是21省,译文改为22省[32]。但是,原著将清朝灭亡称为"亡国",译者并没有改,而是故意照原文翻译,以便使读者看到作者连"易姓"和"亡国"的区别都不知道,让原作者出丑。

　　下面看译文。总的来说,译文忠实于原文。中岛端的原文是汉文训读体,翻译起来并不费劲。而且北洋法政专门学堂的入学考试,要求"曾读经史",学生应该具备中国古典文学素养[33]。另外如前所述,学生们具备很高的日语能力。中岛端比较擅长的法国革命史[34],也是学子们应该知道的常识。

　　北洋法政学会同人们的居住地天津,是华北的水陆交通要冲,于1860年开港,设有八国租界[35],能够通过各种渠道获取信息。中岛端所述19世纪末以来的中国事件,也被同人们熟知。200名法政学生,除爱读《独立周报》外,还喜欢读《民立报》;对外国新闻消息也有涉猎。这也是中岛端的书籍10月15日在日本出版,法政学会的学生在11月就能够附上序文并在12月15日将《驳议》出版发行的理由。

　　3.《驳议》的基本立场

　　在将《支那分割之运命》和《驳议》对比研究之前,我首先将《驳议》贯穿

---

[32]　中岛端好像接受了这个批评,在以后发表的文章中全部改为22省。

[33]　北洋法政专门学堂"谨遵奏定分科大学章程"而建立,所以第一届毕业生"拟请酌照分科大学奖励,给予出身"。

[34]　根据注[30],中岛端在1910—1911年间,将自己平生爱读的米涅所著大革命史翻译成汉语,但没有出版。至于是否是从日语译本(明治10年河津祐之译《法国革命史》)重译过来,不得而知。但是,据中岛端说,他和上海法语新闻的记者关系很好,由此可以推测他可能精通法语。据《笔谈一则》(与汪康年之笔谈记录,《斗南存稿》)记载,中岛端在访华之前学习了二三年汉语,自学德语十九年。所以只要是浅易的文章,他都会翻译。

[35]　八国租界指的是到1902年,在天津设立租界的英国(美国租界在1902年合并到英国租界)、法国、德国、日本、俄罗斯、比利时、意大利、奥地利八国。

全篇的见解分成三部分进行叙述。第一个见解，是对中岛端个人的评价，也可以说是人身攻击。上编第一章"绪论"中的"译者曰"，可以说是全书的总论或曰概括。认为中岛端的写作动机，第一是"功名心"，他其实是想借"志士之名"，得到国家的褒奖。第二个是"野心"，企图煽动日本国民参与对中国的分割竞争。第三个是"郁愤"，虽有小才但是无用武之地，就借写书来发泄不平之气。书中称中岛端是"硁硁小人"，有时称之为"丧心病狂"之徒。

中岛端自称"一介老措大，不学无识的田舍汉"，谦称为无名之士。但有时，他也自夸"野人的叫声亦时有天启"。从"所谓支那通、外交通、经世家、政论家"到陆海军人，凡是和中国有关的人，都受到他的批判。中岛端一方面自卑，一方面又过于自信，这种矛盾扭曲的人格非常少见。中国人尤其是担负中国命运的年轻气盛者，很难理解他的这种个性。

《驳议》将中岛端的著书意图，从性格和心理两方面作解读。用道德化的意识形态解决事情的手法，貌似很容易被说服。但是如果说他的性格和心理有问题，其主张也错误，就是对这本书全部否定。这种解决问题的方法，是一种有效的惯用手段，经常被人们通用。毕竟他被贴上了人格有缺陷的标签。

贯穿《驳议》全篇基调的第二方面是，中岛端是日本人，所以也染上了日本人的国民性。日本是小的岛国，所以中岛端也有"岛民"的国民性，即"天性偏执，目光短浅，好弄口舌，模棱两可"，还被贬为"浮薄"。而且，岛国日本是天皇制的君主立宪国，并不是20世纪的自由平等国家。过分尊崇明治天皇的中岛端，是"帝王君主的魔物"，是执着于时代错误的人物，具有奴隶根性。所以，他没有资格评判建设共和民国的中国，不过是具有"天保㊱时代头脑"的守旧人物。

㊱ 编校者注：天保，日本的年号之一，在文政之后、弘化之前，指1830年12月10日到1844年12月2日期间，这个时代的天皇是仁孝天皇。江户幕府的将军是德川家齐、德川家庆。2015年2月3日，後滕教授在给编校者李继华的信中进一步指出：1888年，德富苏峰曾发表《新日本之青年》，把"明治青年"与"天保老人"相对应，把一些出生于天保年代、明治初期执掌朝政的日本政治家、思想家伊藤博文、井上馨、山县有朋、大隈重信、木户孝允、福泽谕吉、板垣退助等蔑称为"天保老人"，认为他们已经落伍，他们的头脑是"天保时代之头脑"。李大钊等人"大概爱看德富苏峰的国民丛书"，从其"在中国流行很大"的王钝的中文译本中采用了"天保时代之头脑"这一说法。
但是，李大钊等人在全书最后一则眉批中说的是"天宝"，而非天保。天宝（742年正月—756年七月）是唐玄宗李隆基用过的三个年号之一，也是最后一个年号（前两个为先天、开元），共计15年。"天宝时代之头脑"，或出自中唐诗人元稹的《行宫》："寥落古行宫，宫花寂寞红。白头宫女在，闲坐说玄宗"。在"支那人之虚势"一章的最后一则"译者曰"中，曾提及"白发宫人谈天宝遗事"（本书第362、578页）。
据此，此处所说"天保"，应为"天宝"之误。

日本是总面积很小的岛国,而中岛端就出生于此。仅仅以这个理由就认为中岛端的论述有欠缺,这是中国人的常用手段。完全没有说服力,不过是凭借辽阔大陆人民的自豪,单纯从情感上反驳。中岛端固执忠诚天皇、家族主义的国家观,断定中国人没有共和国民的资格,虽有矛盾之处,也的确击中了中国人的痛处。所以北洋法政学会的年轻精英们,满怀抱负,高呼我们有实现共和民国的自信,对民国的前途充满期待。

贯穿《驳议》全篇的第三个基调,是对日本对中国外交政策的不信任和反对。中国和日本同是亚洲国家,人种相同,地理上邻近,历史渊源很深,日本却加入列强队伍瓜分中国。对日本这种毫无顾忌、背信弃义的行为非常愤怒,因此即使中岛端一直强调蒙古和西藏被分割的危险,中国人也不能够按字面意思理解和接受,反而会激发中国人潜藏的警戒心。

一直坚信中、日是"同文同种""唇齿辅车"之邦,"实则裂我神州者,非英非美非德非法,惟暴俄与尔岛国",因而对日本极为憎恶。而且期待越强,憎恶也愈烈,可以说是一种近亲憎恶的感觉。

从《驳议》全篇的色调来看,很少就中岛端的言论自身来分析,而是当做可疑的虚情假意,用警戒的眼光去看待。接下来把《支那分割之运命》和《驳议》两方面的主张相对照,分析双方论点的冲突和一致。

4.《支那分割之运命》上编和《驳议》

首先,来看一下上编的内容。在第一章"绪论"中,中岛端说无论是对中国情况比较关注的日本人,还是《泰晤士报》记者莫里森,都没有预见到辛亥革命的爆发,自己的敏锐洞察力则得到确认。对此,如前所述,《驳议》的论点是日人"眼光绝短",以及对中岛端的人格攻击。

第二章是"袁世凯之人物月旦"。中岛端叙述了袁世凯从朝鲜公使时代,到就任民国临时大总统20多年的行动轨迹,说袁世凯就是弄小术,炫小惠,不知羞耻的小人。"非有拿破仑之雄才大略,非有克林威尔之热心气魄,非有华盛顿之德量信念",是"翻覆欺诈之小人耳"。中岛端举证的事实十分详细,表明他对中国的政情十分了解。要而言之,袁世凯被人们评价过高了。针对这一点,《驳议》为袁世凯做辩解,说他是"民国开幕之英雄",是孙文"十年总统"之委托的可靠人物。

第三章是"孙逸仙之月旦"。中岛端的最大不满,是孙文20年主张奔走的共和革命即将实现,却对袁世凯妥协。革命是天下最大的手术,却没有彻底实现,而是向旧的专制主义者妥协。他骂孙文是不能分辨轻重本末的蠢人,只知用权宜之计而不能贯彻主义的薄志弱行之徒。而且还偏离了事情的本题,说孙文有广东人气质之所长,亦有其短。日本人评价孙文是主义之人、人格之人，"失于过信"，是"被欺"。

对此，《驳议》不能把握中岛端的真意，把他视为以破坏为目的的狂妄之徒、幸灾乐祸之徒。而且称赞了孙文实现自由平等的功绩，是成就了民国大业的人物，并将大政治家、大经世家袁世凯推荐给国民。说孙文留在国民心中的"浩然之气，真挚之诚，高洁之怀，缠绵悱恻之心"，与日月争光。《驳议》的立场，就是孙文的光芒照耀了袁世凯，两者齐心协力完成了临时大总统的交替。

第四章是"共和政体之将来"。中岛端称日本人不仅过高评价了袁世凯和孙文，还过高评价了所有的中国人。所谓革命，是指一扫社会旧弊。中国无论是政治、法制、道德、学术、宗教风俗习惯全都腐败，只有焕然一新的变革才称得上真正的革命。但是到底有没有人觉悟到，并具有彻底革命的"大勇猛心"呢？

中岛端有极度洁癖，列举了中国风俗习惯的前代事例，如缠足、令人辟易的不洁等实地见闻㉗。针对中岛端的这些指责，《驳议》在眉批中承认都是事实，呼吁"国人听者"，要反省。但是，事物都有先后顺序。政治革命不进行，先去除社会上的腐败现象，或者说各方面革命同时进行，都不太现实，不可能实现。所以要从颠覆清朝着手。

这一章的前段，列举了很多中国人的不洁事例，稍稍有点脱节。但是这一章的最主要论点，是批判专制遗风及帝王思想的根深蒂固。中岛端认为，

㉗　杨昌济在《达化斋日记》1914 年 6 月 3 日中记载："阅日本人所著《中国瓜分之命运》，痛言中国人之不洁。其所言苏州上海各处习惯，实有使人愧汗者。如士人书斋中置马桶对客出恭，亦余所未闻也。长沙乡间之习惯，于寝室中置尿桶，臭不可闻，余家亦素来如此。余自海外归来乃改去此恶习。窃恐曾往日本者甚多，未能人人如我之断行改革也。余闻笃生言北京人向来在街上出恭，……"。从书名来看，杨昌济依据的是注⑮中田雄飞的译本。编校者注：杨昌济还在《余改良社会之意见》一文中说："东西洋各国，于厕所亦力求洁净。中国人居家，于此事太不注意，往往污秽狼藉，不堪入目，而相率安之，亦因居民无爱洁之美习也。近阅日人所著《中国瓜分之命运》，痛言中国人之不洁，谓时报馆之门口任出人者之溲溺，以为进步之人所行若此，其他则更何说。其所言实有使人愧汗者。……中国乡间人家往往置便具于室隅，积之旬月始行倾弃，人日夜居室内，常受秽气之熏蒸。此乃至野蛮之习，所宜立即除去者也"（《杨昌济文集》，湖南人民出版社 1983 年版，第 208 页）。对此，有研究者评论说：杨昌济"站在一个教育家的立场上，与日本比较而肯定中国在社会风俗、习惯上存在的种种积弊，并且呼吁要立即革除。杨昌济对《支那分割之运命》中'用意别有所在'的'觊人国者'的'穷毁狂诟'自然不会没有识别，但是他将这种批判作为逆耳的忠言来听取，这与他的冷静、理性的社会改革思想是一致的"（刘岳兵：《杨昌济的思想与日本（下）——以〈达化斋日记〉为中心》，《船山学刊》2010 年第 3 期）。刘岳兵的文章，将田译本的书名《支那瓜分之命运》，误为《支那分割之命运》，似有欠缺。

由于中国革命不彻底,所以借"兵马黄金之力"而产生的大总统,"一转瞬间,为中央集权之制度,为十年总统,为终身执政,为僭伪帝王",不难预料。

中岛端说"夫专制,东洋政治家病根也。否,古今来政治家之通弊也",还列举了二千多年来中国历史上帝王专制的事实,批评袁世凯就任大总统后"意气堂堂,已有帝王之态度"。还指责中国各界都视袁世凯"为救世主,弥勒佛出世",浸透着个人崇拜和依赖心理。

对于这种不祥的预言,《驳议》拼命辩驳。论点有二:第一是坚称袁世凯没有帝王野心。他正是因为忠于国家和人民,才结束了清朝;他之所以没有在南京就任,是为了维持北方之秩序,并得到了黎元洪副总统和各省都督的赞成。不能以此怀疑袁世凯。

第二个论点是:为了打倒专制政府而奋起革命的人民,不会允许帝王再现。即使袁世凯想要帝制复活,也不可能如愿,会得到流放圣赫勒拿岛的拿破仑一样的下场,"身败名裂,终为天下后世笑"。

通过上述两个论点,《驳议》指出帝制复活不可能实现,只是中岛端的妄想。他之所以敢散播这样的妄想,煽动不安,别有企图。"骂党人,实激党人也。愧党人,实危袁氏也"。日本人居心之险诈,手段之卑劣,于此可见。

《驳议》中还写到,"袁氏之欲为帝王与否,吾姑勿与辨。试问,以土地、人民为帝王私产,此制尚可行于二十世纪乎?"给天皇制的日本重重一击。《驳议》并非一人所写,其中有些明显像李大钊执笔,也有郁嶷所写。因为都没有署名,只能做某种推测,却无法断定。

北洋法政学会是以"群居研学为帜志",并未加入党派组织。但是辛亥革命以后的国内混乱,正因为"政党之流毒"㊳。所以为了国内统一,只能暂时选择相信袁世凯,拥护袁世凯政府。这是否定袁世凯复活帝制野心的最大理由,也表明了不允许中国专制政治再现的决心。

他们虽然暂时支持袁世凯,但并非对袁一边倒。对此,可以从"袁公纵至愚,亦不出此""袁氏之欲为帝王与否,吾姑勿与辨"等词句中看出。因此,不能简单地将他们定义为拥袁集团,应该注意到法政同人们对袁世凯两个层面的感情。

第五章"支那人无共和国民之资格＝＝无共和之历史＝＝无共和之思想",第六章"支那人无共和国民之素养",第七章"支那人无共和之信念"。这些都表现了中岛端对于中国历史具有渊博知识,通晓清末以来的中国政

㊳　郁嶷:《言治宣言书》,《言治》月刊第一期。

情，熟知中国人的思考和认识方式，而且信息量很大，可信度很高，对真相分析犀利，很有冲击力。而且论证流畅，富有说服力，即使在今天也值得一读。

中岛端指出中国无共和之历史，也无自由平等的思想和主义，共和主张实际上从孙文才开始。共和政府，忽焉建设。共和真义，其实不知。对于中国人来说，共和只是一个形式，只要从欧美借来稍加改变就能实现㊱。中国也承认共和国民的前提条件是普及教育，但是商人以外，即便是富裕阶层，识字率也很低。读书人士只读科举考试用书，对于新知识和新学问无缘得知。上到中央政府的官员，下到地方高官，"无谙练本国之法政制度者"。

为考察宪政而出洋的五个官员的复命报告书，实际上是由中国留学生从东京书店所售书籍中翻译的。而且大多数的中国留日学生，轻佻浮薄，无骨头，无气概，无根蒂，好色、爱钱，鄙吝、淫佚，佞媚而横着。"留学生＝下宿屋＝下女之三者连环，本国之新闻纸，至传为笑柄"。大都以"发财升官"为目的㊵。欧美留学生的品质、成绩稍好一些，但从马建忠、严复、伍光建、伍廷芳、唐绍仪、梁敦彦等归国留学生的面孔来看，也没有什么成就。

缺乏共和之历史、思想和素养的中国人，之所以能够革命，只以厌苦秕政、日祈更张新政而附和雷同。中国人没有共和信念的例证之一，是山东巡抚孙宝琦毫无主见，墙头草。因为中国人缺乏坚定的信念，所以面对外国干涉和中国被瓜分的威胁，只能屈服，企求"姑息之解决"㊶。

辛亥之际，还将革命军财力不足作为借口。然而标榜支持革命的大富豪，极少有人毁家纾难。也是因为缺乏信念，不舍得抛弃财产，一味期待他人援助。"反恨其素所蔑视之蕞尔三岛，嘲笑为贫弱之日本不供给若干军资者"。

㊱　拙稿《初期李大钊的思想——中国民主主义思想的发展》(《日本中国学会报》第 26 集，1974 年)中，将这种特征定义为制度信仰的民主主义。也就是说，要从政体论方面来把握共和，只要移植其形式，就能够实现共和。

㊵　请参考《苏报》2504 号(1903 年 6 月 28 日)登载的《支那留学生之气概》(译朝日新闻报)，鲁迅写给蒋抑厄的书简(1904 年旧历 8 月 29 日)，《民呼日报》1909 年 8 月 2 日的"图画"等。

㊶　日本对于清朝立宪君主制的支持(例如，《日本外交文书》第 44 卷、第 45 卷别册《清国事变》599，1911 年 12 月 23 日；《伊集院彦吉日记》1911 年 12 月 21 日、22 日，《伊集院彦吉关系文书》第一卷(辛亥革命期)所收，尚友俱乐部、广濑顺晧、樱井良树编，芙蓉书房，1996 年)，被袁世凯所利用。莫里森为了说服革命派的领导者们南北妥协，奔走于汉口和上海(莫里森给布拉哈姆的书简，1911 年 12 月 12 日，同 29 日骆惠敏编前揭书)。另外，还可以参考《东亚先觉志士记传(中)》25《武昌革命和黑龙会一派的援助》。头山满评价"支那今度革命如同膏药疗治。本当实施真正的开刀手术而没有实施。看着吧，支那不久就又会满目疮痍"。编校者按："同 29 日"，原文如此，含义不详。或为"同注㉒"。参见本书 588 页注㉑。

　　对以上立足于具体事实的辛辣批评,《驳议》予以反驳。首先,中国虽无共和之形式,而有共和之精神,从尧舜禅让以来一脉流传,孟子就是倡导民权说的大家,其精神意志一直延续到现在。这些发言都是老套路,可以说毫无意义,中岛端在第56、57页(《驳议》第36、37页)⑫已经驳倒。《驳议》还说虽然中国以前是专制国家,但是不受统治的范围很广,大半取放任主义。这也是对中国社会的老套认识,不能证明中国自古以来共和思想根深蒂固,所以也毫无意义。

　　针对中岛端所说提倡共和从孙文开始,《驳议》列举了章炳麟和汪精卫等人在《民报》杂志上的议论,并高度评价其功绩,目的在于表明革命事业在很多人的协力下完成,也是对中岛端批评章炳麟的反驳。针对中岛端批判中国人没有共和思想,《驳议》反问:如果不是所有国民都理解共和,那么共和就实现不了吗? 还是说只要大多数的国民理解了什么是共和,那么共和就能够实现呢? 这对于完美主义的中岛端来说,是有效的反击。也让人思考到底左右政治动向的中心势力是什么。

　　下面是对共和国民的前提条件即教育普及问题的反驳:清朝时代已经过去,民国告成,"是亦教育上之效果"。这种反驳方式,是《驳议》的常用手法。民国是新时代,过去的事情就不应该再批判。但是,新时代并非一切都焕然一新,历史也不可能被切断。这种闭门不见式的反驳毫无意义。而且《驳议》说民国诞生"是亦教育上之效果",也自相矛盾。

　　关于中岛端对留日学生的指责,《驳议》反驳说:以极少人的不良品行去断定全体国民没有共和素养,这是武断的。总之,革命一定成功,民国必然诞生,这是严肃的事实。中岛端的任何不轨之心都不会得逞。

　　关于中岛端所说中国人没有共和信念,以及他举例所说财政困难的内容,《驳议》几乎没有反驳,而是列举很多国民协力支持革命,连清朝都没有把革命军当做叛徒而是作为一个政党来看待,各国也把民军当做交战团体等例子,来证明中国国民有共和信念。为了最大限度地避免同胞牺牲,所以南北议和,很快革命成功,成为民国建设顺利进行的保证。而中岛端吹毛求疵的发言,是希望看到中国内战惨祸的小人之言。

　　第八章"支那人之虚势的元气",中岛端说"中国人喜欢虚张声势,没有实力喜好虚饰,不务实,这是满族先天以来的遗传,是中国几千年以来的弊病",并警告日本人不要受到中国人虚势的蛊惑。他列举了亲眼所见的苏

---

⑫　编校者注:这两组页码,分别是日文本和初印本、重印本上编的页码。从中岛端自译本来看,相关内容在第49页。参见点校本第319—320页,本书第306—307页。

杭甬铁路借款取消运动、川汉铁路借款取消运动、国会即开请愿运动、资政院内阁弹劾事件等例子。这些事件都发生于 1910 年到 1911 年初，都是从社会动乱转向革命的事件。

中岛端说这些事件中学生的表现，表明了"唯有一死"的悲壮决心；但断指、绝食、血书请愿等这种英雄式的、像演戏一样的行动都半途而废，最终以失态而告终。虽然豪言壮语获得了满场喝彩，但是却不懂国际法，被清朝政府蒙骗。虽然不能一味指责这些不成熟的政治运动参加者，但是中岛端对学生最初怒发冲冠、后来节节败退的落差，十分感慨。

针对中岛端的这些批判，《驳议》在眉批中提示"吾人听者"，促其反省。还说中岛端对资政院弹劾内阁事件的评述"颇有中肯綮语"，但这都是清朝时代过去的事情，现在没必要再拿出来谈论。呼吁民国诸议员要慎修、尽职。

这一章中，《驳议》主要介绍了与北洋法政专门学堂大部分学生都有关的 1911 年 1 月第四次国会速开请愿运动的经过㊸。奉天的请愿代表在去往北京途中经过天津，青年学生们列队欢迎，并召开"学生同志大会"呼吁全国学生一起罢课。其中运动最激烈的就是河北 4 校之一的北洋法政专门学堂，有 3 名学生"割臂"、断指，呼吁奋起。这些壮烈行动"于革命成功颇与以巨大之助力"。

这个运动最后没有成功，中心人物温世霖被流放新疆，其他学生也被严密监视。但是有了参加大众政治运动的经验，学生们学会了怎样看待政治和历史，责任感也得到提高，推动了北洋法政学会的成立。《驳议》作者对自己参加的运动充满自信和自豪，对中岛端嘲笑这些运动是虚张声势，则斥之为"妄言"。

第九章"支那人有省分观念而无国家观念"。中岛端在第六章中说中国的士人"尚未完全脱却旧时科举之遗物"，"十三经、二十四史之大略涉猎之者，殆不多见"，而自己的历史知识很丰富。在下编第三章中，《驳议》称赞"著者于吾华南北民族地理之特色，至为熟悉"，而且在中国的朋友多，人脉广，通晓国人心理。

第九章列举很多具体事件，详述了中国南北的对立、差异，同省同乡的观念强，国家的观念不成熟等。可能因为素材太多，论述稍稍有点偏离主

㊸　参见注⑦李大钊的演讲。《直隶法政专门学校十八周年纪念特刊》中收录了李大钊的演讲内容，还收录了曾任监督的李矩的致辞（《李大钊史事综录》，北京大学出版社 1989 年版）。

题。还提到中国人由于个人利害、感情分歧等,很难做到团结合作;士兵也习惯于抢掠。

要而言之,解除了清朝政府这个"大铁箍"的束缚,中国现在呈现"土崩瓦解"之势。而要改变这种分裂割据局面,达成统一,非常困难。"治标则分裂也速,治本则分裂也缓"。而且中国"内外皆有促之者",分裂无法阻挡。此为"现在之情势","亦天下自然之理势,而非人力所能为也"。

中岛端的论点是:中国地域主义很强,国家观念薄弱,内部分裂危机必至。但是,《驳议》指责中岛端渲染友人间的不合,"天良丧尽"。即使党派之间有不同意见,为了"国利民福"也会统一、和解。至于政党的对立,"政治良善之国,必有两大政党各抒其政见,以为竞争"。双方互相争论乃当然之事,两大政党交替正是理想的政治。[44]

《驳议》对于中岛端在第九章中所述中国内部必然分裂,古代王朝更替可为证明,予以断然否定:"割据之事断不能再见于今日",史事皆陈迹,无当于今之世。而且地方观念与国家观念非绝对不兼容者也。革命军起义,全体国民齐心协力,就是中国人具有国家观念的证明。

《驳议》在第七章叙述了 1912 年 8 月 15 日夜张振武、方维被害事件之后,孙文和黄兴进京,解除了对袁世凯的怀疑。还叙述了中国"南北统一,同心协力,铸造一大强国"的信念。他们对建设统一富强的民国充满信心,对中岛端的"谬论"进行了批判和嘲笑。

5. 上编第十章的议论

第十章"支那之运命",是上编最后一章。在第九章分析导致中国分裂的国内原因之后,中岛端在这一章中又分析了导致中国分割必然命运的外部原因。因此,这一章可以说是中岛端论点的高潮。对此,《驳议》也进行了激情高涨的反驳。

第十章由三个论点构成。下面一一介绍,并和《驳议》进行对比。第一个论点是,列强正在策动中国分裂,即以俄国为后盾的外蒙古独立,英国入侵西藏,法国侵略云南。

《驳议》对中岛端的言论,既全盘否定,又承认"皆属事实",并呼吁政府

---

[44]　前已有叙,以李大钊为首的北洋法政学会同人,喜爱阅读《民立报》和《独立周报》。其中,章士钊还写文章想要把英国的二大政党制介绍给中国。参见拙稿《民立报时期的章士钊》(信州大学人文学部特定研究报告书《文化受容及其展开》、信州大学人文科学论集 20 号、23 号,1985、1986、1989 年)。

编校者按:"信州大学人文科学论集 20 号、23 号,1985、1986、1989 年",原文如此,似有误。

和同胞反省，合谋挽救。《驳议》列举长春会议中东蒙多数王公"输诚内向"，西藏达赖喇嘛接受中国"封锡"等例子，否定中岛端所说的中国分裂动向。另一方面，又呼吁早日结束革命后不可避免的一时混乱，表明了只要国民齐心协力就一定能够避免分裂的强烈自信。

总之，中岛端的指责批判是不正确的。吾国不幸，改革稍晚，致落列强之后。中岛端应呼吁"列强为人道计，为世界平和计，正宜左提右挈，与我便利，以期共进强盛之域"。而且日本与我国同洲同种，地邻密迩，唐宋以来关系密切，"尤宜顾唇齿之义，提携辅助"。如此"则我之益，亦非日之不利"。

但是中岛端却坚称中国的分裂非常急迫，二三年后就会达成。他这样做，到底是期待他人的不幸，以炫耀自己的先见之明？还是害怕蒙藏分裂后日本的势力范围受到威胁，而警告日本政府呢？他的意图不很明显。

《驳议》表现了法政学子强烈的自尊和自负，及其对于"人道""世界和平"的纯粹信念。还可以看出他们对中岛端，一旦发现无法信赖，就表现出强烈的警戒、猜疑和内心憎恶的混杂情感。

第二个论点是中岛端否定了列强只要有领土保全之同意，中国就不可能分裂的见解，并叙述了所谓领土保全的本质和有效性。他认为领土保全的约定，是列强无视作为独立国家的中国擅自缔结的条约，并不是为了中国的利益而缔结。不过是中国分割的"财产分配之率未定，则何人皆不得先开其端"之意，"所谓猎犬之暂时不准吃者，是也"⑤。如果没有阻止分裂中国的实力，这不啻一纸空文，没有任何效力。

针对这一论点，《驳议》的愤怒达到了极点。它说人类进化的历史，慢慢摆脱兽性，人道日昌，秩序严整，能够遵守法律和条约。正因为有了人道，国际法的权威才会日渐强大。中岛端的言论，有损自己人格，也玷辱其国体，有悖世界进步，意在把日本国民强拉进分割中国的行列。所以，他是"人道之蟊贼也，世运之蟊贼也，又其国家之蟊贼也，人人得而诛之者也"，应该受到最严厉的责难。

《驳议》作者们认为中岛端指责领土保全条约无效，实际上是策动列强分割，煽动日本国民，是恶毒的侵略主义者。他的发言并没有客观把握中国所处的实际情况，别有用心。双方根本无法沟通。

---

⑤　所谓猎犬之暂时不准吃者，是也　此句在初印本和重印本上编第95页被译为"所谓獦犬之先声，是也"。在自译本第129—130页被译为"不过猎狗之少待少待之一喝而已"。日文版第155页原为"所谓猎犬がお预けの一声过ぎさるなり"。参见点校本第408页，本书第413页。——编校者注

第三个论点是分割有两种形式:既有眼睛看得到的分割即"表面之分割",也有眼睛看不到的无形分割即"里面之分割";而后者更危险。"里面之分割"的手段方法有实业合办,借款筑路,挖采煤矿等名目。比如美国政府提议满洲铁路中立,其本意是将美国资本投入满洲获利。这其实就是里面之分割。

辛亥革命后由于财政困难,列强的借款攻势越演越烈,这只救得了当前,而且会负债累累,终非所堪,"此之谓国家破产之兆也"。而且"铁道四通八达矣,然非支那人之所管理也!实业稍稍振兴矣,然享其利者非支那人也!地下宝藏取次发掘,金银铁煤,随在堆积矣,然享其利者非支那人也!举凡一切实业实利,尽入外国资本家囊中,而里面分割之势成焉"。

中岛端将中国的"里面之分割",和第九章叙述的中国内部分裂割据的动向联系在一起,各列强已经分别成为各个省的后盾,中国将完成分割之势。而这时,满蒙西藏也会从表面的分割变成真正的分割。这就是中岛端所想到的最坏结局。中国的命运到此为止,不可挽回。

因此,按照中岛端的逻辑,这种无形分割实际上发挥着决定性威力。但是《驳议》对于借款评价很高,说"借微息之外债,辟雄厚之利源,于公私交困之余,实为利国福民惟一之政策"。

清代借款引起的问题确实很多,最后出卖主权给国家带来了祸害。《驳议》承认了中岛端的指责,又说"今也,民国告成",已和清朝时代不同。断送利权之契约,既不致轻听误认。干没中饱之弊,亦一律廓清。借款以振兴实业,庸何伤? 即佣外人为技师管理,亦庸何伤? 不惟无伤,"实属大利"。此非吾国人士之私言,质之世界,当亦所共认者也。

中岛端无视民国新人物和清朝腐败官僚、共和政府和专制国家的不同,谰语诡词,说向外国借款就是内部分割的证据,这纯粹是诽谤中伤。以上就是《驳议》的反论。最后《驳议》呼吁政府官员将中岛端的言论"视为药石,深自警省",不是单纯的反诘。

中岛端认为借款有两种:强国向弱国借款,及弱国向强国借款。后者往往"以致亡国破产之祸者"。中岛端的担心,不太奏效。对民国充满自信的年轻法政学子们,对列强"里面的"分割中国的警戒心之弱,期望之乐观,令人瞠目。所以才会容忍袁世凯未得到国会授权,就独断专行,签订了善后大借款的条约。⑯

以上总结了中岛端在上编各章对于中国不可避免的分割命运所作分

---

⑯　李大钊《大哀篇》(《言治》月刊第一期),另外也可以参考拙稿注㊴。

析、预言及其证据，并通过逻辑性的论述导出结论。也将北洋法政学会同人们《驳议》中的论点和中岛端的论点对比总结，了解了其具体特征。

《驳议》的总论点是中国人渴望革命成功，避免内战，并对民国诞生充满了自信。既然已经和清朝专制国家诀别，迈向了新时代，就不可能回到过去。这也是他们的决心。而中岛端拿过去的事情来批判现在，绝对不能容忍。

但是，将腐败的过去和光明的现在明确切断这种二分法，虽然给予他们乐观的希望，但是民国的脚步并非想象得那么顺利。因此，《驳议》中所描述的民国前景，也许并不能隐藏他们心中的一抹不安。也许这就是中岛端所说中国人"虚势的元气"，也许他们不想在日本人面前展示软弱的一面。

因此，中岛端的议论，被看做潜藏侵略意图的恶意谩骂胡说，受到了中国人民族主义热情的炮火攻击。《驳议》并没有冷静思考和理解中岛端书中的内容，没有真正引以为鉴与合理应对。当然，很大原因也在于，中岛端的直言不讳太过分，笔锋太犀利，而招致了反感。

下编我会采用和上编相同的展开方式。对于分割命运必至的中国，日本应该采取什么方针去面对呢？中岛端用审视的眼光去思考摆在眼前的选择，并导出了自己的结论，向日本国民倾诉。

6.日本是否应该参与分割中国

中岛端的《支那分割之运命》，上编分析了辛亥革命后中国的现状，得出的结论是中国分割命运的必然性。那么，无论在地理、人种或者历史方面都与中国渊源很深的日本，应该采取什么方针呢？这即是下编的主题。首先我们来看下编的构成。

第一章"东亚之门罗主义"，第二章"日本与支那分割"，第三章"日本与支那分割之方略"，第四章"日本与支那分割之究竟的利害"，分析了日本是否应该参与分割中国。第五章"日本百年后之运命"，第六章"日本之教育"，第七章"日本之实业"，第八章"日本之陆海军"，第九章"日本之外交"，第十章"日本之宪政"，第十一章"世道人心之一大危机"，分析了明治维新以来45年间日本诸方面的现状。最后第十二章"日本国民之觉悟"，是本书的结论部分，给日本国民许多建议。

首先，来看第一到四章中岛端的主张及《驳议》的反应。中岛端此前已出版过《近世外交史》（1891年，自费出版）。在这本书中，中岛端怀着强烈的愤懑和屈辱感，详述了佩里来航之后日本的对欧美外交史，和1887年、1889年井上馨、大隈重信对于条约改正交涉的屈从。要想恢复国权和关税自主权，迅速发展国力，就需要四千万国民和"庙堂诸公"齐心协力，努力奋起。中岛端效仿"先辈国士之风",向国民倾诉了"草莽一书生"的真情。

在《近世外交史》中,中岛端依据"弱肉强食"的社会进化论,来观察当时的国际形势。而在《支那分割之运命》下编中,第一章是"东亚之门罗主义",表明他又多了一个黄白人种对抗的视点。这个视点是甲午战争后在全世界流行的人种论,和在日本流行的黄种连带论[47]。中岛端就是其中之一。因此,在他的书中处处可见"同洲""同种""同文""唇齿辅车"等词汇。在这个背景下,日本和中国都处于"白人东渐之势"下,都认识到两国是一莲托生的命运共同体。

但是"东亚之门罗主义"已经没有实现的可能性。亚洲诸国一个个被白人种国家消灭,最后只剩下日本和中国。中国的分割也不可避免,不止内部呈现"土崩瓦解之象",且"分割之机,已在欧美人掌中"。中岛端对此十分感慨,因为"支那之分割,不独为支那一国之存亡问题而已,东亚厄运之所伏也,亦我帝国安危之所系也"。

中岛端在上编对中国人展开了激烈骂战,也是出于对面临分割危机的中国前途的担忧。他没想到中国人不理解自己的意图,招致了《驳议》作者们的愤怒。虽然不能否定中岛端对中国的好意,但他主要还是担心中国的形势会连累到日本。我们有必要清楚这些事实。

在下编第一章,中岛端设想了俄、英、法、德等国瓜分中国的行进路线,详述了各国用兵的预案。这表明他掌握了中国地理、交通的精密信息,对中国历史上的攻防战略也具备渊博知识[48]。当然,对中国的瓜分不仅限于军事方面,与之并行的"商战"也是有力武器。

在侵略中国的列强中,唯一没有"用兵"的是美国。中岛端指出,美国的对外政策突然发生了变化。"本为纯粹和平之共和国民"的美国,竟然吞并了夏威夷、古巴、菲律宾,变成"向他人挑战之狂暴国民",更要"争霸东亚大陆"。

美国欲为"丰富无限之资本"寻找供应国,趁日俄战争讲和斡旋之机,提议"满洲铁路中立"。但是它的提案被拒绝,于是开始想其他办法,比如返还中国的庚子赔款,当作留美学生的奖学金;急于开通巴拿马运河等一系列准备工作。在当时的日本,最早指出美国侵略中国大陆的野心和危险性

---

[47]　参见东亚同文会(1898年11月2日创立)会长近卫笃麿《同人种同盟附支那问题研究的必要》(《太阳》1898年1月1日号);酒田正敏《近代日本对外硬运动的研究》(东京大学出版会,1978年)。

[48]　从文中可以看出中岛端对于各列强制作的军用地图十分感兴趣。而且在眉批中提及阅读过《三国演义》,能看出来他十分熟悉中国的军事史。

的，当属中岛端。

那么，对于 1902 年成为日本同盟国、1911 年 7 月第三次修改日英同盟协约的英国，中岛端持什么看法呢。他预想到英国为阻止俄罗斯南下和守住印度，会侵略西藏。果然，英国"明知西藏本为支那藩属，不取与北京政府交涉之迂策，单刀直入，急侵拉萨，扼达赖喇嘛之咽喉，使将来订为半属国之约"。中岛端说英国会从西藏进入四川，然后向北、东、南入侵，再加上英国既得的势力圈、租借地、割让地，即使"割中原建立一大帝国，亦非万难之事"。在这个过程中，即或出现迂回曲折，经过这样的过程，印度也必然处于英国的统治下。

中岛端具体指出了英国侵略他国手法的巧妙与无情。军事侵略并非英国所擅长，但必要时它也会行使武力。中岛端评价英国"对外政策之行动，一在运筹何如耳，岂有一分豪侠气与名誉心耶。善言之，则英人固兼绅士之风采与商人之手腕也。刻论之，则英人又具奸商之心术与强盗之胸度者也。运筹之间，谓彼暗藏弹丸于无形，非冤诬也"。

因此，日英同盟也是英国人基于自身利害的算计而缔结。如果无保留地信赖英国，"吾恐他日掌中物，不免为他人所攫也"。

下编第一章"东亚之门罗主义"——列举了外国列强的行动，篇幅相当长。《驳议》则分 4 个方面来反驳。第一，中岛端预测蒙古一带早晚会落入俄罗斯手中，果然在 1912 年 11 月 3 日就缔结了《俄蒙协约》。北洋法政学会同人们对此十分震惊和愤慨，表明了和"暴俄"交战恢复领土的决心[49]，也指责中岛端冷眼旁观，幸灾乐祸。

《驳议》的第二个方面，是对英国侵略意图的否定。说重视商业的英

---

[49]　北洋法政学会之所以翻译并发行《蒙古丛书第一种　蒙古及蒙古人》，是为了反对外蒙古想要借助俄罗斯帮助达成独立的"协约"。另外，中岛端的《孙中山来！！！ 孙中山来！！！》（《日本及日本人》601 号，1913 年 3 月 1 日），详细记载了孙文和日本的联盟、对日本军力的借用，以及对"钱币革命"这一提案的痛批。从《雪地冰天两少年》（《言治》季刊第三册，1918 年 7 月 1 日）来看，这部分《驳议》的执笔者是李大钊。

译者注："钱币革命"，指辛亥革命后孙中山提出的币制改革主张。他提出废弃金银作为货币、实行纸币制度的钱币革命论，是中国清末民初币制问题争议中独树一帜的改革主张，是孙中山经济思想的重要组成部分和一贯思想。他自称"谋革命时已注重于此，定为革命首要之图"。1912 年 12 月 3 日，孙中山发表《钱币革命》一文（即《救亡策》），正式提出以货物为基础发行纸币，以代硬币之用的主张。其后在 1917—1919 年的《孙文学说·以用钱为证》一文中，又重申了钱币革命的思想，并作了一些理论上的发挥。他提出钱币革命，一方面是要解决当时为了对付沙俄侵略的财政困难和挽救金融危机，其根本目的则在于摆脱帝国主义的金融控制，建立起中国的独立自主的货币制度，以发展民族资本主义经济。

国，"素重保全"中国。它入侵西藏，是为了阻止日俄试图打破势力均衡的野心，并非本意⑤。中岛端一直渲染其他列强对中国的侵略，实则裂我神州者，非英美德法，"惟暴俄与尔岛国耳"。

第三个方面，中岛端认为法国侵略中国的后盾，是天主教的布教。对此，《驳议》深表赞同，强调宜急图国民教育之普及，俾教民亦知爱国，不给外国人侵略中国以借口。

第四个方面，是对第一章"东亚之门罗主义"的总评。有两个论点：第一，中岛端详述了欧美列强对中国的侵略，显得十分悲愤慷慨，却独不论及日本。他所说的"东亚门罗主义"，即"日本独吞中国之代名词"。因为这不可能达成，所以才感慨痛哭。从一开始，他对中国就没有爱护和同情。

第二，"强弱相遇无公理，国际之间无道德，势使然也"，看到了国际间赤裸裸的强权现实。革命成功令人意气干云，"人则视为分割之祸，迫于眉睫"。"吾人闻之，则有足为棒喝之警者"。

中岛端没有提及日本对中国的侵略，不是因为他装糊涂。第二章以后，即讨论了面对中国分割的现状，日本应采取什么方针。为了论点的展开更加顺畅，第一章才没有提及。因为在上编第十章"支那之运命"中已经提及"日本取台湾，表面之分割也"，所以中岛端也认识到日本已经参与对中国的分割。

既然中国的分割命运已迫在眉睫，"东亚之门罗主义"就没有实现的可能。日本应该怎样应对？"全不与于分割欤，抑进而与于分割之事欤"，二者之中必选一个。

下编第二、三两章都在讲这个问题。第二章"日本与支那分割"，说中国分割的命运在义和团事件时已有征兆。之所以没有实现，因为"幸我帝

---

⑤ 1895 年莫里森被任命为伦敦《泰晤士报》的中国特派员。1912 年 8 月 1 日他被袁世凯看中，担任中华民国总统政治顾问(531：《蔡廷干来函》附件：契约书。骆惠敏编：《清末民初政情内幕》下，知识出版社 1986 年版)。莫里森虽然辞去了泰晤士报社的职位，但是其影响力依然在报界存在。他一直努力服务中国政府。中岛端批评莫里森不懂汉语，也看不懂汉字报纸，所以他的信息来源很受限制，还嘲笑他的信息分析能力(《近视眼的支那观》，《日本及日本人》592 号，1912 年 10 月 15 日)。他严厉指责莫里森"赞颂讴歌袁世凯的为人，称他为四百州中的大英雄，是四万万人的救世主"。之后莫里森还被称为"帮闲兼顾问"(《支那的将来(五)》，同上志 636 号，1914 年 8 月 15 日)。另外，关于日俄战争和莫里森之间的关系，可以参照沃德豪斯瑛子《导演了日俄战争的男人莫里森》上、下(新潮文库，2003 年，原本由东洋经济新报社于 1988 年出版)。沃德豪斯瑛子，日本女性，嫁给澳大利亚人，所以姓沃德豪斯(Woodhouse)，瑛子是其名。

国与支那为邻，一面鞭挞之，一面保护之，隐然自居于后见人之地位"。另外，日俄战争中日本的胜利，也打碎了俄罗斯侵略中国的野心。列强"惮于日本之武力"，才同意日本对中国的领土保全主张。

但是，辛亥革命之后，"支那民族之姑息苟安，怯懦无勇，好纷争而无统一，喜空谈而鲜实力，不团结，无爱国心，无忠君心，无牺牲心。一切丑态陋态，一切短处病处，历历呈于东西人之目"。所以全世界都觉得"支那人容易对付"，成了这次瓜分竞争的导火索。但是日本因为日俄战争背负了巨额债务，"于是我国民始有厌战之色"。

那么，日本应该走哪条道路呢？有一种意见是当今时代"人人厌兵力战争之危险惨毒"，"人道主义盛行"，所以使用武力来分割中国是时代的错误。但是，"今之列强亦前之列强耳"，其本质并没有改变，"顾视其利害得失何如耳"。中岛端深切认识到国际政治的残酷事实，即"此后商战独行于世界，兵马干戈之惨祸将绝迹于人间者，殆假平和论者之谬想耳！无论各国全废军备等诸梦想，即欲稍为抑制，亦岂能实行于今日？如其有之，亦必待五大洲中一霸国之出现"。

更进一步说，如今中国内部并没有能力抵抗列强分割。中岛端展示了他渊博的中国史知识："汉族未尝不屈膝于外种异族"，从五胡十六国至清朝，"汉族见惯由来分割之历史"。他根本不指望辛亥革命能够唤醒中国青年，断言"虽以瓜分之祸，亡国之惨，呼号于众，如衒独立之意气，为国家牺牲心身而不惜者，特一时之大言壮语耳"。

因此，中国分割只待时机成熟而已。既然这样，日本对是否参与中国分割，应该早做决断。第二章的《驳议》，不能忍受中岛端侮辱汉民族，在眉批中多次呼吁"汉族男儿听者"。还列举了汉民族抵抗的史实，表明了为一雪日本之耻辱，他日一定会决战复仇的决心。

那么，日本到底应该走哪条道路呢？从大陆完全抽手也是一个选择。但这样"既往之对外政策从根本被破坏故也"，"我帝国上下必所不甘服也"。无论从日本的国威、国权，还是经济发展来说，都不可能放弃中国大陆。既然这样，就应该"果断实行"，与列强"争衡于中原"。所以，第三章的内容是"日本与支那分割之方略"。在这一章，中岛端设想了日本瓜分中国的路线，起点则只有南满，别无选择。中岛端对中国的史实做了调查研究，注意到中国南、北方在地缘政治学上的差异。

由此得出结论：进攻中国的战略，"从用兵上言之，则燕赵（即今之直隶、山西）之地决不可委于他人之手；由财力上言之，则江苏、浙江二省又决不可使他国有之"。但是，有很多国家对分割中国大陆虎视眈眈，如果耽误了时机,就会遭受"二大厄运"。古语说得好,"断而行之,鬼神避之"[51],"要在吾国之国是、国力如何耳"。

说到日本的国策,无论是当局、民间政论家还是全国民众,"不独对于十年二十年之将来,无一定之方针政策",即对于二三年、一年乃至眼前,都没有相应的政策方针。日本一直在左顾右盼,朝变夕更,毫无定见,在列强面前"毫无特立独行之态度"。从国力上说,即使国民有勇气,也没有充足的财力。偿还巨额外债,会导致租税负担过重,物价高涨,国民整体贫困。也没有其他国家能借给日本军费。

因此,瓜分中国计划就只能是纸上谈兵,"书生大言"。针对这一章,《驳议》首先嘲笑日本苦贫,不依靠中国即不能立国。如果打算靠自己力量称霸中国大陆,就像"蜉蝣之撼大树",只会"自取败亡之辱"。《驳议》自信地说,今后的中国将不同于以前。中国作为千年古国和物产丰富的大国,"而卒不克与列强角逐者,则三百年来清朝政府误之也"。革命之后,要一雪前耻,努力达成国家富强。对于中国"南北民族地理之特色"十分熟悉的中岛端,也指出中国"北方之武健"与"南方之富庶"相互补充,最适合中央集权。驳议者借此批判了当时倡导中国地方分权的势力。所说"吾国浅识躁进之徒",指的是革命党人。

这一章中,《驳议》在听完中岛端关于日本国策国力的告白后,更加确认了中国的优越性。针对中岛端借中国南北差异而渲染分割,《驳议》列举了袁世凯达成中央集权,促进国家统一的论据,进一步批评了地方分权说。

中岛端说日本无论从国策还是国力方面,都不足以,也不可能参与瓜分中国。但他又指出:即使国策和国力这两个条件都满足,也要思考一个先决问题,那就是中国分割"于我利耶,抑不利耶"。为了探究这个问题的答案,他写了第四章"日本与支那分割之究竟的利害"。

在第一章中已讲过中岛端对世界形势的认识,即是白人种的称霸世界事业已经扩展到东亚,黄白人种之间的最后冲突已经展开。现在"可与白人种相对峙"的黄色人种,只剩下中国和日本。而中国已面临分割深渊;只有日本居"优胜之列",被看做特例,日本也以此为傲。但是日本的安稳地位,也只限于中国灭亡之前。从白人种的所作所为来看,"不尽歼灭异种族、征服异教徒不止"。现在日本已成为白人种觊觎的对象,等中国分割结

---

[51]　中岛端特别喜欢这个"断"之一字,在《近世外交史》的末尾,以及《支那分割之运命》的《自序》末尾和最后一章的末尾,都有这个字。表明了中岛端行动的决断。但是,他只有勇敢的呐喊,却没有实质内容。在这之前中岛端都是在列举事实和展开论证,但是到了最后却突然飞跃到一种空洞的气势中,给人一种壮士气质。

束后，日本就会成为下一个目标。因此，中国的分割对日本来说极其不利。

而日本如果参与瓜分中国，就等于黄色人种之间相互厮杀。明治维新以后，日本开始亲欧美，对于历史渊源很深的中国不再重视；而中国也开始疏远日本。两国都采取远交近攻政策，相互憎恨、诋毁，形成"口口同文同种，而其心终无同种之敬爱，同文之感情"的不幸关系。一旦若有分割之祸，日本亦列于白人之队伍，中国对日本的怨憎将永远不会消失。

这样日本在五大洲中将"无一同种之国，无一同盟之邦，无一唇齿辅车相扶相持者"，孤立无援。而且会因"徒贪目前区区之小利，以遗千年不灭之丑名，招百年不悔之大患"。所以，参与瓜分中国，对于日本绝不会有好结果。

如上所述，虽然对日本不利，但是无论日本参与还是不参与，中国的分割都无法阻止。日本应该怎么办？如果"有统一后来支那之绝大理想"，而且其德、力能够实现，就应该挺身去救中国。但是日本没有这个能力，如果介入的话就会两败俱伤，事态会更加恶化。"支那之分割，即我日本将来厄运之始，可云有百害而无一利也"。以上就是中岛端的结论。日本既无正确国策，也无充实的国力，所以对于"百害而无一利"的中国分割，只能束手旁观，没有资格管中国。应该说中岛端的结论，是极其冷静透彻的合理主义决断。

这一章的《驳议》，对中岛端的中国分割于日本不利，日本不应该参与分割中国这一论述，基本同意。但是最近在日本盛行的亚细亚门罗主义和大亚细亚主义等，看起来像是把中国当友人，"窥其心，则盗贼也"，不过是"日本希图独霸亚东之代名辞"。如果中日两国的兴亡分不开，就应该相互合作对抗白人。如果日本明白这一点，就应该"折冲于列强之间，以辅中华之进运"。

但是，《驳议》并没有要求日本返还中国租借地和殖民地。只是抽象地说相互提携，"折冲于列强之间"等。中岛端说不参与分割的意思，是租借地旅顺、大连到期后就返还给中国。但是关于台湾，讲得很暧昧。对1910年被日本吞并的朝鲜，已经把中国视为无关系者。因此，无论是《驳议》，还是中岛端，议论十分激昂，文辞非常华丽，却都未提及具体的行动方针。无论是年轻法政学子以革命成功后的自信为背景的自负雄叫，还是忧国忧民的汉学者悲愤慷慨的饶舌，都有一种无责任地放言大论的感觉。

但是，中岛端不参与中国分割的提议，从当时的日本大势来看，确属有勇气的发言。正是因为认识到了日本的现状，并对日本有深深的忧虑，他才写了这本书。

7. 日本亡国的征兆

中岛端十分尊崇皇室,是一个热情的爱国者。那么在中岛端眼里,当时的日本什么样呢? 到底是在"不世出之明天子"统治下顺利发展的新兴国家? 还是正步入亡国深渊? 从下编第五章"日本帝国百年后之运命",到第十章"日本的宪政",都是探讨这个问题。在《支那分割之运命》的印刷过程中,日本经历了从明治到大正年号的变迁。这本书也是对明治末年日本状况的概观。

首先,在日本找不到辅佐天皇的贤宰相。特别是伊藤博文,和南宋的贾似道一样,人格品行都十分卑陋。更别提山县、井上、寺内等人了。教育方面十分小气,流于形式,没有内涵。有教育普及之名,无普及之实。对于"国民之道德智识",毫无效果。无论"哲理也、文学也,如精神界之各种门类,其能开拓一代之思想,导引一世之人心者",从来没有。

日本的实业,仍停留在农业国层面。将来"欲一变而为工业国、为商业国,更必待二三十年之后。国力富实之前途,极为辽远"。日本的陆海军,是"萨长私党之爪牙",花费国民的大半税金来扩张军备,其实只是萨摩、长州二者势力的竞争。

此外,中岛端用犀利的笔锋,叙述了日本的外交、宪政、世道人心的危机状况,将日本的亡国征候,将自以为近代化先导、"东亚之主人"、"处于最优地位"的日本人的弱点,毫不客气的暴露出来。他在上编中痛骂中国人,在下编又用同样的语气来痛骂日本人。这让《驳议》的作者们感到痛快;但日本读者,则对他的言论感到困惑。

"日本之外交"这一章,是中岛端比较擅长的领域,列举的事例十分丰富具体。日本的外交手段非常幼稚,还因此受到了罗斯福的强制仲裁。小村寿太郎屈从了俄罗斯的要求,招致了欧美人以及中国人的轻蔑和侮辱。日本的"国威国权永沦地下矣!"因俄罗斯既得利权继承之事赶赴北京的小村,非但没有得到清政府的感谢,还扯出了安奉铁路改筑问题,招致了更多的纠纷。

辰丸事件处理得也十分拙劣。商谈不顺利,林权助公使"怒号于北京总理衙门,以为事如不决,则调数艘军舰于大沽",出现了外交史上前所未闻的"粗暴之事",完全失去了民众的信赖。广东爆发了抵制日货活动后,日本外交当局狼狈不堪,完全不会应对,出现了紧急召还外交公使的失态行为。如上所述,日本没有一定的对华方针,总是用权宜之计。这是因为日本根本不知悉中国的实情,没有切实研究中国。伊集院公使被袁世凯嘲笑了,还毫无察觉㉜。1911 年改订的日英同盟,因为预想到日美战争的可能性,才结成单方面攻守同盟㉝,招致外国人对日本"外交之萎靡不振"的轻侮。对此,中岛端感慨万千。

但是"外交之争犹其末耳",关键问题在内政。立宪政体实行 20 余年,不断遭到官僚阀族的阻挠和俗恶政党的败坏。按如今状况,宪政迟早会被颠覆,亡国灭种之祸很快到来。中岛端还列举了很多例子。议员之间拉拢贿赂成风,几乎所有人都屈服默认。始终毅然凛然拒绝此类事情的,只有和中岛端一样的"田舍汉"田中正造。

"立宪政治者舆论政治也,政党者实现舆论之机关"和手段。因此,政党首先要反思三个方面,即"主义果不悖于公理耶? 政策果适合于时宜耶? 果能指导舆论并能实现舆论否耶㉞"。不谈这些,只知道"漫然曰御信任",就是御用政党,是玩弄天皇的"大不敬",等于政党的自杀行为。特别是近三五年,政界腐败十分严重,"一切恶德恶行,无不兼具"。

对于宪政的腐败堕落,日本国民也有一定责任。立宪政治是舆论政治,舆论即"国民公是公非之意见"。但是,很多人出卖自己的投票权,甚至转卖了二三次,最终投票权落入出价高的一方。这些都要归结于日本"国民不学无术","无廉耻无道德","不知道立宪政治是何物,无立宪国民之资格"。

从第五章"日本帝国百年后之运命"到第十章"日本之宪政",每章都列举了很多事实,说明日本在各方面弥漫的亡国征候,十分具有说服力。但是第十一章"世道人心之一大危机"和最后第十二章"日本帝国民之觉悟",论调一转,表明了中岛端的评价和主观愿望。《驳议》从第五章到最后一章,也贯穿了相同的主题。稍后我会总结这些论点。首先来看"世道人心之一大危机"这一章。

㉜ 伊集院彦吉公使的滑稽经历,在忽堂野人(中岛端的笔名之一)《振作起来山座公使》(《日本及日本人》610 号,1913 年 7 月 15 日)中,有比较详细的记载。

㉝ 中岛端最早指出了日美的对立关系。这次新改订的日英同盟协约,把总括的仲裁裁判条约缔结国的美国置之门外,中岛端对此感到很不公。但是,后来英美间总括的仲裁裁判条约在美国上院没有得到批准,所以没有成立,中岛端的危机感才暂时得以解脱。达维德·斯蒂斯《相互的利益 帝国主义国的婚姻——1902—1922 年的日英关系》;村岛滋:《二十世纪史的开幕和日英同盟——1895—1923 年的日英关系》(细谷千博监修《日英交流史》1 政治·外交 1,东京大学出版会 2000 年版)。

编校者注:英美间总括的仲裁裁判条约,通称英美仲裁条约。

㉞ 果能指导舆论并能实现舆论否耶 此句在中岛端自译本中被译为"果否足以指导现实舆论耳";在北洋本中则被译为"果能指导舆论现实舆论否耶"。——编校者注。

　　明治末年的日本"人心风俗残忍冷酷","淫逸猥亵之风、游惰怯懦之俗"达到极点。中岛端认为"今日社会人心,最深之根底,最微之分子,其亦受白蚁之侵蚀"。其原因有二,一是南北朝正闰问题造成大义名分的混乱,一是忠君爱国的道义心衰退。也就是说,"奉戴万世一系的皇统",永远维持"君民一家的国体","我民族根本的主义,又原始的精神"的忠君爱国之念动摇了。这是日本世道人心的一大危机。

　　对1910年幸德秋水的大逆事件,中岛端尤其激愤。他说"幸德一辈,何物鬼畜。以日本民族一分子,敢谋大逆不道之事。其本身之悖乱,直不可以人类视,岂非明治时代一大污点乎,又岂非三千年来第一不祥之事乎"。比内村鉴三事件[55]更加让人痛愤。

　　到此为止,中岛端列举了日本各种亡国征兆。但是到最后一章,他对日本起死回生的道路"再三思索,更觉有大可恃者存焉"。即对"不世出之英主"明治天皇的尊崇之念,是日本民族的特色和本性。只要有人"提撕觉醒",日本国民就会回到"爱国志士""殉国义人"等原有姿态,就不会有"亡国不祥之事"。他呼吁"当局诸大臣""政友国民两党""陆海军人""贵族缙绅""富豪之徒""宗教家""教育家"以及"五千万之同胞","须现真面目"。但是,这种近似于呐喊的精神万能论呼吁,能否奏效呢? 他本人的态度是"野人之呼吁,亦时有天启之音。将来之祸福,岂无自吾辈口出,而入于世人之耳者耶? 苟一言不当,余甘服千死万死之刑"。就像一个虚张声势的经世家!

　　中岛端"更告我帝国上下",希望国民能够关注正在分割深渊中喘息的中国,并思考救济之策。他说"天之福人类也,无'白种独厚,黄种独薄'之理",因此日本人要自觉其天职,修德养力,决意"黄种复兴"。而且"勿以侵

　　㊾　内村鉴三(1861—1930),日本明治、大正时期的基督教宗教教育家。生于江户高崎藩邸武士家庭,幼年受武士道和儒学思想熏陶。1874年入东京外国语学校,3年后毕业,入札幌农学校,受该校校长S.克拉克博士的虔诚而热烈的基督教精神感染,于1878年接受洗礼。认为日本是四周邻海岛国,欲富国须从开发无尽的水产宝藏开始,即选择学习水产专业。1881年毕业后任职于北海道开拓使机关,负责渔业行政工作。1884年入美国阿玛斯特大学、哈考特神学校学习。1890年回国,任东京第一高等中学校教师,反对把天皇神格化。1891年在该校校长捧读《教育敕语》时,坚持不鞠躬礼拜,被视为"大不敬事件"。1892年被解除职务。1897年任《万朝报》英文栏主笔,批判足尾铜矿矿毒事件。1898年创办《东京独立杂志》。倡导非战论,1903年力主和平解决日俄战争问题,在日本当局的极大压力下和幸德秋水、堺利彦一起退出《万朝报》。后专心从事《圣经》研究和基督教传教活动。内村主张无教会主义,提倡只信仰圣经,而不应从属特定教派或神学。著有《圣书之研究》、《代表性的日本人》、《给后世的最高赠品》(How I Beccame a Christian)等。——编校者注。

略之念临人，勿以侮弱之眼看人，以不嗜杀人之心，持扶植人道之主义，行同种同族患难相救、疾病相扶之政策"。

这一章的内容，和第四章"日本与支那分割之究竟的利害"中退出中国、静观事态发展、绝不参与的宣言，看起来自相矛盾。对此，他本人的回答是，前者是对日本的强烈愿望，后者是冷静审视现状的现实性判断。两者并不矛盾。

但是，从中岛端"以生人之道杀人虽死不怨，以佚人之道劳人虽劳不叛。杀人剑即活人剑，恩威并行，宽猛相济"的自以为是的文章中，能够感觉到危险。日本只要能够认真反省和努力，就能够踏入"王道"领域。"果如是，岂特日本民族之发展云乎哉？虽黄种统一可得而期，世界和平可得而望，四海兄弟天下一家之最上乘理想，可得而实现矣！"文中充满过剩的善意和对"他者感觉"的可怕忽视。对于中岛端来说，他也知道这是不可实现的梦想，是他自己的花言巧语。但是，大亚细亚主义者的大东亚共荣圈、八纮一宇的梦想，也是从这种自我陶醉的理想开始的。

在《支那分割之运命》的出版过程中，明治天皇去世。这就意味着能够挽回日本亡国征兆、寄托自己理想的英雄人物已经不在了。这样，中岛端的希望和理想也会随之死去。即是说这本书和读者见面之时，正是他的热情被泼了冷水的时候。

针对第五章《日本帝国百年后之运命》到最后第十二章《日本帝国民之觉悟⑤⑥》的内容，《驳议》的中心是指责日本的天皇制国家已经不适应 20 世纪"平民政治发展时期"。除了中国，葡萄牙也打倒王政树立了共和政治⑤⑦，俄罗斯也要开始革命了。"君主之魔物，不数十年将绝迹于世界"。中岛端以先觉者自居，言必"国利民福之问题，曰平等也，曰自由也，曰推倒君主也"。但与此相反，他实"害世运之蟊贼，而阻进化之人妖鬼畜也"。

日本的教育，其实是培养"独夫之奴隶"的教育。日本的陆海军，只是萨摩和长州两藩势力扩张的产物，表明日本的"地域观念"很强。日本宪政中议员之间的收买交易，投票权的买卖等行为，才是真正的心灵"不洁"。日本是世袭身份制，"权利不平等"，立宪也只是"伪立宪"。因此，"幸德氏

---

⑤⑥　日本帝国民之觉悟　原文如此，与中岛端自译本中的译法一致。在北洋本中被译为"日本国民之觉悟"。亦可译为"日本帝国国民之觉悟"。——编校者注。

⑤⑦　1910 年（宣统二年）10 月，葡萄牙爆发了放逐国王、建立共和的革命。宋教仁在《葡国改革之大成功》（《民立报》，1911 年 9 月 25 日）中介绍，葡萄牙的新政府获得了外国正式承认，无论在内政还是外交方面都打好了基础。从那时开始，宋教仁就明白了得到外国承认的重要性。关于葡萄牙革命的成功如何鼓舞了北洋法政学会的同人们，不仅在《驳议》中有所叙述，在李大钊《十八年来之回顾》（1923 年 12 月 30 日在直隶法政专门学校的演讲）中也有所提及。

慨然提倡社会主义,欲以平其不平",正与中岛端"痛斥元勋大臣及萨、长二州人专横无忌之言相合"。但是,幸德秋水却被处以死刑,日本政府的非人道遭到全世界责难。中岛端骂幸德是鬼畜,"诋之为大逆,岂真别有肺肠!"《驳议》的这种反诘,十分有效。

最令人注目的是,《驳议》对于第七章"日本之实业",既没有眉批,也没有评论。这一章叙述了日本的产业还处于第一次产业的幼稚阶段。下编第三章论述日本的国力时,中岛端叙述了日本因为日俄战争,内外债已超过20亿日元,每年的租税达到7亿日元,国民的负担年年递增,出现了"全国破产之祸"⑱。在这些地方,驳议者加入了"日本苦贫"的眉批。而在第七章中,译者好像还没有理解到日本是一个农业国的现实,和日本财力不足拿不出对外侵略的战费之间的关系。

在"日本之外交"这一章中,中岛端叙述了日本对于辰丸事件的粗暴应对,广东爆发抵制日货活动,以及林权助公使被召回日本等。针对这些事件,《驳议》作者感叹,中国人早已经忘记了这些事情,日货购买热比以前还增加了数倍。结合上述进行考虑,还是可以看出,《驳议》作者对于支撑政治、外交的经济的重要性,以及农业国的生产率低下,认识不足。

针对此书的第五章到最后一章,《驳议》深刻指出以天皇制为中心的日本社会旧体制的根深蒂固,近代化只不过是装饰。而与此相反,中国辛亥革命成功,与20世纪的平民主义思潮步调一致,《驳议》对这样的中国充满了骄傲和自信;但是对中岛端指出的中国政治前途的不安定,以及列强的侵略企图,也并非不关心。这一点在上文已多次叙述。

中岛端的评论直击真相。中国人自己也有同样的危机感,但是却不想被日本人指出。《驳议》的作者们也许有这种排斥心理吧?《驳议》在"日本之外交"这一章中叙述了国国环立,各欲保持其国权,故讲求邦交,期相安于无事,"此世界主义之所以贵也"。但是20世纪初期是帝国主义时代,为了国家和民族利益,各国激烈交锋,有时还会使用武力。

而中国和日本的民族主义十分复杂曲折,是一种很容易引起无谓误解和纠

---

⑱　日俄战争的战死者和重伤者很多,带给日本经济的伤害也很大。1907年1月东京股票市场大跌落,日本陷入恐慌,由此频发了劳动争议、佃户风潮等运动。
　　编校者按:小作骚动又称租佃骚动,是村方骚动的一种。带有"小作骚动"性质的村方骚动,主要是维护贫农、佃农利益,如阻止豪农夺佃,加强佃农的永佃权(如1879年大阪府忠冈村小作骚动);固定租额,防止提高地租(如1866年甲州巨摩郡藤田村骚动);贫农自行商定贷款利息,防止受高利贷盘剥(如1840年羽前村山郡观音寺村骚动)等。参见沈仁安:《德川时代后期的民众运动》,载郑家馨、祝总斌主编:《北大史学》5,北京大学出版社1998年版,第54—56页。

纷的关系。就像中岛端所直率批评的"彼我之相疑相忌者，虽不必尽为事实，然亦不必尽谓无其事实"⑤，绝不是只有单方责任。如何才能使两国之间少一些伤害感情的语言和无谓的竞争，给两国的不幸关系画上一个终止符呢？

在下一章，会给大家介绍《支那分割之运命》执笔以前的中岛端的生平、中国之行的经过以及在中国的生活等。中岛端和中国的关系，对于中岛端独特中国观的形成，有着怎样的影响呢。

三、《支那分割之运命》以前的中岛端

（一）中岛端在中国的居留与回国

中岛端于安政六年（1859）1 月，出生在江户神田玉池一个开办汉学私塾的先生家中。他是中岛抚山的次子。长子为前妻所生，端为后妻生。端是其母第 2 个孩子，也是第 1 个儿子。同母有兄弟 5 人，姊妹 4 人。中岛敦就是中岛端的四弟中岛田人的第 1 个儿子。昭和五年（1930）中岛端去世时，正在东京帝大文学部读书的中岛敦，以"一则私记"的形式写了《斗南先生》。中岛端又名正、端藏，字俨之，号斗南，别号及笔名有复堂、勿堂、勿、勿堂野人等⑥。

中岛端自幼接受旧式教育⑥，6 岁开始朗读《论语》，十三四岁便开始用汉语作文、写诗。他幼时体弱多病，常因大病卧床，后在父亲的建议下学习剑术，在习剑中逐渐恢复健康。但是他终生也未能离开药物⑥。因此学业半途而废，也未能服兵役，认为自己属于不孝不忠一类的"废人"而感到羞耻⑥。因为他的自尊心很强，所以挫折感也很强。

明治维新后，其父离开江户，在埼玉县的久喜开设汉学塾。此时的中岛端正在栃木县长兄所办的私塾中做助手。1892 年，回到父亲身边，在其私塾中做助手。1888 年以笔名"肌香梦史"自费出版政治小说《野路之村雨》⑥。它以反

---

⑤ 下编第四章 233 页。编校者按：此为《支那分割之运命》日文本的页码。在中岛端自译本中，相关内容在第 197 页。

⑥ 参见《中岛家家系图》（《中岛敦全集》别卷筑摩书房 2002 年 5 月），中村光夫他编《中岛敦研究》Ⅴ 部（筑摩书房 1978 年），村山吉广《评传·中岛敦从家学观点》（日本公论新社 2002 年版）。另外，《日本及日本人》杂志上的笔名勿、忽堂野人，是笔者确认过的。

⑥ 中岛端《日本文章的堕落》（《日本及日本人》689 号，1916 年 9 月 20 日）以下。《日本及日本人》刊登的文章，只记载了题名、卷号、发行年月日。

⑥ 中岛竦《斗南存稿跋》（《斗南存稿》，文求堂 1932 年版）。

⑥ 中岛端《与西田龙太书》（《斗南存稿》所收）。同《余辈的支那观》（695 号，1916 年 12 月 15 日）。

⑥ 见村山前揭书。

对 1887 年井上馨的条约改正案,在保安条例下被追放的青年志士为主人公。

此时,当地一些有志之士组成"无邪志会",每两个月举行一次关于伦理教化、世风批判的学术讲演会。中岛端的忧国之情更加不能抑制,1891年 7 月在"图南狂生中岛端识"的自序下,自费出版了《近世外交史》(上下编,共 218 页)。该书回顾了 1887 年至 1889 年井上和大隈条约改正交涉的外交史,批判二人的"奇怪政略",呼吁建立真正的独立国家。特别指责日本外交的无识见和无定见,其悲愤慷慨言词和汉文训读体,与后来的《支那分割之运命》几乎同出一辙。

但是该书也只是在列举史实,搬弄口舌而已。他挖掘问题之尖锐确实令人惊叹,但并没有提出有具体实效性的方案,仅仅是道德至上论、精神万能论式的叱咤激励而已。能看出中岛端努力学习欧洲近代史,沉酣于阅读新书。但是也不能否认中岛端因为没有正规学习的机会,明显带有独学者所具有的偏颇和独断性格。因此这本书不过是"偏僻地方、书籍缺乏""学问浅薄识见固陋"的"田舍书生""不得已"而抒发忧国之情的慨世、警世之书。这本书和上述小说,都没有引起特别反响。然而以此为契机,中岛端的名字却引起了倡导国粹主义、国民主义的政教社成员们的注意。

中岛端父亲以前的门生宫内翁助,十分关心家乡的教育振兴。1893年,中岛端和宫内翁助商议,申请创办新的"专门学校",并得到批准。学校名为"明伦馆",目标是将来能够发展成为中学校,以培养地方指导者。这所学校的课程设置,打破了传统皇汉学的限制,开设英语、算数、欧洲史学、欧洲文学等课程⑥。他是创业的责任者,创业后的四五年间他忙于诸方面的新事业,之后将"守成"之责任交给其弟中岛竦。他说自己"泪多血多喜怒多言辞多失误多","非适于教育之任"⑥。

中岛端为了实现数年来为国家前途尽力的夙愿,选择了别的道路。他终于等来了机会,1902 年春,他离开了埼玉县久喜。此时,他已满 43 岁。应东亚同文会会长近卫笃麿的邀请,杉浦重刚出任东京同文书院及上海东亚同文书院院长之职,即刻出发去中国。因为多年前曾受到杉浦重刚知遇之关系,中岛端也要求同行。⑥

---

⑥　见村山前揭书。

⑥　中岛端 1894 年 4 月 2 日写给中岛若之助的书简(注⑩中提及的《中岛敦研究》所收。以下所有书简都收在这本书中)。

⑥　《塾主渡清日志(1902 年 6 月)》(霞山会《东亚同文会史》,1988 年)。
　　编校者注:杉浦重刚(1855—1924),日本明治、大正年代的教育家。幼名谦次郎,后改重刚,号梅窗、天台道士。1876 年大学南校(东京大学前身)毕业后,去英国留学。回国

　　4月9日,中岛端与从新桥来到大阪的杉浦一行人会合。4月14日从长崎出发,16日到达上海,之后与杉浦一同拜访了经元善,21日一行人沿着长江逆流而上来到南京和安庆,25日到达汉口。杉浦礼节性的拜访了张之洞,参观了大冶矿山以及被日本炼铁厂收购的狮子山,达成了其访问中国的目的:结交清国之人士,亲眼目睹清国之实况。

　　刚到上海时中岛端就已经对中国人不爱干净、臭气熏天束手无策,于是很想见识"江南第一新政家张之洞之风采"[68]。他听杉浦说,张之洞用手擤鼻涕,明白了不爱干净是中国人的"通病"。中岛端的总结是:"或许张之洞推行新政时也使用鼻涕一流的做法。其效果之有无,不问也知"。当然更让中岛端感到吃惊的是,张之洞苦心建设的汉口、武昌,却"一味的糊涂敷衍!!! 一味的腐败污秽!!!"。因此,一直想要拜访的刘坤一现在也不想见了。另外,刘坤一已年过70,因他年少时吸食鸦片中毒,听说现在面目已不忍直视。

　　4月30日从汉口出发,5月2日到达上海。在此中岛端与杉浦分别,移住日本旅馆丰阳馆。上海东亚同文书院邀请他担任教师一职,被他拒绝了[69]。中岛端对江南的改革派政治家已经失望,想听一听民间政论家的意见,于是去拜访了上海各个报社的主编[70]。此举纯属没有任何介绍信的,"单刀直入法"的个人访问。至1911年春末,他在中国居住了9年有余,在此期间,他的装扮一直是身着和服,手持拐杖。在1930年他最后的中国旅行时,依然是这样装扮。他以此装扮出门,名片上写的是"日本男子中岛端"。

　　这次突然的访问,使他结识了《中外日报》的主笔汪康年和《苏报》经营者陈范[71]。并在《苏报》上发表了与陈范互相交换意见的笔谈。中岛端通过

<hr>

　　后,任东京大学预备校校长。1885年创立东京英语学校(日本中学校)。1888年4月与三宅雪岭等人创办政教社,机关杂志为《日本人》,极力反对日本西洋化,提倡国粹主义。以教育家、评论家的身份活跃于学术界、政界,1890年发起成立大成会,并以此为基础出任众议院议员。后任国语学院学监等职,1914年任东宫御学问所御用挂,以儒家思想为基础为裕仁皇太子讲授帝王伦理。有《日本精神》《日本教育原论》等著作。正文中先提及中岛端的名字引起了倡导国粹主义、国民主义的政教社成员们的注意,又提及杉浦重刚对中岛端有知遇之恩,或与政教社有关。其思想倾向,应受到杉浦重刚的影响。中岛端的《支那分割之运命》一书,也由政教社出版。

[68]　中岛端《支那的将来(一)》(627号,1914年4月1日)。
[69]　中岛端《与罗叔蕴书又》(《斗南存稿》所收)。
[70]　《支那的将来(二)》(628号,1914年4月15日)。另外,和汪康年之间的对话,收录在《笔谈一则》(《斗南存稿》)中。
[71]　《支那的将来(三)》(633号,1914年7月1日)。

陈范结识了吴保初,又通过吴会见了倡导"一种突飞的急进说"的章炳麟。1902 年夏,为迎接因吴孙事件⑫被日本政府驱逐归国的吴稚晖,召开了张园大会。中岛端也受邀参加此次大会,并登台题字。

中岛端在与这些民间政论家的交往中,发现他们不管急进还是渐进,都既无"一定之见地",也无"确切之根柢",很容易受外界影响,十分被动,而无自主性和主体性。更让中岛端感到吃惊的是,他们对于皇帝毫无忠诚心。中岛端出生于皇汉学者之家,认为皇室是国家统一的核心。对于他来说,如果没有皇室尊崇的观念,必然导致国家组织的瓦解。中岛端通过间接的阅读报纸杂志,以及与知识人士的直接交流,了解了中国"官民间之情伪",也明白了政客和政党是靠不住的。

虽然中岛端来中国的目的并不是为了谋生,但是随着在中国滞留时间渐长,不得不寻求"糊口之资"⑬。这时他通过与汪康年的关系认识了罗振玉,成为罗家的食客,从事日文汉译⑭。又通过汉译工作,结识了时任南洋公学监院、京师大学堂编译分局主任的张元济。这一阶段,他一方面从事日文汉译⑮,同时通过与中国朋友的交往,细心地阅读中文报刊,搜集各种信息。

---

⑫　编校者注:1902 年(光绪二十八年)春,孙揆均和吴稚晖一起携子、女由上海赴日,入住东京高等师范学校。该校校长嘉纳治五郎采纳吴稚晖意见,设立宏文书院,专收中国学生。孙揆均入该学院读书。当时东京有个专为中国学生设立的成城学校,系士官学校的预备班。日本政府规定外国人入士官学校须由其本国公使保送,唯独成城学校无须保送。中国公使蔡钧认为此预备班带有军事教育性质,故请求日政府凡入成城学校者应由他保送。1902 年 6 月,孙揆均、吴稚晖、蔡锷等 26 人同往使馆面请蔡钧保送 9 名同学入成城。蔡钧以自费留学生不得学军事为由,拒绝保送。学生围噪使馆,蔡钧怒而挟吴稚晖、孙揆均至东京警视厅。东京警视厅以妨碍治安罪将吴、孙驱除出境,史称"吴孙事件"。

⑬　同注⑥。

⑭　罗振玉《斗南存稿序》。

⑮　当时罗振玉发行《教育世界》《农学报》等杂志。其中以下 6 种,已经探明他从中岛端的日文汉译过来。①《垤氏实践教育学》(奥地利)垤斯佛勒·特力著、(日本)藤代祯辅译《实践教育学(垤氏)》博文馆 1894 年(日本)中岛端汉译。北京大学堂译书局,1902 年(光绪 29 年)版,二册。②〈教育小说爱美耳钞〉(法国)约翰若克·卢骚著、(日)山口小太郎、岛崎恒五郎译《爱美耳抄》开发社明治 32 年、(日)中岛端汉译。《教育世界》53—57 号、1903 年 7—8 月,教育丛书第三集三、四。③〈费尔巴尔图派之教育〉(美国)查勒士·德·葛尔毛著、(日本)岛崎恒五郎译《费尔巴图及其学徒》开发社 1899 年译、(日本)中岛端汉译。《教育世界》61—63 号、1903 年 10—12 月,教育丛书第三集六。④《新译俄罗斯》(法国)法利著、林毅陆译《露西亚帝国》(东京专门学校刊 1901)、中岛端汉译。上海商务印书馆 1903 年版。剩下的两个是 1905 年发表在《农学报》上的农学博士草野正行、中村春生著《农学气候教科书》(《气候教科书:农学校用》兴文社 1903 年);及农学士泽村真著《农艺科学实验法》(兴文社明治三十三年)。
　　编校者按:该注释的内容比较繁杂,涉及几本著作的外国著者、日文译者和日文汉译者。原文如此,一时难以查对,暂仍其旧。其中"1902 年(光绪二十九年)"之说似有误。1902 年对应光绪二十九年 11 月 22 日至光绪二十八年 12 月 2 日,与光绪二十九年无关。光绪二十九年则对应 1903 年 1 月 29 日至 1904 年 2 月 15 日,与 1902 年亦无关。

1904 年 10 月中岛端离开上海去往苏州。

1904 年 5 月端方调任江苏巡抚兼署理两江总督之职，他提拔罗振玉出任江苏学务所主任兼师范学堂监督。中岛端应罗振玉的邀请从上海来到苏州，任教于江苏寻常、高等师范学堂[76]。该校的总教习是藤田丰八（剑峰），他自 1897 年开始便与罗振玉一起共同创办《农学报》、东文学社、南洋公学东文科等。该校还有一个日本人教习叫田冈岭云。但是其他人皆"风流自喜"，中岛端与他们合不来。1906 年，罗振玉调任参事厅行走兼京师大学堂农科监督，中岛端也从江苏师范学堂辞职。[77]

在这期间，中岛端有机会详细观察作为"满人中之白眉"、当时的三大壮年政治家而声名鹊起的端方的为人以及所实施的政策。中岛端对端方产生了怀疑，评价他"外表似为新文明之经世家，实质却是旧时代专制家"。中岛端一方面感叹于端方废除了官界陋习（"门包"和"三大节"之进献等），但也看到他官邸里的名贵字画越来越多，贿赂不断。端方被派遣为宪政考察大臣，但其带回来的报告书"大抵坊间印书之抄译"。以上种种，中岛端对清朝的前途越来越担忧。[78]

之后他在上海闲居约一年时间，因苦于生活之资，在张元济的帮助下，进入商务印书馆编译所，从事汉译工作。当时的商务印书馆与日本东京的金港堂合办，其间围绕领导权的明争暗斗非常激烈。中岛端与日本同僚都不敢亲密交往，"连遭凶厄，不敢动"，小心的过日子[79]。在这期间他的汉译成果全部收录在《说部丛书》，由上海的商务印书馆出版发行。《说部丛书》署名"编译所译"，并未记载译者的名字，他的译文就这样埋没了。

这样像翻译机械一样的生活持续了 3 年左右，中岛端希望了解中国首都北京的愿望越来越强烈。据其弟中岛辣在《斗南存稿跋》中记述，他可能认为虽"南人巧慧，无气魄，不足与谈振作。北人粗豪，尚或可用"。他的愿望终于实现了，1908 年 10 月末来到北京。他原以为"元明以来的皇城所在地"一定"雄丽""繁昌"，"在心中诵颂着古诗人的帝京篇"来到了北京。然

[76]　中岛端的原文如此。著者後藤提示："寻常"相对于"高等"，应指初级或曰简易师范学堂。——编校者注。

[77]　同注[69][74]。

[78]　同注[77]。

[79]　注[69]。中村忠行《检证：商务印书馆·金港堂的合办（一）》（《清末小说》12 号，1989 年）、樽本照雄《初期商务印书馆研究增补版》（清末小说研究会，2004 年）。勿堂《杯葛》（658号，1915 年 7 月 1 日）中记载了"设立中国图书公司实际上是为了反抗中日合办图书出版业"，规定了在中国不能雇用日本人也不能使用日本产品，纸张也要使用国产的，所以新开设了制纸公司。但是最后制纸公司经营失败，28 万资产几乎全部赔光。

而北京的沙尘漫漫,且住宅"毫无活气、毫无生色""不洁卑陋",使他倍感惊愕[80]。

这年 11 月中旬,光绪帝与西太后相继去世,中岛端看到了一般民众对于此二人之死的反应、袁世凯被驱逐、权力中枢更替,并借此详细了解了袁世凯的为人。中岛端虽然没有参加翌年 5 月光绪帝的大葬仪式,但他听说官僚、民众毫无"哀悼之情"和"敬虔之意",仅仅是"无秩序无规律"的参观游览。使这位皇室中心主义者倍受刺激,因而致书罗振玉,希望借他之力促使官界猛省,但却毫无效果。[81]

同年 11 月中旬,举行了西太后的大葬仪式[82]。对西太后"彻头彻尾不服"的中岛端,出于对死者的礼仪,曾与某氏一起在路旁脱帽肃立。当日葬仪的总指挥某亲王,竟然小跑来与某氏交谈并握手,然后离去。这些都属于不辨场所和身份的"痴呆举动",使人痛感清朝的末日已经不远。这天,直隶总督端方用照相机记录下大葬的情况。因为此事,他被李鸿章之孙李国杰弹劾,11 月 23 日被免职。[83]

确信清朝衰亡的中岛端,仍留居北京,亲眼目睹了清政府临终挣扎的种种愚蠢行动,各地有识之士发起的国会速开请愿运动,处理安奉铁路改筑问题时日本表现出的外交拙劣以及由此引起的抵制日货运动,俄罗斯对于侵略的策动,满人皇族的反应,民众对于哈雷彗星接近的迷信和不安心理等详细情况。1911 年春末,他回到日本。[84]

在这期间,中岛端花费了半年时间将米涅的法国革命史翻译成汉语,将摄政王和他两个弟弟的悲喜剧,比作法国国王路易十六和他的两个弟弟。或许他是想在此三人"头上泼三斗热水希望他们能够觉醒"吧? 由于这本书不利于清朝皇室,没有一个出版社愿意出版。

归国之后,他去拜访了杉浦重刚。同座有一个客人,邀请他于 5 月 30 日在汉文学会上演讲。中岛端的演讲题目是"支那的未来与汉文学者的觉悟",他指出中国各个方面都显现亡国征候,革命形势已迫近,预测中国将会再现五胡十六国,陷入分割命运。特别列举了 1911 年春江苏省崑山流民

---

[80]   同注⑦。

[81]   《支那的将来(四)》(635 号,1914 年 8 月 1 日)。罗振玉《斗南存稿序》。

[82]   此说似有误。西太后死于 1908 年 11 月 15 日(农历 10 月 22 日),葬于 1909 年 11 月(农历 10 月)。

[83]   受到"恣意任性,不知大体"的弹劾,要求吏部加以处分,最后吏部将他革职(《政治官报》,宣统元年[1909]10 月 14 日)。

[84]   同注[81]。

七百余人虐杀事件,批判官府不"尊重人命、保护人权"。他断言,在中国竟然允许这样的私刑存在,这种风俗习惯注定中国国民无法在一二年后施行宪政。

演讲时,由于身体不适,再加上他觉得自己并不是汉文学者,所以只是简短地介绍了"汉文学者的觉悟"。遭到听众的"苦笑",使他萌生了把自己著作问世的想法。6月下旬,83岁的老父去世,由于长兄早逝,中岛端不得不主持操办父亲的葬礼和其他事务。这年10月辛亥革命爆发,他看到了驻中国的外交官、武官、新闻记者和政论家等人的狼狈混乱,开始执笔写稿。起初以《支那的将来与日本》为题,后来采纳了别人的意见改为《支那分割之运命》。笔头快的中岛端,仅一个半月就完成书稿。正如他在一封信中所述,"亚洲的事理应由亚洲人主持,支那的事国人应该率先做出判断并处理","而不应该步欧美人的后尘"[85]。他为了将自己正确的预测公之于世写了这本书,终于在第二年出版。

以上叙述了中岛端在执笔书写《支那分割之运命》之前的人生经历。那么,1908年10月末北上以来,他在北京的生活状况究竟如何?为此,首先要了解他弟弟们的情况。他对中国情况的精通,除了来自"真挚的研究精神",弟弟们的信息也起了不可否认的重要作用。

(二)中岛端的弟弟们

在中岛端的弟弟中,与他差不多同时到达中国的,是他最小的弟弟比多吉(1876—1948)。比多吉毕业于东京外国语学校支那科,毕业后在早稻田大学担任讲师。1902年被聘为保定警务学堂的教师。义和团事件后,为了在中国建立近代警察制度,直隶总督袁世凯聘请日本人川岛浪速,帮助建立了保定警务学堂[86]。山根立庵评价比多吉,是"中文娴熟有学问的人"。[87]

继比多吉、中岛端之后来到中国的,是三男中岛竦(1861—1940)。在中岛兄弟中,除了长男中岛靖和次男中岛端身体病弱以外[88],其余8人健康上都没有问题,应算长寿家系。中岛竦于1902年11月4日从东京出发[89],

⑧⑤　中岛端于1911年11月26日写给关若之助的书简。关若之助和注⑧中的中岛若之助是一个人。他成为关家的入赘女婿,所以改姓。他笃信基督教,后来成了牧师。

⑧⑥　中见立夫《川岛浪速和北京警务学堂·高等巡警学堂》(《近邻》第39号,2001年8月);韩延龙主编《中国近代警察制度》(中国人民公安大学出版社1993年版)。

⑧⑦　《中岛比多吉君》(《续对支回顾录》下卷,大日本教化图书1941年版)。

⑧⑧　中岛端撰《绰轩中岛先生遗爱碑》中,记载了"性又善疾"。

⑧⑨　郡司胜义《〈斗南先生〉逸事——中岛敦的伯父中岛竦》(《千曲》,1976年2月)。

1903 年 3 月在由川岛浪速做监督（校长——后藤注）的京师警务学堂担任文书翻译的工作。⑩

　　1903 年 11 月，中岛端的另一个弟弟五男开藏（1868—1958）也来到中国。开藏后来成为父亲的好友山本家的养子，改姓山本。他从帝国大学工科毕业后进入海军省，在海军造船部门工作，日俄战争期间成为海军舰政本部的成员。1903 年 11 月 1 日，中岛竦在寄给中岛田人的一封信中说，终于听到哥哥中岛端的消息，这下放心了，还说"昨日新闻中得知山本受官方差遣到达上海，是为制造在扬子江内航行的浅水炮舰事……难得同时有兄弟 4 人、南北各 2 人同在一个国家谋事，可见他们与这个国家的因缘之深厚"。

　　山本开藏此次到上海公差，是否与在上海的兄长中岛端会面，已无从考查。但据中岛敦《斗南先生》所记载，中岛端临终时是在"洗足之伯父⑪"开藏的家中。不管那时他们是否见面，兄弟间在通信中肯定会互相交流信息。这使中岛端能够在书中写出"日本的陆海军"这一章。

　　中岛端评价中岛竦的性格是"小心翼翼，不标新立异，跌倒后能爬起来，不屈服，不沮丧，不知耻辱"。由此看出中岛竦是一个朴实且有耐心的人⑫。哥哥中岛端一时兴起才会写信，有时可能靠别人的传闻获得消息。中岛竦则笔头勤快，实际上起到了兄弟间信息传递中转站的作用。

　　日俄战争爆发时，比多吉被分配到参与俄罗斯铁路爆破等搅乱敌后方的"特别任务班"。他十分高兴，在决死队壮行的宴席中，来中国后第一次吟诵了汉诗⑬。中岛竦向其他兄弟逐一报告了比多吉的成就⑭。9 月，比多

---

⑩　二叶亭四迷（长谷川辰之助）经他在东京外语学校的同学川岛浪速的介绍，作为北京警务学堂的代理提调，担任了事务会计一职。在他的日记中详细记载了录用中岛竦以及他的工作情况（1903 年 3 月 27 日。月工资由工巡局和学堂分别支付，共计 80 元、录用期限是半年，旧历 3 月 1 日决定录用他。到 7 月为止，日记中一共有 20 次提到他）。请参考《二叶亭四迷全集》六卷（岩波书店 1965 年）。

⑪　洗足之伯父　不详。——编校者注。

⑫　中岛端于 1894 年 4 月 2 日写给中岛若之助的书简。

⑬　1904 年 3 月 29 日，写给中岛田人的书简。关于"特别任务班"，是儿玉源太郎参谋次长说服了和袁世凯有着密切关系的青木，获得了袁世凯的帮助才得以实行。（《青木宣纯君》，《对支回顾录》下卷，对支功劳者传记编纂会，1936 年版）。但是，中岛竦于 1904 年 5 月 20 日写给中岛田人的书简中记载着"此计划十分秘密，俄狗都不知"。可以看出俄罗斯一方警戒森严，敢死队员中有人还牺牲了。中岛端在《袁世凯的日本观》（626 号，1914 年 3 月 15 日）中，说袁世凯希望日俄相争能够两败俱伤，"日本壮士去破坏俄罗斯的铁路时，他（指袁世凯——后藤注）一方面给战士授予了护身符，一方面又偷偷地告诉俄罗斯人要提前防备"，暴露了袁世凯脚踏两只船的计策。编校者按：俄狗，对俄罗斯人的侮称。

⑭　1904 年 6 月 21 日写给中岛田人的书简中写道"此书状可以给诸兄弟看"。

吉的活动顺利成功,被任命为满洲军总司令部翻译⑤。中岛竦也将此事告知兄弟们,还报告了辽阳占领以及沙河会战等事件。⑥

中岛竦十分稳重,据说是学究式的人物。但是其内心深处,仍保留着幼时所受皇汉学家风的影响。根据从比多吉那里得到的消息,他说明了奉天在军略上的地位,论述了攻略利害⑦。不知这是受其家庭关系的影响,还是他本来素质的流露,这种侵略好战的口吻与稳重和平的外表之间的落差,实在大得惊人。

中岛竦在北京期间著有《蒙古通志》一书,序文作者是日本驻北京公使馆附武官青木宣纯。据记载,这本书是在青木的要求下完成的⑧。也就是说,中岛竦接受这项工作时,即知道这是为日本陆军侵占蒙古所做准备的一环。中岛竦的碑铭中有这样的文字:"为人宁静寡欲,不近名利";还有"通世事,解人情,无儒者迂僻之习"这样意味深长的评价⑨。外面看起来他有"木食道人"的脱俗之风⑩,但实际上却巧妙地迎合世俗、不知怀疑。可以说他的性格中,潜藏着一种俗物性和伪善性。

1908 年 11 月末,中岛端去北京投奔中岛竦。比多吉在日俄战争结束后出任直隶法政学堂和保定军官学堂的翻译,所以他可能会去北京和哥哥见面。中岛端不断地从比多吉、中岛竦的上司川岛浪速和其他人脉中得到信息,和自己收集的信息综合在一起,相互对照比较并加以分析,做出更加正确的判断和预测。

1911 年春末中岛端回到日本,即便在 6 月料理老父去世的忙碌中,依然不断从中岛竦那里收到最新消息,对《支那分割之运命》的写作起了很大作用。中岛端在 1911 年 11 月 26 日写给关若之助的信中说"三弟竦不断在通信中报告北京的情况,预示中国即将发生激变"。11 月 16 日袁世凯内阁的成立,使中岛竦和他的朋友们对于延长清朝寿命的主观愿望破灭。中岛端对于自己的预测表明了自信,但同时对于因形势激变而陷入混乱和苦难的支那人民,表示了同情。

《支那分割之运命》于 1912 年 10 月由政教社出版,此时中岛端已经满

---

⑤　1904 年 9 月 17 日写给中岛田人的书简。

⑥　1904 年 10 月 19 日写给中岛田人的书简。

⑦　1904 年 10 月 31 日写给中岛田人的书简。

⑧　见村山前揭书。

⑨　松平康国撰文《玉振中岛君碑铭》(前揭《中岛敦研究》所收筑摩书房 1978 年)。

⑩　森鸥外《羽鸟千寻》。编校者按:木食道人,应为不食人间烟火的道人之意。宋代释如本《颂古三十一首》中有:"草衣木食道人高,传得金襕意气豪。此外已知无别法,刹竿倒处累儿曹。"

53 岁。兄弟中,只有单身无职业的中岛端,陪伴 76 岁的老母在埼玉县久喜生活,还抚养着长兄的遗子和四弟中岛田人的孩子[101]。中岛竦不久也离开北京,住进宫岛大八经营的善隣书院[102],教授中国语和蒙古语,专心从事中国文字学研究。比多吉转任天津驻屯军司令部,从事建立满洲国的有关活动。

那么,中岛端在著作出版后又从事了哪些活动呢。下一章会做简单的追述,找出他言论的问题点,探究他亚细亚主义思想的可能性和局限性。

四、著作出版后的中岛端

上文已述,《支那分割之运命》在中国引起了巨大反响,而且初版之后不到一年又再版。中岛端认为"支那文人对拙著的批驳,抹杀不了本人所列举的实事实据"。因为拙著都是基于史实以及本人的实地见闻,是"真实的确"的东西[103]。可能是因为他的著作得到了关注,《日本及日本人》杂志开始邀请他写稿。其中用本名投稿的有 34 篇,以笔名"勿"投稿的有 2 篇,以"勿堂野人"之名投稿的有 7 篇,以"勿堂"笔名投稿的有 26 篇,共近70 篇。

在他以本名发表的文章中,除了发表在第 689 号临时增刊号(1916 年 9月 20 日)上关于乃木将军的文章《日本文章的堕落》外,其余的文章基本上都是以中国为对象。以其他笔名投寄的文章,主要以日本的外交政策,特别是对中国外交政策为题材,还涉及内政和政界批判方面的内容。只有在1913 年使用过笔名"勿"和"勿堂野人",1917 年后基本上停止使用本名发表文章,从 1914 年至 1922 年用"勿堂"笔名发表文章。1923 年政教社分裂以后,中岛端在杂志《日本及日本人》上用本名发表过一篇文章,以笔名"勿堂"发表过两篇文章。

一个笔者使用多个名字,一则是为了区分不同文章主题,也为了避免同

---

[101] 据吉村弥生《中岛家的人们》(《中岛敦全集》别卷筑摩书房 2002 年)记载,出生于 1902 年的她,从 10 岁到 20 岁一直和中岛端同住在久喜。端的老母"菊"虽然高龄,但身体健康,是一位慈祥明事理的老人。吉村弥生直到 20 岁才听姐姐说"菊"实际上不是自己的亲祖母。老母"菊"在 1914 年 1 月 13 日写给关若之助的书简中,记载着老母在女仆的帮助下抚养中岛敦。可见中岛敦从在中岛端执笔书写《支那分割之运命》时起,到 1915 年刚上小学时,幼年的 4 年半时间,都是和中岛端一起居住。

[102] 安藤彦太郎《宫岛大八和二叶亭四迷》(竹内好、桥川文三编:《近代日本和中国》上,朝日新闻出版社 1974 年版)。

[103] 《支那研究的注意》(699 号,1917 年 2 月 21 日)。

一个名字的频繁出现。可能是没有收到投稿邀请,因此他没有在其他杂志上发表过文章。但是仅仅在《日本及日本人》上发表文章,其分量也不少。本稿仅对其用本名发表的,和中国有关的文章加以考察。分别是《支那的将来》14 篇,《余辈的支那观》9 篇,《支那研究的注意》4 篇。

这些文章大致有三方面内容:第一,叙述中国之行的动机,在华期间的生活、交友及遭遇等;第二,对民国政治形势的分析与评论;第三,对于批判中岛端的政论的反论。首先看第一点。"爱新觉罗氏进入中原已近三百年。其胡运已尽。但是支那民族的将来如何呢"?他带着这样的思考来到中国[104],确信清朝会灭亡,想亲眼证实。他想探寻清朝灭亡之际,汉民族的命运会怎样。然而首先发现的是中国人"不洁",这使他更加确信清朝的灭亡。

但是有人反驳中岛端以不洁一事来预测清朝命运,说"周秦以来,大概如此。虽孔孟之圣贤,亦不洁堆里的老先生"。中岛端断然不同意这种说法[105]。目前没有确切资料能够查明不洁的开始时间,但他主张对于这种不洁状况的增加,清朝负有重大责任。在他看来,这种不洁正是中国的风俗习惯及国民性腐败、堕落的重要表现。他从全国,从各个阶层都看到了这一点。

关于中岛端在中国滞留时的生活和交友等情况,第三章已有记述,现在讲第二点。他从袁世凯政权的动向、共和政治的前途和支那民族的将来三个层面进行研究[106]。关于袁世凯,如他书中所预告,"一转瞬间,为中央集权之制,为十年总统,为终身执政,为僭伪帝王,如翻手之易"。而事态的发展正如书中所述,一出一出地实现着。中岛端对袁世凯的人物、伎俩和政策进行了综合分析,还考虑到"论证是否合理,是否颠倒事实真伪",可以说他的直觉十分敏锐。在这一点上,他经常嘲笑的莫里森等人,无法与之相比。

第三次革命[107]后,袁世凯因皇帝梦破灭而死去,中岛端开始研究共和政治的前途。当时,中国内外关于共和复活的呼声很高,中岛端批判这种乐观论毫无根据。他也不相信中国能够通过简单的南北妥协就能够再度实现共和[108]。但他并非共和的反对者,确信只有共和才是民国将来复活的途径。

---

[104]《支那的将来(一)》(627 号,1914 年 4 月 1 日)。

[105]《余辈的支那观》(695 号,1916 年 12 月 15 日)。

[106]《支那的将来(五)》(636 号,1914 年 12 月 15 日)。

[107]今通称护国运动,或护国战争。——编校者注。

[108]《余辈的支那观》(691 号,1916 年 10 月 15 日)。

他支持共和,也同情革命党,但对共和的前途抱悲观态度。⑩

　　他所指出的理由是:支那民国新政治的原动力,不仅分量不足,其性质也极微弱。支那民族本来没有共和的种子;如果说有,其播种的土地还很有限,萌芽的时机也尚未成熟。

　　他认为辛亥革命不过是一场爱新觉罗家族自灭的革命,这个革命不是从"社会最下层酝酿萌芽的","不终始彻底、不是真正的革命。其运动作用很不清晰、痛快"⑩。这就是中岛端对于共和的前途很悲观的理由所在。

　　实现共和要从何处着手?"关键要看民心如何"。那么是从宗教着手?还是教育?若要贯彻自由、平等的"共和理想",就必须彻底排斥与共和理想不相容的儒教。这和四亿"蚩蚩愚民"的启蒙一样,谈何容易⑪。更何况现在列强乘国内混乱之势,伺机分割中国。时间紧促,失败是必然的。

　　因对德参战问题政府内部发生对立,以此为契机,爆发了复辟清朝的政变。因而共和复活的期待已成泡影,南北两政府形成对峙。已经进入中岛端所预言的五胡十六国再现,军阀割据混战的时代。

　　中岛端研究的第三层是对于支那民族将来的考察。他认为中国民族的出路是实现富强,提议应立即实行国民皆兵的征兵制和递增率的地租改革⑫。同时他也清楚,这种提议根本没有实现的可能。当时的中国连人口和土地面积,都没有一个准确统计。他对中国民族的将来十分悲观,又祈祷"支那民族大彻大悟的最后一日"⑬。

　　自幼受中国文化影响的中岛端,深知中国民族决不是劣等民族⑭。认为"其聪明、其道德、其力量、其感情,的确具有宇内最大民族的素质"。但他又惋惜道:"他们近世纪以来呈现萎靡腐烂之状,由于麻醉中毒陷入了一种嗜眠症候"。而这种惋惜表现得太过露骨和过激,结果变成了恶骂毒舌、叱咤激励。他本人也深知这必定会招致对方的强烈反感吧。⑮

　　下面看第三点,对于批判中岛端的政论的反论。最基本的批判,是他的文章中相同论点重复太多。对此中岛端反驳,他是效仿了母亲病重时医生

---

⑩　《支那的将来(九)》(641 号,1914 年 10 月 15 日)。

⑩　《余辈的支那观》(690 号、691 号,1916 年 10 月 1 日、10 月 15 日)。

⑪　《支那的将来(九)》(641 号,1914 年 10 月 15 日)。

⑫　《余辈的支那观》(695 号,1916 年 12 月 15 日);《支那研究的注意》(700 号、701 号、702 号,1917 年 3 月 1 日、3 月 15 日、4 月 1 日)。

⑬　《支那研究的注意》(699 号,1917 年 2 月 21 日)。

⑭　《支那的将来(续稿之三)》(645 号,1914 年 12 月 15 日)。

⑮　《余辈的支那观》(695 号,1916 年 12 月 15 日)。

的做法,即执着地反复喂药,总会吸收一些⑯。这种说法也是成立的,但是他对于自己文章的缺陷并没有太多反省,也没有思考如何写文章才能带给更多人更深的影响。他写作的方法,就是深夜时凭记忆一气呵成。

在批判中岛端政论的观点中,最直击要害的是"足下觉得支那应如何处分"⑰。也就是质问他:你一直在讲支那分割的种种危机,到底应该采取什么样的行动方针呢? 中岛端曾经说过:"不要只讲支那会怎样,如何对付支那才是日本应该思考的问题"。因为日本政论家不认真研究中国问题,他一时愤慨做出这样激动的发言。对于这些无关己事的旁观者态度,他十分气愤。

但是,"按道理来讲,日本是日本,支那是支那,两国应该互不干涉"。中岛端在《支那分割之运命》下编第一章《东亚之门罗主义》中曾写道:"支那二十一省之事,唯支那人得处理之,不容他国人之掣肘"。这种承认、尊重对方独立的立场应该是他冷静时的想法。但是面对日本论者不负责任的态度时,他突然热血沸腾,冒出上述那样极其气愤的发言。

他冷静时会说:"我方断不可助力,不可干涉;他方断不可接受我毫厘的扶助诱掖作为前提条件",此刻却又变成招人厌恶的绝缘状。他这种思想之混乱,如实表现出他对中国"爱之有余而恨之百倍"的复杂曲折感情⑱。中岛端出生的家庭与中国渊源深厚,对于中国,他怀着一种自己人的感情,从没有认识到自己实际是外人。当他反思到这一点后,又开始与中国保持距离,态度越来越疏远。

作为一个热情的民族主义者,他与那些不管中国大陆闲事、抑制自己理性反省的"支那通"和"支那浪人"不同。这就是中岛端亚细亚主义者的特征。日本和中国作为对等的独立国家,历来具有深厚情谊,进入近代理应建筑新的友好关系。

但在资本主义世界的支配下,其侵略浪潮也波及亚洲。在西洋人的人种等级观念的眼光下,日本也不可能例外。中岛端的著作《近世外交史》回顾了幕末以来不平等条约的历史,对日本当局者在条约改正交涉中表现的软弱表示愤慨。虽然日本在日俄战争中取得了胜利,但依然是黄色人种。若要证明日本在日中关系中的优越地位,就要主张对中国拥有分割特权。但是这仅仅是出于日本的利己心向中国的扩张,已经转化为大亚细亚主义。

---

⑯ 《支那研究的注意》(699 号,1917 年 2 月 21 日)。

⑰ 《支那研究的注意》(700 号,1917 年 3 月 1 日)。

⑱ 《分割运命后序》(《斗南存稿》所收),《支那的将来(五)》(636 号,1914 年 8 月 15 日)。

对此,中岛端坚决反对,提议应该静观事态发展。但是他也懊悔自己眼看着中国被列强分割而不去救济,因而开始对日本人发出叱咤激励。

中国人和日本人既相互亲近又相互轻蔑,同时相互依靠、期待。当这些关系都不成立时,反而增加了双方的反感和敌意。此次中岛端的著书以及北洋法政学会的同人们的《驳议》,就是一个明显例证。以何种形式切断这种恶缘的连锁,使两国实现真正的友好、连带关系呢? 真正的友好、连带关系到底指的什么? 不能说日本为了感谢中国文化的恩惠,就要无条件地屈从中国的主张。也不是指为援助中国革命四处奔走,认为中国没出息就焦躁不安,于是为之越俎代庖,结果却助长了对中国的侵略。对于皇汉学者家庭出身的中岛端来说,其末弟比多吉就是典型的例子,他所走的道路是最自然的。上文我曾指出,中岛端的方向也并非完全偏离。他预言中国分割的命运必至,最终的选择却是主张日本应该从中国撤离。可能是因为担心自己的真意会被误解吧,他的选择时常摇摆不定,充满苦涩。

然而,这就是中岛端作为一个亚细亚主义者的选择。他的政治评论活动还会继续,本稿由于篇幅有限,不可能多作涉及。例如他关于中国“二十一条”要求交涉的评论[119],就被认为达到了当时论坛上的出色水准。另外,1930 年他抱绝症坚决出发纵贯中国之旅,到底想要确认什么? 我对此十分感兴趣。回日本后不久他就死了。中岛端学习德语的时间很长,也自信德语水平很高。晚年他想阅读《资本论》,拜托中岛敦帮他找到这本书[120]。由此推断,对于中国 1920 年代的新形势,他一直在努力的探求新的认识。

作者附记:本稿是为 1987 年夏的信州大学人文学部公开讲座而准备的。在论文写作过程中得到了中村忠行、增井经夫、村山吉广、樽本照雄诸先生的宝贵意见,谨表谢意,同时,因本文成稿大幅度延期,没能够让中村、增井二位先生过目,在此深表歉意。

编校者附注:对中岛端的《支那分割之运命》和李大钊等人的“驳议”,中国学者的研究很少。仅有的相关论著,则大多对中岛端完全否定,对李大钊等人完全肯定。后藤延子教授的长篇论文,对中岛端的《支那分割之运命》和李大钊等人的“驳议”,作了细致研究和较为客观的评价。值得中国学者参考。

---

[119] 勿堂《眼下的二大滑稽》(654 号,1915 年 5 月 1 日);《告支那国民》(758 号,1919 年 6 月 1 日)。

[120] 中岛敦《斗南先生》。

　　本文"上编"译自(日本)信州大学人文学部《人文科学论集》第39号
(2005年3月号),"下编"译自信州大学人文学部《人文科学论集》第40号
(2006年3月号),以"6、日本是否应该参与分割中国"为界。上编在此之
前(不含),下编从此开始。最后约四分之一的第三、四两节,曾由辽宁师范
大学教授韩一德译为中文,刊载于孙继民、朱文通等主编的《传统文化与河
北地方史研究》(花山文艺出版社2008年版)。本文在韩一德教授译文的
基础上,参照原文作了校补。本文全部译文,经过了後藤教授的校订。承蒙
后藤教授允准,将其作为本书"附录"。特此表示感谢。

后　记

　　本书是 2015 年度国家哲学社会科学基金后期资助项目"民国初年《〈支那分割之运命〉驳议》疏注与研究"（15FZS016）的结项成果。

　　本项目在申报过程中，得到了张静如、侯且岸、朱文通、张同乐等先生的鼓励和推荐，得到了滨州学院科研处的支持和协助。

　　本项目在申报和研究过程中，王勇则先生提供了《〈支那分割之运命〉驳议》一书的 1962 年重印本的复印件，使本项目的研究得以启动。日本学者後藤延子教授提供了中岛端《支那分割之运命》的日文版和许多相关资料，同意将其长篇论文《中岛端〈支那分割之运命〉泛论》作为本书的附录，并曾在京都市的家中接待课题组成员的访问，与笔者交流颇多。滨州学院外语学院的马秀玲副教授，对课题组成员到日本调研、访问，提供了重要的帮助。日本学者柴田幹夫，对本书中的一些难解问题，提供了宝贵的指教。

　　课题组成员成益方，参与了 2015 年暑假在湖南图书馆的资料查阅，并对书稿中的中文语词等问题予以把关；魏淑丽和王庆美，负责项目和书稿中的日语问题查对；金陵科技学院的吕旭春老师，将後藤延子教授的长篇论文《中岛端〈支那分割之运命〈泛论》翻译成中文。

　　人民出版社的编审朱云河博士、余平博士等，为本书的出版付出了艰苦细致的努力。

　　完成了本书的书稿，一方面松了一口气，另一方面又有战战兢兢之感。由于课题组成员的学术视野和水平所限，尽管做了最大努力，本书中可能仍有差误。由于诸多方面原因所致，本课题的研究和出书过程较长，各次修改和校对的连贯性可能会受到影响。在书稿的校对过程中，作者也发现了一些不足。有的尽可能做了改正，有的只好等待以后进一步研究和查证了。一些新的发现和感悟，也来不及补入书稿。对本书的差误和不足，欢迎有关专家、学者和读者给予学术研究范围内的批评指正。

李继华

2021 年 6 月

责任编辑：余　平
封面设计：姚　菲
版式设计：周方亚
责任校对：张红霞

图书在版编目（CIP）数据

《〈支那分割之运命〉驳议》疏注/李继华等 著. —北京：人民出版社，2021.10
（国家社科基金后期资助项目）
ISBN 978－7－01－022979－9

Ⅰ.①支… Ⅱ.①李… Ⅲ.①中日关系-国际关系史-研究-近代
Ⅳ.①D829.313

中国版本图书馆 CIP 数据核字（2021）第 002614 号

《〈支那分割之运命〉驳议》疏注
ZHINA FENGE ZHI YUNMING BOYI SHUZHU

李继华 等 著

人民出版社 出版发行
（100706 北京市东城区隆福寺街 99 号）

北京中科印刷有限公司印刷　新华书店经销

2021 年 10 月第 1 版　2021 年 10 月北京第 1 次印刷
开本：710 毫米×1000 毫米 1/16　印张：40.25
字数：700 千字

ISBN 978－7－01－022979－9　定价：168.00 元

邮购地址 100706　北京市东城区隆福寺街 99 号
人民东方图书销售中心　电话（010）65250042　65289539